PSICOLOGÍA CON APLICACIONES A LOS PAÍSES DE HABLA HISPANA

TERCERA EDICIÓN

PSICOLOGÍA CON APLICACIONES A LOS PAÍSES DE HABLA HISPANA

TERCERA EDICIÓN

Robert S. Feldman

University of Massachusetts at Amherst

Traducción:
Jorge Alberto Velázquez Arellano
Traductor profesional

Revisión técnica:
Guadalupe Vadillo de Jurado
Licenciada en Psicología Industrial,
Maestra en Educación del Sobredotado
y Directora de Extensión Universitaria
de la Universidad de las Américas

McGRAW-HILL

MÉXICO • BUENOS AIRES • CARACAS • GUATEMALA • LISBOA • MADRID • NUEVA YORK
SAN JUAN • SANTAFÉ DE BOGOTÁ • SANTIAGO • SÃO PAULO
AUCKLAND • LONDRES • MILÁN • MONTREAL • NUEVA DELHI • SAN FRANCISCO
SINGAPUR • ST. LOUIS • SIDNEY • TORONTO

Gerente de producto: Alejandra Martínez Ávila
Supervisora de edición: Gloria Leticia Medina Vigil
Supervisor de producción: Zeferino García García
Fotografía de la portada: Eduardo Warnholtz

PSICOLOGÍA
Con aplicaciones a los países de habla hispana
Tercera edición

DERECHOS RESERVADOS © 1998, 1995, respecto a la segunda edición en español por
McGRAW HILL-INTERAMERICANA EDITORES, S.A. de C.V.
*Una División de The **McGraw-Hill** Companies, Inc.*
  Cedro Núm. 512, Col. Atlampa
  Delegación Cuauhtémoc
  06450 México, D.F.
  Miembro de la Cámara Nacional de la Industria Editorial Mexicana, Reg. Núm. 736

ISBN 970-10-1895-8
(ISBN 970-10-0633-X Primera edición)

Traducido de la tercera edición en inglés de
ESSENTIALS OF UNDERSTANDING PSYCHOLOGY
Copyright © MCMXCVII, MCMXCIV, MCMLXXXIX, by The McGraw-Hill Companies,
Inc. All rights reserved.
ISBN 0-07-021479-4

2345678901   L.I.-98   0876543219

Impreso en México   Printed in Mexico

Esta obra se terminó de
imprimir en Febrero de 1999 en
Litográfica Ingramex
Centeno Núm. 162-1
Col. Granjas Esmeralda
Delegación Iztapalapa
09810 México, D.F.

Se tiraron 6,000 ejemplares

ACERCA DEL AUTOR

Robert S. Feldman es profesor de psicología en la Universidad de Massachusetts en Amherst, donde es director de estudios de licenciatura. Graduado en la Universidad Wesleyan y en la Universidad de Wisconsin-Madison, fue Investigador Fulbright Senior. Ha enseñado introducción a la psicología durante más de dos décadas y ha impartido cursos en el Colegio Mount Holyoke, en la Universidad Wesleyan y en la Universidad Virginia Commonwealth; además de enseñar en la Universidad de Massachusetts.

El doctor Feldman es miembro de la American Psychological Association y de la American Psychological Society, y autor de más de 100 artículos científicos, capítulos de libros y disertaciones. Asimismo, es autor y editor de más de una docena de libros, que incluyen *Fundamentals of Nonverbal Behavior* (Cambridge University Press) y *Applications of Nonverbal Behavioral Theories and Research* (Erlbaum). Sus intereses de investigación incluyen el comportamiento no verbal y la psicología social de la educación.

Su tiempo libre casi siempre lo dedica a cocinar con seriedad y a tocar el piano de manera entusiasta, pero poco pulida. Vive en compañía de su esposa, que también es psicóloga, y de sus tres hijos en un hogar con vista a las montañas Holyoke en Amherst, Massachusetts.

A Ethel

RESUMEN DE CONTENIDO

CONTENIDO

CAPÍTULO 7
COGNICIÓN
Y LENGUAJE 233

CAPÍTULO 8
INTELIGENCIA 265

CAPÍTULO 9
MOTIVACIÓN
Y EMOCIÓN 291

LISTA
DE RECUADROS

REVISORES

Una de las características más importantes de *Psicología con aplicaciones para Iberoamérica* es la participación de profesionales así como de estudiantes en su proceso de revisión. La tercera edición de *Psicología con aplicaciones para Iberoamérica* se basó en gran medida —y resultó beneficiada de manera considerable— en los consejos de profesores y estudiantes con una variedad de antecedentes.

Primero, el manuscrito fue evaluado por revisores académicos tradicionales, los cuales aplicaron su capacidad como expertos en contenido y profesores de psicología. Estos revisores ayudaron a asegurar que esta nueva edición fuera precisa y que incorporara los hallazgos más recientes de las investigaciones psicológicas.

El segundo grupo de revisores consistió en un equipo de tres estudiantes que evaluaron literalmente línea por línea la obra. Sus reflexiones y sugerencias fueron invaluables para mí en la preparación de este texto.

Por último, docenas de estudiantes leyeron partes del manuscrito para asegurar que el material fuera claro y atractivo. Sus sugerencias están incorporadas a lo largo del texto.

Estoy agradecido con todos estos revisores, que proporcionaron su tiempo y conocimientos para ayudar a asegurar que esta obra refleje lo mejor que tiene para ofrecer la psicología.

REVISORES PROFESIONALES

Louis Banderet, Northeastern University y Quinsigamond Community College
Carol M. Batt, Sacred Heart University
Peggy Brooks, North Adams State College
Cynthia Crown, Xavier University
Ronald Finke, Texas A&M University
Lewis Harvey, University of Colorado, Boulder
Morton Hoffman, Metropolitan State University
Alfred D. Kornfeld, Eastern Connecticut State University
Barbara Lusk, Collin County Community College
Charles Miron, Catonsville Community College
Kenneth Oftenbacher, University of Nebraska, Omaha
Janet Proctor, Purdue University
Ina Samuels, University of Massachusetts, Boston
Norman Schorr, Montgomery College
Susan Shodahl, San Bernardino Valley College
Philip Stander, Kingsborough Community College
Annette Taylor, University of San Diego
Helen Taylor, Bellevue Community College
Charlene Wages, Francis Marion University

EQUIPO ESTUDIANTIL DE REVISIÓN A FONDO

Jonathan Fader   Jennifer Green   Giachary Lizarraga

COORDINADORES DE LA REVISIÓN ESTUDIANTIL

Richard Klimeck, Montgomery College, Rockville Campus
Robert Kovaks, Camden Community College

PREFACIO

Las complejidades y las contradicciones del comportamiento humano desafían cualquier explicación simplista. Observamos buenos y malos comportamientos; nos topamos con comportamientos racionales e ilógicos; y encontramos cooperación y competencia violenta entre los pueblos del mundo.

La tercera edición de *Psicología con aplicaciones para Iberoamérica,* refleja lo que han aprendido los psicólogos en su esfuerzo por comprender y explicar los comportamientos que vemos a nuestro alrededor. El texto se diseñó para ofrecer una amplia introducción a la psicología. Gira alrededor de las piedras angulares de este campo de estudio, a la vez que aclara la importancia de la psicología en la vida cotidiana de las personas.

En la revisión de esta obra me planteé cuatro objetivos principales:

■ Proporcionar una cobertura amplia del campo de la psicología por medio de la presentación de las teorías, investigaciones y aplicaciones que conforman la disciplina.
■ Servir como un ímpetu para que los lectores piensen de manera crítica sobre los fenómenos psicológicos, en particular aquellos que tienen un impacto en sus vidas cotidianas.
■ Ilustrar la considerable diversidad dentro del campo de la psicología, así como en la sociedad en conjunto por medio de la exposición de material que refleje la preocupación creciente de la disciplina por los problemas culturales, de género, raciales y étnicos.
■ Despertar la curiosidad intelectual y formar una apreciación de la forma en que la psicología puede aumentar la comprensión de los estudiantes respecto al mundo que los rodea.

En resumen, este texto pretende no sólo exponer a los lectores al contenido —y promesa— de la psicología, sino hacerlo de modo tal que le dé vida a los conceptos básicos y hallazgos de investigación, y mantener el interés por la disciplina mucho después de que los lectores hayan completado su curso de introducción a la psicología. Mi esperanza es que la exposición inicial al campo de la psicología forjará un entusiasmo y pasión progresivos por la disciplina, que duren toda la vida.

UN RESUMEN DE LA OBRA

Psicología con aplicaciones para Iberoamérica está basado en la cuarta edición, de 19 capítulos y amplia difusión, del libro *Understanding Psychology,* una amplia y completa introducción al campo de la psicología. Al igual que el libro del que se deriva, esta obra incluye una cobertura de las áreas tradicionales de la psicología. Abarca, por ejemplo, las bases biológicas del comportamiento, sensación y percepción, aprendizaje, cognición, desarrollo, personalidad, comportamiento anormal, y fundamentos sociales y psicológicos del comportamiento.

Sin embargo, a diferencia de su predecesor, esta obra es un volumen más breve. Se centra alrededor de la esencia de la psicología y ofrece una amplia introducción a este campo de estudio. El libro muestra también cómo las teorías e investigaciones del campo influyen directamente en la vida cotidiana de los lectores.

La estructura organizativa de este libro es muy flexible. Cada uno de los capítulos se divide en tres, cuatro y hasta cinco unidades manejables e independientes, lo cual permite a los profesores elegir y omitir secciones de acuerdo con su programa. Además, debido a que el material de aplicaciones está bien integrado a lo largo del texto, incluso en los capítulos que tratan sobre los temas teóricos más tradicionales, la relación entre la teoría, la investigación y las aplicaciones de la psicología se plantea a lo largo de la obra.

En resumen, este libro refleja una combinación de temas centrales tradicionales y de materias aplicadas contemporáneas, por lo cual ofrece una perspectiva amplia, ecléctica —y actual— del campo de la psicología. Comienza con enfoques teóricos y prácticos y los integra con ejemplificaciones objetivas de investigaciones que ilustran el modo en que ha evolucionado y madurado la ciencia de la psicología. De hecho, este libro ejemplifica la opinión de que cualquier dicotomía entre teoría y práctica es falsa. El libro no presenta ninguna aplicación desprovista de teoría, sino que las ubica en su contexto teórico, apoyándolas con los descubrimientos de la labor de investigación. Del mismo modo, cuando el texto expone material teórico, siempre describe las implicaciones prácticas de la teoría.

¿QUÉ NOVEDADES HAY EN LA TERCERA EDICIÓN?

Se ha reflexionado mucho acerca de los cambios incorporados en esta edición de *Psicología con aplicaciones para Iberoamérica*. Debido a que la estructura y características básicas de las primeras ediciones encontraron una respuesta tan positiva de parte de estudiantes y profesores, los atributos fundamentales del libro permanecen intactos. Al mismo tiempo, se ha incorporado adiciones y cambios que representan la evolución del campo de la psicología.

Hay dos nuevas características importantes que se encuentran a lo largo del libro. Cada capítulo incluye una sección llamada *Exploración de la diversidad*, la cual trata con un aspecto de la diversidad racial, étnica, de género o cultural. Por ejemplo, el capítulo sobre investigación expone la preocupación de los psicólogos por seleccionar sujetos que representen una muestra amplia de comportamiento humano; el capítulo referente al aprendizaje expone la controversia sobre la existencia de estilos de aprendizaje basados en la cultura; el capítulo sobre memoria considera si hay diferencias en los procesos básicos de la memoria en diferentes culturas.

Además, cada capítulo contiene un recuadro llamado *Los caminos de la psicología*. Éstos incluyen bosquejos biográficos de personas que usan la psicología en su trabajo o profesiones.

En general, en esta edición se cita un número elevado de investigaciones contemporáneas. Se ha añadido cientos de citas nuevas, la mayoría de trabajos publicados en lo que va de la década de 1990. Además, se incorpora una amplia gama de temas nuevos, junto con la actualización del material expuesto en ediciones anteriores. Por ejemplo, los temas nuevos y revisados que se presentan en esta edición incluyen temas como el papel de la psicología en la prevención de la violencia, las distorsiones en las encuestas, la lateralización cerebral, las feromonas, los estilos culturales de aprendizaje, la controversia de los recuerdos reprimidos, la educación bilingüe, la medición de la capacidad intelectual, el hostigamiento sexual, las diferencias culturales en el aprovechamiento académico, los cambios en la personalidad debidos al desarrollo, el *DSM-IV*, las personalidades múltiples, el Prozac, la cólera, el colectivismo y el individualismo, la agresión y la cultura.

SIMPLIFICACIÓN DEL APRENDIZAJE Y CARACTERÍSTICAS ESPECIALES DE PSICOLOGÍA CON APLICACIONES PARA IBEROAMÉRICA

Esta obra se diseñó teniendo en mente a su consumidor último: el estudiante. Como se puede ver en la siguiente lista de elementos comunes para todos los capítulos, este libro incorpora diversas características educativas de suma importancia. Éstas tienen por objeto hacer que el libro sea una herramienta eficaz de aprendizaje y que, al mismo tiempo, resulte interesante y atractivo:

■ *Estructura del capítulo.* Cada uno de los capítulos comienza con la presentación de su estructura. Ésta ayuda a orientar a los lectores respecto al contenido del capítulo y las relaciones entre los temas.

■ *Prólogo.* Cada capítulo inicia con un relato de una situación real que demuestra la relevancia de conceptos y principios básicos de la psicología con relación a problemas y temas pertinentes. Cada uno de estos prólogos es nuevo en esta edición y refleja acontecimientos de actualidad.

■ *Un vistazo anticipatorio.* Un panorama general del capítulo se encuentra después del prólogo. En éste se articulan los temas y los problemas más importantes que se exponen en el capítulo.

■ *Preguntas orientadoras.* Cada sección principal dentro del capítulo comienza con varias preguntas amplias que proporcionan un marco de referencia para comprender y dominar el material que sigue.

■ *La psicología en acción.* Estos apartados ilustran aplicaciones de la teoría psicológica y de los hallazgos de la investigación actuales a problemas de la vida real.

■ *Los caminos de la psicología.* Estos recuadros, que se encuentran en todos los capítulos, proporcionan bosquejos biográficos de personas que trabajan en profesiones que usan los hallazgos de la psicología.

■ *Exploración de la diversidad.* Cada capítulo incluye al menos una sección dedicada a un aspecto de la diversidad racial, étnica, de género o cultural. Estas secciones destacan el modo en que la psicología informa sobre (y es informada por) asuntos relacionados con el creciente multiculturalismo de nuestra sociedad global.

■ *El consumidor de psicología bien informado.* Cada uno de los capítulos incluye material diseñado para que los lectores sean mejores consumidores de información psicológica, el cual les brinda la capacidad para evaluar de manera crítica lo que el campo de la psicología está en posibilidad de ofrecer.

■ *Recapitulación y revisión.* Todos los capítulos se dividen en tres o cuatro secciones, cada una de las cuales concluye con una Recapitulación y revisión. La recapitulación resume los puntos importantes de la sección anterior, y la revisión presenta una variedad de preguntas para que sean respondidas por los estudiantes a fin de probar la memorización y la comprensión de nivel superior del material.

■ *Acotaciones.* Los principales términos se destacan con negritas dentro del texto donde son introducidos, y son definidos en el margen de la página. Existe también un glosario al final del libro.

■ *Una mirada retrospectiva.* Para facilitar la revisión y la síntesis de la información expuesta, se incluye un resumen numerado al final de cada capítulo. Este resumen destaca los principales puntos del capítulo y está organizado de acuerdo con las preguntas orientadoras que se plantean al principio de cada sección principal.

■ *Términos y conceptos clave.* También figura al final de cada capítulo una lista de términos y conceptos importantes que incluye el número de la página donde se les menciona por primera vez.

MATERIAL AUXILIAR*

La tercera edición de *Psicología con aplicaciones para Iberoamérica,* está acompañada por un conjunto extenso e integrado de material complementario que se diseñó para apoyar la enseñanza en el salón de clases de los profesores novicios y de los experimentados. Preparados bajo la supervisión del profesor Mark Garrison, la *Study Guide,* el *Instructor's Manual* y el *Test Bank* están integrados por completo para proporcionar un marco de referencia pedagógico consistente para los estudiantes y profesores que utilicen este texto.

La *Study Guide* ha sido revisada por completo e incluye un programa de ilustración aumentado. Ésta comienza con un ensayo introductorio que le proporciona al estudiante sugerencias respecto a la forma de utilizar mejor el método de estudio y repaso SQ3R (que se explica en la sección introductoria To the student). También incluye una guía breve para personas que no hablan inglés como lengua materna. Cada capítulo de la *Study Guide* contiene un bosquejo del capítulo con los términos importantes resaltados, un resumen detallado del capítulo, objetivos de aprendizaje vinculados con los números de página en el texto, y un conjunto de preguntas de estudio de distintos contextos y niveles de dificultad.

El *Instructor's Manual* contiene una amplia variedad de ideas para dar clase, folletos y recursos nuevos. Diseñado para complementar a la *Study Guide* y al *Test File,* cada capítulo en el *Instructor's Manual* incluye un bosquejo detallado y un resumen del capítulo, objetivos de aprendizaje, y un conjunto de recursos para clase que incluye: temas de exposición, ideas para demostraciones en el salón de clases, una lista de películas y videos relevantes, y sugerencias para muchas actividades y proyectos nuevos que pueden usarse dentro y fuera del salón de clases.

El *Test File* contiene miles de preguntas objetivas y conceptuales de opción múltiple y ensayo, clasificadas según el texto y vinculadas con los objetivos de aprendizaje. También se encuentran a su disposición bancos de preguntas computarizados en formatos para IBM (en discos de $3^1/_2$ o $5^1/_4$) y Macintosh.

McGraw-Hill ofrece también una amplia gama de apoyos audiovisuales y computarizados para la enseñanza. Disponible por primera vez con esta edición, *MICROGUIDE* ofrece una versión computarizada de la guía de estudio con características de pruebas interactivas y clases prácticas.

* El material auxiliar sólo está disponible en inglés. Si desea mayor información sobre éste, póngase en contacto con alguno de los representantes de McGraw-Hill.

Por último, se ha establecido una línea de larga distancia telefónica gratuita para comentarios y dudas de los lectores. Los usuarios de esta obra pueden llamar al 1-800-223-6880, extensión 29496, para tener acceso a esta línea.

RECONOCIMIENTOS

Tal como lo atestigua la lista de revisores de la página xxi, este libro implicó el esfuerzo de muchas personas. Todas ellas ofrecieron su experiencia para evaluar la totalidad o parte del manuscrito, lo cual ha significado un grado poco común de control de calidad; su trabajo esmerado y sus sugerencias meditadas mejoraron en numerosas ocasiones el contenido original del manuscrito. Les estoy agradecido por todos sus comentarios.

Mis ideas han tomado forma gracias a la influencia de muchos profesores a lo largo de mi formación. Me decidí por la psicología en la Universidad Wesleyan, donde muchos maestros comprometidos y capaces —Karl Scheibe en particular— me transmitieron su emoción por el campo y me aclararon su relevancia. Para cuando dejé esa institución educativa, no era capaz de pensar en otra carrera que no fuera la de psicólogo. A pesar de que la naturaleza de la Universidad de Wisconsin, donde realicé mis estudios de posgrado, no podía ser más distinta de la mucho más pequeña Universidad Wesleyan, la inspiración y la emoción fueron muy similares. De nuevo, una serie de maestros excelentes —encabezados principalmente por el ya fallecido Vernon Allen— conformaron mi pensamiento y me enseñaron a apreciar la belleza y la ciencia propias de la psicología.

Mis colegas y estudiantes de la Universidad de Massachusetts, en Amherst, son fuente de un constante estímulo intelectual, por lo cual les agradezco por hacer de la universidad un sitio muy agradable para trabajar. Otras personas también me han proporcionado gran ayuda en materia de investigación y de labor editorial. En particular, estoy agradecido con Erik Coats, una fuente constante de ideas y (con mayor frecuencia de lo que hubiera deseado) críticas constructivas, y con John Graiff, que ayudó en forma inconmensurable en todo lo que se refiere a este libro.

Todo lector de este libro tiene una deuda de gratitud con Rhona Robbin, editora senior de desarrollo. Su incansable búsqueda de la excelencia es responsable de la calidad de este libro. Brian McKean, editor responsable de la edición en inglés, ha introducido innovación, energía creativa y un fuerte grado de compromiso al libro; aprecio mucho sus esfuerzos.

Otras personas en McGraw-Hill tuvieron una participación muy importante en los procesos de diseño, producción y comercialización: entre ellos David Damstra, supervisor de edición; Howard Leiderman, diseñador; Annette Mayeski, supervisora de producción; y Nancy Dyer y Elyse Rieder, editoras fotográficas. También estoy agradecido con Kim Hulbert y Annie Mitchell, cuya sapiencia en mercadotecnia nutrió la elaboración de la tercera edición desde su perspectiva. Estoy orgulloso de formar parte de este equipo de primera calidad.

Por último, estoy, como siempre, en deuda con mi familia. Mis padres, Leah Brochstein y el finado Saul D. Feldman, me ofrecieron un cimiento perenne de amor y apoyo, y sigo viendo su influencia en todos los rincones de mi vida. El resto de mi familia también desempeñó un papel de gran importancia en mi vida; incluye, más o menos en orden de edades, a mis sobrinas y sobrinos, mi hermano, algunos cuñados y a Harry Brochstein. Por último, estoy agradecido con mi tía, Ethel Radler, a quien está dedicado este libro, por su apoyo y amor constantes.

Para terminar, mis hijos Jonathan, Joshua y Sarah, y mi esposa, Katherine, siguen siendo la delicia de mi existencia. Se los agradezco, con inmenso amor.

Robert S. Feldman

AL ESTUDIANTE

ESTRATEGIAS PARA UN ESTUDIO EFICAZ Y PARA PENSAR EN FORMA CRÍTICA

Esta obra es un libro que ha sido escrito pensando en el lector, por lo cual incluye diversas características especiales que lo ayudarán a llevar al máximo su aprendizaje de los conceptos básicos, principios y teorías que constituyen el campo de la psicología. Para aprovechar estas características, hay una metodología que debe seguirse cuando se lee y se estudia este libro. Al seguirla, no sólo se aprovechará todo el potencial del texto, también se habrá de desarrollar hábitos de estudio que le ayudarán a aprender con mayor eficacia de otros textos y a pensar en forma crítica acerca del material nuevo que se le presente. Entre los puntos más importantes que hay que seguir están los siguientes:

■ Familiarícese con la lógica de la estructura del libro. Comience por leer el Contenido. Éste le ofrece un resumen de los temas que se van a exponer y le da un sentido del modo en que se interrelacionan los distintos temas. Después revise el Prefacio, el cual describe las principales características del libro. Tenga presente que cada uno de los capítulos se divide en tres, cuatro o cinco unidades independientes; éstas le ofrecen puntos lógicos para iniciar y terminar la lectura y el estudio.

Tenga en cuenta, asimismo, los puntos más destacados de cada capítulo: una estructura inicial del capítulo, un prólogo, una sección Un vistazo anticipatorio, recapitulaciones y revisiones de la información clave después de cada una de las unidades principales, y —al final de cada capítulo— la sección Una mirada retrospectiva y una lista de términos y conceptos clave. El resumen Una mirada retrospectiva se organiza alrededor de las preguntas planteadas en la sección Un vistazo anticipatorio que aparece al principio del capítulo, con lo que se vincula la totalidad del contenido de éste.

Debido a que cada uno de los capítulos está estructurado del mismo modo, el libro ofrece una serie de señales familiares para ayudarle a seguir el rastro de nuevos materiales. Esta estructura le será útil para organizar el contenido de cada capítulo.

Por último, existen ciertos estilos de redacción usados por los psicólogos con los que deberá familiarizarse. En particular, las citas referentes a investigaciones previas se indican por un apellido y una fecha, por lo general entre paréntesis. Cada uno de estos apellidos y fechas se refiere a un libro o artículo incluido en la Bibliografía al final de este libro.

■ Utilice una estrategia de estudio. A pesar de que se espera que estudiemos y a fin de cuentas aprendamos una amplia gama de temas a lo largo de nuestra preparación escolar, pocas veces se nos enseña estrategias sistemáticas que nos permitan estudiar con mayor eficacia. Sin embargo, aunque no esperaríamos que un médico aprendiera anatomía humana por ensayo y error, son pocos los estudiantes que se topan con una estrategia de estudio en verdad efectiva.

Sin embargo, los psicólogos han diseñado diversas técnicas excelentes (y comprobadas) para mejorar las habilidades de estudio, dos de las cuales se describen a continuación. Por medio del empleo de uno de estos procedimientos —conocidos por sus iniciales en inglés SQ3R y MURDER— usted puede aumentar su capacidad para aprender y retener información y pensar de manera crítica, no sólo en las clases de psicología, sino en todos los temas académicos.

El método SQ3R incluye una serie de cinco pasos que tienen las iniciales S-Q-R-R-R. El primer paso (S de *survey*: esbozo general) consiste en tomar una muestra del material mediante la lectura de las partes destacadas del capítulo, los encabezados, las notas de las ilustraciones, las recapitulaciones y las secciones Un vistazo anticipatorio y Una mirada retrospectiva; esto le brindará un resumen general de los principales temas a tratar. El siguiente paso —la " Q " de *question*: preguntar— es interrogar, formular preguntas —ya sea en voz alta o por escrito— antes de realizar la lectura de una sección del material. Por ejemplo, si usted tomó una muestra de esta sección del libro, podría haber anotado en el margen: "¿qué quiere decir SQ3R y MURDER?" Las preguntas al comienzo de las secciones principales y las revisiones que ponen término a cada una de las partes del capítulo también son una buena fuente de preguntas. Pero es importante no valerse enteramente de ellas; la formulación de sus propias preguntas es un factor de suma importancia. Esta obra tiene márgenes lo suficientemente amplios en las páginas para que usted pueda anotar sus propias preguntas. Este proceso le ayuda a centrarse en los principales puntos del capítulo, a la vez que lo instiga a pensar de manera inquisitiva.

Ahora es el momento del siguiente paso, que es el más fundamental: *leer* (la R de *read*: leer) el material. Lea con cuidado y, lo que es más importante, de modo activo y crítico. Por ejemplo, mientras lee, responda las preguntas que se haya planteado. Podrá darse el caso de que le surjan más preguntas a medida que avance en la lectura; eso está muy bien, puesto que ello demuestra que su lectura es inquisitiva y que pone atención en el material. Evalúe en forma crítica el material y considere las implicaciones de lo que está leyendo, piense en posibles excepciones y contradicciones, y haga un examen de las suposiciones que están detrás de las afirmaciones del autor.

El siguiente paso —la segunda "R"— es el más inusitado. Esta "R" quiere decir *recite*, o sea, *parafrasear*, y ahora debe dejar a un lado el libro e interpretar para usted o para un amigo el material que acaba de leer y responder las preguntas que se había planteado antes. Hágalo en voz alta; éste es un momento en el que hablar para usted no debe ser algo vergonzante. El proceso de parafraseo le ayuda a identificar con claridad el grado en que ha llegado a comprender el material que acaba de leer. Además, la investigación psicológica ha demostrado que comunicar el material a los demás, o parafrasear el material en voz alta a uno mismo, ayuda a aprenderlo de modo distinto —y con mayor profundidad— al que no es comunicado a nadie. Por tanto, parafrasear el material es un eslabón crucial en el proceso de estudio.

La última "R" hace referencia a la *revisión* (*review*). Tal como se expone en los capítulos 5 y 6, la revisión es un prerrequisito para aprender y recordar por completo el material estudiado. Revise la información; lea de nuevo las recapitulaciones y los resúmenes de las miradas retrospectivas; responda las preguntas de la revisión en el texto, y use cualquier material auxiliar de que disponga. La revisión debe ser un proceso activo en el que usted pueda apreciar cómo se acomodan las distintas piezas de información y dan origen al panorama general.

Un enfoque alternativo para el estudio —aunque no del todo distinto del SQ3R— es el que ofrece el sistema MURDER (Dansereau, 1978). Se trata de una estrategia de estudio útil.

En MURDER, el primer paso consiste en establecer un *estado de ánimo* (la primera letra de la palabra es M de *mood*) adecuado al plantear objetivos para la sesión de estudio y elegir el tiempo y el lugar que eviten distracciones durante la sesión de estudio. Después se realiza una lectura para utilizar la *comprensión* (U de *understanding*) en la que se pone especial atención al significado del material que se estudia. El *recuerdo* (R de *recall*) es un intento inmediato para recabar el material de la memoria, sin consultar el libro. El *resumen* (D de *digesting*) del material es la etapa siguiente; se debe corregir todos los errores del recuerdo y tratar de organizar y almacenar en la memoria el material recién aprendido.

Ahora se debe *expandir* (E de *expanding*) —analizar y evaluar— el nuevo material y tratar de aplicarlo a situaciones que van más allá de las aplicaciones comentadas en el texto. Al incorporar todo lo que se ha aprendido en una red de información más amplia en la memoria, usted será capaz de recordarlo con mayor facilidad en el futuro. El último paso es la *revisión* (R de *review*). Al igual que con el sistema SQ3R, el sistema MURDER indica que la revisión sistemática del material es una condición necesaria para que el estudio tenga éxito.

Tanto el sistema SQ3R como el MURDER ofrecen un medio comprobado para aumentar la eficiencia del estudio. Sin embargo, no es necesario sentirse atado a una estrategia particular; es posible que usted desee combinar otros elementos en su propio sistema de estudio. Por ejemplo, estrategias y recomendaciones de aprendizaje para el pensamiento crítico se presentan a lo largo de este texto, tal como ocurre en el capítulo 6, donde se comenta el empleo de la mnemotécnica (técnicas de memoria para la organización de material a fin de facilitar su recuerdo). Si estas estrategias le ayudan a dominar con éxito materiales nuevos, consérvelas.

El último aspecto del estudio que vale la pena mencionar es el relativo a lo igualmente importante que es el *momento* y el *lugar* en que se estudia y la *manera* en que se hace. Una de las mayores verdades de la literatura psicológica es que aprendemos mejor la información, y podemos recordarla durante más tiempo, cuando estudiamos material en cantidades pequeñas a lo largo de diversas sesiones de estudio, en lugar de abarcar todo nuestro estudio en un periodo demasiado extenso. Esto implica que estudiar toda la noche antes de un examen será menos efectivo —y mucho más agotador— que utilizar una serie de sesiones de estudio constantes y regulares.

Además de medir con sumo cuidado su tiempo de estudio, es importante buscar un sitio especial para estudiar. En realidad no es muy importante dónde esté, siempre y cuando haya distracciones mínimas y sea un lugar que usted utilice *exclusiva*mente para estudiar. La identificación de un "territorio" especial le permite generar un ambiente adecuado para el estudio desde el momento mismo en que comienza a hacerlo.

UN COMENTARIO FINAL

Cuando utilice las estrategias de estudio comprobadas que se describieron aquí, así como las herramientas pedagógicas que están integradas en el texto, llevará al máximo su comprensión del material expuesto en este libro y dominará varias técnicas que le ayudarán a aprender y a pensar en forma crítica en todas sus labores académicas. Y lo que es más importante, usted optimizará su comprensión del campo de la psicología. El esfuerzo vale la pena: el interés, el desafío y las promesas que la psicología le ofrece son sumamente significativos.

PSICOLOGÍA CON APLICACIONES A LOS PAÍSES DE HABLA HISPANA

INTRODUCCIÓN A LA PSICOLOGÍA

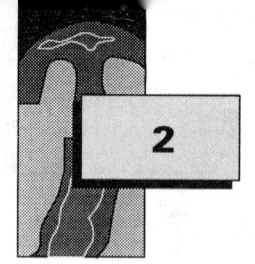

PRÓLOGO

La formación de un terrorista

Desde todos los aspectos, la infancia y vida colegial de Ted Kaczynski fueron notables sólo por los triunfos académicos que logró. Criado en lo que parecía ser una familia ordinaria, Kaczynski fue siempre un excelente estudiante, un niño prodigio en matemáticas y ciencias. Después de saltarse varios grados durante su educación en una escuela pública, ingresó en la Universidad de Harvard a la edad de 16 años. Para cuando tenía poco más de 20 años, había recibido un doctorado en matemáticas y lo contrató la Universidad de California en Berkeley para un puesto prestigioso de enseñanza.

En algún punto, sin embargo, su vida se apartó de forma radical de la norma. De pronto, renunciando a su cargo académico se retiró a una serie de escondites remotos, donde, de acuerdo al FBI, tomó un nuevo y mortal pasatiempo. Durante las siguientes dos décadas, supuestamente envió bombas a una variedad de gente, dañando o asesinando a casi dos docenas de víctimas. Él era, según los fiscales federales, *el Bombardero* (Unabomber).

UN VISTAZO ANTICIPATORIO

Nunca se pudo saber por completo qué pudo conducir a Ted Kaczynski a transformarse de profesor en un supuesto terrorista. Pero es claro que el caso del *Bombardero* planteó una variedad de problemas para psicólogos de varias orientaciones diferentes:

■ Los psicólogos que estudian los fundamentos biológicos que subyacen a la conducta podrían examinar si alguna anormalidad cerebral o desequilibrio químico puede explicar el comportamiento del *Bombardero*.

■ Los psicólogos que estudian los procesos de aprendizaje y pensamiento podrían considerar la manera en que desarrolló la pericia para hacer bombas, así como el razonamiento empleado en las largas declaraciones que redactó con la descripción de sus creencias.

■ Los psicólogos que se especializan en el estudio de la memoria podrían investigar la precisión de los recuerdos de la gente respecto a la apariencia del *Bombardero* o de los bombazos.

■ Los psicólogos del desarrollo, que estudian el crecimiento y el cambio a lo largo de toda la vida, podrían preguntarse qué indicios podrían ser encontrados en la infancia de Kaczynski para explicar su comportamiento adulto, y por qué este último difiere tanto del de otros miembros familiares criados en el mismo ambiente.

Ted Kaczynski, sospechoso de ser *el Bombardero*, fue arrestado en su cabaña lejana en los bosques de Montana. El hogar sólo tenía 3.30 por 4 metros y carecía de plomería y electricidad. Lo que contenía era una variedad de explosivos.

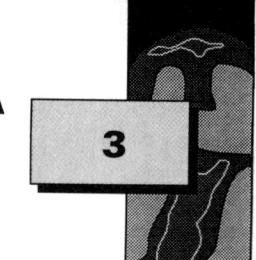

■ Los psicólogos de la salud, que examinan la relación entre los factores físicos y psicológicos, podrían enfocarse en la posibilidad de que las víctimas sobrevivientes de Kaczynski enfrentaran un estrés y enfermedad inusuales como resultado de su encuentro cercano con la muerte.

■ Los psicólogos clínicos y especialistas en consejería, que proporcionan terapia para trastornos psicológicos, buscarían conocer si el *Bombardero* tenía un trastorno psicológico identificable.

■ Los psicólogos sociales, que estudian cómo los pensamientos, sentimientos y acciones de las personas son afectados por otros, intentarían entender qué condujo a Kaczynski a evitar el contacto humano al retirarse de la sociedad y cómo elegía a sus víctimas.

Aun cuando los enfoques que estos diferentes tipos de psicólogos pudieran utilizar en el estudio del impacto de la explosión son diversos, existe un vínculo común: cada uno representa un área especializada dentro del campo general de estudio llamado psicología. La **psicología** es el estudio científico del comportamiento y de los procesos mentales.

Psicología: estudio científico del comportamiento y los procesos mentales.

Aunque esta definición parece sencilla, es engañosamente simple. De hecho, desde los primeros movimientos de la disciplina, los psicólogos han debatido acerca de qué debe constituir el alcance apropiado del campo. ¿Deben limitarse los psicólogos al estudio de la conducta externa observable? ¿Es posible estudiar los procesos de pensamiento interno de manera científica? ¿Debe el campo abarcar el estudio de temas tan diversos como salud física y mental, percepción, ensoñación y motivación? ¿Es apropiado centrarse sólo en el comportamiento humano, o debe ser incluido el de los seres no humanos?

La mayoría de los psicólogos responden estas preguntas tomando una perspectiva amplia, afirmando que el campo debe ser receptivo a una variedad de puntos de vista y enfoques. En consecuencia, debe entenderse que la frase "comportamiento y procesos mentales" en la definición significa muchas cosas: abarca no sólo las acciones de las personas, también sus pensamientos, sentimientos, percepciones, procesos de razonamiento, recuerdos e incluso las actividades biológicas que mantienen el funcionamiento corporal.

Cuando los psicólogos hablan de "estudiar" el comportamiento y los procesos mentales, su perspectiva es, por igual, amplia. Para los psicólogos no basta simplemente con describir el comportamiento. Como cualquier otra ciencia, la psicología intenta explicar, predecir, modificar y en última instancia, mejorar la vida de la gente y el mundo en el que vive.

Al utilizar métodos científicos, los psicólogos pueden encontrar respuestas a preguntas sobre la naturaleza del comportamiento y los procesos de pensamiento humanos, que son mucho más válidas y legítimas que aquellas resultantes de la pura intuición y especulación. Y qué gran variedad de preguntas hacen los psicólogos. Consideremos estos ejemplos: ¿cómo percibimos los colores?, ¿qué es la inteligencia?, ¿tiene cura el comportamiento anormal?, ¿cuánto tiempo podemos pasar sin dormir?, ¿puede retrasarse el proceso de envejecimiento?, ¿cómo nos afecta el estrés?, ¿cuál es la mejor manera de estudiar?, ¿cuál es el comportamiento sexual normal?, ¿cómo reducimos la violencia?

Estas preguntas constituyen sólo algunas pistas de los diversos temas que se presentarán en este libro mientras analizamos el campo de la psicología. Nuestras discusiones nos harán recorrer el espectro de lo que se sabe acerca del comportamiento y los procesos mentales. Algunas veces nos alejaremos del dominio de los humanos para explorar el comportamiento animal, ya que muchos psicólogos estudian a organismos no humanos para determinar leyes generales de comportamiento que se aplican a *todos* los organismos. El comportamiento animal, por lo tanto, proporciona claves importantes para responder preguntas sobre el comportamiento humano. Sin embargo, siempre regresaremos a una consideración de la utilidad de la psicología para ayudar a resolver los problemas cotidianos que confrontan todos los seres humanos.

En resumen, este libro no sólo cubrirá la amplitud del campo de la psicología, sino que intentará transmitir su contenido en una forma que anime su interés y curiosidad continua acerca de esta disciplina. Con este fin, se pretende que el texto proporcione una comunicación tan cercana a lo que sería la de dos personas sentadas y discutiendo la psicología

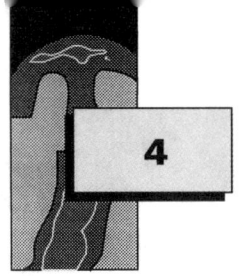

4

como sea posible transmitir con la palabra escrita; cuando escribo "nosotros", me refiero a nosotros dos: lector y escritor. Parafraseando una expresión de los que pasan mucho tiempo con las computadoras, se pretende que el libro sea "amigable con el lector".

Usted descubrirá acerca de cómo los psicólogos han sido capaces de aplicar lo aprendido para resolver problemas prácticos que la gente encuentra en su vida cotidiana (recuadros de *La psicología en acción*). Conocerá gente que experimentó en forma directa lo valiosa que puede ser una formación en psicología en sus vidas profesionales (recuadros de *Los caminos de la psicología*). Aprenderá acerca de las contribuciones que la psicología puede hacer para aumentar nuestra comprensión del mundo multicultural en el que vivimos (secciones *Exploración de la diversidad*).

Por último, encontrará secciones en cada capítulo que intentan hacerlo un consumidor más enterado de la información psicológica. Estas secciones de *El consumidor de psicología bien informado* discuten recomendaciones concretas para incorporar la disciplina en su vida. Intentan aumentar su capacidad para evaluar en forma crítica las contribuciones que los psicólogos pueden ofrecer a la sociedad.

El libro, pues, se diseñó para hacerle más fácil el aprendizaje del material que discutimos. Con base en los principios desarrollados por psicólogos que se especializan en el aprendizaje y la memoria, la información se presenta en partes relativamente pequeñas, incluyendo en cada capítulo de tres a cinco secciones principales. Cada uno de estos segmentos empieza con algunas preguntas amplias y concluye con una sección de *Recapitulación y repaso* que enlista los puntos clave y plantea una serie de preguntas. Algunas interrogantes proveen una prueba rápida de recuerdo y las respuestas se proporcionan después del repaso. Otras, denominadas *Pregúntese a sí mismo*, son de alcance más amplio y se diseñaron para producir análisis críticos de la información. Estos autoexámenes le ayudarán a aprender, y luego recordar, el material. Para reforzar más su comprensión de términos y conceptos importantes, cada capítulo termina con un resumen general y una lista de términos clave.

La estructura del libro se presenta en este capítulo introductorio, el cual presenta varios temas que son centrales para un entendimiento de la psicología. Empezaremos por describir los diferentes tipos de psicólogos y los diversos papeles que desempeñan. A continuación examinamos las perspectivas principales usadas para guiar el trabajo de los psicólogos. Por último, identificaremos los problemas importantes que subyacen a la visión que tienen los psicólogos del mundo y la conducta humanos, y discutimos la forma en la que los psicólogos plantean —y responden— preguntas acerca del mundo.

- **¿Qué es la psicología, y por qué es una ciencia?**
- **¿Cuáles son las diferentes ramas del campo de la psicología?**
- **¿Dónde son empleados los psicólogos?**

EL TRABAJO DE LOS PSICÓLOGOS

Inclinada frente a una mesa de laboratorio, la mujer extirpa las glándulas suprarrenales de un ratón marsupial café australiano. Los miembros masculinos de la especie muestran una curiosa característica: después de 5 a 12 horas de copulación continua, mueren. Sin embargo, este comportamiento sólo ocurre durante un periodo de dos semanas. La mujer cree que las glándulas suprarrenales desencadenan este furioso comportamiento sexual en respuesta a variaciones estacionales en la duración del día y los cambios en la temperatura (Hunt, 1993; Nelson, Badura y Goldman, 1990).

El hombre de mediana edad da la bienvenida a los participantes en el estudio, quienes, con mayor frecuencia, entran en la habitación en pares. Esto difícilmente es extraordinario en vista de que el porpósito del estudio es examinar gemelos. Ellos han venido a un sitio de prueba para encontrarse con investigadores que estudian semejanzas en los rasgos de comportamiento y de personalidad de gemelos. Al comparar a los pares que han vivido juntos casi toda su vida con aquellos a los que se les ha separado desde el nacimiento, los investigadores buscan determinar la influencia relativa de la herencia y la experiencia en el comportamiento humano.

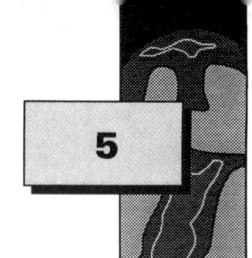
Reconstruyendo en forma metódica —y dolorosa— acontecimientos de años anteriores, el estudiante universitario descubre un secreto de la niñez que no ha revelado con anterioridad a nadie. El oyente responde con apoyo, sugiriéndole que su preocupación es una compartida por mucha gente.

Aunque el último párrafo puede ser el único que encaje en la imagen de la labor de un psicólogo, cada uno de estos episodios describe trabajo llevado a cabo por psicólogos contemporáneos. El alcance y amplitud de la psicología son amplios de manera notable.

Las ramas de la psicología: el árbol genealógico de la psicología

La psicología puede compararse con una gran familia extensa, con múltiples sobrinas y sobrinos, tías y tíos, y primos que pueden no interactuar en una base cotidiana, pero que están relacionados entre sí en formas fundamentales.

Examinaremos el árbol genealógico de la psicología al considerar cada una de las áreas importantes de especialidad del campo, describiéndolas en el orden general en el que se discuten en capítulos subsecuentes de este libro. La figura 1.1 describe la proporción de los psicólogos que se identifican a sí mismos como pertenecientes a cada una de estas áreas fundamentales de especialización importantes.

Las bases biológicas del comportamiento   En el sentido más fundamental las personas son organismos biológicos, y algunos psicólogos investigan las formas en las que funciones y estructuras fisiológicas de nuestro cuerpo trabajan en conjunto para influir en nuestro comportamiento. La *biopsicología* es la rama de la psicología que se especializa en las bases biológicas del comportamiento. Los biopsicólogos estudian una amplia gama de temas, concentrándose en el funcionamiento del cerebro y el sistema nervioso. Por ejemplo, pueden examinar las maneras en que sitios específicos del cerebro se relacionan con un trastorno como el Parkinson (véase el capítulo 2), o pueden tratar de determinar cómo es que las sensaciones corporales se relacionan con las emociones (véase el capítulo 9).

Sensación, percepción, aprendizaje y pensamiento   Si se ha preguntado alguna vez qué tan aguda es su vista, cómo es que siente el dolor o cuál es la mejor manera de estudiar, la pregunta que planteó puede responderla de modo más adecuado un psicólogo experimental. La *psicología experimental* es la rama de la psicología que estudia los procesos de la sensación, la percepción, el aprendizaje y el pensamiento acerca del mundo.

El trabajo de los psicólogos experimentales coincide con el que realizan los biopsicólogos y con el de otros tipos de psicólogos. Por esta razón, el término "psicólogo

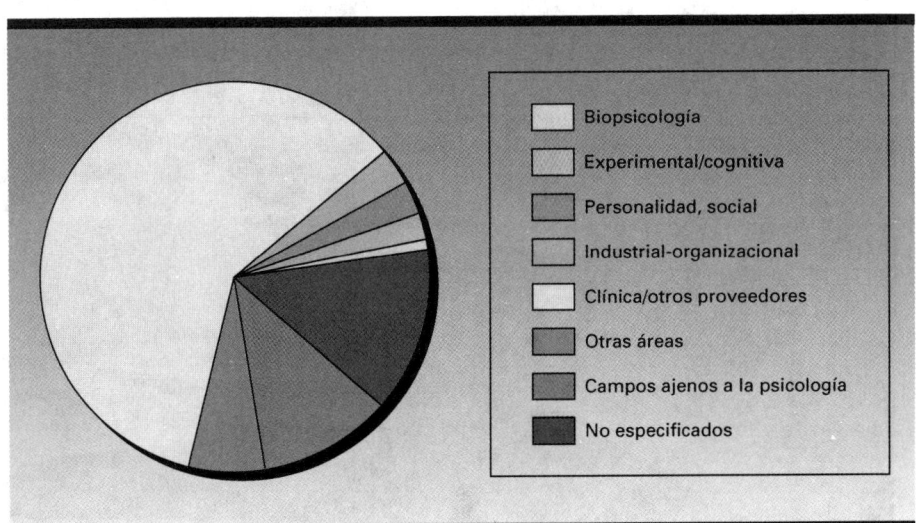

FIGURA 1.1   El porcentaje de psicólogos que se ubican en las principales áreas de especialidad del campo. *(Fuente: APA, oficina de investigación, 1995, con base en los integrantes de la APA.)* (Véase Sección a color, pág. A.)

experimental" es un tanto equívoco; los psicólogos de cualquier especialidad hacen uso de técnicas experimentales, y aquel no se limita de manera específica a la utilización de métodos experimentales.

Son varias las subespecialidades que derivan de la psicología experimental a tal grado que se han convertido en ramas centrales del campo de la psicología por derecho propio. Un ejemplo de estas especialidades es la *psicología cognitiva*, la cual se dirige al estudio de los procesos mentales superiores, incluyendo pensamiento, lenguaje, memoria, solución de problemas, conocimiento, razonamiento, juicio y toma de decisiones. Abarcando una amplia gama del comportamiento humano, los psicólogos cognitivos han logrado, por ejemplo, identificar maneras más eficientes para recordar las cosas, así como mejores estrategias para la solución de problemas que impliquen el uso de la lógica (como se expone en los capítulos 6 y 7).

La comprensión del cambio y las diferencias individuales   Un bebé que esboza su primera sonrisa... que da sus primeros pasos... que pronuncia su primera palabra. Estos acontecimientos que se pueden caracterizar como piedras angulares universales en el desarrollo humano, son asimismo sumamente especiales y únicos para cada persona. Los psicólogos del desarrollo, cuya labor se expone en el capítulo 10, rastrean los cambios físicos, cognitivos, sociales y emocionales que ocurren a lo largo de la vida.

La *psicología del desarrollo* es, pues, la rama de la psicología que estudia cómo es que crece y cambia la gente a lo largo de sus vidas. Otra rama, la *psicología de la personalidad*, intenta dar una explicación a la consistencia y a los cambios que se observan en el comportamiento de una persona a lo largo del tiempo, así como a los rasgos individuales que diferencian el comportamiento de una persona del de las demás cuando se enfrentan a una misma situación. Los principales temas que se relacionan con el estudio de la personalidad se expondrán en el capítulo 11.

La salud física y mental   Si usted tiene problemas para entenderse con los demás, se encuentra con un sentimiento constante de infelicidad en su vida o tiene un miedo que le impide desempeñar sus actividades normales, puede acudir en busca de ayuda de alguno de los psicólogos que consagran su esfuerzo al estudio de la salud física o mental: los psicólogos de la salud, los clínicos y los dedicados a la consejería.

La *psicología de la salud* explora la relación existente entre los factores psicológicos y los padecimientos físicos o enfermedades. Por ejemplo, los psicólogos de la salud se interesan en cómo el estrés sostenido (un factor psicológico) puede afectar la salud física. También les preocupa identificar maneras de promover comportamientos que es-

Los consejeros que trabajan en los centros universitarios de orientación ayudan a los estudiantes a tomar decisiones para elegir carrera, técnicas de estudio y estrategias para afrontar los problemas cotidianos.

tén relacionados con una buena salud (como realizar más ejercicio) o de modos para desalentar comportamientos poco saludables, como fumar.

Para los psicólogos clínicos el centro de actividades se encuentra en el tratamiento y la prevención de perturbaciones psicológicas. La *psicología clínica* es la rama de esa disciplina que versa sobre el estudio, diagnóstico y tratamiento del comportamiento anormal. Los psicólogos clínicos se capacitan para diagnosticar y tratar problemas que van desde las crisis de la vida cotidiana, como puede ser la pena debida a la muerte de un ser querido, hasta situaciones más extremas como la pérdida de contacto con la realidad. Algunos psicólogos clínicos también realizan investigaciones sobre temas diversos, desde la identificación de los signos más tempranos de alteraciones psicológicas, hasta el estudio de la relación que existe en la manera en que los miembros de una familia se comunican entre sí y los trastornos psicológicos.

Como veremos al abordar el comportamiento anormal y su tratamiento en los capítulos 12 y 13, el tipo de actividades que llevan a cabo los psicólogos clínicos es sin duda muy variado. Son ellos quienes aplican y califican las pruebas psicológicas y proporcionan servicios psicológicos en los centros comunitarios de salud mental. Incluso los problemas sexuales son tratados a menudo por los psicólogos clínicos.

Al igual que los psicólogos clínicos, los especialistas en consejería tratan los problemas psicológicos de la gente, aunque éstos son de un tipo particular. La *consejería* es la rama de la psicología que se concentra principalmente en los problemas de adaptación social, educativa y profesional. Casi todas las universidades cuentan con un centro de consulta integrado por psicólogos expertos en consejería. Aquí es donde los estudiantes pueden recibir consejos sobre los tipos de trabajo para los que son más aptos, métodos eficaces de estudio y estrategias para resolver las dificultades cotidianas, como problemas con los compañeros de cuarto y preocupaciones acerca de las modalidades para calificar de un determinado profesor. Muchas empresas comerciales importantes también emplean a psicólogos especialistas en consejería para apoyar a los empleados con problemas que tengan relación con su actividad laboral.

Con vínculos muy directos con la consejería está la *psicología educativa*. Ésta se encarga de estudiar cómo es que el proceso educativo afecta a los estudiantes. Está interesada, por ejemplo, en las maneras de comprender la inteligencia, en el desarrollo de mejores técnicas de enseñanza y en la comprensión de la interacción entre estudiantes y maestros. También cubre la valoración de niños de escuelas primarias y secundarias que experimentan problemas académicos o emocionales, así como el desarrollo de soluciones para éstos.*

La comprensión de nuestras redes sociales   Ninguno de nosotros vive aislado, todos formamos parte de una compleja red de interrelaciones sociales. Estas redes con otras personas y con la sociedad en su conjunto son el centro de estudio de muy diversas clases de psicólogos.

La *psicología social*, tal como se verá en el capítulo 14, es el estudio de cómo los pensamientos, sentimientos y acciones de la gente se ven afectados por los demás. Los psicólogos sociales se concentran en factores tan variados como la agresividad humana, el cariño y el amor, la persuasión y la conformidad a las normas. Por ejemplo, los psicólogos sociales preguntan: "¿La observación de violencia televisada hace más agresivas a las personas?" "¿Cuál es el papel de la atracción física para elegir un cónyuge?" Y, "¿cómo somos influidos por los vendedores?"

La *psicología industrial-organizacional* se interesa por la psicología del lugar de trabajo. Trata específicamente de temas tales como productividad, satisfacción en el trabajo y toma de decisiones. Una rama que se relaciona con la anterior es la de la *psicología del consumidor*, que analiza los hábitos de compra de la gente y los efectos que tiene la publicidad en el comportamiento del comprador. Un psicólogo industrial-organizacional podría hacer la siguiente pregunta: "¿cómo se puede influir a los trabajadores para mejorar la calidad de los productos que generan?", en tanto que un psicólogo especialis-

* *N. del R.T.* En Estados Unidos, este último aspecto constituye el campo de estudio de otra rama de la psicología, la llamada psicología escolar.

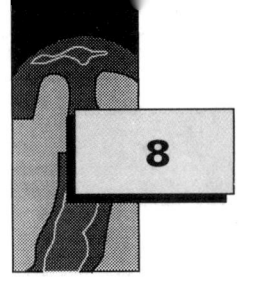

ta en comportamiento del consumidor podría formular la pregunta correspondiente: "¿en qué medida es relevante la calidad del producto para las decisiones de compra de un artículo determinado?"

Por último, la *psicología transcultural* investiga semejanzas y diferencias de funcionamiento psicológico existentes entre diversos grupos étnicos y culturas. Los psicólogos que se especializan en temas transculturales investigan asuntos como el que a continuación se menciona (Shweder y Sullivan, 1993): "¿En qué medida las diferencias en el desempeño académico se derivan de los factores a los que individuos de culturas distintas atribuyen sus éxitos y fracasos en materia académica? (un factor que puede dar cuenta de las diferencias en rendimiento académico existentes entre los estudiantes estadounidenses y los japoneses)" "¿Cómo es que las prácticas de crianza, que difieren de manera sustancial de una cultura a otra, afectan los valores y las actitudes que las personas tendrán cuando se conviertan en adultos?" "¿Por qué las culturas varían en su interpretación de lo que constituye el atractivo físico?"

Áreas emergentes   Conforme el campo de la psicología ha madurado, siguió en aumento el número de áreas de especialización (Bower, 1993; Koch, 1993). Por ejemplo, el estudio de la *psicología de la mujer* se concentra en los factores psicológicos que se relacionan con el comportamiento y desarrollo de las mujeres. Se enfoca en una amplia gama de problemas como la discriminación contra las mujeres, la posibilidad de que existan diferencias estructurales de género en los cerebros, los efectos de las hormonas en la conducta y las causas de la violencia contra las mujeres.

Otra área emergente es la *neuropsicología clínica*, la cual une las áreas de la biopsicología y la psicología clínica. Se enfoca en la manera en que los factores biológicos, como las disfunciones cerebrales, se relacionan con los trastornos psicológicos.

La *psicología ambiental* considera la relación entre la gente y su entorno físico. Los psicólogos ambientales han hecho progresos significativos en la comprensión de la forma en que nuestro ambiente físico afecta la manera en que nos comportamos frente a los demás, nuestras emociones y el nivel de estrés que experimentamos en un escenario particular. La *psicología forense* se concentra alrededor de asuntos legales tales como la determinación de los criterios para declarar si una persona está trastornada para efectos de la ley, o si los jurados más o menos numerosos toman decisiones más justas (Kempton, Darley y Stern, 1992; Stern, 1992).

"¿Hay una ventaja al jugar en una cancha local?" "¿Existen diferencias de personalidad entre personas que participan en deportes y programas de ejercicio y aquellas que no participan?" "¿La participación en deportes reduce la conducta agresiva?" "¿Cómo podemos motivarnos para desempeñarnos en nuestro nivel óptimo?" Esta clase de preguntas son abordadas por la *psicología del deporte*, la rama del campo que investiga las aplicaciones de la disciplina a la actividad atlética y el ejercicio. Considera el papel de la motivación, los aspectos sociales de los deportes e incluso problemas fisiológicos como el impacto del entrenamiento en el desarrollo muscular.

Los psicólogos que se interesan en la *evaluación de programas* constituyen también un grupo en proceso de crecimiento. Se dedican a la evaluación de programas a gran escala, por lo general a cargo del gobierno, con el fin de determinar si en efecto tienen éxito en el logro de sus objetivos. Por ejemplo, los psicólogos que se especializan en la evaluación examinan la efectividad de servicios gubernamentales en Estados Unidos tales como el programa preescolar Head Start y el programa Medicaid (Rossi y Freeman, 1993; Fink, 1993; Cook y Shadish, 1994).

Los psicólogos forenses usan jurados simulados, como éste, para predecir el resultado de los juicios con jurados reales.

Exploración de la diversidad

La demografía de la disciplina

Se busca: Profesor adjunto para una pequeña universidad orientada a las humanidades. Para dictar cursos de introducción a la psicología y cursos de especialización en las áreas de psicología cognitiva, percepción y aprendizaje. Se requiere un fuerte compromiso hacia la enseñanza de calidad y asesoría académica a estudiantes. Los candidatos deberán presentar evidencia de su trabajo académico y de su productividad o potencial de investigación.

Se busca: Psicólogo industrial-organizacional para asesoría. Empresa internacional solicita psicólogos para trabajo de tiempo completo como asesores ejecutivos. Los candidatos deberán tener capacidad para establecer *rapport* efectivo con altos ejecutivos comerciales y apoyarlos con soluciones psicológicamente sólidas, prácticas e innovadoras para problemas relacionados con personas y empresas.

Se busca: Psicólogo clínico. Se requiere nivel de doctorado, experiencia hospitalaria, con licencia para ejercer. Clínica general busca psicólogo para trabajar con niños y adultos, que conduzca terapia individual y de grupo, evaluaciones psicológicas, intervenciones en crisis y diseño de planes de intervención en un equipo multidisciplinario. Es deseable que tenga amplia experiencia en problemas de adicciones a fármacos.

El lugar de trabajo de la psicología   Dada la diversidad de papeles que desempeñan los psicólogos, no resulta sorprendente que trabajen en contextos muy diversos. Son muchos los psicólogos empleados por instituciones de educación superior (IES) (universidades, IES con programas terminales y no terminales y escuelas de medicina) o que trabajan como profesionistas independientes que tratan directamente a sus clientes. El siguiente ámbito de empleo en importancia son los hospitales, las clínicas, los centros comunitarios de salud mental y los centros de orientación. Otros contextos incluyen las organizaciones de servicios humanitarios, las instituciones de investigación y asesoría, las empresas comerciales, y la industria (ODEER, 1994).

¿Por qué se encuentran tantos psicólogos en el contexto académico? La respuesta es que los tres papeles principales que desempeñan en la sociedad —profesor, científico y profesional clínico— se desarrollan con gran naturalidad en dicho ambiente. Con mucha frecuencia los profesores de psicología también están muy involucrados en labores de investigación o en actividades de servicio a pacientes. Sin embargo, cualquiera que sea su contexto de trabajo, los psicólogos comparten el compromiso de mejorar tanto las vidas de los individuos en particular como la de la sociedad en general (Peterson, 1991; Coie, Watt, West Hawkins, Asarnow, Narkman, Ramey, Shure y Song, 1993; Rheingold, 1994).

Los psicólogos: un retrato estadístico   ¿Hay un psicólogo "promedio"? Es probable que no. Del mismo modo en que los subcampos de la psicología están muy diversificados, los tipos de personas que integran el campo también son bastante variados. Algunas estadísticas demográficas básicas comienzan a relatar la historia. Por ejemplo, alrededor del 60% de los psicólogos estadounidenses son hombres y un 40% mujeres. Pero estas cifras no son estáticas: para el año 2000 se espera que estos porcentajes sean más o menos iguales, y se predice que para el 2010 el número de mujeres en el campo excederá al de hombres (APA, 1993; Fowler, 1993).

Además, aunque la mayoría de los psicólogos se encuentra en Estados Unidos, el campo se extiende bastante más allá de las fronteras de este país. Poco más de un tercio de los 500 000 psicólogos que existen se encuentran en otras partes del mundo (Rosenzweig, 1992).

Un problema de gran preocupación para los psicólogos de Estados Unidos es la falta relativa de diversidad en términos de raza y origen étnico entre ellos. De acuerdo con las cifras de encuestas recopiladas por la Asociación Psicológica Americana, de aquellos psicólogos que se identifican a sí mismos por raza y origen étnico —y casi una quinta parte no respondió a esta pregunta— la gran mayoría son blancos. La discriminación que existió y una falta de estímulo para que las minorías ingresen en el campo dio como resultado una situación en la que menos del 2% son hispanos, 1.6% afroamericanos, 1.2% asiáticos y 0.5% indios americanos. Aunque es mayor el número de psicólogos no blancos que en la actualidad todavía no se gradúan, las cifras aún no son representativas de la proporción de las minorías en la sociedad en conjunto. De hecho, los incrementos no se han mantenido a la par con el crecimiento cada vez mayor de las poblaciones minoritarias (APA, 1994).

La subrepresentación de las minorías raciales y étnicas entre los psicólogos es significativa por varias razones. Primera, el campo de la psicología puede verse disminuido

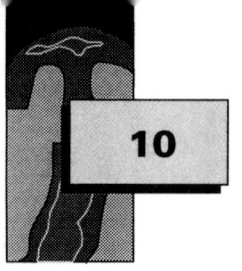

por la carencia de las perspectivas y talentos diversos proporcionados por miembros de grupos minoritarios. Además, los psicólogos de estos últimos grupos sirven como modelos para los miembros de las comunidades minoritarias. Su falta de representación dentro de la profesión puede disuadir a miembros adicionales de los grupos minoritarios de buscar entrar en el campo (King, 1993).

Por último, los miembros de grupos minoritarios con frecuencia prefieren recibir terapia y asesoría psicológicas de terapeutas de su misma raza o grupo étnico. La escasez relativa de psicólogos minoritarios puede desalentar por consiguiente a algunos miembros de grupos minoritarios de buscar tratamiento. En consecuencia, tanto la Asociación Psicológica Americana como instituciones de posgrado específicas buscan con vigor incrementar la cantidad de psicólogos de grupos subrepresentados (Sue y Sue, 1990; Fowler, 1993; Allison, Crawford, Echemendia, Robinson y Knepp, 1994).

La formación de un psicólogo   ¿Cómo se forma un psicólogo? La ruta más común es larga. La mayoría de los psicólogos estadounidenses tienen grado de doctorado en forma de Ph.D. (doctorado en filosofía) o (con menos frecuencia) un Psy.D. (doctorado en psicología). El Ph.D. es un título de investigación, que requiere una disertación basada en una investigación original, mientras que el Psy.D. es un título obtenido por psicólogos que desean enfocarse en el tratamiento de trastornos. Tanto el Ph.D. como el Psy.D. requieren de cuatro a cinco años de estudios después de haber concluido el nivel de posgrado (Ellis, 1992).

Algunos campos de la psicología implican educación más allá del doctorado. Por ejemplo, los psicólogos clínicos con nivel de doctorado que tratan a personas con trastornos psicológicos, por lo general hacen un año de internado. Pueden obtener su licencia a través de un comité de acreditación.

Aunque la mayoría de los psicólogos estadounidenses tiene grado de doctorado, no todos los que trabajan en el campo de la psicología lo poseen. Alrededor de un tercio tiene un grado de maestría, el cual se obtiene con un trabajo de dos o tres años después del pregrado. Los psicólogos con nivel de maestría pueden impartir enseñanza, realizar investigaciones bajo la supervisión de un psicólogo con nivel de doctorado, o trabajar en programas especializados que tratan la adicción a fármacos o la intervención en crisis (APA, 1993). Aún así, las oportunidades profesionales son más limitadas para aquellos con un grado de maestría que para los poseedores de un doctorado.

Estudiar un área de concentración en psicología durante el pregrado proporciona, en Estados Unidos, una preparación valiosa para una variedad de ocupaciones, aunque no permite el trabajo profesional en la disciplina. Por ejemplo, muchas personas en el comercio, enfermería, leyes, trabajo social y otras profesiones reportan que esta clase de educación ha demostrado ser invaluable en sus carreras.

Profesionales que no son psicólogos también tratan problemas psicológicos, pero su entrenamiento tiende a diferir del de los especialistas en esta disciplina en formas significativas. Por ejemplo, aunque los psiquiatras tratan a personas con trastornos psicológicos, tienen títulos médicos y la capacidad de recetar medicinas. Entrenados en un principio como médicos, a menudo se enfocan en las causas físicas de los trastornos psicológicos. En consecuencia, pueden ser más propensos a emplear tratamientos que implican fármacos, en lugar de enfocarse en las causas psicológicas. Además, las personas en campos relacionados, como trabajo social, consejo matrimonial y consejería educativa a menudo tratan con problemas psicológicos. Sin embargo, su entrenamiento directo en esta disciplina es más limitado que el alcanzado por los psicólogos.

RECAPITULACIÓN Y REVISIÓN

Recapitulación
- La psicología es el estudio científico del comportamiento y los procesos mentales.
- Entre los principales tipos de psicólogos están los biopsicólogos, los experimentales, los cognitivos, los del desarrollo y de la personalidad, los de la salud y clínicos y los expertos en consejería, los educativos y los transculturales.
- Muchos psicólogos trabajan para instituciones de educación superior y el resto labora en hospitales, clínicas y centros comunitarios de salud, o bien son profesionistas independientes.

Revisión

1. Las bases de la psicología descansan en la actualidad en:
   a. La intuición
   b. La observación y la experimentación
   c. El ensayo y el error
   d. La metafísica
2. Relacione cada rama de la psicología con los temas o las preguntas planteadas a continuación.
   a. Biopsicología
   b. Psicología experimental
   c. Psicología cognoscitiva
   d. Psicología del desarrollo
   e. Psicología de la personalidad
   f. Psicología de la salud
   g. Psicología clínica
   h. Consejería
   i. Psicología educativa
   j. Psicología social
   k. Psicología industrial
   l. Psicología del consumidor

   1. Julián, un estudiante de primer semestre en la universidad, siente pánico. Necesita adquirir mejores hábitos de estudio y aprender mejores técnicas organizativas para responder de forma adecuada a las exigencias universitarias.
   2. ¿A qué edad los niños comienzan a adquirir apego emocional con sus padres?
   3. Se piensa que las películas pornográficas en las que aparecen actos de violencia en contra de las mujeres pueden generar un comportamiento agresivo en algunos hombres.
   4. ¿Cuáles son las sustancias químicas que se liberan en el cuerpo humano como resultado de un suceso estresante? ¿Qué efectos tienen sobre el comportamiento?
   5. Juan responde a las situaciones de crisis de modo único, con un temperamento tranquilo y una actitud positiva.

6. Por lo general la gente se inclina más a comprar productos promovidos por actores atractivos y exitosos.
7. Los maestros de Javier, quien tiene ocho años de edad, se preocupan debido a que el niño ha comenzado a evitar la convivencia con los demás y ha perdido interés por las actividades escolares.
8. El trabajo de Janet es muy exigente y es la fuente de un gran estrés. Ella se pregunta si este estilo de vida la hace más propensa a contraer cierto tipo de enfermedades como el cáncer y los padecimientos cardiacos.
9. El psicólogo está intrigado por el hecho de que algunas personas son mucho más sensibles a los estímulos dolorosos que otras.
10. Un fuerte miedo a las multitudes provoca que una joven busque tratamiento para su problema.
11. ¿Cuáles son las estrategias mentales que están implicadas en la solución de problemas complejos de palabras?
12. ¿Cuáles son los métodos de enseñanza que motivan con mayor efectividad a los estudiantes de primaria para realizar con éxito sus labores académicas?
13. A Jessica le han pedido en su compañía que elabore una estrategia administrativa que fomente las prácticas de seguridad industrial en una planta de ensamblaje.

Pregúntese a sí mismo

Imagine que tiene un hijo de 7 años de edad con dificultades para aprender a leer. Asimismo, imagine que puede consultar a tantos psicólogos como desee. ¿Cómo analizaría el problema cada clase de psicólogo?

¿Son suficientes la intuición y el sentido común para comprender por qué las personas actúan de cierta forma? ¿Por qué es adecuado un enfoque científico para el estudio del comportamiento humano?

(Las respuestas a las preguntas de revisión aparecen en la página 13.)

- *¿Cuáles son las raíces históricas del campo de la psicología?*
- *¿Cuáles son los enfoques principales utilizados por los psicólogos contemporáneos?*
- *¿Cuál es el probable futuro de la psicología?*

UNA CIENCIA EVOLUCIONA: PASADO, PRESENTE Y FUTURO

Hace medio millón de años los pueblos primitivos supusieron que los problemas psicológicos eran provocados por la presencia de espíritus malignos. Para permitir que éstos pudieran escapar, los curanderos antiguos realizaban una operación denominada trepanación. Ésta consistía en dar golpes en el cráneo con instrumentos de piedra muy rudimentarios hasta lograr hacer un orificio en el hueso. Debido a que los arqueólogos han encontrado cráneos con señales de que las heridas alrededor del orificio sanaron, es posible suponer que los pacientes en ocasiones sobrevivían al procedimiento.

Hipócrates, el destacado médico griego, pensaba que la personalidad estaba compuesta por cuatro temperamentos: sanguíneo (alegre y activo), melancólico (triste), colérico (enojado y agresivo) y flemático (calmado y pasivo). Éstos se hallaban influidos por la presencia de "humores", o fluidos, en el cuerpo. Si un humor estaba desequilibrado, un médico buscaría incrementar la deficiencia de aquél (por medio de una poción medicinal) o disminuir el exceso (a menudo a través de una sangría).

La afirmación de Descartes respecto a que los nervios eran tubos huecos por los que fluían los impulsos como el calor, fue aceptada ampliamente en otra época.

De acuerdo con el filósofo Descartes, los nervios eran tubos huecos por los que "espíritus animales" conducían impulsos del mismo modo en que el agua fluye por una tubería. Cuando una persona acercaba demasiado un dedo al fuego, se transmitía el calor por medio de los espíritus animales a través del tubo directamente al cerebro.

Franz Josef Gall, científico del siglo XVIII, aseguraba que un observador entrenado podía discernir la inteligencia, el temperamento moral y otros rasgos básicos de la personalidad por la forma y el número de protuberancias en el cráneo de una persona. Su teoría dio origen a la "ciencia" de la frenología, que practicaron cientos de especialistas dedicados en el siglo XIX.*

Aunque estas explicaciones "científicas" pueden parecernos exageradas, en una época representaron el pensamiento más avanzado en lo que puede considerarse como la psicología de la época. Incluso sin saber gran cosa acerca de la psicología moderna es posible conjeturar que nuestra comprensión del comportamiento ha avanzado mucho desde que se formularon estas primeras concepciones. Sin embargo, la mayor parte de los avances se han realizado en fechas recientes, puesto que, en lo que respecta al conjunto de las ciencias, la psicología es uno de los integrantes de más reciente aparición.

A pesar de que sus raíces se pueden rastrear en el pasado hasta los antiguos griegos y romanos, y a pesar de que los filósofos han discutido durante varios cientos de años acerca de algunos de los mismos problemas que abordan los psicólogos de la actualidad, el origen formal de la psicología se suele fijar en el año de 1879. En este año, Wilhelm Wundt estableció el primer laboratorio dedicado al estudio experimental de los fenómenos psicológicos en Leipzig, Alemania. Más o menos al mismo tiempo, el estadounidense William James estableció su laboratorio en Cambridge, Massachusetts.

A lo largo de casi doce décadas de existencia formal, la psicología ha llevado una vida muy activa y dinámica, desarrollándose gradualmente hasta convertirse en una verdadera ciencia (Hilgard, Leary y McGuire, 1991; Robinson, 1995). Como parte de esta evolución ha producido una serie de perspectivas conceptuales, o *modelos*. Éstas representan sistemas organizados de ideas y conceptos interrelacionados que se emplean para explicar fenómenos. Algunas de estas perspectivas se descartaron —como lo fueron las concepciones de Hipócrates y Descartes— pero otras se perfeccionaron y ofrecen a los psicólogos un conjunto de mapas con los cuales guiarse.

Cada una de las perspectivas proporciona un panorama específico, poniendo énfasis sobre distintos factores. Así como no habremos de emplear un solo mapa sino varios de ellos para hallar nuestro camino en un área geográfica determinada —un mapa para que nos muestre los caminos, otro, los principales accidentes geográficos, y uno más, la topografía de los valles y las montañas— los psicólogos también descubrieron que la utilización de diversos enfoques es de utilidad para comprender el comportamiento. Dadas la diversidad y la complejidad de éste, ninguna perspectiva o modelo específicos ofrecerá invariablemente una explicación óptima. Sin embargo, en conjunto, las diferentes perspectivas nos proporcionan un medio para explicar la extraordinaria amplitud del comportamiento.

Las raíces de la psicología

Cuando Wilhelm Wundt estableció el primer laboratorio de psicología en 1879, su objetivo era estudiar los elementos primarios de la mente. Considerando a la psicología como el estudio de la experiencia consciente, desarrolló un modelo que llegó a conocerse como estructuralismo. El **estructuralismo** se concentraba en los elementos fundamentales que conforman las bases del pensamiento, la conciencia, las emociones y otros tipos de estados y actividades mentales.

Para lograr comprender de qué forma las sensaciones básicas se combinan para producir nuestra conciencia del mundo, Wundt y otros estructuralistas se sirvieron de un procedimiento denominado **introspección** a fin de estudiar la estructura de la mente. En

Estructuralismo: enfoque primigenio de la psicología que se concentraba en los elementos fundamentales que conforman las bases del pensamiento, la conciencia, las emociones y otros tipos de estados y actividades mentales.

Introspección: procedimiento empleado para estudiar la estructura de la mente, en el que se pide a los sujetos describir con detalle lo que experimentan cuando se les expone a un estímulo determinado.

* *N. del R.T.* Una referencia muy interesante al respecto se encuentra en la novela del escritor mexicano Fernando del Paso, *Palinduro de México* (México, Diana, 1987), pp. 175-178.

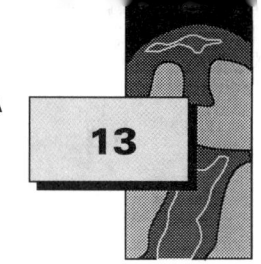

la introspección, a las personas se les presentaba un estímulo —como puede ser un objeto verde y brillante o un enunciado escrito en una tarjeta— y se les pedía que describieran, en sus propias palabras y con tanto detalle como les fuera posible, lo que experimentaban. Wundt aseguraba que los psicólogos lograrían comprender la estructura de la mente por medio de los informes que proporcionaban las personas con relación a sus reacciones.

Sin embargo, el estructuralismo de Wundt no soportó la prueba del tiempo. Los psicólogos quedaban cada vez menos satisfechos con el supuesto de que la introspección fuera capaz de descubrir los elementos fundamentales de la mente. Por un lado, las personas tenían dificultades para describir cierto tipo de experiencias internas, tales como las respuestas emocionales. (Por ejemplo, la próxima vez que tenga la experiencia de la ira, trate de analizar y de explicar los elementos primarios de lo que está sintiendo.)

Además, la descomposición de los objetos en sus unidades mentales más básicas en ocasiones parecía una empresa extraña. Un libro, por ejemplo, no podía ser descrito por un estructuralista meramente como un libro, sino que en lugar de ello debía descomponerlo en sus diversos componentes, como por ejemplo el material de la portada, los colores, las formas de las letras, etcétera. Por último, la introspección no era una técnica en realidad científica. Había pocas maneras en las que un observador externo podría verificar la precisión de las introspecciones que elaboraban las personas. Semejantes desventajas originaron el desarrollo de nuevos modelos, que en gran medida remplazaron al estructuralismo.

Sin embargo, es interesante señalar que todavía perduran importantes elementos estructuralistas. Como veremos en el capítulo 7, en los últimos veinte años se ha presenciado un resurgimiento en el interés por las descripciones de las personas acerca de sus experiencias internas. Los psicólogos cognitivos, que se enfocan en los procesos mentales superiores como el pensamiento, la memoria y la solución de problemas, han desarrollado técnicas novedosas para la comprensión de la experiencia consciente de las personas, las cuales superan muchas de las dificultades propias de la introspección.

Al modelo que remplazó en gran medida al estructuralismo en la evolución de la psicología se le denominó funcionalismo. En lugar de centrar su interés en los componentes de la mente, el **funcionalismo** ponía atención en lo que *hace* la mente —las funciones de la actividad mental—. Los funcionalistas, cuyo modelo gozó de gran prominencia a principios de este siglo, se preguntaron qué papeles desempeña el comportamiento para permitir una mejor adaptación de las personas a su entorno. Los funcionalistas, encabezados por el psicólogo estadounidense William James, en lugar de plantear preguntas tan abstractas como las que se refieren a los procesos del comportamiento mental, se dedicaron a examinar los modos en que el comportamiento le permite a las personas satisfacer sus necesidades. (Johnson y Henley, 1990). Usando el funcionalismo, el destacado educador estadounidense, John Dewey, desarrolló el campo de la psicología escolar, proponiendo procedimientos con los que las necesidades educativas de los estudiantes podrían satisfacerse mejor.

Otra reacción al estructuralismo lo fue el desarrollo de la psicología gestalt, a principios del presente siglo. La **psicología de la gestalt** es un modelo que se concentra en el estudio del modo en cómo se organiza la percepción. En lugar de considerar las partes individuales que conforman el pensamiento, los psicólogos de la gestalt emprendieron la labor opuesta, la de concentrarse en la manera en que las personas consideran a elementos individuales como unidades o un todo. Su principal hipótesis era la siguiente: "El todo es más que la suma de sus partes", lo que quiere decir que, cuando se les considera en conjunto, los elementos básicos que componen nuestra percepción de los objetos producen algo más grande y significativo que esos mismos elementos individuales por

Funcionalismo: uno de los primeros enfoques de la psicología que se concentraba en lo que hace la mente —las funciones de la actividad mental— y en el papel que desempeña el comportamiento en la adaptación de la gente a su entorno.

Psicología de la gestalt: enfoque de la psicología que se centra alrededor de la organización de la percepción y el pensamiento en términos de un "todo", en lugar de hacerlo con base en los elementos individuales de la percepción.

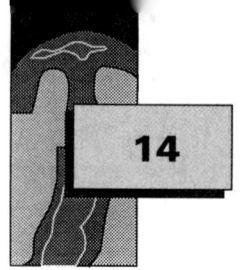

separado. Como veremos cuando se analice la sensación y la percepción en el capítulo 3, las contribuciones que realizaron los psicólogos de la gestalt al entendimiento de la percepción son enormes.

Las mujeres en la psicología: las madres fundadoras

A pesar de las restricciones sociales que limitaban la participación de las mujeres en muchas profesiones —y la psicología no era una excepción— distintas mujeres realizaron importantes contribuciones al campo de la psicología en sus primeros años (Russo y Denmark, 1987). Por ejemplo, a principios de este siglo Leta Stetter Hollingworth acuñó el término "sobresaliente" para designar a niños insólitamente brillantes, y escribió un libro sobre la adolescencia que se convirtió en un clásico (Hollingworth, 1928). Ella fue también una de las primeras especialistas en psicología en concentrarse en particular en asuntos relativos a la mujer. Por ejemplo, reunió datos para refutar la concepción muy popular a principios de siglo, de que las capacidades de las mujeres disminuían con regularidad durante determinadas partes del ciclo menstrual (Benjamin y Shields, 1990; Hollingworth, 1943/1990).

Otra figura de gran influencia fue June Etta Downey, quien encabezó el estudio de los rasgos de la personalidad en la década de 1920. Además, desarrolló una prueba de la personalidad que se utilizó ampliamente, convirtiéndose en la primera mujer en dirigir un departamento de psicología en una universidad estatal (Stevens y Gardner, 1982).

A pesar de las contribuciones realizadas por estas mujeres, la psicología era en gran medida en sus primeros años un campo del dominio masculino. Sin embargo, la situación ha cambiado a lo largo de la década pasada y, como se mencionó antes, el número de mujeres en la disciplina se incrementó con rapidez en años recientes. En consecuencia, cuando los futuros historiadores de la ciencia escriban acerca de la psicología en la década de 1990, es muy probable que habrán de registrar una historia de hombres *y* mujeres (Denmark, 1994).

Perspectivas contemporáneas

Las primeras raíces de la psicología son complejas y variadas. No es sorprendente, entonces, que el campo posea tal diversidad en la actualidad. Sin embargo, es posible abarcar toda la amplitud de la psicología valiéndose sólo de unas cuantas perspectivas básicas: biológica, psicodinámica, cognoscitiva, conductual y humanista. Cada una de estas perspectivas amplias, en evolución constante, destaca distintos aspectos del comportamiento y de los procesos mentales, y conduce el pensamiento de los psicólogos en direcciones un tanto diferentes.

La perspectiva biológica: sangre, sudor y miedos Cuando nos limitamos a lo básico vemos que el comportamiento lo realizan criaturas de carne y hueso. De acuerdo con la **perspectiva biológica**, el comportamiento de personas y animales se debe considerar en términos de su funcionamiento biológico: cómo están organizadas las células nerviosas individuales, en qué modo la herencia de ciertas características de los padres y otros antepasados influye en el comportamiento, cómo el funcionamiento del cuerpo tiene efectos sobre las esperanzas y los temores, cuáles son los tipos de comportamiento que obedecen a los instintos, etcétera. Incluso tipos más complejos de comportamientos, como la reacción de un bebé a los extraños, se considera que se deben a componentes biológicos críticos según los psicólogos que usan la perspectiva biológica.

Debido a que todo comportamiento puede en cualquier momento descomponerse en sus elementos biológicos, esta perspectiva goza de una amplia aprobación. Los psicólogos que se suscriben a ella han realizado contribuciones importantes para comprender y mejorar la vida humana, que van desde el desarrollo de curas para algunos tipos de problemas de audición, hasta la identificación de fármacos para el tratamiento de personas que padecen serios trastornos mentales.

Perspectiva biológica: modelo psicológico que concibe el comportamiento desde la perspectiva del funcionamiento biológico.

Sigmund Freud (1856-1939) proporcionó el ímpetu para la perspectiva psicodinámica, la cual considera que las raíces del comportamiento humano residen en el inconsciente.

La perspectiva psicodinámica: la comprensión de la persona interna Para muchas personas que nunca han tomado un curso de psicología, esta disciplina comienza y termina con la **perspectiva psicodinámica**. Los que la apoyan creen que el comportamiento está motivado por fuerzas y conflictos internos sobre los cuales el individuo tiene poco control y conciencia. Los sueños y errores que uno comete al hablar son concebidos como indicadores de lo que una persona está sintiendo en realidad, en una efervescencia de actividad psíquica inconsciente.

La perspectiva psicodinámica está ligada de forma íntima a un individuo: Sigmund Freud. Él fue un médico vienés de principios del siglo XX cuyas ideas acerca de los determinantes inconscientes del comportamiento tuvieron un efecto revolucionario en el pensamiento de este siglo, no exclusivamente en la psicología, sino también en campos afines. Aunque muchos de los principios básicos del pensamiento psicodinámico han sido criticados con severidad, la perspectiva derivada de los trabajos de Freud proporcionó un medio útil no sólo para el tratamiento de los trastornos mentales, sino también para comprender fenómenos cotidianos como los prejuicios y la agresividad.

Perspectiva psicodinámica: modelo psicológico basado en la creencia de que el comportamiento está motivado por fuerzas internas sobre las que el individuo tiene un control mínimo.

La perspectiva cognitiva: la comprensión de las raíces del entendimiento El camino hacia la comprensión del comportamiento lleva a algunos psicólogos directamente hacia la mente. Evolucionando en parte del estructuralismo, la **perspectiva cognitiva** se concentra en los procesos que permiten a las personas conocer y comprender el mundo y pensar acerca de él. El énfasis aquí está en aprender cómo las personas comprenden y traducen el mundo exterior dentro de sí mismos. Los psicólogos cognitivos buscan explicar el modo en el que procesamos la información y cómo nuestras formas de pensar sobre el mundo influyen en el propio comportamiento.

Los psicólogos que se basan en esta perspectiva formulan preguntas que van desde si una persona puede ver la televisión y estudiar al mismo tiempo (la respuesta es "probablemente no"), hasta cómo un individuo se explica las causas del comportamiento de los demás. Los elementos comunes que relacionan a los enfoques cognitivos son el interés en saber cómo las personas comprenden y piensan acerca del mundo, y una preocupación por describir los patrones y las regularidades del funcionamiento de nuestras mentes.

Perspectiva cognitiva: modelo psicológico que se concentra alrededor de la forma en que las personas conocen, comprenden y piensan acerca del mundo.

La perspectiva conductual: observación de la persona exterior En tanto que los enfoques biológico, psicodinámico y cognitivo miran hacia adentro del organismo para determinar las causas del comportamiento, la perspectiva conductual utiliza un enfoque muy distinto. La **perspectiva conductual** surgió a partir del rechazo del énfasis inicial que ponía la psicología en el funcionamiento interno de la mente, sugiriendo en lugar de ello que el comportamiento observable debería ser el punto central de atención del campo.

John B. Watson fue el primer psicólogo importante de Estados Unidos en respaldar un enfoque conductual. En sus trabajos en la década de 1920, Watson sostuvo con firmeza que se podía obtener una comprensión completa del comportamiento al estudiar y modificar el ambiente en el que se desempeñaban las personas. De hecho, creía con cierto optimismo que, mediante un adecuado control del ambiente que rodea a una persona, se podría evocar cualquier tipo de comportamiento que se deseara. Sus propias palabras aclaran esta filosofía: "Denme una docena de niños saludables y bien formados y mi propio mundo bien especificado para criarlos, y les garantizo escoger al azar a cualquiera de ellos y capacitarlo para convertirlo en un especialista de cualquier área que se me ocurra —médico, abogado, artista, comerciante y, sí, hasta mendigo y ladrón, independientemente de sus talentos, inclinaciones, tendencias, capacidades, vocaciones y de la raza de sus antepasados" (Watson, 1924). En época más reciente, la perspectiva conductual fue encabezada por B.F. Skinner, quien, hasta su muerte en 1990, fue el psicólogo contemporáneo más conocido. Gran parte de nuestra comprensión sobre cómo se aprenden comportamientos nuevos se basa en la perspectiva conductual.

Como veremos, la perspectiva conductual se hace presente en todos los senderos de la psicología. Junto con la influencia que tiene en el área de los procesos de aprendizaje, esta perspectiva también realiza contribuciones en áreas tan variadas como el tratamien-

Perspectiva conductual: modelo psicológico que sugiere que el comportamiento observable debe ser el centro de estudio.

John B. Watson (1878-1958), el originador de la perspectiva conductual, en la que se enfatizan las respuestas observables a los estímulos.

to de trastornos mentales, la disminución de la agresividad, la solución de problemas sexuales, y hasta en la erradicación de la adicción a las drogas.

La perspectiva humanista: las cualidades únicas del *homo sapiens*   A pesar de que apareció hace ya algunas décadas, la perspectiva humanista es considerada todavía como el más nuevo de los enfoques principales. Rechazando las concepciones de que el comportamiento está determinado en gran medida por fuerzas biológicas automáticas, por procesos inconscientes o únicamente por el ambiente, la **perspectiva humanista** sugiere en su lugar que las personas están dotadas en forma natural con la capacidad de tomar decisiones respecto a sus vidas y de controlar su comportamiento.

Los psicólogos humanistas sostienen que todos poseen el poder de desarrollar niveles superiores de madurez y realización. En su opinión, las personas lucharán por alcanzar su mayor potencial si se les da la oportunidad. Por lo tanto, el énfasis se pone en el **libre albedrío**, la capacidad humana para tomar decisiones respecto a la vida propia.

La perspectiva humanista asume que las personas tienen la capacidad para hacer sus propias elecciones respecto a su comportamiento, en lugar de basarse en las normas sociales. Desde este punto de vista, alguien que lucha sólo por un empleo mediocre, no desafiante, no sería peor, ni mejor, que una persona que tiene aspiraciones más elevadas.

Más que cualquier otro enfoque, la perspectiva humanista subraya el papel de la psicología en el enriquecimiento de la vida de las personas y en la ayuda que puede brindarles para que logren realizarse. Aunque algo más limitada que las otras perspectivas generales, la perspectiva humanista ha tenido una influencia importante en los psicólogos, recordándoles su compromiso para con el individuo y la sociedad.

Es importante no permitir que las cualidades abstractas de la perspectiva humanista, al igual que las de los demás enfoques amplios que se han expuesto, lo confundan haciéndolo pensar que son exclusivamente teóricos: estas perspectivas subyacen a los trabajos actuales de naturaleza práctica como las que describimos a lo largo de este libro. Como punto de partida, considere el recuadro de *La psicología en acción* de este capítulo.

Perspectiva humanista: modelo psicológico que sostiene que las personas tienen control sobre sus vidas.

Libre albedrío: capacidad humana de tomar decisiones acerca de la propia vida.

LA PSICOLOGÍA EN ACCIÓN

La psicología y la prevención de la violencia

Mientras avanzaba despacio por un vagón del ferrocarril de Long Island, Colin Ferguson disparó varias cargas de balas con una pistola, matando a cinco personas e hiriendo a otras 23.

Un golpeador a sueldo estrella una porra en la rodilla de la patinadora Nancy Kerrigan en un esfuerzo por impedir que compitiera en los Juegos Olímpicos de invierno.

Una mujer es asesinada por dos rufianes adolescentes durante un asalto que les produjo a los perpetradores menos de dos dólares.

Se le llama la plaga del siglo xx: la violencia en Estados Unidos. Las encuestas muestran que la violencia y el crimen se encuentran en el primer lugar de cualquier lista de preocupaciones de la mayoría de los estadounidenses (*New York Times*/CBS News Poll, 1994).

Pero la violencia no ha pasado sin ser detenida. De hecho, el campo de la psicología desempeña un papel clave en la lucha contra la violencia. Psicólogos que se especializan en muchas áreas, empleando las perspectivas principales del campo, hacen esfuerzos concertados para reprimir la diseminación de la enfermedad y para tratar sus secuelas (APA Public Interest Directorate, 1993; Farley, 1993). Su trabajo se refleja en varias interrogantes planteadas por los psicólogos:

• ¿Qué medidas pueden tomarse para reducir la incidencia de violencia contra los miembros de grupos minoritarios? Aunque la violencia representa una amenaza significativa para todos los niños y jóvenes de ambos sexos, en Estados Unidos los hombres afroamericanos están en riesgo en forma particular. Por ejemplo, la causa más frecuente de muerte para los adolescentes afroamericanos varones son heridas producidas por un arma de fuego usada por un amigo o conocido. El índice más alto de violencia entre los jóvenes afroamericanos puede relacionarse con factores como el sentido de desesperación de los perpetradores respecto al futuro y la exposición a una subcultura de violencia (Fingerhut, Ingram y Feldman, 1992; Hammond y Yung, 1993).

Los psicólogos han diseñado varios programas de intervención dirigidos a adolescentes afroamericanos. Por ejemplo, un programa enseñaba habilidades sociales para emplearse en situaciones en las que es probable que los conflictos conduzcan a la violencia. Después de observar una serie de grabaciones de video en que aparecían modelos de conducta de su edad, los participantes en el programa tuvieron menos probabilidad de pelear y ser arrestados que los no participantes (Hammond y Yung, 1991). En otra aproximación, afroamericanos en edad escolar fueron enseñados a modificar sus interpretaciones de las acciones de otros: por ejemplo, a evitar apresurar la conclusión de que el comportamiento de los demás pretendía molestarlos. El entrenamiento resultó en una reducción del enojo frente a la provocación (Graham y Hudley, 1992). Un hecho que surgió con bastante claridad de esta investigación es el requisito de que los programas sean sensibles desde el punto de vista cultural, étnico y racial (Hammond y Yung, 1993).

• ¿Qué tan predominante es la violencia en la televisión? Es claro que ésta es común. Una encuesta encontró que de 94 programas de horario estelar examinados, 48 mostraron al menos un acto de violencia e incluyeron a 57 personas asesinadas y 99 asaltados (Hansen y Knopes, 1993). Además, el índice de crímenes violentos descritos en la televisión fue casi del doble del que se encuentra en la vida real en Estados Unidos. La televisión infantil también presenta índices altos de violencia. En la temporada 1992-1993, por ejemplo, la frecuencia de violencia en los programas infantiles fue de 18 escenas violentas por hora (Gerbner, Morgan y Signorielli, 1993; Waters, 1993).

¿La observación de violencia en la televisión promueve la violencia en el mundo real? Aunque no pueden estar seguros por completo, la mayoría de los psicólogos que han investigado la agresión concuerdan en que la observación de violencia en los medios masivos de comunicación aumenta la probabilidad de que los espectadores actúen en forma agresiva. Además, sirve para desensibilizar a los espectadores ante las exhibiciones de agresión, llevándolos a reaccionar con pasividad a los incidentes reales de agresión (Berkowitz, 1993).

• ¿Hay un vínculo hormonal para la agresión? El psicólogo James Dabbs, Jr., piensa que sí, con base en la investigación en las áreas de la biopsicología y la psicología social. Él y sus colegas examinaron el nivel de testosterona, una hormona masculina, en casi 5 000 veteranos del ejército de Estados Unidos. Examinando a los hombres con los niveles más altos y más bajos de testosterona, Dabbs encontró que aquellos en el grupo de altos niveles era más probable que se involucraran en una variedad de conductas agresivas y antisociales que los hombres en el grupo de niveles bajos (Dabbs y Morris, 1990).

• ¿Hay un ciclo de violencia; cómo podemos detenerlo? Los que maltratan a los niños a menudo han sido víctimas de maltrato en su propia infancia. De acuerdo con la explicación del "ciclo de violencia", el maltrato y descuido de los

niños hace más probable que cuando sean adultos maltraten y descuiden a sus propios hijos (Widom, 1989; Dodge, Bates y Petit, 1990). Esta noción sugiere que la violencia es perpetuada conforme cada generación aprende de la anterior la forma de comportarse en forma abusiva.

Los psicólogos del desarrollo, que estudian la maduración y el cambio a lo largo de la vida, han encontrado una cantidad considerable de evidencia que apoya la idea del ciclo de violencia. Sin embargo, dichas pruebas no cuentan la historia completa: ser maltratado no conduce de manera inevitable al maltrato de los propios hijos. Sólo un tercio de las personas que han sido maltratadas o descuidadas cuando niños maltratan a sus propios hijos (Kaufman y Zigler, 1987). La investigación actual se dirige a determinar cuándo es más probable que una historia infantil de abuso conlleve a violencia de los adultos y cómo puede interrumpirse el ciclo.

Como podemos ver, los psicólogos desempeñan papeles importantes y bastante variados para combatir la violencia. Y ésta no es el único problema social para el que los psicólogos contribuyen con su conocimiento experto en un esfuerzo por aliviar el sufrimiento humano. Como exploraremos en otros recuadros de *La psicología en acción*, los principios básicos de la psicología se usan para abordar una amplia gama de problemas sociales.

• *¿Cuáles son los problemas y controversias clave de la psicología?*
• *¿Cuál es el probable futuro de la psicología?*

CONEXIONES: TEMAS UNIFICADORES DE LA PSICOLOGÍA

Cuando se piensa acerca de las muy diversas áreas de interés y de las variadas perspectivas que constituyen el campo de la psicología, se puede llegar a tener la impresión de haberse embarcado en un viaje hacia el interior de una disciplina fragmentada que carece de cohesión. Se puede temer que la psicología consiste tan sólo en una serie de áreas temáticas independientes que no guardan relación entre sí, tan cercanas unas a otras como lo pueden estar la física y la química. De hecho, semejante conclusión no es ilógica, puesto que la psicología abarca tantas y tan diversas áreas que van desde temas tan estrechos como las influencias bioquímicas precisas sobre el comportamiento, hasta el comportamiento social en su más amplia acepción.

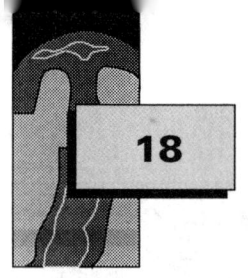

Sin embargo, a pesar de la aparente disparidad existente entre los distintos temas y perspectivas, las diferencias son en algunos sentidos más aparentes que reales. El campo, de hecho, está más unificado de lo que pueda sugerir un primer vistazo, en términos tanto de los vínculos entre las ramas y las perspectivas de la psicología y los problemas clave que abordan los psicólogos.

Nexos entre las ramas y las perspectivas de la psicología

Las cinco perspectivas importantes del campo desempeñan un papel fundamental en la integración de las diversas ramas de la disciplina. De manera específica, un psicólogo de cualquier rama determinada podría elegir emplear una o más de las perspectivas importantes.

Por ejemplo, un psicólogo del desarrollo puede adoptar una perspectiva psicodinámica *o* una conductual, *o* cualquiera de las demás. Del mismo modo, un psicólogo clínico puede emplear una perspectiva conductual *o* una cognitiva, *o* cualquiera de las otras. Diversos psicólogos pueden emplear las perspectivas de modos distintos, pero los supuestos de una perspectiva determinada son los mismos, independientemente de la subespecialidad en que se apliquen.

Por supuesto, no todas las ramas de la psicología tienen una probabilidad igual de emplear una perspectiva particular. De manera histórica, algunas clases de psicólogos han sido más propensos a basarse en ciertas perspectivas, y algunas de éstas demostraron ser más útiles que otras cuando intentan abordar un área temática particular.

Por ejemplo, los biopsicólogos estudian el cerebro y es más probable que empleen la perspectiva biológica, dado su énfasis en los fundamentos biológicos del comportamiento. Al mismo tiempo, la mayoría de aquéllos rechazan la dependencia de la perspectiva psicodinámica en los determinantes inconscientes del comportamiento. Del mismo modo, los psicólogos sociales que se interesan en explicar las raíces del prejuicio tienen mayor probabilidad de encontrar más útil la perspectiva cognitiva que la biológica.

El cuadro 1.1 indica cuáles modelos importantes de la psicología son los que con mayor probabilidad emplearán los distintos tipos de psicólogos. No obstante, téngase en mente que, al menos en teoría, cada uno de los modelos está a la disposición de cualquier psicólogo que se decida a emplearlos.

CUADRO 1.1 **Posturas adoptadas por psicólogos que usan las principales perspectivas de la psicología**

Problema	Perspectiva				
	Biológica	Psicodinámica	Cognitiva	Conductual	Humanista
Naturaleza (herencia) *vs.* crianza (ambiente)	Naturaleza (herencia)	Naturaleza (herencia)	Ambos	Crianza (ambiente)	Crianza (ambiente)
Determinantes de la conducta consciente *vs.* inconsciente	Inconscientes	Inconscientes	Ambos	Conscientes	Conscientes
Conducta observable *vs.* procesos mentales internos	Énfasis interno	Énfasis interno	Énfasis interno	Énfasis observable	Énfasis interno
Libertad *vs.* determinismo	Determinismo	Determinismo	Libertad	Determinismo	Libertad
Diferencias individuales *vs.* principios universales	Énfasis universal	Énfasis universal	Énfasis individual	Ambos	Énfasis individual

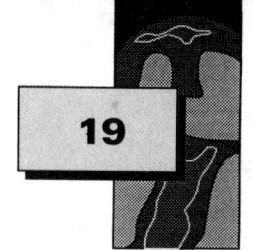

El futuro de la psicología

Se examinaron los fundamentos desde los que evolucionó el campo de la psicología. Pero, ¿qué es lo que el futuro le tiene deparado a esta disciplina? A pesar de que el curso del desarrollo científico es increíblemente difícil de predecir, existen distintos factores que parecen anticipar el surgimiento de las siguientes tendencias en un futuro no muy distante:

■ La psicología será cada vez más especializada. En un campo en el que los profesionales deben ser expertos en temas tan diversos como el de las minucias de la transmisión de impulsos electroquímicos a través de terminales nerviosas, o el de los patrones de comunicación de los empleados en las grandes empresas, no es posible esperar que un solo individuo domine la totalidad del campo. Por lo tanto, es muy probable que la especialización aumente a medida que los psicólogos se adentren en nuevas áreas (Bower, 1993; Koch, 1993).

■ Evolucionarán nuevas perspectivas. En su calidad de ciencia en proceso de crecimiento y maduración, la psicología desarrollará nuevas perspectivas que remplazarán a algunos enfoques actuales. Además, las perspectivas antiguas podrán fundirse para dar origen a otras nuevas. Por ello, podemos estar seguros de que conforme los psicólogos acumulen mayor información, su comprensión del comportamiento y de los procesos mentales experimentará una complejidad cada vez mayor (Boneau, 1992; Gibson, 1994; Kimble, 1994).

■ La psicología tomará en cuenta la creciente diversidad de la población. Conforme la población de algunos países multirraciales, como Estados Unidos, se vuelve más diversa, se tornará más crítico considerar los factores raciales, étnicos, lingüísticos y culturales al proporcionar servicios psicológicos y al realizar investigación. El resultado será un campo que puede proporcionar una comprensión de la conducta humana en su sentido más amplio (Goodchilds, 1991; Brislin, 1993; Lee, 1994).

■ El tratamiento psicológico será cada vez más accesible y aceptable desde el punto de vista social conforme aumente el número de especialistas. Más psicólogos se concentrarán en la prevención de los trastornos psicológicos, en lugar de hacerlo sólo en el tratamiento. Además, actuarán como asesores del creciente número de grupos de voluntarios y de autoayuda en un esfuerzo por apoyarlos para que se auxilien a sí mismos de modo más eficaz (Jacobs y Goodman, 1989; Fox, 1994).

■ Aumentará la influencia de la psicología en temas de interés público. Cada uno de los grandes problemas de nuestro tiempo —tales como la amenaza de guerra nuclear, los prejuicios étnicos y raciales, la pobreza, los desastres ambientales y tecnológicos— poseen importantes implicaciones psicológicas (Archer, Pettigrew y Aronson, 1992; Calkins, 1993; Wiggins, 1994; Cowdry, 1995). Aunque la psicología por sí sola no va a resolver estos problemas, los grandes logros que obtuvo en el pasado (muchos de los cuales se documentan en otros capítulos de este libro) predicen que los psicólogos harán importantes contribuciones prácticas en favor de su solución.

RECAPITULACIÓN Y REVISIÓN

Recapitulación

- Es posible observar rastros de las primeras perspectivas del estructuralismo, el funcionalismo y la psicología de la gestalt en los principales enfoques que emplean los psicólogos en la actualidad.
- Las perspectivas psicológicas dominantes abarcan enfoques biológicos, psicodinámicos, cognitivos, conductuales y humanistas.
- En el futuro, es probable que el campo de la psicología se vuelva más especializado, que evolucionen nuevas perspectivas, que se tome en cuenta en forma más completa la creciente diversidad de la población, y que se dirija la atención cada vez más al interés público.

Revisión

1. Wundt describió la psicología como el estudio de la experiencia consciente, una perspectiva que llamó _____.
2. Los primeros psicólogos estudiaban la mente pidiéndole a las personas que describieran lo que experimentaban cuando se les exponía a diversos estímulos. Este procedimiento era conocido como _____.

3. Dada la afirmación: "Con el fin de estudiar el comportamiento humano es preciso considerar la totalidad de la percepción y no sólo sus partes integrantes", ¿cuál perspectiva de la psicología utiliza la persona que la sostiene?

4. El terapeuta de Jeanne le pide que vuelva a contarle un sueño violento que tuvo recientemente, con el fin de obtener un conocimiento de las fuerzas del inconsciente que afectan su comportamiento. El terapeuta de Jeanne trabaja desde una perspectiva _____.

5. "Es el comportamiento que se puede observar el que debe estudiarse, y no el supuesto funcionamiento interno de la mente." Esta afirmación la formuló con mayor probabilidad alguien que sigue la
   a. Perspectiva cognitiva
   b. Perspectiva biológica
   c. Perspectiva humanista
   d. Perspectiva conductual

6. "¡Mi terapeuta es maravillosa! Ella siempre destaca mis rasgos positivos. Hace reflexiones sobre mi carácter único y fortaleza como individuo. Me siento mucho más seguro, como si de verdad estuviera madurando y alcanzando mis potencialidades." Es probable que la terapeuta de la que se habla siga la perspectiva _____.

7. Cada una de las ramas de la psicología posee una perspectiva que le es única. ¿Cierto o falso?

8. Identifique la perspectiva que sugiere que el comportamiento anormal puede ser el resultado de fuerzas en gran medida inconscientes.

9. "Los psicólogos sólo deben preocuparse por el comportamiento que es observable de manera directa." ¿Cuál perspectiva psicológica es más probable que siga la persona que afirma esto?

Pregúntese a sí mismo

¿Cómo se relacionan las principales perspectivas actuales de la psicología con los primeros modelos del estructuralismo, el funcionalismo y la psicología gestalt?

(Las respuestas a las preguntas de revisión aparecen en la página 22.)

- ***¿Cuál es el método científico y cómo utilizan los psicólogos la teoría y la investigación para responder preguntas de interés?***
- ***¿Cuáles son los diferentes métodos de investigación empleados por los psicólogos?***
- ***¿Cómo establecen los psicólogos las relaciones causa-efecto en los estudios de investigación?***

LA INVESTIGACIÓN EN PSICOLOGÍA

Era una imagen que pocos de los que vieron la grabación en video podrán olvidar: mientras un grupo grande de oficiales de policía y otros testigos observaban, Rodney King recibía docenas de golpes con macanas de policía. Con el cable de una pistola para aturdir, que antes le había descargado miles de voltios, todavía enredado alrededor de su cuerpo, fue pateado y aporreado en forma repetida. La golpiza continuó durante varios minutos, mientras los mirones observaban impasivos o charlaban entre sí. King sufrió varias fracturas, un pómulo astillado, una rotura de la cuenca del ojo y una pierna rota. Ninguna persona intervino.

La golpiza aplicada a Rodney King por oficiales de policía de Los Ángeles nos hace preguntarnos: ¿Cómo liberan a las personas de sus restricciones normales las situaciones de grupo?

¿Por qué nadie vino al rescate de King? Los civiles que observaban la escena pueden haber justificado su conducta racionalizando que la golpiza era un asunto policiaco y, por tanto, una situación que debía ser manejada por personal dedicado a la aplicación de la ley. Pero ni siquiera esta débil excusa se aplica a aquellos oficiales de policía que se pararon a observar. De hecho, varios de los oficiales admitieron después que, aunque pensaron que la golpiza era injustificable, se sintieron de alguna manera incapaces de intervenir. En consecuencia, fueron simples espectadores pasivos mientras King recibía un golpe incapacitante tras otro, en una clara violación a los reglamentos policiacos.

La pregunta inquietante subsiste: ¿Por qué nadie intervino?

Si fuera un incidente aislado, podríamos atribuir la falta de intervención de los espectadores a algo específico relativo a la situación. Sin embargo, acontecimientos como éste son demasiado comunes.

Por ejemplo, en otro caso célebre, una mujer de nombre Kitty Genovese fue atacada por un hombre cerca de un edificio de departamentos en la ciudad de Nueva York a mediados de la década de 1960. En un momento durante el ataque, que tuvo treinta minutos de duración, la mujer logró soltarse y gritar: "¡Ay, Dios mío! ¡Me encajó un cuchillo! ¡Ayúdenme por favor!" En la quietud de la noche no menos de treinta y ocho vecinos escucharon sus gritos. Se abrieron las ventanas y se encendieron las luces. Una pareja acercó sillas a la ventana y apagó su luz para ver mejor el incidente. Alguien gritó: "¡Deje en paz a esa chica!" Pero los gritos no fueron suficientes para ahuyentar al homicida. Éste la persiguió, la apuñaló otras ocho veces y abusó sexualmente de ella antes de abandonarla para que muriera. ¿Y cuántos de esos treinta y ocho testigos acudieron en su ayuda? Como en el caso de Rodney King, ninguna persona se acercó a prestar ayuda.

Los casos de Rodney King y de Kitty Genovese son ejemplos desalentadores —e inquietantes— de "malos samaritanos". La mayoría de la gente, al igual que los psicólogos, encuentra difícil explicar cómo es que tantas personas pudieron presenciar los hechos sin decidirse a acudir en auxilio de las víctimas.

Una explicación fácil, suministrada por muchos editorialistas, fue que los incidentes podían ser atribuidos a los defectos básicos de la "naturaleza humana". Pero tal suposición es lamentablemente inadecuada. Por una parte, hay numerosos ejemplos de personas que han puesto sus propias vidas en riesgo para ayudar a otras en situaciones peligrosas.

Es claro, entonces, que la "naturaleza humana" abarca una amplia gama de respuestas negativas y positivas. En consecuencia, no proporciona una explicación muy satisfactoria para el comportamiento poco solidario de los espectadores. El misterio, entonces, de cómo explicar la falta de intervención de las personas en ambos incidentes permanece sin respuesta.

Este problema inquietó a los psicólogos durante muchos años, y ahora llegaron a una conclusión inesperada: tanto Rodney King como Kitty Genovese pudieron haber tenido mejor suerte si hubiera habido sólo unas cuantas personas que escucharan sus peticiones de ayuda, en lugar de ese elevado número de testigos. De hecho, si sólo hubiera habido un testigo presente en cada caso, las probabilidades de que esa persona interviniera habrían sido muy altas. Lo que ocurre es que mientras *menos* testigos presencien una situación similar a las descritas son mayores las posibilidades de que la víctima reciba ayuda.

Pero, ¿cómo fue que los psicólogos llegaron a una conclusión tan extraña? Después de todo, la lógica y el sentido común sugieren con claridad que un mayor número de testigos implicaría más probabilidad de que alguien acuda a prestar socorro a una persona que lo necesite. Esta aparente contradicción —y el modo en que la resolvieron los psicólogos— sirve para ilustrar una labor de central importancia para la psicología: el reto que significa el planteamiento de preguntas de interés y su consiguiente respuesta.

Planteamiento de interrogantes: teorías e hipótesis

El reto que representa plantear en forma adecuada aquellas preguntas que interesan a la psicología y responderlas de manera correcta, se ha enfrentado confiando en el método científico. El **método científico** es un enfoque que emplean los psicólogos, así como los científicos de otras disciplinas, para derivar una adecuada comprensión del mundo (Hazen

Método científico: proceso que consiste en un adecuado planteamiento de preguntas y en su correcta respuesta, empleado por psicólogos y científicos de otras disciplinas para obtener una comprensión del mundo.

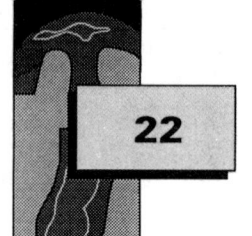

y Trefil, 1991). Consta de tres pasos principales: 1) la identificación de las preguntas de interés, 2) la formulación de una explicación y 3) la realización de investigaciones diseñadas para apoyar o refutar la explicación propuesta.

Teorías: especificar explicaciones amplias   Al emplear el método científico los psicólogos comienzan con el tipo de observaciones relativas al comportamiento que son familiares para nosotros. Si usted se ha preguntado alguna vez por qué un maestro en particular se enoja con mucha facilidad, por qué uno de sus amigos siempre llega tarde a las citas o cómo entiende su perro las órdenes que le da, usted se ha planteado preguntas acerca del comportamiento. También los psicólogos hacen preguntas relativas a la naturaleza y las causas del comportamiento, aunque sus preguntas suelen ser más precisas.

Una vez que se formuló una pregunta, el siguiente paso en el método científico consiste en el desarrollo de teorías para explicar el fenómeno que se ha observado. Las **teorías** son explicaciones amplias y predicciones acerca de los fenómenos de interés. Proporcionan un marco de referencia para entender las relaciones entre un conjunto de hechos o principios de otro modo desorganizados.

Las teorías que se desprenden de las distintas perspectivas de la psicología que expusimos antes en este capítulo varían tanto en su amplitud como en el grado de detalle que logran alcanzar. Por ejemplo, una teoría podría tratar de explicar y predecir un fenómeno tan amplio como la experiencia emocional en general. Una teoría más específica podría tratar de predecir cómo las personas manifiestan la emoción de miedo en forma no verbal después de recibir una amenaza. Una teoría aún más específica podría tratar de explicar cómo los músculos de la cara trabajan en conjunto para producir expresiones de miedo cuando la gente se atemoriza.

Todos desarrollamos alguna vez nuestras propias teorías informales acerca del comportamiento humano, tales como: "la gente es fundamentalmente buena" o "el comportamiento de la gente por lo general está motivado por su propio interés" (Sternberg, 1985a). Sin embargo, las teorías de los psicólogos son más formales y específicas. Se establecen con base en un estudio cuidadoso de la literatura psicológica con el fin de identificar las investigaciones relevantes realizadas y las teorías formuladas en el pasado, así como sobre la base del conocimiento general que los psicólogos tienen acerca de este campo de estudio.

Los psicólogos Bibb Latané y John Darley, respondiendo de manera específica al caso de Kitty Genovese, elaboraron una teoría basada en un fenómeno que denominaron *difusión de la responsabilidad* (Latané y Darley, 1970). De acuerdo con su teoría, mientras mayor sea el número de testigos de un suceso que requiera de un comportamiento de ayuda por parte de éstos, la responsabilidad de ayudar es percibida como compartida entre la totalidad de los testigos presentes. Por lo tanto, a causa de este sentido de responsabilidad compartida, mientras más personas haya presentes durante una situación de emergencia, menos responsable se siente en lo individual cada una de esas personas —y resulta menos probable que cualquiera de ellas se decida a prestar ayuda.

Hipótesis: confección de predicciones verificables   Aunque semejante teoría tiene sentido, sólo representa la fase inicial del proceso de investigación de Latané y Darley. Su siguiente paso fue idear un modo de probar su teoría. Para hacerlo les fue necesario elaborar una hipótesis. Una **hipótesis** es una predicción planteada de modo que sea posible su verificación. Éstas se derivan de las teorías, ayudando a probar la validez subyacente de la teoría.

Así como todos tenemos nuestras teorías generales acerca del mundo, también elaboramos hipótesis relativas a sucesos y comportamientos (que van desde cosas triviales, como las razones por las cuales nuestro profesor de inglés es tan excéntrico, hasta cuáles

Teorías: explicaciones y predicciones amplias relativas a fenómenos de interés.

Hipótesis: predicción planteada de modo que pueda verificarse.

RESPUESTAS A LA REVISIÓN ANTERIOR

1. estructuralismo   **2.** introspección   **3.** gestalt   **4.** psicodinámica   **5.** d.   **6.** humanista.   **7.** Falso; prácticamente todas las ramas de la psicología pueden hacer uso, y de hecho lo hacen, de las cinco principales perspectivas de la psicología.   **8.** psicodinámica   **9.** conductual

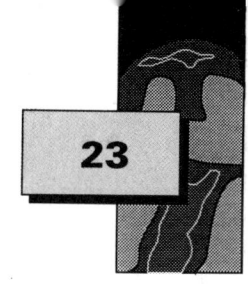

El concepto de difusión de responsabilidad ayuda a explicar por qué no es probable que los individuos en una multitud auxilien a extraños en apuros; cada espectador supone que otros tomarán la responsabilidad de ayudar.

son las mejores técnicas de estudio). Aunque casi nunca las verificamos sistemáticamente, tratamos de determinar si son correctas o no. Tal vez intentemos estudiar todo el material la noche anterior a un examen pero estudiar a lo largo de un buen periodo para otro. Al evaluar los resultados generamos un modo de comparar ambas estrategias.

La hipótesis de Latané y Darley fue una derivación directa de su teoría más general de la difusión de la responsabilidad: mientras más gente presencie una situación de emergencia, menos probable será que la víctima reciba ayuda. Estos psicólogos, por supuesto, podrían haber elegido otra hipótesis (por ejemplo, que a las personas que cuentan con mejores habilidades para actuar en situaciones de emergencia no las afectará la presencia de otros individuos), pero su formulación original parecía ofrecer la prueba más directa de la teoría.

Existen diversas razones por las cuales los psicólogos basan su labor en teorías e hipótesis formales. Por un lado, éstas les permiten dar sentido a observaciones y fragmentos de información diversos y desorganizados, pues les brindan la oportunidad de ubicarlos dentro de un marco de referencia estructurado y coherente. Además, generan la posibilidad de ir más allá de hechos previamente conocidos acerca del mundo y de hacer deducciones relativas a fenómenos que aún no han sido explicados. De esta forma, las teorías y las hipótesis ofrecen una guía razonada para determinar qué dirección deben seguir las investigaciones futuras.

En suma, las teorías y las hipótesis ayudan a los psicólogos a plantear preguntas adecuadas. Pero, ¿cómo se responde a estas preguntas? Como habremos de ver, las respuestas se derivan de la investigación, el cuestionamiento sistemático tendiente a descubrir nuevos conocimientos.

La búsqueda de respuestas: la investigación en psicología

Del mismo modo en que es posible generar diversas teorías e hipótesis con el fin de explicar distintos fenómenos, también existe una gran variedad de medios alternativos para realizar investigaciones. Sin embargo, primero es preciso que la hipótesis se replantee de modo que sea realizable su comprobación, proceso que se conoce con el nombre de **operacionalización**. Ésta es el proceso mediante el cual una hipótesis se traduce en procedimientos específicos susceptibles de comprobación que se pueden observar y medir. No existe un modo único para hacer operacionales las hipótesis; ello dependerá de la lógica, del equipo y las instalaciones con que se cuente, del modelo psicológico que se emplee, y, en última instancia, del ingenio del investigador (Creswell, 1994).

Operacionalización: proceso por el que una hipótesis se traduce en procedimientos específicos susceptibles de comprobación a los cuales se puede observar y medir.

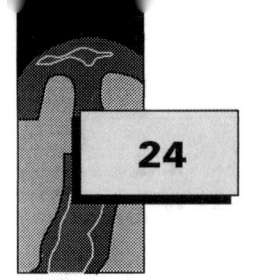

A continuación se comentan algunos de los principales elementos para la investigación con que cuentan los psicólogos. Mientras se exponen estos métodos de investigación, debe tenerse en cuenta que su relevancia se extiende más allá de la prueba y evaluación de teorías e hipótesis en la psicología (Aronson y cols., 1990). Por ejemplo, aun si no tienen un título de psicólogos, las personas a menudo realizan formas rudimentarias de investigación por su cuenta. Por ejemplo, una jefa puede necesitar evaluar el desempeño de su empleado. Un médico podría probar de manera sistemática los efectos de diferentes dosis de un fármaco en un paciente. Un vendedor puede comparar diferentes estrategias de persuasión. Cada una de estas situaciones exige el uso de las prácticas de investigación que estamos a punto de exponer.

Investigación documental   Suponga, como lo hacen los psicólogos Latané y Darley, que le interesa conocer más acerca de las situaciones de emergencia en las que testigos presenciales no prestaron ayuda. Uno de los primeros lugares a los que usted habría de acudir sería al sitio donde se conservan los registros históricos. Mediante la consulta de los registros hemerográficos, por ejemplo, sería capaz de encontrar apoyo para la hipótesis de que un aumento en el número de testigos presenciales se acompañó por una disminución del comportamiento de ayuda.

La utilización de artículos periodísticos es un ejemplo de investigación documental. En la **investigación documental** los registros existentes, tales como la información censal, las actas de nacimiento o los recortes periodísticos, se consultan para confirmar una hipótesis. La investigación documental es un medio relativamente barato de comprobación de hipótesis, puesto que otras personas ya se han encargado de reunir los datos fundamentales. Claro está que el empleo de datos ya existentes tiene varias desventajas. En primer lugar, los datos pueden no estar configurados de modo que sea posible para el investigador realizar la comprobación cabal de una hipótesis. La información puede ser incompleta o haber sido recolectada al azar (Stewart y Kamins, 1993).

No obstante, en la mayor parte de los casos, la investigación documental puede verse obstaculizada por el simple hecho de que sencillamente no existen registros con la información pertinente. En estos casos, los investigadores suelen hacer uso de otro método de investigación: la observación naturalista.

Observación naturalista   En la **observación naturalista** el investigador tan sólo observa algún comportamiento de ocurrencia natural, sin intervenir de ningún modo en la situación. Por ejemplo, un investigador que estudie el comportamiento de ayuda de las personas, puede observar el tipo de ayuda que se da a las víctimas de un área de la ciudad con un alto índice de criminalidad. El punto de importancia que se debe tener en cuenta acerca de la observación naturalista es que el investigador es pasivo y tan sólo registra con meticulosidad lo que ocurre ante sus ojos (Erlandson, Harris, Skipper y Allen, 1993).

A pesar de que la ventaja de este tipo de investigación resulta evidente —se obtiene una muestra de lo que hace la gente en su "hábitat natural"—, presenta asimismo una seria desventaja: la imposibilidad de controlar los factores de interés. Por ejemplo, puede ser que encontremos tan pocos casos espontáneos de conducta de ayuda, que no sea posible obtener alguna conclusión. Debido a que la observación naturalista no permite que los investigadores hagan modificaciones a la situación que analizan, éstos se encuentran obligados a esperar a que se presenten las condiciones adecuadas. Además, si la gente se da cuenta de que es observada, es muy probable que modifique sus reacciones, lo cual produciría un comportamiento que no sería en verdad representativo del grupo observado.

Investigación por encuesta   No hay manera más directa de averiguar lo que la gente piensa, siente y hace que mediante las preguntas directas. Ésta es la razón por la que las encuestas representan un importante método de investigación. En la **investigación por encuesta** se formula a distintas personas —escogidas para representar a una población más amplia— una serie de preguntas acerca de su comportamiento, sus pensamientos o sus actitudes. Los métodos de encuesta han alcanzado tal complejidad que incluso el empleo de una muestra sumamente pequeña basta para inferir con gran precisión cómo respondería un grupo de mayor tamaño. Por ejemplo, la muestra de tan sólo unos miles

---

Investigación documental: revisión de los registros existentes con el fin de comprobar una hipótesis.

Observación naturalista: observación en la que el investigador registra información relativa a una situación de ocurrencia natural y no interviene en ella de modo alguno.

Investigación por encuesta: muestra de un grupo de personas en la que se estudian el comportamiento, los pensamientos o las actitudes de quienes lo integran, para después generalizar los descubrimientos a una población más amplia.

Una tarea difícil pero crucial de los investigadores por encuesta es la eliminación del sesgo en la redacción de sus preguntas.

de votantes es suficiente para predecir, con margen de uno o dos puntos porcentuales, quién será el vencedor en una elección presidencial —siempre y cuando la muestra se elija de manera cuidadosa (Fowler, 1993).

Los investigadores que estudian el comportamiento de ayuda pueden realizar una investigación mediante encuesta, pidiendo a las personas que indiquen las razones por las que no están dispuestas a prestar ayuda a otro individuo. De igual modo, los investigadores a quienes interesa el conocimiento de las prácticas sexuales han realizado encuestas para averiguar cuáles son comunes y cuáles no lo son, así como para registrar el cambio de las nociones relativas a la moral sexual a lo largo de las últimas décadas.

A pesar de que preguntar personalmente a la gente acerca de su comportamiento parece en cierta forma el enfoque más directo para comprender lo que hace, la investigación por encuesta tiene asimismo diversas desventajas potenciales. En primer lugar, las personas pueden dar una información inexacta a consecuencia de fallas de la memoria o de que no desean que el investigador llegue a saber lo que de verdad creen acerca de algún tema en particular. Además, en ocasiones los entrevistados brindan respuestas que a su juicio son las que el investigador desea escuchar o, justamente a la inversa, que creen que *no* desea escuchar. En algunos casos, encuestadores sin escrúpulos hacen preguntas tendenciosas diseñadas de manera deliberada para producir un resultado particular, ya sea con propósitos comerciales o políticos.

El estudio de caso Cuando fueron arrestados los oficiales de policía que participaron en la golpiza a Rodney King, eran muchas las personas que se preguntaban cuáles eran los factores de personalidad y antecedentes de los oficiales que habrían determinado sus conductas. Con el fin de dar respuesta a esta pregunta, los psicólogos pueden realizar un estudio de caso. En contraste con la encuesta, en la que se estudia a una multitud de personas, un **estudio de caso** es una investigación intensiva y a profundidad de un individuo o de un grupo limitado de personas. Los estudios de caso suelen implicar pruebas psicológicas en las que se emplea una serie cuidadosamente diseñada de preguntas con el objeto de adquirir algún conocimiento de la personalidad del sujeto o grupo al que se estudia.

Estudio de caso: investigación profunda de un individuo o grupo pequeño.

Cuando se emplean los estudios de caso como técnica de investigación, la meta no consiste de forma única en aprender acerca de las personas a las que se estudia, sino también en el emplear de los conocimientos obtenidos para una mejor comprensión de las personas en general. Sin embargo, cualquiera de estas generalizaciones se debe realizar con sumo cuidado. Por ejemplo, el grado en el que los oficiales de policía del caso de Rodney King son representativos de la población en general está a todas luces sujeto a debate.

Investigación correlacional

A menudo, al utilizar los métodos de investigación que acaban de describirse, los investigadores desean determinar la relación existente entre dos comportamientos o entre las respuestas a dos preguntas de un cuestionario. Por ejemplo, es posible que deseemos averiguar si las personas que declaran asistir con regularidad a los servicios religiosos también dicen brindar mayor ayuda a los desconocidos en situaciones de emergencia. De llegar a encontrar semejante relación, sería posible afirmar que existe una asociación —o correlación— entre la asistencia a los servicios religiosos y la conducta de ayuda durante las emergencias.

Mediante la **investigación correlacional**, la relación entre dos conjuntos de factores se examina con el fin de determinar si están o no asociados o "correlacionados". La fuerza de la relación se representa por medio de un puntaje matemático que va de $+1.0$ a -1.0. Un puntaje positivo indica que a medida que se incrementa el valor de uno de los factores es posible predecir que el del otro también aumentará.

Investigación correlacional: investigación para examinar la relación entre dos conjuntos de factores para determinar si están asociados o "correlacionados".

Por ejemplo, si hemos predicho que mientras *más* estudien los alumnos para un examen, *más altas* serán sus calificaciones en él, y en la medida en que estudien *menos*, *más bajas* habrán de ser, esperaríamos encontrar una correlación positiva (valores más altos del factor de cantidad de tiempo de estudio se asociarían con valores más altos del factor de las calificaciones del examen; y valores más bajos del tiempo consagrado al estudio se asociarían con valores más bajos de las calificaciones del examen). Por lo

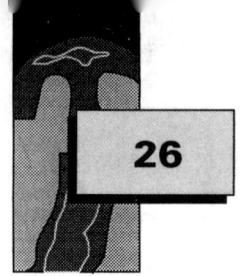

tanto, la correlación quedaría indicada por una calificación que fuera un número positivo, y mientras mayor fuera la asociación entre estudio y notas, más cerca estaría la calificación a +1.0.

Por otra parte, una correlación con un valor negativo nos indica que a medida que aumenta el valor de uno de los factores el valor del otro disminuye. Por ejemplo, podemos predecir que en la medida en que *aumente* el número de horas de estudio, la cantidad de horas invertidas en actividades de recreación *disminuirá*. Lo que esperamos aquí es una correlación negativa, que oscilará entre 0 y –1.0: una mayor cantidad de estudio se asocia con menor recreación, mientras que una menor cantidad se relaciona con más de actividades de recreación. Mientras más fuerte sea la relación entre estudio y diversión, la calificación se acercará más al valor de –1.0. Por ejemplo, una correlación de +.85 indicaría una fuerte asociación positiva entre la recreación y el estudio; una correlación de –.02 o +.03 indicaría que casi no hay asociación entre ellos; y una correlación de –.80 indicaría una fuerte asociación negativa.

Por supuesto que cabe la posibilidad de que no exista ningún tipo de relación entre dos factores. Por ejemplo, es muy poco probable que esperáramos encontrar la existencia de una relación entre el número de horas de estudio y la estatura de una persona. La ausencia de relación quedaría indicada por una correlación cercana al 0; el conocimiento de la cantidad de tiempo de estudio de una persona no nos dice nada acerca de su altura.

La correlación no implica causalidad   Cuando descubrimos que dos variables tienen una fuerte correlación, resulta tentadora la suposición de que un factor es la causa del otro. Por ejemplo, si descubrimos que una mayor cantidad de tiempo de estudio se asocia con mejores notas, podemos suponer que un mayor tiempo de estudio es la *causa* de las mejores calificaciones. Aunque ésta no es una mala suposición, nunca dejará de ser tan sólo eso, una mera suposición —puesto que descubrir la existencia de una correlación entre dos factores no significa que exista entre ellos una relación causal—. Aunque la fuerte correlación sugiere que saber la cantidad de tiempo que estudia una persona nos puede ayudar a predecir cómo se desempeñará ésta en un examen, no significa que el tiempo de estudio sea la causa del desempeño en el examen. Puede que se trate, por ejemplo, de que las personas que estén más interesadas en la materia tienden a estudiar más que aquellas que lo están menos, y que sea la falta de interés la que prediga el desempeño en el examen, y no el número de horas que se dedican al estudio. La sola razón de que dos factores ocurran juntos no implica que uno de ellos sea la causa del otro.

Otro ejemplo puede ilustrar el importante punto que consigna que las correlaciones no nos dicen nada acerca de la relación causa-efecto, sino que exclusivamente nos brindan una medida de la fuerza de la relación existente entre dos factores. Podemos encontrar, por ejemplo, que los niños que ven muchos programas de televisión que contengan altos niveles de violencia pueden ostentar un alto grado de comportamiento agresivo, mientras que los niños que ven pocos programas de ese tipo poseen un grado bajo relativo de esa forma de comportamiento (véase la figura 1.2). No podemos decir que ver la televisión sea la *causa* de la agresividad, puesto que son posibles otras diversas explicaciones.

Por ejemplo, puede ser que los niños que tienen niveles inusitadamente altos de energía busquen programas que tengan contenido violento *y* son más agresivos. Los niveles de energía de los niños, entonces, pudieran ser la verdadera causa de la incidencia más elevada de agresión en los niños. Por último, también es posible que las personas que ya son muy agresivas elijan ver programas con alto contenido de violencia *debido a* aquel comportamiento. Por lo tanto, está claro que es posible encontrarse con una infinidad de secuencias causales, ninguna de las cuales puede quedar descartada por medio de la investigación correlacional.

La incapacidad de la investigación correlacional para demostrar relaciones de causa y efecto representa una desventaja importante para su uso. Sin embargo, existe una técnica alternativa que sí logra establecer vínculos de causalidad: la experimentación.

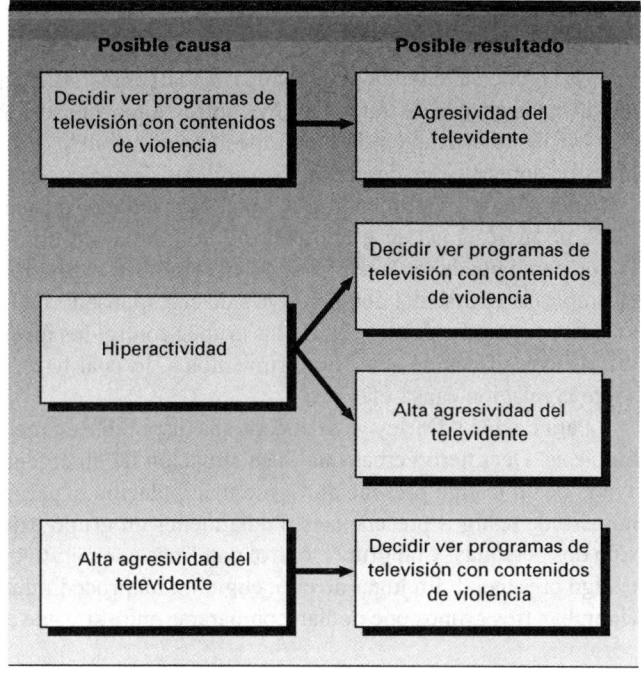

FIGURA 1.2 Si descubrimos que la observación frecuente de programas de televisión con un alto contenido de violencia se asocia con elevados niveles de comportamiento agresivo, podemos mencionar una variedad de causas posibles, tal como lo sugiere esta figura. Por lo tanto, los hallazgos correlacionales no nos permiten determinar causalidad.

Investigación experimental

El *único* modo en que los psicólogos pueden establecer relaciones de causa y efecto por medio de la investigación implica la realización de un experimento. En un **experimento** formal se investigan las relaciones existentes entre dos (o más) factores mediante la producción intencional de un cambio en uno de ellos y la observación de los efectos de ese cambio en otros aspectos de la situación. En un experimento, entonces, las condiciones requeridas para estudiar un factor de interés son creadas por un experimentador, quien en forma deliberada hace un cambio en esas condiciones para observar los efectos de dicho cambio.

El cambio producido de forma intencional en una situación por un experimentador se denomina **manipulación experimental**. Las manipulaciones experimentales se emplean para detectar relaciones entre **variables**: comportamientos, sucesos u otras características que puedan cambiar o variar de alguna forma.

Son varios los pasos que se deben dar para la realización de un experimento, pero este proceso suele comenzar con el desarrollo de una o más hipótesis que se deberán probar por medio de aquél (Broota, 1990). Recuérdese, por ejemplo, la hipótesis elaborada por Latané y Darley para verificar su teoría acerca del comportamiento de ayuda: mientras más sean las personas que presencien una situación de emergencia, menos probabilidades habrá de que alguna de ellas se decida a dar ayuda a la víctima. Podemos seguir el desarrollo del experimento que diseñaron para verificar su hipótesis.

El primer paso consistió en operacionalizar la hipótesis conceptualizándola de tal modo que fuera susceptible de verificación. Esta labor requirió que Latané y Darley tomaran en cuenta el principio fundamental de la investigación experimental que se mencionó antes. Es preciso que haya una manipulación de por lo menos una de las variables a fin de observar los efectos que aquélla tiene sobre la o las otras variables. Pero esta manipulación no se puede concebir de forma aislada; si lo que se va a establecer es una relación causa-efecto, es preciso comparar los efectos de la manipulación con los que se produzcan en ausencia de ésta, o con los de una manipulación distinta.

Por lo tanto, la investigación experimental requiere que las respuestas de por lo menos dos grupos puedan compararse entre sí. Un grupo recibirá cierta clase de **tratamiento** especial —la manipulación realizada por el experimentador— en tanto que otro

Experimento: estudio realizado para investigar la relación existente entre dos o más factores por medio de la producción intencional de un cambio en uno de ellos, para así observar el efecto que éste produce en los otros factores.

Manipulación experimental: cambio producido deliberadamente en un experimento con el fin de afectar las respuestas o los comportamientos de otros factores para detectar las relaciones entre variables.

Variables: comportamientos o sucesos que pueden cambiar o variar.

Tratamiento: manipulación realizada por el experimentador en un grupo, mientras que otro grupo no recibe ningún tratamiento o recibe uno diferente.

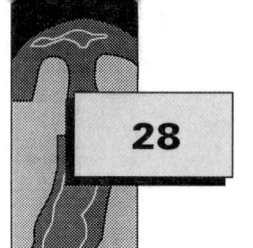

Grupo experimental: cualquier grupo que recibe un tratamiento.

Grupo control: grupo de experimentación que no recibe tratamiento alguno.

Variable independiente: variable que se manipula en un experimento.

Variable dependiente: variable que se mide y que se espera que cambie como resultado de la manipulación del experimentador.

Sujeto: individuo que participa en una investigación.

no recibe tratamiento alguno, o bien recibe uno distinto. A cualquier grupo que reciba un tratamiento determinado se le denomina **grupo experimental**, al que no recibe tratamiento alguno se le llama **grupo control**. (Sin embargo, en algunos experimentos existen diversos grupos de tratamiento y control, a los que se compara entre sí.)

Mediante el empleo de los grupos experimental y control en un experimento, los investigadores pueden descartar la posibilidad de que cualquier otro elemento que no sea la manipulación experimental produzca los resultados que se observan en el experimento. Si no tuviésemos un grupo control, no podríamos estar seguros de que algún otro factor, como puede ser la temperatura en el momento de la realización del experimento o el simple transcurso del tiempo, haya sido el responsable de los cambios observados. Por lo tanto, por medio del empleo de los grupos control los investigadores pueden aislar las causas específicas de sus descubrimientos —lo cual hace posible realizar inferencias sobre la relación causa-efecto.

Para Latané y Darley ya se encontraba disponible un medio para operacionalizar sus hipótesis. Decidieron crear una falsa situación de emergencia, la cual requeriría de la ayuda de un testigo presencial. Como manipulación experimental optaron por variar el número de testigos presenciales. Podían tener un grupo experimental de, por ejemplo, sólo dos personas, y un grupo control con fines comparativos de una sola persona como testigo presencial. En lugar de ello, eligieron un procedimiento más complejo en el que figuraban tres grupos que podían compararse entre sí y que constaban de dos, tres y seis personas.

Latané y Darley habían identificado ya lo que se denomina **variable independiente** del experimentador, la variable que se manipula. En este caso se trataba del número de personas presentes. El siguiente paso consistió en decidir cómo determinarían los efectos que provocaría en los testigos la variación del número de ellos. La **variable dependiente** es de radical importancia para cualquier experimento, ya que es la variable que se mide y que se espera que cambie como resultado de la manipulación del experimentador. Así las cosas, los experimentos poseen una variable independiente y una dependiente. (Para recordar la diferencia se puede tener presente que una hipótesis predice cómo una variable dependiente *depende* de las manipulaciones que se hagan a la variable independiente.)

Entonces, ¿cómo se podría operacionalizar la medida dependiente en el experimento de Latané y Darley? Un modo de hacerlo podría haber sido emplear una sencilla medida de "sí" o "no" con respecto a si un **sujeto** —como se denomina a quien participa

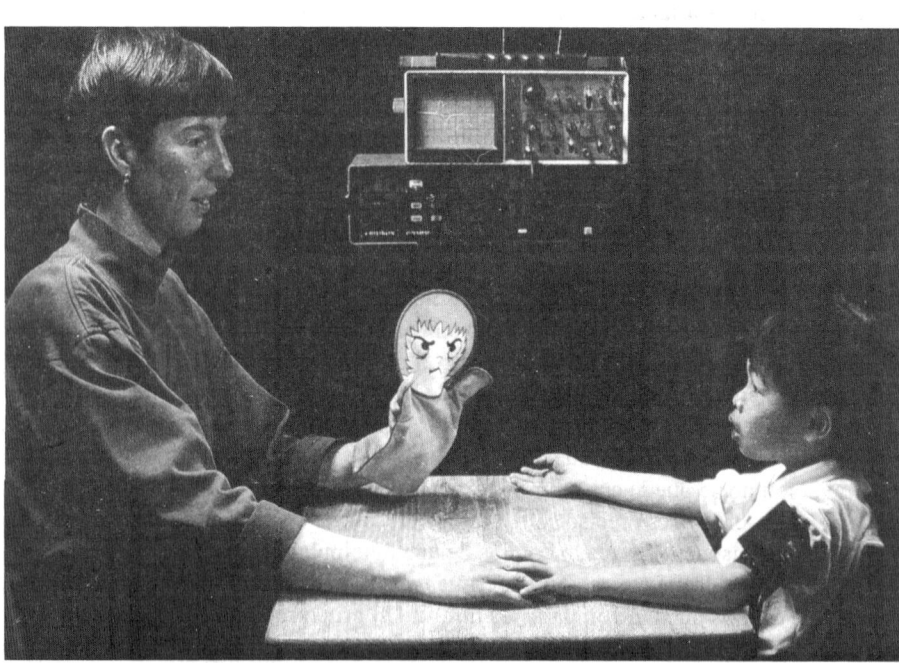

En este experimento psicológico se estudian las reacciones del preescolar ante el títere.

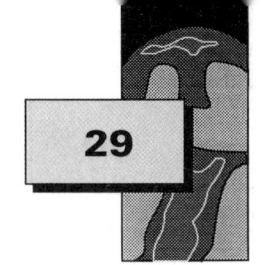

en una investigación— ofreció ayuda o no lo hizo. Pero los dos investigadores decidieron que también querían una medida que proporcionara un análisis más preciso del comportamiento de ayuda, de manera que determinaron medir la cantidad de tiempo que le llevaba a un sujeto ofrecer ayuda.

Latané y Darley contaban ya con todos los componentes de un experimento. La variable independiente, manipulada por ellos, era el número de testigos presenciales de una situación de emergencia. La variable dependiente consistía en si los testigos de cada uno de los grupos ofrecían ayuda y la cantidad de tiempo que tardaban en hacerlo. *Todos* los verdaderos experimentos en psicología se ajustan a este claro modelo.

El paso final: asignación aleatoria de sujetos   Para lograr que el experimento sea una prueba válida de las hipótesis, los investigadores tenían que añadir un último punto a su diseño: la asignación adecuada de los sujetos para recibir un tratamiento particular.

La importancia de este paso se aclara cuando examinamos distintos procedimientos alternativos. Por ejemplo, los experimentadores pudieron considerar la posibilidad de asignar de manera exclusiva hombres al grupo de los dos testigos, sólo mujeres al grupo de los tres testigos, y de ambos sexos al de los seis testigos. Sin embargo, de haber procedido de ese modo, habría sido evidente que cualquier diferencia que encontraran en el comportamiento de ayuda no se le podría atribuir con entera certeza solamente al tamaño del grupo, sino que las diferencias encontradas también podrían obedecer a la conformación de los integrantes del grupo. Un procedimiento más racional consistiría en asegurarse de que cada uno de los grupos tuviera la misma conformación en cuanto a género; así, los investigadores estarían en posibilidades de realizar comparaciones entre los grupos con mucha mayor precisión.

Los sujetos que integran cada uno de los grupos de tratamiento deben ser comparables entre sí. Además, es sumamente sencillo crear grupos similares en cuanto a género se refiere. Sin embargo, el problema se complica un poco cuando se toman en cuenta otras características de los sujetos de estudio. ¿Cómo podemos asegurar que los sujetos integrantes de cada uno de los grupos de tratamiento serán igual de inteligentes, extrovertidos, cooperativos, etcétera, cuando la lista de características —cualquiera de las cuales puede ser importante— es potencialmente infinita?

La solución a este problema radica en un procedimiento sencillo pero elegante, denominado asignación aleatoria a la condición. En una **asignación aleatoria a la condición**, se asigna a los integrantes de un grupo de sujetos a un grupo experimental o "condición" diferente con base exclusivamente en el azar. El experimentador podría, por ejemplo, colocar los nombres de la totalidad de los sujetos potenciales en un sombrero y sacarlos para asignarlos a grupos específicos. La ventaja que ofrece esta técnica radica en que las características de los sujetos de estudio tienen las mismas posibilidades de distribución entre los distintos grupos. Mediante el empleo de la asignación aleatoria, el experimentador puede tener la confianza de que cada uno de los grupos comprenderá aproximadamente la misma proporción de personas inteligentes, cooperativas, extrovertidas, de hombres y mujeres, etcétera.

Es importante tener en cuenta el siguiente conjunto de elementos clave cuando considere si un estudio de investigación representa un experimento verdadero:

Asignación aleatoria a la condición: asignación de los sujetos de estudio a grupos determinados con base exclusivamente en el azar.

■ Una variable independiente, que es el factor que manipula el experimentador.
■ Una variable dependiente, que es la variable que el experimentador mide y en la que espera detectar cambios.
■ Un procedimiento que asigna de manera aleatoria los sujetos de estudio a distintos grupos experimentales o "condiciones" de la variable independiente.
■ Una hipótesis que relaciona entre sí a las variables independiente y dependiente.

Únicamente si existen todos estos elementos, el estudio de investigación se puede considerar como un verdadero experimento en el que es posible determinar relaciones de causa-efecto. (Para un resumen de los diferentes tipos de investigación que se han expuesto, véase el cuadro 1.2.)

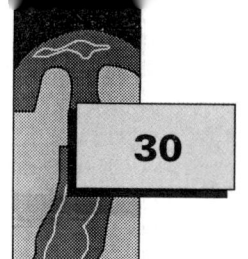

CUADRO 1.2 Estrategias de investigación	
Investigación correlacional	**Investigación experimental**

Proceso general

El investigador observa una situación existente con anterioridad pero no interviene	El investigador manipula una situación para observar el resultado de la manipulación

Resultado pretendido

Identificar asociaciones entre factores	Aprender cómo los cambios en un factor causan cambios en otro

Tipos

Investigación documental (examina registros para confirmar una hipótesis)	Experimento (el investigador produce un cambio en un factor para observar los efectos de ese cambio en otros factores)
Observación naturalista (observación del comportamiento que ocurre de manera natural, sin intervención)	
Investigación por encuesta (hacer preguntas a personas escogidas para representar a una población mayor)	
Estudio de caso (investigación intensiva de un individuo o grupo pequeño)	

¿Estuvieron en lo correcto Latané y Darley?   A estas alturas debe preguntarse usted si Latané y Darley tuvieron razón al plantear la hipótesis de que un aumento en el número de testigos presenciales de una situación de emergencia provoca la disminución en el grado de expresión del comportamiento de ayuda.

Según los resultados del experimento que realizaron, la hipótesis planteada por ellos dio de forma certera en el blanco. Para verificar su hipótesis utilizaron un laboratorio como escenario, y se les dijo a los sujetos de estudio que el objeto del experimento era entablar una discusión acerca de problemas relacionados con la universidad. La discusión se debería realizar a través de un sistema de intercomunicación, supuestamente a fin de evitar en lo posible las inhibiciones potenciales que podría generar el contacto cara a cara. Conversar acerca de problemas personales no era evidentemente el objetivo del experimento, pero se dijo a los sujetos de estudio que ésa era la finalidad con el objeto de que las expectativas que tuvieran acerca del experimento no influyeran sobre su comportamiento. (Piense cómo habrían reaccionado si se les hubiera dicho que se iba a hacer una prueba sobre su comportamiento de ayuda en situaciones de emergencia. Los experimentadores nunca habrían logrado obtener una evaluación precisa de lo que en verdad harían los sujetos durante una emergencia. Por definición, las emergencias muy rara vez se anuncian anticipadamente.)

Las dimensiones de los grupos de discusión eran de dos, tres y seis personas, las cuales obedecían a la manipulación de la variable independiente, que era el tamaño de los grupos. Se asignó aleatoriamente a los sujetos de estudio a uno de los grupos según iban llegando al laboratorio.

Mientras los sujetos de cada grupo realizaban su discusión, de pronto escucharon cómo otro de los participantes (que de hecho era un **confederado** con adiestramiento, o empleado de los experimentadores) tenía lo que parecía ser un ataque epiléptico:

Confederado: persona que participa en un experimento, instruido para comportarse de modo que afecte las respuestas de los demás sujetos.

Cre-cre-creo que me-me alguien ayúdeme alg-alg-alg-alguien que me ayude po-po-po-po-porque tengo un-un-un-un pro-pro-problema y-y-y si me ayu-ayudan se los vo-vo-voy a agradecer... porq-po-porque me está da-dando uno de e-e-esos ataques y-y-y ne-ne-neci-necesito ayuda así que si alg-al-guien me-me ayuda que si alg-al-guien me ayude (comienza a toser)... me-me vo-voy a mori-r-r-r, me voy a-a-a mo-morir ayud-ayuda-da a-ataq-que (tose de nuevo y luego no se escucha nada). (Latané y Darley, 1970, p. 379.)

El comportamiento de los sujetos era ahora lo que importaba. La variable dependiente consistió en el tiempo que transcurrió desde el inicio del "ataque" hasta el momento en que alguno de los sujetos comenzara a ayudar a la "víctima". Si pasaban más de seis minutos sin que alguno de los sujetos ofreciera su ayuda, el experimento se daba por terminado.

Como lo había predicho la hipótesis, el tamaño del grupo tuvo un efecto muy significativo con relación a la predisposición de los sujetos a prestar ayuda o no (Latané y Darley, 1970). En el grupo conformado por dos personas (en el que el sujeto pensó que estaban a solas con la víctima), el tiempo transcurrido promedio fue de cincuenta y dos segundos; en el grupo formado por tres personas (dos sujetos y la víctima), el tiempo transcurrido fue, en promedio, de noventa y tres segundos; mientras que en el grupo de seis personas (cinco sujetos y la víctima), el tiempo que transcurrió alcanzó un promedio de 166 segundos. La consideración de una simple medida de "sí" o "no" acerca de si se prestó o no ayuda corrobora el patrón de transcurso de tiempo. En el grupo conformado por dos personas, 85% de los sujetos prestaron ayuda; 62% fueron los que ayudaron en el grupo de tres personas; y sólo un 31% de las personas del grupo de seis se decidió a prestar ayuda.

Como consecuencia de la claridad de estos resultados, parece cierto que se logró confirmar la veracidad de la hipótesis original. Sin embargo, Latané y Darley no podían estar seguros de la significatividad real de los resultados sino hasta que examinaran sus datos por medio del empleo de procedimientos estadísticos formales. El empleo de éstos —que implican el uso de distintos tipos de cálculos matemáticos— le permite al investigador determinar con precisión la posibilidad de que los resultados sean significativos y de que no sean tan sólo producto del azar.

El estudio de Latané y Darley posee todos los elementos de un experimento: variables independiente y dependiente, asignación aleatoria a las condiciones, y varios grupos experimentales. Debido a que posee todos estos elementos es que podemos decir con seguridad que el tamaño del grupo *causó* cambios en el grado de exhibición del comportamiento de ayuda.

Claro está que un solo experimento no logra resolver de una vez por todas el asunto relativo a la intervención de testigos presenciales durante situaciones de emergencia. Los psicólogos requieren de la **replicación**, o repetición, de sus descubrimientos mediante el empleo de sus procedimientos en otros escenarios, con otros grupos de sujetos de estudio, antes de tener completa confianza en la validez de cualquier experimento. [En este caso, el experimento ha logrado soportar la prueba del tiempo: en una revisión de alrededor de cincuenta estudios que se realizaron en el transcurso de los diez años siguientes a su experimento original, el descubrimiento de que un aumento en el número de testigos provoca una disminución del comportamiento de ayuda se replicó en muchos estudios más (Latané y Nida, 1981).]

Replicación: repetición de un experimento a fin de verificar los resultados del experimento original.

Además de replicar los resultados experimentales, los psicólogos necesitan probar las limitaciones de sus teorías e hipótesis con objeto de determinar bajo qué condiciones específicas son aplicables y bajo cuáles otras no lo son. Parece poco probable, por ejemplo, que un aumento en el número de testigos *siempre* provoque una disminución en el comportamiento de ayuda; por lo tanto, es de vital importancia comprender las condiciones en las que se producen excepciones a esta regla general. Por ejemplo, se puede especular que bajo condiciones de resultados compartidos, en las que los testigos experimentan la sensación de que las dificultades de una víctima pueden afectarles personalmente más tarde, la ayuda se ofrecería con mayor facilidad (Aronson, 1988). La comprobación de esta hipótesis (para la que, de hecho, existe cierta evidencia), requiere de experimentación adicional.

Como cualquier otra ciencia, la psicología hace avanzar a nuestro entendimiento a pasos pequeños e incrementales, en donde cada uno de éstos se apoya en trabajos previos. Es un trabajo realizado en muchos frentes, que implica a muchas personas, como Mary Garrett, cuya labor se discute en el recuadro de *Los caminos de la psicología*.

LOS CAMINOS DE LA PSICOLOGÍA

Mary Garrett
San Francisco State College, San Francisco, California

Nació en: 1947

Educación: Estudios técnicos, City College of San Francisco; pregrado, San Francisco State College; en la actualidad está inscrita en un programa de posgrado, San Francisco State

Domicilio: San Francisco, California

La mayoría de los estudiantes de bachillerato sólo tienen una idea vaga de lo que desean hacer con sus vidas, pero en lo que respecta a Mary Garrett, no había lugar a dudas en absoluto sobre lo que deseaba. Anhelaba ser psicóloga.

Mary Garrett, de 48 años de edad, al fin está haciendo realidad su sueño. Después de un hiato de muchos años en su educación, ahora está inscrita en un programa de posgrado en investigación psicológica en el San Francisco State College.

"Siempre estuve interesada en las personas, en su comportamiento y en las causas que las conducen a éste", dijo. "Desde que asistía al bachillerato quería ser psicóloga y ahora planeo en-

Mary Garrett

señar y hacer investigación en psicología a nivel universitario."

Como parte de sus estudios de posgrado, Garrett planea emprender un estudio innovador y potencialmente significativo de mujeres afroamericanas con el virus del SIDA. "El estudio pretende aumentar nuestro conocimiento sobre la naturaleza de los efectos del estrés en la salud mental y física de las mujeres afroamericanas con VIH y SIDA, y sobre los procesos de afrontamiento que median estos efectos a fin de dise-

ñar una intervención psicosocial efectiva", comentó.

El incentivo para el estudio fue un proyecto similar conducido por uno de sus profesores. Éste había realizado un estudio inicial sobre el afrontamiento del SIDA, pero sólo usó hombres en su muestra. Garrett se interesa en comparar cómo enfrentan las mujeres y los hombres a la enfermedad.

"Quiero averiguar si las estrategias y procesos de afrontamiento son diferentes para las mujeres. Ellas poseen factores estresantes diferentes que los hombres, como ser madres solteras o ser mujeres negras en esta sociedad", dijo.

La investigación, de acuerdo con Garrett, incluirá tres fases: un estudio exploratorio inicial, entrevistas a fondo y un cuestionario escrito. Ella atribuye gran parte de su capacidad para diseñar el estudio a su entrenamiento de pregrado en psicología. "Fue en mi clase de metodología donde aprendí cómo desarrollar y conducir encuestas. También usaré material que aprendí en mis clases de estadística, métodos y envejecimiento, y desarrollo adulto", agregó Garret. "Todo mi trabajo en psicología de pregrado contribuyó a mi preparación para este estudio."

RECAPITULACIÓN Y REVISIÓN

Recapitulación

- El método científico empleado por los psicólogos sigue tres pasos: identificación de preguntas de interés; formulación de una explicación, y realización de investigación diseñada para apoyar la explicación propuesta.
- Las teorías son explicaciones amplias y predicciones de fenómenos de interés.
- Las hipótesis se derivan de las teorías. Son suposiciones derivadas de una teoría, planteadas de modo tal que se hace posible su verificación por medio de la investigación.
- Los métodos clave de investigación incluyen la investigación documental, la observación naturalista, la investigación por encuesta y el estudio de caso.
- En la investigación correlacional se examina la relación existente entre dos variables con el fin de determinar si están asociadas o no, aunque no es posible establecer por esta vía relaciones de causa-efecto.
- En un experimento formal —que representa el único medio para determinar relaciones de causa-efecto— se investiga la relación existente entre los factores mediante la producción intencional de un cambio en un factor para observar el cambio en el otro.

Revisión

1. La explicación que se da de un fenómeno de interés se denomina _____.

2. Para poner a prueba esta explicación, se debe plantear en forma de un enunciado susceptible de verificación, denominado _____.

3. Un experimentador se interesa en el estudio de la relación existente entre el hambre y la agresividad. Ha definido la agresividad como el número de veces que un sujeto golpea un saco de boxeo. ¿Cómo se denomina al proceso de definición de esta variable?

4. Relacione los siguientes tipos de investigación con su definición:

    1. Investigación documental
    2. Observación naturalista
    3. Investigación por encuesta
    4. Estudio de caso

    a. Preguntar directamente a una muestra de personas acerca de su comportamiento.
    b. Revisar los registros existentes para confirmar una hipótesis.

c. Observar el comportamiento en un escenario real, sin intervenir en los resultados.

d. Investigar de manera profunda a una persona o a un grupo pequeño.

5. Relacione cada uno de los siguientes métodos de investigación con un problema que le sea básico:

1. Investigación documental
2. Observación naturalista
3. Investigación por encuesta
4. Estudio de caso

a. A veces no es posible generalizar a la población en general.

b. El comportamiento de las personas puede modificarse si se percatan de que las observan.

c. Puede que no existan los datos, o éstos pueden no ser pertinentes.

d. Las personas pueden mentir con el fin de ofrecer una buena imagen.

6. Un amigo le dice que "la ansiedad provocada por hablar en público y el desempeño se correlacionan de forma negativa. Por lo tanto, mucha ansiedad debe provocar un mal desempeño". Diga si esta afirmación es cierta o falsa. Explique su respuesta.

7. Un psicólogo desea estudiar el efecto que tiene la belleza sobre la disposición a ayudar a una persona que tiene un problema matemático. La belleza sería la variable _____, en tanto que la cantidad de ayuda sería la variable _____ _____.

8. El grupo que en un experimento no recibe tratamiento alguno se denomina grupo _____.

Pregúntese a sí mismo

Al realizar un experimento, usted decide tomar a los primeros veinte sujetos disponibles y asignarlos al grupo experimental y remitir los siguientes veinte al grupo control. ¿Por qué puede que ésta no sea una buena idea?

(Las respuestas a las preguntas de revisión aparecen en la página 34.)

• ***¿Cuáles son los problemas importantes que subyacen al proceso de realizar una investigación?***

RETOS DE LA INVESTIGACIÓN: EXPLORACIÓN DEL PROCESO

Probablemente a estas alturas ya se hizo evidente que hay muy pocas fórmulas simples que puedan adoptar los psicólogos cuando realizan investigación. Se debe seleccionar el tipo de estudio a realizar, las medidas a tomar y el modo más efectivo para analizar los resultados. Incluso después de tomar estas decisiones esenciales, quedan por considerarse diversos problemas de vital importancia. Abordamos en primera instancia al más fundamental de estos problemas: la ética.

La ética en la investigación

Póngase en el lugar de uno de los sujetos de estudio en el experimento de Latané y Darley. ¿Cómo se sentiría cuando se enterara de que la persona que usted creía que tenía un ataque en realidad era un cómplice pagado por el experimentador?

Aunque al principio podría usted sentir alivio puesto que no había en realidad emergencia alguna, también sería posible que sintiera resentimiento a causa de que se le engañó durante el experimento. Y también podría experimentar preocupación puesto que se le colocó en una situación poco común en la que, dependiendo de cómo fuera que se condujese, usted podría haber sufrido un golpe a su autoestima.

La mayoría de los psicólogos afirman que el uso del engaño es a veces necesario con el fin de evitar que los sujetos de estudio estén influidos por lo que a su juicio es el verdadero propósito del experimento. (Si usted supiera que el experimento de Latané y Darley se interesaba de hecho en su comportamiento de ayuda, ¿no estaría automáticamente tentado a intervenir en la emergencia?) A fin de evitar semejantes desenlaces, los investigadores se ven obligados a emplear de manera ocasional el engaño.

No obstante, debido a que las investigaciones tienen el potencial de violar los derechos de quienes participan en ellas, se espera que los psicólogos se adhieran a una serie de directrices éticas muy estrictas, cuya finalidad es la protección de los sujetos de estu-

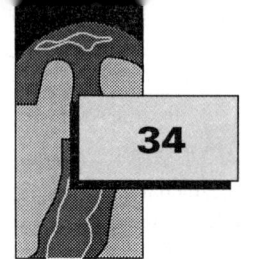

dio (American Psychological Association, 1992). Estas directrices recomiendan lo siguiente:

- Protección a los sujetos de daños físicos o mentales
- El derecho que tienen los sujetos a la privacidad con respecto a su comportamiento
- La seguridad de que la participación en la investigación es por completo voluntaria
- La obligación de informar a los sujetos con anterioridad a la participación en el experimento sobre la naturaleza de los procedimientos

Aunque estas directrices permiten el empleo del engaño, todos los experimentos que lo impliquen deben ser revisados por un grupo independiente antes de usarlo —como debe ser en cualquier experimento en que participen seres humanos como sujetos de estudio (Sieber, 1992; Rosnow, Rotheram-Borus, Ceci, Black y Koocher, 1993; Rosenthal, 1994; Fisher y Fyrberg, 1994; Gurman, 1994).

Uno de los principios éticos que siguen los psicólogos es el del **consentimiento informado**. Con anterioridad a la participación en un experimento, los sujetos de estudio deben firmar un documento en el que reconocen que se les ha informado sobre la naturaleza general del estudio, y sobre lo que involucra su participación, que están conscientes de los riesgos que puede implicar el experimento, y el que entienden que su participación es por completo voluntaria y que puede cancelarse en cualquier momento. La única ocasión en que se puede prescindir del consentimiento informado es cuando los riesgos del experimento son mínimos, como en los estudios que sólo requieren de observación en una calle o en algún otro lugar público (Mann, 1994).

Consentimiento informado: documento firmado por los sujetos de estudio antes de la realización de un experimento en el que se exponen el estudio, las condiciones y los riesgos que implica la participación en éste.

Exploración de la diversidad

Selección de sujetos que representen todo el rango de la conducta humana

Cuando Latané y Darley, profesores universitarios los dos, eligieron a quienes debían participar como sujetos en sus experimentos, acudieron a las personas a las que podían acceder con mayor facilidad: estudiantes universitarios. De hecho, participan con tanta frecuencia en los experimentos, que la psicología ha sido llamada —en forma algo despreciativa— la "ciencia del comportamiento del estudiante universitario de primeros semestres" (Rubenstein, 1982).

Su participación en calidad de sujetos de estudio implica ventajas y desventajas. El principal de los beneficios es su disponibilidad: Dado que la mayoría de las investigaciones se realizan en ambientes universitarios, los estudiantes de educación superior están ampliamente disponibles. Por lo general, los estudiantes participan ya sea por créditos escolares como recompensa o por un pequeño pago monetario, lo que hace mínimo el costo que el investigador debe cubrir.

El problema que implica servirse de estudiantes universitarios en calidad de sujetos de estudio radica en la posibilidad de que no representen de forma adecuada a la población en general. Los estudiantes universitarios tienden a ser más jóvenes y a poseer una

RESPUESTAS A LA REVISIÓN ANTERIOR

1. teoría **2.** hipótesis **3.** Operacionalización **4.** 1-b; 2-c; 3-a; 4-d **5.** 1-c; 2-b; 3-d; 4-a **6.** Falso; la correlación no implica causalidad. El solo hecho de que dos variables se relacionen no significa que una cause a la otra. Se puede dar el caso de que un mal desempeño sea la causa de que la gente padezca de mayor ansiedad, o que un tercer factor sea la causa de ambos efectos.
7. independiente; dependiente **8.** control.

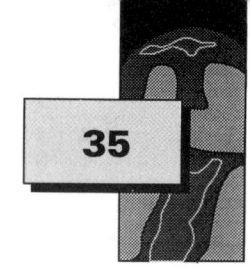

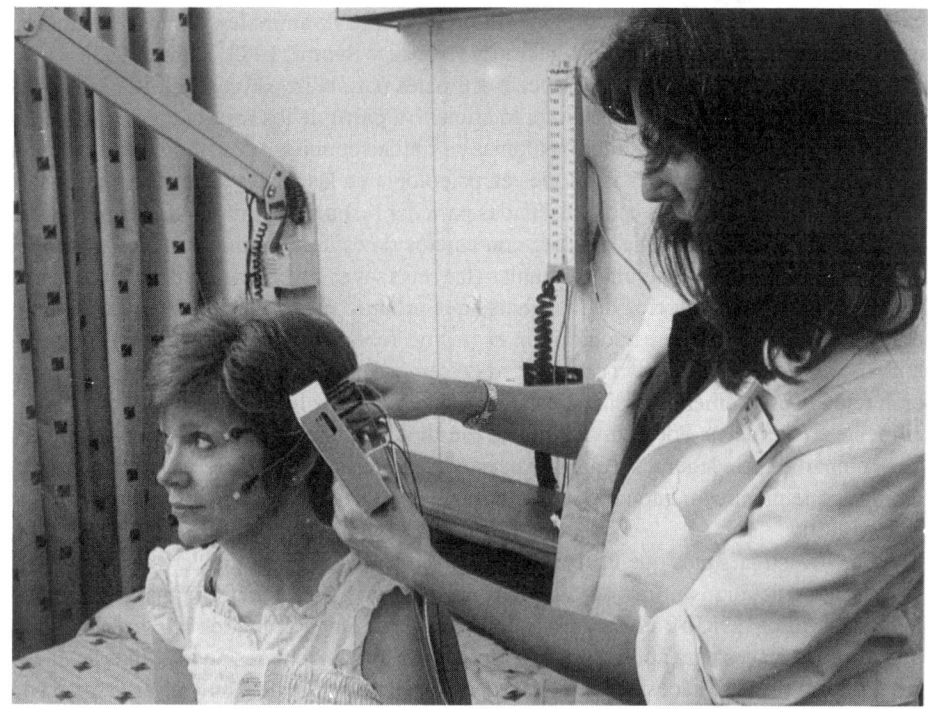

Los estudiantes universitarios están disponibles con facilidad y son sujetos de investigación con gran frecuencia, pero pueden no ser lo suficientemente representativos de la población general.

mejor educación que un gran porcentaje del resto de la población en países como Estados Unidos. Además, es muy probable que sus actitudes estén menos formadas, siendo más susceptibles que los adultos mayores a las presiones sociales procedentes de las figuras de autoridad y de sus pares (Sears, 1986).

Además, como en el caso de las investigaciones en Estados Unidos, los estudiantes universitarios son desproporcionadamente blancos y de clase media. De hecho, incluso las investigaciones en que no participan estudiantes universitarios tienden a estar basadas en sujetos blancos de clase media. En particular, la participación de afroamericanos como sujetos no sólo es baja, sino que en realidad ha disminuido durante los últimos 20 años (Graham, 1992).

Cuando una ciencia que pretende explicar el comportamiento humano en general hace caso omiso de una proporción significativa de la población al obtener conclusiones, hay algo que no está bien. En consecuencia, los investigadores psicológicos se han vuelto cada vez más sensibles a la importancia de contar con sujetos que sean representativos por completo de la población en general (Youngstrom, 1994; Gannon, Luchetta, Rhodes, Pardie y Segrist, 1992; Bersoff, 1995).

¿Deben usarse animales en la investigación?

No sólo los psicólogos que trabajan con seres humanos tienen que laborar bajo severas restricciones de índole ética; los investigadores que se sirven de animales en calidad de sujetos de estudio tienen su propio conjunto de directrices con el fin de garantizar que éstos no sufran (American Psychological Association, 1993). Específicamente, deben hacer todo lo posible para reducir al mínimo la incomodidad, la enfermedad y el dolor; además, los procedimientos que sometan a tensiones a los animales se utilizan de manera exclusiva cuando no se cuenta con un procedimiento alternativo y cuando el objeto de la investigación queda justificado por el valor prospectivo que implica. Además, existen reglamentos federales que especifican cómo es que se debe albergar a los animales y de qué modo se les debe alimentar y mantener. Los investigadores no sólo deben hacer todo lo posible para evitar la incomodidad física de los animales, sino que también se les

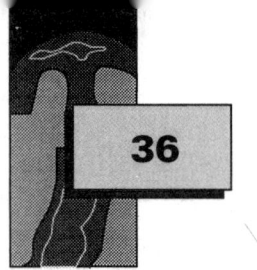
exige promover el bienestar *psicológico* de algunos tipos de animales, como los primates, que se emplean en distintas investigaciones (Novak y Suomi, 1988; Adler, 1991).

¿Por qué deben usarse para empezar animales para la investigación? ¿Cómo podemos atrevernos a inferir comportamiento humano a partir de los resultados de investigaciones que emplean a ratas, gerbos o palomas en calidad de sujetos de estudio? La respuesta es que el 7 u 8% de las investigaciones en psicología en las cuales se emplean animales tienen un objetivo distinto; están diseñadas para dar respuesta a preguntas distintas a las de las investigaciones que se realizan con sujetos de estudio humanos. Por ejemplo, el periodo de vida corto de algunos animales (las ratas viven un promedio de dos años) nos permite conocer datos acerca de los efectos que produce el envejecimiento en un tiempo mucho más corto que si estudiáramos el mismo fenómeno directamente en los seres humanos. Además, la misma complejidad de estos últimos puede oscurecer la información relativa a fenómenos básicos: esta información puede identificarse mucho más fácilmente en animales. Por último, algunos estudios requieren de gran número de sujetos que compartan antecedentes o que hayan estado expuestos a ambientes específicos, condiciones que prácticamente no pueden lograrse en el caso de los seres humanos (Gill y cols., 1989).

Las investigaciones que utilizan animales en calidad de sujetos de estudio proporciona a los psicólogos información que representa enormes beneficios para la especie humana (Miller, 1985b). Por ejemplo, la investigación con animales nos ha permitido descubrir las claves para aprender a detectar los trastornos oculares de los niños a edades tan tempranas que se hace posible evitar un daño permanente; para encontrar la forma de comunicarnos con mayor efectividad con niños con retraso mental severo, y para reducir los dolores crónicos de algunas personas, por citar sólo unos cuantos resultados (APA, 1988; Domjan y Purdy, 1995).

A pesar del valor ya demostrado de las investigaciones que utilizan animales en calidad de sujetos de estudio, su empleo en psicología continúa siendo un tema controvertido (Orlans, 1993; Devenport y Devenport, 1990; Ulrich, 1991; Plous, 1991), y hay quienes exigen restricciones estrictas o incluso una prohibición completa de esta práctica (Bowd y Shapiro, 1993). Sin embargo, la mayoría de los psicólogos creen que las directrices éticas existentes son lo suficientemente rigurosas como para ofrecer una adecuada protección a los animales al tiempo que permiten que se siga realizando una muy valiosa investigación animal.

Amenazas para los experimentos: las expectativas del experimentador y de los sujetos

Sesgos experimentales: factores que distorsionan la comprensión de un experimentador de la forma en que afectó la variable independiente a la variable dependiente.

Incluso los planes experimentales de mejor diseño están sujetos a **sesgos experimentales**: factores que distorsionan la comprensión del investigador acerca de la forma en que la variable independiente *afectó* a la variable dependiente. Uno de los modos más comunes de sesgo experimental que los experimentadores deben eludir es el de las *expectativas del experimentador*, en la que éste transmite de manera involuntaria claves a los sujetos de estudio acerca del modo en que se espera que se comporten ante una determinada condición experimental (Harris, 1991; Blanck, 1993). El peligro radica en que estas expectativas provocarán un comportamiento "adecuado", que tal vez no ocurriría en ausencia de las claves "filtradas" por el experimentador. Por ejemplo, si Latané y Darley se hubieran comportado con los sujetos de la condición de dos testigos como si esperaran que ellos prestaran ayuda, y hubiesen insinuado que tenían pocas expectativas de ver un comportamiento de ayuda en la condición de seis testigos, tales variaciones en el comportamiento de los experimentadores —sin importar que no hayan sido intencionales— podrían haber afectado los resultados.

Un problema similar es el de las *expectativas del sujeto* acerca de lo que constituye un comportamiento adecuado. Si usted ha sido alguna vez un sujeto de estudio en un experimento, sabe bien que con mucha rapidez se desarrollan ideas acerca de lo que se espera de uno, y es muy común que las personas desarrollen sus propias hipótesis acerca

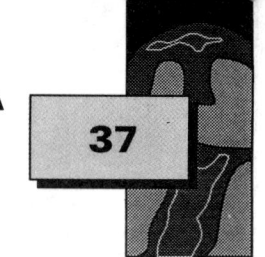
de lo que el experimentador espera aprender del estudio. Si estas expectativas llegan a influir en el comportamiento de un sujeto de estudio, ello será un motivo de preocupación, puesto que entonces ya no es la manipulación experimental lo que produce el efecto, sino las expectativas del sujeto de estudio.

Para tomar precauciones en contra del problema de que las expectativas del sujeto de experimentación sesguen los resultados de un experimento, el experimentador puede tratar de disfrazar el propósito verdadero de éste. Los sujetos desconocedores de que lo estudiado es el comportamiento de ayuda, por ejemplo, probablemente actuarán de modo más "natural" que si se les dice que se analiza su comportamiento de ayuda. Por lo tanto, Latané y Darley decidieron dar una información engañosa a sus sujetos de estudio, diciéndoles que el propósito del experimento era realizar una discusión entre estudiantes universitarios con respecto a sus problemas personales. De esta forma, esperaban que sus sujetos de estudio no sospecharían el verdadero propósito del experimento.

En algunos experimentos resulta imposible esconder el objetivo real de la investigación. En estos casos se puede disponer de otras técnicas. Por ejemplo, suponga que le interesa probar la capacidad que tiene un nuevo fármaco para aliviar los síntomas de una depresión severa. Si usted sólo le da el fármaco a la mitad de los sujetos de estudio y no le da nada a la otra mitad, los sujetos a los que se les administró el fármaco pueden informarle que se sienten menos deprimidos tan sólo a consecuencia de que saben que han ingerido una sustancia. De modo similar, los sujetos que no tomaron fármaco alguno pueden informarle que no se sienten mejor, sabedores que forman parte de un grupo control que no recibe tratamiento alguno.

Para resolver este problema los psicólogos suelen emplear un procedimiento en el que los sujetos en el grupo control reciben un tratamiento placebo. Un **placebo** es un tratamiento simulado, como una píldora, "medicamento" u otra sustancia que no tiene ninguna propiedad química significativa ni ingrediente activo alguno. Debido a que a los miembros de ambos grupos se les oculta la información de si reciben un tratamiento real o simulado, cualquier diferencia que se descubra puede atribuírsele a la cualidad del fármaco y no a los posibles efectos psicológicos de la administración de una píldora u otra sustancia (Roberts, Kewman, Mercier y Hovell, 1993).

Todavía hay otro factor que un investigador cuidadoso debe realizar en un experimento de esta naturaleza. Para eliminar la posibilidad de que las expectativas del experimentador afecten al sujeto, la persona que administre el medicamento no debería saber si se trata de un fármaco verdadero o de un placebo. Si tanto el sujeto de estudio como el experimentador que interactúa con el sujeto son "ciegos" en relación a la naturaleza del fármaco que se administra, los investigadores pueden evaluar con mayor precisión sus efectos. A este método se le denomina *procedimiento doble ciego*.

Placebo: tratamiento simulado tal como una píldora, "fármaco" u otra sustancia sin ninguna propiedad química significativa o ingrediente activo.

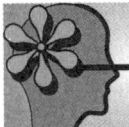

El consumidor de psicología bien informado

Pensamiento crítico ante la investigación

Si usted estuviera a punto de comprar un automóvil sería muy poco probable que acudiera a la agencia de automóviles más cercana y saliera manejando el primer auto que le recomendara el vendedor. En lugar de ello, probablemente cavilaría un poco acerca de la compra, leería sobre autos, consideraría las alternativas, hablaría con otros acerca de sus experiencias y a fin de cuentas habría pensado un buen tiempo antes de realizar una compra de tal magnitud.

En contraste, gran parte de nosotros somos mucho menos conscientes cuando se trata de gastos con relación a bienes intelectuales que cuando disponemos de nuestros recursos financieros. La gente llega con precipitación a conclusiones con base en información incompleta e inexacta, y es relativamente raro que se tome el tiempo para evaluar de modo crítico las investigaciones y la información a la que está expuesta.

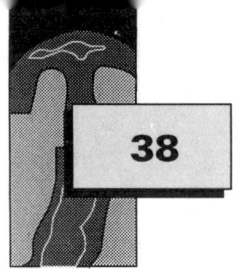
Debido a que el campo de la psicología se sostiene con un cuerpo acumulado de investigaciones, es de vital importancia la realización de un escrutinio concienzudo de los métodos, resultados y afirmaciones de los investigadores. Sin embargo, no son sólo los psicólogos quienes deben saber cómo evaluar de modo crítico las investigaciones; todos nosotros estamos constantemente expuestos a afirmaciones que realizan los demás. Conocer la forma de abordar los datos de las investigaciones puede ser de mucha ayuda en áreas muy distantes de las que abarca la psicología.

Una serie de preguntas básicas nos puede servir para determinar lo que es válido y lo que no lo es. Entre las preguntas más importantes que se deben formular destacan las siguientes:

■ ¿Cuáles son los fundamentos de la investigación? Los estudios de investigación deben derivarse de una teoría especificada con claridad. Además, debe tomarse en cuenta la hipótesis específica que se trate de verificar. A menos que tengamos conocimiento de la hipótesis que se está examinando, no nos será posible evaluar el éxito que pueda haber tenido un estudio determinado. Necesitamos ser capaces de ver cómo se derivó la hipótesis de una teoría subyacente y de inmediato considerar qué tan idóneamente el diseño del estudio logra verificar la hipótesis planteada.

■ ¿En qué medida se realizó de manera correcta el estudio? Considere quiénes fueron los sujetos de estudio, cuántos de ellos estuvieron presentes, cuáles métodos se emplearon y con qué problemas se encontró el experimentador al recolectar la información. Por ejemplo, existen diferencias de importancia entre un estudio de caso que registre las anécdotas de un grupo de entrevistados y una encuesta que reúna información proveniente de varios miles de personas.

■ ¿Cuáles son los supuestos que subyacen a la presentación de los resultados del estudio? Es preciso determinar la precisión con que las afirmaciones realizadas reflejan la información real, así como la lógica de lo que se afirma. Por ejemplo, la Sociedad Estadounidense contra el Cáncer anunció en 1991 que las probabilidades de que una mujer contrajera cáncer de mama se habían elevado a 1 de cada 9. Resultó, sin embargo, que éstas eran posibilidades acumuladas, que reflejaban la viabilidad de que una mujer desarrollara cáncer de mama en algún momento entre su nacimiento y la edad de 110 años. Durante la mayor parte de la vida de una mujer, las probabilidades de enfermar de cáncer de mama son menores de manera considerable. Por ejemplo, para las mujeres menores de 50 años de edad, el riesgo es cercano a 1 de cada 1 000 (Blakeslee, 1992; Kolata, 1993).

■ ¿Es razonable la lógica de la afirmación? Por ejemplo, cuando el fabricante del analgésico Marca X asegura con arrogancia que "ningún otro analgésico es más efectivo para combatir el dolor que la Marca X", esto no significa que dicha marca sea mejor que cualquier otro tipo de analgésico. Tan sólo significa que ninguna otra marca de estos fármacos funciona mejor y que en realidad otras pueden funcionar tan bien como la Marca X. Expresado de esta última manera, el hallazgo no parece ser cosa de la que valga la pena hacer alarde.

Estos principios básicos le pueden ayudar a determinar la validez de los hallazgos de las investigaciones con las que se tope —tanto dentro como fuera del campo de la psicología—. De hecho, mientras más sepa usted acerca de cómo evaluar las investigaciones en general, más capaz será de evaluar lo que el campo de la psicología puede ofrecer.

RECAPITULACIÓN Y REVISIÓN

Recapitulación

- Entre los principales asuntos éticos a los que se enfrentan los psicólogos están el engaño en los experimentos y el empleo de animales en calidad de sujetos de estudio.
  Las amenazas a los experimentos incluyen las expectativas del experimentador y las del sujeto de estudio.

Revisión

1. La investigación ética comienza con el concepto del consentimiento informado. Antes de estampar su firma para participar en un experimento, los sujetos de estudio deben haber sido informados acerca de:

a. El procedimiento del estudio, planteado en términos generales

b. Los riesgos que puede implicar

c. El derecho a retirarse en cualquier momento

d. Todo lo anterior

2. Enliste tres beneficios de utilizar animales en la investigación psicológica.

3. Los experimentadores pueden usar el engaño como un medio para intentar eliminar las expectativas de los sujetos de estudio. ¿Cierto o falso?

4. Un procedimiento en el que el experimentador desconoce si los sujetos reciben o no un tratamiento verdadero se denomina procedimiento _____.

5. Se ha reportado un estudio que muestra que los hombres difieren de las mujeres en su preferencia a sabores de helados. Tal estudio se basó en una muestra de dos hombres y tres mujeres. ¿Qué podría estar mal en el estudio?

Pregúntese a sí mismo

Un psicólogo le dice que debido a que los resultados de su estudio implican a una gran cantidad de sujetos, tiene la seguridad de que son absolutamente ciertos. ¿Está o no en lo correcto? Explique su respuesta.

(Las respuestas a las preguntas de revisión aparecen en la página 41.)

UNA MIRADA RETROSPECTIVA

¿Qué es la psicología y por qué es una ciencia?

1. A pesar de que la definición de la psicología —el estudio científico del comportamiento y de los procesos mentales— es muy clara, es asimismo engañosamente sencilla, puesto que "comportamiento" no abarca sólo lo que hace la gente, sino también sus pensamientos, sentimientos, percepciones, razonamiento, memoria y actividades biológicas.

¿Cuáles son las distintas ramas del campo de la psicología?

2. La psicología incluye una serie de áreas de especialización importantes. Los biopsicólogos se concentran alrededor de las bases biológicas del comportamiento, en tanto que los psicólogos experimentales estudian los procesos de sensación, percepción, aprendizaje y pensamiento acerca del mundo. La psicología cognitiva, que se desprendió de la psicología experimental, trata acerca del estudio de los procesos mentales superiores, lo cual incluye el pensamiento, el lenguaje, la memoria, la solución de problemas, el conocimiento, el razonamiento, el juicio y la toma de decisiones.

3. Las ramas de la psicología que estudian el cambio y las diferencias individuales son la psicología del desarrollo y la psicología de la personalidad. Los especializados en la primera, estudian el proceso de crecimiento y cambio de las personas a lo largo de sus vidas. Los psicólogos de la personalidad abordan la consistencia y el cambio de comportamiento de un individuo conforme éste se enfrenta a situaciones diversas, así como las diferencias individuales que distinguen el comportamiento de una persona del de otra cuando se pone a cada una en la misma situación.

4. Los psicólogos de la salud, los clínicos y los especialistas en consejería se ocupan de manera fundamental de promover la salud física y mental. Los psicólogos de la salud estudian los factores psicológicos que afectan a las enfermedades físicas, en tanto que los psicólogos clínicos se dedican al estudio, diagnóstico y tratamiento del comportamiento anormal. Los expertos en consejería se concentran en problemas de adaptación educativa, social y vocacional.

5. Los psicólogos educativos investigan la manera en que el proceso educativo afecta a los estudiantes; también se especializan en la evaluación y el tratamiento de niños de escuelas primarias y secundarias que tienen problemas académicos y/o emocionales.

6. La psicología social es el estudio de la forma en que los pensamientos, sentimientos y acciones de las personas son afectados por los demás. Los psicólogos industriales-organizacionales se concentran en cómo se puede aplicar la psicología en los lugares de trabajo, mientras que los dedicados a la psicología del consumidor estudian los hábitos de compra de la gente. La psicología transcultural examina las similitudes y las diferencias en el funcionamiento psicológico entre diversas culturas. Las áreas más nuevas de especialización incluyen la psicología de la mujer, la neuropsicología clínica, las psicologías ambientales, forense y del deporte, y la evaluación de programas.

¿Dónde son empleados los psicólogos?

7. Los psicólogos trabajan en una gran variedad de lugares. Aunque los principales sitios de empleo son las universidades, muchos psicólogos se encuentran en hospitales, clínicas, centros comunitarios de salud y centros de consejería. Muchos también tienen consultorios en los que tratan a pacientes en forma privada.

¿Cuáles son las raíces históricas del campo de la psicología?

8. Los fundamentos de la psicología fueron establecidos por Wilhelm Wundt en Alemania, en 1879. Las primeras perspectivas conceptuales que guiaron el trabajo de los psicólogos fueron el estructuralismo, el funcionalismo y la teoría gestalt. El primero dirigía su atención alrededor de la identificación de los elementos básicos de la mente, apelando en gran medida al uso de la introspección. El funcionalismo se concentraba en las funciones que desempeñan las actividades mentales. La psicología de la gestalt se centraba alrededor del estudio de cómo la percepción se organiza en unidades significativas.

39

¿Cuáles son los principales enfoques que emplean los psicólogos contemporáneos?

9. La perspectiva biológica se concentra en las funciones biológicas de personas y animales, reduciendo el comportamiento a sus componentes fundamentales. La perspectiva psicodinámica asume un enfoque muy distinto: sugiere que existen fuerzas y conflictos internos inconscientes poderosos, de los que las personas tienen una consecuencia escasa o nula, que son los principales determinantes del comportamiento.

10. Los enfoques cognitivos del comportamiento se dedican al estudio de la forma en que las personas conocen, comprenden y piensan acerca del mundo. Las perspectivas cognitivas, que surgieron de los trabajos iniciales de la introspección y de trabajos posteriores por parte de los funcionalistas y de los psicólogos gestálticos, estudian la manera en que la gente comprende el mundo y lo representa internamente.

11. La perspectiva conductual resta importancia a los procesos mentales y se concentra en el comportamiento observable. Sugiere que el conocimiento y el control del ambiente en que vive una persona bastan para explicar por completo su comportamiento y modificarlo.

12. La perspectiva humanista es la más reciente de las perspectivas en psicología. Hace hincapié en que los seres humanos poseen una inclinación única hacia el crecimiento psicológico y hacia niveles de desempeño más altos, a la vez que sostiene que los seres humanos hacen todo lo posible para alcanzar su máximo potencial.

¿Cuál es el futuro probable de la psicología?

13. Parecen surgir varias tendencias importantes que pueden influir en el futuro de la psicología. Ésta se volverá cada vez más especializada, evolucionarán nuevas perspectivas, tomará en cuenta de manera más completa la creciente diversidad de la población del país, y se preocupará cada vez más por el interés público. Además, es probable que el tratamiento psicológico se vuelva más accesible y sea más aceptable socialmente.

¿Qué es el método científico y cómo usan los psicólogos la teoría y la investigación para dar respuesta a preguntas de interés?

14. El método científico es un enfoque que utilizan los psicólogos para entender lo desconocido. Consiste en tres pasos: identificación de las preguntas de interés; formulación de una explicación, y realización de una investigación diseñada para apoyar la explicación.

15. La investigación en psicología está dirigida por teorías (explicaciones amplias y predicciones de los fenómenos de interés) e hipótesis (derivaciones de las teorías, predicciones planteadas de modo que sean susceptibles de verificación).

¿Cuáles son los diversos métodos de investigación que emplean los psicólogos?

16. La investigación documental emplea los registros existentes, como pueden ser periódicos viejos u otro tipo de documentos, para confirmar una hipótesis. En la observación naturalista, el investigador actúa fundamentalmente como observador, sin producir cambio alguno en una situación de ocurrencia natural. En una investigación por encuesta, se hace a las personas una serie de preguntas relativas a su comportamiento, pensamientos o actitudes. El estudio de caso representa una investigación y un examen profundos de una sola persona o un grupo pequeño. Estos métodos se sirven de técnicas de correlación, las cuales describen asociaciones existentes entre varios factores, mas no pueden determinar relaciones causa-efecto.

¿Cómo establecen los psicólogos las relaciones causa-efecto en los estudios de investigación?

17. En un experimento formal, la relación existente entre los factores se investiga mediante la producción intencional de un cambio —denominado manipulación experimental— en uno de ellos para observar la modificación que se registre en el otro. Los factores que se modifican se denominan variables: comportamientos, sucesos o personas que pueden cambiar o variar en algún sentido. Con el fin de verificar una hipótesis, ésta debe operacionalizarse: los conceptos abstractos de la hipótesis se traducen en los procedimientos que habrán de emplearse en el estudio.

18. En un experimento se deben comparar entre sí por lo menos dos grupos con objeto de evaluar relaciones causa-efecto. El grupo que recibe el tratamiento (el procedimiento especial ideado por el experimentador) es el grupo experimental, en tanto que el segundo grupo (que no recibe tratamiento alguno) es el grupo control. Puede haber también diversos grupos experimentales, cada uno de los cuales está sujeto a un procedimiento distinto, para así poder compararlos con los demás. La variable que se manipula es la independiente. La variable que se mide y de la que se espera un cambio como resultado de la manipulación de la variable independiente es la dependiente.

19. En un experimento formal, los sujetos de estudio se deben asignar aleatoriamente a las condiciones experimentales, para que las características de éstos queden distribuidas de manera equitativa entre todas las condiciones.

¿Cuáles son los problemas importantes que subyacen al proceso de realizar una investigación?

20. Uno de los principios éticos clave que siguen los psicólogos es el del consentimiento informado. Es preciso que se informe a los sujetos de estudio, con anterioridad a su participación, cuál es la naturaleza básica del experimento y cuáles son los principales riesgos y beneficios potenciales que implicaría su participación. Los investigadores que trabajan con animales también deben seguir un conjunto de directrices éticas muy rígidas para la protección de éstos.

21. Aunque la inclusión de estudiantes universitarios en calidad de sujetos de estudio posee la ventaja de su fácil disponibilidad, su uso implica ciertas desventajas. Por ejemplo, ellos no representan necesariamente las características de la población general en conjunto. El empleo de animales en calidad de sujetos de experimentación también implica deficiencias en términos de susceptibilidad de generalización, aunque los beneficios que brinda su uso en la investigación han sido enormes.

22. Los experimentos están sujetos a una serie de amenazas o sesgos. Las expectativas del experimentador ocurren cuando un investigador transmite, de forma involuntaria, claves a los sujetos de estudio acerca de sus propias expectativas con relación al comportamiento de éstos ante determinada condición experimental. Las expectativas de los sujetos de estudio también pueden sesgar un experimento. Para ayudar a eliminar los sesgos, los investigadores emplean placebos, así como procedimientos doble ciego.

TÉRMINOS Y CONCEPTOS CLAVE

psicología (p. 3)
estructuralismo (p. 12)
introspección (p. 12)
funcionalismo (p. 13)
psicología gestalt (p. 13)
perspectiva biológica (p. 14)
perspectiva psicodinámica (p. 15)
perspectiva cognoscitiva (p. 15)
perspectiva conductual (p. 15)
perspectiva humanista (p. 16)
libre albedrío (p. 16)
método científico (p. 21)

teorías (p. 22)
hipótesis (p. 22)
operacionalización (p. 23)
investigación documental (p. 24)
observación naturalista (p. 24)
investigación por encuesta (p. 24)
estudio de caso (p. 25)
investigación correlacional (p. 25)
experimento (p. 27)
manipulación experimental (p. 27)
variables (p. 27)
tratamiento (p. 27)

grupo experimental (p. 28)
grupo control (p. 28)
variable independiente (p. 28)
variable dependiente (p. 28)
sujeto (p. 28)
asignación aleatoria a la condición (p. 29)
confederado (p. 30)
replicación (p. 31)
consentimiento informado (p. 34)
sesgos experimentales (p. 36)
placebo (p. 37)

RESPUESTAS A LA REVISIÓN ANTERIOR

1. d   **2.** 1) Podemos estudiar con más facilidad fenómenos simples en animales de lo que es posible con personas. 2) Pueden obtenerse grandes cantidades de sujetos similares. 3) Podemos ver los efectos generacionales con mucha mayor facilidad en animales con tiempos de vida cortos que en las personas   **3.** Cierto   **4.** Doble ciego   **5.** Hay demasiado pocos sujetos. Sin una muestra más grande, no se pueden extraer conclusiones válidas respecto a las preferencias de helados.

BASES BIOLÓGICAS DEL COMPORTAMIENTO

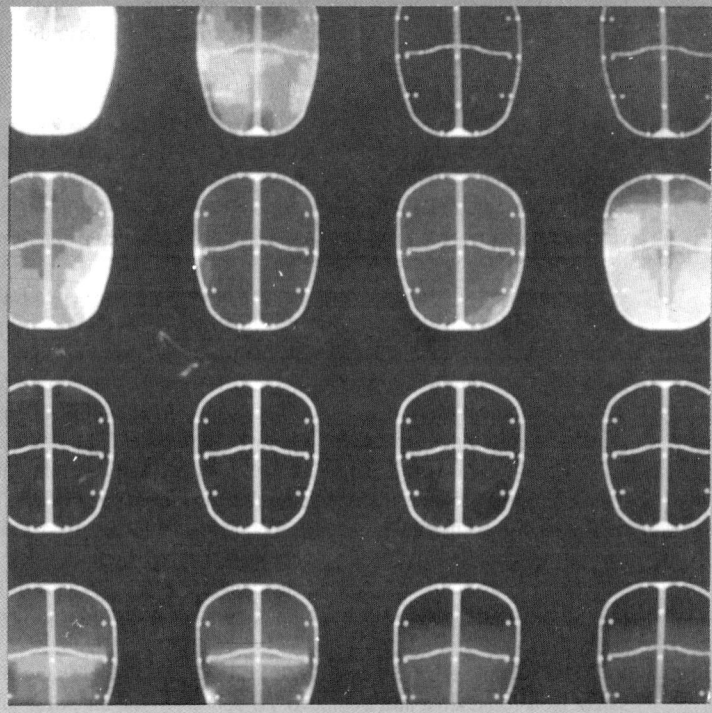

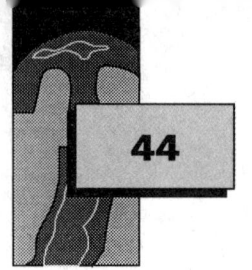
PRÓLOGO

Una cura que detiene el corazón

Después de cinco horas en la mesa de operaciones, la vida comenzó a menguar en el cuerpo de Nancy Loiacono. Su respiración disminuyó al mínimo y su ritmo cardiaco se volvió cada vez más imperceptible. Por último, las líneas en el monitor que mostraban sus signos vitales se volvieron planas.

Si esto sucediera en una película, los profesionales de la salud habrían colocado una sábana sobre la cabeza de Loiacono e informado a su pariente más próximo de la muerte de su ser querido. Pero esto era la vida real y los acontecimientos que ocurrían en la mesa eran justo lo que había ordenado el doctor. Se efectuaba una operación para curar una serie de síntomas debilitantes que habían atormentado a Loiacono durante el año anterior. Comenzando con dolores de cabeza graves, que empeoraron en forma gradual, llegando también a experimentar histeria, alucinaciones y vómito.

La fuente del problema representaba un misterio hasta que los médicos tomaron una imagen de resonancia magnética (IRM) del cerebro. La RM, un dispositivo potente controlado por computadora que proporciona una reproducción fotográfica del cerebro, mostró que Loiacono tenía un aneurisma, una burbuja hinchada llena de sangre del tamaño de una pelota de ping-pong, en el lado izquierdo del cerebro. Debido a que el aneurisma podía estallar en cualquier momento, provocando una embolia incapacitante o la muerte, se ordenó de inmediato la cirugía.

Con el uso de cirugía de arresto circulatorio, un procedimiento pionero en uso hace apenas pocos años, los médicos disminuyeron la temperatura corporal de Loiacono 30 grados por debajo de la temperatura normal para detener en forma temporal su corazón. Cuando cesaron sus latidos, casi la mitad de la sangre de su cuerpo fue drenada para reducir la presión dentro del sistema circulatorio. El aneurisma, parecido a un globo, se desinfló, permitiendo que los cirujanos lo sellaran por medio de la colocación de cinco pinzas que permanecerían en el cerebro de Loiacono el resto de su vida.

Una vez que el procedimiento delicado se completó, la sangre de Loiacono fue recalentada y su corazón comenzó a latir de nuevo. La operación fue un éxito: sus síntomas han desaparecido y su vida ha vuelto a la normalidad (Breu, 1992).

UN VISTAZO ANTICIPATORIO

La historia exitosa de Nancy Loiacono se refleja en las historias de muchos otros, conforme se vuelve más común la delicada cirugía que implica a las partes recónditas del cerebro. Los resultados de este tipo de operaciones son poco menos que milagrosos. Pero el mayor milagro es el objeto mismo del procedimiento quirúrgico: el cerebro. Como se verá en este capítulo, el cerebro, un órgano que es más o menos de la mitad del tamaño de una hogaza de pan, controla nuestro comportamiento en todo momento, ya sea despiertos o dormidos. El cerebro y los nervios que se extienden a lo largo del cuerpo constituyen el sistema nervioso humano. Nuestros movimientos, pensamientos, esperanzas, aspiraciones y sueños —la conciencia misma de que somos humanos— están relacionados de manera íntima con este sistema.

Debido a que el sistema nervioso es de vital importancia para controlar el comportamiento, y gracias a que los seres humanos, en su nivel más básico, son entidades biológicas, los psicólogos e investigadores de otros campos tan diversos como las ciencias de la computación, la zoología y la medicina han puesto especial atención a los fundamentos biológicos del comportamiento. A estos expertos se les llama en forma colectiva *neurocientíficos* (Lister y Weingartner, 1991; Churchland y Sejnowski, 1992; Gazzaniga, 1994).

A los psicólogos que se especializan en los modos en que las estructuras y las funciones biológicas afectan el comportamiento se les denomina **biopsicólogos**. Estos especialistas tratan de dar respuesta a preguntas tales como: ¿cuáles son las bases de los funcionamientos voluntario e involuntario del cuerpo?, ¿cómo se comunican los mensajes de otras partes del cuerpo al cerebro y viceversa?, ¿cuál es la estructura física del cerebro

Biopsicólogos: psicólogos que estudian las maneras en que las estructuras biológicas y las funciones corporales afectan el comportamiento

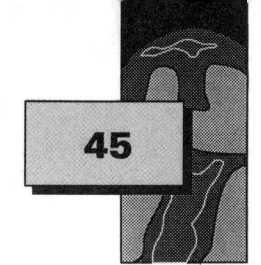

y en qué forma ésta afecta el comportamiento?, ¿pueden rastrearse las causas de los trastornos psicológicos hasta factores biológicos? y ¿cómo se pueden tratar semejantes trastornos?

Este capítulo se refiere a tales tipos de preguntas, concentrándose en las estructuras biológicas del cuerpo que le interesan a los biopsicólogos. En un principio, se habla acerca de las células nerviosas, denominadas neuronas, las cuales permiten que los mensajes viajen a través del cerebro y el cuerpo. Aprenderemos que, a través del conocimiento cada vez mayor de las neuronas y del sistema nervioso, los psicólogos incrementan su conocimiento sobre el comportamiento humano a la vez que descubren importantes claves para curar determinados tipos de padecimientos. Se presentan después la estructura y las principales divisiones del sistema nervioso, con explicaciones acerca de su funcionamiento para controlar los comportamientos voluntarios e involuntarios. Al mismo tiempo analizamos cómo operan en conjunto las distintas partes del sistema nervioso en situaciones de emergencia para generar reacciones ante el peligro cuya finalidad es la preservación de la vida.

Más adelante abordamos al cerebro en particular y examinamos sus principales estructuras y los modos en que éstas afectan el comportamiento. Veremos cómo el cerebro controla los movimientos, los cinco sentidos y nuestros procesos de pensamiento. Consideramos también la extraordinaria noción de que las dos mitades del cerebro pueden tener distintas especialidades y diversas fortalezas. Por último, analizamos el sistema químico de mensajes del cuerpo, el sistema endocrino.

Al abordar todos estos procesos biológicos, es importante tener presente la razón por la cual procedemos de ese modo: nuestra comprensión del comportamiento humano no puede ser completa si no conocemos los fundamentos del cerebro y del resto del sistema nervioso. Como habremos de ver, nuestro comportamiento —estados de ánimo, motivaciones, metas y deseos— están muy relacionados con nuestra conformación biológica.

- *¿Por qué los psicólogos estudian el cerebro y el sistema nervioso?*
- *¿Cuáles son los elementos básicos del sistema nervioso?*
- *¿Cuáles son los procedimientos mediante los que el sistema nervioso comunica mensajes químicos y eléctricos de una parte del cuerpo a otro?*

LAS NEURONAS: LOS ELEMENTOS DEL COMPORTAMIENTO

Si usted ha presenciado en alguna oportunidad la precisión con la que un atleta o bailarín se desempeña, puede que se haya maravillado ante la complejidad —y las magníficas capacidades— del cuerpo humano. Pero incluso las labores más sencillas, tales como recoger un lápiz, escribir y hablar, requieren de una compleja y sorprendente sucesión de actividades. Por ejemplo, la diferencia que existe entre pronunciar la palabra "doma" y la palabra "toma" radica principalmente en que las cuerdas vocales estén relajadas o tensas a lo largo de un periodo que no dura más de una centésima de segundo. Sin embargo, se trata de una distinción que prácticamente cualquiera puede realizar con facilidad.

El sistema nervioso proporciona los mecanismos que nos permiten realizar actividades de tal precisión. Para comprender cómo puede ejercer un control tan exacto sobre nuestros cuerpos, es necesario que comencemos con el análisis de las neuronas, los componentes básicos del sistema nervioso, y que tomemos en cuenta el modo en que los impulsos nerviosos se transmiten a lo largo del cerebro y el cuerpo.

Estructura de la neurona

La capacidad para tocar el piano, manejar un automóvil o golpear una pelota de tenis depende, en cierto nivel, exclusivamente de la coordinación muscular. Pero si tratamos de conocer *cómo* se activan los músculos implicados en semejantes actividades, nos damos cuenta de que existen procesos más básicos implicados. Es preciso que el cuerpo

Neuronas: células especializadas que constituyen los elementos básicos del sistema nervioso y que transmiten los mensajes emitidos

Dendritas: conjunto de fibras en uno de los extremos de la neurona que recibe mensajes provenientes de las demás neuronas

Axón: larga extensión de uno de los extremos de una neurona que lleva mensajes a otras células

Botones terminales: pequeñas protuberancias ubicadas en el extremo del axón, que envían mensajes a las demás células

Vaina de mielina: recubrimiento protector del axón, compuesto por grasas y proteínas

Lou Gehrig, de los Yankees de Nueva York, tuvo un promedio de bateo en toda su carrera de .340, y participó en 2 130 juegos consecutivos antes de que la esclerosis lateral amiotrófica lo obligara a retirarse. Murió del trastorno cerebral —ahora conocido comúnmente como enfermedad de Lou Gehrig— a la edad de 37 años.

envíe y coordine mensajes a los músculos a fin de permitir que los músculos realicen los complejos movimientos característicos de una actividad física exitosa.

Tales mensajes se transmiten a través de células especializadas denominadas **neuronas**, los elementos básicos del sistema nervioso. Su cantidad es impresionante: algunas estimaciones sugieren que existen entre 100 *mil* y 200 *mil millones* de neuronas tan sólo en el cerebro. Aunque existen distintas clases de neuronas, todas ellas poseen una estructura básica similar, como se ilustra en la figura 2.1 (Levitan y Kaczmarek, 1991). Al igual que todas las demás células del organismo, las neuronas cuentan con un cuerpo celular, en donde se encuentra el núcleo. Éste, a su vez, contiene el material hereditario que determina el funcionamiento de la célula.

Sin embargo, en contraste con la mayor parte de las demás células, las neuronas poseen una característica distintiva: la capacidad de comunicarse con otras células. Como se puede observar en la figura 2.1, las neuronas cuentan con un conjunto de fibras en uno de sus extremos, al que se denomina **dendritas.** Estas fibras, que parecen las ramas torcidas de un árbol, reciben los mensajes provenientes de otras neuronas. En el extremo opuesto, las neuronas poseen una extensión en forma de tubo, larga y delgada, a la que se denomina **axón**, la parte de la neurona que transporta mensajes destinados a otras células. El axón es mucho más largo que el resto de la neurona. Aunque la mayor parte de los axones tiene una longitud de varios milímetros, algunos pueden alcanzar hasta 90 centímetros de largo. En contraste, las partes restantes de la neurona miden tan sólo una fracción de la longitud del axón. Por último, en el extremo del axón se encuentran pequeñas ramificaciones que terminan en protuberancias a las que se denomina **botones terminales**, a través de los cuales se envían los mensajes a las demás células.

Los mensajes que viajan a través de la neurona son exclusivamente de naturaleza eléctrica. Aunque hay excepciones, por lo general estos mensajes eléctricos se mueven a lo largo de las neuronas como si viajaran por una calle de un solo sentido. Siguen una ruta que comienza en las dendritas, continúa hacia el cuerpo de la célula y lleva por último hacia la extensión en forma de tubo o axón. Por lo tanto, las dendritas detectan los mensajes provenientes de otras neuronas; los axones llevan los mensajes en dirección contraria al cuerpo celular.

Con el fin de evitar que los mensajes hagan un cortocircuito entre sí, es preciso que el axón cuente con algún tipo de aislante (en forma similar al proceso de aislar los cables eléctricos). Así, la mayoría de los axones están protegidos por medio de un recubrimiento denominado **vaina de mielina**, compuesta por una serie de células especializadas que contienen grasas y proteínas, las cuales envuelven por completo al axón.

La vaina de mielina sirve también para aumentar la velocidad a la que viajan los impulsos eléctricos a través de los axones. Los axones que transportan la información más urgente e importante son los que poseen la mayor concentración de mielina. Si su mano toca una estufa caliente, por ejemplo, la información que tiene que ver con el dolor se transmite a través de axones ubicados en la mano y en el brazo, los cuales contienen una cantidad relativamente grande de mielina, lo cual hace más rápida la conducción del mensaje de dolor hacia el cerebro. En determinado tipo de enfermedades, tales como la esclerosis múltiple, se deteriora la vaina de mielina que rodea al axón, lo cual deja sin protección partes de éste que normalmente deberían estar cubiertas. El resultado de tal situación es una especie de cortocircuito que ocasiona una perturbación de los mensajes transmitidos entre el cerebro y los músculos, lo cual provoca síntomas tales como incapacidad para caminar, dificultades visuales e incapacidad muscular generalizada.

A pesar de que los impulsos eléctricos siempre viajan a lo largo de la neurona en una secuencia que va desde las dendritas hacia el cuerpo celular, y de allí hacia el axón, existen algunas sustancias que viajan a través de la neurona en sentido opuesto. Por ejemplo, los axones permiten que determinadas sustancias químicas necesarias para la nutrición del núcleo celular viajen hacia el cuerpo de la célula en sentido inverso. Ciertas clases de enfermedades, tales como la esclerosis amiotrófica lateral (EAL) —también conocida como "enfermedad de Lou Gehrig", el reconocido beisbolista de los Yankees de Nueva York, su víctima más famosa— pueden tener su origen en la incapacidad de la célula para transportar sustancias de vital importancia en este sentido inverso. Cuando

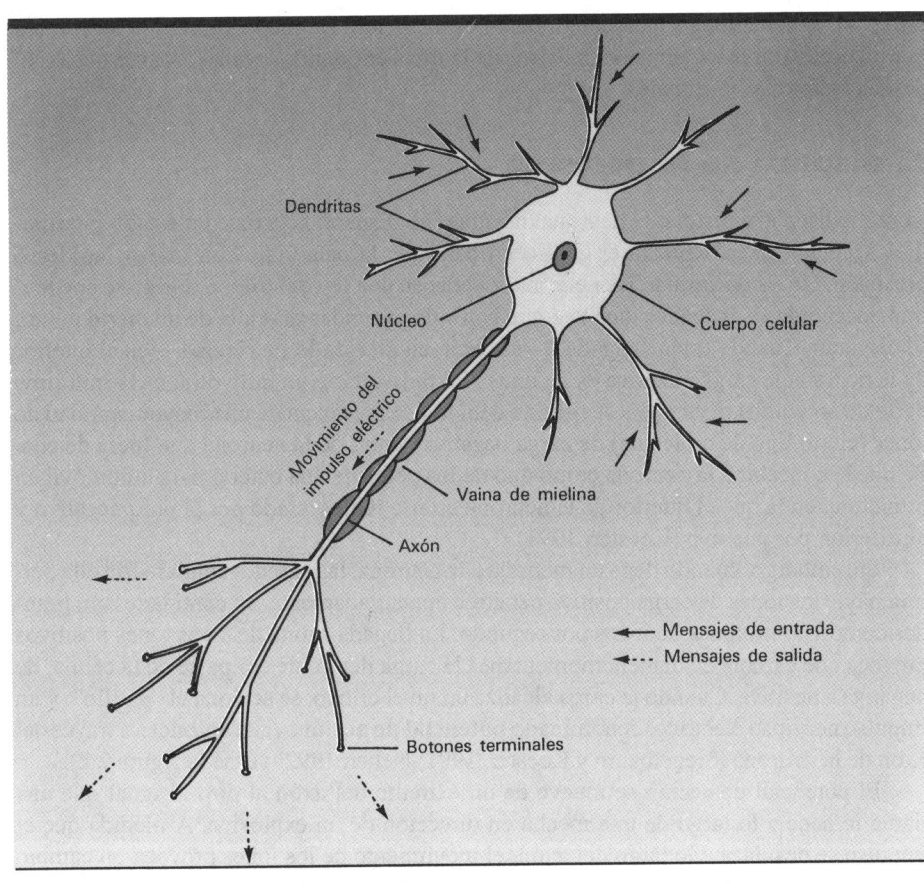

Dendritas

Núcleo

Cuerpo celular

Movimiento del impulso eléctrico

Vaina de mielina

Axón

→ Mensajes de entrada
◄--- Mensajes de salida

Botones terminales

FIGURA 2.1 Principales componentes de la célula especializada denominada neurona, elemento básico del sistema nervioso.

Estas dos fotografías, tomadas con un microscopio electrónico, muestran un grupo de neuronas interconectadas en la corteza cerebral (izquierda) y una amplificación de unas pocas neuronas (derecha). (Véase Sección a color, pág. A.)

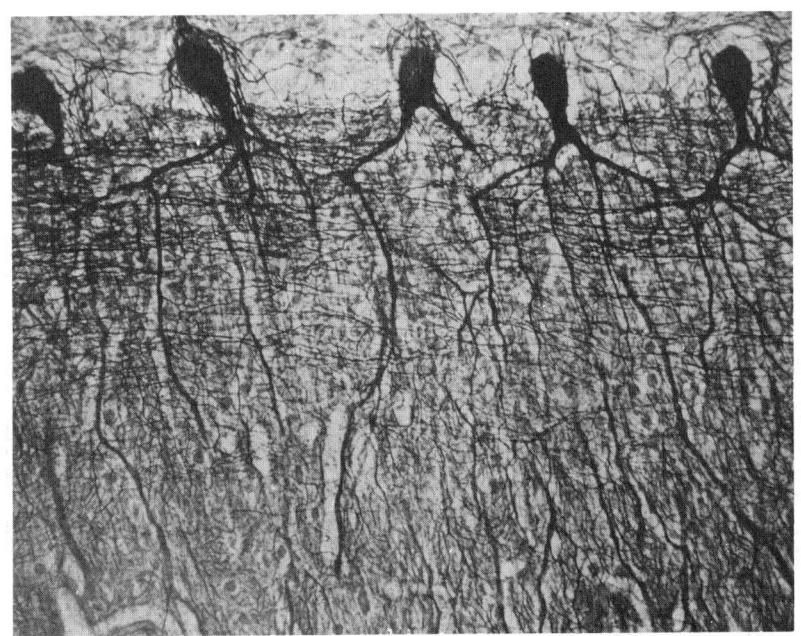

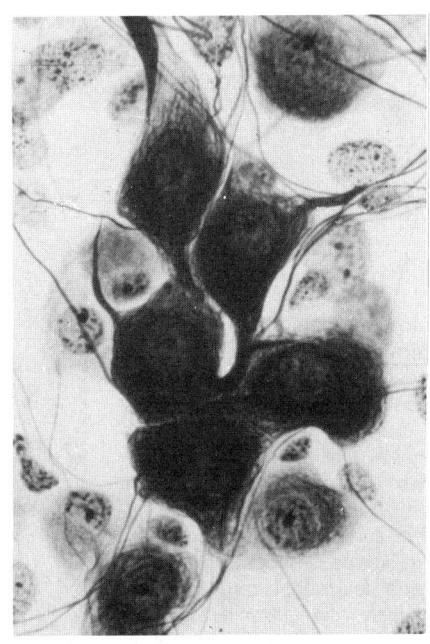

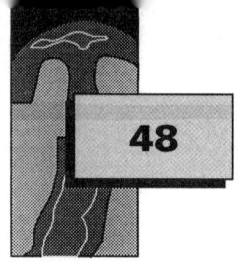

esto ocurre, la neurona finalmente muere por inanición. De modo similar, la hidrofobia es provocada por la transmisión del virus de la rabia en sentido inverso a través del axón, desde los botones terminales.

El disparo de la neurona

Como lo hace una pistola, la neurona dispara o no dispara; no existe un estado intermedio. Apretar con más fuerza el gatillo no hará que la bala viaje con mayor rapidez o precisión. De modo similar, las neuronas obedecen una **ley del todo o nada**. Se encuentran encendidas o apagadas; una vez que han sido excitadas más allá de un cierto punto, se disparan. Cuando están apagadas —es decir, en un **estado de reposo**— en el interior de la neurona la carga eléctrica es de unos −70 milivoltios (un milivoltio es la milésima parte de un voltio). Esta carga se origina debido a la presencia de una mayor cantidad de iones (cierto tipo de molécula) de carga negativa dentro de la neurona que fuera de ella. Se puede concebir a la neurona como uno de los polos de una batería para automóvil en miniatura, en la que el interior de la neurona estaría representado por el polo negativo y el exterior, por positivo (Koester, 1991).

Sin embargo, cuando llega un mensaje a la neurona, las paredes celulares de ella permiten que los iones de carga positiva penetren apresuradamente, en cantidades tan grandes como 100 millones de iones por segundo. La llegada súbita de estos iones positivos provoca que cambie de manera momentánea la carga dentro de esa parte de la célula, de negativa a positiva. Cuando la carga alcanza un nivel crítico, se acciona el "gatillo", y un impulso nervioso eléctrico, denominado **potencial de acción**, viaja entonces a través del axón de la neurona (Siegelbaum y Koester, 1991; Neher, 1992; véase la figura 2.2).

El potencial de acción se mueve de un extremo del axón al otro al igual que una llama lo hace a lo largo de una mecha en dirección de un explosivo. A medida que el impulso se desplaza a lo largo del axón, el movimiento de los iones provoca un cambio secuencial en la carga a lo largo de la célula, de negativa a positiva (véase la figura 2.3). Después de que haya pasado el impulso, los iones son expulsados del axón y la carga de la neurona vuelve a ser negativa.

La neurona no puede dispararse inmediatamente después del paso de un potencial de acción, sin importar cuánta estimulación reciba. Es como si fuera necesario recargar de manera concienzuda la pistola después de cada disparo. Luego sigue un periodo en el que, aunque es posible disparar la neurona, requiere un estímulo más fuerte del que se requeriría si hubiera pasado suficiente tiempo para que la neurona alcanzara su estado de reposo normal. Con el tiempo, sin embargo, la neurona está lista para ser disparada de nuevo.

Estos complicados sucesos pueden producirse a velocidades impresionantes, aunque existe una gran variación de éstas entre las diversas neuronas. La velocidad específica en

Ley del todo o nada: principio que gobierna el estado de las neuronas, las cuales pueden estar excitadas (activas) o no excitadas (en reposo)

Estado de reposo: estado en que una neurona no está activada, en el que la carga es igual a −70 milivoltios

Potencial de acción: impulso nervioso eléctrico que viaja a través de una neurona cuando ésta es activada por un "disparador", lo cual provoca el cambio de la carga de la célula de negativa a positiva

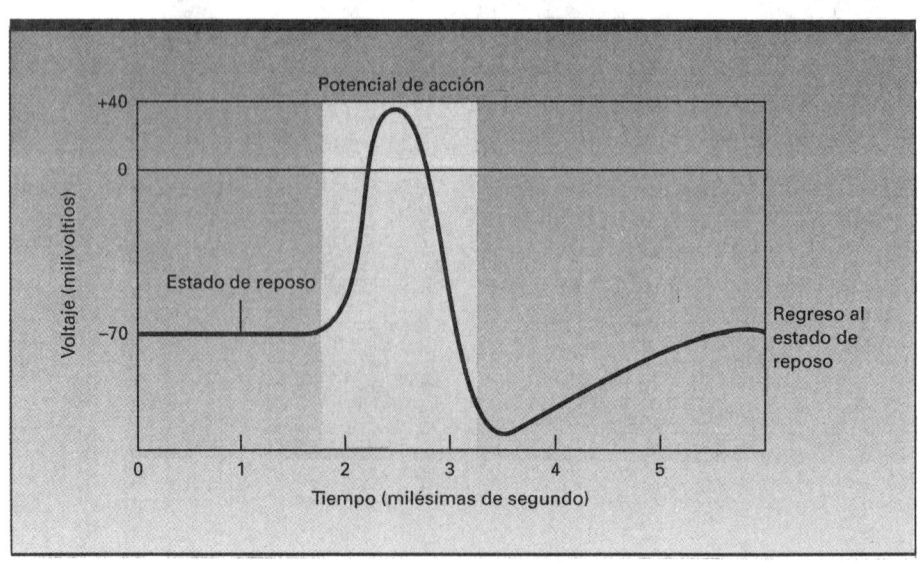

FIGURA 2.2 Cambios en la carga eléctrica de una neurona durante el paso de un potencial de acción. En su estado normal de reposo, la neurona tiene una carga negativa de alrededor de unos −70 milivoltios. Sin embargo, cuando se dispara un potencial de acción, la carga de la célula pasa a ser positiva, aumentando hasta alcanzar +40 milivoltios. Después del paso del potencial de acción, la carga se hace más negativa aun que en su estado normal. No es sino hasta que la carga retorna a su potencial de reposo que la neurona estará completamente lista para que se le active de nuevo.

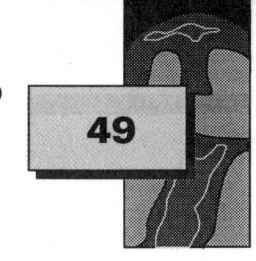
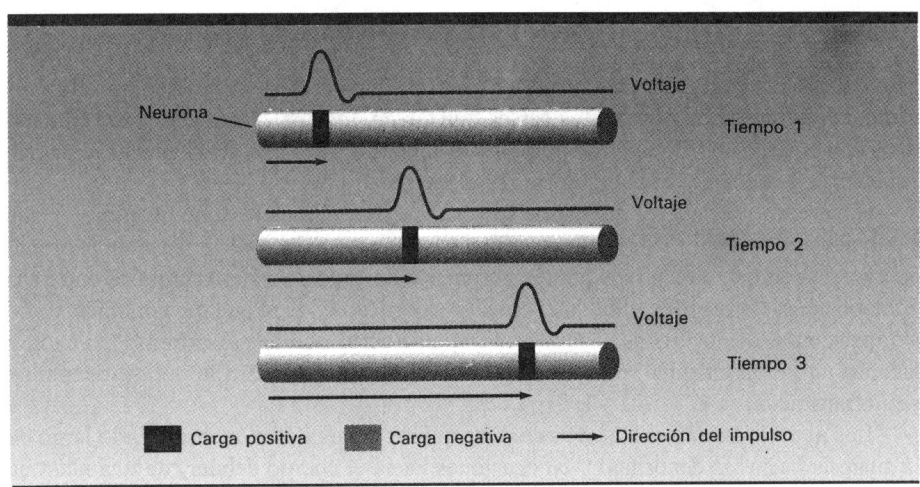

Voltaje

Neurona

Tiempo 1

Voltaje

Tiempo 2

Voltaje

Tiempo 3

■ Carga positiva   ■ Carga negativa   → Dirección del impulso

FIGURA 2.3 Movimiento de un potencial de acción a lo largo de un axón. Justo antes del tiempo 1, iones de carga positiva penetran por las paredes celulares y cambian la carga de esa parte de la célula de negativa a positiva. Así se dispara el potencial de acción que viaja a lo largo del axón, tal como se ilustra en los cambios que tienen lugar desde el tiempo 1 al 3 (desde la parte superior a la inferior de este dibujo). Después de que pasó el potencial de acción, los iones positivos son expulsados del axón, con lo que su carga vuelve a ser negativa. El cambio de voltaje que se ilustra en la parte superior del axón se puede ver con mayor detalle en la figura 2.2.

la que un potencial de acción viaja por un axón está determinada por el tamaño de éste y por el espesor de la vaina de mielina. Los axones con diámetros pequeños transportan impulsos a una velocidad de alrededor de tres kilómetros por hora; los axones más largos y de mayor espesor pueden alcanzar velocidades superiores a los 360 kilómetros por hora.

Además de variar con respecto a la velocidad de transmisión de un impulso a través del axón, las neuronas difieren en sus tasas potenciales de disparo. Algunas son capaces de disparar hasta 1 000 veces por segundo; otras poseen un potencial máximo de disparo muy inferior. La intensidad del estímulo que excita a una neurona determina qué nivel de esta tasa potencial se ha alcanzado. Un estímulo fuerte, como puede ser una luz intensa o un sonido fuerte, genera una mayor tasa de disparo que el correspondiente a un estímulo menos intenso. Por lo tanto, aunque no hay diferencias de fuerza o velocidad con la que se mueve un impulso a través de una neurona determinada —como lo indica la ley de todo o nada— sí existe una variación en la frecuencia de los impulsos. Estas diferencias nos permiten distinguir entre el cosquilleo de una pluma y el peso de alguien que nos pisa los dedos de los pies.

La estructura, operación y funciones de las neuronas ilustran cómo aspectos biológicos básicos del cuerpo humano subyacen a diversos procesos psicológicos. Nuestra comprensión de los modos en que tenemos sensaciones, en que percibimos y aprendemos acerca del mundo quedaría sumamente restringida sin la información que los biopsicólogos han adquirido acerca de la neurona.

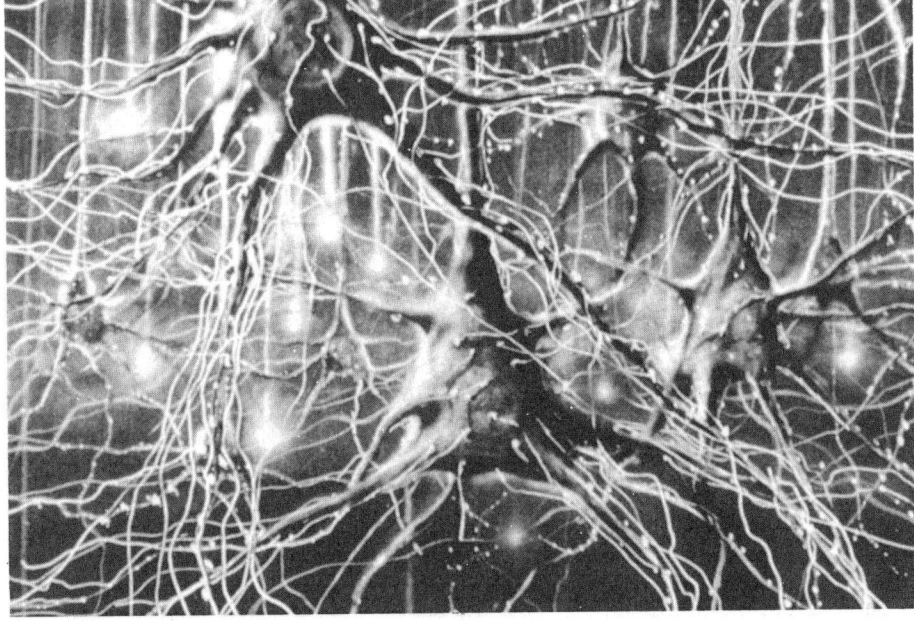

Esta micrografía a color mejorada ilustra el disparo de muchas células nerviosas. (Véase Sección a color, pág. B.)

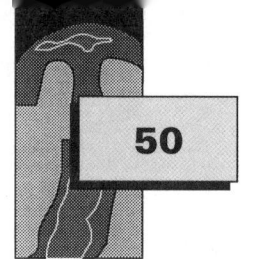

Encuentro de neuronas: el tendido del puente

¿Tuvo alguna vez un radio para armar en casa? Si fue así, tal vez recuerde que el fabricante incluyó en su producto unos cables que tenían que conectarse con sumo cuidado unos con otros, o con algún otro componente del radio; cada una de las piezas tenía que conectarse físicamente con algún otro componente.

El cerebro y el cuerpo humanos son mucho más complejos que un radio, o que cualquier otro aparato manufacturado. En los humanos evolucionó un sistema neuronal de transmisión que en algunos puntos no precisa de conexiones estructurales entre sus componentes. En lugar de ello, una conexión química tiende el puente, conocido como **sinapsis**, entre dos neuronas. Cuando un impulso nervioso llega al extremo del axón y alcanza un botón terminal, éste descarga una sustancia química a la que se denomina neurotransmisor.

Los **neurotransmisores** son sustancias químicas que llevan mensajes a lo largo de la sinapsis hacia las dendritas (y en ocasiones hacia el cuerpo celular) de una neurona receptora. Del mismo modo en que un barco lleva a los pasajeros al otro lado de un río, estos mensajeros químicos se mueven hacia las costas de otras neuronas. El modo químico de transmisión de mensajes que ocurre entre neuronas es notablemente diferente del medio por el que ocurre la comunicación dentro de las neuronas. Es importante recordar, entonces, que aunque los mensajes viajan en forma eléctrica en el interior de una neurona, se mueven *entre* neuronas por medio de un sistema de transmisión química (véase la figura 2.4*a*).

Existen diversas clases de neurotransmisores y no todas las neuronas receptoras son capaces de recibir el mensaje químico que porta un neurotransmisor particular. Del mismo modo en que una pieza de rompecabezas sólo puede encajar en un sitio específico, cada uno de los neurotransmisores posee una configuración distintiva que le permite ajustarse a un tipo específico de sitio receptor de la neurona receptora (véase la figura 2.4*b*). Sólo cuando un neurotransmisor se ajusta con precisión a un sitio receptor es posible que tenga lugar una comunicación química exitosa.

Si un neurotransmisor se ajusta a un sitio en la neurona receptora, el mensaje químico que llega con él pertenece fundamentalmente a una de estas dos clases: excitatoria o inhibitoria. Los **mensajes excitatorios** hacen que sea más factible que una neurona re-

Sinapsis: espacio existente entre las neuronas a través del cual se comunican los mensajes químicos

Neurotransmisores: sustancias químicas que llevan mensajes a través de la sinapsis a la dendrita (y a veces al cuerpo celular) de una neurona receptora

Mensaje excitatorio: secreción química que "probabiliza" que una neurona receptora se active y que un potencial de acción viaje a través de su axón

FIGURA 2.4 *a)* Una sinapsis es la unión entre un axón y una dendrita. El espacio libre entre el axón y la dendrita es cubierto por sustancias químicas denominadas neurotransmisores. *b)* Al igual que las piezas de un rompecabezas sólo pueden ajustarse en un lugar específico de éste, cada tipo de neurotransmisor posee una configuración distintiva que le permite ajustarse a un tipo específico de célula receptora.

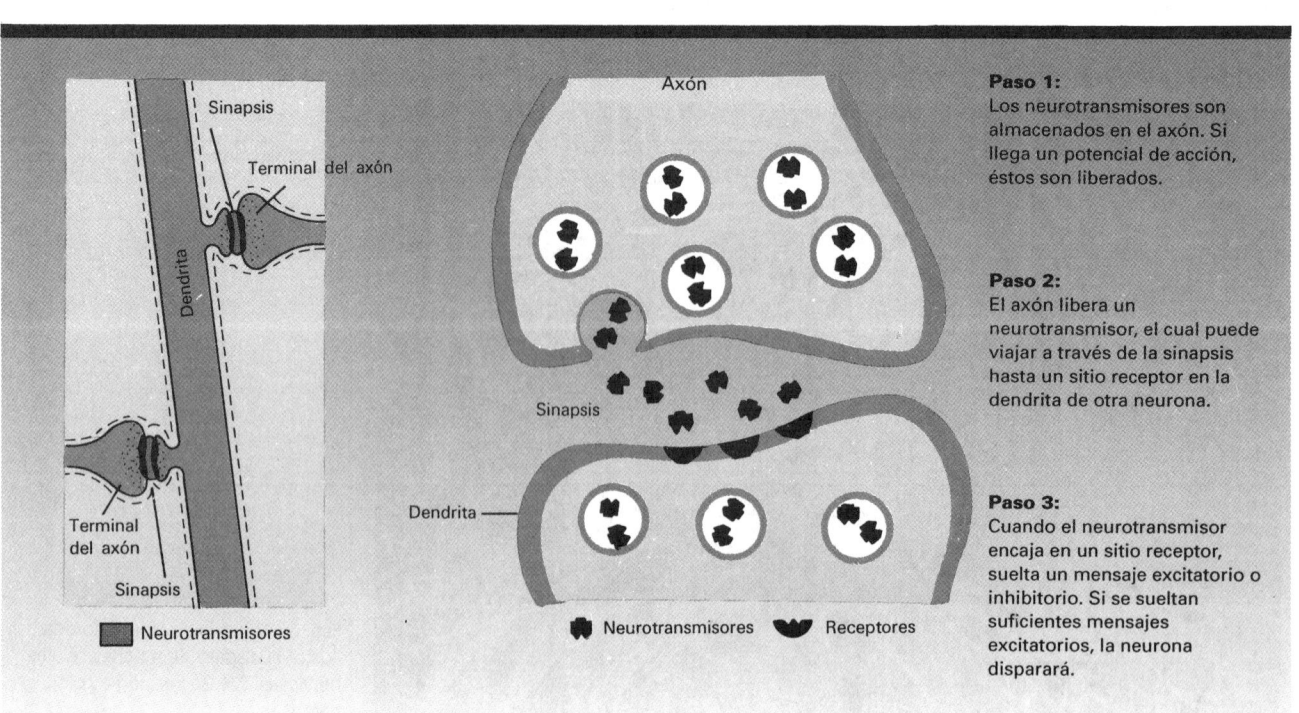

ceptora se dispare y que un potencial de acción viaje a través de su axón. En contraste, los **mensajes inhibitorios** hacen justo lo contrario; proporcionan información química que evita o disminuye la posibilidad de que se active la neurona receptora.

A consecuencia de que las dendritas de una neurona reciben gran cantidad de mensajes de modo simultáneo, algunos de los cuales son excitatorios y otros inhibitorios, la neurona debe integrarlos de alguna manera. Realiza esta labor usando una especie de calculadora química. Si el número de mensajes excitatorios es mayor que el de mensajes inhibitorios, la neurona disparará. Por otro lado, si el número de mensajes inhibitorios supera al de los excitatorios nada habrá de ocurrir. La neurona continuará en su estado de reposo.

Mensaje inhibitorio: secreción química que evita que una neurona receptora se active

Si los neurotransmisores permanecieran en el lugar de la sinapsis, las neuronas receptoras estarían inundadas por un baño químico continuo, produciendo una estimulación constante de las neuronas receptoras. Si sucediera esto, la comunicación efectiva a través de la sinapsis ya no sería posible. Para solucionar este problema, los neurotransmisores son, o bien, desactivados por enzimas o —lo que ocurre con mayor frecuencia— reabsorbidos por los botones terminales en un ejemplo de reciclamiento químico denominado **reabsorción**. Como una aspiradora absorbiendo el polvo, las neuronas reabsorben los neurotransmisores que ahora están obstruyendo la sinapsis. Toda esta actividad ocurre a una velocidad sorprendente, tomándole al proceso sólo varios milisegundos (Kandel, Siegelbaum y Schwartz, 1991).

Reabsorción: resorción de neurotransmisores por parte de un botón terminal

Neurotransmisores: mensajeros químicos con muchos talentos

Los neurotransmisores representan un nexo de especial importancia entre el sistema nervioso y el comportamiento. No sólo son importantes para la conservación de funciones vitales del cerebro y del cuerpo, sino que tener una deficiencia o un exceso de algún neurotransmisor puede producir trastornos graves del comportamiento.

Hasta ahora se ha descubierto que alrededor de cincuenta sustancias químicas pueden actuar como neurotransmisores, y son muchos los biopsicólogos que creen que, con el tiempo, se descubrirán varias decenas más (Shepherd, 1990). Los neurotransmisores varían de manera significativa en términos de la concentración que se requiere para hacer que se dispare una neurona. Además, los efectos de un determinado neurotransmisor varían de acuerdo con el área del sistema nervioso en el que se produce. Por lo tanto, el mismo neurotransmisor puede activar una neurona cuando es secretada en cierta parte del cerebro o inhibir su actividad cuando se produce en otra parte. (Los principales neurotransmisores aparecen en la cuadro 2.1.)

CUADRO 2.1 **Principales neurotransmisores**			
Nombre	**Ubicación**	**Funciones**	**Efectos**
Trifosfato de adenosina (ATP)	En todo el sistema nervioso	Excitatorias	Memoria
Acetilcolina (ACH)	Cerebro, médula espinal, sistema nervioso periférico, en especial en algunos órganos del sistema nervioso parasimpático	Excitatorias en el cerebro y el sistema nervioso autónomo; inhibitorias en todas las demás partes	Movimiento muscular; funcionamiento cognoscitivo
Dopamina (DA)	Cerebro	Inhibitorias	Trastornos musculares, trastornos mentales, Parkinson
Endorfinas	Cerebro, médula espinal	Inhibitoria principalmente, excepto en el hipocampo	Supresión del dolor, sensaciones de placer, apetitos, placebos
Ácido gammaaminobutírico (AGAB)	Cerebro, médula espinal	Principal neurotransmisor inhibitorio	Alimentación, agresividad, sueño

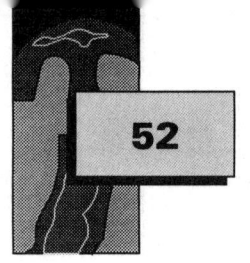

Uno de los neurotransmisores más comunes es la *acetilcolina* (o *ACH*, su símbolo químico), la cual se encuentra en todo el sistema nervioso. Esta sustancia se halla implicada en todos nuestros movimientos, ya que, entre otras cosas, transmite mensajes relacionados con nuestros músculos esqueléticos. La ACH también se relaciona con la droga denominada curare, empleada en las puntas de los dardos, como veneno, que lanzan los nativos de algunas regiones de Sudamérica. El curare evita que la ACH llegue a las células receptoras, con lo que se paralizan los músculos esqueléticos, suceso que a su vez produce la muerte por sofocación debido a que la víctima no puede respirar.

Hay una creciente evidencia de que la ACH está relacionada de forma íntima con las capacidades de la memoria. En la actualidad, algunos científicos sugieren que la enfermedad de Alzheimer, un trastorno degenerativo progresivo que en última instancia produce pérdida de la memoria, confusión y cambios en la personalidad en sus víctimas, está asociada con una deficiencia en la producción de ACH. Por ejemplo, algunas investigaciones muestran que los pacientes con Alzheimer tienen una producción restringida de ACH en áreas de su cerebro. Si estas investigaciones llegan a corroborarse, pueden conducir a tratamientos en los que se pueda restablecer la producción de ACH (Wolozin y cols., 1986; Kosik, 1992).

El *ácido gammaaminobutírico* (*GABA*, por sus siglas en inglés) se localiza tanto en el cerebro como en la médula espinal; parece ser el principal neurotransmisor inhibitorio del sistema nervioso. Se encarga de moderar una gran variedad de comportamientos, que van desde la ingesta de alimentos hasta la agresividad. La estricnina, ese veneno mortal, provoca convulsiones mediante la perturbación de la transmisión del GABA a través de las sinapsis. La estricnina evita que el GABA realice su labor inhibitoria, lo cual permite que las neuronas se activen sin ton ni son, lo que produce convulsiones. En contraste con lo anterior, algunas sustancias muy comunes, tales como el tranquilizante *valium* y el alcohol, son efectivas puesto que permiten que el GABA trabaje con mayor eficiencia.

Otro de los principales neurotransmisores es la *dopamina (DA)*. El descubrimiento de que determinados fármacos pueden afectar en forma notable la secreción de dopamina ha conducido al desarrollo de tratamientos eficaces para una enorme variedad de padecimientos físicos y mentales. Por ejemplo, el mal de Parkinson, caracterizado por distintos grados de rigidez muscular y temblores, parece tener su causa en una insuficiencia de dopamina en el cerebro. Como se expondrá más adelante en el capítulo, algunas técnicas para aumentar la producción de dopamina en pacientes con mal de Parkinson están demostrando ser efectivas (Yurek y Sladek, 1990; Weiss, 1990; Widner y cols., 1992).

En algunos casos, la producción excesiva de dopamina parece producir consecuencias negativas. Por ejemplo, algunos investigadores han planteado la hipótesis de que la esquizofrenia y otros trastornos mentales graves son afectados o quizás incluso causados por la presencia de niveles inusualmente elevados de dopamina (Wong y cols., 1986; Wong y cols., 1988; Seeman, Guan y Van Tol, 1993). Los fármacos que bloquean la recepción de dopamina han tenido éxito en reducir el comportamiento anormal exhibido por algunas personas a las que se les diagnosticó esquizofrenia —como habremos de ver más adelante cuando abordemos el comportamiento anormal y su tratamiento, en los capítulos 12 y 13.

Uno de los neurotransmisores que se ha identificado de manera más reciente es una de las sustancias más comunes del cuerpo: *trifosfato de adenosina, o ATP* (por sus siglas en inglés). Del mismo modo en que la gasolina le sirve de combustible al motor de un automóvil, el ATP es el combustible usado por el cuerpo para producir energía dentro de las células, y ahora parece que desempeña un papel adicional como neurotransmisor. Aunque la investigación sobre el ATP es nueva, los biopsicólogos especulan que puede desempeñar un papel excitatorio importante. Además, debido a que funciona muy rápido, puede demostrar tener cualidades terapéuticas importantes y puede estar vinculado con varios procesos psicológicos básicos. Por ejemplo, algunos investigadores plantean la hipótesis de que el ATP es esencial en la formación de sinapsis vitales para la memoria (Blakeslee, 1992; Evans, Derkach y Surprenant, 1992; Edwards, Gibb y Colquhoun, 1992).

Las *endorfinas*, otra clase de neurotransmisores, son una familia de sustancias químicas producidas por el cerebro que tienen una estructura similar a los analgésicos

LOS CAMINOS DE LA PSICOLOGÍA

Elaine Shen

Nació en: 1966
Educación: B.A., Pacific Lutheran University, especialización conjunta en psicología y biología; M.A., Oregon Health Sciences University, psicología médica; candidata al Ph.D.
Hogar: Portland, Oregon

Elaine Shen cree que en el futuro los campos de la psicología y la biología se entrelazarán cada vez más. Su trabajo académico actual ciertamente apoyaría esta premisa. Candidata a un doctorado en la Universidad de Ciencias de la Salud de Oregon en Portland, Shen, de 29 años de edad, lleva a cabo investigaciones en lo que considera un campo único.

"En la actualidad estoy trabajando en un área que combina la psicología, la biología, la neuropsicología, la farmacología y la genética. Estoy interesada en los componentes genéticos que pueden afectar las respuestas

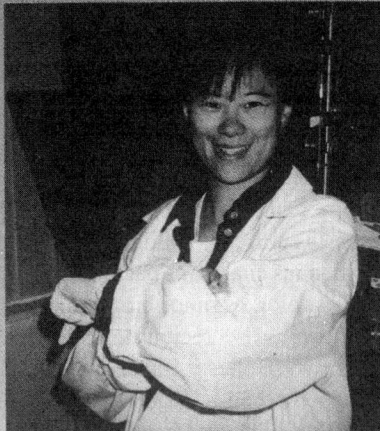

Elaine Shen

conductuales a drogas de las que se abusa como el alcohol, la cocaína y las anfetaminas", comentó.

Shen terminó sus estudios antes de graduarse con una doble licenciatura,

en psicología y en biología, pero su exposición al campo de la neuropsicología prendió su interés en el campo más especializado de la psicología médica en el que ahora se encuentra trabajando.

Cuando se le preguntó qué cosa en sus antecedentes la había llevado a sus estudios actuales, describió una clase de neuropsicología. "Después de tomar ese curso y descubrir el vínculo entre la biología y la psicología, quise explorarlo más", dijo Shen. "En contraste con la biología básica en la que se puede trabajar en un área muy pequeña de una célula, la psicología me ha enseñado a ver el panorama completo, a considerar lo que es relevante para el comportamiento y a examinar de qué manera funcionamos como personas y la forma en que nos adaptamos socialmente. La idea básica de que el comportamiento puede observarse de un modo científico, usando metodología científica, es muy interesante para mí."

RECAPITULACIÓN Y REVISIÓN

Recapitulación

- Las neuronas son los elementos básicos del sistema nervioso. Permiten la transmisión de mensajes que coordinan las complejas actividades del cuerpo humano.
- Todas las neuronas poseen una estructura básica similar: reciben mensajes por medio de las dendritas y los transmiten a través del axón a otras neuronas.
- Las neuronas se activan conforme a una ley de todo o nada; se encuentran en estado de actividad o de reposo.
- El sitio específico de transmisión de mensajes de una neurona a otra es lo que se denomina sinapsis. Los mensajes que se mueven *a través* de las sinapsis son de naturaleza química, aunque se desplazan *dentro de* las neuronas en forma eléctrica.
- Los neurotransmisores son las sustancias químicas específicas que realizan la conexión química en las sinapsis. Estas sustancias actúan para excitar la actividad de otras neuronas o para inhibirla.

Revisión

1. La _____ es el elemento fundamental del sistema nervioso.
2. ¿En qué dirección se transmiten los mensajes a través de la neurona?
   a. Dendritas ⟶ axón   b. Axón ⟶ dendritas
   c. Mielina ⟶ núcleo   d. Botón terminal ⟶ cerebro

3. De igual modo que los cables eléctricos cuentan con un recubrimiento externo, los axones poseen un recubrimiento aislante denominado _____ _____.
4. El impulso nervioso eléctrico que viaja a través de una neurona se denomina _____.
5. La ley _____ indica que una neurona está activa o se halla en reposo.
6. La conexión química entre dos neuronas tiene lugar en "una brecha" denominada:
   a. axón
   b. botón terminal
   c. sinapsis
   d. aminoácido
7. Los _____ son mensajeros químicos que transmiten información entre las neuronas.
8. Relacione al neurotransmisor con su función:
   1. Reducir la experiencia de dolor
   2. Moderar la alimentación y la agresividad
   3. Producir contracciones de los músculos esqueléticos.

   a. ACH   b. GABA   c. Endorfinas

Pregúntese a sí mismo

¿Cuál puede ser la ventaja de que las neuronas sigan la ley de todo o nada?

(Las respuestas a las preguntas de la revisión aparecen en la página 54.)

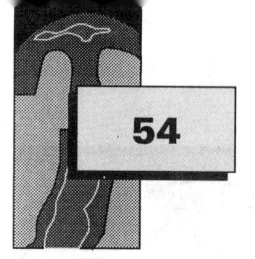

opiaceos. La producción de endorfinas parece reflejar el esfuerzo del cerebro para combatir el dolor. Por ejemplo, las personas que padecen de enfermedades que producen fuertes dolores suelen desarrollar a largo plazo grandes concentraciones de endorfina en sus cerebros, lo cual sugiere un esfuerzo por parte del cuerpo para controlar el dolor (Watkins y Mayer, 1982).

Las endorfinas pueden hacer más que reducir el dolor. También pueden producir el tipo de sentimientos de euforia que experimentan los corredores después de carreras largas. Es posible que la cantidad de ejercicio y tal vez incluso el dolor implicado en una carrera larga estimulen la producción de endorfinas, lo que a fin de cuentas puede generar lo que se ha denominado el "viaje del corredor" (Hathaway, 1984).

La secreción de endorfinas puede explicar asimismo otros fenómenos que durante mucho tiempo han intrigado a los psicólogos, tales como las razones por las cuales la acupuntura y los placebos (píldoras u otras sustancias que no contienen fármacos verdaderos, pero con las cuales los pacientes *creen* que obtendrán alivio) pueden ser efectivas para reducir el dolor. Algunos biopsicólogos especulan que tanto la acupuntura como los placebos inducen la secreción de endorfinas, las cuales a su vez producen un estado corporal positivo (Bolles y Fanselow, 1982; Bandura y cols., 1987).

Aunque se ha pensado que todos los neurotransmisores se producen en forma de líquidos químicos, una sorprendente evidencia nueva sugiere que al menos alguna comunicación química entre neuronas también ocurre por medio del óxido nítrico, un gas. Si esta especulación es correcta, puede significar que los gases químicos son una forma complementaria de comunicación interneuronal —respecto a cuya existencia apenas se está aprendiendo (Hoffman, 1991; Culotta y Koshland, 1992; Schuman y Madison, 1994). (Para un perfil de una persona que investiga la relación entre la biología y el comportamiento, véase el recuadro Los caminos de la psicología.)

- **¿De qué modo están interrelacionadas las distintas partes del sistema nervioso?**

EL SISTEMA NERVIOSO

Dada la complejidad de las neuronas individuales y del proceso de neurotransmisión, no debe sorprender que las conexiones y estructuras formadas por las neuronas sean de igual modo complicadas. Debido a que una sola neurona puede estar conectada a otras 80 000, el número total de conexiones posibles es asombroso. Por ejemplo, algunos estiman que el número de conexiones neuronales dentro del cerebro se aproximan a 1 cuatrillón (un 1 seguido por 15 ceros), mientras que algunos expertos consideran el número aún mayor (Kolb y Whishaw, 1990; Estes, 1991; McGaugh, Weinberger y Lynch, 1990; Eichenbaum, 1993).

Cualquiera que sea el número verdadero de conexiones neuronales, el sistema nervioso humano tiene lógica y elegancia. Ahora veremos sus estructuras básicas.

Los sistemas nerviosos central y periférico

Como se puede ver en la representación esquemática de la figura 2.5, el sistema nervioso se divide en dos partes principales: el sistema nervioso central y el sistema nervioso periférico. El **sistema nervioso central (SNC)** está compuesto por el cerebro y la médula espinal. La **médula espinal,** más o menos del ancho de un lápiz, es un conjunto de nervios que sale del cerebro y corre a lo largo de la espalda (véase la figura 2.6). Es el principal medio para la transmisión de mensajes entre el cerebro y el cuerpo.

Sistema nervioso central (SNC): sistema que incluye el cerebro y la médula espinal

Médula espinal: conjunto de nervios que corren a lo largo de la columna vertebral y que transmiten mensajes entre el cerebro y el cuerpo

---

RESPUESTAS A LA REVISIÓN ANTERIOR

1. neurona **2.** a **3.** vaina de mielina **4.** potencial de acción **5.** del todo o nada **6.** c **7.** Neurotransmisores **8.** 1-c; 2-b; 3-a

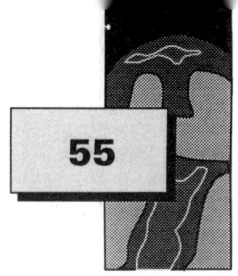

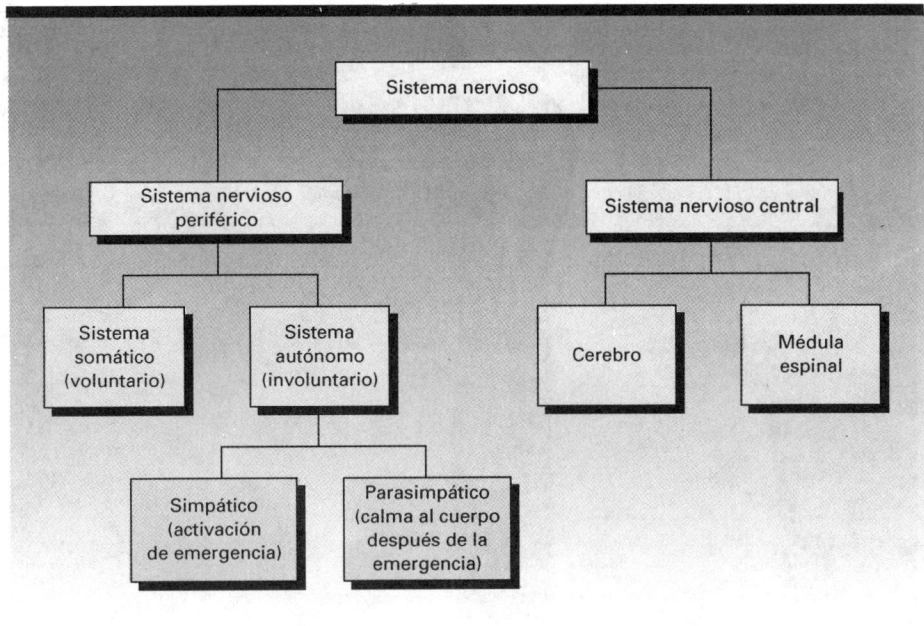

FIGURA 2.5 Un diagrama esquemático de la relación de las partes del sistema nervioso.

Sin embargo, la médula espinal no es tan sólo un conducto de comunicación. También controla algunas clases sencillas de comportamientos por sí sola, sin ninguna intervención del cerebro. Un ejemplo es el movimiento involuntario de la rodilla que ocurre cuando a ésta se le golpea con un martillo de goma. Este tipo de comportamientos, a los que se les denomina **reflejos**, representan una respuesta automática involuntaria a un estímulo de entrada. Del mismo modo, cuando toca usted una olla caliente y de inmediato retira la mano, estamos en presencia de un reflejo. Aunque finalmente el cerebro analiza y reacciona ante la situación ("¡ay —olla caliente— apártate!"), la acción inicial de retirar la mano es dirigida sólo por neuronas de la médula espinal.

En los reflejos están implicados tres tipos de neuronas: las **neuronas sensitivas (aferentes)**, que transmiten información del perímetro del cuerpo hacia el sistema nervioso central. Las **neuronas motoras (eferentes)**, que comunican información del sistema nervioso central hacia los músculos y las glándulas del cuerpo. Las **interneuronas** conectan a las neuronas sensitivas con las neuronas motoras, transmitiendo mensajes entre ambos tipos de neuronas.

La importancia de la médula espinal y de los reflejos queda ilustrada por los resultados de los accidentes en los que se lesiona o se secciona la médula espinal. Uno de los posibles resultados de este tipo de heridas, la *paraplejia*, implica que la persona es incapaz de mover voluntariamente todos los músculos de la mitad inferior del cuerpo. Sin embargo, aunque la médula espinal esté segmentada, el área sin daños de la médula todavía es capaz de producir algunas acciones reflejas sencillas, si se le estimula en forma adecuada. Por ejemplo, si se golpea ligeramente la rodilla de un parapléjico, su pierna se levantará un poco. De modo similar, en algunos tipos de lesiones en la médula espinal, la persona mueve las piernas como respuesta involuntaria a una estimulación con un alfiler, a pesar de que no experimente la sensación de dolor.

Como lo sugiere su mismo nombre, el **sistema nervioso periférico** surge a partir del cerebro y la médula espinal, y en múltiples ramificaciones llega hasta los extremos del cuerpo. Compuesto por axones largos y dendritas, el sistema nervioso periférico abarca todas las partes del sistema nervioso, con excepción del cerebro y la médula espinal. Existen dos grandes divisiones, el sistema somático y el autónomo, los cuales conectan al sistema nervioso central con los órganos de los sentidos, los músculos, las glándulas y otros órganos. El **sistema somático** se especializa en el control de los movimientos voluntarios —tales como el movimiento de los ojos al leer este enunciado o el de la mano para cambiar de página— y en la comunicación de la información que se

Reflejos: respuestas involuntarias automáticas ante estímulos que llegan

Neuronas sensitivas (aferentes): neuronas que transmiten información del cuerpo al sistema nervioso central

Neuronas motoras (eferentes): neuronas que transmiten información del sistema nervioso a los músculos y las glándulas

Interneuronas: neuronas que transmiten información entre las neuronas sensitivas y las neuronas motoras

Sistema nervioso periférico: todas las partes del sistema nervioso con excepción del cerebro y la médula espinal (incluye los sistemas somático y autónomo)

Sistema somático: parte del sistema nervioso que controla los movimientos voluntarios de los músculos esqueléticos

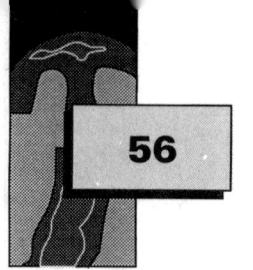

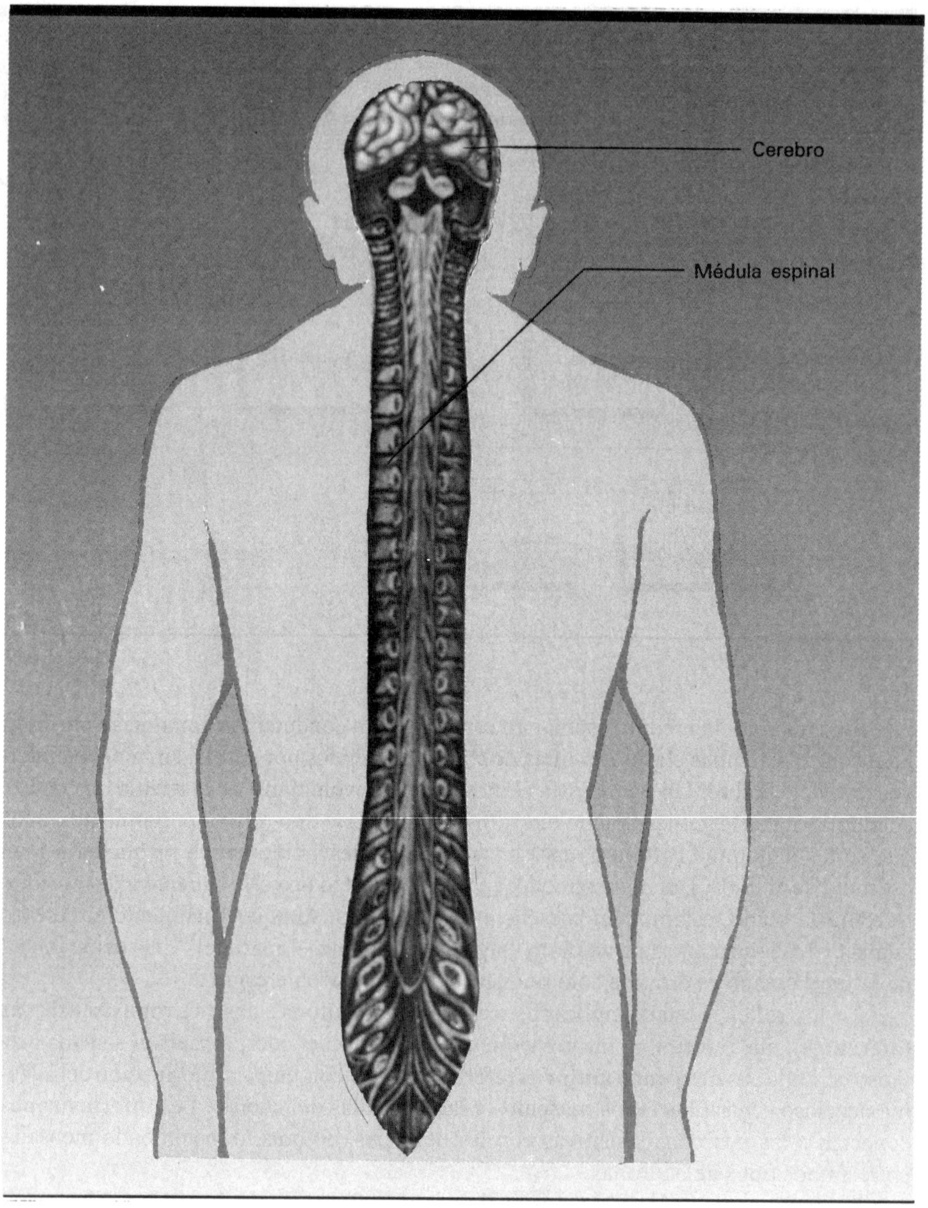

Cerebro

Médula espinal

FIGURA 2.6 El sistema nervioso central, que consiste en el cerebro y la médula espinal, y el sistema nervioso periférico.

Sistema autónomo: parte del sistema nervioso que controla los movimientos involuntarios (la actividad del corazón, las glándulas, los pulmones y otros órganos)

dirige a los órganos de los sentidos y la que proviene de ellos. Por otra parte, el **sistema autónomo** se encarga de las partes del cuerpo que nos mantienen vivos —el corazón, los vasos sanguíneos, las glándulas, los pulmones y otros órganos de funcionamiento involuntario— sin que seamos conscientes de ello. Mientras lee estas líneas, el sistema nervioso autónomo de su sistema nervioso periférico se encarga de bombear la sangre a su cuerpo, de mover acompasadamente sus pulmones, de supervisar la digestión de los alimentos que ingirió hace unas cuantas horas, etcétera. Y todo esto sin que usted piense o se preocupe en ello.

La activación del sistema nervioso autónomo

El sistema autónomo desempeña un papel de especial importancia durante las situaciones de emergencia. Suponga que mientras está leyendo de pronto tiene la sensación de que un extraño lo observa a través de la ventana. Cuando levanta la vista en dirección a la ventana, logra ver el brillo de algo que bien puede ser un cuchillo. Mientras su mente se

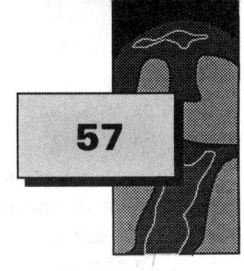

El actor Christopher Reeve, mostrado aquí en su primera aparición en público después de un grave accidente que tuvo cuando montaba a caballo, sufrió daños en la espina dorsal que le dejaron paralizado el lado izquierdo.

ve confundida y el miedo interfiere con sus intentos por pensar de forma racional, ¿qué es lo que ocurre con su cuerpo? Si usted es como el común de los mortales, reaccionará de inmediato a un nivel fisiológico. Su ritmo cardiaco se acelerará, comenzará a sudar y se le pondrá la carne de gallina.

Los cambios fisiológicos que se producen son el resultado de la activación de una de las dos partes que componen el sistema nervioso autónomo: el **sistema simpático**. Éste actúa para preparar al cuerpo durante situaciones de tensión y de emergencia, coordinando todos los recursos del organismo para responder a la amenaza. Esta respuesta con frecuencia toma la forma de "pelear o huir". En contraste, el **sistema parasimpático** actúa para calmar al cuerpo después de resolverse la situación de emergencia. Cuando usted se da cuenta, por ejemplo, de que el extraño en la ventana es su compañero de cuarto que ha perdido sus llaves y está escalando por la ventana para no despertarlo, su sistema parasimpático comienza a predominar, provocando la disminución de su ritmo cardiaco, deteniendo su sudoración y haciendo que su cuerpo regrese al estado en el que se encontraba con anterioridad al sobresalto. El sistema parasimpático también ofrece los medios para que el cuerpo mantenga reservas de fuentes de energía tales como distin-

Sistema simpático: parte del sistema nervioso autónomo del sistema nervioso periférico que prepara al cuerpo para dar respuesta en situaciones de emergencia

Sistema parasimpático: parte del sistema nervioso autónomo del sistema nervioso periférico que tranquiliza al cuerpo y permite el regreso de las funciones orgánicas a su estado normal después de que ha pasado una situación de emergencia

RECAPITULACIÓN Y REVISIÓN

Recapitulación

- El sistema nervioso central (SNC) está compuesto por el cerebro y la médula espinal: un grueso conjunto de nervios que van desde el cerebro y a todo lo largo de la espalda hasta su parte inferior.
- El sistema nervioso periférico incluye todas las partes del sistema nervioso, con excepción del cerebro y la médula espinal. Posee dos partes principales: el sistema somático (para los movimientos voluntarios) y el sistema autónomo (para los movimientos involuntarios).
- El sistema autónomo, que a su vez está integrado por dos partes (los sistemas simpático y parasimpático), juega un papel muy importante durante las situaciones de emergencia.

Revisión

1. Si usted pone su mano en un metal al rojo vivo, la respuesta inmediata de retirarla constituirá un ejemplo de _____ _____.

2. La parte de su sistema nervioso que controla funciones tales como la respiración y la digestión es al que se le denomina sistema nervioso _____.

3. El sistema nervioso periférico incluye los nervios que se localizan en los brazos, las piernas y la médula espinal. ¿Cierto o falso?

4. María vio correr a un niño por la calle, al que después atropelló un automóvil. Cuando llegó hasta donde yacía el niño, María se encontraba en un estado de pánico. Sudaba, y su corazón latía

muy aceleradamente. Su estado fisiológico fue resultado de la activación de uno de los sistemas del sistema nervioso autónomo. ¿De cuál de los siguientes?

a. Parasimpático. c. Periférico.
b. Somático. d. Simpático.

Pregúntese a sí mismo

¿Cómo es que la comunicación entre las neuronas da por resultado la conciencia humana?

(Las respuestas a las preguntas de la revisión aparecen en la página 59.)

tos nutrientes y oxígeno. Los sistemas simpático y parasimpático colaboran para regular muy diversas funciones del cuerpo (véase la figura 2.7). Por ejemplo, la excitación sexual está controlada por el sistema parasimpático, en tanto que el orgasmo es una función del sistema simpático.

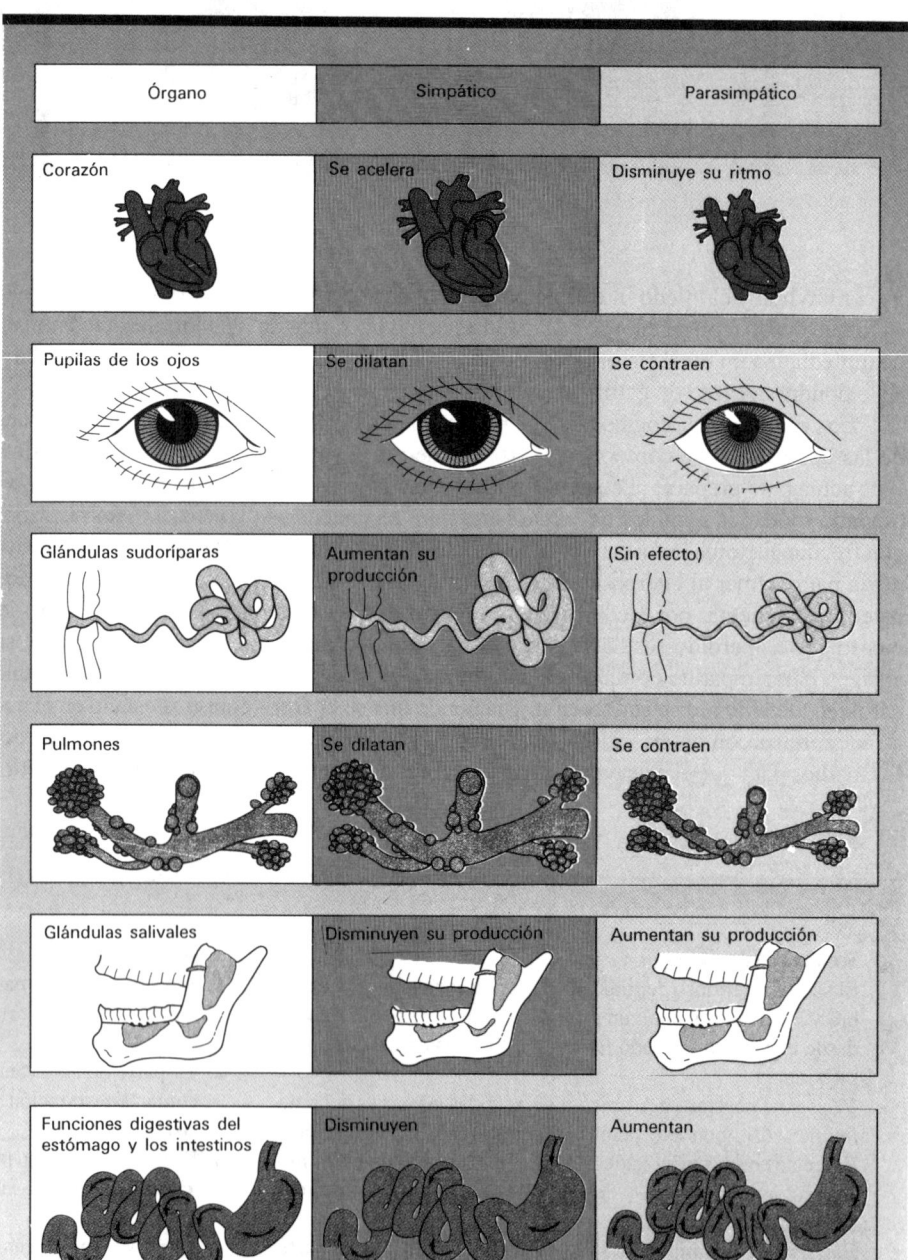

Órgano	Simpático	Parasimpático
Corazón	Se acelera	Disminuye su ritmo
Pupilas de los ojos	Se dilatan	Se contraen
Glándulas sudoríparas	Aumentan su producción	(Sin efecto)
Pulmones	Se dilatan	Se contraen
Glándulas salivales	Disminuyen su producción	Aumentan su producción
Funciones digestivas del estómago y los intestinos	Disminuyen	Aumentan

FIGURA 2.7 Las principales funciones del sistema nervioso autónomo. El sistema simpático actúa para preparar a ciertos órganos del cuerpo para situaciones de emergencia tensas; el sistema parasimpático actúa para calmar al cuerpo después de resolverse la situación de emergencia.

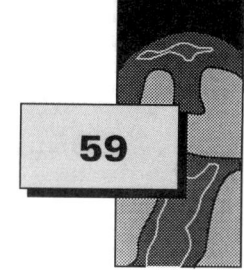
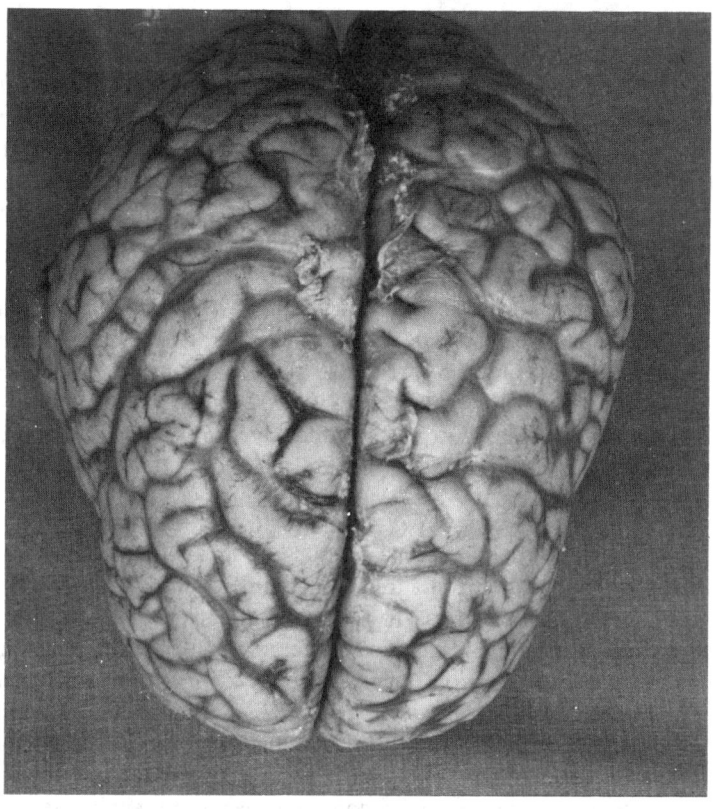

El cerebro es una masa de 1 250 gramos de materia suave y esponjada formada por miles de millones de células nerviosas que hacen posible todos los logros humanos. (Véase Sección a color, pág. B.)

- *¿Cómo identifican los investigadores las partes y las funciones principales del cerebro?*
- *¿Cuáles son las principales partes del cerebro y de qué comportamientos es responsable cada una de esas partes?*

EL CEREBRO

No hay mucho que ver: suave, esponjado, veteado y de color rosa grisáceo, no se puede decir que posea una gran belleza física. Sin embargo, a pesar de su apariencia, se le califica como la mayor de las maravillas naturales que conocemos, siendo poseedor de una belleza y complejidad propias.

El órgano al que se le aplica la anterior descripción es, como habrá podido imaginar, el cerebro. Éste es responsable de nuestros pensamientos más elevados, así como de nuestras necesidades más primitivas. Es el supervisor del intrincado funcionamiento del cuerpo humano. Si alguien tratara de diseñar una computadora que simulara las capacidades del cerebro, la tarea sería prácticamente imposible; de hecho, se ha visto que incluso acercarse a su funcionamiento es tarea sumamente difícil (Hanson y Olson, 1990). Tan sólo la enorme cantidad de células nerviosas del cerebro es suficiente para intimidar al más ambicioso de los ingenieros computacionales. Muchos miles de millones de células nerviosas conforman una estructura que pesa sólo 1 250 gramos en el promedio de los adultos. Sin embargo, no es el número de células el dato más sorprendente acerca del cerebro, sino su capacidad para permitir el florecimiento del intelecto humano al tiempo que guía nuestro comportamiento y nuestros pensamientos.

RESPUESTAS A LA REVISIÓN ANTERIOR

1. reflejo   **2.** autónomo   **3.** Falso; la médula espinal corresponde al SNC   **4.** d

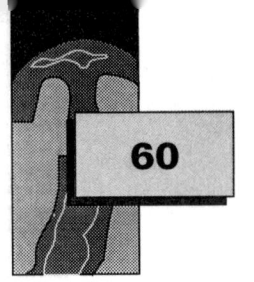

Estudio de la estructura y funciones del cerebro: espiar al cerebro

El cerebro plantea un reto continuo para quienes tienen el deseo de estudiarlo. A lo largo de la mayor parte de la historia, su examen era posible exclusivamente después de la muerte de una persona. Sólo entonces se podía abrir el cráneo y hacer cortes en el cerebro sin el riesgo de provocar daños de gravedad. Si bien era informativo semejante procedimiento tan limitado, con dificultad podría aportar gran cosa acerca del funcionamiento de un cerebro sano.

No obstante, en la actualidad surgieron avances importantes en el estudio del cerebro que se basan en el uso de técnicas de exploración. Con el uso de éstas, los investigadores pueden tomar una fotografía del funcionamiento interno del cerebro sin necesidad de hacer cirugía para perforar el cráneo de una persona. A continuación se describen las principales técnicas de exploración del cerebro, las cuales se ilustran en la figura 2.8 (Hall, 1992; Maziotta, 1993; Raichle, 1994).

FIGURA 2.8 Exploraciones cerebrales producidas por medio de diferentes técnicas. *a)* Imagen de EEG producida por computadora. *b)* Esta exploración TAC muestra las estructuras del cerebro. *c)* La exploración IRM emplea un campo magnético para detallar las partes del cerebro. *d)* La exploración DICS muestra la actividad neuronal del cerebro. *e)* La exploración TEP muestra el funcionamiento del cerebro en un momento determinado y es sensible a las actividades de la persona. (Véase Sección a color, pág. C.)

■ El *electroencefalograma (EEG)* registra, por medio de electrodos que se colocan en la parte exterior del cráneo, las señales eléctricas que se transmiten en el interior del cerebro. Aunque de manera tradicional el EEG podía producir tan sólo una gráfica de patrones de ondas eléctricas, en la actualidad, con el empleo de nuevas técnicas, se puede transformar la actividad eléctrica del cerebro en una representación gráfica de éste, que permite diagnosticar problemas tales como la epilepsia y problemas de aprendizaje.

■ La *tomografía axial computarizada (TAC)* utiliza una computadora para construir una imagen del cerebro mediante la combinación de miles de placas de rayos X tomadas desde ángulos ligeramente distintos. Es de gran utilidad para mostrar anormalidades en la estructura del cerebro, tales como hinchazones o abultamientos correspondientes a determinadas partes, pero no proporciona información acerca de la actividad cerebral.

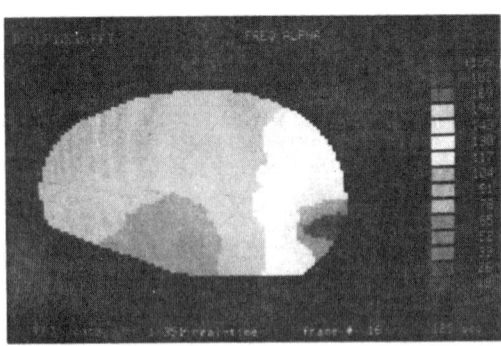

a) EEG

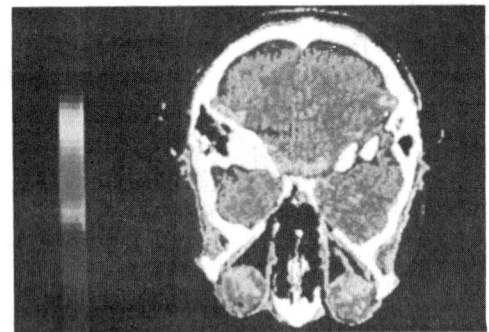

b) Exploración TAC

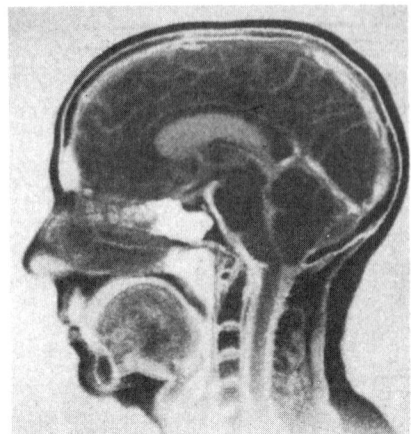

c) Exploración IRM

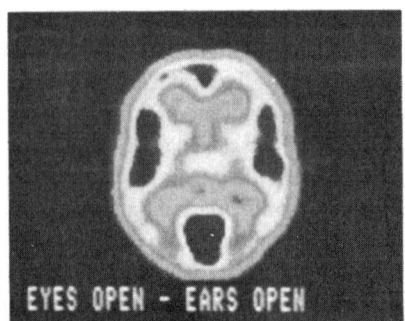

d) Exploración DICS

e) Exploración TEP

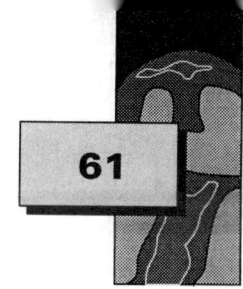
■ La exploración de imágenes por *resonancia magnética (RM)* produce un poderoso campo magnético que ofrece una imagen sumamente detallada de las estructuras cerebrales. También es capaz de producir imágenes gráficas de grupos individuales de nervios en otras partes del cuerpo, abriendo el camino para mejorar el diagnóstico de padecimientos tales como el dolor de espalda crónico (Filler, Howe, Hayes, Kliot, Winn, Bell, Griffiths y Tsuruda, 1993).

■ El *dispositivo de interferencia cuántica de superconducción (DICS)* es sensible a cambios pequeños en los campos magnéticos que ocurren cuando las neuronas disparan. Usando el DICS, los investigadores pueden localizar con toda precisión la ubicación de la actividad neuronal (por ejemplo, Armstrong, Slaven y Harding, 1991; Forss, Makela, McEvoy y Hari, 1993).

■ La *tomografía por emisión de positrones (TEP)* muestra la actividad bioquímica dentro del cerebro en un momento dado. La exploración TEP comienza con la inyección de agua radiactiva (pero segura) en el torrente sanguíneo, la cual se dirige al cerebro. Mediante la determinación de los sitios donde se halla la radiación dentro del cerebro, una computadora puede establecer cuáles son las regiones de mayor actividad, lo cual proporciona una sorprendente imagen del cerebro en pleno funcionamiento.

Cada una de estas técnicas ofrece posibilidades muy interesantes, no sólo para el diagnóstico y el tratamiento de los padecimientos y las lesiones cerebrales, sino también para una mayor comprensión del funcionamiento normal del cerebro (Gibbons, 1990; Martin, Brust e Hilal, 1991; Posner, 1993; Crease, 1993).

El núcleo central: nuestro "cerebro viejo"

En tanto que las capacidades del cerebro humano sobrepasan por mucho las de los cerebros de cualquier otra especie animal, no resulta sorprendente que las funciones básicas, tales como la respiración, la alimentación y el sueño, las cuales compartimos con los animales menos evolucionados, sean dirigidas por una porción del cerebro que es relativamente primitiva. Una parte del cerebro a la que se denomina **núcleo central** (véase la figura 2.9) es muy parecida a la que se encuentra en todos los vertebrados (especies animales que tienen columna vertebral). Al núcleo central se le suele llamar "cerebro

Núcleo central: "cerebro viejo" que controla las funciones básicas tales como la alimentación y el sueño, común a todos los vertebrados

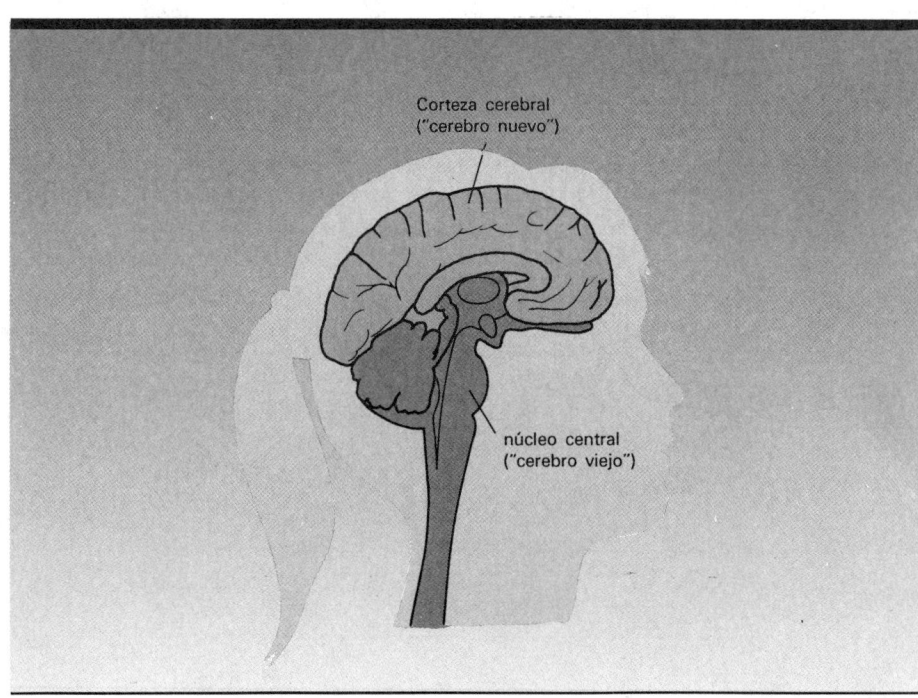

FIGURA 2.9 Principales divisiones del cerebro: corteza cerebral y núcleo central.

viejo" puesto que sus cimientos evolutivos pueden rastrearse hasta hace unos 500 millones de años, en las estructuras primitivas encontradas en especies no humanas.

Si fuéramos hacia arriba por la médula espinal desde la base del cráneo para localizar las estructuras del núcleo central del cerebro, la primera parte con la que nos encontraríamos sería el *bulbo raquídeo* (véase la figura 2.10). El bulbo controla diversas funciones corporales críticas: las más importantes son la respiración y el mantenimiento del ritmo cardiaco. A continuación encontramos el *puente*, que une las dos mitades del cerebelo, ubicándose juntos. El puente, que contiene grandes conjuntos de nervios, actúa como un transmisor de información motora, coordinando a los músculos y la integración de movimiento entre las mitades derecha e izquierda del cuerpo. También está implicado en el control del sueño.

La **formación reticular** se extiende desde el bulbo a través del puente. Como una especie de guardián siempre vigilante, está formada por grupos de células nerviosas que pueden activar de inmediato otras partes del cerebro para producir una excitación general del cuerpo. Por ejemplo, si nos sorprende un ruido muy fuerte, nuestra formación reticular puede provocar un estado de conciencia acentuado para determinar si se requiere o no de una respuesta. Además, realiza una función distinta mientras dormimos, al parecer bloqueando los estímulos de fondo para permitirnos dormir sin perturbaciones.

El **cerebelo** se localiza justo encima del bulbo y detrás del puente. Sin la ayuda del cerebelo no seríamos capaces de caminar sobre una línea recta sin movernos hacia los lados e inclinarnos hacia adelante, pues su labor es controlar el equilibrio del cuerpo. Supervisa de forma continua la retroalimentación de los músculos para coordinar su ubicación, movimiento y tensión. De hecho, beber alcohol en exceso parece provocar

Formación reticular: grupo de células nerviosas del cerebro que excitan al cuerpo para prepararlo a una acción adecuada y que bloquean los estímulos de fondo del ambiente

Cerebelo: parte del cerebro que controla el equilibrio del cuerpo

FIGURA 2.10 Las estructuras internas del cerebro.

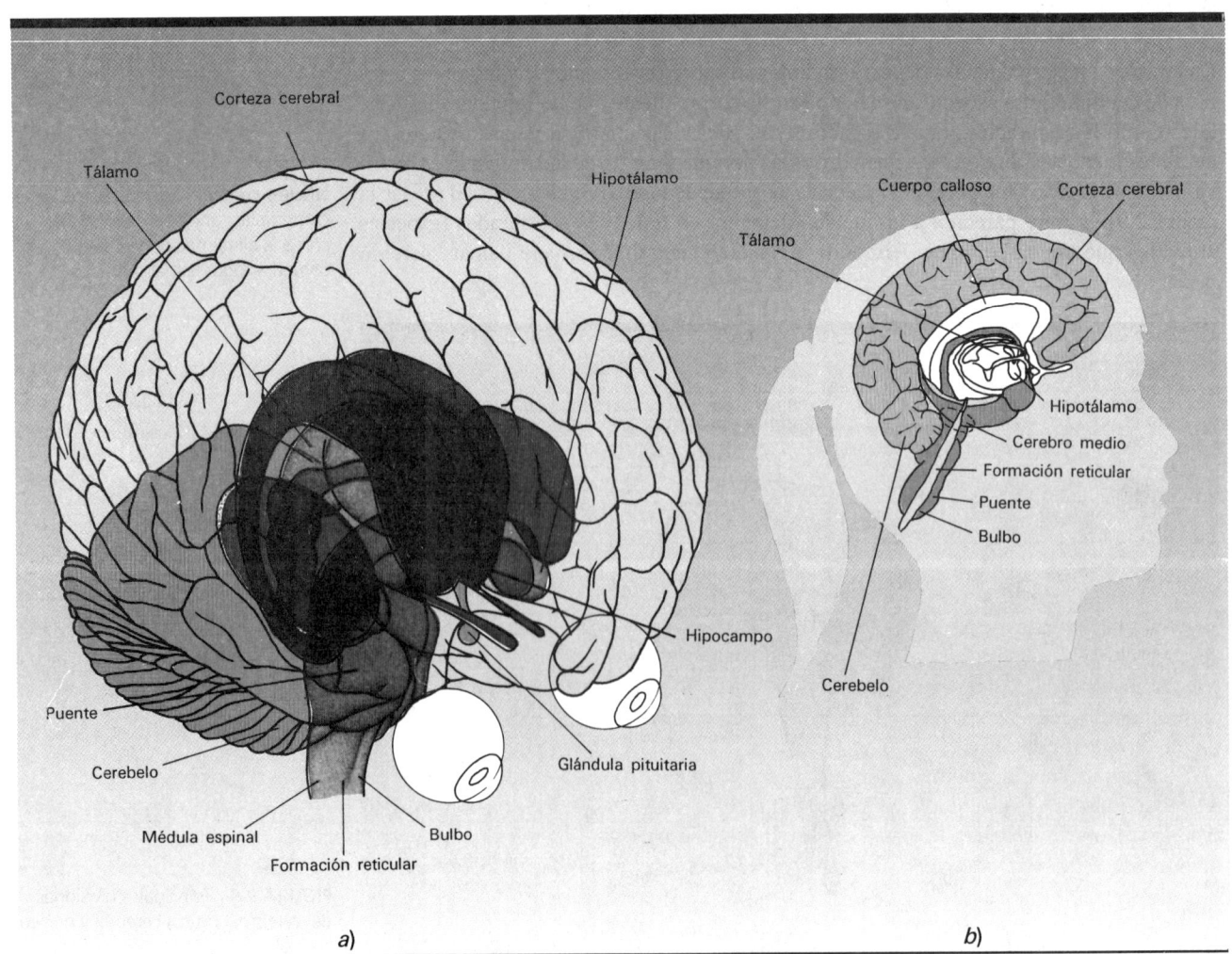

a)

b)

una disminución de la actividad del cerebelo, lo cual origina los titubeos y los movimientos disparejos característicos del estado de ebriedad (Ghez, 1991).

Oculto en la parte media del núcleo central, el **tálamo** actúa de manera primordial como una estación de retransmisión ocupada fundamentalmente para información que tiene que ver con los sentidos. Los mensajes provenientes de los ojos, los oídos y la piel viajan hacia el tálamo para que se les comunique hacia arriba, a partes más elevadas del cerebro. El tálamo también se encarga de integrar información de partes más elevadas del cerebro, descomponiéndola de modo tal que pueda enviársele al cerebelo y al bulbo.

El **hipotálamo** se localiza justo debajo del tálamo. A pesar de que es muy pequeño —como del tamaño de la punta de un dedo—, desempeña un papel excepcionalmente importante. Una de sus principales funciones es la conservación de la *homeostasis*, un ambiente interno constante para el cuerpo. Como veremos más adelante, en el capítulo 9, el hipotálamo ayuda a mantener una temperatura corporal constante y supervisa la cantidad de nutrientes almacenados en las células. Una segunda función de este órgano es de igual importancia: produce y regula comportamientos que son vitales para la supervivencia básica de la especie: comer, beber, el comportamiento sexual, la agresión y la crianza de la descendencia (Kupfermann, 1991b).

Tálamo: parte del núcleo central del cerebro que transmite mensajes de los órganos de los sentidos hacia la corteza cerebral y de ésta hacia el cerebelo y la médula

Hipotálamo: una pequeña parte del cerebro, localizada debajo del tálamo, que mantiene la homeostasia y produce y regula comportamientos vitales básicos como comer, beber y la conducta sexual

El sistema límbico: más allá del núcleo central

En una atemorizante visión del futuro, algunos escritores de ciencia ficción han sugerido la idea de que vendrá una época en la que se implanten rutinariamente electrodos en los cerebros de las personas. Éstos permitirán recibir pequeñas descargas eléctricas que producirán la sensación de placer mediante la estimulación de determinados centros cerebrales. Cuando se sienta mal, la persona no tendrá más que activar sus electrodos para obtener un estado de satisfacción inmediato.

Aunque exagerada —y en última instancia muy improbable—, semejante fantasía futurista se basa en un hecho real. El cerebro tiene centros de placer en diversas áreas, incluyendo algunas en el **sistema límbico**. Consistente en una serie de estructuras interrelacionadas, el sistema límbico está en contacto con la parte superior del núcleo central y tiene conexiones con la corteza cerebral (en la figura 2.9 se le puede ubicar más o menos en los límites entre el núcleo central y la corteza).

Sistema límbico: parte del cerebro localizada fuera del "cerebro nuevo"; controla la alimentación, la agresividad y la reproducción

Las estructuras del sistema límbico controlan en forma conjunta diversas funciones básicas que se relacionan con las emociones y la autoconservación: la alimentación, la agresión y la reproducción, por ejemplo. Los daños en el sistema límbico pueden provocar cambios de comportamiento sorprendentes. Pueden volver fieras salvajes a animales que suelen ser dóciles y mansos. También pueden tornar débiles y obedientes a animales que se caracterizan por ser violentos e incontrolables (Fanelli, Burright y Donovick, 1983).

Las investigaciones que examinan los efectos que tienen pequeñas descargas eléctricas en distintas partes del sistema límbico y en otras partes del cerebro han producido algunos hallazgos reveladores (Olds y Milner, 1954; Olds y Fobes, 1981). En un experimento, se les permitió a unas ratas con un electrodo implantado en su sistema límbico hacer pasar una corriente eléctrica a través del electrodo como premio ante la acción de apretar una palanca. Hasta las ratas más hambrientas que se dirigían hacia donde había comida paraban para presionar la barra tantas veces como les fuera posible. De hecho, algunas ratas se estimulaban literalmente miles de veces por hora, hasta desmayarse de fatiga (Routtenberg y Lindy, 1965).

La extraordinaria cualidad de producir placer que poseen determinados tipos de estimulación también ha sido experimentada por algunos seres humanos, quienes han recibido estimulación eléctrica en ciertas áreas del sistema límbico como parte del tratamiento para determinados tipos de trastornos cerebrales. Aunque no pueden describir con exactitud lo que se siente, estas personas aseguran que la experiencia les resultó sumamente placentera, parecida en algunos aspectos al orgasmo.

El sistema límbico también desempeña un papel importante en los procesos de aprendizaje y memoria, descubrimiento que se demostró en pacientes con epilepsia. En un intento por detener sus ataques, estos pacientes se sometieron a la extirpación de algunas porciones de sus sistemas límbicos. Una consecuencia involuntaria de la cirugía es que los individuos en ocasiones tienen dificultades para aprender y recordar información nueva. En un caso (que se habrá de retomar cuando hablemos de la memoria, en el capítulo 6), un paciente sometido a cirugía era incapaz de recordar dónde vivía, a pesar de que había residido en la misma dirección ocho años. Además, aunque el paciente era capaz de sostener conversaciones animadas, no podía, unos cuantos minutos después, recordar el tema y las características de su conversación (Milner, 1966).

Por lo tanto, el sistema límbico está relacionado con distintas funciones de gran importancia, entre las que se incluyen la autoconservación, el aprendizaje, la memoria y la sensación de placer. Estas funciones no son ni remotamente privativas de los seres humanos; de hecho, en ocasiones al sistema límbico se le denomina "cerebro animal", puesto que sus estructuras y funciones son sumamente parecidas a las de otros mamíferos. Para encontrar aquello que es privativo de la especie humana debemos acudir a otra parte del cerebro: a la corteza cerebral.

RECAPITULACIÓN Y REVISIÓN

Recapitulación

- Las principales técnicas de exploración del cerebro incluyen el electroencefalograma (EEG); la tomografía axial computarizada (TAC); la resonancia magnética (RM); el dispositivo de interferencia cuántica de superconducción (DICS), y la tomografía por emisión de positrones (TEP).
- El núcleo central del cerebro humano es parecido al que posee la totalidad de los animales vertebrados.
- Empezando en la parte superior de la médula espinal y moviéndose hacia arriba hasta el cerebro, la primera estructura que encontraremos es el bulbo raquídeo, que se encarga de controlar funciones como la respiración y el ritmo cardiaco. Después se encuentra el puente, que actúa para transmitir información motora.
- La formación reticular, que se extiende desde el bulbo y pasa a través del puente, excita y activa al organismo, pero también censura la información procedente del exterior durante el sueño. El cerebelo se relaciona con el control del movimiento.
- El tálamo actúa de manera principal como un centro de relevo de la información sensorial; el hipotálamo conserva la homeostasis, es decir, un ambiente interno constante para el cuerpo.
- El sistema límbico controla una variedad de funciones básicas relacionadas con las emociones y la autoconservación, como la alimentación, la agresión y la reproducción.

Revisión

1. El EEG, TAC, RM, DICS y TEP son tipos de _____ _____, procedimientos por los que se puede obtener una imagen del cerebro sin necesidad de abrir el cráneo.
2. Relacione el nombre de cada una de las técnicas de exploración cerebral con la descripción apropiada:
   1. Imanes potentes que producen campos magnéticos en el cerebro que proporcionan una fotografía generada por computadora.
   2. Localización de isótopos radiactivos dentro del cerebro para determinar sus regiones activas.

3. Electrodos que registran las señales eléctricas transmitidas a través del cerebro.
4. Esta exploración mide cambios pequeños en los campos magnéticos que ocurren cuando disparan las neuronas, localizando con precisión la actividad neuronal.
5. Imagen de computadora que combina miles de placas de rayos X, en una.
   a. EEG   d. TEP
   b. TAC   e. DICS
   c. RM
3. El control de funciones tales como la respiración y el sueño se localiza en el "cerebro nuevo", de desarrollo reciente. ¿Cierto o falso?
4. Relacione el área del cerebro con su función:
   1. Conserva la respiración y el ritmo cardiaco
   2. Controla el equilibrio corporal
   3. Coordina e integra los movimientos musculares
   4. Activa el cerebro para producir excitación
   a. Bulbo   c. Cerebelo
   b. Puente   d. Formación reticular
5. Usted recibe unas flores de parte de un amigo. El color, el aroma y la sensación de éstas se retransmiten por medio de una parte del cerebro. ¿Cuál?
6. El _____, un área del cerebro que tiene el tamaño de la punta de un dedo, es responsable de la conservación de la _____, o regulación del ambiente interno del cuerpo.
7. El hipotálamo es responsable de la producción y la regulación de comportamientos de vital importancia para la supervivencia de las especies, como alimentarse, beber, el comportamiento sexual y la agresión. ¿Cierto o falso?

Pregúntese a sí mismo

¿Cómo daría respuesta al argumento de que "los psicólogos deberían dejar el estudio de las neuronas y las sinapsis, así como del sistema nervioso, a los biólogos"?

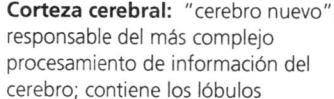

La corteza cerebral: subiendo la escala evolutiva

Al ir subiendo desde la médula espinal hacia el interior del cerebro, nuestra exposición ha versado sobre las áreas del cerebro que controlan funciones similares a las que están presentes en organismos menos complejos. Pero, es posible que se pregunte usted, ¿dónde están las áreas del cerebro que le permiten a los seres humanos realizar eso que hacen mejor y que distinguen a la humanidad del resto de los animales? Esas características únicas del cerebro humano —de hecho, las mismas capacidades que le permiten a usted plantear esa pregunta— están conformadas por la capacidad de pensar, evaluar y hacer juicios complejos. La ubicación principal de estas capacidades, junto con muchas otras, radica en la **corteza cerebral**.

La corteza cerebral, a la que a veces se denomina "cerebro nuevo" a consecuencia de su relativa reciente evolución, es una masa de tejido con muchos dobleces, pliegues y circunvoluciones. A pesar de que tiene sólo un espesor de unos dos milímetros, si se le extendiera en una superficie plana abarcaría un área mayor a los 65 centímetros cuadrados. Esta configuración permite que el área superficial de la corteza sea mucho más grande que si estuviera integrada de forma más lisa y uniforme en el cráneo. También permite un mayor nivel de integración neuronal, permitiendo un procesamiento de información de mayor complejidad.

La corteza posee cuatro secciones principales, a las que se denomina **lóbulos**. Si tomamos una vista lateral del cerebro, los *lóbulos frontales* quedarán en la parte frontal central de la corteza; los *lóbulos parietales* se ubicarán atrás de los frontales. Los *lóbulos temporales* se localizan en la parte central inferior de la corteza, con los *lóbulos occipitales* detrás de ellos. Estos cuatro tipos de lóbulos están separados físicamente por canales profundos a los que se da el nombre de surcos o cisuras. La figura 2.11*a* muestra estas cuatro áreas.

Otra manera de describir el cerebro se puede realizar mediante la consideración de las funciones que se asocian con un área determinada. La figura 2.11*b* muestra las regiones especializadas dentro de los lóbulos, que se relacionan con funciones específicas y áreas determinadas del cuerpo. Se han descubierto tres áreas principales: las áreas motoras, las áreas sensitivas y las áreas de asociación. Aunque vamos a examinar cada una de éstas como si se tratara de entidades separadas e independientes, tenga en cuenta que este enfoque representa una simplificación excesiva. En la mayoría de los casos, el comportamiento está influido de manera simultánea por distintas estructuras y áreas del cerebro que operan de modo interdependiente. Y, lo que es más, incluso dentro de un área determinada existen subdivisiones adicionales (Gibbons, 1990).

Corteza cerebral: "cerebro nuevo", responsable del más complejo procesamiento de información del cerebro; contiene los lóbulos

Lóbulos: las cuatro secciones principales de la corteza cerebral

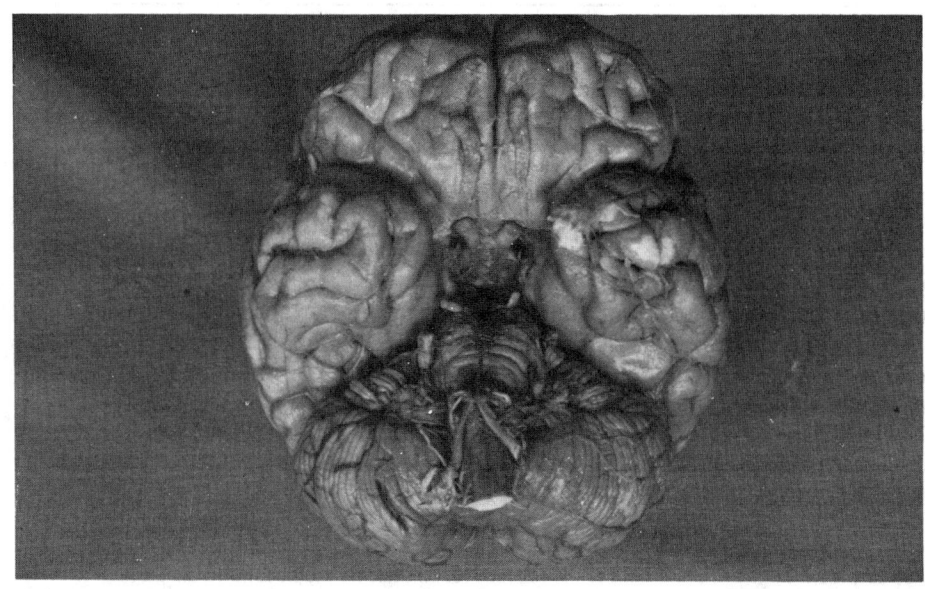

Esta vista de la corteza cerebral muestra las fisuras que la dividen en cuatro lóbulos.

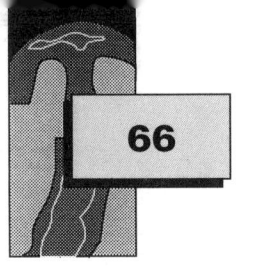

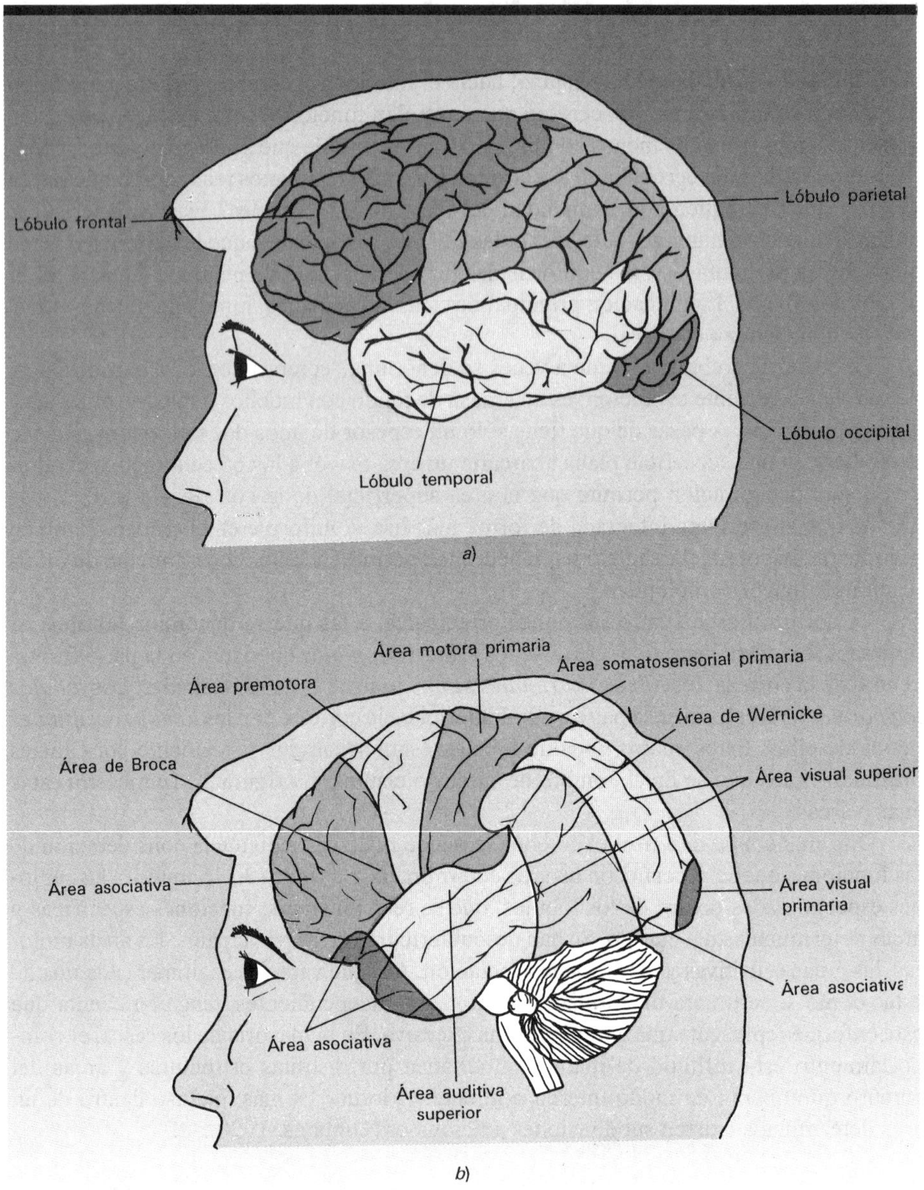

a)

b)

FIGURA 2.11 La corteza cerebral. *a)* Las principales estructuras físicas de la corteza cerebral se denominan lóbulos. *b)* Esta figura ilustra las funciones que se asocian con áreas específicas de la corteza cerebral.

Área motora: una de las principales áreas del cerebro, responsable de los movimientos voluntarios de partes específicas del cuerpo

El área motora de la corteza Si observa con atención el lóbulo frontal de la figura 2.11*b*, podrá ver un área sombreada a la que se denomina **área motora**. Esta parte del cerebro es en gran parte responsable de los movimientos voluntarios de partes específicas del cuerpo. De hecho, cada porción del área motora corresponde a un sitio específico dentro del cuerpo. Si insertáramos un electrodo en una parte específica de esta área de la corteza y aplicáramos una ligera estimulación eléctrica, se producirían movimientos involuntarios en la parte correspondiente del cuerpo (Kertesz, 1983). Si fuéramos hacia otra parte del área motora y la estimuláramos, se movería una parte distinta del cuerpo.

Se ha podido trazar mapas tan precisos del área motora que es posible ilustrar la cantidad y ubicación relativa de tejido cortical que es usado para producir movimiento en partes específicas del cuerpo humano. El control de los movimientos corporales de

RESPUESTAS A LA REVISIÓN ANTERIOR

1. exploraciones cerebrales   **2.** 1-c; 2-d; 3-a; 4-e; 5-b   **3.** Falso; se localiza en el núcleo central o "cerebro viejo"   **4.** 1-a; 2-c; 3-b; 4-d   **5.** Tálamo   **6.** hipotálamo; homeostasia   **7.** Cierto

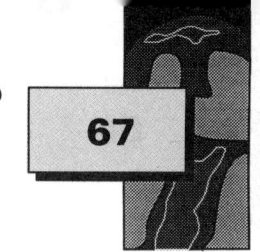
escala relativamente amplia y que requieren de poca precisión, tales como el movimiento de una rodilla o el de la cadera, se centra en un espacio muy pequeño del área motora. Por otra parte, los movimientos delicados y precisos, tales como las expresiones faciales y los movimientos de los dedos, se controlan por medio de una porción mucho más grande del área motora. En resumen, el área motora de la corteza nos ofrece una guía clara del grado de complejidad y la importancia de las capacidades motoras de partes específicas del cuerpo (Barinaga, 1995).

El área sensorial de la corteza   Dada la correspondencia uno a uno que existe entre el área motora y la localización corporal, no resulta sorprendente encontrar una relación similar entre porciones específicas de la corteza y los sentidos. El **área sensorial** de la corteza incluye tres regiones: una que corresponde principalmente a las sensaciones corporales (incluyendo el tacto y la presión), otra relacionada con la vista, y una tercera que se relaciona con el sonido. Por ejemplo, el *área somatosensorial* abarca lugares específicos relacionados con la capacidad de percepción del tacto y la presión en determinada área del cuerpo. Al igual que ocurre con el área motora, la cantidad de tejido cerebral relacionada con un lugar del cuerpo en particular determina el grado de sensibilidad de ese sitio. Mientras mayor sea el espacio dentro de la corteza, más sensible será el área del cuerpo. Como se puede ver en el individuo de aspecto extraño de la figura 2.12, partes del cuerpo tales como los dedos de las manos, se relacionan de manera proporcional con una mayor cantidad de espacio en el área somatosensorial, y son las más sensibles.

Los sentidos auditivo y visual también están representados en áreas específicas de la corteza cerebral. Un área *auditiva* localizada en el lóbulo temporal es la responsable del sentido del oído. Si se estimula eléctricamente al área auditiva, la persona escucha sonidos tales como chasquidos y zumbidos. Asimismo, parece que sectores específicos de dicha área responden a determinados tonos.

El área *visual* en la corteza, ubicada en el lóbulo occipital, opera de modo análogo a las demás áreas sensoriales. Su estimulación con electrodos produce la sensación de ver haces luminosos o de colores, lo que sugiere que las entradas sensoriales en bruto de las imágenes provenientes de los ojos se reciben en esta área del cerebro y se les transforma en estímulos significativos. El área visual también nos ofrece otro ejemplo de la relación íntima que existe entre ciertas áreas del cerebro y sitios específicos del cuerpo: áreas particulares de la retina del ojo se relacionan con partes específicas de la corteza

Área sensorial: sitio en el cerebro que corresponde a cada uno de los sentidos, con el grado de sensibilidad relacionado con la cantidad de tejido cerebral

FIGURA 2.12 Mientras mayor sea la cantidad de tejido en el área somatosensorial del cerebro que se relacione con una parte específica del cuerpo, más sensible será ésta. Si el tamaño de nuestras partes del cuerpo reflejara la cantidad correspondiente de tejido cerebral, tendríamos el aspecto de esta extraña criatura.

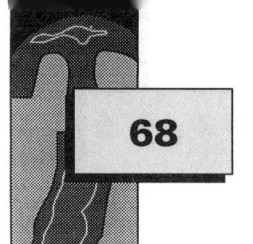

—como lo habrá imaginado, con más espacio en el cerebro para las porciones más sensibles de la retina— (Miyashita, 1995).

Las áreas asociativas de la corteza   Tome en cuenta el siguiente caso:

Phineas Gage, de veinticinco años de edad, empleado del ferrocarril, se encontraba dinamitando rocas un día del año 1848 cuando una explosión accidental impulsó a una barra de metal de 90 centímetros de longitud y de alrededor de 25 milímetros de ancho, la cual atravesó de un lado a otro el cráneo de Phineas. La barra penetró justamente abajo de su mejilla derecha, emergió por la parte superior de su cabeza y salió volando por los aires. El hombre sufrió de inmediato una serie de convulsiones. Sin embargo, tan sólo unos minutos después se encontraba conversando con las personas que acudieron a brindarle ayuda. De hecho, luego subió caminando un largo tramo de escaleras antes de recibir algún tipo de asistencia médica. De modo sorprendente, su herida sanó en pocas semanas y Phineas volvió a ser en el aspecto físico el mismo de siempre. Sin embargo, en el plano mental había una gran diferencia: quien una vez había sido una persona cuidadosa y trabajadora, ahora se aferraba a extrañas lucubraciones y se había hecho muy caprichoso y con frecuencia irresponsable. Como lo comentó uno de sus médicos: "antes de su herida, a pesar de no haber asistido a la escuela, poseía una mente bien equilibrada, y quienes lo conocían lo consideraban un hombre de negocios astuto y capaz, muy enérgico y tenaz para ejecutar todos sus planes. En este sentido su mente cambió de manera radical, a tal grado que sus amistades y conocidos afirmaban que 'ya no se trataba de Gage'" (Harlow, 1869, p. 14).

¿Qué fue lo que le ocurrió al buen Gage? Aunque no hay modo de saberlo a ciencia cierta —debido al estado en que se encontraba la ciencia en el siglo pasado—, podemos especular que el accidente pudo haber dañado las áreas de asociación de la corteza cerebral de Gage.

Si mira una vez más el diagrama de la corteza cerebral (figura 2.11*b*), verá que las áreas motora y sensorial comprenden una porción relativamente pequeña de la corteza; el resto corresponde a las áreas asociativas. Se suele considerar que las **áreas asociativas** son el sitio en que se realizan los procesos mentales superiores, tales como el pensamiento, la memoria, el lenguaje y el habla.

La mayor parte de nuestro conocimiento de las áreas asociativas procede de pacientes que han sufrido algún tipo de daño cerebral. En algunos casos la lesión es producida por causas naturales como un tumor o un infarto, cualquiera de los cuales bloquea ciertos vasos sanguíneos del interior de la corteza cerebral. En otros casos, fueron culpables

Áreas asociativas: una de las principales regiones del cerebro, en la cual se realizan los procesos mentales superiores, tales como el pensamiento, el lenguaje, la memoria y el habla

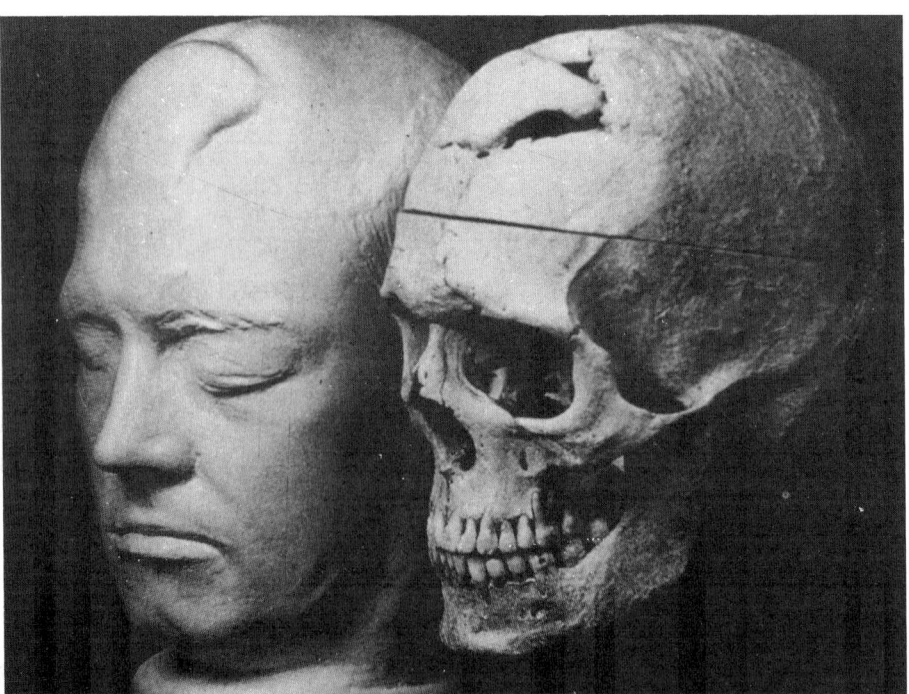

Como lo demostró el notable caso de Phineas Gage, el daño a la corteza cerebral puede provocar cambios de comportamiento y personalidad.

causas accidentales, como sucedió con Phineas Gage. En cualquier caso, el daño en estas áreas puede provocar extraños cambios de comportamiento, lo cual indica la importancia que tienen las áreas asociativas para un funcionamiento normal (Kupfermann, 1991c).

El caso de Gage proporciona evidencia de que existe un área especializada para tomar decisiones racionales. Cuando se lesiona esta área, las personas sufren cambios de personalidad que afectan su capacidad para hacer juicios morales y para procesar las emociones. Al mismo tiempo, las personas con daño en esta área son bastante capaces de razonar en forma lógica, realizar cálculos y recordar información (Damasio y cols., 1994).

Lesiones a otras partes de las áreas de asociación pueden producir una condición conocida como *apraxia*. Ésta ocurre cuando una persona es incapaz de integrar actividades de un modo racional o lógico. Por ejemplo, un paciente al que se le pide que tome un refresco del refrigerador puede dirigirse a éste y abrir y cerrar la puerta repetidas veces, o puede coger botella tras botella de refresco, sacarlas del refrigerador y tirar al suelo cada una de ellas. De modo similar, una persona con apraxia a la que se le pide que abra un candado con una llave puede no ser capaz de hacerlo como respuesta a la indicación, pero, si sencillamente se le deja sola en un cuarto cerrado con llave, abrirá el candado con la llave si desea salir (Lechtenberg, 1982).

Es evidente que la apraxia no es un problema muscular, puesto que la persona es capaz de realizar los componentes individuales que integran el comportamiento general. Además, si se le pide que realice los actos individuales de un patrón de comportamiento más amplio, de uno en uno, el paciente suele tener éxito al realizarlos. Sólo cuando se le pide que lleve a cabo una secuencia de comportamientos que requiera de cierto grado de planeación y de previsión es que actúa en forma deficiente. Por todo ello, parece ser que las áreas asociativas actúan como una especie de "planeadores maestros"; es decir, como los organizadores de las acciones.

Otras dificultades que surgen a consecuencia de una lesión en las áreas asociativas del cerebro se relacionan con el uso del lenguaje. Los trastornos de la expresión verbal, denominados *afasia*, pueden asumir formas muy diversas. En la *afasia de Broca* (provocada por un daño en la parte del cerebro que identificó por primera vez el médico francés, Paul Broca), el habla se vuelve vacilante y trabajosa y a menudo carente de organización gramatical. El paciente es incapaz de encontrar las palabras adecuadas, en una especie de fenómeno de "en la punta de la lengua" que experimentamos todos en alguna ocasión. Sin embargo, en el caso de las personas con afasia, el problema ocurre casi en forma constante, diciendo al final de manera brusca una especie de "telegrama verbal". Una frase como "pongo el libro sobre la mesa" es expresada de la forma siguiente: "pongo…libro…mesa" (Lechtenberg, 1982; Cornell, Fromkin y Mauner, 1993).

La *afasia de Wernicke* es un trastorno bautizado en honor de su descubridor, Carl Wernicke. Éste produce dificultades tanto para comprender el lenguaje de los demás como para producirlo. Este trastorno, que se observa en pacientes con daño en un área específica del cerebro que fue identificada por vez primera por Wernicke, se caracteriza por un discurso que suena fluido, pero que no tiene sentido. Por ejemplo, se preguntó a uno de los pacientes de Wernicke, Philip Gorgan, qué razón lo llevó al hospital. El paciente contestó en forma incoherente: "¡Vaya! Estoy sudando, estoy muy nervioso; sabe, de vez en cuando quedo atrapado, no puedo mencionar el tarripoi, hace un mes, un poco, me ha ido muy bien, me impongo mucho, mientras que, por otra parte, usted sabe a lo que me refiero, tengo que voltear, revisarlo, trebin y todas las cosas por el estilo" (Gardner, 1975, p. 68).

Las lesiones cerebrales, como las que resultan en afasia, y los trastornos cerebrales debidos a enfermedades han dado nuevos ímpetus a los científicos que buscan hacer un "mapa" de los circuitos neuronales del cerebro. Usando tecnología computarizada muy compleja, los investigadores buscan crear una base de datos que abarque todas las facetas del cerebro.

Para profundizar estas investigaciones, la década de 1990 ha sido designada por el Congreso de Estados Unidos como la "década del cerebro" en reconocimiento a la importancia de la revelación de los secretos intrincados del cerebro. Estos esfuerzos están

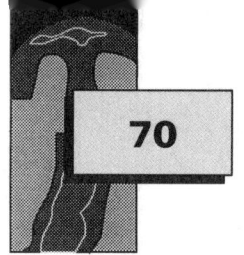
comenzando a brindar beneficios, en formas muy prácticas, como se expone en el recuadro *La psicología en acción*.

- **¿Cómo operan interdependientemente las dos mitades del cerebro?**
- **¿Cómo nos puede ayudar la comprensión del sistema nervioso para encontrar nuevos procedimientos para combatir el dolor y la enfermedad?**

La especialización de los hemisferios: ¿dos cerebros o uno solo?

El desarrollo más reciente, por lo menos en términos evolutivos, en la organización y operación de nuestro cerebro ocurrió quizá durante el último millón de años: una especialización de las funciones controladas por los dos lados del cerebro, que cuenta con mitades derecha e izquierda simétricas.

Específicamente, el cerebro se puede dividir en dos mitades muy similares, como imágenes en espejo del mismo modo en que poseemos dos brazos, dos piernas y dos

LA PSICOLOGÍA EN ACCIÓN

Remendando el cerebro

Poco después de haber nacido, los brazos y piernas de Jacob Stark comenzaron a presentar espasmos cada 20 minutos. Semanas más tarde no podía mantener fijos sus ojos en el rostro de su madre. El diagnóstico: ataques epilépticos incontrolables que implicaban a todo su cerebro.

Su madre, Sally Stark, recuerda: "Cuando Jacob tenía dos meses y medio de edad, dijeron que nunca aprendería a sentarse, que nunca podría alimentarse por sí solo. Nada podía hacerse para impedir un retardo profundo. Nos dijeron que lo lleváramos a casa, lo amáramos y le buscáramos una institución." (Blakeslee, 1992, p. C3)

En vez de ello, los Stark llevaron a Jacob a la Universidad de California en Los Ángeles para que le hicieran cirugía cerebral a la edad de cinco meses. Los cirujanos extirparon el 20% de su cerebro. La operación fue un éxito completo. Tres años más tarde, Jacob parece normal en todos sentidos, sin ninguna señal de ataques.

La cirugía de Jacob es representativa de los enfoques cada vez más atrevidos para el tratamiento de trastornos cerebrales. Ilustra además cómo nuestro creciente conocimiento de los procesos que subyacen al funcionamiento del cerebro pueden ser traducidos en soluciones a problemas difíciles.

La cirugía que ayudó a Jacob se basaba en la premisa de que la parte enferma del cerebro estaba produciendo ataques a lo largo de todo el cerebro. Los cirujanos razonaron que si extirpaban la porción defectuosa, las partes restantes del cerebro, que aparecían intactas en las exploraciones TEP, la sustituirían. Apostaron que Jacob todavía podría llevar una vida normal después de la cirugía, en particular debido a que ésta se hizo a una edad muy temprana. Por supuesto, ganaron la apuesta.

El éxito de esta cirugía en parte se relaciona con los nuevos hallazgos sobre los poderes regenerativos del cerebro y el sistema nervioso. Aunque se sabía que el cerebro tiene la capacidad de cambiar funciones a distintas ubicaciones después de la lesión de un área específica, se asumió por décadas que las neuronas de la médula espinal y el cerebro no podían ser reemplazadas nunca. Sin embargo, nuevas evidencias están comenzando a sugerir lo contrario. Por ejemplo, los investigadores han encontrado que las células de los cerebros de ratones adultos pueden producir neuronas nuevas, al menos en un ambiente de probeta (Reynolds y Weiss, 1992; Barinaga, 1994).

El futuro también es prometedor para las personas que padecen de temblores y pérdida de control motor producidos por el Parkinson. Debido a que este trastorno es causado por una pérdida gradual de células que estimulan la producción de dopamina en el cerebro, los investigadores razonaron que un procedimiento que incrementara el suministro de dopamina podría ser efectivo. Parecen estar en el camino correcto. Cuando ciertas células de fetos humanos son inyectadas en forma directa en el cerebro de los afectados por el Parkinson, éstas parecen arraigar, estimulando la producción de dopamina. Para la mayoría de aquellos que se han sometido a este procedimiento aún experimental, los resultados preliminares son prometedores, con algunos pacientes mostrando una mayor mejoría (Widner y cols., 1992). (Notará que esta técnica también plantea algunos problemas éticos espinosos, dado que el tejido fetal implantado proviene de fetos abortados.)

Conforme los científicos aprenden más sobre el cerebro y otras partes del sistema nervioso, es seguro que se elaborarán nuevos procedimientos de tratamiento para una variedad de trastornos. Es claro que nuestra comprensión de los fundamentos biológicos del comportamiento humano conlleva promesas significativas para mejorar la calidad de la vida para todos nosotros.

pulmones. A consecuencia del modo en que los nervios se conectan del cerebro hacia el resto del cuerpo, estas dos mitades simétricas, izquierda y derecha, a las que se denomina **hemisferios**, controlan el lado del cuerpo contrario a su propia localización. Por lo tanto, el hemisferio izquierdo del cerebro controla por lo general el lado derecho del cuerpo, mientras que el hemisferio derecho controla el lado izquierdo del cuerpo. Así, cualquier daño que sufra el lado derecho del cerebro está normalmente indicado por dificultades funcionales en el lado izquierdo del cuerpo.

Hemisferios: mitades simétricas, izquierda y derecha, del cerebro

Sin embargo, la similitud estructural existente entre los dos hemisferios del cerebro no se refleja en todos los aspectos de su funcionamiento. Parece que determinadas actividades tienen más probabilidades de ocurrir en un hemisferio que en el otro. Las primeras evidencias de las distinciones funcionales que existen entre las mitades del cerebro —llamada **lateralización**— se obtuvieron mediante la realización de estudios de personas con afasia. Los investigadores descubrieron que las personas con dificultades de lenguaje, características de la afasia, tendían a poseer un daño físico en el hemisferio izquierdo del cerebro. En contraste con esta situación, las anormalidades físicas en el hemisferio derecho del cerebro tendían a producir un número mucho menor de problemas de lenguaje. Este descubrimiento llevó a los investigadores a la conclusión de que, para la mayor parte de las personas, el lenguaje está lateralizado, o ubicado más en un hemisferio que en el otro —en este caso, en la mitad izquierda del cerebro (Corina, Vaid y Bellugi, 1992; Hellige, 1990).

Lateralización: dominio de un hemisferio del cerebro en funciones específicas

En la actualidad parece claro que los dos hemisferios del cerebro se especializan ligeramente en términos de las funciones que realizan. El hemisferio izquierdo se concentra más en labores que requieren de habilidades verbales, como hablar, leer, pensar y razonar. El hemisferio derecho posee sus propias habilidades, en especial en las áreas no verbales como la comprensión de las relaciones espaciales, el reconocimiento de patrones y de dibujos, la música y la expresión de las emociones (Kitterle, 1991; Hellige, 1994; Zaidel, 1994).

Además, el modo en que se procesa la información parece ser un poco diferente en cada hemisferio. El izquierdo tiende a considerar la información de manera secuencial, un fragmento a la vez; el derecho tiende a procesar la información de modo global, considerándola como un todo (Gazzaniga, 1983; Springer y Deutsch, 1989).

Por otra parte, es importante tener en cuenta que las diferencias en la especialización entre los hemisferios no es grande y que el grado y la naturaleza de la lateralización varía de una persona a otra. Si, como la mayor parte de las personas, usted es diestro, la porción de su cerebro encargada de controlar el lenguaje probablemente esté concentrada en el lado izquierdo de su cerebro. En contraste, si usted pertenece al 10% de las personas que son zurdas o que son ambidiestras (que utilizan ambas manos indistintamente), es mucho más probable que los centros del lenguaje de su cerebro se localicen en el hemisferio derecho o que estén divididos por partes iguales entre los hemisferios derecho e izquierdo.

Los investigadores también han descubierto evidencia de que puede haber diferencias sutiles en los patrones de lateralización cerebral entre hombres y mujeres. De hecho, algunos científicos han sugerido que hay ligeras diferencias en la estructura del cerebro que pueden diferir según el género y la cultura. Como se verá a continuación, estos hallazgos han conducido a un debate animado en la comunidad científica (Geschwind y Galaburda, 1987; Springer y Deutsch, 1989; Coren, 1992).

El cuerpo calloso del cerebro es proporcionalmente más grande en las mujeres que en los hombres, lo que plantea la posibilidad de que las diferencias estructurales en el cerebro puedan explicar en parte las diferencias de género entre hombres y mujeres. Sin embargo, la hipótesis sigue siendo muy especulativa.

Exploración de la diversidad

La diversidad humana y el cerebro

La interacción de la biología y el ambiente es en particular evidente cuando se consideran las pruebas que sugieren que hay diferencias culturales y de género en la estructura y funcionamiento del cerebro. Consideraremos primero el género. De acuerdo con las evi-

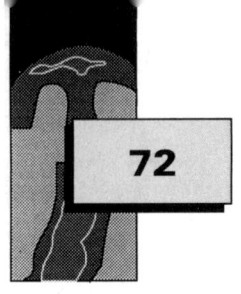

dencias recientes, hombres y mujeres muestran algunas diferencias intrigantes en la lateralización cerebral, aunque la naturaleza de estas diferencias —o incluso su misma existencia— es fuente de una considerable controversia (Wood, Flowers y Naylor, 1991; Kimura, 1992; Gur, Mosley, Resnick, Karp, Alavi, Arnold y Gur, 1995).

Pueden hacerse algunas afirmaciones con una confianza razonable. Por ejemplo, la mayoría de los hombres tiende a presentar una mayor lateralización del lenguaje en el hemisferio izquierdo. Para ellos, el lenguaje está relegado en gran medida al lado izquierdo del cerebro. En contraste, las mujeres presentan una menor lateralización, ya que sus habilidades relativas al lenguaje son susceptibles de una distribución más uniforme entre los dos hemisferios (Gur y cols., 1982). Semejantes diferencias en la lateralización cerebral pueden dar cuenta, en parte, de la superioridad que suelen exhibir las mujeres en algunas mediciones de habilidades verbales, tales como la aparición del lenguaje y la fluidez para hablar, así como el hecho de que muchos más niños que niñas tienen problemas de lectura en la escuela primaria (Kitterle, 1991).

Otras investigaciones señalan diferencias en las estructuras cerebrales entre hombres y mujeres, aunque aquí la evidencia descansa en un terreno más inestable. Por ejemplo, parte del *cuerpo calloso*, un conjunto de fibras que conecta a los hemisferios del cerebro, es proporcionalmente más grande en las mujeres que en los hombres (Witelson, 1989). Estudios realizados con ratas, hamsters y monos también han encontrado diferencias en el tamaño y estructura en los cerebros de los machos y las hembras (Allen, Hines, Shryne y Gorski, 1989; Ayoub, Greenough y Juraska, 1983).

El significado de tales diferencias está lejos de ser claro. Considere una posibilidad relacionada con las diferencias en la proporción del cuerpo calloso. Su proporción mayor en las mujeres puede permitir que se desarrollen conexiones más fuertes entre aquellas partes del cerebro que controlan el habla. A su vez, esto explicaría por qué el habla tiende a aparecer un poco más pronto en las niñas que en los niños.

Sin embargo, antes de apresurar conclusiones, es importante considerar una hipótesis alternativa: es plausible que la aparición temprana de las habilidades verbales en las niñas se deba a que se les alienta más para que verbalicen cuando son bebés que a los niños. A su vez, esta comparativamente experiencia temprana puede fomentar el crecimiento de ciertas partes del cerebro. Por lo tanto, las diferencias cerebrales físicas pueden ser un *reflejo* de influencias sociales y ambientales, más que una *causa* de las diferencias en el comportamiento de los hombres y las mujeres. Hasta el momento, es imposible confirmar cuál de estas dos hipótesis alternativas es correcta.

La cultura en la que hemos sido educados también hace surgir diferencias en la lateralización cerebral. Por ejemplo, quienes hablan el japonés como lengua materna parecen procesar la información relativa al sonido de las vocales principalmente en el hemisferio izquierdo del cerebro. En contraste, los norteamericanos y los sudamericanos, los europeos y los individuos de ascendencia japonesa que aprenden el japonés en una etapa más avanzada de sus vidas, organizan los sonidos de las vocales principalmente con el hemisferio derecho.

¿Cuál es la razón de esta diferencia cultural en la lateralización? Una explicación puede radicar en que determinadas características del idioma japonés, tales como la capacidad de expresar ideas complejas mediante el empleo exclusivo de sonidos vocales, producen el desarrollo de un tipo específico de lateralización cerebral en quienes hablan este idioma como lengua materna. Tal diferencia en la lateralización puede explicar otras divergencias en el modo en que piensan los japoneses y los occidentales acerca del mundo (Tsunoda, 1985).

En general, los científicos apenas comienzan a entender el grado, la naturaleza y el significado de las diferencias culturales y de género en la lateralización y la estructura del cerebro. Además, al evaluar la investigación sobre la lateralización cerebral, es importante tener en cuenta que los dos hemisferios del cerebro funcionan en tándem. Es un error pensar que tipos particulares de información son procesados solamente en el hemisferio derecho o izquierdo. Los hemisferios funcionan de manera interdependiente para descifrar, interpretar y reaccionar ante el mundo. Además, las personas (en especial los niños pequeños) que sufren daños cerebrales en la mitad izquierda de su cerebro y que pierden las capacidades lingüísticas, con frecuencia recuperan la capacidad para hablar debido a que el lado derecho del cerebro entra como relevo y se encarga de algunas de las operaciones que coordinaba el lado izquierdo (Wiederhold, 1982). Por lo tanto, el cerebro es capaz de un impresionante grado de adaptación y puede modificar su funcionamiento, en cierta medida, como respuesta a situaciones adversas (Kucharski y Hall, 1987; Hellige, 1993; Hoptman y Davidson, 1994; Singer, 1995).

El cerebro escindido: la exploración de los hemisferios

Cuando los ataques comenzaron por vez primera, Cindy Gluccles esperaba que su médico pudiera recetarle un medicamento para evitar que se volvieran a producir. Su médico y su neurólogo, optimistas, afirmaron que en la mayoría de los casos los ataques se podían controlar por medio de los medicamentos adecuados. Pero los ataques empeoraron y se hicieron más frecuentes, y ningún tratamiento farmacológico parecía ser adecuado. Un examen más a fondo reveló que los ataques eran provocados por enormes explosiones de actividad eléctrica que se iniciaban en uno de los hemisferios y se trasladaban al otro. Por último, sus médicos le aconsejaron una última medida: cortar quirúrgicamente el cuerpo calloso, el conjunto de nervios que conectan ambos hemisferios entre sí. Como por arte de magia cesaron los ataques. La operación fue un éxito a todas luces; pero, ¿era Cindy la misma persona que había sido antes de la operación?

Este tema ha generado un enorme interés por parte de quienes se dedican a la investigación cerebral e, incluso, ha hecho a Roger Sperry merecedor de un Premio Nobel. Sperry, junto con un equipo de colegas, exploró el comportamiento de pacientes a los que se había seccionado mediante cirugía el cuerpo calloso. El equipo de investigación descubrió que en general no se habían producido grandes cambios de personalidad o inteligencia en los pacientes.

Por otra parte, pacientes como Cindy Gluccles, a los que se llama **pacientes con el cerebro escindido**, en ocasiones exhibían un comportamiento algo extraño. Por ejemplo, un paciente informó que con una mano se bajaba los pantalones al tiempo que con la otra se los subía. Además, mencionó que había sujetado a su mujer con su mano izquierda y que la había sacudido con violencia, en tanto que su mano derecha trataba de ayudar a su esposa esforzándose por poner bajo control a la mano izquierda (Gazzaniga, 1970).

Sin embargo, el interés despertado por este ocasional y extraño tipo de comportamiento era secundario ante la oportunidad que brindaban los pacientes con el cerebro escindido para realizar investigaciones sobre el funcionamiento independiente de los dos hemisferios del cerebro, por lo cual Sperry desarrolló diversas técnicas sumamente ingeniosas para estudiar cómo funciona cada uno de los hemisferios (Sperry, 1982). En un procedimiento experimental, se permitía a sujetos con los ojos vendados tocar un objeto con su mano derecha, pidiéndoles decir qué era. Dado que el lado derecho del cuerpo está conectado con el lado izquierdo del cerebro —el hemisferio que se ocupa en mayor medida del lenguaje— el paciente con el cerebro escindido era capaz de hacerlo. Pero si el sujeto con los ojos vendados tocaba el objeto con su mano izquierda, no le era posible pronunciar en voz alta el nombre de éste. Sin embargo, la información se había registrado: cuando se le quitaba la venda, el sujeto era capaz de escoger en forma correcta el objeto que había tocado antes. Por lo tanto, es posible aprender y recordar la información utilizando solamente el lado derecho del cerebro. (Por cierto, este experimento no funcionará con usted —a menos que se le haya efectuado una operación de escisión del cerebro— puesto que los nervios que conectan ambas mitades de un cerebro normal transfieren de forma inmediata la información de una mitad del cerebro a la otra.)

Está claro, a partir de experimentos de esta clase, que los hemisferios derecho e izquierdo del cerebro se especializan en el manejo de información de distinto tipo. Al mismo tiempo, resulta importante saber que ambos hemisferios son capaces de comprender, conocer y tener conciencia del mundo, aunque ello ocurre de modos distintos.

Pacientes con el cerebro escindido: personas que padecen de un funcionamiento independiente de ambas mitades del cerebro, lo que provoca que las mitades del cuerpo funcionen sin armonía

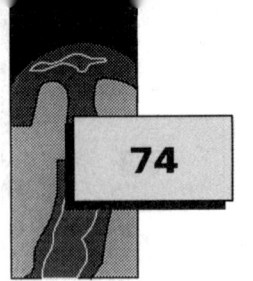
Por lo tanto, los dos hemisferios se deben concebir como diferentes en términos de la eficiencia con la que procesan cierto tipo de información, en lugar de visualizarlos como dos cerebros separados por completo. Además, en las personas con cerebros normales, que no han sido divididos, los hemisferios funcionan interdependientemente a fin de permitir que se logre el mayor potencial de riqueza de pensamiento del que son capaces los seres humanos (Hellige, 1993).

Los módulos cerebrales: la arquitectura del cerebro

Piense en el cerebro como una fábrica vasta y extendida en la que los obreros realizan tareas muy especializadas. En un ala, los obreros trabajan en verbos plurales; en otra parte de la fábrica, otros se las arreglan con los ángulos rectos; y en otra área más de corredores al parecer interminables, los obreros tratan los objetos que se mueven en forma horizontal a lo largo del horizonte. Pero al final todas las partes dispares se unen, formando un producto único: el pensamiento y el comportamiento humanos.

Este extraño escenario refleja una visión cada vez más popular de la arquitectura del cerebro: en términos de la relación entre funciones y estructuras particulares del cerebro, por una parte, y con procesos cognitivos complejos como el pensamiento, la comprensión, la percepción y la conciencia, por la otra (Horgan, 1993; Wilson, Scalaidhe y Goldman-Rakic, 1993).

Según una nueva concepción sobre el funcionamiento del cerebro, éste se halla organizado en diversos módulos. Los **módulos cerebrales** son unidades separadas que realizan labores específicas. Como obreros especializados, estos módulos se encuentran distribuidos a lo largo del cerebro y operan interdependientemente y con relativa simultaneidad en el procesamiento de la información (Gazzaniga, 1989; Eichenbaum, 1993).

La noción básica que está detrás del enfoque modular indica que las capacidades de las que una vez se pensó que se procesaban de modo unitario, en realidad se componen de numerosas tareas más elementales. Piense, por ejemplo, en la capacidad del cerebro para procesar información referida a la visión. Antiguamente se pensaba que existía una sola área dentro del cerebro que controlaba el procesamiento visual. Sin embargo, como analizaremos cuando se trate la visión en el capítulo 3, cada vez hay más evidencias que su-

Módulos cerebrales: unidades separadas del cerebro que realizan labores específicas

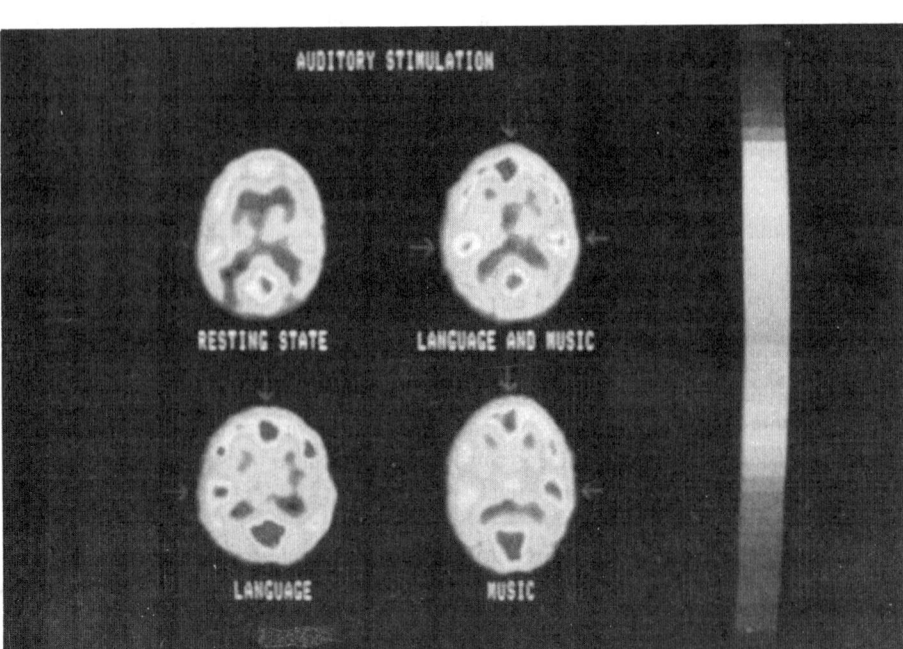

En apoyo a la perspectiva modular del funcionamiento del cerebro, estas exploraciones TEP ilustran las áreas diferentes del cerebro que son activadas durante distintas actividades. (Véase Sección a color, pág. C)

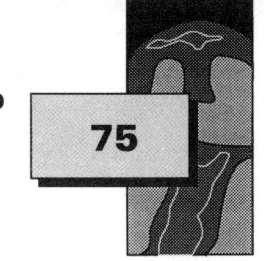

gieren la existencia de distintas áreas del cerebro que se relacionan con aspectos específicos de la visión. Por ejemplo, un área del cerebro parece procesar la información relativa al color, otra se especializa en el movimiento, mientras que una tercera lo hace en la percepción de la profundidad (Goldman-Rakic, 1988). Cada uno de estos aspectos de la visión es procesado de modo simultáneo por un módulo distinto, y la información se integra entonces para conformar una imagen visual completa e intacta.

Investigaciones recientes sugieren que el grado de especialización de los módulos es extraordinario (Hart y Gordon, 1992). Por ejemplo, parece posible que el cerebro procese de modo independiente el lenguaje escrito y el hablado, debido a la existencia de módulos individuales (Caramazza y Hillis, 1991). En lugar de tratarse de un solo sistema que aprende las reglas de un lenguaje, es posible que módulos distintos consideren los sonidos de las palabras, la forma en que éstas se escriben, sus raíces, las partes gramaticales y otros aspectos del lenguaje. Al igual que con la visión, cada una de estas propiedades del lenguaje se procesa de modo simultáneo e independiente, y después se combina la información.

La creciente evidencia de que existen múltiples módulos independientes en el cerebro proporciona un nexo entre las neuronas individuales y la conciencia general que experimentamos como seres humanos. Michael Gazzaniga, un renombrado biopsicólogo, sostiene que lo que permite que las personas tengan un sentido consciente y unificado del mundo es un módulo privativo de la especie humana: un "intérprete" localizado en el hemisferio izquierdo del cerebro (Gazzaniga, 1989).

Según Gazzaniga, este módulo de interpretación nos permite elaborar hipótesis propias acerca del significado de nuestras respuestas. El intérprete nos proporciona un medio para desarrollar y transformar nuestras creencias acerca del mundo, a la vez que nos brinda un camino para comprender lo que sucede a nuestro alrededor.

Todavía es muy prematuro decir si la teoría de Gazzaniga es correcta. Lo que está claro es que el cerebro humano y el sistema nervioso revelan cada vez mayor cantidad de sus secretos a un conjunto de biopsicólogos, neurocientíficos cognitivos y otros investigadores (Hellige, 1990; Estes, 1991).

El sistema endocrino: sustancias químicas y glándulas

Un aspecto del cerebro que aún no hemos considerado es el **sistema endocrino**, una red química de comunicación que envía mensajes a través del sistema nervioso por medio del torrente sanguíneo. Aunque no es una estructura del cerebro, el sistema endocrino está íntimamente ligado al hipotálamo. La labor del sistema endocrino consiste en la secreción de **hormonas**: sustancias químicas que circulan a través de la sangre y afectan el funcionamiento y crecimiento de otras partes del cuerpo (Crapo, 1985; Kravitz, 1988).

Al igual que las neuronas, el sistema endocrino transmite mensajes a través del cuerpo, aunque la velocidad y el tipo de transmisión son muy diferentes. En tanto que los mensajes neuronales se miden en milésimas de segundo, las comunicaciones hormonales pueden tardar minutos enteros en llegar a su destino. Además, los mensajes neuronales viajan a través de las neuronas en líneas específicas (como ocurre con los cables sostenidos por los postes telefónicos); las hormonas viajan a través del cuerpo entero, de modo similar a los mensajes que transmiten las ondas de radio a través de todo el horizonte. Así como las ondas de radio sólo generan una respuesta cuando el aparato se sintoniza en la estación adecuada, las hormonas que fluyen por el torrente sanguíneo activan exclusivamente a aquellas células que son receptivas y que están "sintonizadas" en el mensaje hormonal adecuado.

Un componente importante del sistema endocrino es la **glándula pituitaria**, que se localiza cerca del hipotálamo y es regulada por éste. La glándula pituitaria ha sido llamada en ocasiones la "glándula maestra", puesto que controla el funcionamiento del resto del sistema endocrino. Pero esta glándula es más que un simple capataz de las demás

Sistema endocrino: red química de comunicación que envía mensajes a través del sistema nervioso por medio del torrente sanguíneo y secreta hormonas que afectan el funcionamiento y el crecimiento del cuerpo

Hormonas: sustancias químicas que circulan a través de la sangre y que afectan el funcionamiento y el crecimiento de distintas partes del cuerpo

Glándula pituitaria: la glándula "maestra". El principal componente del sistema endocrino, que secreta hormonas que controlan el crecimiento

glándulas; posee funciones importantes por derecho propio. Por ejemplo, las hormonas secretadas por la glándula pituitaria controlan el crecimiento. Las personas muy pequeñas y las demasiado altas suelen padecer de deficiencias de la glándula pituitaria. Otras glándulas endocrinas, que aparecen en la figura 2.13, afectan las reacciones emotivas, los impulsos sexuales y los niveles de energía.

A pesar de la designación como "glándula maestra", la glándula pituitaria está bajo las órdenes del cerebro, puesto que éste es responsable en última instancia del funcionamiento del sistema endocrino. El cerebro regula el equilibrio interno del organismo, garantizando que se conserve la homeostasis por medio del hipotálamo. Sin embargo, el camino que va desde el cerebro hasta el sistema endocrino no constituye por necesidad una vía de un solo sentido. Las hormonas pueden modificar permanentemente el modo en que se organizan las células cerebrales. Por ejemplo, se piensa que el comportamiento sexual de los adultos está afectado por la producción de hormonas que modifican células del hipotálamo.

De modo similar, episodios específicos de nuestras vidas pueden influir en la producción de hormonas. Por ejemplo, en un experimento en el que estudiantes universitarios competían en un juego de computadora, se descubrió que los que iban ganando exhibieron un aumento en la producción de testosterona: hormona que se relaciona con el comportamiento agresivo (Gladue, Boechler y McCaul, 1989).

Además, de acuerdo con las circunstancias, ciertas hormonas específicas pueden desempeñar diversos papeles. Por ejemplo, la hormona oxitocina se encuentra en la raíz de muchas de las satisfacciones y los placeres de la vida. En las madres recién paridas, la oxitocina produce el deseo de cuidar al recién nacido. Esa misma hormona parece estimular los abrazos y las caricias entre los miembros de la misma especie. Y —por lo menos en los roedores— hace que los machos sexualmente activos busquen con mayor dedicación a las hembras y que éstas sean más receptivas a los cortejos sexuales de los machos. Un estudio mostró que a los ratones hembra a las que se les administró oxitocina fueron entre un 60 y un 80% más enérgicas en su búsqueda de machos que se aparearan con ellas que un grupo de control constituido por ratones hembras que no recibieron oxitocina (Angier, 1991).

FIGURA 2.13 Ubicación y funciones de las principales glándulas endocrinas.

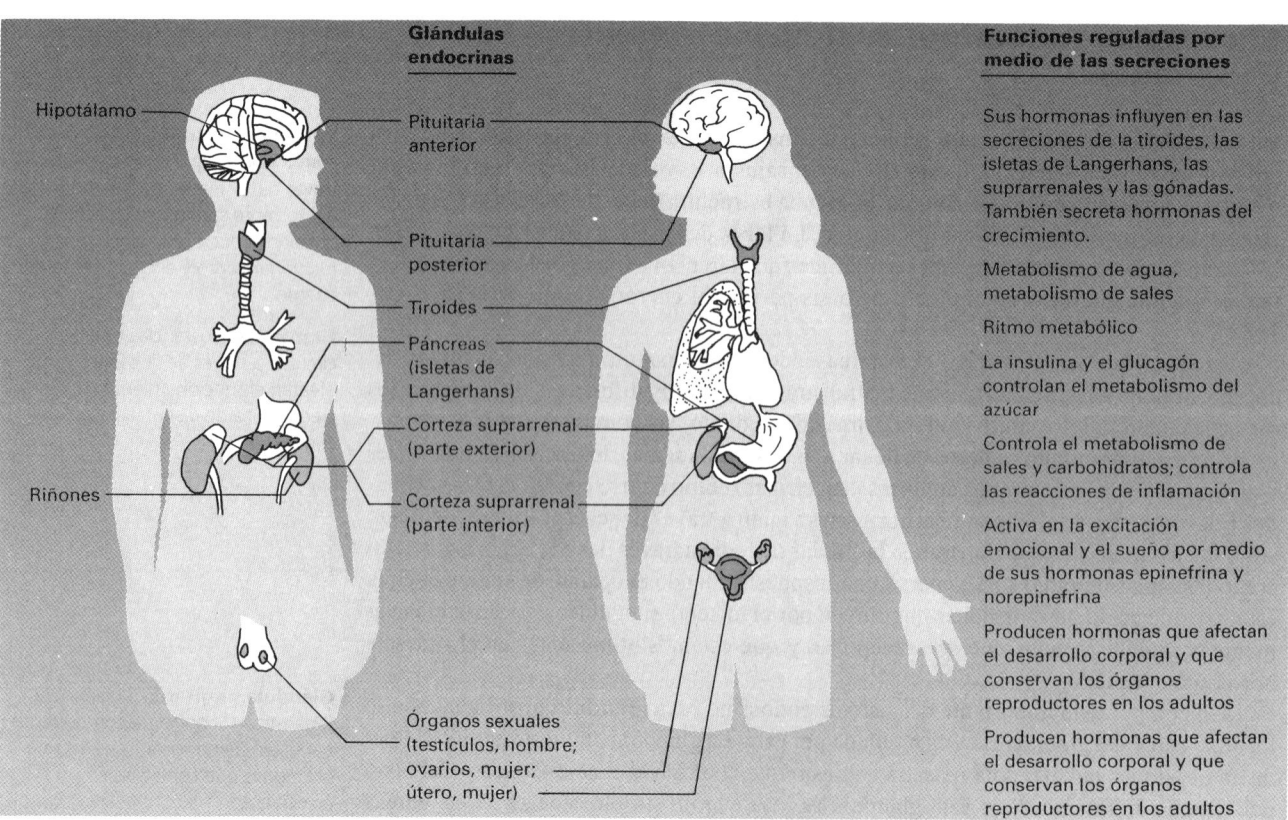

Glándulas endocrinas

Hipotálamo

Pituitaria anterior

Pituitaria posterior

Tiroides

Páncreas (isletas de Langerhans)

Corteza suprarrenal (parte exterior)

Corteza suprarrenal (parte interior)

Riñones

Órganos sexuales (testículos, hombre; ovarios, mujer; útero, mujer)

Funciones reguladas por medio de las secreciones

Sus hormonas influyen en las secreciones de la tiroides, las isletas de Langerhans, las suprarrenales y las gónadas. También secreta hormonas del crecimiento.

Metabolismo de agua, metabolismo de sales

Ritmo metabólico

La insulina y el glucagón controlan el metabolismo del azúcar

Controla el metabolismo de sales y carbohidratos; controla las reacciones de inflamación

Activa en la excitación emocional y el sueño por medio de sus hormonas epinefrina y norepinefrina

Producen hormonas que afectan el desarrollo corporal y que conservan los órganos reproductores en los adultos

Producen hormonas que afectan el desarrollo corporal y que conservan los órganos reproductores en los adultos

El consumidor de psicología bien informado

Aprender a controlar el corazón —y el cerebro— por medio de la retroalimentación biológica

Una noche de junio de 1985, Tammy DeMichael circulaba por una autopista del estado de Nueva York con su novio cuando él se quedó dormido al volante. El automóvil se estrelló en la valla de contención y se volcó, dejando a DeMichael con lo que los doctores llaman un "C-6,7 aplastado": el cuello roto y la espina dorsal presionada.

Después de un año de tratamiento médico exhaustivo, todavía no tenía funciones ni sensaciones en sus brazos y piernas. "Los expertos dijeron que quedaría cuadripléjica por el resto de mi vida, capaz de mover sólo del cuello hacia arriba", recuerda ella. "No quería seguir viviendo."

Pero DeMichael demostró que los expertos se equivocaban. En la actualidad, la sensación ha regresado a sus miembros, la fuerza de su brazo es normal o mejor y ya no usa una silla de ruedas. "Puedo caminar cerca de 18 metros sólo con un bastón e ir casi a cualquier parte con muletas", comenta. "Puedo levantar una pesa de 45 kilogramos en un banco y recorro 6.5 kilómetros diarios en una bicicleta estacionaria." (Morrow y Wolff, 1991, p. 64.)

La clave de la recuperación sorprendente de DeMichael: retroalimentación biológica. La **retroalimentación biológica** es un procedimiento por el cual una persona aprende a controlar, por medio de pensamiento consciente, procesos fisiológicos internos tales como la presión arterial, el ritmo cardiaco, el ritmo respiratorio, la temperatura de la piel, la transpiración y la contracción de determinados músculos. De manera tradicional se había pensado que el ritmo cardiaco y respiratorio, la presión sanguínea y otras funciones corporales están bajo el control de partes del cerebro sobre las que no tenemos influencia. Pero los psicólogos están encontrando que las que alguna vez se consideraron respuestas biológicas involuntarias por completo en realidad son susceptibles de control voluntario (Schwartz y Schwartz, 1993).

En la retroalimentación biológica, una persona es conectada a aparatos electrónicos que le proporcionan una retroalimentación continua de la respuesta fisiológica en cuestión. Por ejemplo, a una persona interesada en controlar su presión arterial se le puede conectar a un aparato que de modo continuo supervise y muestre su presión arterial. Conforme la persona piensa conscientemente en alterar su presión, recibe una retroalimentación inmediata de la medida de su éxito. Por último, de este modo aprende a controlar su presión. De modo similar, si un individuo desea controlar sus jaquecas por medio de la retroalimentación biológica, se le pueden colocar sensores electrónicos en determinados músculos de su cabeza para que de esa forma aprenda a controlar la contracción y el relajamiento de esos músculos. Después, cuando perciba los primeros síntomas de jaqueca, será capaz de relajar los músculos que corresponda y no experimentar dolor.

En el caso de DeMichael, la retroalimentación biológica fue efectiva debido a que no todas las conexiones del sistema nervioso entre el cerebro y sus piernas estaban seccionadas por completo. Por medio de la retroalimentación biológica aprendió cómo enviar mensajes a músculos específicos, "ordenándoles" moverse. Aunque le tomó más de un año, DeMichael tuvo éxito en restablecer su movilidad en gran medida.

Aunque el control de los procesos fisiológicos por medio de la retroalimentación biológica no es fácil de aprender, se le ha empleado con éxito en muy diversos padecimientos, entre los cuales se incluyen problemas emocionales (como la ansiedad, la depresión, las fobias, las jaquecas por tensión, el insomnio y la hiperactividad); problemas médicos con componentes psicológicos (como el asma, la presión arterial alta, las úlceras, los espasmos musculares y las jaquecas migrañosas); y problemas físicos (como las lesiones de DeMichael, embolias, parálisis cerebral y curvatura de la espina dorsal).

Aunque el tratamiento con retroalimentación biológica no puede tener éxito en todos los casos, lo que es cierto es que el aprendizaje mediante ésta ha abierto muy diversas e interesantes posibilidades para el tratamiento de personas con problemas físicos y psicológicos (por ejemplo, Kotses y cols., 1991, Beckham y cols., 1991). Más aún, algu-

Retroalimentación biológica: técnica para aprender a controlar procesos fisiológicos internos por medio del pensamiento consciente

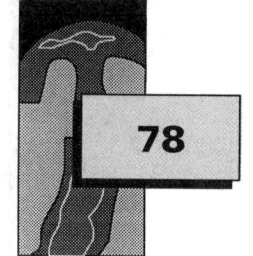

nos psicólogos sostienen que el empleo de la biorretroalimentación se transformará en parte de la vida cotidiana en el futuro cercano.

Por ejemplo, un investigador ha sugerido que los estudiantes que se distraigan durante los momentos de estudio podrían conectarse a un aparato que les proporcione retroalimentación acerca de su nivel de atención a la información que estudian (Ornstein, 1977). Si dejan de prestar atención, la computadora se los señalará, devolviéndolos al estudio.

RECAPITULACIÓN Y REVISIÓN

Recapitulación

- La corteza cerebral contiene tres áreas principales: el área motora, el área sensorial y las áreas asociativas. Éstas controlan los movimientos voluntarios, los sentidos y los procesos mentales superiores (incluyendo el pensamiento, el lenguaje, la memoria y el habla), respectivamente.
- Las dos mitades, o hemisferios, del cerebro tienen una estructura similar, pero parecen estar especializadas en funciones diferentes. El lado izquierdo del cerebro está relacionado más estrechamente con el lenguaje y las habilidades verbales; el lado derecho, con habilidades no verbales, tales como las capacidades musicales y matemáticas, la expresión emocional, el reconocimiento de patrones y el procesamiento de la información visual.
- El sistema endocrino secreta hormonas: sustancias químicas que afectan el crecimiento y funcionamiento del cuerpo.
- La retroalimentación biológica es un procedimiento por medio del cual una persona aprende a controlar determinados procesos fisiológicos internos, con lo que se logra dar alivio a diversos padecimientos.

Revisión

1. Los lóbulos _____ se ubican detrás de los lóbulos frontales, y los lóbulos _____ se localizan detrás de los lóbulos temporales.
2. Un cirujano coloca un electrodo en una porción de su cerebro y la estimula. De inmediato, su muñeca derecha describe un giro involuntario. Es muy probable que el médico haya estimulado una porción del área _____ de su cerebro.
3. El área motora del cerebro se divide en segmentos que controlan distintas partes del cuerpo. Mientras más precisos sean los

movimientos de estas partes, más grande será la porción del área motora dedicada a esas partes. ¿Cierto o falso?

4. Las áreas sensoriales del cerebro se dividen según el tamaño del órgano sensorial. Así, dado que hay más piel en la espalda de una persona que en la punta de sus dedos, la porción del área sensorial que se ocupa de las sensaciones de la espalda debe ser más grande que la sección correspondiente a las puntas de los dedos. ¿Cierto o falso?

5. Un hombre al que se le ha pedido sacar punta a un lápiz acciona el sacapuntas durante cinco minutos sin introducir el lápiz en su interior. La condición que puede ocasionar este tipo de comportamiento se denomina _____.

6. Los hemisferios cerebrales controlan el lado del cuerpo en el que se encuentran. El hemisferio izquierdo controla el lado izquierdo del cuerpo y el hemisferio derecho controla el lado derecho. ¿Cierto o falso?

7. El ámbito de lo no verbal, como las emociones y la música, está controlado principalmente por el hemisferio _____ del cerebro, en tanto que el hemisferio _____ es responsable en mayor medida del habla y la lectura.

8. Teorías contemporáneas sugieren que el cerebro está organizado en una serie de _____, cada uno de los cuales opera de forma interdependiente para realizar una tarea.

Pregúntese a sí mismo

¿Las diferencias personales en términos de la especialización de los hemisferios derecho e izquierdo de las personas podrían estar relacionadas con el éxito ocupacional?

¿Un arquitecto que se basa en habilidades espaciales podría tener un patrón diferente de especialización hemisférica que un escritor?

(Las respuestas a las preguntas de la revisión aparecen en la página 79.)

UNA MIRADA RETROSPECTIVA

¿Por qué los psicólogos estudian el cerebro y el sistema nervioso?

1. Para comprender por completo el comportamiento humano se requiere del conocimiento de las influencias biológicas que lo subyacen. Este capítulo expone lo que los biopsicólogos (psicólogos que se especializan en el estudio de los efectos de las estructuras y las funciones biológicas sobre el comportamiento) han logrado aprender acerca del sistema nervioso de la especie humana.

¿Cuáles son los elementos básicos del sistema nervioso?

2. Las neuronas, los elementos fundamentales del sistema nervioso, permiten que los impulsos nerviosos pasen de una parte del cuerpo a otra. La información por lo general sigue una ruta que comienza en las dendritas, continúa por el cuerpo celular y llega al final a la extensión en forma de tubo: el axón.

¿Cuáles son los procedimientos mediante los que el sistema nervioso comunica mensajes químicos y eléctricos de una parte del cuerpo a otra?

3. La mayoría de los axones están protegidos por una capa denominada vaina de mielina. Cuando un axón recibe un mensaje para que dispare, libera un potencial de acción, una carga eléctrica que viaja a través de la neurona. Las neuronas operan con base en una ley de todo o nada: o se encuentran en estado de reposo, o un potencial de acción viaja a través de ellas. No existe ningún estado intermedio.

4. Una vez que la neurona dispara, los impulsos nerviosos se transmiten a otras neuronas por medio de la producción de sustancias químicas, los neurotransmisores, que tienden un puente entre las separaciones —denominadas sinapsis— que existen entre las neuronas. Los neurotransmisores pueden ser excitatorios, que indican a otras neuronas que se activen, o inhibitorios, que impiden o disminuyen la probabilidad de que otras neuronas se activen. Entre los principales neurotransmisores destacan la acetilcolina (ACH), que produce contracciones de los músculos esqueléticos, y la dopamina, que se ha relacionado con el mal de Parkinson y con ciertos trastornos mentales, como la esquizofrenia, por ejemplo.

5. Las endorfinas, otro tipo de neurotransmisores, se relacionan con la reducción del dolor. Ayudan en la producción de analgésicos naturales y tal vez sean las responsables de la especie de euforia que experimentan en ocasiones los corredores después de hacer ejercicio.

¿De qué modo están interrelacionadas las distintas partes del sistema nervioso?

6. El sistema nervioso está compuesto por el sistema nervioso central (el cerebro y la médula espinal) y el sistema nervioso periférico (el resto del sistema nervioso). Este último se halla compuesto por el sistema somático, que controla los movimientos voluntarios y la comunicación de información hacia y desde los órganos de los sentidos, y por el sistema autónomo, que controla las funciones involuntarias, como son las del corazón, los vasos sanguíneos y los pulmones.

7. El sistema autónomo del sistema nervioso periférico se subdivide en los sistemas simpático y parasimpático. El primero de éstos prepara al cuerpo en situaciones de emergencia, mientras que el segundo ayuda al cuerpo a regresar a su estado normal de reposo.

¿Cómo identifican los investigadores las partes y las funciones principales del cerebro?

8. Los rastreos cerebrales toman una "fotografía" del funcionamiento interno del cerebro sin tener que abrir quirúrgicamente el cráneo de una persona. Las principales técnicas de exploración cerebral incluyen electroencefalograma (EEG), tomografía axial computarizada (TAC), imágenes por resonancia magnética (RM), el dispositivo de interferencia cuántica de superconducción (DICS) y la tomografía por emisión de positrones (TEP).

¿Cuáles son las principales partes del cerebro, y de qué comportamientos es responsable cada una de esas partes?

9. El núcleo central del cerebro está compuesto por el bulbo raquídeo (que controla funciones tales como la respiración y el ritmo cardiaco), el puente (que coordina los músculos y los dos lados del cuerpo), la formación reticular (que actúa para aumentar el estado de conciencia durante las emergencias), el cerebelo (que controla el equilibrio), el tálamo (que comunica mensajes hacia y desde el cerebro) y el hipotálamo (que conserva la homeostasis, o equilibrio corporal, y que regula los comportamientos básicos de supervivencia). Las funciones de las estructuras del núcleo central son parecidas a las que se encuentran en otros vertebrados. Esta parte del cerebro en ocasiones se denomina "cerebro viejo".

10. El sistema límbico, que se encuentra en la frontera entre el "cerebro viejo" y el "cerebro nuevo", está relacionado con la alimentación, la reproducción y con las sensaciones de placer y dolor. La corteza cerebral —el "cerebro nuevo"— posee áreas que controlan los movimientos voluntarios (el área motora), los sentidos (el área sensorial) y el pensamiento, el razonamiento, el lenguaje y la memoria (las áreas asociativas).

¿Cómo operan interdependientemente las dos mitades del cerebro?

11. El cerebro se divide en dos mitades, o hemisferios, cada una de las cuales controla por lo general el lado opuesto del cuerpo a aquel en el que se encuentra. Sin embargo, se puede concebir a cada uno de los hemisferios como si estuviera especializado en las funciones que desempeña: el hemisferio izquierdo se desempeña mejor en tareas verbales, como el razonamiento lógico, el habla y la lectura; el hemisferio derecho actúa mejor en tareas no verbales, como la percepción espacial, el reconocimiento de patrones y la expresión de las emociones. Algunas evidencias sugieren además que, en pequeña medida, los cerebros de los hombres y las mujeres pueden diferir en su estructura.

12. Cada vez son más las evidencias que indican que el cerebro está organizado mediante una serie de módulos: unidades separadas que realizan funciones precisas y específicas. Estos módulos, que se distribuyen a lo largo del cerebro, operan de forma interdependiente y relativamente simultánea en el procesamiento de la información.

13. El sistema endocrino secreta hormonas, lo cual le permite al cerebro enviar mensajes a lo largo del sistema nervioso a través del torrente sanguíneo. Un componente importante es la glándula pituitaria, que afecta el crecimiento.

RESPUESTAS A LA REVISIÓN ANTERIOR

1. parietal, occipital **2.** motora **3.** Cierto **4.** Falso; se divide con base en el grado de sensibilidad que se necesite **5.** apraxia **6.** Falso; controlan los lados contrarios **7.** derecho; izquierdo **8.** módulos

¿Cómo nos puede ayudar la comprensión del sistema nervioso con el fin de encontrar nuevos procedimientos para combatir el dolor y la enfermedad?

14. La retroalimentación biológica es un procedimiento por medio del cual una persona aprende a controlar procesos fisiológicos internos por medio de un pensamiento consciente. Al controlar las que antes eran consideradas respuestas involuntarias, las personas son capaces de aliviar la ansiedad, la tensión, las jaquecas migrañosas y una amplia gama de problemas psicológicos y físicos.

TÉRMINOS Y CONCEPTOS CLAVE

biopsicólogos (p. 44)
neuronas (p. 46)
dendritas (p. 46)
axón (p. 46)
botones terminales (p. 46)
vaina de mielina (p. 46)
ley del todo o nada (p. 48)
estado de reposo (p. 48)
potencial de acción (p. 48)
sinapsis (p. 50)
neurotransmisores (p. 50)
mensaje excitatorio (p. 50)
mensaje inhibitorio (p. 51)
reabsorción (p. 51)
sistema nervioso central (SNC) (p. 54)

médula espinal (p. 54)
reflejos (p. 55)
neuronas sensitivas (aferentes) (p. 55)
neuronas motoras (eferentes) (p. 55)
interneuronas (p. 55)
sistema nervioso periférico (p. 55)
sistema somático (p. 55)
sistema autónomo (p. 56)
sistema simpático (p. 57)
sistema parasimpático (p. 57)
núcleo central (p. 61)
formación reticular (p. 62)
cerebelo (p. 62)
tálamo (p. 63)
hipotálamo (p. 63)

sistema límbico (p. 63)
corteza cerebral (p. 65)
lóbulos (p. 65)
área motora (p. 66)
área sensorial (p. 67)
áreas asociativas (p. 68)
hemisferios (p. 71)
lateralización (p. 71)
pacientes con el cerebro escindido (p. 73)
módulos cerebrales (p. 74)
sistema endocrino (p. 75)
hormonas (p. 75)
glándula pituitaria (p. 75)
retroalimentación biológica (p. 77)

SENSACIÓN Y PERCEPCIÓN

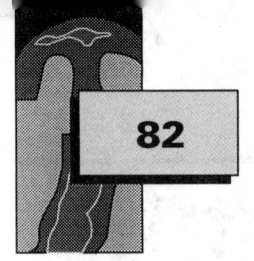

PRÓLOGO

El doloroso mundo de Jennifer Darling

Comenzó de manera inocente, cuando Jennifer Darling se había lastimado su muñeca derecha durante su clase de gimnasia. Al principio parecía como un simple esguince. Pero aun cuando la lesión inicial sanó, el dolor insoportable y abrasador que la acompañaba no cedió. En lugar de ello, se extendió a su otro brazo y luego a sus piernas. Jennifer describía el dolor como parecido a "un hierro candente sobre su brazo", era intolerable y los analgésicos normales resultaban ineficaces.

La causa del dolor resultó ser una condición rara conocida como "síndrome de distrofia simpática refleja", o SDSR para abreviar. Para una víctima de este síndrome, un estímulo tan leve como una brisa ligera o el roce de una pluma puede producir un dolor insoportable. Incluso la luz solar brillante o un ruido fuerte pueden desencadenar un dolor intenso.

Aunque no se ha podido encontrar una explicación precisa para el SDSR, una teoría es que los mensajes de dolor abruman y hieren a las neuronas en el sistema nervioso. Los mecanismos naturales del cuerpo que moderan la experiencia del dolor se vuelven cada vez menos efectivos y el cerebro comienza a interpretar de manera errónea incluso estímulos inofensivos como la luz o el calor como una señal de dolor.

Para Jennifer Darling, conocer las causas específicas del SDSR es menos importante que hallar alivio para sus estragos. Por fortuna, ha encontrado una forma de obtener un alivio al dolor al menos temporal. Le implantaron electrodos alimentados con baterías en su espalda y brazo derecho. Con el uso de un dispositivo computarizado, es capaz de administrar choques leves, los cuales neutralizan el dolor, al menos en forma temporal. Aunque no es una cura, al menos le permite tener lo más cercano a una vida normal (Bylinsky, 1993).

UN VISTAZO ANTICIPATORIO

Por suerte, pocos de nosotros experimentamos el dolor extremo que sufre Jennifer Darling. Pero la aflicción de los que sufren de dolor crónico da testimonio del efecto profundo que tienen nuestras sensaciones y percepciones corporales en el propio comportamiento diario.

El dolor es sólo una de las sensaciones a las que somos sensibles. Respondemos también a la luz, el sonido, los sabores, los olores y una variedad de otras estimulaciones. En este capítulo nos centramos en el campo de la psicología interesado en la naturaleza de la información que toma nuestro cuerpo a través de los sentidos y la forma en que la interpretamos. Exploraremos la **sensación**, el proceso por el que los órganos de los sentidos de un organismo responden ante un estímulo, y la **percepción**, la organización, interpretación, análisis e integración de los estímulos que implican a nuestros órganos sensoriales y al cerebro.

Para el psicólogo al que le interesa comprender las causas del comportamiento, la sensación y percepción son temas fundamentales, dado que nuestro comportamiento es en gran medida un reflejo de la forma en que reaccionamos ante los estímulos provenientes del mundo que nos rodea. En efecto, interrogantes que van desde los procesos que nos permiten ver y oír, la forma en que sabemos si es más dulce el azúcar o el limón, hasta el modo en que distinguimos a una persona de otra, todo encaja dentro de los límites de la sensación y la percepción.

Aunque la percepción claramente representa un paso más allá que la sensación, en la práctica a veces es difícil distinguir los límites precisos entre las dos. En efecto, los psicólogos —y también los filósofos— han discutido durante años acerca de las diferencias. La principal de éstas radica en que la sensación puede ser concebida como el primer encuentro de un organismo con un estímulo sensorial bruto, en tanto que la percepción es el proceso mediante el cual se interpreta, analiza e integra dicho estímulo con otra información sensorial. Por ejemplo, si consideráramos la sensación, nos podríamos pre-

Sensación: proceso mediante el cual los órganos sensoriales de un organismo responden ante un estímulo

Percepción: organización, interpretación, análisis e integración de estímulos que implica a nuestros órganos sensoriales y al cerebro

guntar qué tan fuerte suena una alarma contra incendios. Por otra parte, si lo que considerásemos fuera la percepción, podríamos preguntarnos si alguien identifica el sonido como una alarma y reconoce su significado.

Este capítulo comienza con una exposición del vínculo entre la naturaleza de un estímulo físico y las clases de respuestas sensoriales que se dan a dicho estímulo. Luego se examinan varios de los sentidos principales, incluyendo visión, audición, equilibrio, olfato, gusto y los sentidos de la piel, los cuales incluyen al tacto y a la experiencia del dolor.

A continuación, el capítulo explica cómo organizamos los estímulos a los que están expuestos nuestros órganos sensoriales. Por ejemplo, consideraremos varios asuntos relacionados con la percepción, tales como la forma en que podemos percibir al mundo en tres dimensiones cuando nuestros ojos sólo son capaces de captar imágenes bidimensionales. Por último, hablaremos acerca de las ilusiones ópticas, que nos ofrecen claves muy importantes para la comprensión de nuestros mecanismos generales de percepción, y de las controversias que rodean a la percepción subliminal y a otras ciertas formas de percepción. Conforme exploremos estos temas, verá cómo los sentidos trabajan juntos para proporcionarnos una visión y una comprensión integradas del mundo.

- *¿Qué es la sensación y cómo la estudian los psicólogos?*
- *¿Cuál es la relación que existe entre la naturaleza de un estímulo físico y los tipos de respuestas sensoriales que se originan a partir del estímulo?*

LA DETECCIÓN SENSORIAL DEL MUNDO QUE NOS RODEA

Durante la cena de Acción de Gracias, Isabel reflexionaba sobre lo feliz que era por estar en la casa de sus padres para la celebración. Agotada por los viajes entre la universidad, su departamento y su trabajo, estaba encantada de que alguien más estuviera cocinando. En especial estaba cansada de los almuerzos insípidos que engullía en la cafetería de la universidad.

Pero estos pensamientos fueron interrumpidos pronto cuando vio que su padre llevaba el pavo en una charola y lo colocaba justo en el centro de la mesa. El nivel del ruido ya alto por la charla y las risas de los miembros de la familia se hizo aún más elevado. Mientras Isabel levantaba su tenedor, el aroma del pavo llegó hasta ella y sintió que su estómago le gruñía de hambre. Ver y oír a su familia alrededor de la mesa, junto con los olores y los sabores de la cena de celebración, hicieron que Isabel se sintiera más relajada de lo que había estado desde el comienzo de las clases en el otoño.

Póngase en este escenario y considere cuán diferente podría ser si cualquiera de sus sentidos no funcionara. ¿Qué pasaría si fuera ciego y no pudiera ver los rostros de su familia o la forma grata del suculento pavo? ¿Qué sucedería si no tuviera el sentido de la audición y no le fuera posible escuchar las conversaciones de los miembros de la familia, o fuera incapaz de sentir gruñir a su estómago, el olor de la cena o el sabor de la comida? Es claro que experimentaría la cena en una forma muy diferente a la de alguien cuyo aparato sensorial estuviera intacto.

De hecho, las sensaciones mencionadas antes apenas rascan la superficie de la experiencia sensorial. Aunque a la mayoría de nosotros se nos ha enseñado en un momento u otro que sólo hay cinco sentidos —vista, oído, gusto, olfato y tacto—, esta enumeración es demasiado modesta. Las capacidades sensoriales humanas van mucho más allá de los cinco sentidos básicos. Está bien establecido, por ejemplo, que somos sensibles no sólo al tacto, sino a un conjunto considerablemente más amplio de estímulos: dolor, presión, temperatura, vibración, para nombrar algunos. Además, el oído responde a información que no sólo nos permite escuchar sino también conservar el equilibrio. Los psicólogos creen ahora que hay al menos una docena de sentidos distintos, todos los cuales están interrelacionados.

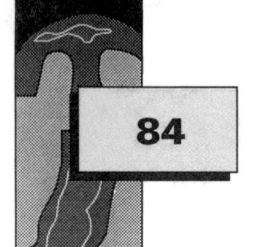
Estímulo: fuente de energía física que produce una respuesta en un órgano sensorial

Para considerar cómo entendería un psicólogo los sentidos y, de manera más amplia, la sensación y la percepción, precisamos antes que nada de un vocabulario básico de trabajo. En términos formales, si cualquier fuente de energía física activa un órgano sensorial, a ésta se le denomina estímulo. Así, un **estímulo** es energía que produce una respuesta en un órgano sensorial.

Los estímulos son de distintos tipos e intensidades. Diferentes tipos de estímulos activan distintos órganos sensoriales. Por ejemplo, podemos diferenciar los estímulos luminosos, que activan nuestro sentido de la vista y nos permiten ver los colores de un árbol en el otoño, de los estímulos sonoros, los que, por medio de nuestro sentido auditivo, nos permiten escuchar los sonidos de una orquesta.

Cada uno de los tipos de estímulos que es capaz de activar un órgano sensorial también puede ser considerado con base en su fuerza, o *intensidad*. Factores tales como qué tan intenso deba ser un estímulo luminoso para que sea posible detectarlo, o qué cantidad de perfume se debe poner una persona para que otros logren notarlo, son asuntos relacionados con la intensidad de los estímulos.

Psicofísica: estudio de la relación existente entre la naturaleza física de un estímulo y las respuestas sensoriales que produce en una persona

El problema de la forma en que la intensidad de un estímulo influye en nuestras respuestas sensoriales es considerado por una rama de la psicología conocida como psicofísica. La **psicofísica** es el estudio de la relación existente entre la naturaleza física de un estímulo y las respuestas sensoriales de la persona. La psicofísica desempeñó un papel de mucha importancia en el desarrollo del campo de la psicología. Gran parte de los primeros psicólogos se dedicaron al estudio de temas relacionados con la psicofísica. Y es fácil comprender la razón: la psicofísica tiende un puente entre el mundo físico externo y el mundo psicológico interno (Geissler, Link y Townsend, 1992).

Umbrales absolutos

Umbral absoluto: intensidad mínima de un estímulo que debe estar presente para que éste sea detectado

¿Cuándo un estímulo es lo suficientemente fuerte como para que logren detectarlo nuestros órganos sensoriales? La respuesta a esta pregunta requiere de la comprensión del concepto de umbral absoluto. Un **umbral absoluto** es la mínima intensidad que debe tener un estímulo para que se le pueda detectar. Considere los siguientes ejemplos de umbrales absolutos de los distintos sentidos (Galanter, 1962).

■ *Vista:* es posible ver la luz de una vela a 48 kilómetros de distancia en una noche oscura.
■ *Audición:* se puede escuchar el tic-tac de un reloj a 760 centímetros de distancia en condiciones de silencio.
■ *Gusto:* es posible detectar la presencia de azúcar cuando se ha disuelto una cucharadita de ella en 7.6 litros de agua.
■ *Olfato:* se puede detectar un perfume si hay tan sólo una gota en un departamento de tres habitaciones.
■ *Tacto:* es posible sentir en la mejilla el ala de una abeja cuando cae a un centímetro de distancia.

Semejantes umbrales permiten que nuestro aparato sensorial detecte una gama muy amplia de estimulación sensorial. De hecho, las capacidades de nuestros sentidos son tan agudas que tendríamos problemas si llegasen a ser tan sólo un poco más sensibles. Por ejemplo, si nuestra audición fuera sólo un poco más aguda, seríamos capaces de escuchar el sonido de las moléculas de aire que chocan con el tímpano —fenómeno que seguramente sería fuente de distracciones y que incluso podría impedirnos escuchar sonidos producidos en el entorno—.

Por supuesto, los umbrales absolutos de que hemos hablado se midieron en condiciones ideales. Por lo común, nuestros sentidos no son capaces de detectar de manera tan satisfactoria la estimulación debido a la presencia de ruido. El *ruido*, como lo definen los psicofísicos, es una estimulación de fondo que interfiere con la percepción de otros

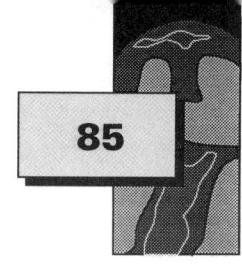

A pesar de que un ser humano podría encontrar en esta orilla del lago un lugar tranquilo para relajarse, otros organismos lo percibirían verdaderamente saturado de estímulos excitatorios.

estímulos. Por lo tanto, el ruido no sólo se refiere a los estímulos auditivos, el ejemplo más evidente, sino también a los que afectan al resto de los sentidos. Imagine un grupo de personas parlanchinas amontonadas en un cuarto repleto de gente y humo de cigarrillos durante una fiesta. El estrépito de la multitud dificulta escuchar las voces individuales, a la vez que el humo dificulta ver e incluso saborear la comida. En este caso, las condiciones de humo y bullicio serían "ruido", puesto que impiden captar sensaciones con mayor precisión.

La teoría de la detección de señales

¿Se desatará una tormenta inminente? ¿Este avión es incapaz de volar? ¿Ese avión tiene la intención de atacar a ese barco? ¿Esta planta de energía nuclear funciona mal? ¿Está defectuoso ese artículo de la línea de montaje? ¿Este paciente tiene el virus del síndrome de inmunodeficiencia adquirida (SIDA)? ¿Esta persona miente? ¿Este jugador de futbol usa drogas? ¿Tendrá éxito este candidato a ingresar a la escuela (o a un empleo)? (Swets, 1992, p. 522).

Preguntas como éstas ilustran la gama de decisiones que toman las personas. Pero para muchas de estas preguntas no hay una respuesta del tipo blanco o negro. En su lugar, la evidencia a favor o en contra de una respuesta particular es una cuestión de grado, haciendo a la respuesta un asunto de juicio.

Varios factores influyen en cómo respondemos a tales preguntas. Por ejemplo, los médicos que buscan identificar la presencia de un tumor en una placa de rayos X son influidos por sus expectativas, conocimiento y experiencia con los pacientes. Es claro, entonces, que la capacidad para detectar e identificar un estímulo no sólo es una función de las propiedades del estímulo particular; también es afectada por factores psicológicos relacionados con la persona que hace el juicio.

La **teoría de la detección de señales** es un producto de la psicofísica que trata de explicar el papel que desempeñan los factores psicológicos en nuestra capacidad para detectar estímulos (Green y Swets, 1989; Greig, 1990; Swets, 1992). Esta teoría sostiene que, cuando intentan detectar un estímulo, los observadores pueden realizar una apreciación errónea desde dos perspectivas distintas: informar que existe un estímulo cuando no

Teoría de la detección de señales: teoría que aborda el papel de los factores psicológicos en nuestra capacidad para identificar estímulos

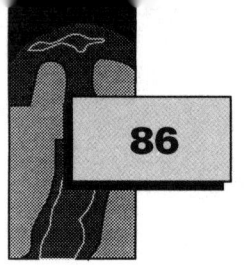
es así, o informar que no hay un estímulo cuando sí lo hay.* Mediante la aplicación de procedimientos estadísticos, los psicólogos que aplican la teoría de la detección de señales pueden llegar a comprender de qué modo los distintos tipos de decisiones —que pueden implicar factores tales como las expectativas del observador y su motivación— se relacionan con juicios acerca de los estímulos sensoriales en diversas situaciones. Los métodos estadísticos también permiten a los psicólogos que aumente la confiabilidad de las predicciones acerca de cuáles condiciones permitirán que los observadores emitan los juicios con mayor precisión (Commons, Nevin y Davison, 1989).

Tales descubrimientos revisten una enorme importancia práctica, como en el caso de los operadores de radar a quienes se les encomienda identificar y distinguir las imágenes de misiles enemigos que se aproximan de la presencia de aves que van de paso (Getty, Pickett, D'Orsi y Swets, 1988; Wickens, 1991). Otro campo en el que la teoría de la detección de señales tiene implicaciones prácticas es el sistema judicial (Buckhout, 1976). Los testigos a quienes se pide observar una serie de sospechosos en fila se encuentran en una situación clásica de detección de señales, en la que una identificación errónea puede implicar serias consecuencias para un individuo (si se identifica de manera incorrecta a una persona inocente como autora de un delito) y para la sociedad (si no se detecta a quien realizó el delito). Sin embargo, muchos testigos tienen prejuicios que van desde las expectativas previas acerca de la posición socioeconómica y la raza de los criminales, hasta sus actitudes hacia la policía y el sistema de justicia penal, así como otros puntos de vista que imposibilitan la emisión de un juicio certero. Usando la teoría de la detección de señales, los psicólogos han elaborado procedimientos que mejoran las probabilidades de que las personas identifiquen con precisión a los sospechosos.

Diferencias apenas perceptibles

Suponga que el dependiente de una tienda le dijera que puede elegir seis manzanas de un barril, y usted deseara compararlas de diversos modos para determinar qué media docena será la mejor: cuáles son las más grandes, las más rojas o las más dulces. Una forma de abordar este problema consistiría en comparar de manera sistemática una manzana con otra hasta que usted quedara con unas cuantas tan parecidas que le sería imposible decir en qué se diferencian unas de otras. En este punto, no importaría cuáles escogiera.

Umbral diferencial (o **diferencia apenas perceptible**): mínima diferencia detectable entre dos estímulos

Los psicólogos se refieren a este problema de comparación en términos del **umbral diferencial**; es decir, la mínima diferencia detectable entre dos estímulos, también denominada **diferencia apenas perceptible**. Han descubierto que el valor de un estímulo que constituye una diferencia apenas perceptible depende de la intensidad inicial del estímulo. Por ejemplo, usted puede haberse percatado de que el cambio de luz producido en un foco de tres intensidades parece ser mayor cuando se pasa de 75 a 100 watts que al cambiar de 100 a 125 watts, a pesar de que el incremento de energía es el mismo en ambos casos. De modo similar, cuando la luna es visible en horas de la tarde, se nos presenta un poco opaca y difusa; por el contrario, cuando aparece en el cielo nocturno de la apariencia de ser sumamente brillante.

Ley de Weber: principio que establece que la diferencia apenas perceptible es una proporción constante de la intensidad del estímulo inicial

La relación existente entre los cambios ocurridos en el valor original de un estímulo y el grado en que dichos cambios serán detectados constituye una de las leyes básicas de la psicofísica: la ley de Weber. La **ley de Weber** sostiene que la diferencia apenas perceptible es una proporción constante de la intensidad del estímulo inicial. Por lo tanto, si un aumento de 1 kilogramo en un peso de 10 kilogramos produce una diferencia apenas perceptible, haría falta un aumento de 10 kilogramos para producir una diferencia apenas perceptible si el peso inicial fuera de 100 kilogramos. En ambos casos, es necesario el mismo incremento proporcional para producir una diferencia apenas perceptible: 1:10 = 10:100. (De hecho, Weber descubrió que el incremento real de proporción de peso que produce una diferencia apenas perceptible es de entre el 2 y el 3%.) De modo similar, la

---

* *Nota de R. T.* Al primer caso se le conoce también como "falso positivo"; al segundo como "falso negativo".

diferencia apenas perceptible que distingue cambios de volumen de los sonidos es mayor para aquellos que al principio tienen un volumen alto que para los sonidos que son inicialmente bajos. Este principio explica por qué una persona tiene más probabilidades de ser sorprendida por el sonido de un teléfono en una habitación silenciosa, que una persona que se encuentre en un cuarto en que haya algarabía. Con el fin de producir una reacción similar en un cuarto ruidoso, el sonido del teléfono tendría que aproximarse a la fuerza sonora de las campanas de una catedral.

La ley de Weber parece aplicarse a todos los estímulos sensoriales, aunque sus predicciones son menos precisas en niveles de estimulación muy altos o muy bajos (Sharpe, Fach, Nordby y Stockman, 1989). Por otra parte, esta ley ayuda a explicar fenómenos psicológicos que escapan del ámbito de los sentidos. Por ejemplo, imagínese que es dueño de una casa que quisiera vender en 150 000 pesos. Podría quedar satisfecho si recibe una oferta de 145 000 pesos por parte de un comprador potencial, aunque la oferta estaría 5 000 pesos por debajo del precio fijado. Por otro lado, si usted quisiera vender su automóvil y pidiera 10 000 por él, una oferta que estuviera 5 000 pesos por debajo de ese precio seguramente no lo complacería. A pesar de que la cantidad absoluta de dinero es la misma en ambos casos, el valor psicológico de los 5 000 pesos es muy diferente en cada uno de ellos.

Adaptación sensorial

Mientras el hombre fuerte del circo cargaba a un grupo de cinco acróbatas a lo largo de la carpa, alguien le preguntó si no eran excesivamente pesados. El hombre fuerte respondió: "No si acaba de cargar un elefante."

Esta historia ilustra el fenómeno de la **adaptación**, un ajuste de la capacidad sensorial que sigue a una prolongada exposición a los estímulos. La adaptación se produce cuando la persona se acostumbra a un estímulo y cambia su marco de referencia. Por consiguiente, no responde al estímulo del mismo modo en que lo hacía antes.

Un ejemplo de adaptación es la disminución de sensibilidad que tiene lugar después de la exposición frecuente a un estímulo. Por ejemplo, si en repetidas ocasiones estuviera obligado a escuchar un tono muy fuerte, después de un tiempo parecería que es menos intenso. Esta aparente disminución de la sensibilidad ante los estímulos sensoriales se debe a la incapacidad de los receptores de los nervios sensoriales de emitir de forma constante mensajes hacia el cerebro. Dado que estas células receptoras tienen una mayor respuesta ante los *cambios* de estimulación, una estimulación constante no resulta eficaz para provocar una reacción.

La adaptación tiene lugar en todos los sentidos. Por ejemplo, trate de mirar fijamente sin parpadear el punto al final de esta oración. (En realidad no podrá hacerlo muy bien debido a movimientos involuntarios minúsculos de sus ojos.) Si puede fijar la vista lo suficiente, el punto desaparecerá con el tiempo conforme las neuronas visuales pierden su capacidad para disparar.

Los juicios acerca de los estímulos sensoriales también son afectados por los contextos en que se emiten dichos juicios. Cargar a cinco acróbatas parece insignificante para el hombre fuerte que acaba de acarrear a un elefante a través de la carpa. La razón de ello es que los juicios se realizan en términos de la historia sensorial precedente, y no en forma aislada de otros estímulos.

Usted mismo puede comprobarlo si realiza un sencillo experimento. Coja dos sobres, uno grande y otro pequeño, y coloque quince monedas del mismo tamaño en cada uno de ellos. Ahora, levante el sobre grande y póngalo en la mesa, luego levante el pequeño. ¿Cuál de los dos parece más pesado? La mayoría de las personas afirman que el sobre pequeño es más pesado, aunque, como usted sabe, los pesos de ambos sobres son prácticamente idénticos. El motivo de esta concepción equívoca obedece a que el contexto físico del sobre interfiere con la experiencia sensorial del peso. La adaptación al contexto de uno de los estímulos (el tamaño del sobre) modifica las respuestas que se dan al otro estímulo (el peso del sobre) (Coren y Ward, 1989).

Adaptación: ajuste de la capacidad sensorial que sigue a una exposición prolongada a los estímulos

Recapitulación

- Aunque las personas han concebido de manera tradicional sólo cinco sentidos, los psicólogos que estudian la sensación han encontrado que hay un número considerablemente mayor.
- La sensación es el proceso por el que un organismo responde ante un estímulo. La percepción es la organización, interpretación, análisis e integración de los estímulos por nuestros órganos sensoriales.
- La psicofísica estudia la relación entre la naturaleza física de los estímulos y las respuestas sensoriales que se dan.
- El umbral absoluto es la cantidad mínima de intensidad física mediante la cual se puede detectar un estímulo.
- La teoría de la detección de señales se emplea para predecir la precisión de los juicios sensoriales.
- El umbral diferencial, o diferencia apenas perceptible, hace referencia a la mínima diferencia detectable entre dos estímulos. Según la ley de Weber, una diferencia apenas perceptible es una proporción constante de la intensidad del estímulo inicial.
- La adaptación sensorial tiene lugar cuando la gente está expuesta a un estímulo durante tanto tiempo que se acostumbra a él, razón por la cual no ofrece respuestas ante él.

Revisión

1. La _____ es la estimulación de los órganos de los sentidos; la _____ es la organización, interpretación, análisis e integración de los estímulos por nuestros órganos sensoriales.
2. El término "umbral absoluto" se refiere a la máxima intensidad física de un estímulo que es detectable sin llegar a ser dolorosa. ¿Cierto o falso?
3. La teoría de la detección de señales afirma que las personas pueden fallar de dos maneras al hacer juicios. ¿Cuáles son?
4. El enunciado que sostiene que una diferencia apenas perceptible es una constante de la intensidad del estímulo inicial se conoce como _____.
5. Después de terminar de escalar una sección rocosa difícil por la mañana, Carmela sintió que su escalada de la tarde fue sumamente fácil. Este caso ilustra el fenómeno de _____.

Pregúntese a sí mismo

¿Por qué la adaptación sensorial es esencial para el funcionamiento psicológico cotidiano?

(Las respuestas a las preguntas de revisión aparecen en la página 89.)

- *¿Cuáles son los procesos básicos que subyacen al sentido de la vista?*
- *¿Cómo vemos los colores?*

VISIÓN: ILUMINAR EL OJO

Al mostrarle el dibujo de un espárrago y preguntarle qué era, el joven contestaba: "Un tallo de rosa con espinas." Pero, cuando se le pedía, era capaz de trazar con rapidez un dibujo fácilmente reconocible de un espárrago.

Cuando se le mostraba un mapa dibujado a mano de su nativa Inglaterra con su lugar de nacimiento marcado, no podía identificarlo, aun cuando él mismo había dibujado el mapa de memoria.

Todavía más extraño, el joven podía escribir una carta, pero era incapaz de leerla. (Bishop, 1993, p. 1.)

Aunque las dificultades visuales de C.K., como es conocido en la literatura científica, trastornaron por completo su vida, la naturaleza peculiar de su problema les presentó a los psicólogos una oportunidad inusitada para aprender más sobre el funcionamiento de la visión. C.K., un inmigrante inglés de 33 años de edad, sufría de daño cerebral a consecuencia de un accidente automovilístico. Al estudiar su condición, los científicos descubrieron un vínculo desconocido entre el ojo y un área particular del cerebro donde se almacenan las imágenes (Behrmann, Winoiur y Moscovitch, 1992).

El caso de C.K. ejemplifica las enormes complejidades de la visión. Éstas comienzan con el mismo estímulo que produce la visión: la luz. Aunque todos estamos familiarizados con la luz, sus cualidades físicas subyacentes son más complejas de lo que parece.

Los estímulos que se registran en nuestros ojos como luz en realidad son ondas de radiación electromagnética a las que es sensible y capaz de responder el aparato visual

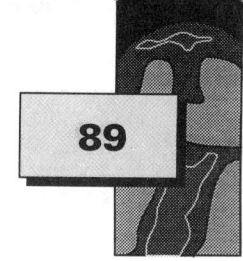
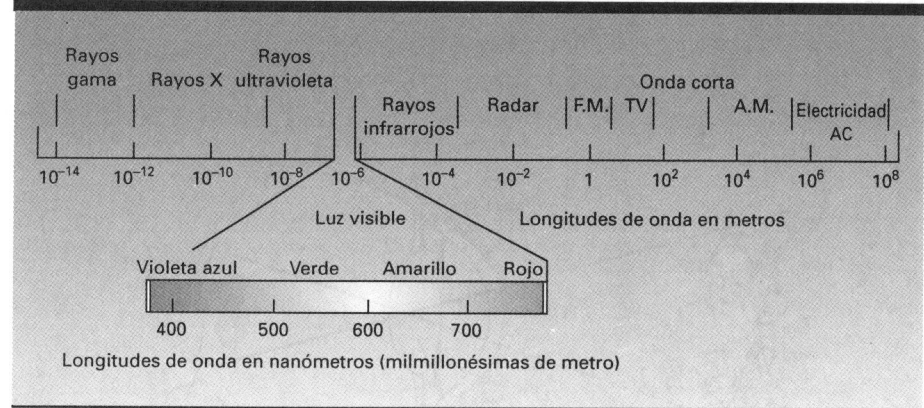

FIGURA 3.1 El espectro visual —la gama de longitudes de onda a las que es sensible una persona— representa tan sólo una pequeña parte de las clases de longitudes de onda que existen en nuestro ambiente. (Véase Sección a color, pág. D.)

de nuestro cuerpo. Como se puede ver en la figura 3.1, la radiación electromagnética se mide en longitudes de onda. El tamaño de cada longitud de onda corresponde a distintos tipos de energía. La gama de longitudes de onda a la que somos sensibles los seres humanos —denominada *espectro visual*— es relativamente pequeña. Muchas especies no humanas tienen capacidades diferentes. Por ejemplo, algunos reptiles y peces ven longitudes de onda más largas que los humanos, mientras que ciertos insectos ven longitudes de onda más cortas que las personas.

Las ondas luminosas que proceden de cualquier objeto exterior al cuerpo (imagine la luz reflejada en la imagen de la figura 3.2) se encuentran primero con el único órgano capaz de responder al espectro visual: el ojo. Curiosamente, la mayor parte del ojo no tiene que ver con una reacción directa a la luz. En su lugar, su función es darle a la imagen que entra una forma que pueda ser empleada por las neuronas que habrán de servir como mensajeras hacia el cerebro. Las neuronas mismas ocupan un porcentaje relativamente pequeño del área total del ojo. En otras palabras, la mayor parte del ojo es un aparato mecánico, análogo en muchos sentidos a una cámara sin película, como se puede ver en la figura 3.2. Al mismo tiempo, es importante darse cuenta de las limitaciones de esta analogía. La visión implica procesos mucho más complejos que los que cualquier cámara sea capaz de imitar. Una vez que la imagen llega a los receptores neuronales del ojo, la analogía termina, ya que el procesamiento de la imagen visual en el cerebro se parece más al de una computadora que al de la cámara.

Iluminar la estructura del ojo

El rayo de luz al que seguimos la pista desde que es reflejado por la figura viaja primero a través de la *córnea*, una ventana protectora transparente que permite que la luz pase a través de ella. Después de atravesar la córnea, la luz pasa por entre la pupila. La *pupila* es un orificio oscuro que se encuentra en el centro del *iris*, la parte coloreada del ojo, que en los seres humanos puede ser desde un azul claro hasta un café oscuro. El tamaño de la abertura de la pupila depende de la cantidad de luz del ambiente. Mientras más oscuros sean los alrededores, más se abrirá la pupila a fin de permitir la entrada de mayor cantidad de luz.

RESPUESTAS A LA REVISIÓN ANTERIOR

1. Sensación; percepción   **2.** Falso; es la mínima cantidad perceptible   **3.** Un estímulo podría ser reportado como presente cuando no está o como ausente cuando está presente   **4.** de Weber **5.** adaptación

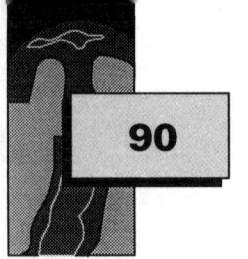

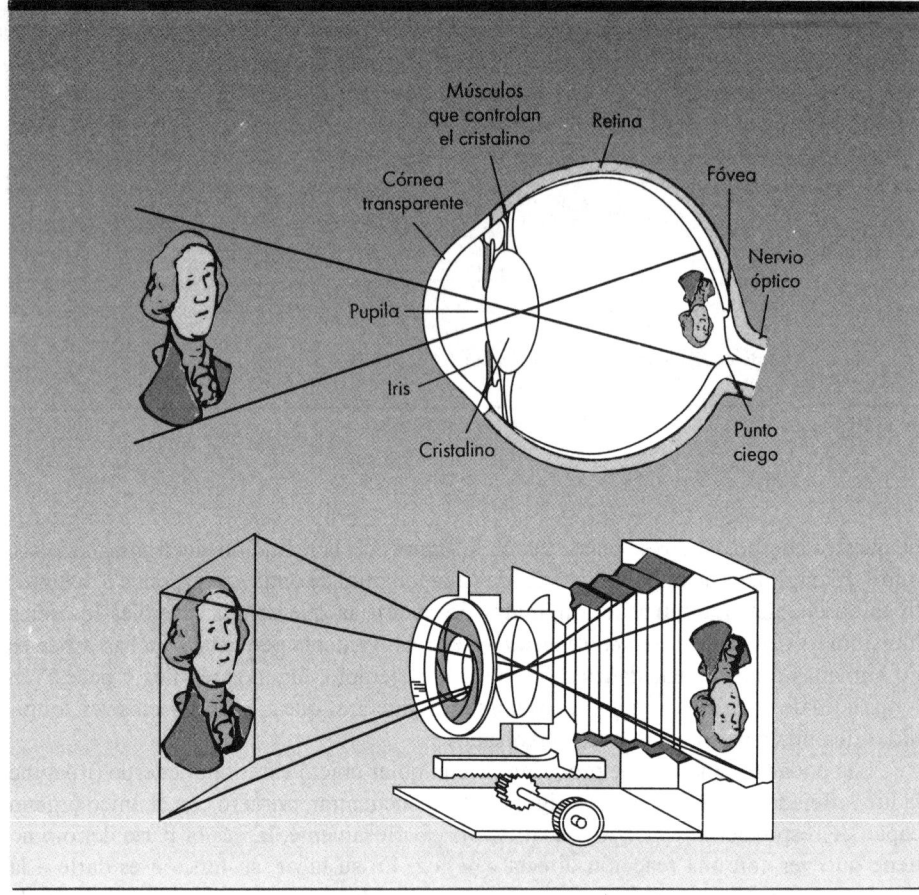

FIGURA 3.2 Aunque la visión humana es mucho más complicada que la cámara más perfeccionada, en algunos sentidos los procesos básicos de la visión son análogos a los que se emplean en la fotografía.

¿Por qué no está la pupila abierta al máximo todo el tiempo, con lo cual permitiría que ingresara al ojo la mayor cantidad posible de luz? La respuesta a esta pregunta se relaciona con la física elemental de la luz. Una pupila pequeña aumenta en gran medida la gama de distancias en las que los objetos se encuentran en foco; con una pupila muy

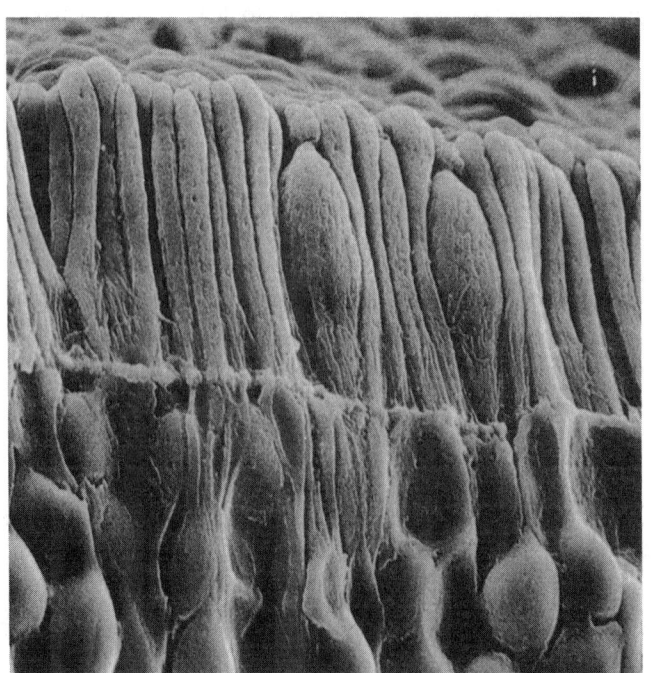

Esta microfotografía electrónica revela con claridad las formas distintivas de los bastones y los conos del ojo. (Véase Sección a color, pág. D.)

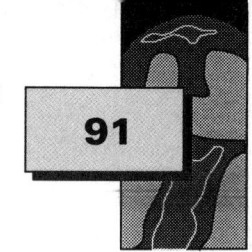
abierta por completo, el rango es relativamente pequeño y se dificulta la discriminación de los detalles. (Los aficionados a la fotografía conocen este fenómeno en términos de la apertura del diafragma al que deben ajustar sus cámaras.) El ojo aprovecha la luz intensa al reducir el tamaño de la pupila, con lo que obtiene una mayor capacidad para distinguir. En los ambientes oscuros la pupila se expande con el fin de permitirnos ver mejor lo que ocurre, pero a expensas del detalle visual. Tal vez una de las razones de pensar que las cenas a la luz de las velas son románticas radique en que la escasa intensidad de la luz impide poder ver en detalle los defectos de la pareja.

Una vez que la luz atravesó la pupila, penetra en el *cristalino*, que se localiza detrás de aquélla. Su función es dirigir los rayos de luz de modo que se enfoquen de forma adecuada en el fondo del ojo. El cristalino enfoca la luz mediante la modificación de su propio espesor, proceso que se denomina *acomodación*. El tipo de acomodación depende del lugar donde se encuentre el objeto con relación al cuerpo de quien lo observa. Los objetos distantes requieren de un cristalino relativamente plano. En este caso, los músculos que controlan al cristalino se relajan, lo que permite que éste se aplane. En contraste, los objetos cercanos se ven mejor a través de un cristalino redondeado. En este caso los músculos se contraen, lo cual disminuye la tensión y permite que el cristalino adopte una forma más redondeada.

Habiendo viajado a través de la pupila y del cristalino, nuestra imagen al fin llega a su destino en el ojo: la **retina**. Aquí la energía electromagnética de la luz se convierte en mensajes que pueden ser utilizados por el cerebro. Es importante señalar que, a consecuencia de las propiedades físicas de la luz, la imagen se invierte al atravesar el cristalino y llega a la retina de cabeza (con relación a su posición original). Aunque podría parecer que esta inversión produciría dificultades para la comprensión y el desempeño en el mundo, no es así. El cerebro interpreta la imagen en términos de su orientación apropiada.

En realidad, la retina es una capa delgada de células nerviosas ubicada en el fondo del globo ocular (véase la figura 3.3). En la retina existen dos tipos de células receptoras sensibles a la luz. Los nombres que se les han dado describen sus formas: **bastones**, que son largos y cilíndricos, y **conos**, que son cortos, gruesos y piramidales. Estos dos tipos de células se distribuyen irregularmente en la retina. La mayor concentración de conos está en la parte de la retina a la que se denomina *fóvea* (véase la figura 3.2). La fóvea es una región de la retina en especial sensible. Si usted desea enfocar algo que le interese en particular, es muy posible que centre la imagen del cristalino en la fóvea.

La densidad de los conos disminuye justo afuera de la fóvea, aunque se encuentran conos por toda la retina en concentraciones menores. Por otra parte, no hay bastones en el centro de la fóvea, pero la densidad es mayor afuera de la fóvea y luego disminuye en forma gradual hacia los bordes de la retina. Debido a que la fóvea cubre sólo una pequeña porción del ojo, contamos con menos conos (alrededor de 7 millones) que bastones (aproximadamente 125 millones).

Los bastones y los conos no solamente tienen diferencias estructurales, sino que también desempeñan papeles distintos por completo en la visión (Cohen y Lasley, 1986). Los conos son los principales responsables de la percepción agudamente enfocada de los colores, en especial en situaciones en las que hay luz intensa; los bastones se relacionan con la visión en situaciones de luz escasa y son en gran medida insensibles al color y a los detalles precisos que los conos pueden reconocer. Los bastones desempeñan un papel clave en la *visión periférica* —la visión de objetos ubicados fuera del centro principal de enfoque— y para la visión nocturna. En ambos casos, el nivel de detalle que se puede lograr cuando intervienen los bastones es mucho menor que cuando se activan los conos, como bien sabe usted después de andar a tientas por un cuarto oscuro durante la noche. Aunque apenas puede ver el contorno de los muebles, es casi imposible distinguir colores así como otros detalles de los obstáculos con que se topa en su camino. También puede haberse percatado de que es posible mejorar su visión de una estrella poco luminosa en la noche si mira ligeramente al costado de ella. ¿Cuál es la razón de esto? Si usted desvía su mirada del centro, la imagen del cristalino no cae sobre los conos de la fóvea, relativamente ciegos durante la noche, sino sobre los bastones, más sensibles a la luz.

Retina: parte del ojo que convierte la energía electromagnética de la luz en información útil para el cerebro

Bastones: receptores sensibles a la luz de forma larga, cilíndrica; se localizan en la retina y funcionan correctamente en presencia de poca luz, pero son insensibles en gran medida al color y a los detalles pequeños

Conos: células receptoras sensibles a la luz, de forma cónica, localizadas en la retina, responsables de enfocar con precisión y de la percepción del color, especialmente en presencia de luz intensa

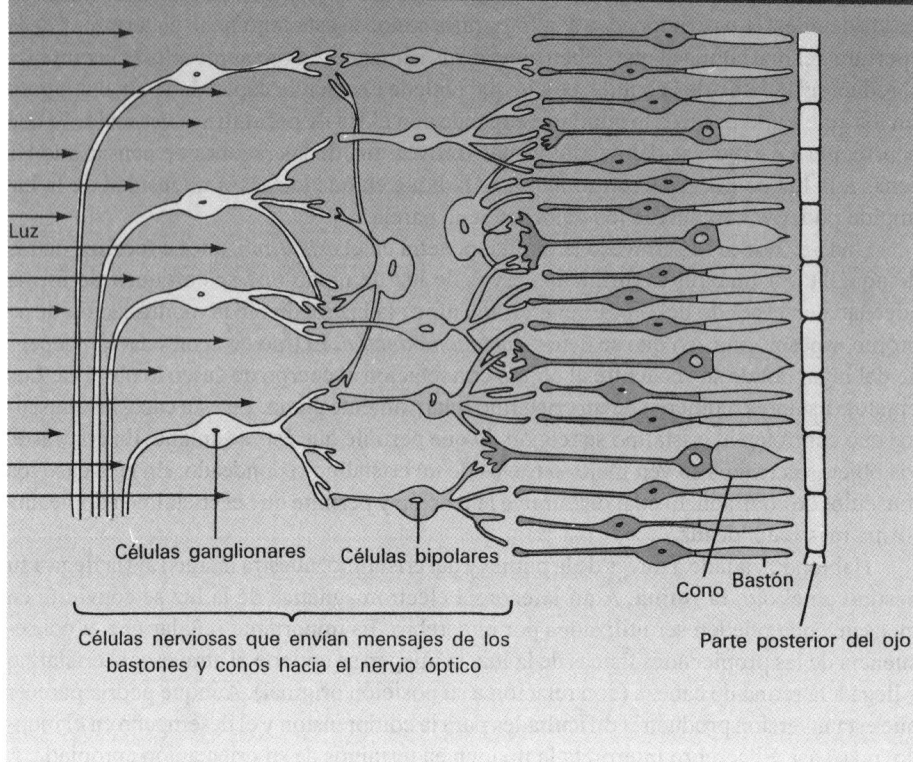

FIGURA 3.3 Células básicas del ojo. La luz que penetra en el ojo se desplaza a través de las células ganglionares y bipolares y llega a los bastones y los conos, que son sensibles a la luz, ubicados en la parte posterior del ojo. Los bastones y los conos transmiten después los impulsos nerviosos hacia el cerebro a través de las células bipolares y ganglionares.

Las capacidades distintivas de los bastones y los conos hacen que el ojo sea análogo a una cámara fotográfica cargada con dos tipos de película. Uno de los tipos es una película altamente sensible en blanco y negro (los bastones). El otro tipo es una película de color un poco menos sensible (los conos). Recuerde, también, que estos dos tipos de película están distribuidos en el ojo en diferentes formas.

Adaptación: de la luz a la oscuridad

¿Alguna vez ha entrado en un cine durante un día brillante y pleno de sol, para tropezar en su asiento y sentirse prácticamente incapaz de ver en absoluto? ¿No recuerda también haberse levantado más tarde para comprar palomitas de maíz sin haber tenido problema alguno en el camino a lo largo del pasillo?

Su capacidad para ver relativamente bien después de haber estado en el cine un rato se debe a la **adaptación a la oscuridad**, que es un aumento de la sensibilidad a la luz que resulta de haber permanecido en una relativa oscuridad. La velocidad a la que ocurre la adaptación a la oscuridad está en función de la tasa de cambio en la composición química de los bastones y los conos. Los cambios suceden a velocidades distintas en ambos tipos de células, pues los conos alcanzan su mayor nivel de adaptación en tan sólo unos cuantos minutos, en tanto que los bastones requieren cerca de treinta minutos para alcanzar su nivel máximo. Por otra parte, los conos nunca alcanzan el mismo nivel de sensibilidad a la luz que logran los bastones. No obstante, cuando se considera de manera conjunta

Adaptación a la oscuridad: sensibilidad aumentada a la luz derivada de haber estado expuesto a una luz de baja intensidad

a bastones y conos, la adaptación a la oscuridad se completa en un cuarto oscuro en cuestión de una media hora (Tamura, Nakatani y Yau, 1989).

Envío del mensaje del ojo al cerebro

Cuando la energía luminosa llega a los bastones y los conos, comienza el primero de una serie de sucesos que transforman la luz en impulsos nerviosos que pueden ser comunicados al cerebro. Sin embargo, antes de que el mensaje neuronal llegue al cerebro se produce una alteración inicial de la información visual.

Lo que ocurre cuando la energía luminosa llega a la retina depende en parte de que se tope con un bastón o con un cono. Los bastones contienen *rodopsina*, una sustancia compleja de color rojo purpúreo, cuya composición cambia químicamente cuando recibe la energía de la luz, momento en el cual se origina una reacción. La sustancia que encontramos en los conos receptores es distinta, pero el principio es similar. La estimulación de las células nerviosas del ojo produce una respuesta neuronal que se transmite a otras, denominadas *células bipolares* y *células ganglionares*, que la hace llegar al cerebro.

Las células bipolares reciben la información directamente de los bastones y los conos. La información se comunica entonces a las células ganglionares. Estas células reúnen y resumen la información visual, que es transportada en conjunto hacia afuera de la parte posterior del globo ocular por medio de un grupo de axones ganglionares denominado **nervio óptico** (Tessier-Lavigne, 1991; Yang y Masland, 1992).

Debido a que la abertura del nervio óptico pasa por la retina, no existen conos ni bastones en esa área, lo que genera un punto ciego. No obstante, por lo general esta ausencia de células nerviosas no interfiere con la visión, puesto que se produce una compensación automática de la parte faltante del campo visual (Ramachandran, 1992).

Una vez que han salido del ojo, las señales neuronales relativas a la imagen se desplazan a lo largo del nervio óptico. Al abandonar el globo ocular, el camino del nervio no sigue la ruta más directa hacia la porción del cerebro que se encuentra justamente detrás del ojo. En lugar de ello, los nervios ópticos de cada ojo se reúnen en un punto localizado aproximadamente en el justo medio entre los ojos —denominado *quiasma óptico*—, donde se divide cada uno de los nervios ópticos.

Cuando se dividen los nervios ópticos, los impulsos nerviosos provenientes de la mitad derecha de cada una de las retinas se envían al lado derecho del cerebro, mientras que los impulsos procedentes de la mitad izquierda de cada retina se envían al lado izquierdo de éste. Sin embargo, puesto que la imagen de la retina está invertida y de cabeza, las imágenes procedentes de la mitad derecha de cada retina se incluyen en el campo visual ubicado a la izquierda de cada persona, a la vez que las imágenes que provienen de la mitad izquierda de las retinas representan el campo visual derecho del sujeto (véase la figura 3.4). De este modo, su sistema nervioso produce en último término el fenómeno mencionado en el capítulo 2, en el que cada una de las mitades del cerebro se asocia con el funcionamiento del lado contrario del cuerpo.

Una de las causas más frecuentes de ceguera consiste en una restricción de los impulsos que viajan a través del nervio óptico. El *glaucoma*, que ataca al 1 o 2% de las personas mayores de 40 años, se produce cuando comienza a aumentar la presión en el fluido del ojo, ya sea debido a que no se le puede drenar de forma adecuada, o a consecuencia de una producción excesiva de fluido. Cuando ocurre lo primero, las células nerviosas que comunican la información relativa a la visión periférica se contraen, lo cual produce una disminución de la capacidad para ver cualquier cosa que se encuentre fuera de un estrecho círculo ubicado justo frente a la cabeza. Al problema resultante se le denomina *visión de túnel*. Con el tiempo, la presión puede ser tan grande que todas las células del nervio óptico llegan a contraerse, lo cual produce una ceguera total. Por fortuna, si se detecta a tiempo, el glaucoma puede ser tratado con una muy alta probabilidad de éxito, ya sea mediante medicamentos que reducen la presión del ojo o por medio de una operación quirúrgica.

Nervio óptico: grupo de axones ganglionares encargado de llevar la información visual

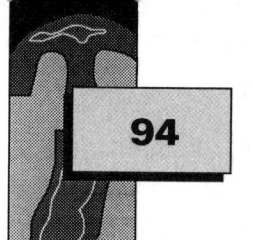

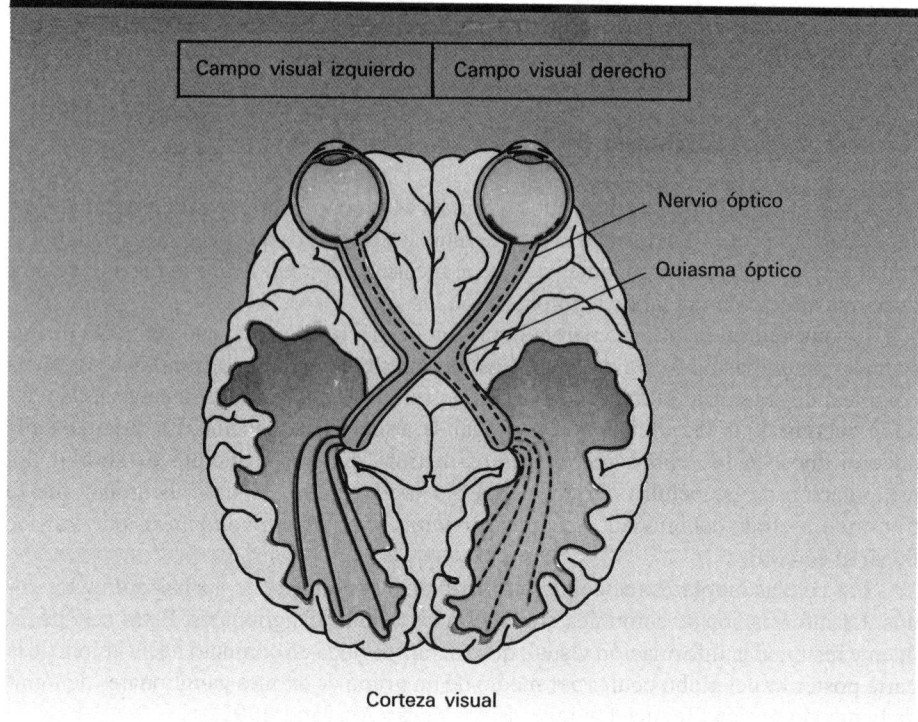

Campo visual izquierdo | Campo visual derecho

Nervio óptico

Quiasma óptico

Corteza visual

FIGURA 3.4 A consecuencia de que el nervio óptico proveniente de cada ojo se divide a la altura del quiasma óptico, la imagen que aparece a la derecha de una persona se envía al lado izquierdo del cerebro, mientras que la imagen registrada a la izquierda del individuo se manda al lado derecho del cerebro.

Procesamiento del mensaje visual

Cuando un mensaje visual llega al cerebro ya ha pasado a través de varias etapas de procesamiento. Uno de los primeros centros de procesamiento se encuentra ubicado en las células ganglionares (Yang y Masland, 1992). Cada una de estas células reúne información de un grupo de bastones y conos de un área específica del ojo y compara la cantidad de luz que penetra en el centro de esa área con la cantidad existente alrededor de ella. En algunos casos, las células ganglionares son activadas por la presencia de luz en el centro (y de oscuridad en el área circundante). En otros casos, ocurre lo contrario. Algunas células ganglionares se activan cuando hay oscuridad en el centro y luz en el área circundante. El efecto final de este proceso es maximizar la detección de las variaciones de luz y oscuridad. Así, la imagen neuronal que se transmite al cerebro es una versión mejorada del estímulo visual real ubicado fuera del cuerpo.

El último procesamiento de imágenes visuales tiene lugar en la corteza visual del cerebro, por supuesto, y es aquí donde ocurren los tipos de procesamiento más complicados (Hurlbert y Poggio, 1988). Los psicólogos David Hubel y Torsten Wiesel ganaron el Premio Nobel por su descubrimiento de que muchas de las neuronas de la corteza tienen una extraordinaria especialización, ya que son activadas exclusivamente por estímulos visuales de una forma o patrón determinados —proceso al que se llama **detección de atributos**. Encontraron que algunas células se activan sólo con líneas de un ancho, forma u orientación específicos. Otras son activadas solamente mediante estímulos en movimiento, en oposición a los estímulos fijos (Hubel y Wiesel, 1979; Logothetis y Schall, 1989; Gallant, Braun y VanEssen, 1993).

Investigaciones más recientes han aumentado nuestro conocimiento de las formas complejas en que se combina y procesa la información visual que llega de las neuronas individuales. Partes diferentes del cerebro parecen procesar de manera simultánea impulsos nerviosos en varios sistemas individuales. Por ejemplo, un sistema se relaciona con las formas, uno con los colores y otros con el movimiento, ubicación y profundidad (Zeki, 1993).

Detección de atributos: activación de neuronas en la corteza debida a estímulos visuales de formas y patrones específicos

Si existen sistemas neuronales separados para el procesamiento de la información sobre aspectos específicos del mundo visual, ¿cómo integra todos estos datos el cerebro? Aunque el proceso exacto todavía no se entiende bien, parece probable que el cerebro use la información relativa a la frecuencia, ritmo y momento del disparo de conjuntos particulares de células nerviosas (Richmond y cols., 1987). Incluso parece que la integración cerebral no ocurre en un solo paso o ubicación en el cerebro. En su lugar, la integración de información visual es un proceso que parece ocurrir en varios niveles a la vez (Zeki, 1993). El resultado final, sin embargo, es indiscutible: una visión del mundo que nos rodea.

Visión de color y ceguera al color: el espectro de 7 millones de colores

A pesar de que la gama de longitudes de onda a la que son sensibles los seres humanos es relativamente estrecha, al menos comparada con la totalidad del espectro electromagnético, la porción a la que somos capaces de responder nos permite una gran flexibilidad para percibir el mundo. En ningún momento esta afirmación es más clara que cuando la referimos al número de colores que podemos distinguir. Una persona con una visión normal de los colores es capaz de discernir no menos de 7 millones de colores distintos (Bruce y Green, 1990).

Aunque la variedad de colores que las personas pueden distinguir es vasta en términos generales, existen determinados individuos cuya capacidad para percibir los colores está muy limitada: los daltónicos. Curiosamente, la condición de estas personas ha brindado algunas de las claves más importantes para comprender cómo opera la visión de los colores (Nathans y cols., 1986; Nathans, Davenport, Maumenee, Lewis, Hejtmancik, Litt, Lovrien, Weleber, Bachynki, Zwas, Klingaman y Fishman, 1989; Shepard y Cooper, 1992).

Antes de proseguir, observe las fotografías que aparecen en la figura 3.5. Si no logra ver ninguna diferencia en esta serie de fotografías, es probable que usted forme parte del 2% de los hombres que padecen de daltonismo o ceguera a los colores, o una de las 2 mujeres por cada 10 000 que presentan el mismo defecto visual.

Para la mayoría de quienes padecen daltonismo, el mundo parece muy soso. Los carros rojos de bomberos se ven amarillos, el pasto verde se ve amarillo, los tres colores de un semáforo también se ven amarillos. De hecho, cuando se sufre de la forma más común de daltonismo, todos los objetos rojos y verdes se ven de color amarillo. Existen también otros tipos de este padecimiento, pero son muy poco comunes. Es el caso del daltonismo que se caracteriza por la incapacidad para percibir el amarillo y el azul. Por su parte, en el caso más extremo de daltonismo el individuo no percibe ningún color. Una persona que padece de esta afección percibe el mundo como la imagen de un televisor en blanco y negro.

Para comprender por qué algunos de nosotros padecemos de daltonismo, es preciso repasar los fundamentos de la visión en colores. Al parecer están involucrados dos procesos distintos. El primero de ellos es explicado por la **teoría tricromática de la visión de los colores**. Ésta sugiere que en la retina existen tres tipos de conos, cada uno de los cuales responde principalmente a una gama específica de longitudes de onda. Uno responde en mayor medida a los colores azul y violeta, otro al verde, mientras que el tercer tipo responde en mayor grado al amarillo y al rojo (Brown y Wald, 1964). De acuerdo con la teoría tricromática, la percepción de los colores es influida por la fuerza relativa con que se activa cada uno de los tres tipos de conos. Por ejemplo, si vemos un cielo azul, son los conos azul-violeta los que se activan principalmente, en tanto que los demás muestran menor actividad. La teoría tricromática ofrece una explicación directa del daltonismo. Sugiere que uno de los tres sistemas de conos no funciona de manera adecuada, por lo cual los colores correspondientes a esa gama se perciben de forma inadecuada (Nathans y cols., 1989).

Teoría tricromática del color: teoría que sostiene que la retina cuenta con tres tipos de conos, cada uno de los cuales responde a una gama específica de longitudes de onda

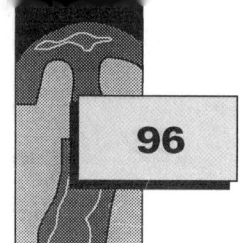

a)

b)

c)

d)

FIGURA 3.5 Estos globos se muestran como se le presentan *a)* a una persona con visión normal; *b)* una persona con daltonismo para el rojo y el verde vería así la escena, en tonalidades de azul y amarillo: *c)* una persona con daltonismo para el azul y el amarillo, a la inversa, la vería en tonalidades de rojo y verde; *d)* para quien ve en ausencia de colores —ceguera total a los colores—, la escena se vería así. (Véase Sección a color, pág. E.)

Teoría de la visión de colores por procesos opuestos: teoría que sugiere que las células receptoras están ligadas en pares y que funcionan unas en oposición de otras

Sin embargo, existen fenómenos ante los cuales la explicación ofrecida por la teoría tricromática tiene menos éxito. Por ejemplo, no puede explicar por qué diversos pares de colores se pueden combinar para formar el gris. La teoría tampoco explica qué es lo que ocurre después de observar fijamente algo como la bandera que aparece en la figura 3.6 durante un minuto, más o menos. Hágalo usted y después desplace sus ojos hacia el espacio en blanco de abajo. Verá la imagen de la tradicional bandera estadounidense: roja, blanca y azul. Donde se encontraba el amarillo, usted verá el azul, y donde había verde y negro, usted verá rojo y blanco.

El fenómeno que acaba de experimentar se denomina *postimagen.* Ocurre debido a que la actividad en la retina continúa incluso cuando usted ya no está observando la imagen original. Sin embargo, también demuestra que la teoría tricromática no explica por completo la visión de los colores. ¿Por qué los colores de la postimagen son distintos de los de la imagen original?

A consecuencia de que los procesos tricromáticos no ofrecen una explicación completa de la visión de los colores, algunos investigadores de la visión han desarrollado una explicación alternativa. De acuerdo con la **teoría de la visión de colores por procesos opuestos**, las células receptoras se unen en pares que funcionan unas en oposición de otras. Específicamente, existe un par azul y amarillo, un par rojo y verde, y un par negro y blanco. Si un objeto refleja luz que contenga más azul que amarillo, estimulará la activación de las células sensibles al azul, al tiempo que inhibirá la actividad de las células receptoras sensibles al amarillo, por lo cual el objeto se verá azul. Por otra parte, si la luz contiene más amarillo que azul, se estimularán las células que responden al amarillo, en tanto que las que reaccionan al azul serán inhibidas, por lo cual el objeto se verá amarillo.

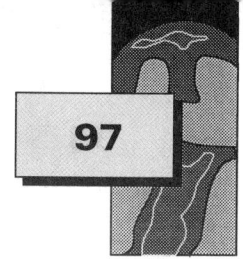

FIGURA 3.6 Si observa fijamente el punto de esta bandera por espacio de un minuto y luego mira el pedazo de papel en blanco, el fenómeno de la postimagen hará que aparezca la tradicional bandera roja, blanca y azul. (Véase Sección a color, pág. F.)

La teoría de la visión de colores por procesos opuestos nos permite explicar en forma directa las postimágenes. Cuando vemos fijamente el amarillo de la imagen, por ejemplo, nuestras células receptoras del componente amarillo del par amarillo y azul se fatigan y pierden capacidad para responder a estímulos amarillos. Por otra parte, las células receptoras de la parte azul del par no están cansadas, puesto que no han sido estimuladas. Así, cuando vemos una superficie en blanco, la luz que refleja usualmente habría de estimular tanto los receptores amarillos como los azules, en igual medida. Pero la fatiga de los receptores amarillos impide que esto ocurra. Temporalmente son incapaces de responder al amarillo, lo que hace que la luz blanca tenga la apariencia de ser azul. Dado que los demás colores de la figura hacen lo mismo con relación a sus contrarios específicos, la postimagen genera los colores opuestos: rojo y blanco, por un rato. La postimagen dura sólo un periodo muy corto, puesto que la fatiga de los receptores amarillos se mitiga en poco tiempo y la luz blanca comienza a percibirse con mayor precisión.

En la actualidad es evidente que tanto los procesos opuestos como los mecanismos tricromáticos operan para que podamos ver los colores. Sin embargo, funcionan en partes distintas del sistema sensorial visual. Los procesos tricromáticos funcionan en la

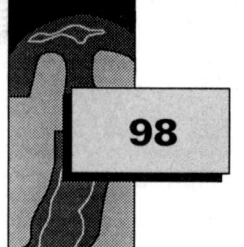

retina, mientras que los mecanismos de oposición operan tanto en la retina como en etapas posteriores del procesamiento neuronal (Leibovic, 1990; Gouras, 1991; De Valois y De Valois, 1993).

RECAPITULACIÓN Y REVISIÓN

Recapitulación

- Los ojos son sensibles a ondas de radiación electromagnética de longitudes específicas. Estas ondas se registran como la sensación de la luz.
- La luz que penetra en el ojo a través de la córnea, la pupila y el cristalino, llega por último a la retina, donde su energía electromagnética se convierte en impulsos nerviosos que pueden ser utilizados por el cerebro. Los impulsos abandonan el ojo a través del nervio óptico.
- La retina está compuesta por células nerviosas denominadas bastones y conos, las cuales desempeñan distintos papeles en la visión y son responsables de la adaptación a la oscuridad.
- Los seres humanos somos capaces de distinguir alrededor de 7 millones de colores. Se cree que la visión de los colores implica dos procesos: mecanismos tricromáticos y un sistema de procesamiento de opuestos.

Revisión

1. La luz que entra al ojo atraviesa en primer lugar la _____ _____, una ventana protectora.
2. A la estructura que convierte la luz en mensajes neuronales que puede utilizar el cerebro se le denomina _____.
3. La luz es enfocada en el fondo del ojo por el iris. ¿Cierto o falso?
4. Una mujer de ojos azules es una persona que tiene un pigmento azul en su _____.
5. ¿Cuál es el proceso mediante el cual se modifica el grosor del cristalino a fin de enfocar adecuadamente la luz?

6. La secuencia correcta de las estructuras que atraviesa la luz al pasar por el ojo es la siguiente: _____, _____ _____, _____ y _____.
7. Relacione el tipo de receptor visual con su función.
   1. Se activan en presencia de poca luz; en gran medida son insensibles a los colores.
   2. Detectan los colores; se desempeñan bien en presencia de luz intensa.
   a. Bastones
   b. Conos
8. Paco tenía que encontrarse con su novia en el cine. Como de costumbre, llegó tarde y la película ya había empezado. Caminó a tientas por el pasillo, ya que apenas podía ver. Por desgracia, la mujer a cuyo lado se sentó y a quien trató de abrazar no era su novia. Deseó haberle dado más tiempo a sus ojos para que se produjera la adaptación a la _____.
9. La teoría _____ sostiene que existen tres tipos de conos en la retina, cada uno de los cuales responde primordialmente a un color distinto.

Pregúntese a sí mismo

¿Por qué el ojo utiliza dos tipos distintos de células receptoras: bastones y conos? ¿Por qué evolucionó el ojo de tal forma que los bastones, que se activan cuando hay luz escasa, no generan imágenes precisas? ¿Presenta ventajas este sistema?

(Las respuestas a las preguntas de la revisión aparecen en la página 99.)

- **¿Qué papel desempeña el oído en los sentidos de la audición, el movimiento y el equilibrio?**
- **¿Cómo funcionan el olfato y el gusto?**
- **¿Cuáles son los sentidos de la piel y cómo se relacionan con la experiencia del dolor?**

LA AUDICIÓN Y LOS OTROS SENTIDOS

El despegue fue algo sencillo comparado con lo que el astronauta experimentaba en estos momentos: mareo espacial. La náusea y los vómitos constantes eran suficientes como para hacerlo preguntarse por qué había trabajado tan duro para convertirse en un astronauta. A pesar de que le advirtieron que había una probabilidad del 50% de que su primera experiencia en el espacio se viera acompañada por estos síntomas, no estaba preparado para lo terriblemente enfermo que se sentía.

Ya sea que nuestro astronauta ficticio dé una vuelta de 180 grados en su cohete y regrese a la Tierra o no lo haga, su experiencia, que representa uno de los principales problemas para los viajeros del espacio, se relaciona con un proceso sensorial básico que se ubica en el oído: el sentido del movimiento y el equilibrio. Este sentido le permite a las personas ir con sus cuerpos por el mundo y conservar una posición erguida sin caer. Junto con la *audición*, el proceso por el que las ondas sonoras se traducen en formas comprensibles y dotadas de significado, los sentidos del movimiento y el equilibrio representan las principales funciones del oído.

Sentir el sonido

Aunque muchos de nosotros pensamos primordialmente en el oído externo cuando consideramos a la audición, esta parte funciona de manera simple como un megáfono invertido, diseñado para reunir y llevar los sonidos hacia las regiones internas del oído (véase la figura 3.7). Sin embargo, la ubicación de los oídos externos en diferentes lados de la cabeza ayuda a la *localización del sonido,* el proceso por el que identificamos el origen de un sonido. Los patrones de las ondas en el aire entran en cada oído en un momento ligeramente diferente, permitiéndole al cerebro usar la discrepancia para localizar el lugar donde se originó el sonido. Además, los dos oídos externos demoran o amplifican los sonidos de frecuencias particulares en diferentes grados (Butler, 1987; Middlebrooks y Green, 1991; Yost, 1992; Konishi, 1993).

El **sonido** es el movimiento de las moléculas de aire producido por la vibración de un objeto. Los sonidos viajan a través del aire en patrones de ondas de forma similar a las que se producen cuando se arroja una piedra en una charca tranquila. Cuando los sonidos, que llegan en forma de vibraciones de onda, llegan al *oído externo*, se introducen por el *canal auditivo*, pasaje en forma de tubo que conduce al tímpano. El **tímpano** funciona como un tambor en miniatura que vibra cuando las ondas sonoras lo golpean. Mientras más intenso sea el sonido, mayores serán las vibraciones. Después, estas vibraciones se transmiten hacia el *oído medio*, una diminuta cámara que contiene únicamente tres huesecillos denominados, debido a sus formas, *martillo, yunque* y *estribo.* Estos huesos tienen una función: transmitir las vibraciones hacia la *ventana oval*, una delgada membrana que conduce hacia el oído interno. A consecuencia de la forma que tienen, el martillo, el yunque y el estribo realizan una labor eficaz en particular. Dado que actúan como un conjunto de palancas, no sólo transmiten vibraciones, sino que también aumentan la fuerza de éstas. Además, puesto que la abertura hacia el oído medio (tímpano) es mucho más grande que el orificio que conduce hacia afuera del oído medio (ventana oval), la fuerza de las ondas sonoras en dicha ventana se amplifica. Por lo tanto, el oído medio actúa como un pequeño amplificador mecánico, haciéndonos conscientes de sonidos que de otra forma nos pasarían desapercibidos.

El *oído interno* es la porción del oído que cambia las vibraciones sonoras a una forma que permite que se transmitan al cerebro. Contiene asimismo los órganos que permiten localizar nuestra posición y determinar cómo nos movemos en el espacio. Cuando el sonido penetra en el oído interno a través de la ventana oval, pasa al **caracol o cóclea**, un tubo en espiral relleno de fluido que parece un caracol. Dentro de éste se encuentra la **membrana basilar**, una estructura que se extiende a lo largo del centro del caracol, dividiéndolo en dos cámaras, una superior y una inferior (véase la figura 3.7). La membrana basilar está cubierta por **células ciliares**. Cuando estas células se doblan a causa de las vibraciones que penetran en el caracol, se transmite al cerebro un mensaje neuronal.

Sonido: movimiento de moléculas de aire producido por la vibración de un objeto

Tímpano: parte del oído que vibra cuando es golpeada por las ondas sonoras

Caracol o cóclea: tubo en espiral relleno de fluido que recibe el sonido a través de la ventana oval o a través de conducción ósea

Membrana basilar: estructura que divide al caracol en una cámara superior y una inferior

Células ciliares: pequeñas células que cubren la membrana basilar las cuales, cuando se doblan a consecuencia de las vibraciones que penetran en el caracol, transmiten mensajes neuronales al cerebro

---

RESPUESTAS A LA REVISIÓN ANTERIOR

1. córnea   **2.** retina   **3.** Falso; lo enfoca el cristalino   **4.** iris   **5.** acomodación   **6.** córnea, pupila, cristalino, retina   **7.** 1-a; 2-b   **8.** oscuridad   **9.** Tricromática del color.

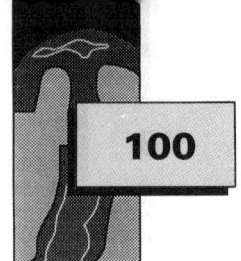
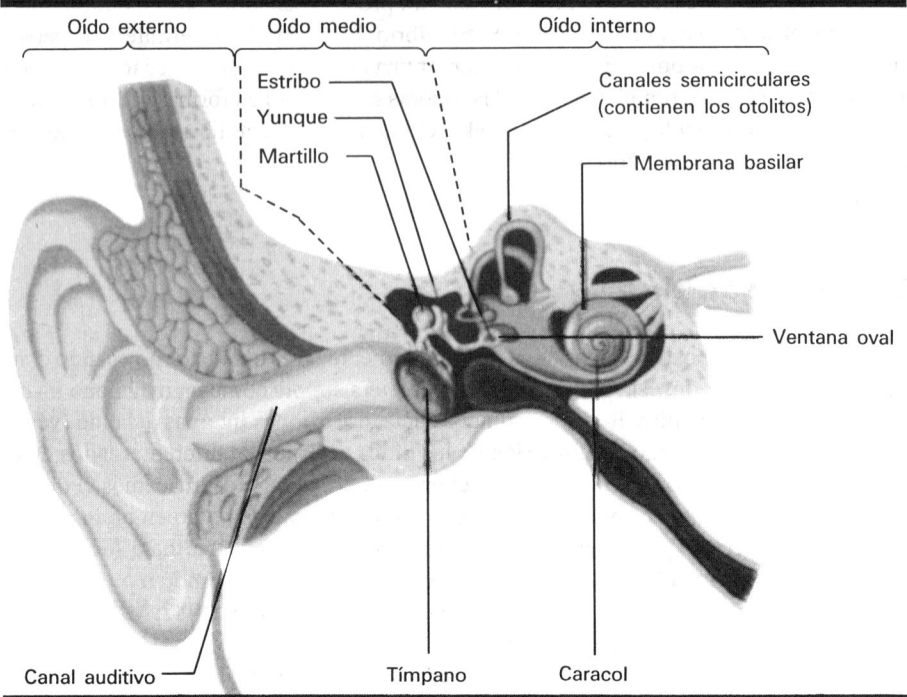

FIGURA 3.7 El oído.

Aunque el sonido por lo común penetra en el caracol a través de la ventana oval, existe otro método de entrada: la conducción ósea. Debido a que el oído descansa sobre un laberinto de huesos dentro del cráneo, el caracol puede captar vibraciones sutiles que viajan a través de los huesos procedentes de otras partes de la cabeza (Lenhardt, Skellett, Wang y Clarke, 1991). Por ejemplo, una de las formas en que usted escucha su propia voz es a través de la conducción ósea, lo que explica por qué su voz le suena distinta a usted que a otras personas. (¡Escuche su voz en alguna ocasión en una grabación para saber cómo suena *de verdad*!) El sonido de su voz le llega tanto a través del aire como por medio de la conducción ósea, por lo que el sonido que recibe le parece más rico a usted que a ninguna otra persona.

Los aspectos físicos del sonido   Como dijimos antes, lo que denominamos sonido es el movimiento físico de moléculas de aire en patrones regulares, en forma de onda, pro-

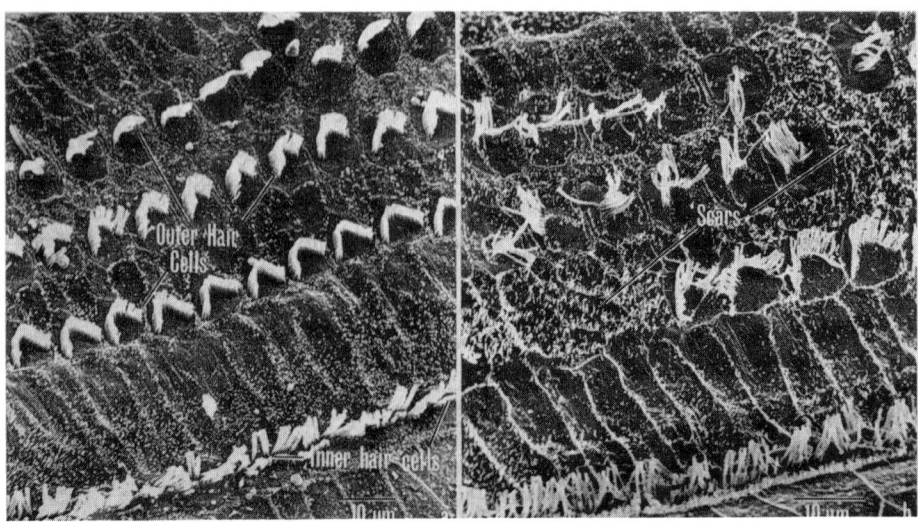

A la izquierda, las células ciliares que cubren la membrana basilar están erectas. Cuando se aplanan por las vibraciones que entran en el caracol, como se ve a la derecha, se transmite un mensaje neuronal al cerebro, haciendo posible la audición.

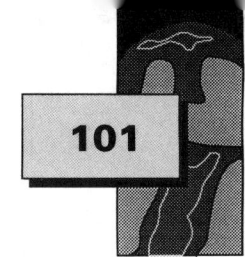
vocados por la vibración de un objeto (véase la figura 3.8). En ocasiones incluso es posible ver estas vibraciones, como en el caso de una bocina de un aparato de sonido que no tenga tapa. Si usted ha visto una alguna vez, sabe que, al menos cuando suenan las notas más graves, se puede ver cómo la bocina se mueve hacia adentro y hacia afuera. Es menos evidente lo que ocurre después: la bocina empuja moléculas de aire para formar ondas con el mismo patrón de su movimiento. Estos patrones de onda llegan con rapidez a su oído, aunque su fuerza ha disminuido considerablemente durante su travesía. Todos los demás estímulos que producen sonido funcionan en esencia del mismo modo, originando patrones de onda que se mueven a través del aire hasta llegar al oído. Es necesaria la existencia de aire —o algún otro medio, como el agua— para que las vibraciones de los objetos lleguen hasta nosotros. Esto explica por qué no puede haber sonido en el vacío.

Podemos ver el movimiento de la bocina cuando se interpretan las notas graves debido a una característica básica del sonido a la que se denomina frecuencia. La *frecuencia* es el número de crestas de onda que se producen en un segundo. Con frecuencias muy bajas hay relativamente pocos ciclos de onda hacia arriba y hacia abajo por segundo y, por lo tanto, son más lentos. Estos ciclos son visibles para el ojo humano como vibraciones en la bocina. Las frecuencias bajas se traducen en un sonido de tono muy bajo. (El *tono* es una sensación relativa a la frecuencia que puede ir de "bajo" a "alto".) La frecuencia más baja que los seres humanos somos capaces de escuchar es de 20 ciclos por segundo. Frecuencias más altas se traducen en tonos más altos. En el extremo superior del espectro de sonido, las personas pueden detectar sonidos de frecuencias tan altas como 20 000 ciclos por segundo.

En tanto que la frecuencia del sonido permite que disfrutemos de los sonidos de las notas agudas de un piccolo y de las notas graves de una tuba, la *intensidad* es una característica de los patrones de onda que nos permite distinguir entre los sonidos fuertes y los suaves. La intensidad hace referencia a la distinción entre las crestas y los valles de presión de aire que se producen en una onda de sonido a medida que ésta se desplaza por el aire. Las ondas con crestas y valles pequeños producen sonidos débiles; las que son relativamente grandes producen sonidos fuertes.

Somos sensibles a una amplia gama de intensidades de sonido. Los sonidos más fuertes que podemos escuchar son unas 10 millones de veces más intensos que los sonidos más débiles que nos es posible oír. Esta gama se mide en *decibeles*, que se pueden utilizar para ubicar en un continuo a la totalidad de los sonidos cotidianos. Cuando los sonidos superan los 120 decibeles, provocan dolor al oído humano. La exposición a niveles tan altos producirá con el tiempo la pérdida de la audición, ya que las células ciliares de la membrana basilar pierden su elasticidad, se doblan y se aplanan. Esta pérdida de audición a menudo es permanente, aunque hallazgos recientes han mostrado que las células ciliares tienen el potencial de repararse solas después de la lesión (Travis, 1992).

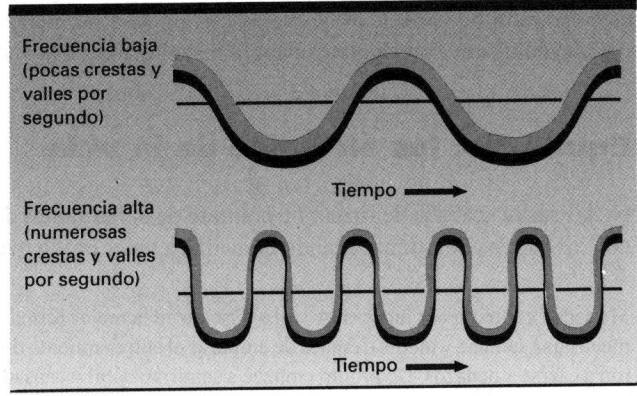

FIGURA 3.8 Las ondas producidas por diferentes estímulos son transmitidas —por lo general a través del aire— en patrones diferentes, donde las frecuencias más bajas están indicadas por menos crestas y valles por segundo.

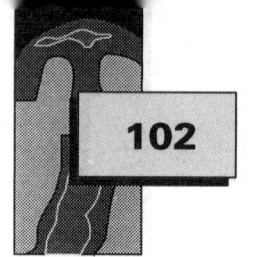

Teoría del lugar: teoría que sostiene que distintas áreas de la membrana basilar responden ante frecuencias diferentes

Teoría de la frecuencia: teoría que sugiere que la totalidad de la membrana basilar actúa como un micrófono, vibrando en respuesta a los sonidos

Organización de las teorías del sonido   ¿Cómo logran nuestros cerebros clasificar las longitudes de onda de distintas frecuencias e intensidades? Una clave proviene de los estudios realizados sobre la membrana basilar, el área dentro del caracol que traduce las vibraciones físicas en impulsos neuronales. Lo que ocurre es que el sonido afecta distintas áreas de la membrana basilar, según la frecuencia de la onda. La parte de la membrana basilar más cercana a la ventana oval es la más sensible a los sonidos de alta frecuencia, en tanto que la parte más cercana al extremo interno del caracol es la más sensible a los sonidos de baja frecuencia. Este descubrimiento ha generado la **teoría del lugar**, que afirma que distintas áreas de la membrana basilar responden a frecuencias diferentes.

Por otra parte, esta teoría no agota todo lo relacionado con la audición, puesto que sonidos de muy baja frecuencia activan neuronas en un área tan amplia de la membrana basilar que no se puede decir que esté implicada sólo una parte de ella. Por lo tanto, se ha propuesto una explicación adicional de la audición: la teoría de la frecuencia. La **teoría de la frecuencia** sugiere que toda la membrana basilar actúa como un micrófono, vibrando como un todo en respuesta a un sonido. De acuerdo con esta explicación, los receptores nerviosos envían señales que están directamente relacionadas con la frecuencia (el número de crestas de onda por segundo) de los sonidos a los que estamos expuestos, y el número de impulsos nerviosos es una función directa de la frecuencia del sonido. Así, mientras más alto sea el tono del sonido (y por lo tanto mayor la frecuencia de sus crestas de onda), mayor será el número de impulsos nerviosos que se transmitirán a través del nervio auditivo hacia el cerebro.

La mayoría de las investigaciones contemporáneas indican que tanto la teoría del lugar como la teoría de la frecuencia explican al menos algunos de los procesos implicados en la audición. Sin embargo, ninguna teoría por sí sola es comprensiva (Levine y Shefner, 1991; Luce, 1993). Específicamente, la teoría del lugar ofrece una mejor explicación de la detección de sonidos de alta frecuencia, en tanto que la teoría de la frecuencia explica lo que ocurre cuando nos encontramos con sonidos de baja frecuencia. Los sonidos con frecuencias intermedias parecen incorporar ambos procesos.

Después de que un mensaje auditivo deja el oído, es transmitido a la corteza auditiva del cerebro por medio de una compleja serie de interconexiones neuronales. Al ser transmitido el mensaje es comunicado a través de neuronas que responden a tipos específicos de sonidos. Dentro de la misma corteza auditiva existen neuronas que responden de manera selectiva a conjuntos muy específicos de características de los sonidos, tales como chasquidos o silbidos. Algunas neuronas responden sólo a un patrón específico de sonidos, como lo puede ser un tono uniforme, pero no uno intermitente. Además, neuronas específicas transfieren información respecto a la ubicación del sonido por medio de sus patrones particulares de activación (Middlebrooks y cols., 1994).

Si analizáramos la configuración de las células de la corteza auditiva, nos encontraríamos con que las células vecinas responden a frecuencias similares. Por lo tanto, la corteza auditiva nos proporciona un "mapa" de frecuencias sonoras, del mismo modo que la corteza visual nos ofrece una representación del campo visual.

Nuestra comprensión de los procesos que subyacen a la audición ha conducido a algunos avances importantes en la capacidad de restablecer la pérdida de la audición. Sin embargo, al mismo tiempo, como se expone en el recuadro de *La psicología en acción* de este capítulo, tal capacidad ha planteado algunos problemas psicológicos inesperados para aquellos que son elegibles para la restauración de la audición.

Equilibrio: los altibajos de la vida

Nick Esasky acababa de firmar un contrato de 5.7 millones de dólares para jugar beisbol con los Bravos de Atlanta cuando comenzó a tener problemas. En sus propias palabras:

Me sentía contento por jugar en Atlanta y estaba en la mejor forma de toda mi carrera. Pero más o menos una semana y media después de empezar el entrenamiento de primavera las cosas comenzaron a caerse a pedazos. De pronto empecé a sentirme débil y cansado todo el tiempo. Al principio,

LA PSICOLOGÍA EN ACCIÓN

Restablecimiento de la audición en los sordos: ¿una bendición mixta?

Parecería nada menos que un milagro. Al implantar un dispositivo computarizado en el oído, muchas personas, sordas de nacimiento, pueden escuchar sonidos como las bocinas de los automóviles y los timbres de las puertas por primera vez.

El instrumento que hace esto posible es un implante electrónico para el oído conectado en forma directa al caracol. El dispositivo funciona en ciertos casos de sordera en los que las células ciliares en el caracol están dañadas y no pueden convertir las vibraciones en los impulsos eléctricos que el cerebro puede usar. Se usa un micrófono miniatura afuera del oído para recibir los sonidos, los cuales se envían entonces a un procesador de lenguaje que se usa con una correa o cinturón al hombro que permite al usuario sofocar el ruido de fondo con un botón. Una señal electrónica producida por el procesador es enviada a un transmisor que se coloca detrás de la oreja, el cual envía una onda de radio a un receptor implantado dentro del cráneo. El receptor implantado es conectado en forma directa al caracol por medio de 22 cables finísimos. El receptor emite señales eléctricas que estimulan al caracol, el cual envía un mensaje al cerebro de que se está escuchando un sonido (Molotsky, 1984; Clark, 1987).

El dispositivo no permite a las personas distinguir las palabras. Los usuarios reportan que la calidad del habla escuchada es como la del pato Donald. No obstante, cerca de la mitad de los usuarios de los implantes más recientes son capaces de entender voces familiares y de hablar por teléfono. Los implantes también permiten a los usuarios detectar cambios en el tono y volumen de la voz. Más aún, conforme la tecnología continúe mejorando, es probable que los auxiliares auditivos mejorados mejorarán la discriminación del sonido. Por ejemplo, al analizar la frecuencia, ritmo e intensidad del sonido, los auxiliares auditivos más modernos pueden optimizar el habla y eliminar los ruidos de fondo (Kirsch, 1989).

Aunque el restablecimiento de la audición a una persona sorda puede parecer un logro incuestionablemente positivo, algunos defensores de los sordos sugieren lo contrario. La Asociación Nacional de Sordos de Estados Unidos ha dicho en una declaración formal que impone una "cirugía invasora en niños indefensos, cuando los efectos físicos, emocionales y sociales a largo plazo que tiene en los niños este procedimiento irreversible no han sido establecidos en forma científica" (Barringer, 1993b, p. 1). Su punto es que la sordera representa una cultura legítima —ni mejor ni peor que la cultura de los que oyen— y que proporcionar una audición incluso limitada a niños sordos los despoja de su herencia cultural natural.

No es sorprendente que esta perspectiva sea muy controvertida. Los defensores de los implantes cocleares afirman que ayudar a escuchar a niños sordos les permite evitar el estigma que surge al crecer como miembros de un grupo minoritario pequeño en un mundo donde la mayoría de las personas pueden oír. Impedir que las personas puedan escuchar es restringir de manera innecesaria sus oportunidades.

Es improbable que los argumentos respecto al uso de implantes cocleares se resuelvan hasta que puedan realizarse investigaciones sobre la adaptación social de los niños que los tienen implantes. Mientras, los avances tecnológicos prometen el restablecimiento de otros sentidos (Leutwyler, 1994). Por ejemplo, la tecnología láser a menudo corrige la miopía, la cual ocurre cuando se distorsiona la forma del ojo y la retina es incapaz de enfocar de manera correcta la imagen que penetra en el ojo y llega a ella (Selingman, 1991). Al eliminar con precisión una pequeña parte de la córnea, el procedimiento cambia la configuración del ojo, lo que permite que se enfoque la imagen en la retina. Para las personas miopes, entonces, los anteojos y los lentes de contacto algún día podrán considerarse reliquias del pasado.

---

pensé que era un resfriado y que se me pasaría. Luego comencé a tener dolores de cabeza y náusea, y me sentía mareado y con vértigos. Pronto empezó a afectar mi forma de jugar. A veces era difícil para mí seguir la pelota. Se veía nebulosa, como si tuviera un resplandor. Atrapaba algunas apenas con la punta de mi guante y perdía otras por completo. Otras veces, una pelota caía en mi guante y no tenía idea de cómo había llegado ahí (Esasky, 1991, p. 62).

El problema de Esasky no desaparecía, lo que condujo a una serie de visitas con especialistas. Por último, después de una variedad de diagnósticos erróneos, un doctor identificó la causa de la dificultad de Esasky: su oído. Esasky sufría de *vértigo*, un trastorno del oído interno resultante de una infección viral o una lesión en la cabeza. Fue sometido a un programa agotador para reforzar su sentido de la visión y el sentido del tacto en las plantas de los pies, lo que podría ayudar a compensar sus problemas con el oído interno.

Varias estructuras del oído se relacionan más con nuestro sentido del equilibrio que con nuestra capacidad auditiva (J.P. Kelly, 1991). Los **canales semicirculares** del oído interno constan de tres tubos que contienen fluido que se mueve en su interior cuando la

Canales semicirculares: parte del oído interno que contiene fluido que se mueve cuando el cuerpo cambia de posición a fin de controlar el equilibrio **103**

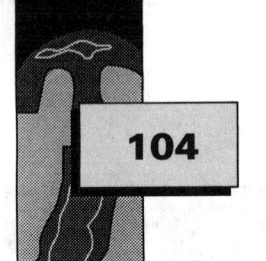

Otolitos: cristales localizados en los canales semicirculares que detectan la aceleración del cuerpo

cabeza realiza un movimiento, enviando una señal de rotación o de movimiento angular al cerebro. La atracción que provoca en nuestros cuerpos la aceleración del movimiento hacia adelante, hacia atrás, hacia arriba o hacia abajo, así como la atracción constante de la gravedad, son detectadas por los **otolitos**, diminutos cristales sensibles al movimiento localizados en el interior de los canales semicirculares. Cuando nos movemos, estos cristales se desplazan como la arena en una playa con mucho viento. La inexperiencia del cerebro en la interpretación de mensajes provenientes de otolitos desprovistos de peso es la causa del mareo espacial que suelen experimentar más de la mitad de los astronautas (Flam, 1991; Weiss, 1992).

Olfato y gusto

Cuando Mariana Mendoza regresó a casa después de un día de trabajo, supo que algo andaba mal desde el momento en que abrió la puerta de su departamento. Un olor que indicaba la presencia de gas —un olor fuerte y desagradable que de inmediato hizo que se sintiera débil— saturaba el departamento. Corrió hacia el teléfono público de la calle y llamó a la compañía de gas. Cuando les explicaba lo que había olido, Mariana escuchó una explosión sofocada y vio después cómo salían llamas de la ventana de su departamento. Su vida se había salvado gracias a su capacidad para oler el gas.

Olfato A pesar de que hay pocos ejemplos en donde el sentido del olfato implique tal dramatismo, es evidente que nuestras vidas serían mucho menos interesantes si no fuéramos capaces de oler el heno recién segado, de olfatear un ramo de flores o de disfrutar del aroma de un pastel de manzana recién horneado. Aunque muchos animales poseen capacidades mucho más agudas para detectar olores de la que tenemos nosotros, puesto que en sus cerebros se destina una mayor proporción de tejido al sentido del olfato que en los nuestros, de todas formas somos capaces de detectar más de 10 000 aromas diferentes. También podemos recordar los olores, y sucesos olvidados hace mucho tiempo pueden recordarse tan sólo con la detección de un aroma que se asocie con el suceso en cuestión (Schab, 1990, 1991; Bartoshuk y Beauchamp, 1994).

Los resultados de las "pruebas del olfato" han demostrado que las mujeres suelen tener un mejor sentido del olfato que los hombres (Engen, 1987). Las personas también parecen tener la capacidad de distinguir a los hombres de las mujeres basándose sólo en el olfato. En un experimento, estudiantes con los ojos vendados olían una mano sudorosa sostenida a un centímetro y cuarto de su nariz. Los hallazgos mostraron que las manos de los hombres y de las mujeres podían distinguirse entre sí con una precisión mayor al 80% (Wallace, 1977). Del mismo modo, sujetos experimentales a los que se les pidió oler el aliento de un voluntario hombre o mujer que estaba oculto de su vista fueron capaces de distinguir el sexo del donante a niveles mayores que el azar (Doty, Green, Ram y Yankell, 1982).

Nuestra comprensión de los mecanismos que subyacen al sentido del olfato apenas comienza a elaborarse. Sabemos que el sentido del olfato se activa cuando moléculas pertenecientes a alguna sustancia penetran por los pasajes nasales y se encuentran con las *células olfatorias*, las células receptoras de la nariz. Hasta la fecha se han identificado al menos 1 000 distintas células olfatorias. Cada una de estas células está tan especializada que sólo responde a una pequeña gama de olores diferentes (Buck y Axel, 1991).

Existe una creciente evidencia de que además de las células olfatorias, un sistema sensorial paralelo puede proporcionar un medio involuntario de comunicación para los humanos. Desde hace mucho se sabe que los animales liberan *feromonas,* sustancias químicas que producen una reacción en otros miembros de la especie, permitiéndoles enviar mensajes tales como la disponibilidad sexual. Por ejemplo, ciertas sustancias en las secreciones vaginales de las hembras de mono contienen feromonas que estimulan el interés sexual en los machos de su especie.

Aunque parece razonable suponer que también los seres humanos se comunican mediante la liberación de feromonas, la evidencia todavía es muy escasa. Las secreciones vaginales de las mujeres contienen sustancias químicas similares a las que se hallan en los monos, pero sus olores no parecen estar relacionados con la actividad sexual. Por otra

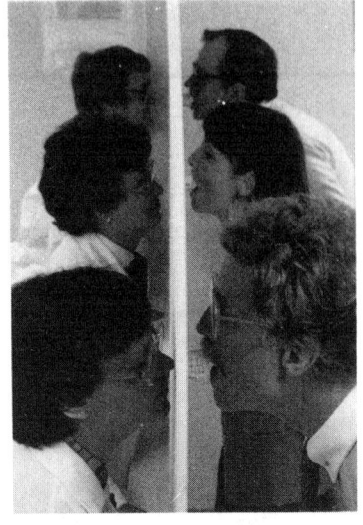

Voluntarios intrépidos como los que se ven a la izquierda demuestran que es posible diferenciar entre hombres y mujeres sólo por el olor de su aliento.

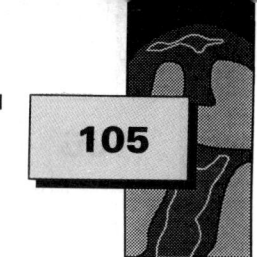
parte, la presencia de estas sustancias podría explicar por qué las mujeres que viven juntas durante largos periodos tienden a exhibir sincronización de sus ciclos menstruales (Engen, 1982, 1987). Además, las mujeres son capaces de identificar a sus bebés exclusivamente con base en su olor unas cuantas horas después del nacimiento (Porter, Cernich y McLaughlin, 1983).

Nuevas evidencias sorprendentes sugieren que una estructura pequeña que se encuentra adentro de cada fosa nasal puede ser la versión humana del órgano que detecta las feromonas en los animales. Aunque la evidencia es preliminar, sugiere que un sistema sensorial de feromonas puede ayudar a motivar comportamientos humanos básicos como la reproducción y el cuidado de los hijos (Takami y cols., 1993; Getchell y cols., 1993).

Gusto A diferencia del olfato, que emplea más de 1 000 tipos distintos de células receptoras, el sentido del gusto se las arregla sólo con un puñado de tipos básicos de receptores. La mayoría de los investigadores —aunque de ninguna manera todos— sugieren que células receptoras particulares se especializan en sabores dulce, agrio, salado y amargo. En su opinión, todos los demás sabores son sencillamente una combinación de estas cuatro cualidades básicas (McLaughlin y Margolskee, 1994).

Las células receptoras del gusto se localizan en las *papilas gustativas*, que se distribuyen a lo largo y ancho de la lengua. Sin embargo, su distribución no es uniforme, por lo cual determinadas áreas de la lengua son más sensibles a unos sabores básicos específicos que a otros (Bartoshuk, 1971). Como podemos ver en la figura 3.9, la punta de la lengua es más sensible a lo dulce. Por ejemplo, un grano de azúcar colocado en la parte trasera de la lengua difícilmente parecerá dulce. De modo similar, sólo los costados de la lengua son muy sensibles a los sabores agrios, mientras que la parte posterior se especializa en los sabores amargos.

Las distintas zonas de degustación de la lengua corresponden a diferentes áreas del cerebro. Las neuronas que responden a los sabores agrios y amargos se localizan en un extremo del área de la corteza correspondiente al gusto, en tanto que los sabores dulces estimulan neuronas del extremo opuesto de la corteza. En contraste, los sabores salados estimulan neuronas que se distribuyen a lo largo de toda el área del gusto en el cerebro (Yamamoto, Yuyama y Kawamura, 1981).

Es evidente que el gusto no opera de forma exclusiva a través de la lengua, como lo puede comprobar cualquiera que tenga la nariz tapada. El olfato, la temperatura, la textura y hasta la apariencia de la comida y la bebida son factores que afectan nuestra percepción del sabor. Debido a esto, los fabricantes de alimentos y bebidas evalúan en forma continua la calidad del sabor, olor y apariencia de sus productos para asegurar que se mantiene la calidad. Por ejemplo, la industria cervecera ha desarrollado una serie de criterios complejos para juzgar el calibre de su producto.

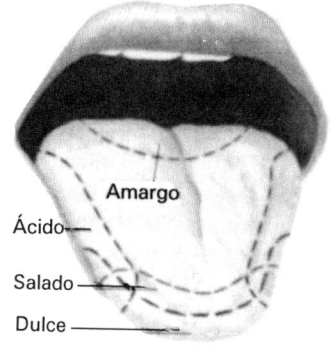

FIGURA 3.9 Ciertas áreas específicas de la lengua son sensibles a los sabores amargos, ácidos, dulces o salados.

Los sentidos de la piel: tacto, presión, temperatura y dolor

Piense en la situación de este niño, que nació con un raro defecto hereditario que lo hizo insensible al dolor:

Sus brazos y piernas están deformes y arqueados, como si hubiera padecido raquitismo. Le faltan algunos dedos. Una enorme herida abierta le cubre una de las rodillas y sus sonrientes labios están cortados de tanto mordérselos. Para todo el mundo tiene el aspecto de un niño maltratado... Sus dedos están molidos o quemados puesto que no retiró sus manos de cosas calientes o peligrosas. Sus huesos y articulaciones se han deformado dado que las sometía a esfuerzos excesivos al caminar o correr. Su rodilla estaba ulcerada a consecuencia de andar a gatas sobre objetos cortantes que no podía sentir. Si se rompe un hueso o se disloca la cadera, no lo sentiría lo suficiente como para pedir ayuda a gritos (Wallis, 1984, pp. 58, 60).

Es evidente que las consecuencias de una existencia sin dolor pueden ser tan devastadoras como las experimentadas por Jennifer Darling, cuya condición de dolor crónico se describió al principio de este capítulo. Por ejemplo, si usted nunca experimentara dolor, podría no percatarse de que su brazo ha rozado una cacerola caliente y es probable que sufriera una quemadura grave. De modo similar, sin la señal de alarma de un dolor estomacal que acompaña por lo general a un apéndice inflamado, su apéndice podría explotar y esparcir por su cuerpo una infección fatal. Estos ejemplos subrayan la vital importancia del sentido del dolor.

Sentidos de la piel: sentidos que incluyen el tacto, la presión, la temperatura y el dolor

De hecho, todos nuestros **sentidos de la piel** —tacto, presión, temperatura y dolor— desempeñan un papel de gran importancia para la supervivencia, indicándonos la existencia de posibles peligros para nuestros cuerpos. La mayor parte de estos sentidos funcionan a través de células nerviosas receptoras ubicadas a distintas profundidades en la piel, aunque no están distribuidas de manera uniforme. Cuando consideramos los receptores sensibles al tacto, por ejemplo, algunas áreas, como la punta de los dedos, poseen muchas más células y en consecuencia son mucho más sensibles. En contraste, áreas con menos células, como la parte central de la espalda, son mucho menos sensibles al tacto (Kreuger, 1989).

Posiblemente el sentido de la piel que ha sido investigado en mayor medida es el del dolor, ello por una buena razón: las personas acuden a los médicos e ingieren medicamentos para el dolor más que para cualquier otro síntoma o condición. Casi la tercera parte de la población de Estados Unidos tiene problemas de dolores persistentes o recurrentes. Y, como resultado del dolor, en cualquier momento dado alrededor de dos millones de per-

LOS CAMINOS DE LA PSICOLOGÍA

Mark Jensen

Multi-Disciplinary Pain Center, Seattle, Washington

Nació en: 1957
Educación: B.A., McAllister College, St. Paul, Minnesota; Ph.D., Arizona State University
Hogar: Seattle, Washington

En la preparatoria, Mark Jensen encontró transcripciones publicadas de sesiones de terapia realizadas por Fritz Perls, fundador de la psicología de la gestalt. En ese momento decidió que deseaba ser terapeuta.

Veinte años después ha logrado su objetivo. Es un psicólogo que atiende en el Multi-Disciplinary Pain Center del University of Washington Medical Center en Seattle, al igual que profesor asociado en el departamento de medicina de rehabilitación de la escuela de medicina.

El interés específico de Jensen en el dolor comenzó cuando cursaba estudios de posgrado. "Me pareció interesante porque hay muchas interrogantes sin respuesta. Pensé que sería un área rica para la investigación." Su razonamiento inicial resultó correcto y Jensen ha dedicado su carrera a investigar cómo manejan el dolor las personas.

"Nuestro interés primario es la asociación entre lo que las personas creen sobre sus cuerpos y cómo manejan los

Mark Jensen

síntomas del dolor y su funcionamiento", comentó. "Lo que encontramos en nuestra investigación es que hay asociaciones importantes entre estas variables. Estamos explorando si los cambios en las creencias y el afrontamiento tienen un impacto en el funcionamiento. Estamos tratando de identificar las creencias y las estrategias de afrontamiento más importantes, y de alterarlas de modo que los individuos que tratamos puedan hacer más y sentirse mejor para luchar contra el dolor.

Una creencia errónea, por ejemplo, es que experimentar dolor significa que

está ocurriendo un daño", explicó Jensen. "En su mayor parte esto no es cierto para el dolor crónico. Sin embargo, esta creencia puede impedir que los pacientes participen en estrategias de afrontamiento como el ejercicio debido al temor asociado con el dolor."

Alrededor de 150 pacientes, seleccionados entre 400 a 450 solicitantes, son tratados cada año en el centro. Como parte del tratamiento, Jensen dice que intenta lograr que los pacientes alteren sus creencias de que el dolor es una señal de que está ocurriendo un daño físico. "Tratamos de retroceder y observar todas las estrategias de afrontamiento que pueden influir en el funcionamiento", dijo.

"Los estudios muestran que los programas multidisciplinarios funcionan, con los pacientes funcionando mejor y reportando menos dolor", agregó. "Hasta el momento no estamos seguros de por qué es efectivo. Es por esto que nos encontramos probando la hipótesis de que el cambio proviene de la modificación de las creencias y estrategias de afrontamiento del paciente. Aunque estamos enfocándonos en los aspectos básicamente psicológicos del dolor, en realidad no se puede separar los aspectos fisiológicos. Cuando se cambia lo psicológico, se cambian las reacciones fisiológicas, y viceversa."

sonas en ese país están incapacitados para desempeñarse en forma normal (Vlaeyen, Geurts, Kole-Snijders, Schuerman, Groenman y van Eek, 1990; Jessell y Kelly, 1991).

Como con nuestros otros sentidos, la percepción del dolor no es una simple cuestión de una respuesta directa a ciertos tipos de estimulación. Algunas clases de dolor, como la que se experimenta en el momento del parto, son moderadas por la naturaleza alegre de la situación. Al mismo tiempo, incluso un estímulo menor puede producir la percepción de un dolor intenso si ocurre en el contexto de una visita al dentista llena de ansiedad. Es evidente, entonces, que el dolor es una respuesta perceptual que depende mucho de nuestras emociones y pensamientos (Fernández y Turk, 1992; Cioffi y Holloway, 1993; Turk, 1994; Novy, Nelson, Francis y Turk, 1995).

Algunas de las contradicciones implícitas en nuestras respuestas ante la estimulación capaz de evocar dolor son explicadas por la teoría del control de puertas. La **teoría del dolor basada en el control de puertas** sugiere que receptores nerviosos específicos conducen a áreas determinadas del cerebro que se relacionan con el dolor (Melzack y Wall, 1965; Wall y Melzack, 1989). Cuando estos receptores se activan a consecuencia de algún daño o problema en alguna de las partes del cuerpo, se abre una "puerta" hacia el cerebro, lo que permite que se experimente la sensación de dolor.

Sin embargo, otro conjunto de receptores neuronales es capaz, cuando se le estimula, de cerrar la "puerta" hacia el cerebro, con lo que se reduce la experiencia de dolor. La puerta se puede cerrar de dos modos distintos. En primer lugar, otros impulsos pueden saturar las vías nerviosas que se relacionan con el dolor, que están distribuidas a lo largo y ancho del cerebro (Talbot y cols., 1991). En este caso estímulos no dolorosos compiten con el mensaje neuronal del dolor y en ocasiones lo desplazan, con lo que se cancela el estímulo de dolor. Esto explica por qué masajear la piel alrededor de una herida ayuda a reducir el dolor. Los estímulos en competencia originados por el masaje pueden superar a los estímulos de dolor. De modo similar, la acción de rascarse es capaz de aliviar la comezón (a la que técnicamente se le clasifica como un tipo de estímulo doloroso).

Los factores psicológicos explican la segunda manera en la que se puede activar una puerta (Turk, 1994). Dependiendo de las emociones actuales, la interpretación de los acontecimientos y la experiencia previa de un individuo, el cerebro es capaz de cerrar una puerta por medio del envío de un mensaje a través de la médula espinal hacia un área dañada, lo cual produce una reducción o alivio del dolor. Así, los soldados que reciben heridas en batalla pueden no experimentar dolor alguno —situación sorprendente que se presenta en más de la mitad de las heridas en combate—. La falta de dolor probablemente ocurra debido a que un soldado experimenta tal alivio al saberse vivo todavía, que su cerebro envía una señal al lugar de la herida para cerrar la puerta del dolor (Sternbach, 1987; Willis, 1988; Baker y Kirsch, 1991).

De modo similar, la teoría del control de puertas puede explicar diferencias culturales en la experimentación del dolor. Algunas de estas variaciones son sorprendentes. Por ejemplo, en India, las personas que participan en el ritual del "balanceo con ganchos", para celebrar el poder de los dioses, tienen ganchos de metal clavados bajo la piel y los músculos de su espalda. Durante el ritual, se balancean colgados de un poste, suspendidos por los ganchos. Lo que al parecer debería producir un dolor insoportable, sólo genera un estado de celebración cercano a la euforia. De hecho, cuando se retiran los ganchos, las heridas sanan con rapidez y después de dos semanas prácticamente no quedan señales de ellas (Kosambi, 1967).

La teoría del control de puertas sugiere que la ausencia de dolor se debe a un mensaje emitido por el cerebro del participante, que cierra las vías del dolor. Puede ser que esta teoría también explique la eficacia de la *acupuntura*, una antigua técnica china en la que se clavan agujas afiladas en distintas partes del cuerpo. La sensación de las agujas puede cerrar la puerta de acceso al cerebro, reduciendo así la experiencia de dolor. También es posible que los analgésicos propios del cuerpo, las endorfinas (comentadas en el capítulo 2), así como las emociones positivas y negativas, desempeñen un papel significativo para abrir y cerrar las puertas del dolor (Wall y Melzack, 1984; Warga, 1987). (Para conocer a alguien que trata con el dolor en forma profesional, véase el recuadro *Los caminos de la psicología*.)

Teoría del dolor basada en el control de puertas: teoría que sostiene que receptores nerviosos específicos conducen a áreas determinadas del cerebro que se relacionan con el dolor; cuando estos receptores se activan a consecuencia de una herida o un mal funcionamiento corporal, se abre una "puerta" hacia el cerebro y se experimenta dolor

Recapitulación

- Los sentidos de la audición, el movimiento y el equilibrio se localizan en el oído.
- Las principales partes del oído son el oído externo (que incluye el canal auditivo y el tímpano), el oído medio (con el martillo, el yunque y el estribo) y la ventana oval que conduce al oído interno. El oído interno contiene el caracol, la membrana basilar y las células ciliares.
- Los aspectos físicos del sonido incluyen la frecuencia y la intensidad. Se cree que los procesos de lugar y de frecuencia operan en la transformación de las ondas sonoras en la experiencia del sonido.
- El sentido del equilibrio se localiza en los canales semicirculares y los otolitos del oído.
- Se sabe menos acerca de los sentidos del olfato, del gusto y de la piel (tacto, presión, temperatura y dolor) que acerca de la visión y la audición, aunque cada uno es muy complejo.

Revisión

1. El pasaje en forma de tubo que está en el oído externo se llama _____.

2. El propósito del tímpano es proteger los nervios sensitivos que se localizan debajo de él. No tiene ningún propósito en la audición real. ¿Cierto o falso?

3. ¿A qué parte del oído transmiten el sonido los tres huesecillos del oído medio?

4. ¿Qué teoría de la audición es la que sostiene que la totalidad de la membrana basilar responde a los sonidos, vibrando más o menos de acuerdo con la naturaleza del sonido?

5. Los tres tubos rellenos de fluido del oído interno responsables de nuestro sentido del equilibrio se conocen con el nombre de _____ _____.

6. Las sustancias químicas que producen determinada reacción en otros miembros de la especie se denominan _____.

7. La teoría _____-_____ sostiene que al activar determinados receptores de la piel como resultado de una herida, se abre una "vía" hacia el cerebro, lo cual permite que se experimente dolor.

Pregúntese a sí mismo

Se han realizado numerosas investigaciones acerca de la reparación de órganos de los sentidos que tengan defectos por medio de implantes cocleares, anteojos, etcétera. ¿Cree usted factible que la ciencia intentara, mediante estos mismos métodos, aumentar las capacidades sensoriales normales más allá de su alcance "natural" (como aumentar la capacidad del espectro visual o auditivo de los seres humanos)? ¿Qué beneficios obtendríamos con ello? ¿Qué problemas se podrían generar?

(Las respuestas a las preguntas de la revisión aparecen en la página 111.)

- *¿Cuáles son los principios subyacentes a nuestra organización del mundo visual que nos permiten dar sentido a nuestro ambiente?*
- *¿Cómo somos capaces de percibir el mundo en tres dimensiones, a pesar de que nuestras retinas sólo pueden captar imágenes en dos dimensiones?*
- *¿Cuáles son las claves que nos ofrecen las ilusiones ópticas acerca de nuestra comprensión general de los mecanismos de percepción?*

ORGANIZACIÓN PERCEPTUAL: CONSTRUIR NUESTRA VISIÓN DEL MUNDO

Considere la ilustración que se muestra en la figura 3.10*a* por un momento.

Pero, ¿es un jarrón? Véala de nuevo y en su lugar podrá distinguir el perfil de dos personas.

Ahora que se ha señalado una interpretación alternativa es probable que cambie entre las dos en forma alternada. La razón para estas inversiones es la siguiente: debido a que cada figura tiene dos dimensiones, los medios normales que utilizamos para distinguir la *figura* (el objeto que se percibe) del *fondo* (el fondo o espacios en el objeto) no funcionan.

El hecho de que podamos ver la misma figura en más de una forma ilustra un punto de importancia: no se trata de sólo responder pasivamente a los estímulos visuales que llegan hasta nuestras retinas. En lugar de ello, tratamos de forma activa de organizar y dotar de sentido a lo que vemos.

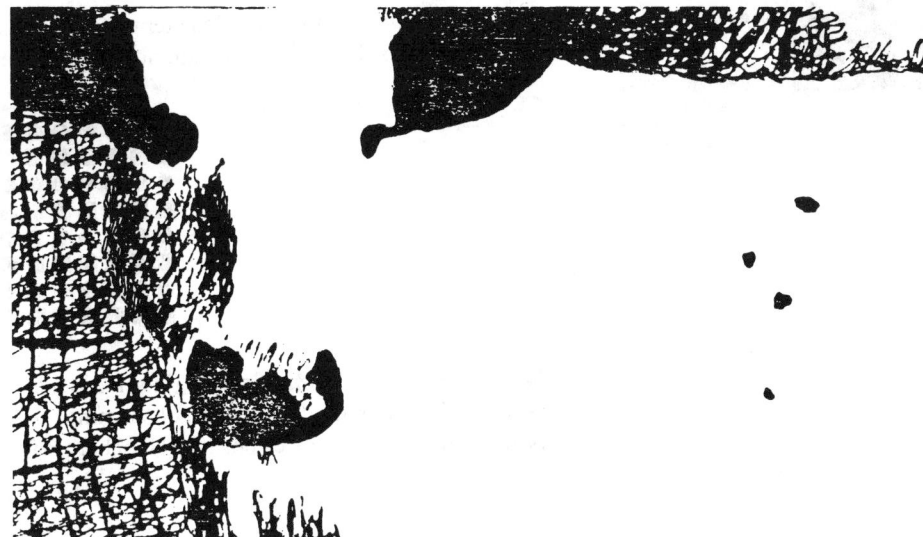

FIGURA 3.10 Cuando las claves que utilizamos para distinguir la figura del fondo están ausentes, podemos alternar constantemente entre diferentes vistas de la misma figura. Si ve cada una de las ilustraciones por suficiente tiempo, es probable que experimente un cambio en lo que está viendo. En la figura pequeña se usó el principio de figura y fondo para crear la imagen de una copa que pretende transmitir los perfiles de dos personas. En la figura grande podra ver la figura de una vaca si observa el dibujo bastante tiempo.

Ahora pasaremos de un énfasis en la respuesta inicial ante un estímulo (sensación) a lo que nuestras mentes hacen con ese estímulo: la percepción. Esta última es un proceso constructivo por medio del cual vamos más allá de los estímulos que se nos presentan e intentamos construir una situación significativa (Haber, 1983; Kienker y cols., 1986).

Leyes gestálticas de la organización

Algunos de los procesos perceptivos más básicos operan de acuerdo con una serie de principios que describen cómo organizamos trozos y porciones de información en unidades provistas de significado. A estos principios se les denomina **leyes gestálticas de la organización**, postuladas a principios de siglo por un grupo de psicólogos alemanes que se dedicaban al estudio de patrones o *gestalts* (Wertheimer, 1923). Ellos lograron descubrir diversos principios de importancia que son válidos para estímulos visuales (al igual que auditivos):

Leyes gestálticas de la organización: conjunto de principios que describen cómo organizamos trozos de información en unidades significativas; incluyen cierre, proximidad, semejanza y simplicidad

■ *Cierre*. Solemos agrupar en términos de figuras cerradas o completas, en lugar de figuras abiertas. Por lo tanto, tendemos a ignorar las discontinuidades de la figura que sigue y a concentrarnos en la forma general.

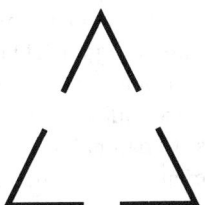

■ *Proximidad*. Tendemos a agrupar a los elementos que se encuentran más cerca entre sí. Como resultado, nos inclinamos a ver pares de puntos en lugar de una fila de puntos individuales en el siguiente patrón:

●● ●● ●● ●● ●● ●● ●● ●● ●●

■ *Semejanza*. Agrupamos a los elementos de apariencia similar. Así, abajo vemos filas horizontales de círculos y cuadrados en lugar de columnas verticales mixtas.

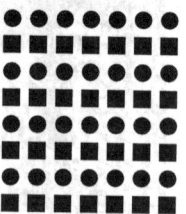

■ *Simplicidad (o buena figura)*. En sentido general, el principio gestáltico preponderante es el de simplicidad: cuando observamos un patrón, lo percibimos del modo más básico y directo que nos es posible (Hochberg, 1978).

Aunque la psicología de la gestalt ya no desempeña un papel prominente en la psicología contemporánea, su legado perdura. Por ejemplo, un principio gestáltico fundamental, el cual sigue siendo influyente, es que dos objetos considerados juntos forman un todo que es diferente de la combinación simple de los objetos. Los psicólogos de la gestalt afirmaban, de manera bastante convincente, que la percepción de los estímulos en nuestro ambiente va mucho más allá de los elementos individuales que sentimos. En su lugar, representa un proceso constructivo activo realizado dentro del cerebro. Ahí, los trozos de sensaciones son unidos para formar algo más grande, y más significativo, que los elementos separados.

Análisis de atributos: centrarse en las partes del todo

Análisis de atributos: percepción de una forma, patrón, objeto o escena por medio de la respuesta a los elementos individuales que la conforman

Un enfoque más reciente de la percepción, el **análisis de atributos**, estudia el proceso mediante el cual percibimos una forma, patrón, objeto o escena por medio de la reacción inicial ante los elementos que la conforman. Después se hace uso de estos componentes individuales para comprender la naturaleza general de lo que estamos percibiendo. El análisis de atributos comienza con la evidencia de que neuronas individuales del cerebro son sensibles a determinadas configuraciones espaciales, tales como ángulos, curvas, formas y los bordes, como se comentó antes en este capítulo. La presencia de estas neuronas sugiere que cualquier estímulo se puede desglosar en una serie de características componentes. Por ejemplo, la letra "R" es una combinación de una línea vertical, una línea diagonal y un semicírculo (véase la figura 3.11).

De acuerdo con el análisis de atributos, cuando nos encontramos con un estímulo —como una letra— el sistema de procesamiento perceptual de nuestro cerebro responde primero a sus partes componentes. Cada una de éstas es comparada con información acerca de los componentes que se encuentra almacenada en la memoria. Cuando los componentes específicos que percibimos corresponden a un conjunto determinado de componentes con que nos hayamos encontrado previamente, somos capaces de identificar el estímulo (Spillmann y Werner, 1990).

De acuerdo con algunas investigaciones, percibimos los objetos complejos en una manera similar a la forma en que experimentamos las letras simples, viéndolos en términos de sus elementos componentes. Por ejemplo, sólo 36 componentes fundamentales parecen ser capaces de producir más de 150 millones de objetos —más que suficiente

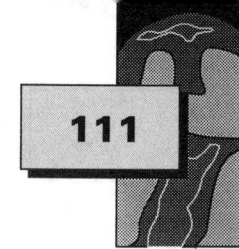
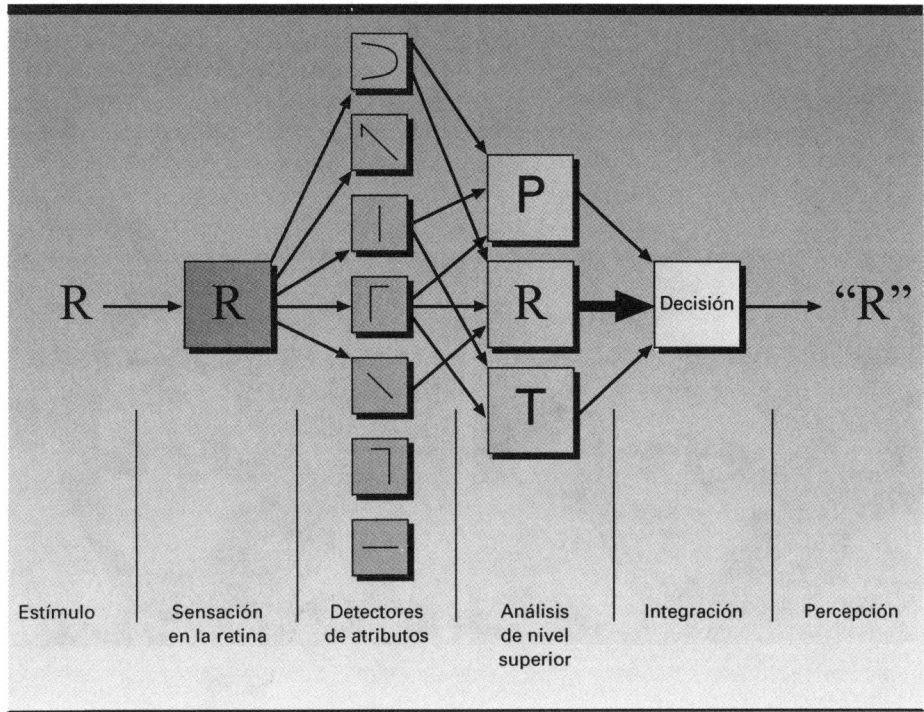

| Estímulo | Sensación en la retina | Detectores de atributos | Análisis de nivel superior | Integración | Percepción |

FIGURA 3.11 Según los enfoques de la percepción sugeridos por el análisis de atributos, descomponemos los estímulos en sus partes constitutivas y luego comparamos estas partes con información almacenada en la memoria. Cuando encontramos elementos coincidentes, somos capaces de identificar el estímulo. En este ejemplo se ilustra el proceso mediante el cual reconocemos la letra "R".

para describir los 30 000 objetos separados que puede reconocer la persona promedio—. Al final, estos atributos componentes se combinan en una representación del objeto completo en el cerebro. Ésta se compara con los recuerdos existentes, permitiéndonos por consiguiente identificar el objeto (Biederman, 1987, 1990).

La psicóloga Anne Treisman tiene una perspectiva diferente. Sugiere que la percepción de los objetos se entiende mejor en términos de un proceso de dos etapas. En la *etapa de preatención* nos centramos en las características físicas de un estímulo, como su tamaño, forma, color, orientación o dirección de movimiento. Esta etapa inicial requiere poco o ningún esfuerzo consciente. En la *etapa de atención focalizada* atendemos a características particulares de un objeto, seleccionando y enfatizando los atributos que al principio fueron considerados por separado (Treisman, 1988).

Por ejemplo, vea las fotografías que están de cabeza en la figura 3.12. Es probable que su primera impresión sea que está viendo dos fotografías parecidas de la *Mona Lisa*. Pero ahora véalas por su lado correcto y es probable que le sorprenda notar que una de ellas tiene características distorsionadas. Usando términos de Treisman, su exploración inicial de las fotografías tuvo lugar en la etapa de preatención. Sin embargo, cuando las volteó, de inmediato pasó a la etapa de atención focalizada, en la que pudo considerar con mayor cuidado la naturaleza verdadera de los estímulos.

La perspectiva de Treisman y otros enfoques del análisis de atributos plantean una interrogante misteriosa sobre la naturaleza fundamental de los procesos perceptuales: ¿la percepción se basa principalmente en la consideración de las partes componentes de un estímulo o está fundamentada sobre todo en la percepción de un estímulo en su conjunto? Es un problema que abordaremos a continuación.

RESPUESTAS A LA REVISIÓN ANTERIOR

1. canal auditivo   **2.** Falso; vibra cuando las ondas sonoras lo golpean y así transmite el sonido
3. Ventana oval   **4.** Teoría de la frecuencia   **5.** canales semicirculares   **6.** feromonas
7. del control de puertas

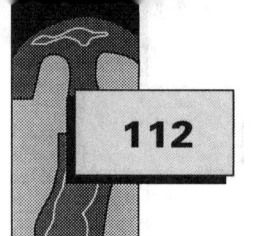

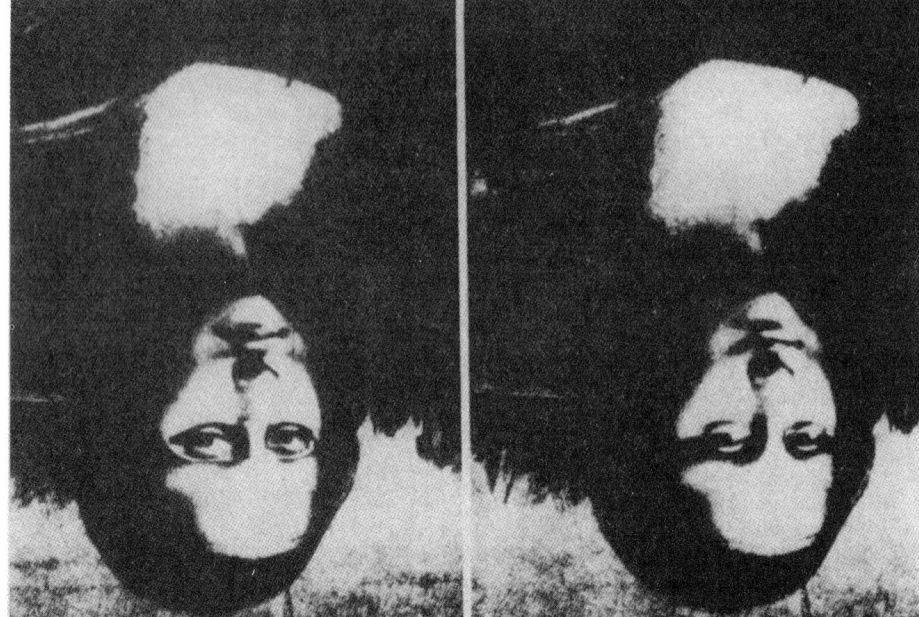

FIGURA 3.12 Estas ilustraciones parecen similares a primera vista porque sólo está activo nuestro proceso de preatención. Cuando son colocadas al derecho, se revela el detalle verdadero de las dos caras. (*Tomado de Julesz, 1986.*)

Procesamiento arriba-abajo y abajo-arriba

¿Pu-de -ee- es-e e-un-ia-o e- el -ue -al-a c-da -er-er- le-ra? Es probable que no le tome demasiado darse cuenta de que dice: "¿Puede leer este enunciado en el que falta cada tercera letra?"

Si la percepción se basara principalmente en descomponer un estímulo en sus elementos más básicos, la comprensión del enunciado, así como la de otros estímulos ambiguos, sería imposible. El hecho de que usted probablemente fuera capaz de reconocer un estímulo tan impreciso demuestra que la percepción transita por dos avenidas distintas, a las que se denomina procesamientos arriba-abajo y abajo-arriba.

En el **procesamiento arriba-abajo** se guía a la percepción por medio de un conocimiento, experiencia, expectativas y motivaciones de orden superior. Usted fue capaz de descubrir el sentido del enunciado al que le faltaban letras a consecuencia de su experiencia previa de lectura y gracias a que el español escrito contiene redundancias. No son necesarias todas las letras de cada palabra para descifrar su significado. Por otra parte, sus expectativas desempeñaron un papel en su capacidad de leer el enunciado. Posiblemente esperaba encontrar un enunciado que tuviera *algo* que ver con la psicología y no con la letra de una canción de Carlos Gardel.

El procesamiento arriba-abajo queda ilustrado por la importancia del contexto en la determinación de nuestra percepción de los objetos (Biederman, 1981). Por ejemplo, mire la figura 3.13. La mayoría de nosotros percibimos que la primera fila consta de las letras "A" hasta la "F", en tanto que la segunda consta de los números 10 al 14. Pero déle un vistazo más atento y se dará cuenta de que la "B" y el "13" son idénticos. Está claro que nuestra percepción está afectada por nuestras expectativas acerca de las dos secuencias, a pesar de que ambos estímulos son exactamente iguales.

El procesamiento arriba-abajo, que toma en cuenta nuestras expectativas y comprensión de la situación, debe llevarse a cabo a fin de que entendamos lo que estamos percibiendo. No obstante, el procesamiento arriba-abajo no puede ocurrir por sí mismo. Aunque este tipo de procesamiento nos permite llenar los huecos cuando se trata de estímulos ambiguos y fuera de contexto, seríamos incapaces de percibir el significado de dichos estímulos si no contáramos con el procesamiento abajo-arriba. El **procesamiento abajo-arriba** consiste en el reconocimiento y el procesamiento de información

Procesamiento arriba-abajo: percepción guiada por el conocimiento, la experiencia, las expectativas y las motivaciones

Procesamiento abajo-arriba: reconocimiento y procesamiento de información relativa a los componentes individuales de un estímulo

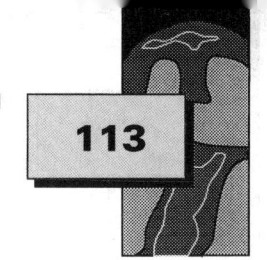

A, B, C, D, E, F
10, 11, 12, 13, 14

FIGURA 3.13 El poder del contexto queda ilustrado en esta figura. Note que la letra B y el número 13 son idénticos.

relativa a los componentes individuales de los estímulos. No lograríamos comenzar siquiera nuestro reconocimiento del enunciado si no fuéramos capaces de percibir las formas individuales que componen las letras. Por lo tanto, cierto tipo de percepción se produce al nivel de los patrones y las características de cada una de las letras individuales.

Debe resultar evidente que los procesamientos arriba-abajo y abajo-arriba ocurren de forma simultánea y que interactúan entre sí en nuestra percepción del mundo que nos rodea (Kimchi, 1992). El procesamiento abajo-arriba nos permite procesar las características fundamentales de los estímulos; el procesamiento arriba-abajo nos permite hacer que nuestra experiencia contribuya con la percepción. Así, a medida que aprendemos más acerca de los complejos procesos implicados en la percepción, desarrollamos una mejor comprensión de la forma en que nuestro cerebro interpreta continuamente la información proveniente de nuestros sentidos y nos permite dar respuestas adecuadas al ambiente.

Constancia perceptual

Piense en lo que ocurre cuando termina una conversación con una amiga y ella comienza a alejarse de usted. Mientras la observa caminar por la calle, la imagen en su retina se hace cada vez más pequeña. ¿Se pregunta por qué se está encogiendo?

Por supuesto que no. A pesar del cambio muy real en el tamaño de la imagen en la retina, usted incorpora a su pensamiento el conocimiento de que su amiga se está alejando de usted. Independientemente de lo lejos que se vaya y de lo pequeña que pueda volverse la imagen en su retina como consecuencia de la distancia, usted la sigue percibiendo con el mismo tamaño.

Su amiga no parece encogerse a causa de la constancia perceptual. La *constancia perceptual* es un fenómeno en el cual los objetos físicos se perciben como si fueran invariantes y consistentes, a pesar de que haya cambios en su apariencia o en el ambiente físico.

Uno de los ejemplos más dramáticos de la constancia perceptual se relaciona con la luna conforme va cambiando su posición en el firmamento. Cuando la luna aparece por vez primera en la noche, cercana al horizonte, parece enorme —mucho más grande que cuando está en lo alto del cielo, más tarde durante esa misma noche—. Puede habérsele ocurrido que el tamaño aparente de la luna era provocado porque está físicamente más cerca de la Tierra cuando aparece por primera vez. De hecho, ésta no es la razón en absoluto (Hershenson, 1989).

En lugar de ello, la luna parece ser más grande cuando está más cercana al horizonte a consecuencia de una aplicación equívoca de la constancia perceptual (Coren y Aks, 1990). Cuando la luna está cerca del horizonte, las claves perceptuales del terreno y de objetos tales como árboles en el horizonte producen una apreciación errónea de la distancia. Debido a que la constancia perceptual nos lleva a tomar en consideración esa distancia cuando vemos la luna, la percibimos relativamente grande. Por otra parte, cuando la luna está en lo alto del cielo la vemos a ella sola, por lo cual la constancia perceptual nos lleva a percibirla pequeña de forma relativa. Para comprobar lo anterior vea la luna cuando esté relativamente baja en el horizonte a través de un tubo de cartón; la luna parecerá "encogerse" de inmediato a su tamaño normal.

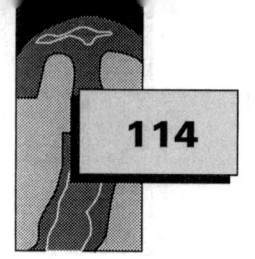

Aunque otros factores ayudan a explicar la ilusión de la luna, la constancia perceptual parece ser el ingrediente principal en nuestra susceptibilidad a la ilusión (Coren, 1989; Coren y Aks, 1990; Suzuki, 1991). Además, la constancia perceptual tiene lugar no sólo con relación al tamaño (como en la ilusión de la luna), sino también con los colores y las formas (por ejemplo, Brainard, Wandell y Chichilnisky, 1993). La imagen en nuestra retina varía conforme se acerca un avión, vuela sobre su cabeza y luego desaparece y sin embargo, no percibimos al avión como si cambiara de forma. En lugar de ello, lo percibimos sin cambios, a pesar de las variaciones físicas que se ocurren.

Percepción de la profundidad: convertir dos dimensiones en tres dimensiones

A pesar de la complejidad de la retina, las imágenes que se proyectan sobre ella son planas y de dos dimensiones. Sin embargo, el mundo que nos rodea tiene tres dimensiones y así es como lo percibimos. ¿Cómo realizamos la transformación de bidimensional a tridimensional?

La capacidad de ver el mundo en tres dimensiones y de percibir la distancia —una capacidad a la que se denomina *percepción de profundidad*— se debe en gran medida al hecho de que poseemos dos ojos. A consecuencia de que existe cierta distancia entre los ojos, una imagen ligeramente distinta llega a cada retina. Después, el cerebro integra estas dos imágenes en una visión compuesta. Mas no ignora la diferencia de las imágenes, a la que se conoce como *disparidad binocular.* La disparidad le permite al cerebro calcular la distancia a la que se encuentra un objeto.

Usted puede darse una idea de lo que es la disparidad binocular. Tome un lápiz con el brazo extendido y mírelo primero con un ojo y luego con el otro. Hay muy poca diferencia entre ambas imágenes con relación al fondo. Ahora ponga el lápiz a tan sólo unos diez centímetros de su cara y realice la misma acción. Esta vez percibirá una diferencia mucho mayor entre ambas imágenes.

El hecho de que la discrepancia entre las imágenes de los dos ojos varíe de acuerdo con la distancia de los objetos que vemos nos proporciona un medio para determinar la distancia. Si vemos dos objetos, y uno de ellos está mucho más cerca de nosotros que el otro, la disparidad en las retinas será relativamente grande y tendremos una mayor sensación de profundidad entre ambos. Por otra parte, si los dos objetos están a distancias similares de nosotros, la disparidad de las retinas será menor y los percibiremos como casi equidistantes de nosotros.

Los cineastas, cuyo medio de expresión los obliga a proyectar imágenes de sólo dos dimensiones, han intentado crear la ilusión de percepción de la profundidad mediante el empleo de dos cámaras ubicadas en sitios ligeramente distintos, para producir imágenes un tanto diferentes, cada una de ellas dirigida a uno de los ojos. En una película en tercera dimensión, ambas imágenes se proyectan de manera simultánea. Este artificio produce una imagen doble, a menos que se utilicen anteojos especiales a fin de que cada una de las imágenes sea percibida por el ojo que se desea que la detecte. Estos anteojos especiales —con los que están familiarizados los aficionados al cine desde la proyección de la primer película en tercera dimensión, *Bwana Devil*, en 1952— producen una genuina sensación de profundidad. Técnicas similares se están desarrollando para proyectar películas en tercera dimensión por televisión (Rogers, 1988).

En algunos casos, determinadas claves nos permiten obtener una sensación de profundidad y de la distancia con un ojo exclusivamente (Burnham, 1983). A estas claves se les denomina **claves monoculares.** Una clave monocular —el *paralaje de movimiento*— consiste en el cambio de posición de un objeto en la retina conforme la cabeza se mueve de lado a lado. El cerebro es capaz de calcular la distancia hasta el objeto por la cantidad de cambio en la imagen de la retina. De modo similar, la experiencia nos ha enseñado que si dos objetos tienen el mismo tamaño, el que presente la imagen más pequeña en la retina estará más lejos que el objeto que genere la imagen más grande, lo cual es un ejemplo de la clave monocular conocida como *tamaño relativo*.

Claves monoculares: señales que nos permiten percibir la distancia y la profundidad con un solo ojo

Por último, quienquiera que haya visto alguna vez las vías del tren unirse a la distancia sabe que los objetos lejanos parecen estar más cerca entre sí que los objetos cercanos, fenómeno denominado *perspectiva lineal*. Las personas utilizan la perspectiva lineal como clave monocular para el cálculo de la distancia, lo cual permite que la imagen de dos dimensiones en la retina registre el mundo tridimensional (Bruce y Green, 1990).

Percepción del movimiento: y sin embargo, se mueve

Cuando un bateador trata de golpear una pelota que le acaban de lanzar, el factor más importante es el movimiento de la pelota. ¿Cómo puede juzgar un bateador la velocidad y la ubicación de un blanco que se mueve a unos 144 kilómetros por hora?

La respuesta está, en parte, en distintas claves que nos proporcionan información importante acerca de la percepción del movimiento (Movshon y Newsome, 1992). Por una parte, el movimiento de un objeto que la retina percibe usualmente se relaciona con un fondo estable e inmóvil. Además, si el estímulo se acerca a nosotros, la imagen de la retina puede agrandar su tamaño, abarcando cada vez una mayor proporción del campo visual. En estos casos, suponemos que el estímulo se acerca, no que se trata de un estímulo que crece al cual se le ve a una distancia constante.

No obstante, no es sólo el movimiento de imágenes en la retina lo que genera la percepción del movimiento. Si así fuera, percibiríamos el mundo en movimiento cada vez que moviéramos la cabeza. En lugar de ello, uno de los aspectos más importantes que aprendemos de la percepción es el de descomponer en factores la información relativa a los movimientos de la cabeza y los ojos, junto con la información acerca de cambios en la imagen de la retina.

En algunos casos, el movimiento es tan rápido que somos incapaces de seguirlo. En esas situaciones podemos anticipar dónde habrá de quedar el objeto con base en nuestra experiencia previa. Por ejemplo, la medición por computadora de los lanzamientos de béisbol ha demostrado que casi todas las rectas que se lanzan en los partidos de ligas mayores van tan rápido que el ojo no es capaz de seguirlas. De hecho, si un bateador tratara de seguir una recta desde que la pelota sale de la mano del lanzador, la perdería de vista a unos 180 centímetros de distancia de la base del bateador (Bahill y Laritz, 1984). Las investigaciones sugieren que los buenos peloteros apartan sus ojos de la bola a la mitad de su recorrido y dirigen su visión más cerca de la base, en donde aguardan la llegada de la pelota para (eso esperan) batearla. Así, en lugar de confiar en los datos sensoriales brutos del viaje de la pelota —el fenómeno de la sensación— utilizan procesos perceptuales, valiéndose de lo que han aprendido para conjeturar cómo viajan las pelotas.

Ilusiones perceptuales: los engaños de las percepciones

Puesto que la vista sigue contornos agraciados, a menos que halaguemos su placer mediante alteraciones proporcionales de estas partes (de modo que por medio de ajustes neutralicemos la medida en la que es víctima de ilusiones), un aspecto extraño y sin gracia se le presentará a los espectadores (Vitruvius Pollio, 1960).

El fenómeno al que en lenguaje tan elegante se refiere Vitruvius, un arquitecto griego que vivió alrededor del año 30 a.C., consiste en que la gente no siempre ve el mundo con precisión. Por lo tanto, Vitruvius sostiene que debemos tomar en cuenta cómo el cerebro y los ojos de las personas perciben los edificios cuando diseñemos obras arquitectónicas.

Piense en el Partenón, una de las construcciones más célebres de la antigua Grecia. A pesar de que al ojo se le presenta recto y exacto, se le construyó con un lado pandeado.

Esta característica engaña a quienes lo ven y les hace pensar que está derecho. Si no estuviera pandeado en esa sección —y si careciera de otros tantos "trucos" como ése o como las columnas que se inclinan hacia adentro— parecería estar chueco y a punto de caerse.

El hecho de que el Partenón dé la impresión de estar completamente derecho, con líneas y ángulos rectos en cada una de sus esquinas, es el resultado de una serie de ilusiones ópticas. Las **ilusiones ópticas** son estímulos físicos que producen, de manera consistente, errores en la percepción. En el caso del Partenón, el edificio parecer estar completamente recto, como se ilustra en la figura 3.14*a*. Sin embargo, si se le hubiera construido de esa forma, lo veríamos como se nos presenta en la figura 3.14*b*. La razón de ello es la ilusión que se muestra en la figura 3.14*c*, que hace que los ángulos colocados sobre una línea parezcan estar pandeados. Para eliminar la ilusión, el Partenón se construyó como se ilustra en la figura 3.14*d*, con una ligera curvatura hacia arriba.

Este tipo de descubrimientos sobre la percepción no terminan con los griegos. Los arquitectos y los diseñadores modernos también toman en cuenta las distorsiones visuales cuando realizan sus planos. Por ejemplo, el Superdomo de Nueva Orleáns incorpora el empleo de diversos trucos visuales. Sus asientos varían de color a lo largo y ancho del estadio con el fin de presentar la apariencia, desde la distancia, que siempre está repleto. El alfombrado en algunos de los pasillos de entrada cuenta con bandas perpendiculares

FIGURA 3.14 Al erigir el Partenón, los griegos construyeron una maravilla arquitectónica que da la impresión de ser perfectamente recta, con ángulos rectos en todas sus esquinas, como en *a*). Sin embargo, si lo hubiesen construido con ángulos totalmente rectos, se habría visto como aparece en *b*), a causa de la ilusión óptica que se muestra en *c*). Para compensar el efecto de esta ilusión, se diseñó el Partenón de modo que tuviera una ligera curvatura hacia arriba, como se muestra en *d*). (*Coren y Ward, 1989, p. 5.*)

que hacen que la gente aminore su velocidad al producir la percepción de que la persona se mueve más rápidamente de lo que en realidad lo está haciendo. Esa misma ilusión se emplea en las casetas de cobro de las autopistas: las tiras pintadas en el pavimento al frente de las casetas de cobro hacen que los conductores sientan que se mueven a mayor velocidad de la que en realidad llevan, lo cual provoca que disminuyan su velocidad con mayor rapidez.

Las implicaciones de las ilusiones visuales van más allá del atractivo de los edificios. Por ejemplo, suponga que usted es un controlador de tráfico aéreo observando una pantalla de radar. Podría estar tentado a reclinarse hacia atrás y relajarse mientras dos aviones se acercan entre sí. Sin embargo, si lo hace, el resultado podría ser un desastre aéreo. Las investigaciones han sugerido que entre un 70 y un 80% de todos los accidentes aéreos son causados por errores humanos de una clase o de otra (O'Hare y Roscoe, 1990).

La situación de la ruta de vuelo es un ejemplo de una ilusión óptica bien conocida llamada *ilusión de Poggendorf*. Ésta es sólo una de las muchas que engañan al ojo en forma consistente (Perkins, 1983; Greist-Bousquet y Schiffman, 1986). Otra es la que se ilustra en la figura 3.15 llamada *ilusión de Müller-Lyer*. Aunque ambas líneas miden lo mismo, la que tiene las puntas de flecha hacia adentro (figura 3.15a, parte superior) parece ser más larga que la que tiene las puntas de flecha hacia afuera (figura 3.15a, parte inferior).

A pesar de que se ha sugerido todo tipo de explicaciones para las ilusiones ópticas, la mayoría de ellas se concentra en el aparato sensorial del ojo o en nuestra interpretación de una figura determinada. Las explicaciones que se dan a la ilusión de Müller-Lyer sugieren, por ejemplo, que los movimientos oculares son mayores cuando las puntas de la flecha apuntan hacia adentro, lo cual nos hace percibir la línea más larga que cuando las puntas de la flecha apuntan hacia afuera.

Otra evidencia sugiere que la ilusión puede ser atribuida a los errores de interpretación del cerebro. Por ejemplo, una de las hipótesis supone que la ilusión de Müller-Lyer es resultado del sentido que le damos a cada una de las líneas (Gregory, 1978). Cuando vemos la línea superior de la figura 3.15a, tendemos a percibirla como si se tratara de la esquina interna de un cuarto que se extendiera alejándose de nosotros, como se ilustra en la figura 3.15b. Por otra parte, cuando vemos la línea inferior de la figura 3.15a, la percibimos como la esquina exterior relativamente cercana de un objeto rectangular, como la esquina del edificio que aparece en la figura 3.15c. A consecuencia de que la

Algunos de los accidentes aéreos se deben a errores del piloto, posiblemente debido a ilusiones ópticas.

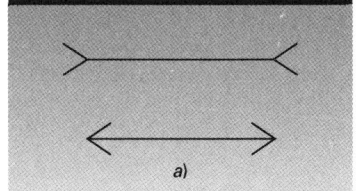

FIGURA 3.15 *a*) La ilusión de Müller-Lyer, en la que la línea horizontal superior parece más larga que la línea horizontal inferior. *b*) y *c*) Una explicación de la ilusión de Müller-Lyer sugiere que la línea con las puntas de flecha dirigidas hacia adentro se interpreta como la esquina interior de una habitación rectangular que se aleja de nosotros *b*), y la línea con las puntas de flecha que apuntan hacia afuera se ve como la esquina relativamente cercana de un objeto rectangular, como la esquina del edificio en *c*). Nuestra experiencia previa con claves de distancia nos lleva a suponer que la esquina exterior está más cerca que la esquina interior y que esta última debe, por lo tanto, ser más grande.

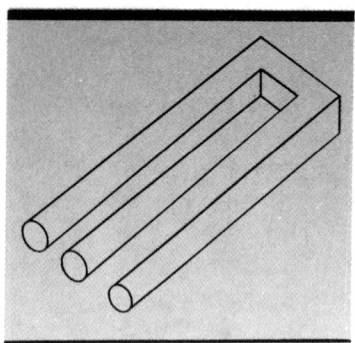

FIGURA 3.16 El "tenedor afinador del diablo" tiene tres dientes... ¿o tiene dos?

experiencia previa nos lleva a suponer que la esquina exterior está más cerca que la esquina interior, realizamos la suposición adicional de que la esquina interior por lo tanto debe ser más grande.

Dadas todas las suposiciones subyacentes, puede parecer poco probable que esta explicación sea válida. Sin embargo, existe una buena cantidad de evidencia convincente en su favor. Uno de los principales elementos de apoyo procede de estudios transculturales que muestran que la gente que fue criada en áreas en las que existen pocos ángulos rectos —como la región habitada por los zulúes en África— es mucho menos susceptible a esta ilusión que las personas que crecen en lugares en que la mayor parte de las estructuras se construyen mediante el empleo de rectángulos y ángulos rectos (Segall, Campbell y Herskovits, 1966).

Exploración de la diversidad

Cultura y percepción

Como indica el ejemplo de los zulúes, la cultura particular en la que somos criados tiene consecuencias claras para las formas en que percibimos el mundo. Considere el dibujo de la figura 3.16. A veces llamado el "tenedor afinador del diablo", es probable que produzca un efecto que haga vacilar a la mente, ya que el diente central del tenedor aparece y desaparece en forma alternada.

Ahora trate de reproducir el dibujo en un trozo de papel. Las probabilidades son que la tarea le resulte casi imposible —a menos que sea integrante de una tribu africana con poca exposición a las culturas occidentales—. Para dichos individuos, la tarea es simple; no tienen problema para reproducir la figura. La razón parece ser que los occidentales interpretan de manera automática el dibujo como algo que no puede existir en tres dimensiones y por consiguiente se ven inhibidos para reproducirlo. Los miembros de tribus africanas, por otra parte, no hacen la suposición de que la figura es "imposible" y en vez de ello la ven en dos dimensiones, lo cual les permite copiar la figura con facilidad (Deregowski, 1973).

Las diferencias culturales también se reflejan en la percepción de la profundidad. Un occidental que viera la figura 3.17 interpretaría el dibujo como uno en el que el cazador está apuntándole al antílope en el primer plano mientras un elefante está parado debajo del árbol en el fondo. Sin embargo, un integrante de una tribu africana aislada,

FIGURA 3.17 ¿El hombre le está apuntando al elefante o al antílope? Los occidentales asumen que las diferencias de tamaño entre los dos animales indican que el elefante está más lejos y por consiguiente el hombre está apuntándole al antílope. Por otra parte, los miembros de algunas tribus africanas, no acostumbrados a las claves de profundidad en dibujos bidimensionales, asumen que el hombre está apuntándole al elefante. (*Dibujo basado en Deregowski, 1973.*)

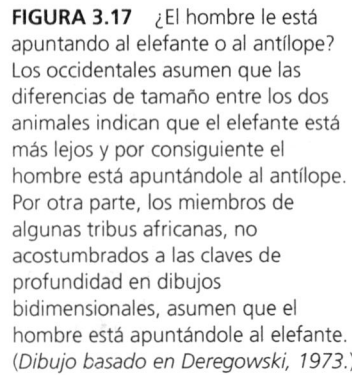

interpreta la escena de manera muy diferente suponiendo que el cazador está apuntando al elefante. Los occidentales usan la diferencia de tamaño entre los dos animales como una clave de que el elefante está más lejos que el antílope (Hudson, 1960).

Por lo tanto, las interpretaciones equívocas generadas por las ilusiones ópticas se deben, en última instancia, a errores tanto de procesamiento visual fundamental como de la forma en que el cerebro interpreta la información que recibe. Pero las ilusiones ópticas ilustran asimismo un dato fundamental acerca de la percepción, que las convierte en algo más que meras curiosidades psicológicas. Existe una conexión básica entre nuestro conocimiento previo, necesidades, motivaciones y expectativas acerca del modo en que está conformado el mundo y la manera en que lo percibimos. Así las cosas, nuestra visión del mundo en gran medida está en función de factores psicológicos básicos. Además, cada uno de nosotros percibe el entorno de un modo único y especial —hecho que nos permite a cada uno hacer nuestra propia contribución especial al mundo—.

Percepción subliminal y otras controversias perceptuales

¿Puede elevar su autoestima o mejorar su memoria por medio de la percepción subliminal? Es probable que no —aunque puede hacer que usted *piense* que se siente mejor y que recuerda más.

La **percepción subliminal** se refiere a la percepción de mensajes de los cuales no nos percatamos. El estímulo puede ser una palabra, un sonido o incluso un olor que activa al sistema sensorial pero que no es lo bastante intenso como para que la persona reporte que lo ha experimentado. Por ejemplo, las personas pueden reportar que no les es posible percibir una palabra mostrada en forma momentánea en una pantalla frente a ellas. Más tarde, sin embargo, pueden comportarse en una forma que indica que en realidad la vieron, proporcionando evidencia para la percepción subliminal. De manera específica, algunos experimentos han mostrado que las personas que son expuestas con mucha brevedad a una etiqueta descriptiva que no pueden reportar haber visto más tarde forman impresiones que están influidas por la etiqueta a la que estuvieron expuestos (Bargh y Pietromonaco, 1982; Merikle, 1992).

Pero, ¿esto significa que los mensajes subliminales pueden conducir en realidad a cambios significativos en las actitudes o el comportamiento? La evidencia más reciente sugiere que no. En un experimento bien controlado, el psicólogo Anthony Greenwald y sus colegas dieron a voluntarios que deseaban mejorar su autoestima o su memoria grabaciones que habían sido compradas con tres fabricantes (Greenwald, Spangenberg, Pratkanis y Eskensai, 1991). El contenido audible de las cintas consistía en música clásica, popular o sonidos de olas o bosques. Sin embargo, de acuerdo con los fabricantes, mensajes sonoros subliminales relevantes para el mejoramiento de la autoestima o de la memoria eran repetidos suavemente en las cintas.

Para probar por completo los efectos de los mensajes, los experimentadores manipularon las etiquetas en algunas de las cintas. En consecuencia, algunos participantes que pensaban que estaban obteniendo una cinta para mejorar la autoestima en realidad recibían una cinta para mejorar la memoria, y a otros que recibían una cinta etiquetada como si fuera para mejorar la memoria en realidad se les daba una diseñada para mejorar la autoestima. Algunos sujetos, por supuesto, recibieron cintas etiquetadas en forma correcta.

Los resultados fueron claros. Después de un mes de uso, ni la cinta para autoestima ni la de la memoria habían tenido ningún efecto en la autoestima o la memoria reales. Lo que importó, sin embargo, fue la etiqueta en la cinta. Los participantes que pensaron que habían recibido una cinta de autoestima (fuera en realidad una cinta de autoestima o una para la memoria) tendieron a reportar una mejora en su autoestima. Aquellos que pensaron haber escuchado una cinta para la memoria tendieron a reportar que su memoria había mejorado, sin importar la naturaleza verdadera de la cinta.

En síntesis, los mensajes subliminales contenidos en las cintas al parecer no tuvieron consecuencias reales. Esta conclusión se suma al estado de nuestro conocimiento

Percepción subliminal: la percepción de mensajes sobre los que la persona no se da cuenta

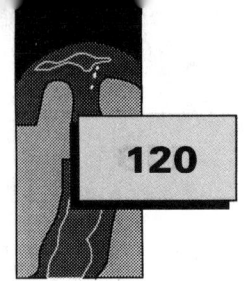

sobre la percepción subliminal. Aunque somos capaces de percibir al menos algunos tipos de información de los que no nos percatamos, esta información parece tener pocas consecuencias.

Aún así, continúan haciéndose declaraciones sobre la efectividad de los mensajes subliminales. Por ejemplo, los padres de dos muchachos que se suicidaron demandaron al grupo de rock Judas Priest debido a los pretendidos mensajes subliminales contenidos en su música (Neely, 1990). Los padres sostenían que sus hijos se habían matado después de escuchar en forma repetida un mensaje subliminal que decía "¡Hazlo!" en una canción cuya letra expone la inutilidad de la vida. El juez y el jurado estuvieron en desacuerdo, al igual que la mayoría de los psicólogos.

Percepción extrasensorial (PES)   Dada la evidencia menos que impresionante que apoya la percepción subliminal, los psicólogos son aún más escépticos con los reportes de *percepción extrasensorial,* o *PES* —percepción que no implica a nuestros sentidos conocidos—. La mayoría de los psicólogos rechaza la existencia de la PES, afirmando que no hay documentación bien fundada de que el fenómeno exista (Swets y Bjork, 1990; Hyman, 1994).

Sin embargo, un debate reciente en una de las revistas especializadas en psicología más prestigiadas, *Psychological Bulletin,* ha aumentado el interés en el área. De acuerdo con un artículo de Daryl Bem y Charles Honorton, existe evidencia confiable para lo que ellos llaman "proceso anómalo de transferencia de información", o *psi,* una forma de PES (Bem y Honorton, 1994). Bem y Honorton afirman que un cuerpo acumulativo de investigaciones muestra un apoyo confiable para la existencia de psi cuando se usa un método llamado "procedimiento Ganzfeld".

El procedimiento Ganzfeld emplea un transmisor que es expuesto a un estímulo, como una obra de arte, una fotografía o una secuencia videograbada, durante unos 30 minutos. En otra habitación, un receptor aislado es sentado en una silla cómoda y es protegido de estimulación extraña cubriéndole los ojos y tapándole los oídos con audífonos que reproducen una estática constante. Mientras los transmisores se concentran en lo que están viendo, los receptores dan un relato verbal sucesivo de sus pensamientos durante el periodo de 30 minutos. Al final del periodo, de manera típica se les presentan a los receptores cuatro estímulos y se les pide que escojan cuál se parece más a lo que experimentaron durante el periodo de recepción. Debido a que, tras muchos ensayos usando el procedimiento Ganzfeld, algunos receptores han escogido con éxito el estímulo correcto en una proporción que está ligeramente por encima de lo que se podría esperar sólo por azar, Bem y Honorton sugieren que la evidencia apoya la existencia de psi.

Su conclusión ha sido puesta en duda en varios aspectos. Por ejemplo, un crítico sugirió que la metodología de investigación en los estudios que revisó era inadecuada, y que los experimentos específicos que apoyan a la psi no incluyen formas aceptables de aleatorización en la presentación de los estímulos (Hyman, 1994).

Debido a las dudas sobre la calidad de la investigación, así como a la falta de cualquier explicación teórica creíble respecto a la manera en que podría llevarse a cabo la percepción extrasensorial, la mayoría de los psicólogos continúan creyendo que no hay apoyo científico confiable para la PES. Aún así, es probable que el intercambio reciente en *Psychological Bulletin* aumente el debate. De mayor importancia, es probable que el interés renovado en la PES inspire más investigaciones, la única forma en que puede resolverse la cuestión.

El consumidor de psicología bien informado

El manejo del dolor

El dolor —sea una sensación palpitante, punzante, picante, lacerante o quemante— es una sensación que no puede ser pasada por alto con facilidad. Cuando el dolor ataca, es probable que busquemos cualesquier remedios que tengamos a la mano, desde tomar un analgésico hasta remojarnos en una tina con agua caliente.

Para algunas víctimas, como Jennifer Darling (cuyo caso fue considerado al principio del capítulo), el dolor nunca cesa. Debido a enfermedad, lesiones o procedimientos médicos, o a veces por razones desconocidas, algunas personas sufren de un dolor crónico persistente. Para combatirlo, al igual que tipos más comunes, los psicólogos y médicos especialistas han diseñado varias estrategias de la clase mencionada antes en el capítulo en el recuadro *Los caminos de la psicología* que describe el trabajo de Mark Jensen.

Entre los enfoques más importantes para luchar contra el dolor crónico están los siguientes (Druckman y Bjork, 1991; Turk y Melzack, 1992; Turk y Nash, 1993; Lang y Patt, 1994; Turk, 1994):

■ *Medicación.* Los fármacos analgésicos son el tratamiento más popular para combatir al dolor. Van desde aquellos que tratan en forma directa la fuente del dolor —como reducir la inflamación en articulaciones adoloridas— hasta aquellos que actúan sobre los síntomas del dolor. Más aún, los medicamentos que reducen el dolor ahora son recetados a veces en forma rutinaria, incluso antes del inicio de cualquier dolor en un esfuerzo por reducir su impacto después de la cirugía. La investigación sugiere que en estos casos los pacientes en realidad terminan tomando menos medicamentos contra el dolor que aquellos que esperan hasta la presencia del dolor (U.S. Public Health Service, 1992).

■ *Estimulación nerviosa y cerebral.* El alivio del dolor puede ocurrir en ocasiones cuando se pasa una corriente eléctrica de bajo voltaje por la parte específica del cuerpo que duele. En casos aún más graves, pueden implantarse quirúrgicamente electrodos en forma directa en el cerebro y un paquete de baterías manual puede estimular a las células nerviosas para proporcionar un alivio directo (Barbaro, 1988). Este proceso, empleado en el caso de Jennifer Darling, es conocido como *estimulación nerviosa eléctrica transcutánea o ENET.*

■ *Hipnosis.* Para aquellas personas que pueden ser hipnotizadas, este método puede producir un grado mayor de alivio del dolor (Spiegel, 1987; Erickson, Hershman y Secter, 1990).

■ *Retroalimentación biológica y técnicas de relajación.* Como se expuso en el capítulo anterior, la retroalimentación biológica es un proceso en el que las personas aprenden a controlar funciones "involuntarias" tales como el ritmo cardiaco y la respiración. Si el dolor implica a los músculos, como en las jaquecas tensionales o el dolor de espalda, la retroalimentación biológica puede ser útil (Dolce y Raczynski, 1985). Por medio de la retroalimentación biológica y el uso de otras técnicas, las personas pueden ser entrenadas para relajar sus cuerpos de manera sistemática. Esta relajación a menudo es efectiva para disminuir el dolor causado por tensión.

■ *Cirugía.* Uno de los métodos más extremos, la cirugía, puede usarse para cortar ciertas fibras nerviosas que transmiten mensajes de dolor al cerebro. Aún así, debido al riesgo de que otras funciones corporales puedan resultar afectadas, la cirugía es un tratamiento de último recurso.

■ *Reestructuración cognitiva.* Las personas que se dicen de manera continua a sí mismas: "Este dolor nunca cesará", "El dolor está arruinando mi vida" o "No aguanto más" es probable que empeoren aún más su dolor. Como se expondrá en el capítulo 13, al sustituirlo por formas más positivas de pensamiento, las personas pueden incrementar su sentido de control, y en realidad reducir el grado de dolor que experimentan. Enseñar a las personas a reescribir el "argumento" que controla su reacción ante el dolor por medio de terapia puede dar como resultado reducciones significativas en la percepción del dolor (Heyneman, Fremouw, Gano, Kirkland y Heiden, 1990; Turk y Nash, 1993).

Si desea aprender más sobre el dolor crónico, puede consultar a la American Chronic Pain Association, P.O. Box 850, Rocklin, California 95677. Además, muchos hospitales tienen clínicas del dolor que se especializan en su tratamiento. No obstante, debe asegurarse, en caso de que se trate en Estados Unidos, de que la clínica a la que acude está aprobada por la Commission for the Accreditation of Rehabilitative Facilities o la Joint Commission on the Accreditation of Health-Care Organizations.

Recapitulación

- Las personas no responden pasivamente a los estímulos visuales; en lugar de ello, tratan de separar una figura determinada del fondo.
- Entre las leyes gestálticas de la organización se encuentran la de cierre, la de proximidad, la de semejanza y la de simplicidad.
- El análisis de atributos considera cómo las personas perciben un estímulo, lo descomponen en los elementos individuales que lo constituyen y luego emplean a éstos para comprender aquello que ven.
- La percepción tiene lugar a través de procesamientos arriba-abajo y abajo-arriba.
- La percepción de la profundidad tiene lugar a consecuencia de la disparidad binocular, del paralaje del movimiento y del tamaño relativo de las imágenes de la retina. La percepción del movimiento es el resultado del desplazamiento de las imágenes a lo largo de la retina, combinado con información sobre los movimientos de la cabeza y de los ojos.
- Las ilusiones ópticas son estímulos físicos que producen consistentemente errores de percepción. Entre las más comunes se encuentran la ilusión de Poggendorf y la ilusión de Müller-Lyer.
- La percepción subliminal y la percepción extrasensorial siguen siendo asuntos controvertidos.

Revisión

1. Relacione cada una de las siguientes leyes de organización con su significado:
   1. Los elementos cercanos entre sí se agrupan.
   2. Los patrones se perciben de la manera más básica y directa que sea posible.
   3. Las agrupaciones se hacen con base en figuras completas.
   4. Los elementos de aspecto similar se agrupan.

   a. Cierre
   b. Proximidad
   c. Semejanza
   d. Simplicidad
2. El análisis _____ está relacionado con el modo en que descomponemos un objeto en las partes que lo conforman con el fin de comprenderlo.

3. El procesamiento que toma en cuenta funciones superiores como las expectativas y las motivaciones se denomina procesamiento _____, en tanto que el que implica el reconocimiento de los componentes individuales de un estímulo se conoce como procesamiento _____.
4. Cuando pasa un automóvil por la carretera y parece encogerse conforme se aleja, ¿cuál es el fenómeno perceptual que le permite darse cuenta de que el automóvil no se está haciendo más pequeño, sino que se está alejando?
5. _____ es la capacidad de ver el mundo en tres dimensiones en lugar de dos.
6. Los ojos usan una técnica conocida como _____, la cual usa las imágenes diferentes que ve cada ojo para darle tres dimensiones a la visión.
7. Relacione las claves monoculares con sus definiciones:
   1. Tamaño relativo
   2. Perspectiva lineal
   3. Paralaje del movimiento

   a. Las líneas rectas parecen juntarse a medida que se alejan.
   b. Un objeto cambia de posición en la retina conforme se mueve la cabeza.
   c. Si dos objetos tienen el mismo tamaño, el que produzca la imagen más pequeña en la retina es el más lejano.
8. ¿Cuál de las siguientes explicaciones *no* se ha propuesto como una explicación de por qué percibimos ilusiones ópticas?
   a. Variaciones en el aparato sensorial del ojo
   b. Escasa distancia entre los globos oculares
   c. Errores de interpretación cometidos por el cerebro
   d. Experiencia de aprendizaje previa

Pregúntese a sí mismo

Tal como se dijo en nuestra exposición de las ilusiones ópticas, la gente de otras culturas no está sujeta al mismo tipo de ilusiones que nosotros y viceversa. Contando con esta información, se le pide que guíe a un aborigen australiano por un recorrido a pie por la capital del país. ¿Qué problemas podrían presentarse? ¿Cómo los superaría? ¿Cree usted que aprendería algo de una experiencia semejante?

(Las respuestas a las preguntas de la revisión aparecen en la página 124.)

¿Qué es la sensación y cómo la estudian los psicólogos?

1. La sensación es la estimulación de los órganos sensoriales que se produce mediante el contacto inicial con los estímulos (tipos de energía que activan un órgano sensorial). En contraste, la percepción es el proceso por el que organizamos, interpretamos, analizamos e integramos los estímulos a los que están expuestos nuestros sentidos. La sensación ha sido investigada de manera tradicional por la rama de la psicología a la que se denomina psicofísica, que estudia las relaciones que existen entre la naturaleza física de los estímulos y las respuestas sensoriales que una persona presenta ante ellos.

¿Cuál es la relación que existe entre la naturaleza de un estímulo físico y los tipos de respuestas sensoriales que se originan a partir del estímulo?

2. Un área importante de la psicofísica es el estudio del umbral absoluto, la cantidad mínima de intensidad física por la que se puede detectar a un estímulo. A pesar de que bajo condiciones ideales

los umbrales absolutos son en extremo sensibles, la presencia de ruido (estímulos de fondo que interfieren con otros estímulos) reduce las capacidades de detección. Más aún, factores tales como las expectativas y las motivaciones de un individuo afectan el éxito de la detección de estímulos. En la actualidad se emplea la teoría de la detección de señales para predecir la precisión de los juicios mediante la apreciación sistemática de dos tipos de errores cometidos por los observadores: informar acerca de la presencia de un estímulo cuando no existe ninguno, e informar acerca de la ausencia de estímulos cuando sí hay uno presente.

3. Los umbrales diferenciales están relacionados con la divergencia mínima que se puede percibir entre dos estímulos, a la que se denomina diferencia apenas perceptible. De acuerdo con la ley de Weber, una diferencia apenas perceptible es una proporción constante de la intensidad de un estímulo inicial.

4. La adaptación sensorial tiene lugar cuando nos acostumbramos a un estímulo constante y modificamos nuestra evaluación de éste. La exposición reiterada a un estímulo produce un declive aparente de la sensibilidad a él.

¿Cuáles son los procesos básicos que subyacen al sentido de la visión?

5. La experiencia sensorial humana va mucho más allá de los cinco sentidos tradicionales, aunque se sabe más sólo sobre dos: la visión y la audición. La visión depende de la sensibilidad a la luz, que no es más que ondas electromagnéticas reflejadas por los objetos externos a nuestro cuerpo. El ojo moldea la luz para formar una imagen que se transforma en impulsos nerviosos que el cerebro debe interpretar.

6. Cuando la luz entra en el ojo, se desplaza a través de la córnea y atraviesa la pupila, que es un orificio oscuro en el centro del iris. El tamaño de la abertura de la pupila se ajusta dependiendo de la cantidad de luz que penetra en el ojo. La luz pasa después al cristalino, el cual, por medio de un proceso denominado acomodación, actúa para enfocar los rayos luminosos hacia la parte posterior del ojo, en donde se encuentra la retina, que se compone de células nerviosas sensibles a la luz: los bastones y los conos. Estos dos se hallan distribuidos desigualmente a lo largo y ancho de la retina, y la mayor concentración de conos tiene lugar en un sitio al que se denomina fóvea. Debido al fenómeno de la adaptación, requiere tiempo ajustarse a situaciones que son más oscuras que el ambiente previo.

7. La información visual recabada por los bastones y los conos se transfiere por medio de las células bipolares y ganglionares a través del nervio óptico, que conduce hasta el quiasma óptico —punto donde se divide el nervio óptico—. Dado que la imagen de la retina está invertida y de cabeza, las imágenes de la mitad derecha de la retina corresponden en realidad al campo de visión ubicado a la izquierda de la persona y viceversa.

¿Cómo vemos los colores?

8. La visión de los colores parece estar basada en dos procesos, uno descrito por la teoría tricromática, y el otro por la teoría de los procesos opuestos. La primera sugiere que en la retina existen tres tipos de conos, cada uno de los cuales responde a determinada gama de colores. La segunda sostiene que en el ojo existen pares de células de distintos tipos. Estas células funcionan en oposición unas de otras.

¿Qué papel desempeña el oído en los sentidos de la audición, el movimiento y el equilibrio?

9. El sonido, el movimiento y el equilibrio se concentran en el oído. Los sonidos, en forma de ondas vibrantes de aire, penetran por el oído externo y viajan por el canal auditivo hasta que llegan al tímpano. Las vibraciones del tímpano se transmiten al oído medio, que consta de tres huesecillos: martillo, yunque y estribo. Éstos transmiten las vibraciones a la ventana oval, una membrana delgada que conduce al oído interno. En el oído interno, las vibraciones llegan hasta el caracol, que contiene a la membrana basilar. Las células ciliares de la membrana basilar transforman la energía mecánica de las ondas sonoras en impulsos nerviosos que se transmiten al cerebro. Además de procesar el sonido, el oído está implicado en el sentido del equilibrio y del movimiento por medio de los canales semicirculares y los otolitos.

10. El sonido posee diversas características de importancia. Una de ellas es la frecuencia, o número de crestas de onda que tienen lugar en un segundo. Las diferencias de frecuencia entre las ondas sonoras producen los distintos tonos. Otro aspecto importante del sonido es la intensidad, o variaciones de presión producidas por una onda que se desplaza a través del aire. La intensidad se mide en decibeles. La teoría del lugar y la teoría de la frecuencia explican los procesos mediante los cuales distinguimos los sonidos de distinta frecuencia e intensidad.

¿Cómo funcionan el olfato y el gusto?

11. Se sabe mucho menos acerca de los sentidos del olfato, del gusto y de los sentidos de la piel que acerca de la vista y el oído. De todas formas, es evidente que el olfato utiliza células olfatorias (células receptoras de la nariz) y que el gusto se concentra en las papilas gustativas de la lengua, las cuales son capaces de detectar combinaciones de sabores dulces, agrios, salados y amargos.

¿Cuáles son los sentidos de la piel y cómo se relacionan con la experiencia del dolor?

12. Los sentidos de la piel son responsables de las experiencias del tacto, la presión, la temperatura y el dolor. Se sabe más sobre el dolor, el cual puede explicarse por la teoría del control de puertas. Ésta sugiere que receptores nerviosos particulares conducen a áreas específicas del cerebro relacionadas con el dolor. Cuando estos receptores son activados, se abre una "puerta" hacia el cerebro, permitiendo que se experimente la sensación de dolor. Además, otro conjunto de receptores, cuando es estimulado, cierra la puerta, reduciendo por consiguiente la experiencia del dolor. Las endorfinas, analgésicos internos, también pueden afectar la operación de la puerta.

13. Entre las técnicas usadas con mayor frecuencia para aliviar el dolor están la administración de fármacos, la hipnosis, la retroalimentación biológica, las técnicas de relajación, la cirugía, la estimulación de los nervios y del cerebro y la reestructuración cognitiva.

¿Cuáles son los principios subyacentes a nuestra organización del mundo visual que nos permiten dar sentido al propio ambiente?

14. Las investigaciones relativas a las discrepancias entre figura y fondo demuestran que la percepción es un proceso constructivo en el cual las personas van más allá de los estímulos presentes físicamente e intentan construir una situación significativa. La percepción sigue las leyes gestálticas de organización. Éstas proporcionan una serie de principios por medio de los cuales organizamos fragmentos de información para formar unidades significativas, conocidas como gestalts. Entre las leyes más importantes están las de cierre, proximidad, semejanza y simplicidad. Los psicólogos gestálticos demostraron de manera convincente que la percepción sigue la siguiente regla general: "el todo es mayor que la suma de sus partes".

15. El análisis de atributos toma en cuenta cómo consideramos una forma, patrón, objeto o escena con base en los elementos individuales que lo conforman. Estos atributos componentes se combinan en una representación del objeto completo en el cerebro. Por último, esta combinación de atributos se compara con recuerdos previos, lo cual permite que se realice la identificación del objeto.

16. El procesamiento de los estímulos perceptuales se produce tanto de arriba hacia abajo como de abajo hacia arriba. En el procesamiento arriba-abajo la percepción es guiada por conocimiento, experiencia, expectativas y motivaciones de orden superior. En el procesamiento abajo-arriba, la percepción implica el reconocimiento y el procesamiento de información relativa a los componentes individuales de los estímulos.

17. La constancia perceptual nos permite percibir los estímulos como consistentes e invariantes, a pesar de que se produzcan cambios en el ambiente o en la apariencia de los objetos que se perciben. La constancia perceptual ocurre en términos de constancia de tamaño, forma y color.

¿Por qué somos capaces de percibir el mundo en tres dimensiones, a pesar de que nuestras retinas sólo pueden captar imágenes en dos dimensiones?

18. La percepción de la profundidad es la capacidad para percibir la distancia y para ver el mundo en tres dimensiones, a pesar de que las imágenes que se proyectan en nuestras retinas sean bidimensionales. Somos capaces de juzgar la profundidad y la distancia como resultado de la disparidad binocular (diferencia entre las imágenes vistas por cada uno de los ojos) y de las claves monoculares, tales como el paralaje del movimiento (movimiento aparente de los objetos al tiempo que nuestra cabeza se mueve de un lado a otro), del tamaño relativo de las imágenes de la retina, y de la perspectiva lineal.

19. La percepción del movimiento depende de varias claves. Éstas incluyen el movimiento percibido de un objeto a lo largo de nuestra retina, e información acerca de cómo se están moviendo la cabeza y los ojos.

¿Cuáles son las claves que nos ofrecen las ilusiones ópticas acerca de nuestra comprensión general de los mecanismos de percepción?

20. Las ilusiones ópticas son estímulos físicos que producen consistentemente errores de percepción, lo cual origina juicios que no reflejan con precisión la realidad física del estímulo. Entre las ilusiones más conocidas se encuentran la ilusión de Poggendorf y la ilusión de Müller-Lyer.

21. Las ilusiones visuales por lo general son el resultado de errores en la interpretación que hace el cerebro de los estímulos visuales. Además, la cultura particular en la que somos criados tiene consecuencias evidentes para las formas en las que percibimos al mundo.

22. La percepción subliminal se refiere a la percepción de mensajes de los cuales no nos percatamos, mientras que la percepción extrasensorial no implica a nuestros sentidos conocidos. La existencia de ambos fenómenos está abierta a cuestionamiento y debate.

TÉRMINOS Y CONCEPTOS CLAVE

sensación (p. 82)
percepción (p. 82)
estímulo (p. 84)
psicofísica (p. 84)
umbral absoluto (p. 84)
teoría de la detección de señales (p. 85)
umbral diferencial (p. 86)
diferencia apenas perceptible (p. 86)
ley de Weber (p. 86)
adaptación (p. 87)
retina (p. 91)
bastones (p. 91)
conos (p. 91)

adaptación a la oscuridad (p. 93)
nervio óptico (p. 93)
detección de atributos (p. 94)
teoría tricromática de la visión de los colores (p. 95)
teoría de la visión de los colores por procesos opuestos (p. 96)
sonido (p. 99)
tímpano (p. 99)
caracol o cóclea (p. 99)
membrana basilar (p. 99)
células ciliares (p. 99)
teoría del lugar (p. 102)

teoría de la frecuencia (p. 102)
canales semicirculares (p. 103)
otolitos (p. 104)
sentidos de la piel (p. 106)
teoría del dolor basada en el control de puertas (p. 107)
leyes gestálticas de la organización (p. 109)
análisis de atributos (p. 110)
procesamiento arriba-abajo (p. 112)
procesamiento abajo-arriba (p. 112)
claves monoculares (p. 114)
ilusiones ópticas (p. 116)
percepción subliminal (p. 119)

RESPUESTAS A LA REVISIÓN ANTERIOR

1. 1-b; 2-d; 3-a; 4-c **2.** Atributo **3.** arriba-abajo; abajo-arriba **4.** Constancia perceptual
5. Percepción de la profundidad **6.** disparidad binocular **7.** 1-c; 2-a; 3-b **8.** b

ESTADOS DE CONCIENCIA

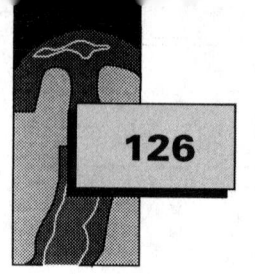

PRÓLOGO

Los largos días y la vida breve de Frank Ingulli

A las 9:30 P.M. del 19 de mayo, Frank Ingulli, un estudiante de medicina de tercer año que trabajaba en su 15ª hora consecutiva, estaba de pie ante una mesa de operaciones y maniobraba con una cámara abdominal miniatura mientras los doctores terminaban una operación de vesícula biliar en el centro médico.

Seis horas más tarde, el señor Ingulli se encontraba tendido en una mesa en el mismo hospital mientras algunos de los mismos doctores con los que había trabajado estaban abriéndole el pecho y dándole masaje a su corazón frenéticamente en un esfuerzo desesperado —aunque inútil— para revivirlo.

El señor Ingulli, al parecer cuando se dirigía a su casa para dormir un poco, había encontrado la muerte en una colisión de frente después de entrar por equivocación en una rampa de salida en la Interestatal 95 y se encontró dirigiéndose al sur en el lado que se dirigía al norte en la transitada autopista. (Berger, 1993, p. 29)

UN VISTAZO ANTICIPATORIO

Conciencia: noción o conocimiento de una persona acerca de las sensaciones, pensamientos y sentimientos que experimenta en un momento dado

La causa más probable del error fatal de Frank: fatiga. Su día de 15 horas de trabajo había seguido a dos días de 12 horas. Y sucedió en medio de un curso trimestral para la que había leído un texto de 2 000 páginas de principios de cirugía sobre el que sería examinado pronto.

Aunque las consecuencias de la fatiga por lo general no son tan mortales como lo fueron para Ingulli, la mayoría de nosotros conocemos demasiado bien las sensaciones de agotamiento que siguen después de dormir muy poco. Sabemos lo que es rechazar el sueño, tratar de permanecer alerta y atento, y el alivio exquisito que experimentamos cuando por fin podemos ir a dormir.

Pero, ¿qué es el sueño? Y, ¿cómo, para el caso, podemos explicar la propia conciencia durante nuestras horas de vigilia? En este capítulo se considerará la conciencia. La **conciencia** es la noción o conocimiento de las sensaciones, pensamientos y sentimientos que se experimentan en un momento dado. La conciencia es nuestra comprensión subjetiva tanto del ambiente que nos rodea como de nuestro mundo interno, no susceptible de ser observado por los demás.

La conciencia abarca varias dimensiones, incluyendo diversos niveles. Por ejemplo, la conciencia se extiende desde aquellas percepciones que experimentamos mientras estamos despiertos por completo, concentrándonos en desempeñarnos bien en un examen o buscando jugar bien en un juego de béisbol, hasta el nivel mínimo de conciencia que experimentamos mientras dormimos. La conciencia varía, por lo tanto, desde un estado activo a uno pasivo (Hilgard, 1980; Milner y Rugg, 1992). En los estados más activos realizamos de manera sistemática actividad mental, enfocando nuestros pensamientos y absorbiendo el mundo que nos rodea. En estados de vigilia más pasivos, los pensamientos y las imágenes vienen a nosotros de manera más espontánea; ensoñamos o pasamos de un pensamiento a otro. En los estados más pasivos de conciencia, como cuando dormimos, sólo estamos conscientes en forma mínima de los estímulos que nos rodean. Aun así, permanecemos conscientes al menos en parte de los acontecimientos que ocurren afuera de nuestros cuerpos, debido a que todavía podemos ser despertados por estímulos lo bastante fuertes —como el sonido insistente de un reloj despertador—.

Debido a que la conciencia es un fenómeno muy personal, los psicólogos en ocasiones han sido reacios a estudiarla. Después de todo, ¿quién puede decir que su conciencia es parecida o, para el caso, diferente de la de alguien más? De hecho, los primeros psicólogos sugirieron que el estudio de la conciencia estaba fuera de los límites de la disciplina. Afirmaban que, debido a que la conciencia sólo podía entenderse con base en las introspecciones "no científicas" de los sujetos sobre lo que experimentaban en un momento determinado, era mejor dejar su estudio a disciplinas como la filosofía. Quienes adoptaban esta postura sugerían que los filósofos podrían especular hasta la saciedad con respecto a temas tan enredados como si la conciencia está o no separada del cuerpo, cómo la gente sabe que existe, de qué manera se relacionan entre sí el cuerpo y la mente, y cómo identificamos el estado de conciencia en que nos encontramos en cualquier momento determinado.

Sin embargo, la mayoría de los psicólogos contemporáneos rechazan la perspectiva de que el estudio de la conciencia es inasequible desde su campo de estudio. En lugar de ello afirman que existen diversos enfoques científicos que hacen posible su estudio. Por ejemplo, los biopsicólogos pueden medir patrones de ondas cerebrales bajo variadas condiciones de conciencia, que van desde el sueño hasta la vigilia, pasando por los trances hipnóticos. Además, nuevos conocimientos acerca de la química de drogas tales como la marihuana y el alcohol han dado lugar a nuevas hipótesis relativas al modo en que éstas producen sus particulares efectos placenteros —al igual que los adversos— (Dennett, 1991; Leahey, 1994).

Otro ímpetu para el estudio de la conciencia es la comprensión de que las personas a lo largo de muchas culturas diferentes han buscado en forma rutinaria modos de alterar sus estados de conciencia. Se ha encontrado que estas variaciones en los estados de conciencia comparten algunas características básicas (Ludwig, 1969; Martindale, 1981). Una de ellas es una alteración en el pensamiento, el cual puede volverse superficial, ilógico o deteriorado de alguna manera. Además, puede perturbarse el sentido del tiempo de las personas, y es posible que cambien sus percepciones del mundo y de sí mismos. Pueden experimentar pérdida del autocontrol, haciendo cosas que de otra manera nunca harían. Por último, pueden tener una sensación de *inefabilidad*: la incapacidad para entender una experiencia en forma racional o describirla con palabras.

Este capítulo considera diversos estados de conciencia, pero comienza por dos que todos nosotros hemos experimentado: dormir y soñar. Después abordaremos los estados de conciencia logrados bajo condiciones hipnóticas o de meditación. Por último, examinamos los estados de conciencia inducidos por drogas.

- *¿Cuáles son los distintos estados de conciencia?*
- *¿Qué ocurre cuando dormimos, y cuál es el sentido y la función de los sueños?*
- *¿En qué medida soñamos despiertos?*
- *¿Cuáles son los principales trastornos del sueño y cómo se les puede tratar?*

DORMIR Y SOÑAR

La multitud rugió cuando el corredor Donald Dorff, de 67 años de edad, cogió el balón que le lanzó su mariscal de campo y aceleró su carrera sobre el pasto artificial. Mientras Dorff se detenía en seco y daba un salto para esquivar a quien trataba de atraparlo, un enorme liniero defensivo se atravesó en su camino. Dorff, que representaba 54 kilogramos de peso en movimiento, no dudó en absoluto. Pero dejemos que el empleado de supermercado jubilado de Golden Valley, Minnesota, nos lo cuente:

"Había un defensivo de 126 kilogramos de peso esperándome, así que decidí cargarlo con mi hombro. Cuando recuperé el sentido, estaba tirado en el suelo de mi recámara. Había embestido el tocador y tirado todo lo que tenía encima, rompí el espejo y provoqué un gran desorden. Era la 1:30 de la mañana" (Long, 1987, p. 787).

Dorff, se averiguó después, padecía de una extraña anomalía que afecta a algunos hombres mayores. El problema se produce cuando el mecanismo que suele cancelar los movimientos corporales durante los sueños no funciona de manera adecuada. Se sabe que los individuos que sufren de esta enfermedad han golpeado a otras personas, roto ventanas y perforado paredes, todo ello mientras se encontraban profundamente dormidos.

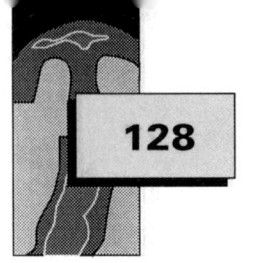
Aunque dormir es algo que todos hacemos durante gran parte de nuestras vidas, abundan numerosos mitos y concepciones equívocas acerca de este tema. Para poner a prueba sus conocimientos acerca de dormir y soñar trate de responder las siguientes preguntas antes de continuar la lectura del capítulo.

—— **1.** Algunas personas nunca sueñan. ¿Cierto o falso?

—— **2.** La mayor parte de los sueños es provocada por sensaciones corporales, tales como un dolor de estómago. ¿Cierto o falso?

—— **3.** Se ha demostrado que se requiere de ocho horas de sueño para conservar la salud mental. ¿Cierto o falso?

—— **4.** Cuando las personas no recuerdan lo que soñaron, es probable que se deba a que tratan secretamente de olvidarlo. ¿Cierto o falso?

—— **5.** Impedir a alguien que duerma provocará de forma invariable que el individuo pierda su equilibrio mental. ¿Cierto o falso?

—— **6.** Si perdemos algo de sueño, finalmente repondremos el sueño perdido la noche siguiente o alguna otra. ¿Cierto o falso?

—— **7.** Nadie ha logrado pasar más de cuarenta y ocho horas sin dormir. ¿Cierto o falso?

—— **8.** Todo el mundo es capaz de dormir y respirar al mismo tiempo. ¿Cierto o falso?

—— **9.** Dormir permite que el cerebro descanse, puesto que se produce poca actividad cerebral durante el sueño. ¿Cierto o falso?

——**10.** Se ha demostrado que algunas drogas proporcionan una cura a largo plazo de los problemas del sueño. ¿Cierto o falso?

Calificación: ésta es una lista de preguntas de fácil calificación, pues todas ellas son falsas. Pero no pierda el sueño si no se dio cuenta de ello, ya que se eligieron por ser ejemplos de los mitos más comunes con respecto al sueño. (Las preguntas se tomaron de un cuestionario desarrollado por Palladino y Carducci, 1984.)

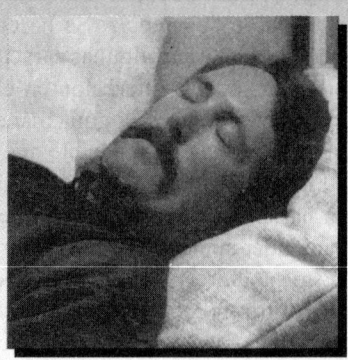

FIGURA 4.1 Ponga a prueba su conocimiento respecto a dormir y soñar. *(Adaptado de Palladino y Carducci, 1984.)*

El problema de Donald Dorff tuvo un final feliz. Con la ayuda del clonazepam, un fármaco que suprime el movimiento durante los sueños, su enfermedad desapareció. Ahora puede dormir a lo largo de la noche sin molestias.

El éxito del tratamiento de Dorff ilustra sólo uno de los avances recientes en nuestra comprensión del sueño. Sin embargo, existen todavía muchas preguntas sin respuesta, incluidas por qué dormimos, cuánto sueño necesitamos, lo que significan los sueños y cuál es su función, y cómo podemos evitar el insomnio. (Antes de seguir leyendo, tal vez desee probar su conocimiento sobre dormir y soñar respondiendo a las preguntas que aparecen en la figura 4.1.)

Las fases del sueño

La mayoría de nosotros considera que el sueño es un tiempo de calma y tranquilidad, cuando hacemos a un lado las tensiones del día y pasamos la noche dormitando apaciblemente. No obstante, una mirada más de cerca al sueño nos muestra que a lo largo de la noche se produce una enorme actividad, y lo que en principio parece ser un estado indiferenciado, de hecho es muy diverso.

Gran parte de nuestro conocimiento de lo que ocurre durante el sueño proviene del *electroencefalograma* o *EEG*, una medición de la actividad eléctrica dentro del cerebro (véase el capítulo 2). Cuando los electrodos de un electroencefalógrafo se fijan en la superficie del cuero cabelludo y el rostro de una persona dormida, se hace evidente que, en lugar de estar dormido, el cerebro se halla activo a lo largo de toda la noche. Produce

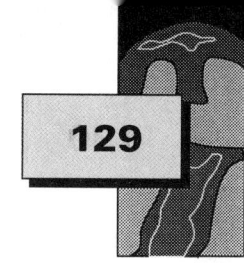

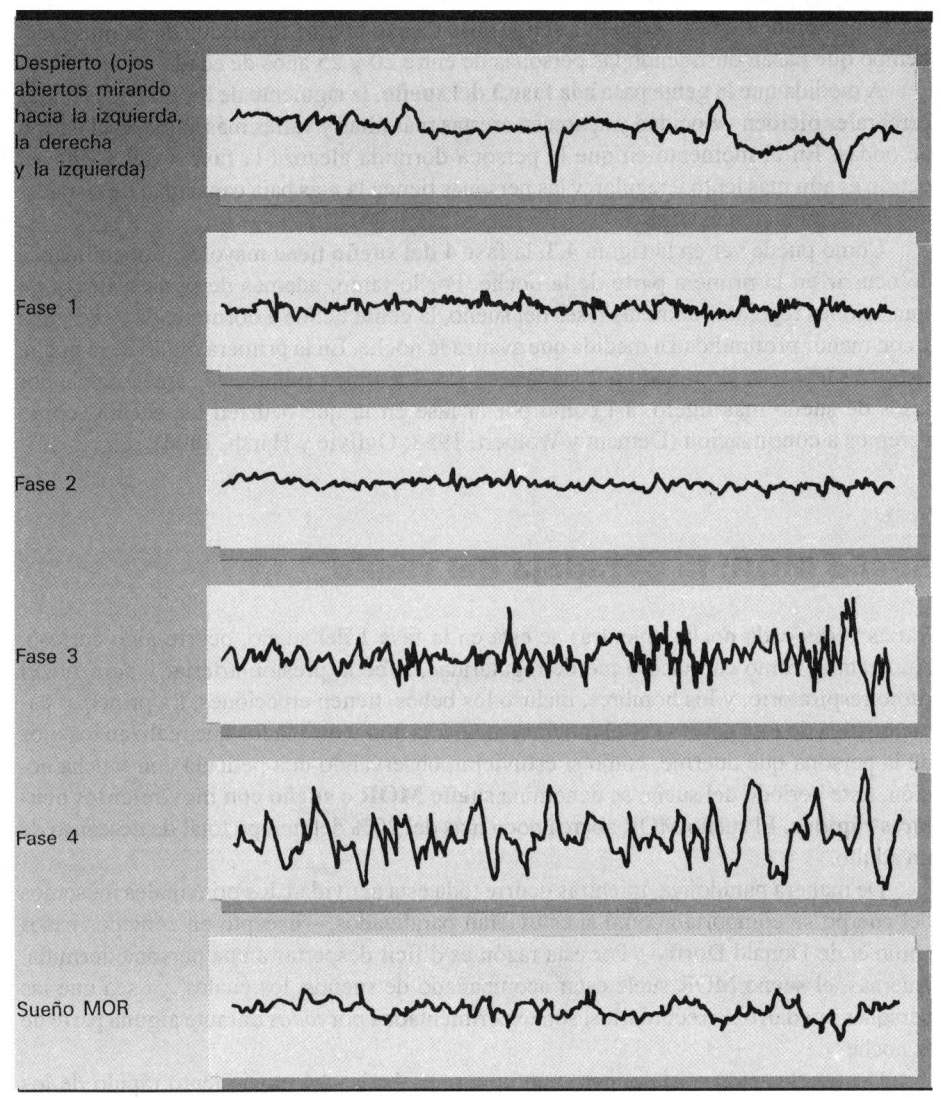

Despierto (ojos abiertos mirando hacia la izquierda, la derecha y la izquierda)

Fase 1

Fase 2

Fase 3

Fase 4

Sueño MOR

FIGURA 4.2 Patrones de ondas cerebrales (medidos por un aparato para realizar electroencefalogramas) y movimientos oculares en las distintas fases del sueño. *(Cohen, 1979.)*

descargas eléctricas que forman patrones de onda sistemáticos que varían de altura (o amplitud) y de velocidad (o frecuencia) en secuencias regulares. Los instrumentos que miden los movimientos de los músculos y de los ojos también revelan la presencia de gran cantidad de actividad física.

La gente atraviesa por cuatro fases distintas de sueño a lo largo del descanso nocturno, pasando por ciclos que duran alrededor de 90 minutos. Cada una de estas cuatro fases del sueño está relacionada con un patrón particular de ondas cerebrales, como se muestra en la figura 4.2. Además, existen indicadores biológicos específicos del sueño.

Cuando las personas se duermen, pasan de un estado de vigilia en el que se logra un relajamiento con los ojos cerrados hacia la **fase 1 del sueño**, que se caracteriza por ondas cerebrales relativamente rápidas y de bajo voltaje. Esta etapa en realidad es una transición entre la vigilia y el sueño. Durante la fase 1 a veces aparecen imágenes. Es como si estuviéramos viendo fotografías. Sin embargo, el sueño real no se alcanza durante la entrada inicial a esta fase.

Conforme el sueño se hace más profundo, la gente entra en la **fase 2 del sueño**, que se caracteriza por un patrón de ondas más lento y regular. No obstante, se producen interrupciones momentáneas de ondas muy puntiagudas a las que se denomina "husos del sueño", a consecuencia de su configuración. Es progresivamente más difícil desper-

Fase 1 del sueño: estado de transición entre la vigilia y el sueño, caracterizado por ondas cerebrales relativamente rápidas y de bajo voltaje

Fase 2 del sueño: sueño más profundo que el de la fase 1, caracterizado por un patrón de onda más lento y regular, junto con interrupciones momentáneas de "husos del sueño"

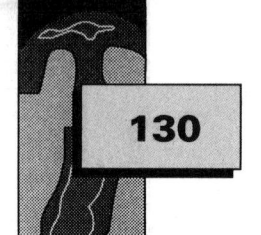

Fase 3 del sueño: sueño caracterizado por ondas cerebrales lentas, con crestas y valles más amplios en el patrón de ondas

Fase 4 del sueño: fase más profunda del sueño, durante la cual el nivel de respuesta a la estimulación externa es mínimo

tar a una persona que se encuentra en la fase 2, que abarca alrededor de la mitad del tiempo que pasan durmiendo las personas de entre 20 y 25 años de edad.

A medida que la gente pasa a la **fase 3 del sueño**, la siguiente de las fases, las ondas cerebrales pierden velocidad y aparecen crestas más altas y valles más bajos en el patrón de ondas. En el momento en que la persona dormida alcanza la **fase 4 del sueño**, el patrón es aún más lento y regular, y las personas tienen la más baja capacidad de respuesta a la estimulación externa.

Como puede ver en la figura 4.3, la **fase 4 del sueño** tiene mayores probabilidades de ocurrir en la primera parte de la noche. Por lo tanto, además de pasar a través de transiciones regulares entre las fases del sueño, la gente tiende a dormir cada vez menos y con menor profundidad a medida que avanza la noche. En la primera mitad de la noche nuestro sueño está dominado por las fases 3 y 4. La última mitad está caracterizada por fases de sueño más ligero, así como por la fase en la que ocurren los sueños, como veremos a continuación (Dement y Wolpert, 1958; Ogilvie y Harsh, 1994).

Sueño MOR: la paradoja del sueño

Varias veces cada noche, mientras se está en la fase 1 del sueño, ocurre algo curioso. Aumenta el ritmo cardiaco y pierde regularidad, sube la presión arterial y aumenta el ritmo respiratorio, y los hombres, incluso los bebés, tienen erecciones. La principal característica de este periodo es el movimiento hacia uno y otro lados que realizan los ojos de la persona que duerme, como si estuvieran observando una película con mucha acción. Este periodo del sueño se denomina **sueño MOR** o **sueño con movimientos oculares rápidos**. El sueño MOR abarca poco más del 20% del tiempo total de descanso de un adulto.

Sueño con movimientos oculares rápidos (sueño MOR): fase que abarca alrededor del 20% del tiempo de sueño de los adultos, caracterizado por aumento del ritmo cardiaco, de la presión arterial y del ritmo respiratorio, erecciones en los hombres, movimientos de los ojos y sueños

De manera paradójica, mientras ocurre toda esta actividad, los principales músculos del cuerpo se comportan como si estuvieran paralizados —excepto en contados casos como el de Donald Dorff—. Por esta razón es difícil despertar a una persona dormida. Además, el sueño MOR suele estar acompañado de sueños, los cuales, ya sea que las personas puedan o no recordarlos, son experimentados por *todos* durante alguna parte de la noche.

Una explicación posible, pero aún no comprobada, del movimiento rápido de los ojos sostiene que éstos siguen la acción que ocurre en el sueño (Dement, 1979; Kelly, 1991c). Por ejemplo, las personas que han informado que soñaban estar viendo un parti-

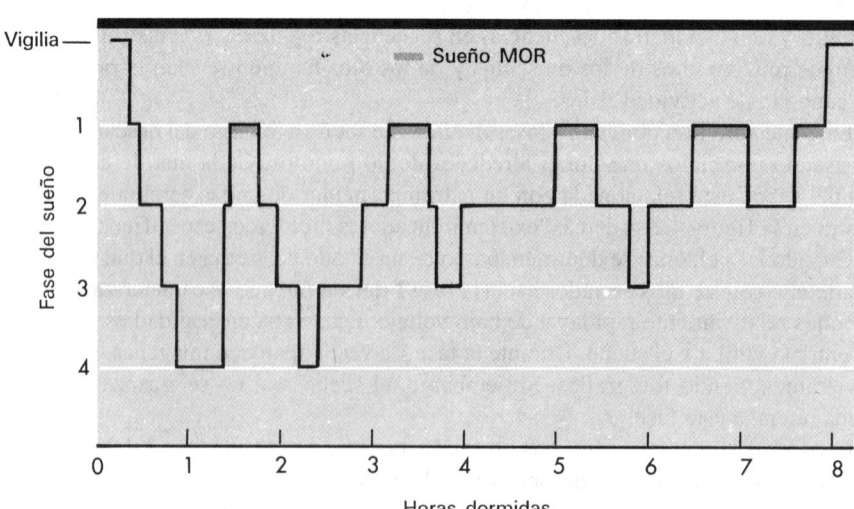

FIGURA 4.3 Durante la noche, la persona que duerme por lo general atraviesa por las cuatro fases del sueño y por varios periodos de sueño MOR. *(Hartmann, 1967.)*

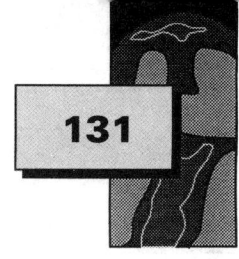

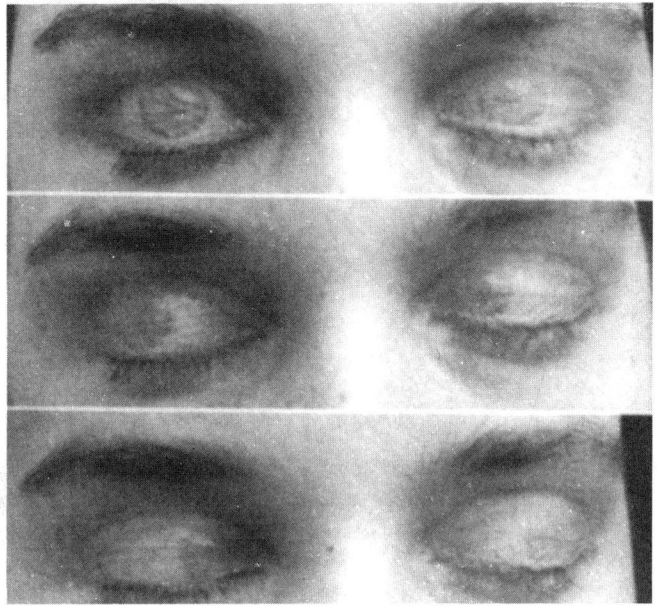

Durante el sueño MOR nuestros ojos oscilan de un lado a otro detrás de nuestros párpados cerrados como si estuviéramos viendo las imágenes de nuestros sueños. (Véase Sección a color, pág. E.)

do de tenis justo antes de despertar, exhibían un movimiento ocular regular de derecha a izquierda y luego de nuevo a la derecha, como si estuviera viendo volar la pelota de un lado a otro por encima de la red.

Existen buenas razones para pensar que el sueño MOR desempeña un papel importante en el funcionamiento humano cotidiano. Las personas a las que se priva del sueño MOR —despertándolas cada vez que comienzan a exhibir las señales fisiológicas de esta fase—, presentan un *efecto de rebote* cuando se les permite descansar sin molestias. Debido a este efecto de rebote, pasan mucho más tiempo en la fase de sueño MOR del que normalmente experimentarían. Es como si el cuerpo requiriera de determinada cantidad de sueño MOR a fin de funcionar de manera adecuada.

¿Es necesario dormir?

En general, dormir parece necesario para el funcionamiento humano, a pesar de que, aunque resulte sorprendente, este hecho aún no ha sido establecido con firmeza (Webb, 1992). Es razonable esperar que el cuerpo requiera de un periodo tranquilo de "descanso y relajamiento" a fin de revitalizarse. Sin embargo, diversos argumentos sugieren que ésta no constituye la explicación completa. Por ejemplo, la mayor parte de las personas duermen entre siete y ocho horas cada noche (Farley, 1993), pero existe una gran variabilidad entre los individuos, ya que algunas personas requieren tan sólo de tres horas de sueño (véase la figura 4.4).

Los requisitos de sueño también varían durante el transcurso de la vida de una persona. A medida que la gente envejece, suele necesitar cada vez menor cantidad de sueño. Si el sueño desempeñara una función de restauración del cuerpo, resulta difícil comprender por qué los viejos requieren de menor cantidad de sueño que los más jóvenes.

Además, las personas que han participado en experimentos de privación de sueño, en los que se les mantenía despiertas durante periodos de hasta 200 horas seguidas, no han exhibido efectos duraderos. No es divertido: se sienten cansados e irritables, no pueden concentrarse y muestran pérdida de la creatividad. También presentan disminución en la capacidad de razonamiento lógico, aunque hay incrementos ocasionales en ciertos momentos del día. No obstante, después de que se les permite dormir de forma normal, retornan con rapidez a las condiciones normales y son capaces de desempeñarse en los niveles previos a la privación después de sólo unos cuantos días (Dement, 1976).

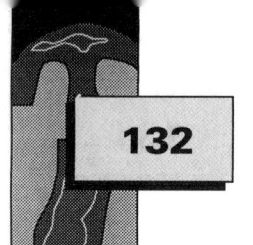

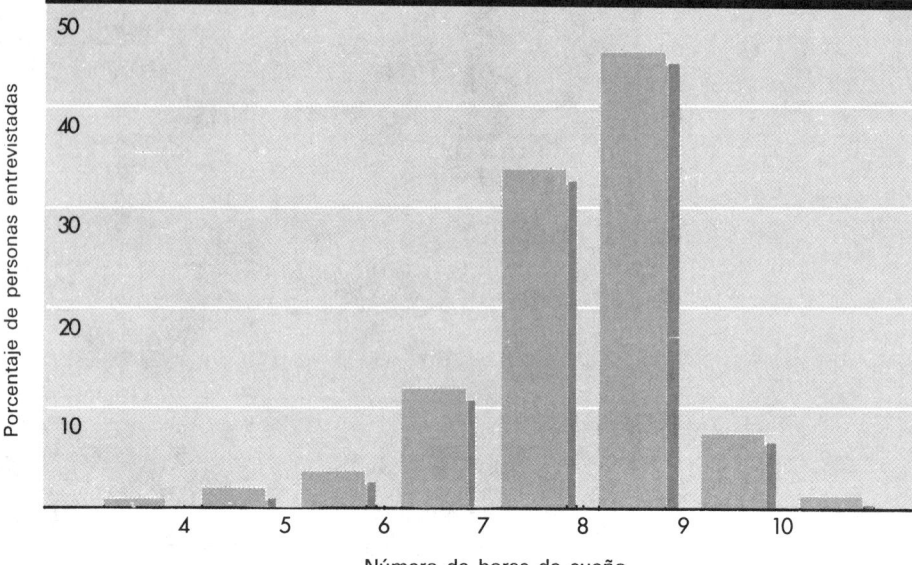

FIGURA 4.4 Aunque la mayoría de las personas manifiesta dormir entre ocho y nueve horas cada noche, la cantidad varía en gran medida. *(Tomado de Borbely, A. (1986), Secrets of Sleep. Nueva York: Basic Books, p. 43. Basado en datos de Kripke, D.F. y cols., 1979.)*

Por lo tanto, debemos animarnos aquellos de nosotros que nos preocupamos porque las largas horas de estudio, de trabajo o tal vez de fiestas y celebraciones estén arruinando nuestra salud. Hasta donde es posible saberlo, la mayoría de las personas no padecen consecuencias permanentes por la privación de sueño (Eckholm, 1988). Sin embargo, al mismo tiempo, una falta de sueño puede hacernos sentir nerviosos, disminuir nuestro tiempo de reacción y afectar nuestro desempeño en las tareas académicas. Además, nos ponemos en riesgo cuando realizamos nuestras actividades rutinarias, como conducir, cuando estamos muy soñolientos. Ciertamente no nos sentimos en particular bien con la privación de sueño. En resumen, un buen descanso nocturno constituye una meta razonable (Angier, 1990; Webb, 1992).

Ritmos circadianos: los ciclos de la vida

Ritmos circadianos: procesos biológicos que se repiten en un ciclo de aproximadamente veinticuatro horas

El hecho de ir de un ciclo a otro entre la vigilia y el sueño es un ejemplo de los ritmos circadianos de nuestro cuerpo. Los **ritmos circadianos** (del latín *circa dies*, o "alrededor de un día") son procesos biológicos que se repiten en ciclos de aproximadamente veinticuatro horas. El sueño y la vigilia, por ejemplo, ocurren de modo natural al ritmo de un marcapasos interno que funciona con base en un ciclo de alrededor de 25 horas. Otras diversas funciones corporales, como la de la temperatura del cuerpo, funcionan asimismo con base en ritmos circadianos.

Estos ciclos circadianos son complejos. Por ejemplo, la somnolencia no se produce de forma exclusiva por la noche, sino a lo largo del día en patrones regulares. La mayoría de nosotros tendemos a sentirnos somnolientos a mitad de la tarde, independientemente de si ingerimos un alimento pesado o no (Dement, 1989). Al hacer una siesta vespertina, que en muchos casos es parte de sus hábitos cotidianos, las personas en varias culturas sacan ventaja de la inclinación natural del cuerpo a dormir a esta hora.

Los ciclos circadianos son muy poderosos —como bien sabe todo el que haya trabajado en el turno vespertino (Mapes, 1990; Moore-Ede, 1993). No sólo las personas que laboran en este horario tienen problemas para permanecer despiertas, sino que además son menos productivas y más susceptibles de accidentarse que las personas que trabajan de día (véase el recuadro *La psicología en acción* que sigue).

Aunque el sueño opera en un ciclo circadiano de 25 horas, otros ritmos corporales operan en ciclos mucho más largos. Por ejemplo, algunas personas experimentan un *trastorno afectivo estacional*, una forma de depresión severa en la que la depresión aumenta durante el invierno y disminuye durante el resto del año. El trastorno parece ser el resultado de la brevedad y la penumbra de los días invernales. De hecho, varias horas de exposición diaria a luces brillantes a veces es suficiente para mejorar el estado de ánimo de los que sufren este trastorno (Sack, Lewy, White, Singer, Fireman y Vandiner, 1990; Rosenthal, 1995).

Otro ritmo periódico son los ciclos menstruales de las mujeres. Con un calendario de 28 días, el ciclo menstrual es regulado por la producción de hormonas que mengua y se incrementa a lo largo del ciclo conforme los cuerpos de las mujeres se preparan para la posibilidad de la concepción.

¿Los cambios físicos que ocurren durante las fases del ciclo menstrual son acompañados por variaciones en el estado de ánimo?

La respuesta es "probablemente no", a pesar del predominio en la prensa popular de discusiones del "síndrome premenstrual" o "SPM". El SPM se refiere a un conjunto de síntomas que incluyen irritabilidad, fatiga, ansiedad y volubilidad que se supone se presentan justo antes de la menstruación. Sin embargo, muchos miembros de la comunidad científica dudan de la existencia de este conglomerado y cuestionan que los cambios de estado de ánimo en las mujeres sean más cíclicos que los de los hombres. Por ejemplo, estudios que solicitan a los sujetos registrar su estado de ánimo diario muestran poca relación entre el ciclo menstrual y el estado de ánimo. En efecto, cuando se llevan registros cuidadosos, los hombres y las mujeres parecen no mostrar diferencias en la variabilidad de sus estados de ánimo. En suma, aunque una pequeña proporción de mujeres

LA PSICOLOGÍA EN ACCIÓN

Reajuste del reloj interno del cuerpo: permanecer de pie cuando el sol se oculta

- Casi ocurre una fusión en la planta de energía nuclear de la isla Three Miles con una cuadrilla que recientemente había sido cambiada al turno de la noche. Hora: 4:00 A.M.
- El Exxon Valdez choca contra un arrecife en Alaska, lo que provoca un derrame de petróleo devastador. Hora: 12:04 A.M.
- El reactor nuclear de Chernobyl explota. Hora: 1:23 A.M.

¿Es una coincidencia que cada uno de estos desastres ocurriera durante las horas minúsculas de la noche? Es probable que no, de acuerdo con el investigador del sueño Martin Moore-Ede (1993). Él ha afirmado que la culpable es la fatiga del trabajador resultante de un horario que va en contra de los ritmos circadianos naturales del cuerpo.

Por fortuna, sin embargo, una evidencia cada vez mayor sugiere que es posible alterar los ritmos circadianos. Una técnica implica exponer a las personas a luces brillantes durante varios momentos de la noche. La luz engaña a las áreas del cerebro asociadas con los ritmos circadianos (probablemente una parte del hipotálamo y la glándula pineal), haciéndolas pensar que la noche en realidad es el día (Wever, 1989).

Por ejemplo, la Compañía de Gas y Energía Eléctrica de San Diego instaló un sistema de iluminación controlado por computadora en una planta de energía eléctrica, provocando que se aclare y oscurezca en forma gradual en el transcurso de un turno. El patrón exacto se adecua a los "perfiles de luz" de los empleados, los cuales se basan en sus patrones de sueño específicos. La brillantez máxima de las luces imita la intensidad de la luz solar en un grado mucho mayor que el nivel de luz que se encuentra en la oficina promedio (Noble, 1993).

Un procedimiento parecido fue usado con éxito por las tripulaciones del transbordador espacial *Columbia*. Estos astronautas fueron expuestos a dosis de luces brillantes durante un periodo de tres días. En ese breve tiempo, sus ritmos circadianos cambiaron de manera tan radical que permanecían despiertos por completo en la noche y anhelaban dormirse al amanecer (Rosenthal, 1991; Czeisler, Kronaver, Allan, Duffy, Jewett, Brown y Ronda, 1989; Czeisler, Johnson y Duffy, 1990).

Estos procedimientos tienen implicaciones prácticas enormes para ayudar a los trabajadores del turno nocturno a sincronizar sus ritmos circadianos con los requerimientos de sus trabajos. También tiene aplicaciones en otros campos. Por ejemplo, es concebible que las líneas aéreas pudieran encender luces brillantes sobre los pasajeros durante vuelos largos. Este procedimiento podría prepararlos para el cambio de zonas horarias al llegar a sus destinos y les ayudaría a evitar las dificultades que se experimentan después de un vuelo transcontinental. Mejor aún, las personas que llegan a un destino nuevo podrían pasar unos cuantos días en la playa, absorbiendo algunos rayos, a fin de reprogramar sus relojes internos (Nowak, 1994a).

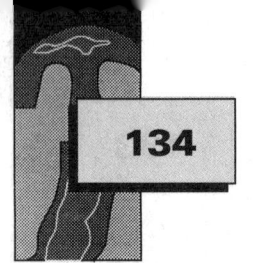

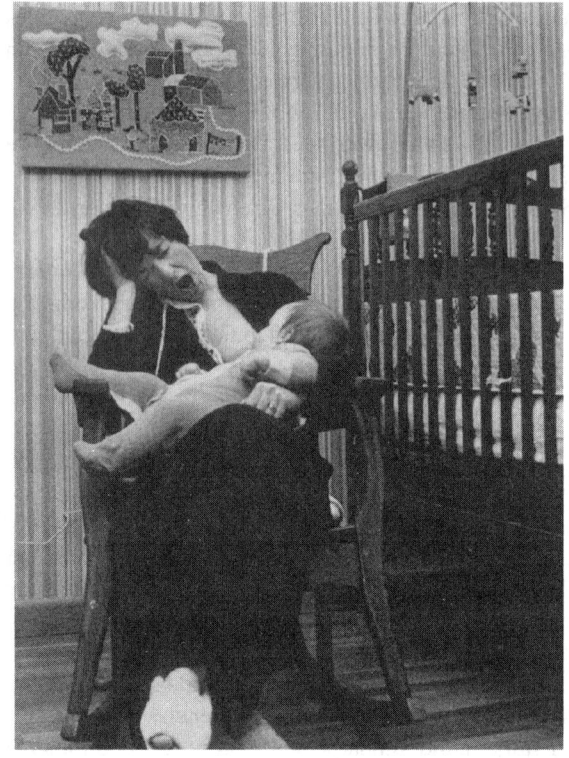

Las fotografías madre-bebé, amorosas, cálidas, de los álbumes de la familia no se toman mientras se alimenta a los bebés a media noche. A esa hora, hasta la madre más abnegada estaría mejor durmiendo.

sufren cambios en el estado de ánimo periódicos relativamente intensos relacionados con su ciclo menstrual, la mayoría no los presentan (McFarlane, Martin y Williams, 1988; Cotton, 1993).

La función y el significado de los sueños

¡Estaba sentado en mi escritorio cuando recordé que era el día de mi examen final de química! Me sentí muy mal. No había estudiado nada en absoluto. De hecho, ni siquiera podía recordar dónde era el examen, y había faltado a cada una de las clases del semestre. Sentí pánico y comencé a correr por la universidad buscando con desesperación el salón de clases para rogarle al profesor que me diera otra oportunidad. Pero tenía que detenerme en cada edificio de salones de clase y echar un vistazo salón por salón con la esperanza de encontrar al profesor. Era inútil; sabía que iba a fallar y que me iban a expulsar de la universidad.

Si ha tenido alguna vez un sueño parecido a éste —que es común de manera sorprendente entre las personas con metas académicas—, sabe bien lo intensamente convincentes que son el pánico y el miedo que pueden generar los sucesos del sueño. Las *pesadillas*, sueños que provocan espanto, ocurren con relativa frecuencia. En una encuesta, casi la mitad de un grupo de estudiantes universitarios que llevaron un registro de sus sueños a lo largo de un periodo de dos semanas informaron haber tenido por lo menos una pesadilla. Esto se traduce en un promedio de 24 pesadillas al año por persona (Wood y Bootzin, 1990; Berguier y Ashton, 1992).

Por otro lado, la mayor parte de los 150 000 sueños que ha tenido la persona promedio para cuando llega a los 70 años de edad son mucho menos dramáticos (Snyder, 1970; Webb, 1992). De manera típica abarcan acontecimientos cotidianos como ir al supermercado, trabajar en la oficina o preparar una comida. Los estudiantes sueñan con asistir a clases; los profesores, con impartir sus cátedras. Los pacientes del dentista, sueñan que les taladran los dientes, los dentistas que taladran el diente equivocado. Los ingleses toman té con la reina en sus sueños; en Estados Unidos, las personas van a un bar con el presidente (K. Wells, 1993; Solomon, 1993; véase la figura 4.5 para conocer los sueños más comunes).

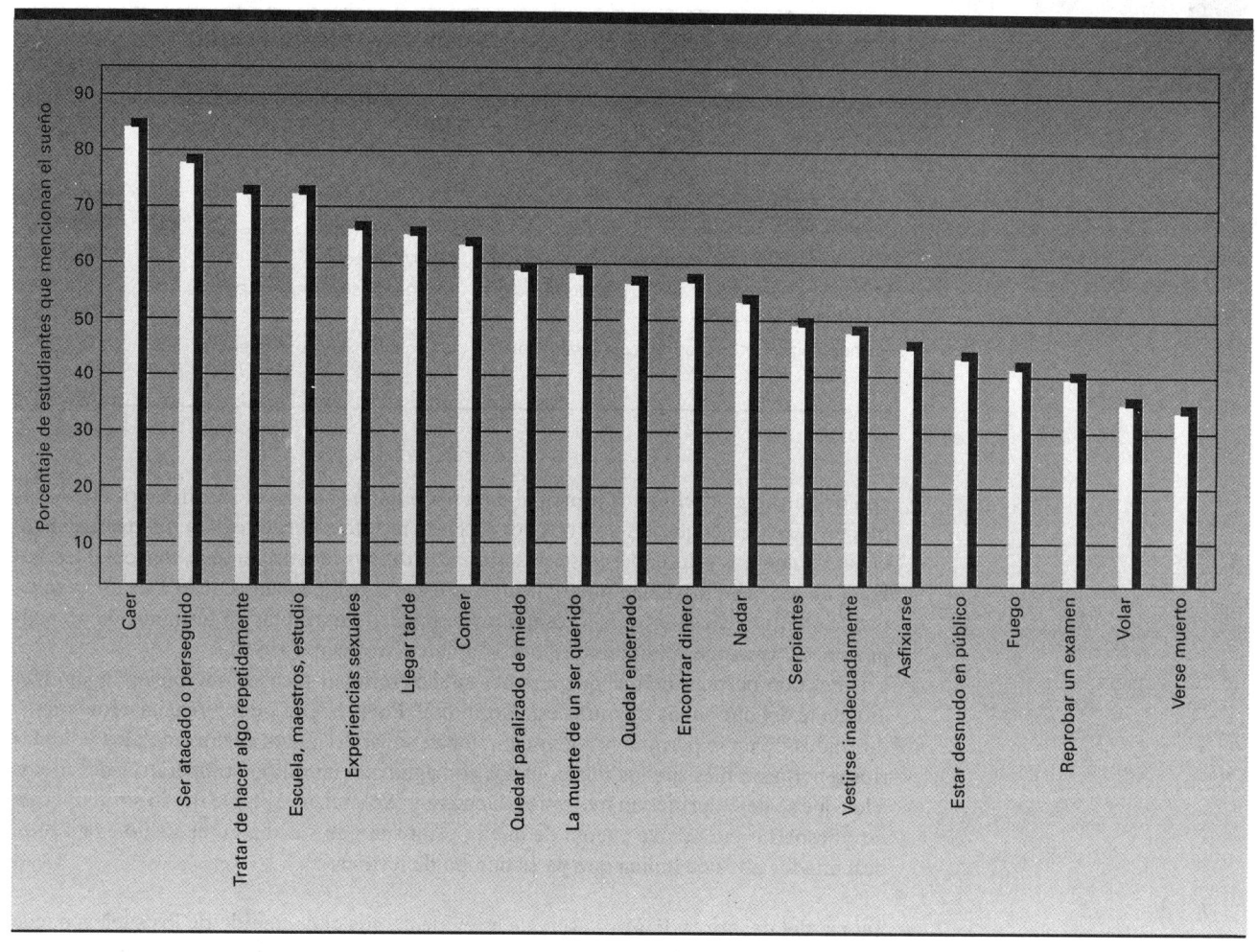

FIGURA 4.5 Los veinte sueños más comunes mencionados por estudiantes. *(Griffith, Miyago y Tago, 1958.)*

Pero, ¿qué significan todos estos sueños, si es que significan algo? El que los sueños tengan una significación y función específicas es un asunto que los científicos han considerado durante muchos años, formulando varias teorías alternativas.

¿Los sueños representan la satisfacción de los deseos inconscientes? Sigmund Freud veía a los sueños como una guía hacia el inconsciente (Freud, 1900). En su **teoría de la satisfacción de los deseos inconscientes** propuso que los sueños representan deseos inconscientes que las personas desean ver satisfechos. Sin embargo, dado que estos deseos constituyen una amenaza para su conciencia, los deseos reales —denominados **contenido latente de los sueños**— aparecen disfrazados. Por lo tanto, el verdadero objeto y significado de un sueño puede tener poca relación con su guión explícito, al que Freud llamó **contenido manifiesto de los sueños**. Para Freud, era importante perforar la armadura del contenido manifiesto de un sueño para comprender su verdadero significado. Para lograrlo, Freud intentaba que las personas discutirán sus sueños, asociando símbolos de éstos con sucesos del pasado. También sugirió la existencia de diversos símbolos comunes con un significado universal, los cuales aparecen en los sueños. Por ejemplo, según Freud, los sueños en los que una persona vuela simbolizan el deseo de actividad sexual. (Véase el cuadro 4.1 para consultar otros símbolos comunes de los sueños identificados por Freud.)

En la actualidad muchos psicólogos rechazan la opinión de Freud de que los sueños representan típicamente deseos inconscientes y de que los objetos y sucesos particulares de un sueño sean simbólicos. En lugar de ello, se considera que la acción directa y explí-

Teoría de la satisfacción de los deseos inconscientes: teoría de Sigmund Freud en la que se propone que los sueños representan deseos inconscientes que quien sueña desea satisfacer

Contenido latente de los sueños: según Freud, los significados "disfrazados" de los sueños, ocultos por temas más evidentes

Contenido manifiesto de los sueños: de acuerdo con Freud, el guión explícito de los sueños

135

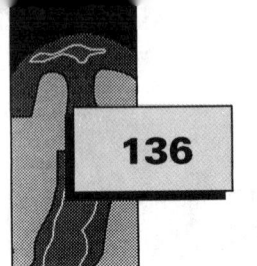
CUADRO 4.1 Simbolismo de los sueños, según Freud	
Símbolo (contenido manifiesto del sueño)	Interpretación (contenido latente)
Subir una escalera, cruzar un puente, andar en un elevador, volar en avión, caminar por un pasillo largo, entrar en un cuarto, un tren que pasa por un túnel	Actividad sexual
Manzanas, duraznos, toronjas	Pechos
Balas, fuego, serpientes, palos, paraguas, pistolas, mangueras, cuchillos	Órganos sexuales masculinos
Hornos, cajas, túneles, armarios, cuevas, botellas, barcos	Órganos sexuales femeninos

cita de un sueño es el factor principal para la comprensión de su significado. Por ejemplo, un sueño en el que caminamos por un largo pasillo a fin de realizar un examen para el cual no hemos estudiado no se relaciona con deseos inconscientes e inaceptables. En lugar de eso, sencillamente quiere decir que estamos preocupados acerca de un examen pendiente. Incluso sueños más complejos se pueden interpretar en términos de preocupaciones y tensiones cotidianas (Cook, Caplan y Wolowitz, 1990).

Por otra parte, sabemos que algunos sueños reflejan sucesos que tienen lugar en el ambiente del que sueña mientras está dormido.* Por ejemplo, se roció agua a los sujetos dormidos de un experimento mientras estaban soñando. Estos desafortunados voluntarios reportaron más sueños relacionados con agua que un grupo comparativo de sujetos a los que se dejó dormir sin molestias (Dement y Wolpert, 1958). De modo similar, no es raro despertar para darse cuenta de que la campana que sonaba en el sueño es un reloj despertador que nos indica que ya es tiempo de levantarse.

Teoría del desaprendizaje   Aunque es evidente que el contenido de los sueños puede verse afectado por estímulos ambientales, sigue sin resolverse *por qué* soñamos. Se han propuesto diversas alternativas a la teoría de Freud. De acuerdo con la **teoría del desaprendizaje**, por ejemplo, los sueños no tienen significado alguno. En lugar de ello representan una especie de desaprendizaje en el que nos deshacemos de toda la información innecesaria que acumulamos a lo largo del día. Según esta perspectiva, soñar representa sólo una forma de olvido de datos que a fin de cuentas resultarían una fuente de confusión para nosotros. Así, los sueños son una especie de limpieza mental del cerebro, pero no tienen significado por sí mismos (Crick y Mitchison, 1983).

Teoría de soñar para sobrevivir   La **teoría de soñar para sobrevivir** asigna a los sueños otro tipo de función. Según esta teoría, los sueños permiten que información de vital importancia para nuestra supervivencia cotidiana se reconsidere y reprocese durante el sueño. Se interpreta éste como una herencia de nuestros antepasados animales, cuyos pequeños cerebros eran incapaces de examinar suficiente información durante las horas de vigilia. En consecuencia, soñar les ofrecía un mecanismo que hacía posible el procesamiento de información 24 horas al día.

Según esta teoría, los sueños sí tienen significado. Representan preocupaciones acerca de nuestra vida diaria, ilustrando nuestras incertidumbres, indecisiones, ideas y deseos. Por lo tanto, se ve a los sueños como factores congruentes con la vida cotidiana. En lugar de tratarse de deseos disfrazados, como sugiere Freud, representan preocupaciones importantes surgidas de nuestras experiencias cotidianas (Pavlides y Winson, 1989; Winson, 1990).

Teoría del desaprendizaje: teoría que sostiene que los sueños no tienen significado por sí mismos, sino que funcionan para librarnos de información innecesaria que hemos acumulado a lo largo del día

Teoría de soñar para sobrevivir: teoría que afirma que los sueños permiten reconsiderar y procesar información vital para nuestra supervivencia cotidiana

---

* *Nota de R.T.* Freud habló también de este tipo de sueños, en los que "se incorpora" el estímulo externo a fin de "proteger" al soñante de ser despertado.

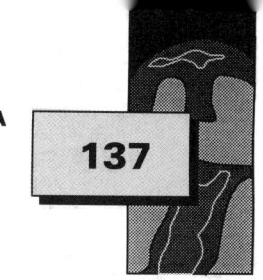

Investigaciones recientes le confieren peso a la teoría de soñar para sobrevivir, sugiriendo que ciertos sueños permiten a las personas enfocar y consolidar recuerdos, en particular aquellos que pertenecen a los recuerdos sobre "cómo hacerlo" que se relacionan con las habilidades motoras. Por ejemplo, en un experimento, los sujetos aprendieron una tarea de memoria visual ya avanzado el día. Luego fueron enviados a dormir, pero se les despertaba en ciertos momentos durante la noche. Cuando las personas eran despertadas en momentos que no interrumpían un sueño, de manera típica mostraban el patrón de mejoría al siguiente al recordar la tarea. Pero cuando se les despertaba durante el sueño MOR —la fase en la que soñamos— su desempeño declinó. La conclusión: soñar puede desempeñar un papel para ayudarnos a recordar material al que hemos sido expuestos con anterioridad (Karni, Tanne, Rubenstein, Askenasy y Sagi, 1992, 1994; Wilson y McNaughton, 1994).

Teoría de la activación y la síntesis   La más influyente de las explicaciones actuales sobre los sueños considera a éstos un subproducto de la actividad biológica fundamental. De acuerdo con el psiquiatra J. Allan Hobson, quien propuso la **teoría de la activación y la síntesis**, el cerebro produce energía eléctrica de manera aleatoria durante el sueño MOR, tal vez a causa de cambios en la producción de neurotransmisores específicos. Esta energía eléctrica estimula al azar recuerdos almacenados en distintas regiones del cerebro. Dado que tenemos necesidad de dotar de sentido al mundo, incluso cuando dormimos, el cerebro recoge estos recuerdos caóticos y los entreteje en un argumento lógico, rellenando los espacios vacíos para generar una situación racional. Por lo tanto, desde esta perspectiva, los sueños están más cerca de ser una versión generada por nosotros mismos del juego de *Madlibs* que un fenómeno psicológico significativo y dotado de sentido (Hobson y McCarley, 1977; Hobson, 1988).

Sin embargo, Hobson no rechaza por completo la postura de que los sueños reflejan deseos inconscientes. Sostiene que la escena particular que produce quien sueña no es aleatoria, sino que, en lugar de ello, representa una clave de sus miedos, emociones y preocupaciones. En consecuencia, lo que empieza como un proceso aleatorio termina siendo algo dotado de sentido.

La evidencia de que soñar representa una respuesta a la actividad aleatoria del cerebro procede de investigaciones realizadas con personas a las que se les inyectan fármacos similares al neurotransmisor acetilcolina. Bajo la influencia del fármaco, el individuo entra rápidamente en la fase MOR y tiene sueños cualitativamente similares a los sueños naturales (Schmeck, 1987). De todas formas, este tipo de evidencia no comprueba que los sueños producidos tengan significado psicológico.

La gama de teorías relativas al soñar (resumida en el cuadro 4.2) ilustra en forma clara que los investigadores todavía tienen que ponerse de acuerdo con respecto al significado fundamental de este fenómeno. No obstante, parece probable que el contenido específico de nuestros sueños es único en cada uno de nosotros y de alguna manera representa patrones y preocupaciones con significado. A fin de cuentas, los sueños pueden proporcionar claves acerca de las experiencias que en algún nivel de conciencia tiene mayor importancia para nosotros.

Teoría de la activación y la síntesis: teoría propuesta por Hobson, quien asegura que los sueños son el resultado de energía eléctrica que estimula en forma aleatoria los recuerdos almacenados en diversas porciones del cerebro, los cuales son entretejidos por éste en un argumento lógico

La ensoñación diurna: sueños sin dormir

Es la materia de la que está hecha la magia: nuestros errores pasados pueden eliminarse y se puede llenar el futuro con logros notables. La fama, la felicidad y la riqueza pueden ser nuestras. Sin embargo, en el momento siguiente, puede tener lugar la peor de las tragedias, dejándonos solos, sin un centavo, como una imagen de la más dolorosa tristeza.

La fuente de estas escenas son las **ensoñaciones diurnas**, fantasías que construyen las personas cuando están despiertas. A diferencia de los sueños que tienen lugar cuando estamos dormidos, las ensoñaciones diurnas están más sujetas al control de las personas.

Ensoñaciones diurnas: fantasías que las personas construyen en estado de vigilia

Por lo tanto, su contenido a menudo está más relacionado con sucesos inmediatos del ambiente que el contenido de los sueños que ocurren cuando dormimos. Aunque pueden llegar a incluir contenidos sexuales, las ensoñaciones diurnas también tienen que ver con otras actividades o sucesos que tienen importancia para la vida de una persona.

Las ensoñaciones diurnas son un elemento común de la vigilia consciente, aunque disminuye nuestra conciencia del ambiente que nos rodea. Las personas varían de manera considerable en la cantidad de ensoñación y en su involucramiento en ella. Por ejemplo, entre el 2 y el 4% de la población pasa por lo menos la mitad de su tiempo libre elaborando fantasías. Aunque la mayoría de la gente sueña despierta con menor frecuencia, prácticamente todo mundo elabora fantasías en algún grado. Los estudios en donde piden a las personas identificar qué es lo que hacen en distintos momentos del día han demostrado que tienen ensoñaciones diurnas alrededor del 10% del tiempo. En lo que respecta al contenido de las fantasías, la mayor parte de ellas se relaciona con sucesos tan comunes y corrientes como pagar la cuenta del teléfono, ir por el mandado o resolver un problema amoroso (Singer, 1975; Lynn y Rhue, 1988).

A pesar de que una frecuente ensoñación diurna podría sugerir dificultades psicológicas, de hecho parece existir poca relación entre los problemas psicológicos y este tipo de ensoñación (Rhue y Lynn, 1987; Lynn y Rhue, 1988). Con excepción de raros casos en los que la persona que experimenta las ensoñaciones diurnas es incapaz de distinguir la fantasía de la realidad (una señal de problemas graves, como veremos en el capítulo 12), la ensoñación diurna parece ser un componente normal de la conciencia durante la vigilia. De hecho, puede ser que la fantasía contribuya al bienestar psicológico de algunas personas al facilitar el desarrollo de su creatividad y al permitirles emplear su imaginación para comprender lo que experimentan otras personas.

Trastornos del sueño

En un momento u otro, prácticamente todos hemos tenido problemas para dormir —condición a la que se denomina *insomnio*—. Puede deberse a una situación específica como el rompimiento de una relación, la preocupación acerca de la calificación de un examen o la pérdida de un empleo. Sin embargo, algunos casos de insomnio no tienen causas obvias. Algunas personas sencillamente son incapaces de dormir con rapidez, o se duermen con facilidad, pero se despiertan con frecuencia a lo largo de la noche (Hauri,

---

CUADRO 4.2 Cuatro perspectivas de los sueños

Teoría	Explicación básica	Significado de los sueños	¿Está disfrazado el significado de los sueños?
Teoría de la satisfacción de los deseos inconscientes (Freud)	Los sueños representan deseos inconscientes que la persona que los experimenta desea satisfacer	El contenido latente revela la existencia de deseos inconscientes	Sí, mediante el contenido manifiesto de los sueños
Teoría del desaprendizaje	Información que no es necesaria se "desaprende" y se retira de la memoria	Ninguno	No tienen significado
Teoría de soñar para sobrevivir	Información de importancia para nuestra supervivencia cotidiana se reconsidera y reprocesa	Son claves acerca de nuestras preocupaciones cotidianas relacionadas con la supervivencia	No necesariamente
Teoría de la activación y la síntesis	Los sueños son el resultado de la activación aleatoria de distintos recuerdos, que son unidos entre sí según un relato lógico	El escenario del sueño que se elabora se relaciona con las preocupaciones de quien sueña	No necesariamente

1991). El insomnio es un problema que aqueja a alrededor de una cuarta parte de la población de Estados Unidos.

Otros problemas del sueño son menos conocidos que el insomnio, aunque también están muy difundidos (Kelly, 1991a; Reynolds y Kupfer, 1994). Por ejemplo, alrededor de 20 millones de personas padecen de *apnea del sueño*, un estado en el cual la persona tiene dificultades para respirar y dormir de forma simultánea. El resultado es un sueño perturbado e intermitente, pues el individuo se despierta constantemente cada vez que la falta de oxígeno es suficiente como para hacerlo despertar. En algunos casos, las personas que padecen de apnea se despiertan hasta 500 veces a lo largo de una noche, aunque es posible que ni siquiera se den cuenta de que se despertaron. No resulta sorprendente que un sueño tan perturbado provoque quejas de fatiga al día siguiente. La apnea del sueño puede explicar el *síndrome de muerte infantil súbita*: un misterioso asesino de bebés aparentemente normales que mueren mientras duermen.

La *narcolepsia* es una necesidad incontrolable de dormir durante periodos cortos a lo largo del día (Dement, 1976). Sin importar el tipo de actividad que realiza —sostener una conversación acalorada, hacer ejercicio o conducir un automóvil—, el narcoléptico súbitamente se queda dormido. Las personas que padecen de narcolepsia pasan de manera directa de la vigilia al sueño MOR, saltando las otras fases (Siegel, Nienhuis, Fahringer, Paul, Shiromani, Dement, Mignot y Chiu, 1991). Las causas de este trastorno son desconocidas, aunque puede ser que esté presente un componente genético, ya que la narcolepsia es común en algunas familias.

Sabemos relativamente poco acerca de hablar dormido y del sonambulismo, dos perturbaciones del sueño que no provocan grandes daños. Ambas se producen durante la fase 4 del sueño y son más frecuentes en los niños que en los adultos. En la mayoría de los casos, los sonámbulos y quienes hablan dormidos tienen una conciencia vaga del mundo que los rodea. Así, un sonámbulo puede esquivar con agilidad los obstáculos de una habitación repleta de objetos. A menos que un sonámbulo deambule hasta un ambiente peligroso, el sonambulismo por lo general implica pocos riesgos. Es más, la conseja popular de que no se debe despertar a los sonámbulos está equivocada: despertarlos no les provocará daño alguno, aunque seguramente se encontrarán muy confundidos. (Para una exposición de un psicólogo que trabaja en una clínica que trata trastornos del sueño, véase el recuadro *Los caminos de la psicología,* más adelante.)

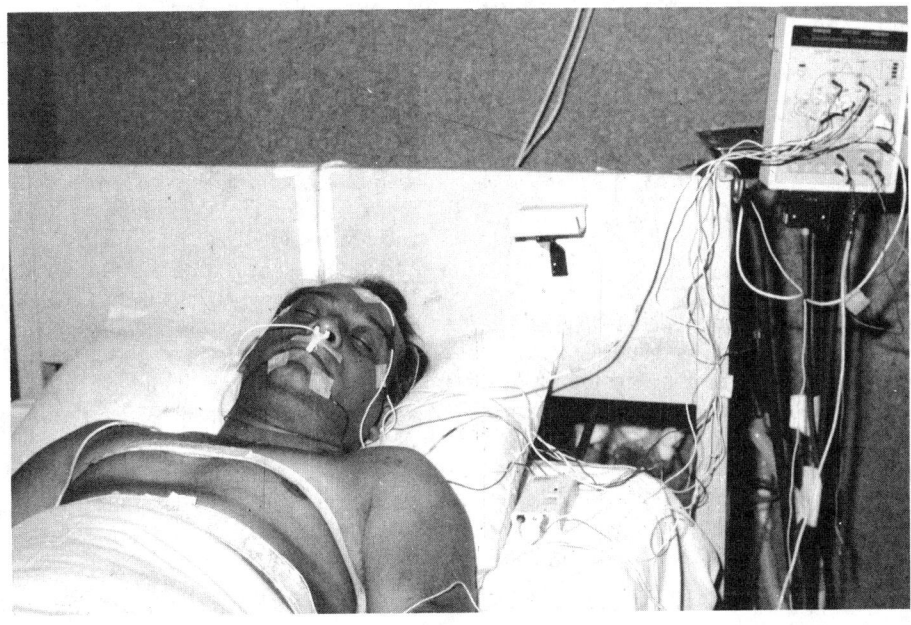

Las respuestas fisiológicas de este hombre durante el sueño son estudiadas en una Clínica de trastornos del sueño, para aumentar la comprensión de este fenómeno.

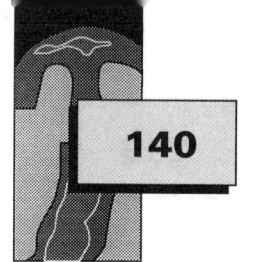

El consumidor de psicología bien informado

Dormir mejor

Por fortuna, el más severo de los trastornos del sueño que padecemos la mayoría de nosotros es el insomnio. Sin embargo, para los casi 40 millones de personas en Estados Unidos que tienen dificultades para dormir, el hecho de que las cosas podrían ser peores les ofrece muy poco consuelo (Holden, 1993).

Para aquellos de nosotros que pasamos horas dando vuelta tras vuelta en la cama, los psicólogos que estudian los trastornos del sueño han propuesto una serie de recomendaciones para superar el insomnio (Jacobs, Benson y Friedman, 1993). Éstas incluyen las siguientes:

■ Haga ejercicio durante el día y evite las siestas. ¡No es de sorprender que sea conveniente estar cansado antes de acostarse! Además, el aprendizaje de técnicas sistemáticas de relajación y de retroalimentación biológica (véase el capítulo 2) pueden ayudarlo a desafanarse de las dificultades y tensiones del día (Woolfolk y McNulty, 1983).

■ Elija un horario de sueño regular y apéguese a él. Adoptar un programa habitual ayuda a que sus mecanismos internos de estimación del tiempo regulen mejor su organismo.

■ No utilice su cama como un área para todo tipo de actividades; estudie, lea, coma, vea la televisión y realice otras actividades recreativas en alguna otra área de su hogar. Esto permite que su cama sea una clave sólo para dormir.

LOS CAMINOS DE LA PSICOLOGÍA

Thomas Roth
Henry Ford Hospital, Detroit, Michigan

Nació en: 1942
Educación: B.A., Hunter College; Ph.D., University of Cincinnati
Hogar: Detroit

Aunque Thomas Roth comenzó sus estudios universitarios con una especialización en fisiología, fue atraído hacia la psicología. Quedó intrigado con la metodología experimental y los conceptos experimentales. Para cuando terminó sus estudios universitarios, decidió dedicar su carrera a la psicología.

En la actualidad, Roth es el jefe de la División de Medicina para el sueño en el hospital Henry Ford en Detroit, al igual que profesor clínico en el Departamento de Psicología de la facultad de medicina de la Universidad de Michigan.

"La división tiene tres funciones principales", explicó Roth. "La primera es diagnosticar y tratar a pacientes con una variedad de trastornos del sueño. La segunda función es la investigación, la cual es una parte importante de la divi-

Thomas Roth.

sión. Hay una variedad de investigaciones que incluyen el trastorno de la respiración al dormir, los determinantes del sueño diurno, y diagnósticos y manejo del insomnio.

Nuestra tercera función es educativa. Enseñamos a los residentes de psicología, colegas de medicina pulmonar e internos de psicología", agregó.

Según Roth, los psicólogos son los profesionales más lógicos para tratar el insomnio, el cual aflige más o menos a un 25% de la población estadounidense. "El insomnio tiene como una de sus causas principales a problemas de tipo conductual", dijo. Agregó que los psicólogos de manera histórica han sido los primeros en identificar las causas del trastorno y también se encuentran en buena posición para realizar investigaciones en el área.

Roth participa en investigaciones de otros tipos de trastornos del sueño. Por ejemplo, la División de Trastornos del Sueño realiza investigaciones extensas sobre la apnea del sueño y respecto a la seguridad y eficacia de los fármacos usados para mejorar el sueño. Señaló que la investigación del sueño es muy necesaria. "Cada año 200 000 estadounidenses se quedan dormidos al volante de un automóvil y la mayoría tienen una edad entre 18 y 25 años. ¿Por qué sucede esto? El estudio del sueño es un área enorme de investigación y requiere más de nuestra atención y comprensión."

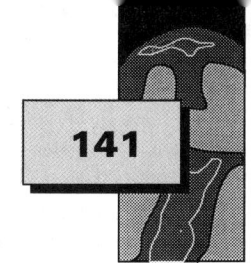

■ Evite las bebidas que contengan cafeína (como el café, el té y algunos refrescos) después de comer; sus efectos pueden extenderse de ocho a doce horas después de haberlas consumido.

■ Beba un vaso de leche tibia a la hora de acostarse. Su abuelita tenía razón, aunque tal vez no sabía por qué. (La leche contiene una sustancia química denominada triptófano, que ayuda a conciliar el sueño.)

■ Evite ingerir píldoras para dormir. A pesar de que en Estados Unidos se gastan más de 100 millones de dólares al año en pastillas para dormir, la mayor parte de este dinero se desperdicia. Las píldoras pueden ser efectivas durante una temporada, pero a la larga suelen provocar más daños que beneficios, puesto que perturban el ciclo normal de sueño (McClusky, Milbank y Switzer, 1991).

■ Trate de *no* dormirse. Este consejo, que al principio suena raro, tiene mucho sentido. Los psicólogos han comprobado que parte de la razón por la que las personas tienen dificultades para dormir radica en que lo intentan con mucho celo. Una estrategia mejor es la que sugiere Richard P. Bootzin, de la Universidad de Arizona, que enseña a las personas a volver a condicionar los hábitos de sueño. Recomienda que las personas deben acostarse sólo cuando se sientan cansadas. Si no se concilia el sueño en cuestión de diez minutos, se debe dejar la cama y hacer otra cosa, para volver a acostarse únicamente cuando se sienta cansancio. Este proceso se debe seguir, de ser preciso, toda la noche. Pero a la mañana siguiente, el paciente debe levantarse a la hora habitual y no debe dormir ninguna siesta durante el día. Después de tres a cuatro semanas en estas condiciones, la mayoría de la gente se condiciona a asociar sus camas con el sueño y a dormirse rápidamente por la noche (Youkilis y Bootzin, 1981; Seltzer, 1986; Ubell, 1993).

Inclusive si estas técnicas no funcionan a su entera satisfacción y usted siente que el insomnio representa un problema, existe un consuelo. Muchas personas que *piensan* que tienen problemas de sueño pueden estar equivocadas. Los investigadores han comprobado que los pacientes que ingresan a tratamiento en los laboratorios de sueño duermen mucho más de lo que ellos creen (Trinder, 1988). Por ejemplo, algunos investigadores han descubierto que ciertas personas que manifiestan estar despiertas durante toda la noche, se quedan dormidas en cuestión de 30 minutos y permanecen dormidas toda la noche. Además, algunas personas con insomnio pueden recordar sonidos que escucharon mientras estaban dormidas, lo cual les provoca la impresión de que pasaron la noche despiertas (Engle-Friedman, Baker y Bootzin, 1985).

Por lo tanto, el problema de muchas personas que padecen de insomnio no es una verdadera falta de sueño, sino percepciones equívocas de sus patrones de sueño. En muchos casos, con sólo percatarse de cuánto tiempo duermen en realidad —y comprender el hecho de que mientras más se avanza en edad menor es la cantidad de sueño que se necesita— es suficiente para "curar" la percepción de las personas de que padecen un trastorno del sueño.

RECAPITULACIÓN Y REVISIÓN

Recapitulación

- La conciencia se refiere al conocimiento de una persona de las sensaciones, pensamientos y sentimientos que experimenta en un momento determinado.
- Existen cuatro fases del sueño distintas, así como la fase de sueño MOR (sueño con movimientos oculares rápidos). Estas fases se repiten en varios ciclos durante el transcurso del sueño nocturno normal.
- Hay cuatro explicaciones principales de los sueños; incluyen la teoría de Freud de la satisfacción de los deseos inconscientes, la teoría del desaprendizaje, la teoría del soñar para sobrevivir, y la teoría de la activación y la síntesis.
- Los principales trastornos del sueño incluyen el insomnio, la narcolepsia y la apnea del sueño.

Revisión

1. _____ es el término que se emplea para describir nuestra comprensión tanto del mundo externo como del interno.
2. De manera contraria a la creencia popular, una gran actividad nerviosa se produce durante el sueño. ¿Cierto o falso?
3. ¿En qué fase se producen los sueños?
4. Los _____ son procesos orgánicos que ocurren en un ciclo diario.
5. La teoría de Freud sobre la _____ _____ _____ inconscientes sostiene que los individuos disfrazan los verdaderos deseos expresados en los sueños, debido a que resultan amenazadores para su conciencia.
6. Relacione la teoría sobre los sueños con su definición.

1. Teoría del soñar para sobrevivir
2. Teoría del desaprendizaje
3. Teoría de la activación y la síntesis
   a. Los sueños permiten que cierta información necesaria se reprocese mientras dormimos.
   b. La energía producida aleatoriamente al dormir estimula al cerebro, el cual entreteje un relato con los recuerdos activados.
   c. Los sueños se "deshacen" del exceso de información reunida durante el día.
7. Relacione el problema de sueño con su definición:
   1. Insomnio
   2. Narcolepsia
   3. Apnea del sueño

a. Condición que dificulta respirar mientras se duerme.
b. Dificultad para dormir.
c. Necesidad incontrolable de dormir durante el día.

Pregúntese a sí mismo

Se ha desarrollado una nueva "píldora milagrosa". Ésta, una vez que se ingiere, le permitirá a una persona funcionar con tan sólo una hora de sueño por noche. A consecuencia de tan estrecho periodo, cualquier individuo que tome esta píldora nunca soñará de nuevo. Con los conocimientos que tiene acerca de las funciones de dormir y soñar, ¿cuáles serían, desde una perspectiva individual y desde una social, las ventajas y las desventajas de semejante píldora? ¿La ingeriría usted?

(Las respuestas a las preguntas de la revisión aparecen en la página 144.)

- ***¿Se encuentran en un estado de conciencia diferente las personas hipnotizadas y pueden ser hipnotizadas contra su voluntad?***
- ***¿Cuáles son las consecuencias de la meditación?***

HIPNOSIS Y MEDITACIÓN

Se siente relajado y somnoliento. Cada vez tiene más sueño. Su cuerpo se afloja. Tiene una sensación de calidez, descanso, más comodidad. Sus párpados se sienten cada vez más pesados. Se le cierran los ojos; ya no los puede mantener abiertos. Está relajado por completo.

Ahora, al escuchar mi voz, haga exactamente lo que le diga. Coloque sus manos sobre su cabeza. Sentirá que se vuelven cada vez más pesadas, tan pesadas que casi no puede sostenerlas arriba. De hecho, aunque se esfuerza al máximo, no será capaz de mantenerlas arriba por más tiempo.

Un observador que presenciara la escena descrita en las líneas anteriores notaría la ocurrencia de un extraño fenómeno. Muchas de las personas que escuchan la voz, de una en una, dejarían caer sus brazos a los lados, como si en ellos cargaran pesas de plomo. ¿La razón de este extraño comportamiento? Las personas han sido hipnotizadas.

Hipnosis: ¿una experiencia generadora de trances?

Hipnosis: estado de mayor susceptibilidad a las sugestiones de otros

Las personas bajo **hipnosis** se encuentran en un estado de mayor susceptibilidad a las sugestiones de los demás. En algunos aspectos, parece ser que están dormidas. No obstante, otros aspectos de su comportamiento contradicen esta idea, puesto que las personas prestan atención a las sugestiones del hipnotista y pueden realizar esas sugestiones, aunque sean extrañas o tontas.

A pesar de su obediencia cuando están hipnotizadas, las personas no pierden toda su voluntad. No realizarán actos antisociales o autodestructivos. La gente no revelará verdades ocultas acerca de sí misma, e incluso es capaz de mentir. Además, no se puede hipnotizar a las personas contra su voluntad —a pesar de la creencia popular en contrario—.

Existen amplias variaciones en la susceptibilidad de las personas a la hipnosis (Lynn y cols., 1991; Kirsch y Council, 1995). Entre el 5 y el 20% de la población no puede ser hipnotizada, en tanto que un 15% es con facilidad susceptible de ello. La mayoría de la gente se ubica entre ambas categorías. Por otra parte, la facilidad con la que se hipnotiza a una persona se relaciona con otra serie de factores. Las personas a las que se puede hipnotizar fácilmente también son cautivadas con facilidad mientras leen libros o escuchan música, momentos en los que pierden conciencia de lo que ocurre a su alrededor; además, suelen pasar una gran cantidad de tiempo en ensoñaciones diurnas. En resumen, exhiben gran capacidad para concentrarse y ser absorbidas por completo por aquello que realizan (Hilgard, 1974; Lynn y Snodgrass, 1987; Crawford, 1982; Rhue, Lynn y Kirsch, 1993).

¿Un distinto estado de conciencia?   La cuestión de que la hipnosis represente o no un estado de conciencia cualitativamente diferente de la conciencia normal de vigilia ha sido fuente de controversias entre los psicólogos desde hace mucho tiempo (Kirsch y Lynn, 1995).

Ernest Hilgard (1975) ha afirmado de manera convincente que la hipnosis representa un estado de conciencia que difiere significativamente de otros estados. Sostiene que características específicas de comportamiento diferencian con claridad a la hipnosis de otros estados. Dichas características incluyen una mayor susceptibilidad a la sugestión, una mayor capacidad para recordar y elaborar imágenes, incluso imágenes visuales de la infancia temprana, falta de iniciativa y la capacidad para aceptar sin crítica sugestiones que evidentemente contradicen la realidad. Por ejemplo, se puede decir a las personas hipnotizadas que son ciegas, y subsecuentemente éstas manifiestan su incapacidad para ver los objetos que se les muestran (Bryant y McConkey, 1990). Además, como resultado de investigaciones se ha descubierto que existen cambios en la actividad eléctrica del cerebro que se relacionan con la hipnosis, lo cual brinda apoyo a la postura de que los estados hipnóticos representan un estado de conciencia distinto al de la vigilia (Spiegel, 1987).

Sin embargo, algunos teóricos rechazan la idea de que la hipnosis representa un estado de conciencia que difiere en forma significativa de la conciencia de la vigilia normal (Spanos, 1986; Spanos y Chaves, 1989). Aseguran que los patrones alterados de las ondas cerebrales no son suficientes para demostrar que un estado hipnótico sea cualitativamente distinto de la conciencia de vigilia cotidiana, puesto que no se producen otros cambios fisiológicos específicos cuando una persona está en trance.

Además, algunos investigadores han demostrado que la gente que sólo pretende estar hipnotizada exhibe comportamientos que son casi idénticos a los de individuos en verdad hipnotizados, y que la susceptibilidad hipnótica se puede incrementar por medio de entrenamiento (Gfeller, Lynn y Pribble, 1987; Spanos, Cross, Menary, Brett y deGroic, 1987). También existe muy poco apoyo para la postura de que los adultos pueden recordar con precisión acontecimientos de su niñez cuando se les hipnotiza (Nash, 1987). Este tipo de evidencia convergente sugiere que en el trance hipnótico no existe nada cualitativamente especial (Barber, 1975; Lynn, Rhue y Weekes, 1990; Spanos, Menary, DuBrevil y Dewhirst, 1991).

Si la hipnosis no representa un estado de conciencia distinto al de la vigilia normal, entonces ¿por qué las personas *parecen* estar en un estado alterado? Para Theodore Sarbin y sus colegas, las personas que son hipnotizadas se encuentran en un estado aumentado de susceptibilidad, representando el papel del estado de hipnosis como lo entienden ellas. No "pretenden" estar hipnotizadas. En lugar de ello, creen estar hipnotizadas y siguen las sugestiones del hipnotista de la misma manera en que siguen las sugestiones de sus patrones, jefes y otras personas con autoridad (Sarbin, 1991).

Entonces, está pendiente el juicio de si la hipnosis representa un verdadero estado único de conciencia. Por otra parte, aun si la hipnosis demuestra ser tan sólo un estado aumentado de susceptibilidad a la sugestión, aún puede ser usada para solucionar problemas prácticos que experimentan las personas. De hecho, psicólogos que trabajan en áreas muy diferentes han descubierto que la hipnosis es una herramienta confiable y eficaz (Rhue, Lynn y Kirsch, 1993). Entre las diversas aplicaciones de la hipnosis destacan las siguientes:

■ *Control del dolor.* A los pacientes que sufren de dolor crónico se les puede sugestionar, cuando están bajo hipnosis, para que sientan que su dolor ha sido eliminado o reducido. Se les puede inducir para que sientan que un área de dolor está caliente, fría o

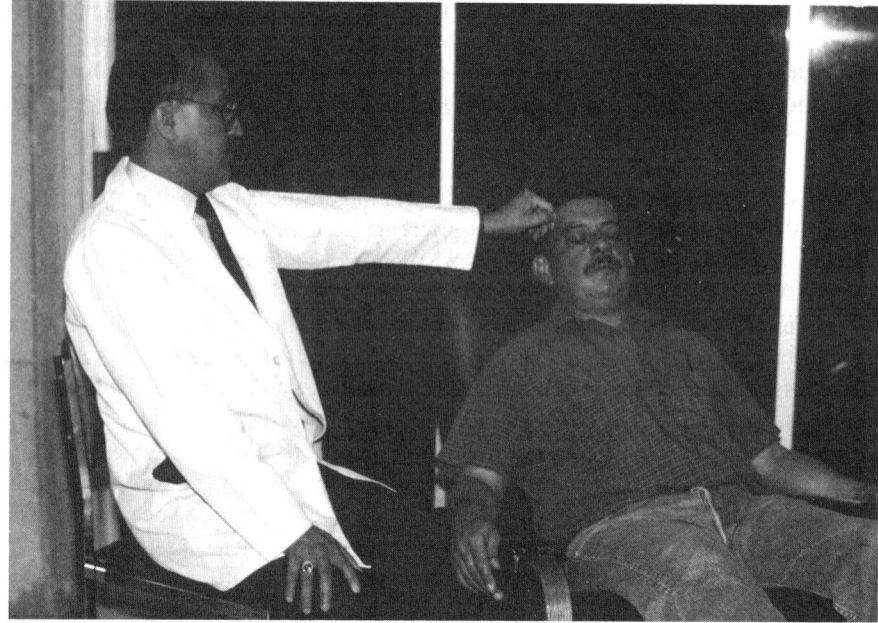

Se ha encontrado que la hipnosis es un auxiliar efectivo en ciertos casos, incluyendo el alivio del dolor y dejar de fumar.

entumecida. También se les pueden enseñar métodos de autohipnosis para aliviar el dolor o para obtener una sensación de control sobre sus síntomas. La hipnosis ha demostrado ser de aplicación especialmente valiosa durante el parto y los tratamientos odontológicos (Erickson, Hershman y Secter, 1990).

■ *Eliminación de la adicción al tabaco.* Aunque no ha tenido éxito para terminar con el consumo excesivo de alcohol y drogas, en ocasiones la hipnosis tiene éxito al ayudar a las personas a eliminar un comportamiento indeseado como fumar. En algunas perspectivas, a los fumadores hipnotizados se les sugestiona en el sentido de que el sabor y el olor de los cigarrillos son desagradables. Otras técnicas incluyen la enseñanza de la autohipnosis para enfrentar el deseo irrefrenable de fumar, o la sugestión hipnótica de que los fumadores deben proteger sus cuerpos de los estragos que provoca el tabaco (Erickson, Hershman y Secter, 1990).

■ *Tratamiento de trastornos psicológicos.* En ocasiones la hipnosis se utiliza durante el tratamiento de trastornos psicológicos. Por ejemplo, se puede emplear la hipnosis para aumentar el relajamiento, incrementar las expectativas de éxito o para modificar pensamientos autoderrotistas. También se puede usar para reducir la ansiedad (Weitzenhoffer, 1989).

■ *Recordar detalles de un crimen.* A veces, los testigos y las víctimas recuerdan mejor los detalles de un crimen si están hipnotizados. En un caso muy conocido, un testigo del secuestro de un grupo de niños de California fue hipnotizado y pudo recordar todos los dígitos, menos uno, de la placa del vehículo del secuestrador (*Time,* 1976). Por otra parte, la evidencia relativa a la precisión de los recuerdos obtenidos bajo hipnosis es decididamente mixta. En algunos casos aumenta el recuerdo preciso de información específica, lo cual también ocurre con el número de errores. Además, se produce un incremento en la confianza de la persona acerca de los recuerdos obtenidos mediante hipnosis, incluso cuando los recuerdos son erróneos. El estado hipnótico bien puede hacer que las personas, simplemente, tengan mayor inclinación por decir cualquier cosa que crean recordar. A consecuencia de estas interrogantes acerca de su utilidad, la situa-

RESPUESTAS A LA REVISIÓN ANTERIOR

1. Conciencia **2.** Cierto **3.** MOR **4.** Ritmos circadianos **5.** satisfacción de los deseos
6. 1-a; 2-c; 3-b **7.** 1-b; 2-c; 3-a

ción legal de la hipnosis está aún por resolverse (Dywan y Bowers, 1983; Nogrady, McConkey y Perry, 1985; Council of Scientific Affairs, 1985; McConkey y Sheehan, 1995).

■ *Mejorar el desempeño atlético.* En ocasiones, los atletas utilizan la hipnosis para mejorar su desempeño. Por ejemplo, el campeón de boxeo, Ken Norton, utilizó la hipnosis antes de una pelea a fin de prepararse para ese encuentro, mientras que la estrella del béisbol, Rod Carew, empleaba el hipnotismo para mejorar su concentración al bat (Udolf, 1981).

Por lo tanto, la hipnosis tiene muchas aplicaciones potenciales. Claro está que no es invariablemente efectiva. Para el elevado número de personas que no pueden ser hipnotizadas, ofrece poca ayuda. Pero para las personas que son buenos sujetos hipnóticos, la hipnosis puede proporcionarles beneficios significativos.

Meditación: regulación de nuestro propio estado de conciencia

Cuando los practicantes tradicionales de la antigua religión oriental del budismo zen desean lograr un mayor discernimiento espiritual, utilizan una técnica secular para alterar su estado de conciencia. A ésta se le denomina meditación.

La **meditación** es una técnica aprendida para renfocar la atención, lo cual produce un estado alterado de conciencia. A pesar de que el término suena un tanto exótico, algún tipo de meditación se encuentra siempre en cualquiera de las grandes religiones, lo cual incluye al cristianismo y al judaísmo. En la actualidad, en Estados Unidos, algunos de los principales expositores de la meditación, seguidores del Maharishi Mahesh Yogi, practican un tipo de meditación al que se denomina meditación trascendental, o MT, aunque muchos otros grupos enseñan otros tipos de meditación.

La técnica específica de meditación que se emplea en la MT implica la repetición de un *mantra* —un sonido, una palabra o una sílaba— una y otra vez. En otras formas de meditación, la concentración se hace en una imagen, una flama o determinada parte del cuerpo. De manera independiente de la naturaleza del estímulo inicial específico, en la mayoría de las formas de meditación la clave del procedimiento radica en concentrarse tanto en el estímulo que quien medita pierde conciencia de cualquier estímulo externo y se alcanza un estado distinto de conciencia.

Meditación: técnica para concentrar la atención que produce un estado alterado de conciencia

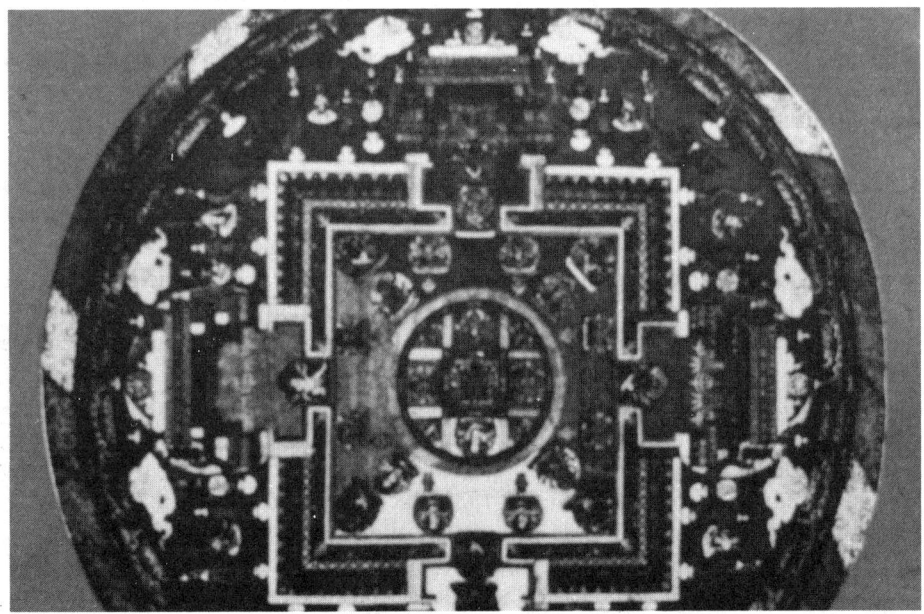

Mandala antiguo que se puede emplear para concentrar la atención mientras se practica la meditación. El mandala se elabora de modo que la atención se lleve hacia el centro de la figura.

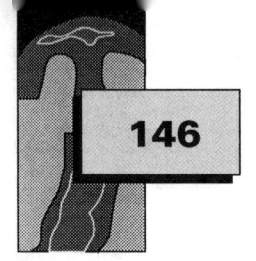

Después de la meditación las personas aseguran sentirse relajadas por completo. En ocasiones relatan haber obtenido nuevos conocimientos acerca de sí mismos y de los problemas a que se enfrentan. La práctica a largo plazo de la meditación puede incluso mejorar la salud. Un estudio realizado con un grupo de residentes de la tercera edad demostró que quienes habían practicado la MT a lo largo de un periodo de tres años eran más longevos (Alexander, Langer, Newman, Chandler y Davies, 1989).

La meditación produce varios cambios fisiológicos. Por ejemplo, se reduce el consumo de oxígeno, el ritmo cardiaco y la presión arterial disminuyen, y los patrones de ondas cerebrales pueden cambiar (Wallace y Benson, 1972). Por otra parte, cambios similares se producen con cualquier otro tipo de relajamiento, de modo que si éstos califican o no como una verdadera alteración de la conciencia sigue siendo un aspecto abierto a debate (Holmes, 1985).

Es evidente que la mayoría de las personas pueden meditar sin adornos exóticos mediante el empleo de unos cuantos procedimientos sencillos desarrollados por Herbert Benson, quien ha estudiado con amplitud esta técnica (Benson, 1993). Los fundamentos se parecen en muchos sentidos a los desarrollados como parte de las religiones orientales, pero no tienen ningún componente espiritual. Incluyen estar sentado en un cuarto silencioso con los ojos cerrados, respirando profunda y rítmicamente, y repitiendo una palabra o sonido —como la palabra "un"— una y otra vez. Aunque el procedimiento es un poco más complicado que esto, la mayoría de las personas se encuentran en un estado de gran relajamiento después de tan sólo veinte minutos. Si se practican dos veces al día, las técnicas de meditación de Benson parecen tener la misma eficacia para relajarse que otros métodos más místicos (Benson y Friedman, 1985).

Exploración de la diversidad

Rutas transculturales para los estados alterados de conciencia

■ Un grupo de sioux nativos norteamericanos se sientan desnudos en una tienda que rezuma vapor, mientras un curandero lanza agua sobre rocas candentes para enviar oleadas de vapor hirviente hacia el aire.

■ Los sacerdotes aztecas se untan con una mezcla de hierbas venenosas machacadas, gusanos negros peludos, escorpiones y lagartijas. A veces beben la mezcla.

■ Durante el siglo XVI, un judío hasídico devoto yace sobre la lápida de un erudito célebre. Mientras murmura el nombre de Dios repetidamente, busca ser poseído por el alma del espíritu del sabio muerto. Si tiene éxito, alcanzará un estado místico y las palabras del difunto fluirán de la boca del seguidor.

Cada uno de estos rituales tiene un objetivo común: suspender los lazos de la conciencia cotidiana y tener acceso a un estado alterado de conciencia (Furst, 1977; Fine, 1994). Aunque puede parecer curioso y exótico desde el punto de vista de la cultura occidental, representa lo que parece ser un esfuerzo universal para alterar la conciencia. Para los miembros de otras culturas, el uso de medicamentos, alcohol y otras drogas en las culturas occidentales para producir un cambio en la conciencia puede parecer igual de peculiar.

Algunos estudiosos sugieren que la búsqueda de la alteración de la conciencia representa un deseo humano básico. Por ejemplo, Ronald Siegel, quien estudia las bases biológicas de las drogas, ha afirmado que existe una necesidad universal de alterar el estado de ánimo o la conciencia (Siegel, 1989). Incluso sugirió que esta necesidad es tan básica como los requerimientos de sexo, agua y alimento.

Aceptemos esta opinión tan extrema o no, es claro que culturas diferentes han desarrollado sus formas únicas propias de actividades que alteran la conciencia. Del mismo modo, como se verá cuando se expongan los trastornos psicológicos en el capítulo 12, lo que se considera un comportamiento "anormal" varía en forma considerable de una cultura a otra.

Por supuesto, percatarse de que los esfuerzos para producir estados alterados de conciencia están extendidos en todas las sociedades del mundo no responde la pregunta fundamental: ¿la experiencia de los estados de conciencia *normales* no alterados es similar en diferentes culturas?

Hay dos respuestas posibles a esta pregunta. Debido a que los humanos comparten rasgos biológicos básicos comunes en la forma en que están conectados sus cerebros y sus cuerpos, podríamos suponer que la experiencia fundamental de la conciencia es similar a través de las culturas. Como resultado, podríamos suponer que la conciencia básica muestra algunas semejanzas comunes en forma transcultural.

Por otra parte, la forma en que son interpretados y vistos ciertos aspectos de la conciencia muestran diferencias considerables entre culturas distintas. Por ejemplo, las personas en diversas culturas ven la experiencia del paso del tiempo en formas variadas. Un estudio encontró, por ejemplo, que los mexicanos ven el paso del tiempo más lento que otros norteamericanos (Díaz-Guerrero, 1979).

Cualquiera que sea la verdadera naturaleza de la conciencia, y la razón por la que las personas buscan alterarla, es evidente que las personas a menudo buscan los medios de alterar su experiencia cotidiana del mundo. En algunos casos esta necesidad se vuelve abrumadora, como se verá a continuación cuando se considere el uso de las drogas.

RECAPITULACIÓN Y REVISIÓN

Recapitulación

- La hipnosis coloca a las personas en un estado de mayor susceptibilidad a las sugestiones de otros. Las personas no pueden ser hipnotizadas en contra de su voluntad y varían en cuanto a sus niveles de susceptibilidad a la hipnosis.
- Una pregunta de gran importancia acerca de la hipnosis es si representa o no un estado distinto de conciencia. Existen evidencias en ambos sentidos.
- La meditación es una técnica aprendida para renfocar la atención con el fin de producir un estado alterado de conciencia.
- Las culturas difieren en las rutas que eligen para producir estados alterados de conciencia.

Revisión

1. La _____ es un estado de mayor susceptibilidad a las sugestiones de otros.

2. Un amigo le dice: "¡Una vez escuché que una persona fue asesinada, pues se le hipnotizó y durante el trance se le indicó que saltara a las vías del metro!" ¿Podría ser cierta semejante afirmación? Explique su respuesta.

3. La _____ es una técnica aprendida para renfocar la atención con el fin de producir un estado alterado de conciencia.

4. Leonor repite un solo sonido, conocido como _____ cuando practica la meditación trascendental.

5. La meditación se puede aprender exclusivamente mediante la realización de procedimientos que incluyen algún componente espiritual. ¿Cierto o falso?

Pregúntese a sí mismo

Si la meditación presenta beneficios psicológicos, ¿sugiere ello que estamos sobrecargados mentalmente en nuestro estado normal de conciencia?

(Las respuestas a las preguntas de la revisión aparecen en la página 148.)

- *¿Cuáles son las principales clasificaciones y efectos de las drogas?*

CONSUMO DE DROGAS: ALTAS Y BAJAS DE LA CONCIENCIA

Mientras el mechero de gas vaporizaba la cocaína colocada en el recipiente de una pipa de vidrio, Amir Vik-Kiv inhaló profundamente, retuvo el humo en su pecho expandido y luego exhaló apurado y sin aliento. De pronto, se le inyectaron los ojos y las manos le comenzaron a temblar. Aparecieron gotas de sudor en su frente y se formaron manchas de sudor en la ropa que tocaba sus axilas.

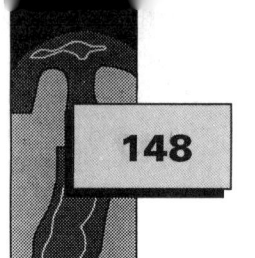

Unos momentos antes... el antiguo camarógrafo de televisión había "cocinado" un gramo de cocaína refinada en la cocina de su departamento del noreste de Washington. Utilizando una sencilla receta de agua y bicarbonato de sodio redujo la sustancia a una forma potente e insidiosa conocida como "*crack*".

En una hora había "quemado" alrededor de 100 dólares de droga, pero lo que había ocurrido en su cerebro tan sólo siete segundos después de dar el primer golpe era algo más parecido a una explosión. Aunque no había comido en todo el día ni había tenido relaciones sexuales en seis meses, ya no sentía deseos de saciar ninguna de esas necesidades...

Lo que habría de suceder cuando se acabara la droga era otra historia. Antes de que pasara mucho tiempo Vik-Kiv estaría gateando por el piso de la cocina, buscando un poco de cocaína que se le hubiera podido caer. Al encontrar cualquier cosa blanca, la tomaría, y sentiría asco ante el sabor de lo que podría haber sido cualquier cosa, desde una migaja de pan quemada hasta unos huevecillos de cucaracha (Milloy, 1986, p. 1).

Aunque pocas personas exhiben un comportamiento tan extremo, las drogas forman parte de casi toda nuestra vida. Desde la infancia, la mayor parte de la gente ingiere vitaminas, analgésicos, medicina para la gripe y otras cosas por el estilo. Estos fármacos tienen muy poco efecto sobre nuestra conciencia, ya que en lugar de ello operan principalmente a nivel de nuestras funciones biológicas.

Drogas psicoactivas: drogas que influyen en las emociones, las percepciones y el comportamiento de una persona

Por otra parte, algunas sustancias, conocidas como drogas psicoactivas, afectan la conciencia. Las **drogas psicoactivas** influyen en las emociones, las percepciones y el comportamiento de una persona. Pero incluso éstas son comunes en la mayor parte de nuestra vida. Si alguna vez a bebido una taza de café o le ha dado un trago a una cerveza, usted ha tomado una droga psicoactiva.

Un gran número de personas han consumido drogas psicoactivas más potentes —y peligrosas— que el café y la cerveza. Por ejemplo, una encuesta mostró que el 48% de los alumnos de último grado de preparatoria había consumido una droga ilegal por lo menos una vez en su vida, y las cifras de la población adulta son aún mayores (Johnston, Bachman y O'Malley, 1995).

Drogas adictivas: drogas que producen en el consumidor una dependencia física o psicológica

Por supuesto, las drogas varían con amplitud en términos de los efectos que tienen en los usuarios. Las más peligrosas son las adictivas. Las **drogas adictivas** producen en el consumidor una dependencia biológica o psicológica, y la abstinencia de su consumo provoca un deseo vehemente de la droga que en algunos casos puede ser casi irresistible. Las adicciones pueden tener un fundamento biológico, en cuyo caso tal es la costumbre del organismo a funcionar en presencia de una droga que ya no puede funcionar sin ésta. Las adicciones también pueden ser psicológicas, en cuyo caso la gente cree necesitar de la droga con el fin de dar respuesta a las tensiones de la vida cotidiana. A pesar de que por lo general asociamos la adicción con drogas tales como la heroína, las drogas de todos los días, como la cafeína (presente en el café) y la nicotina (en los cigarrillos) tienen asimismo aspectos adictivos.

Sabemos relativamente poco acerca de las razones que subyacen a la adicción. Uno de los problemas de la identificación de las causas radica en que distintas drogas (tales como el alcohol y la cocaína) afectan al cerebro de modos muy diversos —y aún así pueden ser adictivas en igual medida—. Además, lleva más tiempo convertirse en adicto a algunas drogas que a otras, aunque las consecuencias últimas de la adicción suelen tener la misma gravedad (Julien, 1995; Lowinson, Ruiz, Millman y Langrod, 1992).

La marihuana es el alucinógeno de consumo más común.

En primer lugar, ¿por qué ingieren drogas las personas? Existen muchas razones, que van desde el placer de la experiencia misma, hasta el escape de las presiones cotidianas que brinda un viaje inducido por medio de drogas, pasando por el intento de lograr determinado estado religioso o espiritual. Pero otro tipo de factores, que tienen que ver

---

RESPUESTAS A LA REVISIÓN ANTERIOR

1. Hipnosis **2.** No; no se puede obligar a las personas hipnotizadas a realizar actos autodestructivos **3.** Meditación **4.** mantra **5.** Falso; algunas técnicas de meditación no tienen componente espiritual alguno

muy poco con la naturaleza de la experiencia misma, también conducen a las personas a probar las drogas (Glantz y Pickens, 1991).

Por ejemplo, el supuesto uso de drogas por figuras populares que funcionan como modelos, tales como la estrella de cine River Pheonix o Marion Barry, alcalde de Washington, D.C., la fácil disponibilidad de algunas drogas ilegales y la presión de los pares desempeñan un papel importante en la decisión de consumir drogas (Graham, Marks y Hansen, 1991; Jarvik, 1990). En algunos casos, el motivo es simplemente la emoción de probar algo nuevo y tal vez burlarse de la ley (MacCoun, 1993). Sin importar las fuerzas que impelen a una persona a empezar a consumir drogas, la adicción a éstas se cuenta entre los comportamientos más difíciles de modificar, incluso con la ayuda de un tratamiento extensivo (Peele y Brodsky, 1991; Hawkins, Catalano y Miller, 1992; Hser, Anglin y Powers, 1993; Jarvis, Tebbutt y Mattick, 1995; Washton, 1995).

Estimulantes

Es la una de la madrugada y todavía no termina de leer el último capítulo del libro sobre el que le harán un examen en la mañana. Sintiéndose exhausto, utiliza lo único que le podrá ayudar a permanecer despierto durante el siguiente par de horas: una taza de café negro muy cargado.

Si alguna vez se ha encontrado en una situación semejante, usted confió en un **estimulante** de importancia, la cafeína, para permanecer despierto. La *cafeína* es uno de diversos estimulantes que afectan al sistema nervioso central mediante la provocación de un aumento del ritmo cardiaco, de la presión arterial y de la tensión muscular. La cafeína no sólo está presente en el café; es un ingrediente importante del té, de algunos refrescos y también del chocolate (véase la figura 4.6).

La cafeína produce varias reacciones (Rush, Sullivan y Griffiths, 1994). Los principales efectos de la cafeína sobre el comportamiento son un aumento de la capacidad de atención y una disminución en el tiempo de reacción. La cafeína también puede provocar un mejoramiento del humor, muy probablemente debido a que imita los efectos de una sustancia química presente en el cerebro de forma natural, la adenosina. Sin embargo, demasiada cafeína puede provocar nerviosismo e insomnio. Las personas pueden gene-

Estimulante: droga que afecta el sistema nervioso central, provocando un aumento del ritmo cardiaco, de la presión arterial y de la tensión muscular

La cafeína y la nicotina son dos drogas potentes muy usadas.

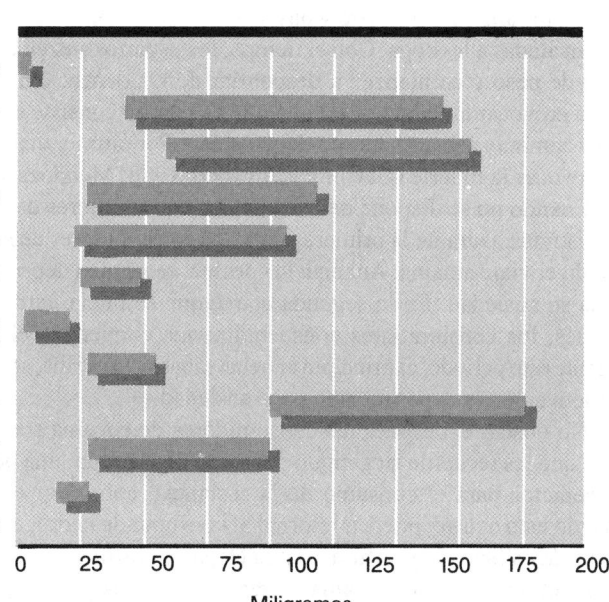

FIGURA 4.6 ¿Cuánta cafeína come y bebe? Esta gráfica muestra la cantidad de cafeína que contienen bebidas y alimentos comunes. El estadounidense promedio consume alrededor de 200 miligramos de cafeína a diario. *(The New York Times, 1991, p. C11.)*

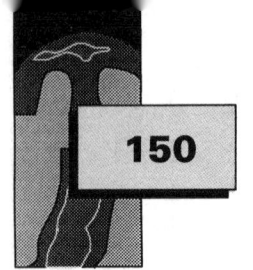
rar una dependencia biológica a esta droga: si de pronto dejan de beber café, pueden experimentar jaquecas o depresión. Muchas personas que beben grandes cantidades de café entre semana tienen dolores de cabeza los fines de semana a consecuencia de una súbita disminución de la cantidad de cafeína que consumen (Konner, 1988; Silverman, Evans, Strain y Griffiths, 1992; Strain, Mumford y Griffiths, 1994).

Otro estimulante común es la *nicotina*, que se encuentra en los cigarrillos. Los efectos calmantes de la nicotina ayudan a explicar por qué fumar cigarrillos satisface a los fumadores, muchos de los cuales siguen fumando a pesar de la clara evidencia de los peligros para la salud que dicho hábito implica a largo plazo. Los fumadores desarrollan una dependencia a la nicotina, por lo cual los que dejan de fumar en forma repentina extrañan de manera ferviente la droga (Murray, 1990). De acuerdo con el anterior titular de salud de Estados Unidos, C. Everett Koop, quien modificó la designación para fumar de "hábito" a "adicción" en 1988, el consumo de nicotina "está impulsado por una urgencia severa, a veces irresistible, que suele persistir a pesar de... esfuerzos reiterados por dejarlo" (Koop, 1988).

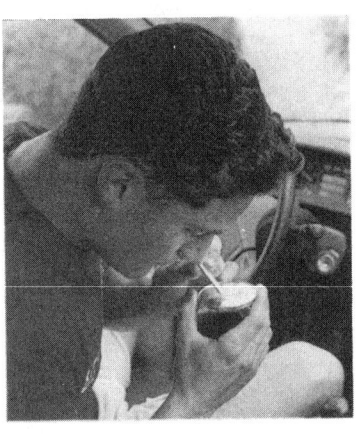

La cocaína es un estimulante ilegal muy adictivo.

Cocaína   Existen pocas dudas con respecto a que la droga ilegal que ha planteado los problemas más graves en la década pasada ha sido el estimulante denominado *cocaína*, y su derivado, el *crack*. La cocaína se inhala o "aspira" a través de la nariz, se fuma o se inyecta directamente al torrente sanguíneo. El cuerpo la absorbe con rapidez, haciendo efecto casi de inmediato.

Cuando se le consume en cantidades pequeñas, la cocaína produce sensaciones de profundo bienestar psicológico, aumento de confianza y estado de alerta. (Véase en el cuadro 4.3 un resumen de los efectos de la cocaína y otras drogas ilegales.) La cocaína produce su "viaje" por medio del neurotransmisor denominado dopamina. Como recordará del capítulo 2, la dopamina es una de las sustancias químicas que transmiten mensajes entre las neuronas relacionadas con sentimientos ordinarios de placer. Normalmente, cuando se libera dopamina, el exceso del neurotransmisor es reabsorbido por la neurona liberadora. Sin embargo, cuando la cocaína entra en el cerebro, bloquea la reabsorción de la dopamina sobrante. Como resultado de ello, el cerebro se satura de dopamina, lo cual genera sensaciones de placer.

No obstante, el precio que se paga por los efectos placenteros de la cocaína es excesivo. Esta droga es adictiva psicológica y físicamente, y quienes la consumen pueden llegar a obsesionarse para obtenerla. Los adictos a la cocaína dan rienda suelta a su necesidad de la droga, ingiriendo dosis cada diez a 30 minutos, si está disponible. Durante estas juergas, no piensan en otra cosa que en la cocaína, por lo que comer, dormir, la familia, los amigos, el dinero y hasta la supervivencia carecen de importancia. Sus vidas quedan atadas a la droga. Con el tiempo, los usuarios sufren un deterioro mental y físico, bajan de peso y comienzan a desconfiar de los demás. En casos extremos, la cocaína puede provocar alucinaciones; una que es común consiste en ver insectos que se arrastran y caminan sobre el cuerpo del afectado. Por último, una sobredosis de cocaína puede provocar la muerte (Gawin y Ellinwood, 1988; Mendoza y Miller, 1992).

Cuando no se dispone de cocaína, los consumidores de la droga pasan por tres etapas distintas. Durante la primera etapa, los consumidores de la droga sufren un "choque" cuando el viaje amaina. Anhelan la cocaína, se sienten deprimidos y agitados y se intensifica su ansiedad. En la segunda etapa, que se inicia entre nueve horas y cuatro días después, los consumidores consuetudinarios comienzan el proceso de "abstinencia". Durante este periodo, al principio anhelan menos la cocaína, se sienten aburridos y carentes de motivación, y experimentan poca ansiedad.

No obstante, después los consumidores de cocaína son muy sensibles a cualquier clave que les recuerde su antiguo consumo de la droga: una persona, un suceso, un lugar o artefactos para el consumo de la sustancia, como por ejemplo una pipa de cristal. Cuando esto ocurre, pueden retornar al consumo de la droga si la encuentran disponible. Pero si los adictos logran atravesar la etapa de abstinencia, pasan a la tercera de éstas, en la que el anhelo de la cocaína se reduce aún más y los estados de ánimo se vuelven relativamente normales. Sin embargo, mantienen su sensibilidad ante los indicios que se

Droga	Nombre común	Efectos	Síntomas de abstinencia	Reacciones adversas o por sobredosis
Estimulantes				
Cocaína	Coca, nieve, talco, *crack*	Aumento de la confianza, elevación del ánimo, sensación de energía y alerta, reducción del apetito, ansiedad, irritabilidad, insomnio, somnolencia pasajera, orgasmo retardado	Apatía, fatiga general, sueño prolongado, depresión, desorientación, pensamientos suicidas, actividad motriz agitada, irritabilidad, sueños extraños	Aumento de la presión arterial y de la temperatura corporal, desconfianza, comportamientos extraños y repetitivos, alucinaciones vívidas, convulsiones, posible muerte
Anfetaminas				
Bencedrina	Acelerador, *speed*, anfetas			
Dexedrina	Acelerador, *speed*, anfetas			
Depresores				
Barbitúricos		Reducción de la ansiedad, impulsividad, cambios anímicos notorios, pensamientos extraños, comportamiento suicida, dificultades para hablar, desorientación, lentitud de funcionamiento físico y mental, reducción de la capacidad de atención	Debilidad, inquietud, náuseas y vómitos, jaquecas, pesadillas, irritabilidad, depresión, ansiedad aguda, alucinaciones, convulsiones, posible muerte	Confusión, reducción de la respuesta al dolor, respiración superficial, pupilas dilatadas, pulso débil y rápido, estado de coma, posible muerte
Nembutal	Avispa, amarillo y rojo			
Seconal				
Fenobarbital				
Cualud	Cualocos			
Alcohol	Chupe, pomo			
Narcóticos				
Heroína	Heros, arponazo, caballo, azúcar morena	Reducción de la ansiedad y del dolor, apatía, dificultad para concentrarse, habla lenta, reducción de la actividad física, babeo, comezón, euforia, náuseas	Ansiedad, vómito, estornudos, diarrea, dolor de la parte baja de la espalda, ojos lacrimosos, flujo nasal, bostezos, irritabilidad, temblores, pánico, escalofrío y sudor, calambres	Niveles de conciencia disminuidos, presión arterial baja, ritmo cardiaco rápido, respiración superficial, convulsiones, estado de coma, posible muerte
Morfina	Morfea			
Alucinógenos				
Cannabis		Euforia, relajación de las inhibiciones, aumento del apetito, conducta de desorientación	Hiperactividad, insomnio, reducción del apetito, ansiedad	Las reacciones severas son poco comunes, pero incluyen pánico, paranoia, fatiga, comportamiento extraño y peligroso, posible disminución de la testosterona por el uso prolongado, efectos en el sistema inmunológico
Marihuana	Juanita, hierba, churro, mota, mois, mostaza, café, chala, toque, porro, *joint*			
Hachís				
Aceite de hachís				
LSD	Ácido, *speed*	Fascinación ante objetos comunes, respuestas estéticas acentuadas, distorsión de la visión y la profundidad, aumento de la sensibilidad ante rostros y gestos, aumento de los sentimientos, paranoia, pánico, euforia	No registrados	Náusea y escalofrío, pulso acelerado, mayor temperatura y presión arterial, temblores, respiración lenta y profunda, pérdida del apetito, insomnio, "viajes" más largos e intensos, comportamiento extraño y peligroso
Fenciclidina (PCP)	Polvo de ángel, cohete, combustible, superhierba	Aumento del ritmo cardiaco y de la presión arterial, sudor, náuseas, reflejos retardados, alteración de la imagen corporal, percepción alterada del tiempo y el espacio, deterioro de la memoria	No registrados	Sumamente variables y tal vez relacionados con la dosis: desorientación, pérdida de la memoria reciente, comportamiento violento y extraño, alucinaciones y delirios, estado de coma

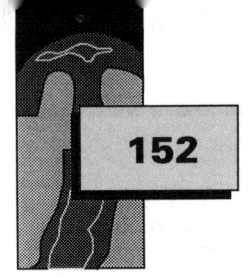

puedan relacionar con el consumo de cocaína, por lo cual las reincidencias son muy comunes. Por todo esto, el consumo de esta droga tiene consecuencias poderosas y de larga duración (Waldorf, Reinarman y Murphy, 1991).

Prácticamente uno de cada dos estadounidenses de entre 25 y 30 años de edad ha probado la cocaína, y se calcula que entre uno y tres millones de consumidores de esta sustancia requieren de tratamiento. Además, el consumo entre los estudiantes de bachillerato aumentó ligeramente en los últimos años, lo que convierte a esta droga un grave problema nacional (Gawin, 1991; National Institute of Drug Abuse, 1991; Johnston, Bachman y O'Malley, 1995).

Anfetaminas Las *anfetaminas* son estimulantes fuertes como la dexedrina y la bencedrina, conocidos de manera popular como "aceleradores". Cuando su consumo se elevó en la década de 1970, la frase "la velocidad mata" se extendió cuando la droga causó un número creciente de muertes. Aunque el consumo de anfetaminas ha disminuido del tope que alcanzó en la década de 1970, muchos expertos en drogas creen que estos fármacos resurgirían pronto en grandes cantidades si se interrumpe el abastecimiento de cocaína.

En pequeñas dosis, las anfetaminas producen una sensación de energía y alerta, locuacidad, aumento de confianza y un estado de ánimo "elevado". Reducen la fatiga y aumentan la concentración. Las anfetaminas también provocan pérdida del apetito y aumento de la ansiedad e irritabilidad. Cuando se les ingiere durante periodos largos, las anfetaminas pueden producir la sensación de ser perseguido por otros, así como una percepción general de suspicacia. Las personas que ingieren estos fármacos pueden perder el interés por el sexo. Si se les consume en cantidad excesiva, producen tanta estimulación para el sistema nervioso central que se pueden presentar convulsiones y hasta la muerte.

Depresores

Depresores: drogas que desaceleran el sistema nervioso

En contraste con el efecto inicial de los estimulantes, que consiste en una excitación del sistema nervioso central, el efecto de los **depresores** es entorpecerlo al provocar que las neuronas se activen con más lentitud. Dosis pequeñas provocan, por lo menos, sentimientos temporales de *intoxicación* —ebriedad— junto con una sensación de euforia y gozo. No obstante, cuando se consumen en grandes cantidades, el lenguaje se vuelve confuso, se desarticula el control muscular, con la consiguiente dificultad para realizar movimientos. Por último, se puede llegar a perder por completo la conciencia.

Alcohol El más común de los depresores es el *alcohol*, que es la droga consumida por el mayor número de personas. De acuerdo con estimaciones basadas en la venta de alcohol, la persona promedio mayor de 14 años de edad bebe nueve y medio litros de alcohol puro al año. Esto representa más de 200 copas por persona. Aunque la cantidad de consumo de alcohol ha disminuido continuamente desde la década pasada, las encuestas muestran que más de las tres cuartas partes de los estudiantes universitarios admiten haber ingerido alcohol en los últimos treinta días. Cerca del 42% afirma haber tomado cinco o más copas en las últimas dos semanas y el 16% de los estudiantes universitarios beben 16 copas o más por semana (NIAAA, 1990; Carmody, 1990; Center on Addiction and Substance Abuse, 1994).

Existen grandes diferencias individuales en el consumo de alcohol, así como variaciones por género y cultura. Por ejemplo, es menos probable que las mujeres sean bebedoras y, además, tienen tendencia a beber menos que los hombres, aunque la cantidad de mujeres universitarias que abusan del alcohol se ha triplicado en las últimas dos décadas. No obstante, resulta irónico que las mujeres tiendan a ser más susceptibles a los efectos del alcohol, a consecuencia de que sus estómagos tienen menos capacidad para neutralizar la droga, por lo cual una mayor cantidad de alcohol pasa de forma directa a su torrente sanguíneo (Hart y Sciutto, 1994; Eng, 1990; Center on Addiction and Substance Abuse, 1994).

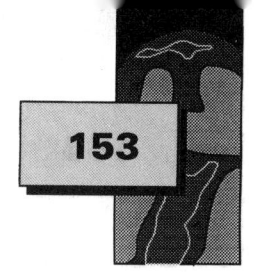
Número de copas consumidas en dos horas	Porcentaje de alcohol en la sangre	Efectos típicos en un adulto de estatura normal
2	0.05	Debilitamiento del juicio, el pensamiento y la moderación; se libera tensión y surge una sensación de despreocupación
3	0.08	Disminuyen las tensiones y las inhibiciones de la vida cotidiana; alegría
4	0.10	La acción motora voluntaria se afecta, lo cual entorpece los movimientos de manos, brazos y piernas, así como el habla
7	0.20	Tartamudez grave, tono de voz fuerte e incoherente, inestabilidad emocional; se centuplica el peligro de accidente de tráfico; exuberancia; aumento de las inclinaciones agresivas
9	0.30	Afectación de áreas más profundas del cerebro, confusión de la respuesta a estímulos y de la comprensión; estupor; visión borrosa
12	0.40	Incapacidad para acciones voluntarias, somnolencia, dificultad de excitación; estado equivalente a la anestesia quirúrgica
15	0.40	Estado comatoso; los centros que controlan la respiración y el ritmo cardiaco están anestesiados; probabilidad de muerte progresivamente más alta

FIGURA 4.7 La cantidad de alcohol y sus efectos.

También existen marcadas diferencias étnicas en el consumo de alcohol. Por ejemplo, las personas de ascendencia asiática que viven en Estados Unidos tienden a beber mucho menos que los blancos o los afroamericanos y presentan una menor incidencia de problemas relacionados con el alcohol. Al parecer las reacciones físicas a la bebida, que pueden incluir sudor, aceleración del ritmo cardiaco y rubores, les resultan más desagradables a las personas asiáticas que a los demás grupos (Akutsu, Sue, Zane y Nakamura, 1989).

A pesar de que el alcohol es un depresor, la mayoría de las personas aseguran que éste aumenta su sociabilidad y su bienestar. La discrepancia entre los efectos reales del alcohol y los percibidos obedece a sus efectos iniciales: liberación de la tensión, sentimientos de felicidad y pérdida de inhibiciones (Steele y Southwick, 1985; Steele y Josephs, 1990; Sayette, 1993). Sin embargo, a medida que aumenta la dosis de alcohol, los efectos depresivos se hacen más pronunciados. Las personas pueden sentir una inestabilidad física y emocional. Exhiben además errores de juicio y pueden actuar en forma agresiva. Es más, su memoria falla, su lenguaje pierde precisión y se vuelven incoherentes. Al final pueden caer en un estupor y desmayarse. Si se bebe suficiente alcohol en un periodo breve, se puede morir por envenenamiento alcohólico (NIAAA, 1990; Bushman, 1993; Brown, 1995).

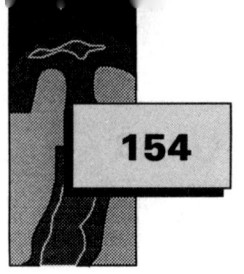

Aunque la mayor parte de las personas se ubican en la categoría de consumidores casuales, existen alrededor de 18 millones de alcohólicos en Estados Unidos. Los *alcohólicos*, personas que padecen de problemas de abuso en el consumo de alcohol, acaban dependiendo del alcohol y continúan bebiendo, a pesar de que les provoca graves problemas. Además, cada vez adquieren mayor inmunidad a los efectos de la sustancia. Por lo tanto, los alcohólicos deben beber progresivamente más con el fin de experimentar los sentimientos positivos que el alcohol trae consigo al principio.

En algunos casos de alcoholismo, la persona necesita beber en forma constante para sentirse lo bastante bien como para funcionar en su vida cotidiana. En otros casos, sin embargo, la gente bebe inconsistentemente, pero de manera ocasional tiene borracheras en las cuales consume grandes cantidades de alcohol.

No está claro aún por qué algunas personas caen en el alcoholismo y desarrollan mayor tolerancia para el alcohol, mientras otras no. Existen pruebas que sugieren la presencia de una causa genética, aunque la cuestión de la existencia de un gene específico heredado que provoque el alcoholismo es muy controvertida (Blum, Noble, Sheridan, Montgomery, Ritchie, Sagadeeswaran, Nogami, Briggs y Cohn, 1990, Bolos, Dean y Rausburg, 1990). Lo que es evidente es que las probabilidades de convertirse en alcohólico son mucho mayores si ha habido alcohólicos en generaciones anteriores de la familia de un individuo. Por otra parte, no todos los alcohólicos tienen parientes cercanos que sufran la enfermedad. En estos casos se sospecha que los factores estresantes del ambiente desempeñan un papel importante (Frank, Jacobson y Tuer, 1990; Holden, 1991; Greenfield y cols., 1993b).

Barbitúricos   Los *barbitúricos*, que incluyen drogas como el nembutal, el seconal y el fenobarbital, constituyen otro tipo de depresores. Los médicos los recetan con frecuencia para inducir sueño o reducir el estrés. Esta clase de fármacos produce una sensación de relajamiento. No obstante, también generan adicción psicológica y física y, cuando se les combina con el alcohol, pueden ser mortales, puesto que semejante combinación relaja los músculos del diafragma a tal grado que el sujeto no puede respirar. La droga callejera a la que se denomina *cualud* está muy relacionada con la familia de los barbitúricos y representa peligros similares.

Narcóticos: alivio del dolor y la ansiedad

Narcóticos: drogas que aumentan el relajamiento y alivian el dolor y la ansiedad

Los **narcóticos** son drogas que aumentan el relajamiento y alivian el dolor y la ansiedad. Dos de los narcóticos más poderosos, la *morfina* y la *heroína*, se obtienen de la amapola. Aunque la morfina se utiliza médicamente para controlar dolores agudos, la heroína es ilegal en Estados Unidos. Pero esto no ha logrado evitar su consumo generalizado.

Por lo general, los consumidores de heroína se inyectan la droga directamente en las venas con una jeringa hipodérmica. Se ha descrito el efecto inmediato como un "arrebato" de bienestar, similar en algunos aspectos al orgasmo sexual —e igualmente difícil de describir—. Después de ese arrebato, quien consume heroína experimenta una sensación de bienestar y paz que dura de tres a cinco horas. Sin embargo, cuando pasan los efectos de la droga, el sujeto siente una enorme ansiedad y un deseo desesperado de repetir la experiencia. Además, en cada ocasión se requiere de mayores cantidades de heroína para producir el mismo efecto placentero. Esto conduce a un ciclo de adicción biológica y psicológica: el consumidor de heroína está inyectándose de forma constante o tratando de obtener cantidades cada vez mayores de droga. Con el tiempo, la vida del adicto acaba por centrarse en la heroína.

A consecuencia de los poderosos sentimientos positivos que produce la droga, la adicción a la heroína es sumamente difícil de curar. Un tratamiento que ha obtenido cierto éxito es el que emplea a la metadona. La *metadona* es una sustancia química sintética que satisface los anhelos fisiológicos del adicto por la droga, sin proporcionarle el "viaje" que suele acompañar a la droga. Cuando se recetan dosis regulares de metadona a los adictos a la heroína, éstos son capaces de desempeñarse con relativa normalidad.

No obstante, el empleo de metadona presenta una seria desventaja. Aunque acaba con la dependencia psicológica a la heroína, remplaza la adicción biológica a la heroína con una a la metadona. Los investigadores están tratando de identificar sustitutos químicos para la heroína que no generen adicción, así como para otras drogas adictivas, pero sin remplazar una adicción con otra (Waldrop, 1989).

Alucinógenos: las drogas psicodélicas

¿Qué tienen en común los hongos, la marihuana y el dondiego? Aparte de ser plantas muy comunes, cada una de ellas puede ser fuente de un poderoso **alucinógeno**, droga que es capaz de producir alucinaciones o cambios en el proceso perceptual.

Alucinógenos: droga que es capaz de producir cambios en el proceso perceptual, o alucinaciones

Marihuana El más común de los alucinógenos, de consumo muy generalizado en la actualidad, es la *marihuana*, cuyo ingrediente activo —tetrahidrocannabinol (THC)— se encuentra en una hierba silvestre, la cannabis. La marihuana se suele consumir en cigarrillos, aunque se puede cocinar y comer. Más de una tercera parte de los estadounidenses mayores de 12 años de edad la han consumido al menos una vez; entre los que tienen de 18 a 25 años, la cifra se duplica. A pesar de ser ilegal, el consumo de marihuana está tan difundido que cerca del 35% de quienes estudian el último grado de preparatoria reconocen haber consumido la droga durante el año anterior. De todas formas, el consumo de esta droga ha disminuido de manera considerable de su máxima cifra en 1972, cuando más de la mitad de los estudiantes de preparatoria informaron haber consumido la droga por lo menos una vez en el año anterior (National Institute of Drug Abuse, 1991; Johnston, Bachman y O'Malley, 1995).

Los efectos de la marihuana varían de una persona a otra, pero suelen consistir en sentimientos de euforia y bienestar general. Las experiencias sensoriales parecen más vívidas e intensas y el sentido de importancia personal parece aumentar. La memoria puede deteriorarse, lo cual provoca que el consumidor de la droga se sienta agradablemente "en otro espacio". Por otra parte, los efectos no son enteramente positivos. Cuando están deprimidas, las personas que consumen marihuana pueden deprimirse más, puesto que la droga tiende a potenciar tanto los sentimientos positivos como los negativos.

La marihuana tiene la reputación de ser una droga "segura" cuando se consume con moderación. No parece haber evidencia científica de que su consumo cause una adicción biológica o de que quienes la consumen tiendan a "ascender" hacia el consumo de drogas más peligrosas. De hecho, en ciertas culturas, el uso de la marihuana es rutinario. Por ejemplo, algunas personas en Jamaica beben en forma habitual un té preparado a base de esta planta. Además, la marihuana tiene varias aplicaciones médicas y en algunos casos se le receta legalmente para el tratamiento de la enfermedad ocular denominada glaucoma o en casos graves de asma.

No obstante, existen riesgos asociados con un gran consumo de marihuana durante un largo plazo. Por ejemplo, hay evidencias de que su consumo en grandes cantidades disminuye, al menos temporalmente, la producción de la hormona masculina testosterona, lo cual puede afectar la actividad sexual y el número de espermatozoides producidos (Jaffe, 1990). De modo similar, su consumo en gran escala afecta la capacidad del sistema inmunológico para combatir los gérmenes y aumenta la tensión cardiaca, aunque no está clara todavía la magnitud de estos efectos (Hollister, 1988). Sin embargo, una consecuencia negativa de fumarla es incuestionable: el humo puede dañar los pulmones de forma muy similar a la del humo del cigarrillo, lo cual produce un aumento de la posibilidad de desarrollar cáncer y otras enfermedades pulmonares (Caplan y Brigham, 1990).

En resumen, los efectos *a corto plazo* del consumo de marihuana parecen ser de poca importancia —si quienes la consumen toman precauciones obvias, como evitar conducir autos u operar maquinaria—. No obstante, aparte del daño pulmonar, no está tan claro si tiene consecuencias perjudiciales a largo plazo. Es necesario realizar investigaciones adicionales antes de que la cuestión de su seguridad pueda ser resuelta.

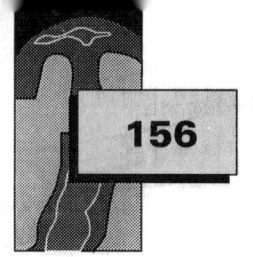
LSD y PCP   Dos de los alucinógenos más potentes son la *dietilamida del ácido d-lisérgico*, o *LSD* (*lysergic acid diethylamide*, conocida comúnmente como ácido), y la *fenciclidina* o *PCP* (*phencyclidine*, a la que se le suele llamar "polvo de ángel"). Ambas drogas afectan la operación cerebral del neurotransmisor denominado serotonina, lo cual provoca una alteración de la actividad de las células cerebrales y de la percepción (Jacobs, 1987).

El LSD produce alucinaciones muy vívidas. La percepción de los colores, los sonidos y las formas se altera tanto que incluso la experiencia más insignificante —como ver los nudos en la madera de una mesa— puede parecer sumamente interesante y conmovedora. La percepción del tiempo se distorsiona y se pueden ver nuevos aspectos de los objetos y las personas; algunos consumidores de LSD han comentado que la droga aumenta su comprensión del mundo. No obstante, para otros la experiencia con LSD puede ser aterradora, en especial si quienes lo consumen han tenido dificultades emocionales en el pasado. Además, quienes lo han consumido pueden experimentar regresiones, estados en los que alucinan mucho tiempo después de haber consumido la droga.

El PCP también provoca fuertes alucinaciones. Sin embargo, los efectos secundarios potenciales relacionados con su consumo la hacen incluso más peligrosa que el LSD. Grandes dosis de esta droga pueden causar paranoia y comportamiento destructivo; en algunos casos, quienes la consumen pueden tornarse violentos consigo mismos y con los demás.

El consumidor de psicología bien informado

La identificación de problemas con el alcohol y las drogas

En una sociedad bombardeada con comerciales de fármacos que garantizan realizarlo todo, desde curar el resfriado hasta dotar de vida nueva a la "sangre agotada", no sorprende que los problemas relacionados con las drogas representen un asunto social de importancia. Sin embargo, muchas personas que tienen problemas con el alcohol o con las drogas niegan que tal sea el caso, y hasta sus amigos cercanos y los miembros de su familia pueden no darse cuenta a partir de qué momento el consumo social ocasional de alcohol o drogas se ha convertido en un problema.

No obstante, diversas señales indican cuándo el uso se convierte en abuso (Brody, 1982; Gelman, 1989; NIAAA, 1990). Entre estas señales destacan las siguientes:

■ Consumir alcohol o drogas siempre que se desee pasarla bien.
■ Estar bajo los efectos del alcohol o las drogas más tiempo que el que se está sin sus efectos.
■ Buscar los efectos del alcohol o las drogas para funcionar.
■ Asistir al trabajo o a la escuela bajo los efectos del alcohol o las drogas.
■ Faltar al trabajo o la escuela, o no estar preparado para ambos, a consecuencia de haber estado bajo los efectos del alcohol o las drogas.
■ Sentirse mal a consecuencia de haber dicho o hecho algo mientras se estaba bajo los efectos del alcohol o las drogas.
■ Manejar un automóvil bajo los efectos del alcohol o las drogas.
■ Tener problemas con la ley a causa de las drogas.
■ Hacer algo bajo los efectos del alcohol o las drogas que no se haría en otras circunstancias.
■ Estar bajo los efectos del alcohol o las drogas en situación de soledad, no social.
■ Ser incapaz de dejar de buscar los efectos del alcohol y las drogas.
■ Sentir la necesidad de tomar una bebida o ingerir alguna droga para terminar el día.
■ Sufrir deterioros de la salud física.

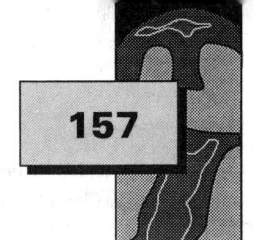

■ Fracasar en la escuela o el trabajo.
■ Pensar todo el tiempo en las drogas o el alcohol.
■ Evitar a la familia o los amigos cuando se consume alcohol o drogas.

Cualquier combinación de estos síntomas debe ser suficiente para alertarlo acerca de un problema de drogas o alcohol grave en potencia. Dado que la dependencia de las drogas o el alcohol es prácticamente imposible de curar por cuenta propia, la persona que sospeche tener un problema debe buscar de inmediato la ayuda de un psicólogo, de un médico o de un consejero. También se puede obtener ayuda de dependencias gubernamentales o de grupos de Alcohólicos Anónimos y similares.

RECAPITULACIÓN Y REVISIÓN

Recapitulación

• Las drogas psicoactivas afectan las emociones, percepciones y comportamiento de una persona. Las drogas más peligrosas son las adictivas, ya que producen dependencia biológica o psicológica.
• Los estimulantes producen un aumento de la excitación del sistema nervioso central.
• Los depresores disminuyen la excitación del sistema nervioso central; pueden producir intoxicación.
• Los narcóticos producen relajamiento y alivian el dolor y la ansiedad.
• Los alucinógenos producen alucinaciones y otras alteraciones de la percepción.

Revisión

1. ¿Cuál es el término técnico que se da a las drogas que afectan la conciencia de una persona?
2. Relacione el tipo de droga con un ejemplo de ese tipo.
   1. Barbitúrico
   2. Anfetamina
   3. Alucinógeno

a. LSD
b. Fenobarbital
c. Dexedrina

3. Clasifique cada una de las drogas de la lista como un estimulante (E), depresor (D), alucinógeno (A) o narcótico (N):
   1. PCP _____
   2. Nicotina _____
   3. Cocaína _____
   4. Alcohol _____
   5. Heroína _____
   6. Marihuana _____
4. Los efectos del LSD pueden volver a presentarse mucho tiempo después de que se consumió la droga. ¿Cierto o falso?
5. La _____ es una droga que se ha utilizado para curar a las personas de su adicción a la heroína.
6. ¿Cuál es el problema que presenta el tratamiento con metadona?

Pregúntese a sí mismo

¿Por qué en casi todas las culturas se observa el consumo de drogas psicoactivas y la búsqueda de estados alterados de conciencia?

(Las respuestas a las preguntas de la revisión aparecen en la página 159.)

UNA MIRADA RETROSPECTIVA

¿Cuáles son los distintos estados de conciencia?

1. La conciencia se refiere al conocimiento de una persona acerca de las sensaciones, pensamientos y sentimientos que experimenta en un momento dado. Puede variar en relación a qué tanto se percata el individuo de los estímulos externos, desde un estado activo hasta un pasivo; además, con base en si el estado se le induce artificialmente o si ocurre en forma natural.

¿Qué ocurre cuando dormimos, y cuál es el sentido y la función de los sueños?

2. Con el empleo del electroencefalograma, o EEG, para estudiar el sueño, los científicos han descubierto que el cerebro está activo durante toda la noche, y que el sueño pasa por una serie de fases

identificadas por patrones específicos de ondas cerebrales. La fase 1 se caracteriza por ondas relativamente rápidas de bajo voltaje; la fase 2 muestra patrones más regulares, en forma de huso. Durante la fase 3 las ondas cerebrales se vuelven más lentas, y aparecen crestas más altas y valles más bajos en el registro. Por último, la fase 4 del sueño incluye ondas todavía más lentas y más regulares.

3. El sueño MOR (sueño con movimientos oculares rápidos) se caracteriza por un aumento del ritmo cardiaco, de la presión arterial, del ritmo respiratorio y, en los hombres, por erecciones. Lo más sorprendente son los movimientos rápidos de los ojos, que van de un lado a otro debajo de los párpados cerrados. Los sueños se producen durante esta fase. El sueño MOR parece ser de vital importancia para el desempeño humano, en tanto que otras fases del sueño son menos importantes.

4. Según Freud, los sueños tienen un contenido manifiesto (su guión aparente) y uno latente (su verdadero significado). Freud sostuvo que el contenido latente proporciona una guía hacia el inconsciente de quien sueña, ya que revela sus deseos insatisfechos. Muchos psicólogos están en desacuerdo con este punto de vista. Ellos proponen que el contenido manifiesto de los sueños representa el verdadero tema del sueño.

5. La teoría del desaprendizaje sostiene que los sueños representan un proceso en el que información no necesaria se "desaprende" y se retira de la memoria. Desde esta perspectiva, los sueños no tienen significado alguno. En contraste, la teoría de soñar para sobrevivir afirma que información de importancia para nuestra supervivencia cotidiana se reconsidera y reprocesa durante los sueños. Por último, la teoría de la activación y la síntesis propone que los sueños son el resultado de actividad eléctrica producida de manera aleatoria. Esta energía eléctrica estimula al azar diversos recuerdos, los cuales después se entretejen en un relato coherente.

¿En qué medida soñamos despiertos?

6. La ensoñación diurna, que puede abarcar un 10% del tiempo, es un componente normal de la conciencia de vigilia, aunque existen amplias diferencias individuales en cuanto a la cantidad de tiempo que se le dedica. Existe muy escasa relación entre los trastornos psicológicos y una alta incidencia de ensoñación diurna.

¿Cuáles son los principales trastornos del sueño y cómo se les puede tratar?

7. El insomnio es un trastorno del sueño caracterizado por dificultad para dormir. La apnea del sueño es un estado en el que se experimentan dificultades para dormir y respirar al mismo tiempo. Las personas que padecen de narcolepsia tienen un impulso incontrolable por dormir. El sonambulismo y hablar dormido son solamente inocuos.

8. Los psicólogos y los investigadores del sueño le recomiendan a quienes padecen de insomnio que pongan en práctica lo siguiente: aumentar el ejercicio, elegir un horario regular para dormir, evitar usar su cama para otra cosa que no sea dormir, no ingerir cafeína ni tomar píldoras para dormir, beber un vaso de leche tibia antes de acostarse y evitar *tratar* de dormir.

¿Están en un estado de conciencia diferente las personas hipnotizadas y se les puede inducir a tal estado contra su voluntad?

9. La hipnosis produce un estado de mayor susceptibilidad a las sugestiones del hipnotizador. Aunque no existen indicadores fisiológicos que distingan a la hipnosis de la conciencia normal de vigilia, aquélla produce cambios importantes en el comportamiento. Tales cambios incluyen una concentración y una susceptibilidad a la sugestión mayores, mayor capacidad para recordar y elaborar imágenes, falta de iniciativa y aceptación de sugestiones que con claridad contradicen la realidad. No obstante, no es posible hipnotizar a las personas contra su voluntad.

¿Cuáles son las consecuencias de la meditación?

10. La meditación es una técnica aprendida para renfocar la atención, la cual genera un estado alterado de conciencia. En la meditación trascendental, la forma más popular de meditación practicada en Estados Unidos, el individuo repite un mantra (un sonido, palabra o sílaba) una y otra vez, concentrándose hasta ignorar la estimulación exterior, alcanzando un estado de conciencia distinto.

11. Culturas diferentes tienen formas únicas de alterar los estados de conciencia. Algunos investigadores especulan que existe una necesidad universal para los estados alterados de conciencia.

¿Cuáles son las principales clasificaciones y efectos de las drogas?

12. Las drogas pueden producir estados alterados de conciencia. Sin embargo, varían en cuanto a su peligrosidad y con respecto a si son o no adictivas; esto es, si provocan o no una dependencia biológica o psicológica. El consumo de drogas obedece a diversas razones: para sentir el placer de la experiencia misma; escapar de las presiones cotidianas; alcanzar estados religiosos o pares; imitar los modelos representados por figuras célebres o compañeros, o experimentar la emoción de hacer algo nuevo y tal vez ilegal. Cualquiera que sea la causa, la adicción a las drogas es uno de los comportamientos más difíciles de modificar.

13. Los estimulantes excitan al sistema nervioso central. Dos estimulantes muy comunes son la cafeína (presente en el café, el té y los refrescos) y la nicotina (hallada en los cigarrillos). Son más peligrosas la cocaína y las anfetaminas, o "aceleradores". A pesar de que en pequeñas cantidades los estimulantes producen un aumento de la confianza en sí mismo, sensación de energía y alerta, y un "viaje", en cantidades mayores pueden sobrecargar el sistema nervioso, lo cual puede provocar convulsiones y la muerte.

14. Los depresores disminuyen la capacidad de excitación del sistema nervioso central, por lo cual las neuronas se activan con más lentitud. Pueden provocar intoxicación junto con sentimientos de euforia. Los depresores más comunes son el alcohol y los barbitúricos.

15. El alcohol es el depresor que se consume con mayor frecuencia. Aunque al principio elimina las tensiones y produce un sentimiento positivo, a medida que aumenta la dosis ingerida, sus efectos depresores se hacen más evidentes. Los alcohólicos desarrollan tolerancia para el alcohol y deben consumir bebidas que contengan esa sustancia a fin de desempeñarse adecuadamente. Tanto causas genéticas como factores ambientales generadores de estrés pueden conducir al alcoholismo.

16. La morfina y la heroína son narcóticos, drogas que producen relajamiento y alivian el dolor y la ansiedad. A consecuencia de sus efectos adictivos, estas dos sustancias son particularmente peligrosas.

17. Los alucinógenos son drogas que producen alucinaciones y otros cambios en la percepción. El alucinógeno de consumo más frecuente es la marihuana: su consumo está generalizado en muchos países. Aunque el uso ocasional de la marihuana no parece tener efectos peligrosos a corto plazo, sus efectos a largo plazo son aún inciertos. Los pulmones pueden sufrir daños; existe la posibilidad de que disminuyan los niveles de testosterona en los hombres y que el sistema inmunológico se afecte. Otros dos alucinógenos, el LSD y la fenciclidina, o PCP, afectan la operación de neurotransmisores en el cerebro, lo que provoca una alteración de la actividad en las células cerebrales y de la percepción.

18. Diversas señales indican el momento en el que el consumo de drogas se convierte en un problema. Estas señales incluyen su consumo frecuente, estar bajo los efectos del alcohol o las drogas para ir a clases o al trabajo, conducir un automóvil bajo la influencia de drogas o alcohol, el surgimiento de problemas legales, y la búsqueda de los efectos de las drogas y el alcohol cuando se está solo. Toda persona que sospeche tener un problema con las drogas debe buscar ayuda profesional. Las personas casi nunca son capaces de resolver los problemas de drogas por cuenta propia.

TÉRMINOS Y CONCEPTOS CLAVE

conciencia (p. 126)
fase 1 del sueño (p. 129)
fase 2 del sueño (p. 129)
fase 3 del sueño (p. 130)
fase 4 del sueño (p. 130)
sueño con movimientos oculares rápidos
    (MOR) (p. 130)
ritmos circadianos (p. 132)

teoría de la satisfacción de los deseos
    inconscientes (p. 135)
contenido latente de los sueños (p. 135)
contenido manifiesto de los sueños (p. 135)
teoría del desaprendizaje (p. 136)
teoría de soñar para sobrevivir (p. 136)
teoría de la activación y la síntesis (p. 137)
ensoñaciones diurnas (p. 137)

hipnosis (p. 142)
meditación (p. 145)
drogas psicoactivas (p. 148)
drogas adictivas (p. 148)
estimulantes (p. 149)
depresores (p. 152)
narcóticos (p. 154)
alucinógenos (p. 155)

RESPUESTAS A LA REVISIÓN ANTERIOR

1. Psicoactivas **2.** 1-b; 2-c; 3-a **3.** 1-A; 2-E; 3-E; 4-D; 5-N; 6-A **4.** Cierto **5.** Metadona
6. Las personas desarrollan adicción por la metadona

EL APRENDIZAJE

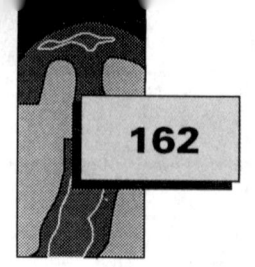

PRÓLOGO

Henrietta, cuerda de salvamento de Sue Strong

Cuando despertó después de un terrible accidente automovilístico, Sue Strong se encontró con que había perdido casi toda la sensibilidad y movimiento de los hombros para abajo de su cuerpo debido a una lesión de su médula espinal. De la noche a la mañana se había unido a las filas de los permanentemente discapacitados físicos.

Al principio, Strong dependía por completo de otras personas. Pero eso fue antes de la llegada de Henrietta. "Tenerla cambió por completo mi vida. Antes, tenía que depender de personas que venían a trabajar y me preocupaba si llegasen a tiempo o no. Ahora, si me encuentro en mi silla y estoy de buen humor, Henrietta y yo nos la podemos arreglar bien por nuestra cuenta". (MacFadyen, 1987, p. 132).

Henrietta es un mono capuchino. Por medio de procedimientos de entrenamiento sistemáticos y cuidadosos se ha convertido en los brazos y piernas de Strong. Por ejemplo, cuando ella deja caer la vara para la boca que utiliza para trabajar en una computadora y contestar el teléfono, le pide a Henrietta que la busque. Después de localizarla, Henrietta la levanta y coloca con cuidado en la boca de Strong.

Después de que Henrietta es enviada a la cocina para traer algo de comida, regresa rápido con un emparedado y lo coloca donde Strong pueda comerlo. Pero cuando no puede evitar tomar un pequeño bocado, corre llorando hasta su propia habitación, abrumada por la culpa. No regresa hasta que Strong le dice riendo que puede volver. Se acurruca a los pies de Strong, como disculpándose. "¡Mírate nada más!, dice Strong. "Una cara que sólo una madre podría adorar" (MacFadyen, 1987, p. 132).

UN VISTAZO ANTICIPATORIO

Los mismos procesos que permitieron a los entrenadores aprovechar y moldear las capacidades de Henrietta para beneficio de Sue Strong están presentes en cada una de nues-

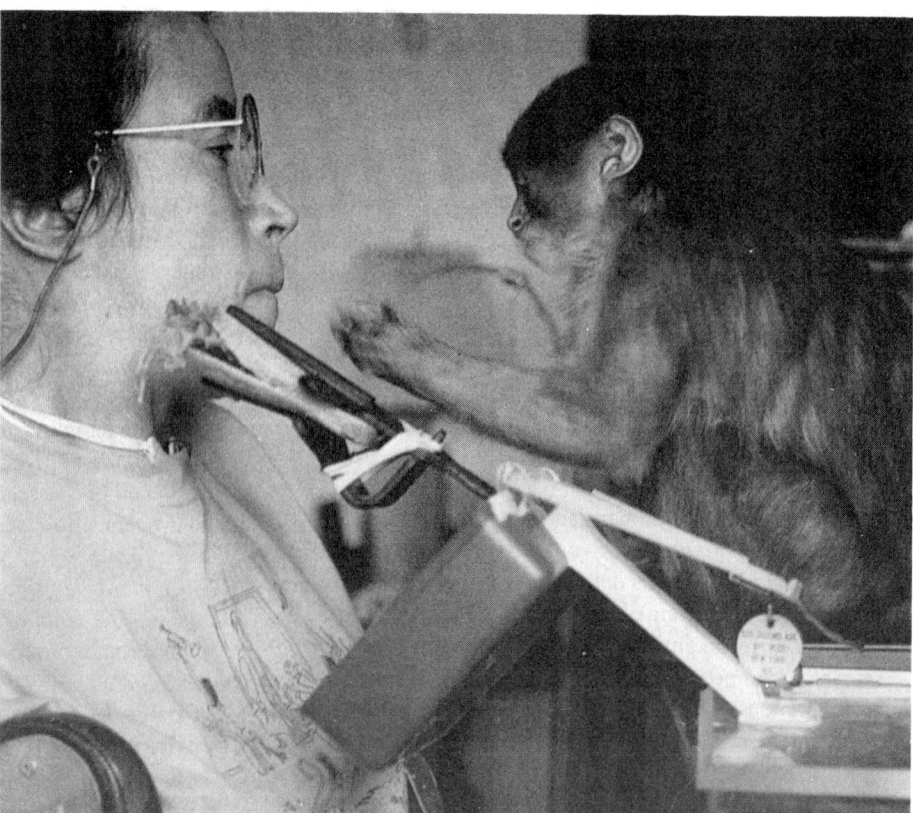

Sue Strong y su ayudante simio, Henrietta.

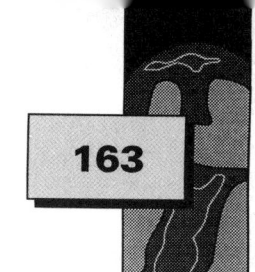

tras vidas mientras leemos un libro, conducimos un automóvil, jugamos a las cartas, estudiamos para un examen o llevamos a cabo cualquiera de las numerosas actividades que constituyen nuestra rutina cotidiana. Igual que Henrietta, cada uno de nosotros debe adquirir y después pulir sus aptitudes y capacidades por medio del aprendizaje.

Como tema fundamental para los psicólogos, el aprendizaje desempeña un papel central en casi todas las áreas de especialización de la psicología, como se verá a lo largo de este libro. Por ejemplo, un psicólogo que estudie la percepción podría preguntar: "¿cómo aprendemos que la gente que se ve pequeña a la distancia está lejos, y no que es más pequeña?" Un psicólogo del desarrollo preguntaría: "¿cómo aprenden los bebés a diferenciar a sus madres de otras personas?" Un psicólogo clínico podría preguntar: "¿por qué algunas personas aprenden a espantarse cuando ven una araña?" Un psicólogo social podría hacer la siguiente pregunta: "¿cómo aprendemos a sentir que estamos enamorados?" Cada una de estas preguntas, a pesar de que proceden de distintos campos de la psicología, sólo pueden tener respuesta en relación con los procesos de aprendizaje.

¿Qué es lo que intentamos decir con aprendizaje? Aunque los psicólogos han identificado diversos tipos de aprendizaje, existe una definición general que los abarca a todos: el **aprendizaje** es un cambio de comportamiento relativamente permanente, como resultado de la experiencia. Lo especialmente importante de esta definición radica en que nos permite distinguir entre los cambios en el desempeño debidos a la *maduración* (el desarrollo de patrones de comportamiento predeterminados biológicamente que obedecen sólo a los años vividos) y aquellos cambios que la experiencia trae consigo. Por ejemplo, los niños se convierten en mejores jugadores de tenis a medida que crecen, en parte como consecuencia de que su fuerza aumenta con su tamaño: un fenómeno de maduración. Es preciso distinguir ese tipo de cambios provocados por la maduración de aquellas mejorías que obedecen al aprendizaje, los cuales son una consecuencia de la práctica.

De modo similar, es necesario distinguir entre los cambios de comportamiento a corto plazo que se deben a factores distintos del aprendizaje, tales como una disminución en el rendimiento debido a cansancio o a falta de esfuerzo, de los cambios debidos a un verdadero aprendizaje. Por ejemplo, si Andre Agassi se desempeña mal en un juego de tenis como consecuencia de la tensión o la fatiga, ello no significa que no haya aprendido a jugar en forma adecuada o que haya olvidado cómo jugar de manera correcta.

La distinción entre aprendizaje y desempeño es muy importante, y no siempre es fácil de realizar. Para algunos psicólogos, el aprendizaje sólo se puede inferir de modo indirecto, mediante la observación de cambios en el desempeño. Como consecuencia de que no siempre hay una correspondencia de uno a uno entre el aprendizaje y el desempeño, es difícil comprender cuándo se ha producido un verdadero aprendizaje. (Aquellos de nosotros que hayamos fallado en un examen porque estábamos cansados y cometíamos errores por descuido podemos comprender bien esta distinción.)

Por otra parte, algunos psicólogos han abordado el aprendizaje desde otra perspectiva muy diferente. Al considerar el aprendizaje sencillamente como cualquier cambio en el comportamiento, sostienen que el aprendizaje y el desempeño son una misma cosa. Este enfoque tiende a hacer a un lado los componentes mentales de aprendizaje y a concentrarse sólo en el desempeño observable. Como habremos de ver, el grado en que se puede comprender el aprendizaje sin tener en cuenta los procesos mentales, representa una de las áreas de mayor desacuerdo entre los teóricos del aprendizaje de distintas orientaciones.

Así, comenzamos este capítulo examinando el tipo de aprendizaje que subyace a respuestas que van desde la salivación de un perro cuando ve o escucha a su propietario abrir una lata de alimento para perros, hasta las emociones que sentimos cuando es ejecutado nuestro himno nacional. Luego exponemos otras teorías que consideran la forma en que el aprendizaje es una consecuencia de circunstancias recompensantes. Por último, examinamos los enfoques que se centran en los aspectos cognitivos del aprendizaje.

Aprendizaje: cambio de comportamiento relativamente permanente como resultado de la experiencia

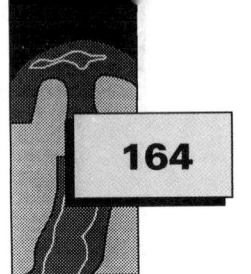

- *¿Qué es el aprendizaje?*
- *¿Cómo aprendemos a crear asociaciones entre estímulos y respuestas?*

EL CONDICIONAMIENTO CLÁSICO

¿La simple vista del logotipo de un restaurante de hamburguesas le hace sentir retortijones de hambre y pensar en ese alimento? Si es así, entonces usted exhibe una forma rudimentaria de aprendizaje a la que se denomina condicionamiento clásico.

Los procesos que subyacen al condicionamiento clásico explican fenómenos tan diversos como llorar cuando se ve a una novia que camina hacia el altar en una boda, el temor a la oscuridad y enamorarse del chico o la chica que vive enfrente. Sin embargo, para comprender el condicionamiento clásico, es preciso retroceder en el tiempo, hasta la Rusia de los primeros años de nuestro siglo.

Fundamentos del condicionamiento

Iván Pavlov, fisiólogo ruso, nunca pretendió realizar investigación psicológica. En 1904 obtuvo el Premio Nóbel por sus trabajos acerca de la digestión, como testimonio a sus contribuciones en ese campo. No obstante, a Pavlov no se le recuerda por sus investigaciones fisiológicas, sino por sus experimentos acerca de procesos básicos de aprendizaje —labores que acometió por accidente—.

Pavlov estudiaba la secreción de los ácidos estomacales y la salivación de los perros como respuesta a la ingestión de distintas cantidades y clases de alimentos. Mientras lo hacía, se percató de un fenómeno singular: algunas veces las secreciones estomacales y la salivación comenzaban sin que se hubiera ingerido alimento alguno. La sola vista de un plato de alimentos, del individuo que usualmente llevaba la comida, o hasta el sonido de los pasos de éste, eran suficientes como para producir la respuesta fisiológica de los perros. La genialidad de Pavlov radicó en su capacidad para reconocer las implicaciones de este descubrimiento tan sencillo. Se dio cuenta de que los perros no sólo respondían con base en la necesidad biológica (hambre), sino también como resultado de un aprendizaje, o, como se le vino a denominar, de un condicionamiento clásico. En el **condicionamiento clásico**, un organismo aprende a responder a un estímulo neutro que usualmente no evoca esa respuesta.

Condicionamiento clásico: tipo de aprendizaje en el que un estímulo previamente neutro llega a evocar una respuesta por medio de su asociación con un estímulo que genera la respuesta por vía natural

A Iván Pavlov se le conoce más por sus contribuciones en el campo del condicionamiento clásico, y por este famoso experimento, que por sus trabajos de filosofía que le hicieron obtener el Premio Nóbel.

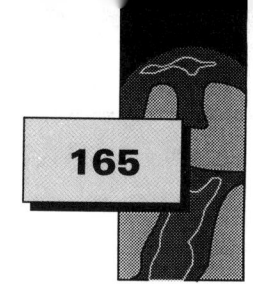

Para demostrar y analizar el condicionamiento clásico, Pavlov realizó una serie de experimentos (Pavlov, 1927). En uno de ellos, colocó un tubo en la glándula salival de un perro, lo cual le permitió medir con precisión la cantidad de salivación que éste producía. Después hizo sonar un diapasón y, unos cuantos segundos después, le mostraba carne molida al perro. Este apareamiento, planeado en forma muy cuidadosa para que transcurriera exactamente la misma cantidad de tiempo entre la presentación del sonido y de la carne, ocurrió en repetidas ocasiones. En un principio el perro sólo salivaba al presentarle la carne molida, pero pronto comenzó a salivar con sólo escuchar el sonido del diapasón. De hecho, incluso cuando Pavlov dejó de mostrarle la carne molida, el perro salivaba después de escuchar el sonido. Se había logrado un condicionamiento clásico en el perro para que salivara al escuchar el diapasón.

Como se puede ver en la figura 5.1, los procesos básicos del condicionamiento clásico que subyacen a los descubrimientos de Pavlov son sencillos, aunque la terminología que eligió tiene un aire técnico. Vea primero el diagrama de la figura 5.1a. Antes del condicionamiento, tenemos dos estímulos no relacionados: el sonido de un diapasón y la carne molida. Sabemos que el sonido de un diapasón no conduce a la salivación, sino a una respuesta irrelevante como elevar las orejas o, tal vez, una reacción de sorpresa. El sonido en este caso, por lo tanto, se denomina **estímulo neutro** puesto que no tiene efecto sobre la respuesta de interés. También tenemos carne molida, la cual, como consecuencia del acervo biológico del perro, conduce de forma natural a la salivación, la respuesta que nos interesa condicionar. A la carne molida se la considera el **estímulo incondicionado**, o **EI**, dado que el alimento que se coloca en el hocico de un perro causa automáticamente salivación. La respuesta evocada por la carne molida (salivación) se denomina **respuesta incondicionada**, o **RI**, una respuesta que no está asociada con un aprendizaje previo. Las respuestas incondicionadas son respuestas innatas naturales que no implican entrenamiento alguno. Siempre son evocadas por la presencia de estímulos incondicionados.

La figura 5.1b ilustra lo que ocurre durante el condicionamiento. El diapasón suena repetidamente justo antes de presentarse la carne molida. La meta del condicionamiento radica en que el sonido del diapasón se asocie con el estímulo incondicionado (la carne molida) y que, en consecuencia, evoque el mismo tipo de respuesta que este último. Durante este periodo la salivación aumenta de forma gradual cada vez que se hace sonar el diapasón, hasta que el solo sonido de éste provoca la salivación del perro.

Cuando el condicionamiento está completo, el diapasón se ha convertido de un estímulo neutral a lo que ahora se denomina un **estímulo condicionado** o **EC**. En este momento, a la salivación que se da como respuesta al estímulo condicionado (el diapasón) se le considera la **respuesta condicionada** o **RC**. Esta situación se representa en la figura 5.1c. Por lo tanto, después del condicionamiento, el estímulo condicionado provoca la respuesta condicionada.

La secuencia y tiempo en que se presenta el estímulo incondicionado y el condicionado revisten especial importancia (Rescorla, 1988). Al igual que una señal luminosa de cruce de ferrocarril que no funciona bien y que no se enciende sino hasta que ha pasado el tren, un estímulo neutro que se presenta después de un estímulo incondicionado tiene pocas posibilidades de convertirse en un estímulo condicionado. Por otra parte, al igual que las luces de advertencia funcionan mejor si se encienden justo antes de que pase el tren, un estímulo neutro que se presente precisamente antes del estímulo incondicionado tiene mayores posibilidades de generar un condicionamiento exitoso. Las investigaciones han demostrado que el condicionamiento tiene mayor efectividad si el estímulo neutro (el cual se convertirá en un estímulo condicionado) precede al estímulo incondicionado por un lapso que oscile entre medio segundo y varios segundos, según la clase de respuesta que se trate de condicionar.

La terminología que empleó Pavlov para describir al condicionamiento clásico puede parecer confusa al principio, pero las siguientes reglas pueden ayudar a que se comprendan y recuerden con más facilidad las relaciones existentes entre estímulos y respuestas:

Estímulo neutro: estímulo que, antes del condicionamiento, no tiene efecto sobre la respuesta que se desea obtener

Estímulo incondicionado (EI): estímulo que evoca una respuesta sin que se haya aprendido

Respuesta incondicionada (RI): respuesta natural que no precisa de entrenamiento alguno (por ejemplo, la salivación ante el olor de alimentos)

Estímulo condicionado (EC): estímulo antes neutral que se ha asociado con un estímulo incondicionado para producir una respuesta que antes sólo era generada por el estímulo incondicionado

Respuesta condicionada (RC): respuesta que, después del condicionamiento, sigue a la presentación de un estímulo anteriormente neutro (por ejemplo, salivación ante el sonido de un diapasón)

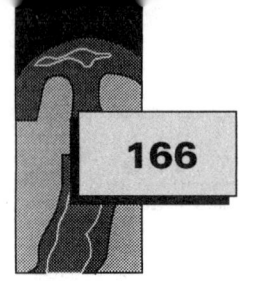
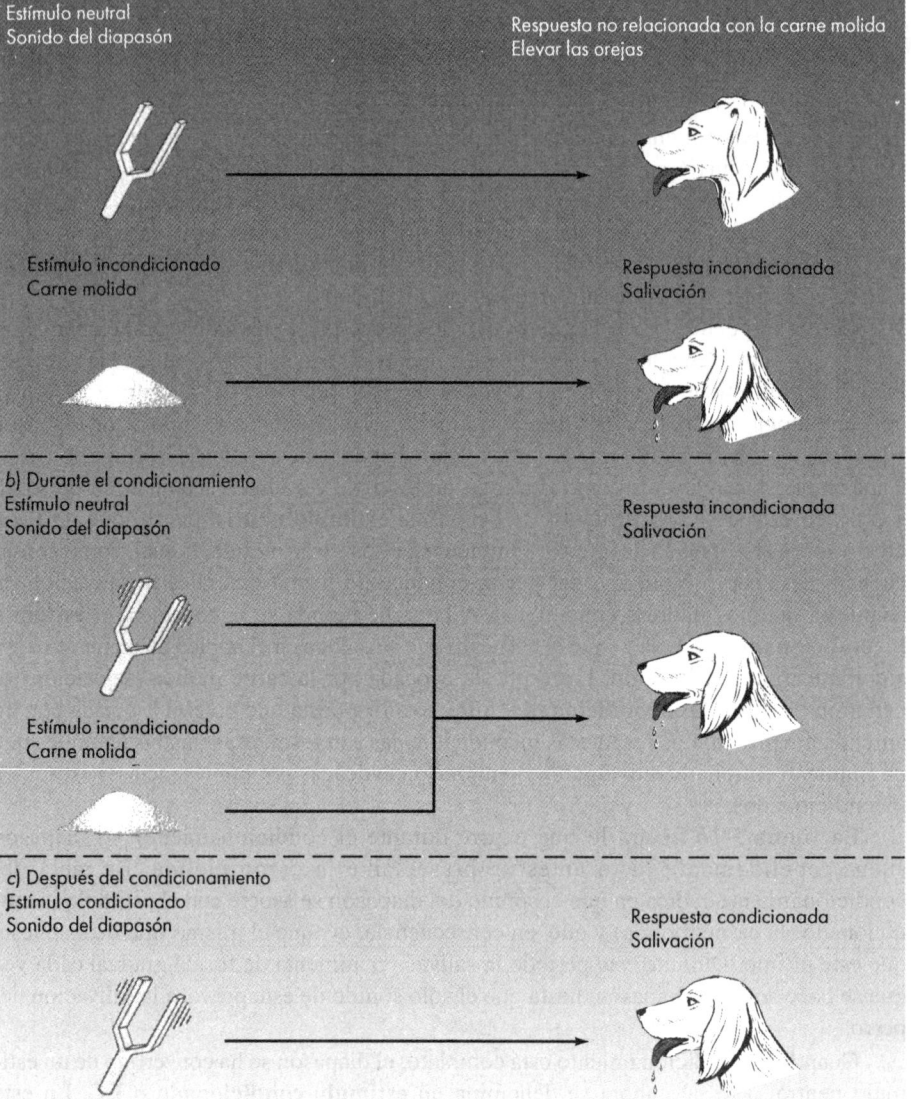

FIGURA 5.1 Procesos básicos del condicionamiento clásico. *a*) Antes del condicionamiento, el sonido de un diapasón no produce salivación, lo cual convierte al diapasón en un estímulo neutro. Por otra parte, la carne molida produce de modo natural la salivación, lo cual hace de la carne molida un estímulo incondicionado y de la salivación una respuesta incondicionada. *b*) Durante el condicionamiento se hace sonar el diapasón justo antes de presentar la carne molida. *c*) Por último, el sonido aislado del diapasón produce la salivación. Ahora podemos decir que se ha logrado un condicionamiento: el estímulo previamente neutro del diapasón se ha transformado en un estímulo condicionado que evoca la respuesta condicionada de la salivación.

■ Los estímulos *in*condicionados conducen a respuestas *in*condicionadas.

■ Los apareamientos de estímulos *in*condicionados y respuestas *in*condicionadas *no* son aprendidos y *no* los origina entrenamiento.

■ Durante el condicionamiento, estímulos previamente neutros se transforman en estímulos condicionados.

■ Los estímulos condicionados evocan respuestas condicionadas, a la vez que los apareamientos entre estímulos condicionados y respuestas condicionadas son una consecuencia del aprendizaje y del entrenamiento.

■ Las respuestas incondicionadas y las condicionadas son similares (como la salivación en el ejemplo que se describió antes), pero la respuesta condicionada se aprende, en tanto que la respuesta incondicionada se produce de manera natural.

Aplicación de los principios del condicionamiento al comportamiento humano

Aunque los experimentos iniciales se realizaron con animales, pronto se descubrió que los principios del condicionamiento clásico explican muchos aspectos del comporta-

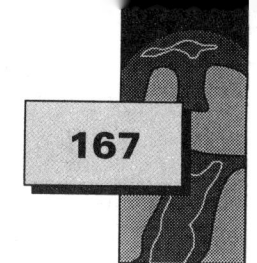

miento humano cotidiano. Recuérdese, por ejemplo, la ilustración que hicimos respecto a cómo las personas pueden experimentar retortijones de hambre al ver el logotipo de un restaurante de hamburguesas. La causa de esta reacción es el condicionamiento clásico: el logotipo previamente neutro han llegado a asociarse con la comida que se vende en ese lugar (el estímulo incondicionado), lo que provoca que dicho logotipo se convierta en el estímulo condicionado que trae consigo la respuesta condicionada del hambre.

Las respuestas emocionales tienen una susceptibilidad especial de aprenderse mediante procesos de condicionamiento clásico. Por ejemplo, ¿cómo es que algunos de nosotros desarrollamos miedo a los ratones, a las arañas, y a otras criaturas que, de manera típica, son inofensivas? En un estudio de caso ahora célebre diseñado para demostrar que el condicionamiento clásico se encontraba en la base de semejantes miedos, se expuso a un niño de 11 meses de edad, de nombre Alberto, quien en un principio no exhibía temor a las ratas, a un ruido muy fuerte al mismo tiempo que se le presentaba una rata (Watson y Rayner, 1920). El ruido (EI) evocaba miedo (RI). Después de tan sólo algunos apareamientos de ruido y rata, Alberto comenzó a exhibir miedo hacia la rata sola. Por lo tanto, la rata se había convertido en un EC que traía consigo la RC, es decir, el miedo. De modo similar, la asociación entre la presencia de determinadas especies (como los ratones y las arañas) con los comentarios temerosos de un adulto, puede provocar que los niños desarrollen los mismos miedos que tienen sus padres. (Por cierto, no se sabe lo que sucedió con el infortunado Alberto. Watson, el experimentador, ha sido condenado por usar procedimientos éticamente cuestionables.)

En la edad adulta, el aprendizaje por medio del condicionamiento clásico ocurre de modo más sutil. Usted puede llegar a saber que una supervisora está de mal humor cuando cambia su tono de voz si en el pasado la ha escuchado utilizar ese tono sólo cuando va a criticar el trabajo de alguien. Del mismo modo, puede ser que usted no vaya al dentista con la frecuencia que debería como consecuencia de anteriores asociaciones entre los dentistas y el dolor. O es posible que experimente un gusto especial por el color azul debido a que ése era el color de su habitación durante la infancia. Así, el condicionamiento clásico explica muchas de las reacciones que tenemos ante estímulos del mundo que nos rodea (Klein y Mowrer, 1989).

Extinción: el desaprendizaje de lo que hemos aprendido

¿Qué cree que sucedería si un perro, que ha sido entrenado con condicionamiento clásico para salivar ante el sonido de una campana, no vuelve a recibir nunca alimento cuando ésta suena? La respuesta se encuentra en uno de los fenómenos básicos del aprendizaje: la extinción. La **extinción** tiene lugar cuando disminuye la frecuencia de una respuesta previamente condicionada, hasta que, por último, desaparece.

Extinción: debilitamiento y, por último, desaparición de una respuesta condicionada

Para producir la extinción, es preciso terminar con la asociación existente entre los estímulos condicionado e incondicionado. Por ejemplo, si hemos entrenado a un perro para que salive ante el sonido de una campana, podemos generar la extinción si dejamos de llevarle carne después de que haya sonado la campana. Primero, el perro seguirá salivando cuando escuche la campana, pero después de unos cuantos casos en que se omita la carne, la cantidad de salivación probablemente disminuirá y, por último, el perro dejará de responder por completo al sonido de la campana. En ese momento, podremos decir que la respuesta se ha extinguido. En resumen, la extinción se produce cuando el estímulo condicionado se presenta repetidas veces sin el estímulo incondicionado. Debemos considerar que la extinción puede ser un fenómeno útil. Considérese, por ejemplo, qué sucedería si el temor que experimentó después de ver la famosa escena en la ducha en Psicosis nunca se hubiera extinguido. Podría ponerse a temblar de pánico cada vez que pensara siquiera en una regadera.

Como describiremos con mayor profundidad en el capítulo 13, los psicólogos tratan a personas que sufren de miedos irracionales o fobias mediante el empleo de un tipo de

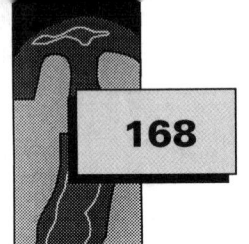

terapia al que se denomina desensibilización sistemática. El objetivo de la *desensibilización sistemática* consiste en producir la extinción de la fobia. Por ejemplo, un terapeuta que use dicha técnica con un cliente que le tiene miedo a los perros puede exponer repetidamente al individuo a los perros, comenzando con un aspecto menos temido (una fotografía de un perro lindo), y acercándose a los que producen más temor (como un encuentro real con un perro desconocido). Dado que las consecuencias negativas de la exposición al perro no se materializan, con el tiempo se extingue el miedo.

Recuperación espontánea: el retorno de la respuesta condicionada

Una vez que se ha extinguido la respuesta condicionada, ¿se ha ido para siempre? No necesariamente. Pavlov descubrió este hecho cuando regresó con su perro, previamente condicionado, una semana después de que el comportamiento condicionado se había extinguido. Si hacía sonar el diapasón, el perro salivaba una vez más. De modo similar, piense en las personas que han padecido de adicción a la cocaína y han logrado vencer ese hábito. A pesar de que se han "curado", si después se enfrentan a un estímulo que tenga fuerte relación con la droga —como puede ser el polvo blanco o una pipa que se haya utilizado para fumar cocaína— pueden experimentar un repentino e irresistible impulso por consumir nuevamente la droga, incluso después de mucho tiempo de haber prescindido de ella (Gawin, 1991).

A este fenómeno se le denomina **recuperación espontánea**: la reaparición de una respuesta previamente extinguida después del paso del tiempo sin exposición al estímulo condicionado. No obstante, las respuestas que reaparecen por vía de la recuperación espontánea suelen ser más débiles que en un principio, por lo cual se pueden extinguir con mayor facilidad.

Generalización y discriminación

A pesar de las diferencias de forma y color, para la mayoría de nosotros una rosa es una rosa. El placer que experimentamos ante la belleza, el aroma y la gracia de las flores es similar ante distintos tipos de rosas. Pavlov se percató de la existencia de un fenómeno análogo. A menudo, sus perros no sólo salivaban ante el sonido del diapasón que se empleó durante su condicionamiento original, sino también ante el sonido de una campana o de un zumbador.

Semejante comportamiento es el que resulta de la generalización de estímulos. La **generalización de estímulos** tiene lugar cuando la respuesta condicionada se produce

Recuperación espontánea: reaparición de una respuesta previamente extinguida después de un periodo durante el cual no se ha tenido contacto con el estímulo condicionado

Generalización de estímulos: respuesta a un estímulo similar, y a la vez diferente, de un estímulo condicionado; mientras más se parezcan ambos estímulos, es más probable que se produzca la generalización

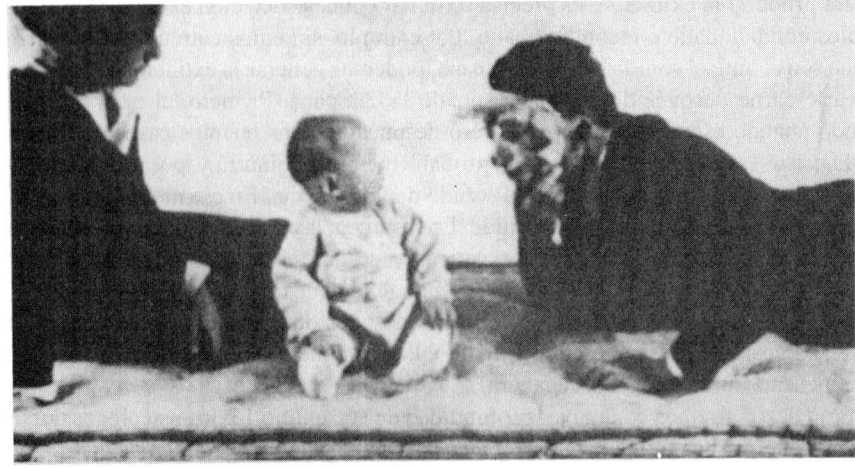

John B. Watson (1878-1958), en un experimento clásico, condicionó a un bebé de nombre Alberto para que temiera a las ratas blancas, miedo que se generalizó a otros objetos de ese color.

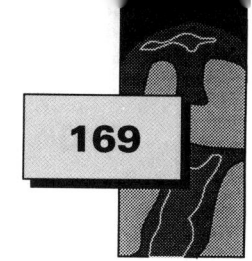
ante un estímulo similar al estímulo condicionado original. Mientras mayor sea el parecido entre ambos estímulos, mayor será la probabilidad de que se produzca una generalización de estímulos. Por ejemplo, se descubrió posteriormente que el bebé Alberto, a quien, como se mencionó antes, se le había condicionado para que temiera a las ratas, temía a otras cosas de piel o pelo blanco. Le tenía miedo a los conejos, a los abrigos de pieles de color blanco y hasta a una máscara blanca de Santa Claus. Por otra parte, de acuerdo con el principio de la generalización de estímulos, es poco probable que le tuviera miedo a un perro negro, puesto que su color lo diferenciaría lo suficiente del estímulo original que evocaba miedo.

La respuesta condicionada evocada por el nuevo estímulo por lo general no es tan intensa como la respuesta condicionada original, aunque mientras mayor similitud haya entre el estímulo nuevo y el anterior, mayor semejanza habrá entre ambas respuestas. Por lo tanto, es poco probable que el miedo que Alberto sentía ante la máscara de Santa Claus fuera tan considerable como su miedo aprendido hacia las ratas. De todas formas, la generalización de estímulos nos permite saber, por ejemplo, que debemos detenernos ante todas las luces rojas de las señales de tránsito, incluso si hay pequeñas variaciones en el tamaño, forma y tonalidad de la luz.

Si los estímulos son lo suficientemente distintos entre sí como para que la presencia de uno produzca una respuesta condicionada, pero la del otro no lo haga, podemos decir que se ha presentado la **discriminación de estímulos**. En ésta, el organismo aprende a diferenciar distintos estímulos y restringe sus respuestas a uno solo, en lugar de responder a todos. Si no tuviéramos la capacidad para discriminar entre las luces verde y roja de un semáforo, el tráfico de las calles nos arrollaría; y si no fuéramos capaces de distinguir a un gato de un puma, nos encontraríamos en una difícil situación cuando hiciéramos un campamento en las montañas.

Discriminación de estímulos: proceso por el cual el organismo aprende a diferenciar diversos estímulos, restringiendo su respuesta a uno de ellos en particular

Condicionamiento de orden superior

Suponga que a un niño de cuatro años de edad lo derribara varias veces el perro grande y mal educado del vecino, Nerón. Después de unos cuantos incidentes así, no resultaría sorprendente que al sólo escuchar el nombre del perro produciría en el niño una reacción de miedo.

La desagradable reacción emocional que el niño experimenta al oír "Nerón" representa un ejemplo de un condicionamiento de orden superior. El *condicionamiento de orden superior* se produce cuando un estímulo condicionado que se ha establecido durante un condicionamiento previo es relacionado repetidamente con un estímulo neutro. Si este último, por sí mismo, llega a evocar una respuesta condicionada parecida a la del estímulo condicionado original, se habrá producido un condicionamiento de orden superior. En efecto, el estímulo condicionado original actúa como un estímulo incondicionado.

Nuestro ejemplo de Nerón puede ilustrar el condicionamiento de orden superior. El niño ha aprendido a asociar la vista del perro, que originalmente era un estímulo neutro, con un comportamiento brusco. Por lo tanto, la simple visualización de Nerón se ha convertido en un estímulo condicionado que evoca la respuesta condicionada de miedo.

Sin embargo, más tarde comprende que cada vez que ve al perro, su dueño lo llama a gritos diciendo "Ven aquí, Nerón". Como consecuencia de esta recurrente asociación del nombre Nerón (que originalmente era un estímulo neutro) con la visualización del perro (ahora un estímulo condicionado), el niño se condiciona a sufrir una reacción de miedo y aversión siempre que escuche ese nombre, aunque se encuentre a salvo en el interior de su casa. Por consiguiente, el nombre "Nerón" se ha convertido en un estímulo condicionado por su apareamiento previo con el estímulo condicionado de la visualización de Nerón. Se ha producido un condicionamiento de orden superior: el oír nombrar a Nerón se ha convertido en un estímulo condicionado que evoca una respuesta condicionada.

Algunos psicólogos sostienen que el condicionamiento de orden superior puede ofrecer una explicación de la adquisición y mantenimiento de prejuicios en contra de los miembros de grupos étnicos y raciales (Staats, 1975). Suponga, por ejemplo, que cada

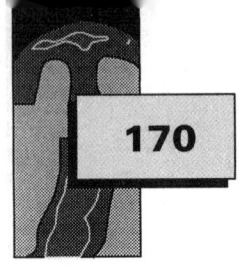

vez que los padres de una niña hicieran mención de un grupo étnico en particular, utilizaran palabras negativas tales como "estúpido" o "sucio". Con el tiempo, la niña podría llegar a asociar a los miembros del grupo con la desagradable reacción emocional que se produce con aquellos adjetivos (reacciones aprendidas a través de un condicionamiento clásico previo). A pesar de que ésta no constituye una explicación completa del prejuicio, como veremos cuando se aborde más extensamente en el capítulo 14, es probable que tal condicionamiento de orden superior sea parte de ese proceso.

Más allá del condicionamiento clásico tradicional: un desafío a los supuestos básicos

De manera teórica, debería ser posible producir cadenas ilimitadas de respuestas de orden superior asociando un estímulo condicionado con otro. De hecho, Pavlov planteó la hipótesis de que todo el aprendizaje no es más que un conjunto de largas cadenas de respuestas condicionadas. Sin embargo, esta noción no ha sido apoyada por investigaciones posteriores, por lo cual el condicionamiento clásico nos ofrece sólo una explicación parcial sobre la forma en que aprenden las personas y los animales (Rizley y Rescorla, 1972).

Algunos de los otros supuestos fundamentales del condicionamiento clásico también han sido cuestionados. Por ejemplo, de acuerdo con Pavlov, así como con muchos defensores contemporáneos de la perspectiva tradicional del condicionamiento clásico, el proceso de asociación entre estímulos y respuestas se produce de modo mecánico e irreflexivo. En contraste con esta perspectiva, los teóricos del aprendizaje influidos por la psicología cognitiva afirman que el condicionamiento clásico va mucho más allá de esta perspectiva mecanicista. Sostienen que aquellos que aprenden desarrollan en forma activa una comprensión y expectativa acerca de qué estímulos incondicionados específicos se asocian con determinados estímulos condicionados. Una campana que suena, por ejemplo, le da al perro algo en que pensar: la llegada inminente de la comida. En cierto sentido, esta perspectiva sugiere que los que aprenden desarrollan y conservan una idea o imagen acerca de cómo se relacionan varios estímulos entre sí (Rescorla, 1988; Turkkan, 1989; Baker y Mercier, 1989).

Las explicaciones tradicionales relativas a la forma en que opera el condicionamiento clásico también han sido puestas en duda por John Garcia, un destacado investigador de los procesos de aprendizaje. Pone en entredicho la suposición de que el aprendizaje óptimo ocurre sólo cuando el estímulo incondicionado sigue de *inmediato* al estímulo condicionado (Garcia, Brett y Rusiniak, 1989; Papini y Bitterman, 1990).

Al igual que Pavlov, Garcia realizó su contribución más importante mientras estudiaba un fenómeno que no se relacionaba con el aprendizaje. Al principio se hallaba interesado en los efectos de la exposición de animales de laboratorio a radiación nuclear. En el transcurso de sus experimentos, se dio cuenta de que las ratas que se encontraban dentro de una cámara de radiación casi no tomaban agua, mientras que en la jaula donde habitaban la bebían con avidez. La explicación más obvia, que tenía algo que ver con la radiación, fue descartada pronto. Garcia descubrió que incluso cuando la radiación no estaba activada, las ratas bebían muy poca o nada de agua en la cámara de radiación.

Intrigado al principio por el comportamiento de las ratas, Garcia al fin averiguó lo que estaba sucediendo. Notó que los bebederos en la cámara de radiación estaban hechos de plástico, lo cual le transmitía al agua ese peculiar sabor. En contraste, los bebederos en la jaula eran de vidrio, por lo que el agua no tenía ningún sabor especial.

Después de una serie de experimentos para descartar varias explicaciones alternativas, sólo quedó una posibilidad: al parecer, el agua con sabor a plástico se había relacionado en forma repetida con la enfermedad producida por la exposición a la radiación, lo cual provocó que las ratas formaran una asociación del tipo de condicionamiento clásico. El proceso comenzó cuando la radiación actuó como un estímulo incondicionado que evocaba la respuesta incondicionada de enfermar. Con apareamientos repetidos, el agua con sabor a plástico se había convertido en un estímulo condicionado que evocaba la respuesta condicionada de enfermar (Garcia, Hankins y Rusiniak, 1974).

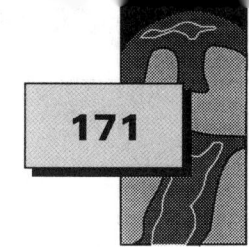
El problema que planteaba este descubrimiento era que violaba una de las reglas básicas del condicionamiento clásico: que un estímulo incondicionado debe seguir de *inmediato* al estímulo condicionado para que ocurra un condicionamiento óptimo. En lugar de ello, los hallazgos de García demostraron que el condicionamiento podía ocurrir aun cuando hubiera un intervalo de hasta ocho horas entre la exposición al estímulo condicionado y la respuesta de enfermedad. Además, el condicionamiento persistió durante periodos muy largos y, en ocasiones, ocurría sólo después de una sola exposición al agua que fue seguida más tarde por la enfermedad.

Estos hallazgos han tenido implicaciones prácticas importantes. Por ejemplo, para impedir que los coyotes maten a sus ovejas, algunos granjeros suelen dejar una oveja muerta impregnada de una droga en un lugar donde los coyotes puedan encontrarla. La sustancia hace que los coyotes se sientan muy enfermos durante un tiempo, pero no les provoca daños permanentes. Después de una sola exposición a la oveja muerta impregnada con la sustancia, los coyotes tienden a evitar a las ovejas, las cuales normalmente son una de sus principales víctimas naturales. Las ovejas, entonces, se han convertido en un estímulo condicionado para los coyotes. Este procedimiento es mucho más humano que dispararles para matarlos, respuesta tradicional de los granjeros a los depredadores (Gustavson, García, Hankins y Rusniak, 1974).

RECAPITULACIÓN Y REVISIÓN

Recapitulación

- El aprendizaje es un cambio de comportamiento relativamente permanente como consecuencia de la experiencia.
- El condicionamiento clásico es un tipo de aprendizaje en el que un estímulo en principio neutro, que no produce una respuesta relevante, se relaciona de forma repetida con un estímulo incondicionado. Entonces, el estímulo antes neutro evoca una respuesta parecida a la que traía consigo el estímulo incondicionado.
- El condicionamiento clásico subyace a muchas clases de aprendizaje cotidiano, como la adquisición de respuestas emocionales.
- Entre los fenómenos básicos del condicionamiento clásico se encuentran la extinción, la recuperación espontánea, la generalización de estímulos, la discriminación de estímulos y el condicionamiento de orden superior.

Revisión

1. El _____ implica cambios como consecuencia de la experiencia, en tanto que la _____ describe cambios producidos por el desarrollo biológico.
2. _____ es el nombre del científico responsable del descubrimiento del fenómeno del aprendizaje conocido como condicionamiento _____, en el que un organismo aprende a responder a un estímulo al que normalmente no daría respuesta.

Considere el párrafo que sigue para responder las preguntas 3 a 6.

Las últimas tres veces que Teresa visitó al doctor Ramírez para que la revisara, éste le aplicó una dolorosa vacuna preventiva que la dejó con lágrimas en los ojos. Cuando su madre la lleva para otra revisión, Teresa comienza a sollozar en cuanto está frente al doctor Ramírez, incluso antes de que éste haya tenido oportunidad de saludarla.

3. La dolorosa vacuna que recibió Teresa en cada una de las visitas era un _____, que evocó la _____, sus lágrimas.
4. El doctor Ramírez está molesto dado que su presencia se ha convertido en un _____ para el llanto de Teresa.
5. Cuando es evocado por la sola presencia del doctor Ramírez, al llanto de Teresa se le denomina _____ _____.
6. Por fortuna, el doctor Ramírez ya no le puso más vacunas a Teresa durante una temporada muy larga. Transcurrido cierto tiempo, Teresa dejó paulatinamente de llorar y hasta llegó a apreciar al doctor. Se produjo la _____.
7. La _____ se produce cuando un estímulo que se parece al estímulo condicionado, mas no es idéntico a éste, produce una respuesta. Por otra parte, la _____ ocurre cuando un organismo no produce una respuesta ante un estímulo distinto del EC.

Pregúntese a sí mismo

Teóricamente, debería ser posible construir una cadena infinita de respuestas de condicionamiento clásico de orden superior, de modo que los estímulos se apareen en forma indefinida. ¿Qué podría evitar que esto pudiera ocurrir en los seres humanos?

(Las respuestas a las preguntas de la revisión aparecen en la página 172).

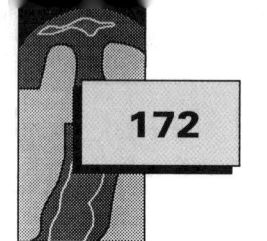

• *¿Cuál es el papel de la recompensa y el castigo en el aprendizaje?*

CONDICIONAMIENTO OPERANTE

Muy bien… Qué buena idea… Fantástico… Estoy de acuerdo… Gracias… Excelente… Formidable… Adelante… Éste es el mejor trabajo que has escrito; tienes un 10… Ya estás logrando conseguirlo… Estoy impresionado… Déjame darte un abrazo… Obtendrás un aumento… Toma una galleta… Te ves estupendamente… Te amo…

Pocos de nosotros pondríamos objeciones a recibir cualquiera de los comentarios que aparecen arriba. Pero lo que es en especial digno de mención acerca de ellos es que cada uno de estos sencillos enunciados puede utilizarse para producir enormes cambios de comportamiento y para enseñar las tareas más complicadas por medio de un proceso al que se denomina condicionamiento operante. Este condicionamiento constituye la base de gran parte del aprendizaje humano y animal de mayor importancia.

> **Condicionamiento operante:** aprendizaje en el que una respuesta voluntaria se fortalece o debilita, según que sus consecuencias sean positivas o negativas; el organismo opera en su ambiente con el fin de producir un resultado específico

El **condicionamiento operante** describe el aprendizaje en el que una respuesta voluntaria se fortalece o debilita, según sus consecuencias sean positivas o negativas. A diferencia del condicionamiento clásico, en el que los comportamientos originales son las respuestas biológicas naturales ante la presencia de estímulos tales como alimento, agua o dolor el condicionamiento operante se aplica a las respuestas voluntarias, que son realizadas deliberadamente por un organismo con el fin de producir un resultado deseable. El término "operante" destaca este punto: el organismo *opera* en su ambiente para producir algún resultado deseable. Por ejemplo, el condicionamiento operante está en funcionamiento cuando aprendemos que trabajar con esmero puede generar un aumento salarial, o que estudiar con ahínco trae consigo buenas calificaciones.

Como ocurrió con el condicionamiento clásico, las bases para comprender el condicionamiento operante se determinaron mediante trabajo con animales. Ahora nos referiremos a algunas de las primeras investigaciones, que comenzaron con un sencillo estudio acerca del comportamiento de los gatos.

La ley del efecto de Thorndike

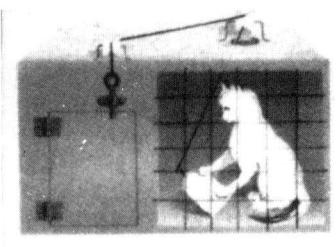

FIGURA 5.2 Edward L. Thorndike diseñó esta caja de escape para estudiar el proceso mediante el cual el gato aprende a pisar una palanca para escapar de la caja y recibir alimento. (*Thorndike, 1932.*)

Si coloca a un gato hambriento dentro de una jaula y luego deja un poco de alimento afuera de ella, es muy probable que el gato trate de hallar el modo de salir de la jaula. El gato primero hurgaría con sus garras por los costados, o intentaría salir a través de una abertura. Sin embargo, suponga que usted arregló la jaula para que el gato pudiera escapar si pisa una pequeña palanca que quita el cerrojo de la puerta (véase la figura 5.2). Por último, al moverse dentro de la jaula el gato pisaría la palanca, la puerta se abriría y el animal comería el alimento.

¿Qué ocurriría si coloca al gato de nuevo en el interior de la jaula? La próxima vez es probable que el gato emplearía un poco menos de tiempo para poner su pata sobre la palanca y escapar de la jaula. Después de varios ensayos, el gato pisaría deliberadamente la palanca tan pronto como lo metieran en la jaula. Lo que habría ocurrido, según Edward L. Thorndike (1932), quien estudió esta situación de forma extensa, es que el gato aprendió que pisar la palanca está asociado con la consecuencia deseable de obtener el alimento. Thorndike resumió esta relación al formular la *ley del efecto*, que establece que las respuestas que generan satisfacción tienen más posibilidades de repetirse, lo cual no sucede con las que no la producen, que tienen menor probabilidad de repetirse.

RESPUESTAS A LA REVISIÓN ANTERIOR

1. aprendizaje; maduración   **2.** Pavlov; clásico   **3.** estímulo incondicionado; respuesta incondicionada   **4.** estímulo condicionado   **5.** respuesta condicionada   **6.** extinción
7. generalización de estímulos; discriminación de estímulos

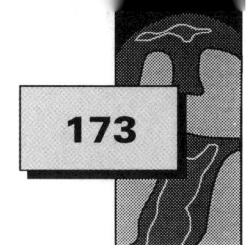

Thorndike creía que la ley del efecto operaba tan automáticamente como las hojas que caen de los árboles en el otoño. No era necesario para un organismo comprender que había un nexo entre la respuesta y la recompensa. En lugar de ello, pensaba que a lo largo del tiempo y por medio de la experiencia el organismo formaría una conexión directa entre el estímulo y la respuesta, sin tener conciencia de la existencia de dicha conexión.

Fundamentos del condicionamiento operante

Las primeras investigaciones de Thorndike sirvieron como fundamento de la labor realizada por uno de los psicólogos de mayor influencia, B.F. Skinner, quien falleció en 1990. Es posible que haya oído hablar acerca de la caja de Skinner (que se muestra en una de sus formas en la figura 5.3), una cámara con un ambiente altamente controlado que se emplea para estudiar procesos de condicionamiento operante con animales de laboratorio. Mientras la meta de Thorndike era que sus gatos aprendieran a obtener alimento al salir de la jaula, los animales de la caja de Skinner aprendían a obtener alimento operando en el ambiente interno de la caja. Skinner se interesó en determinar las variaciones del comportamiento como resultado de alteraciones en el entorno.

A Skinner, cuya labor fue mucho más allá del perfeccionamiento del aparato inicial de Thorndike, se le considera como el padre de toda una generación de psicólogos interesados en el condicionamiento operante (Delprato y Midgley, 1992; Bjork, 1993). Para ilustrar la contribución de este psicólogo, veamos lo que le ocurre a un pichón en una caja de Skinner típica.

Suponga que quiere enseñar a un pichón hambriento a picar en una tecla que está colocada en la caja. Al principio el pichón dará vueltas alrededor de la caja, explorando el entorno de modo relativamente aleatorio. No obstante, en un momento determinado, es probable que dé un picotazo a la tecla por puro azar; en ese momento recibirá una bolita de alimento. La primera vez que ello ocurra el pichón no aprenderá la conexión existente entre el picotazo y recibir alimento, y seguirá explorando la caja. Tarde o temprano el pichón volverá a dar un picotazo a la tecla y recibirá su alimento; con el tiempo la frecuencia de la respuesta de los picotazos en la tecla se incrementará. Finalmente, el pichón dará picotazos a la tecla hasta que satisfaga su hambre, con lo que se demuestra que ha aprendido que recibir comida es contingente a ese comportamiento.

Reforzamiento del comportamiento deseable   Skinner llamó "reforzamiento" al proceso que lleva al pichón a continuar picoteando la tecla. **Reforzamiento** es el proceso por el que un estímulo incrementa la probabilidad de que se repetirá un comportamiento precedente. En otras palabras, es más probable que ocurran de nuevo los picotazos debido al estímulo del alimento.

Reforzamiento: proceso por el que un estímulo incrementa la probabilidad de que se repetirá un comportamiento precedente

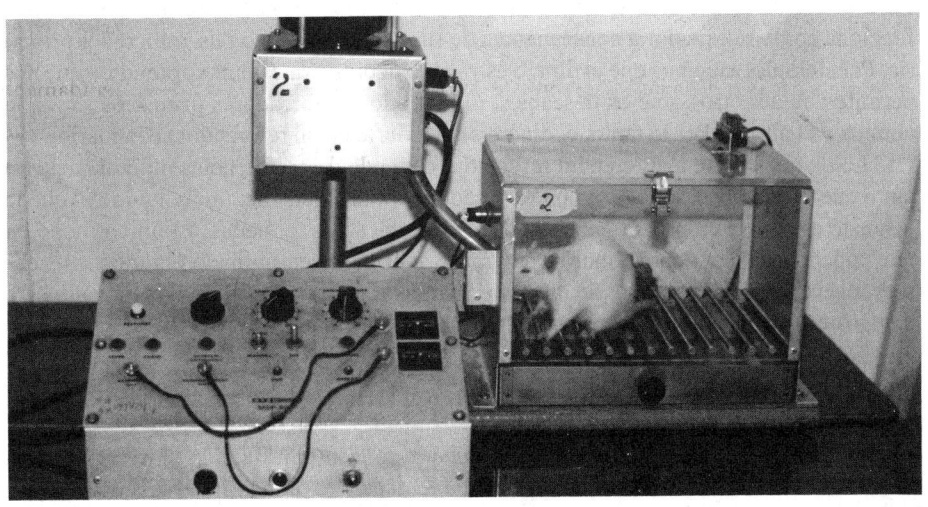

FIGURA 5.3   Caja de Skinner, empleada para estudiar el condicionamiento operante. Los animales de laboratorio aprenden a presionar la palanca con el fin de obtener alimento, el cual se deposita en la bandeja.

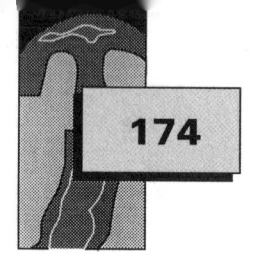

B.F. Skinner en la convención anual de la American Psichological Association, agosto 10 de 1990, su última aparición en público. (*Ellen Shub.*)

Reforzador: cualquier estímulo que aumente la probabilidad de que se repita el comportamiento precedente

En una situación como ésta, al alimento se le denomina reforzador. Un **reforzador** es cualquier estímulo que incrementa la probabilidad de que un comportamiento antecedente ocurra de nuevo. Por consiguiente, el alimento es un reforzador, puesto que aumenta la probabilidad de que ocurra el comportamiento de dar picotazos a la tecla (a la que se denomina formalmente la *respuesta* de dar picotazos).

¿Qué clase de estímulos pueden actuar como reforzadores? Los premios, los juguetes y las buenas calificaciones pueden servir como reforzadores, si fortalecen una respuesta que aparece antes de su introducción. En cada caso, es de crucial importancia que el organismo aprenda que la aparición del reforzador es contingente con la ocurrencia de la respuesta en primer lugar.

Claro está que no nacemos con el conocimiento de que podemos comprar un chocolate con dos monedas. En lugar de ello, aprendemos por medio de la experiencia que el dinero es un bien valioso como consecuencia de asociarlo con estímulos tales como el alimento, la bebida o el abrigo, que son reforzadores naturales. Este hecho sugiere que puede distinguirse si alguna cosa es un reforzador primario o secundario. Un *reforzador primario* satisface alguna necesidad biológica y funciona de modo natural, independientemente de la experiencia previa de una persona. El alimento para alguien que siente hambre, el calor para quien tiene frío y el alivio para el que experimenta dolor deben clasificarse como reforzadores primarios. En contraste, un *reforzador secundario* es un estímulo que funciona como reforzador a consecuencia de sus asociaciones con un reforzador primario. Por ejemplo, sabemos que el dinero es valioso debido a que hemos aprendido que nos permite obtener otros objetos deseables, incluyendo a reforzadores primarios, como la comida y el abrigo. Por lo tanto, el dinero se convierte en un reforzador secundario.

Lo que convierte a algo en un reforzador depende de preferencias individuales. En tanto que un chocolate puede ser un reforzador para una persona, un individuo al que le disguste el chocolate podría encontrar más deseables dos monedas. El único modo en que podemos saber si un estímulo es un reforzador para determinado organismo es observar si el nivel de respuesta de un comportamiento que ocurrió previamente aumenta con posterioridad a la presentación del estímulo.

Reforzadores positivos, negativos y castigo

En muchos aspectos, los reforzadores se pueden concebir en función de recompensas; tanto un reforzador como una recompensa incrementan la probabilidad de que se repita

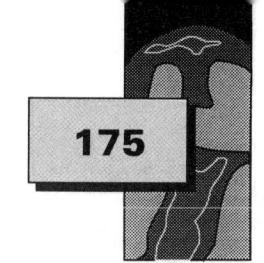
una respuesta previa. Pero el término "recompensa" se limita a los sucesos *positivos*, y es en este respecto en el que difiere de los reforzadores, puesto que éstos pueden ser positivos o negativos.

Un **reforzador positivo** es un estímulo que se añade al entorno y que trae consigo un incremento de la respuesta precedente. Si se otorga alimento, agua, dinero o elogios después de una respuesta, es más probable que ésta se repita en el futuro. El salario que reciben los trabajadores al término de la semana, por ejemplo, aumenta la probabilidad de que regresen a sus trabajos la semana siguiente.

En contraste, un **reforzador negativo** se refiere a un estímulo que elimina algo desagradable del entorno, lo que lleva a un aumento en la probabilidad de que la respuesta precedente ocurra de nuevo en el futuro. Por ejemplo, si usted tiene síntomas de resfrío que se alivian cuando ingiere una medicina, será más probable que usted la tome (un reforzador negativo) la próxima vez que experimente esos síntomas. De modo similar, si la radio tiene un volumen muy alto y le lastima los oídos, seguro encontrará que bajar el volumen alivia el problema. Bajar el volumen es reforzante en forma negativa y usted tendrá más probabilidades de repetir esa acción en el futuro. Por lo tanto, el reforzador negativo le enseña a un individuo que la realización de una acción elimina un elemento negativo que existe en el entorno. Al igual que los reforzadores positivos, los negativos incrementan la probabilidad de que se repita el comportamiento precedente.

El reforzador negativo actúa en dos tipos importantes de aprendizaje: el condicionamiento de escape y el condicionamiento de evitación. En el *condicionamiento de escape*, el organismo aprende a dar una respuesta que pone fin a una situación aversiva. El condicionamiento de escape es un lugar común, y suele ocurrir con rapidez. Por ejemplo, los niños no emplean mucho tiempo para aprender a alejar sus manos de un radiador caliente: ejemplo de un tipo de condicionamiento de escape. De modo similar, los estudiantes atareados que se toman un día para evitar la tensión que les produce una gran cantidad de trabajo exhiben un condicionamiento de escape.

En contraste, el *condicionamiento de evitación* tiene lugar cuando un organismo responde a la señal de la inminente ocurrencia de un suceso desagradable de modo que se hace posible su evasión. Por ejemplo, una rata aprende con rapidez a accionar una palanca para evitar una descarga eléctrica que es anunciada por un sonido. De modo similar, los conductores de automóviles aprenden a llenar sus tanques de combustible a fin de evitar que se les acabe la gasolina.

Es importante notar que a pesar de que el reforzador negativo consiste en un condicionamiento de escape o evitación, no es lo mismo que un castigo. El **castigo** se refiere a estímulos desagradables o dolorosos que disminuyen la probabilidad de que ocurra de nuevo el comportamiento precedente. En contraste, al reforzador negativo se le asocia con la remoción de un estímulo desagradable o doloroso, lo cual produce un *aumento* del comportamiento que puso fin al estímulo desagradable. Si recibimos una descarga eléctrica después de determinado comportamiento, estamos recibiendo un castigo; pero si estamos recibiendo la descarga eléctrica y hacemos algo para ponerle fin, se considera que el comportamiento que pone fin a la descarga ha sido reforzado negativamente. En el primer caso, un comportamiento específico es capaz de disminuir como consecuencia del castigo; en el segundo, es más probable que aumente debido al reforzador negativo (Azrin y Holt, 1966).

No obstante se suele considerar al castigo en función de la aplicación de algún estímulo aversivo —una nalgada por portarse mal o diez años de cárcel por haber cometido un crimen—, también puede consistir en la remoción de algo positivo. Por ejemplo, cuando se le dice a una adolescente que no podrá utilizar el automóvil familiar por sus malas calificaciones, o cuando se le informa a un empleado que se le ha disminuido el salario como consecuencia de sus resultados deficientes en las evaluaciones de desempeño, se está administrando un castigo en la forma de la remoción de un reforzador positivo.

Las distinciones entre las clases de castigo, así como entre los reforzadores positivos y negativos, pueden parecer confusas al principio, pero las siguientes reglas empíricas (y el resumen del cuadro 5.1) le pueden ayudar a distinguir estos conceptos entre sí:

Reforzador positivo: estímulo que se añade al entorno y que conduce a un aumento de la respuesta precedente

Reforzador negativo: estímulo cuya remoción es reforzante, lo que lleva a una mayor probabilidad de que la respuesta asociada a la remoción ocurra de nuevo

Castigo: estímulo desagradable o doloroso que se añade al entorno después de que ocurre determinado comportamiento, disminuyendo la probabilidad de que dicho comportamiento se repita

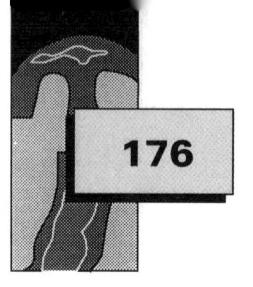

CUADRO 5.1	Tipos de reforzamiento y castigo	
Naturaleza del estímulo	**Aplicación**	**Remoción o terminación**
Positivo (placentero)	*Reforzamiento positivo* Ejemplo: otorgar un aumento por el buen desempeño Resultado: *aumento* de la frecuencia de la respuesta (buen desempeño)	*Castigo por remoción* Ejemplo: retirar el juguete favorito después de un mal comportamiento Resultado: *disminución* de la frecuencia de la respuesta (mala conducta)
Negativo (desagradable)	*Castigo por aplicación* Ejemplo: dar nalgadas después de un mal comportamiento Resultado: *disminución* de la frecuencia del comportamiento (mala conducta)	*Reforzamiento negativo* Ejemplo: poner fin a una jaqueca ingiriendo una aspirina Resultado: *aumento* de la frecuencia de la respuesta (ingerir aspirinas)

■ El reforzador *aumenta* el comportamiento que le precede; el castigo lo *disminuye*.

■ La *aplicación* de un estímulo *positivo* que trae consigo un incremento del comportamiento se denomina reforzador positivo; la *remoción* de un estímulo *positivo* que disminuye el comportamiento se denomina castigo por remoción.

■ La *aplicación* de un estímulo *negativo* que disminuye o reduce el comportamiento se denomina castigo por aplicación; la *remoción* de un estímulo *negativo* que provoca un incremento del comportamiento se denomina reforzador negativo.

Las ventajas y desventajas del castigo: por qué el reforzamiento supera al castigo

¿El castigo es un medio efectivo para modificar el comportamiento? A menudo el castigo representa el camino más corto para modificar comportamientos que, si se permite que continúen, podrían ser peligrosos para el individuo. Por ejemplo, un padre tal vez no llegue a tener una segunda oportunidad para advertir a su hijo que no corra hacia una calle donde transitan muchos vehículos, de modo que el castigo ante la primera ocurrencia de este comportamiento puede ser una elección sensata. Además, el empleo del castigo para suprimir el comportamiento, aunque sea en forma temporal, proporciona la oportunidad de reforzar a una persona para comportarse en lo subsecuente de forma más deseable.

En algunos casos, el castigo puede ser la forma más humana de tratar determinados problemas psicológicos profundamente arraigados. Por ejemplo, hay algunos niños que padecen de autismo, un extraño desorden psicológico en el que se pueden lastimar a sí mismos, rasgándose la piel o golpeándose la cabeza con la pared, lo cual puede provocarles mucho daño. En tales casos se ha empleado castigo en la forma de una descarga eléctrica breve pero intensa, lo que en ocasiones ha dado estupendos resultados para evitar el comportamiento de autolesión cuando otro tipo de tratamiento ha fracasado (Lovaas y Koegel, 1973; Linscheid, Iwata, Ricketts, Williams y Griffin, 1990). Sin embargo, dicho castigo se emplea de forma exclusiva como tratamiento de último recurso para mantener al niño seguro y ganar tiempo hasta que se puedan iniciar procedimientos de reforzamiento positivo.

Hay diversas desventajas que hacen cuestionable el uso rutinario del castigo. Por una parte, con frecuencia no resulta efectivo, en particular si el castigo no se aplica poco

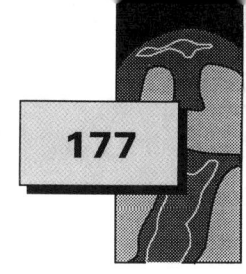

Hasta el momento, Estados Unidos tiene una proporción de población en prisión más alta que cualquier otra nación desarrollada, el efecto de disuasión de las severas sentencias de prisión continúa como tema de discusión acalorada.

después de que el individuo exhibe el comportamiento indeseable, o si el sujeto es capaz de retirarse del entorno en el que se administra el castigo. Un empleado regañado por el jefe puede renunciar; un adolescente que pierde el derecho de usar el automóvil de la familia puede pedir prestado el de un amigo. Por lo tanto, en tales circunstancias, el comportamiento inicial causante del castigo puede ser remplazado por otro aún menos deseable.

Y lo que es peor aún, el castigo físico puede generar en quien lo recibe la idea de que la agresión física es algo permisible, y quizás incluso deseable. Un padre que grita y golpea a su hijo porque se portó mal le está enseñando que la agresión constituye una respuesta adulta adecuada. El hijo puede imitar pronto el comportamiento de su padre y actuar agresivamente hacia los demás. Asimismo, el castigo físico a menudo lo administran personas que se encuentran enojadas o iracundas. Es muy poco probable que individuos en semejante estado emocional sean capaces de pensar en lo que están haciendo o de controlar con cuidado el grado del castigo que están aplicando. Por último, aquellos que recurren al castigo físico corren el riesgo de despertar temor.

Otra desventaja del castigo es que a menos que se logre hacer que las personas que están siendo castigadas entiendan las razones para éste (es decir, que el castigo tiene como fin la modificación del comportamiento y que es independiente de la concepción que tiene de ellos como individuos el encargado de su aplicación), el castigo puede provocar una disminución de su autoestima.

Por último, el castigo no transmite información alguna acerca de cuál puede ser un comportamiento alternativo más apropiado. Para que sirva en la generación de un comportamiento más deseable en el futuro, el castigo debe ir acompañado de información específica acerca del comportamiento que se está castigando, junto con sugerencias específicas respecto a un comportamiento más deseable. Castigar a una niña por mirar a través de la ventana puede llevarla en lugar de ello a mirar al piso. A menos que le enseñemos formas apropiadas de responder, no habremos hecho más que sustituir una forma de comportamiento indeseable por otra. Si el castigo no es seguido por reforzamiento del comportamiento subsecuente que resulte más adecuado, poco será lo que se logre.

En síntesis, reforzar el comportamiento deseable es una técnica más apropiada que castigar para modificar el comportamiento. Por consiguiente, tanto dentro como fuera del campo de la ciencia, el reforzamiento por lo general supera al castigo (Sulzer-Azaroff y Mayer, 1991).

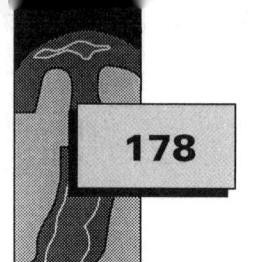

Programas de reforzamiento: la administración de las recompensas de la vida

El mundo sería un sitio diferente si los jugadores de cartas abandonaran el juego tras la primera mano adversa, si los pescadores retornaran a la costa en cuanto no encontraran pesca o si los vendedores ambulantes dejaran de vender la primera vez que los rechazaran en una casa. El hecho de que dichos comportamientos no reforzados continúen, a menudo con mucha frecuencia y persistencia, ilustra la particularidad de que el reforzamiento no necesita recibirse continuamente para que se aprenda y mantenga el comportamiento. De hecho, el comportamiento que sólo se refuerza de modo ocasional puede, a fin de cuentas, aprenderse mejor que el comportamiento que siempre se refuerza.

Cuando hablamos de la frecuencia y factores temporales asociados al reforzamiento que sigue al comportamiento deseable, nos estamos refiriendo a los **programas de reforzamiento.** El comportamiento que es reforzado todas las veces que se manifiesta es el que está bajo un **programa de reforzamiento continuo;** si se le refuerza en algunas ocasiones, no en todas, está sometido a un **programa de reforzamiento parcial.** Aunque el aprendizaje se produce con más rapidez bajo un programa de reforzamiento continuo, el comportamiento tiene mayor duración una vez que cesa el reforzamiento si se aprende bajo un programa de reforzamiento parcial.

¿Por qué los programas de reforzamiento parcial conllevan a un aprendizaje más firme y duradero que los programas de reforzamiento continuo? Podemos responder a la pregunta examinando cómo nos comportaríamos al utilizar una máquina expendedora de refrescos en comparación con una máquina de juegos de Las Vegas. Cuando utilizamos la primera, la experiencia nos ha demostrado que cada vez que introducimos unas monedas nos debe ser entregado el reforzamiento, un refresco. En otras palabras, el programa de reforzamiento es continuo. En comparación, una máquina de juegos ofrece un programa de refuerzo parcial. Hemos aprendido que después de introducir unas monedas, la mayoría de las veces no recibiremos nada a cambio. No obstante, al mismo tiempo sabemos que en algunas ocasiones ganaremos algo.

Suponga ahora que, sin que nosotros lo sepamos, tanto la máquina de refrescos como la de juegos están descompuestas, por lo que ninguna de las dos puede entregarnos nada. No pasará mucho tiempo antes de que dejemos de introducir monedas en la máquina expendedora de refrescos descompuesta. Tal vez a lo mucho tratemos unas dos o tres veces antes de alejarnos molestos de ella. Pero la historia sería muy distinta con la máquina de juegos. En este caso introduciríamos dinero por un periodo mucho más largo, a pesar de que no habríamos de recibir respuesta alguna.

En términos formales, podemos ver la diferencia entre ambos programas de reforzamiento: los programas de reforzamiento parcial (como los que ofrecen las máquinas de juegos) mantienen la ejecución por periodos más largos que los programas de reforzamiento continuo (como los de las máquinas vendedoras de refrescos) antes de que se produzca la extinción, o sea, la desaparición de la respuesta condicionada.

Con el empleo de un *registro acumulativo,* un aparato que registra y grafica automáticamente el patrón de respuestas que se dan como una reacción ante un programa específico, los psicólogos del aprendizaje han descubierto que determinadas clases de programas de reforzamiento parcial producen respuestas más fuertes y duraderas antes de la extinción que otros (King y Logue, 1990). Aunque han sido examinados muy distintos programas de reforzamiento parcial, es posible agruparlos con facilidad en dos categorías: los programas que toman en cuenta el *número de respuestas* dadas antes de que se presente el reforzador; a los que se denomina programas de razón fija y programas de razón variable; y aquellos programas que toman en cuenta la *cantidad de tiempo* que transcurre antes de que se proporcione el reforzador, denominados programas de intervalo fijo y programas de intervalo variable.

Programas de razón fija y variable   En un **programa de razón fija,** el reforzador se presenta sólo después de la realización de determinado número de respuestas. Por ejem-

Programas de reforzamiento: especificación de la forma en que se aplican el reforzamiento: frecuencia y factores temporales del reforzamiento que se aplica luego de un comportamiento deseable

Programa de reforzamiento continuo: reforzamiento de un comportamiento cada vez que se produce

Programa de reforzamiento parcial: reforzamiento de un comportamiento algunas veces en que ocurre, mas no todas

Programa de razón fija: programa en el que el reforzamiento se da sólo después de la ejecución de determinado número de respuestas

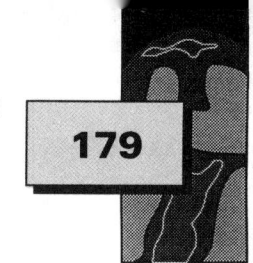
plo, una paloma puede recibir una bolita de alimento a la décima vez que picotee una tecla; aquí, la razón sería de 1:10. De modo similar, a los costureros se les suele pagar con base en programas de razón fija: reciben *x* cantidad de dinero por cada camisa que cosen. Dado que una mayor cantidad de producción significa un mayor reforzamiento, los empleados que laboran bajo un programa de razón fija por lo general trabajan con la mayor rapidez posible. Incluso cuando ya no se ofrecen recompensas, aparecen altos índices de respuestas agrupadas en "ráfagas", aunque las pausas entre ellas se espacían cada vez más hasta que la respuesta desaparece por completo (véase la figura 5.4).

En un **programa de razón variable,** el reforzamiento ocurre después de un número variable de respuestas, y no después de un número fijo. A pesar de que varía el número específico de respuestas necesarias para que se reciba el reforzamiento, el número de respuestas suele rondar un promedio específico. Es probable que el mejor ejemplo de un programa de razón variable sea el programa con que se encuentra el vendedor ambulante. Puede que logre una venta en la tercera, octava, novena y vigésima casa que visite, sin haber tenido éxito en ninguna de las restantes. Aunque varía el número de respuestas que debe emitir antes de lograr una venta, su tasa de éxito es del 20%. En estas circunstancias es de esperar que el vendedor trate de visitar tantas casas como pueda en el menor tiempo posible. Así sucede en todos los programas de razón variable; promueven una alta tasa de respuestas y una gran resistencia a la extinción.

Programas de intervalo fijo y variable: el paso del tiempo   En contraste con los programas de razón fija y variable, en los que el factor crucial es el número de respuestas, los programas de *intervalo* fijo y de *intervalo* variable se centran en la cantidad de

Programa de razón variable: programa en el que el reforzamiento se presenta después de un número variable de respuestas, en lugar de hacerlo después de una cantidad fija de ellas

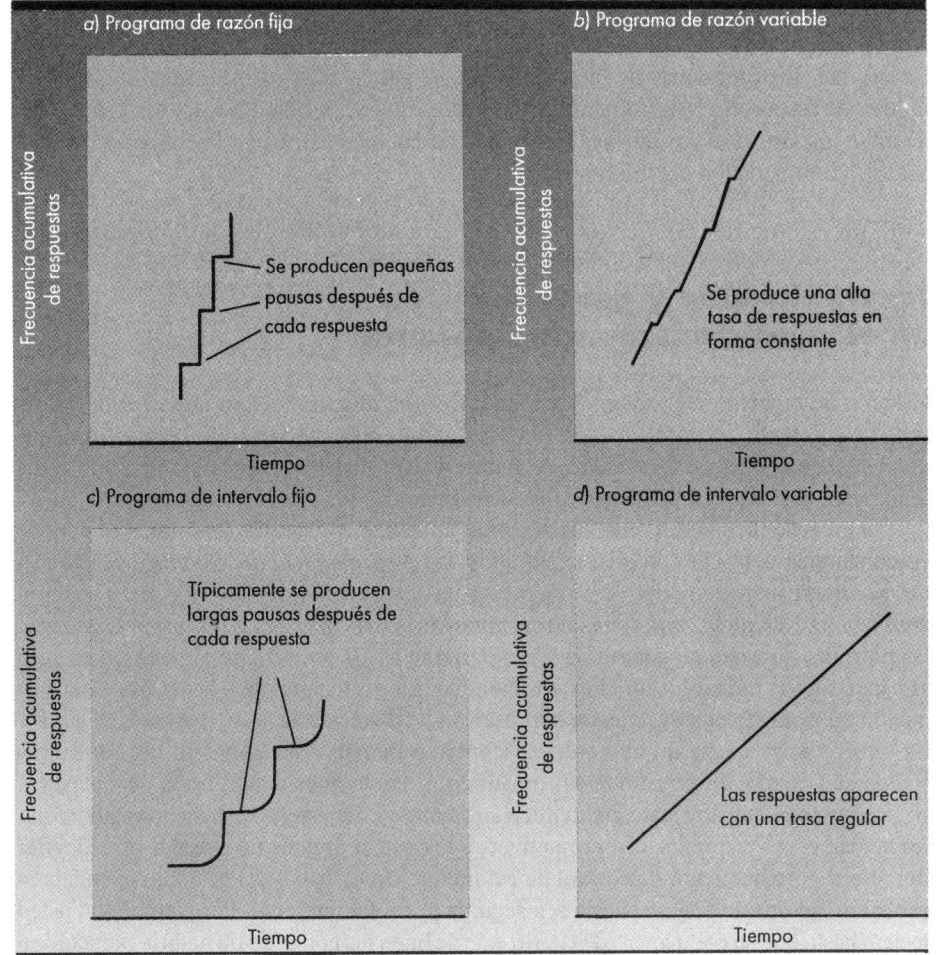

FIGURA 5.4   Resultados típicos de diversos programas de reforzamiento. *a*) En un programa de razón fija, se producen pausas cortas después de cada respuesta. Dado que mientras más respuestas se emitan, más reforzadores se obtendrán, los programas de razón fija producen un índice alto de respuestas. *b*) En un programa de razón variable también se obtiene un índice alto de respuestas. *c*) Un programa de intervalo fijo produce índices más bajos de respuestas, en especial después de que se ha presentado el reforzador, puesto que el organismo aprende que debe transcurrir un periodo determinado entre los reforzadores. *d*) Un programa de intervalo variable produce un continuo regular de respuestas.

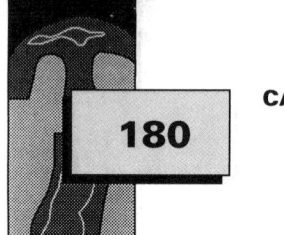

tiempo que transcurre desde que una persona o animal ha recibido un reforzamiento. Un ejemplo de programa de intervalo fijo es el salario semanal. Para las personas que reciben un salario semanal regular, de manera típica poco importa lo que produzcan en una semana determinada —siempre y cuando se presenten y trabajen algo.

Programa de intervalo fijo: programa en el que se proporciona un reforzamiento a intervalos de tiempo establecidos

Debido a que el **programa de intervalo fijo** proporciona un reforzamiento para una respuesta sólo si ha transcurrido determinado periodo fijo, los índices generales de respuesta son relativamente bajos. Esto es en especial cierto en el periodo inmediato posterior al reforzamiento, cuando el tiempo por transcurrir antes del siguiente reforzamiento es relativamente grande. A menudo, los hábitos de estudio de los alumnos ejemplifican esta realidad. Si los periodos entre los exámenes son relativamente largos (lo que quiere decir que la oportunidad de reforzar el buen desempeño es poco frecuente), los estudiantes suelen estudiar lo mínimo, o tal vez nada, hasta que se aproxima el día del examen. Sin embargo, justo antes del examen, los estudiantes comienzan a estudiar con ahínco, exhibiendo un rápido incremento de su índice de respuesta de estudio (Mawhinney, Boston, Loaws, Blumenfeld y Hopkins, 1971). Como es de esperar, inmediatamente después del examen se produce una rápida disminución del índice de respuesta, ya que son pocas las personas que abren un libro al día siguiente del examen.

Programa de intervalo variable: un programa en el que el reforzamiento varía alrededor de algún promedio en lugar de ser fijo

Una manera de disminuir la demora en la respuesta que se produce después de aplicar el reforzamiento, y de mantener el comportamiento deseado en forma más consistente a lo largo del intervalo, es la utilización de un programa de intervalo variable. Cuando se aplica un **programa de intervalo variable**, el tiempo transcurrido entre los reforzamientos varía alrededor de un promedio determinado en lugar de ser fijo. Por ejemplo, un profesor que aplica exámenes sorpresa que varían de uno cada tres días a uno cada tres semanas, aplicando en promedio un examen cada dos semanas, está utilizando un programa de intervalo variable. Los hábitos de estudio de los alumnos serán muy distintos como resultado de un programa tan poco predecible que el de aquellos que observamos en el programa de intervalo fijo. Los estudiantes se dedicarán al estudio con mayor regularidad puesto que nunca saben cuándo se realizará el siguiente examen sorpresa. En general, los programas de intervalo variable tienen más posibilidades de producir índices de respuestas relativamente más estables que las producidas por los programas de intervalo fijo, a la vez que sus respuestas tardan más en extinguirse después de que cesa la administración del reforzamiento.

Discriminación y generalización en el condicionamiento operante

Un niño no emplea mucho tiempo en aprender que una luz roja en un cruce de calles significa "deténte", en tanto que una luz verde indica que está permitido seguir caminando. Así, al igual que con el condicionamiento clásico, el aprendizaje operante implica los fenómenos de la discriminación y la generalización.

El proceso mediante el cual las personas aprenden a distinguir estímulos se conoce como entrenamiento de control de estímulos. En el *entrenamiento de control de estímulos,* se refuerza un comportamiento en presencia de un estímulo específico, pero no en su ausencia. Por ejemplo, una de las discriminaciones más difíciles a las que se enfrentan las personas consiste en determinar en qué momento la amistad de alguien no es sólo amistad, sino el indicio de un interés romántico. La gente aprende a hacer esa discriminación mediante la observación de la presencia de diversas claves no verbales de carácter sutil —tales como un aumento de contacto ocular y un contacto corporal más frecuente— que indican un interés romántico. Cuando tales claves están ausentes, las personas saben que no existe dicho interés romántico. En este caso, las claves no verbales actúan como estímulos discriminativos, a los que el organismo aprende a responder durante el entrenamiento de control de estímulos. Un *estímulo discriminativo* señala la probabilidad de que una respuesta sea seguida por reforzamiento. Por ejemplo, si usted espera hasta que su compañero de cuarto esté de buen humor antes de pedirle prestado su disco compacto preferido, se puede decir que su comportamiento actúa bajo el control de estímulos en virtud de que usted puede discriminar entre sus estados de ánimo.

Al igual que en el condicionamiento clásico, el fenómeno de la generalización de estímulos, en el que un organismo aprende a responder a un estímulo y luego aplica esa respuesta a otros estímulos, también se encuentra en el condicionamiento operante. Si usted ha comprobado que ser bien educado produce el refuerzo de salirse con la suya en determinada situación, es probable que generalice su respuesta a otras situaciones. No obstante, algunas veces la generalización puede tener consecuencias desagradables, como cuando las personas se comportan negativamente frente a todos los miembros de determinado grupo racial porque tuvieron una experiencia adversa con un miembro de ese grupo.

Conducta supersticiosa

■   En la Universidad de Illinois, los estudiantes que presentan exámenes en el auditorio de la Sala Lincoln primero frotan la nariz de un busto de Lincoln para tener buena suerte.

■   En días de exámenes, los estudiantes de la Universidad de Miami evitan caminar sobre un escudo de la escuela que está incrustado en la acera.

■   Un estudiante del Colegio Albright en Reading, Pennsylvania, asistía a un curso de introducción a la psicología en un salón que estaba parcialmente bajo el nivel del suelo. Siempre que había un examen, entraba en el salón por una ventana (Vyse, 1994).

Aunque es fácil burlarse de tales rituales, los psicólogos del aprendizaje los consideran como ejemplos de una clase interesante de respuestas llamada *conducta supersticiosa:* Dicha conducta puede ser explicada en función de los principios básicos del reforzamiento (Zimmer, 1984; Justice y Looney, 1990). Como se ha expuesto, el comportamiento al que le sigue un reforzador tiende a fortalecerse. No obstante, en ocasiones, el comporta-

¿Todo el mundo es susceptible de tener creencias supersticiosas? El temor a la mala suerte "causadas por la presencia de un gato negro era tan común entre la sociedad medieval como entre la nuestra.

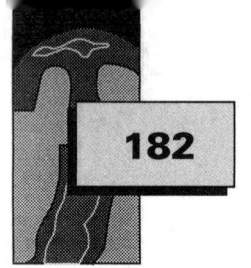

miento que se manifiesta antes del reforzador es totalmente coincidente. Imagine, por ejemplo, que un jugador de béisbol golpea el suelo tres veces seguidas con su bat y después logra conectar un cuadrangular. Por supuesto que el batazo es una coincidencia con respecto a que el bateador haya golpeado tres veces el suelo, pero en lo que toca al jugador pueden parecer eventos relacionados. Debido a que el jugador hace esta asociación, puede golpear tres veces el suelo cada vez que se presente a batear posteriormente. Y dado que por lo menos recibirá un refuerzo parcial por su comportamiento —los bateadores suelen dar *hits* el 25% de las veces que batean— es posible que se mantenga su comportamiento de golpear el suelo.

¿Afectan las supersticiones al comportamiento posterior? Es evidente que sí. De acuerdo con algunos psicólogos, la conducta supersticiosa les permite a las personas afrontar la ansiedad, ofreciéndoles rutinas o rituales que les pueden hacer sentir que controlan la situación en que se encuentran (Zimmer, 1984). De esta forma, tocar la nariz de una estatua puede ayudar a tranquilizar a una persona, lo que, de hecho, puede llevarla a lograr un mejor desempeño cuando contesta un examen o durante una entrevista que genere estrés. Así, nuestras supersticiones pueden moldear el propio comportamiento posterior.

Moldeamiento: el reforzamiento de lo que no ocurre en forma natural

Piense en la dificultad que implica el empleo del condicionamiento operante para enseñar a las personas a reparar la transmisión de un automóvil. Si se tuviera que esperar hasta que la repararan a la perfección antes de ofrecerles un reforzador, el Modelo T volvería a estar de moda mucho antes de que lograran dominar ese proceso.

Existen muchos comportamientos complejos, que van desde la reparación de automóviles hasta tocar la cítara, cuya ocurrencia natural no esperaríamos como parte del comportamiento espontáneo de cualquiera de nosotros. En tales casos, en los que de otro modo no habría ocasión de ofrecer reforzamiento para un comportamiento determinado (puesto que por principio de cuentas no ocurre), se utiliza un procedimiento al que se denomina moldeamiento. El **moldeamiento** es el proceso de enseñanza de un comportamiento complejo mediante la recompensa ante aproximaciones cada vez más cercanas al comportamiento deseado. En el moldeamiento, cualquier comportamiento que sea similar al que se desea que aprenda el sujeto al principio obtiene refuerzo. Más tarde, se refuerzan sólo las respuestas que se acercan más al comportamiento que se desea enseñar. Por último, se aplica reforzamiento sólo ante la respuesta deseada. Por lo tanto, cada uno de los pasos del moldeamiento va un poco más allá del comportamiento previamente aprendido, lo que permite a la persona que relacione el nuevo paso con el comportamiento aprendido con anterioridad.

El moldeamiento permite incluso a los seres no humanos el aprendizaje de respuestas complejas, lo que nunca aprenderían de forma natural, respuestas que van desde los leones que aprenden a saltar a través de aros, hasta los delfines entrenados para rescatar a los buzos que se han perdido en el océano. Asimismo, el moldeamiento subyace al aprendizaje de gran cantidad de habilidades humanas complejas. Por ejemplo, la organización de la mayoría de los libros de texto se basa en los principios del moldeamiento. Por lo común, la información se presenta de modo tal que el nuevo material se apoya en conceptos o habilidades aprendidos con anterioridad. Por ello, este concepto no podía haber sido presentado en este capítulo sino hasta después de haber comentado los principios más básicos del aprendizaje operante. (Para una exposición más amplia de las aplicaciones de los enfoques psicológicos al aprendizaje, véase el recuadro *Los caminos de la psicología* de este capítulo).

Moldeamiento: proceso de enseñanza de un comportamiento complejo por medio de recompensas ante aproximaciones sucesivas al comportamiento deseado

El condicionamiento operante se emplea para adiestrar a los delfines con el fin de que realicen comportamientos complejos

Lynne Calero

Dolphin Research Center, Grassy Key, Florida

Nació en: 1951
Educación: B.A. en psicología, George Washington University
Hogar: Big Pine Key, Florida

Muchas personas han leído acerca de las posibles conexiones entre los delfines y los humanos desde los puntos de vista del comportamiento y del intelecto, pero por más de una década Lynne Calero ha visto estas semejanzas muy de cerca.

En la actualidad directora médica del Centro de Investigación de Delfines en Grassy Key, Florida, Calero tuvo su acercamiento básico a la psicología como estudiante de pregrado en la Universidad George Washington en Washington, D.C. "Nuestra institución es un centro de educación e investigación en la que damos adiestramiento para educar al público, al igual que supervisamos la salud de los animales individuales", dice ella.

Lynne Calero

Al entrenar delfines, Calero usa los principios básicos del aprendizaje. "El fundamento completo del entrenamiento que se hace con los delfines y leones marinos se basa en el condicionamiento operante y en el reforzamiento positivo", señala.

Por ejemplo, un tipo específico de entrenamiento implica una serie de pasos para conseguir que los delfines aprendan a presentar las aletas caudales, permitiendo, por consiguiente, que se realicen pruebas médicas que requieren muestras sanguíneas. "Todos los animales aprenden primero los fundamentos, tales como responder ante un silbato. Éste se vuelve luego un reforzador secundario que es conectado con la alimentación, el darles atención o frotarles el lomo.

"A partir de ahí logramos en forma gradual que se coloquen junto al muelle", explica ella, "seguido por una serie de aproximaciones, como en el entrenamiento de cualquier comportamiento. Con cada paso nos acercamos cada vez más a las aletas de la cola hasta que el delfín nos permite sostenernos de ellas por encima de la superficie del agua."

Los delfines más jóvenes son más fáciles de entrenar, y requiere sólo un mes de entrenamiento antes de que presenten sus aletas. Para Calero, éste es un ejemplo de la inteligencia inusitada de los delfines. "Por supuesto que su anatomía cerebral es muy compleja. En general, mi impresión es que los delfines son increíblemente inteligentes, al igual que intensamente intuitivos y sabios."

Restricciones biológicas del aprendizaje: a un perro viejo no se le puede enseñar cualquier truco

Keller y Marian Breland estaban satisfechos con su idea: en su calidad de asesores de adiestradores profesionales de animales, se les ocurrió que un cerdo colocara un disco de madera dentro de una alcancía de cochinito. Debido a su experiencia para adiestrar animales mediante el condicionamiento operante, pensaron que sería fácil enseñar esa tarea, puesto que estaba incluida dentro de las capacidades físicas del cerdo. Sin embargo, cada vez que trataban de realizar el procedimiento, resultaba un fracaso. Al ver el disco, los cerdos no hacían otra cosa que arrastrarlo por el suelo. Parecía que los animales estaban programados biológicamente para arrastrar sobre el suelo los estímulos con forma de disco.

Su fracaso con los cerdos llevó a los Breland a sustituirlos por un mapache. A pesar de que el procedimiento funcionó bien con un disco, cuando se le presentaron dos discos el mapache se rehusó a depositarlos en la alcancía. En lugar de ello, los frotaba entre sí, como si los estuviera lavando. Una vez más, al parecer los discos provocaban el surgimiento de comportamientos innatos que era imposible sustituir incluso mediante el adiestramiento más exhaustivo (Breland y Breland, 1961).

Las dificultades de los Breland ilustran un aspecto muy importante: no se puede enseñar todo tipo de comportamientos a todas las especies y obtener resultados igualmente correctos. En lugar de ello, existen *restricciones biológicas*, impedimentos estructurales en la capacidad de los animales para aprender comportamientos específicos. En algunos casos, el organismo tiene una inclinación especial que favorece el aprendizaje de cierto comportamiento (como los comportamientos que en las palomas impliquen dar picotazos); en otros casos, las restricciones biológicas se activarán para evitar o impedir que se logre aprender determinado comportamiento. En cualquier caso, es evidente que los animales poseen mecanismos especializados de aprendizaje, los cuales influyen sobre la facilidad con la que funcionarán los condicionamientos clásico y operante, debido a que cada especie está inclinada biológicamente para desarrollar determinados tipos de asociaciones y para encontrar obstáculos al tratar de aprender otras asociaciones (Hollis, 1984).

RECAPITULACIÓN Y REVISIÓN

Recapitulación

- El condicionamiento operante es un tipo de aprendizaje en el que se fortalece o debilita una respuesta voluntaria, según si sus consecuencias son positivas o negativas.
- El reforzamiento es el proceso por el cual un estímulo incrementa la probabilidad de que una conducta precedente se repetirá.
- Un reforzador positivo es un estímulo que se añade al ambiente para aumentar la probabilidad de que ocurra una respuesta. Un reforzador negativo es un estímulo que elimina algo desagradable del ambiente, lo que conduce a un aumento de la probabilidad de que una respuesta precedente ocurrirá en el futuro.
- El castigo implica la administración de un estímulo desagradable después de una respuesta, con lo que se trata de disminuir o suprimir algún comportamiento; puede consistir también en la remoción de un reforzador positivo.
- En el castigo, el objetivo es disminuir o suprimir el comportamiento indeseable por medio de la administración de un estímulo; en el reforzamiento negativo, el propósito es aumentar un comportamiento deseable por medio de la remoción de un estímulo.
- El reforzamiento no tiene que ser constante para que el comportamiento se aprenda y se mantenga; de hecho, los programas de reforzamiento parcial conllevan una mayor resistencia a la extinción que los programas de reforzamiento continuo.
- La generalización, la discriminación y el moldeamiento se cuentan entre los fenómenos fundamentales del condicionamiento operante.

Revisión

1. El condicionamiento _____ describe el aprendizaje que tiene lugar como resultado del reforzamiento.
2. Una persona hambrienta encontrará que la comida es un reforzador _____, en tanto que un billete de cien pesos sería un reforzador _____, puesto que le permite comprar alimentos.
3. Relacione el tipo de aprendizaje operante con su definición:
   1. Se presenta un estímulo desagradable para reducir un comportamiento indeseable.
   2. Se remueve un estímulo desagradable para aumentar el comportamiento.
   3. Se aplica un estímulo placentero para incrementar un comportamiento.

   a. Reforzamiento positivo
   b. Reforzamiento negativo
   c. Castigo
4. Sandra tuvo un día pesado; además, el ruido que hacía su hijo no le permitía relajarse. Debido a que no deseaba regañarlo,

Sandra bajó su tono de voz y le dijo con mucha seriedad que se encontraba sumamente cansada y le gustaría que jugara sin hacer ruido durante una hora. Esta manera de abordar el problema funcionó. Para Sandra, el cambio de comportamiento de su hijo fue:
   a. un reforzador positivo
   b. un reforzador secundario
   c. un castigo
   d. un reforzador negativo
5. Sandra estaba satisfecha. No había quedado contenta consigo misma la semana pasada, cuando le gritó severamente a su hijo. En aquella ocasión terminó con el ruido excesivo de su hijo por medio de:
   a. la remoción de un reforzador
   b. un castigo
   c. un reforzador negativo
   d. la extinción
6. En un programa de reforzamiento _____, el comportamiento se refuerza algunas veces, en tanto que en un programa de reforzamiento _____, el comportamiento se refuerza todo el tiempo.
7. Relacione el tipo de programa de reforzamiento con su definición.
   1. El reforzamiento se aplica después de un periodo determinado.
   2. El reforzamiento se da después de un determinado número de respuestas.
   3. El reforzamiento se da después de un periodo variable.
   4. El reforzamiento se proporciona después de un número variable de respuestas.

   a. De razón fija
   b. De intervalo variable
   c. De intervalo fijo
   d. De razón variable
8. Los programas de reforzamiento fijo producen una mayor resistencia a la extinción que los programas de reforzamiento variable. ¿Cierto o falso?

Pregúntese a sí mismo

B. F. Skinner creía que toda la vida de un sujeto se puede estructurar conforme a principios de condicionamiento operante. ¿Cree usted que ello sea posible? ¿Qué beneficios y qué problemas podría generar?

George Steinbrenner, propietario de los Yanquis, ¡está molesto! Piensa que la estrella del béisbol, Wade Boggs, quien exhibe una cantidad considerable de conducta supersticiosa en el campo de juego, debe poner fin a sus rituales. ¿Qué técnicas podría sugerirle a Steinbrenner para "curar" a Boggs?

(Las respuestas a las preguntas de la revisión aparecen en la página 185).

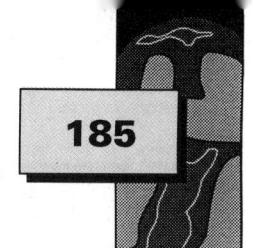

- *¿Cuál es el papel de la cognición y el pensamiento en el aprendizaje?*
- *¿Cuáles son algunos métodos prácticos para producir un cambio en el comportamiento, tanto en nosotros como en los demás?*

ENFOQUES COGNITIVOS DEL APRENDIZAJE

Considere lo que sucede cuando las personas aprenden a conducir un automóvil. No sólo se colocan detrás del volante y vacilan por todo el tablero hasta que al azar colocan la llave en el encendido y, más tarde, después de muchos arranques en falso, por accidente logran que el automóvil se mueva hacia delante, recibiendo, por consiguiente, un reforzamiento positivo. En lugar de ello, ya conocen los elementos básicos de conducir por su experiencia anterior como pasajeros, durante la cual con toda probabilidad notaron cómo era colocada la llave en el encendido, de qué forma se ponía la velocidad y cómo se oprimía el pedal del acelerador para que el automóvil avanzara.

Es evidente que no todo el aprendizaje se debe al condicionamiento clásico u operante. De hecho, casos como aprender a conducir un automóvil implican que algunos tipos de aprendizaje deben llevarse a cabo por medio de procesos de orden superior en los que los pensamientos y recuerdos de las personas y la forma en que procesan la información explican sus respuestas. Estas situaciones argumentan en contra de una perspectiva que considera al aprendizaje como la adquisición irreflexiva, mecánica y automática de asociaciones entre estímulos y respuestas, como en el condicionamiento clásico. O que puede ser una consecuencia de la presentación de un reforzamiento, como en el condicionamiento operante.

En lugar de ello, algunos psicólogos conciben el aprendizaje en función de procesos de pensamiento, o cogniciones, subyacentes: enfoque conocido como **teoría cognitiva del aprendizaje.** Aunque los psicólogos que emplean esta teoría no niegan la importancia de los condicionamientos clásico y operante, han desarrollado perspectivas que se enfocan en los procesos mentales no percibidos que tienen lugar durante el aprendizaje, en lugar de concentrarse exclusivamente en estímulos externos, respuestas y reforzadores.

En su formulación más sencilla, la teoría cognitiva del aprendizaje sugiere que no es suficiente afirmar que la gente presenta respuestas como consecuencia de que existe un lazo supuesto entre un estímulo y una respuesta debido a una historia previa de reforzamiento para la respuesta. En lugar de ello, de acuerdo con este punto de vista, las personas —e incluso los animales— desarrollan la *expectativa* de que recibirán un reforzamiento al presentar la respuesta. El apoyo para este punto de vista proviene de varias fuentes.

Teoría cognitiva del aprendizaje: estudio de los procesos de pensamiento que subyacen al aprendizaje

Aprendizaje latente

Algunas de las evidencias más directas con respecto a los procesos cognitivos provienen de una serie de experimentos que revelaron un tipo de aprendizaje cognitivo denominado aprendizaje latente. En el **aprendizaje latente** se aprende un nuevo comportamiento, pero no se le demuestra sino hasta que se proporciona un reforzamiento para exhibirlo (Tolman y Honzik, 1930). En estos estudios, los psicólogos examinaron el comportamiento de ratas dentro de un laberinto como el que se muestra en la figura 5.5*a*. En un experimento representativo, se permitió que un grupo de ratas deambulara por el laberinto una vez al día durante 17 días sin recibir recompensa alguna. Como era de esperarse, estas ratas cometieron muchos errores e invirtieron un tiempo relativamente largo

Aprendizaje latente: aprendizaje en el que se adquiere un nuevo comportamiento, el cual no se demuestra sino hasta que se ofrece un reforzamiento

---

RESPUESTAS A LA REVISIÓN ANTERIOR

1. operante **2.** primario; secundario **3.** 1-c, 2-b, 3-a **4.** d **5.** b **6.** parcial, continuo **7.** 1-c; 2-a; 3-b; 4-d **8.** Falso; las razones variables son más resistentes a la extinción.

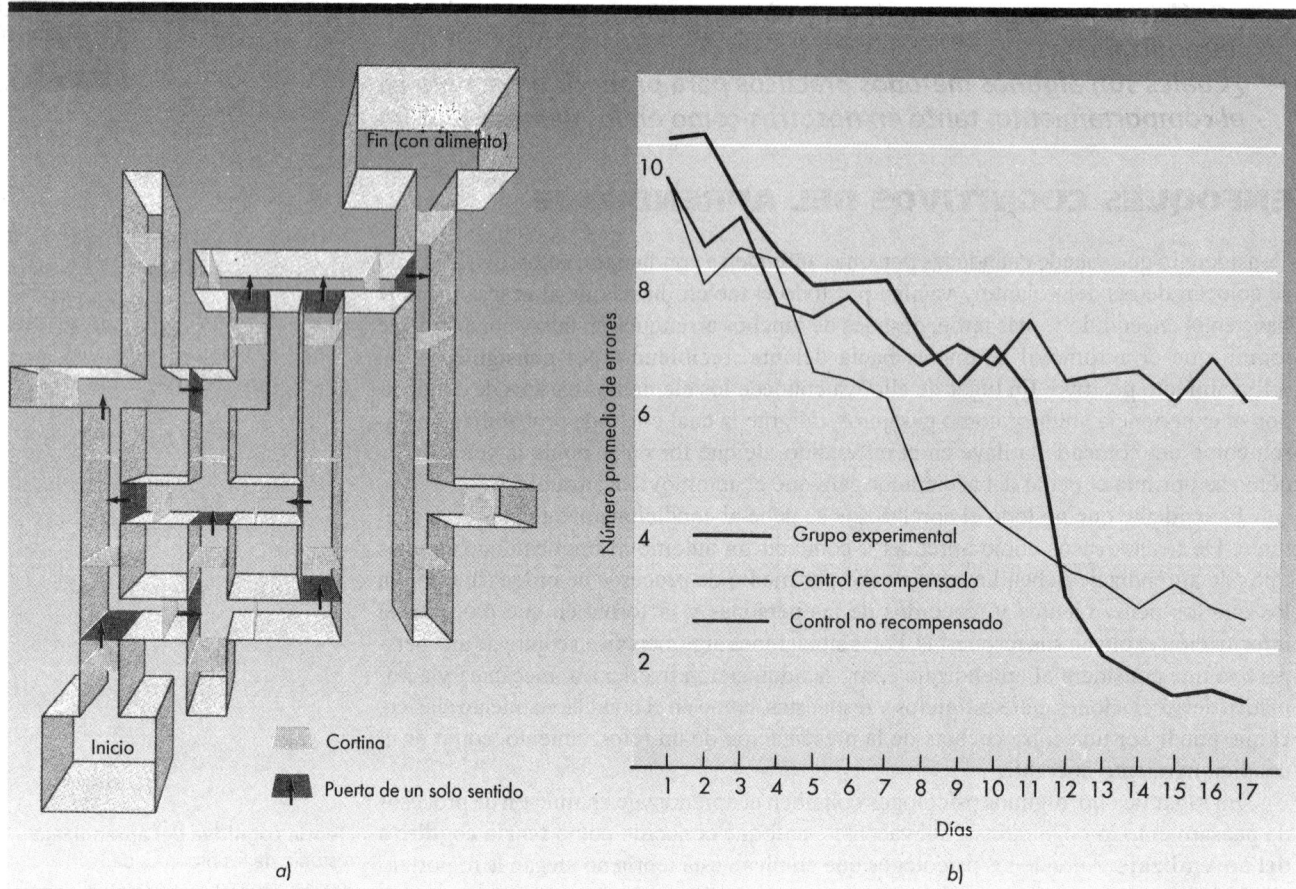

Fin (con alimento)

Inicio

Cortina

Puerta de un solo sentido

a)

Número promedio de errores

10

8

6

4

2

Grupo experimental

Control recompensado

Control no recompensado

1 2 3 4 5 6 7 8 9 10 11 12 13 14 15 16 17

Días

b)

FIGURA 5.5 *a)* En un intento para comprobar el aprendizaje latente, se permitió a las ratas que deambularan por un laberinto de este tipo una vez al día durante diecisiete días. *b)* Las ratas que no recibieron recompensa (la condición control no recompensada) cometieron consistentemente más errores; las que recibieron alimento al final del laberinto todos los días (la condición control recompensada) cometieron un número mucho menor de errores. Pero los resultados también demostraron que hubo un aprendizaje latente: las ratas a las que al principio no se dio recompensa pero a las que se comenzó a dar alimento a partir del décimo día (el grupo experimental), exhibieron una reducción de errores inmediata y en poco tiempo tuvieron un índice de errores similar a la de las ratas a las que se había recompensado desde el principio. Según los teóricos cognitivos del aprendizaje, la reducción del número de errores indica que las ratas habían desarrollado un mapa cognitivo —es decir, una representación mental— del laberinto. *(Tolman y Honzik, 1930.)*

Mapa cognitivo: representación mental de ubicaciones y direcciones espaciales

para llegar al final del laberinto. No obstante, a un segundo grupo siempre se le dio alimento al final del laberinto. No resulta sorprendente que estas ratas aprendieran a correr rápido, directo a la caja con comida, cometiendo menos errores.

A un tercer grupo de ratas se le aplicó en la misma situación que las ratas sin recompensa, pero sólo a lo largo de los diez primeros días. En el decimoprimer día se instituyó una manipulación experimental crítica: desde ese momento se dio alimento a las ratas de este grupo cuando finalizaban el recorrido del laberinto. Los resultados de esta manipulación fueron impresionantes, como se puede ver en la gráfica de la figura 5.5*b*. Las ratas que durante diez días no tuvieron recompensa, que parecían haber deambulado sin ningún objetivo, redujeron el tiempo de recorrido así como los márgenes de error, de tal manera que su desempeño igualó casi de inmediato a las del grupo que recibió la recompensa desde el principio.

Para los teóricos cognitivos era evidente que las ratas que no recibían recompensa habían aprendido la disposición del laberinto durante sus exploraciones previas, sólo que no exhibieron su aprendizaje latente sino hasta que se les ofreció un reforzamiento. Las ratas parecían haber desarrollado un **mapa cognitivo** del laberinto: una representación mental de ubicaciones y direcciones espaciales.

También las personas desarrollan mapas cognitivos de lo que las rodea con base principalmente en señales específicas (Garling, 1989). Cuando se enfrentan por vez primera con un ambiente nuevo, sus mapas tienden a basarse en rutas determinadas, tales como las indicaciones que le podemos dar a alguien que no conozca un área: "dé vuelta a la derecha en la señal de alto, dé vuelta a la izquierda en el puente y después suba por la colina". Sin embargo, a medida que las personas se familiarizan con un área, desarrollan una concepción general de ella: un mapa cognitivo. Con el empleo de tal mapa,

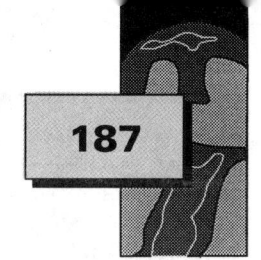

finalmente pueden tomar atajos según desarrollan una comprensión más amplia del área (Gale, Golledge, Pellegrino y Doherty, 1990).

Sin embargo, por desgracia nuestros mapas cognitivos con frecuencia están saturados de errores que representan simplificaciones del terreno real. Tenemos una tendencia a desarrollar mapas que ignoran los caminos curvos, en lugar de lo cual concebimos las áreas en función de redes rectas de caminos que se entrecruzan (Tversky, 1981). Por lo tanto, nuestros mapas cognitivos son versiones imperfectas de los mapas reales.

A pesar de sus imperfecciones, la posibilidad de que desarrollemos nuestros mapas cognitivos a través del aprendizaje latente presenta un problema para los teóricos ortodoxos del condicionamiento operante. Por ejemplo, si pensamos en los resultados del experimento del laberinto de Tolman, no queda claro cuál fue el refuerzo específico que permitió a las ratas que no recibieron recompensa aprender desde un principio la disposición del laberinto, puesto que no había ningún reforzador obvio presente. En lugar de ello, los resultados apoyan una perspectiva cognitiva del aprendizaje, en la cual este último puede haber sido el resultado de cambios en procesos mentales no observables.

Aprendizaje observacional: el aprendizaje a través de la imitación

Regresemos por un momento al caso de una persona que aprende a conducir. ¿Cómo podemos dar cuenta de ejemplos como éste, en los que una persona sin experiencia directa en la realización de un comportamiento determinado lo aprende y lo lleva a cabo? Para dar respuesta a esta pregunta los psicólogos han propuesto otra forma de aprendizaje cognitivo: el aprendizaje observacional.

De acuerdo con el psicólogo Albert Bandura y sus colegas, gran parte del aprendizaje humano se basa en el **aprendizaje observacional,** al que definen como un aprendizaje a través de la observación del comportamiento de otra persona al que llaman *modelo* (Bandura, 1977). Bandura y sus colegas demostraron en forma muy dramática la capaci-

Aprendizaje observacional: aprendizaje a través de la observación de otros (modelos)

Las investigaciones indican que los niños adquieren tanto comportamientos positivos como negativos a través de la observación de los demás.

La violencia en la televisión y en el cine: ¿importa el mensaje de los medios masivos de comunicación?

Beavis y Butthead, personajes de caricatura de MTV, discuten lo divertido que es prender fuegos. En una ocasión, uno de ellos le prende fuego al cabello del otro usando latas de aerosol y cerillos.

Más tarde, Austin Messner, de cinco años de edad, quien había observado la caricatura, le prende fuego a su cama con un encendedor para cigarrillos. Aunque él y su madre escapan de las llamaradas subsecuentes, su hermana menor muere.

En una escena de la película de 1993 *The Program*, mientras automóviles y camiones se apresuran en ambas direcciones, un personaje yace sobre la línea central de una autopista en la noche para demostrar su rudeza. En la película, él sale ileso, demostrando que no le teme a nada.

La vida real es un poco diferente: poco después de ver la película, varios adolescentes resultan muertos en incidentes separados en los que yacían en el centro de un camino oscuro y fueron arrollados por el tráfico. (Hinds, 1993).

¿La observación de violencia y actos antisociales en los medios masivos de comunicación conducen a los espectadores a comportarse en formas similares? Debido a que la investigación del modelamiento muestra que con frecuencia las personas aprenden e imitan la agresión que observan, esta interrogante se encuentra entre las más importantes que están siendo abordadas por los psicólogos sociales.

Por supuesto, la cantidad de violencia en los medios masivos de comunicación es enorme. El niño estadounidense promedio, entre los 5 y los 15 años de edad, es expuesto a no menos de 13 000 muertes violentas en la televisión; el número de peleas y secuencias agresivas que ven los niños es todavía más alto. Los sábados por la mañana, antes llenos de programas relativamente pacíficos, ahora incluyen programas de caricaturas, por ejemplo, que lucen títulos como *Power Rangers* y *Robocop*, los cuales incluyen largas secuencias de acción agresiva (Gerbner, Gross, Jackson-Beeck, Jeffries-Fox y Signorielli, 1978; Freedman, 1984; Liebert y Sprafkin, 1988).

De hecho, la mayoría de las investigaciones sugieren que existe una asociación significativa entre la observación de dichos programas televisivos violentos y las demostraciones de comportamiento agresivo (Eron, 1982; Huesmann y Eron, 1986; Berkowitz, 1993). Por ejemplo, un experimento mostró que los sujetos que observaron mucha televisión cuando estaban en tercer grado de primaria se volvieron adultos más agresivos que aquellos que no la observaban tanto (Eron, Huesmann, Lefkowitz y Walden, 1972). Por supuesto, estos resultados no pueden probar que ver televisión causó la agresión adulta. Algunos factores adicionales, como las características de personalidad particulares de los espectadores, pueden haber conducido tanto a niveles más altos en la observación de programas agresivos como a una agresión elevada.

Aun así, la mayoría de los expertos concuerdan en que la observación de la violencia en los medios masivos de comunicación puede conducir a una mayor disposición a actuar en forma agresiva (si no de manera invariable a la agresión abierta) y a una insensibilidad ante el sufrimiento de las víctimas de la violencia (Linz, Donnerstein y Penrod, 1988; Bushman y Geen, 1990; Comstock y Strasburger, 1990). Varios factores ayudan a explicar por qué la observación de violencia en los medios masivos de comunicación puede provocar agresión. Por una parte, la observación de violencia parece disminuir las inhibiciones contra la perpetración de la agresión: observar las representaciones televisivas de violencia hace parecer a la agresión como una respuesta legítima ante situaciones particulares.

Además, ver violencia puede distorsionar nuestra comprensión del significado del comportamiento de los demás. Podemos, por ejemplo, estar predispuestos a ver incluso los actos no agresivos de los demás como agresivos después de observar la agresión en los medios masivos de comunicación, y después podemos actuar de acuerdo a estas nuevas interpretaciones respondiendo de forma agresiva. Por último, una dieta continua de agresión puede dejarnos insensibilizados ante la violencia, y lo que antes nos hubiera repugnado ahora nos produce poca respuesta emocional. Nuestro sentido del dolor y sufrimiento producidos por la agresión

puede disminuirse, y podemos encontrar más fácil actuar con agresividad (Geen y Donnerstein, 1983).

Dados los vínculos probables entre la violencia y la exposición a la agresión en los medios masivos de comunicación, los psicólogos están trabajando en formas de reducir la agresión en espectadores frecuentes. Un enfoque ha sido enseñar de manera explícita a los niños que la violencia televisada no es representativa del mundo real, que la observación de violencia es objetable y que deben abstenerse de imitar el comportamiento que ven en la televisión (Huesmann, Eron, Klein, Brice y Fischer, 1983; Eron y Huesmann, 1985; Zillman, 1993).

Las lecciones parecen ser efectivas: como grupo, los niños a los que se les dan lecciones actúan con menos agresividad que aquellos que no han recibido lecciones. Por ejemplo, en un experimento, estudiantes de primer y tercer grados de primaria que tendían a ver mucha televisión recibieron varias sesiones de entrenamiento durante un periodo de nueve meses (Huesmann y cols., 1983). Durante las sesiones, los estudiantes aprendieron que el comportamiento agresivo en la televisión no se aproxima a lo que sucede en el mundo real. Se les enseñó sobre las técnicas de cámara y los efectos especiales usados para producir la ilusión de agresión. Es más, aprendieron que las personas por lo general usaban alternativas para la agresión en la búsqueda de soluciones a sus problemas. Por último, se les enseñó en forma directa la indeseabilidad de observar violencia en la televisión y formas para evitar imitar la agresión.

El programa tuvo mucho éxito. En comparación con un grupo control de niños que no recibieron el entrenamiento, los estudiantes que asistieron a las clases fueron calificados por sus compañeros de clase con una exhibición de niveles significativamente inferiores de agresión. Además, los estudiantes en el programa percibieron a la agresión televisada en forma mucho más negativa que aquellos que no participaron. Parece, entonces, que las consecuencias negativas de observar agresión en los medios masivos de comunicación puede reducirse por medio de entrenamiento. Del mismo modo en que las personas aprenden a actuar de un modo agresivo a través de la observación, pueden aprender a volverse menos agresivas.

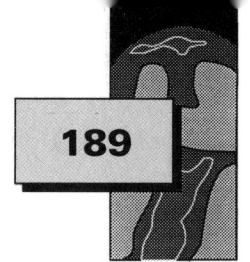
dad de los modelos para estimular el aprendizaje. En lo que en la actualidad se considera un experimento clásico, niños pequeños vieron una película en la que aparecía un adulto golpeando y pateando salvajemente un muñeco inflable de metro y medio de altura (Bandura, Ross y Ross, 1963*a*, 1963*b*). Más tarde se dio a los niños la oportunidad de jugar con el muñeco y, como se esperaba, exhibieron el mismo tipo de comportamiento, y en algunos casos la imitación era casi idéntica al comportamiento agresivo presenciado.

No sólo se adquieren comportamientos negativos a través del aprendizaje observacional. Por ejemplo, en un experimento se expuso a niños que temían a los perros a un modelo —a quien se llamó el "Caballero Valiente"— que jugaba con un perro (Bandura, Grusec y Menlove, 1967). Después de ello, los sujetos que lo observaron tenían más probabilidades de acercarse a un perro desconocido que los niños que no habían visto al "Caballero Valiente".

Según Bandura, el aprendizaje observacional tiene lugar en cuatro pasos: 1) prestar atención y percibir las características más importantes del comportamiento de otra persona, 2) recordar el comportamiento, 3) reproducir la acción y 4) estar motivado para aprender y ejecutar el comportamiento. Por lo tanto, en lugar de que el aprendizaje ocurra a través de ensayo y error, en donde se refuerza el éxito y se castiga el fracaso, muchas habilidades de importancia se aprenden a través de procesos observacionales (Bandura, 1986).

El aprendizaje observacional es de especial importancia para adquirir habilidades para las que el moldeamiento resulta inadecuado. Pilotear un avión y realizar cirugías cerebrales, por ejemplo, difícilmente son comportamientos que puedan aprenderse mediante métodos de ensayo y error sin incurrir en costos graves —en sentido literal— para quienes están involucrados en ese tipo de aprendizaje.

Por supuesto que no todos los comportamientos de que somos testigos son aprendidos o ejecutados. Un factor crucial que determina si vamos a imitar más tarde a un modelo son las consecuencias de su comportamiento. Si observamos que se recompensa a un amigo con mejores calificaciones por consagrar más tiempo a sus estudios, habrá más probabilidades de que lo imitemos que si su comportamiento no produce una mejora de sus calificaciones, sino un mayor cansancio y una disminución de su vida social. Los modelos que reciben recompensas por comportarse de modo determinado tienen más probabilidades de ser imitados que aquellos que reciben castigos. No obstante, es interesante el hecho de ver que se castiga a un modelo no necesariamente evita que los observadores aprendan el comportamiento. Éstos todavía son capaces de relatar el comportamiento del modelo —lo que ocurre es que tienen menos probabilidades de ejecutarlo (Bandura, 1977, 1986).

El aprendizaje observacional está en el centro de una controversia respecto a los efectos de la exposición a la violencia y al sexo en los medios masivos de comunicación. Exponemos lo que los psicólogos han aprendido sobre este tema en el recuadro *La psicología en acción*.

Exploración de la diversidad

¿La cultura influye en la forma en que aprendemos?

Cuando un miembro de la tribu indígena chilcotin enseña a su hija a preparar salmón, al principio sólo le permite observar el proceso completo. Un poco más adelante, le deja intentar algunas partes básicas de la tarea. Su respuesta a las preguntas es notable. Por ejemplo, cuando la hija pregunta cómo hacer "la parte de la espina dorsal", la respuesta de la madre consiste en repetir el proceso completo con otro pescado. ¿La razón? La madre piensa que uno no puede aprender las partes individuales de la tarea fuera del contexto de preparar el pescado completo (Tharp, 1989).

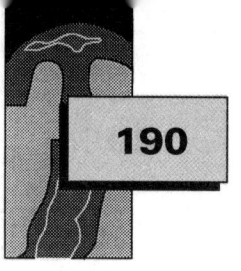

No debe sorprender que los niños educados en la tradición chilcotin, que enfatiza la instrucción que comienza por comunicar la tarea completa, podrían tener dificultades con la educación occidental tradicional. En el enfoque para enseñar más característico de la cultura occidental, las tareas son divididas en sus partes componentes. Se piensa que sólo después de que se ha aprendido cada paso pequeño es posible dominar la tarea completa.

¿Las diferencias en los enfoques de enseñanza entre culturas afectan el modo en que aprenden las personas? De acuerdo con una escuela de pensamiento, los aprendices desarrollan *estilos de aprendizaje*, formas características de aproximarse al material, con base en sus antecedentes culturales y en su patrón único de capacidades (Anderson y Adams, 1992).

Los estilos de aprendizaje difieren a lo largo de varias dimensiones. Por ejemplo, una dimensión central se da en los enfoques del aprendizaje analítico en contraposición con el relacional (Anderson, 1988; Tharp, 1989). Como se ilustra en el cuadro 5.2, las personas con un estilo de aprendizaje relacional dominan mejor el material por medio de la exposición a una unidad o fenómeno completo. Las partes de la unidad sólo pueden comprenderse entendiendo su relación con el conjunto.

En contraste, las personas con un estilo de aprendizaje analítico lo hacen mejor cuando realizan un análisis inicial de los principios y componentes que subyacen a un fenómeno o situación. Al desarrollar una comprensión de los principios y componentes fundamentales, pueden comprender mejor el panorama completo. (En cierto sentido, la diferencia entre los estilos de aprendizaje relacional y analítico es análogo a la distinción entre el procesamiento arriba-abajo y abajo-arriba que expusimos en el capítulo 3.)

Aunque los hallazgos de investigación son mixtos, algunas evidencias sugieren que grupos minoritarios particulares dentro de la sociedad occidental muestran estilos de aprendizaje característicos. Por ejemplo, James Anderson y Maurianne Adams (1992) afirman que las mujeres blancas y los afroamericanos, nativos americanos e hispano-americanos de ambos sexos todos, son más aptos a usar un estilo de aprendizaje relacional que los hombres blancos y estadounidenses de ascendencia asiática, quienes tienen más probabilidad de emplear un estilo analítico.

CUADRO 5.2 Estilos de aprendizaje

Estilo relacional	Estilo analítico
1. Perciben la información como parte del panorama total	1. Capaces de desintegrar la información del panorama total (enfocarse en los detalles)
2. Exhiben pensamiento de improvisación e intuitivo	2. Exhiben pensamiento secuencial y estructurado
3. Aprenden con más facilidad materiales que tienen un contenido humano y social y que se caracterizan por relevancia para la experiencia o para la cultura	3. Aprenden con más facilidad materiales que son inanimados e impersonales
4. Tienen una buena memoria para ideas e información presentadas en forma verbal, en especial si son relevantes	4. Tienen una buena memoria para las ideas abstractas y la información irrelevante
5. Son más orientados hacia las tareas que se relacionan con las áreas no académicas	5. Son más orientados hacia las tareas que se relacionan con lo académico
6. Están influidos por la expresión de confianza o duda de las figuras de autoridad respecto a la capacidad de los estudiantes	6. No son afectados mucho por parte de las opiniones de los demás
7. Prefieren abstenerse de la realización de tareas no estimulantes	7. Muestran capacidad para persistir en tareas no estimulantes
8. El estilo está en conflicto con el ambiente escolar tradicional	8. El estilo concuerda con la mayoría de los ambientes escolares

Fuente: Anderson, J.A. y Adams, M. (1992). "Acknowledging the learning styles of diverse student populations: Implications for instructional design". *New Directions for Teaching and Learning*. núm. 49, pp. 19-33.

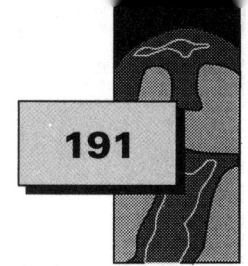
La conclusión de que los integrantes de grupos étnicos y de género particulares tienen un estilo de aprendizaje similar es controvertida. Debido a que existe mucha diversidad dentro de cada grupo racial y étnico particular, los críticos afirman que no pueden usarse generalizaciones respecto al estilo de aprendizaje para predecir el estilo de cualquier individuo aislado sin importar su pertenencia a un grupo. Muchos psicólogos sostienen que una discusión de los estilos de aprendizaje de un grupo es un trabajo sin sentido. (Este argumento repite una controversia sobre la utilidad de las pruebas de CI que se examinará en el capítulo 8.) En su lugar, sugieren que es más fructífero concentrarse en determinar el estilo de aprendizaje y patrón de fortalezas académicas y sociales de cada individuo particular.

Aún así, es evidente que los valores sobre el aprendizaje, los cuales se comunican a través de los antecedentes familiares y culturales de una persona, poseen un impacto en el éxito que tienen los estudiantes en la escuela. Por ejemplo, una teoría sugiere que los aprendices que son miembros de grupos minoritarios que fueron inmigrantes voluntarios, tienen mayor probabilidad de tener éxito en la escuela que aquellos que fueron llevados a una cultura mayoritaria contra su voluntad. Por ejemplo, niños coreanos —hijos e hijas de inmigrantes voluntarios— se desempeñan bastante bien, como grupo, en las escuelas estadounidenses. En contraste, los niños coreanos tienden a desempeñarse mal en Japón, a donde sus padres fueron obligados a inmigrar durante la Segunda Guerra Mundial, en esencia como trabajadores forzados. Se presume que, los niños en los grupos de inmigración forzada están menos motivados para tener éxito que aquellos en los grupos de inmigración voluntaria (Ogbu, 1992; Gallagher, 1994).

La controversia no resuelta de la teoría cognitiva del aprendizaje

El grado en que el aprendizaje se base en factores internos no percibidos en lugar de hacerlo en externos es uno de los principales temas que divide en la actualidad a los teóricos del aprendizaje (Amsel, 1988). Tanto la teoría del condicionamiento clásico como la del condicionamiento operante consideran al aprendizaje en función de estímulos externos y respuestas, una especie de análisis de "caja negra" en el que lo único importante son las características observables del entorno, no lo que ocurre dentro de la cabeza de una persona. Para los teóricos cognitivos del aprendizaje, semejante análisis no da en el blanco; lo que importa es la actividad mental —los pensamientos y las expectativas— que se generan.

Algunos psicólogos afirman que ningún enfoque, por sí sólo, es suficiente para explicar todos los tipos de aprendizaje. En lugar de ver a los enfoques conductual y cognitivo como contradictorios, los contemplan como formas de abordar diferentes facetas del aprendizaje. Tal enfoque teórico ha permitido que diferentes psicólogos realicen importantes avances en áreas como el tratamiento de ciertos tipos de comportamiento anormal, como veremos en el capítulo 13.

De todas formas, en tanto la controversia que rodea a los distintos enfoques del aprendizaje sigue siendo un problema importante en la psicología, se están realizando avances impresionantes en la aplicación práctica de los principios que se derivan de las diversas teorías, como veremos en lo que resta de este capítulo (Glaser, 1990).

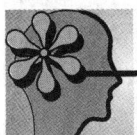

El consumidor de psicología bien informado

El empleo del análisis del comportamiento y de la modificación del comportamiento

Una pareja que había vivido unida a lo largo de tres años comenzó a discutir cada vez con mayor frecuencia. Los temas de controversia iban de lo insignificante, como quién

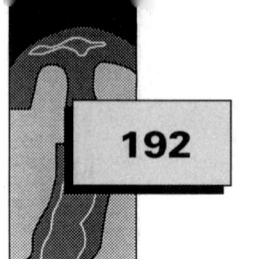
se encargaría de lavar los platos, hasta lo más profundo, como la calidad de su vida amorosa y si en realidad se encontraban interesantes entre sí. Molestos ante ese patrón de interacción cada vez más desagradable, acudieron con un analista del comportamiento, un psicólogo que se especializa en técnicas de modificación del comportamiento. Después de entrevistarse a solas con cada uno de los miembros de la pareja y de hablar posteriormente con los dos juntos, les pidió que llevaran un registro por escrito de sus interacciones durante las siguientes dos semanas, concentrándose en particular en los sucesos que antecedieran a sus discusiones.

Dos semanas después, cuando regresaron, el especialista revisó con cuidado los registros junto con ellos. Al hacerlo se percató de la existencia de un patrón que la pareja misma había observado después de llevar los registros: cada una de sus discusiones había ocurrido justamente cuando uno de ellos había dejado de hacer alguna de las labores del hogar. Por ejemplo, la mujer se enfurecía cuando al regresar del trabajo se encontraba con que el hombre, un estudiante, había dejado sus platos sucios en la mesa y ni siquiera había comenzado a preparar la cena. El hombre se enfurecía cuando encontraba las prendas de vestir de la mujer amontonadas en la única silla de la habitación; insistía en que era responsabilidad de ella recoger sus cosas.

Mediante la utilización de los datos que habían logrado reunir, el analista diseñó un sistema para que la pareja tratara de llevarlo a la práctica. Les pidió que hicieran una lista de todas las labores domésticas que pudieran surgir y que asignaran a cada una de ellas un valor en puntos, según el tiempo que se necesitara para realizarlas. Después les pidió que se dividieran las labores en partes iguales y que acordaran por escrito realizar las que les hubieran sido asignadas. Si cualquiera de ellos dejaba de realizar una de las labores asignadas, estaría obligado —u obligada— a depositar cinco pesos por punto en un fondo que la otra persona estaba autorizada a gastar. También acordaron realizar elogios verbales, prometiendo recompensar verbalmente al otro por haber realizado una tarea.

A pesar de que sentía escepticismo acerca del valor de semejante programa, la pareja estuvo de acuerdo en llevarlo a la práctica durante un mes y en mantener registros precisos del número de discusiones que tuvieran en este periodo. Para su sorpresa, el número de discusiones disminuyó con rapidez, y hasta los aspectos básicos de su relación parecían ir en camino de resolverse.

El caso que se describe en las líneas anteriores nos ofrece un ejemplo de la **modificación del comportamiento,** una técnica para aumentar la frecuencia de comportamientos deseables, así como para disminuir la incidencia de los que no lo son. Con el empleo de los principios básicos de la teoría del aprendizaje, las técnicas de modificación del com-

Modificación del comportamiento: técnica para incrementar la frecuencia de comportamientos deseables y disminuir la incidencia de comportamientos que no lo son

La modificación del comportamiento para las personas que desean dejar de fumar puede implicar el condicionamiento aversivo, en el que la acción de fumar y las claves que se relacionan con este hábito se aparean varias veces con estímulos desagradables. Carteles como éstos también pueden desalentar a los fumadores.

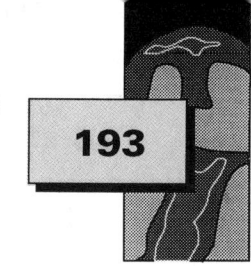

portamiento han demostrado ser útiles en situaciones diversas. Personas con un retraso mental severo han podido aprender los rudimentos del lenguaje y, por primera vez en sus vidas, han comenzado a vestirse y alimentarse por sí solas. La modificación del comportamiento también ha ayudado a las personas a bajar de peso, a dejar de fumar y a comportarse con mayor seguridad (Bellack, Hersen y Kazdin, 1990; Sulzer-Azaroff y Mayer, 1991; Malott, Whaley y Malott, 1993).

Las técnicas que emplean los analistas del comportamiento son tan variadas como las listas de los procesos que modifican el comportamiento. Éstas incluyen el uso de programas de reforzamiento, de moldeamientos, del entrenamiento de generalización y de discriminación y de extinción. Sin embargo, los participantes en un programa de cambio de comportamiento suelen seguir una serie de pasos básicos similares (Royer y Feldman, 1984). Estos pasos incluyen:

La identificación de comportamientos que constituyan la meta o el objetivo. El primer paso es definir el "comportamiento deseable". ¿Es un aumento del tiempo que se dedica al estudio?, ¿una pérdida de peso?, ¿un aumento en emisiones de lenguaje?, ¿una reducción de la cantidad de agresividad exhibida por un niño? Las metas se deben plantear en términos observables y deben conducir a objetivos específicos. Por ejemplo, una meta puede ser "aumentar el tiempo de estudio", en tanto que el comportamiento objetivo sería "estudiar por lo menos dos horas al día entre semana y una hora los sábados".

El diseño de un sistema de registro y el registro de datos preliminares. Con el fin de determinar si un comportamiento ha cambiado, es preciso reunir datos antes de que se realice cualquier cambio en la situación. Esta información proporciona una línea base con respecto a la cual es posible medir los cambios futuros.

La selección de una estrategia de cambio de comportamiento. El paso de mayor importancia consiste en seleccionar una estrategia adecuada. Dado que se pueden emplear todos los principios del aprendizaje para producir un cambio de comportamiento, normalmente se utiliza un "paquete" de tratamientos. Ello puede incluir el empleo sistemático de un reforzamiento positivo para el comportamiento deseable (elogios verbales o algo más tangible, como alimento), así como un programa de extinción para el comportamiento indeseable (ignorar a un niño que hace un berrinche). La selección de los reforzadores adecuados es sumamente importante; puede ser necesario experimentar un poco para averiguar lo que es importante para determinado individuo. Es mejor para los participantes evitar las amenazas, puesto que éstas tan sólo son un castigo y a final de cuentas no son muy efectivas en la producción de cambios de comportamiento a largo plazo.

La implementación del programa. El siguiente paso consiste en establecer el programa. Probablemente el aspecto de mayor importancia de la implantación del programa sea la consistencia. También es importante asegurarse de que se está reforzando el comportamiento que se desea reforzar. Por ejemplo, suponga que una madre desea que su hija pase más tiempo realizando su tarea, pero tan pronto como la hija se sienta a estudiar, le pide un refrigerio. Si la madre se lo lleva, es probable que esté reforzando la táctica dilatoria de su hija, no su estudio. En lugar de ello, la madre le podría prometer a la hija que le ofrecerá un refrigerio después de que haya estudiado determinado intervalo de tiempo, con lo que utilizaría el refrigerio como un reforzamiento para el estudio.

La realización de registros precisos una vez que se implantó el programa. Otra de las tareas de suma importancia es llevar registros. Si los comportamientos objetivos no se supervisan, no hay modo de saber si el programa ha tenido éxito o no. Se les advierte a los participantes que no confíen en su memoria, puesto que es muy fácil que se produzcan lagunas en la memoria.

La evaluación y la alteración del programa vigente. Por último, los resultados del programa se deben comparar con los datos previos a la implantación, con el fin de determinar su efectividad. De haber sido exitoso, los procedimientos empleados se pueden disminuir de forma gradual. Por ejemplo, si el programa implicaba el refor-

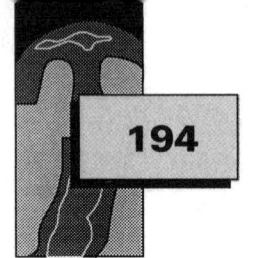

zamiento de cada ocasión en que se recogía la ropa del piso de la recámara, el programa de reforzamiento se puede modificar para convertirlo en un programa de razón fija, en el que se refuerza cada tercera vez que se presenta el comportamiento deseado. Por otra parte, si el programa no ha tenido éxito en producir el cambio de comportamiento deseado, es aconsejable la consideración de otros enfoques.

Las técnicas de cambio de comportamiento basadas en estos principios generales han tenido un éxito generalizado y han demostrado ser uno de los medios más poderosos para modificar el comportamiento (Greenwood, Carta, Hart, Kamps, Terry, Arreaga-Mayer, Atwater, Walker y Risley Delguadri, 1992). Es evidente que es posible emplear las nociones básicas de la teoría del aprendizaje para mejorar nuestras vidas.

RECAPITULACIÓN Y REVISIÓN

Recapitulación

- La teoría cognitiva del aprendizaje se centra alrededor de los procesos mentales internos no observables que ocurren en el interior de una persona.
- El modelamiento consiste en el aprendizaje a partir de la observación del comportamiento de los demás. Las recompensas recibidas por un modelo influyen en el grado en que ese modelo será imitado.
- Los factores culturales están asociados con la manera en que aprenden las personas.
- La modificación del comportamiento, una técnica para promover comportamientos deseables y disminuir aquellos que no lo son, se ha empleado con éxito para realizar cambios en el comportamiento propio, así como en el de los demás.

Revisión

1. Un distinguido científico le dice: "el mejor modo de comprender el aprendizaje es por medio de los procesos de pensamiento subyacentes". ¿Qué teoría es la que se describe?
2. En la teoría cognitiva del aprendizaje se supone que las personas desarrollan una _____ acerca de la recepción de un reforzador en lugar de basar el comportamiento en los reforzadores previos.

3. El aprendizaje _____ describe al aprendizaje que tiene lugar pero que no se hace explícito sino hasta que se presenta un reforzamiento adecuado.
4. La teoría de Bandura acerca del aprendizaje _____ sostiene que las personas aprenden a través de la observación de un _____, el cual es otra persona que exhibe el comportamiento de interés.
5. Los teóricos cognitivos del aprendizaje sólo se interesan por el comportamiento externo, no por sus causas internas. ¿Cierto o falso?
6. Un hombre desea dejar de fumar. Siguiendo el consejo de un psicólogo, comienza un programa en el que se plantea metas para dejar de fumar, registra sus progresos con precisión y se otorga recompensas por no fumar durante determinado periodo. ¿Qué tipo de programa es el que está siguiendo?

Pregúntese a sí mismo

¿Cómo podría diseñarse un experimento real que pudiera confirmar las consecuencias a largo plazo de la observación de agresividad en la televisión?

(Las respuestas a las preguntas de la revisión aparecen en la página 196).

UNA MIRADA RETROSPECTIVA

¿Qué es el aprendizaje?

1. El aprendizaje, un cambio relativamente permanente del comportamiento como resultado de la experiencia, es uno de los temas básicos de la psicología. Sin embargo, es un proceso que se debe evaluar de modo indirecto: sólo podemos asumir que se ha aprendido mediante la observación del desempeño, que es susceptible a factores tales como el cansancio y la falta de esfuerzo.

¿Cómo aprendemos a crear asociaciones entre estímulos y respuestas?

2. Una de las principales formas de aprendizaje se conoce como condicionamiento clásico. Estudiado por vez primera por Iván Pavlov,

el condicionamiento clásico se produce cuando un estímulo neutro —uno que no trae consigo respuesta relevante alguna— se relaciona repetidas veces con un estímulo (denominado estímulo incondicionado) que evoca una respuesta natural, no entrenada. Por ejemplo, un estímulo neutro puede ser un zumbador; un estímulo incondicionado puede ser un plato con helado. La respuesta que el helado podría generar en una persona hambrienta —la salivación— se denomina respuesta incondicionada; ocurre de modo natural como consecuencia del acervo físico del individuo bajo entrenamiento.

3. El condicionamiento tiene lugar cuando se presenta repetidas veces al estímulo neutro inmediatamente antes del estímulo incondicionado. Después de varios de estos apareamientos, el estímulo

neutro comienza a evocar la misma respuesta que el incondicionado. Cuando ocurre esto, podemos decir que el estímulo neutro se ha convertido en un estímulo condicionado, y la respuesta que se le da a este estímulo es la respuesta condicionada. Por ejemplo, luego de que una persona ha aprendido a salivar después de oír un zumbador, decimos que este último es un estímulo condicionado y que la salivación es una respuesta condicionada.

4. Sin embargo, el aprendizaje no siempre es permanente. La extinción tiene lugar cuando disminuye la frecuencia de una respuesta previamente aprendida, hasta desaparecer por completo.

5. La generalización de estímulos tiene lugar cuando una respuesta condicionada sigue a un estímulo parecido al estímulo condicionado original. Mientras mayor sea la similitud entre ambos estímulos, mayor será la posibilidad de que se produzca una generalización de estímulos; mientras más cercano esté el nuevo estímulo al estímulo precedente, más parecida será la nueva respuesta. El fenómeno inverso, la discriminación de estímulos, se produce cuando un organismo aprende a responder a un estímulo, pero no a otro.

6. El condicionamiento de orden superior ocurre cuando un estímulo condicionado previamente establecido se aparea con un estímulo neutro, el cual evoca la misma respuesta condicionada que el estímulo condicionado original. Por lo tanto, el estímulo neutro se convierte en otro estímulo condicionado.

¿Cuál es el papel de la recompensa y el castigo en el aprendizaje?

7. Una segunda e importante forma de aprendizaje es el condicionamiento operante. Mediante el perfeccionamiento de los trabajos originales de Edward Thorndike sobre la ley del efecto, la cual establece que las respuestas que producen resultados satisfactorios tienen mayores probabilidades de repetirse que las que no producen resultados favorables, B.F. Skinner realizó una labor precursora en el campo del condicionamiento operante.

8. De acuerdo con Skinner, el factor principal que subyace al aprendizaje es el reforzamiento, el proceso por el cual un estímulo aumenta la probabilidad de que vuelva a ocurrir la conducta precedente. Podemos determinar si un estímulo es un reforzador únicamente a través de la observación de sus efectos sobre el comportamiento. Si aumenta el comportamiento, el estímulo será, por definición, un reforzador. Los reforzadores primarios implican recompensas que tienen una efectividad natural sin precisar de una exposición previa, puesto que satisfacen una necesidad biológica. Por otra parte, los reforzadores secundarios empiezan a actuar como si fueran primarios a través de apareamientos frecuentes con un reforzador primario.

9. Los reforzadores positivos son estímulos que se añaden al entorno y provocan un aumento de la respuesta antecedente. Los reforzadores negativos son estímulos que eliminan algo desagradable del entorno, lo que conduce a un aumento de la respuesta antecedente. El reforzamiento negativo asume dos formas principales. En el condicionamiento de escape, el organismo aprende a dar una respuesta que produce el fin de una situación aversiva. En el condicionamiento de evitación, el organismo responde a una señal de un suceso desagradable inminente de modo tal que logra evitarlo.

10. El castigo es la administración de un estímulo desagradable después de una respuesta con el fin de producir una disminución de la incidencia de esa respuesta. El castigo puede caracterizarse también como la remoción de un reforzador positivo. En contraste con el reforzamiento, en donde la meta es aumentar la frecuencia del comportamiento, el castigo tiene por fin disminuir o suprimir el comportamiento. A pesar de que el empleo del castigo presenta algunos beneficios, sus desventajas suelen ser mayores que sus efectos positivos.

11. Los programas y los patrones de reforzamiento afectan la fuerza y la duración del aprendizaje. Por lo general, los programas de refuerzo parcial —en donde los reforzadores no se otorgan en todos los ensayos— producen un aprendizaje más firme y de mayor duración que los programas de reforzamiento continuo.

12. Entre las principales categorías de programas de reforzamiento se encuentran los programas de razón fija y variable, que se basan en el número de respuestas obtenidas, y los programas de intervalo fijo y variable, que se basan en el intervalo de tiempo que transcurre antes de que se ofrezca el reforzador. Los programas de razón fija ofrecen un reforzador sólo después de que se presenta cierto número de respuestas; los programas de razón variable proporcionan reforzador después de lograr una cantidad variable de respuestas —aunque el número específico se suele centrar alrededor de determinado promedio—. En contraste con lo anterior, los programas de intervalo fijo ofrecen reforzamiento después de que ha transcurrido una cantidad específica de tiempo desde la presentación del último reforzador; los programas de intervalo variable ofrecen reforzamiento con base en periodos variables, aunque dichos periodos oscilan alrededor de un promedio específico.

13. La generalización y la discriminación son fenómenos que forman parte de los condicionamientos operante y clásico. La generalización se produce cuando el organismo da ante un estímulo nuevo la misma respuesta que ha aprendido a presentar en el pasado ante un estímulo similar —o una parecida—. La discriminación tiene lugar cuando el organismo responde a un estímulo, pero no a otro similar (pero diferente).

14. La conducta supersticiosa surge de la creencia errónea de que ideas, objetos o comportamientos específicos provocan la ocurrencia de ciertos sucesos. Se produce como consecuencia de un aprendizaje que se basa en la asociación coincidente entre un estímulo y un reforzamiento subsecuente.

15. El moldeamiento es un proceso mediante el que se pueden enseñar comportamientos complejos con base en recompensar aproximaciones cada vez más cercanas al comportamiento deseable. El moldeamiento representa la base del aprendizaje de gran cantidad de habilidades cotidianas y es de vital importancia para la presentación de información compleja en los libros de texto.

16. Existen restricciones biológicas, o estructurales, de la capacidad que un organismo tiene para aprender. Como resultado de la existencia de estas restricciones, determinado tipo de comportamientos será relativamente fácil de aprender, en tanto que otras clases de comportamiento serán difíciles o imposibles de aprender.

¿Cuál es el papel de la cognición y el pensamiento en el aprendizaje?

17. Los enfoques cognitivos consideran al aprendizaje con base en procesos de pensamiento o cogniciones. Fenómenos tales como el aprendizaje latente —en el que se aprende un nuevo comportamiento, pero no se pone de manifiesto hasta que se ofrece reforzamiento para exhibirlo— y el aparente desarrollo de mapas cognitivos apoyan los enfoques cognitivos. El aprendizaje también ocurre mediante la observación del comportamiento de otros sujetos, a los que se denomina modelos.

18. El principal factor que determina si un comportamiento observado se repetirá o no es la naturaleza del reforzamiento o castigo que reciba el modelo.

19. Los estilos de aprendizaje son formas características de aproximarse al material, con base en los antecedentes culturales y el patrón único de capacidades de una persona. Una dimensión importante se relaciona con los enfoques del aprendizaje analítico en contraposición con el relacional. Las personas con estilos de aprendizaje relacionales dominan mejor el material por medio de la exposición a una unidad o fenómeno completo. En contraste, las personas con estilos de aprendizaje analíticos hacen un análisis inicial de los principios y componentes subyacentes de un fenómeno o situación.

¿Cuáles son algunos métodos prácticos para producir un cambio en el comportamiento, tanto en nosotros mismos como en los demás?

20. La modificación del comportamiento es un método para utilizar de manera formal los principios de la teoría del aprendizaje con el fin de promover el incremento en la frecuencia de comportamientos deseables y la disminución o eliminación de los indeseables. Los pasos típicos de un programa de modificación del comportamiento son la identificación de los comportamientos meta y objetivos, el diseño de un sistema de registro de datos, el registro de los datos preliminares, la selección e implantación de una estrategia de cambio del comportamiento, el registro cuidadoso de los datos, y la evaluación y alteración del programa en curso.

TÉRMINOS Y CONCEPTOS CLAVE

aprendizaje (p. 163)
condicionamiento clásico (p. 164)
estímulo neutro (p. 165)
estímulo incondicionado (EI) (p. 165)
respuesta incondicionada (RI) (p. 165)
estímulo condicionado (EC) (p. 165)
respuesta condicionada (RC) (p. 165)
extinción (p. 167)
recuperación espontánea (p. 168)
generalización de estímulos (p. 168)

discriminación de estímulos (p. 169)
condicionamiento operante (p. 172)
reforzamiento (p. 173)
reforzador (p. 174)
reforzador positivo (p. 175)
reforzador negativo (p. 175)
castigo (p. 175)
programas de reforzamiento (p. 178)
programa de reforzamiento continuo (p. 178)
programa de reforzamiento parcial (p. 178)

programa de razón fija (p. 179)
programa de razón variable (p. 179)
programa de intervalo fijo (p. 180)
programa de intervalo variable (p. 180)
moldeamiento (p. 182)
teoría cognitiva del aprendizaje (p. 185)
aprendizaje latente (p. 185)
mapa cognitivo (p. 186)
aprendizaje observacional (p. 187)
modificación del comportamiento (p. 192)

RESPUESTAS A LA REVISIÓN ANTERIOR

1. Teoría cognitiva del aprendizaje   **2.** expectativa   **3.** latente   **4.** observacional; modelo   **5.** Falso; los teóricos cognitivos del aprendizaje se ocupan principalmente de los procesos mentales   **6.** Modificación del comportamiento

LA MEMORIA

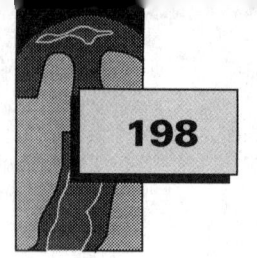
PRÓLOGO

La memoria en juicio: el caso Buckey

Al final, se trataba de una cuestión de memoria: ¿debe confiarse en los recuerdos de abuso que reportan los niños?

Para los fiscales que acusaron de abuso sexual a Ray Buckey y a su madre Peggy McMartin Buckey, propietarios de un jardín de niños muy prestigiado, la respuesta era un "sí" sin lugar a dudas. Pero para los defensores, quienes declaraban que los investigadores habían influido y prejuiciado los recuerdos de los niños durante su investigación de los cargos, el caso representaba una absurda distorsión de la memoria.

Durante el juicio, los niños, ahora de diez y once años de edad, proporcionaron detalles gráficos de los supuestos abusos de los Buckey años antes. Acusaron a los Buckey de violación, sodomía y realización de rituales satánicos. Sin embargo, muchos de los recuerdos de los niños eran muy extraños. Recordaban haber saltado de aeroplanos y visitas a los cementerios para enterrar cadáveres.

Es probable que nunca se sepa la verdad. Lo que es evidente es que el juicio de los Buckey fue el más largo y costoso de la historia de Estados Unidos, con una duración de 33 semanas y un costo de alrededor de $15 millones de dólares. El jurado deliberó durante nueve semanas mientras consideraban el cargo de que los Buckey habían molestado a docenas de niños en edad preescolar en el transcurso de varios años.

Al final, los miembros del jurado simplemente no pudieron aceptar la verdad de los recuerdos de los niños. Encontraron a los Buckey inocentes de 52 cargos de abuso sexual infantil y fueron llevados a un punto muerto en 13 cargos adicionales. Al final, los Buckey fueron liberados. (Schindehette, 1990)

UN VISTAZO ANTICIPATORIO

El caso Buckey plantea preguntas importantes sobre la naturaleza y precisión de la memoria en el contexto del sistema judicial. Pero los problemas implicados en la memoria se extienden mucho más allá de los casos dramáticos de los tribunales, ya que la memoria desempeña un papel central en nuestras vidas cotidianas.

Nuestra memoria nos permite recuperar una gran cantidad de información a la que hemos estado expuestos. Somos capaces de recordar el nombre de un amigo con el que no hemos estado en contacto por décadas, y de recordar detalles de una fotografía que estaba colgada en nuestra recámara cuando éramos niños. Al mismo tiempo, sin embar-

Peggy McMartin Buckey y su hijo Ray (a la derecha) fueron absueltos de los cargos de abuso sexual en un juicio famoso. El problema clave fue la exactitud de los recuerdos de los niños de acontecimientos que supuestamente habían sucedido años antes, cuando ellos eran muy pequeños.

go, son comunes las fallas de la memoria. Podemos olvidar dónde dejamos las llaves del automóvil o ser incapaces de responder a una pregunta de examen referente a material que estudiamos (y comprendimos) apenas unas cuantas horas antes.

En este capítulo abordamos el tema de la memoria. Se examinan las formas en que se almacena y recupera la información. Exponemos enfoques que sugieren que de hecho existen varios tipos de memoria, y se explica cómo funciona cada uno de ellos de forma un tanto distinta a los demás. Se examinan los problemas que plantea la recuperación de la información de la memoria, la precisión de los recuerdos así como las razones por las que en ocasiones olvidamos la información. Consideramos también los fundamentos biológicos de la memoria. Por último, comentamos algunos medios prácticos para aumentar la capacidad de la memoria.

- *¿Qué es la memoria?*
- *¿Existen diversos tipos de memoria?*

CODIFICACIÓN, ALMACENAMIENTO Y RECUPERACIÓN DE LA MEMORIA

Usted participa en un juego de acertijos y para ganar tiene que responder a una pregunta: ¿cuál es el mar frente al que se localiza Bombay?

Mientras se devana los sesos en busca de la respuesta, varios procesos fundamentales relacionados con la memoria entran en funcionamiento. Por ejemplo, su dificultad para contestar la pregunta podría estar relacionada con la etapa de codificación inicial de su memoria. La *codificación* se refiere al proceso mediante el cual la información se registra inicialmente en una forma en que la memoria pueda utilizar. Por ejemplo, puede ser que usted nunca haya sido expuesto a información relativa a la ubicación de Bombay, o sencillamente no la registró de modo significativo si alguna vez se le transmitió tal información.

Por otra parte, incluso si usted recibió dicha información y sabía originalmente el nombre de ese mar, es posible que no logre recordarlo como resultado de una falla en el proceso de retención. Los especialistas de la memoria hablan de *almacenamiento*: el mantenimiento del material guardado en el sistema de memoria. Si el material no se almacena en forma adecuada, no podrá ser recordado más tarde.

La memoria también depende de un último proceso: la recuperación. En la *recuperación* se localiza el material almacenado en la memoria, se le trae a la conciencia y se le utiliza. Por lo tanto, el no poder recordar la ubicación de Bombay puede ser consecuencia de su incapacidad para recuperar la información que aprendió con anterioridad.

En resumen, los psicólogos consideran a la **memoria** como el proceso por medio del cual codificamos, almacenamos y recuperamos información (véase la figura 6.1). Cada una de las tres partes de esta definición: codificación, almacenamiento y recuperación, representa un proceso diferente, el cual puede considerarse análogo al teclado (codificación), disco (almacenamiento) y pantalla (recuperación) de una computadora. Y sólo si los tres procesos han funcionado usted será capaz de recordar el mar frente al cual se localiza Bombay: el Mar Arábigo.

Memoria: proceso por medio del cual las personas codifican, almacenan y recuperan información

FIGURA 6.1 La memoria se construye sobre estos tres procesos básicos.

Codificación	Almacenamiento	Recuperación
(registro inicial de la información)	(se guarda la información para su empleo posterior)	(localización de la información almacenada)

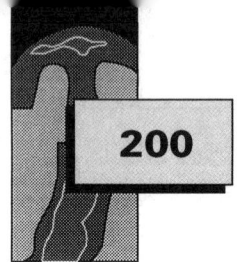

Sin embargo, antes de proseguir, es importante destacar el valor de las *fallas* de la memoria. El olvido es esencial para el funcionamiento adecuado de la memoria. La capacidad de olvidar detalles nimios acerca de las experiencias, personas y objetos nos permite evitar ser agobiados y distraídos por el almacenamiento trivial de datos carentes de significado. Además, olvidar nos permite combinar recuerdos similares y formar impresiones y recuerdos generales. Por ejemplo, no sería muy útil generar recuerdos independientes del modo en que se ven nuestros amigos cada vez que los miramos. En consecuencia, tendemos a olvidar su ropa, las espinillas de sus rostros y otras características pasajeras que cambian de un momento a otro. En lugar de ello, nuestros recuerdos se basan en el resumen de diversos críticos —un uso mucho más económico de nuestras capacidades de memoria—. Olvidar información innecesaria es tan esencial para el funcionamiento adecuado de la memoria como lo es recordar el material.

Los tres sistemas de la memoria: los almacenes de la memoria

A pesar de que los procesos de codificación, almacenamiento y recuperación de la información son necesarios para que la memoria funcione correctamente, no describen el modo específico en que el material ingresa en la memoria. Muchos de los psicólogos que estudian la memoria sugieren que existen distintos sistemas o etapas por las que debe pasar la información si es que se le va a recordar.

De acuerdo con una de las teorías más influyentes, existen tres tipos de sistemas de almacenamiento de memoria. Estos tipos de almacenes varían en cuanto a sus funciones y a la cantidad de tiempo que retienen la información (Atkinson y Shiffrin, 1968, 1971).

Como se muestra en la figura 6.2, la **memoria sensorial** se refiere al almacenamiento inicial y momentáneo de información que dura tan sólo un instante. Queda registrada por el sistema sensorial del individuo como estímulos brutos y carentes de significado. La **memoria a corto plazo** retiene la información durante 15 a 25 segundos. En este sistema, la información se almacena en términos de su significado, en lugar de almacenarse sólo como estimulación sensorial. El tercer tipo de almacenamiento es la **memoria a largo plazo**. La información es almacenada como memoria a largo plazo en una base relativamente permanente, aunque puede ser difícil de recuperar.

A pesar de que hablaremos de estos tres tipos de memoria como si se tratara de tres almacenes distintos de memoria, debe tenerse presente que no son almacenes miniatura ubicados en áreas específicas del cerebro. En lugar de ello, representan tres tipos distin-

Memoria sensorial: almacenamiento inicial y momentáneo de información que dura sólo un instante

Memoria a corto plazo: almacenamiento de información por 15 a 25 segundos

Memoria a largo plazo: almacenamiento de información en forma relativamente permanente, aunque su recuperación puede ser difícil

FIGURA 6.2 En este modelo de la memoria en tres etapas, la información registrada en un principio por obra del sistema sensorial del sujeto ingresa en la memoria sensorial, la cual la retiene de manera momentánea. Después pasa a la memoria a corto plazo, donde se almacena de 15 a 25 segundos. Por último, la información puede trasladarse a la memoria a largo plazo, la cual es relativamente permanente. El hecho de que la información pase de la memoria a corto plazo a la de largo plazo depende del tipo y de la cantidad de repaso del material en cuestión. (*Tomado de Atkinson y Shiffrin, 1968.*)

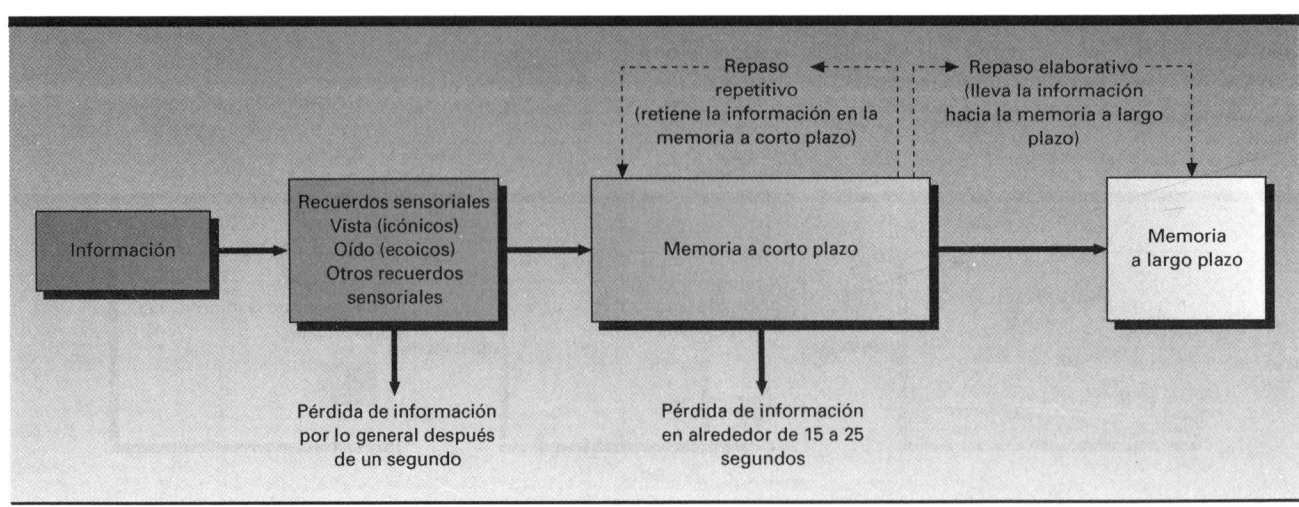

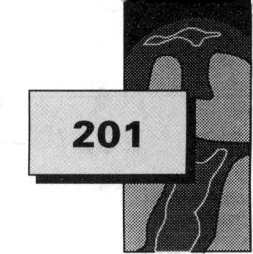

tos de sistemas de memoria abstracta con características diferentes. Además, aunque el modelo de tres partes dominó el campo de la memoria durante varias décadas, investigaciones recientes sugieren varios enfoques distintos, como se expondrá más adelante. De todas formas, representar a la memoria en función de tres tipos importantes de almacenes es un marco conceptual útil para comprender cómo se recuerda y se olvida la información.

Memoria sensorial   Un relámpago momentáneo, el sonido de una rama al romperse y el dolor de un alfilerazo, representan estimulaciones de muy breve duración, pero capaces de proporcionar información importante que puede requerir de alguna respuesta. Estímulos semejantes se almacenan al inicio, por un periodo breve, en la memoria sensorial, el primer receptáculo de la información que nos ofrece el mundo. De hecho, el término "memoria sensorial" abarca varios tipos de recuerdos sensoriales, cada uno de los cuales se relaciona con una fuente distinta de información sensorial. Existe la **memoria icónica**, que refleja información de nuestro sistema visual; la **memoria ecoica**, que almacena información proveniente de los oídos; además, memorias correspondientes a cada uno de los otros sentidos.

Memoria icónica: el proceso que refleja información de nuestro sistema visual

Memoria ecoica: el proceso que almacena información proveniente de los oídos

De manera independiente de los subtipos individuales, en general, la memoria sensorial es capaz de almacenar información sólo por un periodo muy breve. Si el material no pasa a la memoria a corto plazo, esa información se pierde para siempre. Por ejemplo, la memoria icónica parece durar menos de un segundo, aunque, si el estímulo inicial es muy brillante, la imagen puede durar un poco más (Long y Beaton, 1982). La memoria ecoica se desvanece en cuestión de tres o cuatro segundos (Darwin, Turvey y Crowder, 1972). No obstante, a pesar de la breve duración de la memoria sensorial, su precisión es muy elevada: es capaz de almacenar una réplica casi exacta de cada uno de los estímulos a los que está expuesta.

Si las capacidades de almacenamiento de la memoria sensorial son tan limitadas y la información almacenada en ella es tan fugaz, parecería prácticamente imposible encontrar evidencias de su existencia; nueva información remplazaría a la información precedente en forma constante, antes aun de que una persona pudiera advertir su presencia. No fue sino hasta que el psicólogo George Sperling (1960) realizó una serie de brillantes estudios que ahora son clásicos, que se pudo comprender mejor la memoria sensorial. Sperling expuso brevemente a varios sujetos a una serie de doce letras que obedecían el siguiente patrón:

F	T	Y	C
K	D	N	L
Y	W	B	M

Cuando se les exponía a este conjunto de letras durante la vigésima parte de un segundo, la mayoría de las personas podían recordar con precisión sólo cuatro o cinco de ellas. A pesar de que sabían que habían visto más letras, el recuerdo del resto de ellas desaparecía para cuando reportaban las primeras letras. Por lo tanto, era posible que en un principio la información se hubiera almacenado adecuadamente en la memoria sensorial, pero que durante el tiempo que llevaba verbalizar las cuatro o cinco primeras letras, el recuerdo de las demás se desvaneciera.

Para probar esta posibilidad, Sperling realizó un experimento en el que se escuchaba un sonido con un tono alto, uno medio o uno bajo justo después de que una persona hubiera sido expuesta a todo el patrón de letras. Se le pedía a las personas reportar las letras de la línea superior si escuchaban un sonido con tono alto, las de la línea intermedia al escuchar el sonido con tono medio y las de la línea inferior si lo que escuchaban era bajo. Debido a que el sonido tenía lugar después de la exposición, la gente debía utilizar su memoria para reportar la línea adecuada.

Los resultados del estudio demostraron con claridad que la gente había almacenado el patrón completo en su memoria. Había mucha precisión en su recuerdo de las letras de la línea indicada por el sonido, independientemente de que se tratara de la superior, la

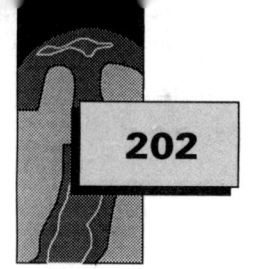

intermedia o la inferior. Es evidente que *todas* las líneas que vieron se almacenaron en la memoria sensorial. Así, a pesar de su pérdida rápida, la información de la memoria sensorial era una representación precisa de lo que habían visto las personas.

Al aumentar de manera gradual el tiempo transcurrido entre la presentación del patrón visual y del sonido, Sperling logró determinar con cierta precisión el lapso en que la información estaba almacenada en la memoria sensorial. La capacidad de recordar una línea específica del patrón cuando se escuchaba un sonido disminuía progresivamente a medida que aumentaba el periodo transcurrido entre la exposición visual y la presentación del sonido. Este deterioro prosiguió hasta que el periodo alcanzó una duración de un segundo, punto en el que ya no se recordaba la línea con precisión alguna. Sperling concluyó que la imagen visual completa estaba almacenada en la memoria sensorial durante menos de un segundo.

En resumen, la memoria sensorial funciona como una especie de fotografía que almacena información —que puede ser de naturaleza visual, auditiva o de otro de los sentidos— durante un corto periodo. Pero es como si cada fotografía, inmediatamente después de que se realizó, fuera destruida y remplazada por una nueva. A menos que la información de la fotografía se transfiera a otro tipo de memoria, se perderá para siempre.

Memoria a corto plazo: nuestra memoria de trabajo   Debido a que la información que se almacena con brevedad en nuestra memoria sensorial consiste en representaciones de estímulos sensoriales brutos, no tendrá sentido para nosotros. A fin de otorgarle sentido y para poder retenerla a largo plazo, la información tiene que ser transferida al siguiente etadío: la memoria a corto plazo. Ésta es el almacén de memoria en la que el material tiene significado por primera vez, aunque la duración máxima de retención es relativamente corta.

El proceso específico mediante el cual los recuerdos sensoriales se transforman en recuerdos a corto plazo todavía no está claro. Algunos teóricos sugieren que la información se transforma primero en representaciones gráficas o imágenes, mientras que otros plantean la hipótesis de que la transferencia tiene lugar cuando los estímulos sensoriales se convierten en palabras (Baddeley y Wilson, 1985). Sin embargo, lo que sí está claro es que, a diferencia de la memoria sensorial, que conserva una representación completa y detallada —aunque breve— del mundo, la memoria a corto plazo posee capacidades incompletas de representación.

De hecho, la cantidad específica de información que se puede conservar en la memoria a corto plazo ya ha sido identificada: siete elementos o "paquetes" de información, con variaciones de más/menos dos paquetes. Un **paquete** es un grupo significativo de estímulos que pueden almacenarse, como una unidad, en la memoria a corto plazo. De acuerdo con George Miller (1956), puede tratarse de letras individuales, como en la siguiente lista:

C   N   Q   M   W   N   T

Cada una de las letras aparece aquí como un paquete distinto y, puesto que hay siete, se les retiene con facilidad en la memoria a corto plazo.

Pero un paquete puede también consistir en categorías más grandes, tales como palabras u otras unidades significativas. Por ejemplo, considere la siguiente lista de veintiún letras:

T W A C I A A B C C B S M T V U S A N B C

Es evidente que, dado que la lista sobrepasa los siete paquetes, es difícil recordar las letras después de una sola exposición. Pero suponga que se le presentan de la manera siguiente:

TWA   CIA   ABC   CBS   MTV   USA   NBC

En este caso, a pesar de que son las mismas veintiún letras, sería posible almacenarlas en la memoria, puesto que representan tan sólo siete paquetes.

Paquete: grupo significativo de estímulos que se pueden almacenar como una unidad en la memoria a corto plazo

| ⌐ ⸫ | c o | _ o c _ ı ／ — ＼

Usted puede darse cuenta de cómo funcionan los paquetes en su propio proceso de memoria tratando de memorizar las formas de la figura 6.3 después de verlas por sólo unos instantes. A pesar de que en un principio parece ser una labor imposible, una sola pista garantizará que usted pueda memorizar con facilidad todas las formas: cada figura representa alguna parte de una letra en la palabra "PSICOLOGÍA".

La razón por la que esa labor se simplificó de tal manera radica en que las formas se podían agrupar en un paquete —una palabra que todos reconocemos—. En lugar de tratarse de quince símbolos sin significado alguno, se les puede volver a codificar como un solo paquete.

Los paquetes pueden variar de tamaño, desde letras o números individuales, hasta categorías mucho más complejas. La naturaleza específica de lo que constituye un paquete varía según la experiencia de cada persona. Usted mismo puede darse cuenta de ello mediante un experimento que se ejecutó por vez primera haciendo una comparación entre jugadores de ajedrez expertos y jugadores noveles (deGroot, 1966).

Examine el tablero de ajedrez de la parte izquierda de la figura 6.4 durante unos cinco segundos; luego, tápelo y trate de reproducir la posición de las piezas en el tablero vacío de la derecha. A menos que usted sea un jugador de ajedrez experimentado, es probable que se encuentre con grandes dificultades para realizar esta labor. Sin embargo, los verdaderos ajedrecistas —los jugadores que triunfan en los torneos— lo hacen muy bien: son capaces de reproducir correctamente el 90% de las piezas del tablero. En comparación, los jugadores noveles por lo general son capaces de reproducir de forma correcta sólo el 40% del tablero. Los maestros ajedrecistas no tienen memorias superiores en otros aspectos; suelen obtener resultados normales en otras mediciones de la memoria. Lo que pueden hacer mejor que los demás es ver el tablero desde el punto de vista de paquetes o unidades significativas y reproducir la posición de las piezas de ajedrez usando estas unidades.

A pesar de que es posible recordar alrededor de siete conjuntos de información que ingresan en la memoria a corto plazo, tal información no se puede mantener allí por mucho tiempo. ¿Qué tan corta es la memoria a corto plazo? Cualquiera que haya consultado un número telefónico en una caseta, haya tenido dificultades para encontrar las monedas y al escuchar el tono se dé cuenta que ha olvidado el número, sabe bien que la información almacenada en la memoria a corto plazo no permanece allí por mucho tiempo. La mayoría de los psicólogos cree que la información de la memoria a corto plazo se pierde después de 15 a 25 segundos, a menos que sea transferida a la memoria a largo plazo.

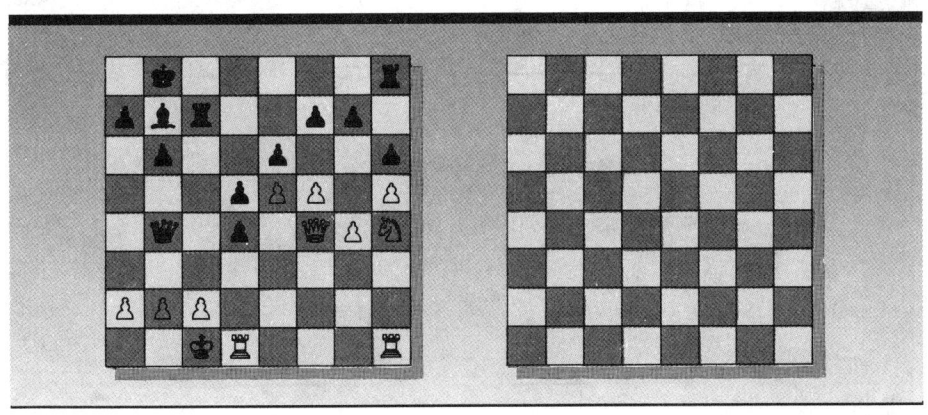

Ensayo: transferencia de material de la memoria a corto plazo a la memoria a largo plazo por medio de la repetición

Ensayo   La repetición de la información que ha ingresado en la memoria a corto plazo se llama **ensayo**. Éste logra dos cosas. En primer lugar, siempre y cuando se repita la información, se la mantiene viva en la memoria a corto plazo. Lo que es más importante, sin embargo, es que el ensayo nos permite transferir el material a la memoria a largo plazo.

Que la transferencia se realice de la memoria a corto plazo a la memoria a largo plazo parece depender en gran medida del tipo de ensayo que se efectúe. Si sólo se repite una y otra vez el material —como haríamos con un número telefónico mientras cerramos el directorio y tomamos el teléfono— se mantiene en la memoria a corto plazo, mas no necesariamente quedará ubicado en la memoria a largo plazo. En lugar de ello, tan pronto como dejamos de marcar, es probable que el número sea remplazado por otra información y quede olvidado por completo.

Por otra parte, si la información de la memoria a corto plazo se ensaya usando un proceso llamado ensayo elaborativo, es mucho más probable que sea transferida a la memoria a largo plazo (Craik y Lockhart, 1972). El *ensayo elaborativo* se produce cuando el material es considerado y organizado de alguna forma. La organización puede incluir una expansión de la información para adecuarla a un marco de referencia lógico, relacionarla con otros recuerdos, convertirla en una imagen o transformarla de algún otro modo. Por ejemplo, los vegetales que se tienen que comprar en la tienda se pueden entretejer en la memoria como ingredientes que se utilizan para preparar una ensalada muy elaborada, o relacionarla con los elementos que se compraron en otra salida a la tienda, o asociarla con la imagen de una huerta con filas de sembradíos de esos vegetales.

Por medio del empleo de estrategias de organización denominadas *mnemotecnia*, podemos mejorar en alto grado nuestra retención de información. La mnemotecnia consiste en una serie de técnicas formales para organizar el material, de manera que se hace más probable recordarlo. Por ejemplo, cuando aprendemos la rima "treinta días tienen septiembre, abril, junio y noviembre; todos los demás...", estamos haciendo uso de la mnemotecnia (Higbee y Kunihira, 1985; Mastropieri y Scruggs, 1991; Bellezza, Six y Phillips, 1992).

Memoria de trabajo: los componentes de la memoria a corto plazo   Aunque de manera tradicional la memoria a corto plazo ha sido considerada como un sistema único, evidencias más recientes sugieren que en realidad puede constar de varios componentes.

Esta mujer experimenta las limitaciones de la memoria a corto plazo. Acaba de consultar un número telefónico en el directorio y ya lo ha olvidado en el momento en que cerró sus páginas. Un breve periodo de ensayo la habría ayudado a retener el número.

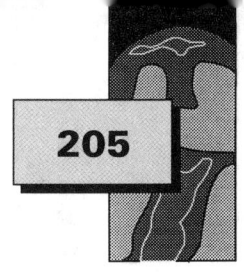

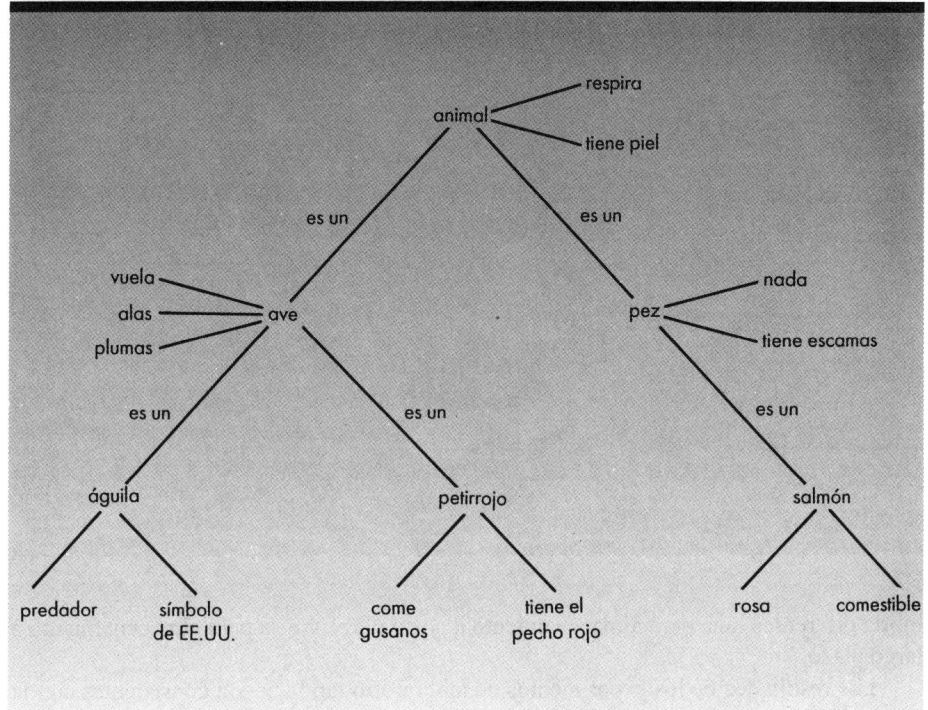

Los modelos asociativos sostienen que la memoria semántica consiste en relaciones entre distintos fragmentos o partes de información, como los que se relacionan con el concepto de "animal", que se muestran en esta figura. (Tomado de Collins y Quillian, 1969.)

Según el psicólogo Alan Baddeley (1992, 1993), la memoria a corto plazo se comprende mejor como una **memoria de trabajo** de tres partes. Desde esta perspectiva, un componente es el *central ejecutivo*, el cual coordina el material que se enfoca durante el razonamiento y la toma de decisiones. El central ejecutivo usa dos subcomponentes: la *almohadilla del esquema visoespacial* y la *espiral fonológica*. La primera se concentra en la información visual y espacial, mientras que la segunda es responsable de mantener y manipular material relacionado con el discurso, las palabras y los números (Gathercole y Baddeley, 1993).

Memoria de trabajo: teoría de Baddeley de que la memoria a corto plazo comprende tres componentes: el central ejecutivo, la almohadilla del esquema visoespacial y la espiral fonológica

Algunos investigadores sospechan que una falla en el componente central ejecutivo puede dar como resultado las pérdidas de memoria que son características de la enfermedad de Alzheimer: el trastorno degenerativo progresivo que produce pérdida de la memoria y confusión (Baddeley, 1992). (Abordaremos la enfermedad de Alzheimer y otros trastornos de la memoria con mayor extensión más adelante en el capítulo.)

Memoria a largo plazo: el último almacén El material que pasa de la memoria a corto plazo a la de largo plazo ingresa en un almacén de capacidad prácticamente ilimitada. Al igual que un nuevo libro que se entrega a una biblioteca, la información de la memoria a largo plazo se archiva y cataloga, de modo que pueda ser recuperada cuando la necesitemos.

La evidencia de la existencia de la memoria a largo plazo, como entidad distinta de la memoria a corto plazo, proviene de diversas fuentes. Por ejemplo, las personas con ciertos tipos de daño cerebral no tienen recuerdos duraderos de información nueva con posterioridad a su lesión, aunque permanecen intactos los recuerdos de personas y sucesos almacenados en la memoria antes de la lesión (Milner, 1966). Dado que, después del daño, la memoria a corto plazo parece funcionar adecuadamente —es posible recordar material nuevo por un periodo muy breve— y que la información codificada y almacenada antes de la lesión se puede recordar, podemos inferir que existen dos tipos de me-

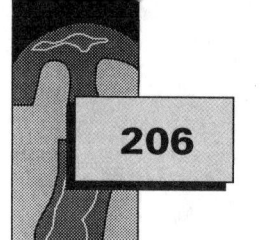

Algunas de estas personas pueden haber pasado muchos años sin nadar; no obstante, la memoria procedimental les permite volver a hacerlo con un mínimo de práctica.

moria diferentes, una para almacenamiento a corto plazo y otra para almacenamiento a largo plazo.

Los resultados de los experimentos de laboratorio también son consistentes con la noción de las memorias a corto y a largo plazo separadas. Por ejemplo, en un conjunto de estudios se pidió a las personas recordar una cantidad relativamente pequeña de información (como puede ser un grupo de tres letras). Luego, con el fin de evitar que se practicara la información inicial, se les pidió a los participantes recitar en voz alta algún material extraño, como puede ser el conteo reversivo de tres en tres (Brown, 1958; Peterson y Peterson, 1959). Al variar la cantidad de tiempo que transcurría entre la presentación del material inicial y la solicitud de su recuerdo, los investigadores descubrieron que el recuerdo era muy bueno cuando los intervalos eran muy cortos, pero que declinaba con rapidez después de ello. Luego de transcurridos quince segundos, el recuerdo oscilaba alrededor del 10% del material presentado inicialmente.

Al parecer, la distracción de contar hacia atrás evitó que casi la totalidad del material inicial llegara a la memoria a largo plazo. El recuerdo inicial era bueno dado que provenía de la memoria a corto plazo, pero estos recuerdos se perdían con mucha rapidez. Por último, todo lo que se podía recordar era la pequeña cantidad de material que se había abierto paso hasta la memoria a largo plazo, a pesar de las distracciones que implicaba el contar hacia atrás.

Los módulos de la memoria   Aunque la memoria a largo plazo al principio era vista como una entidad unitaria, la mayor parte de las investigaciones sugieren ahora que está formada por varios componentes diferentes, o módulos de memoria. Cada uno de estos módulos está relacionado con un sistema de memoria distinto en el cerebro.

Por ejemplo, una distinción importante es entre la memoria declarativa y procedimental. La **memoria declarativa** es memoria para información objetiva: nombres, rostros, fechas y cosas por el estilo. En contraste, la **memoria procedimental** (a menudo llamada "memoria no declarativa") se refiere a la memoria para habilidades y hábitos tales como montar en bicicleta o batear una pelota. La información *sobre* las cosas es almacenada en la memoria declarativa; la información relativa a *cómo* hacer las cosas se almacena en la memoria de procedimiento (Desimone, 1992; Squire, Knowlton y Musen, 1993).

Los hechos en la memoria declarativa pueden ser subdivididos, además, en memoria semántica y memoria episódica (Tulving, 1992). La **memoria semántica** es la memoria para el conocimiento general y los hechos relacionados con el mundo, así como la

Memoria declarativa: recuerdo de información relativa a hechos: nombres, rostros, fechas y cosas por el estilo

Memoria procedimental: se refiere a la memoria para habilidades y hábitos tales como montar en bicicleta o batear una pelota; en ocasiones se denomina "memoria no declarativa"

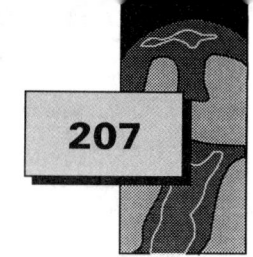

memoria para las reglas de la lógica para deducir otros hechos (Martin, 1993). Debido a la memoria semántica, recordamos que $2 \times 2 = 4$ y que "memorya" está mal escrita. Por tanto, la memoria semántica es similar a una especie de almanaque mental de hechos.

En contraste, la **memoria episódica** es la memoria para los detalles biográficos de nuestras vidas individuales. Nuestros recuerdos de lo que hemos hecho y los tipos de experiencias que hemos tenido constituyen la memoria episódica. En consecuencia, cuando recordamos nuestra primera cita, el momento en que nos caímos de la bicicleta o lo que sentimos cuando nos graduamos del bachillerato, estamos evocando recuerdos episódicos. (Para ayudarle a *su* memoria a largo plazo a recordar las distinciones entre los diferentes tipos de memoria a largo plazo, considere la figura 6.5.)

Los recuerdos episódicos pueden ser sorprendentemente detallados. Considere, por ejemplo, cómo respondería si se le pidiera identificar lo que estaba haciendo determinado día hace dos años. ¿Imposible? Puede que piense lo contrario cuando lea el siguiente diálogo entre un investigador y un sujeto al que se le preguntó, en un experimento de memoria, lo que hizo "la tarde del lunes de la tercera semana de septiembre hace dos años".

Sujeto: ¡Vamos! ¿Cómo lo voy a saber?
Experimentador: Sólo intente responder de todas formas.
Sujeto: Bueno. Déjeme ver: hace dos años... estaría en la preparatoria en Pittsburgh... Ése sería mi último año de preparatoria. La tercera semana de septiembre —eso es justo después del verano— sería el semestre que comienza en otoño... Déjeme ver. Creo que tenía laboratorio de química los lunes. No lo sé. Tal vez estaba en el laboratorio de química. Espere un momento: ésa debió ser la segunda semana de clases. Me acuerdo que comenzó con la tabla periódica, una tabla grande y elaborada. Pensé que estaba loco tratando de hacernos memorizar esa cosa. Sabe, creo que recuerdo que me sentaba... (Lindsay y Norman, 1977).

Por lo tanto, la memoria episódica nos puede proporcionar información de sucesos que ocurrieron mucho tiempo atrás (Reynolds y Takooshian, 1988).

Pero la memoria semántica no es menos impresionante, ya que nos permite rastrear miles de hechos que van desde la fecha de nuestro cumpleaños hasta el conocimiento de que un peso es menos que cinco pesos. Muchos psicólogos, que emplean **modelos asociativos** de memoria, afirman que la memoria semántica consiste en asociaciones entre representaciones mentales de distintas piezas de información (por ejemplo, Collins y Quillian, 1969; Collins y Loftus, 1975).

La noción básica que subyace a los modelos asociativos consiste en que, cuando pensamos en un concepto específico, nuestra memoria semántica activa el recuerdo de conceptos relacionados, trayéndolos a la mente con más facilidad. Por ejemplo, pensar

Memoria semántica: memoria que almacena conocimiento general y hechos acerca del mundo (por ejemplo, datos matemáticos e históricos)

Memoria episódica: memoria para información relacionada con los detalles biográficos de nuestras vidas personales

Modelos asociativos: técnica para recordar información pensando en material relacionado

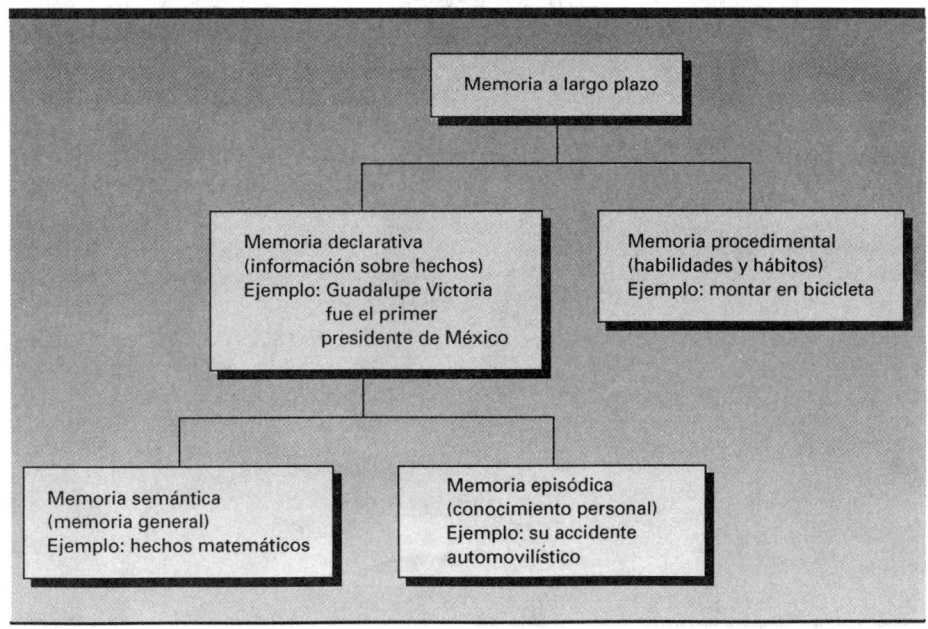

FIGURA 6.5 Los diferentes tipos de memoria a largo plazo.

Imprimación: técnica para recordar información mediante la exposición previa a material relacionado

en un "petirrojo" activa nuestro recuerdo de conceptos relacionados tales como "come gusanos" y "tiene el pecho rojo". Como resultado, si tratamos de recordar algún trozo de información específico (como dónde dejamos nuestros anteojos para el sol), pensar en material asociado nos puede ayudar a recordarlo (como dónde estábamos cuando usamos por última vez los anteojos para el sol).

En tales casos, la información relacionada ayuda a que nos preparemos para recordar información que de otra forma seríamos incapaces de recuperar. En la **imprimación**, la presentación previa de información nos permite que después recordemos con mayor facilidad algunos elementos relacionados, incluso cuando no tenemos un recuerdo consciente de la información original (Tulving y Schacter, 1990).

El experimento típico diseñado para ilustrar la imprimación nos ayuda a aclarar este fenómeno. En los experimentos de imprimación, se les presenta primero a los sujetos un estímulo, como una palabra, un objeto o tal vez el dibujo de un rostro. La segunda fase del experimento se realiza después de un intervalo que puede ser de unos cuantos segundos a varios meses. En ese momento, se expone a los sujetos a una información perceptual incompleta relacionada con el primer estímulo y se les pregunta si la reconocen o no. Por ejemplo, el material nuevo puede consistir en la primera letra de una palabra que se les presentó con anterioridad, o en parte de un rostro que se les mostró con antelación. Si los sujetos son capaces de identificar el estímulo más fácilmente que cuando reconocen estímulos que no se les han presentado con anterioridad, se dice que ha tenido lugar la imprimación.

La imprimación ocurre aun cuando los sujetos no reporten haberse percatado en forma consciente de haber sido expuesto a un estímulo con anterioridad. Por ejemplo, algunos estudios han encontrado que las personas que son anestesiadas, durante la cirugía a veces pueden recordar fragmentos de información que escucharon durante la operación, aun cuando no tengan un recuerdo consciente de ésta (Kihlstrom, Shchacter, Cork, Hurt y Behr, 1990).

El descubrimiento de que las personas poseen recuerdos acerca de los cuales no tienen conciencia es muy importante. Ha conducido a especulaciones en torno a que dos formas de memoria, explícita e implícita, pueden existir una al lado de la otra. La **memoria explícita** se refiere a un recuerdo intencional o consciente de la información. Cuando tratamos de recordar un nombre o fecha, estamos usando memoria explícita.

En contraste, la **memoria implícita** se refiere a recuerdos de los que las personas no están conscientes, pero que pueden afectar el desempeño y el comportamiento

Memoria explícita: recuerdo intencional o consciente de información

Memoria implícita: recuerdos de los cuales las personas no tienen conciencia, pero que pueden afectar el comportamiento y desempeño posteriores

Los recuerdos, a diferencia de las fotografías, son reconstruidos cuando son sacados del banco de memoria.

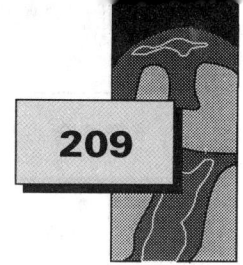

subsecuentes. Cuando un acontecimiento que somos incapaces de recordar de manera consciente afecta nuestro comportamiento, está funcionando la memoria implícita (Graf y Masson, 1993; Schacter, Chiu y Ochsner, 1993).

Existe un gran desacuerdo con respecto a la diferencia precisa entre la memoria implícita y la explícita (Roediger, 1990; Lewandowsky, Dunn y Kirsner, 1989; Schacter, 1992, 1993). Algunos investigadores sugieren que existen dos sistemas de memoria distintos, uno para la memoria implícita y otro para la explícita (por ejemplo, Weiskrantz, 1989; Schacter, Chiu y Ochsner, 1993). En contraste, otros investigadores han propuesto que los dos tipos de memoria difieren tan sólo en el modo en que la información inicialmente se procesa y se recupera, sin demostrar la existencia de sistemas de memoria independientes (por ejemplo, Roediger, Weldon y Challis, 1989).

Todavía es muy pronto para decir cuál de estas perspectivas prevalecerá en el campo de la investigación de la memoria. Los estudios que apoyan ambos lados del argumento aún están en proceso. Mientras tanto, investigaciones en diversos campos de la psicología están demostrando que la influencia de los recuerdos implícitos en el comportamiento de las personas puede ser importante. Por ejemplo, los psicólogos sociales están investigando cómo es que recordamos la apariencia de los demás y en qué modo actuamos posteriormente hacia ellas. Del mismo modo, los psicólogos que se especializan en el aprendizaje están investigando cómo podemos utilizar la memoria implícita para enseñar habilidades con mayor efectividad. Estos trabajos tendrían aplicaciones importantes.

Niveles de procesamiento

Hasta ahora nos hemos basado en un modelo de la memoria que sugiere que el procesamiento de la información en la memoria se lleva a cabo en tres etapas secuenciales, comenzando con la memoria sensorial, yendo después a la memoria a corto plazo, para terminar potencialmente en la memoria a largo plazo. No obstante, no todos los especialistas en la memoria están de acuerdo con tal perspectiva. Algunos sugieren que un solo proceso da cuenta del grado de perfección con que se recuerda la información: el modo en que se percibe, considera y comprende por primera vez la información.

La **teoría de los niveles de procesamiento** subraya el grado en que se analiza el material nuevo (Craik y Lockhart, 1972; Craik, 1990). En contraste con la concepción de que existe una memoria sensorial, una a corto y otra a largo plazo, la teoría de los niveles de procesamiento sugiere que la cantidad de procesamiento de información que se produce cuando se registra un primer encuentro con el material, es de vital importancia para determinar qué cantidad de esa información será recordada. Según este enfoque, la profundidad del procesamiento en el momento de la exposición al material —lo cual quiere decir el grado en el que se le analiza y considera— es de suma importancia; mientras mayor sea la intensidad de su procesamiento inicial, más probabilidades tenemos de recordarlo.

Teoría de los niveles de procesamiento: teoría que enfatiza el grado en que el material nuevo se analiza mentalmente

Debido a que no prestamos mucha atención a gran parte de la información a la que estamos expuestos, de manera típica sólo realizamos un escaso procesamiento mental y olvidamos casi de inmediato el material nuevo. No obstante, la información a la que prestamos más atención se procesa mucho más a fondo. Por lo tanto, ingresa en la memoria hasta un nivel más profundo, y es menos proclive a olvidársenos que la información procesada en niveles más superficiales.

Esta teoría sugiere que existen diferencias considerables en la forma en que se procesa la información en los distintos niveles de la memoria. En los niveles superficiales sólo se procesan los aspectos físicos y sensoriales de la información. Por ejemplo, podemos prestar atención sólo a las formas de las letras de la palabra "perro". En el nivel intermedio de procesamiento, las formas se traducen en unidades significativas —en este caso, letras del alfabeto—. Se considera a estas letras en el contexto de las palabras y se les puede adjuntar el sonido específico de la palabra.

En el nivel más profundo de procesamiento, la información se analiza en función de su significado. Se le puede ver en un contexto más amplio, por lo cual es posible derivar asociaciones entre el significado de la información y redes más amplias de conocimiento. Por ejemplo, podemos pensar en los perros no solamente como animales cuadrúpedos con cola, sino en función de sus relaciones con los gatos y otros mamíferos. Podemos formarnos una imagen de nuestro propio perro, relacionando, por consiguiente, el concepto con nuestras propias vidas. De acuerdo con el enfoque de los niveles de procesamiento, mientras más profundo sea el nivel inicial de procesamiento de una información específica, más tiempo será retenida en la memoria. Por lo tanto, este enfoque sostiene que la mejor manera de recordar información nueva consiste en considerarla con profundidad la primera vez que se está en contacto con ella, reflexionando en cómo se relaciona con información que ya se conoce (McDaniel, Riegler y Waddill, 1990).

La teoría de los niveles de procesamiento considera que la memoria implica procesos mentales más activos que los del enfoque de las tres etapas. Sin embargo, las investigaciones no han dado un apoyo generalizado a la teoría de los niveles de procesamiento. Por ejemplo, en algunos casos el material que se procesa en niveles superficiales se recuerda mejor que información procesada en un nivel más profundo (Baddeley, 1978; Cermak y Craik, 1979). Además, no se ha encontrado ningún medio óptimo para medir qué tan profundo se procesa el material en primer término (Searleman y Herrmann, 1994).

En resumen, ni el modelo de los niveles de procesamiento ni el modelo de la memoria con base en tres etapas explican la totalidad de los fenómenos que se relacionan con la memoria. Como resultado, se han propuesto otros modelos. Por ejemplo, el psicólogo Nelson Cowan (1988) afirma que la representación más precisa de la memoria es un modelo en el cual el almacenamiento a corto plazo es considerado como parte integrante del almacenamiento a largo plazo, en lugar de que represente una etapa separada. Es probable que sea aún muy temprano para decir —ya no tan sólo recordar— cuál de los múltiples modelos de la memoria nos proporciona la caracterización más precisa de ella (Collins, Gathercole, Conway y Morris, 1993; Searleman y Herrmann, 1994).

RECAPITULACIÓN Y REVISIÓN

Recapitulación

- La memoria es el proceso por medio del cual codificamos, almacenamos y recuperamos la información.
- La memoria sensorial contiene representaciones breves pero precisas de los estímulos físicos a los que está expuesta una persona. Cada representación es remplazada constantemente por una nueva.
- La memoria a corto plazo tiene capacidad para captar alrededor de siete (dos más o dos menos) paquetes de información. Los recuerdos permanecen almacenados en la memoria a corto plazo entre 15 y 25 segundos y después son transferidos a la memoria a largo plazo o son olvidados.
- La memoria a largo plazo consta de la memoria declarativa y la memoria procedimental. La primera se subdivide, además, en memoria episódica y semántica.
- La teoría de los niveles de procesamiento, alternativa que se presenta ante el modelo de la memoria con base en tres etapas, sostiene que la información se analiza en distintos niveles, y que el material procesado en los niveles más profundos se retiene durante más tiempo.

Revisión

1. El proceso por medio del cual la información se almacena inicialmente en la memoria se denomina _____. La _____ es el proceso mediante el cual se traen a la conciencia y se utilizan los elementos de la memoria.
2. Relacione el tipo de memoria con su definición:
   1. Memoria a largo plazo
   2. Memoria a corto plazo
   3. Memoria sensorial

   a. Retiene la información de 15 a 25 segundos
   b. Almacenamiento permanente; puede ser difícil de recuperar
   c. Almacenamiento inicial de la información: sólo dura un segundo.

3. Un _____ es un grupo significativo de estímulos que se pueden almacenar conjuntamente en la memoria a corto plazo.
4. La _____ es una serie de estrategias que se emplean para organizar la información.
5. Al parecer hay dos tipos de memoria declarativa: la memoria _____, la cual es la memoria para el conocimiento y los hechos, y la memoria _____, que es la memoria para las experiencias personales.
6. Los modelos _____ de la memoria plantean que la memoria declarativa se almacena como asociaciones entre fragmentos de información.
7. Usted leyó un artículo en el que se aseguraba que mientras más se analice un enunciado, mayores probabilidades tendrá de recordarlo más tarde. ¿Qué teoría está describiendo ese artículo?

Pregúntese a sí mismo

En la mayoría de los casos, la imprimación parece tener lugar en ausencia de la conciencia. ¿Cómo podrían utilizar este efecto los publicistas y otras personas para promover sus productos? ¿Qué principios éticos están implicados aquí?

(Las respuestas a las preguntas de la revisión aparecen en la página 212).

- *¿Qué es lo que provoca dificultades y fallas de memoria?*

LA REMEMORACIÓN DE RECUERDOS A LARGO PLAZO

Una hora después de su entrevista de trabajo, Ricardo se encontraba en una cafetería, hablando con su amiga Laura acerca de su aparente éxito, cuando la mujer que lo había entrevistado entró allí. "Hola, Ricardo. ¿Cómo te va?" Tratando de dar una buena impresión, Ricardo comenzó a presentarle a Laura, pero entonces se dio cuenta de que no podía recordar el nombre de la entrevistadora. Balbuceando un poco, buscó desesperadamente en su memoria el nombre de esa mujer, pero no lograba recordarlo. "*Conozco su nombre*", pensaba en su interior, "pero aquí estoy, viéndome como un tonto. Ya puedo despedirme de este trabajo".

¿Alguna vez ha tratado de recordar el nombre de una persona, el cual está en lo absoluto convencido de que lo conoce, pero sin poder recordarlo, sin importar cuánto se empeñe en ello? Este suceso tan común, conocido como **fenómeno de "en la punta de la lengua"**, ejemplifica las dificultades que pueden producirse en la recuperación de información almacenada en la memoria a largo plazo (Harris y Morris, 1986; A.S. Brown, 1991).

Fenómeno de "en la punta de la lengua": incapacidad de recordar información que se está seguro de conocer —resultado de la dificultad de la recuperación de información de la memoria a largo plazo—

Claves para la recuperación

Una razón por la que el recuerdo no es perfecto es la enorme cantidad de recuerdos que están almacenados en la memoria a largo plazo. Aunque este asunto está todavía lejos de ser resuelto, muchos psicólogos sostienen que el material que llega hasta esa memoria es relativamente permanente (Tulving y Psotka, 1971). Si están en lo correcto, ello indicaría que la capacidad de la memoria a largo plazo es muy vasta, dada la amplia gama de experiencias y antecedentes educativos de las personas. Por ejemplo, si usted es un estudiante universitario promedio, su vocabulario incluye unas 50 000 palabras, conoce cientos de "hechos" matemáticos y es capaz de evocar imágenes —como el aspecto que tenía su hogar durante su infancia— sin ningún problema. De hecho, la simple catalogación de todos sus recuerdos posiblemente le llevaría varios años.

¿Cómo nos conducimos entre tal cantidad de material y recuperamos información específica en el momento oportuno? Una manera de hacerlo es usar claves de recuperación. Una *clave de recuperación* es un estímulo que nos permite recordar información localizada en la memoria a largo plazo con mayor facilidad (Tulving y Thompson, 1973). Puede ser una palabra, una emoción, un sonido; cualquiera que sea la clave específica,

El fenómeno de "en la punta de la lengua" es frustrante en especial en situaciones donde una persona no puede recordar el nombre de alguien a quien acaba de conocer.

Responda esta pregunta de reconocimiento:

¿Cuáles de los siguientes son los nombres de los siete enanos de la película de Walt Disney *Blanca Nieves y los siete enanos*?

Tribilín	Tímido
Dormilón	Tacaño
Sabelotodo	Doc
Asustado	Feliz
Tontín	Enojón
Gruñón	Estornudón
Jadeante	Loco

Nombrar los personajes que se muestran aquí (una tarea de recuerdo) es más difícil que resolver el problema de reconocimiento que se plantea junto a la ilustración.

un recuerdo vendrá a la mente en forma repentina cuando esté presente la clave de recuperación. Por ejemplo, el olor de pavo al horno puede evocar recuerdos de la cena de Navidad o de reuniones familiares.

Las claves de recuperación guían a las personas entre la información almacenada en la memoria a largo plazo de modo muy similar a la forma en que las tarjetas de un catálogo lo hacen a través de una biblioteca. Son de especial importancia cuando se está haciendo un esfuerzo por *recordar* información, en oposición a cuando se nos pide *reconocer* material almacenado en la memoria. En el *recuerdo*, se debe recuperar una porción específica de información, como la necesaria para completar un enunciado o escribir una composición en un examen. En contraste, el *reconocimiento* tiene lugar cuando se presenta a las personas un estímulo y se les pregunta si han estado expuestas o no a éste con anterioridad, o se les pide que lo identifiquen entre varias opciones.

Como puede haber adivinado, el reconocimiento suele ser una tarea mucho más sencilla que el recuerdo. Éste es más difícil puesto que consiste en una serie de procesos: buscar en el seno de la memoria, recuperar la información potencialmente relevante y después decidir si la información que se ha encontrado es o no exacta. Si parece ser correcta, la búsqueda termina, pero si no es así, debe continuar. Por otra parte, el reconocimiento es más sencillo dado que implica un menor número de pasos (Anderson y Bower, 1972; Miserando, 1991).

Recuerdos fotográficos

¿Dónde se encontraba usted el 19 de septiembre de 1985? Es probable que su mente se quede en blanco hasta que se añada este fragmento de información: el 19 de septiembre de 1985 es la fecha en que ocurrió el terremoto que destruyó gran parte de la ciudad de México.

Es probable que no tenga problemas para recordar el sitio exacto en el que se encontraba así como otra variedad de detalles triviales que ocurrieron cuando escuchó las noticias, a pesar de que el desastre tuvo lugar hace años. La razón de ello es un fenómeno denominado **recuerdo fotográfico**. Los recuerdos fotográficos son aquellos que se enfocan en un suceso determinado, importante o sorprendente, que son tan vívidos que parece que fueran una fotografía del suceso.

Recuerdos fotográficos: recuerdos de un suceso específico que son tan claros que parecen ser "fotografías" de él.

RESPUESTAS A LA REVISIÓN ANTERIOR

1. codificación; recuperación **2.** 1-b; 2-a; 3-c **3.** paquete **4.** mnemotecnia. **5.** semántica; episódica **6.** asociativos **7.** teoría de los niveles de procesamiento

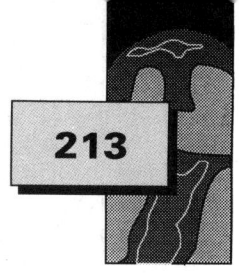

¿Dónde se encontraba usted cuando escuchó por vez primera que John Lennon había sido asesinado en la ciudad de Nueva York? La memoria fotográfica es la facultad que le permite recordar sucesos específicos e importantes.

Entre los estudiantes universitarios son comunes distintos tipos de recuerdos fotográficos. Por ejemplo, estar involucrado en un accidente automovilístico, la primera vez que se vio al compañero de cuarto, y la noche de su graduación, son recuerdos fotográficos típicos (Rubin, 1985).

Por supuesto que los recuerdos fotográficos no contienen todos los detalles de una escena original. Por ejemplo, recuerdo vívidamente que hace unas tres décadas yo me encontraba en la clase de geometría del profesor Sharp en el décimo grado cuando escuché que le habían disparado al presidente Kennedy. Aunque recuerdo dónde estaba sentado y cómo reaccionaron ante la noticia mis compañeros de clase, no puedo recordar la ropa que llevaba puesta o qué fue lo que almorcé ese día. Por lo tanto, los recuerdos fotográficos no son completos, a la vez que la magnitud de su divergencia de la naturaleza esencial de los recuerdos cotidianos sigue siendo una cuestión abierta a debate (McCloskey, Wible y Cohen, 1988; Pillemer, 1990; Winograd y Neisser, 1992).

De cualquier modo, los recuerdos fotográficos parecen extraordinarios como resultado de los detalles que incluyen. Un análisis de los recuerdos de la gente acerca del asesinato de Kennedy descubrió que éstos tendían a poseer diversas características en común (Brown y Kulik, 1977). La mayoría contenía información relativa al lugar donde la persona escuchó las noticias, quién le habló acerca del suceso, qué acontecimiento fue interrumpido por las noticias, las emociones del informador y las propias, y algunos detalles personales acerca del suceso (como ver volar a un petirrojo mientras se recibía la información).

Por otra parte, no podemos estar seguros de que todos los detalles consignados en los recuerdos fotográficos sean precisos. Por ejemplo, un día después del accidente del transbordador espacial *Challenger*, los psicólogos Nicole Harsch y Ulric Neisser le preguntaron a un grupo de estudiantes universitarios cómo se habían enterado de la noticia del desastre. Cuando hicieron la misma pregunta a las mismas personas tres años más tarde, la mayoría respondió con facilidad, ofreciendo respuestas razonables. El problema radicó en que cerca de una tercera parte de los entrevistados ofreció respuestas totalmente incorrectas (Harsch y Neisser, 1989; Neisser y Harsch, 1992; Winograd y Neisser, 1992).

Los recuerdos fotográficos ilustran un fenómeno más general relativo a la memoria: los recuerdos excepcionales se recuperan con mayor facilidad (aunque no necesariamente con precisión) que los recuerdos relacionados con sucesos cotidianos. Por ejemplo, tenemos más probabilidades de recordar un número específico si aparece en un grupo de veinte palabras que si aparece en uno de veinte números. Por lo tanto, mientras más distintivo sea el estímulo, más probabilidades tendremos de recordarlo después (von Restorff, 1933; Walker y Jones, 1983).

Procesos constructivos de la memoria: la reconstrucción del pasado

Procesos constructivos: procesos en los cuales los recuerdos se ven influidos por la interpretación y el significado que damos a los sucesos

Esquemas: temas generales en la memoria que contienen relativamente pocos detalles

Como se ha visto, aunque es evidente que podemos tener recuerdos detallados de sucesos significativos y distintivos, es difícil evaluar la precisión de tales recuerdos. De hecho, parece ser que nuestros recuerdos reflejan, al menos en parte, **procesos constructivos**; es decir, procesos en los que los recuerdos son influidos por el significado que damos a los sucesos. Así, cuando recuperamos información, el recuerdo que se produce no está afectado exclusivamente por la experiencia directa previa que tuvimos con el estímulo, sino también por nuestras conjeturas e inferencias relativas a su significado.

La idea de que la memoria se basa en procesos constructivos fue planteada de origen por sir Frederic Bartlett, un psicólogo inglés. Él sugirió que las personas tienden a recordar la información en forma de **esquemas**, temas generales que contienen relativamente pocos detalles específicos (Bartlett, 1932). En un esquema, se omiten los detalles carentes de importancia. En lugar de ello, los recuerdos consisten en una reconstrucción general de la experiencia previa. Bartlett afirmó que dichos esquemas no sólo se basaban en el material específico al que eran expuestas las personas, sino también en su comprensión de la situación, sus expectativas acerca de ésta, y su conciencia de la motivación subyacente al comportamiento de los demás.

Durante una demostración del funcionamiento de los esquemas, algunos investigadores emplearon un proceso denominado reproducción en serie, en el que la información de la memoria se transmite secuencialmente de una persona a otra. Para consultar un ejemplo de reproducción en serie, observe brevemente el dibujo de la figura 6.6 y después trate de describirlo a otra persona sin verlo de nuevo. Luego pídale a esa persona que se lo describa a otra y repita el proceso con otro sujeto más.

Si usted escucha el informe de la última persona acerca del contenido del dibujo, seguramente se encontrará con que difiere en aspectos importantes de lo representado en el dibujo mismo. Muchas personas recuerdan el dibujo como si mostrara una navaja en la mano del individuo afroamericano, un recuerdo evidentemente incorrecto, puesto que la navaja la tiene el individuo blanco (Allport y Postman, 1958).

Este ejemplo, que está tomado de un experimento clásico, ilustra el papel de las expectativas en la memoria. La migración de la navaja de la mano de la persona blanca a la del afroamericano en el recuerdo indica con claridad que las expectativas acerca del mundo —que en este caso reflejan el prejuicio injustificado de que los afroamericanos

FIGURA 6.6 Cuando una persona observa este dibujo y luego lo describe de memoria a otra persona, quien a su vez lo describe a otra más y así consecutivamente —en un proceso que se denomina reproducción en serie—, la última persona en repetir el contenido del dibujo suele dar una descripción que difiere del original en aspectos importantes. (*Basado en Allport y Postman, 1958.*)

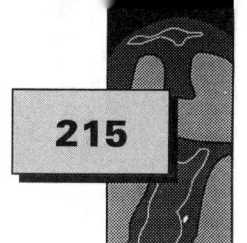

pueden ser más violentos que los blancos, y por ello más capaces de blandir una navaja— tienen un fuerte impacto sobre la manera en que se recuerdan los sucesos.

Bartlett pensaba que los esquemas afectaban los recuerdos en el momento de la recuperación de la información, pero que ésta había ingresado originalmente de modo preciso en la memoria. No obstante, investigaciones posteriores han demostrado que nuestras expectativas y nuestro conocimiento previo afectan el modo en que se codifica en un principio la información en la memoria. Por ejemplo, lea y trate de recordar el siguiente párrafo:

El procedimiento es muy sencillo. En primer lugar usted acomoda los elementos en distintos grupos. Es evidente que una sola pila puede ser suficiente, lo cual depende de cuánto haya que hacer. Si usted tiene que ir a otro lugar como consecuencia de carecer de equipo, ése será el siguiente paso; por lo demás usted está muy bien preparado. Es importante no exagerar. Es decir, es mejor hacer pocas cosas a la vez que demasiadas al mismo tiempo. A corto plazo esto puede no parecer importante, pero las complicaciones pueden surgir con facilidad. Un error puede resultar costoso. En un principio todo el procedimiento parecerá complicado. Sin embargo, poco tiempo después se convertirá en tan sólo otra de las facetas de la vida. Es difícil prever cualquier fin para la necesidad de esta labor en el futuro inmediato, pero uno nunca sabe. Después de terminar el procedimiento, se acomoda el material nuevamente en distintos grupos. Entonces se le puede ubicar en los lugares adecuados. Con el tiempo se les utilizará una vez más y se deberá repetir el ciclo completo. No obstante, ésta es una parte de la vida. (Bransford y Johnson, 1972, p. 722)

Tal como lo revelaron los resultados de un estudio en el que se empleó este párrafo, su capacidad para recordarlo —así como la de comprenderlo en un principio— habría sido mucho mayor si usted hubiera sabido antes de leerlo que se refería al lavado de ropa (Bransford y Johnson, 1972). Por lo tanto, la forma en que comprendemos la información a la que somos expuestos por primera vez puede facilitar u obstaculizar nuestra capacidad para recordarla.

Como se señaló, no sólo son nuestras expectativas y conocimiento previo lo que influye sobre lo que recordamos. Nuestra comprensión de las motivaciones de los demás también contribuye a los procesos constructivos de la memoria. Por ejemplo, en lo que ha sido denominado el *efecto telenovela,* el conocimiento sobre las motivaciones de un individuo puede conducir a explicaciones en la memoria de sucesos previos que involucran a esa persona.

El nombre de este efecto proviene de los personajes de las telenovelas, los cuales, por lo menos ante los ojos de los televidentes ocasionales, realizan afirmaciones en apariencia inocentes. No obstante, para los televidentes constantes, los cuales están al tanto de los motivos reales de los personajes, esas mismas afirmaciones pueden estar colmadas de significado. A su vez, esta información se recordará en forma diferente, de acuerdo con la comprensión del televidente sobre la motivación que hay detrás de la afirmación (Owens, Bower y Black, 1979).

En resumen, es evidente que nuestra comprensión de las motivaciones que subyacen al comportamiento de una persona, así como nuestras expectativas y nuestro conocimiento, afectan la confiabilidad de los propios recuerdos (Katz, 1989). En algunos casos, las imperfecciones de los recuerdos de las personas pueden tener implicaciones profundas, como se verá cuando consideremos a continuación a la memoria en la esfera legal.

Memoria en el tribunal: los testigos en juicio

A William Jackson le costaron cinco años de su vida los recuerdos inadecuados de dos personas. Jackson fue víctima de una confusión de identidad durante un juicio criminal. Dos testigos lo señalaron en un grupo de comparación como la persona que cometió un crimen. Con base en ello, se le condenó a una sentencia de catorce a cincuenta años de prisión.

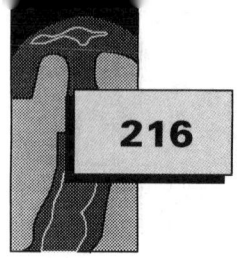
No fue sino hasta cinco años más tarde que se identificó al verdadero criminal y que se liberó a Jackson. Sin embargo, para Jackson ya era demasiado tarde. En sus propias palabras: "Me quitaron una parte de mi vida, una parte de mi juventud. Pasé cinco años allí y todo lo que me dijeron fue 'lo sentimos mucho'" (*Time*, 1982).

Por desgracia, Jackson no es la única víctima a quien se ha tenido que pedir disculpas; han ocurrido muchos casos de confusión de identidad (Brandon y Davies, 1973). Investigaciones sobre la identificación de sospechosos por parte de testigos oculares, así como sobre los recuerdos de otro tipo de detalles de los crímenes, han demostrado que los testigos pueden cometer errores considerables cuando tratan de recordar detalles de actos criminales (Wells, 1993).

Una razón para ello es el efecto que causan las armas utilizadas en los crímenes. Cuando la persona que comete un crimen exhibe una pistola o un cuchillo, el arma actúa como un imán perceptual, por lo que los ojos de todos los testigos se ven atraídos hacia ella. Como consecuencia, se presta menos atención a otros detalles del crimen, lo cual disminuye la capacidad de los testigos para recordar lo que en efecto ocurrió (Loftus, Loftus y Messo, 1987).

Incluso cuando las armas no están implicadas, la memoria de los testigos oculares está propensa a cometer errores. Por ejemplo, a algunas personas que vieron una película sobre un asalto, con una duración de doce segundos que se exhibió en un noticiero de televisión de la ciudad de Nueva York, se les dio más tarde la oportunidad de identificar al individuo que cometió el asalto de entre un grupo de seis sospechosos. Alrededor de 2 000 televidentes llamaron a la estación después del programa, pero sólo el 15% pudo identificar como el criminal al individuo correcto —una cifra similar a la que se obtiene adivinando al azar— (Buckhout, 1975).

Una razón para que los testigos oculares sean propensos a los errores relacionados con la memoria es que la redacción específica de las preguntas que les plantean los policías o los abogados puede afectar la forma en que los testigos recuerdan la información, como lo ilustran varios experimentos. Por ejemplo, en un experimento se mostró a los sujetos una película de dos automóviles que chocaban entre sí. A algunos se les planteó la pregunta, "¿a qué velocidad iban los automóviles cuando se *estrellaron*?" Calcularon en promedio que la velocidad era de 61 kilómetros por hora. En contraste, cuando se le planteó a otro grupo de sujetos, "¿a qué velocidad iban los automóviles cuando *hicieron contacto*?", el promedio de velocidad calculada fue de sólo 47.7 kilómetros por hora (Loftus y Palmer, 1974).

El problema de la confiabilidad de la memoria se agudiza cuando los testigos son niños. En años recientes se han presenciado muchos casos en que los recuerdos de niños acerca de abuso sexual forman parte central de casos judiciales, como en el caso de los Buckey descrito al principio de este capítulo. Sin embargo, evidencia cada vez mayor sugiere que los recuerdos de los niños son muy vulnerables a la influencia de otros (Doris, 1991; Loftus y Ketcham, 1991; Loftus, 1993; Brainerd, Reyna y Brandse, 1995).

Por ejemplo, en un experimento se enseñó una muñeca desnuda, anatómicamente normal, a niñas de entre 5 y 7 años de edad a las que se acababa de realizar un examen médico de rutina. Se mostró a las niñas el área genital de la muñeca y se les preguntó, ¿te tocó aquí el doctor? Tres de las niñas que no fueron sometidas a exámenes vaginales o anales dijeron que el médico las había tocado en el área genital. Además, una de ellas agregó el detalle: "el doctor lo hizo con un palo" (Saywitz y Goodman, 1990).

Los recuerdos de los niños son susceptibles de influencia en especial cuando la situación es muy emotiva o tensa. Por ejemplo, en el caso Buckey, hubo una gran publicidad antes del juicio. Debido a que las supuestas víctimas fueron interrogadas en forma repetida, a menudo por entrevistadores carentes de entrenamiento, sus recuerdos pueden haber sido influidos por los tipos de preguntas que les hicieron.

En resumen, los recuerdos de los testigos están lejos de ser infalibles y esto es especialmente cierto cuando se trata de niños (Doris, 1991). La interrogante de la precisión de los recuerdos se vuelve aún más compleja, sin embargo, cuando consideramos el desencadenamiento de recuerdos de acontecimientos que al principio las personas ni

LA PSICOLOGÍA EN ACCIÓN

Recuerdos reprimidos: verdad o ficción

Culpable de asesinato en primer grado. Ése fue el veredicto del jurado en el caso de George Franklin padre, quien fue acusado del asesinato de la amiga de su hija. Pero este caso fue diferente de la mayor parte de los casos de asesinato: se basó en recuerdos que habían estado reprimidos durante 20 años. La hija de Franklin declaró haber olvidado todo lo que sabía sobre el crimen de su padre hasta dos años antes, cuando comenzó a recordar escenas retrospectivas del suceso. Al principio, sólo recordaba una mirada de haber sido traicionada de su amiga. Durante el siguiente año, los recuerdos se fueron clarificando y recordó estar junto con su padre y su amiga. Luego recordó que su padre había atacado sexualmente a su amiga. Recordó que él había levantado una roca sobre su cabeza y luego veía a su amiga tirada en el suelo y cubierta de sangre. Con base en estos recuerdos, su padre fue arrestado y al final se le sentenció.

Pero, ¿qué tan precisos fueron estos recuerdos? Aunque es evidente que el fiscal y el jurado le creyeron a la hija de Franklin, hay buenas razones para cuestionar la validez de los *recuerdos reprimidos*, recuerdos de acontecimientos que al principio fueron tan aterradores que la mente responde colocándolos en el inconsciente. Los defensores de la idea de la memoria reprimida sugieren que tales recuerdos pueden permanecer ocultos, quizás a lo largo de toda la vida de una persona, a menos que sean desencadenados por alguna circunstancia actual, como los sondeos que ocurren durante la terapia psicológica.

Sin embargo, la psicóloga Elizabeth Loftus sostiene que los llamados recuerdos reprimidos pueden ser inexactos o incluso falsos por completo. Señala lo fácil que es inculcar recuerdos que las personas creen que son reales. Por ejemplo, en un experimento, un estudiante de nombre Jack escribió una historia para que la leyera su hermano menor Chris, de 14 años de edad. Describía un acontecimiento que nunca ocurrió:

"Era 1981 o 1982. Recuerdo que Chris tenía 5 años. Habíamos ido de compras al centro comercial de la Ciudad Universitaria en Spokane. Después de algo de pánico, encontramos que Chris era conducido por un hombre viejo y alto (creo que el individuo usaba una camisa de franela). Chris estaba llorando, tomado de la mano del hombre. Este último explicó que había encontrado a Chris vagando y llorando unos momentos antes y que trataba de ayudarlo a encontrar a sus padres."

Unas cuantas semanas más tarde, Chris estaba convencido de que el acontecimiento había sucedido en realidad. Describió el color de la camisa de franela del anciano, su cabeza calva y cómo se sintió "en verdad asustado". Aun cuando se le informó que eso nunca había sucedido, Chris se aferró a su recuerdo, diciendo: "¿En verdad? Creo que recuerdo haberme perdido… y andar buscándolos a ustedes. Recuerdo eso, y luego el llanto, y mamá diciéndome '¿Dónde estabas? No… vuelvas a hacer eso'" (Loftus, 1993, p. 532).

Es evidente que las personas son potencialmente susceptibles a tener recuerdos falsos. ¿Por qué? Algunos de éstos ocurren cuando las personas son incapaces de recordar la fuente de un recuerdo de un suceso particular sobre el que sólo tengan imágenes vagas (Schacter, 1994). Cuando la fuente de la memoria es imprecisa o ambigua, las personas pueden comenzar a confundir si experimentaron en realidad el suceso o si lo imaginaron. A final de cuentas, el recuerdo comienza a parecer auténtico y las personas pueden llegar a creer que el suceso ocurrió en verdad.

De hecho, algunos terapeutas han sido acusados de alentar de modo inadvertido a las personas que acuden a ellos con dificultades psicológicas a recrear crónicas falsas de experiencias sexuales infantiles. Además, ha habido muchas declaraciones de recuerdos reprimidos que recibieron mucha publicidad, como los de Roseanne Barr, al igual que de feligreses de iglesias católicas que recuerdan que un sacerdote abusó de ellos durante su infancia. Esta publicidad crea la posibilidad de que los recuerdos reprimidos parezcan más legítimos y como consecuencia pueden preparar a las personas para que recuerden sucesos que nunca ocurrieron.

Por otra parte, muchos psicólogos ven a los recuerdos reprimidos como un fenómeno muy real. Basándose en el modelo psicodinámico del comportamiento humano que se examinó en el capítulo 1, afirman que es razonable suponer que algunos recuerdos serán tan dolorosos que son obligados a permanecer en el inconsciente. Sugieren que el abuso sexual infantil es tan traumático que las personas están motivadas para olvidar su ocurrencia. En apoyo de sus opiniones, señalan los casos en los que es posible confirmar los recuerdos antes reprimidos de abuso infantil (Frederickson, 1992).

Es poco probable que la controversia respecto a la legitimidad de los recuerdos reprimidos se resuelva pronto. Muchos psicólogos, en particular aquellos que proporcionan terapia, dan un gran peso a la realidad de los recuerdos reprimidos. Del otro lado del problema hay muchos investigadores de la memoria, quienes sostienen que no hay apoyo científico para la existencia de tales recuerdos.

Mientras tanto, parece claro que algunos recuerdos de traumas infantiles pueden ser olvidados en forma temporal y recordados más adelante en la vida. Y es igualmente cierto que determinados recuerdos de la juventud son imprecisos o incluso falsos por completo. El desafío que enfrentan los psicólogos, los integrantes de los jurados y otros, es distinguir la verdad de la ficción.

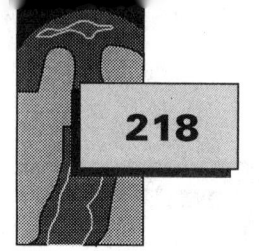

siquiera recordaban que hubieran sucedido. Como se expondrá en el recuadro *La psicología en acción,* este asunto ha despertado una controversia considerable.

Memoria autobiográfica: donde el pasado se encuentra con el presente

Los recuerdos de experiencias en su propio pasado bien podrían ser ficción, o por lo menos una distorsión de lo que ocurrió en realidad. Los mismos procesos constructivos que operan para impedirnos recordar con exactitud el comportamiento de los demás también reducen la precisión de los recuerdos autobiográficos. La **memoria autobiográfica** se refiere a nuestros recuerdos de circunstancias y episodios de nuestras propias vidas (Conway y Rubin, 1993; Friedman, 1993; Nelson, 1993; Rubin, 1995).

Por ejemplo, tendemos a olvidar la información acerca de nuestro pasado que es incompatible con la forma en que nos percibimos en el presente. Un estudio descubrió que los adultos bien adaptados, pero que habían recibido tratamiento como consecuencia de problemas emocionales durante los primeros años de sus vidas, tendían a olvidar sucesos importantes de la infancia de carácter problemático. Por ejemplo, olvidan circunstancias difíciles como que su familia haya recibido cupones de ayuda social cuando eran niños, el haber sido criados en hogares adoptivos, o su estancia en un hogar para delincuentes (Robbins, 1988). De modo similar, las personas que están deprimidas recuerdan con mayor facilidad sucesos tristes de su pasado que aquellas que son felices. Por su parte, los adultos que dicen ser felices recuerdan más sucesos placenteros que acontecimientos tristes (Bower y Cohen, 1982).

No se trata de que se distorsionen sólo determinados tipos de sucesos; se recuerdan con mayor facilidad periodos específicos de la vida que otras épocas. Por ejemplo, cuando las personas llegan a la tercera edad, recuerdan mejor periodos de la vida en que experimentaron transiciones importantes, como asistir a la universidad o su primer empleo, que los años de su edad madura (Rubin, 1985; Fitzgerald, 1988; Fromholt y Larsen, 1991).

Memoria autobiográfica: recuerdos de las circunstancias y episodios de nuestras vidas

Exploración de la diversidad

¿Hay diferencias transculturales en la memoria?

Muchos viajeros que han visitado áreas del mundo en las que no existe un lenguaje escrito, regresan con relatos de personas con memorias fenomenales. Presumiblemente debido a que no tienen un lenguaje escrito, las personas en esas culturas desarrollan memorias que pueden proporcionar una especie de registro oral dando seguimiento a sucesos importantes en la historia de la sociedad. Por ejemplo, los narradores en algunas culturas analfabetas pueden hacer un recuento de largas crónicas que recuerdan los nombres y actividades de personas a lo largo de muchas generaciones.

Con base en tales anécdotas, los expertos en la memoria al principio afirmaron que las personas en la sociedad analfabeta desarrollan un tipo de memoria diferente, y quizá mejor, que aquellas en las culturas que emplean un lenguaje escrito (Bartlett, 1932). Sugirieron que, en una sociedad que carece de escritura, las personas van a estar motivadas a recordar información con exactitud, en particular historias y tradiciones tribales que de otra manera se perderían si no fueran transmitidas en forma oral de una generación a otra.

Sin embargo, enfoques más recientes de las diferencias culturales sugieren una conclusión diferente. Por una parte, los pueblos analfabetas no tienen exclusividad sobre las

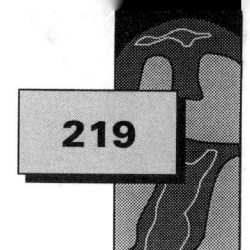

proezas de memorias sorprendentes. Por ejemplo, ciertos eruditos hebreos se saben el texto entero del Talmud, comentarios bíblicos, de memoria. No sólo han memorizado sus miles de páginas, sino que pueden recordar qué palabra está impresa en determinada ubicación cuando se les da un número de página. Del mismo modo, los cantores de poesía en Yugoslavia conocen al menos treinta canciones de memoria, cada una de las cuales tiene varios miles de líneas de longitud. Incluso en culturas donde existe el lenguaje escrito, son posibles hazañas de memoria asombrosas (Neisser, 1982; Rubin, 1995).

Los expertos en memoria sugieren que hay semejanzas y diferencias en la memoria entre diversas culturas. De acuerdo con el psicólogo Daniel Wagner, los procesos básicos de memoria, como la capacidad de la memoria a corto plazo y la estructura de la memoria a largo plazo, son universales y operan del mismo modo en personas de todas las culturas (Wagner, 1981). En contraste, las diferencias culturales pueden verse en la forma en que se adquiere, ensaya y recupera de la memoria la información. En consecuencia, la cultura determina cómo consideran y enmarcan las personas la información al principio, cuánto practican para aprenderla y recordarla, y qué estrategias usan para tratar de recordarla.

En resumen, la asociación entre la cultura y la memoria puede ser comparada con la relación entre el equipo y los programas para computadora. Los procesos de memoria básicos, análogos al "equipo" de cómputo, son universales a través de las culturas. Por otra parte, los "programas" de la memoria —la forma en que la información es inicialmente adquirida, ensayada y recuperada— son influidos por la naturaleza de una cultura específica.

RECAPITULACIÓN Y REVISIÓN

Recapitulación

- El fenómeno de "en la punta de la lengua" se refiere a la incapacidad de recordar algo que una persona está segura de saber.
- Las claves de recuperación revisten una especial importancia cuando se recuerda la información, en contraste con cuando se la reconoce.
- Los recuerdos fotográficos son aquellos que se concentran en un suceso específico e importante y tienen tanta claridad como si fueran una fotografía del suceso.
- Los recuerdos son afectados, al menos en parte, por procesos constructivos, los cuales influyen en el significado que damos a los sucesos. La memoria autobiográfica, por ejemplo, puede ser distorsionada por procesos constructivos.
- Los procesos básicos de memoria son universales, aunque la manera en que la información es adquirida inicialmente, ensayada y recuperada difiere entre las culturas.

Revisión

1. Mientras estaba con un grupo de amigos en un baile, Evita se encontró con un hombre con el que salió el mes pasado. Cuando trató de presentárselo a sus amigos, no fue capaz de recordar su nombre, aunque estaba segura de conocerlo. ¿Cuál es el término que describe este hecho?

2. El _____ se emplea cuando se pide a una persona que recupere un elemento específico de su memoria.

3. Un amigo de su madre le dice: "Sé exactamente dónde estaba y lo que estaba haciendo cuando me enteré de que Elvis había muerto." ¿Qué fenómeno explica esta clase de recuerdo?

4. La persona descrita en la pregunta número 3 posiblemente podría también describirle con precisión los detalles de la ropa que llevaba puesta cuando murió Elvis, incluyendo el color de las agujetas de sus zapatos de ante azul. ¿Cierto o falso?

5. La recuperación de recuerdos no sólo es influida por la realidad objetiva, sino también por nuestra construcción de los acontecimientos pasados. ¿Cierto o falso?

6. Los _____ son "temas" que contienen pocos detalles específicos, los cuales empleamos para organizar la información en la memoria.

Pregúntese a sí mismo

¿Cómo se podrían mejorar los juicios criminales, teniendo en cuenta lo que sabe ahora acerca de los errores de la memoria y los prejuicios?

(Las respuestas a las preguntas de la revisión aparecen en la página 222).

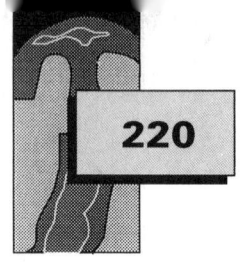

- *¿Por qué olvidamos la información?*
- *¿Cuáles son los fundamentos biológicos de la memoria?*
- *¿Cuáles son los principales trastornos de la memoria?*

EL OLVIDO: CUANDO FALLA LA MEMORIA

Literalmente, no era capaz de recordar nada, es decir, nada que hubiera ocurrido desde la pérdida de los lóbulos temporales y el hipocampo de su cerebro como consecuencia de una cirugía experimental que tenía por fin reducir sus ataques epilépticos. Hasta ese momento, su memoria había sido bastante normal. Pero a partir de la operación era incapaz de recordar cualquier cosa más allá de unos cuantos minutos, después de los cuales el recuerdo parecía desaparecer para siempre. No podía recordar su dirección o el nombre de la persona con la que estaba hablando. Podía leer la misma revista una y otra vez. Según su propia descripción, su vida era algo así como despertar de un sueño y ser incapaz de saber dónde se encontraba o cómo había llegado allí. (Milner, 1966)

Las dificultades a las que se enfrenta una persona que carece de memoria normal son innumerables, como lo ejemplifica el caso que se comenta en el párrafo anterior. Todos los que hayamos experimentado aunque sea un caso rutinario de olvido —como puede ser no recordar el nombre de un conocido o un dato en el momento de un examen— comprendemos las serias consecuencias que tienen las fallas de la memoria.

Los primeros intentos de estudiar el olvido los realizó el psicólogo alemán Hermann Ebbinghaus, hace cosa de cien años. Valiéndose de sí mismo como único sujeto de estudio, memorizó listas de sílabas sin sentido de tres letras —grupos sin significado de dos consonantes con una vocal en medio, como FIW y BOZ—. Midió con cuánta facilidad podía volver a aprender una lista determinada de palabras después de que hubieran transcurrido distintos periodos desde el aprendizaje inicial, con lo cual logró descubrir que el olvido se producía de forma sistemática, como se muestra en la figura 6.7. Como lo indica la figura, el olvido más rápido se gesta en las primeras nueve horas, en particular en la primera hora. Después de nueve horas, el índice de olvido disminuye muy poco en cantidad y velocidad, incluso después del transcurso de muchos días.

A pesar de lo primitivo de sus métodos, la investigación de Ebbinghaus influyó en forma notable sobre investigaciones posteriores, y sus conclusiones básicas han sido confirmadas (Wixted y Ebbeson, 1991). Casi siempre se produce un fuerte decaimiento inicial de la memoria, seguido de una disminución más gradual a medida que avanza el tiempo. Además, volver a aprender material previamente dominado casi siempre es más rápido que comenzar desde el inicio, ya sea que se trate de información académica o una habilidad motora, como servir en un partido de tenis.

FIGURA 6.7 En su investigación clásica, Ebbinghaus descubrió que el olvido más rápido ocurre durante las primeras nueve horas posteriores a la exposición al material. No obstante, la tasa de olvido entonces disminuye y declina muy poco incluso después del transcurso de muchos días. (*Ebbinghaus, 1885/1913.*)

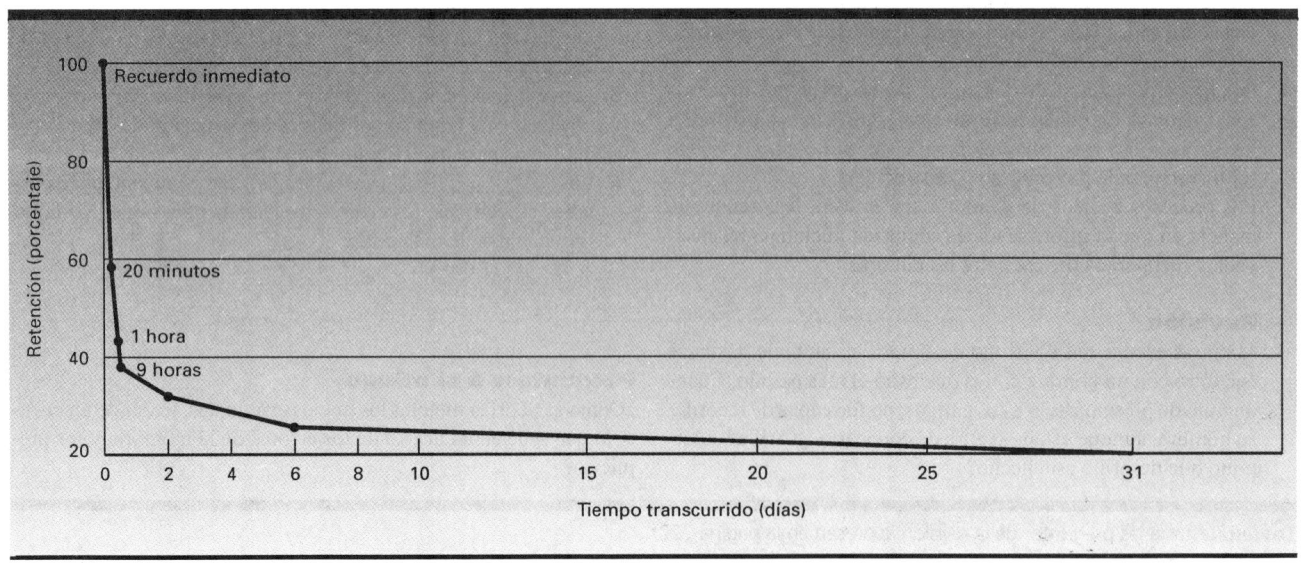

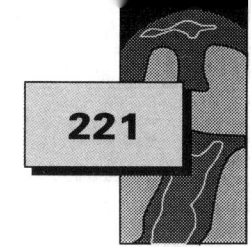

Los esfuerzos que se concentran en la resolución del problema de *por qué* olvidamos han planteado dos soluciones principales. Una teoría explica el hecho de olvidar con base en un proceso al que se denomina **decaimiento**, o pérdida de la información como consecuencia de su falta de uso. Esta explicación supone que cuando se aprende nuevo material se produce una **huella mnémica** o **engrama**: cambio físico real ocurrido en el cerebro. En el decaimiento, la huella sencillamente se desvanece sin dejar nada tras de sí, como resultado del mero paso del tiempo.

A pesar de que hay evidencias que indican la ocurrencia del decaimiento, ello no parece representar una explicación completa del fenómeno del olvido. Con frecuencia no hay relación alguna entre el tiempo que una persona estuvo expuesta a una información y la precisión con que la recuerda. Si el decaimiento explicara todo el olvido, deberíamos esperar que mientras más largo sea el tiempo transcurrido entre el aprendizaje inicial de la información y nuestro intento de recordarla, más difícil será esta última operación, puesto que habría pasado más tiempo para que decayera la huella mnémica. Sin embargo, las personas a quienes se les realizan diversos exámenes consecutivos acerca del mismo material, a menudo recuerdan una mayor parte de la información original cuando realizan los exámenes posteriores que cuando respondían los primeros. Si el decaimiento estuviera operando, deberíamos esperar que ocurriera justamente lo opuesto (Payne, 1986).*

Dado que el decaimiento no es suficiente para dar una explicación completa del olvido, los especialistas de la memoria han propuesto un mecanismo adicional: la **interferencia**. Cuando ésta sobreviene, cierta información de la memoria desplaza o bloquea a otra información e impide que se la recuerde.

Para distinguir entre el decaimiento y la interferencia, piense en ambos procesos en función de filas de libros en un anaquel de biblioteca. En el decaimiento, los libros viejos se pudren y se rompen continuamente en pedazos y dejan lugar para que otros vengan a ocuparlo. Los procesos de interferencia sugieren que los libros nuevos desplazan de su lugar en el anaquel a los viejos, con lo que los hacen inaccesibles.

La mayor parte de las investigaciones sostienen que la interferencia es el proceso clave del olvido (Potter, 1990). Olvidamos las cosas principalmente como resultado de que nuevos recuerdos interfieren con la recuperación de recuerdos viejos y no tanto por obra de que haya decaído la huella mnémica.

A pesar de que podemos concebir a la interferencia de modo negativo, es importante tener en cuenta que puede aumentar nuestra capacidad para comprender al mundo que nos rodea e interactuar con él. La interferencia nos ayuda a desarrollar recuerdos generales y comprensivos de nuestras experiencias. Por ejemplo, en lugar de recordar cada uno de los detalles de todos los encuentros con un profesor determinado, tendemos a recordar los episodios más importantes y a olvidar aquellos que tienen menor significación. Esta capacidad nos permite desarrollar un panorama general, aunque no necesariamente detallado o preciso por completo, de cómo han sido en el pasado nuestros encuentros con el profesor. Además, nos brinda asistencia para anticiparnos a las interacciones futuras (Potter, 1990).

Interferencia proactiva y retroactiva: el antes y el después del olvido

Existen dos tipos de interferencia que influyen en el olvido: la proactiva y la retroactiva. En la *interferencia proactiva,* la información que se aprendió con anterioridad interfiere con el recuerdo de materiales más recientes. Suponga que, en calidad de estudiante de lenguas extranjeras, aprendió por vez primera el inglés en primero de bachillerato y que en segundo tomó clases de francés. Cuando sea tiempo de presentar un examen de aprovechamiento en francés para ingresar a la universidad, es posible que tenga problemas

Decaimiento: pérdida de información como resultado de la falta de uso

Huella mnémica o **engrama:** cambio físico ocurrido en el cerebro que corresponde a la memoria

Interferencia: fenómeno por medio del cual se obstaculiza el recuerdo como consecuencia de que cierta información de la memoria desplaza o bloquea a otro material

---

*N. del R.T. Sin embargo, estos experimentos no son los más adecuados, puesto que con cada examen se da una nueva oportunidad de practicar el material, por lo que no se puede medir directamente el olvido del material original.

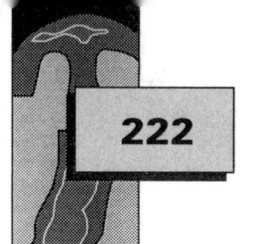

FIGURA 6.8 La interferencia proactiva tiene lugar cuando el material aprendido con anterioridad interfiere con el recuerdo de material de más reciente adquisición. En este ejemplo, la exposición al idioma inglés antes de aprender francés interfiere con el desempeño en un examen de este último. En contraste, la interferencia retroactiva se produce cuando el material aprendido después de la exposición inicial a algún otro material, interfiere con el recuerdo de la primera información. En este caso, la interferencia retroactiva tiene lugar cuando el recuerdo del inglés es perturbado por la posterior exposición al francés.

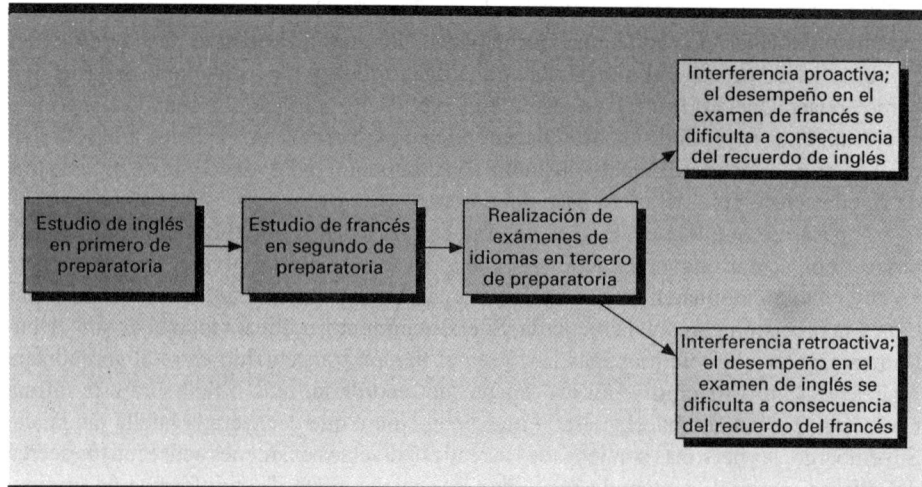

para traducir al francés una palabra determinada, puesto que todo lo que recuerda es su equivalente en inglés.

Por otra parte, la *interferencia retroactiva* se refiere a la dificultad para recordar información como consecuencia de una exposición posterior a materiales diferentes. Por ejemplo, si usted tiene dificultades en un examen de conocimientos del inglés como resultado de su exposición más reciente al francés, la interferencia retroactiva es la responsable de ello. Una forma de recordar la diferencia entre la interferencia proactiva y la retroactiva consiste en tener en cuenta que la interferencia *pro*activa actúa hacia el futuro —el pasado interfiere con el presente—, en tanto que la interferencia *retro*activa opera hacia el pasado, retrocediendo de modo que el presente interfiere con el pasado (véase la figura 6.8).

Aunque los conceptos de la interferencia proactiva y retroactiva sugieren las razones por las que se puede olvidar la información, todavía no logran explicar si el olvido producido por la interferencia tiene su origen en la pérdida o modificación de la información o en problemas en la recuperación del material. La mayor parte de las investigaciones sugiere que el material que aparentemente se ha perdido debido de la interferencia puede recordarse a la larga si se presentan los estímulos adecuados (Anderson, 1981; Tulving y Psotka, 1971). Sin embargo, esta pregunta no ha sido contestada aún en su totalidad. En un esfuerzo por resolver esta interrogante, algunos psicólogos han comenzado a estudiar las bases biológicas de la memoria con el fin de comprender mejor qué es lo que se recuerda y qué es lo que se olvida —una vertiente de investigación cada vez más importante y que examinamos a continuación—.

Las bases biológicas de la memoria: la búsqueda del engrama

¿Dónde reside la memoria? La búsqueda del engrama, el cambio físico en el cerebro que corresponde a la memoria, ha dado como resultado el desarrollo de varias rutas imaginativas de investigación. Este trabajo ha extendido nuestro conocimiento de los fundamentos biológicos de la memoria en varias direcciones.

RESPUESTAS A LA REVISIÓN ANTERIOR

1. fenómeno de "en la punta de la lengua" **2.** recuerdo **3.** memoria fotográfica **4.** falso; los detalles pequeños tal vez no puedan ser recordados por medio de la memoria fotográfica **5.** cierto **6.** esquemas

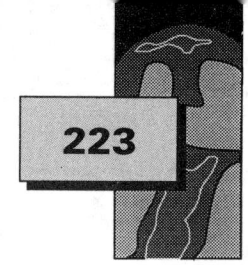

Quizá la forma más básica de responder a la interrogante sobre el lugar en el que se "localiza" la memoria es considerar el nivel de las neuronas individuales y sus interconexiones químicas. La mayor parte de la evidencia sugiere que recuerdos particulares producen cambios bioquímicos en sinapsis específicas entre neuronas. Las investigaciones con el caracol marino, un organismo primitivo que puede aprender respuestas simples, han mostrado que ocurren cambios sistemáticos en sus sinapsis durante el aprendizaje. De manera específica, la capacidad de que una neurona particular libere sus neurotransmisores aumenta o disminuye como resultado del aprendizaje (Kandel y Schwartz, 1982; Mayford, Barzilai, Keller, Schacher y Kandel, 1992). Si la retención de la respuesta es a corto plazo, los cambios neuronales serán temporales. Por otra parte, si tiene lugar una retención a largo plazo, ocurrirán cambios estructurales permanentes en las conexiones neuronales. Es obvio que esta diferencia entre los cambios fugaces y permanentes en el cerebro corresponden a la distinción entre la memoria a corto y a largo plazo.

Es justo preguntar cuánto podemos generalizar modesto caracol marino a los humanos. Sin embargo, las investigaciones con diferentes especies han producido resultados que sugieren que los procesos subyacentes son similares. Además, este trabajo es consistente con la investigación de la *potenciación a largo plazo*: aumentos de larga duración en la intensidad de la responsividad en varias sinapsis. Ciertas vías neuronales parecen excitarse con facilidad mientras se aprende una respuesta, al parecer conforme se forma un recuerdo. Es como si expandiéramos el tamaño de una manguera para jardín a fin de permitir que se descargue más agua (Lynch, Granger y Staubli, 1991).

En resumen, la potenciación a largo plazo aumenta la excitabilidad de neuronas y vías neuronales particulares. Al mismo tiempo, también ocurren cambios en el número de sinapsis, conforme se ramifican las dendritas. Estos cambios son conocidos como *consolidación*, el proceso por el que los recuerdos se vuelven fijos y estables en la memoria a largo plazo. La consolidación requiere de algún tiempo para estabilizarse, lo cual explica por qué los recuerdos a largo plazo no se fijan de manera súbita en la memoria. En lugar de ello, la consolidación puede continuar durante días e incluso años (Squire, 1987).

El sitio del engrama Es evidente que la memoria produce cambios en un nivel neuronal. Pero, ¿en qué parte del cerebro tiene lugar esta actividad?

Esta pregunta ha demostrado ser un enorme acertijo para los psicólogos que se interesan en la memoria. Las investigaciones se iniciaron en la década de 1920, cuando el psicólogo Karl Lashley realizó una serie de experimentos en los cuales retiraba distintas porciones de la corteza cerebral de ratas de laboratorio. Descubrió que las ratas que debían volver a aprender un problema que implicaba recorrer un laberinto mostraban deficiencias de aprendizaje proporcionales al grado en que se habían dañado sus cortezas; cuando era mayor la cantidad de material retirado de la corteza, eran mayores las dificultades de aprendizaje que tenían lugar.

Sin embargo, era más intrigante el hallazgo de que el tiempo que requería el reaprendizaje del problema no guardaba relación con la *ubicación* específica del daño. Independientemente de la porción particular del cerebro que se hubiera retirado, el grado de deficiencia en el aprendizaje era similar, lo cual sugería que las huellas mnémicas están distribuidas más o menos de manera uniforme en el cerebro. Los resultados de las investigaciones de Lashley —resumidos en un famoso trabajo titulado "En busca del engrama"— condujeron a la teoría, sostenida a lo largo de varias décadas, de que los recuerdos almacenados tienen una distribución uniforme a lo largo y ancho del cerebro (Lashley, 1950).

Las investigaciones contemporáneas sobre la biología del aprendizaje parecen sugerir una conclusión distinta. Estos estudios muestran que distintas áreas de la corteza procesan simultáneamente la información relativa a dimensiones específicas del mundo, incluyendo estímulos visuales, auditivos, así como otro tipo de estímulos sensoriales. Dado que distintas áreas del cerebro están implicadas de manera simultánea en el procesamiento de la información relativa a los distintos aspectos de un estímulo, parece razonable suponer que el almacenamiento de información pueda estar ligado con los sitios de

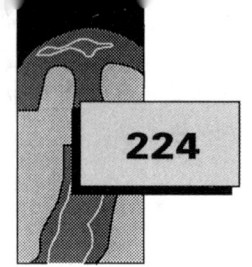
procesamiento y por lo tanto que se localice en esas áreas específicas. Entonces, de acuerdo con esta perspectiva, la ubicación de un engrama depende de la naturaleza del material que se está aprendiendo y del sistema neuronal específico que haya procesado la información (Alkon, 1987; Matthies, 1989; Desimone, 1992; Squire, 1987; Squire, Knowlton y Musen, 1993).

¿Cómo podemos reconciliar la creciente opinión contemporánea de que la memoria se relaciona con tipos específicos de procesamiento neuronal utilizados durante el aprendizaje, cuando tomamos en consideración los descubrimientos de Lashley en el sentido de que los déficits de memoria no se relacionan con la ubicación del daño realizado en la corteza? Una respuesta radica en señalar que la contradicción existente entre ambos es más aparente que real. Por ejemplo, es probable que el procedimiento de Lashley que implicaba que las ratas recorrieran un laberinto incluya varios tipos de información y aprendizaje —incluyendo información visual, configuración espacial, olores y, tal vez, hasta sonidos—. Suponiendo que éste sea el caso, el aprendizaje y el procesamiento de información tienen que haberse producido en distintas modalidades simultáneamente, aunque es de presumir que en diversas áreas del cerebro. Si cada una de estas modalidades de procesamiento produjera una huella distinta en la memoria, la remoción de cualquier área específica de la corteza dejaría aún intactas otras huellas mnémicas y produciría la misma deficiencia aparente en el desempeño, sin importar el área cortical que haya sido removida.

Para resumir, parece ser que la memoria está localizada en áreas específicas en las que cada huella mnémica se relaciona con un sistema específico de procesamiento de información en el cerebro. Pero en un sentido más amplio, dichas huellas se distribuyen a lo largo del cerebro, en vista de que diversos sistemas de procesamiento cerebral están implicados en cualquier situación de aprendizaje (Squire, 1987; Bear, Cooper y Ebner, 1987; Cotman y Lynch, 1989).

Trabajos recientes sobre las bases biológicas de la memoria   Otros investigadores siguen caminos distintos para conocer los fundamentos biológicos de la memoria. Por ejemplo, trabajos recientes sugieren que el hipocampo desempeña un papel central en la consolidación de los recuerdos, lo que permite que sean almacenados en la corteza cerebral (Zola-Morgan y Squire, 1990, 1993).

Investigadores que usan tomografías por emisión de positrones, las cuales miden la actividad bioquímica en el cerebro, han encontrado recientemente que las huellas mnémicas neuronales están muy especializadas. Por ejemplo, a los sujetos de un experimento se les dio una lista de sustantivos para que los leyeran en voz alta. Después de leer cada palabra, se les pidió que sugirieran un verbo relacionado. Después de leer el sustantivo "perro", por ejemplo, podrían haber propuesto el verbo "ladrar".

Varias áreas distintas del cerebro mostraron un aumento en la actividad neuronal cuando los sujetos hicieron la tarea por primera vez. Sin embargo, si repetían la tarea con los mismos sustantivos varias veces, la actividad cerebral cambiaba a otra área. Más interesante, si se les daba una lista de sustantivos nueva, la actividad en el cerebro regresaba a las áreas que se habían activado al principio.

Exámenes por medio de tomografías por emisión de positrones de un sujeto en un experimento al que se le pidió primero que leyera una lista de sustantivos y propusiera un verbo relacionado (tomografía de la izquierda). Cuando se le pidió que realizara la tarea en forma repetida con la misma lista de sustantivos, se activaron áreas diferentes del cerebro (centro). Sin embargo, cuando se le dio al sujeto una lista nueva de sustantivos, las regiones del cerebro que estaban implicadas al inicio se reactivaron (derecha). (Fuente: Dr. Steven E. Peterson/Washington University. Tomado de *Scientific American*, diciembre de 1993.) (Véase Sección a color, pág. D.)

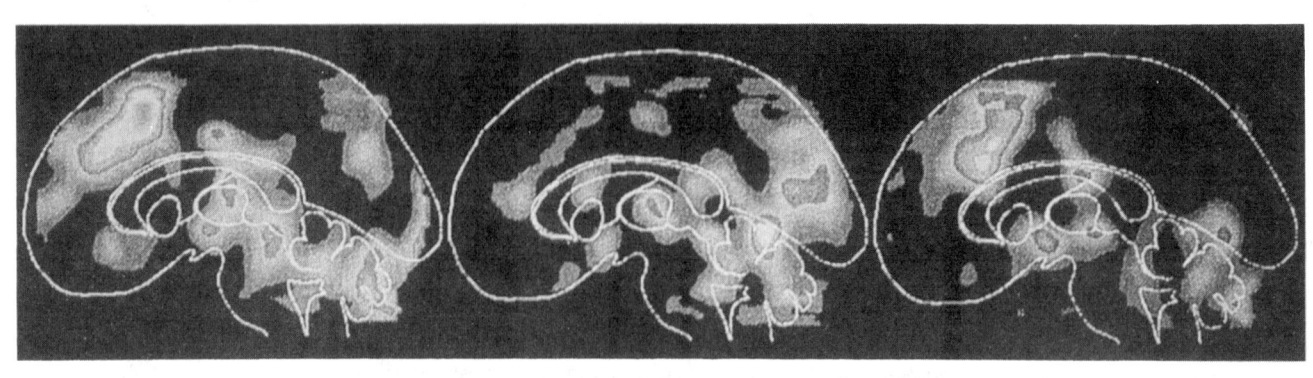

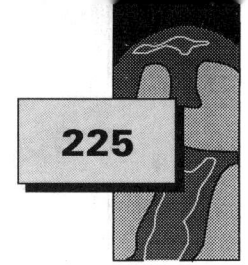

Los resultados sugieren que una porción particular del cerebro está implicada en la producción de palabras, pero otra se hace cargo cuando el proceso se vuelve rutinario, en otras palabras, cuando la memoria entra en funcionamiento. Sugiere, además, que la memoria está distribuida en el cerebro no sólo con base en su contenido, sino en su función (Horgan, 1993; Corbetta, Miezin, Shulman y Petersen, 1993; Petersen y Fiez, 1993).

Además, parece que ciertas sustancias químicas y neurotransmisores están vinculados con la formación de la memoria, con sus daños y sus mejoras (Kandel y Abel, 1995). Por ejemplo, en un estudio, un grupo de pollos que recibieron un fármaco que inhibía la síntesis proteica se desempeñó peor en una tarea que implicaba memoria que otros pollos que no recibieron el fármaco (Gibbs y Ng, 1977; McGaugh, 1989; Sawaguchi y Goldman-Rakic, 1991). Estos trabajos sugieren un escenario futurista —aunque improbable— en el que las personas toman en forma rutinaria ciertas sustancias para mejorar su memoria. A final de cuentas, entonces, un viaje por la autopista de la memoria puede comenzar en los mostradores de una farmacia (Flam, 1994).

Trastornos de la memoria: las tribulaciones del olvido

Para un observador casual, Harold parece ser un buen jugador de golf. Parece haber logrado aprender el juego a la perfección; sus golpes prácticamente no tienen fallas.

Sin embargo, cualquiera que lo acompañe en el campo de golf seguramente se percatará de algunas incongruencias sorprendentes. A pesar de que es capaz de analizar una situación y golpear la pelota exactamente hacia el sitio donde debe ir, no puede recordar dónde acaba de caer la pelota. Al final de cada hoyo, olvida el puntaje. (Blakeslee, 1992, p. C1)

El problema de Harold: sufre de la *enfermedad de Alzheimer*, un padecimiento que incluye, entre otros varios síntomas, serios problemas de memoria. Tal enfermedad, de la que ya se ha hablado antes en el capítulo, es la cuarta causa de muerte entre la población adulta de Estados Unidos. Afecta a cerca del 10% de las personas mayores de 65 años y casi la mitad de quienes pasan de los 85 la desarrollan (Gelman, 1989; Dickinson, 1991).

En sus etapas iniciales, los síntomas de esta enfermedad se presentan como una simple tendencia a olvidar cosas tales como citas o fechas de cumpleaños. A medida que avanza la enfermedad, la pérdida de la memoria se incrementa y hasta las labores más sencillas —como marcar un número telefónico— se olvidan por completo. En las últimas etapas, las víctimas pueden olvidar sus propios nombres o los rostros de los miembros de su familia. Además, se produce deterioro físico y es posible que se pierdan por completo las capacidades lingüísticas.

A pesar de que aún no se comprenden en su totalidad las causas de la enfermedad de Alzheimer, evidencias recientes sugieren que el padecimiento puede estar relacionado con determinado defecto hereditario (Dewji y Singer, 1996). Éste genera dificultades para producir la proteína beta amiloide, sustancia necesaria para la conservación de las conexiones celulares nerviosas. Cuando se pierde el control de la producción de beta amiloide, se deterioran las células nerviosas del cerebro, lo cual origina los síntomas de la enfermedad de Alzheimer (Hardy y cols., 1991). (Para una exposición más a fondo de la enfermedad de Alzheimer, véase el recuadro *Los caminos de la psicología*.)

Esta enfermedad es sólo uno de los diversos trastornos de la memoria que perjudican gravemente a sus víctimas. Otra de ellas es la *amnesia*, una pérdida de la memoria que se produce en ausencia de otras dificultades mentales. El caso clásico —inmortalizado en gran cantidad de obras dramáticas— es la víctima que recibe un golpe en la cabeza, como consecuencia del cual no puede recordar nada acerca de su pasado. En realidad, la amnesia de este tipo, conocida como amnesia retrógrada, es sumamente rara. La *amnesia retrógrada* origina la pérdida del recuerdo de sucesos ocurridos antes de cierto evento. Suele producirse una reaparición gradual de la memoria perdida, aunque pueden pasar varios años antes de que se logre una recuperación completa. En algunos casos, algunos recuerdos se pierden para siempre. Un segundo tipo de amnesia es el ejemplificado por personas que no recuerdan nada de sus actividades actuales. La *amnesia anterógrada* provoca la pérdida de memoria de sucesos posteriores al sufrimiento de un daño. La información no puede transferirse de la memoria a corto plazo hacia la memoria a largo plazo, lo cual produce la incapacidad de recordar nada que no hubiera estado ya en la memoria a largo plazo con anterioridad al accidente que causó el daño (Baddeley, 1982; Baddeley, Wilson y Watts, 1995).

La amnesia también está presente en las personas que padecen del *síndrome de Korsakoff*, enfermedad que afecta a los alcohólicos crónicos que han tenido una dieta inadecuada, lo cual provoca una deficiencia de tiamina. A pesar de que muchas de sus capacidades intelectuales pueden estar intactas, quienes padecen esta enfermedad presentan una sintomatología extraña, que incluye tener alucinaciones, repetir las preguntas que formulan, incluso después de haber escuchado la respuesta, y relatar una y otra vez la misma historia.

Por fortuna, la mayoría de nosotros tenemos memorias intactas, y las fallas ocasionales que llegamos a sufrir son preferibles a la posesión de una memoria perfecta. Piense, por ejemplo, el caso de un hombre que recordaba absolutamente todo. Después de leer pasajes de la *Divina Comedia* en italiano —un idioma que no sabía hablar— era capaz de repetirlos de memoria, incluso quince años después. Podía memorizar listas de 50 palabras que no tenían relación entre sí y recordarlas con facilidad más de una década

LOS CAMINOS DE LA PSICOLOGÍA

Janice McGillick
Asociación Alzheimer, St. Louis

Nació en: 1950
Educación: University of Missouri at Columbia, B.A.; University of Chicago, M.A.
Hogar: St. Louis, Missouri

Crecer en una familia con múltiples generaciones no sólo le proporcionó a Janice McGillick un sentido real de la historia familiar, también la condujo a trabajar con personas que tienen la enfermedad de Alzheimer.

"Mientras crecía, tuve un panorama íntimo del envejecimiento de mis bisabuelos, y pude ver cómo las personas podían pasar de ser miembros productivos e independientes de la comunidad a ser dependientes", dice McGillick, en la actualidad directora educativa de la sección de San Luis, Missouri, de la Asociación Alzheimer.

Tras haber tomado cursos que van desde introducción básica a la psicología durante el pregrado, hasta cursos de desarrollo humano y envejecimiento en el posgrado, McGillick le concede el crédito a su educación en psicología de haberle proporcionado un fundamento fuerte para su trabajo al tratar a pacientes con Alzheimer en diversas etapas de la enfermedad.

Janice McGillick (a la derecha).

Señaló que la pérdida de la memoria típica de la enfermedad de Alzheimer por lo general sigue un patrón establecido. "La memoria de las personas para los acontecimientos recientes se ve afectada primero. Tienden a perder contacto con eventos como la graduación de una nieta o un aniversario de bodas reciente", señaló. "Al mismo tiempo, rituales y rutinas como oraciones, canciones o el nombre de la madre son los tipos de material que un paciente tiende a retener."

"Desde el punto de vista del funcionamiento cotidiano, significa que no puedes recordar lo que almorzaste, rea-

lizar cálculos básicos, hacer el balance de una chequera o hacer el tipo de juicios que aprendemos cuando somos adultos. Con el tiempo", explica ella, "la enfermedad progresa y afecta a la memoria a largo plazo."

El proceso de trabajo con un paciente con Alzheimer requiere paciencia y sensibilidad, según McGillick. "En las primeras etapas, tratas de organizar rutinas diarias de manera que la persona pueda lograr hacerlas", comentó.

Sin embargo, conforme progresa la enfermedad, los cuidadores deben asumir cada vez más responsabilidades por el paciente. "Tenemos que modificar nuestras técnicas de comunicación para no hablar con oraciones compuestas", agregó. "Tenemos que mantener las cosas simples y hacer que ellos hagan una tarea a la vez. Conforme progresa la enfermedad, los cuidadores tienen que asumir la responsabilidad del juicio, como distinguir lo caliente de lo frío."

Los pacientes con Alzheimer requieren sensibilidad y comprensión, de acuerdo con McGillick, aun cuando la pérdida de la memoria lleve a las personas a contar la misma historia en forma repetida. "Tienes que dejar a las personas contar la historia, aun cuando puedas haberla escuchado miles de veces. Para ellos es importante."

después. Inclusive era capaz de repetir la misma lista de palabras en sentido inverso, si se le pedía que lo hiciera (Luria, 1968).

En un principio, semejante capacidad parecía implicar muy pocas desventajas, pero en realidad de hecho significaba un enorme problema. La memoria de aquel hombre se convirtió en un montón de listas de palabras, números y nombres, y aun cuando trataba de relajarse, su mente estaba saturada de imágenes. Incluso le era difícil leer, puesto que cada una de las palabras evocaba todo un torrente de pensamientos del pasado que interferían con su capacidad para comprender el significado de lo que leía. En parte como consecuencia de la extraña memoria del sujeto, el psicólogo A.R. Luria, quien estudió el caso, pensaba que era una "persona desorganizada y de muy escaso ingenio" (Luria, 1968, p. 65).

Por lo tanto, podemos estar agradecidos por el hecho de que ser un tanto olvidadizos cumple una función de mucha utilidad en nuestras vidas.

 **El consumidor de psicología bien informado**

Optimización de la memoria

Aparte de las ventajas que implica olvidar, por ejemplo, los horripilantes detalles de una película de ciencia ficción, de cualquier modo la mayoría de nosotros desearía encontrar medios para mejorar la memoria. Si tomamos en cuenta lo que hemos comprendido acerca de la memoria, ¿es posible encontrar métodos prácticos para aumentar nuestra capacidad para recordar información? Por supuesto que sí. Las investigaciones han revelado diversas estrategias que se pueden emplear para desarrollar una memoria superior (Higbee, 1988; Cohen, 1989; Hermann, 1991; Mastropieri y Scruggs, 1992). Entre las mejores se encuentran las siguientes:

■ *La técnica de la palabra clave.* Suponga que está tomando una clase en un idioma que no es el suyo y necesita aprender largas listas de palabras del vocabulario. Una forma de facilitar este proceso consiste en el empleo de la *técnica de la palabra clave,* mediante la que se relaciona una palabra extranjera con una palabra común del español que tenga un *sonido* parecido. A esta última se le denomina palabra clave. Por ejemplo, para aprender la palabra en inglés "pato" (*duck,* que se pronuncia *doc*) la palabra clave podría ser "doctor"; para la palabra en inglés "ojo" (*eye,* que se pronuncia *ai*), la palabra clave podría ser "ay".

Una vez que ha pensado en una palabra clave, debe formar una imagen mental de ella "interactuando" gráficamente con la traducción al español de esa palabra. Por ejemplo, usted puede pensar en un doctor que examina a un pato para recordar la palabra *duck,* o que le pican el ojo y usted dice ¡ay! para recordar la palabra *eye.* Esta técnica ha producido resultados muy superiores en el aprendizaje del vocabulario de lenguas extranjeras que las técnicas más tradicionales que implican la memorización de las palabras mismas (Pressley y Levin, 1983; Pressley, 1987).

■ *El método de los loci.* Si alguna vez ha tenido que hablar en su clase, conocerá bien la dificultad que implica recordar todos los asuntos que desea exponer. Una técnica que funciona con mucha eficacia fue desarrollada por los griegos de la antigüedad. Cuando los oradores trataban de memorizar discursos largos, utilizaban el *método de los loci* (*loci* significa lugares, en latín) para organizar los recuerdos de lo que deseaban decir. Con el empleo de esta técnica, se supone que cada una de las partes del discurso "reside" en una ubicación específica dentro de una construcción.

Por ejemplo, puede pensar que el prefacio de su charla se encuentra en el pasillo de entrada de su casa; el primero de los temas de importancia se encuentra en la sala; el siguiente tema importante se ubica en el comedor, y así en forma consecutiva, hasta que el final de su discurso queda localizado en la recámara posterior de su hogar.

Esta técnica puede adaptarse con facilidad para el aprendizaje de listas de palabras; se supone que cada una de las palabras de la lista se localiza en una serie de ubicaciones secuenciales. Este método funciona mejor si se emplean las imágenes más extravagantes

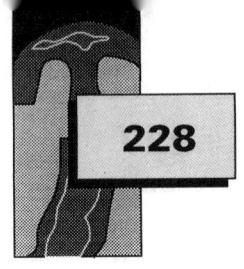

que sean posibles. Si usted desea recordar una lista de alimentos que consta de plátanos, salsa de tomate y leche, por ejemplo, puede imaginarse al plátano enredado entre las hojas de la begonia que se encuentra en la sala de su casa; la salsa de tomate derramada en uno de los extremos de la mesa, y la leche escurriendo de una lámpara de mesa. Cuando llegue al supermercado, usted podrá "caminar" mentalmente por la sala de su casa y recordar con facilidad los elementos de su lista.

■ *El fenómeno de la especificidad de la codificación.* Algunos investigadores sugieren que el mejor modo de recordar la información se produce en un entorno igual o muy parecido a aquél donde nos encontrábamos cuando la aprendimos inicialmente —fenómeno que se denomina de *especificidad de la codificación* (Tulving y Thompson, 1973). Por lo tanto, le puede ir mejor en un examen si estudia en el mismo salón de clase en que se realizará dicho examen. Por otra parte, si usted está obligado a realizar exámenes en un salón de clase distinto de aquel en el que estudió, no pierda el ánimo: los atributos del examen, tales como la estructuración de las preguntas, en ocasiones son tan poderosos que superan por mucho a las claves más sutiles relacionadas con la codificación original del material (Bjork y Richardson-Klarehn, 1989).

■ *La organización del material de los textos.* La mayor parte de las tareas de memoria importantes de la vida no implican listas de palabras, sino más bien textos que se han leído. ¿Cómo se puede facilitar el recuerdo de este tipo de material? Una técnica probada para recordar mejor el material escrito consiste en organizarlo en la memoria cuando se lee por primera vez. Para ello es preciso, en primer lugar, identificar cualquier adelanto de información acerca de la estructura y el contenido del material —examinar el índice de materias, la descripción del capítulo, los encabezados y hasta el resumen final del capítulo— antes de leer un capítulo determinado. La comprensión de la estructura del material le permitirá recordarlo con mayor facilidad.

Otra técnica consiste en hacerse a sí mismo preguntas acerca del material que acaba de leer y proceder a responderlas. Formular preguntas le permitirá realizar conexiones y descubrir relaciones entre los diversos hechos, lo cual facilitará el procesamiento del material en un nivel más profundo. Tal como lo sugiere el enfoque de los niveles de procesamiento que expusimos páginas atrás, conducirse de esta forma ayuda a recordar posteriormente el material (Royer y Feldman, 1984). Por ejemplo, podría preguntarse en este momento, "¿cuáles son las principales técnicas para recordar el material consignado en libros?", y después intentar responder a la pregunta.

■ *La organización de apuntes.* "Mientras menos, mejor", tal vez sea la recomendación más adecuada para confeccionar apuntes que ayuden a recordar. En lugar de intentar transcribir todos los detalles de una conferencia, es mejor escuchar y pensar acerca del material, anotando los aspectos principales después de haberlos considerado en un contexto más amplio. Cuando se toman notas en forma eficiente, es más importante pensar antes acerca del material que escribirlo directamente. Ésta es una de las razones por las que pedir prestados los apuntes de otra persona es una mala práctica, puesto que usted no contará con un marco de referencia en la memoria que le sirva para comprenderlos (Peper y Mayer, 1978).

■ *La práctica y el repaso.* A pesar de que la práctica no necesariamente lleve a la perfección, ayuda. Mediante el estudio y el repaso del material más allá del punto de su dominio inicial —proceso que se denomina *sobreaprendizaje*— las personas pueden contar con un mayor nivel de recuerdo a largo plazo que si dejaran de practicar después del aprendizaje inicial del material en cuestión.

Con el tiempo, por supuesto, la práctica llega a tener un efecto mínimo o inexistente; es probable que usted ya conozca tan bien su dirección que ninguna cantidad de práctica adicional hará que la recuerde mejor. Pero es sensato decir que, dada la cantidad de material que se estudia en la mayoría de los cursos, el material académico rara vez logra retenerse definitivamente, por lo cual, lo más conveniente sería revisar de vez en cuando el material después de haberlo aprendido, con el fin de lograr un buen nivel de sobreaprendizaje.

Las investigaciones acerca de los resultados de los ensayos elaborativos, comentados anteriormente en este capítulo, sugieren también la importancia de plantear preguntas y ensayar sus respuestas de la manera más activa que se pueda. De esta forma, las

Estos estudiantes de teatro universitario demuestran que el ensayo y el sobreaprendizaje mejoran el recuerdo a largo plazo.

conexiones entre las partes del material tienen mayores probabilidades de hacerse explícitas, lo que facilita su evocación posterior puesto que proporcionan una gran cantidad de claves de recuperación.

Por último, las personas que acostumbran estudiar enormes cantidades de material a muy poca distancia de la fecha de un examen deben tener presente que la mejor retención se logra mediante una práctica que se divide a lo largo de muchas sesiones, y no la que se obtiene durante una sola sesión larga. Las investigaciones demuestran con claridad que el cansancio, junto con otros factores, impiden que las sesiones de práctica excesivamente largas tengan la misma eficacia que la práctica distribuida en forma adecuada.

RECAPITULACIÓN Y REVISIÓN

Recapitulación

- El decaimiento y la interferencia son las principales explicaciones del olvido.
- Existen dos tipos de interferencia: la proactiva (cuando la información aprendida con anterioridad interfiere con el recuerdo de información más reciente) y la retroactiva (cuando información nueva interfiere con la evocación de información aprendida con anterioridad).
- Los principales trastornos de la memoria son la enfermedad de Alzheimer, la amnesia retrógrada, la amnesia anterógrada y el síndrome de Korsakoff.
- Las técnicas específicas para mejorar el recuerdo de información incluyen el método de la palabra clave, el método de los *loci*, el empleo de la especificidad de la codificación, la organización de la información de los libros, una manera adecuada de tomar apuntes, y la práctica y el repaso.

Revisión

1. Después de estudiar la historia del Imperio Romano en un curso hace dos años, descubre que ahora no recuerda lo que había aprendido. Un amigo le dice que la falta de uso provocó la pérdida de esa información. ¿Cuál es el nombre formal de este proceso?
2. Un _____ es un cambio físico producido en el cerebro como consecuencia del aprendizaje.

3. ¿Qué fenómeno ejemplifican los recuerdos que son difíciles de recuperar como resultado de la presencia de otra información?
4. La interferencia _____ se produce cuando es difícil recuperar el material más antiguo debido a la exposición a material más reciente. La interferencia _____ es la dificultad de recuperar material nuevo debido a la interferencia que ocasiona un material previo.
5. Relacione los siguientes trastornos de la memoria con la información adecuada:
   1. Afecta a los alcohólicos; deficiencia de tiamina.
   2. Pérdida de la memoria que se produce en ausencia de otros problemas mentales.
   3. Defecto de proteína beta amiloide; olvido progresivo acompañado de un deterioro físico.

   a. Enfermedad de Alzheimer
   b. Síndrome de Korsakoff
   c. Amnesia

Pregúntese a sí mismo

¿Cómo podría ayudar la biopsicología, en especial el conocimiento obtenido gracias a la "búsqueda del engrama", al tratamiento de trastornos de la memoria como la amnesia?

(Las respuestas a las preguntas de la revisión aparecen en la página 231).

¿Qué es la memoria?

1. La memoria es el proceso por medio del cual codificamos, almacenamos y recuperamos información. Existen tres tipos básicos de almacenamiento de memoria: la memoria sensorial, la memoria a corto plazo y la memoria a largo plazo.

¿Existen diversos tipos de memoria?

2. La memoria sensorial (constituida por recuerdos correspondientes a cada uno de los sistemas sensoriales) es el primer sitio donde se guarda la información acerca del mundo, aunque estos recuerdos son muy breves. Por ejemplo, la memoria icónica (que guarda las sensaciones visuales) dura menos de un segundo; la memoria ecoica (que corresponde a las sensaciones auditivas) dura menos de cuatro segundos. A pesar de su brevedad, los recuerdos sensoriales son sumamente precisos y almacenan una réplica casi idéntica de cada uno de los estímulos a los que está expuesta una persona. Sin embargo, a menos que sean transferidos a otros tipos de memoria, parece ser que los recuerdos sensoriales se pierden.

3. Alrededor de siete paquetes de información (dos más o dos menos) se pueden transmitir y almacenar en la memoria a corto plazo. Un paquete es un fragmento de información significativa, que puede ser desde una sola letra o dígito, hasta categorizaciones de mayor complejidad. La información de la memoria a corto plazo se conserva de 15 a 25 segundos y, si no se transfiere a la memoria a largo plazo, se pierde.

4. Los recuerdos se transfieren al almacén de largo plazo por medio del repaso. El tipo de repaso más eficaz es el ensayo elaborativo, en el que el material que se debe recordar se organiza y expande. Las técnicas formales de organización del material se denominan mnemotecnia.

5. Algunos teóricos sugieren que la memoria a corto plazo se comprende mejor como una memoria que funciona en tres partes. Desde esta perspectiva, hay un componente central ejecutivo, el cual coordina el material que se enfoca durante el razonamiento y la toma de decisiones, y dos subcomponentes: la almohadilla del esquema visoespacial y la espiral fonológica.

6. Si los recuerdos se transfieren a la memoria a largo plazo, se vuelven relativamente permanentes. La memoria a largo plazo está formada por componentes o módulos, cada uno de los cuales se halla relacionado con sistemas de memoria separados en el cerebro. Por ejemplo, podemos distinguir entre la memoria declarativa (memoria para la información relativa a hechos: nombres, rostros, fechas, acontecimientos en nuestras vidas y cosas por el estilo) y la memoria procedimental (memoria para habilidades y hábitos como montar en bicicleta o batear una pelota de beisbol). La memoria declarativa se subdivide, además, en memoria episódica (recuerdos relacionados con nuestras vidas personales) y memoria semántica (conocimiento y hechos organizados).

7. La memoria explícita se refiere al recuerdo intencional o consciente de información. En contraste, la memoria implícita se refiere a los recuerdos de los cuales la gente no tiene conocimiento consciente, pero que pueden afectar el comportamiento y el desempeño posteriores. Algunos investigadores sugieren que existen dos sistemas distintos de memoria, uno para la memoria implícita y otro para la explícita. En contraste, otros han propuesto que ambas clases de sistemas de memoria difieren sencillamente en el modo en que se procesa la información.

8. El enfoque que sostiene la teoría de los niveles de procesamiento de la memoria firma que el modo en que se percibe y analiza en un principio la información determina el éxito con que se pueda recordar. Mientras más profundo sea el procesamiento inicial, mejor será el recuerdo del material.

¿Qué es lo que provoca dificultades y fallas de memoria?

9. El fenómeno de "en la punta de la lengua" se refiere a la experiencia de tratar de recordar en vano información que se está seguro de conocer. Una estrategia eficaz para recuperar información es el empleo de claves de recuperación; esto es, de estímulos que permitan realizar una búsqueda en la memoria a largo plazo.

10. Los recuerdos fotográficos son evocaciones que se centran en un suceso específico de importancia. Estos recuerdos son tan claros que parecen representar "fotografías" del suceso en cuestión. Tales recuerdos ilustran el hecho de que mientras más distintivo sea el recuerdo, con mayor facilidad se le podrá recordar.

11. La memoria es un proceso constructivo por medio del cual relacionamos los recuerdos con el significado, las conjeturas y las expectativas que otorgamos a los sucesos representados por cada recuerdo. La información específica se recuerda con base en esquemas, o temas generales, que contienen relativamente pocos detalles.

12. Los testigos oculares de crímenes pueden cometer errores considerables cuando tratan de recordar detalles de los actos criminales. El problema de la confiabilidad de la memoria se vuelve aún más agudo en casos donde los testigos son niños y en casos de recuerdos reprimidos, memoria de acontecimientos que al principio son tan aterradores que la mente responde colocándolos en el inconsciente.

13. La memoria autobiográfica, la cual se refiere a recuerdos de circunstancias y episodios de nuestras vidas, es influida por procesos constructivos. Por ejemplo, el individuo olvida información sobre su pasado que es incompatible con la forma en que se percibe en la actualidad. Además, aunque la estructura básica de la memoria es similar a lo largo de las culturas, la forma en que se adquiere, ensaya y recupera la memoria difiere de una cultura a otra.

¿Por qué olvidamos información?

14. Incluso con el empleo de las claves de recuperación, cierta información parece ser irrecuperable como resultado del decaimiento o de la interferencia. El decaimiento es la pérdida de información por la falta de uso, mientras que la interferencia es la pérdida de material por medio del desplazamiento de material antiguo por la información nueva. La interferencia parece ser la principal causa del olvido. Existen dos tipos: la interferencia proactiva (cuando información aprendida con anterioridad interfiere con el recuerdo de material al cual se estuvo expuesto posteriormente) y la interferencia retroactiva (cuando información nueva interfiere con el recuerdo de información a la que se estuvo expuesto antes).

¿Cuáles son los fundamentos biológicos de la memoria?

15. Las investigaciones actuales que abordan la biología subyacente a la memoria se preocupan por la ubicación del engrama, o huella mnémica. Diversos fármacos dañan o mejoran la memoria de los animales, lo cual sugiere que en el futuro se podrán emplear sustancias para mejorar la memoria de los seres humanos.

¿Cuáles son los principales trastornos de la memoria?

16. Existen diversos trastornos de la memoria. Entre ellos se encuentran la enfermedad de Alzheimer, la cual produce una pérdida progresiva de la memoria, y la amnesia, una pérdida de la memoria que ocurre en ausencia de otras dificultades mentales, y que puede presentarse en dos formas. En la amnesia retrógrada, se produce una pérdida de la memoria de sucesos acaecidos con anterioridad a un evento determinado; en la amnesia anterógrada, se produce una pérdida del recuerdo de sucesos ocurridos después de una herida o lesión. El síndrome de Korsakoff es una enfermedad que afecta a los alcohólicos crónicos, la cual produce daños a la memoria.

17. Los psicólogos han desarrollado diversas técnicas para mejorar la memoria. Entre éstas destacan la técnica de la palabra clave para memorizar el vocabulario de una lengua extranjera; la aplicación del método de los *loci* para aprender listas; el empleo del fenómeno de la especificidad de la codificación; la organización del material de los libros y los apuntes de las clases, y la práctica suficiente como para que tenga lugar el sobreaprendizaje —el estudio y el repaso del material más allá de su dominio inicial—.

TÉRMINOS Y CONCEPTOS CLAVE

memoria (p. 199)
memoria sensorial (p. 200)
memoria a corto plazo (p. 200)
memoria a largo plazo (p. 200)
memoria icónica (p. 201)
memoria ecoica (p. 201)
paquete (p. 202)
ensayo (p. 204)
memoria de trabajo (p. 205)
memoria declarativa (p. 206)

memoria procedimental
  (p. 206)
memoria semántica (p. 207)
memoria episódica (p. 207)
modelos asociativos (p. 207)
imprimación (p. 208)
memoria explícita (p. 208)
memoria implícita (p. 208)
teoría de los niveles de
  procesamiento (p. 209)

fenómeno de "en la punta de la lengua"
  (p. 211)
recuerdos fotográficos (p. 212)
procesos constructivos (p. 214)
esquemas (p. 214)
memoria autobiográfica (p. 218)
decaimiento (p. 221)
huella mnémica o engrama
  (p. 221)
interferencia (p. 221)

RESPUESTAS A LA REVISIÓN ANTERIOR

1. decaimiento   **2.** engrama (o huella mnémica)   **3.** interferencia   **4.** retroactiva; proactiva
5. 1-b; 2-c; 3-a

COGNICIÓN Y LENGUAJE

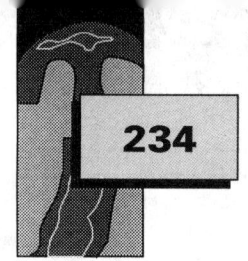

PRÓLOGO

Una compostura rápida en el espacio: el telescopio Hubble

Fue un error que costó 1 500 millones de dólares —una metida de pata a gran escala—. El espejo finamente pulido del telescopio espacial Hubble, diseñado para proporcionar una visión sin precedentes de los vastos confines del universo, no estaba tan finamente pulido después de todo.

A pesar de una variedad de procedimientos de control de calidad que pretendían detectar cualquier defecto, había una pequeña imperfección en el espejo que no fue detectada hasta que el telescopio había sido lanzado al espacio y comenzó a enviar fotografías borrosas. Para entonces, parecía demasiado tarde para arreglar el espejo.

¿O no? Los ingenieros de la NASA consideraron el problema por meses, diseñando, y descartando, una solución potencial tras otra. Por último, formularon una solución atrevida que implicaba enviar a un equipo de astronautas al espacio. Una vez ahí, un astronauta especialista en óptica instalaría varios espejos nuevos en el telescopio, los cuales podrían reenfocar la luz y compensar al espejo defectuoso original.

Aunque los ingenieros no podían estar seguros de que el plan con un costo de $629 millones de dólares funcionaría, parecía una buena solución, al menos en el papel. Sin embargo, no fue sino hasta que se recibieron las primeras fotografías que la NASA supo que su solución había sido exitosa. Esas fotografías proporcionaron vistas espectaculares de galaxias que se encuentran a millones de años luz de la Tierra. (Begley, 1993)

UN VISTAZO ANTICIPATORIO

La reparación del telescopio Hubble fue un momento de triunfo en la resolución de problemas para los ingenieros de la NASA (*National Aeronautics and Space Agency*) que estaban en la Tierra, así como para los astronautas en el espacio. Al superar los obstáculos para una solución mientras trabajaban bajo enormes presiones, los ingenieros tuvieron éxito al resolver un problema difícil y riesgoso. Su éxito ilustra cómo el esfuerzo reflexivo y meticuloso puede conducir a soluciones frente a desafíos formidables.

Solución de problemas a escala cósmica cuando los astronautas reparan el telescopio Hubble en el espacio.

Su logro plantea también una serie de preguntas de importancia vital para los psicólogos: ¿en qué forma las personas utilizan y recolectan información para idear soluciones innovadoras a los problemas? ¿Cómo se transforma ese conocimiento, cómo se le elabora y se le emplea? Y, fundamentalmente, ¿cómo piensan las personas acerca del mundo, de qué modo lo comprenden y cómo lo describen con ayuda del lenguaje?

En este capítulo tratamos a la **psicología cognitiva**, la rama de la psicología que se centra en el estudio de la cognición. La **cognición** abarca los procesos mentales superiores de los seres humanos, incluyendo el modo en que las personas conocen y comprenden el mundo, cómo procesan información, la forma de elaborar juicios y tomar decisiones, y cómo describen su conocimiento y comprensión a los demás. Por lo tanto, el ámbito de la psicología cognitiva es muy amplio, e incluye la investigación de la memoria que se comentó en el capítulo anterior, y gran parte de las investigaciones sobre la inteligencia que expondremos en el capítulo siguiente (Massaro, 1991; Barsalou, 1992).

En este capítulo nos concentraremos en tres amplios temas que son centrales para el campo de la psicología cognitiva: el pensamiento y el razonamiento, la solución de problemas, y el lenguaje. Consideraremos primero las imágenes mentales y los conceptos (los cimientos del pensamiento), así como distintos tipos de razonamiento. Examinamos luego diferentes estrategias para abordar los problemas, medios para generar soluciones y maneras de elaborar juicios respecto a la utilidad y precisión de las soluciones. Por último, en nuestro análisis del lenguaje, consideraremos cómo se adquiere y desarrolla el lenguaje, sus características básicas y la relación entre lenguaje y pensamiento.

- *¿Cómo pensamos?*
- *¿Qué procesos subyacen al razonamiento y la toma de decisiones?*

PENSAMIENTO Y RAZONAMIENTO

Pensamiento

¿Qué es el pensamiento?

La simple capacidad de plantear semejante pregunta ilustra la naturaleza distintiva de la capacidad humana para pensar. Ninguna otra especie es capaz de contemplar, analizar, recolectar o planear de la forma en que podemos hacerlo los seres humanos. Sin embargo, saber que pensamos y comprender qué es el pensamiento son dos cosas distintas. Los filósofos, por ejemplo, han discutido a lo largo de generaciones acerca del significado del pensamiento, y algunos de ellos lo ubican en el núcleo de la comprensión de los seres humanos acerca de su propia existencia.

Para los psicólogos, el **pensamiento** es la manipulación de representaciones mentales de información. La representación puede ser una palabra, una imagen visual, un sonido o datos en cualquier otra modalidad. Lo que hace el pensamiento es transformar la representación de la información en una forma nueva y diferente con el fin de responder a una pregunta, resolver un problema o ayudar a alcanzar una meta.

A pesar de que sigue evadiéndonos una noción clara de qué es lo que ocurre específicamente cuando pensamos, la naturaleza de los elementos fundamentales que empleamos al pensar se comprende cada vez más (Newell, 1990). Comenzaremos con la consideración del uso de las imágenes mentales y los conceptos, los cimientos del pensamiento.

Imágenes mentales: examen del ojo de la mente

Piense en su mejor amigo. Las probabilidades son que "vea" alguna clase de imagen visual cuando se le pida que piense en él, o en cualquier otra persona u objeto. Para algunos psicólogos cognitivos, tales imágenes mentales representan una parte importante del pensamiento.

Psicología cognitiva: rama de la psicología que se especializa en el estudio de la cognición

Cognición: proceso mental superior por medio del cual comprendemos el mundo, procesamos información, elaboramos juicios, tomamos decisiones y comunicamos nuestros conocimientos a los demás

Pensamiento: manipulación de representaciones mentales de información

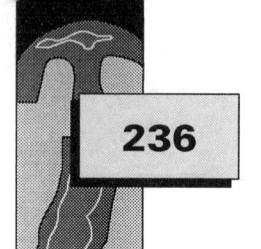
Imágenes mentales: imágenes en la mente que se asemejan al objeto o evento que se está representando

Las **imágenes mentales** son representaciones en la mente que se asemejan al objeto o evento que se está representando. No son sólo representaciones visuales; nuestra capacidad para "escuchar" una tonada en nuestra cabeza también representa una imagen mental. De hecho, puede ser que cada modalidad sensorial produzca imágenes mentales correspondientes (Paivio, 1971, 1975; Kosslyn, 1981; Kosslyn, Seger, Pani y Hillger, 1990).

Las investigaciones han encontrado que nuestras representaciones de imágenes mentales tienen muchas de las propiedades de la percepción real de los objetos que se están representando. Por ejemplo, requiere más tiempo examinar las representaciones visuales mentales de objetos grandes que las de pequeños, del mismo modo en que toma más tiempo examinar un objeto grande real que uno pequeño real. De igual manera, podemos manipular y girar las imágenes visuales mentales de los objetos, igual que somos capaces de manipularlos y girarlos en el mundo real (Kosslyn, 1981; Cooper y Shepard, 1984).

La producción de imágenes mentales ha sido anunciada por algunos como una forma de mejorar el desempeño de varias habilidades. Por ejemplo, muchos atletas usan la imaginería mental en el entrenamiento. Los jugadores de basquetbol pueden intentar producir imágenes detalladas vívidas de la cancha, la canasta, el balón y la multitud ruidosa. Pueden visualizarse haciendo un tiro de *foul*, observando el balón y escuchando el sonido susurrante que hace cuando pasa por la red (May, 1989). Evaluaciones sistemáticas del uso que hacen los atletas de la imaginería mental sugieren que es útil para proporcionar un medio para mejorar el desempeño en la esfera deportiva (Druckman y Bjork, 1991). Evidencias recientes sugieren que la imaginería mental también puede producir mejoras en otros tipos de habilidades. Por ejemplo, el investigador Alvaro Pascual-Leone enseñó a un grupo de personas a tocar un ejercicio de cinco dedos en el piano. Un grupo practicó todos los días durante cinco días, mientras que un grupo control tocó sin ningún entrenamiento, tan sólo oprimiendo las teclas al azar. Por último, a los miembros de un tercer grupo se les enseñó el ejercicio, pero no se les permitió ensayarlo en realidad en el piano. En su lugar, lo ensayaron mentalmente, sentándose al piano y observando las teclas, pero sin tocarlas en verdad.

Cuando fueron comparadas las exploraciones de los sujetos de los diversos grupos, los investigadores encontraron una diferencia distintiva entre aquellos que en realidad practicaron manualmente el ejercicio y los que tan sólo golpeaban las teclas al azar. Sin embargo, el hallazgo más sorprendente provino del grupo que ensayó mentalmente: sus exploraciones cerebrales fueron casi idénticas a las correspondientes a personas que estaban en el grupo que practicó en realidad el ejercicio. Al parecer, la misma red de células cerebrales que estaban implicadas en la ejecución de la tarea estaban involucradas también en el ensayo mental (Chase, 1993; Pascual-Leone y cols., en prensa).

Conceptos: categorizaciones de objetos, sucesos o personas que comparten propiedades entre sí

Estas investigaciones sugieren que los niños cuyos padres los fastidian para que practiquen un instrumento, o una rutina de baile, o alguna otra habilidad que requiera de práctica, ahora pueden emplear una excusa nueva: la están practicando —en la mente—.

Conceptos: categorización del mundo

Si alguien le preguntara qué hay en la despensa de su cocina, usted podría responderle con una lista detallada de cada elemento ("un frasco de mermelada, tres cajas de macarrones con queso, seis platos grandes de distintas vajillas", etcétera). Sin embargo, es más probable que usted respondiera utilizando categorías más amplias, tales como "comida" y "platos".

El empleo de este tipo de categorías refleja la operación de conceptos. Los **conceptos** son categorizaciones de objetos, sucesos o personas que comparten propiedades entre sí. Al emplear conceptos, podemos organizar los fenómenos complejos en categorías cognitivas más simples y, por consiguiente, más fáciles de usar.

Los conceptos nos permiten clasificar objetos que encontramos por primera vez con base en nuestra experiencia previa. Por ejemplo, somos capaces de decir que una caja rectangular pequeña con botones que se encuentra en una silla cerca de la televisión probablemente es un control remoto —aunque nunca hayamos visto antes esa marca específica. En última instancia, los conceptos influyen en el comportamiento; por ejem-

La categorización de los objetos es una función importante de los conceptos.

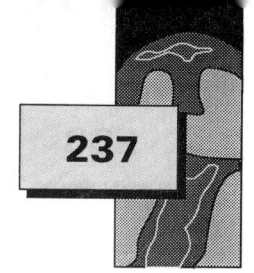

CUADRO 7.1 Prototipos de cuatro conceptos naturales

	Categoría de concepto natural			
Elemento	Muebles	Vehículos	Armas	Vegetales
1	Silla	Automóvil	Pistola	Guisantes
2	Sofá	Camión	Cuchillo	Zanahorias
3	Mesa	Autobús	Espada	Alubias
4	Ropero	Motocicleta	Bomba	Espinaca
5	Escritorio	Tren	Granada de mano	Brócoli
6	Cama	Tranvía	Lanza	Espárrago
7	Librero	Bicicleta	Cañón	maíz
8	Tarima	Avión	Arco y flecha	Coliflor
9	Lámpara	Barco	Garrote	Coles de Bruselas
10	Piano	Tractor	Tanque	Lechuga
11	Colchón	Carreta	Gas lacrimógeno	Betabel
12	Espejo	Silla de ruedas	Látigo	Jitomate
13	Tapete	Tanque	Picahielo	Haba
14	Radio	Balsa	Puños	Berenjena
15	Horno	Trineo	Cohete	Cebolla

Fuente: Rosch y Mervis, 1975.

plo, supondríamos que puede ser adecuado acariciar a un animal después de haber determinado, de hecho, que se trata de un perro.

Cuando los psicólogos cognitivos estudiaron por primera vez los conceptos, centraron su atención en aquellos que son definidos en forma clara por un conjunto único de propiedades o atributos. Por ejemplo, un triángulo equilátero es una figura que tiene tres lados de igual longitud. Si un objeto posee estas características, es un triángulo equilátero; si no las tiene, no lo es.

Otro tipo de conceptos —los que con frecuencia revisten mayor importancia en nuestra vida cotidiana— son mucho más ambiguos y difíciles de definir. Por ejemplo, conceptos tales como "mesa" o "ave" comparten un conjunto de atributos característicos generales relativamente vagos, en lugar de propiedades únicas que distinguen un ejemplo del concepto de un no ejemplo. Cuando consideramos estos conceptos más ambiguos, por lo general pensamos en función de ejemplos; estos últimos son llamados prototipos. Los **prototipos** son ejemplos típicos y altamente representativos de un concepto. Por ejemplo, un prototipo del concepto "ave" es el petirrojo; un prototipo de "mesa" es una mesa de centro. Existe un acuerdo relativamente amplio entre las personas respecto a cuáles ejemplos de un concepto son prototipos, así como cuáles no lo son. Por ejemplo, la mayoría de las personas considera a los automóviles y los camiones como buenos ejemplos de vehículos, en tanto que los elevadores y las carretillas no son vistos como ejemplos muy buenos. En consecuencia, los automóviles y los camiones son prototipos del concepto de vehículo (véase el cuadro 7.1).

Los conceptos nos permiten pensar y comprender con mayor facilidad el mundo complejo en el que vivimos. Por ejemplo, los juicios que realizamos acerca de las razones del comportamiento de los demás se basan en la forma en que clasificamos su comportamiento. Así, nuestras evaluaciones acerca de una persona que se lava las manos veinte veces al día pueden variar, según ubiquemos su comportamiento dentro del marco conceptual de un profesional de la salud o el de un enfermo mental. De modo similar, los médicos hacen diagnósticos basados en conceptos y prototipos de síntomas que aprendieron en la universidad. Por último, los conceptos y prototipos facilitan nuestros esfuerzos por extraer conclusiones adecuadas por medio del proceso cognitivo que veremos a continuación: el razonamiento.

Prototipos: ejemplos típicos y altamente representativos de un concepto

Razonamiento: toma de decisiones

Los profesores que califican a los alumnos.

Un empresario que determina a quién contratar entre un conjunto de solicitantes de empleo.

El presidente que decide si su país debe ir o no a la guerra.

El elemento común de estas tres circunstancias: cada una requiere de razonamiento, el proceso por medio del cual se usa la información para extraer una conclusión y tomar una decisión.

Aunque los filósofos y los lógicos han considerado los fundamentos del razonamiento durante siglos, fue hasta hace relativamente poco que los psicólogos cognitivos han comenzado a investigar cómo razonan y toman decisiones las personas (Dominowski y Bourne, 1994; Evans, Newstead y Byrne, 1994). En conjunto, sus esfuerzos han contribuido a nuestra comprensión de los procesos de razonamiento formal al igual que de los atajos mentales que usamos en forma rutinaria —atajos que a veces pueden conducir a nuestras capacidades de razonamiento por el mal camino—.

Razonamiento deductivo y razonamiento inductivo Un enfoque asumido por los psicólogos cognitivos en su esfuerzo por comprender la toma de decisiones es examinar cómo utiliza la gente los procedimientos formales de razonamiento. Existen dos formas principales: el razonamiento deductivo y el razonamiento inductivo (Rips, 1990, 1994; Bisanz, Bisanz y Korpan, 1994).

En el **razonamiento deductivo** extraemos inferencias e implicaciones de un conjunto de supuestos y las aplicamos a casos específicos. El razonamiento deductivo comienza con una serie de supuestos o premisas que se consideran verdaderas, para después derivar las implicaciones de estos supuestos. Si los supuestos son verdaderos, las conclusiones también deben serlo.

Una técnica importante para el estudio del razonamiento deductivo es pedir a los sujetos que evalúen silogismos. Un *silogismo* presenta un conjunto de dos suposiciones o *premisas* que se emplean para deducir una conclusión. Por definición, la conclusión debe ser verdadera si los supuestos o premisas lo son. Por ejemplo, considere el siguiente silogismo:

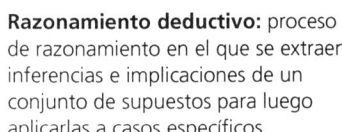

Razonamiento deductivo: proceso de razonamiento en el que se extraen inferencias e implicaciones de un conjunto de supuestos para luego aplicarlas a casos específicos

Todos los hombres son mortales.	*[premisa]*
Sócrates es un hombre.	*[premisa]*
Entonces, Sócrates es mortal.	*[conclusión]*

En este caso ambas premisas son verdaderas y por lo tanto también lo es la conclusión. Por otra parte, si cualquiera de las premisas en un silogismo o ambas no son exactas, entonces hay un apoyo insuficiente para la exactitud de la conclusión. Suponga, por ejemplo, que ve el siguiente silogismo:

Todas las personas son buenas.	*[premisa]*
Hitler es una persona.	*[premisa]*
Entonces, Hitler es bueno.	*[conclusión]*

Aun cuando la conclusión es válida de acuerdo con las reglas de la lógica formal, lo más probable es que usted dudaría de la exactitud de la primera premisa.

Por lo tanto, la conclusión que se extrae de un conjunto de enunciados sólo es tan justificable como la exactitud de las premisas implicadas. Por desgracia, en muchos casos la falta de precisión de una premisa no es tan obvia como en el ejemplo de Hitler, por lo cual podemos llegar a aceptar una conclusión que no es lógicamente válida. Considere los siguientes ejemplos de razonamiento erróneo:

El razonamiento deductivo es usado en forma amplia, no sólo en contextos intelectuales sino también en situaciones cotidianas, como cuando un mecánico intenta imaginarse qué es lo que anda mal en el motor de un automóvil.

Muchas serpientes de colores brillantes son venenosas.	*[premisa]*
La serpiente cabeza de cobre no tiene colores brillantes.	*[premisa]*
Entonces, la serpiente cabeza de cobre no es una serpiente venenosa.	*[conclusión]*

No cabe duda de que algunas drogas son venenosas.	*[premisa]*
Todas las cervezas contienen la droga llamada alcohol.	*[premisa]*
Entonces, algunas cervezas son venenosas.	*[conclusión]*

Todas las cosas venenosas son amargas.	*[premisa]*
El arsénico no es amargo.	*[premisa]*
Entonces, el arsénico no es venenoso.	*[conclusión]*

Aunque cada una de las conclusiones es falsa de acuerdo con las reglas de la lógica formal, puede ser que usted llegue a pensar que la conclusión propuesta es válida —si es que está de acuerdo con ella—. Evidencias experimentales sugieren que las personas se inclinan más a creer que los argumentos son lógicos cuando están de acuerdo con la conclusión que cuando están en desacuerdo con ella (Janis y Frick, 1943; Solso, 1991). En consecuencia, es considerablemente más probable que un demócrata esté de acuerdo con el siguiente silogismo que un republicano:

Los demócratas constituyen grandes presidentes.	*[premisa]*
Bill Clinton es un demócrata.	*[premisa]*
Entonces, Bill Clinton es un gran presidente.	*[conclusión]*

De modo similar, la experiencia cultural de las personas tiene un impacto en la naturaleza de su pensamiento lógico (Serpell y Boykin, 1994). Considere la siguiente secuencia que se le presentó a un grupo de estudiantes en Rusia:

Iván y Boris siempre comen juntos.
Boris está comiendo.
¿Qué está haciendo Iván?

Sólo una quinta parte de los estudiantes rusos dieron una respuesta basada en la lógica tradicional. En su lugar, la respuesta más frecuente fue: "No lo sé. No lo vi." Aunque es posible concluir que las habilidades de razonamiento de los estudiantes rusos estaban menos desarrolladas que las de sus equivalentes estadounidenses —quienes rara vez dan una respuesta incorrecta para esta pregunta— tal interpretación probablemente sea incorrecta.

Una explicación más factible es la que toma en cuenta la influencia de los antecedentes culturales diferentes de los dos grupos de estudiantes. Es probable que las personas que viven en sociedades occidentales muy industrializadas aprendan, por medio de la experiencia y tal vez de la instrucción directa, a usar la lógica abstracta para extraer conclusiones acerca del mundo. Por otra parte, debido a sus experiencias particulares, las personas de sociedades menos industrializadas pueden ser más propensas a basarse en modos concretos de razonamiento. Por lo tanto, tienen mayores probabilidades de utilizar la experiencia sensorial directa como una base para extraer conclusiones, y pueden sentirse menos a gusto con el empleo exclusivo de la lógica abstracta (Solso, 1991).

Por lo tanto, en última instancia, la capacidad de las personas para usar el razonamiento deductivo formal puede verse comprometida por diversas razones. Pueden usar premisas inadecuadas, extraer conclusiones erróneas o pueden obviar el uso de la lógica formal en primer término. El empleo del razonamiento deductivo no garantiza que todos lleguen a las mismas conclusiones.

El complemento conceptual del razonamiento deductivo es el razonamiento inductivo. Mediante el **razonamiento inductivo** inferimos una regla general a partir de casos específicos. Con el empleo de nuestras observaciones, conocimiento, experiencias y creencias acerca del mundo, desarrollamos una conclusión resumida. (Puede recordar la diferencia que existe entre el razonamiento deductivo y el inductivo de esta forma: en el razonamiento *de*ductivo, la conclusión se *de*duce mediante el uso de reglas generales, en tanto que en el razonamiento *in*ductivo, la conclusión se *in*fiere a partir de ejemplos específicos.)

Sherlock Holmes usaba el razonamiento inductivo en su búsqueda de la solución a los misterios. Al reunir pistas, por último era capaz de determinar la identidad del criminal. Del mismo modo, todos usamos el razonamiento inductivo, aunque en forma típica en situaciones más comunes. Por ejemplo, si la persona del departamento de abajo siempre escucha música de Michael Jackson, usted puede comenzar a formarse una impresión de

Razonamiento inductivo: proceso de razonamiento mediante el cual se infiere una regla general a partir de casos específicos, utilizando la observación, el conocimiento, la experiencia y las creencias

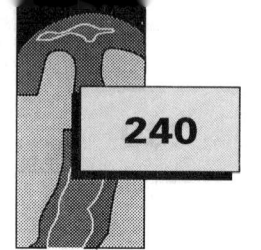

cómo es ese individuo, con base en la muestra de evidencia de que dispone. Como Sherlock Holmes, usted se vale de fragmentos de evidencia para extraer una conclusión general.

La limitación del razonamiento inductivo radica en que cualesquiera conclusiones que se extraigan pueden estar sesgadas si se han utilizado evidencias insuficientes o inválidas. Los psicólogos conocen bien este hecho: los distintos métodos científicos que pueden emplear en la recolección de datos para dar apoyo a sus hipótesis están propensos a varias clases de sesgos, como al usar una muestra inapropiada de sujetos (véase el capítulo 1). De modo similar, podemos extraer conclusiones inadecuadas sobre nuestro vecino si las impresiones propias se basan sólo en la música que escucha y no en una muestra más amplia de su comportamiento.

Algoritmos y heurística   Cuando nos enfrentamos con una decisión, como ayuda, a menudo solemos usar varias clases de atajos mentales, conocidos como algoritmos y heurística. Un **algoritmo** es una regla que, de seguirse, garantiza la solución de un problema. Podemos utilizar un algoritmo incluso si no comprendemos la razón por la cual funciona. Por ejemplo, usted puede saber que la longitud del tercer lado de un triángulo rectángulo se puede determinar con el empleo de la fórmula $a^2 + b^2 = c^2$. Puede ser que no tenga ni la más remota idea de los principios matemáticos que se hallan detrás de esta fórmula, pero tal algoritmo siempre es preciso y, por consiguiente, proporciona una solución a un problema específico.

Sin embargo, para gran cantidad de problemas y decisiones no contamos con algoritmo alguno. En esos casos, como apoyo, podemos utilizar la heurística. La **heurística** es una regla empírica o atajo mental que puede llevar a una solución. A diferencia de los algoritmos, la heurística aumenta las posibilidades de éxito para obtener una solución, mas no puede asegurarlo. Por ejemplo, los jugadores de ajedrez suelen aplicar la heurística de tratar de obtener el control del centro del tablero para determinar la próxima jugada. Esa táctica no garantiza que ganen, pero aumenta sus posibilidades de éxito. De modo similar, algunos estudiantes adoptan la heurística de prepararse para un examen ignorando el texto asignado, con el estudio exclusivo de sus apuntes —estrategia que puede darles buenos resultados o no (Nisbett, Krantz, Jepson y Kunda, 1993).

Aunque puede ayudar a las personas a resolver problemas y a tomar decisiones, el empleo de ciertas clases de heurística puede tener resultados adversos. Por ejemplo, a veces usamos la *heurística de representatividad*, una regla que aplicamos al juzgar a las personas por el grado en que representan una determinada categoría o grupo de individuos. Suponga, por ejemplo, que usted es el propietario de un restaurante de comida rápida y que muchas veces ha sido asaltado por adolescentes. La heurística de representatividad lo llevaría a estar en guardia cada ocasión en que un individuo de este grupo de edad entre en su restaurante (aun cuando, estadísticamente, es improbable que cualquier adolescente determinado lo asalte).

La *heurística de disponibilidad* implica juzgar la probabilidad de ocurrencia de un suceso con base en la facilidad que se tenga para recordarlo (Tversky y Kahneman, 1974). De acuerdo con esta heurística, suponemos que los sucesos que recordamos con facilidad probablemente ocurrieron con mayor frecuencia en el pasado que aquellos que son más difíciles de recordar. Además, suponemos que el mismo tipo de suceso tiene más probabilidades de ocurrir en el futuro. Por ejemplo, tendemos más a preocuparnos de morir asesinados que de diabetes, a pesar del hecho de que existe el doble de posibilidades de que muramos como consecuencia de la enfermedad. La razón por la que nos equivocamos proviene de la facilidad con la que recordamos sucesos dramáticos y muy difundidos, como los asesinatos, lo cual nos lleva a exagerar la probabilidad de que ocurran.

Del mismo modo, muchas personas tienen más temor de morir en un accidente aéreo que en uno automovilístico, a pesar de que las estadísticas muestran que viajar en avión es mucho más seguro que viajar en automóvil. La razón es que los accidentes aéreos reciben mucha más publicidad que los choques automovilísticos y, por consiguiente, son recordados con mayor facilidad. Y de este modo es la heurística de disponibilidad la que lleva a las personas a concluir que están en un peligro mayor en un avión que en un automóvil (Schwartz, Bless, Strack, Klumpp y cols., 1991).

Algoritmo: regla que, si se sigue, garantiza una solución, aunque la razón de su funcionamiento puede no ser comprendida por la persona que la emplea

Heurística: regla empírica que puede llevar a la obtención de la solución de un problema, pero que no la garantiza

Recapitulación

- Los psicólogos cognitivos se especializan en el estudio de los procesos mentales superiores de los seres humanos, lo cual incluye la solución de problemas, el conocimiento, el razonamiento, el juicio y la toma de decisiones.
- El pensamiento es la manipulación de representaciones mentales de información.
- Las imágenes mentales son representaciones en la mente que se asemejan al objeto o evento que se está representando.
- Los conceptos son categorizaciones de objetos, sucesos o personas que comparten características comunes.
- En el razonamiento deductivo, extraemos inferencias e implicaciones de un conjunto de supuestos y las aplicamos a casos específicos; en el razonamiento inductivo, inferimos una regla general a partir de casos específicos.
- Cuando las personas toman decisiones suelen utilizar algoritmos (reglas que, de seguirse, garantizan la obtención de una solución) y heurística (reglas empíricas que pueden conducir a una solución).

Revisión

1. Las _____ son representaciones en la mente que se asemejan al objeto o suceso que están representando.
2. Los _____ son categorizaciones de objetos que tienen características comunes.
3. Cuando piensa en el término "silla", de inmediato se representa una silla de comedor. Una silla de este tipo se puede interpretar como un _____ de la categoría "silla".
4. Relacione el tipo de razonamiento con su definición:
   1. Razonamiento deductivo
   2. Razonamiento inductivo

   a. Derivar conclusiones a partir de un conjunto de premisas
   b. Inferir una regla general a partir de casos específicos
5. Cuando le pregunta a un amigo cuál será la mejor manera de estudiar para su examen final de psicología, éste le responde: "Siempre me ha parecido que lo mejor es darle un vistazo a los apuntes una vez, leer el libro y después volver a revisar los apuntes." ¿Qué herramienta de toma de decisiones puede ejemplificar esta estrategia?
6. La heurística de _____ se emplea cuando se elabora un juicio acerca de la probabilidad de que ocurra un suceso con base en la facilidad con la que se pueda recordar.

Pregúntese a sí mismo

Usted es un experto programador de computadoras. Se le asigna la tarea de diseñar un robot que pueda "aprender" (a través de la observación) a jugar ajedrez a la perfección, sin perder nunca. ¿Qué conocimiento de algoritmos y heurística aplicaría en esta labor? ¿Qué problemas puede prever?

(Las respuestas a las preguntas de la revisión aparecen en la página 243.)

- **¿Cómo abordan los problemas las personas y de qué manera los resuelven?**
- **Cuáles son los principales obstáculos para la solución de problemas?**

SOLUCIÓN DE PROBLEMAS

Según una antigua leyenda, un grupo de monjes vietnamitas consagra gran parte de su tiempo al intento de resolver un problema denominado "el acertijo de la Torre de Hanoi". Si logran resolverlo, los monjes creen que ello implicará el fin del mundo tal como lo conocemos (Raphael, 1976). (Si usted prefiere que el mundo permanezca en su estado actual, no tiene razón para preocuparse por el momento: de acuerdo con un cálculo, el acertijo es tan complicado que alcanzar una solución llevará alrededor de un millón de millones de años.)

En una versión simplificada del acertijo, que se ilustra en la figura 7.1, se presentan tres postes en los que se deben colocar tres discos en el orden que se muestra. La meta

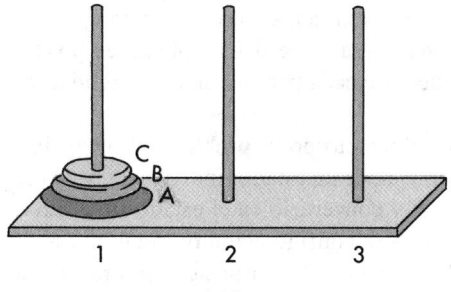

Inicio

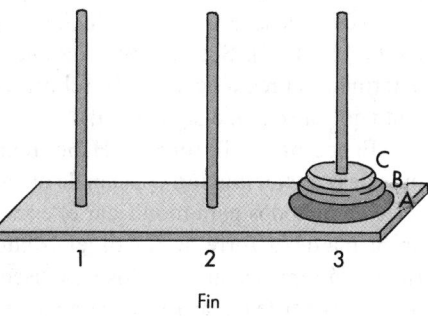

Fin

FIGURA 7.1 La meta del acertijo de la Torre de Hanoi consiste en mover los tres discos desde el primer poste hasta el último, preservando el orden original de los discos, con el empleo del menor número posible de movimientos, todo ello sin violar las reglas de que sólo se puede mover un disco cada vez, y ningún disco puede quedar encima de uno más pequeño durante algún movimiento. Intente resolverlo antes de ver la solución, que se presenta según la secuencia de movimientos. (Solución: Mueva C a 3, B a 2, C a 2, A a 3, C a 1, B a 3 y C a 3.)

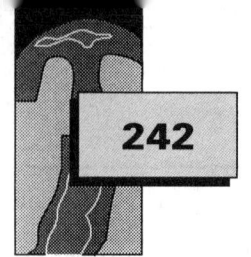
del acertijo es mover los tres discos hacia el tercer poste y colocarlos en el mismo orden, utilizando el menor número posible de movimientos. Pero hay dos restricciones: sólo se puede mover un disco a la vez y ninguno puede cubrir jamás a uno que sea más pequeño durante los movimientos.

¿Por qué se interesan los psicólogos cognitivos en el problema de la Torre de Hanoi? La respuesta radica en que la manera en que se trata de resolver este acertijo y otros más sencillos ayuda a aclarar los procesos que utilizan las personas para resolver problemas complejos con los que se encuentran en la escuela y el trabajo. Por ejemplo, los psicólogos han descubierto que la solución de problemas implica por lo general tres pasos importantes: la preparación para crear soluciones, la producción de soluciones y el juicio y evaluación de las soluciones que se han generado (Sternberg y Frensch, 1991).

Preparación: comprensión y diagnóstico de problemas

Cuando abordan un problema como el de la Torre de Hanoi, la mayoría de las personas comienza tratando de asegurarse de que ha comprendido por completo el problema. Si éste es nuevo, es probable que se preste particular atención a cualquier restricción que se plantee para lograr la solución, así como al estado inicial de los componentes del problema. Por otra parte, si el problema es conocido, es posible dedicar considerablemente menos tiempo a esta etapa.

Los problemas varían desde los bien definidos hasta los mal definidos (Reitman, 1965). Ante un *problema bien definido* —tal como una ecuación matemática o la solución de un rompecabezas— tanto la naturaleza del problema como la información necesaria para resolverlo son claras y accesibles. Por lo tanto, es posible elaborar juicios directos con respecto a lo adecuado o no de una solución potencial. En el caso de un problema *mal definido*, como puede ser la manera de elevar la moral de los empleados en una línea de montaje o la forma de llevar la paz al Medio Oriente, no sólo la naturaleza específica del problema puede ser poco clara, sino que la información que se requiere para resolverlo puede ser menos obvia.

Tipos de problemas   Los problemas por lo general se clasifican en una de las tres categorías que se muestran en la figura 7.2: problemas de ordenación, de inducción de la estructura, y de transformación (Greeno, 1978). La resolución de cada uno de ellos requiere de clases algo diferentes de habilidades psicológicas y conocimientos.

Problemas de ordenación: problemas cuya solución requiere de la reorganización de un grupo de elementos con el fin de satisfacer un criterio determinado

Problemas de inducción de la estructura: problemas cuya solución requiere descubrir las relaciones existentes entre los elementos presentados, de modo que se construya una nueva relación entre ellos

Problemas de transformación: problemas que deben resolverse con el empleo de diversos métodos con el fin de transformar un estado inicial en una meta

Los **problemas de ordenación** requieren que se reorganice o recombine un grupo de elementos de modo que se satisfaga un criterio determinado. Usualmente existen diversas ordenaciones posibles que se pueden adoptar, pero solamente una, o unas cuantas de ellas, hacen posible una solución. Los problemas de anagramas y de rompecabezas son ejemplos de problemas de ordenación.

En los **problemas de inducción de la estructura** se deben identificar las relaciones existentes entre los elementos que se presentan y construir una nueva relación entre ellos. Para resolver un problema de este tipo es necesario determinar no sólo las relaciones que existen entre los elementos, sino también la estructura y las dimensiones de los elementos implicados. En el ejemplo que se muestra en la figura 7.2, en primer lugar el sujeto debe descubrir que la solución requiere considerar a los números en parejas (14-24-34-44-54-64). Sólo después de que se resuelve esa parte del problema es posible determinar la regla de solución (el primer número de cada par aumenta una unidad, en tanto que el segundo sigue igual).

El acertijo de la Torre de Hanoi representa el tercer tipo de problema. Los **problemas de transformación** constan de un estado inicial, de un estado final o meta, y de una serie de métodos para modificar el estado inicial y convertirlo en el estado final. En el problema de la Torre de Hanoi, el estado inicial es la configuración original, el estado final está representado por los tres discos colocados en el tercer poste, mientras que el método consiste en las reglas para mover los discos.

A. PROBLEMAS DE ORDENACIÓN

   1. Anagramas: reordene las letras de cada conjunto para formar una palabra en español:

                  EAFTCA
                  UNEGONI
                  DAUD
                  ENUQUY
                  HACNO

   2. Dos cables cuelgan del techo, pero están muy separados como para que una persona pueda sostener uno y caminar hacia el otro. Sobre el piso hay una caja de cerillos, un destornillador y unos puñados de algodón. ¿Cómo podría atar los cables entre sí?

B. PROBLEMAS DE INDUCCIÓN DE LA ESTRUCTURA

1. ¿Cuál es el siguiente número de la serie?

              1 4 2 4 3 4 4 4 5 4 6 4

2. Complete estas analogías:

        el beisbol es al bat lo que el tenis es a _____

        el mercader es a las ventas lo que el cliente es a _____

Las carátulas del reloj en cada una de las tres hileras están acomodadas en una secuencia lógica. Trate de encontrar la secuencia en cada hilera y dibuje las manecillas faltantes en las tres carátulas en blanco, en menos de 15 segundos.

C. PROBLEMAS DE TRANSFORMACIÓN

   1. Los misioneros y los caníbales: Tres misioneros y tres caníbales desean atravesar un río. Sin embargo, únicamente tienen un bote que sólo puede soportar a dos personas a un tiempo. No hay otra forma de cruzar el río. Si quedan más caníbales que misioneros en cualquiera de las orillas del río, los caníbales se comerán a los misioneros. ¿Cuál será el modo más eficiente en que puedan llegar las seis personas al otro lado del río sin que nadie sufra daños?

   2. Frascos de agua: Una persona tiene tres frascos con las siguientes capacidades:

        Frasco A: 28 decilitros
        Frasco B: 7 decilitros
        Frasco C: 5 decilitros

¿Cómo puede esa persona medir exactamente 11 decilitros de agua?

FIGURA 7.2 Categorías principales de los problemas: *a)* ordenación, *b)* inducción de estructura y *c)* de transformación. *Las soluciones aparecen en la página 244. (Fuentes: Bourne y cols., 1986; problema de los misioneros y los caníbales: Solso, 1991, p. 448.)*

Ya sea que un problema sea de ordenación, de inducción de la estructura o de transformación, la etapa inicial de comprensión y diagnóstico es de vital importancia para su resolución, puesto que nos permite desarrollar la propia representación cognitiva del problema y ubicarlo dentro de un marco de referencia personal. El problema se puede dividir en partes, o alguna parte de la información se puede ignorar cuando tratamos de simplificar la tarea. Postergar la consideración de información secundaria a menudo representa un paso de suma importancia para la solución de problemas.

Representación y organización de un problema Un aspecto sumamente importante al enfrentarse por primera vez con un problema es el modo en que lo representamos a nosotros mismos y en que organizamos la información que se nos presenta (Brown y Walter, 1990). Considere el siguiente problema:

Un hombre escala una montaña el sábado: parte al amanecer y llega a la cima casi al anochecer. Pasa toda la noche en la cima de la montaña. Al día siguiente, domingo, parte al amanecer y

RESPUESTAS A LA REVISIÓN ANTERIOR

1. imágenes mentales **2.** conceptos **3.** prototipo **4.** 1-a; 2-b **5.** Heurística **6.** disponibilidad

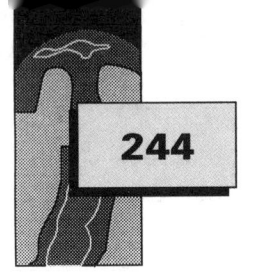

Soluciones para los problemas de la figura 7-2 (página 243)

A. Problemas de ordenación
1. FACETA, INGENUO, DUDA, YUNQUE, ANCHO
2. El destornillador se ata a uno de los cables. Ello forma un péndulo que se puede balancear para alcanzar el otro cable.

B. PROBLEMAS DE INDUCCIÓN DE LA ESTRUCTURA
1. 7
2. Raqueta; las compras
3. La primera carátula en blanco deberá mostrar las 5:00 (se agregan 4½ horas cada vez); la segunda, 4:30 (se restan 45 minutos cada vez); la tercera, 7:40 (se agregan 50 minutos cada vez).

C. PROBLEMAS DE TRANSFORMACIÓN
1.

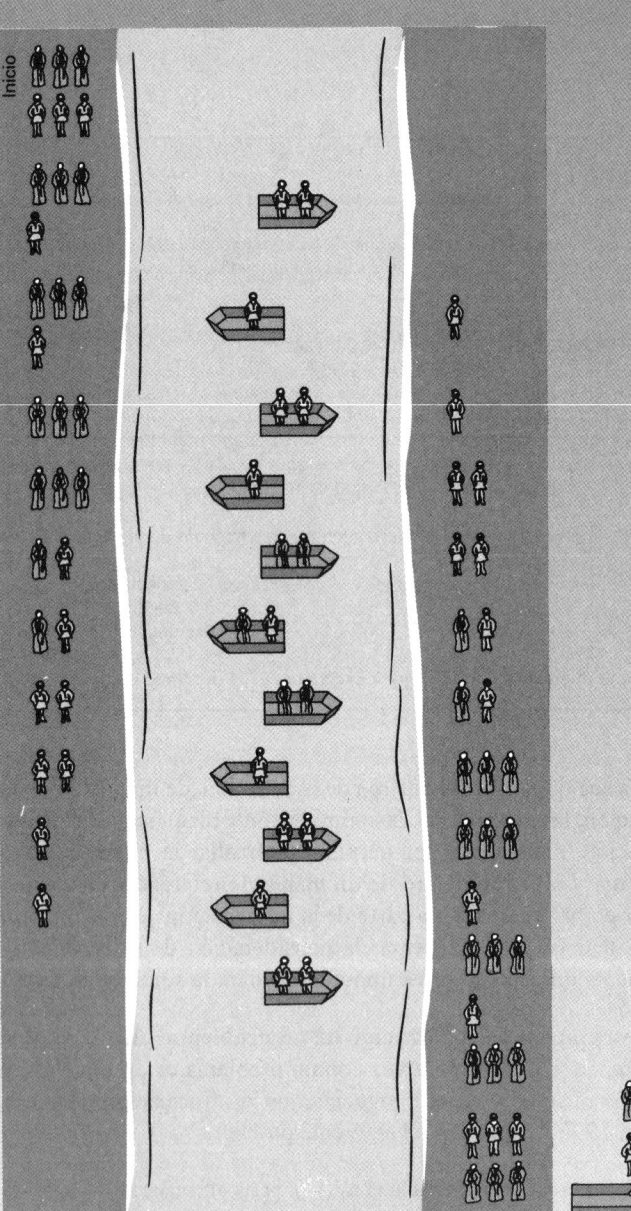

2. Llene el frasco A, vacíelo en el frasco B una vez y en el frasco C dos veces. Lo que queda en el frasco A son 11 decilitros.

(Fuente de la ilustración de la solución al problema de los misioneros y los caníbales; Solso, p. 448.)

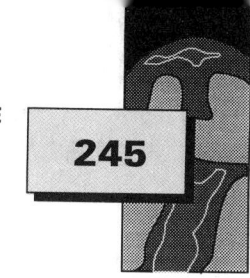

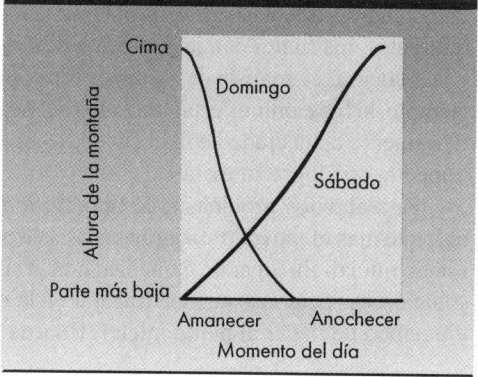

FIGURA 7.3 Con el empleo de una gráfica es sencillo resolver el problema que se plantea en el texto. Recuerde que la meta no consiste en determinar el momento específico, sino en indicar si en realidad existe alguno. (*Anderson, 1980.*)

camina montaña abajo, siguiendo la misma ruta que tomó en su escalada del día anterior. La pregunta es: ¿habrá algún momento durante el segundo día en el que se encuentre exactamente en el mismo lugar de la montaña que el día anterior a la misma hora?

Si trata de resolver este problema por medio de representaciones algebraicas o verbales se enfrentará con muchas dificultades. Sin embargo, si lo representa mediante un diagrama parecido al que se muestra en la figura 7.3, la solución será obvia.

Por lo tanto, una solución exitosa de problemas precisa que la persona los represente adecuadamente y los organice en forma apropiada. No obstante, no existe un modo único que sea el mejor para representar y organizar el material, puesto que esto depende de la naturaleza del problema. En algunas ocasiones, una simple reestructuración del problema, de una forma verbal a una forma gráfica o matemática, por ejemplo, puede ayudar a encontrar una solución directa (Mayer, 1982).

Producción: generación de soluciones

Si un problema es relativamente sencillo, una solución directa puede estar ya almacenada desde hace mucho en la memoria a largo plazo, y todo lo que hace falta es recuperar la información adecuada. Si la solución no puede recuperarse o no se conoce, debemos buscar un proceso por medio del cual se generen soluciones posibles que puedan compararse con la información almacenada en las memorias a corto y a largo plazo.

Ensayo y error   En el nivel más primitivo, las soluciones a los problemas se pueden obtener por medio del método del ensayo y error. Thomas Edison logró inventar la bombilla eléctrica debido a que probó miles de clases de distintos materiales para elaborar el filamento antes de descubrir el que funcionaba adecuadamente (el carbón). Claro está que la dificultad que plantea el método del ensayo y error radica en que existen algunos problemas tan complejos que llevaría toda una vida probar todas y cada una de las posibilidades. Por ejemplo, según un cálculo, existen unas 10^{120} secuencias posibles de jugadas de ajedrez.

Análisis de medios y fines   En lugar del método de ensayo y error, la solución de problemas complejos suele implicar el uso de diversos tipos de heurística, la cual, como se expuso antes, son reglas empíricas que nos indican el camino que lleva a las soluciones. Quizá la heurística de mayor aplicación en la solución de problemas sea la del análisis de medios y fines. Mediante el **análisis de medios y fines** las personas realizan pruebas repetidas para encontrar diferencias entre el resultado deseado y el estado actual. Por ejemplo, quienes emplean el análisis de medios y fines para buscar la secuencia correcta de caminos que los lleven a una ciudad que pueden ver a la distancia deberían analizar sus soluciones basándose en qué tanto los acerca cada una de las elecciones a la meta final, es decir, a la ciudad. Sin embargo, esta estrategia solamente es eficaz si existe

Análisis de medios y fines: pruebas repetidas para determinar las diferencias entre el resultado deseado y lo que existe en la actualidad

una solución directa para el problema. Si el problema es tal que se deben dar pasos indirectos, los cuales dan la impresión de *aumentar* la discrepancia entre el estado actual y la solución, el análisis de medios y fines puede resultar contraproducente. En nuestro ejemplo, si los caminos están trazados de modo tal que la persona se deba *alejar* momentáneamente de la ciudad con el fin de llegar a ella después, el análisis de medios y fines impedirá que logre su meta.

Para algunos problemas, lo opuesto a un análisis de medios y fines representa el enfoque más efectivo: trabajar hacia atrás a partir de la meta y retroceder en dirección al estado inicial. En lugar de comenzar con la situación actual y acercarse cada vez más a la solución, las personas pueden trabajar en la dirección opuesta, comenzando con la meta y tratando de llegar al punto inicial (Bourne y cols., 1986; Malin, 1979).

Submetas   Otra heurística de uso común implica dividir un problema en pasos intermedios, o *submetas,* para luego resolver cada uno de ellos. Por ejemplo, si volvemos al problema de la Torre de Hanoi, existen varias submetas evidentes que se pueden elegir, una de las cuales consistiría en pasar el disco más grande al tercer poste.

Si la resolución de una submeta es un paso adelante para la solución final del problema, entonces la identificación de submetas es una estrategia adecuada. No obstante, hay casos en los que la determinación de submetas no es tan útil, y puede hacer que la persona que trata de resolver el problema se vea obligada a invertir más tiempo para encontrar la solución (Reed, 1988; Hayes, 1966). Por ejemplo, algunos problemas no pueden subdividirse. Otros son tan difíciles de subdividir que lleva más tiempo identificar las subdivisiones apropiadas que resolver el problema por medio de otros métodos. Por último, incluso cuando se divide un problema en submetas, puede no quedar claro qué es lo que se debe hacer después de haber alcanzado una submeta determinada.

Insight   Algunos enfoques de la solución de problemas otorgan menos importancia a los procesos que sugieren conducirse paso por paso, y se enfocan en las repentinas explosiones de comprensión que se pueden experimentar durante los esfuerzos por resolverlos. Inmediatamente después de la Primera Guerra Mundial, el psicólogo alemán

En una impresionante exhibición de *insight*, Sultán, uno de los chimpancés utilizados por Köhler en sus experimentos sobre solución de problemas, ve un racimo de plátanos que está fuera de su alcance (a). Después reúne varias cajas que se encuentran por el cuarto (b), y las apila unas sobre otras para lograr alcanzar los plátanos (c).

a)

b)

c)

Wolfgang Köhler analizó estos procesos de solución de problemas en los chimpancés (Köhler, 1927). En sus estudios, Köhler expuso a los chimpancés a situaciones que representaban un reto para ellos, en las cuales estaban presentes todos los elementos de la solución; lo que era necesario era que los chimpancés los conjuntaran.

Por ejemplo, en una serie de estudios, se mantuvo a los chimpancés en una jaula en la que se encontraban cajas y palos dispersos, además de un racimo de apetitosos plátanos que colgaba desde lo alto, fuera del alcance de ellos. En un principio, los animales realizaron una serie de intentos de ensayo y error para alcanzar los plátanos: les arrojaban un palo, saltaban desde una de las cajas o brincaban enérgicamente desde el piso. Con frecuencia, parecían rendirse, frustrados, dejando a los plátanos colgar tentadores sobre sus cabezas. Pero entonces, en lo que parecía ser una revelación súbita, abandonaban cualquier actividad que estuvieran realizando y se paraban en una caja con el fin de alcanzar los plátanos con un palo. Köhler denominó ***insight*** al proceso cognitivo subyacente al comportamiento de los chimpancés, una conciencia repentina de las relaciones existentes entre diversos elementos que previamente parecían ser independientes unos de otros.

Insight: conciencia repentina de las relaciones existentes entre diversos elementos que anteriormente parecían ser independientes entre sí

A pesar de que Köhler hizo hincapié en el carácter en apariencia repentino del modo en que se revelaban las soluciones, posteriores estudios demostraron que la experiencia previa y la práctica inicial del ensayo y error para la solución de problemas son prerrequisitos para el "*insight*" (Metcalfe, 1986). Un estudio demostró que únicamente los chimpancés que tenían experiencia en jugar con los palos podían resolver el problema; los chimpancés sin esa experiencia nunca lograron descubrir la relación entre pararse sobre la caja y alcanzar los plátanos (Birch, 1945). Algunos investigadores han sugerido que el comportamiento de los chimpancés representaba tan sólo poco más que encadenar entre sí una serie de respuestas previamente aprendidas, que no difieren del modo en que aprende una paloma a picotear una tecla por medio de ensayo y error (Epstein, 1987; Epstein, Kirshnit, Lanza y Rubin, 1984). Está claro que el *insight* depende de contar con una experiencia previa con los elementos implicados en un problema.

Juicio: evaluación de las soluciones

El último paso para resolver problemas es juzgar la idoneidad de la solución elegida. A menudo, se trata de un asunto sencillo: si hay una solución clara —como en el problema de la Torre de Hanoi— sabremos de inmediato si hemos tenido éxito.

Por otra parte, si la solución es menos concreta, o si no existe una única solución correcta, la evaluación de las soluciones se complica. En tales casos, debemos decidir cuál alternativa de solución es la mejor. Por desgracia, en ocasiones somos muy imprecisos para evaluar la calidad de nuestras propias ideas (Johnson, Parrott y Stratton, 1968). Por ejemplo, un equipo de investigadores farmacológicos que trabajan en una compañía particular pueden sentir que su terapia para una enfermedad es superior a todas las demás, sobrestimando la probabilidad de éxito y despreciando los enfoques de las compañías farmacéuticas competidoras.

Teóricamente, si son adecuadas y válidas la heurística y la información sobre las que nos basamos para tomar decisiones, podemos elegir en forma correcta entre las soluciones para un problema. No obstante, como veremos a continuación, existen diversas clases de obstáculos y sesgos en el proceso de solución de problemas, que afectan la calidad de las decisiones y de los juicios que realizamos.

Impedimentos para la solución de problemas

Piense en la siguiente prueba de solución de problemas (Duncker, 1945):

Se le dan conjuntos de tachuelas, velas y cerillos en diversas cajitas, y se le dice que su objetivo es colocar tres velas a la altura de los ojos en una puerta cercana, de modo que la cera derretida no gotee en el suelo a medida que las velas se consumen (véase la figura 7.4). ¿Cómo acometería este desafío?

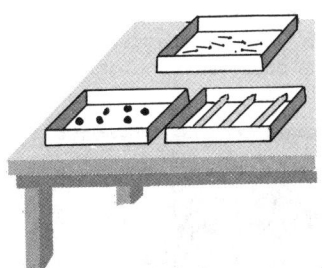

FIGURA 7.4 El problema aquí consiste en colocar las velas a la altura de los ojos en una puerta cercana a modo que la cera no se escurra hacia el piso mientras se queman las velas —usando sólo los materiales que se muestran en la figura (tachuelas, velas y cerillos en cajas)—. Para consultar la solución, véase figura 7.6.

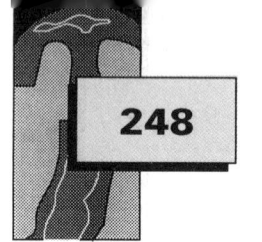

Si tiene dificultades para resolver este problema, no es la única persona a la que le sucede. La mayoría de las personas son incapaces de resolverlo cuando se les presenta del modo en que se ilustra en la figura: los objetos están ubicados *dentro* de las cajas. Por otra parte, si se presentaran los objetos *junto* a las cajas, tan sólo dispuestos en la mesa, las probabilidades indican que usted podría resolver el problema con mayor facilidad —el cual, en caso de que tenga la duda, requiere fijar las cajas con las tachuelas en la puerta y luego poner las velas sobre las cajas— (véase la figura 7.6).

La dificultad que posiblemente encontró para resolver el problema surge de su presentación y se relaciona con el hecho de que la etapa inicial de preparación lo condujo en forma errónea. De hecho, existen obstáculos significativos para la solución de problemas en cada una de las tres etapas principales. A pesar de que los enfoques cognitivos de solución de problemas sugieren que el pensamiento actúa de acuerdo a líneas bastante racionales y lógicas cuando una persona se enfrenta con un problema y debe considerar diversas soluciones, varios factores operan para obstaculizar el desarrollo de soluciones creativas, apropiadas y precisas.

Fijación funcional y acomodo mental   La razón por la que la mayoría de las personas experimenta dificultades con el problema de las velas puede atribuirse a un fenómeno denominado **fijación funcional**, que es la tendencia a pensar en un objeto sólo en función de su utilidad característica. Por ejemplo, es probable que la fijación funcional le haga pensar a usted que el libro que tiene en las manos es algo para leer, en oposición a su valor como un tope para la puerta o como material para encender una fogata. En el problema de las velas, la fijación funcional ocurre debido a que los objetos se presentan inicialmente dentro de las cajas, las cuales se perciben como simples recipientes de los objetos que están en su interior, en lugar de ser vistas como elemento potencial de la solución.

La fijación funcional es un ejemplo de un fenómeno más amplio al que se denomina **acomodo mental**, que es la tendencia a persistir que poseen los viejos patrones de solución de problemas. El acomodo mental puede impedirnos ver la solución más allá de las restricciones aparentes de un problema. Por ejemplo, intente trazar cuatro líneas rectas de modo que toquen los nueve puntos que aparecen a continuación, sin despegar el lápiz del papel:

$$\begin{matrix} \bullet & \bullet & \bullet \\ \bullet & \bullet & \bullet \\ \bullet & \bullet & \bullet \end{matrix}$$

Si tuvo dificultades con este problema, quizá se debió a que se sintió obligado a no salirse de los límites sugeridos por los puntos. Sin embargo, si hubiera ignorado esos límites, habría resuelto el problema con soluciones similares a las que se muestran en la figura 7.5.

Evaluación imprecisa de soluciones   Cuando la planta nuclear de la Isla Tres Millas, en Pennsylvania, sufrió su falla inicial en 1979, un siniestro que casi provocó una fusión nuclear, los operadores de la planta debieron enfrentar de inmediato la resolución de un problema sumamente grave. Distintos monitores presentaban información contradictoria acerca de la fuente del problema: uno indicaba que la presión era demasiado alta, lo cual implicaba el peligro de una explosión; otros señalaban que la presión era muy baja, lo cual podía provocar una fusión. A pesar de que en realidad la presión era muy baja, los supervisores a cargo confiaron en la información proporcionada por el monitor que indicaba que la presión era demasiado alta —el cual estaba defectuoso—. Una vez que tomaron una decisión y actuaron de conformidad con ella, ignoraron la evidencia en contra proveniente de los demás monitores (Wickens, 1984).

Una de las razones para el error de los operadores es el *sesgo de confirmación*, mediante el cual se favorecen las hipótesis iniciales y se ignora la información opuesta que sustente hipótesis o soluciones alternativas. Incluso cuando descubrimos evidencias

Fijación funcional: tendencia a pensar en un objeto en función de su uso más generalizado

Acomodo mental: tendencia a persistir que poseen los antiguos patrones de solución de problemas

FIGURA 7.5   Las soluciones para el problema de los nueve puntos requieren del trazado de líneas que vayan más allá de los límites de la figura —algo que nuestro acomodo mental puede impedirnos descubrir con facilidad—.

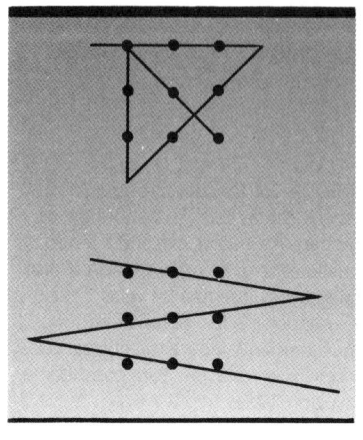

que contradicen la solución que hemos elegido, tendemos a mantener nuestra hipótesis original.

Existen diversas razones para que se produzca el sesgo de confirmación. Una de ellas es que se requiere de esfuerzo cognitivo para reexaminar un problema aparentemente ya solucionado, de modo que tendemos a apegarnos a nuestra primera solución. Otra razón es que la evidencia que contradice la solución inicial puede representar una amenaza para nuestra autoestima, lo cual nos conduce a mantenernos en las soluciones a las que llegamos desde un principio (Rasmussen, 1981; Fischoff, 1977).

Creatividad y solución de problemas

No obstante los obstáculos que existen para solucionar problemas, muchas personas suelen aportar soluciones creativas para los problemas que enfrentan. Una de las constantes preguntas a las que los psicólogos cognitivos han tratado de dar respuesta es la que busca determinar los factores que subyacen a la **creatividad**, a la que se le suele definir como la combinación de respuestas o ideas de formas novedosas (Glover, Ronning y Reynolds, 1989; Isaksen y Murdock, 1993; Smith, Ward y Finke, 1995).

Creatividad: combinación de respuestas o ideas en formas novedosas

Aunque ser capaces de identificar las etapas de la solución de problemas nos ayuda a comprender la forma en que las personas los enfrentan y resuelven, no es suficiente para explicar por qué algunas plantean soluciones mejores que otras. Incluso las soluciones para los problemas más sencillos a menudo exhiben enormes variaciones. Piense, por ejemplo, cómo respondería usted a la pregunta: "¿cuántos usos se le pueden ocurrir para un periódico?" Compare su propia solución con la que se cita a continuación y planteó un niño de 10 años de edad:

Se le puede leer, escribir sobre él, extenderlo y hacer un dibujo en él… Se le puede colocar en una puerta como adorno, se le puede colocar en el bote de la basura, en una silla si la silla está sucia. Si tienes un perrito, lo pones en su caja o lo pones en el jardín para que el perro juegue con él. Cuando construyes algo y no quieres que nadie lo vea, envuélvelo con un periódico. Coloca un periódico en el suelo si no tienes tapetes, úsalo para coger algo caliente, úsalo para dejar de sangrar o para que le caigan encima las gotas de la ropa que se está secando. Puedes utilizar el periódico como cortinas, colocarlo en tus zapatos para tapar lo que te lastima los pies, hacer un papalote con él, para opacar una luz demasiado brillante. Puedes envolver pescado con él, lavar las ventanas o envolver dinero… Colocas los zapatos limpios sobre el periódico, limpias los anteojos con él, lo colocas debajo de un fregadero que gotea, colocas una planta sobre él, haces un recipiente de

Las causas de la creatividad siguen evadiéndonos.

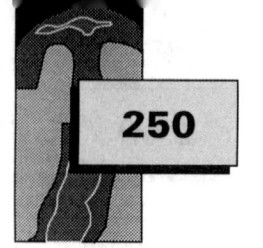

papel, lo utilizas como sombrero si está lloviendo, lo amarras a tus pies como pantuflas. Lo puedes poner sobre la arena si no tienes toalla, lo utilizas para marcar las bases en beisbol, para hacer avioncitos de papel, lo usas como recogedor de basura cuando barres, lo haces bola para que el gato juegue con él, para envolverte las manos si hace frío. (Ward, Kogan y Pankove, 1972)

Es obvio que esta lista muestra una creatividad extraordinaria. Por desgracia, es mucho más fácil identificar *ejemplos* de creatividad que determinar sus causas. No obstante, existen diversos factores que parecen estar relacionados con la creatividad (Richards, Kinney, Benet y Merzel, 1988; Lubart, 1994).

Uno de estos factores es el pensamiento divergente. El **pensamiento divergente** se refiere a la capacidad de generar respuestas poco usuales, pero no obstante adecuadas, ante los problemas o las preguntas. Este tipo de pensamiento contrasta con el **pensamiento convergente**, el cual produce respuestas que se basan de manera fundamental en los conocimientos y la lógica. Por ejemplo, una persona que se apoya en el pensamiento convergente responde, "lo lees", a la interrogante, "¿qué haces con un periódico?" En contraste, "lo utilizas como recogedor de basura" es una respuesta más divergente y creativa (Runco, 1991; Baer, 1993).

Los psicólogos Robert Sternberg y Todd Lubart sugieren que un ingrediente importante de la creatividad es la disposición a correr riesgos que puedan dar como resultado elevadas ganancias potenciales (Sternberg y Lubart, 1992). En su opinión, las personas creativas se parecen a los inversionistas exitosos de la bolsa de valores, quienes siguen la regla de "comprar barato y vender caro". En una forma análoga, los individuos creativos formulan y promueven ideas que están, al menos por el momento, fuera de sintonía con la sabiduría prevaleciente ("comprar barato"). Al final, sin embargo, las personas muy creativas esperan que sus ideas aumentarán de valor y que los demás las encontrarán valiosas y las adoptarán ("vender caro").

Otro ingrediente de la creatividad es la *complejidad cognitiva*: la utilización y preferencia de estímulos y patrones de pensamiento elaborados, intrincados y complejos. De modo similar, las personas creativas a menudo poseen una gama más amplia de intereses y son más independientes y se interesan más en los problemas filosóficos o abstractos que los individuos menos creativos (Barron, 1990).

Un factor que *no* se relaciona estrechamente con la creatividad es la inteligencia. La mayoría de los reactivos en las pruebas de inteligencia se centran en habilidades de pensamiento convergente, puesto que sus preguntas están bien definidas y sólo tienen una respuesta aceptable. Las personas creativas que son pensadoras divergentes pueden, por tanto, encontrarse en desventaja cuando resuelven dichas pruebas. Esto puede explicar por qué los investigadores encuentran en forma consistente que la creatividad sólo se relaciona en mínimo grado con las calificaciones escolares o con la inteligencia, en especial cuando se mide ésta con pruebas típicas de inteligencia (Barron y Harrington, 1981; Sternberg, 1988; Albert, 1992; Simonton, 1994).

Pensamiento divergente: capacidad para generar respuestas poco comunes, pero apropiadas, ante los problemas o las preguntas

Pensamiento convergente: tipo de pensamiento que produce respuestas con base en los conocimientos y la lógica

FIGURA 7.6 Una solución posible para el problema planteado en la figura 7.4 consiste en fijar las cajas a la puerta con tachuelas y luego colocar las velas en las cajas.

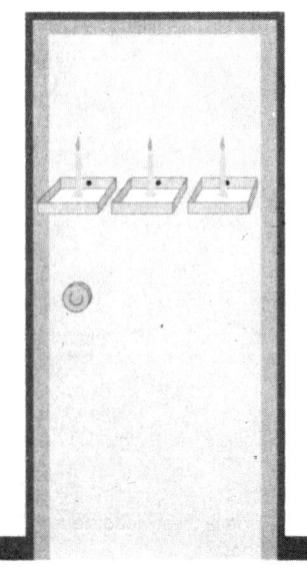

El consumidor de psicología bien informado

El pensamiento crítico y creativo

¿Se puede enseñar a las personas a pensar mejor? Una cantidad creciente de evidencias apoyan cada vez más la noción de que es posible aprender a desempeñarse mejor en las tareas de toma de decisiones y de solución de problemas (Brown y Walter, 1990; Anderson, 1993). Se pueden enseñar reglas abstractas de lógica y razonamiento, cuyo aprendizaje mejora la forma de razonar acerca de las causas subyacentes a los sucesos de la vida cotidiana. A fin de cuentas, los psicólogos cognitivos pueden enseñar en forma rutinaria a los estudiantes no sólo a aumentar su habilidad para resolver problemas, sino también a pensar de manera más crítica (Baron, 1993; Nickerson, 1994).

Con base en las investigaciones que hemos expuesto con relación a la solución de problemas, al pensamiento y a la creatividad, se han desarrollado diversas estrategias que pueden ayudarle a pensar más críticamente y a evaluar los problemas con mayor creatividad, ya sea que se trate de los retos de la vida cotidiana o de problemas de una orientación más académica, como puede ser la determinación de la respuesta correcta a una pregunta de un examen. Las sugerencias para incrementar el pensamiento crítico y la creatividad incluyen las siguientes (Baron y Sternberg, 1986; Coats, Feldman y Schwartzberg, 1994; Hayes, 1989; Whimbey y Lochhead, 1991):

■ *Redefina los problemas.* Los límites y supuestos que usted mantiene son susceptibles de modificación. Por ejemplo, se puede replantear un problema en un nivel más abstracto o más concreto, lo cual dependerá de la forma en que se le haya presentado originalmente (Brown y Walter, 1990).

■ Utilice la *fragmentación* para descomponer una idea o concepto en las partes que lo conforman. Por medio de la fragmentación es posible examinar cada una de las partes para encontrar nuevos enfoques y posibilidades, lo que puede conducir a una nueva solución del problema en su conjunto (deBono, 1967).

■ *Adopte una perspectiva crítica.* En lugar de aceptar pasivamente los supuestos o las aseveraciones, evalúe en forma crítica el material mediante la consideración de sus implicaciones, excepciones y posibles contradicciones.

■ *Utilice analogías.* Las analogías no sólo nos ayudan a descubrir una nueva manera de entender, sino que nos ofrecen marcos de referencia alternos para interpretar los hechos. Un medio particularmente efectivo para emplear las analogías consiste en buscarlas en el reino animal cuando el problema se refiere a los seres humanos, y en la física o la química cuando está relacionado con objetos inanimados. Por ejemplo, la idea para el empaque único de las papas fritas Pringles surgió según dicen cuando un fabricante notó que las hojas secas de los árboles, las cuales normalmente se rompen con facilidad, podían empacarse en forma apretada si eran humedecidas un poco (Rice, 1984).

■ *Piense en forma divergente.* En lugar de pensar en el uso más lógico o más común de un objeto, considere cuál sería su utilidad si a usted se le prohibiera utilizarlo en la forma acostumbrada. Asuma la perspectiva de otra persona, una que esté implicada en la situación o que sea un testigo desinteresado. Al hacerlo, puede obtener una visión fresca de la situación.

■ *Haga uso de la heurística.* Como se dijo anteriormente, la heurística consiste en reglas empíricas que pueden ayudar a lograr una solución para un problema. Si la naturaleza del problema es tal que sólo acepta una respuesta correcta, y existe una heurística disponible o se le puede generar, su uso con frecuencia ayuda a desarrollar una solución de modo más rápido y efectivo.

■ *Experimente con diversas soluciones.* No tenga miedo de utilizar distintos caminos para encontrar soluciones a los problemas (la ruta verbal, la matemática, la gráfica, incluso la representación de una situación). Trate de sacar a la luz cuanta idea pueda, sin importar lo extraña o peculiar que le pueda parecer en un principio. Después de haber elaborado una lista de soluciones, puede revisar cada una de ellas e intentar pensar en maneras de hacer que lo que al principio parecía poco práctico se presente ahora como más factible (Sinnott, 1989; Halpern, 1995).

RECAPITULACIÓN Y REVISIÓN

Recapitulación

- Para resolver los problemas, las personas en general pasan por tres etapas: la preparación, la producción y el juicio.
- El *insight* es una conciencia repentina de las relaciones entre diversos elementos que anteriormente habían parecido ser independientes entre sí.
- Entre los obstáculos que se presentan para una solución exitosa de problemas se cuentan el acomodo mental y la fijación funcional, la aplicación inadecuada de algoritmos y heurística, y el sesgo de confirmación.

- La creatividad se relaciona con el pensamiento divergente y con la complejidad cognitiva.
- Los psicólogos han diseñado varios métodos para promover el pensamiento crítico y la solución creativa de problemas.

Revisión

1. Las tres etapas para la solución de problemas que estudian los psicólogos son _____, _____ y _____.

2. Relacione el tipo de problema con su definición:

1. De inducción de la estructura
2. De ordenación
3. De transformación

a. Modificación del estado inicial al estado meta o final
b. Reordenación de los elementos para satisfacer determinados criterios
c. Construcción de una nueva relación entre los elementos

3. La resolución de un problema mediante un intento de reducir la diferencia entre el estado actual y el estado final o meta se conoce como _____.

4. _____ es el término que se emplea para describir la revelación súbita que suele acompañar a la solución de un problema.

5. Pensar acerca de un objeto exclusivamente en función de su uso típico se conoce como _____.
Una dificultad relacionada, y más amplia, que consiste en la tendencia a permanecer que tienen los patrones antiguos de solución de problemas se denomina _____.

6. El _____ describe al fenómeno mediante el cual se favorece a una hipótesis inicial y se ignora a las hipótesis alternas subsecuentes.

7. La generación de respuestas poco usuales a una pregunta, pero de todas formas apropiadas, se conoce como _____ _____.

8. La inteligencia, tal como se mide por medio de las pruebas de inteligencia tradicionales, está altamente correlacionada con las evaluaciones de creatividad. ¿Cierto o falso?

Pregúntese a sí mismo

Si algunas estrategias que promueven el desarrollo de la creatividad pueden enseñarse, ¿qué beneficios potenciales podría acarrear esto al campo de los negocios? ¿Y al de la ciencia? ¿Y al del trabajo con las personas con necesidades especiales?

(Las respuestas a las preguntas de la revisión aparecen en la página 254.)

- *¿Cómo emplean las personas el lenguaje?*
- *¿Cómo se desarrolla el lenguaje?*

LENGUAJE

"Apenas él le amalaba el noema, a ella se le agolpaba el clémiso y caían en hidromurias, en salvajes ambonios, en sustalos exasperantes…"

Aunque ninguno de nosotros haya escuchado jamás palabras como amalar, noema y clémiso (inventadas por el autor del fragmento), no nos cuesta mucho trabajo discernir que en este fragmento de la novela *Rayuela*, del escritor argentino Julio Cortázar,* lo que se narra es un encuentro amoroso.

Nuestra capacidad para darle sentido a aquello que no lo tiene, si esto último sigue las reglas típicas del lenguaje, ilustra tanto la complejidad de las capacidades del lenguaje humano como la de los procesos cognitivos que subyacen al desarrollo y empleo del lenguaje. La manera en que las personas pueden utilizar el **lenguaje** —el arreglo sistemático y significativo de símbolos— representa con claridad una muy importante capacidad cognitiva, indispensable para la comunicación con los demás. Pero el lenguaje no es tan sólo vital para la comunicación, sino que está estrechamente relacionado con la forma misma en que pensamos acerca del mundo y lo comprendemos, puesto que existe un nexo sumamente importante entre el pensamiento y el lenguaje. Por lo tanto, no es sorprendente que los psicólogos dediquen una gran atención al estudio del lenguaje.

Lenguaje: arreglo sistemático y significativo de símbolos

Gramática: lenguaje del lenguaje

Con el fin de comprender cómo se desarrolla el lenguaje y cuál es su relación con el pensamiento, es preciso que revisemos primero algunos de los elementos formales que constituyen el lenguaje. La estructura básica del lenguaje descansa en la gramática. La **gramática** es el sistema de reglas que determina cómo podemos expresar nuestros pensamientos.

Gramática: sistema de reglas que determinan cómo podemos expresar nuestros pensamientos

*Julio Cortázar, *Rayuela*, La Oveja Negra, Colombia, 1984, p. 346.

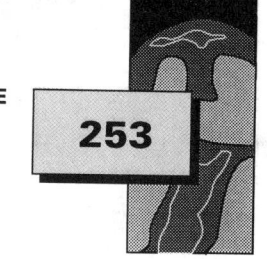

La gramática trabaja con tres componentes importantes del lenguaje: la fonología, la sintaxis y la semántica. La **fonología** se refiere al estudio de las unidades mínimas de sonidos, a las que se denomina **fonemas**, que afectan el significado del habla y la forma en que usamos esos sonidos para generar significados, ordenándolos de modo que formen palabras (Halle, 1990). Por ejemplo, la "y" en "pan y leche" y la "y" en "yema" representan dos fonemas diferentes en español.

Así como los hispanohablantes del continente americano emplean entre 23 y 25 fonemas básicos —dependiendo del país— para producir palabras, los fonemas básicos de otros idiomas varían desde un mínimo de 15 hasta un máximo de 85 (Akmajian, Demers y Harnish, 1984). Las diferencias entre los fonemas son una de las razones por las que las personas tienen problemas al aprender otros idiomas: por ejemplo, para una persona cuya lengua materna es el japonés, en la que no existe el fonema "r", la palabra "rugir" representa una dificultad.

La **sintaxis** se refiere a las reglas que indican cómo se pueden combinar las palabras y las frases para formar enunciados. Todos los idiomas tienen reglas intrincadas que regulan el orden en que se deben unir las palabras para comunicar un significado. Quienes hablan español como lengua materna no tienen problemas para distinguir que "la apaga radio" no sigue un orden adecuado, en tanto que "apaga la radio" sí lo sigue (Lasnik, 1990). La importancia de la sintaxis queda demostrada por los cambios de significado que origina el diferente orden de las palabras en los siguientes tres enunciados: "la madre no ve los defectos del hijo", "el hijo no ve los defectos de la madre", "ve los defectos del hijo, la madre no".

El tercer componente fundamental del lenguaje es la semántica. La **semántica** se refiere al empleo de reglas que gobiernan el significado de las palabras y los enunciados (Larson, 1990; Hipkiss, 1995). Las reglas semánticas nos permiten utilizar las palabras para transmitir los matices más sutiles. Por ejemplo, somos capaces de hacer la distinción entre "el camión atropelló a Laura" (lo que quizá diríamos si acabáramos de presenciar al vehículo pegándole a Laura) y "a Laura la atropelló un camión" (lo que probablemente diríamos si se nos preguntara por qué Laura faltó a clases mientras se recuperaba).

A pesar de la complejidad del lenguaje, la mayoría de nosotros adquirimos los fundamentos de la gramática sin siquiera estar conscientes de haber aprendido sus reglas (Pinker, 1994). Además, aunque podemos encontrar dificultades para enunciar de manera explícita las reglas gramaticales de que nos servimos, nuestra capacidad lingüística es tan compleja que nos permite pronunciar un número infinito de enunciados distintos. Ahora veremos cómo se adquieren esas habilidades.

Fonología: estudio de las unidades mínimas de sonido, llamadas fonemas

Fonemas: unidades mínimas de sonido con que se forman las palabras

Sintaxis: reglas que indican cómo se deben unir entre sí las palabras para formar enunciados

Semántica: reglas que gobiernan el significado de las palabras y los enunciados

Desarrollo del lenguaje: el desarrollo de un medio con palabras

Para los padres, los sonidos de su bebé cuando balbucea y dice ternezas son como música (excepto, tal vez, a las tres de la mañana). Estos sonidos cumplen asimismo con una función importante: significan el primer paso en el camino al desarrollo del lenguaje.

Los niños **balbucean** —profieren sonidos parecidos a los del lenguaje, pero carentes de sentido— desde la edad de tres meses hasta cumplir un año de edad. Mientras balbucean pueden producir, en algún momento, cualquiera de los sonidos que existen en cualquier idioma, no solamente los que pertenecen al idioma al que están expuestos. Incluso los niños sordos exhiben su forma particular de balbuceo: los bebés sordos a los que se les expone desde el nacimiento al lenguaje de signos "balbucean", pero lo hacen con sus manos (Petitto y Marentette, 1991).

El balbuceo comienza a reflejar cada vez más el idioma específico que se habla en el entorno, al principio en cuanto al tono y timbre, y por último en términos de los sonidos específicos (Reich, 1986; Kuhl, Williams, Lacerda, Stevens y Lindblom, 1992). Cuando el niño tiene aproximadamente un año de edad desaparecen los sonidos que no son propios del idioma que está aprendiendo. De ahí sólo hay un corto paso hacia la producción

Balbuceo: sonidos parecidos a los del habla, pero carentes de significado

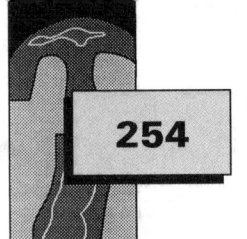

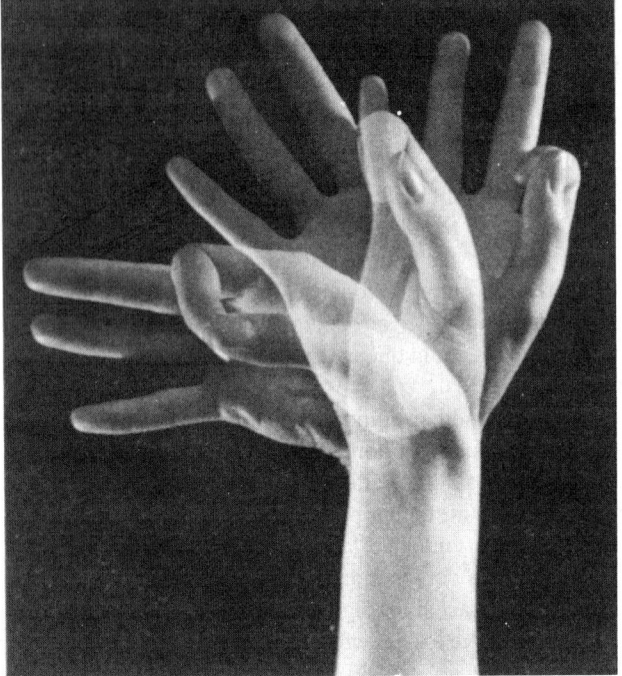

Una sílaba en el lenguaje de signos, como la que se ilustra aquí, ocurre en el balbuceo manual de bebés sordos igual al balbuceo oral de los bebés que pueden escuchar. Las similitudes sugieren que el lenguaje tiene raíces biológicas.

Lenguaje telegráfico: enunciados que se asemejan al texto de un telegrama, en los cuales se omiten las palabras que no son esenciales para el mensaje

de palabras reales. En el español, por ejemplo, se trata por lo general de palabras cortas que tienen consonantes tales como la "b", la "m", la "p" o la "t", lo cual ayuda a entender por qué "mamá" y "papá" están entre las primeras palabras que pronuncian los bebés. Claro está que, antes incluso de que pronuncien sus primeras palabras, los niños son capaces de comprender una buena parte del lenguaje que escuchan. La comprensión del lenguaje antecede a la producción de éste.

Después de cumplir un año, los niños comienzan a aprender formas más complicadas del lenguaje. Producen combinaciones de dos palabras, las cuales se convierten en las partes componentes de sus enunciados, y se produce un aumento en el número de palabras distintas que son capaces de emplear. Cuando cumplen dos años, los niños promedio poseen un vocabulario de más de cincuenta palabras. Y tan sólo seis meses después, ese vocabulario ha crecido a varios cientos de palabras.* En esa misma época, los niños son capaces de producir enunciados pequeños, aunque emplean un **lenguaje telegráfico** —enunciados que suenan como si fueran parte de un telegrama, en los que se omiten las palabras que no son de vital importancia para el mensaje—. En lugar de decir "yo te mostré el libro", un niño que emplea el lenguaje telegráfico podría decir, "mostré libro"; "yo dibujo un perro" podría convertirse en "dibujo perro". Claro está que conforme el niño crece, el empleo del lenguaje telegráfico disminuye y los enunciados adquieren mayor complejidad.

Cuando los niños cumplen tres años de edad, aprenden a formar plurales, añadiendo ya sea "s" o "es" a los sustantivos, y son capaces de conjugar los verbos mediante la incorporación de las inflexiones verbales según corresponda a cada tiempo. Esta capaci-

RESPUESTAS A LA REVISIÓN ANTERIOR

1. preparación; producción; juicio **2.** 1-c; 2-b; 3-a **3.** análisis de medios y fines **4.** *Insight*
5. fijación funcional; acomodo mental **6.** sesgo de confirmación **7.** pensamiento divergente
8. Falso; la inteligencia, tal como se mide en las pruebas, sólo tiene una ligera relación con la creatividad.

*N. del R.T. Sin embargo, hace mucho se dejó de usar el número de palabras por edad como un parámetro del desarrollo, porque existen variaciones enormes en éste. Lo que sí es muy indicativo es la estructura del lenguaje que se usa: si combina o no dos palabras, por ejemplo.

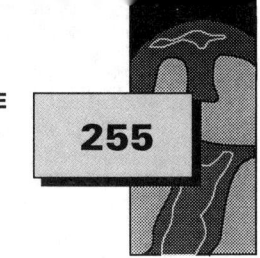
dad conduce también a errores, puesto que los niños tienden a aplicar las reglas con una inflexibilidad excesiva. A este fenómeno se le conoce como **sobrerregularización** (o **sobregeneralización**), ya que los niños aplican las reglas incluso cuando usarlas provoca errores. Así, aunque es correcto decir "molido" al usar el participio de "moler", esa misma regla no funciona tan bien cuando los niños dicen "escribido" para expresar el participio de "escribir".

Gran parte de la adquisición de las reglas del lenguaje de los niños termina cuando cumplen cinco años de edad. No obstante, un vocabulario completo y la capacidad para comprender y utilizar reglas gramaticales sutiles no se logra sino hasta más tarde. Por ejemplo, si se le muestra a un niño de cinco años una muñeca con los ojos vendados y se le pregunta, "¿esta muñeca es fácil o difícil de ver?, tendría grandes problemas para responder a la pregunta. De hecho, si se le pidiera hacer que la muñeca fuera más fácil de ver, quizá trataría de quitarle la venda de los ojos. Por otra parte, los niños de ocho años de edad tienen muy poca dificultad para comprender la pregunta, pues se dan cuenta que la venda de la muñeca no tiene nada que ver con la capacidad de un observador para verla (Chomsky, 1969).

Comprensión de la adquisición del lenguaje: identificación de las raíces del lenguaje

En tanto que cualquiera que conviva con niños se percatará de los enormes avances que se realizan en el desarrollo del lenguaje a lo largo de la infancia, las razones de esta rápida evolución son menos evidentes. Se han planteado dos explicaciones principales: una se basa en la teoría del aprendizaje y la otra en procesos innatos.

El **enfoque de la teoría del aprendizaje** sostiene que la adquisición del lenguaje obedece a los principios del reforzamiento y el condicionamiento, expuestos en el capítulo 5. Por ejemplo, un niño que pronuncia la palabra "mamá" recibe caricias y halagos de su madre, con lo cual se refuerza ese comportamiento y se hace más probable su repetición. Esta perspectiva afirma que los niños aprenden a hablar gracias a que se les recompensa por proferir sonidos que se aproximan a los del lenguaje. Por último, a través de un proceso de moldeamiento, el lenguaje se va pareciendo cada vez más al de los adultos (Skinner, 1957).

El enfoque de la teoría del aprendizaje tiene menos éxito cuando trata de explicar la adquisición de las reglas del lenguaje. A los niños no sólo se les refuerza cuando utilizan bien el lenguaje, sino también cuando responden equívocamente. Por ejemplo, los padres dan igual respuesta cuando el niño pregunta, "¿el perro no come por qué?", que cuando dice "¿por qué no come el perro?", pues ambos enunciados se comprenden con igual facilidad. Por lo tanto, la teoría del aprendizaje no parece proporcionar una explicación completa de la adquisición del lenguaje.*

Un modelo alternativo es el ofrecido por Noam Chomsky (1968, 1978, 1991), quien sostiene que un *mecanismo innato* desempeña un papel muy importante en el aprendizaje del lenguaje. Sugiere que los seres humanos nacen con una capacidad lingüística innata que emerge principalmente como consecuencia del proceso de maduración. Según este análisis, todos los lenguajes del mundo comparten una estructura subyacente similar a la que se denomina **gramática universal**. Chomsky sugiere que el cerebro humano posee un sistema neuronal, el **mecanismo de adquisición del lenguaje**, que hace posible la comprensión de la estructura del lenguaje y proporciona estrategias y técnicas para el aprendizaje de las características exclusivas de una lengua materna determinada. Por lo tanto, de acuerdo con esta perspectiva, el lenguaje es un fenómeno específicamente humano que se hace posible por la presencia del mecanismo de adquisición del lenguaje.

*N. del R.T. Éste puede no ser el ejemplo más adecuado, ya que la sustitución de estos errores puede explicarse con razonamientos conductuales: el medio provee más reforzamiento a la forma gramatical adecuada y por aprendizaje vicario se observa el modelo correcto muchas más veces que el incorrecto. En realidad, la principal objeción sería el uso generalizado de reglas, ya que nunca se enseña "andó" o "ponió", y estos "errores" se producen en todos los niños.

Sobrerregularización (o sobregeneralización): aplicación de las reglas del lenguaje en casos en los que no son adecuadas

Enfoque de la teoría del aprendizaje: perspectiva que sostiene que la adquisición del lenguaje obedece a los principios del reforzamiento y el condicionamiento (véase el capítulo 5)

Gramática universal: estructura subyacente compartida por todos los lenguajes, base de la teoría de Chomsky acerca de que determinadas características del lenguaje tienen su basamento en la estructura cerebral y por lo tanto son comunes a toda la especie humana

Mecanismo de adquisición del lenguaje: sistema neuronal del cerebro que hipotéticamente hace posible la comprensión del lenguaje

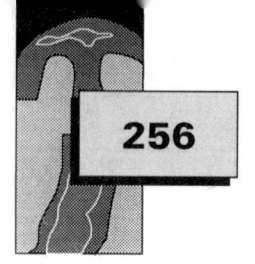
Como sospechará, el punto de vista de Chomsky no carece de críticos. Por ejemplo, los teóricos del aprendizaje plantean que la aparente capacidad de animales tales como los chimpancés para aprender los rudimentos del lenguaje humano (tema que expondremos más adelante en este capítulo) es un punto en contra de la perspectiva del mecanismo innato. Por lo tanto, el asunto sobre el modo en que los seres humanos adquieren el lenguaje es sumamente polémico (Rice, 1989; Pinker, 1990, 1994; Harley, 1995).

Influencia del lenguaje en el pensamiento

¿Los esquimales que viven en el gélido ártico tienen un vocabulario más extenso para hablar de la nieve que las personas que viven en climas más templados? Contrario a la sabiduría convencional, es probable que no. Desde principios del siglo xx se han expuesto argumentos de que el lenguaje de los esquimales tiene muchas más palabras que otros idiomas para designar a la "nieve". En esa época, el lingüista Benjamin Lee Whorf afirmó que debido a que la nieve es tan relevante para la vida de los esquimales, han elaborado un vocabulario rico para describirla —mucho más rico que el que se encontraría en otros idiomas, como el español—. Conforme transcurrió el tiempo, la supuesta cantidad de palabras esquimales para nieve adquirió proporciones míticas, con una cuenta sugiriendo la existencia de 400 términos esquimales diferentes para nieve (Pinker, 1994; Martin y Pullum, 1991).

Sin embargo, en la actualidad la mayoría de los psicólogos concuerdan en que tales afirmaciones se basan más en el mito que en la realidad. Los esquimales no tienen más palabras para nieve que las personas que hablan otro idioma. Por ejemplo, si se examina el español con detenimiento, es difícil decir que es pobre al tratar de describir a la nieve. (Considere aguanieve, ventisca, borrasca y avalancha, para empezar.)

La afirmación de que el lenguaje de los esquimales es en particular rico en términos relacionados con la nieve fue usada como evidencia para sustentar una idea controvertida conocida como la hipótesis del relativismo lingüístico. De acuerdo con la **hipótesis del relativismo lingüístico**, el lenguaje da forma y, de hecho, puede determinar el modo en que los integrantes de una cultura determinada perciben y comprenden el mundo (Whorf, 1956; Lucy, 1992). Según esta perspectiva, el lenguaje nos proporciona categorías que usamos para construir nuestra visión de las personas y acontecimientos del mundo que nos rodea. Como resultado, el lenguaje moldea y produce el pensamiento.

Sin embargo, consideremos otra posibilidad. Supongamos que en lugar de que el lenguaje sea la *causa* de ciertas formas de pensar respecto al mundo, es un *resultado* de pensar y experimentar estímulos relevantes en el ambiente. Desde este punto de vista, el pensamiento *produce* al lenguaje. La única razón para esperar que el lenguaje esquimal pudiera tener más palabras para la nieve que otro idioma es que ésta es considerablemente más relevante para los esquimales que para los pueblos de otras culturas.

Hipótesis del relativismo lingüístico: teoría que sostiene que el lenguaje da forma e incluso puede determinar el modo en que las personas de una cultura particular perciben y comprenden al mundo

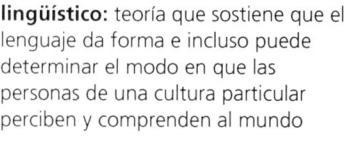

Viajar a países donde se habla un idioma distinto al nuestro plantea la cuestión de la relación entre el lenguaje y el pensamiento.

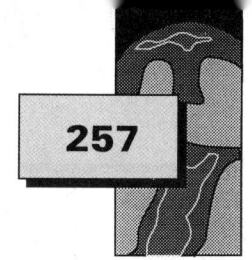

En un esfuerzo por determinar cuál de las dos descripciones (el lenguaje produce al pensamiento, frente al pensamiento produce al lenguaje) proporciona la explicación más precisa, los estudiosos han realizado buena cantidad de investigaciones. En un proyecto importante, Eleanor Rosch (1974), comparó la percepción de los colores de estadounidenses y de miembros de la tribu dani, de Nueva Guinea. Los dani sólo poseen dos nombres para los colores: uno para los colores fríos y oscuros, y otro para los cálidos y luminosos. En inglés, por supuesto, hay cientos de nombres para los colores, pero once de ellos representan las principales categorías de los colores (rojo, amarillo, verde, azul, negro, gris, blanco, morado, anaranjado, rosa y café). Rosch supuso que si la hipótesis del relativismo lingüístico era correcta, los estadounidenses deberían ser más eficientes para reconocer y distinguir colores de las principales categorías, que aquellos que no pertenecían a ellas. En contraste, supuso que los miembros de la tribu dani no deberían exhibir diferencia alguna de reconocimiento de los colores que pertenecen a las categorías principales o las no principales, puesto que en su vocabulario no había palabras para describir a ninguno de ellos.

No obstante, los resultados obtenidos no apoyaron esta hipótesis. No había diferencia en la forma en que percibían los colores los anglohablantes y los dani; ambos grupos percibían los colores de las principales categorías con mayor eficiencia que los colores de las categorías secundarias. Por lo tanto, según estos resultados, las diferencias de lenguaje no influyen en la percepción.

Investigaciones posteriores apoyan los hallazgos de Rosch y, en general, no han apoyado a la hipótesis del relativismo lingüístico (R. Brown, 1986; Pinker, 1990). Parece lo más adecuado concluir que, por lo general, la cognición influye en el lenguaje, y no a la inversa.

Por otra parte, el lenguaje *sí afecta* en ciertos aspectos al pensamiento y la cognición. La forma en que la información se almacena en la memoria —y lo bien que se puede recuperar posteriormente dicha información— se relaciona con el lenguaje (Cairns y Cairns, 1976). De igual modo, nuestras impresiones y recuerdos de la personalidad y comportamiento de los demás se ven afectados por las categorías lingüísticas que nos proporciona el lenguaje que hablamos (Hoffman, Lau y Johnson, 1986). Además, como se expone en el recuadro *La psicología en acción*, el lenguaje puede proporcionarnos una ventaja —u obstaculizarnos— incluso en áreas al parecer ajenas como la eficiencia en las matemáticas. Entonces, aunque el lenguaje no determina al pensamiento, con certeza influye en él (Gerrig y Banaji, 1994).

¿Utilizan un lenguaje los animales?

Una de las interrogantes que con mayor constancia ha planteado problemas a los psicólogos es la de contestar si el lenguaje es un atributo específicamente humano o si otros animales también pueden adquirirlo. Es bien sabido que muchos animales se comunican entre sí de diversas maneras rudimentarias, como los cangrejos, que agitan sus tenazas para emitir una señal; las abejas, cuya danza indica la dirección en la que se encuentra el alimento, o algunos tipos de aves que dicen "zik, zik" durante su cortejo amoroso y "quiá" cuando están a punto de volar. Pero los investigadores aún tienen que demostrar en forma concluyente que estos animales utilizan un verdadero lenguaje, que se caracteriza en parte por la capacidad de producción y comunicación de significados nuevos y específicos con base en una gramática formal.

Sin embargo, los psicólogos han sido capaces de enseñar a los chimpancés a comunicarse en niveles sorprendentemente elevados. Por ejemplo, Kanzi, un chimpancé pigmeo de 9 años de edad, posee habilidades lingüísticas que según algunos psicólogos se aproximan a las de un niño de 2 años de edad. La psicóloga Sue Savage-Rumbaugh y sus colegas, quienes han trabajado intensamente con Kanzi, señalan que éste es capaz de elaborar enunciados que son complejos desde el punto de vista gramatical y que incluso puede confeccionar nuevas reglas de sintaxis (Savage-Rumbaugh, Murphy, Sevcik, Williams, Brakke y Rumbaugh, 1993).

¿El lenguaje les da una ventaja a los chinos en matemáticas?

¿La diferencia entre el tiempo que requiere decir "yi" en oposición a "one" explica la mayor destreza de los chinos sobre los estadounidenses en matemáticas?

En parte, ésta es la hipótesis planteada por el psicólogo David Geary y sus colegas. Sugieren que los niños chinos pueden desempeñarse mejor en matemáticas que sus contrapartes de Estados Unidos debido a diferencias en el lenguaje que usan (Geary, Bow-Thomas, Fan y Siegler, 1993).

Por ejemplo, se requieren varios cientos de milisegundos menos pronunciar "yi", la palabra china para el número 1, que decir "one", la palabra en inglés. Otros números también se dicen en forma más corta en chino que en inglés.

Debido a estas diferencias lingüísticas, los niños chinos pueden retener más números en la memoria a corto plazo que los niños estadounidenses. Por ejemplo, en un estudio que comparó a niños en edad preescolar de Hangzhou, China, y Columbia, Missouri, se encontró que los primeros podían retener 6.7 dígitos en la memoria a corto plazo, en comparación con sólo 4.1 para los niños en Estados Unidos.

Por último, las diferencias entre los lenguajes chino e inglés parecen permitir a los niños chinos recuperar y procesar mentalmente los números con mayor rapidez. También les permite dejar de contar usando los dedos, una práctica relativamente primitiva, a una edad más temprana que sus contrapartes estadounidenses (Geary, Fan y Bow-Thomas, 1992).

Aunque las diferencias entre los lenguajes respecto al tiempo que toma decir un número son pequeñas, las ventajas al parecer se suman con el tiempo. Tales diferencias pueden explicar el hecho de que los niños en Estados Unidos muestran un rendimiento en matemáticas que en forma consistente está por debajo del de los niños chinos. La ventaja china comienza incluso antes de que los niños empiecen a estudiar de manera formal las matemáticas y continúa durante el transcurso de toda la educación formal (Stevenson y cols., 1990).

Por supuesto, las diferencias en el lenguaje no explican por completo el rendimiento superior de los estudiantes chinos en matemáticas. Sin embargo, parecen desempeñar un papel importante. Estos hallazgos pueden proporcionar también una mayor evidencia para la relación estrecha que existe entre el lenguaje y las capacidades cognitivas.

A pesar de las habilidades que exhiben algunos primates como Kanzi, los críticos sostienen que el lenguaje que emplean los primates aún carece de una gramática y de construcciones lo suficientemente complejas y nuevas como para aproximarse a la dimensión de las capacidades humanas (Seidenberg y Petitto, 1987). En lugar de ello, los críticos aseveran que los chimpancés exhiben una habilidad que no difiere de la de un perro que aprende a echarse cuando se le ordena, con el fin de obtener una recompensa. Además, se carece de evidencias firmes de que los animales son capaces de reconocer y responder a los estados mentales de otros de su especie, un aspecto importante de la comunicación humana (Cheney y Seyfarth, 1990; Seyfarth y Cheney, 1992).

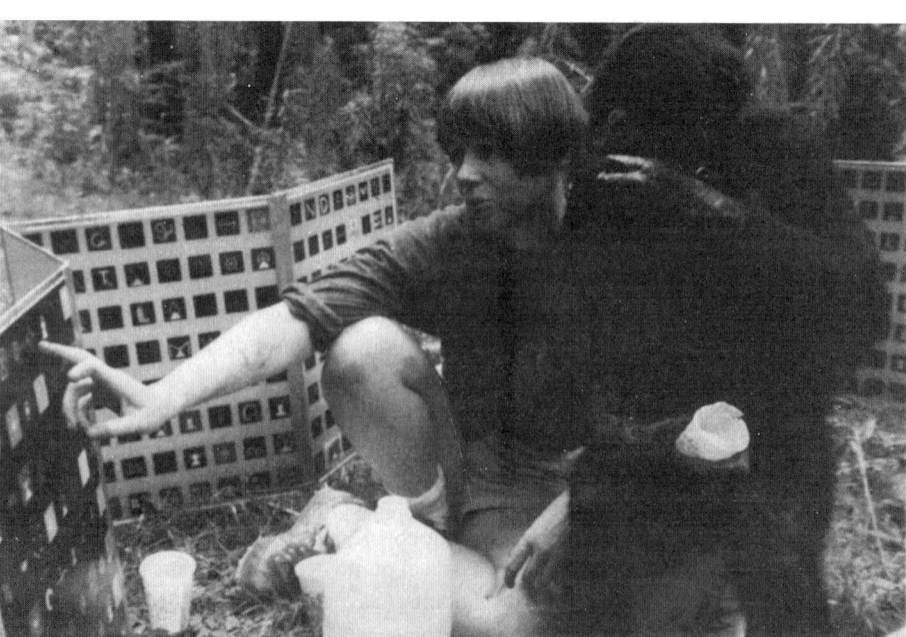

La psicóloga Sue Savage-Rumbaugh señala la palabra para referirse a "camión" mientras ella y el chimpancé Kanzi toman un descanso para tomar agua.

La mayor parte de las evidencias apoyan la afirmación de que los seres humanos estamos mejor equipados que los animales para producir y organizar el lenguaje en forma de enunciados significativos. Pero el tema acerca de la capacidad de los animales para aprender un lenguaje similar al humano y que logren comunicarse mediante su utilización continúa siendo un asunto controvertido (Seidenberg y Petitto, 1987; Savage-Rumbaugh, 1987; Gibbons, 1991). (Para considerar algunas de las implicaciones prácticas del trabajo con las capacidades de lenguaje de los animales, véase el recuadro *Los caminos de la psicología*.)

Exploración de la diversidad

Educación bilingüe: los salones de clase de Babel

Para notificar acerca de la fecha en que se tomarían las fotografías en la escuela primaria número 217 de la ciudad de Nueva York, ubicada en Brooklyn, el aviso a los padres se tradujo a cinco idiomas. Ése fue un bonito gesto, pero insuficiente: más del 40% de los niños son inmigrantes cuyas familias hablan alguno de veintiséis idiomas distintos, que van desde el armenio hasta el urdu. (Leslie, 1991, p. 56)

Desde las ciudades más grandes, hasta las áreas rurales por completo, el rostro —y la voz— de la educación en Estados Unidos está cambiando. Niños con nombres tales como Thong, Tariq y Karachnicoff se hacen cada vez más comunes conforme la corriente inmigratoria de la década de 1980, más intensa que la de 1900, entra en contacto con las escuelas del país. En siete estados, incluyendo Texas, Nueva York y Colorado, más de una cuarta parte de los estudiantes son personas cuya lengua materna que no es el inglés. Para alrededor de 32 millones de estadounidenses el inglés es su segundo idioma (U.S. Census Bureau, 1993).

Cómo trabajar apropiada y eficazmente con el número cada vez mayor de niños que no hablan el inglés desde el nacimiento representa un problema educativo de mucha importancia en aquel país (Lam, 1992). La mayoría de los educadores sugieren que un enfoque bilingüe es el mejor; con un enfoque así, a los estudiantes se les enseñan algunas materias en su lengua natal mientras aprenden en forma simultánea el inglés. Los defensores de la educación bilingüe aseguran que es necesario que los estudiantes desarrollen un dominio adecuado de las áreas básicas y que, al menos en un principio, la instrucción en su lengua materna es la única forma de proporcionarles esos fundamentos. Al mismo tiempo aprenden inglés, y la meta final es que toda su educación se imparta en esa lengua.

En contraste, algunos educadores sugieren que toda la instrucción debería impartirse en inglés, desde el momento en que los estudiantes con otra lengua materna ingresan en la escuela. Para estos educadores, enseñar a estos estudiantes en otro idioma no hace más que obstaculizar su integración a la sociedad, lo que, a fin de cuentas, les causa un perjuicio.

Aunque este asunto es muy controvertido, con fuertes tendencias políticas subyacentes, las investigaciones han contribuido con diversos conocimientos. Al estudiar la relación entre el bilingüismo y la cognición, los psicólogos han encontrado que las personas que hablan más de un idioma pueden contar con ciertas ventajas cognitivas sobre quienes sólo hablan un idioma.

Por ejemplo, quienes hablan dos lenguas exhiben una mayor flexibilidad cognitiva. Disponen de un mayor número de posibilidades lingüísticas para contemplar las situaciones con que se encuentran como consecuencia de sus capacidades para manejar más de un idioma. Esto les permite, a su vez, resolver problemas con una creatividad y una flexibilidad mayores.

Los estudiantes bilingües también están más conscientes de las reglas del lenguaje, por lo que pueden comprender los conceptos con mayor facilidad (Hakuta y Garcia, 1989). Pueden incluso obtener calificaciones más altas en pruebas de inteligencia. Por ejemplo, una encuesta de escolares en Canadá encontró que los estudiantes que hablan francés e

El uso de señales bilingües es en la actualidad común para adaptarse a una población multicultural.

LOS CAMINOS DE LA PSICOLOGÍA

Rose Sevcik

Nació en: 1953
Educación: A.B., John Carroll University; M.S., University of Connecticut; Ph.D., Georgia State University
Hogar: Atlanta, Georgia

Rose Sevcik y el chimpancé.

Durante años, el futuro de Sondra fue considerado poco prometedor. Nacida sorda, muda y con retraso mental, Sondra parecía no tener esperanzas de hablar. En la actualidad, sin embargo, es capaz de hacer solicitudes simples usando un lenguaje basado en computadora, desarrollado por un grupo de investigadores que al principio estaban interesados en las capacidades de lenguaje de los chimpancés.

La transformación de Sondra se produjo como resultado de una línea de investigación seguida por la psicóloga Rose Sevcik. Como integrante del equipo de investigadores que buscaban refinar nuestra comprensión sobre el desarrollo del lenguaje, estudiando tanto a niños como a chimpancés, Sevcik tenía el objetivo de elaborar un sistema de lenguaje para los niños que, debido a diversos trastornos, no desarrollaban el lenguaje.

Sevcik comenzó la búsqueda de su objetivo en la Universidad John Carroll, una pequeña institución de artes liberales en Ohio, la cual le proporcionó la mezcla correcta de cursos y personal docente. "La escuela me ofreció un montón de opciones en todo tipo de disciplinas", dijo Sevcik, "encontré un curso sobre métodos de investigación bastante estimulante, debido a que tuve la oportunidad de aprender sobre las ciencias neurológicas y la forma en que el cerebro influye y afecta el comportamiento."

Graduada de pregrado en psicología, Sevcik continuó en la Universidad de Connecticut y obtuvo un grado de maestría en psicología fisiológica experimental, seguido por un doctorado en psicología comparativa del desarrollo en la Universidad Estatal de Georgia.

Sin embargo, fue en la Universidad de Connecticut donde comenzó a estudiar el modo en que usan y desarrollan el lenguaje los niños y los chimpancés. "Tuve la experiencia de tomar cursos que se enfocaban en la relación entre la biología y el comportamiento", dijo la investigadora de 42 años de edad. "Elaboré mi tesis sobre las capacidades de los monos para percibir el habla sintetizada. Lo que en realidad me introdujo en todo esto fue plantearme la pregunta: '¿Estos animales tienen alguna capacidad de enseñarnos algo sobre la forma en que los humanos usan y desarrollan el lenguaje?'"

"Cuando llegué a Atlanta para continuar mis estudios de posgrado, usábamos un lenguaje artificial desarrollado en un estudio de la forma en que los grandes simios manejan un sistema de lenguaje sistemático", comentó Sevcik. "Mi tesis doctoral fue sobre la forma en que una especie rara de bebés chimpancés pigmeos desarrollaría un sistema de comunicación cuando su única exposición fuera mostrarle el lenguaje."

En la actualidad, Sevcik trabaja en la mañana con niños y en la tarde con chimpancés. "Estamos trabajando en un proyecto a largo plazo que implica el uso de la tecnología de las microcomputadoras para desarrollar un sistema aumentativo para niños que no desarrollan el habla", dijo. "Queremos saber si estos niños pueden ser enseñados a hablar, a pesar de tener problemas cognitivos y lingüísticos severos. Para responder a esta interrogante, necesitamos determinar cómo proceden hacia el desarrollo normal y de qué manera aprenden. No sólo queremos observar a los niños; también deseamos beneficiarlos." Para niños con retraso en el desarrollo como Sondra, quien puede aprender a comunicarse en forma efectiva por primera vez, este trabajo ofrece una promesa real.

inglés tenían calificaciones mucho más altas en pruebas de inteligencia tanto verbales como no verbales que aquellos que sólo hablan un idioma (Lambert y Peal, 1972).

Por último, hay evidencias de que existen principios comunes para la adquisición del lenguaje. Por lo tanto, la instrucción inicial en la lengua materna puede facilitar el aprendizaje del inglés como segunda lengua. No existen evidencias de que los niños lleguen a sobrecargarse cognitivamente si se les instruye tanto en su lengua materna como en inglés (Lindholm, 1991).

En resumen, las investigaciones indican que los estudiantes bilingües tienen ventaja sobre aquellos que solamente hablan un idioma, lo que sugiere que el curso de acción más sensato podría ser aumentar las habilidades lingüísticas para los estudiantes bilingües en su idioma original *y* en inglés. Además, la atención ha comenzado a cambiar en fechas recientes sobre las consecuencias del bilingüismo a una interrogante más amplia: ¿cuál es el impacto psicológico del *biculturalismo,* en el que una persona es integrante de dos culturas?

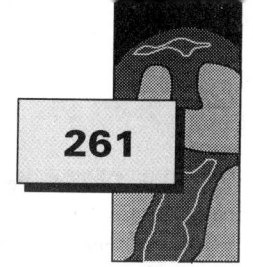

Algunos psicólogos afirman que la sociedad debería promover un *modelo de alternación* de la competencia bicultural. En un modelo de alternación, los miembros de culturas minoritarias son apoyados en sus esfuerzos por conservar su identidad cultural original, al igual que en su integración a la cultura dominante. El modelo promueve la perspectiva de que una persona puede vivir como parte de dos culturas, con dos identidades culturales, sin tener que elegir entre ellas. Todavía está por verse si el modelo de alternación es adoptado en forma extensa (LaFromboise, Coleman y Gerton, 1993).

RECAPITULACIÓN Y REVISIÓN

Recapitulación

- El lenguaje se caracteriza por la gramática, que es un sistema de reglas que determinan cómo podemos expresar nuestros pensamientos.
- La adquisición del lenguaje ocurre con rapidez desde el nacimiento y se completa en gran medida alrededor de los cinco años de edad, aunque posteriormente se producen incrementos de vocabulario y complejidad.
- La perspectiva de la teoría del aprendizaje sostiene que el lenguaje se aprende a través de los principios del reforzamiento y del condicionamiento. En contraste, el enfoque de Chomsky plantea que las capacidades lingüísticas son innatas, ya que son el resultado de la existencia de un mecanismo de adquisición del lenguaje que se localiza en el cerebro.
- Los problemas que implican la relación entre lenguaje y pensamiento, las capacidades lingüísticas de los animales y la educación bilingüe son muy controvertidos.

Revisión

1. Relacione cada componente de la gramática con su definición:
   1. Sintaxis
   2. Fonología
   3. Semántica

   a. Reglas que muestran cómo se deben combinar las palabras para formar enunciados
   b. Reglas que gobiernan el significado de las palabras y los enunciados
   c. El estudio de las unidades de sonido que afectan al habla

2. La producción y la comprensión del lenguaje se desarrollan en los bebés en tiempos relativamente iguales. ¿Cierto o falso?
3. El _____ hace referencia al fenómeno debido al cual los niños pequeños omiten palabras que no son esenciales para el enunciado.
4. Un niño sabe que añadir la terminación "ido" a algunas palabras las transforma en participio. Como resultado, en lugar de decir "ha visto", dice "ha veído". Esto es un ejemplo de _____.
5. La teoría del _____ afirma que la adquisición del lenguaje se basa en los principios del condicionamiento operante.
6. Chomsky asevera que la adquisición del lenguaje es una capacidad innata que se relaciona con la estructura del cerebro. ¿Cierto o falso?
7. Se ha demostrado que el pensamiento influye en el lenguaje, pero es improbable que el lenguaje tenga influencia en el pensamiento. ¿Cierto o falso?

Pregúntese a sí mismo

Suponga que el día de mañana escucha en el noticiario que un par de chimpancés han logrado dominar el idioma inglés (por medio de una computadora) en un nivel equivalente al de tercero de secundaria. ¿Qué efectos tendría esto en las teorías actuales sobre la adquisición del lenguaje? ¿Cómo se podría aplicar este conocimiento a los seres humanos?

(Las respuestas a las preguntas de la revisión aparecen en la página 263).

UNA MIRADA RETROSPECTIVA

¿Cómo pensamos?

1. Los psicólogos cognitivos estudian la cognición, la cual abarca los *procesos mentales superiores*. Estos procesos incluyen la forma en que las personas conocen y comprenden el mundo, la manera en que procesan información, toman decisiones y elaboran juicios, y cómo describen su conocimiento y comprensión a los demás.
2. El pensamiento es la manipulación de representaciones mentales de información. Transforma dichas representaciones en formas nuevas y diferentes, lo cual permite que las personas respondan preguntas, resuelvan problemas o alcancen metas.
3. Las imágenes mentales son representaciones en la mente que se parecen al objeto o acontecimiento que se está representando. Las representaciones de las imágenes mentales de las personas tienen muchas de las propiedades de la percepción real de los objetos que

se están representando. Por ejemplo, toma un mayor tiempo explorar las representaciones visuales mentales de objetos grandes que de objetos pequeños. Del mismo modo, las personas pueden manipular y girar las imágenes visuales mentales de los objetos.
4. Los conceptos, uno de los cimientos con los que se construye el pensamiento, son categorizaciones de objetos, sucesos o personas que comparten propiedades comunes. Algunos conceptos son considerados prototipos, ejemplos representativos del concepto.

¿Qué procesos subyacen al razonamiento y la toma de decisiones?

5. Cuando utilizan el razonamiento deductivo, las personas derivan las implicaciones de una serie de supuestos que se sabe son verdaderos. En contraste con ello, cuando aplican el razonamiento inductivo infieren una regla general a partir de casos específicos. El razonamiento inductivo les permite utilizar sus observaciones, conocimientos, experiencias y creencias acerca del mundo para desarrollar conclusiones sumarias.

6. Es posible mejorar la toma de decisiones mediante el empleo de algoritmos y heurística. Los algoritmos son reglas que, de seguirse, garantizan una solución; la heurística implica reglas empíricas que pueden conducir a una solución, mas no garantizan que ello ocurra.

7. Existen diversos tipos de heurística. Cuando emplean la heurística de representación, las personas deciden si un ejemplo determinado pertenece o no a una categoría específica, evaluando su nivel de representatividad con relación a esa categoría. La heurística de disponibilidad consiste en juzgar la probabilidad de la ocurrencia de un suceso con base en la facilidad que exista para recordar otros casos de ese suceso.

¿Cómo abordan los problemas las personas y de qué manera los resuelven?

8. La solución de problemas suele implicar tres etapas importantes: preparación, producción de soluciones y evaluación de las soluciones que se han generado. La preparación comienza cuando las personas tratan de comprender un problema. Algunos problemas están bien definidos, ya que plantean requisitos de solución claros; otros más se encuentran mal definidos, ya que incluyen ambigüedades tanto en la información que se requiere para la solución como en la solución misma.

9. En los problemas de ordenación, se debe reordenar o recombinar un grupo de elementos de modo que se satisfaga determinado criterio. En los problemas de inducción de la estructura, la persona debe identificar las relaciones que existen entre los elementos que se le presentan y generar una nueva relación entre ellos. Por último, los problemas de transformación constan de un estado inicial, de un estado final o meta, y de una serie de métodos para transformar el estado inicial en el final.

10. Un aspecto sumamente importante de la etapa de preparación es el de la representación y organización del problema. En algunas ocasiones la reestructuración de un problema de una forma verbal a una gráfica o matemática puede ayudar a encontrar el camino hacia la solución.

11. En la etapa de producción, las personas tratan de generar soluciones. Las soluciones para algunos problemas pueden estar ya almacenadas en la memoria a largo plazo, por lo cual pueden recuperarse directamente. En forma alternativa, existen problemas que se pueden resolver por medio tan sólo del método de ensayo y error. No obstante, los problemas más complejos precisan del empleo de heurística.

12. En un análisis de medios y fines, una persona hará pruebas repetidas para encontrar diferencias entre el resultado que se desea y lo que existe en el presente, intentando acercarse cada vez más a la meta. Otro tipo de heurística consiste en dividir un problema en pasos intermedios o submetas, y resolver cada uno de esos pasos.

13. Un ejemplo del enfoque de solución de problemas son las investigaciones de Köhler con chimpancés, en las que éstos debían manipular de modo ingenioso los elementos de la situación con el fin de lograr resolver el problema. Köhler denominó insight al proceso cognitivo subyacente al comportamiento de los chimpancés, una conciencia repentina de las relaciones existentes entre los elementos que anteriormente parecían haber sido independientes.

Cuáles son los principales obstáculos para la resolución de problemas?

14. Diversos factores obstaculizan una efectiva resolución de problemas. La fijación funcional (tendencia a pensar en un objeto exclusivamente en función de su uso más generalizado) es un ejemplo de un fenómeno más amplio que se denomina acomodo mental. El acomodo mental es la tendencia a persistir que tienen los viejos patrones de solución de problemas. El uso inadecuado de algoritmos y heurística también puede constituir un obstáculo para la producción de soluciones. Por último, el sesgo de confirmación, mediante el cual se favorece a las hipótesis iniciales, puede entorpecer la evaluación adecuada de las soluciones propuestas.

15. La creatividad es la combinación de respuestas o ideas de modos novedosos. El pensamiento divergente es la capacidad para generar respuestas poco comunes, pero adecuadas, a los problemas, y está relacionado con la creatividad. La complejidad cognitiva, que es el empleo y preferencia de estímulos y patrones de pensamiento elaborados, complejos e intrincados, también se relaciona con la creatividad.

16. Un número cada vez mayor de evidencias apoya la idea de que las personas pueden aprender a desempeñarse mejor en las situaciones de solución de problemas. Mediante el aprendizaje de las reglas abstractas de la lógica y el razonamiento, pueden pensar críticamente acerca de las causas subyacentes de sucesos cotidianos.

17. Algunas sugerencias para resolver problemas de forma creativa son: redefinir el problema, asumir la perspectiva de otra persona, emplear analogías, utilizar pensamiento divergente, usar la heurística y experimentar con diversas soluciones.

¿Cómo emplean el lenguaje las personas?

18. El lenguaje es el arreglo sistemático y significativo de símbolos. Todos los lenguajes poseen una gramática —un sistema de reglas que determina cómo expresar nuestros pensamientos—. La gramática abarca los tres componentes principales del lenguaje: la fonología, la sintaxis y la semántica. La fonología se refiere al estudio de los sonidos (llamados fonemas) que hacemos al hablar y al uso de éstos para generar significado; la sintaxis comprende las reglas que indican cómo deben agruparse las palabras para formar enunciados; la semántica se refiere a las reglas que gobiernan el significado de las palabras y enunciados.

¿Cómo se desarrolla el lenguaje?

19. La producción del lenguaje, precedida de su comprensión, se desarrolla a partir del balbuceo (sonidos similares a los del habla, pero carentes de significado), lo cual lleva a la producción de palabras concretas. Después de un año, los niños emplean combinaciones de dos palabras y su vocabulario aumenta. En un principio se valen de un lenguaje telegráfico, en el que se omiten las palabras que no son esenciales para el mensaje. Cuando cumplen 5 años de edad, la adquisición de las reglas del lenguaje es casi completa.

20. Existen dos teorías importantes acerca de la adquisición del lenguaje. Los teóricos del aprendizaje sugieren que el lenguaje se adquiere a través del reforzamiento y del condicionamiento. En contraste, Chomsky sostiene que existe un mecanismo de adquisición del lenguaje que es innato, el cual sirve de guía para su desarrollo.

21. La hipótesis del relativismo lingüístico postula que el lenguaje modela y puede determinar la forma en que piensa la gente acerca del mundo. La mayor parte de las evidencias con que se cuenta indica que si bien el lenguaje no determina al pensamiento, sí afecta al modo en que la información se almacena en la memoria y a la facilidad con que se puede recuperar.

22. Sigue siendo controvertido el grado en que el lenguaje es una habilidad humana exclusiva. Aunque algunos psicólogos sostienen que ciertos primates se comunican en un nivel elevado pero no utilizan lenguaje, otros sugieren que en verdad entienden y producen lenguaje en la misma forma que los humanos.

23. Las personas que hablan más de un idioma pueden tener una ventaja cognitiva sobre aquellos que sólo hablan uno. La investigación sugiere que tienen una mayor flexibilidad cognitiva, están más conscientes de las reglas del lenguaje y pueden entender conceptos con mayor facilidad.

TÉRMINOS Y CONCEPTOS CLAVE

psicología cognitiva (p. 235)
cognición (p. 235)
pensamiento (p. 235)
imágenes mentales (p. 236)
conceptos (p. 236)
prototipos (p. 237)
razonamiento deductivo (p. 238)
razonamiento inductivo (p. 239)
algoritmo (p. 240)
heurística (p. 240)
problemas de ordenación (p. 242)
problemas de inducción de la estructura
  (p. 242)

problemas de transformación
  (p. 242)
análisis de medios y fines (p. 245)
insight (p. 247)
fijación funcional (p. 248)
acomodo mental (p. 248)
creatividad (p. 249)
pensamiento divergente (p. 250)
pensamiento convergente (p. 250)
lenguaje (p. 252)
gramática (p. 252)
fonología (p. 253)
fonemas (p. 253)

sintaxis (p. 253)
semántica (p. 253)
balbuceo (p. 253)
lenguaje telegráfico (p. 254)
sobrerregularización (o
  sobregeneralización) (p. 255)
enfoque de la teoría del aprendizaje
  (p. 255)
gramática universal (p. 255)
mecanismo de adquisición del lenguaje
  (p. 255)
hipótesis del relativismo lingüístico
  (p. 256)

RESPUESTAS A LA REVISIÓN ANTERIOR

1. 1-a; 2-c; 3-b **2.** Falso; la comprensión del lenguaje antecede a la producción del lenguaje
3. lenguaje telegráfico **4.** sobrerregularización **5.** aprendizaje **6.** Cierto **7.** Falso; al parecer el lenguaje y el pensamiento interactúan entre sí de diversos modos.

CAPÍTULO 8

INTELIGENCIA

Prólogo: Mindie Crutcher y Lenny Ng
Un vistazo anticipatorio

DEFINICIÓN DE COMPORTAMIENTO INTELIGENTE

Medición de la inteligencia
La psicología en acción: Sustitución de lápices
   por teclados: medición de la capacidad por medio
   de computadoras
Formulaciones alternativas de la inteligencia
¿Es inteligencia el procesamiento de información?
   Enfoques contemporáneos
Inteligencia práctica: medición del sentido común
El consumidor de psicología bien informado: ¿Se puede
   lograr un mejor rendimiento en las pruebas
   estandarizadas?
Recapitulación y revisión

VARIACIONES EN LA CAPACIDAD INTELECTUAL

Retraso mental
Los caminos de la psicología: Rob Davies
El sobresaliente en el área intelectual
Recapitulación y revisión

DIFERENCIAS INDIVIDUALES EN LA INTELIGENCIA: DETERMINANTES HEREDITARIOS Y AMBIENTALES

Exploración de la diversidad: La influencia relativa de la
   herencia y el medio ambiente
La interrogante de la herencia y el medio ambiente en
   perspectiva
Recapitulación y revisión
Una mirada retrospectiva
Términos y conceptos clave

Mindie Crutcher y Lenny Ng

Cuando nació Mindie, los médicos dijeron que, por desgracia, siempre tendría retraso, que nunca podría sentarse, ni caminar, ni hablar. "Nunca sabrá que usted es su madre", le dijeron a Diane Crutcher, de 25 años de edad. "Dígale a sus parientes que su bebé está muerta."

Hoy, la niña que nunca se sentaría es una animada alumna de primero de secundaria. La niña que nunca sería capaz de hablar ni conocer a su propia madre dijo en un congreso médico que estaba "contenta de que mamá y papá me dieran una oportunidad".

Pero los expertos estaban en lo cierto en una cosa: Mindie tiene síndrome de Down, un trastorno genético, uno de los defectos congénitos más comunes y la causa física principal de la deficiencia mental (Turkington, 1992, p. 42).

Imagine –y le costará un poco de trabajo— a Lenhard (Lenny) Ng, el hijo primogénito de unos inmigrantes cantoneses que se establecieron en Chapel Hill, N.C., donde su padre es profesor de física en la Universidad de Carolina del Norte (UCN). A los 10 años de edad, obtuvo una puntuación perfecta de 800 en la sección de matemáticas del SAT. Estableció una nueva marca al realizar sin errores, cuatro años consecutivos, el Examen de Matemáticas para Bachillerato de Estados Unidos (American High School Math Exam). El año pasado ganó una medalla de oro en las olimpiadas de matemáticas en Moscú. Ha recibido honores en varias competencias de violín y piano y jugó en un campeonato con un equipo de basquetbol de la liga infantil mientras obtenía sólo dieces en la UCN (asistía a la preparatoria y a la universidad al mismo tiempo)... En este otoño Ng entrará a Harvard, tal vez como estudiante de segundo año. Tiene 16 años. Es suficiente como para hacer que lo odie, excepto que en verdad es un muchacho agradable... Y esto hará que usted se sienta mejor: en la sección verbal del SAT del año pasado, Ng obtuvo un simple 780 (Beck y Wingert, 1993, p. 53).

Mindie Crutcher (arriba) y Lenhard Ng (abajo).

UN VISTAZO ANTICIPATORIO

Dos personas diferentes, con capacidades y fortalezas intelectuales muy distintas. Y, sin embargo, en su interior, Mindie Crutcher y Lenny Ng comparten aspectos básicos de la humanidad e incluso, se podría afirmar, de la inteligencia, la que a final de cuentas los hace más semejantes que diferentes.

En este capítulo consideramos la inteligencia en todas sus muchas variedades. Ésta representa un punto focal para los psicólogos que pretenden entender la manera en que las personas pueden adaptar su comportamiento al entorno en el que viven. También representa un aspecto clave de la forma en que los individuos difieren entre sí en la manera en que aprenden sobre el mundo y lo entienden.

Comenzaremos este capítulo considerando los desafíos que implica la definición y la medición de la inteligencia. Si usted es como la mayoría de las personas es probable que se haya preguntado cuán listo es. También los psicólogos han tratado de evaluar la naturaleza de la inteligencia. Examinaremos algunos de sus enfoques sobre la inteligencia, así como los esfuerzos que se han realizado para elaborar y aplicar pruebas estandarizadas como un medio para evaluarla.

También analizaremos a los dos grupos que representan las diferencias individuales extremas de inteligencia: las personas con deficiencia mental y las personas sobresalientes en el área intelectual. Los desafíos particulares de cada población se analizarán junto con programas especiales, desarrollados para ayudar a los individuos de ambos grupos a alcanzar su potencial.

Por último, exploraremos los dos aspectos quizá más controvertidos relacionados con la inteligencia. Primero, consideraremos el grado en que la herencia y el ambiente influyen en ella. Luego analizaremos si las pruebas tradicionales de inteligencia están sesgadas a favor de los grupos culturales dominantes de la sociedad —un asunto difícil que tiene significación tanto psicológica como social—.

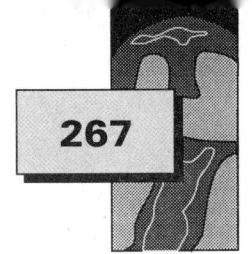

- *¿Cómo conceptualizan y definen los psicólogos a la inteligencia?*
- *¿Cuáles son los principales enfoques para medir la inteligencia?*

DEFINICIÓN DE COMPORTAMIENTO INTELIGENTE

Es muy común para los miembros de la tribu truquese, que habita en el Pacífico Sur, navegar cientos de kilómetros en mar abierto. A pesar de que su destino pueda no ser más que un pequeño trozo de tierra de menos de kilómetro y medio de extensión, los truqueses son capaces de navegar sin yerros hacia él sin la ayuda de brújula, cronómetro, sextante o cualquiera de las demás herramientas de navegación indispensables en la actualidad. Pueden surcar el océano con precisión, incluso cuando los vientos prevalecientes no les permiten realizar una aproximación directa a la isla y se vean obligados a seguir un curso zigzagueante (Gladwin, 1964).

¿Por qué pueden navegar con tal efectividad los truqueses? Si se les pregunta, no lo podrán explicar. Pueden decirle que se valen de un proceso que toma en cuenta la salida y la puesta de las estrellas, y la apariencia, el sonido y el golpeteo de las olas sobre los costados del bote. Pero en cualquier momento específico de su ruta no son capaces de identificar su posición o de decir por qué hacen precisamente lo que están haciendo. Tampoco pueden explicar la teoría de navegación subyacente.

Algunos pueden decir que la incapacidad de los truqueses para explicar en términos occidentales cómo funciona su técnica de navegación es un indicio de comportamiento primitivo o incluso no inteligente. De hecho, si aplicáramos a los marinos truqueses un examen occidental estandarizado de teoría y conocimientos de navegación o, en tal caso, una prueba tradicional de inteligencia, es muy probable que tuviesen un desempeño muy deficiente. Sin embargo, en la práctica es difícil afirmar que los truqueses no son inteligentes: a pesar de su incapacidad para explicar cómo lo hacen, pueden navegar con éxito en mar abierto.

El modo de navegar de los truqueses señala la dificultad que implica apreciar lo que se entiende por inteligencia. Para un occidental, viajar en línea recta sobre el camino más directo y más rápido, utilizando un sextante y otras herramientas de navegación, quizá representará el tipo de comportamiento más "inteligente"; un curso zigzagueante, basado en la "sensación" de las olas, no le parecerá muy razonable. No obstante, para un

La inteligencia puede asumir muy diversas formas. Las habilidades necesarias para sobrevivir como cazador en África, difieren de las que exige una profesión de arquitecto, pero son igualmente importantes.

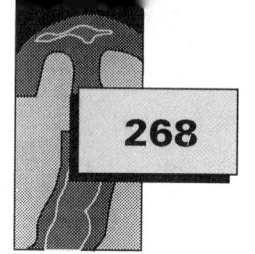

truquese, quien está habituado a su propio sistema de navegación, el empleo de herramientas complicadas para navegar podría parecerle tan excesivamente complejo e innecesario que podría pensar que los navegantes occidentales no son muy inteligentes.

Es claro que el término "inteligencia" puede implicar muy diversos significados (Lohman, 1989; Davidson, 1990). Por ejemplo, si usted viviera en una remota aldea africana, su criterio para percibir la inteligencia de las personas podría ser muy distinto del que utilizara una persona que viviese en el centro de la ciudad de Miami para distinguir las diferencias individuales. Para el africano, una inteligencia superior estaría representada por habilidades excepcionales para cazar o para sobrevivir; para el habitante de Miami, podría quedar ejemplificada por saber lidiar con un sistema masivo de tránsito, por saber "andar en la calle" o por evitar ser estafado.

Cada una de estas concepciones de la inteligencia es razonable, pues una y otra representan un caso en el que las personas más inteligentes tienen mayor capacidad para emplear los recursos de su entorno que los individuos menos inteligentes, distinción que suponemos básica para cualquier definición de inteligencia. Sin embargo, también es evidente que estas concepciones representan visiones muy distintas de la inteligencia.

El hecho de que dos conjuntos de comportamientos tan diferentes puedan servir de ejemplo para el mismo concepto psicológico ha representado desde tiempo atrás un reto para los psicólogos. Durante muchos años han tenido dificultades para elaborar una definición general de inteligencia independiente de la cultura específica de una persona, así como de otros factores ambientales. Es interesante destacar que las personas sin entrenamiento en esta disciplina tienen concepciones relativamente claras de la inteligencia (Sternberg, 1985b). Por ejemplo, en una encuesta en la que se pidió a un grupo de personas definir lo que trataban de expresar cuando hablaban de inteligencia, se manifestaron tres componentes principales de ésta (Sternberg y cols., 1981). En primer lugar, se habló de la habilidad para resolver problemas: las personas que razonan lógicamente e identifican más soluciones a los problemas fueron vistas como inteligentes. En segundo lugar, se pensó que las habilidades verbales ejemplifican la inteligencia. Por último, la competencia social, la capacidad para mostrar interés por los demás y de interactuar de forma eficiente con ellos, fue vista como indicativa de inteligencia.

La definición de inteligencia que emplean los psicólogos contiene algunos de los elementos que aparecen en las concepciones de las personas no especializadas. Para los psicólogos, la **inteligencia** es la capacidad para comprender el mundo, pensar en forma racional y emplear los recursos en forma efectiva cuando se enfrentan desafíos (Wechsler, 1975).

Por desgracia, ni la concepción de los legos ni la de los psicólogos sirven de mucho cuando se trata de distinguir, con cierto grado de precisión, cuándo una persona es más o menos inteligente que otra. Para superar este problema, los psicólogos que estudian la inteligencia han centrado gran parte de su atención en el desarrollo de baterías de pruebas, a las que se conoce, obviamente, como **pruebas de inteligencia**, y han confiado en ellas para determinar el nivel de inteligencia de una persona. Estas pruebas han brindado grandes beneficios para identificar estudiantes que precisan de atención especial en la escuela, diagnosticar dificultades cognitivas y ayudar a que las personas tomen decisiones educativas y vocacionales óptimas. Al mismo tiempo, su empleo también ha demostrado ser muy controvertido.

Inteligencia: capacidad para comprender el mundo, pensar en forma racional y emplear los recursos de manera efectiva cuando se enfrentan desafíos

Pruebas de inteligencia: batería de medidas usadas para determinar el nivel de inteligencia de una persona

Medición de la inteligencia

Las primeras pruebas de inteligencia seguían una sencilla premisa: si el desempeño en determinadas tareas o reactivos de la prueba mejora con la edad, se puede emplear al desempeño para discriminar los diversos grados de inteligencia de los integrantes de un grupo de edad específico. Valiéndose de este principio, Alfred Binet, un psicólogo francés, diseñó la primera prueba formal de inteligencia, que trataba de identificar a los estudiantes más "tontos" del sistema escolar parisino, con el fin de brindarles ayuda.

Binet comenzó presentándoles tareas a estudiantes de la misma edad a quienes sus maestros habían identificado como "brillantes" o "tontos". Si la tarea podían realizarla

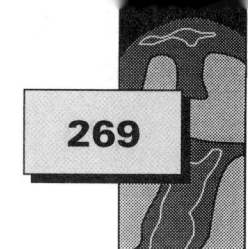

los estudiantes brillantes, mas no los tontos, la conservaba como un reactivo adecuado; de otra forma la descartaba. A fin de cuentas generó una prueba que distinguía entre los grupos de alumnos brillantes y tontos, y —en otro trabajo— una que distinguía entre niños de grupos de diversos grupos de edad (Binet y Simon, 1916).

Con base en la prueba de Binet, se asignaba a los niños una calificación que correspondía a su **edad mental**, el promedio de edad de los niños que, al realizar la prueba, obtenían la misma calificación. Por ejemplo, si un niño de nueve años de edad recibía una calificación de 45 en la prueba, y ésta era la calificación promedio que obtenían los niños de ocho años, se debía considerar que su edad mental era de ocho años. De modo similar, a una joven de 14 años que obtuviera 88 en la prueba —la calificación de los jóvenes de 16— se le debía asignar una edad mental de 16 años.

La asignación de una edad mental a los estudiantes indicaba si estaban desempeñándose o no en el mismo nivel que sus compañeros. No obstante, no permitía realizar comparaciones adecuadas entre personas de distinta *edad cronológica*, o *física*. Por ejemplo, si se consideraba solamente la edad mental, podríamos suponer que una persona de 18 años de edad que responde igual que una de 16 años sería igual de brillante que un niño de cinco años que responde al nivel de los niños de tres años, cuando en realidad el niño de cinco años exhibiría un grado *relativo* de atraso mucho mayor.

Una solución a este problema se presentó bajo la forma del **puntaje de coeficiente intelectual**, o **CI**, medida de inteligencia que toma en consideración la edad mental *y* la edad cronológica de un individuo. Para calcular el puntaje del CI se emplea la siguiente fórmula, en la que EM quiere decir edad mental y EC edad cronológica:

$$\text{Puntaje del CI} = \frac{\text{EM}}{\text{EC}} \times 100$$

Con el empleo de esta fórmula podemos regresar al ejemplo anterior del joven de 18 años que se desempeña con una edad mental de 16 y calcular su puntaje del CI de $(16/18) \times 100 = 88.9$. En contraste, el niño de cinco años que se desempeña con una edad mental de 3 resulta tener un puntaje del CI mucho menor: $(3/5) \times 100 = 60$.

Como concluirá al hacer un poco de ensayo y error con la fórmula, cualquiera que tenga una edad mental igual a su edad cronológica tendrá un CI igual a 100. Por otra parte, las personas con una edad mental mayor a su edad cronológica tendrán CI mayores de 100, y aquellas con edades mentales inferiores que sus edades cronológicas tendrán un CI menor que 100.

A pesar de que aún se mantienen los principios básicos que subyacen al cálculo del puntaje de CI, en la actualidad éste se obtiene de modo un tanto distinto, y se le conoce como *desviación del puntaje de CI*. En primer lugar, se determina la calificación promedio de todas las personas de la misma edad que realizan la prueba, al cual se le asigna un CI de 100. Después, con la ayuda de técnicas matemáticas complejas que calculan las diferencias (o "desviaciones") entre cada calificación y el promedio, se asignan los valores de CI a todas las demás calificaciones de la prueba de este mismo grupo de edad.

Como puede verse en la figura 8.1, aproximadamente dos terceras partes de la totalidad de las personas se ubican dentro de los quince puntos de CI anteriores o posteriores al promedio de 100. A medida que aumentan o disminuyen los puntajes, más allá de ese rango, el porcentaje de personas en cada categoría disminuye notablemente.

Pruebas de CI ¿Cómo es una prueba de CI? Es probable que en alguna ocasión durante su trayectoria académica haya completado una de estas pruebas; casi todos hemos hecho en alguna época una prueba del cociente de inteligencia.

Remanentes de la prueba original siguen entre nosotros, aunque se ha revisado en muchas ocasiones y en su forma actual conserva un parecido mínimo con la versión original. Ahora se le denomina la *Prueba Stanford-Binet*, cuarta edición, revisada por última vez en 1985 (Hagen, Sattler y Thorndike, 1985; Thorndike, Hagen y Sattler, 1986). Consiste en una serie de reactivos cuya naturaleza varía según la edad de la persona que vaya a realizar la prueba. Por ejemplo, se pide a los niños pequeños que copien dibujos o que respondan preguntas acerca de actividades de la vida cotidiana. A las personas ma-

Edad mental: nivel típico de inteligencia propio de personas de una edad cronológica determinada

Puntaje de coeficiente intelectual (CI): medida de la inteligencia que toma en cuenta la edad mental y la edad cronológica de un individuo

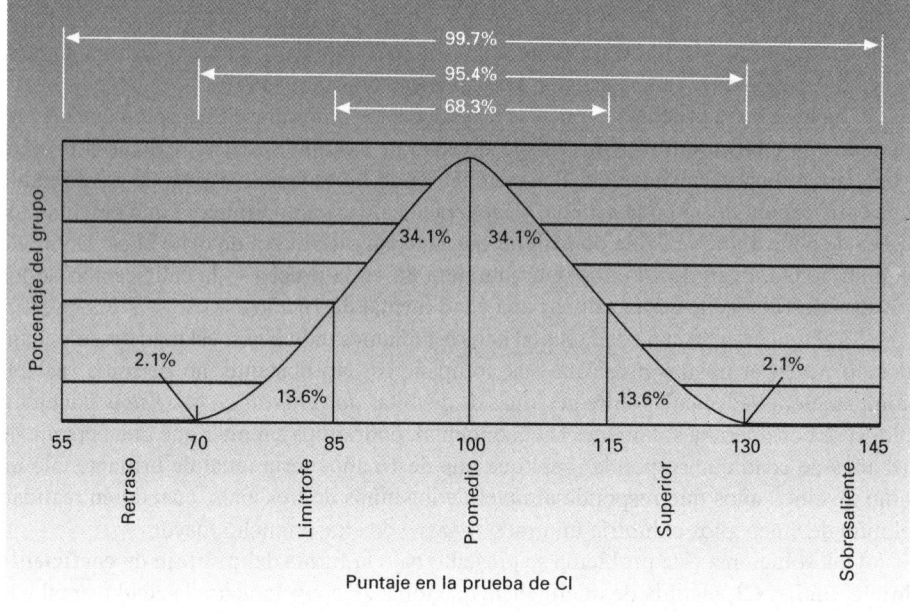

FIGURA 8.1 El puntaje de CI promedio, y el más frecuente, es 100, el 68.3% de las personas se ubican dentro de un rango de 30 puntos cuyo punto medio es 100. Más o menos el 95% de la población tiene puntajes que están entre 70 y 130, y el 99.7% tienen puntajes ubicados entre 55 y 145.

yores se les pide que resuelvan analogías, expliquen proverbios y describan semejanzas que subyacen a diversos conjuntos de palabras.

La prueba se administra en forma oral. El examinador identifica un nivel de edad mental en el que la persona sea capaz de responder de manera correcta a todas las preguntas y después procede a abordar problemas más difíciles. Cuando se alcanza un nivel de edad mental en el que no pueda responder a ningún reactivo, el examen termina. Mediante un análisis del patrón de respuestas correctas e incorrectas, el examinador es capaz de calcular un puntaje de CI para la persona que realizó la prueba.

Otra prueba de CI que se suele utilizar en Estados Unidos fue diseñada por el psicólogo David Wechsler y se le conoce como la *Escala de Inteligencia Wechsler para Adultos Revisada* o, más comúnmente, *WAIS-R*. También existe una versión para niños, la *Escala de Inteligencia Wechsler para Niños III,* o *WISC-III*. Ambas pruebas tienen dos partes principales: una escala verbal y una escala de ejecución (o no verbal). Como puede verse en las preguntas de muestra que aparecen en la figura 8.2, ambas escalas incluyen preguntas de clases muy diversas. En tanto que las tareas verbales consisten en problemas de tipo más tradicional, incluyendo la definición de vocabulario y la comprensión de distintos conceptos, la parte no verbal consiste en armar objetos pequeños y en ordenar imágenes en una secuencia lógica. Aunque los puntajes de una persona en la sección verbal y en la de ejecución por lo general son similares, los puntajes de una persona con una deficiencia de lenguaje o con antecedentes de una seria deprivación ambiental pueden mostrar una discrepancia relativamente alta entre las dos calificaciones. Al ofrecer puntajes separados, estas escalas proporcionan un panorama más preciso acerca de las capacidades específicas de una persona que la arrojada por una sola puntuación.

Debido a que tanto la prueba Stanford-Binet como las escalas WAIS-R y WISC-III requieren de una aplicación personalizada, es relativamente difícil y consumiría mucho tiempo aplicarlas de modo generalizado. Por lo tanto, existen en la actualidad diversas pruebas de CI susceptibles de aplicación grupal (Anastasi, 1988). En lugar de que un examinador le pida a una persona en cada ocasión que resuelva los reactivos de la prueba, las pruebas grupales de CI son evaluaciones realizadas enteramente mediante lápiz y papel, en las que quienes las habrán de resolver leen las preguntas y escriben sus respuestas. La ventaja principal de las pruebas grupales radica en la facilidad de su aplicación.

Sin embargo, en las pruebas de grupo se deben realizar ciertos sacrificios, los cuales, en algunos casos, superan a sus ventajas. Por ejemplo, las pruebas grupales suelen

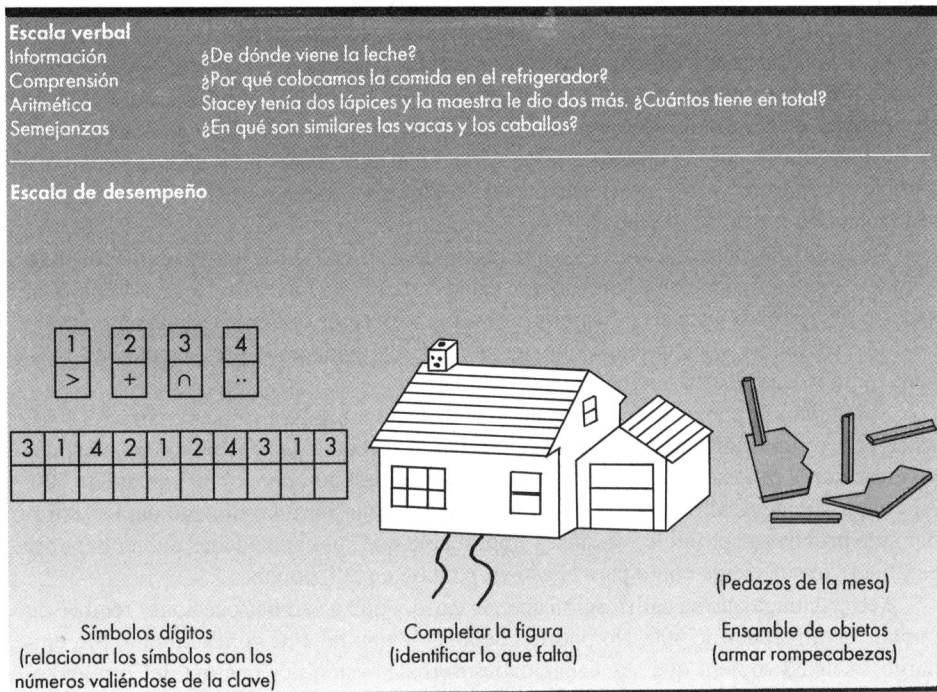

Escala verbal

Información	¿De dónde viene la leche?
Comprensión	¿Por qué colocamos la comida en el refrigerador?
Aritmética	Stacey tenía dos lápices y la maestra le dio dos más. ¿Cuántos tiene en total?
Semejanzas	¿En qué son similares las vacas y los caballos?

Escala de desempeño

Símbolos dígitos
(relacionar los símbolos con los
números valiéndose de la clave)

Completar la figura
(identificar lo que falta)

Ensamble de objetos
(armar rompecabezas)

(Pedazos de la mesa)

FIGURA 8.2 Reactivos típicos que se encuentran en las escalas verbal y de ejecución de la Escala de Inteligencia Wechsler para Niños III (WISC-III).

ofrecer una gama más restringida de preguntas que las pruebas individualizadas. Además, las personas pueden estar más motivadas a actuar en su máximo nivel de habilidad cuando trabajan cara a cara con el examinador que cuando están en un grupo. Por último, en algunos casos es sencillamente imposible utilizar las pruebas grupales, en especial con niños pequeños o con personas de CI sumamente bajo.

Las pruebas de aprovechamiento y aptitudes   Las pruebas de CI no son las únicas que usted ha realizado a lo largo de su educación. Otros dos tipos de pruebas, relacionadas con la inteligencia pero diseñadas para medir fenómenos algo diferentes, son las de aprovechamiento y las de aptitudes. Una **prueba de aprovechamiento** tiene por fin determinar el nivel de conocimientos de una persona en una materia determinada. En lugar de evaluar la capacidad general, como lo hace una prueba de inteligencia, una prueba de aprovechamiento se concentra en el material específico que ha aprendido la persona.

Una **prueba de aptitudes** está diseñada para predecir la capacidad de una persona en un área o tipo de trabajo específicos. A la mayoría de los estadounidenses se les administra la prueba de aptitudes más conocida durante el proceso de solicitud de admisión a la universidad: la *Scholastic Assessment Test* (*SAT*).* Esta prueba trata de predecir el nivel de desempeño de las personas en la universidad, y los puntajes de la SAT han demostrado a lo largo de los años estar correlacionados moderadamente bien con las calificaciones universitarias.

Aunque en teoría la distinción entre las pruebas de inteligencia, aptitud y aprovechamiento se puede trazar con facilidad, en la práctica existe una buena cantidad de superposiciones entre ellas. Por ejemplo, se ha criticado continuamente a la prueba SAT, ya que se sostiene que es más adecuada para evaluar el aprovechamiento que las aptitudes. En consecuencia, es difícil diseñar pruebas que pronostiquen el desempeño futuro, pero que no se basen en el aprovechamiento previo. Los que elaboraron la SAT han reconocido este problema al cambiar recientemente el nombre de la prueba del anterior "Scholastic *Aptitude* Test" al actual "Scholastic *Assessment* Test".

Otro cambio en la SAT implica el procedimiento para presentarla a los que la van a resolver. El formato de evaluación más reciente elimina por completo el lápiz y el papel.

*N. del R.T. Ya existe una versión estandarizada en Puerto Rico y se desarrolla una en México.

Prueba de aprovechamiento: prueba para determinar el nivel de conocimiento que tiene una persona acerca de una materia determinada

Prueba de aptitudes: prueba diseñada para predecir las capacidades en un área o tipo particular de trabajo

Algunas pruebas de inteligencia incluyen reactivos no verbales que evalúan la capacidad para copiar un patrón determinado usando bloques.

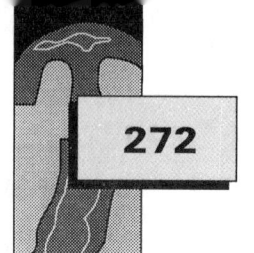

En su lugar, se presenta la prueba en computadora, lo cual proporciona una versión personalizada de la prueba, como se expone en el recuadro *La psicología en acción*.

Confiabilidad y validez   Cuando usamos una regla esperamos encontrar que mida los centímetros de la misma manera que la última vez que la usamos. Cuando nos pesamos en una báscula casera, esperamos que las variaciones que observamos en ella se deban a cambios en nuestro peso y no sean errores de la báscula (¡a menos que el cambio de peso sea en una dirección no deseada!).

De la misma manera, esperamos que las pruebas psicológicas tengan **confiabilidad** —que midan en forma consistente lo que están tratando de medir—. Necesitamos estar seguros de que cada vez que aplicamos la prueba, la persona que la responda obtenga los mismos resultados —suponiendo que no ha cambiado nada en la persona que sea relevante para lo que se está midiendo—.

Supongamos, por ejemplo, que cuando presentó por primera vez sus exámenes SAT, usted obtuvo una calificación de 400 en la sección verbal de la prueba. Luego, después de presentar la prueba de nuevo, unos cuantos meses después, obtuvo un puntaje de 700. Al recibir su nueva calificación, podría dejar de celebrar por un momento para cuestionar si la prueba es confiable, ya que es improbable que sus capacidades pudieran haber cambiado lo suficiente como para elevar su puntaje en 300 puntos.

Pero suponga que su calificación apenas varió y que en ambas ocasiones recibió un puntaje de alrededor de 400. No podría quejarse de una falta de confiabilidad. Sin embargo, si usted supiera que sus capacidades verbales están por encima del promedio, podría estar preocupado de que la prueba no midiera en forma adecuada lo que se supone que debe medir. En resumen, el problema se habría convertido en un problema de validez en lugar de ser de confiabilidad. Una prueba tiene **validez** cuando en verdad mide lo que se supone que debe medir.

Saber que una prueba es confiable no garantiza que también sea válida. Por ejemplo, podríamos diseñar un medio muy confiable para medir la honradez si decidimos que ésta se relaciona con el tamaño del cráneo. Pero de seguro no hay garantía de que la prueba sea válida, en virtud de que se puede suponer de manera razonable que el tamaño del cráneo no tiene nada que ver con la honradez. En este caso, entonces, tenemos confiabilidad sin validez.

Por otra parte, si una prueba no es confiable, no puede ser válida. Suponiendo que todos los demás factores —la motivación de una persona, el conocimiento del material, la salud y cosas por el estilo— son similares, si alguien obtiene una puntuación alta la primera vez que presenta una prueba específica y una baja la segunda vez, la prueba no puede estar midiendo lo que se supone que mide y, por consiguiente, no es confiable ni válida.

La validez y la confiabilidad de una prueba son prerrequisitos para la evaluación precisa de la inteligencia, al igual que para cualquier otra tarea de medición realizada por psicólogos. En consecuencia, las medidas de la personalidad que consideraremos en el capítulo 11, la evaluación de los trastornos psicológicos realizada por los psicólogos clínicos que se expondrá en el capítulo 13, y las medidas de actitudes llevadas a cabo por los psicólogos sociales que se describen en el capítulo 14, deben cumplir con las pruebas de validez y confiabilidad a fin de que sus resultados sean significativos.

Suponiendo que una prueba es válida y confiable, es necesario un paso más para interpretar el significado del puntaje obtenido por una persona en particular: el establecimiento de normas. Las **normas** son estándares de ejecución de la prueba que permiten la comparación del puntaje obtenido por una persona en la prueba con los puntajes de otros que han resuelto la misma prueba. Por ejemplo, una norma permite a los que presentan una prueba saber que su puntaje se encuentra en el 15% superior de aquellos que han resuelto la prueba.

El esquema básico para elaborar normas es que los diseñadores de pruebas calculen el puntaje promedio para un grupo particular de personas para las que está diseñada la prueba. Entonces pueden determinar el grado en que el puntaje de cada persona difiere de los de otros que han resuelto la prueba en el pasado. Los que resuelven la prueba pueden entonces considerar el significado de sus puntajes crudos con relación a los de otros que han resuelto la prueba, dándoles un sentido cualitativo de su desempeño.

Confiabilidad: el concepto de que las pruebas miden en forma consistente los factores para las que fueron creadas

Validez: una prueba tiene validez cuando en verdad mide lo que supuestamente debe medir

Normas: estándares de ejecución de la prueba que permiten la comparación del puntaje obtenido por una persona en la prueba con el de otros que han resuelto la misma prueba

Sustitución de lápices por teclados: medición de la capacidad por medio de computadoras

Si usted fuera del tipo de persona que tiembla de miedo con sólo pensar en sacarle punta a su lápiz del número 2 antes de presentar la SAT, puede estar feliz de enterarse de que el alivio está en puerta. Claro que la alternativa podría resultar tan generadora de ansiedades como su predecesora.

El Servicio de Pruebas Educativas de Estados Unidos (*Educational Testing Service, ETS*) –la compañía que diseña la SAT y el Examen GRE (*Graduate Record Exam*), usados para la admisión en las universidades y en los programas de posgrado, respectivamente— tiene algo nuevo en su manga corporativa: la administración computarizada. Para 1996, la compañía ha planeado administrar todas las pruebas GRE por medio de computadora y después le seguirá la aplicación de la SAT.

En la nueva versión computarizada, no sólo se verán en una pantalla de computadora las preguntas de la prueba y se responderán por medio del teclado, sino que la prueba misma será individualizada. En lo que se conoce como evaluación adaptativa, dos estudiantes no tendrán un conjunto idéntico de preguntas de examen. En su lugar, la computadora presentará primero una pregunta de dificultad moderada

seleccionada al azar. Si la persona que está presentando la prueba la contesta en forma correcta, la computadora presentará un reactivo elegido al azar de dificultad ligeramente mayor. Si la respuesta es errónea, entonces la computadora presentará un reactivo ligeramente más fácil. Cada pregunta se vuelve un poco más difícil o más fácil que la pregunta precedente, dependiendo de si la respuesta anterior fue correcta. Al final, entre mayor sea el número de preguntas difíciles respondidas en forma correcta, será mayor el puntaje.

Debido a que la prueba es capaz de determinar con precisión el nivel de aptitud del que responde la prueba con bastante rapidez, el tiempo total dedicado a responder el examen es más corto que en el examen tradicional. Los que presentan el examen se ven forzados a dedicar una gran cantidad de tiempo a responder preguntas que son mucho más fáciles o mucho más difíciles de lo que pueden manejar.

La administración computarizada tiene otra característica que puede ser bienvenida o no: la presentación inmediata del puntaje obtenido en la prueba. Después de terminar la prueba, se les da la opción a los que la presentaron de anularla si piensan que no lo hicieron bien. Sin embargo, si eligen continuar, la computadora les proporciona sus puntajes, los cuales se integran a un registro permanente.

La evaluación adaptativa computarizada tiene sus críticos. Algunos observadores sugieren que la prueba discrimina contra las minorías, quienes pueden tener un acceso limitado a las computadoras y por tanto pueden tener menos práctica con ellas o ser intimidados más por el medio de evaluación (Winerip, 1993). Sin embargo, la ETS disputa la afirmación, aunque algunas de sus propias investigaciones muestran que las mujeres y las personas de edad avanzada presentan una mayor ansiedad al principio de la prueba. Sin embargo, a pesar de su ansiedad, al final no se ve afectado su rendimiento.

Las investigaciones también sugieren que la evaluación adaptativa computarizada proporciona puntajes equivalentes a las medidas tradicionales escritas para la mayor parte de los tipos de evaluación. (La excepción serían las pruebas de "velocidad", las cuales implican muchos reactivos relativamente fáciles que deben ser completados en un tiempo más o menos corto.) Para las pruebas como el GRE, también, parece que no hay diferencia en los puntajes que pueda ser atribuida al hecho de que la prueba haya sido administrada en forma tradicional o con una computadora. Con el tiempo, quizá la mayoría de las pruebas serán administradas por medio de computadoras, convirtiendo al lápiz del número 2 en una reliquia del pasado.

Es evidente que los individuos que participan en el proceso de establecimiento de normas son críticos para el proceso de normalización. Aquellas personas que se incluyen en un estudio para determinar normas deben ser representativas de los individuos a los que está dirigida la prueba.

Formulaciones alternativas de la inteligencia

A pesar de que el procedimiento de Binet para medir la inteligencia, ejemplificado por las modernas pruebas de inteligencia Stanford-Binet y WAIS-R, es aún uno de los que se emplean con mayor frecuencia, algunos teóricos sostienen que carece de una concepción teórica subyacente de lo que es la inteligencia. Binet y sus seguidores concebían a ésta como un reflejo directo de la calificación que recibiera una persona en su prueba. Ése era un enfoque eminentemente práctico, pero no dependía de la comprensión de la naturaleza de la inteligencia, sino principalmente de la comparación del desempeño de una per-

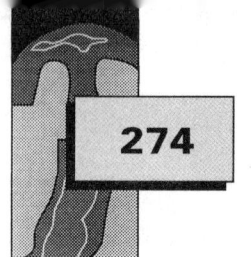
sona con el de otras. Por esta razón, las pruebas de inteligencia de Binet y sus sucesores aportan muy poco para aumentar nuestra comprensión de lo que significa la inteligencia; sólo evalúan el comportamiento que supuestamente la ejemplifica.

Esto no significa que los investigadores y los teóricos hayan ignorado el problema de lo que es en realidad la inteligencia (Carroll, 1992, 1993). Una interrogante importante que han planteado ellos es si la inteligencia es un factor simple y unitario o si está formada por componentes múltiples (Sternberg, 1990; Brody, 1993). Los primeros psicólogos que se interesaron en la inteligencia supusieron que existía un factor general de la capacidad mental, al que denominaron **factor g** (Spearman, 1927). Se creía que este factor subyacía al desempeño de la inteligencia en todos los aspectos y que era el que presumiblemente evaluaban las pruebas de inteligencia.

Factor g: factor teórico general único que explica la capacidad mental

Teóricos más contemporáneos han sugerido que en realidad existen dos clases distintas de inteligencia: la inteligencia fluida y la inteligencia cristalizada (Cattell, 1967, 1987). La **inteligencia fluida** refleja las capacidades de razonamiento, memoria y procesamiento de la información. Si se nos pidiera resolver una analogía, agrupar un conjunto de letras de acuerdo con algún criterio, o recordar una serie de números, usaríamos la inteligencia fluida.

Inteligencia fluida: refleja las capacidades de razonamiento, memoria y procesamiento de la información

Inteligencia cristalizada: la información, habilidades y estrategias que las personas han aprendido por medio de la experiencia y que pueden aplicarse en situaciones de solución de problemas

En contraste, la **inteligencia cristalizada** se refiere a la información, habilidades y estrategias que las personas han aprendido por medio de la experiencia y que pueden aplicar en situaciones de solución de problemas. Por ejemplo, es probable que confiemos en la inteligencia cristalizada si se nos pide participar en una discusión sobre las causas de que las personas carezcan de hogar o que deduzcamos la solución de un misterio: tales preguntas nos permiten basarnos en nuestras experiencias del pasado. Las diferencias entre la inteligencia fluida y la cristalizada son muy evidentes en las personas de edad avanzada, las cuales —como lo veremos más a fondo en el capítulo 10— muestran una disminución de la inteligencia fluida, mas no de la cristalizada (Horn, 1985).

Otros teóricos consideran que la inteligencia abarca aún más componentes. Por ejemplo, mediante el análisis de los talentos de personas que exhiben capacidades poco comunes en determinadas áreas, el psicólogo Howard Gardner sostiene que poseemos siete inteligencias múltiples, cada una de ellas relativamente independiente de las demás (Gardner, 1983, 1993; Walters y Gardner, 1986). De manera específica, considera que la inteligencia incluye las siete esferas que se ilustran en la figura 8.3.

Aunque Gardner ilustra sus concepciones de los tipos específicos de inteligencia con descripciones de personas bien conocidas, es importante recordar que cada uno de nosotros teóricamente posee las mismas clases de inteligencia. Además, aunque estas siete inteligencias se presentan de forma individual, Gardner afirma que estas distintas inteligencias no funcionan en forma aislada. Por lo común, toda actividad implica varias clases de inteligencia que funcionan en conjunto.

El modelo de Gardner ha ampliado nuestra comprensión de la naturaleza de la inteligencia. Por ejemplo, un logro de este modelo es el desarrollo de reactivos de prueba en los que más de una respuesta puede ser correcta, lo cual brinda la posibilidad para que los que resuelven la prueba demuestren un pensamiento creativo. Por lo tanto, de acuerdo con este enfoque, distintas clases de inteligencia pueden producir respuestas diferentes —pero igualmente válidas— a la misma pregunta.

Participar en un juego de mesa y pilotear un avión exigen diferentes grados de inteligencia fluida y cristalizada.

¿Es inteligencia el procesamiento de información? Enfoques contemporáneos

La contribución más reciente para comprender la inteligencia procede de la labor de los psicólogos cognitivos. Basándose en las investigaciones y la teoría que expusimos en el capítulo 7, los psicólogos cognitivos usan el enfoque del procesamiento de información. Afirman que el modo en que las personas almacenan el material en la memoria y lo utilizan para resolver tareas intelectuales ofrece la medida más exacta de la inteligencia. En consecuencia, los psicólogos cognitivos no se enfocan en la estructura de la inteligencia o en su contenido o dimensiones subyacentes. En vez de ello, examinan los *procesos*

1. Inteligencia musical (habilidades en tareas musicales). Ejemplo de caso:

Cuando tenía 3 años de edad, los padres de Yehudi Menuhin lo metieron a escondidas a un concierto de la Orquesta de San Francisco. El sonido del violín de Louis Persinger fascinó tanto al niño que insistió en que le compraran  un violín para su cumpleaños y que Louis Persinger fuera su maestro. Obtuvo ambas cosas. Para cuando cumplió 10 años de edad, Menuhin se había convertido en un intérprete de nivel internacional.

2. Inteligencia cinestésica corporal (habilidades en el empleo de todo el cuerpo o de varias partes de éste en la solución de problemas o en la construcción de productos o artículos; la ejemplifican los bailarines, los atletas, los actores y los cirujanos). Ejemplo de caso:

 El joven Babe Ruth de quince años de edad era tercera base. Durante un juego, el lanzador de su equipo estaba jugando muy mal y Babe lo criticaba a gritos desde la tercera base. El hermano Matías, entrenador del equipo, le gritó: "¡Ruth, si sabes tanto, lanza *tú*!" Babe se sorprendió y se apenó puesto que nunca antes había sido lanzador, pero el hermano Matías insistió. Ruth dijo más tarde que desde el momento mismo en que subió al montículo, *supo* que él tenía que ser un lanzador.

3. Inteligencia lógico-matemática (habilidades en la solución de problemas y en el pensamiento científico). Ejemplo de caso:

Bárbara McClintock obtuvo el Premio Nobel de medicina por sus investigaciones en microbiología. Así describe uno de sus hallazgos, el cual se le reveló después de  pensar durante media hora acerca de un problema... "De pronto, di un salto y me fui corriendo hacia el sembradío [de maíz]. En la parte más alta del sembradío [los demás aún estaban en la parte más baja] grité: '¡Eureka, lo he encontrado!'"

4. Inteligencia lingüística (habilidades implicadas en la producción y el empleo del lenguaje). Ejemplo de caso:

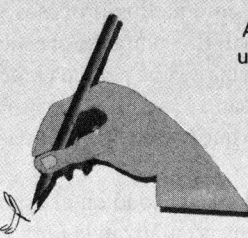 A la edad de 10 años, T.S. Elliot creó una revista llamada *Fireside* (Hogar), de la que era el único autor. En un periodo de tres días, durante sus vacaciones de invierno, logró realizar ocho números completos.

5. Inteligencia espacial (habilidades que implican configuraciones espaciales, como las que emplean los artistas y los arquitectos). Ejemplo de caso:

Los nativos de las islas Carolinas navegan en el mar sin instrumentos. Durante el viaje, el navegante debe  imaginar en su mente las islas de referencia mientras pasa por debajo de una estrella determinada y desde allí calcula el número de segmentos que ha completado, la proporción restante del viaje y cualquier corrección necesaria en su rumbo.

6. Inteligencia interpersonal (habilidades para la interacción con los demás, tales como sensibilidad hacia los estados de ánimo, temperamentos, motivaciones e intenciones de los demás). Ejemplo de caso:

 Cuando Anne Sullivan comenzó a dar clases a Helen Keller, sorda y ciega, su labor representaba una actividad que otras personas intentaron realizar sin éxito durante muchos años. Sin embargo, sólo dos semanas después de comenzar su trabajo con Keller, Sullivan logró un gran éxito. En sus propias palabras: "Mi corazón canta de alegría esta mañana. ¡Se ha producido un milagro! La criatura salvaje de hace dos semanas se ha transformado en una niña dócil."

7. Inteligencia intrapersonal (el propio conocimiento de los aspectos internos; acceso a los sentimientos y emociones individuales). Ejemplo de caso:

En su ensayo "A Sketch of the Past" ("Un bosquejo del pasado"), Virginia Woolf exhibe en estas líneas una perspicacia profunda hacia su vida interior, describiendo su reacción ante diversos recuerdos específicos de su niñez que, todavía en la edad madura, la siguen perturbando gravemente: "Aunque todavía tengo la peculiaridad de sufrir estas perturbaciones repentinas, ahora siempre son bien recibidas; después de la primera sorpresa, siempre siento al instante que son especialmente valiosas. De modo que luego supongo que esta capacidad de ser perturbada es lo que me hace una escritora."

FIGURA 8.3 Las siete inteligencias de Gardner. (*Adaptado de Walters y Gardner, 1986.*)

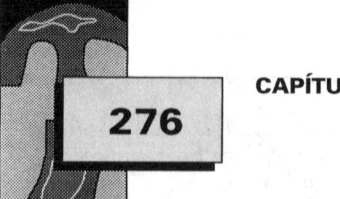

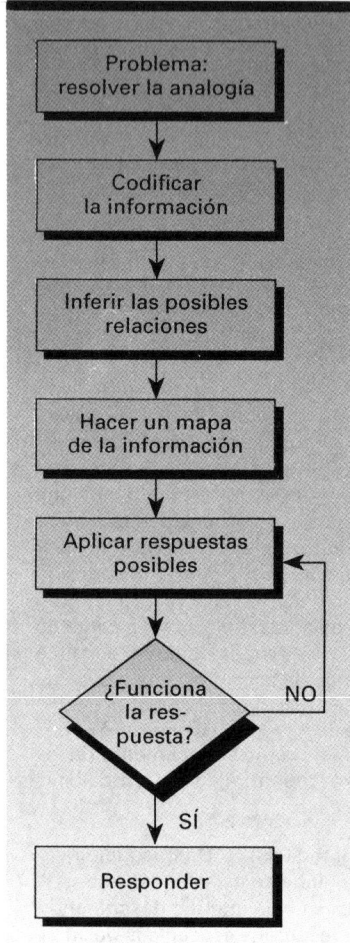

FIGURA 8.4 Etapas de procesamiento de información en la resolución de analogías. (*Sternberg, 1982.*)

Teoría triádica de la inteligencia: teoría que afirma la existencia de tres grandes aspectos de la inteligencia: el componencial, el experiencial y el contextual

implicados en la producción de comportamiento inteligente (Sternberg, 1990; Fagan, 1992).

Mediante la división de las tareas y los problemas en sus partes componentes, y a través de la identificación de la naturaleza y la velocidad de los procesos de resolución de problemas, los investigadores han percibido diferencias claras entre quienes tienen puntajes altos en las pruebas tradicionales de CI y quienes tienen puntajes más bajos. Tomemos como ejemplo a un estudiante universitario al que se le pide que resuelva el siguiente problema de analogía (Sternberg, 1982):

abogado es a cliente lo que médico es a:
a) *paciente*   b) *medicina*

Según la teoría de Sternberg, un estudiante al que se le presenta esta analogía tiende a pasar por una serie de etapas en su intento por llegar a una solución (véase la figura 8.4). Primero *codificará* la información inicial, lo cual significa proporcionar a cada elemento claves de identificación que ayudan a recuperar información importante que está enterrada en la memoria a largo plazo. Por ejemplo, puede pensar en el abogado en términos de la escuela de leyes, la Suprema Corte, un programa de televisión llamado "Se hará justicia" y de un juzgado. Cada uno de los demás elementos recibirá una codificación similar. A continuación, *inferirá* cualquier relación posible entre abogado y cliente. Puede inferir que la relación importante consiste en que un cliente contrata a un abogado o, alternativamente, que un abogado presta servicios a un cliente.

Una vez que ha inferido la relación, tiene que hacer un *mapa* de la relación de orden superior entre la primera y la segunda mitades de la analogía —ambas se relacionan con personas que prestan servicios profesionales a cambio de una tarifa—. La etapa crucial que sigue es la de *aplicación*, en la que hace pruebas con cada opción de respuesta y la relación que ha inferido. Presumiblemente decidirá que un médico ofrece servicios profesionales a un paciente, no a la medicina. Al final, el último componente de la solución de un problema es *responder*.

Al descomponer los problemas de esta forma en sus partes componentes, es posible identificar diferencias sistemáticas tanto de aspectos cuantitativos como cualitativos de la solución de problemas, así como demostrar que las personas con mayores niveles de inteligencia difieren no sólo en el número de soluciones correctas que elaboran, sino en su método para resolver problemas. Por ejemplo, quienes tienen calificaciones altas quizá pasen más tiempo en las etapas iniciales de codificación de un problema, identificando sus partes y recuperando información importante de la memoria a largo plazo. Este énfasis inicial en el recuerdo de información importante da sus frutos al final; quienes invierten relativamente menos tiempo en las etapas iniciales tienden a ser menos capaces de encontrar una solución. Por lo tanto, el empleo que se hace de este tipo de estrategias de procesamiento de información puede ser la base de las diferencias en inteligencia.

Al aplicar este enfoque cognitivo a la inteligencia, el psicólogo Robert Sternberg (1985a; 1991) desarrolló la denominada teoría triádica de la inteligencia. La **teoría triádica de la inteligencia** sostiene que existen tres aspectos principales de la inteligencia: el componencial, el experiencial y el contextual (véase la figura 8.5). El aspecto *componencial* se centra en los componentes mentales implicados en el análisis de la información para resolver problemas, de manera particular en aquellos procesos que operan cuando una persona exhibe un comportamiento racional. En contraste, el aspecto *experiencial* se centra en la forma en que las experiencias previas de una persona afectan su inteligencia, y en la forma en que esas experiencias se aplican a la solución de problemas. Por último, el aspecto *contextual* toma en cuenta el éxito que tienen las personas en la satisfacción de las demandas de su entorno cotidiano.

Los enfoques recientes de la inteligencia se han centrado sobre todo en el aspecto contextual de Sternberg de la inteligencia. Diversas teorías nuevas enfatizan la *inteligencia práctica* —inteligencia relacionada con el éxito general en la vida, en lugar de centrarse en el desempeño intelectual y académico, como se comenta a continuación (Sternberg y Detterman, 1986; Sternberg y cols., 1995).

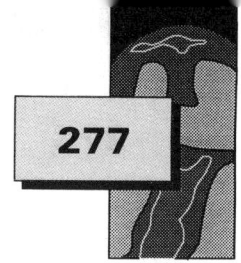

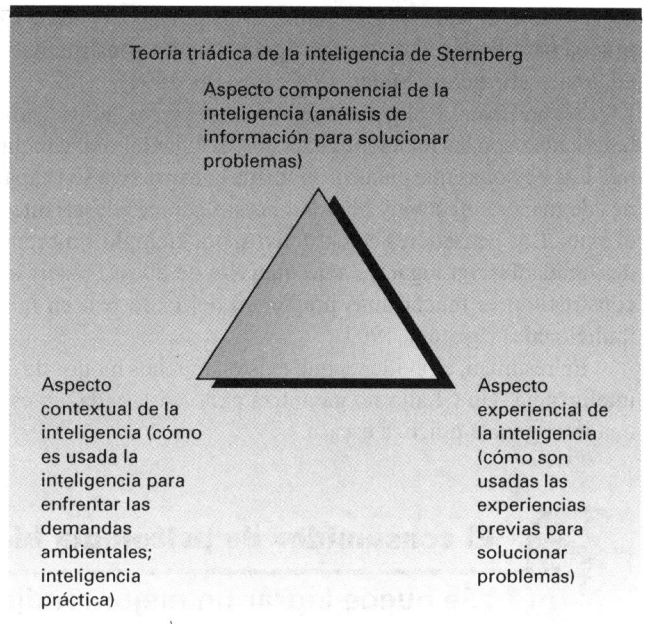

Teoría triádica de la inteligencia de Sternberg

Aspecto componencial de la inteligencia (análisis de información para solucionar problemas)

Aspecto contextual de la inteligencia (cómo es usada la inteligencia para enfrentar las demandas ambientales; inteligencia práctica)

Aspecto experiencial de la inteligencia (cómo son usadas las experiencias previas para solucionar problemas)

FIGURA 8.5 Teoría triádica de la inteligencia, de Sternberg. (*Basado en Sternberg, 1985a, 1991.*)

Inteligencia práctica: medición del sentido común

En general, el año que ha pasado en su trabajo ha sido favorable. Las evaluaciones de desempeño de su departamento son al menos tan buenas como lo eran antes de que usted se hiciera cargo, y tal vez hasta un poco mejores. Tiene dos asistentes. Uno de ellos es muy capaz. El otro sólo parece adaptarse y de hecho no es de mucha ayuda. A pesar de que a usted se le quiere bien, cree que hay muy poco que pudiera distinguirlo a los ojos de sus superiores de los otros nueve gerentes con un nivel similar en la compañía. Su meta es un rápido ascenso hacia un puesto ejecutivo. (Basado en Wagner y Sternberg, 1985, p. 447)

¿Qué hará para lograr su meta? El modo en que responda puede tener mucho que ver con su futuro éxito en la carrera de los negocios, por lo menos según el autor de esta prueba, el psicólogo Robert J. Sternberg. Esta pregunta forma parte de una serie diseñada para ayudar en la construcción de un perfil de su inteligencia. No es la inteligencia tradicional la que busca determinar esta pregunta, sino una inteligencia específica: la inteligencia práctica para los negocios (Wagner y Sternberg, 1991; Sternberg y Wagner, 1986; 1993).

La prueba que diseñó Sternberg es una de varias evaluaciones recientes de la inteligencia que están tomando forma en la actualidad. Cada una de ellas está diseñada para superar una de las limitaciones más evidentes de las pruebas tradicionales del CI: la incapacidad de las pruebas tradicionales para predecir con precisión cualquier otra cosa que no sea el éxito académico.

Por ejemplo, aunque no todos los psicólogos están de acuerdo (por ejemplo, Ree y Earles, 1992), la mayoría creen que el CI no se relaciona particularmente bien con el *éxito profesional* (McClelland, 1993). Por ejemplo, a pesar de que es evidente que los ejecutivos de empresas exitosos suelen obtener al menos puntajes moderadamente buenos en las pruebas del CI, su grado de avance y sus éxitos comerciales se relacionan sólo en mínima parte con sus puntajes específicos de CI.

Sternberg afirma que el éxito profesional requiere de un tipo de inteligencia que es muy diferente del que está implicado en el éxito académico. Mientras que este último se basa en el conocimiento de una base de información particular obtenida a través de la lectura y la atención, la inteligencia práctica se aprende principalmente por medio de la observación y el modelamiento. Las personas que tienen una elevada inteligencia práctica son capaces de aprender normas y principios generales y aplicarlos de manera apropiada.

Los negocios no son la única esfera en la que es de vital importancia este tipo de inteligencia práctica, y algunos psicólogos han sugerido que ésta es esencial a lo largo

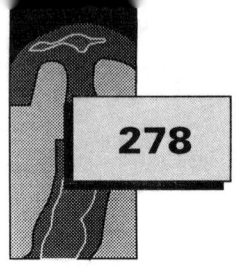

de la vida cotidiana. Por ejemplo, el psicólogo Seymour Epstein ha desarrollado una prueba para lo que él denomina "pensamiento constructivo", que intenta predecir éxito en la vida (Epstein y Meier, 1989; Epstein, 1994).

Según Epstein, el pensamiento constructivo subyace al éxito en esferas tales como la felicidad con las relaciones sociales, el éxito laboral e incluso la salud física y emocional. Las personas que piensan en forma constructiva son capaces de manejar sus emociones de manera efectiva y abordan las situaciones desafiantes en formas que promueven el éxito. Los pensadores constructivos, por ejemplo, emprenden la acción en situaciones desagradables, en lugar de sólo quejarse de ellas. Epstein sostiene que el pensamiento constructivo es mucho más predictivo del éxito real en la vida que las pruebas de CI tradicionales (Epstein, 1994).

En resumen, es evidente que existen muchos modos de demostrar —y de medir— la inteligencia. Un CI alto no garantiza éxito en la vida, en especial si es acompañado de una inteligencia práctica escasa.

El consumidor de psicología bien informado

¿Se puede lograr un mejor rendimiento en las pruebas estandarizadas?

A pesar de que los psicólogos no están de acuerdo con respecto a la naturaleza de la inteligencia, las pruebas de ésta —así como otros diversos tipos de pruebas— son empleadas constantemente en situaciones muy variadas. En la escuela o en el trabajo, casi todos nosotros hemos tenido que enfrentarnos a estas pruebas formales estandarizadas —pruebas que han sido formuladas y verificadas con amplias muestras representativas—. Además, es probable que la mayoría de nosotros comprenda la preocupación de los estudiantes que realizan exámenes de ingreso a la universidad —como la SAT—, a quienes les preocupa que el éxito de sus vidas futuras dependa de los resultados de una prueba realizada durante una mañana.

Un resultado del uso corriente de las pruebas en nuestra sociedad es el desarrollo de numerosos servicios de adiestramiento, los cuales prometen capacitar a las personas para que éstas eleven su calificación mediante la revisión de sus habilidades básicas y la enseñanza de estrategias para completar las pruebas. Pero, ¿acaso funcionan?

El Servicio de Pruebas Educativas de Estados Unidos (*Educational Testing Service; ETS*), creador de la SAT, sugirió en una época que la preparación para el examen era inútil. En la actualidad, sin embargo, reconoce que la práctica puede tener algunas consecuencias benéficas. De hecho, la mayor parte de las investigaciones verifica que el entrenamiento para los exámenes de la SAT produce efectos pequeños pero confiables —por lo general en un rango de incremento de 15 a 25 puntos en el puntaje verbal y también en el de matemáticas— (Kulik, Bangert-Drowns y Kulik, 1984; Becker, 1990; Powers, 1993).

Por otro lado, la mayor parte de los incrementos en los puntajes después de las prácticas pueden derivarse de un aumento en la familiaridad con la prueba o de una maduración natural de las capacidades cognitivas. Algunas investigaciones sugieren que el entrenamiento requerido para producir incrementos en el puntaje promedio de más de 20 a 30 puntos es tan extenso que equivaldría a asistir a la escuela de tiempo completo.

Se necesita más información antes de poder comprobar el valor verdadero del entrenamiento. Al mismo tiempo, hay ciertos pasos que usted puede seguir, sin el beneficio del entrenamiento, para optimizar su oportunidad de obtener un buen puntaje en las pruebas estandarizadas. Por ejemplo, los siguientes cuatro puntos representan buenos consejos para presentar pruebas tradicionales no computarizadas (Crocetti, 1983).

■ *Examine antes cada sección.* Ello no sólo le dará la oportunidad de tomar un respiro y evitar un avance frenético por una sección determinada, sino que también lo ayudará a

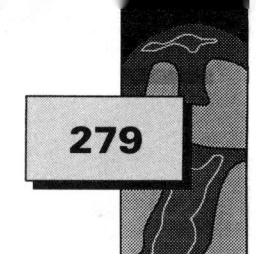

detectar cualquier cambio inesperado en el formato de la prueba. Esta revisión le indicará qué esperar mientras resuelve cada problema.

■ *Controle cuidadosamente su tiempo.* La computadora que califica su examen no se interesará en cuán profundamente haya reflexionado usted para responder cada pregunta; lo único que verifica es si usted respondió de forma correcta o no. Por lo tanto, es importante no gastar mucho tiempo en los problemas iniciales a expensas de los posteriores. Si no está seguro de su respuesta, trate de reducir las opciones, después adivine y pase al siguiente problema. La perfección no es su meta; lo es maximizar el número de respuestas correctas.

■ *Revise cuál es el mecanismo de calificación de pruebas para determinar si adivinar es adecuado o no.* En algunas pruebas, las respuestas erróneas se restan a su calificación, por lo cual adivinar es una mala estrategia. En contraste, muchas otras pruebas no penalizan las respuestas erróneas. En las pruebas con penalización por las respuestas erróneas, adivine sólo si puede reducir las opciones a dos o tres. Por otra parte, en las pruebas en las que las respuestas erróneas no disminuyen su calificación, adivinar rinde frutos, incluso si no tiene idea de cuál es la respuesta correcta.

■ *Complete en forma precisa las hojas de respuesta.* Evidentemente, tiene sentido revisar su hoja de respuestas cuando ha terminado su prueba. Esto puede hacerse con más eficiencia si anotó sus respuestas en el folleto que acompaña a la prueba.

RECAPITULACIÓN Y REVISIÓN

Recapitulación

- La inteligencia es la capacidad para comprender al mundo, pensar en forma racional y utilizar de manera efectiva los recursos con que se cuenta cuando se enfrentan desafíos.
- La medida de la inteligencia que se emplea en las pruebas es el coeficiente intelectual o CI.
- Las pruebas deben ser confiables, midiendo consistentemente lo que están tratando de medir, y válidas, midiendo lo que se supone que deben medir.
- Existen diversas formulaciones alternativas de la inteligencia.
- La práctica tiene algún impacto en el mejoramiento de la calificación de las pruebas, aunque existen variaciones en su efectividad.

Revisión

1. _____ es una medida de la inteligencia que toma en cuenta tanto la edad cronológica de la persona como su edad mental.

2. Las pruebas de _____ predicen la capacidad de un individuo en un área específica, en tanto que las pruebas _____ determinan el nivel de conocimientos de una persona en un área determinada.

3. Algunos psicólogos hacen la distinción entre la inteligencia _____, la cual refleja las capacidades de razonamiento, memoria y procesamiento de la información y la inteligencia _____, que es la información, habilidades y estrategias que las personas han aprendido a través de la experiencia.

4. Los psicólogos cognitivos usan un enfoque de _____ para evaluar la inteligencia.

Pregúntese a sí mismo

¿Cómo se podrían evaluar la inteligencia fluida y la inteligencia cristalizada? ¿Qué aplicaciones tendría cada uno de estos tipos de inteligencia?

(Las respuestas a las preguntas de revisión aparecen en la página 281).

- *¿Cómo se pueden diferenciar los extremos de la inteligencia?*
- *¿Cómo podemos ayudar a las personas a desarrollar su potencial máximo?*

VARIACIONES EN LA CAPACIDAD INTELECTUAL

"¡Hey, hey, hey, Fact Track!" El hablante de 11 años de edad escogió uno de sus programas favoritos de la mesa junto a la computadora en el comedor de sus padres. Insertó el disco flexible, encendió el sistema y esperó a que se cargara el programa.

"¿Cuál es tu nombre?", apareció en la pantalla.

"Daniel Skandera", tecleó él. Apareció un menú que enlistaba las posibilidades del programa. Daniel eligió multiplicaciones, nivel 1.

"¿Cuántos problemas deseas hacer?", preguntó la computadora.

"20"

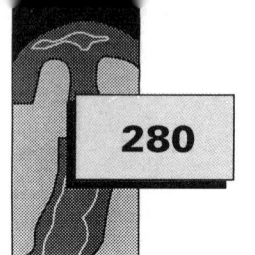

"¿Deseas establecer una meta para ti, Daniel?"

"Sí, 80 segundos."

"¡Prepárate!"...

Multiplicaciones generadas al azar aparecían como relámpagos en la pantalla: "4 × 6", "2 × 9", "3 × 3", "7 × 6". Daniel respondía, tecleando con destreza sus respuestas en las teclas numéricas de la computadora.

La computadora registraba los resultados. "Completaste 20 problemas en 66 segundos. Superaste tu meta. Problemas correctos = 20. ¡Felicitaciones, Daniel!" Y tras esto, el niño de 11 años se retiraba con rapidez al cuarto de la televisión. Los Lakers y los 76ers estaban a punto de comenzar un juego de campeonato de la NBA y Daniel quería ver la primera mitad antes de irse a dormir (Heward y Orlansky, 1988, p. 100).

Si usted considera que las personas con deficiencia mental son ineptas y aburridas, es tiempo que revise sus creencias. Como en el caso de Daniel, descrito antes, las personas con déficits en sus capacidades intelectuales pueden llevar vidas plenas y, en algunos casos, desarrollarse en forma competente en ciertas tareas académicas.

Más de 7 millones de estadounidenses se les ha detectado una inteligencia muy por debajo de la normal, tanto como para que ello se considere una grave desventaja. Las personas que tienen CI bajos, denominados personas con retraso o deficiencia mental, y quienes tienen CI inusualmente altos, a los que se denomina sobresalientes en el área intelectual, conforman grupos de individuos que requieren de una atención especial para alcanzar su potencial.

Retraso mental

Aunque en ocasiones se le considera un fenómeno poco común, el retraso mental ocurre entre el 1 y el 3% de la población. Existen amplias variaciones entre las personas a las que se considera con retraso mental, en gran medida por la definición tan incluyente que planteó la Asociación Estadounidense de Deficiencia Mental. Esta asociación sostiene que el **retraso mental** tiene lugar cuando existe "un funcionamiento intelectual significativamente por debajo del promedio", el cual ocurre cuando existen limitaciones relacionadas en dos o más de las áreas de habilidad de comunicación, cuidado de sí mismos, vida doméstica, habilidades sociales, uso de la comunidad, autodirección, salud y seguridad, área académica funcional, tiempo libre y trabajo (AAMR, 1992).

Mientras que el "funcionamiento intelectual inferior al promedio" puede ser medido de una manera relativamente directa —usando pruebas del CI estándares— es más difícil determinar cómo calibrar las limitaciones en áreas particulares de habilidad. A final de cuentas, esta imprecisión conduce a una falta de uniformidad en la manera en que los expertos aplican la denominación de "retraso mental". Además, ha dado como resultado una variación significativa en las capacidades de las personas que son categorizadas como con deficiencia mental, las cuales van desde aquellos que pueden ser enseñados a trabajar y funcionar con poca atención especial, hasta quienes casi no pueden ser entrenados y que deben recibir tratamiento institucional a lo largo de sus vidas (Matson y Mulick, 1991).

La mayoría de las personas con retraso mental tienen deficiencias relativamente menores, por lo cual se clasifican con *retraso leve*. Estos individuos tienen puntajes de CI que oscilan desde 55 hasta 69 y constituyen un 90% del total de personas con retraso mental. A pesar de que su desarrollo por lo general es más lento que el de sus compañeros, son capaces de manejarse con mucha independencia en la edad adulta, realizar su trabajo y conformar una familia.

En los niveles mayores de retraso —*retraso moderado* (CI entre 40 y 54), *retraso severo* (CI entre 25 y 39) y *retraso profundo* (CI menor que 25)— las dificultades son más pronunciadas. En las personas con retraso moderado, las deficiencias aparecen en forma precoz, y las habilidades lingüísticas y motoras son inferiores a las de sus compañeros de la misma edad. A pesar de que estas personas son capaces de desempeñar trabajos sencillos, requieren de cierto grado de supervisión a lo largo de sus vidas. Las personas con retraso severo y profundo suelen ser incapaces de manejarse de forma independien-

Retraso mental: nivel de funcionamiento intelectual significativamente inferior al normal que ocurre con limitaciones relacionadas en dos o más áreas de habilidad

Aunque los abogados defensores argumentaron que su CI bajo le impedía entender su crimen y los procedimientos judiciales de manera adecuada, Barry Lee Fairchild fue ejecutado por el asesinato de una enfermera de la Fuerza Aérea. Su muerte planteó cuestiones éticas importantes.

te. A menudo no poseen habilidades lingüísticas, tienen un control motor pobre y son incapaces de controlar esfínteres; estas personas suelen estar institucionalizadas durante toda su vida.

¿Cuáles son las causas del retraso mental? En casi una tercera parte de los casos existe una razón biológica identificable. La causa biológica más común del retraso es el síndrome de Down, ejemplificado por Mindie Crutcher al principio del capítulo. El *síndrome de Down,* al que en alguna ocasión se denominó mongolismo (puesto que se dice que quienes lo padecen tienen una configuración facial asiática), es provocado por la presencia de un cromosoma adicional (Cicchetti y Beeghly, 1990). En otros casos de retraso mental se ha detectado una anormalidad estructural de alguno de los cromosomas (Oberle y cols., 1991; Yu y cols., 1991). Las complicaciones durante el nacimiento, tales como falta temporal de oxígeno, también pueden provocar un retraso.

La mayor parte de los casos de retraso mental está clasificada como retraso mental que corre en la familia. En el *retraso mental que corre en la familia,* quienes lo padecen no tienen defectos biológicos, pero sí un historial de retraso en sus familias. El hecho de que los antecedentes de retraso de las familias sean o no causados por factores ambientales, tales como una pobreza extrema continua que produce desnutrición, o por algún factor genético subyacente, suele ser imposible de determinar con precisión. Lo característico de este tipo de retraso es la presencia de más de una persona con retraso mental en la familia inmediata.

Independientemente de la causa del retraso mental, durante las últimas dos décadas se han logrado enormes avances en el cuidado y tratamiento de las personas que lo presentan (Garber, 1988; Landesman y Ramey, 1989). En Estados Unidos, por ejemplo, gran parte de este cambio se originó a partir de la Ley de Educación para todos los Niños con Necesidades Especiales, promulgada en 1975 (Ley Pública 94-142). En esta ley federal, el Congreso determinó que las personas con retraso mental tienen derecho a una educación completa y que se les debe educar y capacitar en el *ambiente menos restrictivo.* Esta ley logró incrementar las oportunidades educativas de quienes tienen retraso mental, facilitando su inclusión en los salones regulares de clase tanto como fuera posible —proceso al que se denomina *integración*—.

La filosofía que sustenta a la integración sugiere que la interacción entre estudiantes con retraso y aquellos que son regulares en los salones de clases comunes mejora las oportunidades educativas de las personas con retraso mental, aumenta su aceptación social y facilita su integración a la sociedad en su conjunto. Antiguamente se segregaba a las personas con retraso mental en clases de educación especial, en las que podían aprender a su propio ritmo junto con otros estudiantes con necesidades especiales. La integración trata de evitar el aislamiento inherente a las clases de educación especial y de reducir el estigma social que representa el retraso, al permitirle a este tipo de alumnos interactuar con sus compañeros de la misma edad tanto como sea posible (Mastropieri y Scruggs, 1987).

Por supuesto que todavía existen las clases de educación especial; algunas personas con retraso operan a un nivel tan bajo que no podrían beneficiarse si se les ubica en salones regulares. Además, los niños con retraso mental integrados a grupos regulares por lo general asisten a clases especiales por lo menos durante una parte del día. De cualquier forma, la integración representa la posibilidad de aumentar su incorporación a la sociedad y la de permitirles realizar sus propias contribuciones al mundo en general. (Para considerar otra aplicación de la integración, en la que incluso las personas con formas graves de retraso mental son cambiadas de las instituciones a la comunidad, véase el recuadro *Los caminos de la psicología.*)

El sobresaliente en el área intelectual

Otro grupo de personas –los sobresalientes en el área intelectual— difieren tanto de aquellos con inteligencia promedio como de los que presentan retraso mental, aunque de

RESPUESTAS A LA REVISIÓN ANTERIOR

1. CI **2.** aptitudes; aprovechamiento **3.** fluida; cristalizada **4.** procesamiento de información

LOS CAMINOS DE LA PSICOLOGÍA

Rob Davies

Nació en: 1948
Educación: B.A., State University of New York, New Paltz; M.B.A., State University of New York, Albany
Hogar: Albany, Nueva York

Rob Davies siempre ha sido un activista, ya sea que inicie un programa de estudios ambientales, cuando era estudiante universitario, o aplique un enfoque humanista a la psicología para proporcionar una vida mejor para las personas con retraso mental en la década de 1990.

Davies trabaja en la actualidad con el Departamento de Vivienda y Atención a la Familia de la Oficina de Retraso Mental y Trastornos del Desarrollo de Nueva York. Su objetivo es sacar a las personas con retraso mental de las instituciones y colocarlas en ambientes más naturales como hogares de grupo.

Davies, de 48 años de edad, ha dedicado la mayor parte de su vida a darle a aquellos que tienen pocas oportunidades la posibilidad de llevar una vida mejor. Después de una carrera universitaria, que incluyó cursos de introducción a la psicología y psicología de la organización, obtuvo un empleo para trabajar con delincuentes juveniles y luego dirigió un hogar de grupo para personas con retraso mental. Fue mientras establecía un programa recreativo en forma de taller protegido que se percató de que las personas con retraso tenían el potencial de controlar sus propias vidas. "Establecimos un programa de departamentos para individuos, y en esa época contraté a amas de casa que les enseñarían a hacer un presupuesto, comprar y administrar su propio hogar", comentó.

Esta experiencia lo llevó a su puesto actual, donde ayuda en la selección de sitios, dentro de vecindarios establecidos, para hogares de grupo para las

Rob Davies.

personas con retraso mental. Gran parte de su tiempo lo dedica a disipar los prejuicios de las personas respecto a aquellos que tienen retraso mental. Aunque ahora es una práctica normal hacer que los individuos con retraso mental se involucren en la comunidad y evitar la institucionalización siempre que sea posible, todavía hay inconvenientes en la forma en que son tratadas las personas con retraso mental.

"Todavía ponemos límites al potencial humano", señala. "En los 20 años que he estado implicado, nunca he conocido a nadie que prediga el potencial humano. He escuchado a muchos profesionales decir que las personas con retraso mental nunca podrán hacer ciertas cosas. Pero a lo largo de los años todas aquellas predicciones han sido evidentemente falsas, si se les da a estas personas una exposición y estimulación apropiadas."

Miembro de un subcomité del Comité Presidencial de Vivienda para Personas con Retraso Mental, Davies se dedica en estos días a dar a las personas con retraso mental control sobre sus vidas. "Las personas con trastornos necesitan control sobre el lugar donde viven, con quién viven y sobre quién

trabaja con ellos", afirma. "El concepto completo es que las personas con trastornos deben tener igualdad de oportunidades para la vivienda y los empleos. Básicamente es un problema de derechos civiles."

Aunque la vivienda y el dinero son aspectos importantes para ayudar a las personas con retraso mental, Davies señala que con frecuencia las actividades más modestas producen algunos de los mejores resultados. "A menudo salimos con soluciones complicadas cuando la solución simple y obvia es el mejor camino", dice. "Por ejemplo, algo como iniciar un círculo de amigos puede ser útil. Éstas son las cosas que le dan calidad a la vida –relaciones a largo plazo con amigos, su casa, su cama, su taza favorita–. Si tienen un mal día en el trabajo, las personas sin necesidades especiales pueden llegar a casa y llamar a un amigo íntimo o sentarse y relajarse. Pero si tiene un mal día en un taller para personas con retraso mental, su supervisor llamará a su hogar de grupo y ellos se encargarán de su caso. No se tienen las mismas oportunidades", agregó.

Davies recordó una época anterior en su carrera cuando en una institución se acercó a una mujer con retraso severo que estaba acostada en una cama mirando fijamente al techo. Él se inclinó y tocó su frente y notó un cambio inmediato en su rostro.

"Había un destello en sus ojos en el que casi podías ver su gratitud por ser saludada. Todavía veo los ojos de esa mujer en la actualidad", recordó. "A veces comprender a las personas con retraso mental implica sólo reconocer una determinada sonrisa o un parpadeo del ojo. Ésta es la forma en que nos comunicamos.

En cierta forma, todos tenemos necesidades especiales, en vista de que no tenemos las habilidades para establecer las comunicaciones. Éste es el verdadero reto que tenemos ante nosotros", concluyó.

Sobresaliente en el área intelectual: individuo caracterizado por una inteligencia mayor a la normal, con CI de más de 130 puntos

manera diferente. Los **sobresalientes en el área intelectual**, que comprenden entre el 2 y el 4% de la población, tienen un CI de más de 130 puntos.

Aunque el estereotipo que se identifica con estos individuos los presenta como raros, tímidos, inadaptados sociales que no son capaces de llevarse bien con sus compañe-

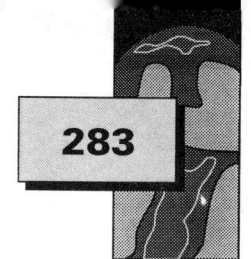

ros, la mayoría de las investigaciones indican precisamente lo contrario. Como Lenny Ng —quien se describió al principio de este capítulo— las personas sobresalientes en el área intelectual con mayor frecuencia son emprendedoras, están bien adaptadas y son populares, además de que pueden hacer la mayoría de las cosas mejor que las personas promedio (Horowitz y O'Brien, 1987; Subotnik y Arnold, 1993, 1994).

Por ejemplo, en un estudio a largo plazo de Lewis Terman que comenzó a principios de la década de 1920 y al que todavía se le da seguimiento, se siguió la pista a 1 500 niños que poseían CI superiores a 140, y se les examinó periódicamente a lo largo de los siguientes sesenta años (Sears, 1977; Terman y Oden, 1947). Desde el inicio, los miembros de este grupo eran más capaces desde el punto de vista físico, académico y social que sus compañeros de inteligencia normal. Solían ser más sanos, más altos, más pesados y más fuertes que las personas promedio. Y, lo que no era sorpresa, les iba mejor en la escuela. Asimismo exhibían una mejor adaptación social que las personas promedio. Además, todas estas ventajas rindieron frutos en términos de éxitos profesionales: como grupo, los sobresalientes en el área intelectual recibieron más premios y distinciones, ganaron mejores salarios, e hicieron más contribuciones al arte y a la literatura que los individuos comunes. Por ejemplo, cuando los miembros del grupo tenían cuarenta años de edad, habían escrito en conjunto más de 90 libros, 375 obras de teatro y cuentos, y 2 000 artículos, e incluso habían registrado más de 200 patentes. Y tal vez lo más importante: informaban estar más satisfechos de la vida que las personas no sobresalientes.

Por otra parte, la historia de estas personas sobresalientes en el área intelectual no era absolutamente positiva (Shurkin, 1992). No todos los miembros del grupo que estudió Terman tuvieron éxito, ya que hubo varios fracasos notables. Además, otras investigaciones sugieren que una gran inteligencia no es una cualidad homogénea; una persona que tenga un CI alto no necesariamente será sobresaliente en todas las materias escolares, sino que es posible que destaque sólo en una o dos (Stanley, 1980; Sternberg y Davidson, 1986). Por lo tanto, un CI alto no garantiza un éxito en todas las labores.

A pesar de que abundan los programas especiales que tratan de compensar las deficiencias de las personas con retraso mental, no ha sido sino hasta fechas recientes que se han generado procedimientos para apoyar el desarrollo de los talentos de las personas sobresalientes en el área intelectual. En parte, esta falta de atención especial se ha debido a una creencia persistente de que las personas sobresalientes deberían ser capaces de "arreglárselas solas"; si no podían hacerlo, entonces no eran sobresalientes. Sin embargo, enfoques más serios reconocen que, sin alguna forma específica de atención especial, las personas sobresalientes pueden hastiarse y frustrarse debido al ritmo insuficiente de sus actividades escolares y nunca desarrollar sus potenciales (Reis, 1989; Borland, 1989; Gallagher, 1993).

Los niños sobresalientes en el área intelectual se benefician con programas de educación especial, cuando dichas clases se encuentran disponibles, lo cual no sucede a menudo.

Un programa especialmente exitoso diseñado para los sobresalientes en el área intelectual es el proyecto denominado Estudio de la Juventud Matemáticamente Precoz (*Study of the Mathematically Precocious Youth*). Dentro de este programa, los niños de primero de secundaria que han exhibido una habilidad matemática sobresaliente reciben cursos de verano en los que se les enseña con rapidez habilidades matemáticas difíciles, para culminar con cálculo de nivel universitario. Además, reciben instrucción en otra serie de materias, entre las que se cuentan las ciencias y los idiomas. La meta última del programa, y de otros como éste, es enriquecer a los estudiantes sobresalientes en el área intelectual por medio de un plan de estudios acelerado para permitir que se desarrollen sus talentos. Estos programas incrementan la probabilidad de que alcancen su potencial máximo (Stanley, 1980; Southern, Jones y Stanley, 1993).

RECAPITULACIÓN Y REVISIÓN

Recapitulación

- El retraso mental se define por niveles de funcionamiento intelectual significativamente por debajo del promedio, acompañado de deficiencias en el comportamiento adaptativo.
- Los niveles de retraso incluyen el retraso leve (CI entre 55 y 69), el retraso moderado (CI entre 40 y 54), el retraso severo (CI entre 25 y 39) y el retraso profundo (CI menores que 25).
- Las causas más frecuentes de retraso mental son el síndrome de Down y las influencias familiares.
- Los sobresalientes en el área intelectual poseen CI superiores a los 130 puntos y representan entre el 2 y el 4% de la población.*

Revisión

1. El retraso mental implica de manera específica a las personas que poseen un CI menor de 60 puntos. ¿Cierto o falso?
2. El_____ _____ es un trastorno provocado por un cromosoma de más, que es responsable de algunos casos de retraso mental.
3. La _____ es el proceso mediante el cual los estudiantes con retraso mental concurren a clases regu-

lares con el fin de facilitar su aprendizaje y reducir su aislamiento.
4. Algunas formas de retraso mental pueden tener un origen genético y se pueden transmitir a familias completas. ¿Cierto o falso?
5. Las personas de gran inteligencia suelen ser tímidas y retraídas. ¿Cierto o falso?

Pregúntese a sí mismo

Suponga que el gobierno federal anunció un programa de 10 mil millones de dólares diseñado para dar asistencia a escuelas especiales en las que se pueden inscribir estudiantes sobresalientes en el área intelectual. Las escuelas tendrán la obligación de ayudarlos a alcanzar su potencial máximo en las áreas específicas en las que muestran una mayor ventaja. Las escuelas serán gratuitas para tales estudiantes, y se ha creado un impuesto especial para sufragar este proyecto. El supuesto que subyace a la creación de estas escuelas radica en que la productividad de este tipo de estudiantes compensará de sobra el gasto de dinero incurrido en el presente. ¿Qué beneficios podrían obtenerse de un programa así? ¿Qué desventajas podrían producirse?

(Las respuestas a las preguntas de la revisión aparecen en la página 286.)

- *¿Tienen sesgos culturales las pruebas del cociente de inteligencia tradicionales?*
- *¿Existen diferencias raciales en la inteligencia?*
- *¿En qué grado influyen el ambiente y la herencia sobre la inteligencia?*

DIFERENCIAS INDIVIDUALES EN LA INTELIGENCIA: DETERMINANTES HEREDITARIOS Y AMBIENTALES

El tema del desarrollo de pruebas de inteligencia que sean justas y que evalúen el conocimiento sin relacionarlo con los antecedentes culturales o familiares no sería relevante si no fuera por un hallazgo importante y persistente: los miembros de determinados grupos raciales y culturales obtienen consistentemente calificaciones inferiores en las

*N. del R.T. Tome en cuenta que la tendencia actual es identificar y valorar a los sobresalientes a través de evaluaciones de corte *cualitativo*, complementadas con información cuantitativa proveniente de pruebas del CI.

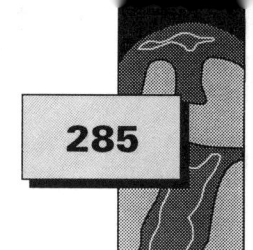

pruebas de inteligencia que los miembros de otros grupos (MacKenzie, 1984; Humphreys, 1992). Por ejemplo, como grupo, los afroamericanos tienden a mostrar un CI promedio 15 puntos por debajo de los blancos. ¿Refleja esto una variación de inteligencia o tienen un sesgo las preguntas con relación al tipo de conocimiento que evalúan? Es obvio que si los blancos tienen un mejor desempeño como resultado de su mayor familiaridad con el tipo de información que está presente en la prueba, sus CI más elevados no constituyen necesariamente un indicio de que sean más inteligentes que los miembros de otros grupos.

Existen buenas razones para creer que algunas pruebas estandarizadas de inteligencia contienen elementos discriminatorios en contra de los miembros de grupos minoritarios, cuyas experiencias difieren de las de la mayoría blanca. Piense en la pregunta: "¿qué haría usted si otro niño cogiera su sombrero y corriera con él?" La mayoría de los niños blancos de clase media respondería que se lo dirían a un adulto, respuesta que sería considerada "correcta". Por otra parte, una respuesta razonable podría ser perseguir a la persona y pelear por recuperar el sombrero, respuesta que es elegida por gran cantidad de niños afroamericanos que viven en zonas urbanas —pero que se considera incorrecta— (Albee, 1978; Miller-Jones, 1989).

Además, las pruebas pueden incluir formas aún más sutiles de sesgo contra los grupos minoritarios. Por ejemplo, la psicóloga Janet Helms (1992) afirma que las evaluaciones de la capacidad cognitiva desarrolladas en Estados Unidos son construidas a veces para favorecer las respuestas que reflejan de manera implícita los valores, costumbres o tradiciones norteamericanas o europeas. Al mismo tiempo, estas pruebas están sesgadas contra los sistemas de valores culturales africanos y de otras partes.

De manera más específica, Helms sugiere que el valor occidental tradicional del "individualismo riguroso" significa que las respuestas correctas de los reactivos de prueba pueden requerir que la persona que resuelve la prueba razone en forma independiente de un contexto social particular. En contraste, el valor cultural africano del comunalismo, en el que el grupo es valorado más que los individuos, puede hacer que las personas que tienen esa tradición no puedan responder una pregunta que carezca de información sobre el contexto social.

La posibilidad de sesgo y de discriminación en contra de los miembros de los grupos minoritarios en las pruebas tradicionales del CI ha provocado que algunas jurisdicciones prohíban su empleo. Por ejemplo, el estado de California no permite que las escuelas públicas apliquen pruebas del CI a los estudiantes afroamericanos para decidir si deben ser colocados en clases de educación especial para los que son llamados "personas educables con retraso mental", aunque, en una interpretación legal compleja, permite la evaluación para otros ciertos tipos de problemas de aprendizaje (Baker, 1987; Turkington, 1992). Resulta irónico que, dado que la prohibición de la evaluación contempla sólo a los afroamericanos, y no a los blancos, los latinoamericanos y a otros grupos étnicos y raciales, hay quienes han expresado que la prohibición misma es discriminatoria.

Exploración de la diversidad

La influencia relativa de la herencia y el medio ambiente

En un esfuerzo por elaborar lo que ha sido denominado una **prueba del CI libre de cultura**, que no discrimine a los miembros de ninguno de los grupos minoritarios o culturales, los psicólogos han tratado de idear reactivos para las pruebas que evalúen experiencias comunes a todas las culturas o que hagan énfasis en las preguntas que no requieran del empleo del lenguaje. No obstante, quienes elaboran las pruebas han descubierto que ésta es una labor difícil, y algunas pruebas libres de sesgos culturales han generado discrepancias incluso más grandes entre los grupos mayoritarios y minoritarios que las pruebas tradicionales, las cuales se basan más decididamente en las habilidades verbales (Anastasi, 1988; Geisinger, 1992).

Prueba de CI libre de cultura: prueba que no discrimina a los miembros de ningún grupo minoritario o cultural

Los esfuerzos de los psicólogos en torno a la elaboración de métodos para medir la inteligencia, que estén libres de sesgos culturales, se relacionan con una larga controversia concerniente a las diferencias de inteligencia existentes entre los miembros de los grupos mayoritarios y minoritarios. En un intento por identificar si existen o no diferencias entre estos grupos, los psicólogos se han enfrentado al tema más amplio de determinar la contribución relativa de factores genéticos (herencia) y de la experiencia (ambiente) a la inteligencia.

Richard Herrnstein, un psicólogo, y Charles Murray, un sociólogo, avivaron el fuego de este debate con la publicación de su libro, *The Bell Curve,* en 1994 (Herrnstein y Murray, 1994). Sostienen que un análisis de las diferencias en CI existentes entre blancos y afroamericanos demostraba que, a pesar de que factores ambientales desempeñaban un papel, había asimismo diferencias genéticas básicas entre ambas razas. Basan su argumento en una serie de descubrimientos. Por ejemplo, en promedio, los blancos obtienen quince puntos más que los afroamericanos en las pruebas tradicionales de CI, incluso cuando se toma en cuenta el nivel socioeconómico. De acuerdo con Herrnstein y Murray, los afroamericanos de clase media y alta obtienen puntajes menores que los blancos de dichas clases, así como los de clase baja obtienen puntuaciones inferiores a sus contrapartes blancos de igual nivel económico. Las diferencias de inteligencia entre afroamericanos y blancos, concluyeron, no se pueden atribuir únicamente a factores ambientales.

Por otro lado, la inteligencia en general muestra un alto grado de **heredabilidad**, la cual es un indicio del grado en que una característica se relaciona con factores genéticos heredados (por ejemplo, Bouchard y cols., 1990). Como se puede apreciar en la figura 8.6, mientras más cercano sea el vínculo genético entre dos personas, mayor es la corres-

Heredabilidad: medida del grado en que una característica se relaciona con factores genéticos heredados, en oposición a los factores ambientales

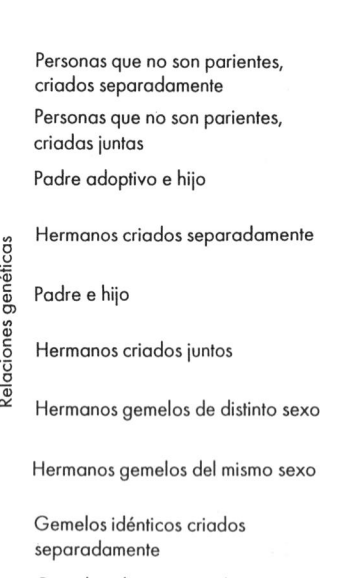
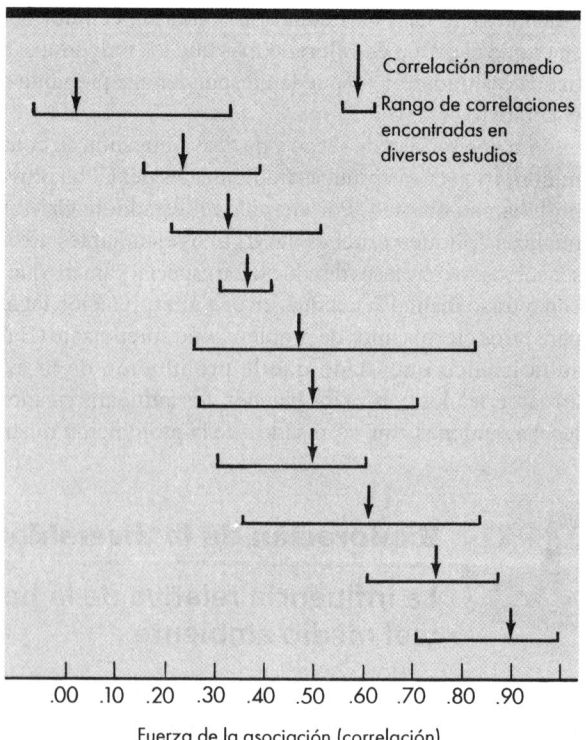

FIGURA 8.6 Resumen de hallazgos acerca del CI y cercanía con la relación genética. Las barras indican las correlaciones medianas encontradas en diversos estudios, mientras que los porcentajes indican el grado de superposición genética dentro de la relación. Observe, por ejemplo, que la correlación mediana para personas que no son parientes criadas de forma separada es muy baja, en tanto que la correlación entre gemelos idénticos criados juntos es considerablemente mayor. En general, mientras más parecidos sean los antecedentes genéticos y ambientales de dos personas, mayor será la correlación. (*Adaptado de Bouchard y McGue, 1981.*)

RESPUESTAS A LA REVISIÓN ANTERIOR

1. Falso; se emplea este término para describir a una amplia gama de personas con varios grados de deficiencia mental **2.** síndrome de Down **3.** integración **4.** Cierto **5.** Falso; las personas sobresalientes suelen ser más sociables que los individuos que poseen puntajes de CI menores

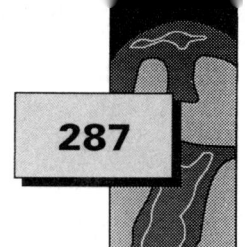

pondencia de los puntajes de CI. Con el empleo de este tipo de datos, Herrnstein y Murray afirman que las diferencias entre las razas en cuanto a los puntajes de CI fueron causados por divergencias con una base genética en la inteligencia.

Sin embargo, muchos psicólogos reaccionaron en forma intensa ante los argumentos expuestos en *The Bell Curve,* refutando varias de las opiniones contenidas en el libro (por ejemplo, Nisbett, 1994). Por una parte, incluso cuando las condiciones socioeconómicas supuestamente se mantengan constantes, existen enormes variaciones entre cada uno de los hogares, y nadie puede afirmar en forma convincente que las condiciones de vida de los afroamericanos y los blancos sean idénticas, aun cuando su posición socioeconómica sea similar. En segundo lugar, como expusimos antes, existen razones para creer que las pruebas tradicionales de CI pueden discriminar a los afroamericanos de zonas urbanas y clase baja al pedirles información que es propia de experiencias que con poca probabilidad habrán tenido.

Además, existen evidencias directas en el sentido de que los afroamericanos que se crían en ambientes prósperos no tienen la tendencia, como grupo, a obtener puntajes menores de CI que los blancos criados en ambientes similares. Por ejemplo, Sandra Scarr y Richard Weinberg examinaron a niños afroamericanos que fueron adoptados a edad temprana por familias blancas de clase media con una inteligencia superior a la normal (Scarr y Weinberg, 1976). Los CI de los niños alcanzaron un promedio de 106 —alrededor de quince puntos por encima de los CI de niños afroamericanos no adoptados y criados en sus propios hogares, y por encima de los puntajes promedio de la población en general. Además, mientras más pequeño era el niño en el momento de la adopción, mayor tendía a ser su CI. Por lo tanto, la evidencia de que los factores genéticos desempeñan un papel principal para determinar las diferencias raciales en el CI no está demostrada, aunque esta cuestión sigue generando gran controversia (Jacoby y Glauberman, 1995).

Para finalizar, es fundamental recordar que los puntajes de CI y la inteligencia tienen su mayor importancia en función de los individuos, no de los grupos. En gran medida, las mayores discrepancias en los puntajes de CI ocurren cuando se comparan *individuos* y no puntajes promedio de CI de *grupos* diferentes. Existen afroamericanos que obtienen puntajes altos en las pruebas de CI y blancos que presentan puntajes bajos, así como a la inversa. Para que el concepto de inteligencia ayude a mejorar la sociedad debemos examinar cómo se desempeñan los *individuos*, y no los grupos a los que pertenecen. Es necesario enfocarnos en el grado en que se puede mejorar la inteligencia en una persona determinada, no en los integrantes de un grupo particular (Angoff, 1988).

Otros problemas hacen que el debate de la herencia frente al ambiente carezca de importancia ante preocupaciones más prácticas. Por ejemplo, como expusimos con anterioridad, existen diversas clases de inteligencia, a las que los puntajes tradicionales de CI no representan adecuadamente. Además, algunos psicólogos sostienen que los puntajes de CI se relacionan muy débilmente con la inteligencia y que a menudo predicen en forma inadecuada el éxito académico y ocupacional posteriores (Flynn, 1987). Por último, las diferencias reales en el aprovechamiento escolar entre blancos y afroamericanos parecen estar disminuyendo (Jones, 1984). En resumen, las preguntas relativas a las diferencias de los niveles de inteligencia de blancos y afroamericanos pueden demostrar ser menos pertinentes que las referidas a la comprensión de las diferencias individuales en el CI, independientemente de la raza.

La interrogante de la herencia y el medio ambiente en perspectiva

No existe una respuesta absoluta para la pregunta acerca del grado en que la inteligencia se ve influida por la herencia y por el ambiente. Se trata con un problema en el que no se pueden diseñar experimentos que no sean ambiguos para determinar causa y efecto. (¡Sólo pensar por un momento cómo podríamos asignar niños a ambientes enriquecidos o empobrecidos, nos revelará la imposibilidad de diseñar experimentos que sean éticamente razonables!)

Por lo tanto, la pregunta más importante que debemos formular no radica en plantear si los factores hereditarios o ambientales son los elementos fundamentales que subyacen a la inteligencia, sino plantear si hay algo que podamos hacer para maximizar el desarrollo de cada individuo (Scarr y Carter-Saltzman, 1982; Angoff, 1988). Entonces seremos capaces de efectuar cambios en el entorno —que pueden tomar la forma de un ambiente hogareño y escolar enriquecido— para que cada persona pueda desarrollar su potencial.

RECAPITULACIÓN Y REVISIÓN

Recapitulación

- El asunto relativo a la existencia o no de un sesgo en favor de los grupos dominantes de la sociedad en las pruebas de CI, se plantea debido a que los afroamericanos tienden a obtener en promedio quince puntos menos que los obtenidos por los blancos en pruebas estandarizadas.
- Se han desarrollado pruebas del CI libres de cultura en un esfuerzo por evitar una discriminación hacia los grupos minoritarios.
- Quizás el punto más importante en relación con el CI no sea el grado en que pueda estar influido por la herencia o el ambiente, sino qué podemos hacer para fomentar y maximizar el desarrollo intelectual de todos los individuos.

Revisión

1. Las pruebas de inteligencia pueden estar sesgadas en favor de la cultura prevaleciente de modo tal que se pone en desventaja a las minorías cuando realizan estas pruebas. ¿Cierto o falso?
2. Una prueba _____ trata de emplear únicamente preguntas adecuadas para todas las personas que la responden.
3. Las pruebas de CI pueden determinar con precisión la inteligencia de grupos completos de personas. ¿Cierto o falso?
4. La inteligencia se puede ver como el reflejo de una combinación de factores _____ y factores _____.

Pregúntese a sí mismo

Los psicólogos industriales emplean diversas pruebas para determinar contrataciones, ascensos, etcétera. Armado con lo que sabe acerca de las pruebas de inteligencia, se le pide que haga una revisión del programa de pruebas para el ascenso a puestos gerenciales en la IBM. ¿Qué recomendaciones haría para este programa?

(Las respuestas a las preguntas de la revisión aparecen en la página 289.)

UNA MIRADA RETROSPECTIVA

¿Cómo conceptualizan y definen los psicólogos a la inteligencia?

1. Debido a que la inteligencia puede asumir muchas formas, su definición representa un reto para los psicólogos. Una perspectiva comúnmente aceptada afirma que la inteligencia es la capacidad de comprender al mundo, de pensar de forma racional y de utilizar de manera efectiva los recursos cuando nos enfrentamos con desafíos.

¿Cuáles son los principales enfoques para medir la inteligencia?

2. Las pruebas de inteligencia se emplean para evaluar la inteligencia. Proporcionan una edad mental, que al dividirse entre la edad cronológica de una persona y multiplicarse por 100, genera un puntaje de CI o coeficiente intelectual. Pruebas específicas de inteligencia incluyen la prueba Stanford-Binet, la Escala de Inteligencia Wechsler para Adultos Revisada (WAIS-R), y la Escala de Inteligencia Wechsler para Niños III (WISC-III). Además de las pruebas de inteligencia, otras pruebas estandarizadas asumen la forma de pruebas de aprovechamiento (que miden el nivel de conocimientos en un área determinada) y las pruebas de aptitudes (que predicen la capacidad en un área específica).

3. Las pruebas de inteligencia deben poseer confiabilidad y validez. La confiabilidad se refiere a la consistencia con la que una prueba mide los factores que trata de medir. Una prueba tiene validez cuando en verdad mide lo que tiene previsto medir.

4. A pesar de que las pruebas de inteligencia son capaces de identificar diferencias individuales de inteligencia, no nos ofrecen una comprensión de la naturaleza que subyace a ella. Uno de los principales temas en este sentido es el que plantea si hay un solo factor fundamental de la inteligencia, o si está formada por componentes particulares.

5. Los primeros psicólogos que se interesaron en la inteligencia supusieron la existencia de un factor general para la capacidad mental, al que denominaron *factor g*. No obstante, psicólogos posteriores rebatieron la teoría de la inteligencia unidimensional.

6. Algunos investigadores sugieren que existen dos clases de inteligencia: la fluida y la cristalizada. La teoría de Gardner acerca de las inteligencias múltiples sostiene que existen siete esferas de inteligencia: musical, corporal cinestésica, lógico-matemática, lingüística, espacial, interpersonal e intrapersonal.

7. Los enfoques del procesamiento de información sostienen que la inteligencia se debe conceptualizar como la forma en que las personas representan y utilizan cognitivamente el material. En lugar de centrarse en la estructura de la inteligencia, los psicólogos que adoptan el enfoque del procesamiento de información examinan los procesos que subyacen al comportamiento inteligente. Un ejemplo del enfoque del procesamiento de información es la teoría triádica de la inteligencia, de Sternberg, la cual sostiene la existencia de tres componentes fundamentales de la inteligencia: el componencial, el experiencial y el contextual.

¿Cómo se pueden diferenciar los extremos de la inteligencia?

8. En los dos extremos de la inteligencia se encuentran, por un lado, las personas con retraso mental y, por el otro, los sobresalientes en el área intelectual. Los niveles de retraso mental incluyen el retraso leve (CI de 55 a 69 puntos), el retraso moderado (CI de 40 a 54 puntos), el retraso severo (CI de 25 a 39 puntos) y el retraso profundo (CI menor que 25 puntos). Cerca de una tercera parte de los casos de retraso mental tienen una causa biológica conocida; el síndrome de Down es la causa más común. Sin embargo, la mayor parte de los casos se clasifica como retraso mental que corre en la familia, el cual no tiene una causa biológica conocida.

¿Cómo podemos ayudar a las personas a desarrollar su potencial máximo?

9. Se han producido avances recientes en el tratamiento tanto de personas con retraso mental como en el de los sobresalientes en el área intelectual. En Estados Unidos esto es especialmente cierto a partir de que la ley federal ordenó que las personas con retraso mental fueran educadas en el ambiente menos restrictivo. En la integración, las personas con retraso mental son incorporadas en la medida de lo posible a los salones de clase regulares.

¿Tienen sesgos culturales las pruebas de CI tradicionales?

10. Las pruebas de inteligencia tradicionales han sido criticadas con frecuencia por estar sesgadas en favor de la población mayoritaria de blancos de clase media. Esta controversia ha generado el intento de desarrollar pruebas libres de cultura; es decir, mediciones de CI que eviten las preguntas cuyas respuestas dependan de antecedentes culturales determinados.

¿Existen diferencias raciales en la inteligencia?

11. Los problemas respecto a la raza y las influencias ambientales y genéticas sobre la inteligencia han generado grandes controversias.

¿En qué grado influyen el ambiente y la herencia sobre la inteligencia?

12. A consecuencia de que los puntajes individuales del CI varían mucho más que los grupales, es más importante preguntar qué es lo que podemos hacer para llevar al máximo el desarrollo intelectual de cada persona.

TÉRMINOS Y CONCEPTOS CLAVE

inteligencia (p. 268)
pruebas de inteligencia (p. 268)
edad mental (p. 269)
puntaje del coeficiente intelectual (CI)
    (p. 269)
prueba de aprovechamiento
    (p. 271)

prueba de aptitudes (p. 271)
confiabilidad (p. 272)
validez (p. 272)
normas (p. 272)
factor g (p. 274)
inteligencia fluida (p. 274)
inteligencia cristalizada (p. 274)

teoría triádica de la inteligencia
    (p. 276)
retraso mental (p. 280)
sobresaliente en el área intelectual
    (p. 282)
prueba de CI libre de cultura (p. 285)
heredabilidad (p. 286)

RESPUESTAS A LA REVISIÓN ANTERIOR

1. Cierto **2.** libre de prejuicios culturales **3.** falso; las pruebas del CI se utilizan para medir la inteligencia individual. Dentro de cualquier grupo existen amplias variaciones de la inteligencia individual **4.** hereditarios; ambientales

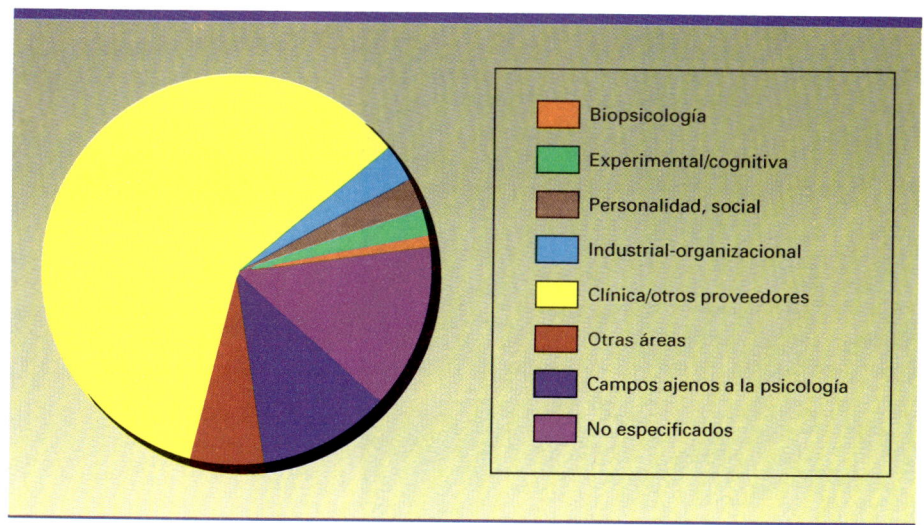

FIGURA 1.1 El porcentaje de psicólogos que se ubican en las principales áreas de especialidad del campo. *(Fuente: APA, oficina de investigación, 1995, con base en los integrantes de la APA.)* (Véase pág. 5.)

Legend:
- Biopsicología
- Experimental/cognitiva
- Personalidad, social
- Industrial-organizacional
- Clínica/otros proveedores
- Otras áreas
- Campos ajenos a la psicología
- No especificados

Estas dos fotografías, tomadas con un microscopio electrónico, muestran un grupo de neuronas interconectadas en la corteza cerebral (izquierda) y una amplificación de unas pocas neuronas (derecha). (Véase pág. 47.)

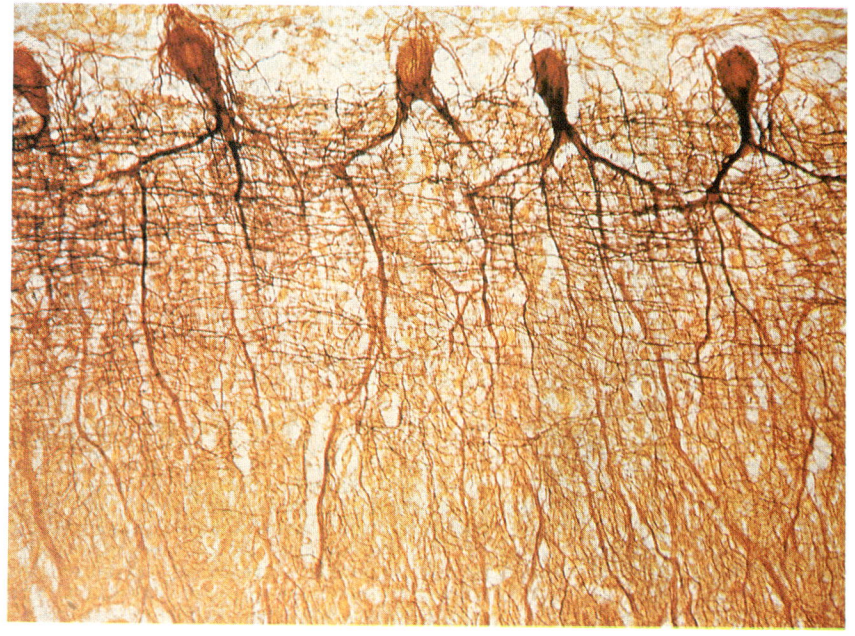

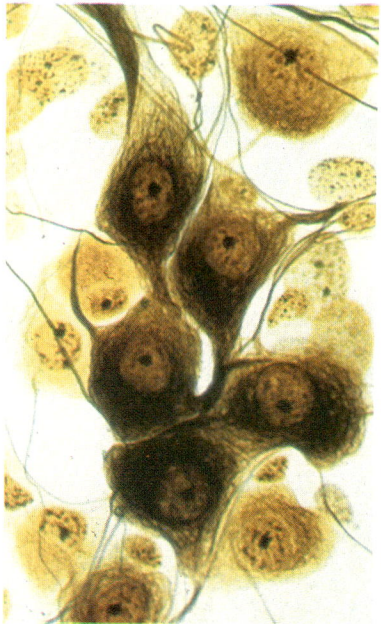

A

Esta micrografía a color mejorada ilustra el disparo de muchas células nerviosas. (Véase pág. 49.)

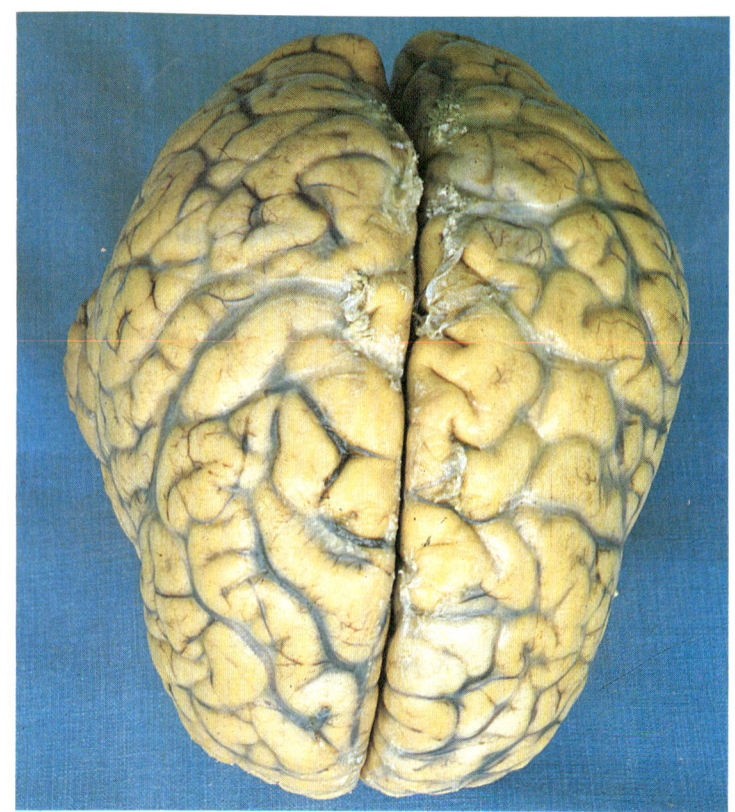

El cerebro es una masa de 1 250 gramos de materia suave y esponjada formada por miles de millones de células nerviosas que hacen posible todos los logros humanos.
(Véase pág. 59.)

B

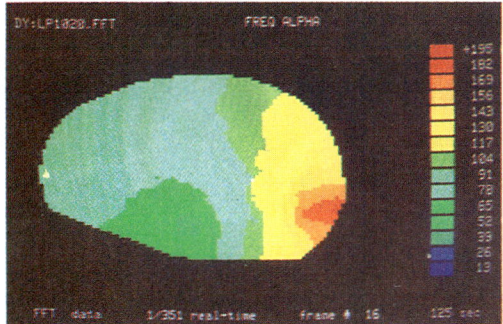

a) EEG

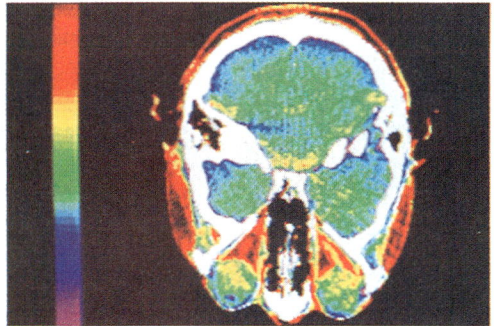

b) Exploración TAC

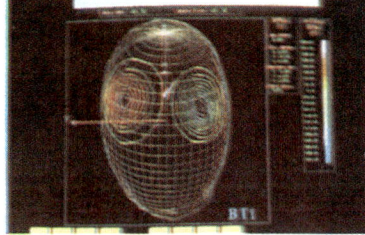

d) Exploración DICS

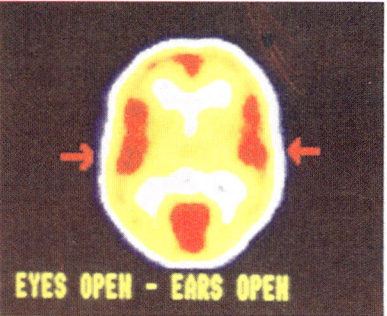

e) Exploración TEP

c) Exploración IRM

FIGURA 2.8 Exploraciones cerebrales producidas por medio de diferentes técnicas. *a)* Imagen de EEG producida por computadora. *b)* Esta exploración TAC muestra las estructuras del cerebro. *c)* La exploración IRM emplea un campo magnético para detallar las partes del cerebro. *d)* La exploración DICS muestra la actividad neuronal del cerebro. *e)* La exploración TEP muestra el funcionamiento del cerebro en un momento determinado y es sensible a las actividades de la persona. (Véase pág. 60.)

En apoyo a la perspectiva modular del funcionamiento del cerebro, estas exploraciones TEP ilustran las áreas diferentes del cerebro que son activadas durante distintas actividades. (Véase pág. 74.)

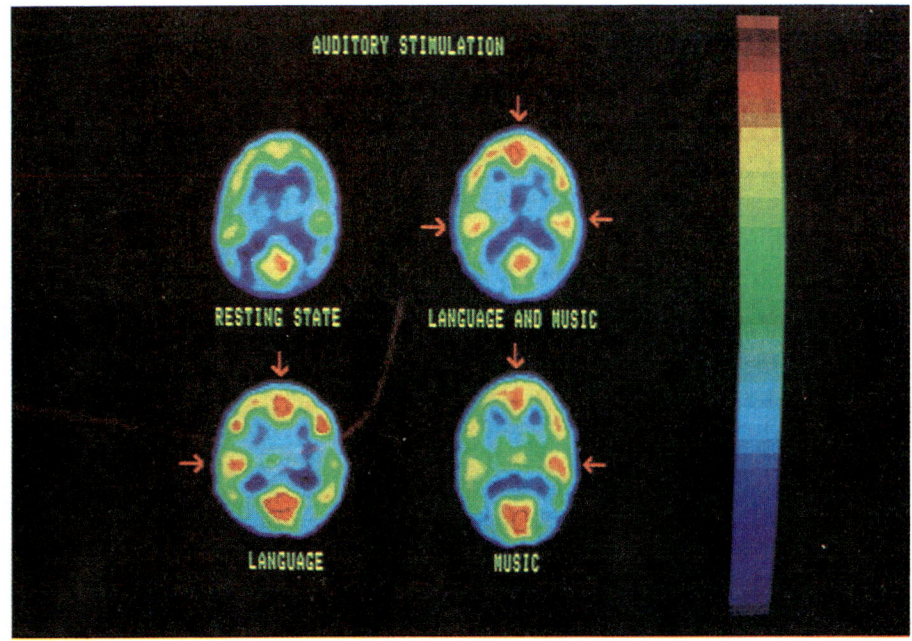

C

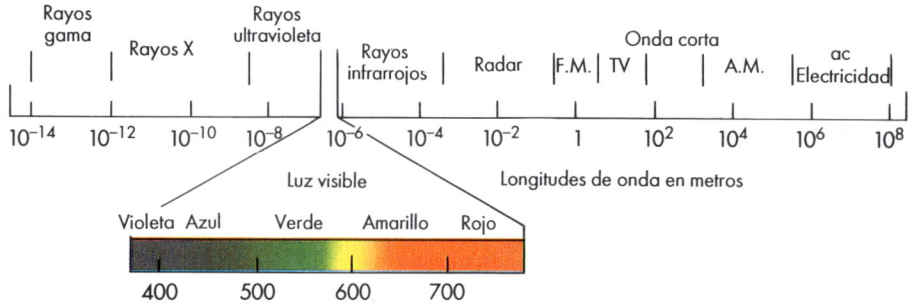

Longitudes de onda en nanómetros (milmillonésimas de metro)

FIGURA 3.1 El espectro visual —la gama de longitudes de onda a las que es sensible una persona— representa tan sólo una pequeña parte de las clases de longitudes de onda que existen en nuestro ambiente. (Véase pág. 89.)

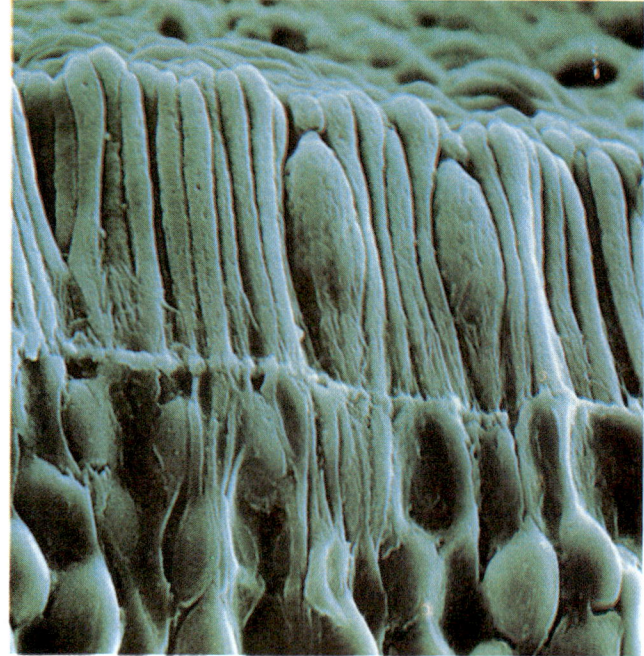

Esta microfotografía electrónica revela con claridad las formas distintivas de los bastones y los conos del ojo. (Véase pág. 90.)

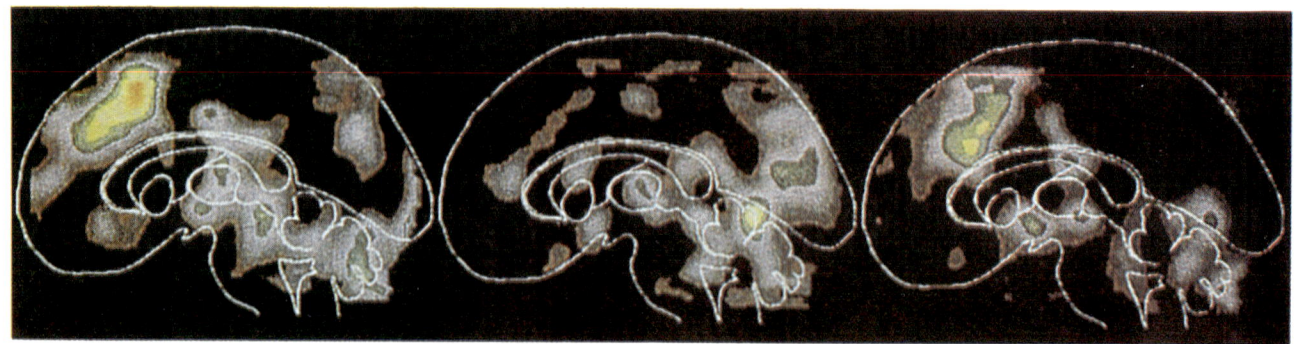

Exámenes por medio de tomografías por emisión de positrones de un sujeto en un experimento al que se le pidió primero que leyera una lista de sustantivos y propusiera un verbo relacionado (tomografía de la izquierda). Cuando se le pidió que realizara la tarea en forma repetida con la misma lista de sustantivos, se activaron áreas diferentes del cerebro (centro). Sin embargo, cuando se le dio al sujeto una lista nueva de sustantivos, las regiones del cerebro que estaban implicadas al inicio se reactivaron (derecha). (Fuente: Dr. Steven E. Peterson/Washington University. Tomado de *Scientific American*, diciembre de 1993.) (Véase pág. 224.)

D

a)

b)

c)

d)

FIGURA 3.5 Estos globos se muestran como se le presentan *a*) a una persona con visión normal; *b*) una persona con daltonismo para el rojo y el verde vería así la escena, en tonalidades de azul y amarillo: *c*) una persona con daltonismo para el azul y el amarillo, a la inversa, la vería en tonalidades de rojo y verde; *d*) para quien ve en ausencia de colores —ceguera total a los colores—, la escena se vería así.
(Véase pág. 96.)

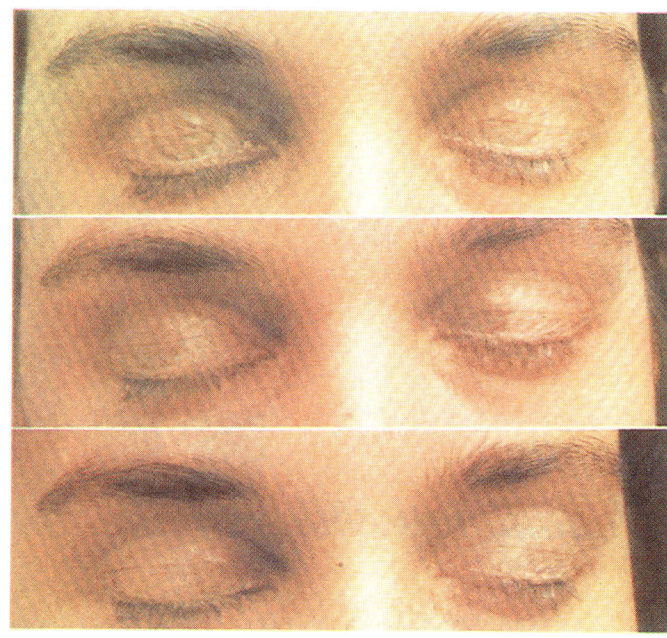

Durante el sueño MOR nuestros ojos oscilan de un lado a otro detrás de nuestros párpados cerrados como si estuviéramos viendo las imágenes de nuestros sueños. (Véase pág. 131.)

E

FIGURA 3.6 Si observa fijamente el punto de esta bandera por espacio de un minuto y luego mira el pedazo de papel en blanco, el fenómeno de la postimagen hará que aparezca la tradicional bandera roja, blanca y azul. (Véase pàg. 97.)

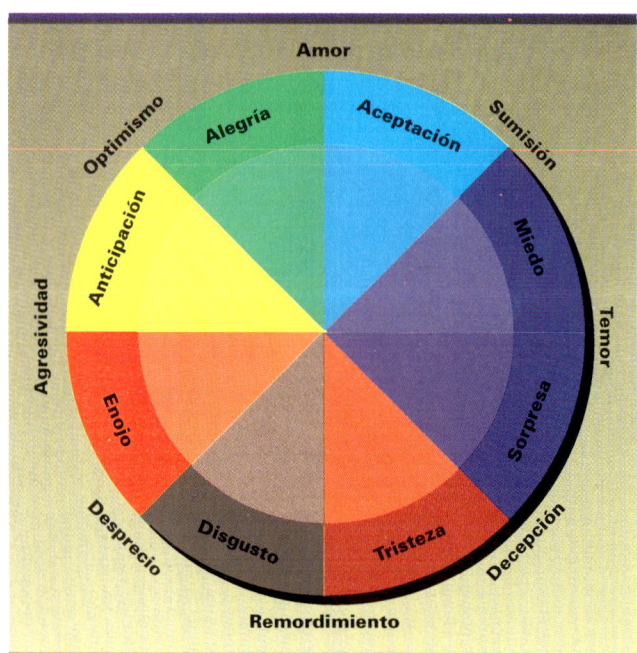

FIGURA 9.3 El círculo de la emoción de Plutchik demuestra cómo las ocho emociones primarias se relacionan entre sí. (*Plutchik, 1980*.)
(Véase pág. 318.)

F

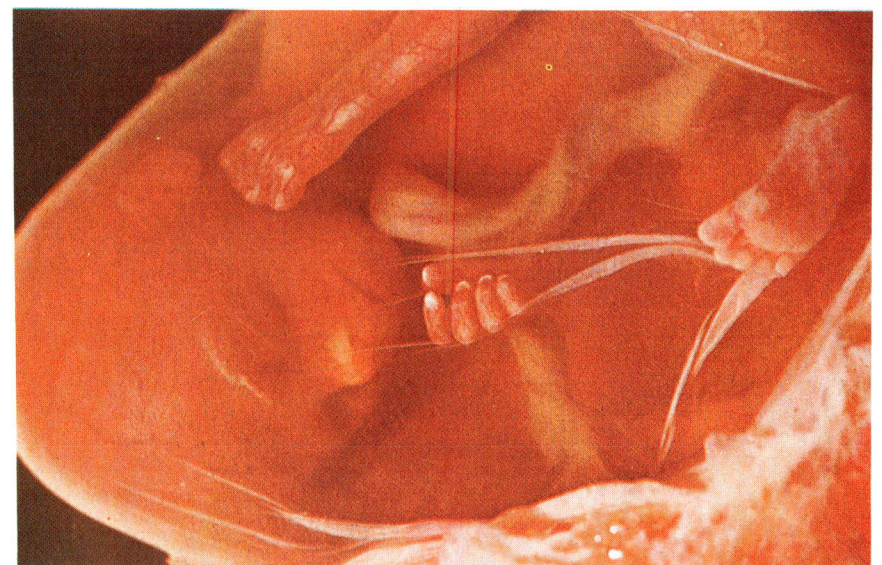

FIGURA 10.1 Esta impresionante fotografía de un feto vivo muestra el grado de desarrollo físico a las 16 semanas. (Véase pág. 346.)

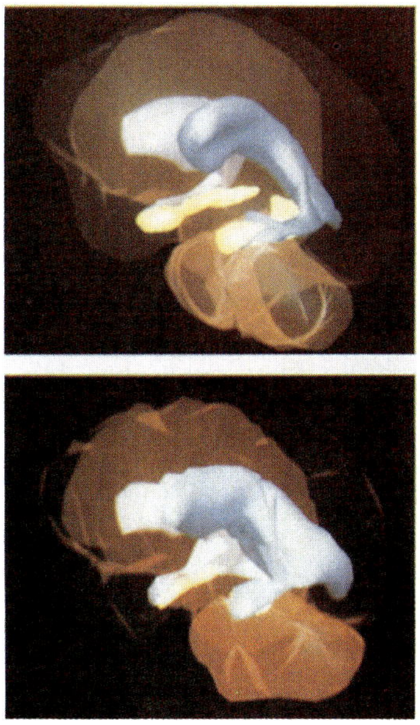

	Delta	Theta	Alfa	Beta
Normal				
Depresión unipolar				
Depresión bipolar				
Alcoholismo				
Esquizofrenia				
Leve incapacidad cognitiva				
Demencia				

FIGURA 12.2 Se ha encontrado cambios estructurales en el cerebro de personas con esquizofrenia. En la primera reconstrucción por imágenes de resonancia magnética (IRM) de un paciente con esquizofrenia, el hipocampo (amarillo) está reducido y los ventrículos (gris) están alargados y llenos de líquido. En contraste, el cerebro de una persona sin el trastorno aparece diferente desde el punto de vista estructural. *(N.C. Andreasen, University of Iowa.)*
(Véase pág. 452.)

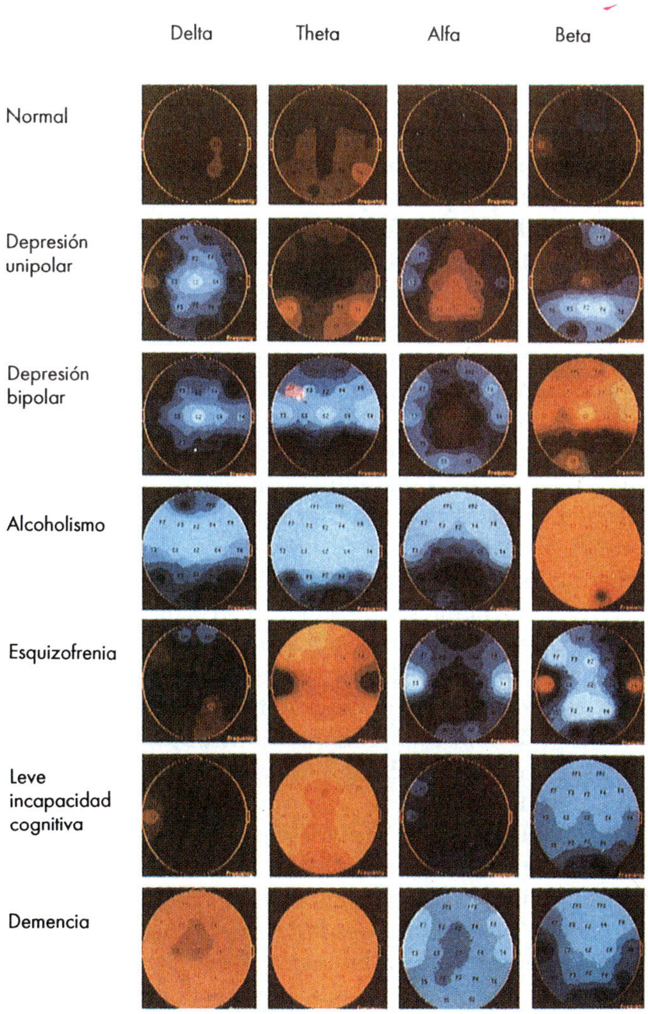

Comparación de la actividad eléctrica entre individuos normales y a los que se les diagnosticó esquizofrenia y otros trastornos. El código de colores corresponde al grado de desviación de la actividad normal en cada patrón de onda distinto (ondas delta, theta, alfa y beta). (Véase pág. 451.)

G

Mientras mayor sea la cantidad de tejido en el área somatosensorial del cerebro que se relacione con una parte específica del cuerpo, más sensible será esta parte. Si el tamaño de nuestras partes del cuerpo reflejara la cantidad correspondiente de tejido cerebral, tendríamos el aspecto de esta extraña criatura.

¿Cuántos rostros humanos puede ver entre las rocas y árboles representados aquí?

MOTIVACIÓN Y EMOCIÓN

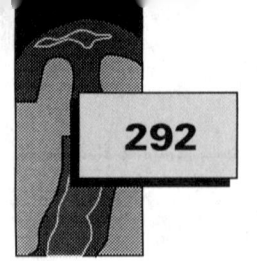

PRÓLOGO

Jackie Fulton

Jackie Fulton (derecha), muy motivada por el deseo de obtener su diploma, asiste a la misma preparatoria que su hijo en Chicago.

Estamos a finales de la década de 1970. Usted es Jackie Fulton, una adolescente soltera que asiste a la preparatoria DuSable en el lado sur de Chicago, uno de los vecindarios más rudos en Estados Unidos. Afligida por la pobreza y habitando una vivienda pública, acaba de dar a luz a un hijo. ¿Qué haría? Si usted es como miles de otras adolescentes pobres embarazadas y madres jóvenes, es posible que no tenga otra opción más que abandonar la escuela para criar a su hijo, lo cual de hecho es lo que hizo Jackie Fulton.

Ahora ubíquese en el presente. Visite la escuela DuSable y encontrará a Jackie Fulton, la madre de Gerald Fulton, quien está inscrito en el primer grado de la preparatoria. Pero la señora Fulton no está visitando la escuela para verificar el progreso de su hijo. En vez de ello, también es una estudiante, inscrita en un programa especial para padres de estudiantes que asisten a la preparatoria. La señora Fulton busca completar la educación media superior que se vio obligada a dejar décadas antes. Presenta exámenes, escribe ensayos y obtiene una boleta de calificaciones –que su madre tiene que firmar—. Si llega tarde, recibe una llamada de atención. Y si se desempeña bien, puede estar en el cuadro de honor.

No es fácil. La señora Fulton asiste a clases con personas que tienen casi la mitad de su edad, y los otros chicos a veces se han burlado de ella y de su hijo. Estudiar es difícil para alguien que ha estado fuera de la escuela durante tanto tiempo, y todavía tiene que vencer los problemas de lectura que le dificultaban el estudio cuando comenzó la escuela por primera vez.

¿Ha pensado alguna vez en renunciar? Ella contesta: "No. Porque es algo que deseo hacer y es algo que necesito. Éste es uno de mis sueños…" (Stahl, 1994, p. 13).

UN VISTAZO ANTICIPATORIO

Motivación: factores que dirigen y energizan el comportamiento

¿Qué es lo que motiva la búsqueda determinada de educación de la señora Fulton? ¿Es la anticipación de obtener un empleo mejor pagado? ¿La recompensa de recibir buenas calificaciones? ¿El deseo de dejar la vivienda pública y entorno a un ambiente más seguro para sus hijos? ¿La alegría de aprender por aprender? ¿La satisfacción de lograr por fin una meta deseada desde hace mucho tiempo?

En este capítulo analizamos los procesos que subyacen a la motivación, así como el tema relacionado de la emoción. El estudio de la **motivación** está interesado en los factores que dirigen y energizan el comportamiento de los seres humanos y de otros organismos.

Los psicólogos que estudian la motivación buscan descubrir las metas particulares deseadas —los *motivos*— que subyacen al comportamiento. Dichos motivos pueden ejemplificarse con comportamientos tan básicos como beber para satisfacer la sed, o tan triviales como caminar para hacer ejercicio. El psicólogo que se especializa en el estudio de la motivación supone que los motivos subyacentes determinan la elección de las actividades que se hace.

Por lo tanto, el estudio de la motivación consiste en determinar por qué las personas buscan hacer determinadas cosas. Los psicólogos que estudian la motivación formulan preguntas similares a las siguientes: "¿Por qué las personas eligen metas específicas que desean lograr?, ¿qué motivos particulares dirigen el comportamiento?, ¿qué diferencias individuales en la motivación explican la variabilidad en el comportamiento de las personas?, ¿cómo podemos motivar a las personas a adquirir formas particulares de comportamiento, como consumir determinados alimentos, dejar de fumar o practicar el sexo seguro?"

En tanto que la motivación está relacionada con las fuerzas que dirigen el comportamiento humano, la emoción lo está con los sentimientos que experimentamos a lo largo de nuestras vidas. El estudio de las emociones se centra en nuestras experiencias internas en un momento determinado. La mayoría de nosotros ha experimentado diversas emociones: felicidad al obtener un 10 en un examen difícil, tristeza provocada por la muerte de un ser querido, enojo a consecuencia de que se nos trató con injusticia. Debido a que las emociones no sólo pueden motivar nuestro comportamiento, sino también reflejar nuestra motivación subyacente, desempeñan un papel preponderante en nuestras vidas.

En este capítulo examinaremos la motivación y la emoción. Concentraremos nuestro análisis en las principales concepciones de la motivación y estudiaremos cómo los diversos motivos y necesidades que experimentan las personas afectan en conjunto su comportamiento. Consideraremos los motivos que tienen un fundamento biológico y son universales en el reino animal, como el hambre y el sexo, así como los motivos que son específicos de los seres humanos, como la necesidad de logro, afiliación y poder.

Después abordaremos la naturaleza de la experiencia emocional. Tomaremos en cuenta los papeles y las funciones que desempeñan las emociones en la vida de las personas, y comentaremos diversas teorías que tratan de explicar cómo entienden las personas qué emoción es la que experimentan en un momento determinado.

Por último, al finalizar el capítulo daremos un vistazo al estrés, considerando sus causas y exponiendo las diversas formas en que lo afrontan las personas.

- *¿Cómo dirige y estimula la motivación al comportamiento?*

EXPLICACIONES DE LA MOTIVACIÓN

En sólo un instante, la vida de John Thompson cambió. Eso fue todo lo que le tomó a una maquinaria agrícola tipo barrena impulsada por un tractor cortarle ambos brazos cuando resbaló en el hielo y cayó contra la maquinaria rotatoria.

Pero fue en los momentos que siguieron al accidente en los que Thompson demostró un valor increíble. A pesar del dolor y la conmoción, corrió 120 metros hasta su casa. Usando el hueso que colgaba de su hombro izquierdo para abrir la puerta, corrió hacia adentro y marcó el teléfono con un bolígrafo que sostuvo con los dientes para conseguir ayuda. Cuando los equipos de emergencia llegaron, 30 minutos más tarde, les dijo dónde encontrar hielo y bolsas de plástico para que pudieran empacar sus brazos con el fin de una posible reimplantación quirúrgica. Los que rescataron a Thompson no habían llegado demasiado rápido: para el momento en que podría iniciar la cirugía, él había perdido la mitad de su sangre. (Nelson, 1992)

¿Qué explica la motivación enorme de John Thompson para seguir vivo? Al igual que muchas preguntas que implican a la motivación, ésta no tiene una respuesta única. Es evidente que funcionaban en ese momento los aspectos biológicos de la motivación: es obvio que experimentaba un impulso poderoso de seguir vivo, antes de perder tanta sangre, lo cual le acortaba la vida. Pero los factores cognitivos y sociales, como su deseo de ver a la familia y a sus amigos, también lo ayudaron a alimentar su voluntad de sobrevivir.

La complejidad de la motivación ha conducido a que se elabore una variedad de enfoques conceptuales. A pesar de que varían en el grado en que se enfocan en factores biológicos, cognitivos y sociales, todos buscan explicar la energía que guía al comportamiento de las personas en direcciones específicas.

Enfoques relativos a instintos: nacido para ser motivado

Cuando los psicólogos buscaron en un principio explicar la motivación, se valieron de los *instintos*, patrones innatos de comportamiento que están determinados biológicamente en lugar de ser aprendidos. De acuerdo con el **enfoque de la motivación relativa a instintos**, los seres humanos y los animales nacemos dotados de diversos conjuntos de comportamientos preprogramados, esenciales para la supervivencia. Estos instintos proporcionan la energía que canaliza el comportamiento en las direcciones adecuadas. Así, el sexo se podría explicar como una respuesta ante un instinto de reproducción, y podría

Enfoque de la motivación relativa a instintos: teoría que dice que la motivación es el resultado de un patrón innato de comportamiento que es determinado biológicamente

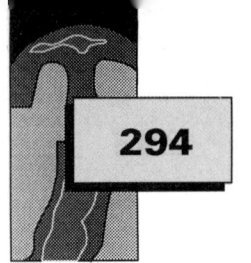

considerarse que la conducta exploratoria obedece al instinto de examinar el territorio propio.

Sin embargo, semejante concepción presenta diversas dificultades. Por una parte, los psicólogos han sido incapaces de llegar a un acuerdo acerca de cuáles son los instintos primarios. Uno de los primeros psicólogos, William McDougall (1908), sostenía que existen dieciocho instintos, entre los que se incluyen la belicosidad y el gregarismo. Otros psicólogos encontraron aún más, e incluso un sociólogo aseguró que el número de instintos ascendía exactamente a 5 759 (Bernard, 1924). Es evidente que una enumeración tan extensa no ofrece más que etiquetas para el comportamiento.

Ninguna de las explicaciones basadas en el concepto de los instintos llega muy lejos al tratar de explicar *por qué* un patrón específico de comportamiento, y no otro, ha surgido en una especie determinada. Además, la variedad y la complejidad del comportamiento humano, gran parte del cual claramente es aprendido, son difíciles de explicar si los instintos constituyen la principal fuerza de motivación. Por lo tanto, las concepciones de la motivación basadas en los instintos han sido desplazadas por nuevas explicaciones, aunque los enfoques instintivos siguen desempeñando un papel en ciertas teorías. Por ejemplo, en capítulos posteriores hablaremos acerca del trabajo de Freud, el cual sostuvo que las pulsiones instintivas del sexo y la agresividad motivan el comportamiento. Además, muchos comportamientos animales tienen de manera evidente un fundamento instintivo.

Enfoques relativos a reducción de pulsiones: satisfacción de las necesidades

Luego de rechazar la teoría de los instintos, los psicólogos propusieron primero teorías sencillas de la motivación basadas en la reducción de las pulsiones (Hull, 1943). Un **enfoque de la motivación relativo a la reducción de pulsiones** sugiere que cuando las personas no satisfacen alguna necesidad biológica fundamental, como el agua, se produce una pulsión para satisfacerla (en este caso, la pulsión de sed).

Para comprender este enfoque es preciso comenzar con el concepto de pulsión. Una **pulsión** es una tensión motivacional, o excitación, que energiza al comportamiento con el fin de satisfacer alguna necesidad. Muchos tipos de pulsiones básicas, como el hambre, la sed, el sueño y el sexo, se relacionan con necesidades biológicas del cuerpo o de la especie en su conjunto. Éstas se denominan *pulsiones primarias* y contrastan con las *pulsiones secundarias*, mediante las cuales no se satisface ninguna necesidad biológica evidente. En las pulsiones secundarias las necesidades se generan por medio de las experiencias previas y el aprendizaje. Como habremos de comentar más adelante, algunas personas tienen grandes necesidades de obtener éxito académico y profesional. En estos casos podemos decir que su necesidad de logro se refleja en una pulsión secundaria que motiva su comportamiento.

Por lo general tratamos de satisfacer una pulsión primaria mediante la reducción de la necesidad que le subyace. Por ejemplo, nos da hambre después de no haber comido durante varias horas y podemos asaltar el refrigerador, en especial si nuestra próxima comida del día aún está lejana. Si el clima se torna más frío, nos ponemos ropa más gruesa o subimos la calefacción para conservarnos calientes. Si nuestro cuerpo necesita líquidos con el fin de funcionar adecuadamente, sentimos sed y buscamos agua para saciarla.

Homeostasis   La razón de ese comportamiento es la homeostasis, un fenómeno básico de motivación que subyace a las pulsiones primarias. La **homeostasis** es la conservación de un nivel óptimo de funcionamiento biológico interno, por medio de la compensación de las desviaciones del estado interno usual y equilibrado de un organismo. Aunque no todos los comportamientos biológicos que se relacionan con la motivación encajan con un modelo homeostático —el comportamiento sexual nos proporciona un ejemplo— la mayoría de las necesidades fundamentales de la vida, incluyendo la necesidad de alimento, de agua, del mantenimiento de la temperatura corporal y de dormir, se pueden explicar razonablemente por medio de este enfoque.

Enfoque de la motivación relativo a la reducción de pulsiones: teoría que afirma que se producen pulsiones para satisfacer nuestras necesidades biológicas básicas

Pulsión: tensión motivacional, o excitación, que energiza al comportamiento con el fin de satisfacer una necesidad

Homeostasis: proceso por el que un organismo trata de mantener un equilibrio biológico interno, o "estado estable".

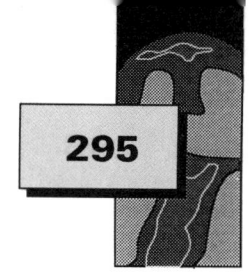
Desafortunadamente, a pesar de que las teorías de la reducción de pulsiones nos proporcionan una buena explicación de la forma en que las pulsiones primarias motivan al comportamiento, no son tan adecuadas cuando se trata de explicar comportamientos cuya meta no consiste en reducir una pulsión, sino en mantener o aumentar un determinado nivel de excitación. Por ejemplo, algunos comportamientos parecen estar motivados sólo por la curiosidad (Loewenstein, 1994). Cualquiera que se haya apresurado para recoger el correo que acaba de llegar, o que sigue con avidez las columnas de chismes del periódico, o que anhela viajar hacia lugares exóticos, conoce la importancia de la curiosidad para dirigir el comportamiento. Y no solamente los seres humanos exhiben comportamientos que indican curiosidad: los monos pueden aprender a apretar una palanca tan sólo para lograr ver hacia otro cuarto, en especial cuando se puede ver algo interesante (como puede ser un tren de juguete que se mueve sobre las vías) (Butler, 1954). Los monos también gastan mucha energía para solucionar rompecabezas mecánicos simples, a pesar de que su comportamiento no les genera ninguna recompensa evidente (Harlow, Harlow y Meyer, 1950; Mineka y Hendersen, 1985).

Del mismo modo, muchos de nosotros buscamos emociones constantemente realizando actividades tales como subir a la montaña rusa o navegar en balsa por los rápidos de un río. Tales comportamientos ciertamente no sugieren que las personas busquen sólo reducir pulsiones, como indicarían los enfoques basados en la reducción de las pulsiones.

Por consiguiente, tanto la curiosidad como la búsqueda de emociones crea preguntas sobre los enfoques de reducción de pulsiones como una explicación completa para la motivación. En ambos casos, en lugar de buscar reducir una pulsión subyacente, las personas y los animales parecen estar motivados para *aumentar* su nivel general de estimulación y actividad. Con el fin de explicar este fenómeno, los psicólogos han elaborado una alternativa: el enfoque de la motivación basado en la excitación.

Enfoques relativos a excitación: más allá de la reducción de las pulsiones

Los enfoques de la excitación buscan explicar el comportamiento en el que la meta es la conservación o el aumento de la excitación (Berlyne, 1967; Brehm y Self, 1989). De

Quienes buscan sensaciones intensas disfrutan del riesgo físico de saltar en paracaídas.

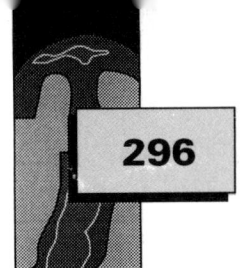

Enfoque de la motivación relativo a excitación: la creencia de que tratamos de conservar determinados niveles de estimulación y actividad, aumentándolos o reduciéndolos, según sea necesario

acuerdo con el **enfoque de la motivación relativo a excitación**, cada uno de nosotros trata de conservar un determinado nivel de estimulación y de actividad. Como ocurre con el modelo de la reducción de pulsiones, si nuestros niveles de estimulación y de actividad se vuelven demasiado altos, intentamos reducirlos. Pero, en contraste con el modelo de la reducción de pulsiones, el modelo de excitación también sugiere que si los niveles de estimulación y actividad son demasiado bajos, trataremos de *aumentarlos* buscando estimulación.

El nivel óptimo de excitación deseado varía mucho en cada persona, teniendo algunos niveles especialmente altos de excitación (Mineka y Hendersen, 1985; Babbitt, Rowland y Franken, 1990; Stacy, Newcomb y Bentler, 1991). Por ejemplo, los psicólogos han planteado la hipótesis de que individuos como el comediante John Belushi, el investigador del ADN sir Francis Crick, el temerario Evel Knievel y los asaltabancos Bonnie y Clyde exhibían niveles de excitación particularmente altos (Farley, 1986). Estas personas pueden intentar evitar el aburrimiento buscando situaciones desafiantes (Zuckerman, 1991).

No sólo las personas célebres buscan excitación; muchos de nosotros buscamos en forma característica niveles relativamente altos de estimulación. Usted puede darse una idea de su propio nivel típico de estimulación resolviendo el cuestionario del cuadro 9.1.

Enfoques relativos a incentivos: la atracción de la motivación

Cuando traen a la mesa un apetitoso postre después de una abundante cena, lo atractivo que resulte tiene muy poco o nada que ver con pulsiones internas o con el mantenimiento de la excitación. En lugar de ello, si decidimos comer el postre, semejante comportamiento estará motivado por el estímulo externo que representa el postre, el cual actúa como una recompensa anticipada. Ésta, en términos motivacionales, es un incentivo.

Enfoque de la motivación relativo a incentivos: teoría que explica la motivación con base en estímulos externos

Un **enfoque de la motivación relativo a incentivos** trata de explicar por qué el comportamiento no siempre está motivado por una necesidad interna, tal como el deseo de reducir las pulsiones o de conservar un nivel óptimo de excitación. En lugar de centrarse en factores internos, la teoría de los incentivos explica la motivación con base en la naturaleza de los estímulos externos, los incentivos que dirigen y energizan al comportamiento. Desde esta perspectiva, las propiedades de los estímulos externos explican, en gran medida, la motivación de una persona.

Aunque esta teoría explica por qué podemos sucumbir ante un incentivo (como un postre apetitoso) a pesar de que no haya claves internas (como el hambre), no proporciona una explicación completa de la motivación, puesto que los organismos buscan satisfacer necesidades incluso cuando los incentivos no son evidentes. En consecuencia, muchos psicólogos creen que las pulsiones internas, propuestas por la teoría de la reducción de pulsiones, trabajan en conjunto con los incentivos externos de la teoría de los incentivos para "empujar" y "atraer" al comportamiento, respectivamente. Por lo tanto, al mismo tiempo que buscamos satisfacer nuestras necesidades de hambre subyacentes (el empuje de la teoría de la reducción de pulsiones), somos atraídos por alimentos que parecen apetitosos en particular (la atracción de la teoría de los incentivos). Entonces, en lugar de contradecirse entre sí, las pulsiones y los incentivos pueden funcionar de manera conjunta para motivar al comportamiento (Petri, 1991).

Enfoques cognitivos: los pensamientos que hay detrás de la motivación

Enfoque cognitivo de la motivación: énfasis en el papel de nuestros pensamientos, expectativas y comprensión del mundo

Un **enfoque cognitivo de la motivación** se centra en el papel que desempeñan los pensamientos, las expectativas y la comprensión del mundo. Por ejemplo, según uno de los enfoques cognitivos, la teoría de las expectativas y el valor, dos tipos de cogniciones subyacen al comportamiento. La primera es nuestra expectativa de que cierto comporta-

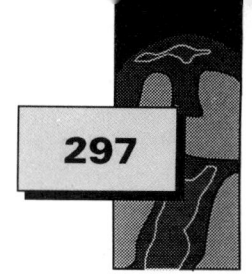

CUADRO 9.1 ¿Busca usted sensaciones?

¿Qué nivel de estimulación busca recibir en su vida diaria? Se dará una idea de ello después de responder al siguiente cuestionario, que enumera algunos reactivos de una escala diseñada para determinar sus tendencias de búsqueda de sensaciones. Seleccione *A* o *B* en cada par de afirmaciones.

1. *A* Me gustaría un empleo en que se deba viajar mucho.
   B Preferiría un empleo en un solo lugar.
2. *A* Un día frío y con viento me vigoriza.
   B Me gusta permanecer bajo techo en un día frío.
3. *A* Me aburre ver las mismas caras de siempre.
   B Me agrada la familiaridad reconfortante de los amigos cotidianos.
4. *A* Preferiría vivir en una sociedad ideal en la que todo mundo estuviera seguro, a salvo y feliz.
   B Preferiría haber vivido en los días nómadas de nuestra historia.
5. *A* En ocasiones me agrada hacer cosas que dan un poco de miedo.
   B Una persona sensata evita las situaciones peligrosas.
6. *A* No me gustaría que me hipnotizaran.
   B Me agradaría la experiencia de ser hipnotizado.
7. *A* La meta más importante en la vida es hacer lo más que se pueda y tener el mayor número posible de experiencias.
   B La meta más importante en la vida es encontrar la paz y la felicidad.
8. *A* Me gustaría saltar en paracaídas.
   B Nunca intentaría saltar de un avión, con o sin paracaídas.
9. *A* Entro al agua fría poco a poco, dándome tiempo para acostumbrarme a ella.
   B Me gusta entrar de clavado en el océano o en una alberca con agua fría.
10. *A* Cuando salgo de vacaciones prefiero las comodidades de una buena habitación con una buena cama.
    B Cuando salgo de vacaciones prefiero el cambio que implica acampar a la intemperie.
11. *A* Prefiero a las personas que son emocionalmente expresivas, aun si llegan a ser un tanto inestables.
    B Prefiero a las personas calmadas y equilibradas.
12. *A* Un buen cuadro debe golpear los sentidos.
    B Un buen cuadro debe ofrecer una sensación de paz y seguridad.
13. *A* Las personas que andan en motocicleta deben tener una especie de necesidad inconsciente de lastimarse a sí mismas.
    B Me gustaría mucho andar en motocicleta.

Calificación   Dése un punto por cada una de las siguientes respuestas: 1*A*, 2*A*, 3*A*, 4*B*, 5*A*, 6*B*, 7*A*, 8*A*, 9*B*, 10*B*, 11*A*, 12*A*, 13*B*. Obtenga su calificación total sumando el número de puntos y después utilice la siguiente clave de calificación:

0-3   muy baja búsqueda de sensaciones

4-5   baja

6-9   promedio

10-11   alta

12-13   muy alta

Tenga en cuenta que éste es un cuestionario breve, cuya calificación se basa en los resultados de estudiantes universitarios que lo han llenado, y que ofrece sólo un cálculo aproximado de sus tendencias de búsqueda de sensaciones. Por otra parte, al tiempo que las personas se hacen más grandes, sus calificaciones de búsqueda de sensaciones tienden a disminuir. Aun así, este cuestionario por lo menos le dará un indicio de cómo se comparan sus tendencias de búsqueda de sensaciones con las de otros.

Fuente: Zuckerman, 1978.

miento nos permitirá alcanzar una meta determinada; la segunda es la comprensión del valor que tiene para nosotros esa meta (Tolman, 1959). Por ejemplo, el grado en que estamos motivados a estudiar para un examen estará basado de manera conjunta en nuestras expectativas acerca de la calidad de los frutos que nos rendirá el estudio (en términos de una buena calificación), y del valor que otorgamos al hecho de obtener una buena nota. Si tanto la expectativa como el valor son altos, estaremos motivados para estudiar

Motivación intrínseca: motivación por la que los individuos participan en una actividad para su propio gozo, y no por la recompensa que derivará de ello

Motivación extrínseca: motivación por la que las personas participan en una actividad por una recompensa tangible

diligentemente; pero si cualquiera de esos factores es bajo, nuestra motivación para estudiar será relativamente más baja.

Las teorías cognitivas de la motivación hacen una distinción clave entre la motivación intrínseca y la extrínseca. La **motivación intrínseca** nos impulsa a participar en una actividad para nuestro propio gozo, y no por alguna recompensa tangible que se pueda derivar de ella. En contraste, la **motivación extrínseca** provoca que hagamos algo por una recompensa tangible.

De acuerdo con investigación relativa a ambos tipos de motivación, somos más capaces de perseverar, de esforzarnos y de realizar trabajos de mejor calidad cuando la motivación para una tarea es intrínseca en lugar de extrínseca (Lepper y Greene, 1978; Deci y Ryan, 1985; Harackiewicz y Elliot, 1993). Algunos psicólogos llegan más lejos al sugerir que ofrecer recompensas para el comportamiento deseado puede provocar una disminución de la motivación intrínseca y un aumento de la extrínseca. Para demostrar este fenómeno, se le prometió una recompensa a un grupo de alumnos de preescolar si dibujaban con marcadores mágicos (una actividad para la que antes habían mostrado una gran motivación). La recompensa sirvió para reducir su entusiasmo ante la tarea, puesto que más tarde mostraron mucho menor interés por dibujar (Lepper y Greene, 1978). Era como si la promesa de la recompensa minara su interés intrínseco en el dibujo, convirtiendo en un trabajo lo que antes había sido un juego.

La jerarquía de Maslow: la ordenación de las necesidades motivacionales

¿Qué tienen en común Eleanor Roosevelt, Abraham Lincoln y Albert Einstein? Infinidad de cosas, según un modelo de la motivación desarrollado por el psicólogo Abraham Maslow: cada una de estas personas logró satisfacer los niveles más altos de necesidades motivacionales que subyacen al comportamiento humano.

El modelo de Maslow considera que las diversas necesidades motivacionales están ordenadas en una jerarquía, a la vez que sostiene que antes de poder satisfacer necesidades más complejas y de orden más elevado, es preciso satisfacer determinadas necesidades primarias (Maslow, 1970, 1987). Este modelo se puede conceptualizar como una pirámide (véase la figura 9.1) en la que las necesidades primarias se encuentran ubicadas en la base mientras que las de mayor nivel se ubican en la parte superior. Para que una

FIGURA 9.1 La jerarquía de Maslow muestra cómo progresa nuestra motivación hacia la cima de la pirámide; desde la base con las necesidades biológicas más fundamentales hasta las necesidades superiores. (*Según Maslow, 1970.*)

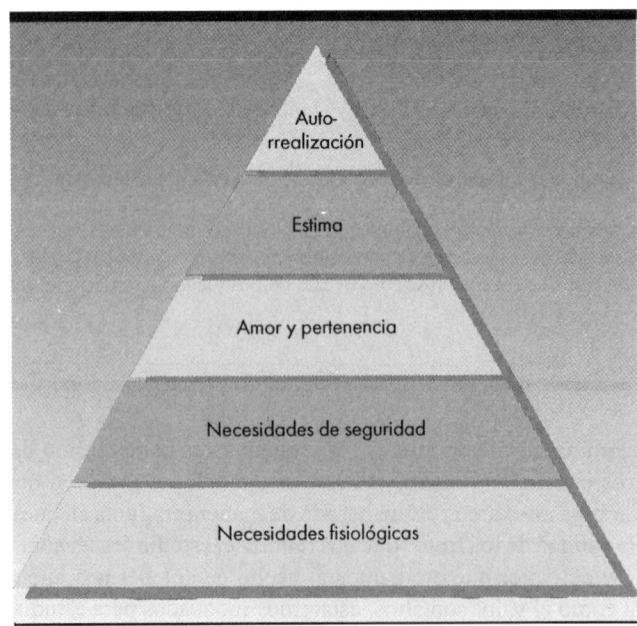

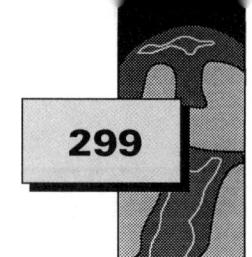

necesidad específica se active, y por lo tanto dirija el comportamiento de una persona, es preciso haber satisfecho primero las necesidades básicas de la jerarquía.

Las necesidades básicas son las que anteriormente se describieron como pulsiones primarias: necesidad de agua, alimento, sueño, sexo y cosas por el estilo. Con el fin de ascender por la jerarquía, una persona debe haber satisfecho estas necesidades fisiológicas básicas. En el siguiente escalón jerárquico se encuentran las necesidades de seguridad; Maslow sostiene que las personas necesitan de un ambiente seguro a fin de funcionar con efectividad. Las necesidades fisiológicas y de seguridad conforman las necesidades de orden inferior.

Sólo cuando se han satisfecho las necesidades básicas de orden inferior puede una persona considerar la satisfacción de las necesidades de orden superior, como la de amor y de un sentido de pertenencia, la estima y la autorrealización. Las necesidades de amor y pertenencia incluyen la necesidad de obtener y dar afecto y de contribuir como miembro en algún grupo o sociedad. Una vez que estas necesidades están cubiertas, la persona busca estima. Según Maslow, la estima se refiere a la necesidad de desarrollar un sentido de valía personal al saber que otros están conscientes de su capacidad y valor.

Una vez que estas cuatro categorías de necesidades han sido cubiertas –lo cual no es sencillo— la persona está lista para buscar la satisfacción de la necesidad de más alto nivel: la autorrealización. La **autorrealización** es un estado de satisfacción consigo mismo en el que las personas desarrollan su máximo potencial. Cuando Maslow propuso por vez primera este concepto, lo utilizó para describir a unos cuantos individuos célebres, tales como Eleanor Roosevelt, Lincoln y Einstein. Pero la autorrealización no se limita a las personas famosas. Un padre con excelentes aptitudes para criar a sus hijos que funda una familia, o un maestro que cada año genera un ambiente que eleva al máximo las oportunidades de éxito de sus estudiantes, o un artista que concreta su potencial creativo pueden estar autorrealizados. Lo importante es que la persona se sienta en paz consigo misma y que esté satisfecha de utilizar al máximo sus talentos. En cierta forma, lograr la autorrealización produce una disminución de la lucha y el anhelo de mayores logros que caracteriza la vida de la mayoría de las personas, y en su lugar proporciona un sentido de satisfacción con el estado actual de las cosas (Jones y Crandall, 1991).

Desafortunadamente, las investigaciones no han logrado confirmar el orden específico de las etapas de la teoría de Maslow, y ha sido difícil medir de manera objetiva la autorrealización (Haymes, Green y Quinto, 1984; Weiss, 1991; Neher, 1991). No obstante, el modelo de Maslow es importante por dos razones: destaca la complejidad de las necesidades humanas y subraya el hecho de que mientras las necesidades básicas no estén satisfechas, las personas muestran una indiferencia relativa ante las necesidades de orden superior. Si las personas tienen hambre, su primer interés será obtener alimento; no se preocuparán por cosas tales como el amor y la autoestima. El modelo ayuda a explicar por qué las víctimas de calamidades tales como la hambruna y la guerra pueden sufrir el rompimiento de lazos familiares normales y no sentir preocupación sino por el bienestar de sí mismas.

Autorrealización: en la teoría de Maslow, estado de satisfacción propia en el que las personas logran desarrollar su potencial máximo

Reconciliación de los diferentes enfoques de la motivación

Ahora que hemos examinado diversos enfoques de la motivación, es natural preguntar cuál de ellos ofrece la explicación más completa de los fenómenos motivacionales. En realidad muchos de estos enfoques conceptuales son complementarios y no contradictorios, y a menudo es útil emplear varias teorías al mismo tiempo con el fin de comprender un sistema motivacional determinado (Deci, 1992). Así, conforme consideremos motivos específicos, como las necesidades de alimento, sexo, logro, afiliación y poder, nos valdremos de diversas teorías con el fin de generar una mejor comprensión de la motivación.

Recapitulación

- El estudio de la motivación se concentra en los factores que energizan y dirigen el comportamiento de las personas.
- Una pulsión es una tensión motivacional que energiza al comportamiento para satisfacer alguna necesidad. Por lo general, las pulsiones primarias funcionan de acuerdo con el principio de la homeostasis, según el cual un organismo se esfuerza por compensar cualquier desviación de un estado interno de equilibrio preferido.
- Los enfoques de la reducción de pulsiones sostienen que el comportamiento está motivado por pulsiones que buscan reducir las necesidades biológicas. Debido a que no explican por qué las personas buscan a veces la estimulación, se han elaborado enfoques de la excitación.
- Los enfoques cognitivos de la motivación, ejemplificados por la teoría de las expectativas y del valor, afirman que los pensamientos, comprensión e interpretación del mundo subyacen a la motivación de las personas.
- Según el modelo motivacional de Maslow, las necesidades motivacionales se suceden en una jerarquía que va desde las necesidades primarias hasta las de orden superior.

Revisión

1. Los _____ son fuerzas que dirigen el comportamiento de una persona en una dirección determinada.

2. A los patrones innatos de comportamiento, biológicamente determinados, se les conoce como _____.
3. Su profesor de psicología le dice: "¡es fácil explicar el comportamiento! Cuando nos hace falta algo nos vemos motivados para conseguirlo". ¿A qué teoría de la motivación hace referencia el comentario de su profesor?
4. Al beber agua después de un maratón, un corredor trata de conservar su cuerpo en un nivel óptimo de funcionamiento. Este proceso se llama _____.
5. A pesar de que no estoy sediento, me ofrecen un tarro de cerveza y lo acepto. Suponiendo que me gusta mucho la cerveza, ¿qué teoría de la motivación predeciría este comportamiento?
6. Puedo ayudar a un anciano a cruzar la calle puesto que hacer una buena acción me hace sentir bien. ¿Qué tipo de motivación es ésta? ¿Qué tipo de motivación estaría presente si lo ayudara a cambio de 20 dólares?
7. De acuerdo con Maslow una persona sin trabajo, sin hogar y sin amigos puede autorrealizarse. ¿Cierto o falso?

Pregúntese a sí mismo

Lo acaban de contratar como asesor de una gran planta automovilística. ¿Cómo se podría aplicar en la práctica cada uno de los enfoques de la motivación comentados en esta sección para motivar a los trabajadores?

(Las respuestas a las preguntas de revisión aparecen en la página 302.)

- *¿Cuáles son los factores biológicos y sociales que subyacen al hambre?*
- *¿Por qué, y bajo qué circunstancias, nos excitamos sexualmente?*
- *¿Cómo se comportan las personas desde el punto de vista sexual?*
- *¿Cómo se exhiben las necesidades relacionadas con la motivación para el logro, la afiliación y el poder?*

LAS NECESIDADES HUMANAS Y LA MOTIVACIÓN: COMER, BEBER Y SER ATREVIDO

Para Gonzalo hacer un buen papel en la preparatoria significaba poder ingresar en una buena escuela de derecho, lo cual él consideraba que era una piedra angular para un futuro exitoso. Por lo tanto, nunca descuidó sus labores académicas y siempre trató de empeñarse al máximo en sus clases. Pero su constante esfuerzo académico iba mucho más allá de su deseo de ingresar en la escuela de derecho; no sólo trataba de obtener buenas calificaciones, sino *mejores* que las de sus compañeros de clase.

De hecho, Gonzalo siempre trataba de ser el mejor en todo lo que hacía. Podía convertir la actividad más sencilla en una competencia. Ni siquiera era capaz de jugar al póker sin actuar como si fuese esencial su éxito en el juego. Sin embargo, había áreas en las que no competía. Sólo se interesaba en algo si creía tener una posibilidad de ser el mejor con ayuda de su esfuerzo; ignoraba los retos demasiado complicados, así como los que le parecían muy sencillos.

¿Cuál es la motivación que subyace al constante esfuerzo de Gonzalo por ganar? Es más, ¿por qué recibe bien algunos tipos de desafíos y evita otros? Para responder estas preguntas debemos considerar algunos de los tipos específicos de necesidades que subyacen

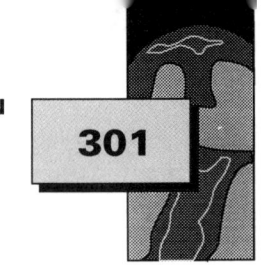

al comportamiento. En esta sección, entonces, examinaremos algunas de las necesidades humanas de mayor importancia. Dado que los seres humanos somos fundamentalmente criaturas biológicas, en primer lugar consideraremos el hambre y el sexo, las pulsiones primarias que han recibido la mayor atención de los investigadores. Pero puesto que gran parte del comportamiento humano no posee un fundamento biológico, también examinaremos las pulsiones secundarias —esos anhelos específicamente humanos, basados en necesidades aprendidas y en la experiencia, que ayudan a explicar un comportamiento como el de Gonzalo—.

La motivación detrás del hambre y del comer

Cerca de una tercera parte de la población de Estados Unidos padece de **obesidad**, que se define como tener un peso de 20% por encima del peso promedio de acuerdo a una estatura determinada. La pérdida del peso no deseado es una especie de obsesión estadounidense, mientras 60 a 80 *millones* de hombres y mujeres luchan por lograr lo que ellos perciben como un peso y forma corporal ideales, percepciones que muchas veces son imprecisas (Thompson, 1992; Brody, 1992). Es una batalla que se pierde en forma creciente: el porcentaje de individuos estadounidenses clasificados como obesos aumentó en 31% de 1980 a 1991 (National Center for Health Statistics, 1994; Kuczmarski, Flegal, Cambell y Johnson, 1994).

En forma irónica, lo que constituye un peso y forma corporal ideales varía de manera significativa a lo largo de diferentes culturas y de un periodo a otro dentro de la cultura occidental. Por ejemplo, las opiniones sociales contemporáneas que enfatizan la importancia de la esbeltez en las mujeres son relativamente recientes. En Hawai, en el siglo XIX, las mujeres más atractivas eran aquellas que tenían el mayor exceso de peso. Además, durante el resto de este siglo, con excepción de la década de 1920, la figura femenina ideal era relativamente llena (Silverstein, Perdue, Peterson y Kelly, 1986). Incluso en la actualidad, las normas de peso difieren de un área geográfica a otra. Por consiguiente, algunos residentes del centro de las ciudades valoran los cuerpos "gruesos", o regordetes, por encima de los más delgados.

Es evidente que el comportamiento de comer es complejo, implicando una variedad de mecanismos. En nuestra exposición de lo que nos motiva a comer, comenzaremos con los aspectos biológicos del comer.

Factores biológicos en la regulación del hambre   En contraste con los seres humanos, es improbable que los animales se vuelvan obesos. La mayoría de las especies no humanas, cuando se les mantiene en un ambiente en el que dispone de comida abundante, hace una buena labor de regulación de su ingestión de alimentos. Es probable que usted haya visto esto con una mascota que siempre tenga un plato con alimento disponible. Los gatos, por ejemplo, comen sólo hasta satisfacer su hambre inmediata; dejan el resto del alimento sin tocar y regresan para terminarlo cuando claves internas les indican que deben comer otra vez.

Mecanismos internos parecen regular no sólo la cantidad de ingestión de alimento en los animales, sino también la clase de comida que desea un animal. Las ratas hambrientas a las que se ha privado de ciertos alimentos tienden a buscar alternativas que contengan los nutrientes de los que carece su dieta; experimentos de laboratorio demuestran que los animales a los que se da la opción de elegir entre una gran variedad de alimentos seleccionan una dieta bien balanceada (Rozin, 1977).

Los mecanismos por los cuales los organismos saben si requieren de alimentos o si deben dejar de comer son muy complejos (Keesey y Powley, 1986). No es tan sólo cuestión de que un estómago vacío provoque dolores por hambre y que uno lleno la satisfaga. Por ejemplo, las personas a quienes se les ha extirpado el estómago siguen experimentando la sensación de hambre (Ingelfinger, 1944). En consecuencia, la regulación del comer va más allá de un estómago lleno.

Algunos investigadores sugieren que los cambios en la composición química de la sangre pueden constituir un factor importante en el control de la ingestión de alimentos

Obesidad: estado en el que se tiene más del 20% por encima del promedio de peso y de acuerdo a una estatura determinada

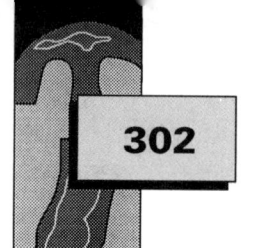

Después de una operación en la que se le extirpó el núcleo ventromedial de su hipotálamo, esta rata comió tanto que llegó a tener un peso cuatro veces superior al normal.

(Logue, 1991). Por ejemplo, ciertos experimentos muestran que al inyectar glucosa (un tipo de azúcar) en la sangre, el hambre disminuye y los animales se niegan a comer. Por otra parte, cuando se introduce insulina (hormona implicada en la transformación de la glucosa en grasa almacenada) en el torrente sanguíneo, el hambre aumenta (Rodin, 1985).

Pero, ¿qué parte del cuerpo supervisa los cambios de la química sanguínea relativos al comportamiento de comer? Una estructura del cerebro, el *hipotálamo*, que se expuso en el capítulo 2, parece ser el principal responsable del monitoreo de la ingesta de alimentos (Kupfermann, 1991a). Se ha demostrado que las lesiones en el hipotálamo generan cambios radicales en el comportamiento de comer, los cuales dependen del lugar en que se produce el daño. Por ejemplo, las ratas a las que se les lesiona el *hipotálamo lateral* pueden dejar de comer hasta morir de inanición. Rechazan la comida cuando se les ofrece y, si no se les alimenta a la fuerza, finalmente mueren. Las ratas con daño en el *hipotálamo ventromedial* exhiben el problema contrario: una ingestión excesiva de alimentos. Las ratas con este tipo de daño pueden subir de peso hasta en un 400%. Fenómenos similares se producen en seres humanos con tumores en el hipotálamo.

Aunque es evidente que el hipotálamo desempeña un papel importante en la regulación de la ingestión de alimentos, la forma exacta por la que opera todavía no está clara. Algunos investigadores opinan que afecta la percepción de hambre que tiene el organismo; otros plantean la hipótesis de que regula directamente las conexiones neuronales que controlan los músculos implicados en el comportamiento de comer (Stricker y Zigmond, 1976; Kupfermann, 1991a).

Una hipótesis sugiere que las lesiones en el hipotálamo afectan el peso ideal interno por el que se regula la ingestión de alimentos (Nisbett, 1972). Según esta hipótesis, el **peso ideal interno** es el nivel específico de peso que el organismo se esfuerza por conservar. Actuando como una especie de termostato interno del peso, el hipotálamo dispone que se ingiera mayor o menor cantidad de alimentos.

En la mayor parte de los casos, el hipotálamo hace un buen trabajo. Las personas que no supervisan su peso sólo muestran fluctuaciones menores en el peso, a pesar de las variaciones cotidianas considerables en lo que comen y en la cantidad de ejercicio que

Peso ideal interno: nivel específico de peso que el cuerpo se esfuerza por conservar

---

RESPUESTAS A LA REVISIÓN ANTERIOR

1. motivos **2.** instintos **3.** De reducción de las pulsiones **4.** Homeostasis **5.** La de los incentivos. **6.** Intrínseca; extrínseca **7.** Falso; es preciso que se satisfagan las necesidades de orden inferior antes de que ocurra la autorrealización.

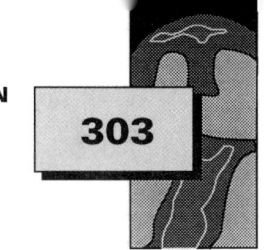

realizan. Sin embargo, los daños en el hipotálamo aumentan o disminuyen en forma drástica este peso ideal interno, y entonces el organismo lucha por satisfacer su meta interna aumentando o disminuyendo su consumo de alimentos.

El peso ideal interno puede ser determinado, al menos en parte, por factores genéticos. Las personas parecen estar destinadas, por medio de la herencia, a tener un **metabolismo** particular, la tasa con la que el alimento es convertido en energía y gastada por el cuerpo. Algunas personas, con una tasa metabólica alta, parecen ser capaces de comer todo lo que deseen sin subir de peso, en tanto que otras, con un metabolismo lento, pueden comer la mitad que las anteriores y, sin embargo, ganar peso con mayor facilidad (Roberts, Savage, Coward, Chew y Lucas, 1988).

Metabolismo: tasa con la que el alimento es convertido en energía y consumido por el cuerpo

Por ejemplo, en un estudio, pares de gemelos idénticos fueron sometidos a dietas que contenían 1 000 calorías adicionales al día y se les prohibió hacer ejercicio. Durante un periodo de tres meses, cada miembro de un par de gemelos subió cantidades casi idénticas de peso. Sin embargo, cuando se compararon pares diferentes de gemelos, la variación en el aumento de peso fue asombrosa. Algunos pares subieron tres veces más peso que otros pares (Bouchard y cols., 1990).

Factores sociales en la ingestión de alimentos   Acaba usted de terminar una comida y se siente completamente satisfecho. De pronto, su anfitrión anuncia con gran bombo que va a servir un postre "especialidad de la casa", pastel de nuez, y que se ha pasado la mayor parte de la tarde preparándolo. A pesar de que usted se siente lleno, y de que ni siquiera le gustan las nueces, acepta que le sirva una porción de postre y se la come toda.

Es evidente que los factores biológicos internos no proporcionan la explicación completa de nuestro comportamiento de comer. Los factores sociales externos, basados en reglas y convenciones sociales y en lo que hemos aprendido acerca del comportamiento adecuado de comer, desempeñan también un papel muy importante. Por ejemplo, piense en el hecho común de que las personas ingieren el desayuno, la comida y la cena aproximadamente a la misma hora todos los días. Dado que estamos acostumbrados a comer con esos horarios todos los días, tendemos a sentir hambre cuando se aproxima la hora en que solemos comer, en ocasiones con total independencia de lo que nos dicen nuestras claves internas.

De modo similar, tendemos a poner aproximadamente la misma cantidad de comida en nuestros platos todos los días, a pesar de que la cantidad de ejercicio que hayamos realizado y, en consecuencia, nuestra necesidad de recuperación de energías varíe cada día. También tendemos a preferir alimentos específicos en lugar de otros. Las ratas y los perros pueden representar un platillo exquisito en algunas culturas asiáticas, pero pocas personas de las culturas occidentales los encuentran apetitosos, no obstante su valor nutritivo potencialmente alto. En resumen, las influencias culturales y nuestros propios hábitos individuales desempeñan un papel importante en la determinación de cuándo debemos comer qué alimento y en qué cantidad (Polivy y Herman, 1985; Boakes, Popplewell y Burton, 1987).

Otros factores sociales se relacionan también con nuestro comportamiento de comer. Algunos de nosotros nos dirigimos hacia el refrigerador después de un día difícil, buscando consuelo en un litro de nuestro helado favorito. ¿Por qué? Quizá cuando éramos niños nuestros padres nos daban alimentos cuando estábamos preocupados. Con el tiempo, pudimos haber aprendido a asociar, por medio de los mecanismos básicos del condicionamiento clásico y operante, la comida con el alivio y el consuelo. Del mismo modo, pudimos haber aprendido que comer proporciona un escape de los pensamientos desagradables, mientras en su lugar nos enfocamos en los placeres inmediatos de comer. Como consecuencia, podemos comer cuando experimentamos angustia (Davis, 1986; Heatherton, Herman y Polivy, 1992; Greeno y Wing, 1994).

Las raíces de la obesidad   Dado que el comportamiento de comer es influido tanto por factores biológicos como sociales, determinar las causas de la obesidad ha demostrado ser un reto. Los investigadores han seguido varios caminos.

Algunos psicólogos sugieren que una sensibilidad excesiva a las claves externas para comer basadas en las convenciones sociales, y una insensibilidad paralela de las claves internas de hambre, producen obesidad. Las investigaciones han demostrado, por ejemplo, que las personas obesas que se colocan en un cuarto en el que hay un plato con apetitosas galletas pueden comer mucho más que los individuos que no están obesos, a pesar de haber comido ya (Schachter, Goldman y Gordon, 1968). Además, los individuos obesos tienen menos probabilidad de comer si hacerlo implica cualquier clase de trabajo: en un experimento, sujetos obesos tuvieron menos probabilidad de comer nueces que tenían que ser peladas, pero comieron cantidades abundantes de nueces que ya estaban peladas. Las personas no obesas, en contraste, comieron la misma cantidad de nueces, sin importar que las nueces tuvieran que pelarse o no (Nisbett, 1968; Schachter, 1971). En consecuencia, parece que muchas personas obesas le prestan una atención indebida a las claves externas y son menos conscientes de las claves internas que ayudan a las personas no obesas a regular su comportamiento de ingestión de alimentos.

Por otra parte, muchos individuos que se basan demasiado en las claves externas nunca se vuelven obesos, y hay unas cuantas personas obesas que relativamente no responden a las claves externas (Herman, 1987; Rodin, 1981). En consecuencia, algunos psicólogos han vuelto a la teoría del peso ideal interno como una explicación plausible para la causa de la obesidad.

De manera específica, estos investigadores sugieren que las personas con peso excesivo tienen pesos ideales internos más altos que las personas de peso normal. Debido a que sus pesos ideales internos son inusitadamente elevados, sus intentos por perder peso comiendo menos pueden hacerlos especialmente sensibles a las claves externas relacionadas con el alimento y por consiguiente más propensos a comer, perpetuando su obesidad.

Pero, ¿por qué el peso ideal interno de algunas personas puede ser más alto que el de otras? Un factor puede ser el tamaño y número de las células grasas en el cuerpo, las cuales se incrementan como una función del aumento en el peso. Debido a que el nivel del peso ideal interno parece reflejar el número de células grasas que tiene una persona, cualquier aumento en el peso —el cual produce un incremento en las células grasas— puede elevar el peso ideal interno. Además, cualquier pérdida de peso después de los dos años de edad no disminuye la cantidad de células grasas en el cuerpo, aunque puede causar que reduzcan de tamaño (Knittle, 1975). En consecuencia, aunque los bebés gordos a menudo son considerados lindos, los niños obesos pueden haber adquirido tantas células grasas que su peso ideal interno es demasiado alto en forma permanente.

En resumen, de acuerdo con la hipótesis del peso ideal interno, la presencia de demasiadas células grasas puede dar como resultado que el peso ideal interno quede "atorado" en un nivel más alto de lo que es deseable. Bajo tales circunstancias, perder peso se vuelve una propuesta difícil, en vista de que se estará peleado en forma constante con el propio peso ideal interno cuando se sigue una dieta.

Por último, una evidencia creciente sugiere que la herencia desempeña un papel en la obesidad. Varios estudios indican que las personas que son propensas a la obesidad pueden subir de peso sobre todo debido a que heredan tasas lentas en su metabolismo, y no porque coman en exceso. Además, algunos investigadores identificaron de manera reciente un gen particular que puede ser responsable al menos de ciertas clases de obesidad. Una tendencia a ser obeso, entonces, puede ser un rasgo heredado —uno del que podamos culpar más a nuestros antepasados que a nosotros mismos— (J. Friedman y cols., 1994).

Trastornos de la alimentación

Un pan de arroz en la tarde, una manzana para la cena. Ésta era la dieta típica de Heather Rhodes durante su primer año en el Colegio St. Joseph en Rensselaer, Indiana, cuando comenzó a generar un temor (exacerbado, según ella, por la muerte repentina de una amiga) de estar subiendo de peso. Pero cuando Rhodes, ahora de 20 años de edad, regresó a su hogar en Joliet, Illinois, para las vacaciones de verano hace un año y medio, su familia pensó que se estaba desapareciendo. "Podía ver el contorno de su pelvis en sus ropas...", dijo la madre de Heather... así que ella y el resto de la familia

Se ha reportado en forma amplia que la princesa Diana sufrió de un trastorno de la alimentación durante los primeros años de su atribulado matrimonio con el príncipe Carlos de Inglaterra.

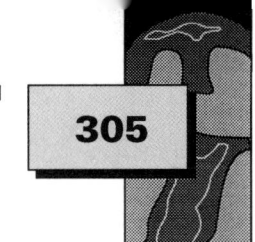
enfrentaron a Heather una tarde, colocando una báscula casera en medio de la sala. "Les dije que me estaban atacando y que se fueran al infierno", recuerda Heather, quien no obstante en forma reacia se pesó. Su cuerpo de 1.68 metros pesaba apenas 38.5 kilogramos —casi 10 debajo del peso que tenía en su último año de preparatoria—. "Les dije que habían arreglado la báscula", dijo ella. Simplemente no cuadraba con su imagen de sí misma. "Cuando me veía en el espejo", dice ella, "pensaba que mi estómago todavía era enorme y mi cara era gorda" (Sandler, 1994, p. 56).

Heather sufría de un trastorno de la alimentación conocido como anorexia nervosa. La **anorexia nervosa** es un trastorno alimenticio grave en el que las personas pueden rehusarse a comer, al tiempo que niegan que su comportamiento y su apariencia —que puede ser casi esquelética— sean extraños. Entre un 15 y un 20% de los anoréxicos literalmente mueren de inanición.

La anorexia nervosa afecta de manera fundamental a las mujeres de entre 12 y 40 años de edad, aunque tanto hombres como mujeres de cualquier edad pueden desarrollar este trastorno. Las personas que padecen de anorexia nervosa suelen provenir de hogares estables, y con frecuencia son individuos de éxito, atractivos, que cuentan con medios económicos relativamente desahogados. Sus vidas se centran alrededor de la comida: a pesar de que comen muy poco, pueden cocinar para los demás, ir frecuentemente a comprar alimentos o coleccionar libros de cocina (Hsu, 1990; Button, 1993).

Un problema relacionado, la **bulimia**, es un trastorno que provoca que una persona ingiera enormes cantidades de comida en un episodio. Un galón de helado y una tarta entera se pueden consumir con facilidad de una sola sentada. Después de una cantidad semejante de alimentos, quienes padecen este trastorno experimentan sentimientos de culpa y depresión y suelen ingerir laxantes o inducirse el vómito para liberarse de la comida, comportamiento al que se denomina purga (Hinz y Williamson, 1987). Ciclos constantes de episodios de ingesta y purga y el empleo de fármacos para inducir el vómito o la diarrea pueden crear un desequilibrio químico que puede producir daño cardiaco. Sin embargo, por lo general el peso de una persona que padece bulimia permanece sin cambios.

¿Cuál es la causa de la anorexia nervosa o de la bulimia? Algunos investigadores sospechan que existe una causa fisiológica, como puede ser un desequilibrio químico en el hipotálamo o en la glándula pituitaria (Gold, Gwirtsman, Avgerinos, Nieman, Gallucci, Kaye, Jimerson, Ebert, Rittmaster, Loriaux y Chrouses, 1986). Otros psicólogos creen que la causa proviene de expectativas sociales relativas al valor de la delgadez y la noción paralela de que la obesidad es algo indeseable (Crandall y Biernat, 1990; Rothblum, 1990). Ellos sostienen que las personas que padecen anorexia nervosa o bulimia se preocupan por el peso y toman muy en serio la opinión social de que nunca se puede ser demasiado delgado. Consistentemente con esta explicación, en algunas universidades existen normas claras acerca del comportamiento "adecuado" de ingestión, cuya cantidad se asocia con la popularidad femenina (Crandall, 1988). Por último, algunos psicólogos sugieren que estos trastornos ocurren como consecuencia de haber tenido padres de familia excesivamente exigentes u otro tipo de problemas familiares (Logue, 1991).

La explicación completa de la anorexia nervosa o la bulimia sigue siendo evasiva. Es probable que los trastornos se deriven de causas tanto biológicas como sociales y que el tratamiento exitoso abarque varias estrategias, incluyendo terapia y cambios en la dieta (Fichter, 1990; Schmidt y Treasure, 1993; Lask y Bryant-Waugh, 1993; Fairburn, Jones, Peveler y cols., 1993).

Anorexia nervosa: trastorno de la alimentación, que suelen padecer mujeres jóvenes, entre cuyos síntomas se incluyen diversos grados de autoinanición en un intento por evitar la obesidad

Bulimia: trastorno de la alimentación caracterizado por una ingestión exagerada de alimentos que puede estar seguida de un vómito autoinducido o por tomar laxantes para deshacerse del alimento

Los hechos de la vida: la motivación sexual humana

Quien haya visto a dos perros aparearse sabe que el comportamiento sexual tiene un fundamento biológico. Aquél parece ocurrir en forma espontánea, sin gran intervención por parte de los demás. De hecho, diversos factores controlados de forma genética influyen sobre el comportamiento sexual de los animales. Por ejemplo, el comportamiento animal es afectado por la presencia de determinadas hormonas en la sangre. Además, las hembras son receptivas al abordamiento sexual sólo en periodos específicos y relativamente limitados a lo largo del año (Short y Balaban, en prensa; D. Crews, 1993, 1994).

Genitales: los órganos sexuales masculinos y femeninos.

Andrógenos: hormonas sexuales masculinas

Estrógeno: una hormona sexual femenina producida por los ovarios

Progesterona: una hormona sexual femenina producida por los ovarios

Ovulación: liberación mensual de un óvulo por parte de un ovario

En comparación, el comportamiento sexual de los seres humanos es más complicado, aunque la biología subyacente no es muy distinta a la de las especies relacionadas con la nuestra. Considere las funciones de los **genitales**, u órganos sexuales, de los hombres y de las mujeres. Por ejemplo, en los hombres, los *testículos* secretan **andrógenos** —las hormonas sexuales masculinas— desde la pubertad. Los andrógenos no sólo producen características sexuales secundarias, tales como el desarrollo del vello corporal y el enronquecimiento de la voz; también aumentan la pulsión sexual. A pesar de que hay cambios a largo plazo en la cantidad de andrógenos que se producen —en los que la mayor producción se da justamente después de la madurez sexual— su producción a corto plazo es bastante constante. Por lo tanto, los hombres pueden realizar actividades sexuales (y tienen interés en ellas) sin relación alguna con ciclos biológicos. Si se producen los estímulos adecuados para generar excitación, es posible que tenga lugar el comportamiento sexual masculino.

Las mujeres muestran un patrón distinto y más complejo. Cuando llegan a su madurez durante la pubertad, los dos *ovarios* —órganos reproductores de la mujer— comienzan a producir **estrógeno** y **progesterona**, las hormonas sexuales femeninas. Sin embargo, estas hormonas no se producen en forma consistente; en lugar de ello, su producción sigue un patrón cíclico. La mayor producción tiene lugar durante la **ovulación**, cuando se desprende un óvulo de los ovarios, lo cual lleva al máximo las probabilidades de que se produzca la fertilización a cargo de los espermatozoides. En tanto que entre los animales el periodo de la ovulación es la única época en la que la hembra es receptiva al sexo, las personas somos distintas. A pesar de que hay variaciones en la pulsión sexual reportada, las mujeres son receptivas al sexo a todo lo largo de sus ciclos, dependiendo de los estímulos externos que se encuentran en su entorno (Hoon, Bruce y Kinchloe, 1982).

A pesar de que los factores biológicos "preparan" a las personas para la actividad sexual, se requiere más que hormonas para motivar y producir el comportamiento sexual. Entre los animales es la presencia de una pareja la que proporciona los estímulos excitatorios que llevan a la actividad sexual. Los seres humanos somos considerablemente más versátiles; no sólo otras personas, sino que casi cualquier objeto, escena, olor, sonido o cualquier otro estímulo puede llevar a la excitación sexual. Por lo tanto, por obra de asociaciones previas, las personas pueden excitarse sexualmente al percibir el aroma de algún perfume, al ver un *bikini* o al escuchar una canción favorita susurrada al oído. La reacción ante un estímulo específico, potencialmente excitatorio, como veremos, es un asunto muy individual: lo que excita a una persona puede hacer justo lo opuesto en otra.

Las fantasías sexuales también desempeñan un papel importante en la producción de la excitación sexual. Las personas no solamente tienen fantasías sexuales durante sus actividades cotidianas, sino que cerca de un 60% de ellas las tienen en el momento de hacer el amor. Resulta interesante que, con frecuencia, esas fantasías implican relaciones sexuales con una persona distinta de la pareja del momento.

Las fantasías de los hombres y las mujeres difieren poco entre sí desde el punto de vista del contenido o la cantidad (Jones y Barlow, 1990). Los pensamientos de ser irresistible sexualmente y de realizar sexo oral-genital son los más comunes para ambos sexos (Sue, 1979; McCauley y Swann, 1980). Es importante señalar que las fantasías sólo son eso; en otras palabras, no representan un deseo verdadero de satisfacerlas en el mundo real. Por lo tanto, no debemos asumir a partir de estos datos que las mujeres desean ser dominadas sexualmente, ni debemos suponer que en cada hombre se esconde un violador potencial deseoso de forzar a propuestas sexuales a una víctima sometida.

Las variedades de experiencias sexuales   Durante la mayor parte de la historia registrada, la amplia variedad de prácticas sexuales permaneció envuelta en la ignorancia. Sin embargo, a fines de la década de 1930, el biólogo Albert Kinsey comenzó una serie de encuestas acerca del comportamiento sexual de los estadounidenses. El resultado fue la primera visión general de las prácticas sexuales, enfatizada por la publicación de sus importantísimos volúmenes, *Sexual Behavior in the Human Male* (Kinsey, Pomeroy y Martin, 1948) y *Sexual Behavior in the Human Female* (Kinsey, Pomeroy, Martin y Gebhard, 1953).

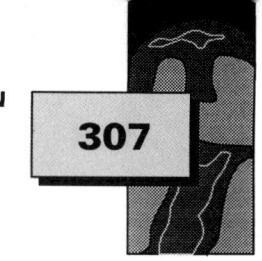

El trabajo de Kinsey preparó el escenario para encuestas posteriores, aunque se han realizado pocas encuestas nacionales generales desde que Kinsey efectuó su trabajo inicial hace unos 50 años. La razón: las investigaciones de las prácticas sexuales siempre son políticamente sensibles y en consecuencia las encuestas a gran escala rara vez reciben financiamiento del gobierno (Booth, 1989; McDonald, 1988; Gardner y Wilcox, 1993; Wyatt, 1994). Sin embargo, al examinar los resultados comunes recogidos de diferentes muestras de sujetos, ahora tenemos un panorama razonablemente completo de las prácticas sexuales contemporáneas, acerca de las que hablaremos a continuación.

Masturbación Si usted hubiera escuchado a los médicos hace unos 50 años, le habrían dicho que la **masturbación**, o autoestimulación sexual, provocaba una serie de trastornos físicos y mentales, que incluían desde vello en las palmas de las manos hasta la demencia. No obstante, si hubieran estado en lo cierto, la mayoría de nosotros utilizaríamos guantes para cubrir nuestras palmas repletas de vellos, puesto que la masturbación es una de las actividades sexuales que más se practican. Más del 90% de todos los hombres y casi dos tercios de todas las mujeres se han masturbado por lo menos una vez. Entre los estadounidenses con edades de 18 a 59, alrededor del 60% de los hombres y el 40% de las mujeres dicen haberse masturbado durante el año anterior (Houston, 1981; Hunt, 1974; Michael, Gagnon, Laumann y Rolata, 1994).

Aunque por lo común se considera a la masturbación como una actividad que se realiza cuando no se dispone de otros medios de expresión sexual, esto no refleja la realidad. Cerca de tres cuartas partes de los hombres casados (de entre 20 y 40 años de edad) informan que se masturban unas veinticuatro veces al año, mientras que el 68% de las mujeres casadas del mismo grupo de edad se masturban un promedio de diez veces al año (Hunt, 1974; Michael y cols., 1994).

A pesar de la alta incidencia de la masturbación, las actitudes hacia ésta aún reflejan algunas de las visiones negativas de antaño. Por ejemplo, una encuesta reveló que alrededor del 10% de las personas que se masturban experimentan sentimientos de culpa, a la vez que el 5% de los hombres y el 1% de las mujeres consideraban que su comportamiento era pervertido (Arafat y Cotton, 1974). No obstante, a pesar de estas actitudes negativas, la mayoría de los expertos en sexualidad consideran que la masturbación no solamente es una actividad sexual saludable y legítima —y que no causa daño alguno— sino también un medio para aprender acerca de la sexualidad propia.

Masturbación: autoestimulación sexual

Heterosexualidad Las personas creen con frecuencia que la primera vez que se tienen relaciones sexuales se logra uno de los principales hitos en su vida. Sin embargo, la **heterosexualidad**, la atracción y comportamiento sexuales dirigidos al sexo opuesto, consiste de mucho más que sólo la relación sexual hombre-mujer. Los besos, caricias, frotamientos y otras formas de juego sexual también son componentes del comportamiento heterosexual. Aun así, el objetivo de la investigación sexual ha sido el acto sexual, en particular desde el punto de vista de su primera ocurrencia y su frecuencia.

Heterosexualidad: atracción y comportamiento sexuales dirigidos al sexo opuesto

El sexo prematrimonial Hasta hace muy poco, el sexo prematrimonial, al menos para las mujeres, era considerado uno de los principales tabúes de nuestra sociedad. De manera tradicional, las mujeres han sido advertidas por la sociedad de que "las muchachas decentes no hacen eso"; a los hombres se les ha dicho que aunque está bien el sexo prematrimonial para ellos, deben estar seguros de casarse con una virgen. A la opinión de que el sexo prematrimonial es permisible para los hombres pero no para las mujeres se le llama **doble moral**.

A pesar de que en fecha tan reciente como la década de 1960 la mayoría de los adultos estadounidenses creía que las relaciones sexuales prematrimoniales eran condenables, desde esa época se ha producido un cambio drástico en la opinión pública. Por ejemplo, en 1969 la mayoría de las personas pensaban que estaba mal que un hombre y una mujer tuvieran relaciones sexuales antes del matrimonio. Sin embargo, para 1991 las cifras se habían invertido; en ese momento, eran más las personas que creían que era admisible, y menos las que lo condenaban.

Doble moral: la opinión de que las relaciones sexuales prematrimoniales son permisibles para los hombres pero no para las mujeres

Aunque la doble moral no ha desaparecido por completo, la permisividad afectiva ahora es una norma aceptada en forma amplia respecto al sexo prematrimonial.

Los cambios en las actitudes hacia el sexo prematrimonial fueron igualados por los cambios en los índices reales de actividad sexual de ese tipo durante el mismo periodo. Por ejemplo, las cifras más recientes muestran que más de la mitad de las mujeres entre 15 y 19 años de edad habían tenido relaciones sexuales prematrimoniales. Estas cifras casi duplican el porcentaje de mujeres del mismo grupo de edad que, en 1970, informaron haber tenido relaciones sexuales (CDC, 1991b, 1992). Es evidente que la tendencia de las últimas décadas muestra un incremento del número de mujeres que tienen relaciones sexuales prematrimoniales (Gerrard, 1988; Hofferth, Kahn y Baldwin, 1987; CDC, 1991b, 1992).

También ha aumentado el porcentaje de hombres que tienen relaciones sexuales prematrimoniales, aunque este incremento no ha sido tan drástico como en el caso de las mujeres, probablemente debido a que las proporciones prevalecientes entre los hombres eran mayores desde el principio. Por ejemplo, las primeras encuestas realizadas en la década de 1940 demostraron que el 84% de los hombres de todas las edades las tenían; datos recientes llevan las cifras cerca del 95%. Además, el promedio de edad de los hombres en el momento de su primera experiencia sexual ha disminuido de modo constante. Cerca del 60% de los estudiantes de bachillerato ha tenido relaciones sexuales, así como el 80% de ellos las habrán experimentado cuando hayan alcanzado los 20 años de edad (Arena, 1984; CDC, 1992).

El sexo matrimonial   A juzgar por el número de artículos cuyo tema es el sexo en el matrimonio, se pensaría que el comportamiento sexual es el parámetro principal por el que se determina la felicidad conyugal. A menudo, las parejas casadas se preocupan porque tienen muy poca actividad sexual, demasiada o del tipo incorrecto (Sprecher y McKinney, 1993).

A pesar de que existen múltiples dimensiones para evaluar el sexo en el matrimonio, una de ellas es, en efecto, la frecuencia de las relaciones sexuales. ¿Qué es lo más común? Al igual que con casi la totalidad de las actividades sexuales, no hay una respuesta sencilla a esta pregunta, puesto que hay enormes variaciones en los patrones entre individuos. Sabemos que el 43% de las parejas casadas tienen relaciones sexuales unas cuantas veces al mes y que el 36% las tienen dos o tres veces por semana (Michaels y cols., 1994). Además, existen diferencias según el número de años que ha convivido una pareja: mientras más largo sea el matrimonio, menor será la frecuencia de actividad sexual.

La frecuencia de las relaciones sexuales en el matrimonio también parece ser mayor en nuestra época que en otros periodos de la historia reciente. Diversos factores dan cuenta de este aumento. La mayor disponibilidad de métodos de control de la natalidad (incluyendo las píldoras anticonceptivas) y del aborto han logrado que las parejas se preocupen menos por los embarazos no deseados. Por otra parte, distintos cambios so-

ciales seguramente influyeron sobre esta cuestión. A medida que han cambiado los papeles de la mujer, y que los medios masivos de comunicación han dado el visto bueno a la sexualidad femenina, ha aumentado la probabilidad de que una esposa inicie la actividad sexual, en lugar de esperar a que el marido tome la iniciativa, como ocurría tradicionalmente. Además, conforme el sexo se vuelve un tema de comentario más abierto en las revistas, los libros y hasta en los programas de televisión, muchas parejas casadas han comenzado a creer que la frecuencia de sus relaciones sexuales es un indicador de suma importancia del éxito de su matrimonio.

Las consecuencias del aumento de las relaciones sexuales en el matrimonio son difíciles de determinar. Es evidente que el grado de satisfacción sexual se relaciona con la satisfacción general del matrimonio. Sin embargo, la *frecuencia* de las relaciones sexuales no parece estar asociada con la felicidad en el matrimonio. Por lo tanto, el aumento en la frecuencia de las relaciones sexuales no sugiere que se produzca un incremento en la satisfacción matrimonial (Blumstein y Schwartz, 1983; Greeley, 1992).

La homosexualidad y la bisexualidad   Así como no parece haber razón genética o biológica para que las mujeres heterosexuales encuentren especialmente eróticas las nalgas de los hombres, los seres humanos no nacen con una atracción innata hacia las características especiales del sexo opuesto. Así, no debemos sorprendernos de que algunas personas, los **homosexuales**, sientan atracción sexual por los miembros de su sexo, en tanto que otras, los **bisexuales**, se sientan atraídos sexualmente hacia personas de ambos sexos. (Muchos hombres y mujeres homosexuales prefieren el término *gay* y *lesbiana* respectivamente, los cuales son vistos de manera más positiva.)

A pesar de que las personas suelen considerar a la homosexualidad y a la heterosexualidad como dos orientaciones sexuales totalmente distintas, la cuestión no es tan sencilla. El precursor de las investigaciones sobre el sexo, Alfred Kinsey, reconoció este hecho cuando consideró la orientación sexual con base en una escala, o continuo, con "homosexual exclusivo" en un extremo y "heterosexual exclusivo" en el otro. En la medianía se encontraban personas que mostraban ambos tipos de comportamiento. El enfoque de Kinsey, actualizado por el sociólogo Martin S. Weinberg y sus colegas (Weinberg, Williams y Pryor, 1991), sugiere que la orientación sexual depende de los sentimientos sexuales, del comportamiento sexual y de los sentimientos románticos de una persona.

¿Qué determina la orientación sexual de las personas? A pesar de existir diversas teorías, ninguna de ellas ha demostrado ser enteramente satisfactoria. Algunos enfoques, de naturaleza biológica, sugieren que puede existir un factor genético u hormonal que facilita el desarrollo de la homosexualidad (Gladue, 1984; Hutchison, 1978; Bailey y Pillard, 1991). Por ejemplo, algunas evidencias sugieren una diferencia en la estructura del hipotálamo anterior —un área del cerebro que gobierna el comportamiento sexual— entre hombres heterosexuales y homosexuales (LeVay, 1991, 1993). Del mismo modo, otras investigaciones muestran que, en comparación con los hombres o mujeres heterosexuales, los hombres homosexuales tienen una comisura anterior mayor, la cual contiene muchas neuronas que conectan a los hemisferios derecho e izquierdo del cerebro (Allen y Gorski, 1992).

Otras teorías sobre la homosexualidad se centran en los antecedentes infantiles y familiares de los homosexuales. Por ejemplo, Freud creía que la homosexualidad se producía como resultado de una identificación inadecuada con el progenitor del sexo opuesto durante el desarrollo (Freud, 1922/1959). De modo similar, otros psicoanalistas sostienen que la naturaleza de la relación progenitor-hijo puede llevar hacia la homosexualidad y que, con frecuencia, los hombres homosexuales tienen madres sobreprotectoras y dominantes, y padres pasivos e ineficaces (Bieber y cols., 1962).

El problema de estas teorías radica en que quizás exista el mismo número de homosexuales sujetos a la influencia de semejante dinámica familiar que el del grupo que no la tuvo. Las evidencias no apoyan las explicaciones que se basan en las prácticas de crianza o en la naturaleza de la estructura de la familia (Bell y Weinberg, 1978; Isay, 1990).

Homosexuales: personas que se sienten atraídas sexualmente hacia miembros de su propio sexo

Bisexuales: personas cuya atracción sexual es hacia miembros de ambos sexos

Las causas de la homosexualidad todavía están sujetas a debate, pero las investigaciones han establecido que los gay y las lesbianas se encuentran tan bien adaptados desde el punto de vista psicológico como la población en general.

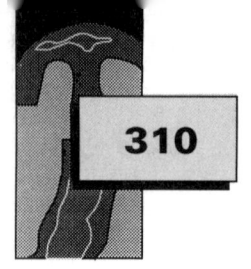
Otra explicación de la homosexualidad se basa en la teoría del aprendizaje (Masters y Johnson, 1979). De acuerdo con esta perspectiva, la orientación sexual se aprende por medio de recompensas y castigos de modo muy similar al criterio que utilizamos para optar entre la natación y el tenis. Por ejemplo, un adolescente que haya tenido una experiencia heterosexual desagradable podría aprender a establecer asociaciones no agradables con el sexo opuesto. Si esa misma persona tuviera una experiencia homosexual agradable, la homosexualidad se podría incorporar a sus fantasías sexuales. Si hace uso de esas fantasías durante actividades sexuales posteriores —como puede ser la masturbación— éstas podrían reforzarse positivamente a través del orgasmo, y la asociación del comportamiento homosexual y el placer sexual podría por último dar como resultado que el individuo eligiera a la homosexualidad como forma predilecta de comportamiento sexual.

A pesar de que la explicación de la teoría del aprendizaje es plausible, existen diversas inconsistencias que impiden poder considerarla como una respuesta definitiva. Debido a que nuestra sociedad tiende a dar una baja estima a la homosexualidad, sería de esperar que los castigos implicados en tal comportamiento deberían superar las recompensas que éste podría producir. Además, los niños que crecen con un padre homosexual estadísticamente tienen pocas probabilidades de convertirse en homosexuales, lo cual contradice la noción de que el comportamiento homosexual se puede aprender de los demás (Green, 1978).

Tomando en cuenta la dificultad para encontrar una explicación consistente, la mayor parte de los investigadores rechazan la hipótesis de que cualquier factor por sí solo predisponga a una persona hacia la homosexualidad. La mayoría de los expertos sospecha que está en funcionamiento una combinación de factores biológicos y ambientales (Money, 1987; McWhirter, Sanders y Reinisch, 1990; Greene y Herek, 1993).

A pesar de que hasta ahora no sabemos con exactitud por qué las personas adquieren una orientación sexual específica, una cosa es clara: no existe relación alguna entre la adaptación psicológica y la preferencia sexual. Los bisexuales y los homosexuales disfrutan del mismo grado general de salud física y mental que los heterosexuales, y tienen tipos equivalentes de actitudes acerca de sí mismos, independientemente de su orientación sexual. Por tales razones, la Asociación Psicológica Estadounidense y la mayoría de las otras organizaciones de salud mental han respaldado los esfuerzos para reducir la discriminación contra los gay y las lesbianas, tales como revocar la prohibición contra el ingreso de homosexuales al ejército estadounidense (Reiss, 1980; Bersoff y Ogden, 1991; Gonsiorek, 1991; Herek, 1993; Patterson, 1994).

Exploración de la diversidad

Circuncisión femenina: ¿una celebración de la cultura o mutilación genital?

En su sala en Atlanta, Hassan y Yasmin Ibrahim tienen una de sus pláticas nocturnas respecto a sus preocupaciones por sus tres pequeñas hijas. Ambos desean lo mejor para ellas. Pero no logran llegar a un acuerdo en una decisión que afectará a las niñas todos los días del resto de sus jóvenes vidas.

La señora Ibrahim parece una mujer amable. Pero insiste en que a cada niña debe extirpársele el clítoris en su infancia.

En América, dice, no sería tan horrible como en su hogar en Somalia. Argumenta que en ese país puede hacerse en un hospital, con un doctor y anestesia —no en una choza, con una curandera de la aldea, con la niña consciente del cuchillo y gritando—.

El señor Ibrahim, un contador público titulado, dice que tiene "una gran interrogación" en la mente. No desea que sus hijas pasen por lo que su madre tuvo que soportar, como la mayoría de las mujeres somalíes.

Pero su esposa dice que sin la cirugía ningún hombre somalí se casaría con ellas. Serían "diferentes", y ella estaría traicionando a su cultura (Rosenthal, 1993, p. 13).

La operación en cuestión —circuncisión femenina— representa uno de los procedimientos más controvertidos relativos al sexo en todo el mundo. En una operación así, el clítoris es extirpado, lo que da como resultado una incapacidad permanente para experimentar placer sexual.

Unos 80 millones de mujeres, que viven sobre todo en África y Asia, han sido sometidas a la circuncisión femenina. Por ejemplo, más del 90% de las mujeres nigerianas han sido circuncidadas durante la infancia, y más del 90% pretenden circuncidar a sus propias hijas. Además, en algunos casos, se realiza una cirugía más extensa, en la que partes adicionales de los genitales femeninos son extirpados o cosidos con catgut o espinas (Ebomoyi, 1987; Rosenthal, 1993).

Aquellos que practican la circuncisión femenina dicen mantener una antigua tradición social, no diferente de otras costumbres culturales. Su propósito, dicen, es preservar la virginidad antes de ser desposadas, para mantener a las mujeres fieles a sus esposos después del matrimonio y para acentuar la belleza de la mujer. Además, sus defensores creen que difiere poco de la práctica común occidental de la circuncisión masculina, en la que se extirpa quirúrgicamente el prepucio del pene poco después del nacimiento.

Los críticos, por otra parte, afirman que la circuncisión femenina no es nada menos que la mutilación de las mujeres. La práctica no sólo elimina en forma permanente el placer sexual, sino que puede conducir a un dolor constante e infecciones, dependiendo de la naturaleza de la cirugía. De hecho, debido a que el procedimiento es llevado a cabo por tradición en una forma ritualista sin anestesia, usando una navaja de afeitar, un cuchillo con dientes de sierra o vidrio, la circuncisión misma puede ser físicamente traumática.

El procedimiento plantea algunas cuestiones difíciles, las cuales fueron expuestas en un caso judicial reciente. Una inmigrante nigeriana, que vivía temporalmente en Estados Unidos, acudió al tribunal para argumentar que deberían permitirle quedarse en forma permanente (Gregory, 1994). Su alegato: si ella y sus hijas pequeñas eran enviadas de vuelta a Nigeria, sus hijas enfrentarían la circuncisión a su llegada. (El tribunal accedió y le permitió quedarse en forma indefinida.) Pero otros afirman que la circuncisión es una costumbre cultural valiosa y que nadie, en particular alguien que use la perspectiva de otra cultura, debería impedir que las personas realizaran las costumbres que piensan que son importantes.

Para no creer que la circuncisión femenina es de interés remoto para los que viven en las culturas occidentales, tenga en cuenta este hecho: hace apenas unas generaciones, algunos médicos en Estados Unidos sugerían que a una mujer que mostraba un interés "excesivo" en el sexo debía extirpársele el clítoris. Este procedimiento, se afirmaba, mantendría bajo control su comportamiento sexual (Hyde, 1994).

Necesidad de logro: esforzarse por tener éxito

En tanto que el hambre y el sexo pueden representar algunas de las pulsiones primarias más potentes en nuestra vida cotidiana, también estamos motivados por pulsiones secundarias poderosas que no cuentan con un fundamento biológico claro (McClelland, 1985; Geen, 1984). Entre las más importantes de estas pulsiones está la necesidad de logro.

La **necesidad de logro** es una característica aprendida y estable en la que la satisfacción se obtiene cuando se lucha por alcanzar y conservar un nivel de excelencia (McClelland, Atkinson, Clark y Lowell, 1953). Las personas con una necesidad elevada de logro buscan encontrar situaciones en las que puedan competir en contra de algún parámetro —ya se trate de calificaciones, dinero o ganar en un juego— y probarse a sí mismas que son exitosas. Pero no eligen sus retos indiscriminadamente: como Gonzalo, el estudiante que desea estudiar leyes descrito antes, tienden a evitar las situaciones en las que obtendrían el éxito con demasiada facilidad (lo cual cancelaría el reto) o en las que el éxito parece muy poco probable. En lugar de ello, las personas que tienen una motivación de logro alta tienden a elegir tareas de dificultad intermedia.

En contraste, las personas con una baja motivación de logro tienden a ser motivadas, principalmente, por el deseo de evitar el fracaso. Como resultado de ello, buscan tareas

Necesidad de logro: característica aprendida y estable en la que la satisfacción procede de la búsqueda y conservación de un nivel de excelencia

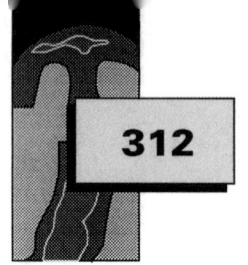
sencillas, asegurándose de que no fracasarán, o tareas tan difíciles para las cuales el fracaso no tiene implicaciones negativas, puesto que prácticamente todo el mundo fracasaría en ellas. Las personas que tienen terror al fracaso se alejarán de las tareas de dificultad intermedia, puesto que pueden fracasar en aquello donde otros han triunfado (Atkinson y Feather, 1966; Sorrentino, Hewitt y Raso-Knott, 1992).

Los resultados de una alta necesidad de logro suelen ser positivos, al menos en una sociedad orientada hacia el éxito, como la estadounidense (Heckhausen, Schmalt y Schneider, 1985; Spence, 1985). Por ejemplo, las personas motivadas por una gran necesidad de logro tienen más probabilidades de ingresar a la universidad que aquellas cuya necesidad de logro es menor; además, una vez que han ingresado, tienden a obtener mejores calificaciones en las clases relacionadas con sus profesiones futuras (Atkinson y Raynor, 1974). Por otra parte, una motivación de logro alta se asocia con el futuro éxito económico y profesional (McClelland, 1985).

Evaluación de la motivación de logro ¿Cómo se puede medir la necesidad de logro de una persona? La técnica que se utiliza con mayor frecuencia es la aplicación de una *Prueba de Apercepción Temática (Thematic Apperception Test; TAT)* (Spangler, 1992). En esta prueba, se muestra a las personas una serie de imágenes ambiguas, como la que se presenta en la figura 9.2. Se les pide que escriban una historia que describa lo que ocurre, quiénes son los personajes, qué produjo esa situación, qué es lo que piensan o desean los personajes y qué es lo que ocurrirá después. Luego se utiliza un sistema estándar de calificación para determinar el nivel de imaginería relativa al logro contenida en las historias escritas por los entrevistados. Por ejemplo, alguien que escribe una historia en la que el personaje principal se esfuerza por vencer a un contrincante, o que estudia con el fin de desempeñarse bien en determinada labor, o que se esmera en el trabajo con el fin de obtener un ascenso, muestra señales claras de una orientación hacia el logro. Se supone que la inclusión de esa imaginería relacionada con el logro en sus historias indica un grado desusadamente alto de preocupación por los logros, y por lo tanto una necesidad relativamente fuerte de ellos.

Se han elaborado otras técnicas para determinar la motivación en un nivel social (Reuman, Alwin y Veroff, 1984). Por ejemplo, un buen indicio del nivel general de mo-

FIGURA 9.2 Esta ilustración ambigua es semejante a las utilizadas en la Prueba de Apercepción Temática para determinar la motivación subyacente de las personas.

tivación de logro en una sociedad específica se puede obtener determinando la imaginería relativa al logro de los cuentos infantiles y las leyendas populares. Los investigadores que han examinado los libros para niños en busca de la imaginería de logro en las obras, durante periodos extensos, han descubierto correlaciones entre el nivel de imaginería de los libros y la actividad económica de la sociedad a lo largo de las siguientes décadas (DeCharms y Moeller, 1962). Por supuesto, el hecho de que las historias que incorporan imaginería de logro de verdad influyan en los niños o sean simplemente el reflejo de las tendencias de crecimiento económico es algo que no puede determinarse. Sin embargo, es evidente que los niños podrían estar aprendiendo más de sus libros que cómo leer —pueden estar adquiriendo una comprensión del nivel de motivación de logro que la sociedad espera de ellos—.

¿Hay diferencias raciales en la motivación de logro?   Un hecho triste de la sociedad estadounidense es que el logro académico de las minorías raciales a menudo va detrás del de la mayoría blanca. ¿Estas variaciones en el éxito educativo podrían ser atribuidas a diferencias en la motivación de logro subyacente?

De acuerdo con una revisión comprensiva realizada por la psicóloga Sandra Graham (1994), la respuesta es un firme "no". Resumiendo décadas de investigación, Graham encontró que hay poca evidencia confiable que sugiera que los afroamericanos y los blancos difieren en su necesidad subyacente de logro. Además, su análisis de una amplia gama de investigaciones sugiere que las expectativas de los afroamericanos respecto al éxito futuro en labores académicas son relativamente altas, aun después de experimentar un fracaso académico previo.

Los hallazgos de Graham contradicen una perspectiva de "deficiencia" de la motivación de logro de los afroamericanos, en la que el desempeño menor se atribuye a deficiencias en la motivación de logro. Sugieren que los psicólogos necesitan desarrollar una comprensión más completa de las circunstancias y variables particulares que influyen en los esfuerzos de logro tanto de los integrantes de grupos de minoría como de los de grupos mayoritarios (Graham, 1992; Betancourt y Lopez, 1993).

Necesidad de afiliación: esforzarse por tener amigos

¿Por qué pocos de nosotros elegimos vivir como ermitaños? Una razón importante para ello es que la mayoría de las personas tienen **necesidad de afiliación**; es decir, un interés por establecer y conservar las relaciones con otras personas. Las historias escritas en la Prueba de Apercepción Temática por los individuos que tienen una alta necesidad de afiliación hacen hincapié en el deseo de conservar o iniciar amistades, denotando preocupación acerca de la posibilidad de ser rechazados por los amigos.

Las personas que tienen necesidades de afiliación superiores son especialmente sensibles a las relaciones con los demás. Tienen deseo de estar con los amigos la mayor parte del tiempo, y su propensión a estar solas es inferior a la de las personas que tienen menores necesidades de afiliación. Al mismo tiempo, la motivación de afiliación puede ser menos importante que el género para determinar cuánto tiempo se pasa en compañía de los amigos. Según los resultados de un estudio, independientemente de su orientación afectiva, las estudiantes pasan mucho más tiempo con sus amigas y menos tiempo solas que los estudiantes (Wong y Csikszentmihalyi, 1991).

Necesidad de poder: esforzarse por causar un impacto en los demás

Si sus fantasías incluyen ser elegido presidente de la nación, o director de la General Motors, pueden estar reflejando una alta necesidad de poder. La **necesidad de poder**, una tendencia a buscar tener impacto, control o influencia sobre los demás, y ser visto como un individuo poderoso, representa otro tipo de motivación (Winter, 1973, 1987).

Necesidad de afiliación: necesidad de establecer y conservar relaciones con otras personas

Necesidad de poder: tendencia a desear dejar una impresión o tener un impacto sobre los demás a fin de ser visto como un individuo poderoso

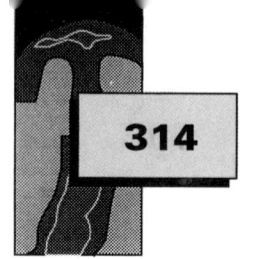
Como podría esperarse, las personas con una gran necesidad de poder tienen más probabilidades de pertenecer a organizaciones y ejercer cargos de elección que quienes tienen poca necesidad de poder. También tienen buenas probabilidades de pertenecer a profesiones en las que puedan satisfacerse sus necesidades de poder, tales como la administración de empresas y —puede que esto le sorprenda— la enseñanza (Jenkins, 1994). Además, tratan de exhibir los beneficios del poder. Incluso en la universidad, tienen más probabilidades de coleccionar bienes valiosos, tales como equipos de sonido o automóviles deportivos.

Existen varias diferencias de género importantes en la exhibición de la necesidad de poder. Los hombres que tienen grandes necesidades de poder tienden a mostrar altos niveles de agresividad, a beber en abundancia, a exhibir una posición de superioridad en su comportamiento sexual y a participar con frecuencia en deportes competitivos, comportamientos que colectivamente representan una cierta extravagancia (Winter, 1973).

LOS CAMINOS DE LA PSICOLOGÍA

Thomas Tutko

Nació en: 1931
Educación: B.A., Pennsylvania State University; M.S., Ph.D., Northwestern University
Hogar: San José, California

Thomas Tutko.

Un curso de psicología por correspondencia no sólo condujo a Thomas Tutko hacia una carrera en psicología, sino que le preparó el camino para que se convirtiera en uno de los pioneros en el campo de la psicología del deporte.

"Cuando estaba de servicio en la infantería de marina tenía un amigo que se encontraba estudiando un curso de psicología por correspondencia y me encantó", dijo Tutko, de 65 años de edad, originario de Gallitzin, Pensilvania. "Después de inscribirme también en un curso por correspondencia, fui a la Universidad de Penn State. Debo decir que tomar ese curso fue la acción más responsable del cambio en mi vida."

Recién egresado de la Universidad de Pensilvania en 1958 con un título de psicólogo, Tutko buscó sus grados de maestría y doctorado en la Universidad Northwestern. Con antecedentes académicos en psicología clínica e investigación, se unió al personal docente de la Universidad Estatal de San José y ha estado ahí desde entonces.

En San José, Tutko conoció a Bruce Ogilvie, quien asesoraba a atletas con problemas personales. Juntos crearon el campo de la psicología del deporte. "Al hablar con Bruce, le sugerí que investigáramos para averiguar lo que hacía exitoso a un atleta", comentó Tutko. "En esa época teníamos algunos atletas de gran calibre como John Carlos y Lee Evans con los que podíamos trabajar."

Al desarrollar el campo, Tutko dijo que él y Ogilvie utilizaron varios conceptos ya disponibles en la psicología y los modificaron y adaptaron para usarlos en los deportes. Por ejemplo, ayudaban a los atletas a incrementar su seguridad, haciéndolos que se enfocaran en lo que hacían bien en lugar de concentrarse en lo que se desempeñaban mal. "Los atletas profesionales son muy serios y mantener su concentración es un asunto importante. Necesitamos hacerlos pensar positivamente para reforzar su comportamiento y para ayudarlos en esto utilizamos varias técnicas de relajamiento."

Tutko señala además que la motivación es un concepto clave para los psicólogos del deporte. "Es importante el hecho de que un atleta esté en su 'máximo' o no para un juego. Hay un punto de excitación máximo donde el atleta está excitado y emocionado y puede ser lo más eficiente posible. Pero también es posible estar demasiado excitado y esto puede resultar en un rendimiento deficiente."

Tutko ha trabajado con una variedad de equipos, incluyendo el equipo de beisbol de los Piratas de Pittsburgh y los equipos de futbol americano Cuarenta y nueves de San Francisco, Carneros de Los Angeles y Vaqueros de Dallas. También ha participado en el atletismo para jóvenes y es autor de cinco libros sobre psicología y deportes. Imparte una cátedra de psicología del deporte, que fue una de las primeras en la nación. "La universidad dijo que si no lograba que se inscribieran al menos 15 personas, el curso sería cancelado. El primer día llegaron 150 personas. Eso me demostró que había una necesidad real de una psicología del deporte", comentó.

En contraste, las mujeres demuestran sus necesidades de poder de modo más moderado, congruente con las restricciones sociales tradicionales con relación al comportamiento de las mujeres. Las mujeres con grandes necesidades de poder tienen más probabilidades que los hombres de canalizar sus necesidades de un modo más responsable socialmente (como puede ser mostrar preocupación por los demás o mediante un comportamiento altamente protector) (Winter, 1988).

En común con otros tipos de motivación, la necesidad de poder puede expresarse en varias formas bastante diversas (Spangler y House, 1991). La forma en que se manifiesta una necesidad particular refleja una combinación de las habilidades y los valores de las personas, así como de las situaciones específicas en las que se encuentran. (Véase el recuadro *Los caminos de la psicología* para una exposición de la manera en que un psicólogo aplica algunos de los conceptos motivacionales que hemos visto a la esfera deportiva.)

RECAPITULACIÓN Y REVISIÓN

Recapitulación

- El hambre es afectada por claves internas que regulan la cantidad y la clase de alimentos que se ingieren. El hipotálamo desempeña un papel central en la regulación de la ingestión de alimentos.
- El peso ideal interno de las personas, su sensibilidad a las claves sociales externas, el número de células grasas y factores genéticos son elementos que pueden afectar los patrones alimentarios.
- Aunque los factores biológicos preparan a las personas para el sexo, son necesarios otros estímulos para que ocurra la excitación sexual.
- La masturbación (autoestimulación sexual) es común entre hombres y mujeres, aunque muchas personas aún la consideran como algo negativo.
- La doble moral ha declinado durante las últimas décadas; los actos reales de sexo prematrimonial y la tolerancia hacia éste han aumentado en gran medida.
- Entre las principales pulsiones secundarias se encuentran las necesidades de logro, afiliación y poder.

Revisión

1. Se ha encontrado que los animales de laboratorio, cuando son privados de ciertos nutrientes, seleccionan en forma instintiva alimentos que los contengan. ¿Cierto o falso?
2. Relacione los siguientes términos con sus definiciones:
   1. Hipotálamo
   2. Lesión en el hipotálamo lateral
   3. Lesión en el hipotálamo ventromedial

   a. Produce un rechazo a la comida y la inanición
   b. Responsable de la supervisión de la ingestión de alimentos
   c. Provoca una excesiva ingestión de alimentos
3. El _____ _____ _____ es el nivel específico de peso que el cuerpo se esfuerza por conservar.
4. El _____ es la tasa a la que el cuerpo produce y gasta energía.
5. La _____ es un trastorno de la alimentación caracterizado por súbitas ingestas excesivas de alimentos, para después purgar al organismo induciendo el vómito. Una persona que padezca de _____ _____ se rehúsa a comer y niega que su comportamiento y apariencia sean extraños.
6. Las fantasías sexuales de los hombres y las mujeres en esencia son similares entre sí. ¿Cierto o falso?
7. El trabajo realizado por _____ en la década de 1930 fue el primer estudio sistemático del comportamiento sexual que se haya realizado.
8. A pesar de que el porcentaje de masturbación entre los adultos jóvenes es alto, una vez que hombres y mujeres establecen relaciones íntimas con otros suelen dejar de practicarla. ¿Cierto o falso?
9. Las investigaciones que comparan a los homosexuales y a los heterosexuales demuestran con claridad que no hay ninguna diferencia en el nivel de adaptación o funcionamiento psicológico de ambos grupos. ¿Cierto o falso?
10. Joaquín es el tipo de persona que siempre trata de alcanzar la excelencia. Siente una enorme satisfacción cuando domina una nueva tarea. Es muy probable que Joaquín tenga una gran necesidad de _____.

Pregúntese a sí mismo

¿Rasgos tales como la necesidad de logro, de poder y de afiliación pueden utilizarse para seleccionar trabajadores para un empleo? ¿Qué otro tipo de criterios, tanto motivacionales como personales, se deberían tomar en cuenta para llegar a una decisión con respecto a la selección?

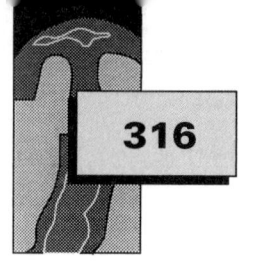
- *¿Qué son las emociones y cómo las experimentamos?*
- *¿Cuáles son las funciones de las emociones?*

COMPRENSIÓN DE LAS EXPERIENCIAS EMOTIVAS

Carlos Soto tenía en sus manos el sobre que había estado esperando. Podría ser su boleto hacia el futuro: un aviso de admisión para la universidad de su elección. Pero, ¿qué diría la carta? Sabía que podía favorecerlo o no; sus calificaciones eran buenas y había participado en algunas actividades extracurriculares; pero su calificación en el examen SAT había sido, para decirlo francamente, muy mala. Se sintió tan nervioso que le temblaban las manos mientras trataba de abrir el sobre (se le ocurrió que eso no era una buena señal). Ahí estaba: "Estimado señor Soto", comenzaba la carta. "El presidente y los directores de la universidad se congratulan de admitirlo…" Eso era todo lo que necesitaba ver. Con un grito de emoción, Carlos comenzó a saltar de alegría. Una gran emoción se apoderó de él conforme se percataba de que lo habían aceptado. Ya estaba en camino.

En uno u otro momento, todos hemos experimentado sentimientos intensos que acompañan tanto a las experiencias muy agradables como a las muy desagradables. Tal vez fuera la emoción de conseguir un empleo anhelado, el gozo de estar enamorado, la pena por la muerte de alguien, o la angustia por haber lastimado a alguna persona sin proponérnoslo. Además, experimentamos ese tipo de reacciones a un nivel menos intenso a lo largo de nuestras vidas cotidianas: el placer que brinda la amistad, la diversión que nos reporta una película o la vergüenza por romper un objeto que nos prestaron.

A pesar de la naturaleza variada de estos sentimientos, todos representan emociones. Aunque todos tienen una idea de lo que es una emoción, definir el concepto de manera formal ha demostrado ser una tarea elusiva. Usaremos una definición general: las **emociones** son sentimientos que suelen tener elementos fisiológicos y cognitivos y que influyen en el comportamiento.

Piense, por ejemplo, cómo es sentirse feliz. En primer lugar, evidentemente experimentamos un sentimiento que puede diferenciarse de otras emociones. Es posible lograr también identificar algunos cambios físicos en nuestro cuerpo: tal vez aumente nuestro ritmo cardiaco o —como en el ejemplo anterior— nos encontremos "brincando de alegría". Por último, es probable que la emoción abarque elementos cognitivos; nuestra comprensión y evaluación del significado de lo que ocurre origina su sentimiento de felicidad.

Sin embargo, también es posible experimentar una emoción en ausencia de elementos cognitivos. Por ejemplo, podemos reaccionar con miedo ante una situación poco común o nueva (como entrar en contacto con un individuo errático e impredecible), o podemos sentir placer ante la excitación sexual sin tener conciencia cognitiva ni entender qué elementos de la situación nos excitan.

Algunos psicólogos afirman que sistemas separados por completo gobiernan las respuestas cognitivas y las emocionales. Una controversia actual trata de elucidar si la respuesta emocional tiene predominio sobre la cognitiva, o viceversa. Algunos teóricos sugieren que en un principio respondemos a una situación mediante una respuesta emocional, y que después tratamos de comprenderla (Zajonc, 1985). Por ejemplo, podemos disfrutar de una compleja sinfonía moderna sin comprenderla o sin saber por qué nos gusta.

En contraste, otros teóricos sostienen que, al principio, las personas desarrollan cogniciones acerca de una situación y después reaccionan emocionalmente. Esta escuela de pensamiento afirma que primero es necesario pensar acerca de un estímulo o situación y comprenderlo, relacionándolo con lo que sabemos, antes de poder reaccionar de manera emocional (Lazarus, 1984, 1991a, 1991b).

Ambas partes de este debate pueden citar investigaciones que apoyan sus puntos de vista, por lo que la disputa está lejos de resolverse (Scheff, 1985; Frijda, 1988). Es posible que la secuencia varíe de una situación a otra, y que las emociones predominen en algunos casos al tiempo que los procesos cognitivos ocurran antes en otras situaciones.

Emociones: sentimientos (tales como la felicidad, la desesperación y la tristeza) que suelen tener tanto elementos fisiológicos como cognitivos y que influyen sobre el comportamiento

Funciones de las emociones

Imagine cómo serían las cosas si no tuviéramos emociones —sin momentos de desesperación, ni depresiones, ni remordimientos, pero tampoco momentos de felicidad, de gozo o de amor—. Es evidente que la vida podría ser mucho menos satisfactoria, y hasta aburrida, si careciéramos de la capacidad de sentir y expresar emociones.

Pero, ¿sirven para algo las emociones más allá de hacer que la vida sea interesante? Los psicólogos han detectado diversas funciones de importancia que cumplen las emociones en nuestras vidas cotidianas (Scherer, 1984). Entre las más importantes se encuentran las siguientes:

■ *Prepararnos para la acción.* Las emociones actúan como nexo entre los sucesos del ambiente externo y las respuestas que presenta un individuo. Por ejemplo, si viéramos a un perro furioso que corre hacia nosotros, nuestra reacción emocional (el miedo) estaría asociada con una excitación fisiológica del sistema simpático correspondiente al sistema nervioso autónomo (véase el capítulo 2). El papel desempeñado por el sistema simpático es el de prepararnos para una acción de emergencia, la cual seguramente nos haría tratar de esquivar con rapidez al perro. Por lo tanto, las emociones son estímulos que ayudan a producir respuestas efectivas ante diversas situaciones.

■ *Dar forma a nuestro comportamiento futuro.* Las emociones sirven para promover el aprendizaje de información que nos ayudará a elaborar respuestas adecuadas en el futuro. Por ejemplo, la respuesta emocional que se produce cuando una persona experimenta algo desagradable —como puede ser la amenaza de ataque de un perro— le enseña a evitar circunstancias similares en el futuro. De igual forma, las emociones placenteras actúan como reforzamiento para los comportamientos previos, y por ello son capaces de conducir a un individuo a buscar situaciones parecidas en el futuro. Así, el sentimiento de satisfacción que sigue a los actos caritativos probablemente reforzará este tipo de comportamiento y facilitará su ocurrencia en el futuro.

■ *Ayuda a regular nuestra interacción social.* Tal como habremos de analizar con detalle más adelante, las emociones que experimentamos son evidentes para los observadores, pues se comunican mediante nuestros comportamientos verbal y no verbal. Éstos pueden funcionar como una señal para los observadores, permitiéndoles comprender de manera más adecuada lo que estamos experimentando y predecir así nuestro comportamiento futuro. Al mismo tiempo, promueve una interacción social más eficaz y adecuada. Por ejemplo, una madre que ve el terror reflejado en el rostro de su niño de dos años cuando éste ve una ilustración aterradora en un libro es capaz de calmarlo y consolarlo, con lo cual lo apoya para relacionarse con más efectividad con su entorno en el futuro.

Determinación del rango de las emociones: etiquetación de nuestros sentimientos

Si intentáramos escribir una lista de las palabras que se han usado para describir las emociones, terminaríamos con al menos 500 ejemplos diferentes (Averill, 1975). La lista abarcaría desde emociones tan obvias como "felicidad" y "miedo" hasta las menos comunes como "espíritu de aventura" y "meditatividad".

Un reto para los psicólogos ha sido tratar de clasificar esta lista para identificar las emociones más importantes y fundamentales en nuestras vidas cotidianas, así como para tratar de determinar cómo se relacionan nuestras emociones entre sí (Russell, 1991).

RESPUESTAS A LA REVISIÓN ANTERIOR

1. Cierto **2.** 1-b; 2-a; 3-c **3.** peso ideal interno **4.** metabolismo **5.** bulimia; anorexia nervosa
6. Cierto **7.** Kinsey **8.** Falso; incluso las personas casadas incurren en forma continua
en la práctica de la masturbación **9.** Cierto **10.** logro

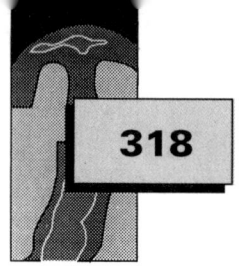

Uno de los esfuerzos más completos ha sido realizado por Robert Plutchik (1984), quien pidió a las personas que calificaran cada una de las emociones de una larga serie de 34 escalas de estimación diferentes. Luego, combinando matemáticamente las estimaciones, pudo determinar las relaciones entre las diversas emociones, al igual que definir cuáles emociones eran más fundamentales.

Los resultados fueron claros: surgieron ocho emociones fundamentales diferentes (alegría, aceptación, temor, sorpresa, tristeza, disgusto, enojo y anticipación) y formaron el patrón interno del círculo que se muestra en la figura 9.3. Además, estas emociones primarias podían consolidarse en las combinaciones de dos emociones que se muestran en la parte externa del círculo. Las emociones cercanas entre sí en el círculo se relacionan en forma más estrecha, mientras que las que se oponen entre sí son opuestos conceptuales. Por ejemplo, la tristeza es lo opuesto a la alegría, y la anticipación es lo opuesto a la sorpresa.

Aunque la configuración de Plutchik de las emociones básicas es razonable, no es la única plausible. Otros psicólogos han obtenido listas un poco diferentes, dependiendo de la naturaleza de las preguntas que se planteen al igual que de la cultura específica en la que se realizaron sus investigaciones. Por ejemplo, los alemanes reportan experimentar *schadenfreude,* un sentimiento de placer por las dificultades de otras personas, mientras los japoneses experimentan *hagaii,* un estado de ánimo de pesar vulnerable con un tinte de frustración. En Tahití, las personas experimentan *musu,* un sentimiento de desgana a ceder a las demandas irrazonables de los padres.

Encontrar *schadenfreude, hagaii* y *musu* en una cultura particular no significa que los habitantes de otras culturas sean incapaces de experimentar tales emociones. No obstante, sugiere que la existencia de una categoría lingüística para describir una emoción particular puede facilitar discutir, contemplar y quizá experimentar las emociones con mayor facilidad (Russell, 1991; Mesquita y Frijda, 1992).

Los miembros de culturas diferentes también experimentan las emociones con distintos grados de intensidad. Por ejemplo, los estudiantes en Estados Unidos reportan que sus emociones duran más tiempo y son más intensas que las de sus contrapartes japoneses. Además, los estudiantes estadounidenses dicen que reaccionan en forma más positiva a la experiencia de la emoción que los japoneses (Matsumoto, Kudoh, Schjerer y Wallbot, 1988; Lee, Matsumoto, Kobayashi, Krupp, Maniatis y Roberts, 1992; Bond, 1993).

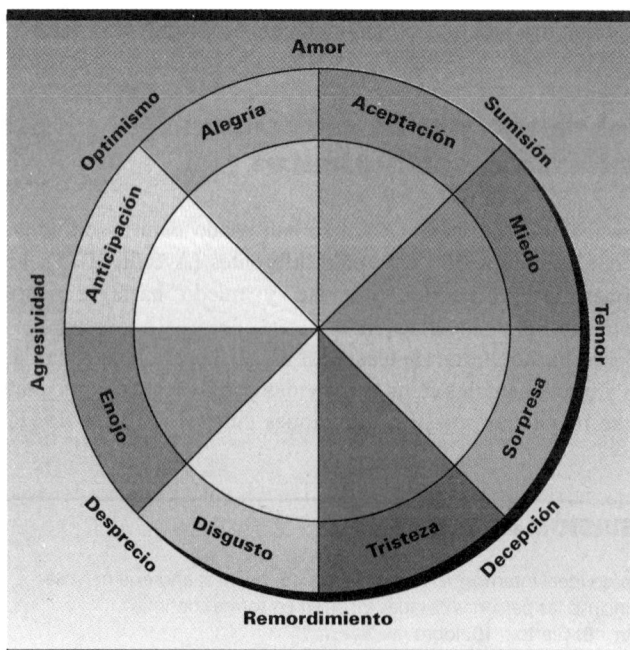

FIGURA 9.3   El círculo de la emoción de Plutchik demuestra cómo las ocho emociones primarias se relacionan entre sí. (*Plutchik, 1980.*) (Véase Sección a color, pág. F.)

Debido a las dificultades para identificar *el* conjunto único de emociones primarias, algunos teóricos rechazan por completo la idea de que exista un grupo pequeño de emociones básicas. En su lugar, sugieren que las emociones se comprenden mejor dividiéndolas en sus partes constitutivas (Ortony y Turner, 1990).

Aun así, aunque ha resultado desafiante para los psicólogos producir una lista universal definitiva de las emociones primarias, cada uno de nosotros tenemos pocas dificultades para identificar lo que estamos experimentando en cualquier momento determinado. El proceso por el que llegamos a esta comprensión forma la base de diversas teorías de la emoción, que se expondrán a continuación.

DESCIFRAMIENTO DE NUESTRAS EMOCIONES

Nunca antes he estado tan enojado; siento que me revienta el corazón y tiembla todo mi cuerpo... no sé cómo haré para llevar adelante la representación. Siento mariposas en el estómago... ¡Vaya un error el mío! Mi rostro debe estar completamente sonrojado... Cuando escuché los pasos en la noche sentí tanto miedo que no pude ni respirar.

Si analiza nuestro lenguaje, descubrirá que existen decenas de maneras de describir cómo nos sentimos cuando experimentamos alguna emoción, y que el lenguaje que empleamos para ilustrar las emociones se basa, en su mayor parte, en los síntomas físicos relacionados con una experiencia emocional específica (Koveces, 1987).

Piense, por ejemplo, en la sensación de miedo. Suponga que es ya tarde en la noche de año nuevo. Usted camina por un callejón oscuro y escucha que se le aproxima por detrás un desconocido. Es obvio que esa persona no está tratando de rebasarlo, sino que camina directamente en dirección suya. Usted piensa en lo que haría si el extraño intenta asaltarlo, o peor aún, lastimarlo de algún modo.

Al tiempo que estos pensamientos discurren en su mente, es casi seguro que algo drástico le ocurre a su cuerpo. De entre las reacciones fisiológicas que se pueden experimentar con mayor probabilidad, las cuales se relacionan con la activación del sistema nervioso autónomo (véase el capítulo 2), se destacan las que a continuación se señalan:

■ Aumentan el ritmo respiratorio y la cantidad de aire captado en cada inhalación.
■ Incrementa el ritmo cardiaco y el corazón bombea más sangre a través del sistema circulatorio.
■ Las pupilas de los ojos se dilatan, lo cual permite que penetre más luz y que aumente la sensibilidad visual.
■ La boca se seca a medida que las glándulas salivales, y todo el sistema digestivo, dejan de funcionar. No obstante, al mismo tiempo puede aumentar la actividad de las glándulas sudoríparas, puesto que un aumento del sudor ayuda a liberarse del exceso de calor producido por cualquier actividad de emergencia en la que se involucre.
■ Al tiempo que los músculos ubicados inmediatamente bajo la epidermis se contraen, los vellos de la piel se erizan.

Claro que todos estos cambios fisiológicos suelen producirse sin que usted tome conciencia de ello. Sin embargo, al mismo tiempo la experiencia emocional que los acompaña le será evidente: es muy probable que se percate de que siente miedo.

Aunque es una cuestión relativamente simple describir las reacciones físicas generales que acompañan a las emociones, el papel específico que desempeñan estas respuestas fisiológicas en la experiencia de las emociones ha demostrado ser un gran acertijo para los psicólogos. Como veremos, algunos teóricos sugieren que existen reacciones corporales específicas que *provocan* que experimentemos una emoción determinada; por ejemplo, sentimos miedo *porque* nuestro corazón late con rapidez y respiramos profundamente. En contraste, otros teóricos sugieren que la reacción fisiológica es el *resultado* de experimentar una emoción. Desde esta perspectiva, el miedo que sentimos provoca que nuestro corazón lata con rapidez y que nuestra respiración se acelere.

La teoría de James-Lange: ¿las reacciones viscerales equivalen a las emociones?

Para William James y Carl Lange, quienes se cuentan entre los primeros investigadores que exploraron la naturaleza de las emociones, la experiencia emocional es, muy sencillamente, una reacción ante sucesos corporales instintivos que se producen como respuesta a alguna situación o suceso ocurrido en el entorno. Esta concepción está resumida en la aseveración de James: "...sentimos tristeza porque lloramos, enojo porque golpeamos, miedo porque temblamos" (James, 1890).

James y Lange sostuvieron que la respuesta instintiva de llorar ante una pérdida nos produce el sentimiento de tristeza; que golpear a alguien que nos molesta nos lleva a sentir enojo; que temblar ante algo amenazador nos provoca el miedo. Sugirieron que para cada emoción importante existe una reacción fisiológica de los órganos internos que la acompaña, a la que se denomina *experiencia visceral*. Es este patrón específico de respuesta visceral lo que nos lleva a etiquetar la experiencia emocional.

En resumen, James y Lange propusieron que experimentamos emociones como resultado de los cambios fisiológicos producidos por ciertas sensaciones. Éstas, a su vez, son interpretadas por el cerebro como tipos específicos de experiencias emotivas (véase la figura 9.4). Esta perspectiva se conoce con el nombre de **teoría de la emoción de James-Lange** (Izard, 1990; Laird y Bresler, 1990).

No obstante, la teoría de James-Lange tiene diversas desventajas. Para que sea válida, los cambios viscerales tendrían que producirse a un ritmo veloz, puesto que experimentamos las emociones —como el miedo al escuchar que un desconocido se aproxima con rapidez en una noche oscura— casi al instante. Sin embargo, las experiencias emocionales con frecuencia se producen incluso antes de que los cambios fisiológicos hayan tenido tiempo de iniciar su proceso. Debido a la lentitud con que se producen ciertos cambios viscerales, es difícil aceptar que sean la fuente inmediata de la experiencia emocional.

La teoría de James-Lange plantea otra dificultad: la excitación fisiológica no siempre produce una experiencia emocional. Por ejemplo, cuando una persona corre se produce un aumento de sus ritmos cardiaco y respiratorio, así como diversos cambios fisiológicos relacionados con determinadas emociones. Sin embargo, quienes corren no

Teoría de la emoción de James-Lange: creencia de que la experiencia emocional es una reacción ante sucesos corporales que se producen como resultado de una situación externa ("me siento triste porque estoy llorando")

FIGURA 9.4 Comparación de los tres modelos de la emoción.

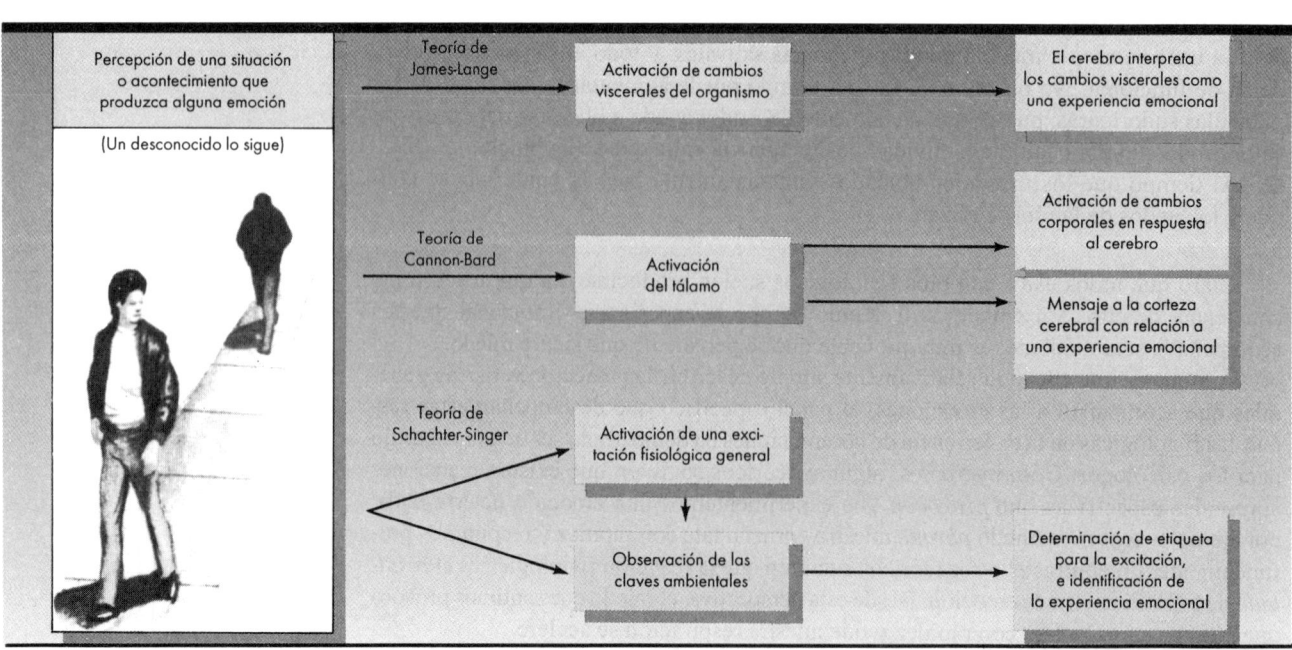

suelen pensar acerca de esos cambios en términos de emociones. Por lo tanto, no puede haber una correspondencia de uno a uno entre los cambios viscerales y la experiencia emocional. Éstos, por sí mismos, pueden no ser suficientes para generar emociones.

Por último, nuestros órganos internos generan una gama relativamente limitada de sensaciones. Aunque algunos tipos de cambios fisiológicos se asocian con experiencias emocionales específicas (Levenson y cols., 1992; Levenson, 1992), es difícil imaginarse cómo toda la gama de emociones que las personas pueden experimentar puedan ser resultado de cambios viscerales específicos. En realidad, muchas emociones están asociadas con formas relativamente similares de cambios viscerales, hecho que contradice la teoría de James-Lange.

La teoría de Cannon-Bard: reacciones fisiológicas como resultado de las emociones

En respuesta a las dificultades intrínsecas de la teoría de James-Lange, Walter Cannon, y posteriormente Philip Bard, plantearon una perspectiva alterna. En ella, conocida como **teoría de la emoción de Cannon-Bard**, propusieron el modelo ilustrado en la parte media de la figura 9.4 (Cannon, 1929). El principal postulado de la teoría es rechazar la idea de que la sola excitación fisiológica provoca la percepción de emociones. En lugar de ello, la teoría supone que *tanto* la excitación fisiológica *como* la experiencia emocional son producidas de manera simultánea por el mismo impulso nervioso, el cual, suponen Cannon y Bard, procede del tálamo del cerebro.

Según esta teoría, después de que se percibe un estímulo que induce una de emoción, el tálamo comienza a elaborar la respuesta emocional. A su vez, envía una señal al sistema nervioso autónomo, produciendo por consiguiente una respuesta visceral. Al mismo tiempo, comunica un mensaje a la corteza cerebral con relación a la naturaleza de la emoción que se experimenta. Desde esta perspectiva, no es preciso que distintas emociones tengan patrones fisiológicos específicos relacionados con ellas —siempre y cuando el mensaje enviado a la corteza cerebral difiera de acuerdo con la emoción específica—.

La teoría de Cannon-Bard parece estar en lo correcto al rechazar la idea de que la excitación fisiológica por sí misma puede explicar las emociones. Sin embargo, investigaciones recientes han conducido a modificaciones importantes de la teoría. Como podrá recordar con base en lo estudiado en el capítulo 2, ahora se sabe que el hipotálamo y el sistema límbico, y no el tálamo, desempeñan un papel importante en la experiencia emocional. Además, la simultaneidad de las respuestas fisiológica y emocional, lo cual es un supuesto fundamental de la teoría, todavía tiene que demostrarse en forma concluyente (Pribram, 1984). Esta ambigüedad ha permitido que se elabore otra teoría acerca de las emociones: la de Schachter-Singer.

Teoría de la emoción de Cannon-Bard: creencia que sostiene que tanto la excitación fisiológica como la emocional son provocadas simultáneamente por el mismo impulso nervioso

La teoría de Schachter-Singer: las emociones como etiquetas

Suponga, como en nuestro ejemplo anterior, que está caminando por una calle oscura, temeroso del extraño que parece estarlo siguiendo. Además, suponga que nota a una mujer al otro lado de la calle que también parece ser seguida; sin embargo, ella en lugar de reaccionar con miedo, empieza a reír y a comportarse alegremente. ¿Serían suficientes las reacciones de esta mujer para eliminar el miedo que siente usted? ¿Podría decidir que no hay nada que temer y contagiarse del espíritu de la noche y sentirse alegre?

Según una explicación que se centra en el papel desempeñado por la cognición, la **teoría de la emoción de Schachter-Singer**, esto bien podría ocurrir. Este último enfoque para explicar las emociones hace hincapié en que nosotros identificamos la emoción que experimentamos mediante la observación de nuestro entorno y la comparación de nosotros mismos con los demás (Schachter y Singer, 1962).

Teoría de la emoción de Schachter-Singer: argumentación que afirma que las emociones están determinadas conjuntamente por cualquier clase de excitación fisiológica y su interpretación, con base en claves ambientales

Éste es el puente colgante elevado que se usó para incrementar la excitación fisiológica de los sujetos varones.

Un experimento clásico aportó la evidencia que confirma esta hipótesis. En dicho estudio, se comunicó a los sujetos que recibirían una inyección de una vitamina denominada suproxina. En realidad, se les dio epinefrina, un fármaco que produce un aumento de la excitación fisiológica, incluyendo ritmos cardiaco y respiratorio acelerados y un enrojecimiento del rostro, respuestas que se suelen manifestar durante las reacciones emocionales intensas. A un grupo de individuos se le informó acerca de los efectos del fármaco, pero a otro no se le dijo nada.

Después, cada integrante de ambos grupos fue colocado en una situación en la que un confederado del experimentador actuaba de una de dos maneras posibles. En una situación, se comportaba hostilmente y enfadado, rehusándose a contestar las preguntas personales del cuestionario que el experimentador le había pedido responder. En otra situación, su comportamiento era totalmente opuesto. Se comportaba de manera eufórica, lanzaba avioncitos y bolas de papel y actuaba como si estuviera sumamente contento.

El principal objetivo del experimento era determinar cómo reaccionarían en cuanto emociones los sujetos experimentales ante el comportamiento del confederado. Cuando se les pidió describir su propio estado emocional al final del experimento, los sujetos a los que se informó acerca de los efectos de la droga no resultaron muy afectados por el comportamiento del confederado. Pensaban que su excitación fisiológica obedecía a la sustancia que ingirieron y, por lo tanto, no necesitaban encontrar una explicación para la misma. Así, informaron haber experimentado relativamente poca emoción.

Por otra parte, los sujetos a los que no se había informado sobre los efectos del fármaco sí fueron influidos por el comportamiento del confederado. Los sujetos que tuvieron contacto con el sujeto irritado informaron sentirse también enojados; los que estuvieron con el sujeto eufórico informaron haberse sentido alegres. En resumen, los resultados sugieren que los sujetos que no contaban con información acudieron al entorno y al comportamiento de los demás para encontrar una explicación de la excitación fisiológica que experimentaban.

Por lo tanto, los resultados del experimento de Schachter-Singer apoyan la perspectiva cognitiva de las emociones, en la cual éstas se encuentran determinadas conjuntamente por un tipo de excitación fisiológica relativamente inespecífico *y* por la etiquetación de la excitación con base en claves obtenidas del entorno (véase la parte inferior de la figura 9.4).

La teoría de la emoción de Schachter-Singer ha generado experimentos psicológicos muy interesantes en diversas áreas de la disciplina. Por ejemplo, los psicólogos que estudian los factores que determinan la atracción interpersonal han realizado varias aplicaciones de esta teoría. En un experimento muy imaginativo, una atractiva mujer universitaria se paró al borde de un puente colgante de 160 metros de largo que cruza sobre un cañón profundo. La mujer realizaba a todas luces una encuesta, y formulaba a los hombres que atravesaban el puente una serie de preguntas. Después les daba su número telefónico, diciéndoles que si les interesaba conocer los resultados del experimento podían llamarle la semana siguiente.

En otra condición, una mujer atractiva les pedía a los hombres que acababan de cruzar un puente firme a tres metros de altura sobre un arroyuelo que completaran el mismo cuestionario. Los resultados mostraron diferencias significativas en la naturaleza de las respuestas de los hombres, dependiendo del puente que habían cruzado. Por ejemplo, aquellos que cruzaron el puente peligroso exhibieron significativamente más imaginería sexual en sus respuestas a la encuesta que aquellos correspondientes al puente menos peligroso. Además, quienes atravesaron el tramo peligroso presentaban mayor tendencia a llamar a la muchacha a la semana siguiente, lo cual sugiere que era mayor la atracción que sentían por ella. Los hombres cuya excitación se vio incrementada por su travesía sobre el puente peligroso parecen haber tratado de explicarse la razón de su excitación fisiológica, para terminar atribuyéndosela a la presencia de la mujer atractiva (Dutton y Aron, 1974). Por lo tanto, de modo consistente con la teoría de Schachter-Singer, la respuesta emocional de los hombres se basó en una etiquetación de su excitación.

Desafortunadamente, las evidencias que se han reunido para confirmar la teoría de Schachter-Singer no siempre han sido positivas (Reisenzein, 1983; Leventhal y Tomarken, 1986). Algunas investigaciones sugieren que la excitación fisiológica no siempre es esencial para que ocurra la experiencia emocional y que los factores fisiológicos *por sí mismos* pueden dar cuenta del estado emocional en otras circunstancias (Marshall y Zimbardo, 1979; Chwalisz, Diener y Gallagher, 1988). Además, investigaciones recientes sugieren que la excitación fisiológica que acompaña a ciertas emociones de hecho puede ser específica para esa emoción (Levinson, 1996).

Aun así, la teoría de la emoción de Schachter-Singer representa un hito significativo en el estudio de las emociones. La teoría preparó el camino para investigaciones recientes que se han centrado en el papel de la valoración y la excitación fisiológica inexplicable. Por ejemplo, algunos trabajos sugieren que las emociones son producidas principalmente cuando evaluamos una situación como significativa para nuestro bienestar personal (Mauro, Sato y Tucker, 1992; Sinclair, Hoffman, Mark, Martin y Pickening, 1994).

En resumen, la teoría de Schachter-Singer es importante puesto que sostiene que, al menos bajo determinadas circunstancias, las experiencias emocionales son una función conjunta de la excitación fisiológica y de la etiquetación de ésta. Cuando la fuente de excitación no es clara, podemos acudir al entorno para determinar qué es lo que estamos experimentando.

Resumen de las teorías sobre la emoción

A estas alturas, usted tiene buenas razones para preguntar por qué hay tantas teorías de la emoción y, lo que tal vez tenga mayor importancia, cuál de ellas proporciona la explicación más completa. En realidad, apenas hemos arañado la superficie. Casi hay tantas teorías que explican las emociones como emociones individuales (por ejemplo, Izard, 1990; Lazarus, 1991b; Oatley, 1992; Ekman y Davidson, 1994; Lazarus y Lazarus, 1994; Omdahl, 1995).

¿Por qué hay tantas teorías de las emociones? La respuesta es que estas últimas son fenómenos tan complejos que ninguna teoría ha sido capaz de explicar todas las facetas de la experiencia emocional de modo por completo satisfactorio. Para cada una de las tres teorías principales hay evidencias contradictorias de algún tipo y, por ello, ninguna ha demostrado ser acertada por completo en sus predicciones.

Por otra parte, esta abundancia de enfoques teóricos de las emociones no es razón para desesperarse —o para tener tristeza, miedo o cualquiera otra emoción negativa—. Tan sólo refleja el hecho de que la psicología es una ciencia en evolución que se desarrolla. Es de esperar que, cuando se hayan reunido más evidencias, las respuestas específicas a las preguntas relativas a la naturaleza de las emociones serán más precisas. Además, aun cuando nuestra comprensión de las emociones continúa en aumento, hay esfuerzos en curso para aplicar nuestro conocimiento de las emociones a algunos problemas prácticos (véase el recuadro *La psicología en acción* en la página 324).

RECAPITULACIÓN Y REVISIÓN

Recapitulación

- Las emociones son sentimientos que suelen tener un componente fisiológico y uno cognitivo.
- Las emociones cumplen diversas funciones, entre las cuales se cuentan la preparación para la acción, el moldeamiento para el comportamiento futuro y la regulación de la interacción social.
- Diversos cambios fisiológicos acompañan a las emociones intensas: aceleración de los ritmos respiratorio y cardiaco, dilatación de las pupilas, resequedad de la boca, aumento de la sudoración y la sensación de tener "los pelos de punta".

- Las principales teorías de la emoción son las de James-Lange, Cannon-Bard y Schachter-Singer.
- Los polígrafos, o detectores de mentiras, diseñados para identificar a las personas que están mintiendo con base en sus reacciones fisiológicas no son confiables.

Revisión

1. Las emociones se acompañan siempre por una respuesta cognitiva. ¿Cierto o falso?

LA PSICOLOGÍA EN ACCIÓN

La verdad sobre las mentiras: uso de las respuestas emocionales para discriminar a los deshonestos de los honestos

A Aldrich Ames, un empleado de la Agencia Central de Inteligencia de Estados Unidos, se le practicó una prueba de rutina con el detector de mentiras dos veces durante la última década. En ambas ocasiones aprobó. Pero al mismo tiempo que su honestidad era confirmada por el detector de mentiras, era acusado de espionaje de alto nivel para los rusos.

El caso de Ames provocó poca sorpresa entre los investigadores que estudian la validez de los resultados de las pruebas con el detector de mentiras. De manera repetida se ha demostrado que estos artefactos no son indicadores confiables de cuándo está mintiendo una persona.

Un detector de mentiras, o polígrafo, es un dispositivo electrónico diseñado para exponer a las personas que están mintiendo. La suposición básica subyacente al aparato es sencilla: el sistema nervioso autónomo de las personas que no están siendo veraces se excita conforme se incrementa su emotividad. Los polígrafos están diseñados para detectar los cambios fisiológicos que indican dicha excitación.

En realidad, un detector de mentiras registra al mismo tiempo varias funciones fisiológicas separadas, incluyendo cambios en los patrones de respiración, el ritmo cardiaco, la presión arterial y la sudoración. En teoría, los operadores del polígrafo hacen una serie de preguntas, algunas de las cuales saben que producirán respuestas veraces verificables. Por ejemplo, pueden pedir a la persona que proporcione su nombre y dirección. Luego, cuando se están respondiendo preguntas más críticas, los operadores pueden observar la naturaleza de los cambios fisiológicos que ocurren. Las contestaciones cuyas manifestaciones fisiológicas acompañantes se desvían de manera significativa de aquellas que resultan de las respuestas veraces, supuestamente son falsas (Patrick y Iacono, 1991).

Al menos ésta es la teoría. La realidad es un poco diferente: no hay una técnica infalible para evaluar el grado de los cambios fisiológicos que pueden indicar una mentira. Incluso las respuestas veraces pueden producir excitación fisiológica si la pregunta está cargada emocionalmente (Waid y Orne, 1982). ¿Cuántas personas inocentes acusadas de un asesinato, por ejemplo, no responderían emocionalmente cuando se les preguntara si cometieron el crimen, en vista de saber que su futuro puede pender de un hilo?

Un inconveniente más de las pruebas con el detector de mentiras es que las personas son capaces de engañar al polígrafo (Barland y Raskin, 1975; Honts, Raskin y Kircher, 1987). Por ejemplo, pueden emplearse técnicas de retroalimentación biológica (véase el capítulo 2) con el fin de producir respuestas emocionales para acompañar incluso a las respuestas veraces, lo que significa que el operador del polígrafo será incapaz de diferenciar entre las respuestas honestas y las deshonestas. Incluso morderse la lengua u ocultar una tachuela en un zapato y presionarla al responder cada pregunta puede ser suficiente para producir una excitación fisiológica durante cada respuesta, haciendo indistinguible las respuestas veraces de las engañosas (Honts, Hodes y Raskin, 1985).

Debido a estas fuentes de error, los operadores de los detectores de mentiras a menudo cometen errores cuando tratan de juzgar la honestidad de otra persona (Saxe, Dougherty y Cross, 1985; Iacono, 1991; Saxe, 1994). La Asociación Psicológica Estadounidense ha adoptado la resolución de declarar que la evidencia para la efectividad de los polígrafos "todavía es insatisfactoria" (APA, 1986). Incluso el principal defen-

sor del uso del polígrafo –la Asociación Estadounidense del Polígrafo— admite un índice de error entre el 4 y el 13%, y los críticos sugieren que la investigación ha proporcionado un índice real cercano al 30% (Meyer y Macciocchi, 1989). Usando tal evidencia, la ley federal de Estados Unidos prohíbe a los patrones usar polígrafos como dispositivos de examinación para la mayor parte de los trabajos (Bales, 1988).

Por otra parte, alguna evidencia reciente sugiere la posibilidad de la existencia de una fuente de información fisiológica que puede, de hecho, incrementar el índice de precisión: los potenciales cerebrales relacionados con el evento. Éstos reflejan pequeños cambios en el voltaje eléctrico que pueden ser medidos en el cuero cabelludo de una persona. Algunos investigadores encontraron que los cambios en los potenciales relativos al evento ocurren cuando una persona está mintiendo (Farwell y Donchin, 1991). Hasta ahora, estos resultados sólo se han obtenido en situaciones de laboratorio y todavía está abierto a debate si serán útiles en escenarios de la vida real (Bashore y Rapp, 1993).

En resumen, hay buenas razones para dudar de que las pruebas tradicionales con el polígrafo puedan determinar con precisión si alguien está mintiendo. Debido al escepticismo respecto a la validez de los detectores de mentiras, muchos patrones han recurrido en su lugar a las "pruebas de integridad" escritas (Sackett, 1994). Dichas pruebas, diseñadas para separar a los empleados potencialmente honestos de los deshonestos, han sido adoptadas en forma amplia en la industria. Sin embargo, su validez todavía no ha sido establecida. Por ahora, entonces, puede estar tranquilo de que cualquier secreto que pueda tener permanecerá oculto: nadie ha identificado todavía una forma infalible para distinguir a las personas que están diciendo la verdad de las que están mintiendo (Saxe, 1994).

2. La teoría de las emociones de _____ sostiene que éstas son respuestas a procesos instintivos del organismo.

3. Toda emoción se ve acompañada por un conjunto específico de reacciones fisiológicas, lo cual prueba la veracidad de la teoría de James-Lange. ¿Cierto o falso?

4. Según la teoría de la emoción de _____, tanto una respuesta emocional como una excitación fisiológica se producen de manera simultánea por obra de impulsos nerviosos.

5. Un amigo psicólogo le dice: "Anoche estuve en una fiesta. En el transcurso de la velada aumentó mi nivel general de excitación. Supongo que, dado que en la fiesta la gente se divertía, asumí que yo también me sentía feliz." ¿De qué teoría de la emoción es partidario su amigo?

6. El _____, o "detector de mentiras", es un instrumento usado para medir las respuestas fisiológicas asociadas con las respuestas a preguntas.

Pregúntese a sí mismo

Teniendo en cuenta lo que sabe acerca de las respuestas fisiológicas que se asocian a las emociones, ¿cree usted que se deberían emplear los polígrafos en los procesos penales con el fin de determinar la culpabilidad o la inocencia de un individuo? ¿Se les debería emplear en las empresas para confirmar la veracidad de las declaraciones de los empleados en temas tales como el consumo de drogas, o como forma de decidir a quién contratar y a quién despedir?

(Las respuestas a las preguntas de la revisión aparecen en la página 327.)

• *¿Qué es el estrés, cómo nos afecta y en qué manera podemos afrontarlo mejor?*

ESTRÉS Y AFRONTAMIENTO

Son las 10:26 a.m. y Cathy Collins, de Teaneck, Nueva Jersey, esposa, madre de familia y asistente administrativa de un hospital metropolitano, hace cinco horas que se levantó, preparó el desayuno para sus hijos y tomó dos autobuses para llegar a su pequeña oficina sin ventanas.

Está de pie y con un teléfono colocado sobre su hombro, lidiando con un paciente sentado frente a su escritorio que espera para hacerle preguntas; una secretaria que le pide datos sobre otro paciente; dos llamadas en espera y un conmutador que zumba. En su escritorio hay varios formularios que deben llenarse, lo cual intenta hacer entre llamada y llamada; un altero de papeles de ocho centímetros de alto en su gaveta de "pendientes", y un jefe que acaba de salir de su oficina y que le pidió unas copias.

En este momento, un aparato colocado en la cintura y el brazo de Cathy cuya función es medir su presión arterial y su ritmo cardiaco señala que cada uno está entre un 25 y un 15%, respectivamente, por encima de mediciones previas. Sin embargo, éstos no fueron los mayores incrementos en las funciones vitales de Cathy a lo largo de ese día de trabajo. (Tierney, 1988)

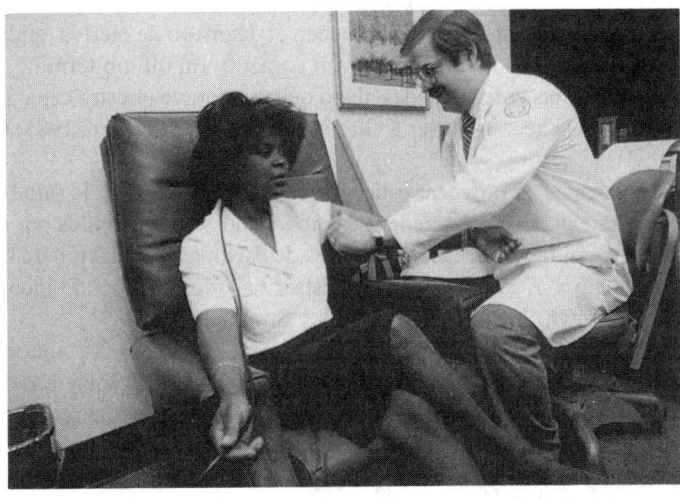

Cathy Collins, un sujeto voluntario en un estudio del estrés en el lugar de trabajo, es equipada con el aparato que mide sus niveles de estrés.

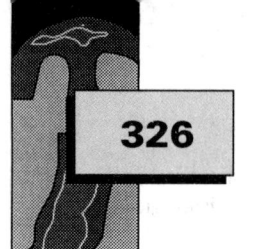

Debido a que Cathy Collins participaba en un estudio del hospital sobre el estrés en el área de trabajo, conocemos sus reacciones biológicas internas ante los sucesos de cada momento. Aunque no se midieron sus reacciones psicológicas, a nosotros nos resultaría fácil adivinar que en esos momentos experimentaba estrés.

Estrés: reacción ante la amenaza y el desafío

Estrés: respuesta ante sucesos que nos resultan amenazadores o que nos generan conflicto

La mayoría de nosotros necesita pocas presentaciones para el fenómeno del **estrés**, definido formalmente como una respuesta ante los sucesos que amenazan o ponen en conflicto a una persona. Ya sea que se trate de un trabajo que se debe entregar, de la fecha próxima de un examen, de un conflicto familiar o incluso de una serie acumulativa de pequeños acontecimientos como los que experimenta en el trabajo Cathy Collins, la vida está repleta de circunstancias y sucesos, conocidos como *estímulos estresantes,* que representan amenazas a nuestro bienestar. Incluso los sucesos agradables —como planear una fiesta o el inicio de actividades en un empleo que se buscó con insistencia— pueden producir estrés, aunque los acontecimientos negativos tienen mayores consecuencias perjudiciales que los positivos (Sarason, Johnson y Siegel, 1978; Brown y McGill, 1989).

Todos enfrentamos situaciones de estrés en nuestras vidas. Algunos psicólogos de la salud consideran que la vida cotidiana conlleva una serie de secuencias repetidas en las que percibimos amenazas, consideramos formas de afrontarlas y por último nos adaptamos a ellas, con mayor o menor éxito (Gatchel y Baum, 1983). A pesar de que la adaptación suele ser mínima y que se produce sin darnos cuenta, cuando el estrés es más severo o se prolonga por más tiempo, la adaptación precisa de un esfuerzo mayor y es posible que origine respuestas fisiológicas y psicológicas que provoquen problemas de salud.

El alto costo del estrés   El estrés puede causar daño en muchas formas y tiene consecuencias biológicas y psicológicas. Con frecuencia, la reacción inmediata al estrés es biológica. La exposición a estímulos estresantes incrementa la secreción de determinadas hormonas producidas por las glándulas suprarrenales, aumenta la presión arterial y el ritmo cardiaco, y produce cambios en la capacidad de la piel para conducir impulsos eléctricos (Mason, 1975; Selye, 1976). A corto plazo, estas respuestas pueden ser adaptativas debido a que producen una "reacción de emergencia" en la que el cuerpo se prepara para defenderse por medio de la activación del sistema nervioso simpático (véase el capítulo 2). Estas respuestas pueden permitir un afrontamiento más efectivo de la situación estresante.

No obstante, si hay una exposición continua al estrés se produce una disminución en la eficacia del nivel general de funcionamiento biológico del organismo a causa de la secreción constante de las hormonas relacionadas con el estrés. Con el paso del tiempo, las reacciones ante el estrés provocan el deterioro de ciertos tejidos como los correspondientes a los vasos sanguíneos y el corazón. En último término, nos hacemos más susceptibles a las enfermedades, dado que disminuye nuestra capacidad para combatir a los gérmenes (Kiecolt-Glaser y Glaser, 1986; Schneiderman, 1983; Cohen, Tyrrell y Smith, 1993).

Además de provocar estas graves complicaciones a la salud, muchos de los dolores leves que padecemos pueden ser provocados o empeorados por el estrés. Entre éstos se encuentran las jaquecas, los dolores de espalda, la irritación de la piel, la indigestión, el cansancio y el estreñimiento. El estrés ha sido relacionado incluso con el resfriado común (Brown, 1984; Cohen, Tyrrell y Smith, 1993).

Trastornos psicosomáticos: problemas de salud que se originan por una interacción entre dificultades psicológicas, emocionales y físicas

Además, todo un conjunto de problemas médicos, conocidos como **trastornos psicosomáticos,** suele ser resultado del estrés. Estos problemas de salud son provocados por una interacción entre dificultades psicológicas, emocionales y físicas. Los trastornos psicosomáticos más comunes los representan las úlceras, el asma, la artritis, la hipertensión arterial y el eczema (Shorter, 1991). De hecho, la probabilidad de contraer una enfermedad grave está estrechamente relacionada con la cantidad y el tipo de sucesos estresantes que experimenta una persona (véase el cuadro 9.2).

Desde la perspectiva psicológica, padecer niveles elevados de estrés impide a las personas afrontar de manera adecuada la vida. Su perspectiva del entorno puede estar empañada (por ejemplo, se exagera la importancia de la crítica insignificante de un amigo). Es más, en los niveles más altos de estrés, las respuestas emocionales pueden ser tan graves que las personas son incapaces de actuar en absoluto. Además, los individuos con altos niveles de estrés pierden la capacidad de enfrentar nuevos estímulos estresantes. Por lo tanto, la capacidad para enfrentar el estrés en el futuro disminuye como resultado del estrés anterior (Eckenrode, 1984; Glaser y Kiecolt-Glaser, 1994; Avison y Gotlib, 1994).

El modelo del síndrome de adaptación general: el curso del estrés   Los efectos del estrés han sido muy bien ilustrados por un modelo elaborado por Hans Selye, uno de los principales teóricos del estrés (Selye, 1976). Este modelo, el **síndrome de adaptación general (SAG)**, afirma que siempre se produce el mismo conjunto de reacciones fisiológicas ante el estrés, sin importar cuál sea su causa.

Como se muestra en la figura 9.5, este modelo tiene tres etapas. La primera, *etapa de alarma y movilización*, sucede cuando las personas se percatan de la presencia de un estímulo estresante. Suponga, por ejemplo, que al finalizar el primer semestre académico se entera de que usted está condicionado debido a sus bajas calificaciones. Es muy probable que su primera reacción sea alarmarse y se sienta preocupado e inquieto. No obstante, después comenzaría a concentrar sus esfuerzos y haría planes y promesas a sí mismo de estudiar con más ahínco durante el resto del año escolar.

En el nivel fisiológico, el sistema nervioso simpático se energiza durante la fase de alarma y movilización. Una activación prolongada de este sistema puede llevar a problemas en el sistema circulatorio o úlceras estomacales, y el cuerpo puede volverse vulnerable a enfermedades.

Si el estímulo estresante persiste, las personas pasan a la siguiente etapa del modelo. En la *etapa de resistencia,* los individuos se preparan para luchar contra el estímulo estresante. Durante esta etapa, las personas emplean diversos medios para afrontar al es-

Síndrome de adaptación general (SAG): una teoría elaborada por Selye que sostiene que la respuesta de una persona ante el estrés consiste de tres etapas: alarma y movilización, resistencia y agotamiento

FIGURA 9.5   El síndrome de adaptación general (SAG) afirma que ante el estrés existen tres etapas principales en la respuesta de las personas. (*Selye, 1976.*)

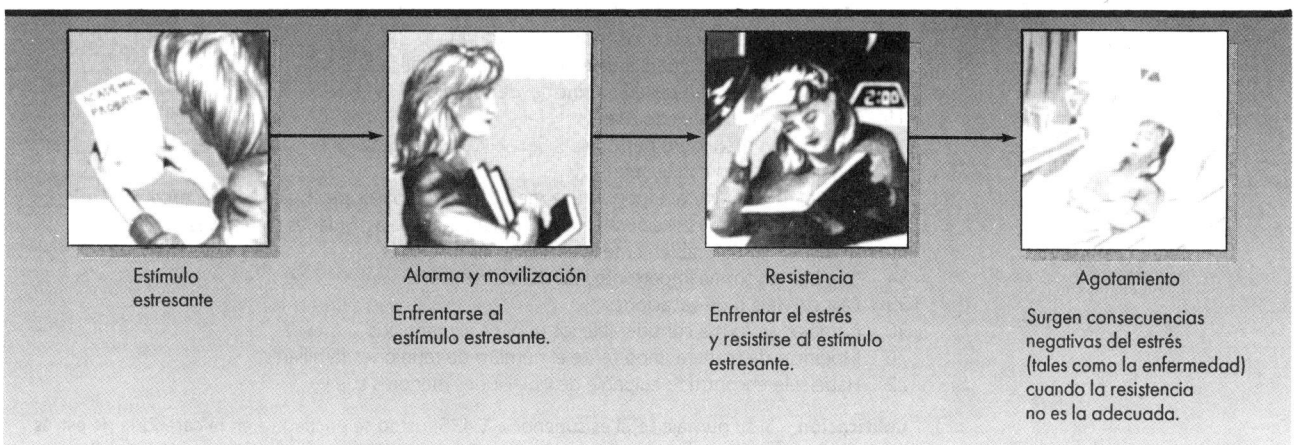

Estímulo
estresante

Alarma y movilización

Enfrentarse al
estímulo estresante.

Resistencia

Enfrentar el estrés
y resistirse al estímulo
estresante.

Agotamiento

Surgen consecuencias
negativas del estrés
(tales como la enfermedad)
cuando la resistencia
no es la adecuada.

RESPUESTAS A LA REVISIÓN ANTERIOR

1. Falso; las emociones pueden producirse sin una respuesta cognitiva   **2.** James-Lange   **3.** Falso; muchas emociones se relacionan con reacciones corporales similares   **4.** Cannon-Bard
5. Schachter-Singer   **6.** polígrafo

¿En su futuro hay alguna enfermedad relacionada con el estrés? Las investigaciones hechas por medio de encuestas han demostrado que la naturaleza y el número de factores estresantes en la vida de una persona se relacionan con el padecimiento de alguna enfermedad grave (Rahe y Arthur, 1978).

Para averiguar el grado de estrés que hay en su vida, tome el valor del estímulo estresante que se indica al lado de cada suceso que haya experimentado y multiplíquelo por el número de ocasiones en que se produjo el año pasado (hasta un máximo de cuatro). Después sume los resultados.

87 Sufrir la muerte del cónyuge
77 Casarse
77 Sufrir la muerte de un familiar cercano
76 Divorciarse
74 Separarse de la pareja
68 Sufrir la muerte de un amigo cercano
68 Experimentar un embarazo o ser futuro padre
65 Haber tenido una enfermedad o herida grave
62 Haber sido despedido del trabajo
60 Cancelar un compromiso matrimonial o terminar una relación estable de pareja
58 Tener dificultades sexuales
58 Experimentar una reconciliación con su pareja
57 Presentar un cambio fundamental en la imagen de sí mismo o en la conciencia propia
56 Experimentar un gran cambio de salud o comportamiento de un miembro de la familia
54 Comprometerse en matrimonio
53 Tener un gran cambio de posición económica
52 Pedir un préstamo o hipoteca por menos de 10 000 dólares
52 Modificar en forma considerable el consumo de drogas
50 Tener un gran conflicto o modificación de valores
50 Modificar considerablemente la cantidad de discusiones con su pareja
50 Tener un nuevo miembro en la familia
50 Ingresar a la universidad
50 Cambiarse a otra escuela
50 Cambiar de giro de trabajo
49 Modificar en forma considerable el nivel de independencia y responsabilidad
47 Cambiar considerablemente las responsabilidades en el trabajo
46 Experimentar un gran cambio en el consumo de alcohol
45 Revisar sus hábitos personales
44 Tener problemas con la administración escolar
43 Trabajar y estudiar simultáneamente
43 Cambiar en forma considerable las actividades sociales
42 Tener problemas con la familia política
42 Modificar de manera importante el horario o las condiciones de trabajo
42 Cambiar de residencia o de condiciones de vida
41 Experimentar que la pareja deje de trabajar o empiece a trabajar fuera de casa
41 Cambiar su elección del área principal de estudio
41 Modificar sus hábitos de citas
40 Obtener un gran logro personal
38 Tener problemas con su jefe
38 Modificar de manera importante la medida en que participa en actividades escolares
37 Cambiar en forma considerable el tipo o cantidad de actividades recreativas
36 Modificar considerablemente las actividades religiosas
34 Cambiar en forma importante los hábitos de sueño
33 Salir de viaje o de vacaciones
30 Cambiar en forma considerable los hábitos alimenticios
26 Modificar de manera importante el número de reuniones familiares
22 Habérsele encontrado culpable de violaciones menores a la ley

Calificación Si su puntaje total es superior a 1 435, usted se encuentra en la categoría de estrés elevado, lo cual, de acuerdo con Marx, Garrity y Bowers (1975), lo pone en riesgo de experimentar en el futuro una enfermedad relacionada con el estrés. Sin embargo, no debe pensar que una calificación alta le asegura una enfermedad. Dado que las investigaciones sobre el estrés y la enfermedad son de tipo correlacional, los sucesos estresantes de consideración son percibidos mejor como asociados con la enfermedad, pero pueden no ser su causa. Es más, algunas investigaciones sugieren que las enfermedades futuras se predicen mejor a partir de las dificultades cotidianas de la vida y no por los sucesos importantes enlistados en el cuestionario (Lazarus, Delongis, Folkman y Gruen, 1985). De cualquier forma, un alto nivel de sucesos estresantes en nuestra vida es causa de preocupación y por lo tanto es importante tomar medidas para reducir el estrés (Marx, Garrity y Bowers, 1975, p. 97; Maddi, Barone y Puccetti, 1987; Crandall, 1992).

tímulo estresante —en ocasiones con éxito— pero a costa de cierto grado de bienestar psicológico o fisiológico general. Por ejemplo, en el caso en que haya sido puesto en estado académico condicional, la resistencia puede consistir en dedicar muchas horas al estudio. Es posible que a fin de cuentas logre éxito en su empeño de obtener mejores calificaciones, pero este logro fue a cambio de desvelos y muchas horas de preocupación.

Si la resistencia no es adecuada, se llega a la última etapa del modelo, la *etapa de agotamiento*. En ésta disminuye la capacidad de la persona para adaptarse al estímulo estresante hasta el punto en que aparecen consecuencias negativas: enfermedades físicas, síntomas psicológicos que se manifiestan en incapacidad de concentración, mayor irritabilidad o, en casos graves, desorientación y pérdida de contacto con la realidad. En cierta forma, las personas "se acaban". Por ejemplo, si usted está muy presionado por el objetivo de obtener un buen desempeño en sus cursos, puede enfermar o encontrar imposible seguir estudiando.

Por supuesto que no todo el mundo llega a esta última etapa. Si se puede resistir el estímulo estresante durante la segunda etapa, los recursos físicos no se agotan y se pueden recuperar, evitando por consiguiente el agotamiento.

¿Qué hacen las personas para salir de la tercera etapa una vez que ingresaron en ella? En ciertos casos el agotamiento lleva a las personas a evitar el estímulo estresante. Por ejemplo, las personas que enferman por exceso de trabajo pueden faltar a sus labores durante un periodo, lo cual les da un respiro temporal de sus responsabilidades. Por lo tanto, al menos durante un tiempo, se logra reducir el estrés inmediato.

El modelo SAG es muy valioso para comprender el estrés. Al afirmar que el agotamiento de los recursos en la tercera etapa del modelo produce daño fisiológico ofrece una explicación clara acerca de la forma en que el estrés puede conducir a enfermedades. Además, el modelo se puede aplicar a personas y a especies no humanas.

Por otra parte, algunos aspectos del modelo SAG han sido cuestionados. Una de las críticas más importantes está dirigida a la supuesta reacción de emergencia del sistema simpático, activada durante la etapa de alarma y movilización. La teoría propone que la reacción es fundamentalmente la misma, sin importar la clase de estímulo estresante al que esté expuesta una persona. Sin embargo, algunos críticos afirman que ciertos estímulos estresantes producen reacciones fisiológicas distintas, como la secreción de ciertas hormonas. Por consiguiente, las reacciones ante el estrés pueden ser menos parecidas entre sí de lo que implica el modelo SAG (Mason, 1974; Hobfoll, 1989).

Además, la atención que el modelo presta a los factores fisiológicos deja poco espacio para los psicológicos, en especial respecto a la forma en que los estímulos estresantes son evaluados en forma diferente por distintas personas (Mikhail, 1981). De cualquier forma, este modelo nos proporciona una base para comprender el estrés.

La naturaleza de los estímulos estresantes: mi estrés es tu placer   Como se señaló antes, el modelo del síndrome de adaptación general es útil para explicar las respuestas de las personas ante el estrés, pero no es nada específico en cuanto a dilucidar qué estímulos provocan estrés a una determinada persona. Aunque cierto tipo de sucesos como la muerte de un ser querido o la participación en combate durante una guerra son estímulos estresantes prácticamente universales, otras situaciones pueden o no ser estresantes para una persona en particular (Fleming, Baum y Singer, 1984; Lazarus y Cohen, 1977; Affleck, Tennen, Urrows e Higgins, 1994).

Considere, por ejemplo, los saltos *"bungee"* desde grandes alturas. Para algunos de nosotros saltar de una gran altura atados sólo a una delgada cuerda de hule puede ser en extremo estresante. Sin embargo, hay personas que lo ven como una actividad desafiante y llena de diversión. Entonces, el que saltar de esta manera sea estresante o no depende en parte de la percepción individual de la actividad.

Para que un suceso sea considerado como estresante debe percibirse como una amenaza y debe carecerse de los recursos para enfrentarla en forma efectiva (Folkman, Lazarus, Dunkel-Schetter, DeLongis y Green, 1986). En consecuencia, el mismo suceso puede ser estresante en ocasiones, pero en otras puede no producir ninguna reacción de estrés. Por ejemplo, un joven experimenta estrés cuando lo rechazan en una cita, si es que atri-

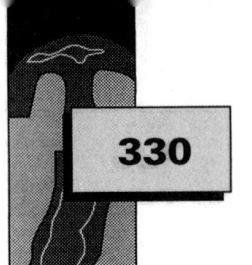

buye el rechazo a su carencia de atractivo o de valía. Pero si lo atribuye a algún factor que no se relacione con su autoestima, como puede ser un compromiso previo de la mujer a la que invitó a salir, la experiencia de ser rechazado no generará ningún tipo de estrés. Así, factores cognitivos que se relacionan con nuestra interpretación de los sucesos desempeñan un papel muy importante para determinar qué es estresante.

Otras variables influyen también en la severidad del estrés. Por ejemplo, el estrés es mayor cuando la importancia y la cantidad de los objetivos que son amenazados son altos, cuando la amenaza es inmediata, o cuando la anticipación del acontecimiento amenazador se extiende durante un periodo prolongado (Paterson y Neufeld, 1987).

Categorización de los estímulos estresantes ¿Qué clases de sucesos tendemos a percibir como estímulos estresantes? Estos estímulos se han clasificado en tres clases generales: los eventos cataclísmicos, los estímulos estresantes personales, y los estímulos estresantes de fondo (Gatchel y Baum, 1983; Lazarus y Cohen, 1977).

Los **eventos cataclísmicos** son estímulos estresantes intensos que ocurren de forma inesperada y afectan a muchas personas al mismo tiempo. Desastres como los terremotos o los accidentes de aviación son ejemplos de sucesos cataclísmicos que pueden afectar al mismo tiempo a cientos o miles de personas.

Aunque podría parecer que tales eventos producirían estrés potente y persistente, típicamente éste no es el caso. Estos sucesos a menudo son menos estresantes a la larga que los acontecimientos que al principio son menos intensos. Una razón es que dichos sucesos tienen una resolución clara. Una vez que terminan, las personas pueden ver hacia el futuro sabiendo que lo peor ha quedado atrás. Además, el estrés generado por los sucesos cataclísmicos es compartido por todos los que también sufren el desastre. Esto les permite a las personas darse apoyo social entre sí y les da una comprensión de primera mano de las dificultades por las que están pasando los demás (Cummings, 1987; Pennebaker y Harber, 1993).

Por otra parte, algunas víctimas de grandes catástrofes pueden experimentar **trastorno de estrés postraumático**, en el que los sucesos originales y los sentimientos asociados con ellos se experimentan de nuevo en recuerdos muy vívidos o en sueños. Dependiendo de las estadísticas que se empleen, entre el 5 y el 60% de los veteranos de la guerra de Vietnam sufren de este trastorno. Incluso la guerra del Golfo Pérsico, que terminó pronto, produjo la condición (Hobfoll, Spielberger, Breznits, Figley, Folkman, Lepper-Green, Meichenbaum, Sandler, Sarason y van der Kolk, 1991; Sutker, Uddo, Brailey y Allain, 1993). Además, aquellos que han sufrido abuso o violación en la infancia, los rescatistas que enfrentan situaciones abrumadoras o las víctimas de cualquier desastre natural o accidente repentino que produzca sentimientos de desamparo y terror puede sufrir del mismo trastorno.

Los síntomas del trastorno de estrés postraumático incluyen dificultades para dormir, problemas para relacionarse con los demás, abuso de alcohol y drogas y, en algunos casos, suicidio. Por ejemplo, el índice de suicidios entre los veteranos de Vietnam es un 25% mayor que el de la población en general (Pollock, Rhodes, Boyle, Decoufle y McGee, 1990; Peterson, Prout y Schwarz, 1991).

La segunda categoría en importancia de factores provocadores del estrés es la de los estímulos estresantes personales. Los **estímulos estresantes personales** incluyen sucesos importantes de la vida, como la muerte de los padres o de la pareja, la pérdida del empleo, un fracaso personal significativo o el diagnóstico de una enfermedad que ponga en peligro la vida. Por lo general, un estímulo estresante personal produce una reacción importante inmediata que disminuye pronto. Por ejemplo, el estrés que surge de la muerte de un ser querido es mayor justamente después del deceso, pero con el paso del tiempo las personas comienzan a sentir menos estrés y adquieren mayor capacidad para afrontar la pérdida.

Sin embargo, en algunos casos los efectos del estrés son prolongados. Las víctimas de violaciones a veces manifiestan consecuencias aún mucho tiempo después de sufrir el ataque, enfrentando grandes dificultades para readaptarse. De modo similar, la falla que se produjo en la planta nuclear de la Isla Tres Millas, en Pensilvania, a principios de la

Eventos cataclísmicos: factores estresantes intensos que ocurren de manera inesperada y que afectan a muchas personas al mismo tiempo (por ejemplo, los desastres naturales)

Trastorno de estrés postraumático: fenómeno en el que las víctimas de grandes catástrofes experimentan nuevamente el suceso estresante y los sentimientos que se asocian con él mediante recuerdos vívidos o sueños

Estímulos estresantes personales: sucesos importantes de la vida, como la muerte de un miembro de la familia, que tienen consecuencias negativas inmediatas que, en general, disminuyen con el transcurso del tiempo

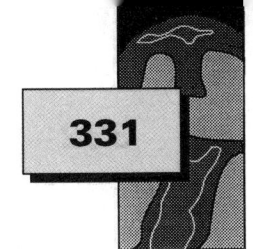
década de 1980, y que expuso a las personas a la posibilidad de una fusión del reactor nuclear, produjo consecuencias emocionales, conductuales y fisiológicas que duraron más de año y medio (Baum, Gatchel y Schaeffer, 1983).

Formarse en una interminable fila en el banco o quedar atrapado en un embotellamiento de tráfico son ejemplos de la tercera categoría importante de estímulo estresante: los **estímulos estresantes de fondo** o, más coloquial, **vicisitudes diarias** (Lazarus y Cohen, 1977). Estos estímulos representan las molestias menores de la vida con las que nos enfrentamos una y otra vez: retrasos, automóviles y camiones ruidosos, aparatos eléctricos descompuestos, el comportamiento irritante de otras personas, etcétera. Otro tipo de estímulo estresante de fondo es un problema crónico a largo plazo como estar insatisfecho con la escuela o el trabajo, tener una relación infeliz o vivir en un espacio saturado sin privacidad.

Las vicisitudes cotidianas, por sí mismas, no requieren de mucha resistencia, incluso de alguna respuesta por parte del individuo, aunque es evidente que producen emociones y estados de ánimo desagradables (Clark y Watson, 1988). Sin embargo, las vicisitudes cotidianas se suman; pueden llegar a producir el mismo o mayor daño que un solo incidente de gran carga estresante. De hecho, existe una relación entre la ocurrencia de vicisitudes cotidianas a las que se enfrentan las personas y la de síntomas psicológicos que reportan (Kanner, Coyne, Schaefer y Lazarus, 1981; Zika y Chamberlain, 1987; Chamberlain y Zika, 1990). Incluso problemas de salud (como gripe, garganta irritada, jaquecas y dolores de espalda) se han relacionado con las vicisitudes cotidianas (DeLongis, Folkman y Lazarus, 1988; Jones, Brantley y Gilchrist, 1988; Kohn, Lafreniere y Gurevich, 1991).

Aunque la naturaleza de las dificultades cotidianas difiere de un día a otro y de una persona a otra, los estímulos estresantes de fondo poseen características comunes. Un factor de gran importancia se relaciona con el grado de control que tienen las personas sobre los estímulos aversivos y desagradables del entorno (Burger, 1992). Cuando las personas sienten que pueden controlar una situación y determinar su resultado, las reacciones de estrés se reducen de manera considerable. Por ejemplo, personas expuestas a niveles elevados de ruido sufren menos efectos adversos si saben que pueden controlarlo que aquellos expuestos al mismo nivel de ruido y saben que no pueden controlar su intensidad y duración (Glass y Singer, 1972).

Lo contrario de las dificultades son los **sucesos agradables**, aquellos acontecimientos positivos menores que nos hacen sentir bien, aunque sólo sea de manera temporal. Como se indica en la figura 9.6, los sucesos agradables varían desde relacionarse bien con un compañero hasta encontrar acogedor el ambiente en que se encuentra. Lo que es

Estímulos estresantes de fondo: dificultades cotidianas, como quedar atrapado en un embotellamiento de tráfico, que producen irritaciones menores, pero que no causan efectos dañinos a largo plazo, a menos que ocurran en forma continua o que se vean acompañados por otros sucesos estresantes

Vicisitudes cotidianas: véase estímulos estresantes de fondo

Sucesos agradables: acontecimientos positivos menores que hacen sentir bien a la persona

Las dificultades cotidianas de la vida, como tener que estar formado en una fila larga, son estímulos estresantes menores, pero cuando se acumulan pueden hacer pagar caro a la salud física y psicológica de una persona.

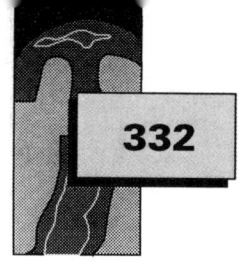

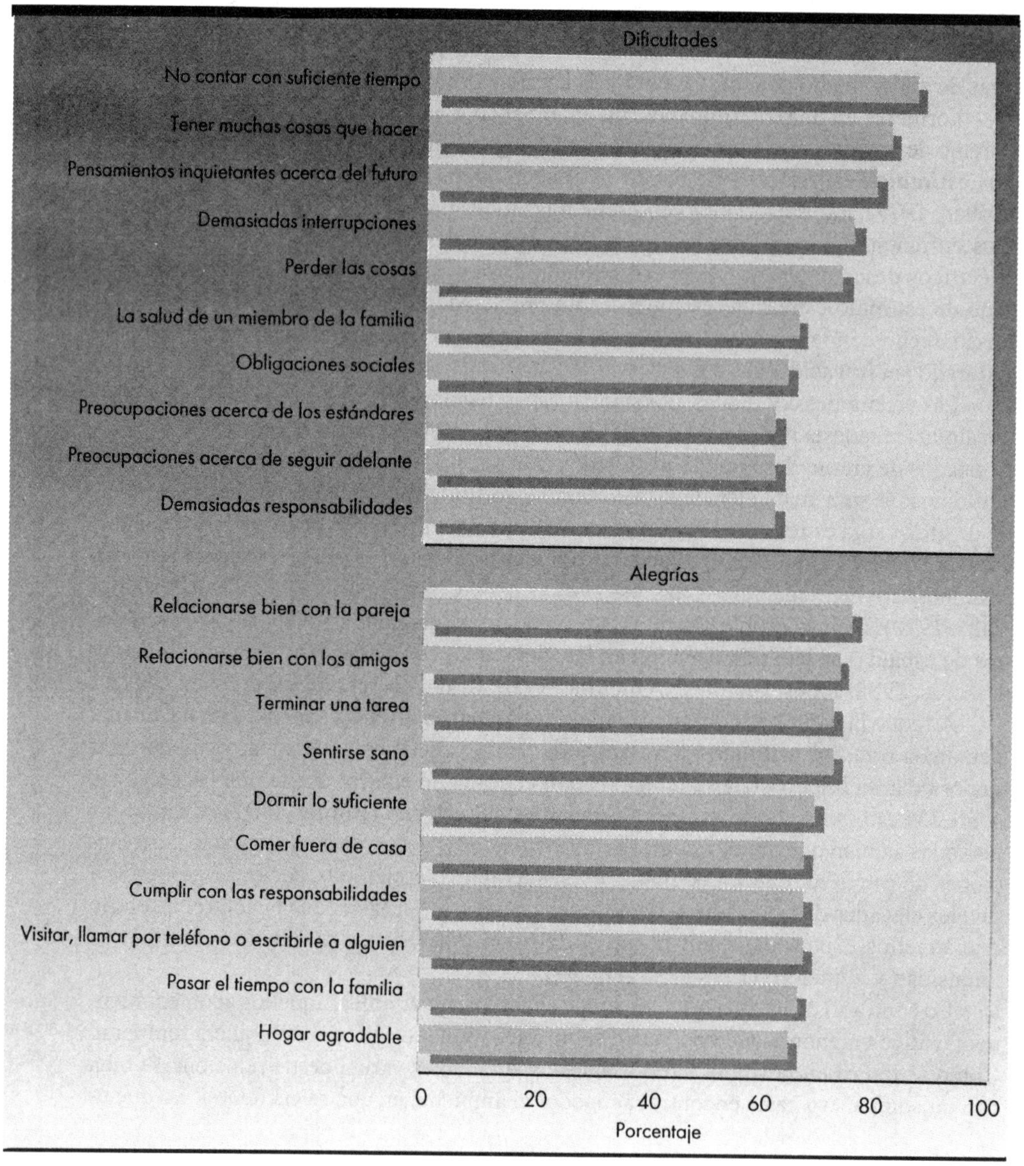

Dificultades

No contar con suficiente tiempo

Tener muchas cosas que hacer

Pensamientos inquietantes acerca del futuro

Demasiadas interrupciones

Perder las cosas

La salud de un miembro de la familia

Obligaciones sociales

Preocupaciones acerca de los estándares

Preocupaciones acerca de seguir adelante

Demasiadas responsabilidades

Alegrías

Relacionarse bien con la pareja

Relacionarse bien con los amigos

Terminar una tarea

Sentirse sano

Dormir lo suficiente

Comer fuera de casa

Cumplir con las responsabilidades

Visitar, llamar por teléfono o escribirle a alguien

Pasar el tiempo con la familia

Hogar agradable

0   20   40   60   80   100

Porcentaje

FIGURA 9.6   Las dificultades y sucesos agradables cotidianos más comunes. (*Dificultades: Chamberlain y Zika, 1990; sucesos agradables: Kanner y cols., 1981.*)

intrigante en particular acerca de ellos es que se vinculan con la salud fisiológica de las personas justo del modo opuesto en que se relacionan las dificultades con la salud: mientras mayor sea el número de sucesos agradables que se experimenten, menores serán los síntomas psicológicos que se reporten.

Desamparo aprendido   Es probable que haya escuchado a alguien quejarse de una situación intolerable que parece no tener solución: dijo estar cansado de "golpearse la cabeza contra la pared" y que se rendiría, aceptando las cosas como son. Este ejemplo ilustra una de las consecuencias posibles de estar en un entorno en el que no es posible controlar la situación, un estado que produce desamparo aprendido. De acuerdo con el psicólogo Martin Seligman, el *desamparo aprendido* ocurre cuando las personas concluyen que los estímulos desagradables o aversivos no pueden ser controlados, una visión del mundo que se arraiga tanto que no se intentan remediar las circunstancias aversivas, aun si en realidad pueden ejercer alguna influencia (Seligman, 1975). Las víctimas del fenómeno del desamparo aprendido han decidido que no hay una relación entre las respuestas que dan y los resultados que ocurren.

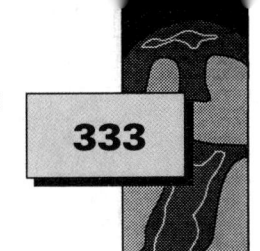

Tome como ejemplo lo que sucede a menudo con las personas de edad avanzada cuando son internados en asilos u hospitales. Una de las características más notables de su nuevo ambiente es que ya no son independientes: no tienen control sobre las actividades más básicas en sus vidas. Se les dice qué y cuándo comer, y se les indica cuándo pueden ver la televisión o participar en actividades recreativas. Además, sus horarios para dormir son establecidos por otra persona. No es difícil ver cómo esta pérdida de control puede tener efectos negativos sobre las personas colocadas de pronto, a menudo en contra de su voluntad, en una situación así.

Los resultados de esta pérdida de control y el consiguiente estrés se traducen con frecuencia en una salud cada vez más deficiente e incluso la probabilidad de una muerte prematura. Estos resultados fueron confirmados en un experimento realizado en un asilo de personas de la tercera edad donde los residentes en un grupo fueron animados a hacer más elecciones y a tomar un mayor control de sus actividades cotidianas (Langer y Janis, 1979). Como resultado, los miembros del grupo fueron más activos y estuvieron más felices que un grupo de comparación de residentes que fueron alentados a que el personal del asilo cuidara de ellos. Es más, un análisis de los expedientes médicos de los residentes reveló que seis meses después del experimento, el grupo animado a ser autosuficiente mostraba una mejora en la salud significativamente mayor que el grupo de comparación. Aun más asombroso fue un examen del índice de mortalidad: 18 meses después de que comenzó el experimento, sólo el 15% del grupo "independiente" había muerto, contra el 30% del grupo de comparación.

Otras investigaciones confirman que el desamparo aprendido tiene consecuencias negativas, y no sólo para las personas de la tercera edad. Personas de todas las edades reportan más síntomas físicos y depresión cuando perciben que tienen poco o ningún control que cuando tienen una sensación de control sobre una situación (Peterson y Raps, 1984; Rodin, 1986).

Afrontamiento del estrés

El estrés es un factor normal de la vida. Como lo señaló Hans Selye, para evitar el estrés por completo, es probable que una persona tendría que dejar de vivir. No obstante, como hemos visto, un exceso de estrés puede causar daños tanto a la salud física como a la psicológica. ¿Cómo enfrentan el estrés las personas? ¿Existe algún modo de reducir sus efectos negativos?

Los esfuerzos por controlar, reducir o aprender a tolerar las amenazas que conducen al estrés reciben el nombre de **afrontamiento**. Solemos emplear determinadas respuestas de afrontamiento para ayudarnos a enfrentar el estrés. La mayor parte del tiempo no nos percatamos de estas respuestas —así como tampoco de los estímulos estresantes mínimos de la vida hasta que llegan a sumarse y alcanzan niveles suficientemente aversivos—.

Un medio para enfrentar el estrés producido a nivel inconsciente es el empleo de mecanismos de defensa. Como se expondrá en el capítulo 11, los **mecanismos de defensa** son estrategias inconscientes que conservan el sentido de control y valía de una persona mediante la distorsión o negación de la naturaleza real del acontecimiento. Por ejemplo, en un estudio se examinó a estudiantes de California que vivían en dormitorios cercanos a una falla geológica. Aquellos que vivían en dormitorios clasificados en el rango de los que no podrían soportar un terremoto tenían una probabilidad significativamente mayor de dudar de las predicciones de los expertos de un terremoto inminente que aquellos que habitaban en estructuras más seguras (Lehman y Taylor, 1988).

Otro mecanismo de defensa útil para afrontar el estrés es el *aislamiento emocional*, mediante el cual la persona deja de experimentar emociones por completo; así no la afectan ni conmueven los sucesos negativos ni positivos. El problema que tienen los mecanismos de defensa, por supuesto, es que no enfrentan la realidad, sólo ocultan el problema.

Las personas también emplean otros medios más directos, y potencialmente más positivos para afrontar el estrés (Aldwin y Revenson, 1987; Compas, 1987; Miller, Brody y Summerton, 1988). De manera específica, las estrategias de afrontamiento caen en dos

Afrontamiento: los esfuerzos por controlar, reducir o aprender a tolerar las amenazas que conducen al estrés

Mecanismos de defensa: estrategias inconscientes que usan las personas para reducir la ansiedad, ocultando su fuente de sí mismos y de los demás

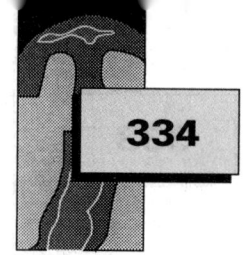

categorías: el afrontamiento centrado en las emociones y el centrado en el problema. El *afrontamiento centrado en las emociones* se caracteriza por la regulación consciente de las emociones. Los ejemplos de este tipo de afrontamiento incluyen estrategias como aceptar la simpatía de los demás o buscar el lado bueno de una situación. En contraste, el *afrontamiento centrado en el problema* intenta manejar el problema o estímulo estresante. Las estrategias centradas en el problema pretenden lograr que la persona que experimenta el estrés cambie su conducta o desarrolle un plan de acción para enfrentarlo y que lo siga. Iniciar un grupo de estudio para mejorar el rendimiento deficiente de la clase es un ejemplo de afrontamiento centrado en el problema.

En la mayoría de los incidentes estresantes las personas emplean *ambos* tipos de estrategias. No obstante, las estrategias centradas en las emociones se emplean con mayor frecuencia cuando se cree que las circunstancias son inmodificables; las estrategias centradas en el problema son usadas cuando las situaciones se perciben como relativamente modificables (Folkman y Lazarus, 1980, 1988).

Estilo de afrontamiento: la personalidad intrépida   La mayoría de nosotros resistimos el estrés de un modo específico, mediante la aplicación de un "estilo de afrontamiento" que representa nuestra tendencia general para enfrentar el estrés de un modo determinado. Por ejemplo, puede ser que conozca a personas que suelan reaccionar incluso ante un mínimo de estrés de modo histérico, y a otras personas que con serenidad y control enfrenten incluso el mayor estrés. Es evidente que las personas poseen estilos de afrontamiento distintos (Taylor, 1991).

Quienes afrontan el estrés con mayor éxito cuentan con un estilo de resistencia denominado intrepidez. La **intrepidez** es una característica de la personalidad que se asocia con una menor frecuencia de enfermedades relacionadas con el estrés. Consta de tres componentes: compromiso, reto y control (Kobasa, 1979; Gentry y Kobasa, 1984).

El compromiso es la tendencia a la dedicación a cualquier cosa que se emprenda con la certeza de que la actividad es importante y significativa. Las personas intrépidas también tienen desarrollado el sentido del reto, que es el segundo componente; creen que el cambio, y no la estabilidad, es la condición natural de la vida. Para ellas, la anticipación del cambio actúa como un incentivo más que como una amenaza para su seguridad. Por último, la intrepidez implica el sentido de control: la percepción de que las personas pueden influir en los acontecimientos de sus vidas.

La intrepidez parece funcionar como un amortiguador contra las enfermedades relacionadas con el estrés. El individuo intrépido se aproxima al estrés de modo optimista y es capaz de ejercer acciones directas para aprender acerca de los estímulos estresantes y enfrentarse a ellos, logrando convertirlos en sucesos menos amenazadores. Como consecuencia de ello, una persona que tenga una personalidad intrépida tiene menos probabilidades de padecer los resultados negativos que acompañan a los altos niveles de estrés (Wiebe, 1991).

Intrepidez: característica de la personalidad asociada con una frecuencia baja de enfermedades relacionadas con el estrés; consta de tres componentes: compromiso, reto y control

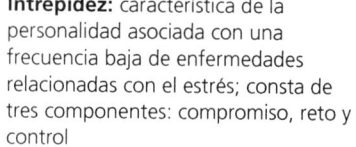

El consumidor de psicología bien informado

Estrategias de afrontamiento efectivas

¿Cómo se puede afrontar con más efectividad al estrés? Los investigadores han propuesto diversas recomendaciones para enfrentar este problema. Es evidente que no existe solución universal, puesto que el afrontamiento más efectivo depende de la naturaleza del estímulo estresante y del grado en que sea posible controlarlo. Aun así, es posible seguir algunos lineamientos generales (Folkman, 1984; Everly, 1989; Holahan y Moos, 1987, 1990):

■   *Convertir la amenaza en un reto.* Cuando una situación estresante puede ser controlada, la mejor estrategia de afrontamiento consiste en tratarla como un reto, centrándose en los modos de controlar tal situación. Por ejemplo, si usted experimenta estrés debido

a que su automóvil siempre se descompone, puede tomar un curso vespertino de mecánica para aprender a solucionar directamente los problemas de su automóvil. Incluso si las reparaciones son demasiado difíciles como para que usted las realice, por lo menos estará en una mejor posición para identificar qué anda mal.

■ *Disminuir la intensidad de la amenaza de la situación.* Cuando un suceso estresante parece incontrolable, es preciso recurrir a otro enfoque. Debe modificarse la evaluación personal de la situación, permitir verla bajo otra luz y cambiar nuestras actitudes hacia ella (Smith y Ellsworth, 1987). El antiguo dicho "ve el lado bueno de la vida" recibe apoyo de investigaciones que muestran a quienes descubren algo positivo en situaciones negativas, tornándose receptores de menos alteraciones y con una mayor capacidad de afrontamiento a diferencia de quienes no proceden así (Silver y Wortman, 1980).

■ *Modificar las metas personales.* Cuando la situación estresante es incontrolable, otra estrategia razonable es adoptar nuevas metas que sean prácticas en vista de la situación específica. Por ejemplo, una bailarina que ha sufrido un accidente automovilístico en el que perdió el uso pleno de sus piernas ya no podrá aspirar a una carrera en la danza, pero podría modificar sus metas y convertirse en una instructora de baile. Del mismo modo, un ejecutivo que ha perdido su empleo puede cambiar su meta de hacerse rico por la de obtener una fuente de ingresos más modesta, pero segura.

■ *Optar por acciones que incidan en aspectos físicos.* Otro enfoque más para afrontar el estrés consiste en producir cambios en nuestras reacciones fisiológicas hacia éste. Por ejemplo, la retroalimentación biológica, expuesta en el capítulo 2, puede alterar procesos fisiológicos básicos, ya que permite reducir la presión arterial, el ritmo cardiaco, así como otros efectos de los altos niveles de estrés. El ejercicio también puede ser muy eficaz para ayudar a reducir el estrés. Por una parte, el ejercicio constante reduce el ritmo cardiaco, el ritmo respiratorio y la presión arterial (aunque estas respuestas aumentan en forma temporal durante los periodos de ejercicio). Además, el ejercicio otorga un sentido de control sobre el cuerpo, al igual que una sensación de logro (J. D. Brown, 1991).

Por último, un cambio en la dieta es bueno en ocasiones. Por ejemplo, las personas que beben grandes cantidades de cafeína tienen posibilidades de sentirse inquietas y ansiosas; con sólo reducir la cantidad que consumen pueden disminuir la experiencia del estrés. De modo similar, la obesidad puede ser por sí misma un estímulo estresante; la pérdida del peso adicional puede representar una medida eficaz para reducir el estrés, a menos que hacer una dieta implique generar mayor estrés.

■ *Prepararse para el estrés antes de que ocurra.* Una estrategia final para afrontar el estrés es la *inoculación:* prepararse para el estrés *antes* de que ocurra. Elaborados primero como un medio para prevenir los problemas emocionales posquirúrgicos entre los pacientes de hospitales, los métodos de inoculación preparan a las personas para las experiencias estresantes —sean de naturaleza física o emocional— por medio de la explicación, con el mayor detalle posible, de los eventos difíciles que con probabilidad encuentren. Como parte del proceso, a las personas se les pide que imaginen cómo se sentirían respecto a las circunstancias y que consideren varias formas de enfrentar sus reacciones, todo antes de que las experiencias ocurran en realidad. Es probable que el elemento más crucial, sin embargo, sea proporcionarles a los individuos estrategias objetivas claras para manejar las situaciones, en lugar de tan sólo decirles qué deben esperar (Janis, 1984).

Cuando la inoculación se realiza en forma apropiada, es muy útil. Las personas que han recibido tratamientos de inoculación antes de enfrentar sucesos estresantes afrontan de manera más efectiva sus situaciones que aquellos que no los han recibido (Ludwick-Rosenthal y Neufeld, 1988; Register, Bechham, May y Gustafson, 1991).

RECAPITULACIÓN Y REVISIÓN

Recapitulación

- El estrés es la respuesta ante sucesos que amenazan la capacidad de un individuo para enfrentar adecuadamente una situación.

- De acuerdo con el modelo del síndrome de adaptación general de Selye, el estrés consta de tres etapas: alarma y movilización, resistencia y agotamiento.

- La naturaleza específica de los estímulos estresantes varía de una persona a otra; lo que es estresante para una, puede ser estimulante para otra. Hay tres categorías generales de estímulos estresantes: eventos cataclísmicos, estímulos estresantes personales y estímulos estresantes de fondo (o vicisitudes cotidianas).

- Las percepciones de control suelen reducir el estrés. Sin embargo, en algunos casos se produce el desamparo aprendido: las personas perciben que el estímulo aversivo no puede controlarse.

- Las estrategias de afrontamiento pueden tomar la forma de mecanismos de defensa, convertir la amenaza en un reto, reducir la percepción de la intensidad de la amenaza, modificar las metas, emprender una acción física o prepararse para el estrés por medio de la inoculación.

Revisión

1. Al _____ se le define como una respuesta a sucesos amenazadores.

2. Relacione la parte del SAG con su definición:
   1. Alarma
   2. Agotamiento
   3. Resistencia

   a. Disminuye la capacidad de adaptación al estrés; aparecen síntomas

   b. Se activa el sistema nervioso simpático
   c. Se emplean diversas estrategias para afrontar el estímulo estresante

3. El _____ se produce cuando los sentimientos relacionados con sucesos estresantes se reviven después de que concluyeron los eventos.

4. Los estímulos que producen estrés, que afectan a una sola persona y que producen gran reacción inmediata son los:
   a. Estímulos estresantes personales
   b. Estresantes psíquicos
   c. Eventos cataclísmicos
   d. Estímulos estresantes diarios

5. Los esfuerzos para reducir o eliminar el estrés se conocen como _____.

6. Las personas que demuestran la característica de personalidad de _____ parecen ser más capaces de combatir con éxito el estrés.

Pregúntese a sí mismo

Con lo que sabe acerca de las estrategias de afrontamiento del estrés, ¿cómo haría para entrenar a las personas para evitar con éxito el estrés en la vida cotidiana? ¿Cómo utilizaría esta información con un grupo de veteranos de la guerra del Golfo que padecen del trastorno de estrés postraumático?

(Las respuestas a las preguntas de la revisión aparecen en la página 338.)

UNA MIRADA RETROSPECTIVA

¿Cómo dirige y estimula la motivación al comportamiento?

1. El tema de la motivación trata acerca de los factores que dirigen y energizan el comportamiento. Las pulsiones se refieren a la tensión emocional que energiza el comportamiento con el fin de satisfacer alguna necesidad. Las pulsiones primarias se relacionan con las necesidades biológicas. Las pulsiones secundarias se refieren a aquellas que no satisfacen necesidades biológicas evidentes.

2. Las pulsiones motivacionales con frecuencia operan bajo el principio de la homeostasis, por medio de la cual el organismo trata de conservar un nivel óptimo de funcionamiento biológico interno mediante la compensación de cualquier desviación que sufra su estado normal.

3. Diversos enfoques de la motivación van más allá de las explicaciones basadas en los instintos. Los enfoques relativos a reducción de pulsiones, aunque son útiles en el campo de las pulsiones primarias, no son adecuados para explicar los comportamientos en los cuales la meta no consiste en reducir una pulsión, sino en conservar o incluso aumentar la excitación. En contraste, los enfoques relativos a excitación sugieren que tratamos de conservar un nivel específico de estimulación y actividad.

4. Una explicación alternativa de la motivación —el enfoque relativo a incentivos— se centra en los aspectos del entorno que dirigen y energizan el comportamiento. Por último, los enfoques cognitivos de la motivación enfatizan el papel que desempeñan los pensamientos, las expectativas y la comprensión del mundo. Una teoría cognitiva —la teoría de las expectativas y el valor— sostiene que las expectativas en torno de que un comportamiento logre determinada meta, así como nuestra comprensión del valor de ésta, es lo que subyace a nuestro comportamiento.

5. La jerarquía de necesidades de Maslow afirma que existen cinco necesidades: fisiológicas, de seguridad, de amor y pertenencia, de estima y de autorrealización. Sólo después de que han sido satisfechas las necesidades básicas una persona es capaz de proceder a la satisfacción de necesidades más elevadas.

¿Cuáles son los factores biológicos y sociales que subyacen al hambre?

6. El comportamiento de ingestión de alimentos está sujeto a la homeostasis, dado que el peso de la mayoría de las personas se mantiene dentro de límites relativamente estables. Los organismos tienden a ser sensibles a los valores nutricionales de los alimentos que ingieren, siendo fundamental el hipotálamo del cerebro para la regulación de la ingestión de alimentos.

7. Los factores sociales desempeñan también un papel activo. Por ejemplo, las horas de las comidas, las preferencias culturales por determinado alimento, el atractivo de la comida y otros hábitos aprendidos determinan cuándo y qué cantidad de alimentos se habrá de ingerir. La obesidad puede estar relacionada con una sensibilidad excesiva a las claves sociales, así como una escasa sensibilidad a las claves internas. Además, la obesidad puede estar causada por un peso ideal interno —el peso en el que intenta mantener el cuerpo la homeostasis— inusitadamente elevado o por la tasa metabólica.

¿Por qué y bajo qué circunstancias nos excitamos sexualmente?

8. A pesar de ser factores biológicos los que nos preparan para la actividad sexual, tales como la presencia de andrógenos (hormonas sexuales masculinas) y estrógenos y progesterona (hormonas sexuales femeninas), prácticamente cualquier tipo de estímulo es capaz de generar excitación sexual, dependiendo de la experiencia previa del sujeto. Las fantasías también son importantes para producir excitación.

¿Cómo se comportan las personas desde el punto de vista sexual?

9. La masturbación es una autoestimulación sexual. Su frecuencia es alta, en especial entre los hombres. A pesar de que las actitudes hacia la masturbación se han liberalizado, siguen siendo un tanto negativas —aunque no se han detectado consecuencias perjudiciales originadas por esta práctica—.

10. La heterosexualidad, o atracción sexual hacia los miembros del sexo opuesto, es la orientación sexual más común. Desde el punto de vista de las relaciones sexuales prematrimoniales, la doble moral, en la que se piensa que el sexo prematrimonial es más permisible para los hombres que para las mujeres, ha disminuido, en particular entre personas jóvenes.

11. Los homosexuales son personas que sienten atracción sexual hacia los miembros de su propio sexo; en los bisexuales la atracción es hacia personas de ambos sexos. No se ha logrado confirmar ninguna de las explicaciones sobre las causas de la homosexualidad; entre las posibilidades se manejan factores genéticos o biológicos, las influencias familiares y de la infancia, experiencias de aprendizaje previas y el condicionamiento. Lo que es evidente es que no existe relación alguna entre la adaptación psicológica y la preferencia sexual.

¿Cómo se exhiben las necesidades relacionadas con la motivación para el logro, la afiliación y el poder?

12. La necesidad de logro se refiere a la característica estable y aprendida por medio de la cual una persona se esfuerza por alcanzar un nivel de excelencia. Las personas con una gran necesidad de logro tienden a buscar tareas de dificultad moderada, mientras que los poseedores de escasa necesidad de logro buscan tareas muy sencillas o muy difíciles. La necesidad de logro se suele medir a través de la Prueba de Apercepción Temática (TAT), que consta de una serie de imágenes acerca de las cuales el sujeto elabora una historia.

13. La necesidad de afiliación es una preocupación por el establecimiento y conservación de relaciones con los demás, mientras que la necesidad de poder es una tendencia a buscar ejercer un impacto sobre los demás.

¿Qué son las emociones y cómo las experimentamos?

14. Una definición amplia de las emociones las concibe como sentimientos que pueden afectar al comportamiento y que suelen tener un componente fisiológico y uno cognitivo. Esta definición no se refiere a la existencia o no de distintos sistemas para regular las respuestas emocionales y las cognitivas, o si unas respuestas tienen primacía sobre las otras.

¿Cuáles son las funciones de las emociones?

15. Algunas de las funciones que cumplen las emociones son prepararnos para la acción, dar forma al comportamiento futuro a través del aprendizaje, y ayudar a regular la interacción social. Aunque la gama de las emociones es amplia, de acuerdo con un sistema taxonómico, sólo hay ocho emociones primarias: alegría, aceptación, temor, sorpresa, tristeza, disgusto, enojo y anticipación.

16. Entre las respuestas fisiológicas generales a las emociones intensas se pueden mencionar: dilatación de las pupilas, resequedad de la boca, aumento de la sudoración, del ritmo respiratorio y cardiaco, y de la presión arterial. Debido a que estos cambios fisiológicos no constituyen una explicación completa de la experiencia emocional, hasta la fecha se han planteado numerosas teorías al respecto.

17. La teoría de James-Lange afirma que la experiencia emocional es una reacción ante los cambios corporales o viscerales que se producen en el organismo como respuesta a un evento del entorno. Estas experiencias viscerales se interpretan como respuestas emocionales. En contraste, la teoría de Cannon-Bard sostiene que los movimientos viscerales son demasiado lentos para explicar los cambios emocionales rápidos, además de que las alteraciones viscerales no siempre producen emociones. En lugar de ello, la teoría de Cannon-Bard plantea que *tanto* la excitación fisiológica *como* la experiencia emocional se producen simultáneamente por obra del mismo impulso nervioso. Por lo tanto, la experiencia visceral por sí misma no tendría que ser diferente de una emoción a otra.

18. La tercera explicación, la teoría de Schachter-Singer, rechaza la perspectiva de la simultaneidad de las respuestas fisiológica y emocional. En lugar de ello, sostiene que las emociones están determinadas conjuntamente por excitaciones fisiológicas inespecíficas y por la subsecuente etiquetación de éstas. Este proceso de etiquetación emplea claves del entorno para determinar cómo se comportan los demás en la misma situación.

¿Qué es el estrés, cómo nos afecta y en qué manera podemos afrontarlo mejor?

19. El estrés es una respuesta ante condiciones amenazadoras. La vida de las personas está llena de estímulos estresantes –las circunstancias que producen estrés— de naturaleza tanto positiva como negativa.

20. El estrés produce reacciones fisiológicas inmediatas, como el aumento de secreciones hormonales, la elevación de la presión arterial y del ritmo cardiaco, y cambios en la conductividad eléctrica de la piel. A corto plazo estas reacciones pueden ser adaptativas, pero a largo plazo pueden tener consecuencias negativas, como el desarrollo de trastornos psicosomáticos. Las consecuencias del estrés se pueden explicar en parte por medio del síndrome de adaptación general (SAG) de Selye, el cual sugiere la existencia de tres etapas en las respuestas ante el estrés: alarma y movilización, resistencia y agotamiento.

21. Los estímulos estresantes no son universales, el modo en que una circunstancia ambiental es interpretada determina si se considera estresante o no. De cualquier forma, existen clases generales de sucesos que tienden a producir estrés: los eventos cataclísmicos, los estímulos estresantes personales, y los estímulos estresantes de fondo o dificultades cotidianas. El estrés se reduce por la presencia de sucesos agradables, instancias positivas de poca importancia que hacen sentir bien a las personas, aunque sólo sea temporalmente.

22. El estrés se puede reducir mediante el desarrollo del sentido de control sobre las circunstancias en que nos encontramos. En algunos casos, sin embargo, las personas desarrollan un estado de desamparo aprendido: una respuesta a una situación incontrolable que produce el sentimiento de que ningún comportamiento será efectivo para cambiar la situación; por consiguiente, nunca se intenta respuesta alguna. El afrontamiento del estrés puede tomar diversas formas, como el empleo inconsciente de mecanismos de defensa y el uso de estrategias de afrontamiento centradas en las emociones o en los problemas.

TÉRMINOS Y CONCEPTOS CLAVE

motivación (p. 292)

enfoque de la motivación relativa a instintos (p. 293)

enfoque de la motivación relativo a la reducción de pulsiones (p. 294)

pulsión (p. 294)

homeostasis (p. 294)

enfoque de la motivación relativo a excitación (p. 296)

enfoque de la motivación relativo a incentivos (p. 296)

enfoque cognitivo de la motivación (p. 296)

motivación intrínseca (p. 298)

motivación extrínseca (p. 298)

autorrealización (p. 299)

obesidad (p. 301)

peso ideal interno (p. 302)

metabolismo (p. 303)

anorexia nervosa (p. 305)

bulimia (p. 305)

genitales (p. 306)

andrógenos (p. 306)

estrógeno (p. 306)

progesterona (p. 306)

ovulación (p. 306)

masturbación (p. 307)

heterosexualidad (p. 307)

doble moral (p. 307)

homosexuales (p. 309)

bisexuales (p. 309)

necesidad de logro (p. 311)

necesidad de afiliación (p. 313)

necesidad de poder (p. 313)

emociones (p. 316)

teoría de la emoción de James-Lange (p. 320)

teoría de la emoción de Cannon-Bard (p. 321)

teoría de la emoción de Schachter-Singer (p. 321)

estrés (p. 326)

trastornos psicosomáticos (p. 326)

síndrome de adaptación general (SAG) (p. 327)

eventos cataclísmicos (p. 330)

trastorno de estrés postraumático (p. 330)

estímulos estresantes personales (p. 330)

estímulos estresantes de fondo (p. 331)

vicisitudes cotidianas (p. 331)

sucesos agradables (p. 331)

afrontamiento (p. 333)

mecanismos de defensa (p. 333)

intrepidez (p. 334)

RESPUESTAS A LA REVISIÓN ANTERIOR

1. estrés **2.** 1-b; 2-a; 3-c **3.** trastorno de estrés postraumático **4.** a **5.** afrontamiento **6.** intrepidez

DESARROLLO

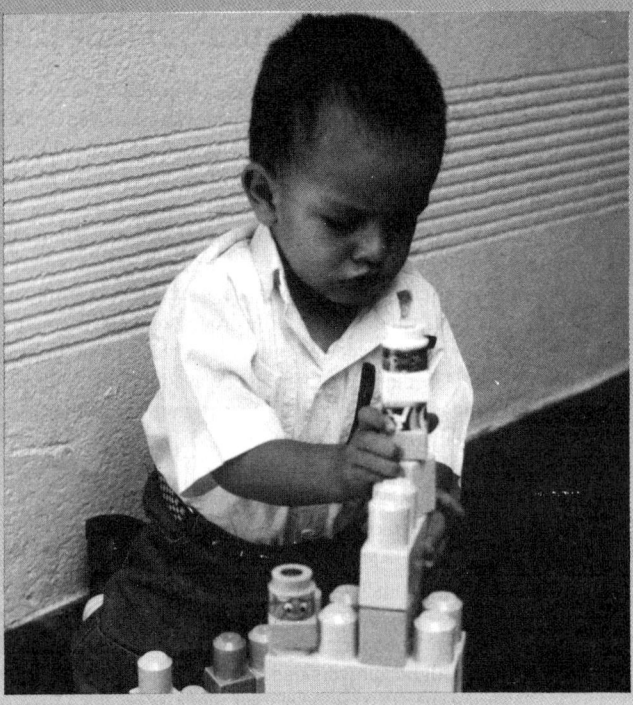

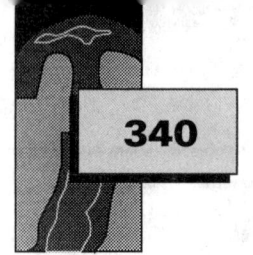

PRÓLOGO

Jamel Oeser-Sweat da a una niña pequeña.

Contra todas las probabilidades: Jamel Oeser-Sweat

Jamel Oeser-Sweat, de 17 años de edad, ha completado los requisitos para ser Explorador Águila. Es presidente de un programa para jóvenes llamado Red de Defensa para Apoyo a Niños (Supportive Children's Advocacy Network). Da clases a niños de educación elemental dos veces a la semana. Además, fue nombrado uno de los 40 finalistas en la Búsqueda de Talento Científico Westinghouse, entre unos 1 600 aspirantes.

Los logros de Oeser-Sweat son impresionantes. Sin embargo, lo que los hace en verdad notables son las circunstancias bajo las cuales ha logrado tanto.

Entre otras cosas, Oeser-Sweat debe recorrer el camino hasta su casa todos los días caminando entre prostitutas y distribuidores de drogas, quienes le gritan "¿Qué quieres? ¿Qué quieres?". Para llegar al departamento de su familia, localizado en un proyecto de vivienda pública, a veces debe pararse con la punta de sus pies en el elevador para evitar pisar charcos de orina.

En realidad, el edificio es un gran avance en comparación con su hogar anterior: una residencia mugrienta para personas sin hogar, de la que recuerda tiroteos en el vestíbulo y drogadictos ofreciendo en venta su ropa interior.

Otros aspectos de su infancia no fueron menos desventajosos. Su padre murió de cáncer cuando él era un niño de edad preescolar, y en una época su madre fue hospitalizada debido a dificultades psicológicas. Durante ese periodo, fue colocado en una casa-hogar para varones, mientras que sus hermanos menores fueron llevados a un hogar adoptivo.

Pero Oeser-Sweat no sólo logró sobrevivir, sino que prosperó. En la actualidad, cuando recibe una llamada en su departamento por el teléfono recién instalado, lo más probable es que sea un reclutador de alguna universidad. Tanto Harvard como Yale lo han exhortado a solicitar su inscripción. Aunque sus calificaciones y sus puntajes en el SAT son algo más bajos que los de solicitantes típicos de las escuelas de la Ivy League,* piensa que tiene otra cualidad que podría compensarlo. "Pienso que el mejor punto a mi favor es que puedo sobrellevar las cosas." (Purdy, 1994, p. 36)

¿Cuál es el secreto de la persistencia de Jamel Oeser-Sweat? ¿Cómo venció a un ambiente social difícil del tipo que acecha a muchos otros? ¿Qué le permitió lograr tanto cuando era tan evidente que las probabilidades estaban en su contra?

La notable historia de éxito de Oeser-Sweat plantea una de las interrogantes más fundamentales que enfrentan los psicólogos: ¿cómo interactúan los factores hereditarios y ambientales para producir un individuo único? Esta pregunta, entre otras, encaja dentro del dominio de la psicología del desarrollo.

La **psicología del desarrollo** es la rama de la psicología que estudia los patrones de crecimiento y cambio que ocurren durante la vida. En su mayoría, los psicólogos del desarrollo estudian la interacción entre el desenvolvimiento de los patrones de comportamiento predeterminados biológicamente y un entorno dinámico en constante cambio. Se preguntan cómo es que los antecedentes genéticos de una persona afectan su comportamiento durante la vida, si el potencial del individuo está limitado por la herencia, y en qué forma su programación biológica interna afecta su desarrollo diario. De la misma forma, se dedican a estudiar la manera en que el entorno trabaja a favor, o en contra, de las capacidades genéticas del individuo, cómo el mundo en el que vive afecta su desarrollo, y en qué forma puede ser motivado para desarrollar su potencial al máximo.

Más que otros psicólogos, quienes se especializan en el desarrollo consideran los patrones diarios y los cambios de comportamiento que se dan a lo largo de la vida. En este capítulo examinaremos aspectos del desarrollo que ocurren durante la vida, comenzando con el nacimiento, pasando por la infancia y la adolescencia y terminando con la edad adulta, la vejez y la muerte.

Psicología del desarrollo: rama de la psicología que estudia los patrones de crecimiento y cambio de las personas durante la vida

* *N. del R.T.* Grupo de universidades en el noreste de Estados Unidos, destacadas por su prestigio académico y social.

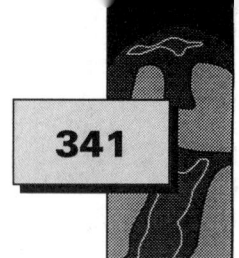
Iniciamos nuestra exposición del desarrollo con un análisis de los enfoques usados para entender y delinear los factores ambientales y genéticos que dirigen el desarrollo de una persona. Luego consideramos el inicio mismo del desarrollo, comenzando con la concepción y los nueve meses de vida antes del nacimiento. Describimos las influencias genéticas y ambientales en el individuo antes de nacer y explicamos cómo éstas pueden afectar el comportamiento durante todo el ciclo de vida.

Después examinamos los desarrollos físico y perceptual que ocurren después del nacimiento, observando el enorme y rápido crecimiento que tiene lugar durante las primeras etapas de la vida. También nos centramos en el mundo social del niño en desarrollo, exponiendo lo que lo atrae a entablar relaciones con los demás y convertirse en miembro de la sociedad. Exponemos la maduración cognitiva durante la infancia y la niñez, rastreando los cambios en la forma de pensar de los niños respecto al mundo.

Posteriormente examinamos el desarrollo desde la adolescencia hasta la edad adulta temprana, media y la tercera edad. Nuestra exposición de la adolescencia enfatiza algunos de los cambios físicos, emocionales y cognitivos importantes que ocurren durante esta transición de la infancia a la edad adulta. Después, consideramos la edad adulta temprana y media, etapas en las que los individuos están en la cima de sus capacidades físicas e intelectuales. Analizamos los cambios de desarrollo por los que atraviesan las personas durante estos periodos y su relación con el trabajo, la familia y los patrones de vida. Por último, en nuestro estudio de la tercera edad analizamos las clases de cambios físicos, intelectuales y sociales que se dan como consecuencia del proceso de envejecimiento, y veremos que éste puede ocasionar mejoras y disminuciones en varios tipos de funcionamiento. Terminamos con un análisis de las formas en que las personas se preparan para la muerte.

- *¿Cómo estudian los psicólogos el grado en que el desarrollo es una función conjunta de los factores hereditarios y ambientales?*
- *¿Cuál es la naturaleza del desarrollo antes del nacimiento?*
- *¿Qué factores afectan al niño durante el embarazo de la madre?*

HERENCIA Y AMBIENTE: UN TEMA FUNDAMENTAL DEL DESARROLLO

¿Cuántos bomberos voluntarios calvos de 1.90 metros de estatura, con 115 kilogramos de peso, de bigote caído, que usen anteojos de aviador y un llavero redondo en el lado derecho del cinturón viven en Nueva Jersey?

Gerald Levey y Mark Newman.

Respuesta: dos. Gerald Levey y Mark Newman. Gemelos separados al nacer; de hecho no sabían de la existencia del otro hasta que fueron reunidos en una estación de bomberos, por la intervención de un colega que conocía a Newman y quedó realmente sorprendido al ver a Levey en una convención de bomberos.

Sus vidas, aunque separadas, siguieron rumbos increíblemente similares. Levey estudió en la universidad para guardabosques; Newman pensaba estudiar lo mismo, pero se empleó como podador de árboles. Ambos trabajaron en supermercados. Uno instala sistemas de riego, el otro alarmas contra fuego.

Ninguno se ha casado, y buscan el mismo tipo de mujer: "alta, delgada, cabello largo". Tienen los mismos pasatiempos: ir de cacería, de pesca, a la playa, ver las películas viejas de John Wayne y la lucha profesional. A ambos les gusta la comida china y beben la misma marca de cerveza. Sus gestos son muy parecidos: por ejemplo, al reír echan la cabeza hacia atrás. Y, por supuesto, hay algo más: comparten la pasión por apagar incendios. (Lang, 1987)

Las similitudes que vemos en los gemelos Gerald Levey y Mark Newman plantean vivamente una de las preguntas fundamentales que se hacen los psicólogos del desarrollo: ¿cómo podemos distinguir entre las causas *ambientales* del comportamiento (la influencia de padres, hermanos, familia, amigos, educación, alimentación y el resto de las experiencias a las que se expone al niño) y las causas *hereditarias* (basadas en el acervo genético de un individuo y que influyen en el crecimiento y desarrollo a lo largo de la vida)? Esta pregunta, que exploramos primero al tratar la inteligencia en el capítulo 8, es conocida como el **debate herencia-medio ambiente**. En este contexto, herencia se refiere a los factores hereditarios y medio a las influencias ambientales.

Debate herencia-medio ambiente: debate sobre el grado relativo en el que el ambiente y la herencia influyen sobre el comportamiento

El debate herencia-medio tiene raíces filosóficas. En el siglo XVII, el filósofo inglés John Locke sostenía que un recién nacido era, en efecto, una pizarra en blanco, una *tabula rasa,* donde la historia de su experiencia individual podía ser escrita a partir de cero. Dicho de otra forma, creía que el ambiente actuaba como influencia única sobre el desarrollo. En contraste, el filósofo francés Jean Jacques Rousseau sostenía una concepción muy diferente del desarrollo en el siglo XVIII. Él creía que las características "naturales" de las personas (es decir, los factores genéticos) eran más influyentes, aunque sujetas a lo que Rousseau consideraba influencias corruptas del ambiente.

Aun cuando el asunto inicial era herencia *contra* medio, en la actualidad los psicólogos del desarrollo están de acuerdo en que *ambos*, tanto la herencia como el medio, interactúan para producir patrones y resultados específicos de desarrollo. El enfoque ha cambiado de *cuál* influye en el comportamiento, a *cómo* y en *qué* grado el ambiente y la herencia producen sus efectos. Nadie crece sin haber sido influido por el ambiente, como tampoco se desarrolla sin haber sido afectado por su acervo genético heredado. A pesar de esto, el debate sobre la influencia relativa de los dos factores continúa, con enfoques diferentes y teorías del desarrollo que hacen hincapié en el ambiente o en la herencia en mayor o menor grado.

Por ejemplo, algunas teorías del desarrollo destacan el papel del aprendizaje en los cambios de comportamiento del niño en desarrollo, basándose en los principios básicos del aprendizaje que se estudiaron en el capítulo 5. Esas teorías hacen hincapié en el papel que desempeña el ambiente sobre el desarrollo. En contraste, otros enfoques enfatizan la influencia de las características psicológicas de la persona y su funcionamiento sobre el desarrollo. Estas teorías destacan el papel de la herencia y la *maduración* —el desenvolvimiento de los patrones de comportamiento predeterminados biológicamente— como responsables del cambio relativo al desarrollo. La maduración puede verse, por ejemplo, en el desarrollo de las características sexuales (como los senos o el vello corporal) que se dan al inicio de la adolescencia.

En algunos puntos, sin embargo, existe consenso entre los psicólogos de diferentes marcos teóricos. Es claro que los factores genéticos no sólo proporcionan el potencial para que surjan ciertos comportamientos o rasgos, también establecen limitaciones para el surgimiento de ellos. Por ejemplo, la herencia define el nivel general de inteligencia, estableciendo un límite máximo, mismo que —sin importar la calidad del ambiente— la persona no puede superar. La herencia también establece límites en las habilidades físicas; los humanos simplemente no pueden correr a una velocidad de 100 kilómetros por

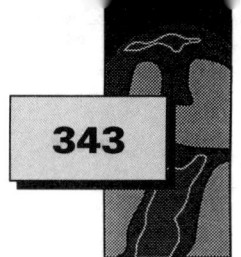

CUADRO 10.1	Características con componentes genéticos importantes	
Características físicas	**Características intelectuales**	**Características emocionales y trastornos**
Altura	Memoria	Timidez
Peso	Habilidad evaluada por pruebas de CI	Extroversión
Obesidad		Labilidad emocional
Tono de voz	Edad de adquisición del lenguaje	Neurosis
Presión arterial		Esquizofrenia
Propensión a las caries	Problemas de lectura	Ansiedad
Habilidad atlética	Retraso mental	Alcoholismo
Firmeza del saludo de manos		
Edad al momento de morir		
Nivel de actividad		

Fuente: Papalia y Olds, 1988; Plomin, 1989.

hora, como tampoco llegan a medir 5 metros, no importa cuál sea la calidad de su entorno (Plomin, 1990, 1994; Plomin y McClearn, 1993; Wachs, 1993).

Algunas de las características que resultan más afectadas por la herencia se enumeran en el cuadro 10.1. Al considerarlas es importante tener presente que éstas no se encuentran *totalmente* determinadas por la herencia. En lugar de ello, las mejores evidencias sugieren que en un grado relativamente grande las variaciones en estos factores se deben al acervo genético del individuo.

En la mayoría de los casos, los factores ambientales desempeñan un papel de importancia para permitir a las personas alcanzar las capacidades potenciales posibilitadas por sus antecedentes genéticos. Si Albert Einstein no hubiera recibido estimulación intelectual en la infancia y no hubiera sido enviado a la escuela, es poco probable que alcanzara su potencial genético. De modo similar, un gran atleta como la estrella del basquetbol Charles Barkley quizá no habría desplegado la mayoría de sus habilidades físicas si no hubiera crecido en un ambiente que nutriera su talento innato y que le diera la oportunidad de poner en práctica y perfeccionar sus habilidades naturales.

En resumen, los psicólogos del desarrollo asumen una posición *interaccionista* en el debate herencia-medio, sugiriendo que una combinación de factores hereditarios y ambientales influyen en el desarrollo. El reto que enfrentan los psicólogos del desarrollo es identificar los tipos específicos y la fuerza relativa de cada una de estas influencias en el individuo (Plomin y Neiderhiser, 1992; Wozniak y Fischer, 1993).

La cuestión herencia-medio

Los psicólogos del desarrollo han intentado determinar de diversas formas la influencia relativa de los factores genéticos y ambientales sobre el comportamiento, aunque no hay técnica infalible. Por ejemplo, los investigadores pueden controlar en forma experimental el acervo genético de animales de laboratorio, criándolos cuidadosamente para que tengan determinados rasgos. De la misma forma que los criadores de pavos de doble pechuga han aprendido a criar una variedad que crece con rapidez (para poder llevarlos al mercado con menos costos), los psicólogos son capaces de criar variedades de animales de laboratorio con un acervo genético similar. La observación de animales con antecedentes genéticos similares en ambientes distintos permite a los investigadores determinar los efectos de ciertos tipos de estimulación ambiental. Por desgracia, existe el problema de la generalización de los descubrimientos logrados con la investigación en animales hacia la población humana. Sin embargo, estos hallazgos ofrecen información fundamental que no se podría obtener con seres humanos como sujetos de estudio, por razones éticas.

Los gemelos humanos sirven también como una fuente importante de información acerca de los efectos relativos de los factores genéticos y ambientales. Si los **gemelos idénticos** (idénticos genéticamente) exhiben patrones distintos de desarrollo, debemos atribuir esas diferencias a las variaciones del ambiente en el que se criaron. Los datos más útiles proceden de gemelos idénticos (como Gerald Levey y Mark Newman), que son adoptados al nacer por distintas parejas de padres y que son criados en forma separada y en ambientes diferentes. Los estudios de hermanos que no son gemelos, criados en distintos ambientes, también arrojan alguna luz sobre este asunto. Debido a que comparten antecedentes genéticos muy parecidos, los hermanos que exhiben similitudes al llegar a la edad adulta proporcionan fuerte evidencia de la importancia de la herencia (Lykken, McGue, Telle gen y Bouchard, 1993).

También es posible tomar el camino opuesto. En vez de concentrarnos en personas con antecedentes genéticos similares criadas en ambientes distintos, podemos estudiar a individuos criados en ambientes parecidos con antecedentes genéticos diferentes por completo. Por ejemplo, si encontramos dos niños adoptados —con antecedentes genéticos diferentes— criados en una misma familia y que se desarrollan de modo similar, tendremos evidencias de la importancia de la influencia ambiental en el desarrollo. Además, es posible realizar investigaciones con animales cuyos antecedentes genéticos sean distintos; al modificar en forma experimental el ambiente en el que se les cría, podemos determinar la influencia de los factores ambientales (con independencia de la herencia) en el desarrollo (Segal, 1993).

El estudio del desarrollo

Los métodos específicos de investigación que emplean los psicólogos del desarrollo para abordar el debate herencia-medio, así como otro tipo de asuntos relativos al desarrollo, tienden a concentrarse en dos categorías principales: transversal y longitudinal (Cohen y Reese, 1991, 1994). Mediante el método de **investigación transversal**, se comparan personas de distintas edades en un mismo momento del tiempo. Los estudios transversales proporcionan información sobre las diferencias en el desarrollo entre grupos de edades diferentes.

Suponga, por ejemplo, que está interesado en el desarrollo de la capacidad intelectual en la edad adulta. Para realizar un estudio transversal tendría que comparar una muestra de personas de 25, 45 y 65 años de edad en una prueba del CI. Entonces podemos determinar si los puntajes promedio difieren en cada grupo de edad.

Sin embargo, la investigación transversal tiene sus limitaciones. Por ejemplo, no podemos estar seguros de que cualquier diferencia que encontremos en los puntajes del CI en nuestro ejemplo se deban sólo a diferencias de edad. En su lugar, pueden reflejar diferencias en oportunidades educativas entre las tres cohortes de edad. (*Cohorte* se refiere a un grupo de personas que crecieron de modo simultáneo en el mismo lugar.) De manera específica, cualquier diferencia de edad que encontremos en nuestro estudio transversal puede reflejar que las personas en el grupo de mayor edad pertenecen a una cohorte que tiene menos probabilidad de haber asistido a la universidad que aquellos en los grupos más jóvenes.

Una forma de evitar el problema es realizar un estudio con el empleo de la segunda estrategia de investigación importante usada por los psicólogos del desarrollo: un estudio longitudinal. En la **investigación longitudinal**, el comportamiento de uno o más sujetos se rastrea conforme los sujetos crecen o se hacen mayores. Los estudios longitudinales evalúan el *cambio* en la capacidad intelectual a través del tiempo, a diferencia de los estudios transversales, que evalúan *diferencias* entre grupos de personas.

Gemelos idénticos: gemelos con una estructura genética idéntica

Investigación transversal: método de investigación en el que se comparan personas de distintas edades en el mismo punto del tiempo

Investigación longitudinal: método de investigación que analiza el comportamiento a través del tiempo mientras los sujetos se desarrollan

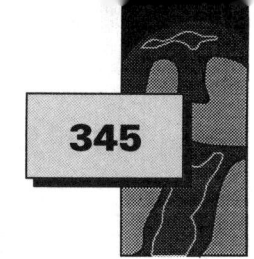

Por ejemplo, considere cómo podríamos investigar el desarrollo intelectual durante la edad adulta usando una estrategia de investigación longitudinal. Primero, podríamos aplicar pruebas del CI a un grupo de personas de 25 años de edad. Luego volveríamos con ellos 20 años después y los examinaríamos de nuevo a la edad de 45 años. Por último, regresaríamos con ellos una vez más cuando tuvieran 65 años de edad y les aplicaríamos la prueba de nuevo.

Al examinar los cambios a lo largo de varios puntos en el tiempo, podemos ver con claridad cómo se desarrollan los individuos. Por desgracia, también la investigación longitudinal presenta desventajas: necesita del transcurso de un enorme lapso (mientras el investigador espera que se desarrollen los sujetos de estudio), y los sujetos que participan en las primeras etapas de la investigación pueden retirarse, cambiar de residencia o incluso morir mientras el estudio continúa en marcha. Además, los sujetos que realizan la misma prueba en distintos momentos en el tiempo pueden volverse "expertos en la prueba" y desempeñarse mejor cada vez que la realizan, habiéndose familiarizado con ella.

Para compensar las limitaciones de las investigaciones transversal y longitudinal, los investigadores idearon un método alternativo. Se le conoce como **investigación multisecuencial** y combina los enfoques transversal y longitudinal al tomar diversos grupos de edades y examinarlos en diversos puntos del tiempo. Por ejemplo, los investigadores pueden emplear un grupo de niños de 3, 5 y 7 años de edad, examinándolos cada seis meses durante un periodo de varios años. Esta técnica permite a los psicólogos del desarrollo discriminar los efectos específicos producidos por los cambios de edad de otros factores probables de influencia.

Investigación multisecuencial: método de investigación que combina las investigaciones transversal y longitudinal al tomar diversos grupos de edad y examinarlos en distintos puntos del tiempo

El inicio de la vida: la concepción y más allá de ella

Nuestro conocimiento de la biología del inicio de la vida —cuando una célula sexual masculina (espermatozoide) penetra en una célula sexual femenina (óvulo), lo cual representa el momento de la *concepción*— no lo hace menos milagroso. En ese preciso instante se establece el acervo genético de un individuo para toda su vida.

Cuando el óvulo queda fertilizado por el espermatozoide el resultado es una entidad unicelular llamada **cigoto**, que comienza a desarrollarse de inmediato. El cigoto contiene 23 pares de **cromosomas**, estructuras con forma de bastón que contienen la información hereditaria básica. Un miembro de cada par procede de la madre y el otro del padre. Cada cromosoma contiene miles de **genes** —unidades más pequeñas por medio de las cuales se transmite la información genética—. Ya sea individualmente o en combinación, los genes producen las características específicas de cada persona (Aitken, 1995).

Mientras que algunos genes son responsables del desarrollo de sistemas comunes a todos los miembros de la especie humana —el corazón, el sistema circulatorio, el cerebro, los pulmones, etcétera— otros controlan las características que hacen único a cada ser humano, como la configuración facial, la altura, el color de los ojos y otras características similares. También se determina el sexo del individuo por obra de una combinación particular de genes. Específicamente, un individuo hereda un cromosoma X de su madre y un cromosoma X o Y de su padre. Una combinación XX da lugar a una niña; una combinación XY da lugar a un niño. El desarrollo de los hombres está determinado por un solo gen del cromosoma Y; sin la presencia de ese gen específico, el individuo se desarrollará como mujer (Roberts, 1988).

El cigoto comienza siendo un puntito microscópico. A medida que se divide por medio de un complejo sistema preprogramado de división celular, aumenta 10 000 veces de tamaño en sólo cuatro semanas, hasta medir más de cinco milímetros de largo (ver figura 10.1). Para entonces se le denomina **embrión** y ha desarrollado un corazón rudimentario (que ya late), un cerebro, un tracto intestinal y varios otros órganos. A pesar de que todos estos órganos están en una etapa primitiva de desarrollo, son fácilmente reconocibles. Más tarde, cuando se cumple la octava semana, el embrión mide cerca de 2.5 centímetros de largo y tiene brazos, piernas y un rostro que se pueden discernir.

Cigoto: entidad unicelular producto de la fertilización

Cromosomas: estructuras con forma de bastón que contienen la información hereditaria básica

Genes: partes del cromosoma que transmiten la información genética

Embrión: cigoto desarrollado que ya posee corazón, cerebro y otros órganos

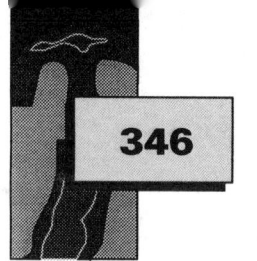

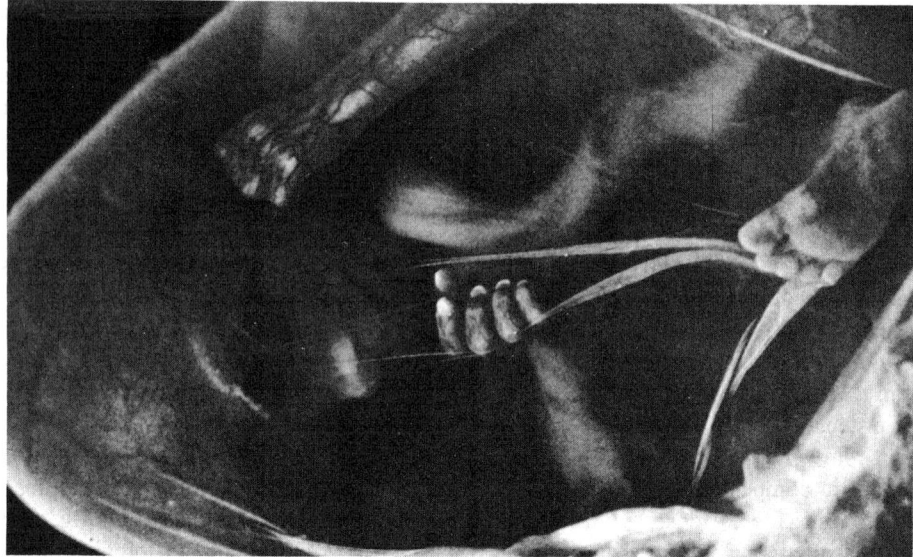

FIGURA 10.1 Esta impresionante fotografía de un feto vivo muestra el grado de desarrollo físico a las 16 semanas. (Véase Sección en color, pág. G.)

Periodo crítico: primera de varias etapas del desarrollo en donde deben ocurrir tipos específicos de crecimiento para poderse permitir un desarrollo normal posterior

Feto: bebé en desarrollo a partir de las nueve semanas después de la concepción y hasta su nacimiento

Edad de viabilidad: momento en el que el feto puede sobrevivir si nace prematuramente

Después de la octava semana el embrión se enfrenta a lo que se ha denominado **periodo crítico**, la primera de varias etapas en el desarrollo prenatal en las que deben ocurrir tipos específicos de crecimiento para que el individuo se desarrolle en forma normal. Por ejemplo, si los ojos y los oídos no se desarrollan en esta etapa, nunca se formarán, y si se llegan a formar anormalmente, estarán dañados de modo permanente. Durante estos periodos críticos, los organismos son en particular sensibles a las influencias ambientales, como la presencia de determinados tipos de drogas, las cuales, como se verá más adelante, pueden tener un efecto devastador en el desarrollo subsecuente (Bornstein y Krasnegor, 1989; Bornstein y Bruner, 1989).

Al individuo en desarrollo se le denomina **feto** a partir de la novena semana y hasta el nacimiento. Al inicio de este periodo comienza a responder al tacto; aprieta los dedos cuando se le toca la mano. Entre las 16 y 18 semanas, sus movimientos son lo suficientemente fuertes como para que la madre pueda sentirlo. Al mismo tiempo, puede comenzar a crecer cabello en la cabeza del bebé, y las características faciales comienzan a parecerse a las que exhibirá el niño o niña al nacer. Empiezan a funcionar los órganos principales, aunque no se le podría mantener con vida fuera de la madre. Además, se han producido las neuronas que acompañarán al individuo durante toda su vida —aunque no está claro si el cerebro en realidad es capaz de pensar en esta etapa tan temprana del desarrollo—.

En la vigesimocuarta semana, el feto tiene muchas de las características que habrá de mostrar como recién nacido. De hecho, cuando un bebé nace en forma prematura durante esta etapa, es capaz de abrir y cerrar los ojos, de succionar, de llorar, de ver hacia arriba, hacia abajo y a los lados, e incluso de coger objetos que se colocan en sus manos, aunque todavía no es capaz de sobrevivir durante mucho tiempo fuera de la madre.

El feto continúa su desarrollo previo al nacimiento. Comienza a acumular depósitos grasos debajo de la piel y sube de peso. El feto alcanza la **edad de viabilidad**, el punto en el que puede sobrevivir si nace prematuramente, alrededor de las 28 semanas, aunque gracias a los avances de la tecnología médica este límite de edad es cada vez menor. A las 28 semanas, el feto pesa cerca de 1.2 kg y mide aproximadamente 40 centímetros. Es capaz de aprender: un estudio descubrió que los hijos de madres que habían leído repetidamente en voz alta el cuento *El gato en el sombrero* (*The cat in the tlat*) antes del nacimiento, preferían el sonido de ese cuento en particular que el de otros (Spence y DeCasper, 1982; Lecanuet, Grenier-Deferre y Bushel, 1995).

En las últimas semanas del embarazo, el feto comienza a subir de peso y a crecer, a la vez que adquiere mayor capacidad de supervivencia. Al término de las 38 semanas normales de embarazo el feto suele pesar unos tres kg y mide cerca de 50 centímetros de largo.

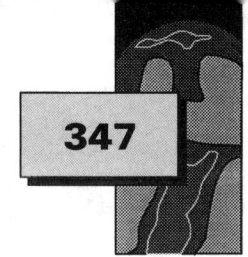

Influencias genéticas en el feto   El proceso de crecimiento fetal que acabamos de describir refleja el desarrollo normal, que tiene lugar entre el 95 y el 98% del total de embarazos. Algunas personas no tienen la misma suerte, ya que en los restantes 2 a 5% de los casos nacen niños con graves defectos congénitos. Una causa importante de tales defectos son genes o cromosomas defectuosos. He aquí algunos de los problemas genéticos y cromosómicos más comunes:

■ *Fenilcetonuria.* Un niño que nace con la enfermedad congénita llamada fenilcetonuria (PKU) es incapaz de producir una enzima necesaria para el desarrollo normal. Esto da por resultado una acumulación de venenos que por último producen un profundo retraso mental. Sin embargo, esta enfermedad es tratable, si se llega a detectar a tiempo. En la actualidad, a la mayoría de los bebés se les aplica la prueba de la fenilcetonuria, y a los niños que padecen esta enfermedad se les puede dar una dieta especial que les permite crecer en forma normal.

■ *Anemia de las células falciformes.* Cerca del 10% de la población de afroamericanos tiene la probabilidad de transmitir la anemia de las células falciformes, enfermedad que toma su nombre de la forma anormal que presentan los glóbulos rojos de la sangre de las víctimas. Los niños que la padecen por lo general tienen mal apetito, estómago hinchado y ojos amarillentos; con frecuencia mueren durante la infancia.

■ *Enfermedad de Tay-Sachs.* Los niños que nacen con la enfermedad de Tay-Sachs, trastorno que suele encontrarse más a menudo entre la población judía con antepasados de Europa Oriental, mueren al cumplir entre 3 y 4 años de edad a consecuencia de la incapacidad de su organismo para descomponer las grasas. Si ambos padres llevan consigo el defecto genético que produce esta enfermedad fatal, el hijo tiene una posibilidad entre cuatro de nacer con la enfermedad (Navon y Proia, 1989).

■ *Síndrome de Down.* En el capítulo 8 hablamos acerca del síndrome de Down como causa de retraso mental. Este trastorno no es provocado por un rasgo congénito transmitido por los padres, sino por una disfunción en la que el cigoto recibe un cromosoma adicional en el momento de la concepción, lo cual provoca retraso mental así como una apariencia física particular (lo cual determinó el nombre inicial de este síndrome: mongolismo). El síndrome de Down se relaciona con las edades de los padres; en especial, las madres mayores de 35 años de edad tienen un riesgo mayor que las mujeres más jóvenes de dar a luz un bebé con este problema.

Influencias ambientales prenatales   Los factores genéticos no son la única causa de dificultades en el desarrollo fetal; diversos factores del ambiente también tienen efecto sobre su desarrollo. Entre las principales influencias ambientales prenatales se encuentran las siguientes:

■ *Nutrición y estado emocional de la madre.* La dieta de la madre durante el embarazo puede tener importantes implicaciones para la salud de su bebé. Las madres seriamente desnutridas no pueden proporcionar una nutrición adecuada al bebé en crecimiento y quizá darán a luz bebés de bajo peso. Los bebés desnutridos también son más vulnerables a contraer enfermedades, y una falta de nutrición puede tener un impacto adverso sobre el desarrollo mental (Adams y Parker, 1990; Ricciuti, 1993).

Por otra parte, existen evidencias que indican que el estado emocional de la madre afecta al bebé. Las madres que muestran ansiedad y tensión durante los últimos meses del embarazo tienen más probabilidades de dar a luz bebés irritables y con problemas para comer y dormir. ¿Cuál es la razón? Una hipótesis sostiene que el sistema nervioso autónomo del feto se vuelve particularmente sensible como resultado de los cambios químicos producidos por el estado emocional de la madre (Kagan, Kearsley y Zelazo, 1978).

■ *Enfermedad de la madre.*   La epidemia de *rubéola* de 1964 y 1965 en Estados Unidos produjo la muerte prenatal o el nacimiento con malformaciones de cerca de 50 000 niños. Aunque esta enfermedad no tiene efectos tan graves sobre la madre, es una de varias enfermedades que pueden acarrear consecuencias devastadoras sobre el feto en

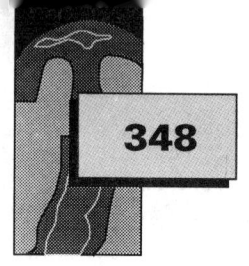

desarrollo si se contrae durante las primeras etapas del embarazo. Otras enfermedades maternales que pueden producir efectos permanentes en el feto son la sífilis, la diabetes y la hipertensión arterial.

El síndrome de inmunodeficiencia adquirida (SIDA) puede pasar de la madre al hijo antes del nacimiento. Desgraciadamente, en muchos casos las madres pueden incluso desconocer que son portadoras de la enfermedad y la transmiten a sus hijos sin percatarse de ello. El virus del SIDA también puede ser transmitido por la madre a través de la leche materna después del nacimiento (Heyward y Curran, 1988; HMHL, 1994a, 1994c).

■ *Consumo de drogas por parte de la madre.* Las drogas consumidas por una mujer embarazada pueden tener un efecto trágico sobre el niño por nacer. Es probable que el ejemplo más dramático haya sido el de la talidomida, un tranquilizante que fue recetado en forma extensa durante la década de 1960, hasta que se descubrió que causaba defectos congénitos graves como la ausencia de miembros. Otro ejemplo es la hormona dietilestilbestrol (DES), recetada hasta la década de 1950 para prevenir abortos. Ahora se sabe que las hijas de madres que tomaron DES durante el embarazo están en riesgo de presentar anormalidades del cuello de la matriz y la vagina y de desarrollar cáncer uterino. Los hijos cuyas madres tomaron DES tienen índices mayores de infertilidad y problemas reproductivos.

El alcohol y la nicotina también son peligrosos para el desarrollo fetal. Por ejemplo, el *síndrome alcohólico fetal*, una condición que produce retraso mental y en el crecimiento, se ha detectado en los hijos de madres que consumieron cantidades grandes, y en ocasiones incluso moderadas, de alcohol durante el embarazo. Además, las madres que consumen drogas que producen adicción física, como la cocaína, corren el riesgo de dar a luz bebés con la misma adicción. Los bebés recién nacidos sufren dolorosos síntomas de abstinencia después del nacimiento, y en ocasiones muestran también daño físico y mental permanente (M.W. Miller, 1986; Waterson y Murray-Lyon, 1990; Lemoine y Lemoine, 1992; Meyer y cols., 1996).

CUADRO 10.2	**Factores ambientales que afectan el desarrollo prenatal**
Factor	**Efecto posible**
Rubeola	Ceguera, sordera, anormalidades cardiacas, parto de mortinato
Sífilis	Retraso mental, deformidades físicas, aborto materno
Drogadicción	Peso bajo al nacer, adicción del bebé a la droga, con posible muerte, después del nacimiento, por la abstinencia
Tabaquismo	Nacimiento prematuro, peso y estatura bajos al nacer
Alcoholismo	Retraso mental, peso por debajo del promedio al nacer, cabeza pequeña, deformidades de los miembros
Radiación por rayos X	Deformidades físicas, retraso mental
Dieta inadecuada	Reducción en el crecimiento del cerebro, peso y estatura menor que el promedio al nacer
Edad de la madre: menor de 18 años al nacer el hijo	Nacimiento prematuro, aumento en la frecuencia de síndrome de Down
Edad de la madre: mayor de 35 años al nacer el hijo	Aumento en la frecuencia de síndrome de Down
DES (dietilestilbestrol)	Dificultades para la reproducción y aumento en la frecuencia de cáncer genital en hijos de madres a las que se les administró DES durante el embarazo para prevenir el aborto
SIDA	Posible contagio del virus del SIDA al bebé; deformidades faciales; fallas en el crecimiento

Fuente: Adaptado de Schickendanz, Schickendanz y Forsyth, 1982, p. 95.

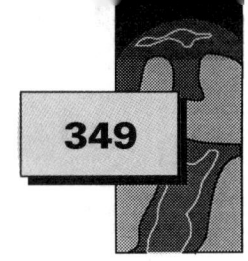

■ *Complicaciones al nacer.* Aunque la mayoría de los nacimientos son rutinarios, el proceso a veces resulta mal, provocando lesiones al bebé. Por ejemplo, el cordón umbilical que conecta al bebé con la madre puede comprimirse, restando oxígeno a aquél. Si esto ocurre durante mucho tiempo el niño puede sufrir daño cerebral permanente.

Otros diversos factores ambientales tienen efecto sobre el bebé antes y durante el nacimiento (véase el cuadro 10.2). Sin embargo, es importante tener presente que el desarrollo representa la interacción entre influencias genéticas y ambientales. A pesar de que hemos estado exponiendo ambos tipos de influencia en forma separada, ninguno de estos factores trabaja aisladamente. Además, aunque hemos enfatizado algunos de los puntos en que el desarrollo puede desviarse de lo normal, la gran mayoría de los nacimientos se produce sin dificultades. Y, en la mayor parte de los casos, el desarrollo subsecuente también sigue patrones normales, como se expondrá después.

RECAPITULACIÓN Y REVISIÓN

Recapitulación

- Un tema fundamental de la psicología del desarrollo es el debate herencia-medio, que busca determinar la influencia relativa de los factores ambientales y genéticos sobre el desarrollo.
- Durante el desarrollo prenatal, el cigoto unicelular se convierte en un embrión y después en un feto. El nacimiento ocurre normalmente 38 semanas después de la concepción.
- Los principales padecimientos provocados por factores genéticos son la anemia de las células falciformes, la fenilcetonuria (PKU), la enfermedad de Tay-Sachs, y el síndrome de Down. Entre las principales influencias ambientales sobre el desarrollo prenatal y la salud del recién nacido se cuentan la nutrición, el estado de salud y el consumo de drogas de la madre y la naturaleza del parto.

Revisión

1. Los psicólogos del desarrollo están interesados en los efectos que tienen la _____ y el _____ en el desarrollo.
2. El ambiente y la herencia influyen sobre el desarrollo. Sin embargo, los potenciales genéticos por lo general establecen límites a las influencias del ambiente. ¿Cierto o falso?
3. Al observar animales genéticamente similares en ambientes distintos podemos incrementar nuestra comprensión de las influencias de los factores hereditarios y ambientales en los seres humanos. ¿Cierto o falso?

4. Las investigaciones _____ estudian al mismo individuo durante un periodo determinado, mientras que las investigaciones _____ estudian a personas de diversas edades al mismo tiempo.
5. Relacione cada uno de los siguientes términos con su definición:
   1. Cigoto
   2. Gen
   3. Cromosoma

   a. Unidad mínima mediante la cual se transmite la información genética
   b. Óvulo fertilizado
   c. Estructura en forma de bastón que contiene la información genética
6. Durante el periodo _____ se deben producir tipos específicos de crecimiento para que el embrión se desarrolle de modo normal.

Pregúntese a sí mismo

Vistos los posibles efectos del ambiente sobre el niño en desarrollo, ¿considera usted que las mujeres embarazadas deberían responder ante la ley por su consumo de alcohol o de otras drogas que puedan dañar seriamente a sus hijos en gestación?

(Las respuestas a las preguntas de la revisión aparecen en la página 352.)

- **¿Cuáles son las piedras angulares del desarrollo físico, perceptual y social después del nacimiento?**
- **¿Cuál es la mejor forma de describir el desarrollo cognitivo?**

DESARROLLO FÍSICO Y SOCIAL

Su cabeza tenía una forma parecida a la de un gran melón puntiagudo… Estaba cubierto con un material blanco y grasoso conocido como "vérnix", el cual lo hacía resbaloso al sostenerlo y que le permitió deslizarse fácilmente a través del canal de nacimiento. Además de una mata de cabello negro en su cabeza, su cuerpo estaba cubierto por un fino vello oscuro conocido como "lanugo".

Sus oídos, su espalda, sus hombros y hasta sus mejillas estaban cubiertos de vello… Su piel estaba arrugada y suelta, a punto de despellejarse en algunos sitios como los pies y las manos… Sus orejas estaban prensadas contra la cabeza en posiciones extrañas —una oreja estaba enrollada firmemente hacia su mejilla—. Su nariz estaba aplanada y aplastada hacia un lado por la contracción al pasar a través de la pelvis (Brazelton, 1969, p. 3).

¿Qué clase de criatura es ésta? Aun cuando la descripción difícilmente concuerda con la de los bebés adorables que aparecen en los comerciales, estamos hablando de un niño normal y desarrollado por completo después del momento de su nacimiento. El recién nacido, llamado **neonato**, se presenta ante el mundo en una forma que difícilmente cumple con las normas típicas de belleza con las cuales por lo general evaluamos a los bebés. Aun así, pregunten a cualquier padre: nada es más hermoso o emocionante que ver por primera vez a su bebé recién nacido.

Neonato: recién nacido humano de cualquier género

Esta apariencia llena de imperfecciones del neonato se debe a varios factores. El paso a través del canal de nacimiento de la madre pudo comprimir los huesos aún no formados por completo del cráneo y aplastar su nariz en contra del rostro. Está cubierto de *vérnix*, un material blanco y grasoso que es secretado para proteger su piel antes del nacimiento, y puede que tenga *lanugo*, un vello suave que cubre todo su cuerpo. Sus párpados tal vez estén algo hinchados debido a una acumulación de fluidos como consecuencia de haber estado de cabeza durante el nacimiento.

Todas estas características cambian durante las dos primeras semanas de vida, en las que el neonato adquiere una apariencia más familiar. Incluso más impresionantes son las capacidades que comienza a exhibir el neonato desde el momento en que nace, capacidades que aumentan a una velocidad sorprendente en los meses y años siguientes.

Reflejos: respuestas involuntarias y no aprendidas a determinados estímulos

El neonato nace con diversos **reflejos** —respuestas involuntarias y no aprendidas que se producen automáticamente en presencia de determinados estímulos—. Muchos de estos reflejos son básicos para la supervivencia y se desarrollan en forma natural

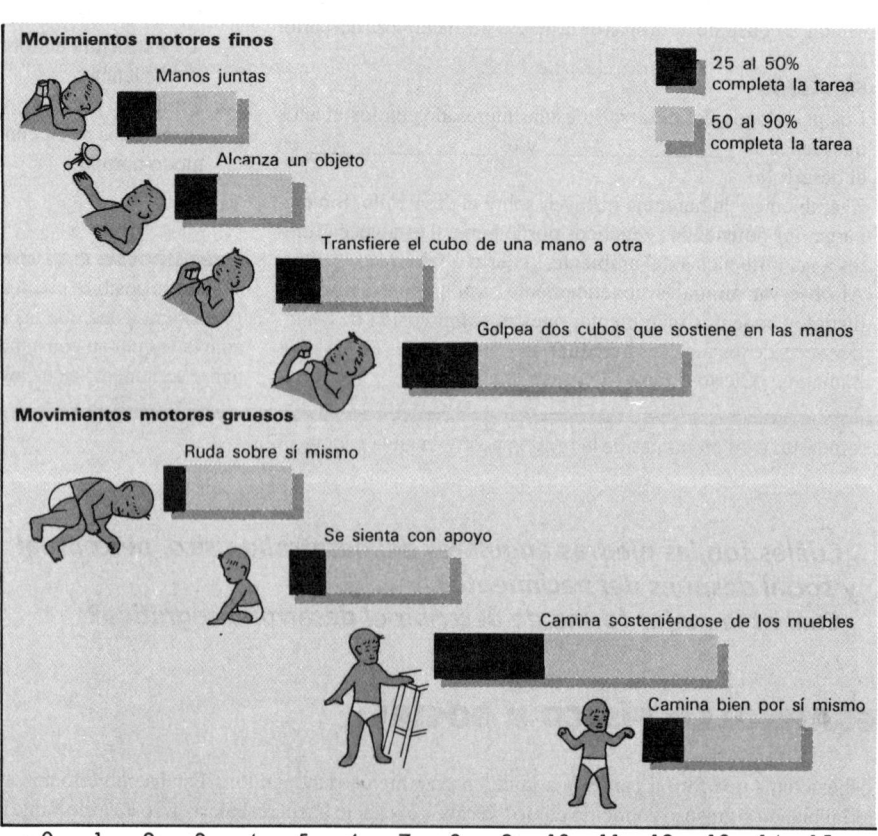

FIGURA 10.2 Esta gráfica de desarrollo físico ilustra el rango de edades a las que la mayoría de los bebés son capaces de realizar diversas actividades físicas. (*Frankenburg* y Dodds, 1967.)

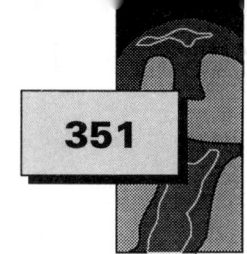

como parte integrante del proceso de maduración del neonato. Por ejemplo, el *reflejo de búsqueda* permite que los recién nacidos giren su cabeza hacia las cosas que rozan sus mejillas, como el pezón del pecho de la madre o una botella. De modo similar, el *reflejo de succión* hace que el bebé chupe las cosas que tocan sus labios. Entre otros, está el *reflejo para limpiar las flemas* (para limpiar su garganta); el *reflejo del moro* (un conjunto de movimientos en los que el bebé extiende sus brazos, estira los dedos y arquea la espalda en respuesta a un ruido repentino); y el *reflejo de Babinski* (los dedos de los pies del bebé se extienden cuando se acaricia la parte externa de la planta de su pie).

Estos reflejos primitivos se pierden pasados los primeros meses de vida, y son remplazados por comportamientos más complejos y organizados. Aun cuando al nacer el neonato sólo puede realizar movimientos voluntarios limitados y poco precisos, durante el primer año de vida su capacidad para moverse en forma independiente aumenta en forma importante. El bebé común es capaz de girar sobre sí mismo a la edad de 3 meses, puede sentarse sin apoyo a los 6 meses, pararse solo a los 11 meses y medio, y caminar cuando tiene poco más de un año de edad. No sólo mejora su capacidad para realizar movimientos a gran escala durante este periodo, sus movimientos musculares finos también adquieren mayor complejidad (como se observa en la figura 10.2).

Crecimiento después del nacimiento

Tal vez el signo más evidente del desarrollo sea el crecimiento físico del niño. Durante el primer año de vida, los niños llegan a triplicar el peso que tenían al nacer, y su estatura aumenta casi la mitad de la que tuvieron en el momento de su nacimiento. Este crecimiento rápido disminuye a medida que el niño se desarrolla —piense cuán gigantescos serían los adultos si el ritmo de crecimiento fuera constante—; por ello, el ritmo promedio de crecimiento desde los tres años hasta el principio de la adolescencia, a los 13 años más o menos, es un incremento de alrededor de 2.3 kg y 7.5 centímetros por año.

Los cambios físicos que se producen conforme se desarrollan los niños no son solamente una cuestión de aumento de tamaño; la relación entre las tallas de las distintas partes del cuerpo cambia de forma drástica según aumenta la edad de los niños. Como se observa en la figura 10.3, la cabeza del feto (y del recién nacido) es desproporcionadamente grande. Sin embargo, pronto la cabeza empieza a adquirir un tamaño más proporcional al resto del cuerpo, dado que el crecimiento se produce básicamente en el tronco y las piernas.

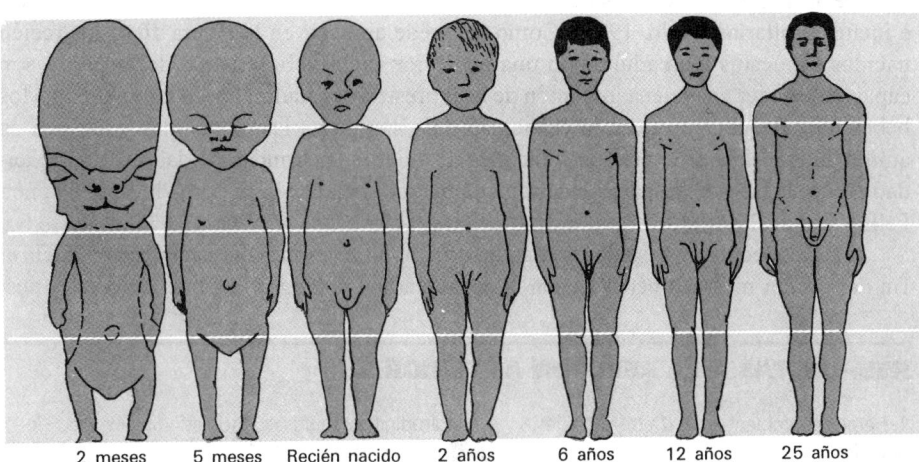

2 meses (fetal) 5 meses (fetal) Recién nacido 2 años 6 años 12 años 25 años

FIGURA 10.3 Conforme avanza el desarrollo disminuye el tamaño relativo de la cabeza, en relación con el resto del cuerpo, hasta llegar a la etapa adulta. (*Adaptado de Robbins, 1929.*)

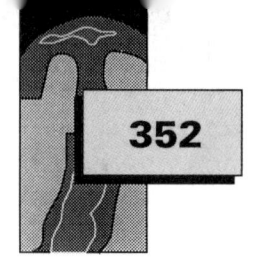

Desarrollo de la percepción: percatarse del mundo

Cuando los orgullosos padres cargan a su recién nacido y miran sus ojos, ¿el bebé les devuelve la mirada? Aun cuando se pensó durante algún tiempo que los neonatos solamente estaban en posibilidad de ver imágenes borrosas, la mayoría de los hallazgos recientes indican que sus capacidades son mucho más impresionantes (Horowitz y Colombo, 1990). Aunque sus ojos tienen una capacidad limitada para modificar la forma del cristalino, lo que torna difícil enfocar objetos que no estén entre 17 y 20 centímetros de distancia de su rostro, los recién nacidos son capaces de seguir objetos en movimiento dentro de su campo visual. También muestran los rudimentos de percepción de profundidad, pues reaccionan moviendo sus manos cuando un objeto aparenta moverse con velocidad hacia su rostro (Aslin y Smith, 1988; Colombo y Mitchell, 1990).

Podría pensar que es difícil determinar la agudeza visual de los recién nacidos, puesto que su carencia de lenguaje y de habilidad de lectura no les permite decir en qué dirección está ubicada la "E" de un cartel para evaluar la visión. Sin embargo, se han ideado métodos ingeniosos para evaluar las habilidades perceptuales de los neonatos, los cuales están basados en las respuestas biológicas y los reflejos innatos del recién nacido (Koop, 1994).

Por ejemplo, los bebés a los que se les muestra un estímulo novedoso de manera típica le prestan mucha atención y, como consecuencia, aumenta su ritmo cardiaco. Pero si se les muestra repetidamente el mismo estímulo, su atención a él disminuye, como lo indica un regreso a un ritmo cardiaco más lento. Este fenómeno se conoce como **habituación** —la disminución en la respuesta a un estímulo que ocurre después de presentaciones repetidas del mismo estímulo—. Al estudiar la habituación, los psicólogos del desarrollo pueden determinar si un niño demasiado pequeño para hablar detecta y discrimina un estímulo (Bornstein y Lamb, 1992).

Los investigadores han desarrollado otros métodos para medir la percepción del neonato y del bebé. Una técnica, por ejemplo, se relaciona con niños que chupan una mamila conectada a una computadora. Un cambio de ritmo y vigor en la succión se utiliza como indicador de que perciben variaciones de los estímulos. Otros enfoques incluyen el examen de los movimientos oculares de los bebés y el registro de la dirección en que mueven sus cabezas cuando se les presenta un estímulo visual (Milewski, 1976; Kolata, 1987; Bronson, 1990).

Gracias al empleo de tales técnicas de investigación hoy sabemos que la percepción visual de los recién nacidos es sumamente compleja desde el principio de su vida. Al nacer, los bebés prefieren patrones que muestren contornos y bordes sobre los menos distinguibles, lo cual indica su capacidad de responder a la configuración de los estímulos. Además, incluso los recién nacidos tienen conciencia de la constancia de tamaño, pues en apariencia son sensibles al fenómeno de que los objetos conservan el mismo tamaño a pesar de que su imagen en la retina pueda variar al cambiar la distancia a la que se encuentran (Slater, Mattock y Brown, 1990).

De hecho, los neonatos tienen la posibilidad de discriminar las expresiones faciales, e incluso imitarlas (Field, 1982). Como se puede apreciar en la figura 10.4, los recién nacidos expuestos a un adulto con una expresión facial feliz, triste o de sorpresa, son capaces de hacer una buena imitación de la expresión del adulto. Por lo tanto, incluso los bebés muy pequeños poseen la capacidad de responder a las emociones y estados de ánimo que revelan las expresiones faciales de quienes les brindan cuidado. Esta capacidad provee la base de las habilidades de interacción social de los niños (Phillips, Wagner, Fells y Linch, 1990).

Otras capacidades visuales aumentan con rapidez después del nacimiento. Hacia el fin del primer mes, los bebés tienen la capacidad de distinguir algunos colores, y des-

Habituación: disminución en la respuesta ante la presencia repetida del mismo estímulo

---

RESPUESTAS A LA REVISIÓN ANTERIOR

1. herencia; ambiente **2.** Cierto **3.** Cierto **4.** longitudinales; multisecuenciales **5.** 1-b; 2-a; 3-c
6. crítico

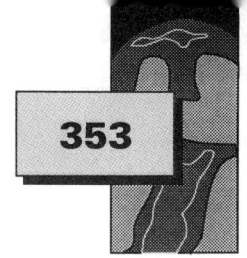

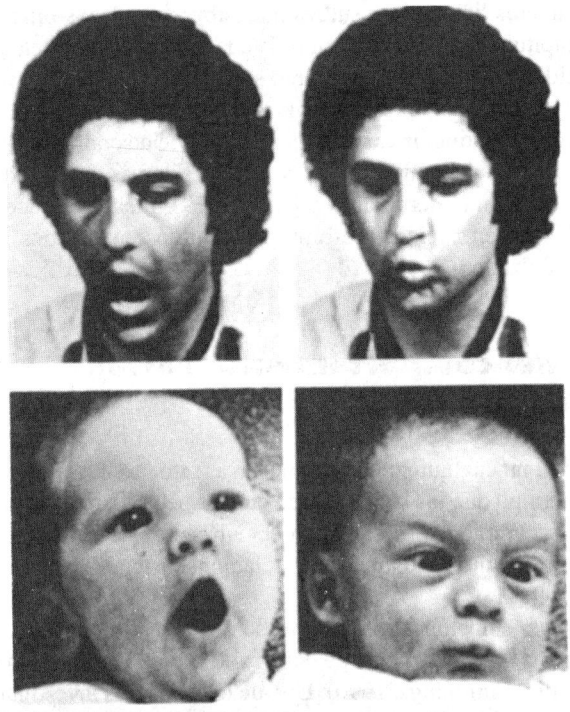

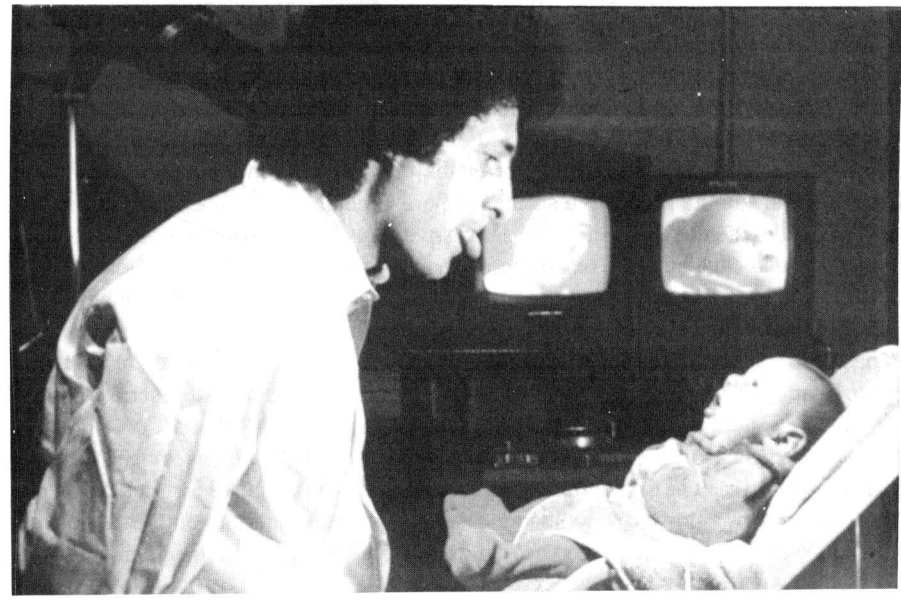

FIGURA 10.4 Este recién nacido claramente está imitando las expresiones del modelo adulto en estas increíbles fotografías. (*Cortesía de Andrew N. Meltzoff.*)

pués de los 4 meses pueden enfocar adecuadamente los objetos cercanos o lejanos. Cuando tienen cuatro o cinco meses pueden reconocer objetos de dos y tres dimensiones, y son capaces de utilizar los patrones gestálticos que ya analizamos con relación a la percepción de los adultos en el capítulo 3. Además, mejoran con rapidez sus capacidades perceptuales: la sensibilidad ante los estímulos visuales, por ejemplo, es tres o cuatro veces mayor al cumplir un año de edad de lo que era en el momento de nacer (Aslin y Smith, 1988; Bower, 1989; Atkinson y Braddick, 1989).

Además de la visión, las otras capacidades sensoriales de los bebés son sumamente impresionantes (por ejemplo, Trehub, Schneider, Thorpe y Judge, 1991). Los recién nacidos son capaces de distinguir diversos sonidos hasta el punto de poder reconocer la voz de su madre a la edad de 3 días (DeCasper y Fifer, 1980). También tienen la capacidad de

realizar discernimientos lingüísticos sutiles que subyacen a las habilidades de este tipo estudiadas en el capítulo 7. A los cuatro días de edad los bebés pueden discriminar entre sonidos tan parecidos como *ba* y *pa*, y pronto son capaces de distinguir entre su lengua materna y los idiomas extranjeros (Jusczyk y Derrah, 1987; Jusczyk, 1986). A los 6 meses de edad, pueden distinguir casi cualquier diferencia sonora que resulte de importancia para la producción del lenguaje (Aslin, 1987). Además, pueden discernir olores y sabores distintos a edad muy temprana (Steiner, 1979). Incluso parece existir un gusto especial innato: los recién nacidos prefieren los líquidos endulzados con azúcar a sus equivalentes no endulzados.

Desarrollo del comportamiento social: apropiarse del mundo

Como lo puede adivinar cualquier persona que haya visto la sonrisa de un niño al ver a su madre, al mismo tiempo que los bebés crecen en el aspecto físico y afilando sus capacidades perceptuales, también se desarrollan socialmente. La naturaleza del desarrollo social temprano de un niño fundamenta las relaciones sociales que perdurarán toda la vida (Eisenberg, 1994).

Apego: nexo emocional positivo que se desarrolla entre un niño y un individuo específico

El **apego**, el nexo emocional positivo que se genera entre un niño y un individuo en particular, es la forma más importante de desarrollo social que se produce en la infancia (Greeberg, Cicchetti y Cummings, 1990). Uno de los primeros investigadores en demostrar la importancia y la naturaleza del apego fue el psicólogo Harry Harlow. Él descubrió que los monos bebés a los que se daba la posibilidad de elegir entre un "mono" de alambre que proporcionaba alimento y un "mono" suave de tela afelpada que proporcionaba calidez, pero no alimento, preferían evidentemente el de tela, aunque realizaban escapadas ocasionales hacia el mono de alambre para obtener alimento (Harlow y Zimmerman, 1959). El mono de tela brindaba una mayor comodidad a los bebés; el alimento por sí solo no era motivo suficiente para generar apego (véase la figura 10.5).

A partir de este trabajo inicial, otros investigadores han sugerido que el apego crece por medio de la capacidad de respuesta de las personas encargadas de cuidar al bebé hacia las señales proporcionadas por el niño, tales como llanto, sonrisas, intentos de alcanzar objetos y abrazos. Mientras mayor sea la capacidad de respuesta de estas personas hacia las señales del niño, más probabilidades habrá de que éste genere un apego seguro. El apego completo se genera con el tiempo como resultado de una serie compleja de interacciones entre el cuidador y el niño conocida como el Sistema Conductual de Apego (Bell y Ainsworth, 1972). Es importante señalar que el niño desempeña un papel tan crítico y activo en la formación de un vínculo como el del cuidador. Los bebés que responden en forma positiva al cuidador promueven un comportamiento más positivo por parte de éste, el cual a su vez evoca un grado aún más fuerte de apego en el niño.

FIGURA 10.5 Aunque la "madre" de alambre provee leche al hambriento mono bebé, la "madre" de felpa es la preferida.

Medición del apego Los psicólogos del desarrollo diseñaron una forma rápida y directa de medir el apego. Elaborada por Mary Ainsworth, la *situación extraña de Ainsworth* consiste en una secuencia de sucesos que implican al niño y (de manera típica) a su madre. Al inicio, la madre y el bebé entran en una habitación desconocida y ella permite que el bebé la explore mientras permanece sentada. Un adulto extraño entra entonces a la habitación, después de lo cual la madre sale. Luego ella regresa y el extraño se va. La madre se va una vez más dejando al bebé solo, y el extraño regresa. Por último, éste se va y la madre regresa (Ainsworth, Blehar, Waters y Wall, 1978).

Las reacciones de los bebés ante la situación extraña varía de manera drástica, dependiendo, según Ainsworth, del grado de apego a la madre. Los niños de un año de edad que son clasificados como "apegados en forma segura" emplean a la madre como una especie de base, explorando en forma independiente, pero regresando a ella de manera ocasional. Cuando se va, exhiben angustia y van hacia ella cuando regresa. Los niños denominados "evitativos" no lloran cuando se va la madre, pero parecen ignorarla cuando regresa, pareciendo estar enojados con ella. Por último, los niños "ambivalentes" muestran ansiedad antes de ser separados y están intranquilos cuando la madre se va, pero pueden mostrar reacciones ambivalentes a su regreso tales como buscar un contacto íntimo pero al mismo tiempo golpeándola y pateándola.

La naturaleza del apego entre los niños y sus madres tiene consecuencias de largo alcance para el desarrollo posterior. Por ejemplo, un estudio demostró que los niños que tenían un apego seguro al año de edad exhibían menos dificultades psicológicas en edades posteriores que los "evitativos" o los ambivalentes (Lewis, Feiring, McGuffog y Jaskir, 1984). Además, los niños que poseen un apego seguro hacia sus madres tienden a ser social y emocionalmente más competentes que sus compañeros poseedores de un apego menos seguro, y se les considera más cooperadores, capaces y juguetones (Sroufe, Fox y Pancake, 1983; Ainsworth, 1989; Ainsworth y Bowlby, 1991; Holmes, 1994).

La significación del apego en el desarrollo de los niños plantea una pregunta importante: ¿los niños que asisten a centros de desarrollo infantil tienen menos apego a sus padres que los niños cuidados por sus padres en su hogar? Debido a que más de un millón de niños, muchos todavía bebés, son atendidos por cuidadores asalariados en centros fuera del hogar, la pregunta tiene una importancia práctica real (Booth, 1992). Los hallazgos de las investigaciones sobre el problema son inconsistentes. Algunas evidencias sugieren que los bebés atendidos fuera del hogar más de 20 horas a la semana en su primer año muestran menos apego hacia sus madres que aquellos que no son llevados a una guardería (Belsky y Rovine, 1988). Por otra parte, la mayoría de las demás investigaciones encuentran poca diferencia o ninguna en la intensidad de los lazos de apego hacia los padres de bebés y niños pequeños que han estado en centros de desarrollo infantil durante el día —sin importar la duración de la experiencia de cuidado externo— y aquellos criados sólo por sus padres. Es más, no hay evidencia de que los niños atendidos en centros sean más apegados a los cuidadores que a sus padres. De hecho, casi siempre parecen estar más apegados a sus padres (Rutter, 1982; Ragozin, 1980). En resumen, la mayor parte de la evidencia sugiere que los niños que son llevados a centros de desarrollo no están menos apegados a sus padres que aquellos a lo que no se les lleva.

El papel del padre Durante muchos años se ubicaba al padre en las sombras detrás de la madre, al menos en lo referente a la investigación sobre el desarrollo. Dado que tradicionalmente se pensaba que el nexo madre-hijo era lo más importante en la vida del niño, los investigadores de décadas anteriores se centraban en el estudio de esta relación. No obstante, en los últimos diez años se ha visto un aumento en el número de estudios que resaltan el papel de los padres en la crianza (Lamb, 1987; Phares, 1992).

Al mismo tiempo, ha crecido el número de padres que son cuidadores primarios de sus hijos. En el 20% de las familias con hijos, el padre es el progenitor que se queda en el hogar cuidando a los preescolares (O'Connell, 1993).

Por otra parte, en general los padres todavía pasan menos tiempo que las madres cuidando y jugando con sus hijos. Sin embargo, la fuerza del apego entre padres e hijos puede ser igual de intensa que la existente entre madres e hijos. A pesar de que los niños

pueden sentir apego al padre y a la madre al mismo tiempo (Lamb, 1982), la naturaleza del apego entre los niños y sus madres no siempre es idéntica a la de los niños con sus padres. Por ejemplo, los bebés tienden a preferir que los consuelen sus madres, aunque los padres sean igual de aptos para consolar y confortar a los niños.

La razón de las diferencias en el apego hacia las madres y los padres puede obedecer a que las primeras pasan una mayor parte de su tiempo alimentándolos y criándolos directamente, en tanto que los padres pasan más tiempo, en proporción, jugando con ellos (Parke, 1981). Además, la calidad del juego de los padres a menudo es diferente a la de las madres. Aquéllos realizan actividades físicas más bruscas, en tanto que las madres llevan a cabo juegos de mayor contenido verbal y más tradicionales, como jugar a esconderse. Estas diferencias en los estilos de juego suelen ser muy pronunciadas y ocurren incluso en la escasa minoría de las familias en las que la madre trabaja para sostener a la familia y el padre se queda en casa con los niños (Field, 1978; Power y Parke, 1982).

A pesar de las diferencias entre los comportamientos de padres y madres, cada uno de ellos representa una importante figura de apego y desempeña un papel muy destacado en el desarrollo social del niño. Además, el tiempo total que pasa un adulto con un niño a menudo tiene menos importancia que la calidad de éste (Hetherington y Parke, 1993).

Las relaciones sociales con los pares

Cualquiera que observe a un niño en edad preescolar correr a reunirse con un amigo del vecindario para jugar se da cuenta del gusto que obtiene el niño al estar con sus semejantes. Este tipo de amistades es de suma importancia para su desarrollo social (Lewis y Feinman, 1991). Según el psicólogo del desarrollo Willard Hartup, es necesario tener experiencia en relaciones "verticales" (con personas de mayor conocimiento y poder social, como son los padres) *y* en relaciones "horizontales" (con individuos con el mismo grado de conocimiento y poder social) para que los niños desarrollen competencia social (Hartup, 1989; Hartup y Moore, 1993).

A partir de los dos años de edad, los niños se vuelven más independientes de los padres y más autosuficientes, y prefieren jugar cada vez más con sus amigos. Al principio el juego es independiente en forma relativa: aunque puedan estar sentados uno al lado del otro, los niños de dos años ponen más atención a los juguetes que a sus compañeros cuando están jugando. Sin embargo, más tarde los niños interactúan activamente, modificando su comportamiento entre sí e intercambiando papeles durante el juego.

Cuando los niños alcanzan la edad escolar sus interacciones sociales se formalizan cada vez más, al igual que se hacen más frecuentes. Pueden participar en juegos elaborados que implican escenarios complejos. El juego también se vuelve más estructurado e involucra equipos y juegos con reglas rígidas (Mueller y Lucas, 1975; Stambak y Sinclair, 1993).

Se estima que a los dos años de edad los niños comienzan a independizarse de sus padres y prefieren jugar con amigos, aun cuando a esa edad es más probable que jueguen uno al lado del otro que juntos.

Es importante notar que el juego de los niños sirve a otros propósitos y no es únicamente diversión (Asher y Parker, 1991; Cohen, 1993). Permite a los niños adquirir mayor competencia en su interacción social con los demás. Por medio del juego aprenden a ver las cosas desde la perspectiva de otras personas, así como a inferir los sentimientos y pensamientos de los demás, aun cuando éstos no sean expresados en forma directa. En resumen, la interacción social ayuda a los niños a interpretar el significado del comportamiento de los demás y a desarrollar la capacidad para responder en forma apropiada (Crick y Dodge, 1994).

Además, los niños adquieren autocontrol físico y emocional a través del juego: aprenden a evitar golpear al adversario que los supera, aprenden a ser corteses y a controlar sus demostraciones emocionales y expresiones faciales, tal como sonreír aun cuando reciben un regalo que no les agrada (Selman, Schorin, Stone y Phelps, 1983; Feldman, 1982, 1993; Fox, 1994). Así pues, las situaciones que proporcionan a los niños oportunidades de interacción con otras personas pueden promover su desarrollo social. De hecho, los niños aprenden mucho entre sí, como se expone en el recuadro *La psicología en acción* de este capítulo.

Estilos de crianza y desarrollo social

Aunque muchos avances en el desarrollo social son incitados por la interacción con los semejantes, los patrones de crianza de los padres también moldean las aptitudes sociales de sus hijos. La psicóloga Diana Baumrind (1971, 1980) encontró que los estilos de crianza caen en tres categorías principales. Los **padres autoritarios** son rígidos y punitivos y valoran la obediencia incondicional de sus hijos. Tienen normas estrictas y desalientan las expresiones de desacuerdo. Los **padres permisivos** dan a sus hijos una dirección relajada o inconsistente y, aunque afectuosos, les exigen poco. Por último, los **padres con autoridad** son firmes y establecen límites para sus hijos. Conforme los hijos crecen, estos padres intentan razonar con ellos y explicarles las cosas. También establecen objetivos claros y fomentan la independencia de sus hijos (véase el cuadro 10.3).

Como se podría esperar, las tres clases de estilos de crianza de los hijos se asocian con tipos muy diferentes de comportamiento en los niños (aunque hay, por supuesto, muchas excepciones). Los hijos de padres autoritarios tienden a ser antisociales, poco amistosos y relativamente retraídos. En contraste, los hijos de padres permisivos son inmaduros, berrinchudos y dependientes y tienen poco autocontrol. A los hijos de padres con autoridad les va mejor: sus habilidades sociales son altas —son agradables, seguros de sí mismos, independientes y cooperativos—.

Antes de apresurarnos a felicitar a los padres con autoridad y a condenar a los padres autoritarios y permisivos, es importante señalar que en muchos casos los padres autoritarios y permisivos producen hijos que están perfectamente bien adaptados. Es más, cada niño nace con un **temperamento** particular —una disposición innata básica—. Algunos niños son afectuosos y cariñosos en forma natural, mientras que otros son

Padres autoritarios: padres que son rígidos y punitivos y que valoran la obediencia incondicional de sus hijos

Padres permisivos: padres que son relajados, inconsistentes y no exigentes, aunque son cariñosos con sus hijos

Padres con autoridad: padres que son firmes, establecen límites claros, y razonan con sus hijos y les dan explicaciones

Temperamento: disposición innata básica

CUADRO 10.3   Patrones de crianza de los hijos

Estilo de los padres	Comportamiento de los padres	Comportamiento de los hijos
Autoritario	Rígido, punitivo; normas estrictas	Antisocial, hostil, retraído
Permisivo	Relajado, inconsistente, poco exigente	Inmaduro, berrinchudo, dependiente, poco autocontrol
Con autoridad	Firme, establece límites y objetivos, usa el razonamiento, fomenta la independencia	Buenas habilidades sociales; agradable, seguro de sí mismo, independiente

Infantes expertos: bebés que enseñan a bebés

Fue durante los días de vientos violentos de marzo pasado que el bebé de 10 meses de edad, Russell Ruud, le enseñó a otros bebés de su grupo de la estancia infantil una lección que los padres de los niños hubieran deseado que no les enseñara: cómo desabrochar las cintas de velcro de sus gorras invernales.

"Un día llegué a recoger a Russell y su maestra me dijo que las otras madres se habían quejado de que sus hijos habían aprendido de él la manera de quitarse las gorras", dijo Judith Ruud, la madre de Russell...

"Nunca le mostré a Russell cómo desabrochar el velcro... Lo aprendió por ensayo y error, y los otros niños lo vieron hacerlo un día cuando los estaban vistiendo para un paseo." (Goleman, 1993a, p. C10)

La lección de Russell a sus compañeros de clase sólo es un ejemplo de la manera en que los bebés, algunos de los cuales son demasiado pequeños incluso para hablar, pueden comunicarse entre sí el conocimiento del mundo que los rodea. De acuerdo con la investigación realizada por los psicólogos del desarrollo, Elizabeth Hanna y Andrew Meltzoff, los llamados bebés expertos son capaces de transmitir una cantidad asombrosa de información a otros bebés (Hanna y Meltzoff, 1993). Y la información se pega: lo que aprenden los demás niños de los "expertos" es retenido y puesto en práctica más tarde.

En su investigación, Hanna y Meltzoff diseñaron cinco juguetes con los cuales un niño de un año de edad disfrutaría jugando. Aunque relativamente simples, cada uno requería cierta manipulación para que funcionara en forma apropiada. Por ejemplo, uno era

una taza de plástico que se desarmaba si era empujada de cierta manera con la palma de la mano.

En la primera parte del estudio, un grupo de bebés observó a un experimentador demostrar cómo jugar con uno de los cinco juguetes. Luego se les permitió a los bebés jugar con ellos y aprender a usarlos. En una fase posterior del estudio, hecha en un centro de desarrollo infantil, los bebés que ahora eran expertos jugaron con un juguete mientras otros bebés los observaban, aunque a estos últimos no se les permitió jugar. Sin embargo, dos días después, los bebés observadores tuvieron su oportunidad: se les permitió jugar con el juguete en sus propios hogares. Los investigadores encontraron que casi tres cuartas partes de los bebés observadores fueron capaces de jugar en forma correcta con el juguete.

Es evidente que incluso los bebés pequeños son capaces de aprender y recordar información a la que están expuestos en los centros de desarrollo infantil, incluso después de que ha transcurrido un periodo considerable. Además, esto puede suceder incluso si no se les da de inmediato la oportunidad de practicar sus habilidades.

Estos hallazgos sugieren que el contacto con otros bebés puede tener beneficios considerables –una conclusión corroborada por las investigaciones que examinan los beneficios de los centros de desarrollo infantil–. Por ejemplo, los niños que asisten a centros de desarrollo infantil de calidad superior no sólo pueden desarrollarse tan satisfactoriamente como los niños que se quedan en casa con sus padres, sino que en algunos aspectos en verdad pueden hacerlo mejor. Como resultado, los niños que asisten a estos lugares por lo general son más considerados y sociables que otros niños, e interactúan de manera

más positiva con los maestros. También pueden ser más dóciles y regular su propio comportamiento de manera más efectiva (Howes, 1990; Clarke-Stewart, Gruber y Fitzgerald, 1994).

Además, en especial para los niños que provienen de hogares pobres o con desventajas, los centros de desarrollo infantil con ambientes enriquecidos —en especial aquellos con muchos juguetes, libros, una variedad de niños y cuidadores de calidad superior— a menudo demuestran ser más estimulantes intelectualmente que los ambientes domésticos de los niños. Esta atención infantil puede conducir a un incremento en el desempeño intelectual que se refleja en puntajes de CI superiores y un mejor desarrollo del lenguaje (Lee, Brooks-Gunn, Schnur y Liaw, 1990). De hecho, algunas investigaciones sugieren que los niños de centros de desarrollo infantil obtienen puntajes superiores en las pruebas de capacidades cognitivas a los de los niños cuidados por sus madres o por niñeras en su hogar (Clarke-Stewart, 1991; Barnett, 1993).

En general, puede haber beneficios significativos por la interacción social y la estimulación intelectual proporcionadas por los centros de desarrollo infantil de calidad superior. Sin embargo, la clave aquí es la *calidad superior* (la cual puede no ser fácil de encontrar). En contraste, los centros de desarrollo infantil de calidad deficiente proporcionan poca ventaja o ninguna. Además, no sabemos todavía si los beneficios de este tipo de cuidado duren hasta la edad adulta. Aun así, es evidente que la participación en los centros de desarrollo infantil proporciona la oportunidad para una interacción y estimulación sociales que pueden resultar ser benéficas (Zaslow, 1991; Zigler y Lang, 1991; Zigler y Styfco, 1993; Clarke-Stewart, Gruber y Fitzgerald, 1994).

irritables y quisquillosos. La clase de temperamento con la que nace un bebé puede evocar en parte tipos particulares de estilos de crianza por parte de los padres (Goldsmith, Buss, Plomin, Rothbart, Thomas, Chess, Hinde y McCall, 1987; Goldsmith y Harman, 1994).

Además, los hallazgos respecto a los estilos de crianza de los hijos son aplicables sobre todo a la sociedad estadounidense, en la que un valor dominante es que los niños deben aprender a ser independientes y no depender demasiado de sus padres. En contras-

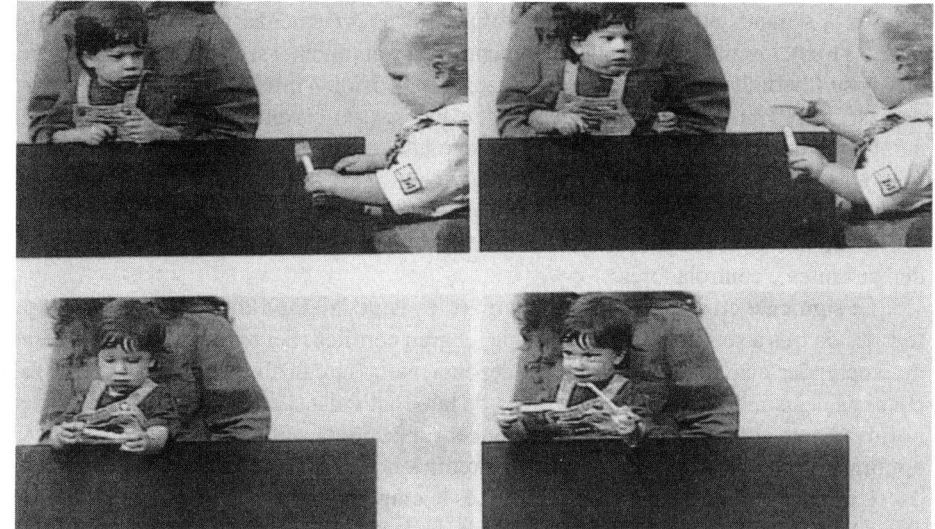

Estas fotografías muestran a un sujeto en el estudio de Hanna y Meltzoff (1993), expuesto en el recuadro de *La psicología en acción*. En la acción vista en las dos fotografías superiores, un niño de 14 meses de edad "entrenado" desarma un juguete mientras otro bebé no entrenado lo observa desde el regazo de su madre. Después de una demora de cinco minutos, al segundo bebé se le permite jugar con el mismo juguete. En las dos fotografías inferiores se aprecia la forma en que logra desarmar el juguete. El estudio proporciona una evidencia gráfica de que los bebés pueden enseñar a otros bebés.

te, los padres japoneses fomentan la dependencia para promover los valores de cooperación y vida comunitaria. Estas diferencias en los valores culturales dan como resultado filosofías muy diferentes en la crianza de los hijos. Por ejemplo, las madres japonesas creen que es un castigo hacer que un niño pequeño duerma solo, así que muchos niños duermen junto a sus madres durante toda su infancia (Kagan, Kearsley y Zelazo, 1978; Miyake, Chen y Campos, 1985).

En resumen, la educación de un niño es consecuencia de la filosofía de la crianza de los hijos que tengan los padres, las prácticas específicas que empleen y la naturaleza de su propia personalidad y la de sus hijos. Como en el caso de otros aspectos del desarrollo, entonces, el comportamiento es una función de una interacción compleja de factores ambientales y genéticos (Maccoby, 1992; Darling y Steinberg, 1993; Smetana, 1995).

Teoría de Erikson sobre el desarrollo psicosocial

Al tratar de seguir el curso del desarrollo social, algunos teóricos han considerado la manera en que la sociedad y la cultura presentan retos que cambian a medida que madura el individuo. Siguiendo este esquema, el psicoanalista Erik Erikson desarrolló una de las teorías más generales sobre el desarrollo social. Según Erikson (1963), los cambios evolutivos que se dan durante nuestra vida corresponden a una serie de ocho etapas de desarrollo psicosocial. El **desarrollo psicosocial** abarca desde los cambios en las interacciones y la comprensión de los demás, hasta el conocimiento y comprensión de sí mismo como miembro de la sociedad.

Desarrollo psicosocial: desarrollo de las interacciones entre los individuos, de la comprensión que tienen de los demás y del conocimiento de sí mismos como miembros de la sociedad

Erikson sostiene que el paso a través de cada una de estas etapas implica la resolución de una crisis o conflicto. De acuerdo con esto, cada una de las ocho etapas de Erikson representa el aspecto más positivo y el más negativo de la crisis de ese periodo. Si bien esas crisis nunca se resuelven por completo —la vida se vuelve cada vez más complicada conforme crecemos— deben resolverse en medida suficiente para encarar las demandas de la siguiente etapa de desarrollo.

En la primera etapa de desarrollo psicosocial, la **etapa de confianza *vs.* desconfianza** (desde el nacimiento hasta un año y medio de edad), los niños desarrollan sentimientos de confianza si sus demandas físicas y necesidades psicológicas de apego son satisfechas constantemente, y si sus interacciones con el mundo por lo general son positivas. Por otra parte, un cuidado inconsistente, junto con interacciones desagradables con los demás, pueden desarrollar desconfianza en el niño y menguar su capacidad para enfrentarse a las situaciones planteadas por la siguiente etapa del desarrollo.

Etapa de confianza *vs.* desconfianza: según Erikson, primera etapa del desarrollo psicosocial que comprende desde el nacimiento hasta los 18 meses de edad, durante la cual los bebés desarrollan sentimientos de confianza o desconfianza

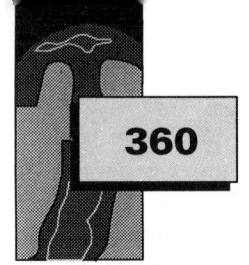

Etapa de autonomía *vs*. vergüenza y duda: de acuerdo con Erikson, periodo durante el cual los niños de 18 meses a tres años de edad desarrollan independencia y autonomía si se fomenta en ellos la exploración y la libertad o, si se les restringe y sobreprotege, vergüenza y falta de confianza en sí mismos.

Etapa de iniciativa *vs*. culpa: según Erikson, éste es el periodo durante el cual los niños de tres a seis años de edad experimentan un conflicto entre la independencia de la acción y los resultados ocasionalmente negativos de ella

Etapa de industria *vs*. inferioridad: de acuerdo con Erikson, en este periodo los niños de seis a 12 años pueden desarrollar interacciones sociales positivas o sentirse inadecuados y volverse menos sociables

En la segunda etapa, la **etapa de autonomía *vs*. vergüenza y duda** (de un año y medio a tres), los niños desarrollan independencia y autonomía si se fomenta su exploración y su libertad; o experimentan vergüenza, indecisión e infelicidad si se les reprime demasiado o sobreprotege. De acuerdo con Erikson, la clave para el desarrollo de la autonomía durante este periodo radica en que las personas que tengan a su cuidado al niño ejerzan sobre él un grado apropiado de control. Si los padres ejercen demasiado control, los hijos no podrían autoafirmarse o desarrollar su propio sentido de control sobre su entorno; si los padres ejercen un control deficiente, los hijos serán demasiado demandantes y controladores.

La siguiente crisis que encaran los niños es la de la **etapa de iniciativa *vs*. culpa** (edades de tres a seis años). En esta etapa, el gran conflicto del niño está entre su deseo de emprender actividades en forma independiente y la culpabilidad que surge de las consecuencias indeseables e inesperadas de tales actividades. Si los padres reaccionan positivamente ante los intentos de independencia del niño, ayudan a sus hijos a resolver en forma positiva la crisis de la iniciativa frente a la culpa.

La cuarta y última etapa de la infancia es la **etapa de industria *vs*. inferioridad** (de seis a 12 años de edad). Durante este periodo, el desarrollo psicosocial exitoso se caracteriza por un aumento de la competitividad en todas las áreas, sean interacciones sociales o habilidades académicas. En contraste, las dificultades en esta etapa provocan sentimientos de fracaso o inadecuación.

La teoría de Erikson sugiere que el desarrollo psicosocial de las personas continúa durante toda la vida, ya que aún existen cuatro crisis más posteriores a la infancia (las cuales analizaremos más adelante en este capítulo). Aun cuando su teoría ha sido criticada en varios aspectos —tales como utilizar conceptos poco precisos y hacer mayor énfasis en el desarrollo masculino que en el femenino— aún mantiene su influencia y es una de las pocas teorías que abarca el ciclo completo de la vida.

- *¿Cuál es la mejor forma de describir el desarrollo cognitivo?*
- *¿Qué pueden hacer los padres para promover la competencia de sus hijos?*

DESARROLLO COGNITIVO

Suponga que tiene dos vasos con formas diferentes: uno corto y ancho, y el otro largo y estrecho. Ahora imagine que llena el primero de ellos hasta la mitad con refresco y después vierte el líquido en el segundo. El contenido parece llenar cerca de tres cuartas partes del segundo vaso. Si alguien le preguntara si hay más refresco en el segundo vaso que en el primero, ¿qué contestaría usted?

Quizá piense que una pregunta tan sencilla difícilmente merece una respuesta; por supuesto que la cantidad de refresco es la misma en los dos vasos. Sin embargo, la mayoría de los niños de cuatro años tenderán a decir que hay más refresco en el segundo vaso. Si usted vierte el líquido nuevamente en el vaso corto, dirían que hay menos refresco del que había en el vaso largo.

¿Por qué se confunden los niños pequeños ante este problema? La razón no es tan obvia. Cualquier persona que observe a niños en edad preescolar quedará impresionada de lo mucho que han progresado desde las primeras etapas de desarrollo. Hablan con facilidad, conocen el alfabeto, saben contar, participan en juegos complejos, usan la grabadora, cuentan cuentos y se comunican con gran habilidad.

Aun así, a pesar de esta gran complejidad, existen grandes abismos en cuanto a su comprensión del mundo. Algunos teóricos sostienen que los niños son incapaces de comprender ciertas ideas acerca del mundo hasta que alcanzan una etapa específica de **desarrollo cognitivo** —el proceso por medio del cual cambia la comprensión del mundo del niño en función de su edad y experiencia—. En contraste con las teorías del desarrollo físico y social analizadas con anterioridad (como la de Erikson), las teorías del desarrollo cognitivo intentan explicar los avances cuantitativos y cualitativos en el área intelectual que se dan durante el desarrollo.

Desarrollo cognitivo: proceso mediante el cual cambia la comprensión del mundo por parte del niño en función de su edad y su experiencia.

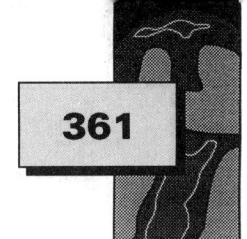

Teoría de Piaget del desarrollo cognitivo

Ninguna teoría de desarrollo cognitivo ha tenido más impacto que la del psicólogo suizo Jean Piaget. Piaget (1970) sugirió que los niños de todo el mundo pasan a través de una serie de cuatro etapas en un orden fijo. Sostiene que éstas se diferencian no sólo en cuanto a la *cantidad* de información adquirida en cada etapa, sino también en relación con la *calidad* del conocimiento y la comprensión de la etapa. Desde un punto de vista interaccionista, Piaget sugiere que el paso de una etapa a la siguiente ocurre cuando el niño alcanza un nivel apropiado de maduración *y* se le ha expuesto a tipos relevantes de experiencias. Sin éstas, se asume que los niños son incapaces de alcanzar su nivel máximo de desarrollo cognoscitivo.

Las cuatro etapas de Piaget son conocidas como la etapa sensoriomotora, la preoperacional, la de las operaciones concretas y la de las operaciones formales (véase el cuadro 10.4). Examinemos cada una de ellas y las edades aproximadas que abarcan.

Etapa sensoriomotora: desde el nacimiento hasta los dos años   Durante la primera parte de la **etapa sensoriomotora** el niño posee relativamente poca capacidad para representar el entorno utilizando imágenes, lenguaje u otros tipos de símbolos. En consecuencia, el infante no tiene conciencia de los objetos o las personas que no estén inmediatamente presentes en un momento dado, por lo cual carece de lo que Piaget llama la **permanencia de objeto**. La permanencia de objeto es la conciencia de que los objetos —y las personas— continúan existiendo aun cuando no estén al alcance de la vista.

¿Cómo es posible saber que los niños carecen de permanencia del objeto? Aun cuando no podamos preguntar a los infantes, podemos ver su reacción cuando un juguete con el que juegan es escondido bajo el cobertor. Aproximadamente hasta la edad de 9 meses, los niños no hacen ningún intento por encontrar el juguete. Sin embargo, aproximadamente a partir de esa edad empiezan a buscar de forma activa el objeto escondido, lo cual indica que ya elaboraron una representación mental de éste. La permanencia del objeto, pues, es un desarrollo crítico durante la etapa sensoriomotora.

Etapa preoperacional: de dos a siete años   El desarrollo más importante durante la **etapa preoperacional** consiste en el uso del lenguaje, que se describe con más detalle en el capítulo 7. Los niños desarrollan sistemas internos de representación que les permiten describir a las personas, eventos y sentimientos. Incluso utilizan símbolos en sus juegos, pretendiendo, por ejemplo, que un libro que arrastran por el suelo es un auto.

Aunque el pensamiento de los niños es más avanzado en esta etapa que en la etapa sensoriomotora, todavía es cualitativamente inferior al pensamiento de los adultos. Se aprecia esto al observar al niño en la etapa preoperacional absorto en **pensamiento egocéntrico**, una forma de pensar en la que el niño ve el mundo totalmente desde su propia perspectiva. Los niños preoperacionales piensan que todos comparten su propia perspec-

Etapa sensoriomotora: de acuerdo con Piaget, etapa que abarca desde el nacimiento hasta los dos años, durante la cual el niño carece de competencia para representar el entorno mediante el uso de imágenes, lenguaje u otros símbolos

Permanencia de objeto: conciencia de que los objetos no dejan de existir por no estar al alcance de la vista

Etapa preoperacional: según Piaget, es el periodo comprendido entre los dos y los siete años de edad que se caracteriza por el desarrollo del lenguaje

Pensamiento egocéntrico: percepción del mundo que asume por completo la perspectiva propia

CUADRO 10.4	Resumen de las etapas del desarrollo cognitivo de Piaget	

Etapa	Rango aproximado de edad	Características principales
Sensoriomotora	Nacimiento a 2 años	Desarrollo de la permanencia de objeto, desarrollo de habilidades motoras, poca o ninguna capacidad de representación simbólica
Preoperacional	2 a 7 años	Desarrollo del lenguaje y del pensamiento simbólico, pensamiento egocéntrico
De las operaciones concretas	7 a 12 años	Desarrollo de la conservación, dominio del concepto de reversibilidad
De las operaciones formales	12 a edad adulta	Desarrollo del pensamiento lógico y abstracto

tiva y conocimiento. Por lo tanto, las historias de los niños y sus explicaciones a los adultos pueden ser enloquecedoramente carentes de información, ya que son descritos sin contexto alguno. Por ejemplo, un niño preoperacional bien puede iniciar una historia con "Él no me dejaba ir", sin mencionar quién es "él", o adónde quiere llegar el que relata la historia. En la etapa preoperacional el pensamiento egocéntrico también se manifiesta cuando los niños juegan a las escondidas. Por ejemplo, con frecuencia los niños de 3 años esconden sus rostros contra la pared, cubriéndose los ojos —aunque ellos sigan estando a la vista—. Les parece que si *ellos* no pueden ver, nadie será capaz de verlos a ellos, ya que suponen que los demás comparten su perspectiva.

Otra deficiencia del niño preoperacional se demuestra por su incapacidad para comprender el **principio de conservación**, el cual consiste en el conocimiento de que la cantidad no se relaciona ni con la distribución ni con la apariencia física de los objetos. Los niños que aún no dominan este concepto no saben que la cantidad, el volumen o el tamaño de un objeto no se modifican al cambiar su configuración o forma. El asunto de los dos vasos —uno corto y ancho y el otro alto y delgado, con el que iniciamos nuestra exposición sobre el desarrollo cognitivo— ilustra con claridad este asunto. Los niños que no entienden el principio de conservación en forma invariable dicen que la cantidad de líquido cambia al pasarlo de un vaso al otro. No logran comprender que una transformación de la apariencia no implica un cambio en la cantidad. Por el contrario, para el niño resulta tan razonable que haya un cambio en la cantidad como para el adulto que no lo haya.

Existen otras maneras, algunas de ellas bastante sorprendentes, en las que la falta de comprensión del principio de conservación afecta el comportamiento de los niños. Diversas investigaciones muestran que algunos principios que son incuestionables para los adultos pueden ser mal interpretados por los niños durante el periodo preoperacional, y es hasta la siguiente etapa del desarrollo cognitivo que entienden el concepto de conservación. (En la figura 10.6 se muestran varios ejemplos de conservación.)

Etapa de las operaciones concretas: de los siete a los 12 años   El inicio de la **etapa de las operaciones concretas** se caracteriza por el dominio del principio de conservación. Sin embargo, en esta etapa aún persisten algunos aspectos de la conservación —como la conservación de peso y volumen— que no serán comprendidos por completo durante varios años.

Durante la etapa de las operaciones concretas los niños desarrollan su capacidad de pensar de una manera más lógica y empiezan a superar algunas de las características egocéntricas del periodo preoperacional. Uno de los principios más importantes que los niños logran captar durante esta etapa es el de reversibilidad, la idea de que algunos cambios se pueden anular al invertirse una acción previa. Por ejemplo, pueden comprender que cuando una bola de barro se enrolla en forma de salchicha, es posible regresarla a su forma original al revertir la acción. Incluso pueden conceptualizar este principio sin que la acción se lleve a cabo ante ellos.

Sin embargo, aun cuando los niños logren avances importantes en sus capacidades lógicas durante la etapa de las operaciones concretas, su pensamiento aún presenta una importante limitación: están ligados en gran medida a la realidad física concreta del mundo. La mayoría presenta dificultad para comprender asuntos de naturaleza abstracta o hipotética.

Etapa de las operaciones formales: de los 12 años a la etapa adulta   La **etapa de las operaciones formales** produce un nuevo tipo de pensamiento —de tipo abstracto, formal y lógico—. El pensamiento ya no está ligado a los eventos que pueden observarse en el entorno, sino que utiliza técnicas lógicas para la resolución de problemas.

La aparición del pensamiento operacional formal se ilustra por la manera en que los niños enfocan el "problema del péndulo", ideado por Piaget (Piaget e Inhelder, 1958). A la persona que resolverá el problema se le pide pensar qué determina la velocidad a la que se mueve el péndulo. ¿El largo de la cuerda, el peso del péndulo o la fuerza con que se le impulsa? (Para el archivo, la respuesta es el largo de la cuerda.)

En la etapa de las operaciones concretas, los niños abordan el problema en forma azarosa, sin un plan de acción lógico o racional. Por ejemplo, pueden cambiar al mismo

---

Principio de conservación: conocimiento de que la cantidad no se relaciona ni con la distribución ni con la apariencia física de los objetos

Etapa de las operaciones concretas: según Piaget, periodo que abarca desde los siete hasta los 12 años de edad y se caracteriza por el pensamiento lógico y la pérdida del egocentrismo

Etapa de las operaciones formales: según Piaget, periodo que va desde los 12 años a la edad adulta, caracterizado por el pensamiento de tipo abstracto

Tipo de conservación	Modalidad	Cambio de la apariencia física	Edad promedio en la que se entiende la invariancia
Número	Número de elementos de la colección	Reordenamiento de los elementos desarreglados	6-7
Sustancia (masa)	Cantidad de sustancia maleable (por ejemplo, barro o líquido)	Alteración de la forma	7-8
Largo	Largo de una línea u objeto	Alteración de la forma	7-8
Área	Superficie cubierta por un juego de figuras planas	Reordenamiento de las figuras	8-9
Peso	Peso de un objeto	Alteración de la forma	9-10
Volumen	Volumen de un objeto (en términos de la cantidad de agua desplazada)	Alteración de la forma	14-15

FIGURA 10.6 Estas pruebas están entre las utilizadas con mayor frecuencia para evaluar si los niños han aprendido el principio de conservación a través de diversas dimensiones. (*Schickendanz, Schickendanz y Forsyth, 1982.*)

tiempo el largo de la cuerda *y* su peso *y* la fuerza con la cual ellos empujan el péndulo. Al variar todos los factores a la vez, no pueden saber cuál es el factor crítico. Por el contrario, durante la etapa de las operaciones formales abordan el problema de modo sistemático. Actuando como si fueran científicos que realizan un experimento, examinan los efectos de los cambios en una sola variable a la vez. Esta capacidad de controlar las posibilidades es característica del pensamiento formal operacional.

Si bien tal pensamiento surge durante la adolescencia, es utilizado con poca frecuencia en algunos casos (Burbules y Linn, 1988). Es más, parece que muchos individuos nunca alcanzan esta etapa; la mayor parte de los estudios realizados muestran que sólo entre el 40 y el 60% de los estudiantes universitarios y otros adultos lo alcanzan plenamente. Algunas estimaciones hacen descender este porcentaje hasta el 25% en la población general (Keating y Clark, 1980). Además, en ciertas culturas —en particular aquellas tecnológicamente menos complejas que las sociedades occidentales— casi nadie alcanza la etapa operacional formal (Chandler, 1976; Super, 1980).

Etapas contra desarrollo continuo: ¿tiene razón Piaget? En mi opinión, ningún otro teórico ha proporcionado una teoría del desarrollo cognitivo tan profunda como Piaget. No obstante, muchos teóricos contemporáneos aseguran que es posible aportar

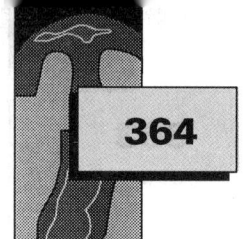

364

Muchos psicólogos del desarrollo sostienen que el desarrollo cognitivo resulta de los cambios cuantitativos en la capacidad de los niños para organizar y usar la información.

una mejor descripción de la forma en que se desarrollan cognoscitivamente los niños mediante teorías que no emplean ningún enfoque de etapas. Por ejemplo, los niños no siempre son consistentes al desempeñar tareas que —de ser correcta la teoría de Piaget— deben ejecutar igualmente bien en una determinada etapa (Siegler, 1994).

Además, algunos psicólogos del desarrollo aseguran que el conocimiento cognitivo sucede en una manera más continua que la que implica la teoría de las etapas de Piaget. En su lugar, proponen que el desarrollo cognitivo es principalmente de naturaleza cuantitativa, más que cualitativa. Afirman que si bien existen diferencias en cuanto a cómo, cuándo y hasta qué grado un niño tiene la capacidad de utilizar determinadas habilidades cognitivas —y con ello reflejar los cambios cuantitativos— los procesos cognitivos subyacentes cambian relativamente poco con la edad (Gelman y Baillargeon, 1983; Case, 1991).

Otro cuestionamiento hecho a Piaget es que en algunas formas subestimó la edad en que los bebés y los niños son capaces de entender conceptos y principios específicos; parecen ser más complejos en sus capacidades cognitivas de lo que él creía (Tomlinson-Keasey, Eisert, Kahle, Hardy-Brown y Keasey, 1979; Bornstein y Sigman, 1986). Por ejemplo, evidencias recientes sugieren que niños de apenas cinco meses de edad tienen habilidades matemáticas rudimentarias (Wynn, 1992).

A pesar de tales críticas, la mayoría de los psicólogos del desarrollo coinciden en que, aun cuando los procesos subyacentes en los cambios de las capacidades cognitivas puedan no desarrollarse en la forma propuesta por su teoría, en términos generales Piaget proporcionó un registro minucioso de los cambios en el desarrollo cognitivo relacionados con la edad. Además, la influencia de su teoría ha sido enorme (Ginsburg y Opper, 1988; Beilin y Pufall, 1992; Demetriou, Shayer y Efklides, 1993). Por ejemplo, Piaget afirma que no se puede lograr un avance en el desempeño cognitivo si no se tienen presentes un aprestamiento cognitivo resultante de la madurez *y* una estimulación ambiental apropiada. Este enfoque es de tal importancia que ha determinado la naturaleza y la estructura de los planes de estudio educativos y la forma de enseñanza para los niños. Asimismo, la teoría y métodos de Piaget se han utilizado para investigar aspectos cognitivos de los animales; por ejemplo, si los primates muestran o no permanencia del objeto (aparentemente sí; Dore y Dumas, 1987).

Enfoques basados en el procesamiento de información

Si el desarrollo cognitivo no ocurre como la serie de etapas propuestas por Piaget, *¿qué* fundamenta el enorme aumento de las habilidades cognitivas de los niños, notorio hasta para el menos observador? Para muchos psicólogos del desarrollo, los cambios producidos en el **procesamiento de información,** es decir, el modo en que las personas reciben, utilizan y almacenan la información (Siegler, 1991), explican el desarrollo cognitivo.

De acuerdo con este enfoque se dan cambios cuantitativos en las habilidades de los niños para organizar y manipular la información. Desde esta perspectiva, los niños se

Procesamiento de información: modo en que las personas reciben, utilizan y almacenan información

vuelven en forma paulatina más adeptos al procesamiento de información, del mismo modo que un programa de computación adquiere mayor complejidad cuando lo modifica un programador con base en la experiencia. Los enfoques basados en el procesamiento de información consideran los tipos de "programas mentales" a los que acuden los niños al abordar problemas (Siegler, 1989; Mehler y Dupoux, 1994).

Se producen varios cambios significativos en la capacidad de procesar información de los niños. Por un lado, la velocidad de procesamiento aumenta con la edad conforme algunas habilidades se automatizan más. La velocidad a la que los estímulos pueden ser explorados, reconocidos y comparados con otros también se incrementa con la edad. Al crecer, los niños pueden prestar atención a los estímulos durante más tiempo, discriminar entre diferentes estímulos con mayor facilidad, y aumentar su capacidad de atención (Kail, 1991; Jensen y Neff, 1993).

La memoria también mejora de manera drástica con la edad. En el capítulo 6 se dijo que los adultos pueden retener siete paquetes de información —máximo nueve, mínimo cinco— en la memoria a corto plazo. En contraste, los preescolares pueden retener sólo dos o tres paquetes; los niños de cinco años, cuatro; y los de siete, cinco. El tamaño de los paquetes también crece con la edad, al igual que la complejidad y la organización del conocimiento almacenado en la memoria (Bjorklund, 1985; Ornstein y Naus, 1988). Aun así, las capacidades de memoria son impresionantes a tan corta edad: de acuerdo con investigaciones recientes, aun antes de que puedan hablar, los bebés son capaces de recordar acontecimientos en los que fueron participantes activos durante meses (Rovee-Collier, 1993).

Por último, la depuración en el procesamiento de la información está ligada a los avances en la **metacognición**; es decir, la conciencia y comprensión de los procesos cognitivos propios. La metacognición implica la planeación, supervisión y revisión de las estrategias cognitivas. Los niños más pequeños, que carecen de una conciencia de sus propios procesos cognitivos, con frecuencia ignoran sus incapacidades, lo cual causa que no puedan reconocer sus propios errores. Es hasta más tarde, cuando las habilidades cognitivas se vuelven más complejas, que los niños son capaces de saber cuando *no* entienden. Esta complejidad creciente refleja un cambio en la *teoría de la mente* del niño: su conocimiento y creencias respecto a la forma en que opera la mente (Flavell, Green y Flavell, 1990; Moses y Chandler, 1992; Flavell, 1993).

Metacognición: conciencia y comprensión de los procesos cognitivos propios

Exploración de la diversidad

Apoyo del logro escolar de los niños: historia del éxito asiático

Para cuando terminan su educación en escuelas públicas, el estudiante promedio de Japón alcanza un nivel superior que el de sus contrapartes estadounidenses. No empieza de

Muchos estudiantes estadounidenses de ascendencia asiática se desempeñan en forma excepcional en la escuela, en parte debido a que las culturas asiáticas enfatizan el éxito académico y la perseverancia en las labores escolares.

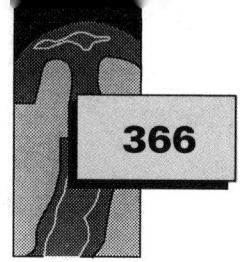
esta manera: en primer grado sólo existen diferencias menores en el rendimiento de los estudiantes japoneses y estadounidenses. Sin embargo, para cuando llegan a quinto grado, el estudiante japonés promedio ha destacado respecto a su contraparte estadounidense y permanece adelante a lo largo del bachillerato (Stevenson y Lee, 1990).

El rendimiento escolar de los estudiantes estadounidenses de ascendencia asiática, como grupo, también refleja un rendimiento superior. Por ejemplo, en el área de San Diego tales estudiantes tienen calificaciones superiores que otros, y de forma típica toman cursos más avanzados que sus compañeros de clase (Brand, 1987).

¿Qué explica el éxito excepcional de los estudiantes asiáticos? Un factor es que los niños asiáticos enfrentan una mayor presión cultural para sobresalir en la escuela. Por ejemplo, los padres japoneses y coreanos dedican mucho tiempo a ayudar a sus hijos con sus tareas escolares y enfatizan que el éxito académico es la tarea más importante de sus hijos. Las madres asiáticas también tienen normas superiores para el rendimiento escolar de sus hijos que las madres estadounidenses.

Otra razón para el rendimiento superior de los asiáticos se encuentra en las diferencias en la manera en que los padres atribuyen el éxito escolar de sus hijos. Basándose en los escritos del gran filósofo chino Confucio, los padres asiáticos enfatizan la importancia del esfuerzo, del trabajo duro y de la perseverancia en la escuela. Al mismo tiempo, minimizan los efectos de las capacidades individuales. Para el padre asiático, entonces, todos los niños tienen más o menos el mismo nivel de capacidad subyacente; lo que determina el éxito en la escuela es lo duro que trabajen los niños. Los padres estadounidenses adoptan una perspectiva diferente: enfatizan la importancia de la capacidad innata, creyendo que las capacidades de los niños varían en forma considerable y que éstas desempeñan un papel primordial en el rendimiento escolar. Al mismo tiempo, los padres estadounidenses desdeñan el papel del esfuerzo en la producción del éxito escolar.

El impacto de este contraste filosófico es considerable. Cuando los estudiantes no se desempeñan bien en la escuela, los padres estadounidenses pueden concluir que sus hijos simplemente no tienen suficiente capacidad. Como resultado, no presionan a sus hijos para que trabajen más duro. En contraste, los niños asiáticos que se están desempeñando mal de manera típica son alentados para que trabajen más duro, debido a que un esfuerzo mayor es considerado un medio para vencer sus dificultades académicas (Stevenson, 1992; Stevenson y Stigler, 1992; Stevenson, Chen y Lee, 1992).

En resumen, el predominio del rendimiento académico superior de los niños asiáticos parece descansar en gran medida en diferencias culturales: en la forma en que los padres perciben las causas del rendimiento escolar, en las actitudes respecto a la importancia de la educación y en las formas en que los niños son alentados a tener éxito. Si cambian estas normas y valores culturales, también cambiará el rendimiento académico de los estudiantes.

RECAPITULACIÓN Y REVISIÓN

Recapitulación

- El neonato nace con varios reflejos: de búsqueda, de succión, del moro y de Babinski.
- El crecimiento físico es, en inicio, rápido: durante el primer año los niños casi siempre triplican el peso que tuvieron al nacer y su estatura aumenta un 50%. El ritmo de crecimiento disminuye después del tercer año de edad, aumentando en promedio 2.3 kg y 7.5 centímetros anuales hasta llegar a la adolescencia.
- Las habilidades perceptuales de los infantes evolucionan con rapidez, aunque son muy complejas desde el nacimiento.
- El desarrollo social se demuestra con el incremento de la capacidad de apego, el vínculo emocional positivo que se desarrolla entre el niño y un individuo en particular. Con el crecimiento del niño, las relaciones con sus amigos adquieren de manera progresiva mayor importancia.

- La teoría de Erikson sostiene la existencia de cuatro etapas de desarrollo psicosocial en la infancia, además de otras cuatro, que abarcan el resto de la vida.
- Una teoría importante del desarrollo cognitivo —la forma en que la comprensión del mundo de los niños varía en función de su edad y experiencia— es la teoría de Piaget, que expone la existencia de cuatro etapas fundamentales: sensoriomotora, preoperacional, de operaciones concretas y de operaciones formales.
- Aunque la descripción de Piaget sobre los acontecimientos de las distintas etapas del desarrollo cognoscitivo ha sido apoyada en gran medida, algunos teóricos sostienen que el desarrollo es más gradual y continuo, debido más a cambios cognitivos cuantitativos que cualitativos.
- Los enfoques del desarrollo cognitivo basados en el procesamiento de información destacan los cambios cuantitativos que

se dan en la manera en que las personas reciben, utilizan y almacenan información. Con la edad se producen cambios importantes en relación con la rapidez para procesar información, el incremento en el rango de atención, la memoria y las habilidades metacognitivas.

Revisión

1. Los investigadores que estudian a los recién nacidos utilizan a la _____ o un decremento de respuesta ante un estímulo, como indicador del interés del bebé.

2. El vínculo emocional que se desarrolla entre un niño y la persona que lo atiende se llama _____.

3. Los niños desarrollan apego únicamente hacia sus madres; el papel que desempeñan los padres es importante, pero los niños no desarrollan apego hacia ellos. ¿Cierto o falso?

4. Relacione el estilo de crianza con su definición:
   1. Permisivo
   2. Con autoridad
   3. Autoritario

   a. Rígido; muy punitivo; demanda obediencia
   b. Da poca dirección; laxo en la obediencia
   c. Firme pero justo; trata de explicar las decisiones

5. Se han documentado estilos de crianza de los hijos similares en todo el mundo. ¿Cierto o falso?

6. La teoría del desarrollo_____ de Erikson implica una serie de _____ etapas, cada una de las cuales

debe ser resuelta para que una persona se desarrolle en forma óptima.

7. _____ planteó la existencia de cuatro etapas de desarrollo cognoscitivo, cada una de las cuales depende de factores ambientales y del grado de madurez.

8. Elija la etapa de desarrollo que corresponda al tipo de pensamiento característico:
   1. Pensamiento egocéntrico
   2. Permanencia de objeto
   3. Pensamiento abstracto
   4. Conservación; reversibilidad

   a. Sensoriomotora
   b. De las operaciones formales
   c. Preoperacional
   d. De las operaciones concretas

9. Investigaciones recientes sugieren que el desarrollo del niño se realiza de manera continua, y no por etapas, como sostiene Piaget. ¿Cierto o falso?

10. Las teorías del desarrollo basadas en el _____ _____ afirman que la forma en que el niño maneja la información es clave para su desarrollo.

Pregúntese a sí mismo

Si se le permitiera criar a un niño en un ambiente que usted pudiera moldear por entero a su gusto, ¿cómo sería el ambiente óptimo para ello? ¿Qué estilo de educación usaría? ¿Cómo piensa que el estilo de temperamento del niño podría influir o modificar sus opciones?

(Las respuestas a las preguntas de la revisión aparecen en la página 369.)

• **¿Cuáles son las principales transiciones físicas, sociales y cognitivas que caracterizan a la adolescencia?**

ADOLESCENCIA: CONVERTIRSE EN ADULTO

Cumplir 13 años fue un periodo importante de mi vida. Fue el momento en que comencé a madurar físicamente. También fue cuando más muchachas comenzaron a fijarse en mí. Mi personalidad cambió mucho: de ser un matado aburrido a ser un chico vigoroso, divertido y atlético.

Cuando llegó mi decimotercer aniversario, como si las cosas no pudieran ser mejores, ¡sorpresivamente lo fueron! Mi vida de niño había llegado a su fin. Ahora era un adolescente. Esto sólo quiere demostrar que cumplir 13 significa convertirse en una nueva persona.

Patrick Backer (Backer, 1993, p. 2)

Conforme avanzas en la escuela, las cosas se ponen más difíciles. De alguna manera te percatas de que te estás haciendo mayor. Los adultos te tratan como un adulto y no te dan las concesiones que te daban cuando eras un niño.

A los 13 años sólo has recorrido la mitad del camino hacia el mundo *real*. Luego notas que vas hacia la preparatoria y piensas en los siguientes cuatro años, y luego la universidad. A continuación votas, tienes una casa, trabajo e hijos. Parece que tu vida pasa justo enfrente de tus ojos.

Mieko Ozeki (Ozeki, 1993, p. 2)

Cuando cumplí 13 años fue como empezar una nueva vida. Era el año en el que por fin se me permitiría hacer más cosas. Por ejemplo, podía llegar más tarde. Ya no era un niño. Lo sabía y mis padres lo sabían también.

En verdad no puedo pensar en un cumpleaños más importante aparte de tu primer aniversario.

Dmitri Ponomarev (Ponomarev, 1993, p. 2)

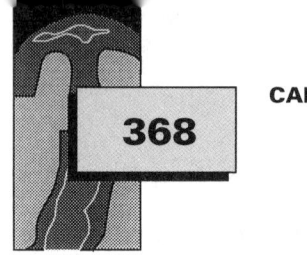

Adolescencia: etapa de desarrollo entre la infancia y la vida adulta en donde ocurren muchos cambios, cognitivos y sociales

Como lo indican estas afirmaciones, el decimotercer cumpleaños tiene una significación que se extiende más allá del sólo marcar el paso de otro año. En lugar de ello, para muchas personas, es un momento que significa la transición a la adolescencia.

La **adolescencia**, la etapa de desarrollo que ocurre entre la infancia y la edad adulta, es un periodo crítico. Es un tiempo de cambios profundos y, de manera ocasional, confusión. Ocurren cambios biológicos de importancia conforme los adolescentes alcanzan la madurez sexual y física. Al mismo tiempo, estos cambios fisiológicos compiten con importantes cambios sociales, emocionales y cognitivos que ocurren mientras los adolescentes buscan independencia y avanzan hacia la etapa adulta.

Debido a tantos años de escuela que preceden a la integración de muchas personas a la fuerza de trabajo en la sociedad occidental, la etapa de la adolescencia es bastante extensa, iniciándose justo antes de los 13 años para finalizar después de los 19. Sin ser niños, y sin ser considerados aún como adultos por la sociedad, los adolescentes enfrentan un periodo de constantes cambios físicos, cognitivos y sociales que los afectan el resto de sus vidas.

Desarrollo físico: el adolescente cambiante

Si usted recuerda el inicio de su adolescencia, es muy probable que los cambios más drásticos que recuerde sean de naturaleza física. Un estirón en la estatura, el crecimiento del busto en las chicas, el enronquecimiento de la voz en los muchachos, el crecimiento de vello en el cuerpo y sentimientos sexuales intensos son fuente de curiosidad, interés y, en algunas ocasiones, sentimientos de vergüenza para quienes inician su adolescencia.

Los cambios físicos que comienzan al inicio de la adolescencia son con mucho el resultado de la secreción de varias hormonas (véase el capítulo 2) y afectan casi todos los aspectos de la vida del adolescente. El desarrollo no había sido tan drástico desde la infancia. El peso y la estatura aumentan rápidamente debido a un repentino crecimiento que se inicia alrededor de los 10 años en las mujeres y los 12 en los varones. Los adolescentes pueden crecer hasta casi 13 centímetros en un año.

Pubertad: etapa durante la cual ocurre la maduración de los órganos sexuales

La **pubertad**, etapa en que ocurre la maduración de los órganos sexuales, empieza alrededor de los 11 o 12 años en las mujeres y 13 o 14 en los hombres. Hay, sin embargo, grandes diferencias, y no es poco común que una jovencita empiece con su periodo menstrual —el primer indicio de la madurez sexual en las mujeres— con tan sólo ocho o nueve años de edad o que lo inicie hasta los 16. Existen, también, diferencias culturales en cuanto a la edad de la primera menstruación. Por ejemplo, la edad promedio en que comienzan a menstruar las jóvenes lumi de Nueva Guinea es de 18 años (Eveleth y Tanner, 1976; Tanner, 1990).

En las culturas occidentales, la edad promedio en la que los adolescentes llegan a la madurez sexual ha disminuido de manera constante en el último siglo, tal vez como consecuencia de una mejor alimentación y cuidados médicos (Dreyer, 1982). Además, las mujeres que viven en hogares opulentos comienzan a menstruar a una edad más temprana que sus contrapartes de hogares con desventajas económicas, en todas las regiones del mundo. La edad en que empieza la pubertad, entonces, proporciona un buen ejemplo de la forma en que los cambios en el medio interactúan con la herencia para afectar el desarrollo.

La edad en la que comienza la pubertad tiene implicaciones importantes con respecto a cómo se sienten consigo mismo los adolescentes —y el trato que les otorgan los demás—. Los muchachos que maduran en forma precoz tienen una clara ventaja sobre los de maduración tardía. Se desempeñan mejor en actividades atléticas, por lo general son más populares entre sus compañeros y tienen un concepto de sí mismos más positivo (Peterson, 1985). Por otra parte, son más propensos a tener dificultades en la escuela, a cometer actos menores de delincuencia y a abusar del alcohol. Una razón para tal comportamiento parece ser la de que los muchachos con maduración precoz tienden a hacer amistad con jóvenes mayores y, por consiguiente, con mayor influencia sobre ellos, que pueden involucrarlos en actos poco apropiados para su edad. No obstante, si hacemos un balance, los resultados de una maduración precoz en los muchachos son básicamente

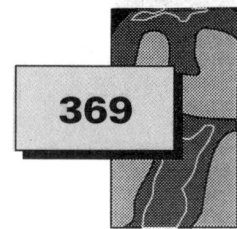

Las diferencias de estatura y madurez física entre los muchachos de bachillerato son algunas veces sorprendentes. Debido a la importancia del éxito en el atletismo, los muchachos con maduración precoz tienen ventaja en lo que a popularidad se refiere.

positivos; por lo general, los muchachos que maduran pronto, en comparación con los que tardan en madurar, más adelante se convierten en personas algo más responsables y cooperativas (Anderson y Magnusson, 1990).

La situación es diferente en lo que se refiere a las mujeres. Aunque las muchachas con maduración precoz son más buscadas por los varones para salir y tienen un mejor concepto de sí mismas que las jovencitas con maduración tardía, algunas de las consecuencias de la maduración física precoz pueden ser menos positivas. Por ejemplo, el desarrollo de características tan obvias como los senos puede separarlas de sus compañeras y ser motivo de ridículo (Simmons y Blyth, 1987).

Las reacciones específicas a las que están sometidas las muchachas como resultado de una maduración temprana se relacionan, en parte, con las normas y estándares culturales. En Estados Unidos, donde la idea de la sexualidad femenina es considerada con cierta ambivalencia, las consecuencias de la maduración precoz pueden ser principalmente negativas. En contraste, en países en los que las actitudes hacia la sexualidad son más abiertas, los resultados de la maduración temprana tienden a ser más positivos. Por ejemplo, en Alemania, las jovencitas con maduración precoz tienen una mayor autoestima que sus contrapartes estadounidenses. E incluso en este país, las reacciones ante la maduración precoz pueden diferir, dependiendo de la comunidad y el grupo de amistades del que forma parte la muchacha (Silbereisen, Peterson, Albrecht y Kracke, 1989; Richards, Boxer, Petersen y Albrecht, 1990).

La maduración tardía también produce ciertas dificultades psicológicas. Los muchachos más pequeños y con menos coordinación que sus compañeros más maduros tienden a ser ridiculizados y son considerados menos atractivos. Con el tiempo, pueden llegar a tener esa percepción de sí mismos. Para los varones, las consecuencias de una maduración tardía pueden extenderse hasta los 30 años de edad (Mussen y Jones, 1957). De la misma forma, las jóvenes con maduración tardía enfrentan problemas durante la educación media y media superior. Se les ubica en estatus sociales relativamente inferiores y tal vez no las inviten a pasear o a participar en otras actividades de muchachos y muchachas en general (Apter y Galatzer, Berth-Halachmi y Laron, 1981; Clarke-Stewart y Friedman, 1987).

RESPUESTAS A LA REVISIÓN ANTERIOR

1. habituación **2.** apego **3.** Falso; el apego al padre puede ser tan intenso como el apego a la madre **4.** 1-b; 2-c; 3-a **5.** Falso; los estilos de crianza son específicos de la cultura **6.** psicosocial; ocho **7.** Piaget **8.** 1-c; 2-a; 3-b; 4-d **9.** Cierto **10.** procesamiento de información

Es evidente que el ritmo con que ocurren los cambios físicos en la adolescencia puede tener efectos significativos en la forma en que los jóvenes son vistos por los demás e incluso en la manera en que se perciben. No obstante, son tan importantes los cambios físicos como los psicológicos y sociales que se producen durante la adolescencia.

Desarrollo moral y cognitivo: distinción entre el bien y el mal

En Europa, una mujer está al borde de la muerte porque padece un tipo especial de cáncer. El fármaco que los médicos creen que puede salvarla es una forma del elemento radio que un farmacéutico del mismo poblado ha descubierto recientemente. Resulta caro hacer dicho medicamento y el farmacéutico cobra diez veces su costo, o sea 2 000 dólares por cada pequeña dosis. El esposo de la enferma, Heinz, recurre a todos sus conocidos con la esperanza de reunir el dinero pidiéndolo prestado, pero sólo logra reunir la mitad del costo. Le dice al farmacéutico que su esposa está muriéndose y le pide que le venda el medicamento más barato o que le deje pagar la diferencia después. El farmacéutico dice: "No, yo descubrí la medicina y voy a hacer dinero con ella." Heinz está desesperado y piensa en entrar a la tienda y robar el medicamento para su esposa.

¿Qué le aconsejaría al señor Heinz?

Teoría del desarrollo moral de Kohlberg En opinión del psicólogo Lawrence Kohlberg, el consejo que usted le diese reflejaría el nivel de su desarrollo moral. Según Kohlberg, las personas pasan por una serie de etapas en la evolución de su sentido de justicia y el tipo de razonamiento que emplean para hacer juicios morales (Kohlberg, 1984). Debido en gran parte a los diferentes descubrimientos cognoscitivos descritos por Piaget, se sabe que los niños preadolescentes tienden a pensar en función de reglas concretas e invariables ("En ningún caso es válido robar" o "Me castigarán si robo") o en función de las reglas sociales ("La gente buena no roba" o "¿Qué sucedería si todas las personas robaran?").

Por otro lado, los adolescentes que han llegado a la etapa de las operaciones formales del desarrollo cognoscitivo de Piaget, por lo general emplean un razonamiento de orden superior. Debido a su capacidad para entender principios morales más extensos, saben que la moral no siempre es blanca o negra y que puede haber conflictos entre dos tipos de normas socialmente aceptables.

Kohlberg (1984) plantea que los cambios ocurridos en el razonamiento moral pueden explicarse mejor como una secuencia de tres niveles, la que a su vez se divide en seis etapas. En el cuadro 10.5 se describen estos tres niveles y etapas, aunado con algunas muestras del razonamiento de individuos en cada etapa. Observe en qué medida los argumentos a favor o en contra de robar la medicina pueden ser clasificados como pertenecientes a la misma etapa de razonamiento moral. Es la naturaleza y complejidad del argumento lo que determina la categoría en la que se clasifica.

La teoría de Kohlberg presupone que las personas pasan por las seis etapas en un orden preciso y que no alcanzan la etapa más alta sino hasta cerca de los 13 años de edad —fundamentalmente debido a deficiencias en el desarrollo cognitivo que no son superadas sino hasta dicha edad—. No obstante, muchas personas nunca llegan al nivel más alto del razonamiento moral. De hecho, Kohlberg sostiene que sólo el 25% de todos los adultos supera la etapa 4 de este modelo (Kohlberg y Ryncarz, 1990).

A través de extensas investigaciones se ha comprobado que las etapas identificadas por Kohlberg casi siempre dan una representación correcta del desarrollo moral. Sin embargo, la investigación provoca, además, algunos cuestionamientos metodológicos. Uno de los problemas fundamentales es que el procedimiento de Kohlberg mide *juicios* morales y no *comportamientos*. Si bien, en términos generales, la teoría de Kohlberg parece ser una explicación precisa de la manera en que se desarrolla el razonamiento moral, algunas investigaciones demuestran que dicho razonamiento no siempre está relacionado con el comportamiento moral (Snarey, 1985; Malinowski y Smith, 1985;

Nivel	Etapa	Ejemplo del razonamiento moral de los sujetos	
		A favor del robo	**En contra de robar**
Nivel 1 Moral preconvencional: en este nivel los intereses específicos del individuo están planteados en función de premios y castigos.	*Etapa 1* Orientación hacia la obediencia y el castigo: en esta etapa las personas se apegan a las reglas para evitar el castigo, por lo tanto la obediencia se da por conveniencia propia.	"Si dejas morir a tu esposa estarás en problemas. Te culparán por no gastar el dinero para salvarla, y te investigarán a ti y al farmacéutico por la muerte de ella."	"No debes robar la medicina porque te atraparán y te meterán en la cárcel. Si logras salvarte, te remorderá la conciencia; pensarás que la policía te atrapará en cualquier momento."
	Etapa 2 Orientación hacia la recompensa: en este nivel las reglas son acatadas sólo por beneficio propio. La obediencia se da porque genera una recompensa.	"Si llegasen a atraparte, devuelves la medicina y así no te darán una sentencia muy drástica. No te importaría demasiado ir a la cárcel por un tiempo, si tienes a tu esposa cuando estés de regreso."	"Tal vez no te den muchos años de cárcel si robas la medicina, aunque quizá tu esposa muera antes de que salgas de la cárcel, así que no servirá de nada. Si tu esposa muere, no debes culparte; no es tu culpa que tenga cáncer."
Nivel 2 Moral convencional: en este nivel las personas enfocan los problemas morales como miembros de la sociedad. Están interesados en satisfacer a los demás actuando como elementos positivos de la sociedad.	*Etapa 3* Moralidad del "buen chico": en esta etapa los muchachos muestran interés por mantener el respeto de los demás haciendo lo que se espera de ellos.	"Nadie creerá que eres una mala persona por robar la medicina; sin embargo, tu familia pensará que eres un esposo inhumano si no la consigues. Si dejas morir a tu esposa nunca podrás mirar de frente a nadie."	"No es únicamente el farmacéutico el que creerá que eres un criminal; todos lo harán. Te sentirás muy mal después de haber robado la medicina: te sentirás mal al pensar que has deshonrado a tu familia y tu persona; ya nunca podrás ver a la cara a nadie."
	Etapa 4 Moralidad que mantiene la autoridad y el orden social establecidos: en esta etapa las personas se someten a las reglas de la sociedad y consideran que es "correcto" lo que ésta define como aceptable.	"Si tienes sentido del honor, no dejarás que tu esposa muera sólo porque tienes miedo de hacer lo único que puede salvarla. Siempre te sentirás culpable de la causa de su muerte si no haces lo que debes por ella."	"Estás desesperado y quizá no te des cuenta de que es un error robar la medicina. Sin embargo, te percatarás cuando te metan a la cárcel. Siempre te sentirás culpable por tu deshonestidad y por haber violado la ley."
Nivel 3 Moral posconvencional: en este nivel las personas desarrollan principios morales que son considerados más extensos que los de cualquier sociedad en particular.	*Etapa 5* Moralidad de contrato, garantías individuales y leyes democráticamente aceptadas: en esta etapa las personas hacen lo que piensan que es correcto debido a un sentimiento de obligación con las leyes que ha aceptado la sociedad. Aceptan que las leyes pueden ser alteradas como parte de los cambios de un contrato social implícito.	"Perderás el respeto de los demás, en lugar de ganarlo, si no robas la medicina. Además, si dejas morir a tu esposa será por cobardía, no por razonamiento. Perderás el respeto propio y tal vez también el de los demás."	"Perderás tu imagen y respeto ante la sociedad y habrás violado la ley. Perderás el respeto por tu persona si te dejas llevar por los impulsos y dejas de pensar con la cabeza."
	Etapa 6 Moralidad de principios y conciencia individuales: en esta última etapa la persona aplica las leyes porque están basadas en premisas éticas universales. Las leyes que violan estos principios no son tomadas en cuenta.	"Si no robas la medicina, y dejas morir a tu esposa, siempre te culparás. No te acusarán y habrás vivido conforme a la ley, pero no de acuerdo con tus propias normas de conciencia."	"Si robas la medicina nadie te culpará, pero te culparás por no haber vivido de acuerdo con tu propia conciencia y tus estándares de honestidad."

Fuente: Adaptado de Kohlberg, 1969.

Damon, 1988). Al mismo tiempo, otros investigadores aseguran que existe una relación entre los juicios morales y el comportamiento moral. Por ejemplo, un estudio descubrió que los estudiantes más propensos a realizar actos de desobediencia civil eran aquellos cuyos juicios morales eran del más alto nivel (Candee y Kohlberg, 1987). De cualquier

forma, la evidencia al respecto es ambigua; saber distinguir entre el bien y el mal no quiere decir que actuemos siempre de acuerdo con nuestros juicios (Darley y Shultz, 1990; Denton y Krebs, 1990; Thoma, Rest y Davison, 1991).

El desarrollo moral en las mujeres La psicóloga Carol Gilligan identificó un descuido importante en la investigación original de Kohlberg: se realizó utilizando sólo sujetos varones, por lo que sus resultados son más aplicables a ellos que a las mujeres. Además, sostiene convincentemente que debido a las distintas experiencias de socialización, existe una diferencia fundamental de género en el modo en que se percibe el comportamiento moral. Según Gilligan, básicamente, los hombres ven la moral en función de principios generales tales como la justicia y la equidad. En contraste, las mujeres la ven en función de responsabilidad hacia los individuos y voluntad de hacer sacrificios para ayudar a una determinada persona dentro del contexto de una relación específica. La compasión hacia los demás es un factor más importante en el comportamiento moral de las mujeres que de los hombres (Gilligan, 1982; Gilligan, Ward y Taylor, 1988; Gilligan, Lyons y Hanmer, 1990).

En consecuencia, dado que el modelo de Kohlberg concibe al comportamiento moral en gran medida en función de principios abstractos como la justicia y la equidad, es inadecuado para describir el desarrollo moral de las mujeres. Este factor explica el sorprendente hallazgo de que las mujeres por lo general obtienen puntajes menores que los hombres en las pruebas sobre juicio moral basadas en la secuencia de las etapas de Kohlberg. Según Gilligan, la moralidad de las mujeres se centra en el bienestar individual y en las relaciones sociales más que en abstracciones morales. Por esta razón, sostiene, los niveles superiores de moralidad están representados por una preocupación compasiva por el bienestar de los demás.

Según la investigación de Gilligan, la cual se centró en dilemas morales como tomar la decisión de someterse a un aborto, el desarrollo moral de las mujeres tiene tres etapas (véase el cuadro 10.6). En la primera etapa, llamada "orientación hacia la supervivencia individual", una mujer se concentra en lo que es mejor y más práctico para ella. En esta etapa, hay una transición del egoísmo a la responsabilidad, en donde la mujer piensa en lo que sería mejor para los demás.

En la segunda etapa de desarrollo moral, llamada "la bondad como autosacrificio", las mujeres comienzan a pensar que deben sacrificar sus propios deseos por los de los demás. Por último, la mujer hace la transición de la "bondad" hacia la "verdad", momento en el que toma en cuenta tanto sus propias necesidades como las de su prójimo.

En la adolescencia el grupo de pares se vuelve más importante (en forma relativa respecto a los adultos) como una superficie de resonancia para el esclarecimiento de la identidad y como una fuente de juicios sociales.

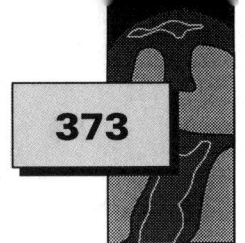

CUADRO 10.6	**Etapas del desarrollo moral de Gilligan**	
Etapa	Características principales	Ejemplos del razonamiento usado por las mujeres que están considerando abortar
Etapa 1 Orientación hacia la supervivencia individual	Centrarse en lo práctico, mejor para uno mismo; preocupación por la supervivencia	Tener un bebé le impediría "hacer otras cosas", pero sería "la oportunidad perfecta para salirse de su casa".
Etapa 2 La bondad como autosacrificio	Sacrificio de los deseos propios para ayudar a los demás	"Creo que lo que me confunde es la elección entre hacerme daño o herir a otras personas que me rodean. ¿Qué es más importante?"
Etapa 3 La moralidad de la no violencia	Herir a cualquiera, incluyendo a uno mismo, es inmoral	"La decisión debe ser, antes que nada, algo con lo que la mujer pueda vivir después… y debe basarse en lo que ella es y en lo que son otras personas significativas en su vida."

Fuente: Gilligan, 1982.

En la tercera etapa, "la moralidad de la no violencia", la mujer comprende que hacer sufrir a cualquiera es inmoral —lo que incluye el daño a sí misma—. Esta concientización establece una igualdad moral entre ella y los demás y representa, según Gilligan, el nivel más complejo del razonamiento moral

Como se puede ver, la secuencia de las etapas de Gilligan es muy diferente a la de Kohlberg, y algunos psicólogos sugieren que su rechazo al trabajo de este último es demasiado radical (Colby y Damon, 1987). Sin embargo, es evidente que el género desempeña un papel muy importante en la determinación de lo que se ve como moral. Además, las ideas diferentes de hombres y mujeres sobre lo que constituye el comportamiento moral puede conducirlos a considerar la moralidad de un comportamiento particular en formas potencialmente contradictorias. A final de cuentas, estas perspectivas divergentes pueden llevar al desacuerdo, como en el caso en que un padre y una madre llegan a conclusiones diferentes respecto a la necesidad de disciplinar a un hijo (McGraw y Bloomfield, 1987; Handler, Franz y Guerra, 1992).

Desarrollo social: encontrarse a sí mismo en un mundo social

"¿Quién soy?" "¿Cómo encajo en el mundo?" "¿De qué se trata la vida?" Preguntas como éstas asumen una significación particular durante la adolescencia, cuando los adolescentes buscan encontrar su lugar en un mundo social más amplio. Como veremos, esta búsqueda los lleva por diversos caminos.

Teoría de Erikson del desarrollo psicosocial: la búsqueda de la identidad   La teoría de Erikson del desarrollo psicosocial enfatiza la búsqueda de identidad en los años de la adolescencia. Como ya se dijo, el desarrollo psicosocial comprende los cambios en la forma en que las personas se entienden a sí mismas, a otros y al mundo que les rodea, durante el curso del desarrollo (Erikson, 1963).

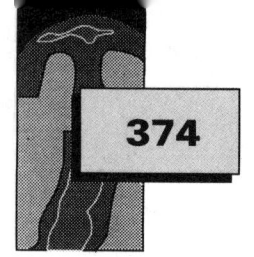

Etapa de identidad *vs*. confusión de papeles: de acuerdo con Erikson, etapa de prueba en la adolescencia que permite determinar las cualidades distintivas propias

Identidad: carácter distintivo de un individuo: lo que somos, nuestros papeles y capacidades

Etapa de intimidad *vs*. aislamiento: de acuerdo con Erikson, etapa de la primera fase de la vida adulta en donde se crean relaciones cercanas con los demás

Etapa de generatividad *vs*. estancamiento: según Erikson, periodo en la fase media de la vida adulta durante el cual evaluamos nuestras contribuciones a la familia y sociedad en general

La quinta etapa de esta teoría (sintetizada junto con las otras etapas en el cuadro 10.7) se denomina **etapa de identidad *vs*. confusión de papeles**, y abarca la adolescencia. Esta etapa representa un periodo de prueba importante, ya que los individuos intentan determinar lo que es único y especial respecto a su persona. Tratan de descubrir quiénes son, cuáles son sus fortalezas y qué tipo de papeles podrían desempeñar mejor el resto de su vida —en resumen, su **identidad**—. La confusión al elegir el papel más apropiado en la vida puede provocar una falta de identidad estable, la adquisición de un papel socialmente inaceptable como en el caso del delincuente, o dificultad para mantener, en el futuro, relaciones personales íntimas (Kahn, Zimmerman, Csikszentmihalyi y Getzels, 1985; Archer y Waterman, 1994).

En el periodo de identidad *vs*. confusión de papeles, es notoria una gran presión por identificar lo que deseamos hacer con nuestra vida. Debido a que esta necesidad surge en una etapa de importantes cambios físicos al igual que de cambios fundamentales en lo que la sociedad espera de ellos, los adolescentes pueden encontrar este periodo particularmente difícil. La etapa identidad *vs*. confusión de papeles tiene otra característica importante: una disminución en la confiabilidad de los adultos como fuentes de información y un viraje hacia el grupo de pares como fuente de juicios sociales. El grupo de semejantes se vuelve cada vez más importante, lo que les permite entablar relaciones íntimas, parecidas a las de los adultos, y ayudándoles a esclarecer sus identidades personales.

Según Erikson, la etapa de identidad *vs*. confusión de papeles durante la adolescencia marca un punto esencial en el desarrollo psicosocial, preparando el terreno para la maduración continua. Por ejemplo, durante los años universitarios, las personas entran a la etapa **intimidad *vs*. aislamiento** (que abarca el periodo de la vida adulta temprana, de aproximadamente los 18 a los 30 años de edad), en donde lo fundamental es desarrollar relaciones estrechas con los demás. Las dificultades en esta etapa producen sentimientos de soledad y miedo ante esas relaciones; la resolución exitosa de la crisis de esta etapa abre la posibilidad de establecer relaciones íntimas tanto en el ámbito físico como intelectual y emocional.

El desarrollo continúa durante la fase media de la edad adulta conforme las personas entran en la **etapa generatividad *vs*. estancamiento**. La generatividad se refiere a la

---

CUADRO 10.7   Resumen de las etapas de Erikson

Etapa	Edad aproximada	Resultados positivos	Resultados negativos
1. Confianza *vs*. desconfianza	Nacimiento a 1 año y medio	Sentimiento de confianza debido al apoyo del entorno	Miedo y preocupación en relación a los demás
2. Autonomía *vs*. vergüenza y duda	Un año y medio a 3 años	Autosuficiencia si se promueve la exploración	Dudas acerca de la propia persona, carencia de independencia
3. Iniciativa *vs*. culpa	3 a 6 años	Descubrimiento de formas de iniciar las acciones	Culpa en cuanto a acciones y pensamientos
4. Industria *vs*. inferioridad	6 a 12 años	Desarrollo de un sentimiento de competencia	Sentimientos de inferioridad, carencia de sentido de competencia
5. Identidad *vs*. confusión de papeles	Adolescencia	Conciencia de ser único, conocimiento del papel a seguir	Falta de habilidad para identificar papeles adecuados en la vida
6. Intimidad *vs*. aislamiento	Edad adulta temprana	Desarrollo de relaciones sexuales amorosas y de amistades íntimas	Miedo de relacionarse con los demás
7. Generatividad *vs*. estancamiento	Edad adulta intermedia	Sentimiento de contribuir a la continuidad de la vida	Subestimación de las actividades propias
8. Integridad del yo *vs*. desesperación	Edad adulta tardía	Sentimiento de unidad con los logros de la vida	Pesar respecto a las oportunidades perdidas en la vida

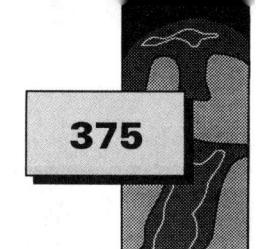

contribución que una persona hace a su familia, comunidad, trabajo y sociedad en conjunto. El éxito en esta etapa se expresa por medio de sentimientos positivos sobre la continuidad de la vida; las dificultades conducen a subestimar las actividades personales y a un sentimiento de estancamiento o de no haber hecho cosa alguna para las generaciones venideras. De hecho, si una persona no ha resuelto con éxito la crisis de identidad de la adolescencia, puede tener serios problemas para elegir un rumbo adecuado.

El último periodo de desarrollo psicosocial, la **etapa de integración del yo *vs.* desesperación**, abarca la última fase de la vida adulta y prosigue hasta la muerte. El éxito en la resolución de las dificultades que presenta esta etapa de la vida crea un sentimiento de logro; las dificultades generan remordimientos sobre lo que pudo haberse logrado y no se alcanzó.

Uno de los puntos más importantes de la teoría de Erikson es su afirmación de que el desarrollo no termina en la adolescencia sino que continúa durante la vida adulta, una opinión que ha sido confirmada por una cantidad considerable de investigaciones (Peterson y Stewart, 1993; Hetherington y Weinberger, 1993). Por ejemplo, un estudio de la psicóloga Susan Whitbourne que duró 22 años, encontró un apoyo considerable para los fundamentos de la teoría de Erikson, determinando que el desarrollo psicosocial continúa a lo largo de la adolescencia y la edad adulta (Whitbourne, Zuschlag, Elliot y Waterman, 1992). En resumen, la adolescencia no es un punto final sino una estación de paso en el camino del desarrollo psicosocial.

Adolescencia tormentosa: ¿mito o realidad?   ¿La pubertad anuncia siempre un periodo tormentoso y rebelde en la adolescencia? En un tiempo se pensó que al entrar a esta etapa la mayoría de los niños comenzaban un periodo cargado de estrés e infelicidad, pero los psicólogos están encontrando ahora que esa caracterización es en gran medida un mito. La mayoría de los jóvenes, al parecer, pasan por la adolescencia sin grandes disturbios en sus vidas (Peterson, 1988; Steinberg, 1993).

Esto no quiere decir que la adolescencia esté exenta de problemas (Laursen y Collins, 1994). Hay un aumento evidente de las discrepancias y altercados en la mayoría de las familias. Los jóvenes, como parte de su búsqueda de identidad, tienden a experimentar cierto grado de tensión en sus intentos por independizarse de sus padres y su dependencia real de ellos. Los jóvenes pueden experimentar una gran variedad de comportamientos, intentando algunas actividades que sus padres, al igual que la sociedad en general, encuentren objetables. Sin embargo, en la mayoría de las familias esta tensión tiende a desaparecer a la mitad de la adolescencia —alrededor de los 15 o 16 años de edad— y por último disminuye alrededor de los 18 (Montemayor, 1983; Galambos, 1992; Crockett y Crowter, 1995).

Una razón del incremento del desacuerdo en la adolescencia parece ser la etapa de obediencia en la que los niños permanecen en casa con los padres. En periodos históricos anteriores —y en algunas culturas no occidentales de hoy— los niños dejan el hogar inmediatamente después de la pubertad y son considerados adultos. Sin embargo, en Estados Unidos, en la actualidad los adolescentes maduros sexualmente pueden pasar hasta siete u ocho años con sus padres (Steinberg, 1989). Las estadísticas recientes predicen que el conflicto de la adolescencia se ampliará más allá de los 19 años de edad en un gran número de personas. Se estima que un tercio del total de hombres y una quinta parte de las mujeres solteros entre los 25 y los 34 años de edad continúan viviendo con sus padres (Gross, 1991).

La adolescencia también provoca varias tensiones fuera del hogar. Por lo general, los adolescentes cambian de escuela por lo menos dos veces (de primaria a media, y después a media superior) y las relaciones con sus amigos y compañeros son en particular volátiles (Berndt, 1992). Muchos adolescentes tienen trabajos de medio tiempo, lo cual aumenta las exigencias de la escuela, del trabajo y las actividades sociales sobre su tiempo. Estos nuevos estímulos estresantes pueden causar tensiones en el hogar (Steinberg y Dornbusch, 1991). (Para una exposición con alguien cuyo trabajo está relacionado de forma directa con el periodo de la adolescencia, véase el recuadro *Los caminos de la psicología* de este capítulo.)

Etapa de integración del yo *vs.* desesperación: de acuerdo con Erikson, etapa que abarca la última fase de la vida hasta la muerte, en donde se revisan los logros y fracasos de la vida

LOS CAMINOS DE LA PSICOLOGÍA

Ruby Takanishi

Educación: B.A., M.A., Ph.D., Stanford University, Palo Alto, California
Hogar: Washington, D.C.

Ruby Takanishi reconoce que el periodo de la adolescencia es difícil para muchas personas. Su trabajo es hacer un poco más fácil esta etapa.

Takanishi es directora ejecutiva del Comité Carnegie de Desarrollo Adolescente. Su propósito es poner a la adolescencia en un ámbito destacado, aumentar el financiamiento para la investigación sobre la adolescencia e influir en los legisladores para desarrollar programas que ayudarán a los jóvenes a afrontar los desafíos de dicha etapa.

La carrera de Takanishi a través de la psicología comenzó en Hawai, donde creció cerca de los cañaverales. Asistió a la universidad en el continente en la Universidad Stanford en California, donde comenzó a estudiar psicología.

"Mientras crecía siempre estuve interesada en la ciencia", dice. "Luego, cuando llegué a Stanford como estudiante de pregrado, aprendí que podía aplicarse un enfoque científico al estudio del comportamiento y desarrollo humanos. Estaba muy emocionada por ese descubrimiento, y mi interés en las per-

Ruby Takanishi.

sonas, en especial en los niños, me encausó a especializarme en psicología."

Su interés en los niños también fue estimulado por el inicio del programa preescolar Head Start, el cual se comenzó cuando ella estaba en su primer año.

"Había un enorme interés en aplicar la nueva especialidad de la psicología del desarrollo a la educación preescolar de niños pobres", señala. "Sentí que podría integrar el interés en el estudio de los niños con algunos de los movimientos sociales de la época, como la guerra a la pobreza y la lucha por los derechos civiles."

Obtuvo un doctorado en psicología educativa y del desarrollo y más tarde

impartió enseñanza en varias universidades. También fue asistente legislativa del senador Daniel K. Inouye de Hawai. Después de un empleo en la Asociación Psicológica Estadounidense, ocupó su cargo actual en el Comité Carnegie de Desarrollo Adolescente, donde ha permanecido hasta ahora.

El Comité Carnegie ha tenido influencia en la conformación de la agenda política de Estados Unidos.

"Habían surgido muchos conceptos erróneos y estereotipos sobre los adolescentes debido a que las investigaciones anteriores se enfocaron principalmente en las experiencias de jóvenes que tenían trastornos mentales o algún problema", comenta. "Fomentamos la investigación en una gama más amplia de experiencias adolescentes."

"Un paso en esa dirección lo constituye un estudio global que realizó por solicitud nuestra la Oficina de Evaluación Tecnológica del Congreso", agregó. "Logró que el Congreso autorizara una oficina federal de salud para los adolescentes, y la administración ha solicitado fondos para llevarla a la práctica. Nuestros esfuerzos han estimulado también varios libros y reportes en las tres instituciones esenciales en las vidas de los adolescentes: escuelas, agencias de salud y organizaciones comunitarias." (*Participant*, 1994, pp. 10-11.)

- *¿Cuáles son los principales cambios físicos, sociales e intelectuales que ocurren en la edad adulta temprana y media, y cuáles son sus causas?*

EDAD ADULTA TEMPRANA Y MEDIA: LOS AÑOS INTERMEDIOS DE LA VIDA

Con frecuencia los psicólogos creen que la primera etapa de la vida adulta inicia alrededor de los 20 años de edad y finaliza entre los 40 o 45 años y que la etapa media abarca de los 40 y 45 hasta casi los 65 años. A pesar de la gran importancia de estas etapas —en cuanto a los logros que ocurren en ellas y su duración (juntas abarcan alrededor de 40 años)— los psicólogos del desarrollo las han estudiado menos que a cualquier otra. Una de las razones es que los cambios físicos durante estos periodos son menos palpables y ocurren más gradualmente que en las otras fases de la vida. Por otro lado, los cambios sociales son tan variados que imposibilitan una categorización sencilla. No obstante, está surgiendo un creciente interés en la edad adulta entre los psicólogos del desarrollo, con un enfoque especial en los cambios sociales que se dan en la familia, el matrimonio, el divorcio y las carreras profesionales de las mujeres.

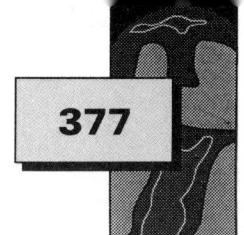

Desarrollo físico: la cima de la salud

Para la mayoría de la gente, la primera etapa de la vida adulta marca la cima de la salud física. Experimentan su mayor fuerza física desde los 18 a los 25 años de edad, cuando sus reflejos son más rápidos que nunca y sus posibilidades de morir por una enfermedad son mínimas. Además, su capacidad reproductiva está en su apogeo.

Los cambios que se inician a los 25 años son en gran parte de naturaleza cuantitativa más que cualitativa. El organismo funciona de manera un poco menos eficiente y adquiere mayor propensión a las enfermedades. Por lo general, sin embargo, la mala salud continúa siendo una excepción; la mayoría de las personas se mantienen bastante saludables. (¿Conoce usted alguna otra máquina, aparte del cuerpo humano, que trabaje sin parar durante un periodo tan extenso?)

El principal cambio biológico que ocurre en la fase media de la vida se relaciona con la capacidad reproductiva. En promedio, las mujeres entran en la **menopausia** al final de su cuarta década o en los primeros años de la quinta, momento en el que dejan de menstruar y pierden su fertilidad. Dado que la menopausia está acompañada de una reducción de estrógeno, hormona femenina, algunas mujeres sienten síntomas tales como bochornos o repentinas oleadas de calor. Sin embargo, la mayoría de los síntomas de la menopausia se tratan exitosamente con estrógeno artificial, si éstos son lo bastante graves como para ameritar la intervención del médico.

Algún día a la menopausia se le consideró la causante de una variedad de síntomas psicológicos, entre ellos la depresión y la pérdida de la memoria. Sin embargo, la mayor parte de las investigaciones recientes sostienen que dichos problemas, cuando se presentan, son originados más por las reacciones de las mujeres ante el hecho de envejecer en una sociedad que valora demasiado la juventud, que por la propia menopausia.

De hecho, los investigadores han encontrado que las reacciones de las mujeres ante la menopausia varían de manera significativa según las culturas. Según la antropóloga Yewoubdar Beyene, entre más valora la vejez una sociedad, menos dificultades tienen sus mujeres durante la menopausia. En su estudio de mujeres en aldeas mayas, encontró que las mujeres esperaban con ansia la menopausia, debido a que dejan de tener hijos. Además, ni siquiera experimentan algunos de los síntomas clásicos de esta etapa; por ejemplo, nunca habían escuchado sobre los bochornos. Entonces, son las actitudes de una sociedad, más que los cambios fisiológicos de la menopausia, las que pueden causar dificultades psicológicas (Ballinger, 1981; Beyene, 1989; Beck, 1992).

Para los varones, el proceso de envejecimiento en la etapa media de la vida es un poco más sencillo, debido a que no aparecen indicios fisiológicos de tal proceso equivalentes al término de la menstruación en las mujeres. De hecho, mantienen su fertilidad y son capaces de fecundar hasta una edad muy avanzada. Por otra parte, ocurre alguna disminución física gradual: la producción de esperma disminuye y la frecuencia de los orgasmos tiende también a disminuir. Sin embargo, una vez más, cualesquiera dificultades psicológicas que puedan experimentar los hombres asociadas con estos cambios por lo general son causadas no tanto por el deterioro físico, como por la incapacidad del individuo que envejece para satisfacer los modelos exagerados de juventud que nuestra sociedad tiene en tan alta estima.

Menopausia: etapa en la cual las mujeres dejan de menstruar, por lo general ocurre alrededor de los 45 años de edad

Desarrollo social: trabajar para vivir

Si bien los cambios físicos en la fase de la vida adulta manifiestan un desarrollo de tipo cuantitativo, los cambios sociales del desarrollo son más profundos. Por lo general, en este lapso las personas inician sus carreras, se casan y forman una familia.

El psicólogo Daniel Levinson (1986) ha propuesto un modelo de desarrollo adulto sustentado en un extenso estudio de los principales eventos ocurridos en la vida de un grupo formado por cuarenta hombres. Aunque su muestreo inicial era reducido e incluía sólo a hombres de tez blanca y de clase media, el estudio proporcionó una de las primeras descripciones amplias de las etapas que se viven al terminar la adolescencia. Ade-

más, con base en una investigación más reciente, Levinson sostiene que los ciclos vitales de las mujeres y de los hombres son parecidos (Levinson, 1996).

De acuerdo con Levinson, las personas pasan por varias etapas desde su entrada en la edad adulta temprana hasta el final de la etapa media de la vida adulta. Las etapas de la vida adulta temprana se relacionan con la separación de la familia y el acceso al mundo adulto. El adulto proyecta lo que Levinson llama "el sueño" —una visión general sobre las cosas que desea en la vida, ya sea escribir una gran novela o llegar a ser médico—. Se elige la carrera a seguir, la cual tal vez se descarte, durante la primera fase de la vida adulta, hasta que se tomen finalmente decisiones de largo plazo. Esto lleva a un periodo de arraigo en la parte final de la década de los 30, en el cual las personas se establecen en una serie de papeles específicos y empiezan a desarrollarse y a trabajar hacia una visión de asegurar su propio futuro.

Transición de la mitad de la vida: periodo que empieza alrededor de los 40 años de edad, en donde nos percatamos de que la vida es finita

Alrededor de los 40 o 45 años de edad, por lo general los individuos empiezan a cuestionar sus vidas, en un periodo llamado **transición de la mitad de la vida**, en donde la idea del fin de la vida tiene un lugar primordial en su pensamiento. En lugar de centrar su visión de la vida en el futuro, comienzan a formularse preguntas relacionadas con sus logros, califican lo que han hecho y lo enriquecedor que ha sido para ellos lograrlo (Gould, 1978). Se dan cuenta de que no lograrán hacer todo lo que querían antes de que terminen sus vidas.

Crisis de la mitad de la vida (o crisis de los cuarenta): sentimientos negativos que acompañan a la comprobación de que no hemos logrado todo lo que esperábamos de la vida

En algunas ocasiones el resultado de la evaluación que las personas hacen de su vida es negativo, por lo que suelen caer en lo que comúnmente se ha denominado la **crisis de la mitad de la vida (o crisis de los cuarenta)**. A la vez que enfrentan muestras de deterioro físico, se dan cuenta de que sus carreras ya no crecerán en forma considerable en el futuro. Aun cuando hayan escalado a la altura que aspiraban —ser presidente de la empresa o un respetable líder comunitario— se dan cuenta de que la satisfacción extraída de sus logros no es tanta como habían pensado. Al voltear hacia atrás, también pueden sentirse motivados para tratar de definir lo que hicieron mal y la forma en que pueden solucionar esa insatisfacción.

No obstante, en la mayoría de los casos, el cambio a la edad adulta intermedia es relativamente agradable, y algunos psicólogos del desarrollo dudan que la mayoría de las personas tengan una crisis de la mitad de la vida (Whitbourne, 1986). Casi todas las personas de 40 años ven su vida y éxitos de manera sumamente positiva como para que su transición ocurra en forma tranquila, a la vez que la fase de los 40 a los 60 significa un periodo satisfactorio en la vida. En lugar de ver hacia el futuro, en esta etapa las personas se centran en el presente y la relación con su familia, los amigos y otros grupos sociales toman una nueva importancia. El crecimiento esencial en cuanto al desarrollo en este periodo de la vida, es aprender a aceptar que la suerte está echada y que uno debe hacer las paces con sus propias circunstancias.

Por último, durante las últimas etapas de la fase media —de los 50 a los 60— las personas se tornan más aceptantes por lo general de los demás y de sus vidas y se interesan menos en asuntos o problemas que antes les preocupaban. En vez de salir en busca de logros como cuando tenían 30 años, empiezan a aceptar la idea de que la muerte es inevitable, y tratan de entender sus logros relacionándolos con un sentido más amplio de la vida (Gould, 1978). Aunque estas personas tal vez por primera vez se autodefinen como "viejas", muchas desarrollan un sentido de sabiduría y se sienten más libres para gozar de la vida (Karp, 1988).

Debido a que la mayoría de los estudios sobre las etapas de desarrollo de la vida adulta se sustentan en la investigación de la vida de varones, es importante preguntarse si la vida de las mujeres sigue el mismo patrón. Podríamos esperar diferencias de género trascendentales en varias áreas. Por una parte, las mujeres casi siempre adquieren papeles sociales diferentes a los de los hombres, ya sea por iniciativa propia o por las exigencias sociales. Además, los papeles de las mujeres han sufrido un rápido cambio social en la última década, como expondremos más adelante, lo que hace difícil generalizar en lo que se refiere al desarrollo de las mujeres durante la primera y la segunda etapas de la vida adulta (Gilligan, 1982; Gilligan, Lyons y Hanmer, 1990; Mercer, Nichols y Doyle, 1989).

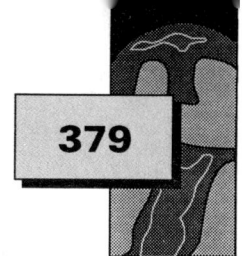

Por estas razones, aún no existe una respuesta clara a la pregunta de la forma en que el desarrollo social de las mujeres difiere del de los hombres, en vista de que los investigadores apenas comienzan a acumular un cuerpo de datos lo bastante grande que se enfoque en forma directa en las mujeres. Sin embargo, algunas investigaciones recientes sugieren que hay semejanzas y diferencias en el género. Levinson (1996), por ejemplo, afirma que las mujeres por lo general pasan por las mismas etapas en las mismas edades que los hombres, aunque existen disparidades en los detalles específicos de algunas de las etapas. Por ejemplo, aparecen diferencias importantes durante "el sueño", la etapa en que las personas desarrollan una visión de lo que llevarán a cabo en su vida futura. Con frecuencia las mujeres tienen mayor dificultad que los hombres para formar un sueño claro, ya que pueden experimentar conflictos entre los objetivos de trabajo y la formación de una familia. Para los hombres, este conflicto tiende a ser mucho menos importante, en vista de que un hombre que desea casarse y tener una familia por lo general ve el empleo como el medio para cuidar de su familia.

Matrimonio, hijos y divorcio: lazos familiares

En muchos cuentos de hadas, el final típico presenta a un apuesto joven y a una hermosa mujer que se casan, tienen hijos y viven felices por siempre. Por desgracia, esta historia es más común en los cuentos de hadas que en la vida real. En la mayor parte de los casos, no concuerda con las realidades del amor y el matrimonio en la década de 1990. En la actualidad, es igualmente probable que el hombre y la mujer primero vivan juntos, luego se casen y tengan hijos –pero a final de cuentas terminen divorciándose— (Gottfried y Gottfried, 1994; Gottman, 1995).

Según las cifras del censo, en Estados Unidos, el porcentaje de parejas que viven juntas si estar casadas se ha incrementado en forma dramática durante las últimas dos décadas, y la edad promedio en la que tiene lugar el matrimonio es mayor que en cualquier otra época desde principios de siglo (Barringer, 1989). Cuando las personas se casan, la probabilidad de divorcio es alta, en especial para las parejas más jóvenes. Aun cuando los índices de divorcio parecen estar disminuyendo desde su llegada a su punto máximo en 1981; el 60% de todos los matrimonios que ocurren por primera vez todavía terminan en divorcio. Dos quintas partes de los niños experimentarán el rompimiento del matrimonio de sus padres antes de cumplir 18 años de edad. De hecho, el aumento de los divorcios no es un fenómeno exclusivo de Estados Unidos: el índice de divorcios se ha acelerado durante las últimas décadas en la mayor parte de los países industrializados, con excepción de Japón e Italia (Cherlin, Furstenberg, Chase-Landale, Kierman, Robins, Morrison y Teitler, 1991; Sorrentino, 1990; Cherlin, 1993; Goode, 1993).

Debido a estas tendencias matrimoniales y de divorcio, la sociedad estadounidense ha presenciado más que una duplicación de los hogares de un solo padre durante las últimas dos décadas. En 1990, alrededor del 28% de todos los hogares familiares tenían una sola figura paterna, en comparación con apenas el 13% en 1970. Algunos grupos étnicos y raciales han sido afectados en forma particular por el fenómeno: más de la mitad de todos los niños afroamericanos y casi un tercio de los niños hispanos vivían en hogares con un solo padre en 1990. Además, en la mayor parte de los hogares con un solo padre, los niños residen con la madre, en lugar del padre —un fenómeno que es consistente a través de los grupos raciales y étnicos a lo largo del mundo industrializado— (U.S. Census Bureau, 1991; Burns y Scott, 1994).

El divorcio y la consecuente vida en un hogar con un solo padre crean el escenario para el desarrollo de varias clases de dificultades psicológicas, tanto para los padres como para los hijos (Gottman, 1993; Guttman, 1993). Al principio los niños pueden ser expuestos a niveles altos de conflicto entre los padres, lo que conduce a un incremento de la ansiedad y del comportamiento agresivo. La separación posterior de uno u otro de los padres es una experiencia dolorosa y puede dar como resultado la formación de obstáculos para establecer relaciones cercanas a lo largo de la vida. En muchos casos, es difícil encontrar buena atención para los hijos, lo que produce estrés psicológico y en

ocasiones sentimientos de culpa por los acuerdos a los que deben llegar, por razones económicas, los padres que trabajan. El tiempo siempre está muy solicitado en las familias con un solo padre (Whitehead, 1993).

Por otra parte, poca evidencia sugiere que los hijos de familias con un solo padre estén menos adaptados que aquellos de familias con dos padres (Barber y Eccles, 1992). De hecho, es evidente que los niños logran desarrollarse mejor en una familia relativamente tranquila con un solo padre que en una con dos padres en donde éstos se encuentran en conflicto continuo entre sí. De hecho, los problemas emocionales y conductuales mostrados por algunos hijos de padres divorciados pueden derivarse más de los problemas familiares que existieron antes del divorcio que del propio evento (Cherlin, 1993; Gottfried y Gottfried, 1994).

¿Las estadísticas actuales sugieren que el matrimonio es tan obsoleto como el caballo y la calesa? Al principio podría parecerlo, pero un examen más detenido revela que éste no es el caso. Por una parte, datos recopilados en encuestas muestran que la mayoría de las personas desean casarse en algún momento de sus vidas, y cerca del 95% lo hacen con el tiempo. Incluso las personas que se divorcian tienen mayor probabilidad de volverse a casar que de no hacerlo; incluso, algunas por tres veces o más: un fenómeno conocido como matrimonio en serie. Por último, los individuos que se casan reportan ser más felices que sus contrapartes (Brody, Neubaum y Forehand, 1988; Strong, 1978; Glenn, 1987).

El rostro cambiante del matrimonio   El matrimonio sigue siendo una institución importante en la cultura occidental, e identificar a una pareja es un asunto crítico para la mayoría de las personas durante la vida adulta. Por otra parte, la naturaleza del matrimonio ha cambiado durante las últimas décadas, conforme han evolucionado los papeles desempeñados por los hombres y las mujeres. Más mujeres que nunca antes, ya sea porque así lo desean o porque se ven obligadas por su situación económica, actúan en forma simultánea como esposas, madres y trabajadoras —en contraste con las mujeres en los matrimonios tradicionales, donde el esposo es el único sostén económico y la esposa asume principalmente la responsabilidad de cuidar el hogar y los niños— (Gottfried y Gottfried, 1988). De hecho, cerca de tres cuartas partes de todas las mujeres casadas con hijos en edad escolar trabajan fuera de su hogar. Más del 60% de las madres con bebés y niños pequeños están empleadas (Clarke-Stewart, 1993; Lewin, 1995).

Aunque las mujeres casadas tienen mayor probabilidad que nunca de salir a trabajar fuera de su hogar, no se liberan sin embargo de las responsabilidades domésticas. Incluso en matrimonios en donde las esposas tienen empleos de posición similar y requieren de un horario parecido, la distribución de las tareas domésticas entre marido y mujer no ha cambiado en forma considerable. Las esposas que trabajan todavía tienen mayor probabilidad de considerarse como responsables principales de los quehaceres domésticos como cocinar y limpiar. En contraste, los esposos de mujeres que trabajan se siguen concibiendo a sí mismos como responsables ante todo de tareas tales como la reparación de aparatos descompuestos, colocar persianas en el verano y hacer la limpieza del patio (Schellhardt, 1990; Biernat y Wortman, 1991; Patterson, 1995).

Por otra parte, no todas las parejas dividen las responsabilidades según las líneas tradicionales. Por ejemplo, los esposos que se adhieren en forma intensa a los ideales feministas tienen mayor probabilidad de pasar tiempo cuidando a sus hijos. Es más, las parejas de homosexuales tienden a compartir los quehaceres domésticos en forma equitativa, dividiendo las tareas de modo que cada uno realiza un número igual de actividades diferentes (Deutsch, Lussier y Servis, 1993; Kurdek, 1993; Gilbert, 1993).

Además, la forma en que pasan el tiempo los hombres y las mujeres casados durante la semana promedio es bastante diferente. Aunque aquéllos promedian ligeramente más horas de trabajo por semana que las mujeres casadas, dedican considerablemente menos tiempo a los quehaceres domésticos y el cuidado de los niños. En general, las mujeres que trabajan dedican mucho más tiempo que los hombres que trabajan a las demandas combinadas del empleo y la familia.

De hecho, el número de horas dedicadas por las mujeres que trabajan puede ser asombrosa. Por ejemplo, una encuesta encontró que las madres empleadas con hijos

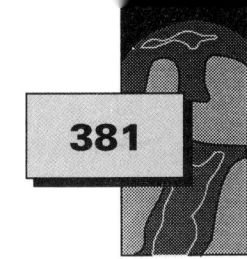
menores de tres años de edad ¡trabajaban un promedio de 90 horas a la semana! La socióloga Arlie Hochschild se refiere al trabajo adicional experimentado por las mujeres como el "segundo turno". De acuerdo con su análisis de las estadísticas en Estados Unidos, las mujeres que trabajan y son madres laboran un mes adicional de días de 24 horas durante el transcurso de un año (Hochschild, en Machung, 1990; Hochschild, 1990). Además, se ven patrones parecidos en muchas sociedades en desarrollo de todo el mundo, con las mujeres trabajando de tiempo completo y además asumiendo las responsabilidades primarias del cuidado de los niños (Googans y Burden, 1987; Mednick, 1993).

En resumen, muchas familias en donde ambos padres trabajan todavía tienden a ver a la madre como la principal responsable de la crianza de los hijos. En consecuencia, en lugar de que las carreras sean un sustituto de los quehaceres de las mujeres en el hogar, a menudo existen en adición al papel de ama de casa. No es sorprendente que algunas esposas sientan resentimiento hacia sus maridos que pasan menos tiempo atendiendo a los niños y haciendo quehaceres domésticos de lo que ellas habían esperado antes del nacimiento de sus hijos (Ruble, Fleming, Hackel y Stanger, 1988; Williams y McCullers, 1983).

Por otra parte, muchas esposas reportan sentirse relativamente de acuerdo con tal distribución desigual. Una razón es que las normas sociales tradicionales todavía proporcionan un apoyo relativamente fuerte para las mujeres que desempeñan un papel dominante en la crianza de los hijos y en las tareas domésticas (Major, 1993). Además, los beneficios del trabajo pueden superar a las desventajas de tener responsabilidades importantes en múltiples papeles, para muchas mujeres. Por ejemplo, las mujeres que trabajan, en especial aquellas poseedoras de ocupaciones de gran prestigio, reportan sentir mayor maestría, orgullo y competencia que las mujeres que se quedan en su casa. El valor del trabajo, entonces, va más allá de simplemente ganar un salario. El trabajo proporciona satisfacción personal al igual que una sensación de contribuir a la sociedad (Hoffman, 1989; Crosby, 1991; Barnett, Marshall y Singer, 1992).

- *¿Cómo difiere la realidad de la tercera edad de los estereotipos acerca de esa etapa?*
- *¿De qué manera podemos adaptarnos a la muerte?*

LOS ÚLTIMOS AÑOS DE LA VIDA: EL ENVEJECIMIENTO

Siempre me ha gustado hacer algo en las montañas —caminar y, últimamente, trepar en las rocas—. Al escalar una ruta de cualquier dificultad, es necesario concentrarse totalmente en lo que se está haciendo. Es indispensable buscar una grieta en donde puedas introducir la mano. Debes pensar si el punto de apoyo del pie te podrá mantener o no en equilibrio. De lo contrario estarás atrapado en una situación difícil. Y si no recuerdas dónde pusiste la mano o el pie unos minutos antes, el descenso será muy difícil.

Mientras más dura sea la escalada, el nivel de concentración debe ser mayor. Las escaladas que mayor trabajo me costaron son las que más recuerdo. Tal vez algún punto específico que haya precisado dos o tres intentos antes de encontrar la combinación adecuada de movimientos que me permitiera subir rápidamente —y, de preferencia, de modo elegante—. Es un placer infinito el que siento al llegar a la cima y sentarme, y tal vez desayunar mientras admiro el paisaje, y me siento agradecido que todavía me sea posible hacer este tipo de actividades (Lyman Spitzer, citado en Kotre y Hall, 1990, pp. 358-359).

Lyman Spitzer. Edad: 74 años.

Si usted no puede imaginarse a una persona de 74 años de edad escalando rocas, tendría que repasar su concepto de la tercera edad. A pesar del estereotipo social que hay de la vejez (una época inactiva y de desgaste físico y mental), los *gerontólogos*, especialistas que estudian el proceso de envejecimiento, han empezado a crear una descripción muy distinta de las personas de este grupo de edad.

Al concentrarse en el periodo de la vida que inicia alrededor de los 65 años de edad, los gerontólogos hacen aportaciones significativas para precisar las capacidades de las

Jeanne Calment, quien fue certificada como la persona de mayor edad en el mundo con un récord Guinness, en su cumpleaños número 120.

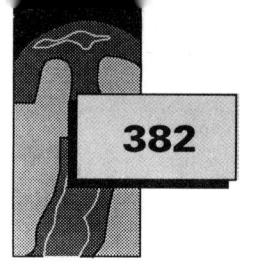

personas de la tercera edad. Su trabajo es demostrar que incluso durante esta etapa continúan los procesos significativos de desarrollo. Y conforme se incrementa la expectativa de vida en todo el mundo, el número de personas que alcanzan esta edad continuará creciendo en forma considerable. En consecuencia, se ha vuelto una prioridad crítica para los psicólogos mejorar la comprensión de las personas de la tercera edad (Cavanaugh y Park, 1993).

Cambios físicos en las personas mayores: el cuerpo viejo

Dormir la siesta, comer, caminar y conversar. Quizás a usted no le sorprenda que estas actividades poco vigorosas representen los pasatiempos preferidos de las personas de la tercera edad . Lo que sí es sorprendente de este grupo de actividades es que sean iguales a las reportadas en un muestreo de estudiantes universitarios como las que comúnmente realizan en su tiempo libre. Aunque los muchachos mencionaron actividades más vigorosas —como navegar y jugar basquetbol— como sus actividades favoritas, en realidad practicaban estos deportes muy pocas veces, debido a que pasaban la mayor parte de su tiempo libre durmiendo, comiendo, caminando y conversando (Harper, 1978).

Aun cuando las actividades de tiempo libre que llevan a cabo las personas de la tercera edad no difieren mucho de las realizadas por los jóvenes, muchos de los cambios físicos, por supuesto, se deben al proceso de envejecimiento. Los más notorios son en cuanto a la apariencia —adelgazamiento y encanecimiento del cabello, piel arrugada y fláccida y en algunas ocasiones una ligera pérdida de estatura, ya que el tamaño de los discos de la espina dorsal que están entre las vértebras decrece— aunque, además, se realizan cambios más ligeros en el funcionamiento biológico del organismo (DiGiovanna, 1994).

Por ejemplo, disminuye la precisión sensorial como consecuencia del envejecimiento; la vista y el oído pierden agudeza, y el gusto y el olfato, sensibilidad. El tiempo de reacción es más lento. También hay cambios en el vigor físico. Debido a que la inhalación de oxígeno y la capacidad del corazón para bombear son menores, el cuerpo es incapaz de surtir los nutrientes con la rapidez de antes, por lo que la recuperación de la actividad física es más lenta (Shock, 1962). Por supuesto que ninguno de estos cambios se da de forma repentina a los 65 años. El deterioro gradual en algunas clases de funcionamiento empieza antes. Es en la tercera edad, sin embargo, que estos cambios se vuelven más evidentes (Perlmutter, 1994).

¿Cuáles son las causas de esta decadencia física? Hay dos explicaciones importantes: las teorías de la preprogramación genética y las teorías del desgaste (Bergener, Ermini y Stahelin, 1985; Whitbourne, 1986). Las **teorías de preprogramación genética del envejecimiento** exponen que las células humanas sólo se reproducen hasta cierta edad de las personas, después de lo cual ya no pueden dividirse (Hayflick, 1974). Una variante de esta hipótesis sostiene que algunas células están genéticamente preprogramadas para volverse dañinas al organismo después de algún tiempo, con lo cual la biología del organismo se transforma en "autodestructiva" (Pereira-Smith y cols., 1988; Finch, 1990).

El segundo enfoque para comprender el envejecimiento por deterioro físico se basa en los mismos factores que obligan a las personas a comprar un auto nuevo con frecuencia: las piezas mecánicas se desgastan. Según las **teorías del envejecimiento por desgaste**, las funciones mecánicas del cuerpo simplemente dejan de trabajar de manera eficiente. Además, los restos adicionales de la producción de energía finalmente se acumulan y ocurren errores en el proceso de reproducción celular. Con el tiempo, el cuerpo, en efecto, se desgasta.

No sabemos en realidad cuál de estas teorías proporciona la mejor explicación sobre el proceso de envejecimiento físico; puede ser que las dos contribuyan (Rusting, 1992). No obstante, es importante entender que el envejecimiento físico no es una enfermedad, sino un proceso biológico natural. Muchas de las funciones físicas no disminuyen con la edad. Por ejemplo, el sexo conserva su carácter placentero hasta edad muy avanzada (aunque la frecuencia de la actividad sexual es menor), e incluso algunas personas de

Teorías de preprogramación genética del envejecimiento: conjunto de teorías que sostienen la existencia de un límite temporal inamovible para la reproducción de las células humanas

Teorías del envejecimiento por desgaste: teorías que sugieren que las funciones mecánicas del cuerpo dejan de trabajar con eficiencia y éste, en efecto, se desgasta

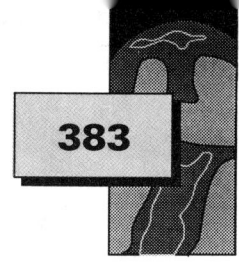

Para muchas parejas, el envejecimiento no significa el final del placer sexual.

edad avanzada dicen que el placer que les proporciona el sexo aumenta (Lobsenz, 1975; Rowe y Kahn, 1987; Olshansky, Carnes y Cassel, 1990; Ansberry, 1995).

Por otro lado, ni las teorías de la preprogramación genética ni las del desgaste explican con éxito un hecho que es muy claro para quien analiza el envejecimiento: las mujeres viven más que los hombres. En el mundo industrializado, las mujeres viven entre cuatro y diez años más que los hombres (Holden, 1987). La ventaja de las mujeres empieza inmediatamente después de la concepción. Aunque se conciben más hombres que mujeres, aquéllos tienen un índice más elevado de mortandad tanto a nivel prenatal, como infantil. A la edad de 30 años la proporción de ambos sexos se equilibra. El 84% de las mujeres y el 70% de los hombres llegan a la edad de 65 años.

Debido fundamentalmente a los cambios positivos en los hábitos de salud de los hombres, entre los cuales se destaca un consumo menor de cigarrillos, un incremento en el consumo de alimentos bajos en colesterol y más ejercicio, la brecha entre géneros no se está agravando. Sin embargo, los hábitos de salud no dan una explicación completa de la diferencia, y aún tiene que encontrarse una explicación completa de la razón por la que las mujeres viven más que los hombres. Lo que está claro es que a las mujeres, con más frecuencia que a los varones, les toca hacer el ajuste profundo que se requiere al morir su compañero. La vida más prolongada de las mujeres es una bendición un tanto contradictoria: con frecuencia tienen que enfrentar la vida sin un compañero en sus últimos años.

Cambios cognitivos: pensar en la vejez y durante ella

Tres mujeres platican acerca de las molestias de envejecer.

—En ocasiones —decía una de ellas—, cuando me dirijo al refrigerador, no recuerdo si estoy metiendo o sacando algo de él.

—Oh, eso no es nada —dijo la segunda señora—. Hay ocasiones en que estoy al pie de la escalera sin saber si voy a subir o si acabo de bajar.

—¡Dios mío! —exclamó la tercera—. Qué bien me siento al no tener ninguno de esos problemas —y tocó madera—. Oh —dijo, al tiempo que se levantaba de la silla—, alguien llama a la puerta. (Dent, 1984, p. 38)

Hace algún tiempo, muchos gerontólogos habrían coincidido con el punto de vista —sugerido en la narración anterior— de que las personas mayores son olvidadizas y confusas. Sin embargo, en la actualidad la mayor parte de los estudios expresan que esto se halla muy lejos de ser una evaluación acertada de las capacidades de las personas de la tercera edad.

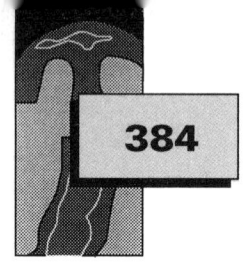
Una de las razones que explican este cambio de percepción es la disponibilidad de técnicas de investigación más complejas para estudiar los cambios cognitivos en esta población. Por ejemplo, si aplicáramos una prueba del cociente de inteligencia (CI) a un grupo de estas personas, quizá nos daríamos cuenta de que el puntaje promedio es menor que el de un grupo de personas más jóvenes. Podríamos concluir que se debe a una disminución en la inteligencia. Pero si observamos con mayor detenimiento la prueba aplicada, podríamos descubrir que tal conclusión no es del todo correcta. Por ejemplo, muchas pruebas del CI tienen secciones que se basan en el desempeño físico (como acomodar un grupo de bloques) o en la velocidad. En tal caso, el bajo desempeño en la prueba puede deberse a una disminución en el tiempo de reacción —un decrecimiento físico que acompaña a la vejez— y tener poco o nada que ver con las capacidades intelectuales de las personas mayores (Schaie, 1991).

Otras circunstancias dificultan la investigación del funcionamiento cognitivo de las personas de la tercera edad. Por ejemplo, ellos son más propensos que los jóvenes a contraer enfermedades físicas. En el pasado, algunos análisis sobre pruebas del CI comparaban a grupos de gente joven físicamente sana con grupos de personas mayores, por lo general menos saludables, las cuales alcanzaban puntajes significativamente menores. No obstante, cuando se observa sólo a ancianos *saludables,* el declive intelectual es marcadamente menos evidente (Riegel y Riegel, 1972; Kausler, 1994). Además, es injusto comparar los resultados alcanzados por un grupo de personas de la tercera edad con los de un grupo de personas más jóvenes cuando el nivel medio de educación de los primeros tal vez es inferior (por razones históricas) al de los últimos.

De igual manera, las puntajes bajos en la prueba del CI de las personas mayores puede deberse a que su motivación en cuanto al desempeño en las pruebas es menor que la de los jóvenes. Para finalizar, la prueba tradicional de CI puede no ser la más adecuada para medir la inteligencia de las personas de la tercera edad. Por ejemplo, como se comenta en el capítulo 8, algunos investigadores sostienen la existencia de varios tipos de inteligencia y otros han comprobado que este grupo de edad se desempeña mejor en pruebas sobre problemas cotidianos y competencia social que las personas más jóvenes (Cornelius y Caspi, 1987; Willis y Schaie, 1994).

Por otra parte, se ha encontrado cierta disminución en el funcionamiento intelectual de estas personas, aun cuando se han utilizado métodos de investigación mejorados. Sin embargo, como se puede ver en la figura 10.7, el patrón de diferencias de edad no es

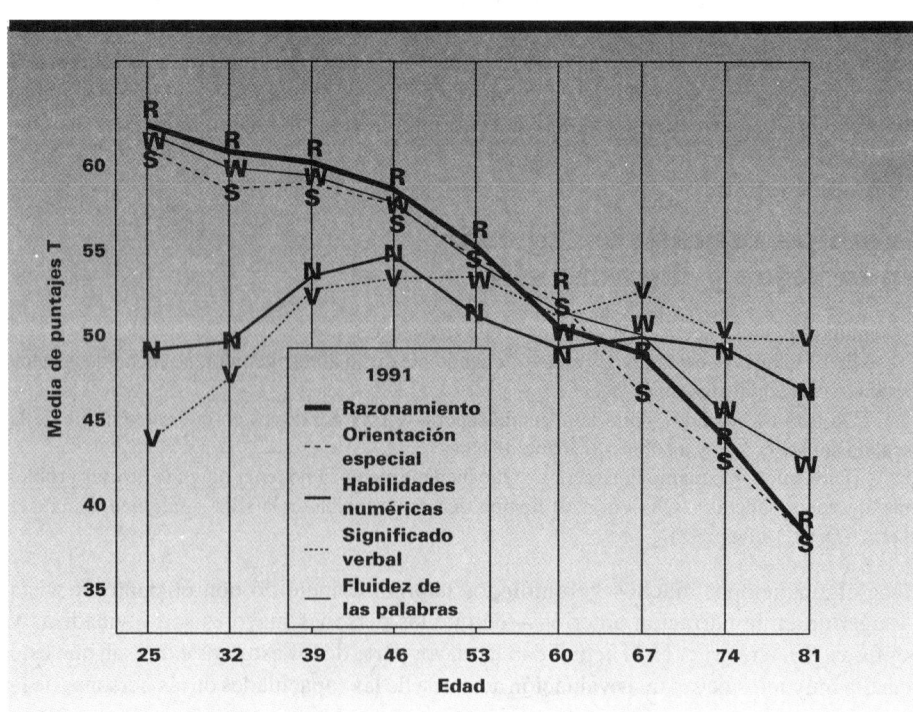

FIGURA 10.7 Los cambios en las habilidades intelectuales relacionados con la edad varían de acuerdo con la capacidad cognitiva específica en cuestión. (*Schaie, 1994.*)

uniforme para distintos tipos de capacidades cognitivas. Además, las diferencias no son idénticas para los hombres y para las mujeres (Schaie, 1993, 1994).

En general, los cambios en las capacidades cognitivas relacionados con la edad pueden resumirse en función de las diferencias en la inteligencia fluida y cristalizada. Recordará del capítulo 8 que la *inteligencia fluida* se refiere a las capacidades de razonamiento, memoria y procesamiento de la información; la *inteligencia cristalizada* se basa en la información, habilidades y estrategias que las personas han aprendido a través de la experiencia y que pueden aplicarse en situaciones de solución de problemas.

Aunque la inteligencia fluida muestra una disminución en la vejez, la inteligencia cristalizada permanece estable y en algunos casos incluso mejora (Baltes y Schaie, 1974; Schaie, 1993). Por ejemplo, una mujer de la tercera edad a quien se le pide resolver un problema geométrico (que toca la inteligencia fluida) puede presentar mayores problemas que antes, pero puede resolver mejor los problemas verbales que requieren conclusiones razonadas.

Una razón de los cambios que se dan en el desarrollo respecto al funcionamiento intelectual es la de que ciertos tipos de capacidades pueden ser más sensibles a los cambios en el sistema nervioso que otros. Otro factor puede ser el nivel en el que los dos tipos de inteligencia son empleados a lo largo de la vida de una persona. Cualquiera que sea la razón, las personas compensan las disminuciones. Todavía pueden aprender lo que deseen; tal vez sólo les tome más tiempo (Storandt y cols., 1984). Además, enseñarles estrategias para enfrentar problemas nuevos puede impedir disminuciones en el desempeño (Willis y Nesselroade, 1990).

Cambios en la memoria durante la vejez: ¿son olvidadizas las personas de la tercera edad? Una de las características más frecuentes que se le atribuye a los ancianos es la de ser olvidadizos. ¿Qué tan precisa es esta suposición?

En general, la evidencia muestra que las alteraciones en la memoria *no* son parte inevitable del proceso de envejecimiento. Por ejemplo, las investigaciones muestran que los ancianos en culturas en las que los viejos son muy apreciados, como en China continental, tienen menos probabilidad de mostrar pérdida de memoria que aquellos que viven en culturas en donde la expectativa es que son probables las pérdidas de memoria (Levy y Langer, 1994).

Aun cuando los ancianos muestran disminuciones en la memoria, sus deficiencias tienden a limitarse a ciertos tipos de memoria. Por ejemplo, las pérdidas de memoria se limitan por lo general a *recuerdos episódicos,* relacionados con experiencias específicas acerca de nuestras vidas. Otros tipos de recuerdos, como los *recuerdos semánticos* (los que se refieren al conocimiento o hechos generales) y los *recuerdos implícitos* (recuerdos de los que no estamos conscientes), en gran medida no son afectados por la edad (Graf, 1990; Russo y Parkin, 1993).

La declinación de los recuerdos episódicos a menudo pueden rastrearse hasta los cambios en las vidas de estas personas. Por ejemplo, no es sorprendente que una persona retirada, que podría ya no enfrentar el mismo tipo de desafíos intelectuales consistentes que encontraba en el trabajo, podría tener menos práctica en el uso de la memoria o incluso estar menos motivado para recordar cosas, lo que conduce a una aparente disminución en la memoria. Incluso en casos en los que disminuye la memoria a largo plazo, la persona de la tercera edad por lo general puede beneficiarse con esfuerzos compensatorios. Entrenarlos a usar las clases de estrategias mnemotécnicas descritas en el capítulo 6 no sólo puede impedir que se deteriore su memoria a largo plazo, sino que en realidad puede mejorarla (Perlmutter y Mitchell, 1986; Brody, 1987; Ratner, Schell, Crimmins, Mittelman y cols., 1987).

En el pasado, las personas de la tercera edad con casos graves de pérdida de la memoria, acompañados por otras dificultades cognoscitivas, eran considerados como seniles. *Senilidad* es un término amplio e impreciso que se aplica de manera típica a las personas de este grupo de edad que experimentan un deterioro progresivo de sus capacidades mentales, incluyendo pérdida de la memoria, desorientación en el tiempo y el espacio, y confusión general. Antes considerado un estado inevitable que acompañaba al envejecimiento,

la senilidad es vista en la actualidad por la mayoría de los gerontólogos como una denominación que ha sobrevivido a su utilidad. En lugar de que la senilidad sea la causa de ciertos síntomas, se considera que éstos son causados por algún otro factor.

Sin embargo, algunos casos de pérdida de la memoria son producidos por una enfermedad real. Por ejemplo, la *enfermedad de Alzheimer,* la cual abordamos en el capítulo 6, es un trastorno cerebral progresivo que conduce a una pérdida gradual e irreversible de las capacidades mentales. En otros casos, los síntomas de la senilidad son causados por ansiedad y depresión temporales, los cuales pueden ser tratados con éxito, o incluso pueden deberse a una medicación excesiva. El peligro es que las personas que sufren de estos síntomas pueden ser clasificadas como seniles y dejarse sin tratamiento, continuando, por consiguiente, su declinación –aun cuando el tratamiento habría sido benéfico—.

En resumen, el deterioro del funcionamiento cognitivo en la vejez no es, en su mayor parte, inevitable. La clave para mantener las habilidades cognitivas puede encontrarse en proporcionar algún grado de estimulación intelectual. Como el resto de nosotros, las personas de la tercera edad necesitan un ambiente estimulante a fin de afinar y conservar sus capacidades.

El mundo social de las personas de la tercera edad: viejos pero no solos

Así como se ha comprobado que es falsa la opinión de que la senilidad es resultado inevitable de la edad, también es errónea la concepción de que la vejez forzosamente implica soledad. Las personas de este grupo de edad por lo general se perciben como parte activa de la sociedad. Algunas encuestas muestran que sólo el 12% de las personas de 65 años o más ven la soledad como un problema serio (Encuesta Harris, 1975; Bond, Cutler y Grams, 1995).

No obstante, los modelos y el comportamiento sociales de estas personas son diferentes en ciertos ámbitos a los de personas más jóvenes. Se han creado dos enfoques esenciales para explicar su ambiente social: la teoría del retiro y la teoría de la actividad. La **teoría del retiro** tiene una visión del envejecimiento como un aislamiento gradual del mundo tanto en el ámbito físico como social y psicológico (Cummings y Henry, 1961). Físicamente los niveles bajos de energía producen menos actividad; desde el punto de vista psicológico, el interés se traslada de los demás hacia uno mismo; y en el ámbito social, hay menos interacción con los demás y una disminución del nivel de participación en la sociedad en general. Pero, en lugar de evaluar sólo los aspectos negativos del retiro, algunos teóricos sostienen que deben verse las facetas positivas de éste. Tal retiro proporciona la oportunidad de reflexionar más y disminuye la inversión emocional en los demás en una época de la vida en la que las relaciones sociales inevitablemente terminarán con la muerte.

La teoría del retiro ha sido criticada por sostener que el retiro es un proceso automático, que implica un rompimiento con los patrones previos de comportamiento. Más importante aún es la evidencia de que las personas de la tercera edad que aseguran ser muy felices son aquellos que se mantienen más activos (Havighurst, 1973). Tales críticas condujeron al desarrollo de un enfoque alternativo que describe la adaptación social hacia el envejecimiento. La **teoría de la actividad** sostiene que quienes envejecen más satisfactoriamente son los que mantienen los intereses y actividades que los motivaron durante la edad adulta intermedia y que se niegan a disminuir el grado y el tipo de interacción social que tienen (Blau, 1973). De acuerdo con la teoría de la actividad, la tercera edad debe reflejar una continuidad, hasta donde sea posible, de las actividades que eran desarrolladas durante la época anterior de la vida; y también se debe implicar la modificación de las actividades abandonadas a causa de algunos cambios, como la jubilación.

La teoría de la actividad no está exenta de críticas. Por ejemplo, la sola actividad no garantiza la felicidad. Por el contrario, es probable que sea más importante la *naturaleza* de dichas actividades (Gubrium, 1973). Además, no todas las personas de la tercera edad necesitan una vida llena de actividades e interacción social para llegar a ser felices; como

Teoría del retiro: teoría que sostiene que el envejecimiento es un aislamiento gradual del mundo tanto a nivel físico como psicológico y social

Teoría de la actividad: teoría en donde se sostiene que las personas de la tercera edad que envejecen con más éxito son los que mantienen los intereses y las actividades realizadas durante su edad adulta intermedia

en todas las etapas de la vida, existen algunas personas que se sienten muy satisfechas de llevar una existencia relativamente pasiva y solitaria (Hansson y Carpenter, 1994; Baltes, 1995).

Es imposible decir si la teoría del retiro o la de la actividad ofrecen una visión más precisa de las personas de la tercera edad, tal vez porque hay muchas diferencias individuales entre las formas en que las personas encaran el proceso de envejecimiento. No obstante, es muy claro que estas personas no están esperando solamente a que llegue la muerte. Por el contrario, la tercera edad es una época de maduración y desarrollo continuos, tan importante como cualquier otro periodo de la vida.

El consumidor de psicología bien informado

La adaptación a la muerte

En alguna etapa de la vida enfrentará usted a la muerte —la suya, al igual que la muerte de amigos y personas queridas—. Aunque no existe algo más inevitable en la vida, siempre es un tema que provoca miedo y genera emociones agobiantes. No hay nada más triste que la muerte de una persona querida o la contemplación de la propia muerte inminente, y es probable que la preparación para la muerte represente una de sus más importantes tareas de desarrollo.

No hace mucho tiempo, hablar de la muerte era tabú. Nunca se mencionaba el tema a los moribundos y los gerontólogos tenían poco que decir. Sin embargo, esa posición ha cambiado, sobre todo gracias al trabajo fundador de Elisabeth Kübler-Ross (1969), que abordó el tema abiertamente con su teoría de que las personas, al enfrentar la muerte, tienden a pasar por cinco etapas amplias.

■ *Negación.* En esta primera etapa, las personas se resisten ante la idea de morir. Aun cuando se les diga que sus posibilidades de sobrevivir son casi nulas, rechazan la idea de estar frente a la muerte.

■ *Enojo.* Después de superar la etapa de negación, los moribundos se enfadan con las personas sanas que les rodean, con los médicos, por ser tan incompetentes, e incluso con Dios. Se preguntan "¿por qué yo?" y son incapaces de responder sin molestarse.

■ *Negociación.* El enojo da paso a la negociación, en donde los moribundos tratan de encontrar maneras de posponer la muerte. Tal vez decidan dedicar su vida a la religión si Dios los salva; otros tratan de imponer condiciones: "Aceptaría la muerte si tan sólo pudiera vivir para ver a mi hijo casado." Tales negociaciones casi no se conservan, generalmente porque la enfermedad de los moribundos sigue su avance e invalida cualquier "acuerdo".

■ *Depresión.* Cuando los moribundos sienten que la negociación es inútil, pasan a la siguiente etapa: la depresión. Entienden que no hay nada que hacer ya, que están perdiendo a los seres queridos y que su vida está por terminar. Viven lo que Kübler-Ross llama el "duelo preparatorio" de su propia muerte.

■ *Aceptación.* En esta última etapa, las personas ya superaron el duelo por la pérdida de su propia vida y aceptan la muerte inminente. Por lo general decrece su nivel de comunicación y no tienen emociones; como si ya hubiesen hecho la paz consigo mismos y estuvieran esperando la muerte sin rencor.

A pesar de que no todos experimentan cada una de estas fases de la misma forma, en general la teoría de Kübler-Ross es la mejor descripción de las reacciones de las personas al enfrentarse con la muerte. No obstante, ocurren vastas diferencias en la manera en que ciertos individuos reaccionan ante la muerte inminente. La causa específica y la duración de la agonía, así como el sexo de la persona, su edad, personalidad y el tipo de apoyo que reciba por parte de la familia y los amigos, tienen un impacto en la forma en que las personas responden ante la muerte (Zautra, Reich y Guarnaccia, 1990; Stroebe, Stroebe y Hansson, 1993).

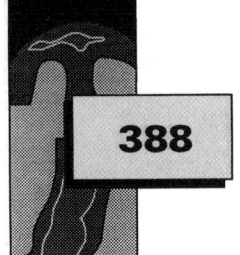

Pocos de nosotros disfrutamos la contemplación de la muerte. Pero percatarnos de sus efectos y consecuencias psicológicas puede hacer su aproximación menos productora de ansiedad y quizá más comprensible.

RECAPITULACIÓN Y REVISIÓN

Recapitulación

- Durante la pubertad ocurren varios cambios físicos críticos. Por lo general la maduración temprana es socialmente benéfica, mientras que la maduración tardía generalmente crea desventajas.

- De acuerdo con Kohlberg, el desarrollo moral pasa por una serie de etapas, cada una de las cuales representa un nivel cada vez más complejo. Según la contrastante visión del desarrollo moral de Gilligan, las mujeres, más que los hombres, se centran en principios relacionados con la compasión hacia el individuo y no en principios abstractos de justicia y equidad.

- Durante la adolescencia, las personas entran en la etapa crucial de identidad *vs.* confusión de papeles, la cual puede incluir una crisis de identidad.

- Si bien antes se veía a la adolescencia como un periodo tormentoso de rebelión, los psicólogos de hoy piensan que esa visión refleja más un mito que una realidad.

- Según el modelo desarrollado por Levinson, el desarrollo social durante la edad adulta temprana e intermedia se sucede a través de una serie de etapas.

- La inteligencia fluida y la memoria son afectadas por el envejecimiento.

- Los deterioros físicos de las personas de la tercera edad son explicados por dos clases de teorías: las teorías de la preprogramación genética y las teorías del desgaste.

Revisión

1. La maduración demorada típicamente proporciona una ventaja social tanto a los hombres como a las mujeres. ¿Cierto o falso?

2. _____ sostiene la existencia de seis etapas del desarrollo moral, que van desde el razonamiento basado en premios y castigos, hasta el pensamiento abstracto que implica conceptos de justicia.

3. Elija la etapa de desarrollo moral de las mujeres la de teoría de Gilligan con su definición:
   1. Moralidad de la no violencia
   2. Orientación hacia la supervivencia individual
   3. La bondad como autosacrificio

   a. Centrada en lo que conviene a la mujer en particular
   b. La mujer debe sacrificar lo que quiere para agradar a los demás
   c. Es inmoral lastimar a alguien, incluyendo a uno mismo

4. Los cambios emocionales y psicológicos que en ocasiones acompañan a la menopausia tal vez nada tienen que ver con ésta. ¿Cierto o falso?

5. Roberto, de 42 años, recientemente evaluó sus metas y logros actuales. Aunque ha logrado mucho, comprende que no podrá alcanzar varias de sus metas en la vida. A esta etapa de la vida Levinson la llamaría _____.

6. En hogares donde ambos cónyuges tienen empleos similares, la división del trabajo para los quehaceres domésticos por lo general es la misma que en los hogares "tradicionales" donde el esposo trabaja y la esposa se queda en la casa. ¿Cierto o falso?

7. Las teorías de _____ dicen que las células humanas pierden su capacidad de reproducción cuando las personas llegan a cierta edad. Este límite explica el decaimiento eventual del organismo durante la tercera edad.

8. Durante la tercera edad, la inteligencia _____ de una persona continúa en aumento, mientras que la inteligencia _____ puede disminuir.

9. Lavinia siente que, durante su vejez, han disminuido en forma gradual sus contactos sociales y se ha vuelto más orientada hacia sí misma. Un defensor de la teoría de la _____ interpreta la situación como un resultado de que Lavinia ya no mantiene sus intereses pasados. Un partidario de la teoría _____ ve su comportamiento de una manera más positiva, sugiriendo que es un proceso natural acompañado por un aumento en la reflexión y un decrecimiento en la inversión emocional.

10. En la etapa de _____ de Kübler-Ross, las personas se resisten a la idea de la muerte. En la etapa de _____ _____ tratan de llegar a acuerdos para evadir la muerte, en tanto que en la etapa de _____ la esperan pasivamente.

Pregúntese a sí mismo

Mucha gente en la actualidad tiene conceptos equivocados respecto a las personas de la tercera edad, considerándolos seniles, lentos, solitarios y cosas por el estilo. ¿Cómo podría probar que estos estereotipos están equivocados? ¿Qué ventajas traería consigo un cambio en nuestros conceptos erróneos desde el punto de vista del aprovechamiento de estas personas como un recurso valioso?

(Las respuestas a las preguntas de la revisión aparecen en la página 391.)

UNA MIRADA RETROSPECTIVA

¿Cómo estudian los psicólogos el grado en que el desarrollo es una función conjunta de los factores hereditarios y ambientales?

1. La psicología del desarrollo es la rama de la psicología que estudia el crecimiento y los cambios que se dan a través de la vida. Uno de los asuntos fundamentales es en qué medida los cambios del

desarrollo se deben a la herencia —factores hereditarios— o al entorno —factores ambientales—. La mayoría de los psicólogos del desarrollo considera que la herencia define los límites superiores de nuestro crecimiento y cambios, mientras que el ambiente afecta el grado en que se alcanzan los límites superiores.

2. La investigación transversal compara entre sí a personas de diferente edad en un momento determinado. En contraste, la investigación longitudinal le da seguimiento al comportamiento de uno o más sujetos durante su proceso de desarrollo. Por último, la investigación multisecuencial combina los dos métodos: considera diferentes grupos de edad y los analiza en momentos diferentes.

¿Cuál es la naturaleza del desarrollo antes del nacimiento?

3. En el momento de la concepción, una célula del esperma masculino se une al huevo femenino, contribuyendo ambos al perfil genético del nuevo individuo. La nueva célula, o cigoto, empieza a crecer de inmediato, convirtiéndose en embrión, que a las cuatro semanas mide aproximadamente medio centímetro. Hacia la novena semana el embrión se convierte en feto y adquiere sensibilidad al tacto y otros estímulos. Se estima que a las 28 semanas alcanza la edad de la viabilidad, lo que significa que puede sobrevivir si nace en forma prematura. Por lo común, un feto nace después de treinta y ocho semanas de embarazo, momento en el que pesa alrededor de tres kilogramos y mide cerca de 50 centímetros.

¿Qué factores afectan al niño durante el embarazo de la madre?

4. Las anormalidades genéticas producen defectos congénitos como la fenilcetonuria (PKU), la anemia de las células falciformes, la enfermedad de Tay-Sachs, y el síndrome de Down. Entre las influencias ambientales prenatales sobre el crecimiento fetal se hallan el estado nutricional de la madre, las enfermedades, la ingestión de drogas y las complicaciones durante el parto.

¿Cuáles son las piedras angulares del desarrollo físico, perceptual y social después del nacimiento?

5. El recién nacido, o neonato, posee muchas capacidades: el reflejo de búsqueda, el reflejo del moro y el reflejo de Babinski. Después del nacimiento, el crecimiento físico es rápido; los niños generalmente triplican en un año el peso que presentan al nacer. Las habilidades perceptuales también aumentan en forma rápida; poco después de nacer los infantes pueden distinguir color y profundidad. Otras capacidades sensoriales son igual de impresionantes al nacer, como distinguir sonidos y discriminar sabores y olores. Sin embargo, el desarrollo de habilidades perceptuales más complejas depende del aumento de sus capacidades cognitivas.

6. El desarrollo social en la infancia está marcado por el fenómeno del apego —vínculo emocional positivo entre el niño y una persona en particular—. El apego es medido en el laboratorio usando la situación extraña de Ainsworth, y se relaciona con la adaptación social y emocional posterior.

7. Al crecer, cambia la naturaleza de las interacciones sociales de los niños con sus pares. En principio, el juego ocurre de manera relativamente independiente, pero luego adquiere un sentido cooperativo. El juego promueve el desempeño social y el autocontrol.

8. Estilos diferentes de crianza de los niños producen resultados distintos. Los padres autoritarios son rígidos, punitivos y estrictos.

Sus hijos tienden a ser antisociales y retraídos. Los padres permisivos, aunque afectuosos, proporcionan una disciplina vaga o inconsistente. Sus hijos tienden a ser inmaduros, taciturnos, dependientes y con poco autocontrol. Por último, los padres con autoridad son firmes, establecen límites, pero usan el razonamiento y explicaciones. Sus hijos tienden a ser agradables, seguros de sí mismos, independientes y con muchas habilidades sociales. Por supuesto, hay muchas excepciones, dependiendo en parte del temperamento de los niños y de la cultura en la que son educados.

9. De acuerdo con Erikson, son ocho las etapas de desarrollo psicosocial que abarcan las cambiantes interacciones de las personas y la comprensión de uno mismo y los demás. En la infancia deben cubrirse cuatro etapas, cada una de las cuales se refiere a una crisis que requiere solución. A estas etapas se les denomina de confianza *vs.* desconfianza (del nacimiento hasta 18 meses); de autonomía *vs.* vergüenza y duda (de 18 meses a 3 años); de iniciativa *vs.* culpa (de 3 a 6 años), y de industria *vs.* inferioridad (de 6 a 12 años).

¿Cuál es la mejor forma de describir el desarrollo cognitivo?

10. La teoría de Piaget sostiene que el desarrollo cognitivo abarca cuatro etapas en donde hay cambios cualitativos del pensamiento. En la etapa sensoriomotora (del nacimiento hasta los dos años), los niños desarrollan la permanencia del objeto; es decir, se dan cuenta de que los objetos y las personas continúan existiendo aun cuando estén fuera de la vista. En la etapa preoperacional (de dos a siete años), los niños muestran un pensamiento egocéntrico, pero todavía no entienden el principio de conservación: el conocimiento de que la cantidad no está relacionada con el arreglo o apariencia física de un objeto. El principio de conservación no se comprende por completo hasta la etapa de las operaciones concretas (de siete a 12 años), en donde los niños comienzan a pensar con más lógica, y a comprender el concepto de reversibilidad. En la etapa final, el periodo de las operaciones formales (de los 12 a la edad adulta), el pensamiento se vuelve abstracto, formal y completamente lógico.

11. Aun cuando la teoría de Piaget ha tenido gran influencia, otras sostienen que la noción de las etapas de desarrollo no es correcta. Aseguran que el desarrollo es más continuo y que los cambios ocurridos en las etapas son reflejo de los avances cuantitativos del desarrollo cognitivo y no de la calidad del pensamiento.

12. Los enfoques del procesamiento de información sostienen que cambios cuantitativos se dan en la habilidad de los niños para organizar y manipular la información acerca del mundo, como el incremento significativo de la rapidez de procesamiento, rango de atención y memoria. Además, existen avances en la metacognición, la concientización y la comprensión del propio proceso cognitivo.

¿Cuáles son las principales transiciones físicas, sociales y cognitivas que caracterizan a la adolescencia?

13. La adolescencia, la fase de desarrollo entre la infancia y la edad adulta, está marcada por la aparición de la pubertad, periodo en el cual se alcanza la maduración sexual. La edad en la que inicia la pubertad influye en la manera en que las personas se ven a sí mismas y son vistas por los demás.

14. Los juicios morales adquieren mayor complejidad durante la adolescencia, según el modelo de seis etapas y tres niveles de Kohlberg. Si bien las etapas de Kohlberg constituyen una descripción adecuada de los juicios morales de los varones, parecen no ser tan aplicables a los juicios de las mujeres. Específicamente, Gilligan sostiene que las mujeres vinculan la moral con su preocupación por los individuos, no con los principios generales de justicia o igualdad; en su opinión, el desarrollo moral en las mujeres sucede en tres etapas.

15. Según el modelo de desarrollo psicosocial de Erikson, la adolescencia (la etapa de identidad *vs.* confusión de papeles) puede estar acompañada por una crisis de identidad, aunque ello de ninguna manera es universal. La adolescencia es seguida de tres fases de desarrollo psicosocial, las cuales abarcan el periodo de vida restante.

¿Cuáles son los principales cambios físicos, sociales e intelectuales que ocurren en la edad adulta temprana y media, y cuáles son sus causas?

16. La primera etapa de la edad adulta marca la cima de la salud física. Cambios físicos ocurren de manera relativamente gradual en ambos sexos durante la vida adulta, aunque al final de la segunda etapa adulta de las mujeres ocurre un cambio importante: inicia la menopausia, que trae consigo la esterilidad. El proceso de envejecimiento de los hombres es más sutil, dado que siguen siendo fértiles.

17. El modelo de desarrollo de los adultos de Levinson comienza con la entrada a la primera fase de la vida adulta, alrededor de los 20 años de edad, hasta los 60 o 65. Una de las transiciones más importantes —al menos para los hombres— ocurre a mitad de la vida (entre los 40 y los 45 años), cuando por lo general cobra gran importancia la noción de que la vida no es eterna. En algunos casos ello puede conducir a una crisis de la mitad de la vida (crisis de los cuarenta); sin embargo, por lo general, el paso hacia la edad media es relativamente tranquilo. Aun cuando Levinson sostiene que la vida de las mujeres sigue básicamente el mismo patrón que el de los hombres, es probable que existan varias diferencias entre los géneros.

18. A medida que el envejecimiento continúa durante la edad adulta, los individuos de alrededor de 50 años someten a juicio su vida y logros para determinar si los han establecido en forma adecuada, y tratan de aceptarlos.

¿Cómo difiere la realidad de la tercera edad de los estereotipos acerca de esa etapa?

19. La tercera edad puede traer consigo deterioros físicos. Aunque las actividades de las personas en esta etapa no sean tan diferentes de las que realizan los jóvenes, las personas de edad avanzada experimentan una disminución en su tiempo de reacción, al igual que deterioro sensorial y decrecimiento del vigor físico. El deterioro puede ser causado por una preprogramación genética, la cual establece un límite de tiempo para la reproducción de las células humanas, o simplemente puede deberse a un desgaste de las partes mecánicas del cuerpo.

20. Si bien hace tiempo se pensaba que el deterioro intelectual era una parte inevitable del envejecimiento la mayor parte de las investigaciones sostienen que ello no es necesariamente cierto. La inteligencia fluida se deteriora con la edad, al igual que pueden hacerlo las habilidades de la memoria a largo plazo. En contraste, la inteligencia cristalizada muestra una ligera mejoría y la memoria a corto plazo se mantiene más o menos al mismo nivel.

21. La teoría del retiro ve el envejecimiento exitoso como un proceso acompañado de un aislamiento paulatino del mundo físico, psicológico y social. En contraste, la teoría de la actividad sostiene que mantener los intereses y las actividades anteriores permite un envejecimiento exitoso. Debido a la existencia de profundas diferencias individuales, resulta difícil saber cuál de las dos teorías es más precisa.

¿De qué manera podemos adaptarnos a la muerte?

22. Según Kübler-Ross, las personas al borde de la muerte pasan a través de cinco etapas al enfrentarla: negación, enojo, negociación, depresión y aceptación. Sin embargo, las reacciones de las personas ante la muerte varían de manera significativa.

TÉRMINOS Y CONCEPTOS CLAVE

RESPUESTAS A LA REVISIÓN ANTERIOR

1. Falso; los hombres así como las mujeres adolescentes pueden sufrir por la demora en la maduración   **2.** Kohlberg   **3.** 1-c; 2-a; 3-b   **4.** Cierto   **5.** transición de la mitad de la vida   **6.** Cierto
7. preprogramación genética   **8.** cristalizada; fluida   **9.** actividad; retiro   **10.** negación; aceptación

PERSONALIDAD

PRÓLOGO

River Phoenix

Era un vegetariano estricto que no comía carne, pescado ni productos lácteos. En una ocasión irrumpió en llanto cuando un compañero ordenó jaibas en un restaurante; la razón, su preocupación por no haber podido convencer a su amigo de que la carne "lo mataría". Estaba en contra de la violencia y a favor del amor universal. Contribuyó en forma generosa con las organizaciones Earth Save, People for the Ethical Treatment of Animals, Greenpeace y Farm Animals Institute. Tenía planes para establecer una escuela en Costa Rica y un ambicioso proyecto de educación a nivel nacional para estudiantes de bachillerato estadounidenses. Les contó a sus amigos su creencia acerca de haber sido elegido por una designación superior; tenía una inocencia que lo hacía parecer mucho más joven que sus 23 años.

Pero había otro lado de River Phoenix, protagonista de películas como *Stand By Me, My Own Private Idaho* y *Running on Empty*. Aunque trataba de impedir que los reporteros le tomaran fotografías sosteniendo un cigarrillo, era un fumador compulsivo. Podía ser arrogante, jactándose de que las canciones escritas por él eran "brillantes" y rehusando cambiar una palabra. Con frecuencia los amigos lo encontraban distante y malhumorado. Fue atraído hacia las drogas y encontró atrayente el proceso del "arponazo", o inyectarse. Tras probar primero la morfina y la heroína a principios de la década de 1990, con el tiempo pasó a una variedad de otras drogas.

Al final, el vegetariano estricto que aconsejaba a sus amigos evitar la carne por razones de salud, se convirtió en víctima de una combinación letal de cocaína, heroína, mariguana y válium. Murió en una calle de Los Ángeles, después de ocho minutos de convulsiones, a la edad de 23 años. (Friend, 1994; Schindehette, 1994)

UN VISTAZO ANTICIPATORIO

¿Quién era River Phoenix? Muchas personas, al igual que Phoenix, tienen diversas facetas en su personalidad, por lo cual muestran determinada apariencia en ciertas situaciones y una muy distinta en otras. Por otro lado, es probable que se conozca personas cuyo comportamiento es tan consistente que se puede predecir con facilidad cómo se habrán de comportar, sin importar cuál sea la situación.

River Phoenix era un actor talentoso que tenía varias facetas en su personalidad.

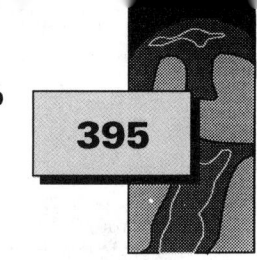
Los psicólogos especializados en la **personalidad** buscan comprender las formas características de comportamiento de las personas. La personalidad abarca las características relativamente permanentes que diferencian a las personas —aquellos comportamientos que hacen único a cada uno de nosotros—. También es la personalidad la que nos lleva a actuar de modo consistente y predecible en situaciones diversas así como a lo largo de periodos prolongados.

Personalidad: conjunto de características que diferencian a las personas, o estabilidad en el comportamiento de un individuo ante diversas situaciones

En este capítulo expondremos varios enfoques de la personalidad. Comenzaremos con la teoría más amplia y comprensiva: la teoría psicoanalítica de Freud. Enseguida expondremos teorías de la personalidad más recientes. Presentaremos enfoques centrados en la determinación de los rasgos de personalidad más fundamentales; teorías que enfocan a la personalidad como un conjunto de comportamientos aprendidos; perspectivas biológicas sobre la personalidad y enfoques, conocidos como teorías humanistas, que destacan los aspectos humanos únicos de la personalidad. El capítulo termina con una exposición de los modos de evaluar la personalidad y las formas de emplear las pruebas de la personalidad.

- *¿Cómo definen y emplean los psicólogos el concepto de personalidad?*
- *¿Cuál es la estructura y el desarrollo de la personalidad, según Freud y sus sucesores?*

ENFOQUES PSICOANALÍTICOS DE LA PERSONALIDAD

Óscar Madison: poco pulcro, distraído, inquieto
Félix Unger: limpio, preciso, controlado

Cualquiera que haya visto la obra de teatro o la antigua serie de televisión *La pareja dispareja*, puede asegurar que Óscar y Félix son dos individuos que difícilmente podrían tener personalidades más distintas. Sin embargo, desde la perspectiva de ciertos teóricos de la personalidad, los *psicoanalistas*, ambos pueden ser muy parecidos; por lo menos en cuanto a la parte subyacente de la personalidad que motiva su comportamiento. Según los psicoanalistas, el comportamiento humano es impulsado en gran medida por fuerzas poderosas del interior de la personalidad, de las que no somos conscientes. Estas fuerzas ocultas, moldeadas por las experiencias de la infancia, desempeñan un papel importante para energizar y darle dirección a nuestro comportamiento cotidiano.

Sigmund Freud es el teórico de mayor importancia que sostuvo esta concepción, y de hecho es una de las figuras mejor conocidas de la psicología; médico austriaco, fue el fundador de la **teoría psicoanalítica** a principios del siglo xx.

Teoría psicoanalítica: teoría de Freud que sostiene que las fuerzas inconscientes determinan la personalidad

La teoría psicoanalítica de Freud

Cierto estudiante universitario tenía la intención de quedar bien y causar una buena primera impresión a una atractiva mujer a la cual había visto en un salón muy concurrido durante una fiesta. A medida que caminaba hacia ella, murmuraba una frase que había escuchado en una vieja película la noche anterior: "creo que aún no hemos sido presentados adecuadamente". Para su sorpresa y espanto, lo que dijo a la mujer fue algo distinto. Después de atravesar la habitación repleta, al fin llegó al lado de la mujer, y le dijo: "creo que aún no hemos sido seducidos adecuadamente".

A pesar de que esta declaración puede parecer sólo un embarazoso error al hablar, de acuerdo con la teoría psicoanalítica dicha expresión en modo alguno es un error (Motley, 1987). Se trata de una expresión de emociones y pensamientos sentidos en forma muy profunda, ubicados en el **inconsciente**, que es una parte de la personalidad de la cual el

Inconsciente: parte de la personalidad de la que no se percata la persona

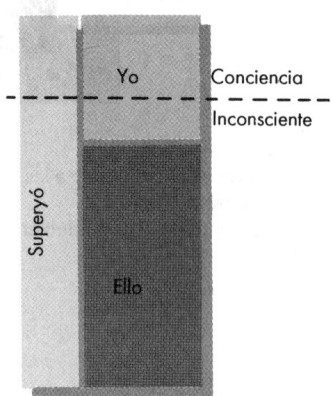

FIGURA 11.1 Según el modelo de la personalidad elaborado por Freud, ésta se compone de tres elementos principales: el ello, el yo y el superyó. Como lo muestra el esquema, sólo una pequeña parte de la personalidad es consciente. Esta figura no debe ser concebida como una estructura física real, sino como un modelo de las relaciones existentes entre las distintas partes de la personalidad.

Ello: parte primitiva, no organizada y heredada de la personalidad cuyo objetivo es la reducción de la tensión generada por las pulsiones biológicas y los impulsos irracionales

Libido: según Freud, la "energía psíquica" que motiva a las pulsiones primarias del hambre, sexo, agresión e impulsos irracionales

sujeto no se percata. El inconsciente contiene *impulsos instintivos*: anhelos infantiles, deseos, demandas y necesidades que están ocultos de la conciencia debido a los conflictos y dolor que causarían si fueran parte de nuestras vidas cotidianas. Muchas de las experiencias de la vida son dolorosas y el inconsciente nos ofrece un refugio "seguro" para ocultar el recuerdo de tales sucesos. Los recuerdos desagradables pueden permanecer en nuestro inconsciente sin molestarnos de forma constante.

Para Freud, la experiencia consciente sólo es la punta del iceberg psicológico. Como la masa que no se ve de aquellos cuerpos de hielo, el material que se encuentra en el inconsciente empequeñece la información de la que tenemos conciencia. Se considera que gran parte del comportamiento cotidiano de las personas es motivado por fuerzas inconscientes. Por ejemplo, la preocupación de una niña que no puede complacer a sus estrictos y exigentes padres puede provocarle una escasa autoestima en la edad adulta, aun cuando pudiese ser muy exitosa. Además, en un nivel consciente puede recordar su niñez con mucho placer; es su inconsciente, en el que se conservan los recuerdos dolorosos, el que provoca la autoevaluación baja.

Para comprender en forma cabal la personalidad, de acuerdo con Freud, es preciso esclarecer y exponer lo que existe en el inconsciente. Pero, como éste disfraza el significado del material que conserva, no puede ser observado de modo directo. Por tanto, es preciso interpretar sus claves —errores al hablar, fantasías y sueños— con el fin de comprender los procesos inconscientes que dirigen al comportamiento. Un error al hablar, como el expuesto con anterioridad, podría interpretarse como una revelación de los deseos sexuales inconscientes del sujeto que habla.

Si en la actualidad la noción del inconsciente no parece una exageración es porque la teoría freudiana ha ejercido gran influencia en la cultura occidental en áreas que van desde la literatura hasta la religión. No obstante, cuando Freud expuso que el inconsciente almacenaba materiales dolorosos de los cuales las personas se protegen, tal noción resultó muy revolucionaria. Las mentes más destacadas de esa época rechazaron sus ideas en forma sumaria considerándolas carentes de fundamento y encontraron la noción ridícula. Que el concepto del inconsciente en la actualidad se acepte con tanta facilidad es un tributo a la influencia de la teoría de Freud (Westen, 1990).

La estructuración de la personalidad: ello, yo y superyó Para describir la estructura de la personalidad, Freud desarrolló una vasta teoría; ésta sostiene que la personalidad está integrada por tres componentes distintos que interactúan entre sí: el ello (o *id*), el yo (o *ego*) y el superyó (o *superego*). Freud sugirió una representación diagramática de las tres estructuras con el fin de mostrar cómo se relacionan con el consciente y el inconsciente (véase la figura 11.1).

A pesar de que Freud describió los tres componentes de la personalidad en términos muy precisos, es importante decir que no se trata de estructuras físicas ubicadas en alguna parte del cerebro. Por el contrario, representan concepciones abstractas de un *modelo* general de la personalidad que describe la interacción de diversos procesos y fuerzas internas de la personalidad del individuo que motivan su comportamiento.

Si a la personalidad sólo la consistiera de deseos y anhelos primitivos e instintivos, tendría exclusivamente un componente: el ello. El **ello** es la parte de la personalidad primitiva, no organizada y heredada. Presente desde el momento del nacimiento, el único objetivo del ello es la reducción de la tensión generada por pulsiones primitivas relacionadas con el hambre, el sexo, la agresividad y los impulsos irracionales. Éstos son impulsos abastecidos por la "energía psíquica" o **libido**, como la llamó Freud. El ello funciona siguiendo el *principio del placer*, que tiene como meta la reducción inmediata de la tensión y busca la maximización de la satisfacción.

Por desgracia para el ello —pero por fortuna para las personas y la sociedad— la realidad evita que se satisfagan en la mayoría de los casos las exigencias del principio del placer. En lugar de esto, el mundo produce restricciones: no siempre podemos comer cuando tenemos hambre y sólo es posible descargar nuestros impulsos sexuales cuando lo permiten el tiempo, el lugar y la pareja. Para conceptualizar este hecho de la vida, Freud postuló un segundo componente de la personalidad, al que llamó yo.

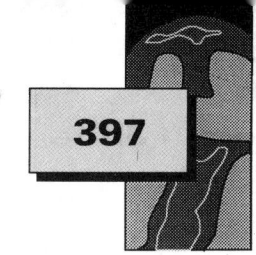
El **yo** amortigua las relaciones entre el ello y las realidades objetivas del mundo exterior. A diferencia de la naturaleza del ello, buscadora de placer, el yo actúa con base en el *principio de realidad*, que restringe la energía instintiva con el fin de conservar la seguridad del individuo y ayudarlo a integrarse a la sociedad. Por tanto, en cierta forma, el yo es el "ejecutivo" de la personalidad: toma decisiones, controla las acciones y permite el pensamiento y la solución de problemas de orden superior a las que puede lograr el ello. Al mismo tiempo, el yo es el asiento de las capacidades cognitivas superiores, como la inteligencia, la reflexión, el razonamiento y el aprendizaje.

Yo: parte de la personalidad que amortigua las relaciones entre el ello y el mundo exterior

El **superyó**, el aspecto de la personalidad que se desarrolla en último término, representa lo que se debe y lo que no se debe hacer en sociedad tal como lo transmiten los padres, los maestros y otras figuras importantes. Se integra a la personalidad en la infancia, cuando se aprende a distinguir el bien del mal, y continúa desarrollándose conforme las personas incorporan a sus propios patrones los principios morales amplios de la sociedad en la que viven.

Superyó: aspecto de la personalidad desarrollado con base en la moralidad de la sociedad tal como nos la presentan los padres, maestros y otros

El superyó tiene dos componentes: la *conciencia* y el *yo ideal*. La conciencia nos impide realizar acciones que infringen la moral; el yo ideal nos motiva a realizar lo que es moralmente correcto. El superyó ayuda a controlar los impulsos provenientes del ello y hace que nuestro comportamiento sea menos egocéntrico y más virtuoso.

A pesar de que en apariencia el superyó parece ser contrario al ello, ambos componentes de la personalidad comparten una característica importante: los dos son poco realistas en tanto que no tomar en cuenta las realidades prácticas impuestas por la sociedad. Así, el superyó incita a la persona hacia una mayor virtud: si no se le vigilara de cerca, generaría seres perfeccionistas, incapaces de asumir los compromisos que implica la vida. De modo similar, un ello sin restricciones generaría a un individuo primitivo y desconsiderado que sólo tendiese al placer que trataría de satisfacer, sin demora alguna, todos sus deseos. Por tanto, el yo debe equilibrar, mediante concesiones, las exigencias del superyó y las del ello, permitiéndole a una persona, por consiguiente, resistirse a la obtención de parte de la gratificación perseguida por el ello, al mismo tiempo que vigila al moralista superyó para que no impida que la persona obtenga alguna gratificación.

La personalidad en desarrollo: un enfoque por etapas Freud ofreció también una perspectiva acerca de cómo se desarrolla la personalidad a lo largo de una serie de etapas que ocurren en la infancia. La importancia de la secuencia que propuso radica en su explicación acerca de cómo las experiencias y dificultades acaecidas durante una etapa específica de la infancia pueden predecir clases particulares de idiosincrasias en la personalidad del adulto. Esta teoría también es única porque relaciona cada una de las etapas con una función biológica de importancia, la cual Freud asumía como centro de placer en un periodo determinado.

Al primer periodo de desarrollo se le denomina **etapa oral** y es cuando la boca del bebé es el centro del placer (véase el cuadro 11.1 que contiene un resumen de las distintas

Etapa oral: según Freud, etapa que va desde el nacimiento hasta los 12 o 18 meses; aquí la boca es el centro de placer del niño

CUADRO 11.1 Etapas del desarrollo de la personalidad de Freud

Etapa	Edad	Características principales
Oral	Del nacimiento a los 12-18 meses	Interés en la gratificación al chupar, comer y morder
Anal	De los 12-18 meses hasta los 3 años	Gratificación al expeler y retener las heces fecales; aceptación de las exigencias sociales relativas al control de esfínteres
Fálica	De los 3 años a los 5-6 años	Interés en los genitales; solución del complejo de Edipo que conlleva a la identificación con el progenitor del mismo sexo
De latencia	De los 5-6 años hasta el inicio de la adolescencia	Preocupaciones sexuales casi sin importancia
Genital	De la adolescencia hasta la edad adulta	Resurgimiento de los intereses sexuales y establecimiento de relaciones sexuales maduras

De acuerdo con la teoría psicoanalítica, el entrenamiento para el control de esfínteres es un acontecimiento crucial en la formación de la personalidad de un individuo.

Fijación: comportamiento adulto que refleja una etapa de desarrollo anterior

Etapa anal: abarca de entre los 12 a 18 meses hasta los tres años de edad; en esta etapa el placer del niño se centra alrededor del ano

Etapa fálica: comienza alrededor de los tres años de edad; aquí los intereses del niño se centran en los genitales

Complejo de Edipo: interés sexual del niño por su madre, que suele resolverse por medio de la identificación con el progenitor del mismo sexo

Periodo de latencia: según Freud, acontece entre la etapa fálica y la genital; a lo largo de este lapso se hacen a un lado de manera temporal los intereses sexuales de los niños

Etapa genital: de acuerdo a Freud, abarca desde la pubertad hasta la muerte y se caracteriza por un comportamiento sexual maduro (es decir, de relaciones sexuales)

etapas). En el lapso que va de los primeros 12 a 18 meses de vida, los niños llevan a su boca, para chupar o morder, cualquier cosa que les quede cerca. Para Freud, este comportamiento sugería que la boca era el sitio de localización de un tipo de placer sexual. Si los bebés son tratados con una permisividad excesiva (como puede ser el caso cuando se les proporciona alimento cada vez que lloran) o se les frustra en su búsqueda de gratificación oral, puede ser que permanezcan fijados en esta etapa. Cuando un adulto exhibe una **fijación** significa que éste muestra rasgos de personalidad característicos de una etapa previa del desarrollo debido a un conflicto no resuelto derivado de un periodo anterior. Por ejemplo, la fijación en la etapa oral podría generar un adulto que se interesara, con exceso, en actividades típicamente orales —comer, hablar, fumar— o que exhibiera intereses orales simbólicos: ser "mordazmente" sarcástico o sumamente crédulo (que se "trague" cualquier cosa).

Se estima que entre los 12 y 18 meses y hasta los tres años de edad —en la cultura occidental es el periodo donde se pone énfasis en el adiestramiento para ir al baño— el niño pasa por la **etapa anal**. En este momento la principal fuente de placer se desplaza de la boca hacia la región anal, por lo cual los niños obtienen un gran placer tanto de la retención como de la expulsión de las heces. Si el adiestramiento para ir al baño es muy exigente, se puede producir una fijación. Al respecto Freud sugirió que cuando esto ocurre los adultos llegan a exhibir un orden exagerado, mucha rigidez y puntualidad, o un extremo desorden o desorganización, como en nuestros ejemplos anteriores de Óscar y Félix.

Alrededor de los tres años comienza la **etapa fálica** y la fuente primaria de placer del niño se desplaza. El interés se centra en los genitales y los placeres que origina su manipulación. En esta etapa, de acuerdo con la teoría freudiana, surge uno de los elementos más importantes en el desarrollo de la personalidad: el **complejo de Edipo**. Al mismo tiempo en que los niños centran su atención en los genitales, las diferencias existentes entre la anatomía femenina y la masculina adquieren mayor preponderancia. Por otro lado, Freud creía que en este momento el niño comienza a desarrollar interés sexual por su madre, el cual lo lleva a percibir a su padre como un rival, y siente deseos de matarlo —como lo hizo Edipo en la antigua tragedia griega—. Sin embargo, la poderosa imagen paterna lo obliga a reprimir sus intenciones y lo atemoriza de tal manera que le provoca una "ansiedad de castración". Dicho temor aumenta su intensidad hasta que el niño finalmente reprime el deseo que siente por su madre y al desplazarlo escoge *identificarse* con su padre y trata de parecérsele lo más posible.

El proceso es distinto en el caso de las niñas. Freud propuso que ellas comienzan a experimentar atracción sexual hacia sus padres —en un planteamiento que vino después a generar serias acusaciones en el sentido de que Freud concebía a las mujeres como seres inferiores a los hombres— y a sentir una *envidia del pene*. En esta etapa las niñas desean tener la parte anatómica que parece claramente "faltarle" a ellas, por lo menos según Freud. Cuando las niñas culpan a sus madres por la carencia de pene de aquéllas, llegan a creer que sus madres son las responsables de su "castración". Sin embargo, al igual que ocurre con los niños, comprenden que para resolver sentimientos tan poco aceptables deben identificarse con el progenitor del mismo sexo, comportarse como sus madres y adoptar sus actitudes y valores. De este modo se concreta la identificación de una niña con su madre.

Cuando los pequeños logran esta identificación, el complejo de Edipo se ha resuelto y se asume, desde la perspectiva de la teoría freudiana, que tanto los niños como las niñas pasan a la siguiente etapa del desarrollo. Si esto no sucede así y surgen dificultades durante este periodo, se piensa que se produce todo tipo de problemas, que incluyen un comportamiento inadecuado en cuanto al papel sexual e incapacidad para desarrollar una conciencia.

Después de la solución del complejo de Edipo, que suele producirse entre los cinco y seis años, los niños ingresan al **periodo de latencia**, que abarca hasta la pubertad. Según Freud, a lo largo de este periodo suceden pocas cosas de interés. Los intereses sexuales disminuyen, incluso en el inconsciente. Después, ya durante la adolescencia, resurgen los deseos sexuales, lo cual señala el inicio del periodo final, la **etapa genital**, que dura hasta la muerte. El centro del placer durante la etapa genital se ubica en la sexualidad madura y adulta, la cual Freud definió como la de las relaciones sexuales.

Mecanismos de defensa   Los esfuerzos de Freud por y teorizar acerca de la dinámica subyacente a la personalidad y su desarrollo y por describirla fueron motivados por problemas de orden práctico que aquejaban a sus pacientes, los cuales debían enfrentar la *ansiedad*: una experiencia emocional intensa y negativa. Freud identificó la ansiedad como una señal de peligro para el yo. Aunque ésta puede producirse por temores realistas —como ver una serpiente venenosa que está a punto de atacar—, también se puede padecer de *ansiedad neurótica*: forma en la que impulsos irracionales provenientes del ello amenazan con desbordarse y se vuelven incontrolables. Debido a que la ansiedad es molesta por naturaleza, Freud creía que las personas desarrollaban una serie de mecanismos de defensa para enfrentarla. Los **mecanismos de defensa** son estrategias inconscientes utilizadas para reducir la ansiedad al ocultar ante el propio individuo y ante los demás el origen de ésta (Cramer, 1987; Cooper, 1989). (Los mecanismos de defensa se resumen en el cuadro 11.2.)

Mecanismos de defensa: estrategias inconscientes que emplean las personas para reducir la ansiedad mediante el ocultamiento de su origen de ellos mismos y los demás

El principal mecanismo de defensa es la *represión*. Mediante ella los impulsos inaceptables o desagradables provenientes del ello son devueltos hacia el inconsciente. La represión es la forma más directa para tratar con la ansiedad; en lugar de manejar un impulso productor de ansiedad en el nivel consciente, lo que se hace, sencillamente, es ignorarlo. Por ejemplo, un estudiante universitario que experimenta odio hacia su madre podría reprimir estos sentimientos inaceptables desde el punto de vista personal y social. Por tanto, quedarían atrapados en el interior del ello, puesto que reconocerlos le produciría ansiedad. Sin embargo, esto no significa que esos sentimientos carezcan de efectos: los verdaderos sentimientos pueden revelarse mediante sueños, errores al hablar o, de modo simbólico, en alguna otra forma. Por ejemplo, el estudiante podría tener dificultades al relacionarse con aquello que represente autoridad, como los maestros, y tener un mal desempeño escolar. O podría enrolarse en el ejército, donde podría impartir órdenes severas a los demás sin que éstos pudieran cuestionarle su actitud.

CUADRO 11.2   Mecanismos de defensa de Freud

Mecanismo de defensa	Explicación	Ejemplo
Represión	Los impulsos inaceptables o desagradables son contenidos en el inconsciente	Una mujer es incapaz de recordar que fue violada
Regresión	Las personas se comportan como si estuvieran en una etapa anterior de desarrollo	Un jefe hace un berrinche cuando un empleado comete un error
Desplazamiento	La expresión de un sentimiento o pensamiento indeseable hacia una persona poderosa y amenazadora es dirigido a una más débil	Un estudiante le grita a su hermana menor después de que su profesor le puso una calificación baja
Racionalización	Una distorsión de la realidad en donde una persona justifica lo que sucede	Una persona que no obtiene un premio dice que en realidad ni lo quería
Negación	Rehúsa aceptar o reconocer información que produce ansiedad	Un estudiante rehúsa creer que fue suspendido en un curso
Proyección	Atribuir impulsos y sentimientos indeseables a otra persona	Un hombre que está enojado con su padre actúa en forma cariñosa con éste pero se queja de que su padre se encuentra enojado con él
Sublimación	Desviación de los impulsos indeseables hacia pensamientos, sentimientos o comportamientos aprobados por la sociedad	Una persona con sentimientos intensos de agresión se vuelve soldado

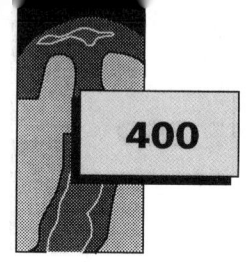

Si la represión no es eficaz para controlar la ansiedad, pueden entrar en juego otros mecanismos de defensa. Por ejemplo, se podría utilizar la *regresión*, en donde las personas se comportan como si se encontraran en una etapa previa del desarrollo. Al actuar como si se estuviera en una edad anterior —como quejarse con amargura y hacer berrinches— podrían lograr tener menos exigencias. Por ejemplo, un estudiante abrumado por los exámenes podría actuar de manera inmadura e infantil para escapar de sus responsabilidades.

Quien se haya enfurecido en alguna ocasión por ser víctima de la injusticia de un maestro y después encuentre y le grite a un compañero suyo sabe en qué consiste el desplazamiento. Mediante el *desplazamiento*, la expresión de un sentimiento o pensamiento indeseable se dirige de una persona amenazadora y poderosa a una persona más débil. Ejemplo clásico de este comportamiento es el jefe que da gritos a su secretaria después de que lo ha regañado el gerente.

Otro mecanismo de defensa es la *racionalización*, y se da cuando deformamos la realidad al justificar lo que nos sucede. Elaboramos explicaciones que nos permiten proteger nuestra autoestima. Si alguna vez escuchó a alguien expresar su despreocupación respecto a ser plantado en una cita argumentando que en realidad debía estudiar mucho en esa ocasión, es muy probable que haya presenciado un acto de racionalización.

Mediante la *negación* la persona simplemente se rehúsa de inmediato a reconocer o aceptar una información que le produce ansiedad. Por ejemplo, cuando se notifica a un hombre que su esposa ha muerto en un accidente automovilístico, al principio puede tratar de negar la tragedia, asegurando que debe tratarse de un error. Sólo más tarde, cuando la realidad se imponga, aceptará gradualmente de manera consciente que su esposa ha muerto. Existen casos extremos en que la negación perdura; el hombre puede seguir esperando que su esposa regrese a casa.

Mediante la *proyección* el individuo busca defenderse atribuyéndoles a otros sus impulsos y sentimientos desagradables. Por ejemplo, un hombre con un sentimiento de insatisfacción respecto a su desempeño sexual puede acusar a su mujer de ser *ella* quien tiene problemas sexuales.

Por último, la sublimación es un mecanismo de defensa que fue considerado por Freud como saludable y aceptable en sentido social. Mediante la *sublimación* las personas desvían impulsos no deseables hacia pensamientos, sentimientos o comportamientos que cuentan con la aprobación de la sociedad. Por ejemplo, una persona con fuertes tendencias agresivas puede convertirse en jugador de futbol americano o instructor de karate. La sublimación le permite a las personas no sólo aliviar la tensión psíquica, también les da la oportunidad de hacerlo de un modo socialmente aceptado.

Según la teoría freudiana todos utilizamos, en distinto grado, mecanismos de defensa, pudiendo servir para un propósito útil al protegernos de información desagradable. Pero algunas personas los emplean en tal medida que deben usar un alto grado de energía psíquica para ocultar y canalizar sus impulsos no aceptables. Cuando ocurre esto la vida cotidiana se dificulta. En estos casos el resultado es lo que Freud llamó "neurosis": un trastorno mental producido por la ansiedad.

Evaluación de la teoría freudiana   Más que cualquier otra teoría psicológica, la teoría de Freud acerca de la personalidad nos presenta un conjunto elaborado y complejo de propuestas, algunas de ellas tan alejadas de las explicaciones cotidianas del comportamiento que resultan difíciles de aceptar (Crews, 1993). Pero las personas sin conocimientos de psicología no son las únicas preocupadas por la validez de la teoría de Freud; los psicólogos de la personalidad también critican sus inadecuaciones.

Entre las objeciones más importantes destaca la ausencia de datos científicos que apoyen la teoría. A pesar de la existencia de muchas afirmaciones de personas específicas que *parecen* apoyar la teoría, aún no es clara la evidencia definitiva que nos demuestre que la personalidad se encuentra estructurada y opera según las hipótesis freudianas. Esto se debe, en parte, a que la concepción de Freud respecto a la personalidad se basa en conceptos abstractos que no son observables. Además, aunque es posible emplear la teoría freudiana para realizar explicaciones *ex post facto*, es bastante difícil predecir la

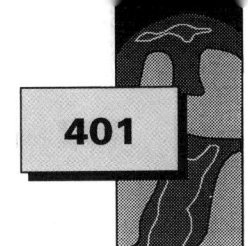

forma en que se manifestarán en la edad adulta determinadas dificultades del desarrollo. Por ejemplo, si una persona tiene una fijación durante la etapa anal, podría, según Freud, ser desordenada en exceso o demasiado ordenada. La teoría de Freud no ofrece manera alguna de predecir cuáles manifestaciones de la dificultad ocurrirán. Por tanto, genera una historia excelente, mas no una ciencia sólida.

Por último, Freud realizó sus observaciones —que por cierto son muy perspicaces— y elaboró su teoría a partir del estudio de una población limitada. Su teoría se basa casi por completo en mujeres austriacas de clase alta que vivieron durante la época estricta y puritana de principios de siglo. La medida en que se puede generalizar más allá de esta población es un asunto muy controvertido. Por ejemplo, en algunas sociedades de las islas del Pacífico el papel de disciplinador lo desempeña el hermano mayor de la madre, no el padre. En dicha cultura no tendría sentido afirmar que el complejo de Edipo progresaría en la misma forma que en la sociedad austriaca, donde de manera típica el padre era el principal administrador de disciplina: una perspectiva apoyada por estudios realizados en esa sociedad. En resumen, la investigación transcultural plantea interrogantes sobre la universalidad de la visión de Freud sobre el desarrollo de la personalidad (Guthrie y Lonner, 1986; Brislin, 1993).

A pesar de estas críticas, que no se pueden ignorar, la teoría de Freud ha tenido enorme influencia en el campo de la psicología, y de hecho en la totalidad del pensamiento occidental. Su visión acerca del inconsciente, la ansiedad, los mecanismos de defensa y los problemas infantiles que causan las dificultades psicológicas de los adultos, han sido incorporadas a las concepciones generales que tienen las personas sobre el comportamiento humano, incluyendo su comprensión de las causas de la propia conducta.

Por otra parte, la importancia que Freud atribuyó al inconsciente ha sido apoyada en parte por algunos de los hallazgos de las investigaciones actuales de los psicólogos cognitivos. Los trabajos de éstos han revelado que los procesos mentales inadvertidos por el nivel consciente de la gente tienen una influencia importante sobre el pensamiento y las acciones. Además, las técnicas experimentales derivadas de procedimientos usados para estudiar la memoria implícita (capítulo 6) permiten estudiar al inconsciente de un modo más elaborado en el sentido científico. Las técnicas ayudan a no depender de los enfoques freudianos tradicionales sobre los estudios de caso de un solo sujeto y de las interpretaciones teóricas de los sueños y de los errores al hablar, que no son susceptibles de confirmación (Kihlstrom, 1987; Westen, 1990; Jacoby y Kelley, 1992).

La importancia de la teoría psicoanalítica queda demostrada por el hecho de haber dado origen a un método significativo —y duradero— para el tratamiento de los trastornos psicológicos, como se expondrá con mayor detalle en el capítulo 13. Por tanto, debido a razones diversas, la teoría psicoanalítica elaborada por Freud es una contribución importante para nuestra comprensión de la personalidad.

Los psicoanalistas neofreudianos

Una consecuencia de singular importancia de la labor teórica de Freud fueron los trabajos realizados por varios discípulos suyos capacitados en la teoría freudiana tradicional, pero que más tarde rechazaron algunos de sus postulados de mayor relevancia. A estos teóricos se les conoce como **psicoanalistas neofreudianos**.

Los neofreudianos, a diferencia de Freud, daban mayor relevancia a las funciones del yo al sugerir su posesión de un control más amplio que el del ello sobre las actividades cotidianas. También pusieron una considerable atención a los factores sociales y a los efectos de la sociedad y la cultura sobre el desarrollo de la personalidad. Por ejemplo, Carl Jung, quien en el principio apoyó de manera decidida el pensamiento de Freud, más tarde rechazó la importancia fundamental atribuida a los impulsos sexuales inconscientes: concepto clave en la teoría de Freud. En lugar de ello concebía en forma más positiva los impulsos primitivos del inconsciente y sostenía la existencia de un **inconsciente colectivo**, constituido por un conjunto de influencias heredadas de nuestros antepasados específicos, de la totalidad de la raza humana e incluso de nuestros antepasados anima-

Psicoanalistas neofreudianos: teóricos que otorgan mayor importancia que el mismo Freud a las funciones del yo y a la influencia de éste sobre las actividades cotidianas

Inconsciente colectivo: concepto desarrollado por Jung, el cual propone que heredamos determinadas características de personalidad de nuestros antepasados y de la raza humana en su conjunto

les de épocas remotas. El inconsciente colectivo es compartido por todos y se manifiesta mediante comportamientos comunes a diversas culturas —como el amor hacia la madre, la creencia en un ser supremo, e incluso un comportamiento tan específico como el temor a las serpientes.

Jung propuso que el inconsciente colectivo contiene *arquetipos*; es decir, representaciones simbólicas universales de una persona, objeto o experiencia específicos. Por ejemplo, el arquetipo de la madre, que contiene reflexiones acerca de las relaciones de nuestros antepasados con las figuras maternas, está sugerido por la preeminencia de las madres en el arte, la religión, la literatura y la mitología. (Piense tan sólo en la Virgen María, en la Madre Tierra, en las malvadas madrastras de los cuentos de hadas, en el día de las madres y en otras tantas cosas semejantes.)

Según Jung, estos arquetipos desempeñan un papel importante en la determinación de nuestras reacciones, actitudes y valores cotidianos. Por ejemplo, Jung podría explicar la popularidad de la película *Batman* debido al empleo que se hace en ella de arquetipos del bien (Batman), del mal (El Guasón) y de la inocencia (Vicki Vale).

Otro destacado psicoanalista neofreudiano fue Alfred Adler, quien también pensaba que la importancia atribuida por Freud a las necesidades sexuales era desproporcionada. Por esta razón, Adler sostuvo que la principal motivación humana era el deseo de superioridad, no en el sentido de ubicarse por encima de los demás, sino como una forma de lograr un desarrollo y perfección personales. Adler empleó el concepto de **complejo de inferioridad** para describir los casos en donde los adultos no han podido sobreponerse a los sentimientos de inferioridad desarrollados durante la infancia, cuando eran pequeños y su conocimiento del mundo era limitado. Las relaciones sociales tempranas con los padres tienen un efecto relevante sobre la capacidad de los niños para sobreponerse a los sentimientos de inferioridad y lograr orientarse hacia propósitos útiles para la sociedad, como el mejoramiento de ésta.

Otros neofreudianos, como Erik Erikson (cuya teoría comentamos en el capítulo 10) y Karen Horney (1937), se centraron menos que Freud en los impulsos sexuales y agresivos innatos y más en los factores sociales y culturales subyacentes a la personalidad. Horney, una de las primeras psicólogas que defendió los asuntos femeninos, sugirió que la personalidad se desarrolla en términos de las relaciones sociales y depende en especial de la relación existente entre los progenitores y el niño y en qué medida fueron satisfechas las necesidades de éste. La psicoanalista Horney rechazó la noción freudiana

Complejo de inferioridad: según Adler, una situación en donde los adultos no han sabido vencer los sentimientos de inferioridad que desarrollaron cuando niños

Según la teoría de Jung, existen arquetipos o símbolos universalmente reconocibles del bien y el mal, como Batman y Guasón por ejemplo.

de que las mujeres sienten envidia del pene. Sostuvo que las mujeres envidian de los hombres no su anatomía, sino su independencia, éxito y libertad que suelen negarse a las mujeres.

RECAPITULACIÓN Y REVISIÓN

Recapitulación
- La teoría psicoanalítica de Freud sostiene que la personalidad consta de tres componentes: el ello, el yo y el superyó.
- De acuerdo con la teoría psicoanalítica, la personalidad se desarrolla a través de una serie de etapas en donde el centro del placer se localiza en una parte específica del cuerpo.
- Los mecanismos de defensa son estrategias inconscientes utilizadas para reducir la ansiedad al ocultar su fuente. Entre los más importantes están la represión, la regresión, el desplazamiento, la racionalización, la negación, la proyección y la sublimación.
- Entre los psicoanalistas neofreudianos que construyeron y modificaron la teoría psicoanalítica se encuentran Jung, Adler y Horney.

Revisión
1. La teoría _____ estipula que el comportamiento está motivado principalmente por fuerzas inconscientes.
2. Relacione cada sección de la personalidad (de acuerdo con Freud) con su descripción:
   1. Yo
   2. Ello
   3. Superyó

   a. Determina lo correcto y lo incorrecto con base en los patrones culturales

   b. Opera conforme al "principio de la realidad"; la energía se redirige para integrar al individuo a la sociedad
   c. Busca reducir la tensión generada por impulsos primitivos.
3. En el interior del superyó, el _____ _____ nos motiva a hacer el bien, en tanto que la _____ _____ evita que realicemos acciones inaceptables.
4. ¿Cuál de las siguientes opciones representa el verdadero orden de desarrollo de la personalidad de acuerdo con Freud?
   a. Oral, fálica, de latencia, anal, genital
   b. Anal, oral, fálica, genital, de latencia
   c. Oral, anal, fálica, de latencia, genital
   d. De latencia, fálica, anal, genital, oral
5. En la resolución del complejo de _____, Freud creía que los niños aprenden a reprimir el deseo que sienten por su madre y se identifican con su padre.
6. _____ es la expresión que Freud empleó para describir las estrategias del inconsciente para reducir la ansiedad.

Pregúntese a sí mismo
Un amigo le comenta que cuando se encuentra muy enojado siempre va al gimnasio y se ejercita vigorosamente hasta sentirse mejor. ¿Cuál de los mecanismos de defensa de Freud podría representar este comportamiento?

(Las respuestas a las preguntas de la revisión aparecen en la página 405.)

- *¿Cuáles son los principales aspectos de los enfoques de los rasgos, del aprendizaje, del biológico y humanista de la personalidad?*

OTROS ENFOQUES IMPORTANTES DE LA PERSONALIDAD: EN BUSCA DE LA UNICIDAD HUMANA

"Platícame de Leonardo", exclamó Silvia.

"Oh, es estupendo. Es el tipo más amigable que he conocido, se esmera por ser amable con todos. Casi nunca se enoja. Siempre está sereno, sin importar qué ocurra. Y también es muy listo. Lo único que no me gusta es que siempre tiene mucha prisa para hacer sus cosas; parece tener energía sin límites, mucha más de la que yo tengo".

"Me parece magnífico, especialmente si se le compara con Ricardo", contestó Silvia. "Es tan egocéntrico y arrogante que me vuelve loca. A veces me pregunto por qué comencé a salir con él".

Amigable, sereno, listo, enérgico, egocéntrico, arrogante; esta serie de caracterizaciones de rasgos tomadas del diálogo anterior se usan para describir las personalidades de los individuos de las que se habla. En efecto, la mayor parte de nuestra comprensión de las razones subyacentes al comportamiento de los demás parte de la premisa de que las

personas poseen determinados rasgos supuestamente consistentes en situaciones diversas. Varias teorías formales de la personalidad utilizan variantes de este enfoque. A continuación procederemos a comentar éstas y otras teorías de la personalidad que nos ofrecen alternativas al enfoque psicoanalítico, el cual se centra en los procesos inconscientes que determinan el comportamiento.

Enfoques de los rasgos: colocar etiquetas a la personalidad

Si alguien le pidiera hacer una caracterización de otra persona, es probable que —al igual que las dos personas del diálogo anterior— hiciese un listado de las cualidades personales de ese individuo, como usted las percibe. Pero, ¿cómo sabría cuáles de estas cualidades son fundamentales para comprender el comportamiento de esa persona?

Los psicólogos de la personalidad se han planteado preguntas similares. En un intento por darles respuesta desarrollaron un modelo de la personalidad al que denominan **teoría de los rasgos**. Los **rasgos** son dimensiones constantes de las características de personalidad que diferencian a las personas.

Los teóricos de los rasgos no suponen que ciertas personas poseen un rasgo y otras no lo tienen; afirman que todos los individuos poseen ciertos rasgos, pero que la medida en el cual un determinado rasgo se aplica a una persona en particular es variable y se le puede cuantificar. Por ejemplo, usted puede ser relativamente amistoso, en tanto que yo puedo ser poco relativamente amistoso. Pero los dos tenemos un rasgo "amistoso", aunque su grado de "amistad" sería mayor que el mío. El mayor reto planteado a los teóricos del enfoque de los rasgos ha sido identificar los rasgos primarios específicos necesarios para describir la personalidad. Como veremos, diferentes teóricos han elaborado conjuntos sorprendentemente distintos de rasgos.

Teoría de los rasgos de Allport: la identificación de lo fundamental Cuando Gordon Allport, psicólogo de la personalidad, terminó de revisar de manera sistemática todas las hojas de un voluminoso diccionario, obtuvo un listado de 18 000 términos que se podían emplear para describir la personalidad. A pesar de haber reducido esa lista a tan sólo 4 500 términos después de eliminar los sinónimos, era evidente que aún tenía entre manos un problema de suma importancia para todos los enfoques de los rasgos: ¿cuáles de ellos eran los fundamentales?

Allport los diferenció en tres categorías básicas: los cardinales, los centrales y los secundarios (Allport, 1961, 1966). Un **rasgo cardinal** es una característica única que dirige la mayor parte de las actividades de una persona. Por ejemplo, una mujer enteramente desprendida podría concentrar toda su energía en actividades altruistas; otra persona con una intensa inclinación hacia el poder podría estar impulsada por una necesidad obsesiva de control.

Sin embargo, la mayoría de las personas no desarrolla rasgos cardinales globales; en lugar de ello, poseen varios rasgos centrales que constituyen el núcleo de su personalidad. Los **rasgos centrales**, como la honestidad y la sociabilidad, son las principales características de un individuo; por lo general son entre cinco y diez en cualquier persona. Por último, los **rasgos secundarios** son características que influyen en menos situaciones y que tienen un impacto menor en la determinación del comportamiento que los rasgos cardinales o los centrales. Por ejemplo, la preferencia por un helado o sentir desagrado ante el arte moderno se considerarían rasgos secundarios.

Teorías de Cattell y Eysenck: análisis factorial de la personalidad Los intentos más recientes para identificar los rasgos primarios de la personalidad se han centrado en una técnica estadística denominada análisis factorial. El *análisis factorial* es un método que permite resumir las relaciones existentes entre un amplio número de variables en un número menor de patrones con un carácter más general. Por ejemplo, un investigador de la personalidad le podría administrar un cuestionario a muchos sujetos de estudio, pi-

---

Teoría de los rasgos: modelo que busca identificar los rasgos básicos necesarios para describir la personalidad

Rasgos: dimensiones perdurables en las características de la personalidad que diferencian entre sí a las personas

Rasgo cardinal: rasgo único de la personalidad que impulsa la mayor parte de las actividades de una persona (por ejemplo, la codicia, la lujuria, la bondad)

Rasgos centrales: conjunto de características importantes que constituyen el núcleo de la personalidad de un individuo

Rasgos secundarios: rasgos de personalidad de menor importancia (por ejemplo, la preferencia por determinada ropa o películas) que no influyen en el comportamiento en la medida en que lo hacen los rasgos centrales o cardinales

diéndoles que se describan según una larga lista de rasgos. Mediante la estadística se combinan las respuestas y se calcula cuáles son los rasgos relacionados entre sí en una misma persona, y esto permite identificar los patrones o combinaciones de rasgos fundamentales —que se denominan factores— subyacentes a las respuestas de los sujetos de estudio.

A partir de la aplicación del análisis factorial, el psicólogo Raymond Cattell sugirió que las características observables en una situación determinada representan 46 *rasgos superficiales*, o conglomerados de comportamientos afines. Por ejemplo, usted se puede encontrar con un bibliotecario amistoso y gregario que se esmera en serle útil, y con base en esa interacción le asigna el rasgo de la sociabilidad que, conforme a la terminología de Cattell, es un rasgo superficial (Cattell, 1965; Cattell, Cattell y Cattell, 1993).

Estos rasgos superficiales, sin embargo, se basan en las percepciones y representaciones que tienen las personas acerca de la personalidad; no ofrecen necesariamente la mejor descripción de las dimensiones subyacentes de la personalidad que se encuentran en la raíz de todo comportamiento. Al aplicar el análisis factorial, Cattell descubrió que 16 *rasgos originales* (o primarios) representan las dimensiones básicas de la personalidad. Con base en estos rasgos elaboró el Cuestionario de los Dieciséis Factores de la Personalidad, o 16 PF: herramienta que ofrece puntajes para cada uno de los rasgos originales.

Otro teórico de los rasgos, el psicólogo Hans Eysenck (1973; Eysenck y Eysenck, 1985), también utilizó el análisis factorial para identificar patrones de rasgos, pero obtuvo una conclusión muy distinta acerca de la naturaleza de la personalidad. Concluyó que la mejor forma de describirla consistía en reducirla a dos grandes dimensiones: *introversión-extroversión* y *neuroticismo-estabilidad*. En un extremo de la dimensión de introversión y extroversión se encuentran los introvertidos (personas que son calladas, pasivas y cuidadosas) y en el otro se encuentran los extrovertidos (individuos emprendedores, sociables y activos). Independientemente de esta dimensión, las personas pueden ser calificadas como neuróticas (temperamentales, susceptibles, ansiosas) o estables (calmadas, confiables, serenas). Mediante la evaluación de las personas con base en estas dos dimensiones, Eysenck logró predecir con precisión el comportamiento en diversas situaciones (véase la figura 11.2).

Muchas personas encontraron difícil imaginar que O.J. Simpson pudiera albergar rasgos de personalidad que pudieran llevarlo a asesinar a su ex esposa y a un amigo de ella; aquí puede verse después del veredicto del jurado declarándolo inocente.

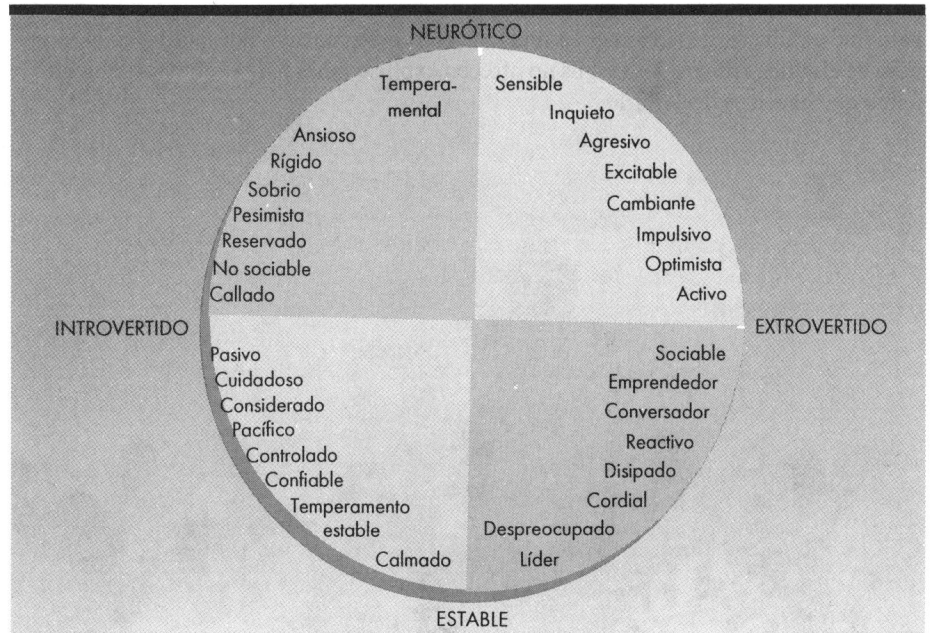

FIGURA 11.2 De acuerdo con Eysenck, la personalidad se puede concebir como si se ubicara entre dos grandes divisiones: introversión-extroversión y neuroticismo-estabilidad. Las demás características de la personalidad se pueden ordenar a lo largo de la figura circular que aparece aquí. *(Eysenck, 1973.)*

RESPUESTAS A LA REVISIÓN ANTERIOR

1. Psicoanalítica **2.** 1-b; 2-c; 3-a **3.** yo ideal; conciencia **4.** c **5.** de Edipo **6.** Mecanismos de defensa

Las investigaciones más recientes de los rasgos sugieren que son cinco los factores de rasgos generales que constituyen el núcleo de la personalidad. Los cinco factores, que han llegado a ser conocidos como los "Cinco Grandes" por los teóricos de los rasgos, son la *agitación* (extroversión y sociabilidad), el *neuroticismo* (estabilidad emocional), el *intelecto*, la *agradabilidad* y la *escrupulosidad* (Digman, 1990; Funder, 1991; Goldberg, 1990; Costa y McCrae, 1995). Los estudios realizados en países tan diversos como Canadá, Finlandia, Polonia y Filipinas han ayudado a producir un consenso creciente de que estos cinco factores representan la mejor descripción de la personalidad. De todas formas las evidencias aún no son concluyentes y el número específico y los tipos de rasgos considerados fundamentales siguen siendo origen de debates (y de investigaciones) entre los teóricos de los rasgos (Hofstee, de Raad y Goldberg, 1992; Church y Burke, 1994; Katigbak y Akamine, 1994).

Evaluación de los enfoques de los rasgos de la personalidad Los enfoques de los rasgos tienen diversas virtudes. Nos proporcionan una explicación clara y directa de las consistencias en el comportamiento de las personas. Además, los rasgos nos permiten comparar con facilidad a una persona con otra. Debido a estas ventajas, las concepciones de la personalidad basadas en los rasgos han tenido una importante influencia práctica en la elaboración de diversas mediciones de la personalidad, de las que hablaremos más adelante en este capítulo (Buss, 1989; Funder, 1991).

Por otra parte, los enfoques de los rasgos tienen algunas desventajas. Por ejemplo, hemos visto que diversas teorías de los rasgos que describen a la personalidad llegan a conclusiones muy diferentes acerca de cuáles son los rasgos más importantes y descriptivos. La dificultad para determinar cuál de las teorías es más precisa ha originado que algunos psicólogos cuestionen en general la validez de las concepciones de la personalidad con base en los rasgos.

De hecho, existe una dificultad aún mayor con respecto a los enfoques de los rasgos. Incluso si podemos identificar una serie de rasgos fundamentales, esto sólo indica que estamos en posesión de una mera etiqueta o descripción de la personalidad, en lugar de obtener una explicación del comportamiento. Si decimos que alguien da dinero para causas caritativas debido a que esa persona presenta el rasgo de la generosidad, todavía no sabemos, en primer lugar, *por qué* ese individuo es generoso o cuáles son las razones para que exhiba su generosidad en una situación determinada. Por tanto, según la opinión de algunos críticos, los rasgos no ofrecen explicaciones para el comportamiento; lo único que hacen es describirlo.

Al evaluar el comportamiento debemos considerar la medida en que dicho comportamiento es voluntario. Por ejemplo, si un estudiante se inscribe en un curso introductorio de psicología no quiere decir necesariamente que se interese por esta disciplina si el curso fuera un requisito para la obtención de un título.

Enfoques del aprendizaje: somos lo que hemos aprendido

Los enfoques psicoanalítico y de los rasgos de la personalidad se centran en la persona "interior": la tormentosa furia de un ello inobservable pero poderoso o un conjunto hipotético de rasgos que revisten suma importancia. En contraste, los enfoques del aprendizaje de la personalidad se centran en la persona "exterior". Para un teórico ortodoxo del aprendizaje la personalidad resulta de la suma de las respuestas aprendidas ante el ambiente externo. No hace caso de los sucesos internos, como pensamientos, sentimientos y motivaciones. Aunque no niegan su existencia, los teóricos del aprendizaje sostienen que se logra comprender mejor la personalidad al observar las características del ambiente de una persona.

El más sobresaliente de los teóricos del aprendizaje, B. F. Skinner (de quien hablamos con relación al condicionamiento operante en el capítulo 5), afirma que la personalidad es un conjunto de patrones de comportamiento aprendidos (Skinner, 1975). Las semejanzas de las respuestas dadas en diversas situaciones son provocadas por patrones similares de reforzamiento que se han recibido en el pasado durante esas distintas situaciones. Si mi actitud es sociable tanto en las reuniones de trabajo como en las fiestas, es a causa de que con anterioridad he sido reforzado al mostrar comportamientos sociables y no porque esté satisfaciendo algún deseo inconsciente proveniente de mis experiencias de la niñez, o a causa de poseer un rasgo interno de sociabilidad.

Sin embargo, los teóricos del aprendizaje estrictos, como Skinner, se interesan menos en las inconsistencias del comportamiento en situaciones diversas que en las formas que posibilitan modificar el comportamiento. Asumen que los humanos son infinitamente modificables. Si es posible controlar y modificar los patrones de reforzamiento de una situación determinada, el comportamiento que para otros teóricos sería estable e inquebrantable es susceptible de cambio y mejoramiento. Los teóricos del aprendizaje son optimistas en cuanto al potencial de soluciones de problemas personales y sociales que ofrecen sus estrategias de tratamiento sustentadas en la teoría del aprendizaje, métodos de los que hablaremos en el capítulo 13.

Enfoques sociales cognitivos de la personalidad   No todas las teorías del aprendizaje para el estudio de la personalidad asumen una perspectiva tan estricta ni rechazan la importancia de lo que existe "en el interior" de la persona para estudiar sólo lo que se encuentra "fuera" de ella. A diferencia de otros enfoques de la personalidad, con base en el aprendizaje, los **enfoques sociales cognitivos** subrayan la importancia de las cogniciones de las personas —sus pensamientos, sentimientos, expectativas y valores— para determinar su personalidad. Según Albert Bandura, uno de los principales exponentes de este punto de vista, las personas son capaces de prever los posibles resultados de determinados comportamientos en un escenario específico sin tener que llevarlos a efecto. Esto se produce principalmente debido al mecanismo denominado *aprendizaje observacional*: ver las acciones de los demás y observar las consecuencias que éstas producen (Bandura, 1977).

Por ejemplo, como se planteó en el capítulo 5, cuando los niños ven un modelo que actúa de modo agresivo tienden a imitar su comportamiento si las consecuencias del comportamiento del modelo son positivas para el observador. Por otra parte, si el comportamiento agresivo del modelo no tiene consecuencia alguna, o ésta es negativa, los niños tienen mucho menos probabilidades de comportarse con agresividad. De acuerdo con los enfoques sociales cognitivos, la personalidad se desarrolla, por tanto, mediante la observación repetida del comportamiento de los demás.

Bandura asigna especial importancia al papel que desempeña la *autoeficacia*: las expectativas aprendidas respecto a que se es capaz de realizar un comportamiento o producir un resultado deseado. La autoeficacia subyace a la fe de las personas en su capacidad para realizar un comportamiento particular. Cuanto mayor sea el sentido de autoeficacia de una persona, más persistente será y habrá más probabilidades de que este individuo tenga éxito. Por ejemplo, los estudiantes con un alto sentido de autoeficacia

Enfoques sociales cognitivos: teorías que enfatizan la influencia de las cogniciones de una persona –sus pensamientos, sentimientos, expectativas y valores— para determinar la personalidad

con relación a los logros académicos tendrán más probabilidades de alcanzar éxitos en ese campo (Scheier y Carver, 1992).

Si se comparan con otras teorías del aprendizaje de la personalidad, los enfoques sociales cognitivos se distinguen por su énfasis en la reciprocidad que existe entre los individuos y su ambiente. No sólo asumen que el entorno afecta la personalidad, suponen que los comportamientos y las personalidades de la gente "retroalimentan" y modifican su ambiente, lo cual a su vez afecta al comportamiento en una red de reciprocidad.

De hecho, Bandura sostiene que el determinismo recíproco es la clave para comprender el comportamiento. Con *determinismo recíproco* se refiere a la forma en que la interacción existente entre ambiente, comportamiento e individuo a fin de cuentas provoca que las personas se comporten del modo en que lo hacen (Bandura, 1981, 1986). Por ejemplo, un hombre con tendencias agresivas puede involucrarse en una pelea durante un partido de futbol. Puede ser que posteriormente busque los partidos de futbol en parte para poder satisfacer su gozo por pelear. Al mismo tiempo, su impulso hacia la agresividad puede aumentar como consecuencia de sus peleas. En resumen, el ambiente de un partido de futbol, el comportamiento de pelea y las características del sujeto interactúan en forma recíproca.

Evaluación de los enfoques del aprendizaje para el estudio de la personalidad
Debido a que ignoran los procesos internos que son exclusivos de los seres humanos, a los teóricos tradicionales del aprendizaje, como Skinner, se les acusa de simplificar en exceso la personalidad, a tal grado que el concepto mismo pierde sentido. Reducir el comportamiento a una serie de estímulos y de respuestas que excluye los pensamientos y los sentimientos propios de la personalidad lleva a los conductistas a practicar un tipo de ciencia irreal e inadecuada, según la opinión de sus críticos.

Claro que algunas de estas críticas son acalladas por los enfoques sociales cognitivos, los cuales consideran de manera explícita el papel que desempeñan los procesos cognitivos en la personalidad. De cualquier forma, los enfoques del aprendizaje tienden a compartir una perspectiva sumamente *determinista* del comportamiento humano, debido a su afirmación de que el comportamiento está conformado primordialmente por fuerzas halladas fuera del control del individuo. Según algunos críticos, el determinismo no toma en cuenta la capacidad que tienen las personas para elegir su propio camino en la vida.

Por otra parte, los enfoques del aprendizaje han hecho aportaciones diversas e importantes. Propiciaron que el estudio de la personalidad sea una actividad científica y objetiva al centrarse en el comportamiento y el entorno observables. Además, los enfoques del aprendizaje produjeron medios importantes y de éxito para el tratamiento de trastornos de la personalidad. El grado de efectividad que han tenido estos tratamientos da testimonio de los méritos de los enfoques sobre la personalidad de la teoría del aprendizaje.

Enfoques biológicos: ¿nacemos con personalidad?

¿Se hereda la personalidad? Ésta es la pregunta planteada por *los enfoques biológicos de la personalidad*. Éstos sugieren que componentes importantes de la personalidad son heredados, de la misma manera en que nuestra estatura es determinada en parte por contribuciones genéticas de nuestros antepasados (Kupfermann, 1991d; Plomin y McClearn, 1993).

Temperamento: disposición innata básica que surge al inicio de la vida

Temperamento   El estudio del **temperamento**, la disposición innata básica que surge al inicio de la vida, representa un enfoque biológico de la personalidad. Por ejemplo, ya a los dos meses de edad algunos bebés muestran signos de timidez. Fruncen el ceño en forma espontánea, incluso mientras descansan tranquilos: una rareza en bebés pequeños. Más tarde, estos mismos bebés se muestran inusitadamente temerosos ante la vista de un

adulto desconocido y se irritan cuando son confrontados con objetos desconocidos o lugares nuevos. Para cuando cumplen tres o cuatro años de edad sus padres y maestros los clasifican como "tímidos".

Para el psicólogo Jerome Kagan este comportamiento es característico del niño *inhibido*. Los *niños inhibidos*, que pueden representar hasta un 10% de todos los niños, son tímidos en forma consistente y retraídos emocionalmente en situaciones desconocidas. Cuando se les expone a un ambiente novedoso o cuando conocen a personas por primera vez se vuelven notoriamente callados. Cuando un adulto desconocido les hace preguntas de dificultad apenas moderada en experimentos, se vuelven ansiosos, lo cual tiene el efecto de obstaculizar su desempeño. Tienen mayor probabilidad que otros niños de mostrar temores inusuales, como el temor de entrar a las recámaras solos en la noche o de hablar en voz alta en clase. En contraste, los niños desinhibidos muestran poco temor por los extraños o por las situaciones nuevas y actúan de una manera sociable y relajada cuando encuentran situaciones novedosas (Kagan, 1989b).

Los niños inhibidos difieren de los desinhibidos en un nivel biológico. Los primeros muestran mayor tensión muscular a los cinco años de edad, en particular en las cuerdas vocales y en la laringe. Tienden a poseer un ritmo cardiaco en reposo más rápido y sus ritmos cardiacos se incrementan más cuando se enfrentan a una situación nueva. También hay diferencias y variaciones hormonales en la excitabilidad del sistema límbico del cerebro entre los niños inhibidos y los desinhibidos (Kagan y Snidman, 1991).

Basado en esta evidencia, Kagan sugiere que las diferencias entre los niños inhibidos y los desinhibidos pueden radicar en una mayor reactividad fisiológica de los niños inhibidos: una característica innata. De acuerdo con esta hipótesis algunos bebés, debido a su dotación genética, son más reactivos a los estímulos novedosos que otros. Incluso el estrés más ligero eleva su ritmo cardiaco, aumenta su tensión muscular y provoca cambios en los niveles hormonales. Es esta reactividad característica la que con el tiempo lleva a la mayoría de los bebés que presentan este patrón a mostrar timidez en situaciones sociales en forma posterior.

Por otra parte, no todos los bebés que nacen con sistemas nerviosos que se excitan con facilidad se vuelven tímidos más adelante: alrededor de una cuarta parte vencerá su predisposición biológica y no exhibirá timidez en años posteriores. Parece que ciertos tipos de estrés ambiental, como discordias matrimoniales entre los padres o una enfermedad crónica en la familia, aumentan la probabilidad de que estos bebés se volverán después niños tímidos. Es la interacción de la herencia y el ambiente, por tanto, la que determina si un niño se volverá tímido.

Estudios con gemelos Otros investigadores de la personalidad que trabajan desde una perspectiva biológica, han buscado determinar si los factores genéticos podrían explicar características adicionales de la personalidad. Por ejemplo, el psicólogo Auke Tellegen y sus colegas de la Universidad de Minnesota han examinado los rasgos de personalidad de alrededor de 350 pares de gemelos (Tellegen, Likken, Bouchard, Wilcox, Segal y Rich, 1988). Cuarenta y cuatro de los pares eran genéticamente idénticos pero criados aparte, lo cual proporcionó la oportunidad de determinar la influencia de los factores genéticos en la personalidad. A cada uno de los gemelos se le dio una batería de pruebas de personalidad, incluso una que evaluaba once rasgos de personalidad claves. Los resultados de las pruebas revelaron que en la mayor parte de los aspectos los gemelos tenían una personalidad bastante parecida. Es más, ciertos rasgos estaban más influidos por la herencia que otros. Por ejemplo, la potencia social (el grado en que una persona asume papeles de dominio y liderazgo en situaciones sociales) y el tradicionalismo (la tendencia a seguir a la autoridad) tuvieron componentes genéticos fuertes en particular, mientras que el logro y la cercanía social tuvieron componentes genéticos relativamente débiles (véase la figura 11.3).

Parece, entonces, que la herencia desempeña un papel importante en la determinación de la personalidad de un individuo. ¿Esto significa que la influencia paterna y otros factores ambientales sólo tienen una importancia menor? La respuesta es un rotundo "no", en vista de que los padres y otras figuras en el ambiente del niño moldean el grado

Según la perspectiva biológica de la personalidad, las características del temperamento son innatas. Por ejemplo, un niño inhibido y consistentemente tímido puede diferir de otros niños en su reactividad fisiológica.

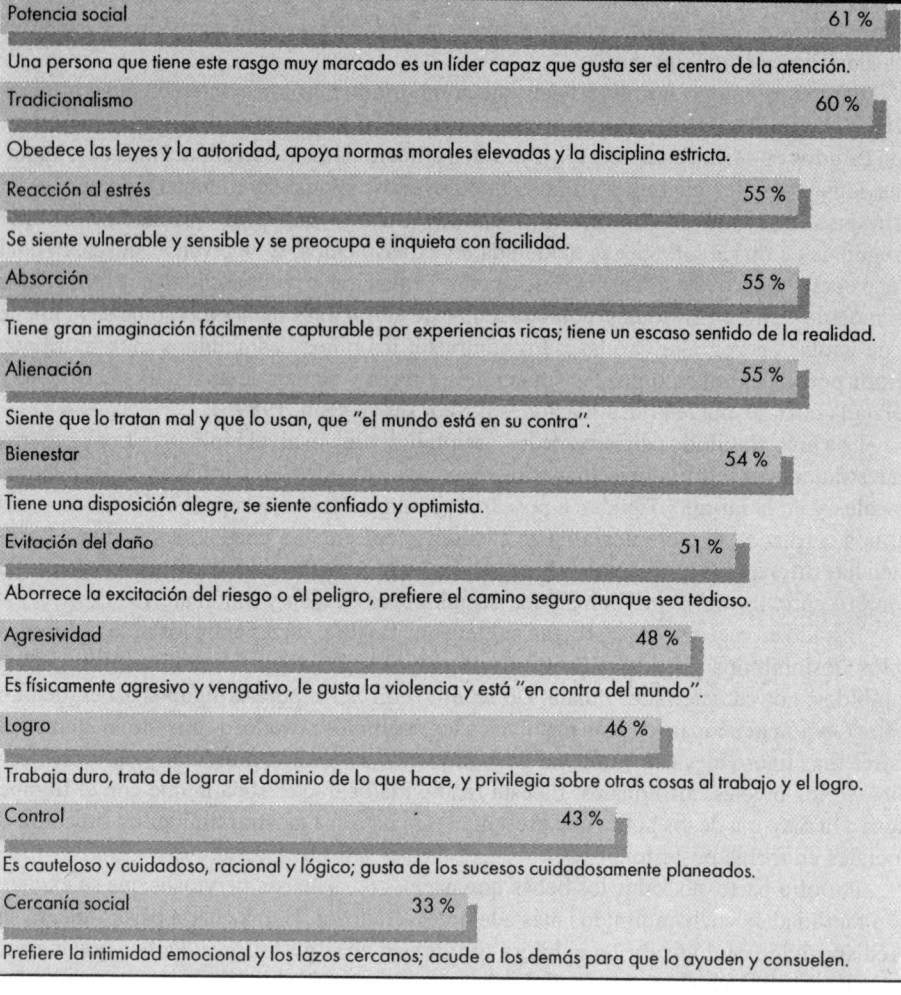

FIGURA 11.3 Las raíces de la personalidad. Los porcentajes indican el grado en que 11 de las principales características de la personalidad reflejan influencias hereditarias. *(Tellegen y cols., 1988.)*

en que se afirman los rasgos producidos por la herencia (Loehlin, Willerman y Horn, 1987; Rose y cols., 1988; Bouchard, 1994). Es posible, por ejemplo, reducir el grado en que los niños con ensimismamiento muestran tal rasgo exponiéndolos a experiencias con otros niños. Del mismo modo, los niños muy asertivos podrían ser ayudados a moderar su asertividad por medio de experiencias que los hicieran más conscientes de los sentimientos de los demás (Kagan, 1990).

Evaluación de los enfoques biológicos de la personalidad   La investigación actual indica en forma clara que ciertas características de la personalidad son influidas en algún grado por factores biológicos. Parece natural preguntar: "¿Exactamente cuánto importa la biología?"

La respuesta es que no lo sabemos por completo. Como vimos en la exposición de la heredabilidad de la inteligencia (capítulo 8) y el problema herencia-medio (capítulo 10), es imposible divorciar por completo los factores genéticos de los factores ambientales. Los estudios con gemelos idénticos criados en ambientes diferentes son útiles; sin embargo, no pueden responder en definitiva la interrogante debido a que es imposible mantener un control completo sobre los factores ambientales. Además, las estimaciones de la influencia de la genética son sólo eso —estimaciones— y se aplican a grupos, no a individuos. En consecuencia, los hallazgos mostrados en la figura 11.3 deben ser considerados como aproximaciones.

En resumen, aunque un número creciente de teóricos de la personalidad está tomando en cuenta los factores biológicos (por ejemplo, DeKay y Buss, 1992), en el presente

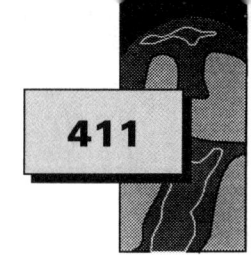

no hay una teoría unificada, global y aceptada en forma amplia que considere tales factores. Aun así, es evidente que ciertos rasgos de personalidad tienen componentes genéticos considerables y que la herencia y el ambiente interactúan para determinar la personalidad. Como resultado es importante tener en cuenta que los genes por sí solos no representan nuestro destino. Aun si los factores hereditarios nos predisponen a actuar en ciertas formas, estas predisposiciones pueden vencerse. Como lo plantea Jerome Kagan, "a veces el comportamiento humano es el resultado de la deliberación y voluntad que se impone sobre las fuerzas invisibles de la biología y la historia personal" (Kagan, 1990, p. 5).

Enfoques humanistas: ser únicos

¿En qué punto de todos estos enfoques de la personalidad se encuentra una explicación para la santidad de la Madre Teresa, la creatividad de Miguel Ángel o la brillantez y la perseverancia de Einstein? La teoría humanista nos permite comprender la personalidad de individuos tan especiales, así como de personas más cercanas a lo normal, las cuales comparten algunas de sus cualidades.

LA PSICOLOGÍA EN ACCIÓN

Cambio de personalidad durante la edad adulta: ¿seremos una persona diferente en el futuro?

¿Su personalidad será la misma dentro de 20 años? Puede ser que no. Aunque la mayor parte de los enfoques de la personalidad sugieren que nuestra personalidad básica es relativamente consistente una vez alcanzada nuestra edad adulta, investigaciones recientes sugieren que los aspectos básicos de la personalidad pueden, de hecho, no ser tan estables como se pensaba (Hetherington y Weinberger, 1993). En particular, ahora parece que las personas sufren cambios a través de la edad adulta en la naturaleza de su personalidad central, aunque la naturaleza específica de estos cambios depende del género.

De acuerdo con la psicóloga Ravenna Helson y sus colegas, la personalidad cambia en forma significativa durante la edad adulta. En un estudio donde examinó a un grupo de mujeres y sus parejas masculinas a las edades de 27 y 52 años, Helson identificó la presencia de un cambio significativo en la personalidad de los hombres y las mujeres, debido en gran medida a las evoluciones importantes ocurridas en las vidas de los participantes a lo largo del tiem-

po (Wink y Helson, 1993). A la edad de 27 años la mayoría de los hombres y las mujeres estaban en el "periodo paternal temprano": tenían uno o más hijos o esperaban uno. En contraste, los hombres y mujeres mayores de 50 estaban en el periodo "pospaternal". Sólo una minoría de los participantes pospaternales tenían hijos en el hogar, la mayoría de las mujeres y los hombres trabajaban y unos cuantos se habían retirado.

Entre las edades de 27 y 52 años las condiciones cambiantes de la vida y de los papeles condujeron a cambios significativos en la personalidad. A la edad de 27 años las mujeres eran más dependientes desde el punto de vista emocional y se interesaban más que los hombres en promover relaciones interpersonales, mientras que éstos informaron sentirse más competentes (en el sentido de ser organizados, minuciosos, eficientes y cosas por el estilo). En contraste, a los 52 años de edad, estas diferencias de género se dispersaron. Con excepción del hecho de que las mujeres mostraron algo más de seguridad en sí mismas que los hombres, los perfiles de personalidad en ambos géneros fueron bastante parecidos en esta edad. Al mismo tiempo, sus personalidades cambiaron en varios aspectos durante el periodo de 25 años. Por

ejemplo, ambos grupos mostraron un aumento en la autodisciplina a lo largo de los años.

En resumen, las personalidades de hombres y mujeres sufren cambios durante la edad adulta, los cuales reflejan con mayor probabilidad la modificación de circunstancias e intereses durante diferentes periodos de la vida. Al parecer, entonces, no estamos destinados a tener la misma personalidad a lo largo de toda nuestra vida.

No todos están de acuerdo con la noción de que la personalidad sufre cambios significativos durante la edad adulta. Algunos investigadores sugieren que la personalidad muestra una estabilidad considerable a lo largo del tiempo y que los cambios significativos son raros (McCrae y Costa, 1990). De acuerdo con este punto de vista, si observamos durante un periodo lo suficientemente largo y a través de suficientes situaciones, pueden identificarse consistencias conductuales estables significativas (Epstein y O'Brien, 1985). Para estos científicos las fluctuaciones en la personalidad básica, como las identificadas por Helson, sólo son menores.

Dadas estas opiniones diferentes, el reto para los psicólogos es determinar cuáles características específicas tienen mayor probabilidad de persistir y cuáles son más propensas a cambiar.

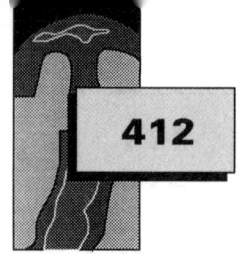

Enfoques humanistas de la personalidad: teorías que destacan la bondad básica de las personas y su tendencia natural a lograr niveles más altos de funcionamiento

De acuerdo con la perspectiva humanista, todos los enfoques de la personalidad a los que hicimos referencia tienen en común un error fundamental en sus concepciones de la naturaleza humana. En lugar de pensar que las personas son controladas por fuerzas inconscientes e inobservables (como es el caso de los enfoques psicoanalíticos), por un conjunto de rasgos estables (enfoques de los rasgos), por reforzadores y castigos situacionales (teoría del aprendizaje) o por factores heredados (enfoques biológicos), los **enfoques humanistas de la personalidad** destacan la bondad básica de los seres humanos así como su tendencia a crecer para lograr niveles más altos de desempeño. Es esta capacidad consciente y automotivada para cambiar y mejorar, junto con los impulsos creativos únicos de la persona, lo que constituye el núcleo de la personalidad.

El principal exponente del enfoque humanista es Carl Rogers (1971), que encuentra en las personas una necesidad de aprecio positivo, reflejada en la necesidad universal de ser amadas y respetadas. Debido a que son los demás quienes brindan este aprecio positivo, generamos dependencia hacia ellos. Comenzamos a vernos y juzgarnos a través de los ojos de los demás y a confiar en sus valores.

Según Rogers, una consecuencia inmediata de conceder importancia a las opiniones de los demás es la posibilidad de la existencia de un conflicto entre las experiencias reales de una persona y el concepto que tenga de sí misma, o *autoconcepto*. Si las discrepancias son menores, también lo serán las consecuencias. Pero si son grandes, generarán perturbaciones psicológicas en el desempeño cotidiano, como experimentar ansiedad en forma frecuente.

Rogers expresa que una forma de superar la discrepancia existente entre la experiencia y el autoconcepto es la obtención de aprecio positivo incondicional por parte de

CUADRO 11.3 Aspectos de la personalidad

Enfoque teórico	Dimensión			
	Determinantes conscientes contra inconscientes de la personalidad	Herencia (factores genéticos) contra medio (factores ambientales)	Libertad contra determinismo	Estabilidad contra modificabilidad
Psicoanalítico	Enfatiza el inconsciente	Resalta la estructura heredada innata de la personalidad	Destaca el determinismo: la perspectiva de que el comportamiento es dirigido y causado por factores fuera de nuestro control	Enfatiza la estabilidad de las características a lo largo de la vida de una persona
Rasgos	No hace caso del consciente ni del inconsciente	Los enfoques varían	Destaca el determinismo: la perspectiva de que el comportamiento es dirigido y causado por factores fuera de nuestro control	Enfatiza la estabilidad de las características a lo largo de la vida de una persona
Aprendizaje	No hace caso del consciente ni del inconsciente	Se centra en el ambiente	Destaca el determinismo: la perspectiva de que el comportamiento es dirigido y causado por factores fuera de nuestro control	Enfatiza que la personalidad permanece flexible y resilente a lo largo de la vida de una persona
Biológico	No hace caso del consciente ni del inconsciente	Resalta la estructura heredada innata de la personalidad	Destaca el determinismo: la perspectiva de que el comportamiento es dirigido y causado por factores fuera de nuestro control	Enfatiza la estabilidad de las características a lo largo de la vida de una persona
Humanista	Destaca el consciente	Enfatiza la interacción entre la herencia y el medio	Destaca la libertad de los individuos para tomar sus propias dicesiones	Enfatiza que la personalidad permanece flexible y resilente a lo largo de la vida de una persona

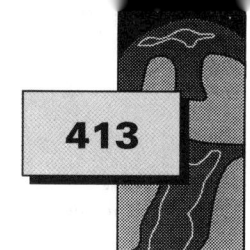

otra persona —un amigo, la pareja o el terapeuta—. Como expondremos más adelante, en el capítulo 13, el *aprecio positivo incondicional* se refiere a la actitud de aceptación y respeto de un observador, independientemente de lo que haga o diga una persona. Desde el punto de vista de Rogers, esta aceptación le brinda a las personas la oportunidad de evolucionar y crecer en lo cognitivo así como en lo emocional y desarrollar autoconceptos más apegados a la realidad.

Para Rogers y otros teóricos humanistas de la personalidad (como Abraham Maslow, cuya teoría de la motivación fue comentada en el capítulo 9), una meta final del crecimiento de la personalidad es la autorrealización. La **autorrealización** es un estado de satisfacción individual que permite a las personas alcanzar su máximo potencial. De acuerdo con Rogers dicho estado se alcanza cuando existe semejanza entre su experiencia cotidiana y su autoconcepto. Las personas autorrealizadas se aceptan tal como son, lo cual les permite alcanzar la felicidad y la satisfacción (Ford, 1991).

Autorrealización: estado de satisfacción individual por el cual las personas alcanzan su máximo potencial

Evaluación de los enfoques humanistas Aunque las teorías humanistas resaltan el valor que reviste otorgar un aprecio positivo incondicional a los demás, muchos de los teóricos de la personalidad no se lo han brindado a la teoría. Las críticas se centran alrededor de la dificultad que implica la verificación de los supuestos básicos del enfoque, así como al asunto relativo a si en realidad el aprecio positivo incondicional conduce a una mejor adaptación de la personalidad.

También se ha criticado a los enfoques humanistas por suponer que las personas son básicamente "buenas": noción imposible de verificar y que, igual de importante, implica utilizar valores no científicos para generar teorías supuestamente científicas. De cualquier forma, las teorías humanistas adquieren relevancia debido a su labor de rescate de la unicidad del humano y a que han orientado el desarrollo de un tipo de terapia muy importante para el alivio de dificultades psicológicas.

Comparación de los diferentes enfoques de la personalidad

Debido a la existencia de diversos enfoques de la personalidad, puede ser que se pregunte cuál de las teorías es la que ofrece el enfoque más preciso de la personalidad. Es una pregunta que no se puede responder con exactitud. Cada una de las teorías sostiene distintas premisas y observa aspectos un poco diferentes de la personalidad. Además, en muchos casos se puede entender mejor la personalidad si se aborda desde distintas perspectivas de manera simultánea. Claro que existe la posibilidad de que algún día se genere una teoría unificada de la personalidad, pero aún no se llega a ese punto y es poco probable que ocurra en un futuro próximo.

Mientras tanto, las diversas teorías destacan aspectos diferentes de la personalidad. El cuadro 11.3 las compara a lo largo de varias dimensiones fundamentales.

RECAPITULACIÓN Y REVISIÓN

Recapitulación
- Los rasgos son dimensiones relativamente constantes que diferencian las personalidades. Los teóricos de este enfoque han tratado de identificar los principales rasgos característicos de la personalidad.
- Las teorías de aprendizaje para el estudio de la personalidad se centran en el efecto que producen los factores ambientales sobre ésta. La teoría del reforzamiento de Skinner se encuentra entre los enfoques de mayor importancia, así como los enfoques sociales cognitivos.
- Los enfoques biológicos se centran en el grado en que son heredadas las características de la personalidad.

- Las teorías humanistas conciben al núcleo de la personalidad como la capacidad de cambiar, mejorar y ser creativo de modo distintivamente humano.
- Las dimensiones principales a lo largo de las cuales difieren las teorías de la personalidad incluyen el papel que desempeña el inconsciente frente a la conciencia, el de la herencia (factores genéticos) frente al medio (factores ambientales), el de la libertad frente al determinismo, y el de la estabilidad frente a la modificabilidad de las características de la personalidad.

1. La determinación que posee Mateo para lograr el éxito es la fuerza dominante en todas sus relaciones y actividades. De acuerdo con la teoría de Gordon Allport, éste es un ejemplo de un rasgo _____. En contraste, la preferencia que tiene Cecilia por las películas de vaqueros es un ejemplo de un rasgo _____.

2. ¿Qué teórico utilizó los rasgos superficiales y los originales para explicar el comportamiento con base en 16 dimensiones de la personalidad?
   a. Hans Eysenck
   b. Walter Mischel
   c. Gordon Allport
   d. Raymond Cattell

3. ¿Qué factores generales propuso Eysenck para describir la personalidad?

4. ¿Con cuál de los rasgos de la teoría de Eysenck se puede describir a una persona que disfruta de actividades como las fiestas y volar en planeador?

5. ¿Cuál es el enfoque de la personalidad cuyos defensores tendrían mayor probabilidad de estar de acuerdo con la afirmación "La personalidad puede verse como respuestas aprendidas ante el entorno de una persona"?
   a. Enfoques humanistas
   b. Enfoques biológicos
   c. Enfoques del aprendizaje
   d. Enfoques de los rasgos

6. Una persona que afirmara: "sé que no puedo hacerlo", tendría, según Bandura, un puntaje bajo en _____.

7. ¿Qué enfoque de la personalidad destaca la bondad innata de la gente y su deseo de crecer?
   a. Humanista
   b. Psicoanalítico
   c. Del aprendizaje
   d. Biológico

Pregúntese a sí mismo

¿Cuál de las teorías de la personalidad le llama más la atención? ¿Cuál de ellas parece tener más sentido? Si se le pidiera escribir un ensayo que proporcionara la "definición indiscutible de la personalidad", ¿de qué modo emplearía la información que acabamos de exponer sobre la personalidad?

(Las respuestas a las preguntas de la revisión aparecen en la página 416.)

- *¿Cómo podemos evaluar con precisión la personalidad?*
- *¿Cuáles son los tipos principales de medidas de la personalidad?*

EVALUACIÓN DE LA PERSONALIDAD: ¿QUÉ NOS HACE ESPECIALES?

Usted desea que las demás personas lo quieran y lo admiren.

Tiende a ser crítico consigo mismo.

Tiene gran potencial que aún no aplica en su provecho.

A pesar de ciertas debilidades que tiene su personalidad, suele ser capaz de compensarlas.

Relacionarse con miembros del sexo opuesto le plantea problemas.

Aunque parece ser disciplinado y controlado con los demás, en su interior tiende a ser ansioso e inseguro.

A veces tiene dudas serias con respecto a si ha tomado la decisión adecuada o si ha hecho lo correcto.

Prefiere un nivel determinado de cambio y variedad y no está satisfecho cuando las restricciones y las limitaciones lo agobian.

Usted no acepta las afirmaciones de los demás sin contar con pruebas satisfactorias.

Se ha percatado de que no es inteligente ser demasiado franco al revelar su personalidad a los demás.

Si le sorprende que estas descripciones ofrezcan una imagen precisa de su personalidad, no piense que es la única persona en sentirse así: la mayor parte de los estudiantes universitarios piensan que la relación está hecha a partir de sus características. De hecho, están diseñadas con la intención de ser tan vagas que se puedan aplicar prácticamente a cualquier persona (Forer, 1949; Russo, 1981).

La facilidad con la que podemos identificarnos con aseveraciones tan generales destaca la dificultad que implica realizar evaluaciones significativas y precisas de la personalidad de la gente (Johnson, Cain, Falke, Hayman y Perillo, 1985; Prince y Guastello,

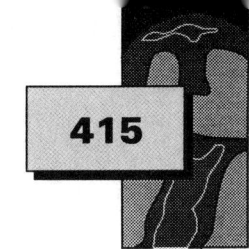
1990). Al igual que los teóricos de los rasgos se enfrentaron al problema de precisar los rasgos más importantes, los psicólogos interesados en la evaluación de la personalidad deben ser capaces de definir los modos más significativos de diferenciación entre las personalidades de unos y otros sujetos. Para lograrlo, se utilizan las **pruebas psicológicas**, que son medidas estandarizadas diseñadas para evaluar el comportamiento de modo objetivo. Estas pruebas las emplean los psicólogos para ayudar a las personas a tomar decisiones acerca de sus vidas y para que se comprendan mejor. También son utilizadas por los investigadores interesados en las causas y las consecuencias de la personalidad (Groth-Marnat, 1990; Matarazzo, 1992).

Igual que las mediciones de la inteligencia comentados en el capítulo 8, todas las pruebas psicológicas deben tener confiabilidad y validez. La *confiabilidad,* como recordará, se refiere a la consistencia en las mediciones de una prueba. Si una prueba es confiable produce el mismo resultado cada vez que es administrada a una persona o grupo determinados. En contraste, las pruebas no confiables dan resultados diferentes cada vez que se administran.

Las pruebas también deben ser válidas para obtener conclusiones significativas. Las pruebas tienen *validez* cuando en verdad miden aquello para lo que fueron diseñadas. Si una prueba es elaborada para medir sociabilidad, por ejemplo, es preciso saber que en realidad mide sociabilidad y no algún otro rasgo.

Por último, las pruebas psicológicas se basan en *normas*, estándares de rendimiento de la prueba que permiten la comparación del puntaje en la prueba de una persona con los puntajes de otros que hayan respondido la misma prueba. Por ejemplo, una norma permite que los evaluados sepan que su puntaje estuvo en el 10% superior de los que han respondido la prueba.

De manera básica, las normas se establecen administrando una prueba particular a un gran número de personas y determinando las puntuaciones típicas. Entonces es posible comparar el puntaje de una sola persona con los del grupo, obteniendo una medida comparativa del desempeño en la prueba contra otros que han respondido la prueba.

El establecimiento de normas apropiadas no es una empresa simple. Por ejemplo, el grupo específico que se emplea para determinar las normas para una prueba tiene un efecto profundo sobre la forma en que se evalúa el desempeño de un individuo. Además, como se comenta a continuación, el proceso de establecimiento de normas puede incluir insinuaciones políticas.

Pruebas psicológicas: instrumentos estandarizados diseñados para evaluar el comportamiento de modo objetivo

 ## Exploración de la diversidad

¿Debería tomarse en cuenta la raza para establecer normas?

Las pasiones de la política pueden confrontar la objetividad de la ciencia cuando se establecen normas para las pruebas, por lo menos en el ámbito de las pruebas que buscan determinar el desempeño futuro en el trabajo. De hecho, en Estados Unidos se ha desarrollado una controversia a escala nacional para saber si debe establecerse normas diferentes para miembros de diversos grupos raciales y étnicos (Kilborn, 1991; Brown, 1994; Sackett y Wilk, 1994).

Está sobre la mesa de discusiones la eficacia de la Batería de Pruebas de Aptitudes Generales (General Aptitude Test Battery) del gobierno de Estados Unidos, que tiene cincuenta años de antigüedad y es una prueba que mide una amplia gama de habilidades, que van desde la coordinación óculo-manual, hasta la capacidad de lectura. El problema que suscitó esta controversia surgió de la tendencia de los afroamericanos y latinoamericanos de obtener puntajes menores en esta prueba, en promedio, que los miembros de otros grupos. A menudo los puntajes más bajos se deben a una carencia de experiencias relevantes y oportunidades previas de trabajo como resultado del prejuicio y la discriminación.

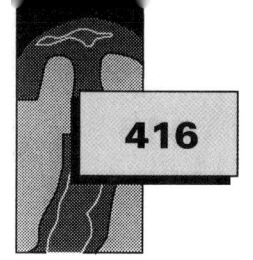
Para promover el empleo de los grupos raciales minoritarios, el gobierno elaboró un conjunto distinto de normas para los afroamericanos y los latinoamericanos. En lugar de emplear el promedio obtenido por todas las personas que realizan el examen, se compararon los resultados de los candidatos de ambos grupos sólo con los puntajes de otros afroamericanos y latinoamericanos. En consecuencia, un latinoamericano cuyos resultados fueron equivalentes al 20% superior de los demás latinoamericanos evaluados tendría un resultado equivalente al de un estadounidense blanco ubicado entre el 20% de los miembros evaluados de su grupo que tuvieron los mejores puntajes, sin considerar que el puntaje absoluto del latinoamericano pudiera ser más bajo que el del estadounidense blanco.

Las críticas a la modificación del sistema de normas sostienen que semejante procedimiento está saturado de problemas porque, según ellos, este sistema no sólo es injusto para los blancos que solicitan empleo, sino que aviva las llamas de la intolerancia racial. La práctica fue impugnada legalmente y, tras la aprobación del Acta de los Derechos Civiles en 1991, las normas basadas en la raza en la Batería de Pruebas de Aptitudes Generales fueron descontinuadas.

Sin embargo, los defensores de las normas basadas en la raza continúan afirmando que los procedimientos de normalización que toman en cuenta la raza son una herramienta de acción que sólo permite que personas pertenecientes a grupos minoritarios y que están en busca de empleo tengan las mismas oportunidades que sus contrapartes blancos. Además, un grupo de especialistas de la Academia Nacional de Ciencias estuvo de acuerdo con la práctica de ajustar las normas. Sugirió que las normas de prueba que no son ajustadas no resultan de mucha utilidad para predecir el desempeño laboral y que tienden a dejar fuera a elementos capaces pertenecientes a los grupos minoritarios.

Las pruebas para selección de personal no son la única área en la que surgen discusiones acerca de la eficacia de las normas y el significado de los resultados de las pruebas. Como pudimos ver en el capítulo 8, cuando comentamos acerca de las diferencias raciales en los puntajes de CI, la forma de abordar las diferencias raciales en los puntajes de las pruebas es un asunto controvertido y que provoca divisiones. Es evidente que las normas basadas en la raza despiertan sentimientos profundos e intensos que pueden entrar en conflicto con la objetividad científica y la controversia está lejos de terminarse (Geisinger, 1992; American Psychological Association, 1993).

El problema del establecimiento de normas para las pruebas se complica todavía más por la existencia de una amplia gama de medidas de la personalidad y de enfoques

Estos capturistas de la Oficina de Censos de Estados Unidos obtuvieron sus empleos al aprobar la Batería de Pruebas de Aptitudes Generales, la cual hasta hace poco se calificaba usando un sistema de normas, basado en la raza.

RESPUESTAS A LA REVISIÓN ANTERIOR

1. cardinal; secundario   **2.** d   **3.** Introversión-extroversión y neuroticismo-estabilidad
4. Extroversión   **5.** c   **6.** autoeficacia   **7.** a

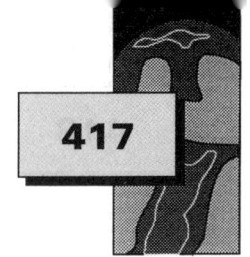
para la evaluación. A continuación consideraremos algunas de estas medidas, las cuales tienen una variedad de características y propósitos. (Véase también el recuadro *Los caminos de la psicología.*)

Medidas de la personalidad basadas en informes personales

Si alguien deseara evaluar su personalidad, un enfoque posible sería realizar una entrevista prolongada para determinar los sucesos más importantes de su infancia, sus relaciones sociales, así como sus éxitos y fracasos. Sin embargo, es evidente que semejante técnica sería demasiado costosa en cuanto a dinero y tiempo.

Y también es innecesaria. Así como los médicos sólo extraen una muestra pequeña de su sangre para hacerle pruebas, los psicólogos pueden utilizar **informes personales** en los que se investiga una muestra relativamente pequeña de comportamiento. Esta muestra de información proporcionada por la persona se utiliza para inferir la presencia de determinadas características de la personalidad.

Entre los mejores ejemplos de una medida basada en informes personales, además de ser la prueba de personalidad utilizada con mayor frecuencia, está el **Inventario Multifásico de la Personalidad de Minnesota-2 (MMPI-2)** (Hathaway y McKinley,

Medidas basadas en informes personales: método para reunir datos de las personas mediante la formulación de preguntas relativas a una muestra de su comportamiento

Inventario Multifásico de la Personalidad de Minnesota-2 (MMPI-2): prueba que se utiliza para identificar a personas con dificultades psicológicas y para predecir una variedad de otros comportamientos

LOS CAMINOS DE LA PSICOLOGÍA

Patricia Dyer
IBM, Nueva York, Nueva York

Educación: B.A. en inglés, Pennsylvania State University; Ph.D. en psicología de personal, Columbia University
Nació: 1940
Hogar: Manhattan, Nueva York

Cuando una empresa recibe 2 millones de solicitudes de empleo al año y contrata a menos del 0.5% de los solicitantes, ¿cómo determina quién es más adecuado para entrar a laborar?

Aquí es donde toma su turno la experiencia de la doctora Patricia Dyer, una psicóloga especialista en selección de personal en IBM. Como encargada de los Servicios de Prueba y Evaluación, es responsable de elaborar pruebas que seleccionen a los empleados para la compañía de computadoras gigante.

Dyer y sus colegas elaboran una nueva generación de pruebas usando la tecnología de computación más reciente. "Ahora estamos trabajando con formas diferentes de acercarnos a las habilidades y capacidades usando tecnología multimedia computarizada", comentó. A los solicitantes se les pide solucionar una variedad de problemas

Patricia Dyer.

que enfrentan los trabajadores en una planta manufacturera hipotética. Estos contratiempos imaginarios varían desde problemas de control de calidad hasta clases específicas de problemas en el trabajo.

Según Dyer, que posee un título en inglés y una especialización en psicología de personal, el formato de la prueba tiene varias ventajas sobre las pruebas escritas tradicionales. "Por ejemplo, un segmento de entrenamiento en el trabajo permite a los candidatos basarse en lo que han aprendido.

Esto sería extraordinariamente difícil con lápiz y papel", dijo (DeAngelis, 1994, p. 14).

Aunque los métodos para administrar la prueba por medio de computadora pueden ser nuevos, los procedimientos básicos implicados en la elaboración de las pruebas se han utilizado durante décadas. La mayor parte se enseña en casi cualquier curso básico de evaluación para estudiantes de posgrado, según Dyer. "La evaluación tiene una larga historia y se remonta a principios de siglo cuando Binet comenzó a estudiar a niños en edad escolar", dijo. "La idea de medir las capacidades no es nueva."

"Dos de las decisiones más importantes que debe tomar el contratante son a quiénes deberá contratar y cuáles son los modos más efectivos para conformar una fuerza de trabajo eficiente", comentó la doctora Dyer. "Para que la economía estadounidense tenga éxito en el mercado mundial necesitamos una fuerza laboral con muchas habilidades y muy capacitada para que sea competitiva. La psicología puede contribuir mucho en el proceso de identificación de las personas más adecuadas y en lo referente a su entrenamiento y desarrollo una vez que se les ha contratado".

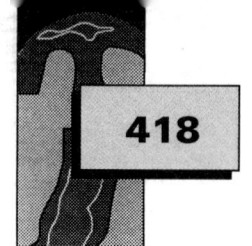

1989; Butcher, 1990; Greene, 1991). Aunque el propósito original de la medición era distinguir personas con dificultades psicológicas particulares, se comprobó que permite predecir una gran cantidad de comportamientos adicionales. Por ejemplo, los puntajes del MMPI han demostrado ser eficaces para predecir si los estudiantes universitarios se casarán dentro de los siguientes diez años después del examen y si obtendrán un posgrado (Dworkin y Widom, 1977). Los departamentos de policía aplican esta prueba para medir la tendencia de los oficiales a utilizar sus armas. Los psicólogos de la ex Unión Soviética llegaron incluso a aplicar una versión modificada del MMPI a sus cosmonautas y atletas olímpicos (Holden, 1986).

La prueba consiste en una serie de 567 reactivos donde puede responderse "cierto", "falso" o "no puedo contestar". Las preguntas incluyen diversos temas: desde el estado de ánimo ("en ocasiones siento que no sirvo para nada"), a las opiniones ("la gente debería tratar de comprender sus sueños"), hasta la salud física y psicológica ("tengo molestias estomacales varias veces a la semana" y "tengo pensamientos extraños y peculiares").

Por supuesto que no hay respuestas correctas o erróneas. En lugar de ello, la interpretación de los resultados obedece al patrón de las respuestas. Esta prueba arroja resultados en diez escalas distintas, así como en otras tres diseñadas en especial para medir la validez de las respuestas proporcionadas. Por ejemplo, existe una "escala de mentira" que indica cuándo las personas falsean sus respuestas con el objetivo de ofrecer una imagen más favorable de sí mismas (a partir de reactivos como "no recuerdo haber pasado nunca una noche sin dormir") (Butcher, Graham, Dahlstrom y Bowman, 1990; Graham, 1990).

¿Qué conocimientos les permite a los autores del MMPI determinar cuál es el significado de los patrones específicos de respuestas? El procedimiento del que se valen es característico en la construcción de pruebas de personalidad, proceso al que se denomina **estandarización de pruebas**. Para diseñar la prueba se pidió a varios grupos de pacientes con un diagnóstico específico, como depresión o esquizofrenia, que respondieran a una larga serie de reactivos. Después, los autores de la prueba determinaron qué reactivos de ésta diferenciaban con más claridad a los miembros de estos grupos de otros pertenecientes a un grupo de comparación compuesto por sujetos normales, e incluyeron estos reactivos específicos en la versión final de la prueba. Mediante la realización sistemática de este procedimiento en grupos con distintos diagnósticos, los autores de la prueba lograron desarrollar diversas subescalas que identifican distintos tipos de comportamiento anormal (véase la figura 11.4).

Cuando el MMPI se utiliza para el objetivo que fue diseñado —la identificación de trastornos de la personalidad— se obtienen resultados significativos. Sin embargo, al igual que en otras pruebas de la personalidad, es posible cometer abusos en su empleo. Por ejemplo, las empresas que lo utilizan como herramienta de selección de personal pueden interpretar inadecuadamente los resultados: pueden basarse demasiado en las calificaciones de las escalas individuales en lugar de considerar los patrones generales de los resultados, los cuales requieren de la interpretación de un experto. Además, los críticos expresan que las escalas individuales se superponen y dificultan así su interpretación. En resumen, aunque el MMPI sigue siendo la prueba de personalidad más usada, traduciéndose a más de 100 idiomas diferentes, debe usarse con precaución (Graham, 1990; Helmes y Reddon, 1993; Greene y Clopton, 1994).

Métodos proyectivos

Si se le mostrara la forma que aparece en la figura 11.5 y se le preguntara qué representa para usted, podría pensar que sus impresiones en este sentido no significan gran cosa. Pero para un teórico del psicoanálisis sus respuestas frente a una figura tan ambigua ofrecerían claves reveladoras del estado de su inconsciente y, en último término, de las características generales de su personalidad.

La forma que aparece en la figura es un ejemplo de las manchas de tinta usadas en las **pruebas proyectivas de la personalidad**, en donde se le muestra a una persona un

Estandarización de pruebas: técnica empleada para dar validez a los reactivos de las pruebas de personalidad mediante el estudio de las respuestas proporcionadas por personas con trastornos psicológicos conocidos

Prueba proyectiva de la personalidad: prueba en donde se le muestra a una persona un estímulo ambiguo y se le pide describirlo o narrar una historia acerca de él

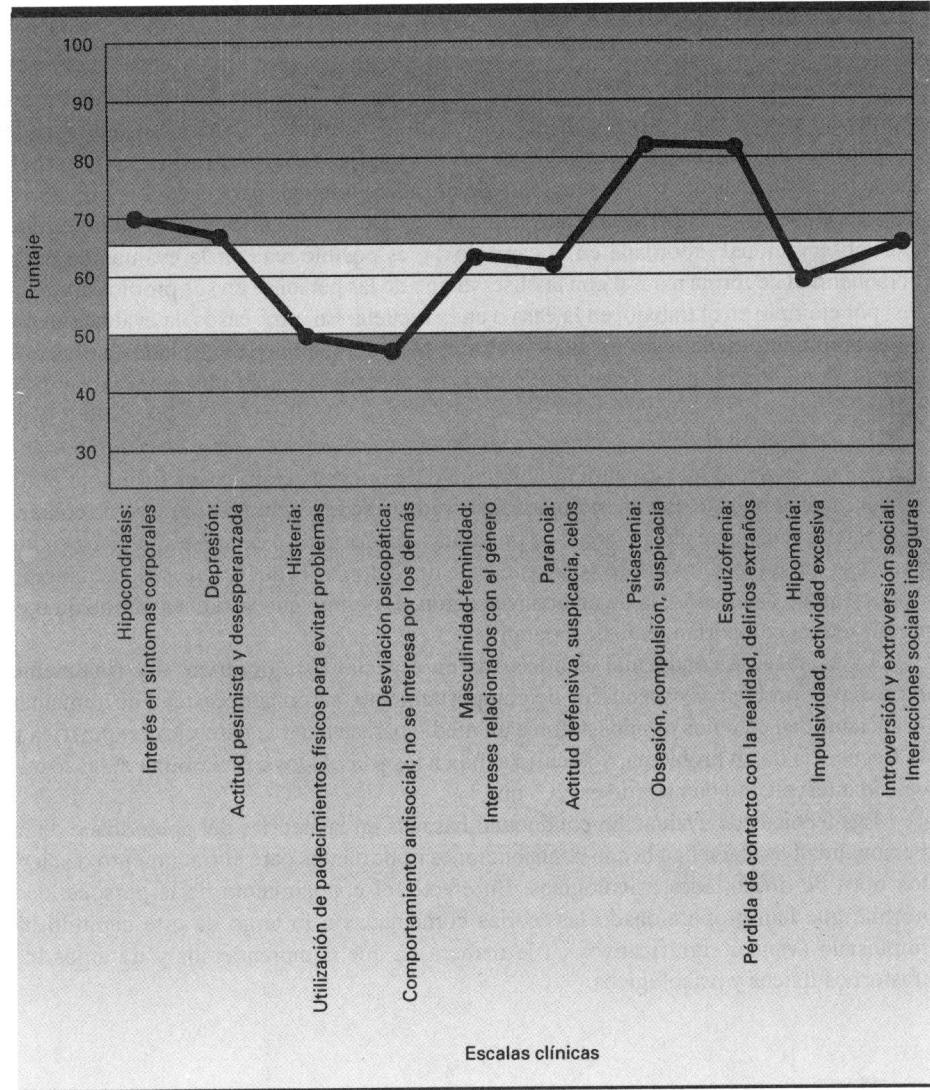

Escalas clínicas

FIGURA 11.4 Perfil de muestra del MMPI-2 de una persona que sufre de ansiedad obsesiva, aislamiento social y pensamiento delirante. (*Basado en datos de Halgin y Whitbourne, 1994, p. 72; y Minnesota Multiphasic Personality Inventory-2. Derechos reservados © por Regents of the University of Minnesota, 1942, 1943 [renovados en 1970, 1989].*)

Prueba de Rorschach: consiste en manchas de tinta de formas indefinidas, cuya interpretación se emplea para evaluar las características de personalidad

Prueba de Apercepción Temática (TAT): consiste en una serie de ilustraciones ambiguas a partir de las cuales el individuo debe elaborar un relato; éste será considerado un reflejo de la personalidad del evaluado

estímulo ambiguo para que lo describa o relate una historia acerca de él. Se considera que las respuestas dadas son "proyecciones" del modo de ser de la persona.

La más conocida de las pruebas proyectivas es la **prueba de Rorschach**. Esta prueba, ideada por el psiquiatra suizo Hermann Rorschach (1924), consiste en presentarle a las personas una serie de estímulos simétricos, parecidos al que aparece en la figura 11.5, y preguntarles qué significado tienen para ellas. Se registra sus respuestas y, con base en un complejo conjunto de juicios clínicos que realiza el examinador, se clasifica a las personas en distintos tipos de personalidad. Por ejemplo, se concluye que quienes dicen ver un oso en una mancha de tinta tienen un alto grado de control sobre sus emociones, según las reglas desarrolladas por Rorschach (Exner, 1993; Weiner, 1994; Aronow, Reznikoff y Moreland, 1994).

La **Prueba de Apercepción Temática (TAT)** es otro instrumento proyectivo sumamente conocido. Como se mencionó cuando expusimos la motivación de logro en el capítulo 9, esta prueba consta de una serie de ilustraciones a partir de las cuales se pide al sujeto que elabore una historia. Después, estas historias se utilizan para extraer inferencias relativas a las características de la personalidad del individuo (Bellak, 1993).

Las pruebas con estímulos tan ambiguos como las de Rorschach y de Apercepción Temática precisan de una habilidad y un cuidado especiales para su interpretación. Una crítica constante es que requieren demasiadas inferencias del examinador. Sin embargo, tienen amplia utilización, en especial en escenarios clínicos, y quienes las aplican expresan que su confiabilidad y validez son altas.

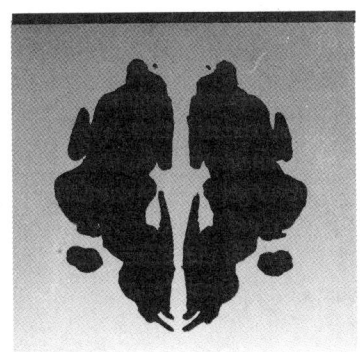

FIGURA 11.5 Esta mancha de tinta se parece a las empleadas en las pruebas de personalidad de Rorschach. ¿Qué es lo que ve en ella?

Evaluación conductual

Evaluación conductual: mediciones directas del comportamiento de una persona que se toman para describir características indicativas de la personalidad

Si usted fuera un psicólogo que apoyara el enfoque de la personalidad basado en las teorías del aprendizaje, es probable que planteara objeciones a la naturaleza indirecta de las pruebas proyectivas. En vez de estas pruebas aplicaría la **evaluación conductual**, mediciones directas del comportamiento de un sujeto tomadas para describir características reveladoras de la personalidad. Tal como ocurre con la aplicación de la investigación observacional (abordada en el capítulo 1), es posible realizar la evaluación de la personalidad de forma natural con la observación de las personas en sus propios ambientes; por ejemplo en el trabajo, en la casa o en la escuela. En otros casos, la evaluación del comportamiento tiene lugar en el laboratorio, bajo condiciones controladas en las que un psicólogo provoca una situación específica y observa el comportamiento de un individuo.

En cualquiera de estos ambientes en donde se observe el comportamiento, debe hacerse un esfuerzo que asegure la objetividad de la evaluación, cuantificándolo en la mayor medida posible. Por ejemplo, un observador puede registrar el número de contactos sociales que inicie una persona, de preguntas que formule o de actos agresivos en los cuales se implique. Otro método consiste en la medición de la de los sucesos: la duración del berrinche de un niño, la de una conversación, el tiempo que se dedica al trabajo o el empleado en comportamientos cooperativos.

La evaluación conductual es adecuada en especial para observar —y finalmente remediar— problemas específicos de comportamiento, como la necesidad de aumentar la sociabilidad en niños tímidos. Ofrece un medio para evaluar la naturaleza específica y la frecuencia de un problema, y además ayuda a los psicólogos a determinar si las técnicas de intervención han tenido éxito o no.

Las técnicas de evaluación conductual basadas en las teorías del aprendizaje de la personalidad también han hecho contribuciones importantes para el tratamiento de ciertos tipos de dificultades psicológicas. En efecto, el conocimiento de la personalidad normal que han proporcionado las teorías comentadas a lo largo de este capítulo ha impulsado avances significativos en la manera en que comprendemos y tratamos los trastornos físicos y psicológicos.

El consumidor de psicología bien informado

Valoración de las evaluaciones de la personalidad

Se buscan: personas con "energía cinética", "madurez emocional" y con la capacidad para "tratar con un gran número de personas en situaciones caóticas".

Aunque esta descripción de puesto parece muy adecuada para el trabajo de conductor de un programa de concursos por televisión, en realidad es parte de un anuncio para contratar gerentes para las salas de American Multicinema (Dentzer, 1986). Para encontrar personas con esas características la empresa ha elaborado una batería de evaluaciones de la personalidad propias para los candidatos al puesto. Esa compañía recopiló datos de muchas otras, que van desde General Motors hasta J.C. Penney, las cuales utilizan pruebas de personalidad para determinar a quién se contratará.

Los individuos también confían en las pruebas de personalidad. Existen muchas organizaciones que por una tarifa específica aplican diversas pruebas de personalidad que pretenden dirigir a las personas hacia carreras para las que es apropiada en especial su personalidad. Pero antes de confiar sin reservas en los resultados de estas pruebas de personalidad, ya sea como empleado potencial, patrón o consumidor de servicios externos de evaluación, es preciso tener presentes diversos aspectos de importancia:

■ Conozca con claridad qué intenta medir la prueba. Las pruebas estandarizadas de personalidad proporcionan información sobre la forma en que se elaboró el examen, a quién se le puede aplicar con mayor éxito y cómo se deben interpretar sus resultados. De ser posible, debe leer la literatura que acompaña a la prueba; así podrá comprender el significado de los resultados.

■ Los resultados de una prueba no son suficientes para justificar una decisión. Éstos se deben interpretar en el contexto que proporciona otro tipo de información: registros académicos, intereses sociales y actividades familiares y comunitarias. Sin este contexto, las calificaciones individuales resultan poco informativas e incluso pueden llegar a ser perjudiciales.

■ Las pruebas son falibles. Los resultados pueden estar equivocados; la prueba puede carecer de confiabilidad o de validez. Es posible que, por ejemplo, usted haya tenido un "mal día" cuando le aplicaron la prueba, o que la persona encargada de calificarla e interpretarla haya cometido un error. No debe depositar grandes expectativas en los resultados de una sola aplicación de cualquier prueba.

Para concluir, es importante tener presente la complejidad del comportamiento humano, en especial el propio. Ninguna prueba puede proporcionar una comprensión de las particularidades de la personalidad de un individuo sin tomar en cuenta mucha más información de la que se puede reunir en una sola sesión de evaluación.

RECAPITULACIÓN Y REVISIÓN

Recapitulación
- Las pruebas psicológicas son herramientas estandarizadas útiles para evaluar de manera objetiva el comportamiento. Deben ser confiables —medir en forma consistente lo que intentan medir— y ser válidas —medir aquello para lo que fueron creadas—.
- Las mediciones de la personalidad basadas en informes personales formulan una serie de preguntas a los individuos relativas a una muestra de su comportamiento. Los resultados se emplean para inferir las características de su personalidad.
- Las pruebas proyectivas de la personalidad presentan estímulos ambiguos a las personas a quienes se les pide describirlos o elaborar una historia acerca de ellos. Se emplean estas respuestas como un indicio sobre la personalidad del individuo.
- La evaluación conductual realiza mediciones directas del comportamiento de una persona para describir características que revelen su personalidad.

Revisión
1. La _____ es la consistencia de una prueba de personalidad, en tanto que la _____ es la capacidad de una prueba para medir en verdad aquello para lo que fue creada.

2. Las _____ son parámetros empleados para comparar las calificaciones de distintas personas que realizan la misma prueba.
3. Pruebas como el MMPI-2, con las que se evalúa una pequeña muestra de comportamiento para determinar tendencias más amplias, son ejemplos de:
   a. pruebas multisecuenciales
   b. pruebas proyectivas
   c. pruebas de desempeño
   d. pruebas basadas en informes personales
4. Cuando a una persona se le muestra una imagen y se le pide inventar una historia acerca de ella se le está aplicando una prueba _____ de personalidad.

Pregúntese a sí mismo
¿Se deben utilizar pruebas de personalidad para tomar decisiones acerca del personal? Si a usted se le pidiera realizar una de estas pruebas, ¿qué preguntas relativas a la elaboración de pruebas y su validez serían las más importantes? Si usted estuviese encargado de diseñar este tipo de pruebas, ¿cómo le afectarían estos puntos?

(Las respuestas a las preguntas de la revisión aparecen en la página 423.)

¿Cómo definen y emplean los psicólogos el concepto de personalidad?

1. Los comportamientos que distinguen a cada persona son aquellos que según los psicólogos se encuentran en la raíz de la personalidad. Esta última se refiere a las características relativamente constantes que diferencian a una persona de otra y las lleva a actuar de una manera consistente y predecible tanto en situaciones diversas como a lo largo de extensos periodos.

¿Cuál es la estructura y el desarrollo de la personalidad, según Freud y sus sucesores?

2. Según la interpretación de los psicoanalistas, gran parte del comportamiento es motivado por la acción de ciertos elementos de la personalidad hallados en el inconsciente y de los cuales no nos percatamos. La teoría de Freud sostiene que la personalidad se compone del ello, el yo y el superyó. El ello es la parte innata y no organizada de la personalidad cuyo propósito es reducir de inmediato las tensiones generadas por el hambre, el sexo, la agresividad y otros impulsos primitivos. El yo restringe la energía instintiva con el fin de conservar la seguridad del individuo y ayudar a que la persona se convierta en miembro de la sociedad. El superyó representa el bien y el mal de la sociedad y está compuesto por la conciencia y el yo ideal.

3. La teoría psicoanalítica de Freud afirma que la personalidad se desarrolla a lo largo de una serie de etapas, cada una relacionada con una función biológica de importancia. La etapa oral, el primer periodo, tiene lugar durante el primer año de vida. Le sigue la etapa anal, que transcurre desde el año de edad hasta los tres años. Después sigue la etapa fálica, caracterizada por el interés en los genitales. A la edad de cinco o seis años, cerca del fin de la etapa fálica, los niños experimentan el complejo de Edipo, proceso que les permite aprender a identificarse con el progenitor de su mismo sexo, y tratan de parecérsele en la mayor medida posible. Después viene un periodo de latencia que dura hasta la pubertad, para más tarde ingresar en la etapa genital, o periodo de sexualidad madura.

4. Los mecanismos de defensa proporcionan estrategias inconscientes cuya finalidad es reducir la ansiedad producida por los impulsos del ello. Los mecanismos de defensa más comunes son la represión, la regresión, el desplazamiento, la racionalización, la negación, la proyección y la sublimación.

5. La teoría psicoanalítica de Freud es objeto de múltiples críticas. Las más incisivas sostienen que carece de evidencias científicas de apoyo y de posibilidad predictiva, además de haber sido elaborada con base en una población muy limitada. De cualquier forma, la teoría freudiana tiene aún gran importancia. Por ejemplo, los teóricos psicoanalistas neofreudianos desarrollaron sus trabajos a partir de las investigaciones de Freud, aunque asignan mayor importancia al papel desempeñado por el yo y a los factores sociales en la determinación del comportamiento.

¿Cuáles son los principales aspectos de los enfoques de los rasgos, del aprendizaje, del biológico y humanista de la personalidad?

6. Los enfoques de los rasgos buscan identificar las dimensiones básicas y permanentes —dimensiones denominadas rasgos— que diferencian a las personas. Por ejemplo, Allport propuso tres clases de rasgos: cardinales, centrales y secundarios. Posteriormente, otros teóricos utilizaron un método estadístico conocido como análisis factorial para identificar los rasgos de mayor importancia. Al apli-

car este método, Cattell identificó 16 rasgos básicos; Eysenck por su parte descubrió dos dimensiones de importancia: introversión-extroversión y neuroticismo-estabilidad.

7. Los enfoques del aprendizaje para el estudio de la personalidad se concentran en el comportamiento observable. Para el teórico ortodoxo del aprendizaje, la personalidad es la suma de las respuestas aprendidas ante los estímulos del ambiente exterior. En contraste, los enfoques sociales cognitivos se centran en el papel de las cogniciones en la determinación de la personalidad. Los enfoques sociales cognitivos dedican especial atención a la autoeficacia y al determinismo recíproco en la configuración del comportamiento.

8. Los enfoques biológicos de la personalidad se centran en la forma en que se heredan las características de la personalidad. Por ejemplo, el estudio del temperamento de los niños sugiere la existencia de una distinción entre niños inhibidos y desinhibidos que se refleja en diferencias en la reactividad biológica y en la timidez.

9. Los enfoques humanistas de la personalidad destacan la bondad básica de las personas. Consideran como núcleo de la personalidad la capacidad de un individuo para cambiar y mejorar. El concepto de Rogers de la necesidad de aprecio positivo afirma que a la personalidad subyace una necesidad universal de ser amado y respetado.

10. Los enfoques de la personalidad más relevantes difieren en una serie de dimensiones importantes, que incluyen el papel que desempeña el inconsciente frente a la conciencia, la herencia frente al medio, la libertad frente al determinismo, la estabilidad frente a la modificabilidad de las características de la personalidad.

¿Cómo podemos evaluar con precisión la personalidad?

11. Las pruebas psicológicas son herramientas estandarizadas de evaluación diseñadas para medir el comportamiento de modo objetivo. Deben ser confiables y medir en forma consistente lo que tratan de medir, así como válidas, es decir, medir aquello para lo que fueron creadas.

¿Cuáles son los tipos principales de medidas de la personalidad?

12. En las mediciones sustentadas en informes personales se pregunta a las personas acerca de una muestra de su propio comportamiento. Esta información permite inferir la presencia de ciertas características de personalidad. En este tipo de pruebas, la utilizada con mayor frecuencia es el Inventario Multifásico de la Personalidad de Minnesota-2 (MMPI-2), el cual se diseñó para diferenciar a las personas con dificultades psicológicas específicas de las normales.

13. En las pruebas proyectivas de personalidad se presenta al sujeto un estímulo ambiguo; de las respuestas del observador se infieren características relativas a su personalidad. Las dos pruebas proyectivas de uso más frecuente son la prueba de Rorschach, en la que se utiliza las reacciones ante diversas manchas de tinta para clasificar los tipos de personalidad; y la Prueba de Apercepción Temática (TAT), en donde las historias creadas a partir de ilustraciones ambiguas se emplean para inferir información acerca de la personalidad del evaluado.

14. La evaluación conductual parte de los principios de la teoría del aprendizaje. Realiza mediciones directas del comportamiento de un individuo para determinar características que indiquen su personalidad.

TÉRMINOS Y CONCEPTOS CLAVE

personalidad (p. 395)
teoría psicoanalítica (p. 395)
inconsciente (p. 395)
ello (p. 396)
libido (p. 396)
yo (p. 397)
superyó (p. 397)
etapa oral (p. 397)
fijación (p. 398)
etapa anal (p. 398)
etapa fálica (p. 398)
complejo de Edipo (p. 398)
periodo de latencia (p. 398)
etapa genital (p. 398)

mecanismos de defensa (p. 399)
psicoanalistas neofreudianos (p. 401)
inconsciente colectivo (p. 401)
complejo de inferioridad (p. 402)
teoría de los rasgos (p. 404)
rasgos (p. 404)
rasgo cardinal (p. 404)
rasgos centrales (p. 404)
rasgos secundarios (p. 404)
enfoques sociales cognitivos
    (p. 407)
temperamento (p. 408)
enfoques humanistas de la
    personalidad (p. 412)

autorrealización (p. 413)
pruebas psicológicas (p. 415)
medidas basadas en informes
    personales (p. 417)
Inventario Multifásico de la
    Personalidad de Minnesota-2
    (MMPI-2) (p. 417)
estandarización de pruebas (p. 418)
prueba proyectiva de la personalidad
    (p. 418)
prueba de Rorschach (p. 419)
Prueba de Apercepción Temática
    (TAT) (p. 419)
evaluación conductual (p. 420)

RESPUESTAS A LA REVISIÓN ANTERIOR

1. confiabilidad, validez   **2.** normas   **3.** d   **4.** proyectiva

TRASTORNOS PSICOLÓGICOS

PRÓLOGO

Lori Schiller

Lori Schiller piensa que todo comenzó una noche en el campamento de verano cuando ella tenía 15 años de edad.

De pronto escuché voces: "¡Debes morir! ¡Morir! ¡Morir!", le gritaban. Las voces la hicieron salir de su litera e internarse en la oscuridad, donde pensó que podría escapar. El personal de seguridad del campamento la encontró saltando y gritando en forma frenética en un trampolín. "Pensé que estaba poseída", dice la señorita Schiller, ahora de 33 años. Aterrada, no le contó a nadie sobre las voces cuando las escuchó por primera vez. Del campamento la enviaron a su casa por enfermedad. Su madre, Nancy Schiller, dice: "Pensamos que estaba resfriada."

Después de que Lori llegó a casa "enferma" del campamento de verano su familia no consideró importantes los cambios sutiles en su personalidad. Cuando rehusaba a llamar por teléfono ellos lo atribuían a la adolescencia. Cuando yacía en el sofá de cara a la pared mientras el resto de la familia veía la televisión, se imaginaban que tan sólo no estaba interesada en el programa. Seguían sin considerarlo como una señal grave de abandono…

En realidad, dice ahora ella, estaba asustada. Las voces comenzaron a deslizarse por el cable telefónico; la asaltaban desde la pantalla de televisión. "Las personas que aparecían en la televisión me decían que era mi responsabilidad salvar al mundo y que si no lo hacía me matarían", comenta ella…

Mantener su secreto no era difícil al principio. Podía eludir las voces aún poco frecuentes con un paseo o refugiándose en el sueño. Pero las voces eran muy reales. "Estaba segura de que todos los demás podían escucharlas y me avergonzaban porque decían cosas muy malas sobre mí", recuerda.

Su comportamiento se volvió errático y desordenado. En una ocasión, en un arrebato de capricho subió a su automóvil y condujo cuatro horas hasta su casa en Scarsdale, después cambió de opinión y condujo de regreso. Conducía a gran velocidad. Fue detenida por la policía por exceso de velocidad. Tenía ataques de risa histérica…

Conforme pasó el tiempo, Lori presentaba cada vez más problemas para concentrarse y más dificultad para controlar sus impulsos, uno de los cuales era suicidarse. "Solía sentarme en la biblioteca, arriba de todas esas escaleras y pensaba en saltar", recuerda ella. Por último, en su último año de la universidad, le dijo a sus padres que "tenía problemas" y solicitó la ayuda de una consejero. (Bennett, 1992, pp. A1, A10)

UN VISTAZO ANTICIPATORIO

Aunque ella de alguna manera se las había arreglado para ocultarle a todos su trastorno, Lori Schiller perdía de forma progresiva su contacto con la realidad. Menos de un año después de graduarse de la universidad, sus padres la convencieron de acudir a un hospital psiquiátrico privado. La siguiente década la pasaría entrando y saliendo de instituciones, con la esquizofrenia a cuestas, uno de los trastornos psicológicos más graves.

El caso de Schiller plantea varias interrogantes. ¿Qué causó su trastorno? ¿Hubo factores genéticos implicados o fueron los estresores ambientales los principales responsables de su trastorno? ¿Hubo señales que otros debieron notar antes? ¿Pudo haberse prevenido la ocurrencia de su esquizofrenia? ¿Cuáles eran los síntomas específicos de su comportamiento anormal? Y, de manera más general, ¿de qué forma puede distinguirse el comportamiento normal del anormal y cómo puede categorizarse y clasificarse el comportamiento de Lori, determinando con precisión la naturaleza específica de su problema?

Abordaremos los problemas planteados en el caso de Lori Schiller en este capítulo y el siguiente. Comenzaremos por exponer la distinción entre comportamiento normal y anormal, y se considerarán las distinciones sutiles que deben hacerse. Examinaremos los diversos enfoques que se han usado para explicar los trastornos psicológicos: desde las explicaciones basadas en la superstición hasta aquellas basadas en enfoques científicos contemporáneos.

El aspecto central del capítulo lo constituye una descripción de los distintos tipos de trastornos psicológicos. Mediante el empleo de un sistema de clasificación utilizado por quienes laboran en el campo de la salud mental, analizaremos los trastornos más significativos. Este capítulo también incluye una exposición sobre la manera de evaluar el propio comportamiento para determinar si debe buscarse la ayuda de un profesional de la salud mental, en casos específicos.

- *¿Cómo podemos distinguir el comportamiento normal del anormal?*
- *¿Cuáles son los principales modelos de comportamiento anormal empleados por los especialistas en salud?*
- *¿Qué sistema de clasificación se utiliza para catalogar el comportamiento humano anormal?*

LO NORMAL FRENTE A LO ANORMAL: HACIENDO LA DISTINCIÓN

De manera universal se estima el acumen de aquella persona muy poco perceptiva referente a cualquier asunto considerado como más provechoso de estudiar por mortales dotados de sapiencia si ignora eso que es lo más alto en doctrina erudita y ciertamente por razón de ese elevado ornamento de la mente en ellos merecedor de veneración de manera constante cuando por consentimiento general afirman que en igualdad de las demás circunstancias por ningún esplendor exterior se asevera más eficazmente la prosperidad de una nación que por la medida de hasta qué punto haya progresado el tributo de su solicitud hacia esa proliferante continuación que de los males es el original si está ausente y si por fortuna presente constituye el signo seguro de la incorrupta benefacción de la omnipotente naturaleza.

Parece fácil concluir que estas palabras son los desvaríos de un loco. Al menos en un primer acercamiento este texto no tiene sentido alguno. Pero los profesores de literatura estarían en desacuerdo con dicha opinión. En realidad, este pasaje fue extraído de la novela clásica de James Joyce, *Ulises*, obra que ha sido celebrada como una de las creaciones literarias más importantes del siglo xx.*

Este ejemplo demuestra que analizar cómo escribe una persona no es suficiente para determinar su grado de "normalidad". Pero incluso cuando consideramos muestras más amplias del comportamiento de una persona, nos percatamos que la división entre lo que se considera normal y lo anormal puede resultar muy difusa.

Definición de anormalidad

La dificultad que implica establecer una distinción clara entre lo normal y lo anormal ha inspirado enfoques diversos que buscan lograr una definición precisa y científica del "comportamiento anormal". A lo largo de los años, estos enfoques se modificaron en forma considerable. Por ejemplo, consideremos las siguientes definiciones:

¿Era anormal Yigal Amir, el asesino del primer ministro israelita Yitzhak Rabin, de acuerdo con las diferentes definiciones psicológicas?

---

* Artemisa, México, 1985. Col. Literatura Contemporánea, Seix Barral, núm. 24. Traducción de José María Valverde.

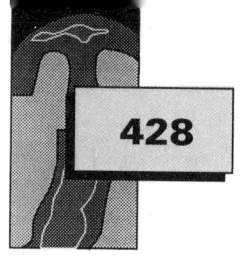

■ *Desviación de la media.* Este enfoque, quizás el más conocido, ve a la anormalidad como una desviación de la media; se trata de una definición estadística. Para determinar la anormalidad sólo debemos observar los comportamientos extraños o poco frecuentes en una sociedad o cultura determinada y catalogar estas desviaciones de la norma como anormales.

Aunque esta definición pueda ser adecuada en algunos casos, su desventaja radica en que algunos comportamientos considerados raros en términos estadísticos no pueden ser denominados anormales. Si la mayoría de las personas prefiere tomar jugo de naranja en el desayuno, pero usted prefiere el jugo de manzana, eso muy difícilmente implicará que su comportamiento sea anormal. De modo similar, semejante concepción consideraría anormal a una persona con un CI muy alto, por la simple razón de tratarse de una condición estadísticamente rara. Por tanto, una definición de la anormalidad que se base en la desviación de la media es insuficiente por sí misma.

■ *Desviación del ideal.* Otro enfoque encaminado a definir la anormalidad mide el comportamiento contra la norma que pretende lograr la mayoría de las personas: el ideal. Según esta definición, un comportamiento se considera anormal si éste se desvía lo suficiente algún tipo de ideal o normas culturales. Por desgracia esta definición ofrece aún más dificultades que la basada en la desviación de la media, puesto que la sociedad cuenta con muy pocos ideales aceptados por todos. Además, los ideales que llegan a existir tienden a cambiar con el paso del tiempo, lo cual resta validez a este enfoque de la anormalidad.

■ *La anormalidad como una forma de malestar subjetivo.* Debido a las desventajas implícitas en las definiciones de la anormalidad que se basan en la desviación de la media y en la desviación de los ideales, es preciso buscar enfoques más subjetivos. Una de las definiciones más útiles del comportamiento anormal, se centra en las consecuencias psicológicas que tiene el comportamiento para el propio individuo. En este enfoque, el comportamiento se considera anormal si genera un sentimiento de malestar, ansiedad o culpabilidad en el individuo, o si de alguna manera es perjudicial para los demás.

Pero incluso esta definición sustentada en el malestar subjetivo presenta ciertas desventajas, puesto que en algunas formas sumamente severas de perturbación mental, los sujetos manifiestan sentir euforia y enorme satisfacción, aunque su comportamiento le parezca extraño a los demás. Por tanto, puede existir un estado subjetivo de bienestar, sin importar que el comportamiento se incluya dentro de una esfera que la mayoría de las personas consideraría anormal. Esta discrepancia sugiere que una definición de la anormalidad que no considere la capacidad de las personas para desempeñarse en forma efectiva es inadecuada.

■ *La anormalidad como incapacidad para desempeñarse de manera efectiva.* La mayoría de las personas son capaces de alimentarse, conservar un empleo, convivir con los demás y, en términos generales, vivir como miembros productivos de la sociedad. Sin embargo, existen algunos que son incapaces de adaptarse a las exigencias de la sociedad o que no logran desempeñarse en forma efectiva.

De acuerdo con esta perspectiva, se considera anormales a quienes son incapaces de desempeñarse de forma efectiva y no logran adaptarse a las exigencias de la sociedad; por ejemplo, una mujer sin trabajo y que vive en la calle puede ser calificada como alguien que no se desempeña con efectividad. Por tanto, se puede considerar que su comportamiento es anormal, incluso si ella hubiese elegido vivir de ese modo. Según este enfoque, su incapacidad para adaptarse a las exigencias de la sociedad es lo que la hace "anormal".

■ *Definiciones legales de anormalidad.* De acuerdo con el jurado que escuchó su caso, Jeffery Dahmer, el asesino de una innumerable cantidad de personas, que posteriormente se suicidó, gozaba de una perfecta salud mental cuando mató a sus víctimas. Aunque usted podría cuestionar esta opinión, es un reflejo de la forma en que la ley define al comportamiento anormal. De acuerdo con la ley, la distinción entre comportamiento normal y anormal depende de la definición de "locura", el cual es un término legal, pero no psicológico. La definición varía de una jurisdicción a otra. En algunos estados de Estados Unidos la locura implica simplemente que el acusado no pueda entender la dife-

rencia entre el bien y el mal en el momento en que comete un acto criminal. En otros estados de ese país, una persona puede ser considerada "culpable, pero mentalmente trastornada", de ciertos crímenes, en lugar del más estricto "inocente por razones de locura". Otros estados más consideran el hecho de si los acusados están considerablemente confusos o son incapaces de controlarse por sí mismos. Y en tres estados —Idaho, Montana y Utah— no se permiten en absoluto los alegatos de locura. Es evidente que no hay una definición legal de locura que sea aceptada en general, lo que crea una situación judicial confusa (Simon y Aaronson, 1988).

Gradaciones del comportamiento anormal y normal: el trazo de la línea divisoria   Es evidente que ninguna de las definiciones anteriores es lo suficientemente amplia para abarcar todas las formas de comportamiento anormal. En consecuencia, la distinción entre comportamiento normal y anormal a menudo sigue siendo algo ambiguo, incluso para los expertos. Además, la clasificación de "comportamiento anormal" es influida en gran medida por las expectativas culturales de lo que se considera como comportamiento normal en una sociedad.

Tal vez la mejor forma de lidiar con estas imprecisiones sea ver a la normalidad y a la anormalidad como los dos extremos de un continuo en lugar de como estados absolutos. Como tales, el comportamiento deberá ser evaluado en función de gradaciones, que varían desde un funcionamiento por completo normal, a un comportamiento anormal extremo. Sin lugar a dudas, cualquier comportamiento se ubicará en algún punto entre estos dos extremos.

Modelos de anormalidad: de la superstición a la ciencia

Durante mucho tiempo, el comportamiento anormal fue vinculado a la superstición y la brujería. Las personas que manifestaban un comportamiento anormal eran acusadas de estar poseídas por el demonio o por alguna especie de dios maligno (Howells y Osborn, 1984). Las autoridades justificaban su método de "tratar" al comportamiento anormal con la argumentación de que intentaban expulsar la causa del problema. Esta operación solía implicar latigazos, inmersiones en agua caliente, ayunos y otras formas de tortura, por lo cual, generalmente, la terapia era peor que el padecimiento.

Los enfoques contemporáneos adoptan una postura mucho más racional. Al respecto, predominan seis perspectivas principales: el modelo médico, el psicoanalítico, el conductual, el cognitivo, el humanista y el sociocultural. Estos modelos no sólo sugieren distintas causas del comportamiento anormal, sino también —como expondremos en el siguiente capítulo— diversos enfoques terapéuticos. (El cuadro 12.1 resume los modelos y la forma en que pueden aplicarse al caso de Lori Schiller que se describió en el prólogo.)

Modelo médico   Cuando un individuo presenta los síntomas de la tuberculosis, lo más común es que se pueda localizar la bacteria de la tuberculosis en su tejido corporal. De modo similar, el **modelo médico de la anormalidad** sostiene que si un individuo muestra síntomas de comportamiento anormal, la causa debe encontrarse si se realiza un examen físico del individuo; ya sea un desequilibrio hormonal, una deficiencia química o una lesión cerebral. De hecho, cuando hablamos de "enfermedad" mental, de los "síntomas" del comportamiento anormal y de los "hospitales" psiquiátricos, estamos utilizando una terminología asociada con el modelo médico.

Debido a que muchas formas de comportamientos anormales han sido vinculadas con causas biológicas, el modelo médico es un enfoque razonable. Sin embargo, se han planteado serias críticas en su contra. Por una parte, existen muchas formas de comportamiento anormal en las que no se ha logrado identificar ninguna causa biológica. Además, algunos críticos sostienen que el empleo de la palabra "enfermedad" implica que las personas con comportamientos anormales no son responsables de sus acciones (Szasz, 1982, 1994).

Modelo médico de la anormalidad: sugiere que cuando un individuo muestra síntomas de comportamiento anormal, la causa es fisiológica.

CUADRO 12.1 Los modelos de transtorno psicológico: aplicaciones al caso de Lori Schiller

Considerando el caso de Lori Schiller, expuesto al comienzo del capítulo, podemos emplear cada uno de los diferentes modelos de comportamiento anormal. Se notará, sin embargo, que dada la naturaleza de su transtorno psicológico, algunos de los modelos son considerablemente más aplicables que otros.

Modelo	Descripción	Posible aplicación del modelo al caso de Schiller
Modelo médico	Sugiere que causas fisiológicas son el origen del comportamiento anormal	Examinar a Schiller en busca de problemas médicos, como un tumor cerebral, desequilibrio químico en el cerebro o enfermedad
Modelo psicoanalítico	El comportamiento anormal se deriva de conflictos infantiles	Buscar información sobre el pasado de Schiller; se considerarán los posibles conflictos infantiles
Modelo conductual	El comportamiento anormal es una respuesta aprendida	Concentrarse en las recompensas y castigos para el comportamiento de Schiller e identificar estímulos ambientales que refuercen su comportamiento
Modelo cognitivo	Asume que las cogniciones (pensamientos y creencias de las personas) son centrales en el comportamiento anormal	Enfocarse en las percepciones de Schiller sobre sí misma y su entorno
Modelo humanista	Enfatiza el control y la responsabilidad de las personas sobre su propio comportamiento	Considerar el comportamiento de Schiller en función de las opciones que ha elegido en forma libre
Modelo sociocultural	Asume que el comportamiento es moldeado por la familia, la sociedad y la cultura	Enfocarse en la forma en que las demandas sociales contribuyeron en el trastorno de Schiller

---

Aun así, avances recientes en nuestra comprensión de las bases biológicas del comportamiento apoyan la importancia de considerar los factores fisiológicos en el comportamiento anormal. Por ejemplo, más adelante en el capítulo veremos que algunas de las formas más graves de perturbación psicológica son el resultado de factores genéticos o del funcionamiento defectuoso en la transmisión de neurotransmisores (Resnick, 1992; Brunner, Nelen, Breakefield, Ropers y van Oost, 1993).

Modelo psicoanalítico   En tanto que el modelo médico afirma que las causas biológicas se encuentran en la raíz del comportamiento anormal, el **modelo psicoanalítico de la anormalidad** sostiene que el comportamiento anormal proviene de conflictos de la infancia que surgen como consecuencia de deseos contrapuestos vinculados al sexo y la agresividad. Como se estudió en el capítulo 11, Freud creía que los niños atraviesan por una serie de etapas en donde los impulsos sexuales y agresivos asumen distintas formas y estimulan conflictos que precisan de solución. Si estos conflictos de la infancia no son resueltos con éxito, permanecen sin resolverse en el inconsciente y dan lugar, por último, a comportamiento anormal en la edad adulta.

Para comprender las raíces del comportamiento desordenado de una persona, el modelo psicoanalítico estudia con detalle los episodios de los primeros años de vida de dicho individuo. Sin embargo, puesto que no hay un modo concluyente de relacionar las experiencias infantiles de las personas con su comportamiento anormal en la edad adulta, nunca

Modelo psicoanalítico de la anormalidad: sugiere que la anormalidad proviene de conflictos en la infancia que surgen de deseos contrapuestos vinculados al sexo y la agresión

podremos estar seguros de que los mecanismos que propone la teoría psicoanalítica sean exactos. Además, esta teoría sugiere que las personas tienen un control muy escaso sobre su comportamiento en virtud de que está guiado por impulsos inconscientes.

Por otra parte, las contribuciones de la teoría psicoanalítica han sido muy significativas. Más que cualquier otro enfoque del comportamiento anormal, este modelo hace hincapié en que las personas pueden tener una vida interior rica y profunda, y que las experiencias previas pueden tener un efecto muy importante en el desempeño psicológico posterior.

Modelo conductual   El modelo médico así como el modelo psicoanalítico conciben a los comportamientos anormales como *síntomas* de algún problema subyacente. En contraste, el **modelo conductual de la anormalidad** concibe al comportamiento mismo como el problema. Mediante la aplicación de los principios del aprendizaje que revisamos en el capítulo 5, los teóricos conductuales ven al comportamiento anormal y normal como respuestas a un conjunto de estímulos; respuestas que han sido aprendidas en experiencias anteriores y que en el presente son determinadas por los estímulos que se encuentran en el entorno. Para explicar por qué ocurre el comportamiento anormal se debe analizar cómo se aprendió, y observar las circunstancias en las que se manifiesta.

La importancia otorgada al comportamiento observable representa la mayor ventaja así como la desventaja más seria del enfoque conductual del comportamiento anormal. Debido a su énfasis en el presente, este enfoque es el más preciso y objetivo para examinar las manifestaciones del comportamiento anormal. En lugar de plantear hipótesis acerca de mecanismos complejos, subyacentes e inobservables para explicar el comportamiento anormal, los teóricos conductuales se centran en el comportamiento inmediato. Sin embargo, al mismo tiempo los críticos señalan que este enfoque ignora el rico mundo interior de pensamientos, actitudes y emociones que pueden contribuir al comportamiento anormal.

Modelo cognitivo   Los modelos médico, psicoanalítico y conductual asumen que el comportamiento de las personas se debe a causas que en gran medida están más allá de su control. Para muchos críticos, sin embargo, no se deben ignorar los pensamientos de las personas.

Como respuesta a esta preocupación, en la actualidad algunos psicólogos emplean el **modelo cognitivo de la anormalidad**. En lugar de considerar sólo el comportamiento externo, como lo hacen los enfoques tradicionales, el modelo *cognitivo* supone que las cogniciones (las creencias y los pensamientos) son de importancia vital para explicar el comportamiento anormal. Uno de los principales propósitos del tratamiento que usa el modelo cognitivo es enseñar de manera explícita nuevas formas de pensar más adaptativas.

Por ejemplo, un estudiante que dice, como resultado de una cognición errónea, "este examen es vital para mi futuro" siempre que va a presentar un examen, podría ser conducido a través de la terapia a tener el siguiente pensamiento más realista: "mi futuro entero no depende de este examen particular". Al cambiar de esta manera las cogniciones, los psicólogos que trabajan dentro de un marco cognitivo buscan proporcionarle a las personas los medios para autoliberarse de pensamientos y comportamientos desadaptativos.

Modelo humanista   Los psicólogos que se apoyan en el **modelo humanista de la anormalidad** destacan el control y la responsabilidad que tienen las personas sobre su propio comportamiento, incluso cuando éste es anormal. Este modelo está centrado en lo que es específicamente humano; concibe a las personas como fundamentalmente racionales, orientadas hacia un mundo social y motivadas para relacionarse bien con los demás (Rogers, 1980).

Los enfoques humanistas están centrados en la relación del individuo con la sociedad, y consideran las formas en que las personas se ven a sí mismas con relación a los demás y el modo en que ven su lugar en el mundo. Las personas se perciben como poseedoras de una conciencia de la vida y de sí mismas, por lo cual buscan sentido y valía personal. En lugar de suponer la necesidad de una "cura", el modelo humanista

Modelo conductual de la anormalidad: sostiene que el comportamiento anormal en sí mismo es el problema que se debe tratar, en lugar de concebir al comportamiento como síntoma de algún problema médico o psicológico subyacente

Modelo cognitivo de la anormalidad: sugiere que los pensamientos y las creencias son un componente central del comportamiento anormal

Modelo humanista de la anormalidad: sostiene que las personas son fundamentalmente racionales y que deberían fijar sus propios límites acerca de lo que constituye el comportamiento adecuado

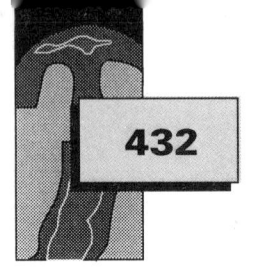

sugiere que los individuos pueden fijar sus propios límites acerca de lo que debe constituir el comportamiento adecuado. Siempre y cuando no provoquen daño a los demás, ni sientan angustia personal, los individuos deben tener libertad para elegir el comportamiento que mejor les satisfaga.

Aunque el modelo humanista ha sido criticado porque se basa en información que no es verificable ni científica, y por sus formulaciones vagas y casi filosóficas, ofrece una perspectiva distintiva del comportamiento anormal. El modelo humanista enfatiza los aspectos únicos del ser humano y propone diversas sugerencias de importancia para ayudar a quienes padecen de dificultades psicológicas.

Modelo sociocultural de la anormalidad: sugiere que el comportamiento de las personas, el normal y el anormal, es determinado por la familia, la sociedad y las influencias culturales

Modelo sociocultural   El **modelo sociocultural de la anormalidad** asume que el comportamiento de las personas —el normal y el anormal— está moldeado por el tipo de grupo familiar, sociedad y cultura en los que viven. Según esta perspectiva, la diversidad de relaciones que se entablan con los demás puede favorecer la propensión hacia comportamientos anormales e incluso provocar su aparición. En consecuencia, la diversidad de tensiones y conflictos que experimentan las personas en su entorno como parte de sus interacciones diarias con los demás puede propiciar la aparición y el mantenimiento del comportamiento anormal.

El apoyo para la hipótesis de que los factores socioculturales determinan el comportamiento anormal proviene de las estadísticas que muestran que algunos tipos de comportamiento anormal son mucho más frecuentes en determinadas clases sociales que en otras. Por ejemplo, los diagnósticos de esquizofrenia tienden a ser más frecuentes entre los miembros de las clases socioeconómicas bajas que entre los miembros de clases sociales más privilegiadas. Más individuos afroamericanos son hospitalizados por medio de la fuerza, en proporción, que los de raza blanca como consecuencia de trastornos psicológicos (Hollingshead y Redich, 1958; Keith, Regier y Rae, 1991).

LOS CAMINOS DE LA PSICOLOGÍA

Meryl Langbort

Educación: University of Miami, B.S. en negocios; programa de artes liberales en psicología de la Harvard University Graduate Extension
Hogar: Boston

Para Meryl Langbort la dirección hacia la psicología desde una educación en administración surgió en gran medida por un deseo de estar más implicada en los problemas sociales. En la actualidad es directora asociada de la Massachusetts Coalition for the Homeless; allí Langbort trabaja principalmente como defensora de los que carecen de hogar, y realiza labores de educación pública y concientización del público, así como recaudación de fondos. El puesto le permite utilizar no sólo sus antecedentes en negocios (ella obtuvo su licenciatura en administración), sino también su educación en el área de la psicología.

Meryl Langbort.

"Gran parte de nuestra labor de defensoría se enfoca a ayudar a que aquellos que tienen vivienda la conserven; es prevención en cuanto a la carencia de hogar", comentó. "Si las personas carecen de hogar trabajamos para permitirles regresar a una vivienda segura y costeable."

"Apoyo la necesidad de albergues, pero sólo como un enfoque a corto plazo. Un albergue no es un hogar. Tenemos que ver los problemas por los que se tiene a personas sin hogar, sobre todo por la carencia de una vivienda costeable."

Para Langbort, la carencia de hogar puede producir vínculos con el trastorno psicológico. "Pienso que es muy importante para todos nosotros estar arraigados y tener ciertos límites. Un hogar nos proporciona un refugio. Cuando careces de hogar no se te permite permanecer en un lugar, debes moverte y corres el riesgo de ser asaltado. A menudo no se dispone de sanitarios. No pasaría mucho tiempo antes de que las personas comenzaran a desembrollarse un poco bajo estas circunstancias", concluyó.

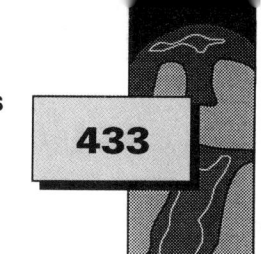

Las épocas de crisis económica tienden a estar relacionadas con disminuciones generales en el funcionamiento psicológico (Pines, 1981). Además, fenómenos sociales como la carencia de hogar han sido asociados con trastornos psicológicos (como se expone en el recuadro *Los caminos de la psicología*).

Al igual que con los otros modelos, la perspectiva sociocultural no cuenta con un apoyo total. Abundan las explicaciones alternas acerca de la relación entre comportamiento anormal y factores sociales. Por ejemplo, las personas pertenecientes a las clases bajas pueden tener menos propensión que los miembros de las clases privilegiadas a buscar ayuda antes de que sus síntomas alcancen cierta severidad y justifiquen un diagnóstico más grave (Gove, 1982). Además, las explicaciones socioculturales ofrecen de hecho poca ayuda en lo concerniente al tratamiento directo de las personas que muestran signos de perturbaciones mentales, puesto que centran su atención en factores sociales más generales.

Clasificación del comportamiento anormal: el ABC del *DSM*

Orate. Loco de remate. Zafado. Enfermo mental. Neurótico. Psicópata. Extraño. Demente. Raro. Poseído. Chiflado.

Desde siempre, la sociedad ha puesto etiquetas a quienes muestran un comportamiento anormal. Por desgracia, la mayoría de las veces tales denominaciones han reflejado intolerancia, y han sido empleadas sin establecer una significación clara de ellas.

Para los psicólogos, la elaboración de nombres adecuados y clasificaciones precisas para el comportamiento anormal ha representado un gran reto; no es difícil comprender por qué: debido a las dificultades que comentamos al diferenciar entre el comportamiento normal y el anormal. No obstante, son necesarias las clasificaciones para lograr describir y, en última instancia, diagnosticar el comportamiento anormal.

***DSM-IV*: determinación de distinciones diagnósticas** Con el paso de los años se ha usado gran cantidad de sistemas de clasificación, los cuales han variado con respecto a su utilidad y a su aceptación general por parte de los especialistas en salud mental. Sin embargo, en la actualidad ha surgido un sistema estandarizado que elaboró la Asociación Psiquiátrica Estadounidense, el cual es empleado por la mayoría de los especialistas para diagnosticar y clasificar el comportamiento anormal (APA, 1994). Este sistema se conoce como **Manual diagnóstico y estadístico de los trastornos mentales (cuarta edición) (DSM-IV)** —*Diagnostic and Statistical Manual of Mental Disorders*.

Publicado en 1994, el *DSM-IV* propone definiciones completas y relativamente precisas para más de 200 categorías diagnósticas diversas. Al apegarse a los criterios que presenta en este sistema, los encargados de la valoración pueden obtener una descripción clara del problema específico que experimenta una persona. (El cuadro 12.2 ofrece una breve muestra de las principales categorías diagnósticas.)

El *DSM-IV* evalúa el comportamiento con base en cinco dimensiones separadas, o *ejes*. Los tres primeros ejes valoran el trastorno primario: la naturaleza de cualquier problema de personalidad que haya perdurado por un largo periodo en los adultos, o cualquier problema de desarrollo en niños o adolescentes que tenga relevancia para el tratamiento, y cualquier otra enfermedad o trastorno físicos que puedan estar presentes también. Los otros dos ejes toman en cuenta consideraciones más amplias. Están centrados en la gravedad de los factores estresantes existentes y en el nivel general de funcionamiento de la persona a lo largo del año anterior en sus relaciones sociales, el trabajo y el uso que hace del tiempo libre.

Una característica notable del *DSM-IV* es que su diseño es principalmente descriptivo y no intenta sugerir nada con respecto a las causas subyacentes del comportamiento y los problemas de un individuo (Millon, 1991). Por lo tanto, el término "neurótico" —utilizado con mucha frecuencia por las personas para describir el comportamiento anormal— no aparece en las categorías del *DSM-IV*. La razón por la que se omite es que

Manual diagnóstico y estadístico de los trastornos mentales **(cuarta edición) *(DSM-IV)*:** presenta definiciones completas de más de 200 diversas categorías diagnósticas para identificar problemas y comportamientos

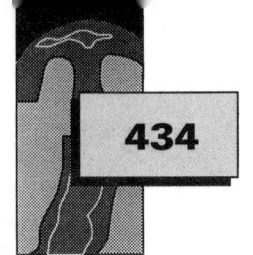

CUADRO 12.2	**Principales categorías diagnósticas del *DSM-IV***

El siguiente listado de trastornos, los cuales son presentados en el mismo orden en que se exponen en el texto, muestra las características principales del *DSM-IV*. Sólo se trata de un listado parcial de los más de 200 trastornos que se describen en el *DSM-IV*.

Trastornos de ansiedad (problemas en los que la ansiedad imposibilita el desempeño cotidiano)
    Subcategorías: trastorno de ansiedad generalizada, trastorno de pánico, fobias, trastorno obsesivo-compulsivo, trastorno de estrés postraumático

Trastornos somatoformes (complicaciones psicológicas manifiestas a través de problemas físicos)
    Subcategorías: hipocondriasis, trastorno de conversión.

Trastornos disociativos (división de partes importantes de la personalidad que suelen estar integradas)
    Subcategorías: trastorno disociativo de la identidad (personalidad múltiple), amnesia disociativa, fuga disociativa

Trastornos del estado de ánimo (sentimientos de euforia o depresión que son lo bastante fuertes como para afectar la vida cotidiana)
    Subcategorías: depresión mayor, trastorno bipolar

Esquizofrenia (problemas de desempeño, perturbaciones del lenguaje y el pensamiento, trastornos de percepción, perturbaciones emocionales y aislamiento de los demás)
    Subcategorías: desorganizada, paranoica, catatónica, indiferenciada, residual

Trastornos de la personalidad (problemas que generan poco malestar personal, pero que conducen a una incapacidad para desempeñarse como miembros normales de la sociedad)
    Subcategorías: trastorno antisocial de la personalidad (sociopatía), trastorno narcisista de la personalidad

Trastornos sexuales (problemas relacionados con la excitación a partir de objetos extraños, o problemas vinculados con el desempeño sexual)
    Subcategorías: parafilias, disfunción sexual

Trastornos relacionados con el uso de sustancias (problemas relacionados con el consumo y la dependencia a las drogas)
    Subcategorías: alcohol, cocaína, alucinógenos, marihuana

Delirio, demencia, amnesia y otros trastornos cognitivos

---

el vocablo "neurótico" proviene en forma directa de la teoría freudiana de la personalidad (véase el capítulo 11). Debido a que se refiere a problemas asociados con una causa y un enfoque teórico específicos, la neurosis ya no aparece como una de las categorías del manual.

El *DSM-IV* tiene entonces la ventaja de proporcionar un sistema descriptivo que no especifica la causa o razón que subyace al problema. En lugar de ello, se limita a trazar una imagen del comportamiento específico que está manifestándose. ¿Por qué es importante que sea así? Por una parte, facilita la comunicación entre los especialistas en salud mental con distintos antecedentes y enfoques. Además, la clasificación precisa permite a los investigadores avanzar y explorar las causas de un problema. Si las manifestaciones de un comportamiento anormal no se pueden describir en forma confiable, los investigadores estarán presionados a descubrir métodos de estudio para el trastorno. Por último, el *DSM-IV* ofrece una especie de código breve mediante el cual los especialistas pueden describir los comportamientos que tienden a ocurrir en forma conjunta en un individuo (Widiger, Frances, Pincus y Danis, 1990).

Preocupaciones por la clasificación   Como cualquier sistema de clasificación, el *DSM-IV* tiene sus desventajas. Por ejemplo, los críticos lo cuestionan por basarse demasiado en el modelo médico de los trastornos psicológicos. Debido a que fueron psiquiatras —que son médicos— quienes lo elaboraron, algunos lo condenan por concebir al comportamiento anormal fundamentalmente como síntomas de algún transtorno fisiológico subyacente. Además, otros críticos sugieren que el *DSM-IV* encasilla a las personas en categorías inflexibles y que sería más razonable utilizar un sistema que las clasificara con base en gradaciones.

Otras cuestiones suscitadas por el enfoque del manual son más sutiles, pero revisten igual importancia. Por ejemplo, algunos críticos afirman que clasificar a un individuo como anormal genera un estigma que perdura a lo largo de toda su vida y que es deshumanizante. Además, después de que se realiza un diagnóstico inicial es posible que los especialistas en salud mental no consideren otras posibilidades de diagnóstico, sino que se centren por completo en la primera categoría diagnóstica (Szasz, 1961, 1994; Kirk, 1992).

Un experimento realizado en la década de 1970, que se ha convertido en un clásico, ilustró la noción de que las categorías diagnósticas ofrecen clasificaciones muy rígidas (Rosenhan, 1973). En un estudio, Rosenhan y siete de sus colegas se presentaron ante las puertas de distintos hospitales psiquiátricos de Estados Unidos y solicitaron su ingreso. La razón que dio cada uno de ellos fue la de que oían voces: "voces poco claras" que decían "vacío", "hueco" y "sordo". Además de cambiar sus nombres y ocupaciones, *todo* lo demás que hacían y decían era representativo de su comportamiento verdadero, incluyendo las respuestas que dieron durante las largas entrevistas de admisión y en las baterías de pruebas que se les pidió realizar. De hecho, en cuanto los admitieron, dijeron que ya no oían voces. En resumen, cada uno de los seudopacientes se comportaba de modo "normal".

Podría suponerse que Rosenhan y sus colaboradores fueron descubiertos rápidamente en su farsa, pero no fue así. A cada uno de ellos se le formuló un diagnóstico de severa anormalidad con base en el comportamiento observado. A la mayoría se le diagnosticó esquizofrenia y se le mantuvo en el hospital entre tres y 52 días. El tiempo promedio de permanencia en el hospital ascendió a 19 días. En la mayoría de los casos, no se les permitió salir sin la ayuda de personas ajenas al hospital. Incluso cuando se les dejó partir, casi todos los pacientes abandonaron el hospital con una leyenda en su expediente que decía "esquizofrenia en remisión", lo cual implica que el comportamiento anormal sólo había cedido en forma temporal y que en cualquier momento podía volver a producirse. Lo que resulta más preocupante fue que ninguno de los seudopacientes fue identificado como impostor por el personal de los hospitales. En conclusión, clasificar a las personas influye muy poderosamente sobre la forma en que son percibidas e interpretadas sus acciones.

Aun así, a pesar de las desventajas inherentes en cualquier sistema de clasificación, el *DSM-IV* ha tenido una influencia muy importante en la forma en que los especialistas en salud mental abordan los trastornos psicológicos. Ha aumentado la confiabilidad así como la validez de la categorización diagnóstica. Además, nos proporciona un método lógico para organizar nuestro examen de los tipos más importantes de transtorno mental, que veremos a continuación.

RECAPITULACIÓN Y REVISIÓN

Recapitulación

- Las definiciones de anormalidad incluyen las que se basan en la desviación de la media; la desviación del ideal; las consecuencias psicológicas del comportamiento para el individuo en cuestión; la capacidad del individuo para desempeñarse en forma efectiva y adaptarse como miembro de la sociedad, y las definiciones legales.
- El comportamiento normal y el anormal se pueden concebir mejor como gradaciones, que van desde el funcionamiento normal por completo hasta el comportamiento anormal extremo.
- En la actualidad hay seis modelos que buscan explicar la anormalidad: el médico, el psicoanalítico, el conductual, el cognitivo, el humanista y el sociocultural.
- El *Manual diagnóstico y estadístico de los trastornos mentales (cuarta edición) (DSM-IV)* proporciona una descripción de más de 200 categorías diagnósticas distintas de los trastornos psicológicos.

Revisión

1. Es un problema que se presenta para definir el comportamiento anormal:
   a. El comportamiento anormal en términos estadísticos bien puede no ser anormal
   b. No todas las anormalidades están acompañadas por sensaciones de malestar
   c. Los parámetros culturales son demasiado generales como para servir de herramientas de medición
   d. Todos los anteriores

2. De acuerdo con la definición de anormalidad como experimentación de malestar subjetivo u origen de daño para los demás, ¿cuál de las siguientes personas es la que con mayor probabilidad requiere tratamiento?
   a. Un ejecutivo que tiene miedo de aceptar un ascenso que implicaría cambiarse de su oficina en la planta baja hasta el último piso de un edificio de oficinas muy alto.

b. Una mujer que renuncia a su trabajo y decide vivir en la calle.

c. Un hombre que cree que un extraterrestre amistoso visita su casa todos los martes.

d. Un fotógrafo que vive con 19 gatos en un departamento pequeño.

3. La madre de Virginia cree que el comportamiento de ésta es a todas luces anormal, puesto que a pesar de que le ofrecieron admitirla en la escuela de medicina, ella decidió ser mesera. ¿Qué enfoque está utilizando la madre de Virginia para definir el comportamiento anormal?

4. ¿Cuál de los argumentos siguientes representa una seria objeción al modelo médico?

a. Las anormalidades fisiológicas son casi siempre imposibles de identificar en la práctica

b. No existe una forma concluyente en que se pueda enlazar la experiencia pasada con el comportamiento actual

c. El modelo médico se apoya demasiado en los efectos de la nutrición

d. Asignar determinado comportamiento a un problema físico exime de responsabilidad al sujeto

5. Gabriela es excesivamente tímida. Según el modelo conductual, la mejor forma para tratar su comportamiento "anormal" consiste en:

a. Tratar el problema físico subyacente

b. Emplear los principios de la teoría del aprendizaje para modificar su comportamiento de timidez

c. Expresarle mucho afecto

d. Descubrir sus experiencias negativas del pasado por medio de la hipnosis.

6. Imagine que un conocido suyo fue arrestado recientemente por robar una corbata con valor de 60 pesos. Explique en forma breve este comportamiento con base en *cada uno* de los siguientes modelos:

a. El modelo médico

b. El modelo psicoanalítico

c. El modelo conductual

d. El modelo cognitivo

e. El modelo humanista

f. El modelo sociocultural

7. El *DSM-IV* pretende en igual forma describir los trastornos psicológicos y sugerir sus causas subyacentes. ¿Cierto o falso?

Pregúntese a sí mismo

¿Está usted de acuerdo o en desacuerdo en que el *DSM* sea actualizado cada cierto número de años? ¿Qué hace tan variable al comportamiento anormal? ¿Por qué no puede haber una definición del comportamiento anormal que sea invariable?

(Las respuestas a las preguntas de la revisión aparecen en la página 438.)

• *¿Cuáles son los principales trastornos psicológicos?*

LOS PRINCIPALES TRASTORNOS

Sally experimentó en forma súbita su primer ataque de pánico, tres semanas después de terminar su último año en la universidad. Acababa de terminar una entrevista de trabajo y se había reunido con algunas amigas para cenar. En el restaurante, comenzó a sentirse mareada. En unos cuantos segundos su corazón estaba latiendo con fuerza y sentía que le faltaba la respiración, como si se fuera a desmayar. Sus amigas notaron que no se veía bien y le propusieron llevarla a su casa. Sally sugirió que mejor se dirigieran a la sala de urgencias del hospital. Aunque mejoró en el trayecto al hospital y los análisis no indicaron algo malo, Sally experimentó un episodio parecido una semana más tarde mientras estaba en el cine…

Sus ataques se volvieron cada vez más frecuentes. Al poco tiempo experimentó varios ataques por semana. Además, en forma constante se preocupaba por la posibilidad de más ataques. Comenzó a evitar el ejercicio y otras actividades que producían sensaciones físicas. Notó también que los ataques eran peores cuando estaba sola. Comenzó a evitar conducir, comprar en tiendas grandes y comer en todos los restaurantes. Algunas semanas evitaba salir de su casa por completo. Sally dejó de buscar trabajo; temía ser incapaz de permanecer en su trabajo en caso de un ataque de pánico (Antony, Brown y Barlow, 1992, p. 79).

El diagnóstico: Sally sufría de una de las formas importantes de perturbación psicológica, conocida como trastorno de ansiedad.

Los trastornos de ansiedad representan sólo una de varias formas importantes de comportamiento anormal que consideraremos más adelante. Debe tenerse presente que nos centraremos en aquellos trastornos que son más comunes, graves o perjudiciales para el funcionamiento cotidiano; han sido identificados muchos otros tipos de trastornos. También es importante decir que, aunque se expondrán estas perturbaciones de una manera desapasionada, cada una representa un conjunto muy humano de dificultades que influyen, y en algunos casos causan estragos considerables, en las vidas de las personas.

Trastornos de ansiedad

Cada uno de nosotros, en un momento u otro, ha experimentado *ansiedad*, un sentimiento de aprehensión o de tensión, ante situaciones de estrés. Esta forma de ansiedad no representa nada "malo"; en alguna medida, todo el mundo la experimenta y por lo general es una reacción ante el estrés, que ayuda, más que perjudicar, nuestro funcionamiento diario. Por ejemplo, sin ansiedad la mayoría de nosotros careceríamos de la motivación necesaria para estudiar con determinación, para realizar exámenes físicos o para trabajar con intensidad en nuestros empleos.

Sin embargo, algunas personas experimentan ansiedad en situaciones en las que no existe ninguna razón o causa externa. Cuando se produce ansiedad sin justificación externa y comienza a entorpecer el desempeño cotidiano de las personas, se considera que hay un problema psicológico que se denomina **trastorno de ansiedad**. Hay cuatro clases principales de trastornos de ansiedad: el trastorno de ansiedad generalizada, el trastorno de pánico, las fobias y el trastorno obsesivo-compulsivo.

Trastorno de ansiedad generalizada Como su nombre lo implica, el **trastorno de ansiedad generalizada** se refiere a la situación en la que el individuo experimenta una ansiedad constante y a largo plazo, sin saber su causa. Estas personas tienen miedo de *algo*, pero son incapaces de explicar de qué se trata. Debido a su ansiedad no pueden desempeñarse en forma normal. No logran concentrarse, no pueden apartar sus temores y sus vidas empiezan a girar en torno a la ansiedad. Esta forma de ansiedad puede, al final, producir problemas fisiológicos. Por la mayor tensión muscular y gran excitación, las personas que padecen del trastorno de ansiedad generalizada pueden comenzar a sufrir dolores de cabeza, mareos, palpitaciones cardiacas o insomnio.

Trastorno de pánico En otra forma de trastorno de ansiedad, el **trastorno de pánico**, ocurren *ataques de pánico* que pueden durar desde unos cuantos segundos hasta varias horas. Durante uno de estos ataques, como los que experimentaba Sally en el caso descrito antes, la ansiedad que una persona ha sufrido en forma crónica se eleva al máximo en forma súbita y el individuo tiene la sensación de que le sucederá un mal inminente e inevitable. Aunque los síntomas difieren de una persona a otra, son comunes las palpitaciones cardiacas, falta de aliento, sudoración exagerada, desmayos y mareos, un intenso deseo de orinar, sensaciones gástricas y —en los casos extremos— una sensación de muerte inminente. Después de uno de estos ataques no es sorprendente el hecho de que las personas se sientan exhaustas (Baker, 1989; Antony, Brown y Barlow, 1992).

Transtorno fóbico Claustrofobia. Acrofobia. Xenofobia. Estos términos parecen ser los nombres de personajes de una tragedia griega, pero son denominaciones de una clase de trastornos psicológicos conocidos como fobias. Las **fobias** son miedos intensos e irracionales hacia objetos o situaciones específicas. Por ejemplo, la claustrofobia es el miedo a los sitios cerrados; la acrofobia es el miedo a los lugares altos; la xenofobia es el miedo a la gente extraña. Aunque el peligro real que plantea un estímulo generador de ansiedad (que puede ser prácticamente cualquier cosa, como se muestra en la lista que aparece en el cuadro 12.3) suele ser menor o inexistente, para el que sufre de la fobia representa un peligro grave y es posible que inmediatamente después de la exposición al estímulo se produzca un ataque de pánico completo. Los trastornos fóbicos difieren de los trastornos de ansiedad generalizada y de los trastornos de pánico en que en las fobias hay un estímulo específico e identificable que produce la reacción de ansiedad.

Trastorno de ansiedad: aparición de ansiedad sin una causa externa evidente y que entorpece el desempeño cotidiano

Trastorno de ansiedad generalizada: ansiedad durante largos periodos sin explicación alguna

Trastorno de pánico: ansiedad que se manifiesta por ataques de pánico que duran desde unos cuantos segundos hasta varias horas

Fobias: temores intensos e irracionales que son producidos por objetos o situaciones específicos

Las fobias pueden tener un efecto mínimo en la vida de los que las padecen si éstos logran evitar los estímulos que las producen. Por ejemplo, sólo si uno es bombero o equilibrista, el miedo a la altura puede tener un efecto mínimo en nuestra vida cotidiana. Por otra parte, el miedo a los extraños plantea un problema más grave. En un caso extremo, una ama de casa de Washington salió de su hogar solamente tres veces en un periodo de 30 años: una vez para visitar a su familia, otra para someterse a una operación y la última para comprar helado para un compañero moribundo (Adler, 1984).

Trastorno obsesivo-compulsivo: se caracteriza por obsesiones y compulsiones

Obsesión: pensamiento o idea que recurre

Trastorno obsesivo-compulsivo Los individuos que padecen el **trastorno obsesivo-compulsivo** son asaltados por pensamientos no deseados, denominados obsesiones, o sienten que deben realizar ciertas acciones en contra de su voluntad, denominadas compulsiones.

Una **obsesión** es un pensamiento o una idea de carácter recurrente en la mente del sujeto. Por ejemplo, un estudiante puede ser incapaz de apartar de su mente la idea de que no escribió su nombre en un examen, y es probable que piense en ello en forma constante durante las dos semanas que transcurren antes de que le sea devuelto. Un hombre que ha salido de viaje puede preguntarse todo el tiempo si dejó su casa cerrada con llave. Una mujer escucha en su mente una y otra vez la misma melodía. Cada uno de estos casos representa un pensamiento o idea que es indeseable y difícil de apartar de la mente. Es obvio que muchos de nosotros, en ciertas ocasiones, padecemos de obsesiones leves, pero esos pensamientos persisten sólo por periodos breves. Sin embargo, en las personas con obsesiones graves los pensamientos persisten a lo largo de días o meses y éstos pueden ser imágenes extrañas y perturbadoras. En un caso clásico de obsesión, la paciente se quejó de tener pensamientos "terribles":

CUADRO 12.3 El nombre correcto de los miedos

Fobia	Estímulo	Fobia	Estímulo
Acrofobia	Alturas	Herpetofobia	Reptiles
Aerofobia	Volar	Hidrofobia	Agua
Agorafobia	Espacios abiertos	Microfobia	Gérmenes
Ailurifobia	Gatos	Murofobia	Ratones
Amaxofobia	Vehículos, conducir	Misofobia	Mugre o gérmenes
Antofobia	Flores	Numerofobia	Números
Antrofobia	Gente	Nictofobia	Oscuridad
Acuarofobia	Agua	Oclofobia	Multitudes
Aracnofobia	Arañas	Ofidiofobia	Serpientes
Astrafobia	Relámpagos	Ornitofobia	Aves
Brontofobia	Truenos	Fonofobia	Hablar en voz alta
Claustrofobia	Espacios cerrados	Pirofobia	Fuego
Cinofobia	Perros	Tanatofobia	Muerte
Dementofobia	Locura	Tricofobia	Cabellos
Gefirofobia	Puentes	Xenofobia	Extraños

RESPUESTAS A LA REVISIÓN ANTERIOR

1. d **2.** a **3.** Desviación del ideal **4.** d **5.** b **6.** Las respuestas posibles, que pueden variar, incluyen las siguientes: **a)** Puede existir un problema fisiológico que provoca un comportamiento irresponsable del sujeto. **b)** Conflictos de la niñez sin resolver provocan el comportamiento en cuestión. **c)** En el pasado disfrutó de la recompensa inmediata derivada del robo. **d)** Tiene cogniciones inexactas acerca de la aceptabilidad de robar. **e)** El robo constituye un intento por "descubrirse" a sí mismo. **f)** El robo fue provocado por dificultades económicas **7.** Falso; el *DSM-IV* pretende ser sólo descriptivo

Cuando recordaba a su novio, deseaba que muriera; cuando su madre bajaba las escaleras, "deseaba que cayera y se rompiera el cuello"; cuando su hermana le hablaba acerca de ir a la playa con su bebita, la paciente "esperaba que ambas se ahogaran". Estos pensamientos "me vuelven histérica. A ellos los amo; ¿por qué habría de desear que les sucediera cosas tan terribles? Me encoleriza, hace que me sienta loca y que no soy parte de la sociedad" (Kraines, 1948, p. 199).

Como parte del trastorno obsesivo-compulsivo las personas pueden experimentar **compulsiones**, es decir, la necesidad que tienen de realizar repetidas veces un acto que parece extraño e irracional, incluso para ellas. Sin importar cual sea el comportamiento compulsivo, las personas experimentan una ansiedad enorme si están impedidas de realizarlo, incluso si se trata de una práctica que desean abandonar. Los actos implicados pueden ser triviales, como revisar la estufa repetidas veces para asegurarse de que las hornillas están apagadas; o tal vez más extraños, como una necesidad constante de lavarse (Rachman y Hodgson, 1980). Por ejemplo, considere el siguiente informe del caso de una mujer de 27 años de edad que presentaba una forma del transtorno traducida en todo un ritual de limpieza:

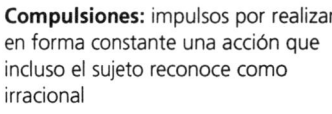

Compulsiones: impulsos por realizar en forma constante una acción que incluso el sujeto reconoce como irracional

Con la ejecución de una secuencia preestablecida, Bess primero se desvestía. Colocaba cada una de sus prendas en lugares específicos de la cama y examinaba cada una de ellas para encontrar cualquier indicio de "contaminación". Después tallaba íntegramente su cuerpo; empezaba por los pies y avanzaba en forma meticulosa hasta la parte superior de la cabeza, empleando determinados estropajos para partes específicas del cuerpo. Cualquier prenda de vestir que tuviera la apariencia de haber sido "contaminada" era depositada en el cuarto de lavado. Colocaba ropa limpia en los lugares vacíos. Después se vestía en orden inverso al que había seguido para quitarse la ropa. Si se producía cualquier desviación en este orden o si Bess comenzaba a preocuparse pensando que había pasado por alto alguna prenda contaminada, repetía una vez más toda la secuencia. No era extraño que algunas noches hiciera esto unas cuatro o cinco veces seguidas (Meyer y Osborne, 1982, p. 156).

Por mala fortuna para los que experimentan el trastorno obsesivo-compulsivo, la realización de su ritual compulsivo produce poca o ninguna reducción de la ansiedad. Son personas que tienden a tener vidas repletas de una constante tensión incesante.

Causas de los trastornos de ansiedad Ningún mecanismo por sí solo explica la totalidad de los casos de los trastornos de ansiedad; cada uno de los modelos de comportamiento anormal expuesto con anterioridad tiene algo que decir acerca de sus causas. Sin

Cuando una persona padece el trastormo obsesivo compulsivo es asaltada por pensamientos no deseados y no los puede apartar de su mente durante horas, días, e incluso meses. (Tomado de McEntee, Eileen, *Comunicación oral*, 1996, p. 303. Reproducido con permiso.)

embargo, los modelos médico, conductual y cognitivo han logrado una influencia especial en el pensamiento de los psicólogos.

Los enfoques biológicos, derivados del modelo médico, han demostrado que los factores genéticos tienen alguna influencia en los trastornos de ansiedad. Por ejemplo, si en un par de gemelos idénticos uno de ellos padece de un trastorno de pánico, existe una posibilidad del 30% de que el otro también lo padezca (Torgersen, 1983). Otros estudios sugieren que ciertas deficiencias químicas del cerebro pueden producir algunos trastornos de ansiedad. De hecho, se ha encontrado niveles bajos de neurotransmisores, de los cuales hablamos en el capítulo 2, en sujetos que padecen el trastorno obsesivo-compulsivo (Gorman, Liebowitz, Fyer y Stein, 1989; Hoehn-Saric, 1993).

Los psicólogos que aplican el modelo conductual toman otro camino, con énfasis en los factores ambientales. Conciben la ansiedad como una respuesta aprendida ante el estrés. Por ejemplo, un perro muerde a una niña pequeña. La siguiente vez que ella ve un perro, se asusta y corre; alivia en este modo la ansiedad y, por tanto, refuerza el comportamiento de evitación. Después de varios encuentros con perros en los cuales su comportamiento de evitación recibe reforzamiento, es probable que desarrolle una verdadera fobia hacia los perros.

Por último, para el modelo cognitivo los trastornos de ansiedad se derivan de cogniciones imprecisas e inadecuadas acerca de las circunstancias del mundo de la persona afectada. Por ejemplo, las personas que sufren de trastornos de ansiedad pueden ver a un cachorrito como un feroz y salvaje mastín; o pueden anticipar con sus declaraciones un desastre aéreo cada vez que se encuentren cerca de un aeroplano. De acuerdo con la perspectiva cognitiva, la raíz de un trastorno de ansiedad está en el pensamiento erróneo de las personas acerca del mundo.

Trastornos somatoformes: cuando lo psicológico conduce a lo físico

La mayoría de nosotros conoce a personas que no dejan pasar mucho tiempo sin obsequiarnos un informe de sus problemas físicos más recientes; hasta un inocente "¿cómo estás?", trae como respuesta una larga lista de quejas. Las personas que siempre hacen informes de sus problemas físicos, que se preocupan en forma exagerada por su salud y que padecen de miedos poco realistas sobre enfermedades, pueden experimentar un problema que se denomina hipocondriasis. En la *hipocondriasis* se presenta un temor constante a la enfermedad, y las sensaciones físicas se interpretan en forma equívoca como señales de enfermedades. No es que se simulen los "síntomas"; los hipocondriacos experimentan los dolores y sufrimientos que toda persona con una vida activa puede presentar. Lo que los caracteriza es la interpretación errónea de estas sensaciones como si fueran síntomas de alguna enfermedad, a menudo ante una clara evidencia médica contraria (Costa y McCrae, 1985; Barsky, Cleary, Wyshak, Spitzer, Williams y Klernan, 1992).

Trastornos somatoformes: dificultades psicológicas que toman una forma física (somática)

La hipocondriasis sólo es un ejemplo del tipo de problemas denominados **trastornos somatoformes**, que son dificultades psicológicas que asumen alguna forma física (somática). Una persona que padece de un trastorno somatoforme es capaz de describir una sintomatología física, aunque no exista ningún problema físico subyacente o, si llegase a existir, el sujeto exagera en forma desmedida lo que cabría esperar del problema médico por sí mismo. Sólo después de que un examen médico descarta la posibilidad de dificultades fisiológicas es posible realizar el diagnóstico del trastorno somatoforme.

Trastorno de conversión: trastorno psicológico que implica perturbaciones físicas reales, como la incapacidad para hablar o mover los brazos

Otro importante trastorno somatoforme además de la hipocondriasis es el **trastorno de conversión**. A diferencia de aquélla, en la que no existe ningún problema físico, los trastornos de conversión implican una perturbación física real, como la incapacidad para utilizar algún órgano de los sentidos, o la imposibilidad total o parcial para mover un brazo o una pierna. La *causa* de semejante perturbación física es psicológica por completo. No existe una causa biológica que genere el problema. Algunos de los casos clásicos de Freud implicaban trastornos de conversión. Por ejemplo, cierto paciente de Freud de pronto no pudo utilizar uno de sus brazos, sin alguna causa fisiológica evidente. Más tarde, y de forma por igual repentina, recuperó su capacidad de movilidad.

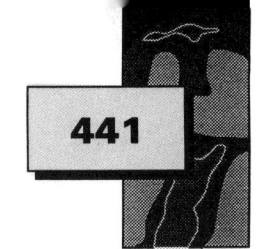

Los trastornos de conversión se caracterizan con frecuencia por su aparición súbita. El paciente despierta una mañana ciego o sordo, o experimenta un entumecimiento sólo en determinada parte del cuerpo. La mano, por ejemplo, puede entumecerse por completo, mientras que un área localizada sobre la muñeca —y que es controlada por los mismos nervios— conserva su sensibilidad al tacto en forma inexplicable. A esta anomalía se le denomina "anestesia de guante", puesto que el área entumecida corresponde a la que cubre un guante, y no a la región en que se conectan las vías nerviosas.

Una de las características más sorprendentes encontrada con frecuencia en personas que experimentan trastornos de conversión, es la falta de preocupación por síntomas que para la mayoría de las personas representarían grandes niveles de ansiedad (Ford y Folks, 1985). Por ejemplo, si despierta ciega, una persona con buena salud que padece este trastorno puede tomarlo con tranquilidad, como si nada hubiese sucedido. Si se piensa en cómo reaccionaría la mayoría de nosotros al despertar y encontrar que sufrimos tales circunstancias, ese comportamiento no parece apropiado.

Ocasionalmente, los trastornos de conversión se producen en forma masiva. En cierta ocasión, una quinta parte de los estudiantes de aviación del Instituto Médico Naval Aeroespacial de Estados Unidos comenzó a tener síntomas de visión borrosa, visión doble y puntos ciegos, así como problemas para enfocar la visión (Mucha y Reinhardt, 1970). Sin embargo, no fue posible identificar algún problema físico subyacente. Las investigaciones revelaron que los estudiantes sentían que la renuncia era una respuesta inaceptable ante el estrés que experimentaban; en lugar de renunciar desarrollaron respuestas físicas que les permitían evitar las exigencias del programa. Por tanto, su estrés fue aliviado por medio de un padecimiento físico que les permitía salvar la cara.

Los trastornos de conversión ocurren por lo general cuando el sujeto está bajo alguna especie de tensión emocional que se puede reducir mediante un síntoma físico. La anomalía física le permite a la persona escapar de la fuente de estrés, o por lo menos reducirla. De modo que un problema emocional se convierte en un padecimiento físico que sirve para aliviar la fuente del problema emocional original.

Trastornos disociativos

Los casos más célebres y dramáticos de problemas psicológicos (aunque de hecho son poco comunes) son los **trastornos disociativos**. La película *Las tres caras de Eva*, la novela *Sybil* (acerca de una joven con dieciséis personalidades), y los casos de personas que se encuentran deambulando por las calles sin tener idea de quiénes son o de dónde vienen, son ejemplos claros de este tipo de trastornos. El factor clave en este tipo de problemas es la división (o disociación) de partes muy importantes de la personalidad que suelen estar integradas y trabajar en conjunto. Esta ausencia de integración permite que ciertas partes de la personalidad eviten el estrés: debido a que así se puede hacer que sea enfrentado por otra parte de la personalidad. Mediante la disociación de partes importantes de su personalidad, las personas que padecen de este trastorno logran eliminar la ansiedad (Ross, Miller, Reagor, Bjornson, Fraser y Anderson, 1990).

Se ha logrado diferenciar tres tipos principales de trastornos disociativos: trastorno disociativo de identidad, amnesia disociativa, fuga disociativa. Una persona que padezca un **trastorno disociativo de identidad** o **personalidad múltiple**, muestra las características de dos o más personalidades distintas; cada una de ellas posee conjuntos específicos de gustos y preferencias, así como reacciones propias ante situaciones diversas. Algunas personas con personalidades múltiples incluso llevan consigo distintos pares de anteojos debido a que su visión cambia según su personalidad (Braun, 1985). Además, cada personalidad individual puede estar bien adaptada cuando se le considera por sí misma (Ross, 1989).

Está claro que el problema radica en que sólo se dispone de un cuerpo para las distintas personalidades, lo cual las obliga a tomar turnos. Debido a que pueden producirse grandes variaciones en la personalidad, el comportamiento de la persona —considerándosele en su conjunto— puede parecer muy inconsistente. Por ejemplo, en

Trastornos disociativos: disfunciones psicológicas que implican la desintegración de partes muy importantes de la personalidad que suelen estar integradas, lo cual permite evitar el estrés por medio del escape

Trastorno disociativo de la identidad o **personalidad múltiple:** consiste en que una persona muestra características de dos o más personalidades diferentes

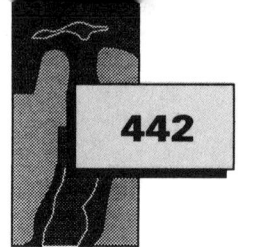
el célebre caso ilustrado en *Las tres caras de Eva*, la dócil y sutil Eva Blanca representaba un gran contraste ante la dominante y despreocupada Eva Negra (Sizemore, 1989).

Los reportes de personalidad múltiple han aumentado en forma dramática durante los últimos 15 años; más casos han sido reportados en un periodo de cinco años en la década de 1980 que en los 200 años anteriores (Putnam y cols., 1986). Como se expone en el recuadro *La psicología en acción*, la razón de este aumento sigue siendo un misterio y ha producido problemas legales sin precedente.

La **amnesia disociativa** es otro trastorno disociativo; consiste en la incapacidad para recordar las experiencias del pasado. Esta anomalía difiere de la simple amnesia, la cual, como dijimos en el capítulo 6, implica una pérdida real de información de la memoria, que suele ser el resultado de una causa fisiológica. Por el contrario, en los casos de amnesia disociativa el material "olvidado" permanece en la memoria, sólo que no se le puede recordar.

Amnesia disociativa: incapacidad para recordar experiencias que sucedieron en el pasado

---

LA PSICOLOGÍA EN ACCIÓN

¿Personalidad múltiple o fraude múltiple?

El hombre pasó a testificar portando un suéter rosa, una falda, tacones altos y uñas postizas. Ésta no era la primera vez que ocupaba el estrado en este juicio. De hecho, debido a que afirmaba tener 11 personalidades, ocho de las cuales sabían algo sobre el crimen en cuestión, el juez permitió que cada una de las personalidades atestiguara por separado. En su personalidad presente el hombre era una lesbiana prostituta. (Scott, 1994)

Este juicio en 1994 no era el primer caso en el que a una persona que afirmaba tener múltiples personalidades se le permitía atestiguar en el tribunal. De hecho, un testigo en un caso en Wisconsin testificó mientras tenía la personalidad de un perro.

Estos casos extraños ilustran algunos de los espinosos problemas legales que han surgido sólo en la última década al tratar con acusados y demandantes que pueden sufrir trastorno disociativo de la personalidad. Por ejemplo, si una de las personalidades de un individuo comete un crimen mientras las demás no se percatan de ello, ¿la persona es culpable o inocente? ¿Qué pasaría si una personalidad cumple con la definición legal de locura, pero las otras no? Cuando testifican, ¿debe tomarse juramento a cada personalidad en forma individual o con una vez basta?

Estas interrogantes han adquirido una importancia creciente debido al hecho de que cada vez más acusados criminales declaran que sufren de personalidades múltiples. Esto les permite alegar que no se les puede considerar responsables de crímenes cometidos cuando estaban bajo la influencia de una personalidad criminal alternativa. En algunos casos, sin embargo, tales afirmaciones son fabricadas. Por ejemplo, Kenneth Bianchi, *el Estrangulador de Hillside*, exhibió síntomas simulados de trastorno disociativo de la personalidad en un intento infructuoso para evitar su enjuiciamiento criminal (Orne, Dinges y Orne, 1984).

Sin embargo, en otros casos, la defensa ha tenido éxito. Uno de los primeros de éstos ocurrió en 1978, cuando un hombre fue declarado inocente por razones de locura en un juicio por la violación de cuatro mujeres. Declaró tener diez personalidades. Del mismo modo, considere el siguiente caso retorcido:

Mark Peterson, un empleado de abarrotes de 31 años de edad oriundo de Oshkosh, Wisconsin, [se defendió] a sí mismo en un tribunal en noviembre de 1990 contra un cargo de violación levantado contra él por Sarah, una mujer con trastorno de personalidad múltiple. Él conoció a "Franny", de 26 años de edad, en un bar y le pidió una cita. Franny le contó a Peterson sobre la alegre "Jennifer" de 20 años de edad, y él convocó a esta última y la invitó a tener relaciones sexuales con él. Durante la relación apareció "Emily" de 6 años; él le pidió a Jennifer que mantuviera lo sucedido en secreto para que no se enterara Sarah. Pero Franny y Emily le contaron a Sarah, quien presentó cargos contra él. Aunque el jurado resolvió que Peterson era culpable, el juez anuló el veredicto con base en que a la defensa no se le había permitido que Sarah fuera examinada por un psiquiatra antes del juicio. (Halgin y Whitbourne, 1994, p. 205)

Una gran parte de los problemas que surgen como consecuencia del manejo del trastorno disociativo de la identidad en los tribunales es que los expertos no pueden ponerse de acuerdo sobre la naturaleza precisa del trastorno. De hecho, hay poca comprensión de la causa del aumento de la frecuencia del trastorno. Aunque una explicación de este incremento es que las técnicas de diagnóstico se han vuelto más precisas, algunos psicólogos afirman que la publicidad que acompaña a casos muy conocidos como el de Sybil ha llevado a las personas a interpretar en forma creciente los síntomas psicológicos como signos de personalidad múltiple. A su vez, las personas pueden describir luego sus síntomas a los terapeutas en una manera que predispone a estos últimos a considerarlos como signos de trastorno de personalidad múltiple. En resumen, son las expectativas de las personas sobre lo que están experimentando lo que las lleva a comportarse en una forma que apoya esas expectativas (McHugh, 1993; Spanos, 1994).

Los especialistas no llegan a un acuerdo sobre cuál de estas dos explicaciones, bastante contradictorias, justifica el aumento en los casos de trastorno disociativo de la personalidad. Lo que es evidente es que conforme más personas reportan los síntomas del trastorno se está volviendo más difícil hacer diagnósticos precisos, lo que lleva a continuar con los problemas legales (North, Ryall, Wetzel y Ricci, 1993).

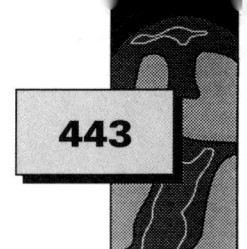
En representaciones más graves, las personas no pueden recordar sus nombres, reconocer a sus padres o a otros parientes y no conocen su dirección. Sin embargo, parecen normales con relación a otros asuntos. Además de su incapacidad para recordar determinados datos acerca de su persona, los individuos que sufren de este padecimiento pueden recordar las capacidades y habilidades que desarrollaron en el pasado. Por ejemplo, a pesar de que un cocinero sea incapaz de recordar dónde creció y aprendió su oficio, es posible que aún pueda preparar exquisitos platillos.

En ciertos casos de amnesia disociativa la pérdida de la memoria puede ser muy profunda. Por ejemplo, una mujer —a la que los rescatistas llamaron Jane Doe— fue encontrada por un policía forestal del estado de Florida a principios de la década de 1980. La mujer, delgada, de lenguaje incoherente y sólo vestida, en forma parcial, no podía recordar su nombre y su pasado; incluso había olvidado cómo leer y escribir. Tomando como referencia su acento, las autoridades sospecharon que la mujer provenía de Illinois; entrevistas que le fueron realizadas mientras se le aplicaban tranquilizantes revelaron que había tenido una educación católica. Sin embargo, los recuerdos de su infancia eran tal generales que no era posible determinar sus antecedentes con mayor precisión. En un esfuerzo desesperado por redescubrir su identidad, esta mujer apareció ante las cámaras de televisión, en el programa *Good Morning America;* como resultado una pareja de Roselle, Illinois, cuya hija se había mudado a Florida, afirmaron ser sus padres. No obstante, Jane Doe nunca recuperó su memoria (Carson, Butcher y Coleman, 1992).

Una forma menos común de amnesia es un estado que se denomina **fuga disociativa**. En dicho estado, las personas realizan un viaje súbito e impulsivo, a menudo adoptando una nueva identidad. Después de cierto periodo —que puede abarcar días, meses y en ocasiones años enteros— el individuo se da cuenta en forma repentina de que se encuentra en un sitio extraño y olvida por completo el tiempo que pasó errante. Los últimos recuerdos de la persona son los inmediatamente anteriores al inicio de su estado de fuga.

El factor común de los trastornos disociativos es que permiten escapar de algunas situaciones generadoras de ansiedad. O bien, el individuo produce una nueva personalidad para enfrentar el estrés, o la situación que provocó el estrés se olvida o se hace a un lado al tiempo que la persona se transporta hacia un ambiente nuevo, y tal vez con menor contenido de ansiedad (Spiegel y Cardena, 1991).

Fuga disociativa: condición amnésica en la cual las personas hacen viajes impulsivos súbitos; en forma conjunta a veces asumen una nueva identidad

RECAPITULACIÓN Y REVISIÓN

Recapitulación

- Los trastornos de ansiedad ocurren cuando ésta llega al grado de entorpecer el desempeño cotidiano de las personas.
- Los trastornos somatoformes son problemas psicológicos que toman una forma física.
- Los trastornos disociativos tienen lugar cuando se produce una división de las partes que normalmente integran la personalidad.

Revisión

1. A Catalina le causan terror los elevadores. Es posible que padezca
   a. Trastorno obsesivo-compulsivo
   b. Fobia
   c. Trastorno de pánico
   d. Trastorno de ansiedad generalizada
2. Carmen describió un incidente en el que su ansiedad llegó al máximo en forma repentina y tuvo la sensación de que le ocurriría un mal inevitable. Lo que experimentó fue un _____ _____.

3. A los pensamientos indeseables que persisten a lo largo de días o meses se les denomina
   a. Obsesiones
   b. Compulsiones
   c. Rituales
   d. Ataques de pánico
4. Un impulso abrumador por realizar un ritual extraño se denomina _____.
5. ¿En qué sentido fundamental difieren el trastorno de conversión y la hipocondriasis?
6. La desintegración de la personalidad que ofrece un escape ante las situaciones de estrés es el factor clave en los trastornos _____.

Pregúntese a sí mismo

Se ha encontrado que factores genéticos están implicados en forma relevante en los trastornos de ansiedad. ¿Qué otros factores pueden contribuir y cómo pueden ser usados los modelos conductual y cognitivo como una base para el tratamiento de los trastornos de ansiedad?

(Las respuestas a las preguntas de la revisión aparecen en la página 446.)

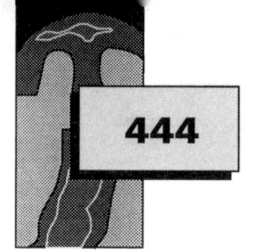

• *¿Cuáles son los tipos más severos de trastornos psicológicos?*

Trastornos del estado de ánimo: el sentimiento es equívoco

Nada me importa. No me interesa montar en caballo, pues el ejercicio que implica es demasiado violento. No me interesa caminar, pues es muy agotador. No me interesa recostarme, puesto que para ello debo permanecer postrado, y eso no me interesa; o después tendría que levantarme otra vez, lo que es algo que tampoco me importa… No me interesa nada.

¿Alguna vez solicitó un empleo que deseara con fervor, y para detenerlo sostuvo una entrevista muy buena, sólo para enterarse después de que no fue aceptado? Aunque quizá su reacción emocional no fuera tan intensa como la descrita en la cita anterior del filósofo danés Søren Kierkegaard, es probable que usted experimentara un sentimiento de depresión: una reacción emocional de tristeza y melancolía. Sin embargo, a diferencia de Kierkegaard, quien padecía de sentimientos depresivos durante periodos prolongados, es más que probable que usted haya recuperado con cierta rapidez una actitud mental más positiva.

Todos experimentamos cambios de ánimo. En ocasiones estamos felices, tal vez hasta eufóricos; en otras nos sentimos molestos, tristes o deprimidos. Estos cambios de ánimo forman parte normal de la vida cotidiana. No obstante, en algunas personas tales cambios de ánimo son tan pronunciados y duraderos que interfieren con su capacidad de desempeño efectivo. En los casos extremos, ciertos estados de ánimo pueden poner en riesgo la vida; en otros, pueden provocar que la persona pierda contacto con la realidad. Las situaciones semejantes representan **trastornos del estado de ánimo**: perturbaciones en los estados emocionales lo suficientemente fuertes como para alterar la vida cotidiana.

Depresión mayor   Moisés. Rousseau. Dostoyevsky. La reina Victoria. Lincoln. Tchaikovsky. Freud.

¿Existe un vínculo entre todas estas personas? Se cree que cada una de ellas sufrió ataques periódicos de **depresión mayor**, que es una de las formas más comunes de trastorno del estado de ánimo. Entre 14 y 15 millones de personas en Estados Unidos sufren de depresión mayor y, en cualquier momento dado, entre 6 y 10% de la población estado-

Trastornos del estado de ánimo: perturbaciones en las emociones y los sentimientos lo bastante graves como para interferir con la vida normal

Depresión mayor: forma grave de depresión que interfiere con la concentración, la toma de decisiones y la sociabilidad

El genial músico Piotr Tchakovsky padecía de forma periódica ataques de depresión mayor, una de las formas más comunes de trastornos del estado de ánimo.

unidense está clínicamente deprimida. La depresión es el problema más frecuente que se diagnostica en las clínicas de consulta externa; afecta casi una tercera parte de los pacientes. El costo que trae consigo la depresión para la sociedad asciende a una cifra asombrosa de $43.7 mil millones de dólares al año (McGrath, Keita, Strickland y Russo, 1990; Greenberg, Stiglin, Finkelteín y Berndt, 1993a, 1993b; Cronkite, 1994).

Las mujeres tienen el doble de probabilidades de sufrir depresión mayor en comparación con los hombres, y una cuarta parte de ellas tiene la posibilidad de experimentar una depresión mayor en algún momento de sus vidas. Además, aunque nadie está bastante seguro de la causa, el índice de depresión va en aumento en todo el mundo. Los resultados de entrevistas profundas realizadas en Estados Unidos, Puerto Rico, Taiwán, Líbano, Canadá, Italia, Alemania y Francia revelan que la incidencia de la depresión ha aumentado de manera significativa sobre las cifras previas en todas las áreas. De hecho, en algunos países, la probabilidad de que los individuos sufrirán de depresión mayor en algún momento de sus vidas es tres veces más que en generaciones anteriores. La aparición de la depresión mayor se ha incrementado de manera consistente: se inicia cada vez en edades menores (Weller y Weller, 1991; Weissman y Cross-National Collaborative Group, 1992; Compas, Ey y Grant, 1993).

Cuando los psicólogos hablan de depresión mayor, no describen la tristeza que proviene de las decepciones de la vida. Es normal padecer cierto tipo de depresión después del término de una relación que ha durado algún tiempo, de la muerte de un ser amado o de la pérdida del empleo. Incluso es normal cuando la producen problemas de menor seriedad: tener mal desempeño en la escuela o no poder ingresar en la universidad que se quiere.

Las personas que sufren de depresión mayor experimentan sentimientos similares, pero la diferencia es que su severidad tiende a ser mucho mayor. Pueden sentirse inútiles, sin valor y solas, y pueden perder las esperanzas ante el futuro. Más aún, tales sentimientos pueden continuar a lo largo de meses y años. Las personas con depresión grave pueden sufrir irrupciones incontrolables de llanto y perturbaciones del sueño. La profundidad de este comportamiento y el lapso que dura son las características distintivas de la depresión mayor. (El cuadro 12.4 proporciona una evaluación rápida de la gravedad de la depresión.)

CUADRO 12.4   Una prueba para la depresión

Esta prueba fue distribuida por organismos de salud mental durante el Día Nacional para la Detección de Depresión a principios de la década de 1990: un suceso nacional que buscó identificar a las personas que sufrían de depresión lo bastante grave como para justificar la intervención psicológica. En el día de la detección los organismos recibieron alrededor de 30 000 formularios (Hill, 1992).

Para completar el formulario cuente el número de afirmaciones con las que está de acuerdo:

1. Me siento descorazonado, melancólico y triste.
2. No disfruto de las cosas que solía disfrutar.
3. Siento que los demás estarían mejor si yo estuviera muerto.
4. Tengo la sensación de que no soy útil o necesario.
5. He notado que estoy perdiendo peso.
6. Tengo problemas para dormir por la noche.
7. Estoy intranquilo y no puedo quedarme quieto.
8. Mi mente no está tan lúcida como solía estarlo.
9. Me canso sin razón alguna.
10. Me siento desesperanzado respecto al futuro.

Calificación Si estuvo de acuerdo con al menos cinco de las afirmaciones, incluidos los reactivos 1 o 2, y ha tenido estos síntomas durante por lo menos dos semanas, se recomienda en forma poderosa obtener la ayuda de un profesional. Si respondió sí al número 3, debe obtener ayuda de inmediato.

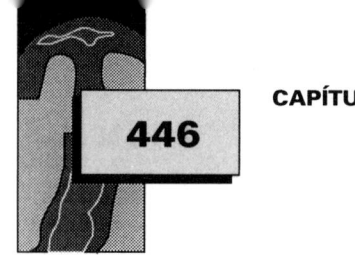

Manía: estado prolongado de euforia y júbilo intensos

Trastorno bipolar: fenómeno en el que una persona pasa de sentimientos de euforia y manía a ataques depresivos

Manía y trastornos bipolares: altas y bajas   Mientras aquellos individuos con depresión grave se hunden en las profundidades de la desesperación, otro tipo de trastorno psicológico causa que las personas se remonten a las alturas de las emociones, experimentando lo que se conoce como manía. La **manía** es un estado intenso de euforia y júbilo prolongados. Las personas que experimentan manías sienten una felicidad intensa, poder, invulnerabilidad y energía. Es probable que se involucren en proyectos descabellados, pues creen que lograrán éxito en cualquier empresa que se propongan. Existen muchos casos de personas que han dilapidado todo su dinero durante un estado de manía. Piense, por ejemplo, en el siguiente relato de un individuo que experimentó un episodio de manía:

El señor O'Reilly, un servidor público, pidió permiso para ausentarse de su trabajo. Compró una gran cantidad de relojes cucú y un automóvil de lujo para utilizarlo como salón de exhibiciones de su mercancía. Tenía la certeza de que ganaría mucho dinero. Se dedicó a "rondar por la ciudad"; compraba y vendía relojes y otras mercancías y, cuando no estaba en la calle, se encontraba en el teléfono "cerrando tratos". Casi no dormía y, sin fallar, se pasaba las noches en los bares del vecindario bebiendo en exceso y, según él, "haciendo tratos"... Debía ya 3 000 dólares y había llevado a su familia a los límites del agotamiento con sus planes y locuacidad. No obstante lo anterior, dijo sentirse "en la cima del mundo" (Spitzer, Skodol, Gibbon y Williams, 1983, p. 115).

Con frecuencia un mismo individuo puede experimentar ataques de manía y depresión en forma secuencial. A esta aparición alterna de manía y depresión se le denomina **trastorno bipolar** (o, como se le conocía anteriormente, trastorno maniaco-depresivo). La alternancia entre altas y bajas puede producirse con tanta proximidad como la de unos cuantos días, o a lo largo de un periodo de varios años. Además, en la mayoría de las personas que sufren el trastorno, los periodos depresivos tienden a ser más prolongados que los de manía, aunque en algunos casos este patrón se invierte.

De manera irónica, algunos de los individuos más creativos de la sociedad pueden sufrir de formas de trastorno bipolar. La imaginación, impulso, excitación y energía que manifiestan durante sus etapas de manía les permite generar enormes contribuciones creativas. Por ejemplo, el análisis histórico de la música del compositor Robert Schumann muestra que era más prolífico durante los periodos de manía que sufría en forma periódica. En contraste, su producción disminuía en forma drástica durante sus etapas depresivas (Slater y Meyer, 1959; Goodwin y Jamison, 1990; Jamison, 1993).

A pesar de los destellos creativos que puede provocar la manía, las personas que experimentan este trastorno a menudo muestran una temeridad que les produce lesiones emocionales y en ocasiones físicas. Pueden ahuyentar a los demás con su locuacidad, autoestima crecida e indiferencia hacia las necesidades de los demás.

Las causas de los trastornos del estado de ánimo   Puesto que representan un grave problema de salud mental, los trastornos del estado de ánimo —y la depresión en particular— han sido motivo de estudios amplios. Se han usado diversos enfoques para explicarlos. Por ejemplo, el enfoque psicoanalítico concibe la depresión como el resultado de la irritación del sujeto consigo mismo. Desde esta perspectiva, las personas se consideran responsables de los acontecimientos desagradables que les suceden, y dirigen su ira hacia su interior.

Por otra parte, se ha encontrado evidencias convincentes de que el trastorno bipolar así como la depresión mayor tienen sus raíces en causas biológicas. Por ejemplo, la herencia desempeña un papel en el trastorno bipolar, ya que es común en algunas familias (Egeland, Gerhard, Pauls, Sussex y Kidd, 1987; Gershon, Martínez, Goldin y Gejman, 1990). Además, algunos investigadores han descubierto un desequilibrio químico en los

---

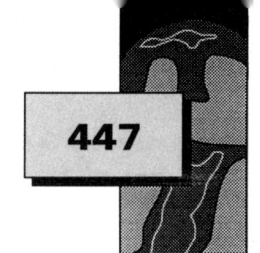

cerebros de pacientes con depresión. Por ejemplo, se ha identificado algunas anomalías en los neurotransmisores cerebrales (Goodwin y Jamison, 1990; Cooper, Bloom y Roth, 1991; Horton y Katona, 1991).

Otras explicaciones de los trastornos del estado de ánimo destacan los factores cognitivos (Gotlib, 1992). El psicólogo Martin Seligman afirma que la depresión es en gran medida una respuesta al **desamparo aprendido**, un estado en el que las personas perciben y al final aprenden que no hay escapatoria del estrés ni posibilidad de resistirlo. Como consecuencia abandonan la batalla contra el estrés y se rinden ante él, y se produce la depresión (Seligman, 1975, 1988; Petersen, Maier y Seligman, 1993). A partir de las hipótesis de Seligman, otros psicólogos afirman que la depresión es resultado de la desesperanza: una combinación del desamparo aprendido y del convencimiento de que en la propia vida los resultados negativos son inevitables (Abramson, Metalsky y Alloy, 1989).

El psicólogo Aaron Beck sostiene que las cogniciones equívocas de las personas subyacen a sus sentimientos depresivos. De manera específica, su teoría cognitiva de la depresión sugiere que los individuos que la padecen suelen concebirse a sí mismos como perdedores, y se culpan siempre que algo sale mal. Al centrarse en el lado negativo de las situaciones se sienten ineptos e incapaces de actuar en forma constructiva para modificar su ambiente. En conclusión, sus cogniciones negativas los llevan a padecer sentimientos depresivos (Beck, 1976, 1982).

Las distintas teorías que explican la depresión no han podido ofrecer una respuesta completa a una pregunta compleja que confunde a los investigadores: ¿por qué la frecuencia de los casos de depresión entre las mujeres duplica a los de los hombres? Una explicación apunta que el estrés que experimentan las mujeres en determinados momentos de sus vidas puede ser mayor que el experimentado por los hombres: por ejemplo, cuando las mujeres tienen que ganarse la vida y ser la fuente principal de atención de sus hijos al mismo tiempo. Además, las mujeres están expuestas a mayores riesgos de abusos físicos y sexuales; por lo general tienen salarios inferiores a los de los hombres y afirman sentirse más insatisfechas en sus matrimonios que los hombres (McGrath y cols., 1990; Strickland, 1992; Nolen-Hoeksema y Girgus, 1994; Weissman y Olfson, 1995).

Pero los factores biológicos también pueden explicar la depresión de algunas mujeres. Por ejemplo, entre el 25 y el 50% de las mujeres que consumen anticonceptivos orales informan tener síntomas de depresión, y la depresión que se produce después del nacimiento de un bebé está ligada a cambios hormonales (Strickland, 1992).

Lo que resulta evidente es que los investigadores no han descubierto soluciones definitivas para el problema de la depresión, y que hay múltiples explicaciones alternativas. Con seguridad, los trastornos del estado de ánimo son provocados por una compleja interacción de diversos factores (Ingram, 1990; Wolman y Stricker, 1990).

Desamparo aprendido: estado en el que las personas piensan que no pueden escapar o enfrentar el estrés, por lo que dejan de combatirlo, lo cual genera depresión

Esquizofrenia: cuando se pierde la realidad

Soy doctora, sabe… No tengo un diploma, pero soy doctora. Me alegra ser una enferma mental, porque me ha enseñado cómo ser humilde. Uso maquillaje cremoso natural Cover Girl. Oral Roberts ha venido a visitarme… Este lugar es donde se publica la revista *Mad*. Los Nixon hacen el pulidor de metales Noson. Cuando era pequeña solía sentarme y contarme historias a mí misma. Cuando era mayor le bajaba el volumen al televisor y hacía el diálogo de los personajes que aparecían en ella… Tengo una semana de embarazo. Tengo esquizofrenia: cáncer de los nervios. Mi cuerpo está sobrepoblado de nervios. Esto me hará ganar el premio Nobel de Medicina. Ya no me considero esquizofrénica. No existe la esquizofrenia, sólo la telepatía mental. Una vez tuve una amiga llamada Camilla Costello. Era la hija de Abbott y Costello… Estoy en la Iglesia de Pentecostés, pero pienso cambiar mi religión. Tengo un perro en casa. Adoro las hojuelas de avena instantáneas. Cuando tienes a Jesús no necesitas una dieta. Mick Jagger quiere casarse conmigo. Quiero salir de la puerta giratoria. Con Jesucristo todo es posible. Solía pegarle a mi madre. Era la hiperactividad por todas las galletas que comía. Soy la personificación de Gasparín, el Fantasma Amistoso. Cuando era pequeña solía salir y pedir a los otros niños que fueran mis amigos. California es el estado más bello de la nación. Estuve una vez ahí, por televisión. Mi nombre es Jack Warden y soy actriz. (Citado en Sheehan, 1982, pp. 72-73)

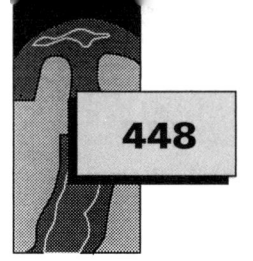

Este fragmento representa los esfuerzos de una mujer con esquizofrenia, una de las formas más graves de transtorno mental, por sostener una conversación. Las personas con esquizofrenia representan por mucho el porcentaje más alto de quienes están hospitalizados por trastornos mentales. También son en muchos sentidos los que tienen menores probabilidades de recuperarse de sus dificultades psicológicas.

La **esquizofrenia** implica un conjunto de trastornos que producen una grave distorsión de la realidad. El pensamiento, la percepción y la emoción pueden deteriorarse; la interacción social se abandona, y también se presentan comportamientos extraños. A pesar de que se han observado diversas formas de esquizofrenia (véase el cuadro 12.5), sus características distintivas no siempre son claras (por ejemplo, Zigler y Glick, 1988; Fenton y McGlashan, 1991a). Además, los síntomas que exhiben las personas con esquizofrenia pueden variar en forma considerable a lo largo del tiempo. Asimismo, las personas que sufren el transtorno muestran diferencias significativas en el patrón de síntomas, incluso cuando se les clasifica en la misma categoría diagnóstica. Sin embargo, varias características distinguen en forma confiable a la esquizofrenia de los demás trastornos. Éstas incluyen:

Esquizofrenia: conjunto de trastornos caracterizados por una grave distorsión de la realidad, que produce un comportamiento antisocial —ridículo u obsceno—, alucinaciones y perturbaciones del movimiento

- *El deterioro de un nivel previo de funcionamiento.* El individuo ya no puede desarrollar actividades que en alguna época sí podía realizar.
- *Perturbaciones del pensamiento o del lenguaje.* Los esquizofrénicos emplean la lógica y el lenguaje de modo peculiar; sus pensamientos no tienen sentido y no acatan los códigos lingüísticos convencionales. Piense, por ejemplo, en la respuesta a la pregunta: "¿por qué razón piensa usted que la gente cree en Dios?"

Ahh, vamos, no sé por qué, déjame ver, viaje en globo. Él lo sostiene en lo alto para ti, el globo. No permite que te caigas, con tus piernitas colgando a través de las nubes. Baja hacia la nube de humo, mirando a través del humo y tratando de hacer que el globo se llene de gas, ¿entiendes? El modo en que vuelan por encima de ese camino, con las piernas colgando. No sé, el ver hacia el suelo, vaya, eso te daría tanto mareo que sólo estarías de pie y dormirías, ¿entiendes?, detenerse y dormir allá arriba. Yo acostumbraba dormir afuera, ¿entiendes?, dormir afuera en lugar de ir a casa (Chapman y Chapman, 1973, p. 3).

Como lo ilustra el párrafo anterior, aunque la estructura gramatical básica está intacta, el contenido del pensamiento del esquizofrénico a menudo es ilógico, incompleto y carente de significado.

CUADRO 12.5   Principales tipos de esquizofrenia

Tipo	Síntomas
Esquizofrenia desorganizada (hebefrénica)	Risa sin algún motivo, actitud ridícula, discurso incoherente; comportamiento infantil, raro y obsceno en ocasiones
Esquizofrenia paranoide	Delirios de persecución o de grandeza y alucinaciones, pérdida del juicio, comportamiento errático e impredecible
Esquizofrenia catatónica	Severas perturbaciones del movimiento; en algunas fases hay pérdida total del movimiento y el paciente queda inmóvil en una misma postura, y permanece casi durante horas y hasta días enteros; en otras fases, hiperactividad y movimientos vigorosos y hasta violentos
Esquizofrenia indiferenciada	Combinación variable de síntomas graves de la esquizofrenia; esta clasificación se emplea en pacientes a los que no se puede aplicar ninguna de las categorías específicas
Esquizofrenia residual	Signos menores de esquizofrenia que ocurren después de un episodio más grave

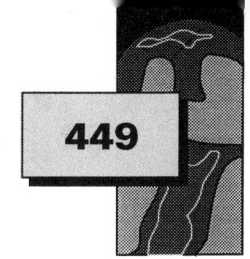

Ezkizofrénia

Se han abierto las puertas
al sufrimiento eterno,
la Eskizofrenia te lo brinda
en verdad y carne viva

En realidad, yo solo se
Que en este momento, ahora,
quiero cortarme los testículos,
despedazar mi pene,

quiero con el tenedor
brotarme los ojos y
que la sagte sangre emanada
beberla hasta la muerte.

Oh muerte me atormentas
aeada instante, yo solo
quiero ser libre de mis
cadenas que aprisionan

a mi alma, no se si
morir es mejor que
estar sufriendo por la
carne y los huesos de mí ser

Este poema es de un paciente de 26 años, esquizofrénico paranoide, y muestra el intento por disminuir el acoso de ideas delirantes y alucinaciones. Como se puede ver, en el paciente hay conciencia de la enfermedad.

■ *Delirios.* Las personas con esquizofrenia a menudo tienen *delirios*: creencias fijas e inamovibles sin fundamento alguno en la realidad. Entre los delirios más recurrentes están las creencias de que son controlados por alguien, que otros los persiguen y que sus pensamientos son transmitidos, de modo que creen que otros se enteran de lo que están pensando.

■ *Trastornos perceptuales.* Las personas con esquizofrenia no perciben el mundo como la mayoría de la gente. Pueden ver, oír u oler cosas en forma distinta a los demás, e incluso perciben de forma diferente su esquema corporal. Algunos informes sugieren que tienen dificultades para establecer hasta dónde llega su propio cuerpo y donde comienza el resto del mundo (Ritzler y Rosenbaum, 1974). Pueden sufrir también *alucinaciones*; es decir, percibir cosas que no existen en realidad (McGuire, Shah y Murray, 1993).

■ *Perturbaciones emocionales.* En ocasiones, las personas que padecen esquizofrenia manifiestan una carencia de emociones. En ese estado incluso los sucesos más dramáticos sólo les provoca una respuesta emocional mínima, o ninguna. Y, por el contrario, pueden reaccionar en forma inapropiada ante diversas situaciones; por ejemplo, un esquizofrénico puede reírse a carcajadas en un funeral o reaccionar con ira cuando recibe algún tipo de ayuda.

■ *Retraimiento.* Las personas con esquizofrenia tienden a tener poco interés en los demás. Se inclinan por debilitar los vínculos sociales y evitan sostener conversaciones reales con los demás, aunque puede ser que hablen ante una persona. En los casos más extremos ni siquiera parecen darse cuenta de la presencia de otras personas; al parecer viven en su propio mundo en total aislamiento.

Los síntomas de la esquizofrenia siguen dos cursos principales. En la *esquizofrenia de proceso*, los síntomas se desarrollan en las primeras etapas de la vida, lenta y sutilmente. Los que la sufren suelen alejarse en forma gradual del mundo, tienen ensoñaciones

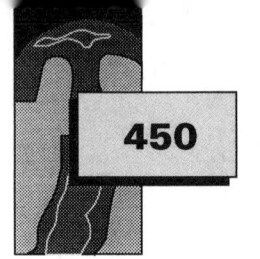

Esta extraña pintura fue creada por un individuo con una perturbación mental grave.

diurnas excesivas y un aplanamiento de las emociones, hasta que con el tiempo el trastorno es tan evidente que los demás no pueden ignorarlo. En la forma de *esquizofrenia reactiva*, la aparición de los síntomas es repentina y evidente. Las terapias para tratar la esquizofrenia reactiva ofrecen cierto éxito, lo cual no sucede con las terapias para la esquizofrenia de proceso, que es mucho más difícil de tratar.

Un agregado reciente a las clasificaciones de este trastorno distingue a la *esquizofrenia de síntomas positivos* de la *esquizofrenia de síntomas negativos* (Opler, Kay, Rosado y Lindenmayer, 1984; Andreasen, 1985). La esquizofrenia de síntomas negativos implica ausencia o pérdida del desempeño normal, como puede ser el aislamiento social o el aplanamiento emocional. La esquizofrenia de síntomas positivos, por el contrario, se manifiesta mediante la presencia de comportamientos desordenados, como alucinaciones, delirios y emociones extremas. Esta distinción, a pesar de ser controvertida, cada vez cobra mayor importancia porque sugiere la existencia de dos procesos subyacentes distintos que pueden explicar las raíces de la esquizofrenia, la cual sigue siendo uno de los grandes misterios que enfrentan los psicólogos que tratan el comportamiento anormal (Fenton y McGlashan, 1991b; Heinrichs, 1993; Cromwell y Snyder, 1993).

La solución del enigma de la esquizofrenia: evidencia biológica Aunque resulta evidente que el comportamiento esquizofrénico se aleja en forma radical del normal, sus causas son menos claras. No obstante, parece que la esquizofrenia tiene en sus raíces componentes psicológicos y biológicos.

Consideremos primero la evidencia que apunta hacia una causa biológica de la esquizofrenia. Puesto que este trastorno incide más en algunas familias que en otras, es probable que haya factores genéticos implicados en la producción de cuando menos la susceptibilidad o predisposición al trastorno (Gottesman, 1991). Por ejemplo, las investigaciones han mostrado que entre más cercano es el vínculo genético entre una persona con esquizofrenia y otro individuo, es mayor la probabilidad de que este último padecerá el trastorno (véase la figura 12.1).

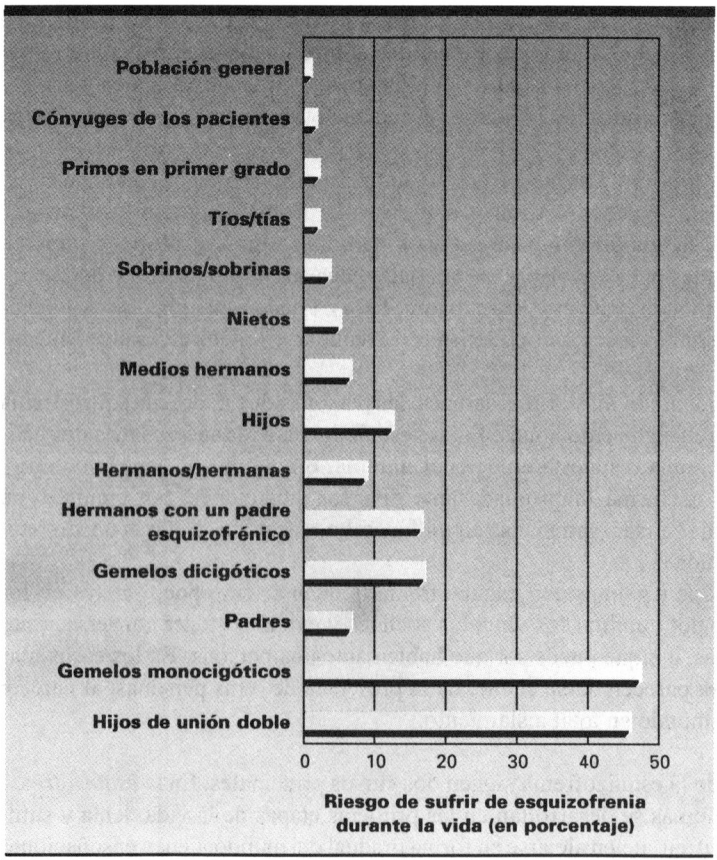

FIGURA 12.1 Entre más cercanos son los vínculos genéticos entre dos personas es mayor la probabilidad de que si una sufre de esquizofrenia también la padecerá la otra. *(Gottesman, 1991.)*

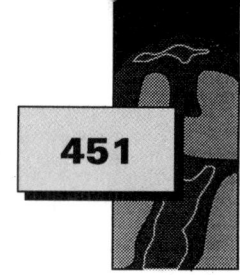
Por otra parte, si sólo la genética fuera responsable, entonces si un gemelo idéntico (monocigótico) sufre esquizofrenia, la probabilidad de que el otro gemelo padeciera el transtorno sería del 100%, ya que ambos tienen en común el mismo acervo genético. De hecho, las investigaciones que han buscado hallar un vínculo entre la esquizofrenia y un gene en particular han tenido éxito sólo en forma parcial (por ejemplo, Crow, 1990; Crowe, Black, Wesner, Andreasen, Cookman y Roby, 1991; Wang, Black, Andreasen y Crowe, 1993). Al parecer la esquizofrenia es producida por algo más que sólo los factores genéticos (Holzman y Matthysse, 1990; Iacono y Grove, 1993).

Entre las hipótesis biológicas más interesantes que buscan explicar las causas de la esquizofrenia, está la que sostiene que el cerebro de quienes la padecen tiene un desequilibrio bioquímico o una anomalía estructural. Por ejemplo, la *hipótesis de la dopamina* afirma que la esquizofrenia aparece cuando se produce una actividad excesiva en las áreas del cerebro que utilizan esta sustancia como neurotransmisor (Wong, Gjdde, Wagner, Dannals, Links, Tune y Pearlson, 1988; Seeman, Guan y Van Tol, 1993). Esta hipótesis se elaboró tras descubrir que los fármacos que bloquean la acción de la dopamina en las vías cerebrales son muy eficaces para reducir los síntomas de la esquizofrenia.

Por desgracia, la hipótesis de la dopamina no da cuenta de la totalidad del fenómeno. Los fármacos que bloquean la acción de la dopamina tienen una reacción biológica de sólo unas cuantas horas después de que han sido administrados, pero los síntomas de la esquizofrenia no ceden durante semanas enteras. Si la hipótesis fuera correcta por completo, se esperaría una mejoría inmediata y duradera de los síntomas del transtorno. Además, estos fármacos son eficaces no sólo para reducir los síntomas esquizofrénicos,

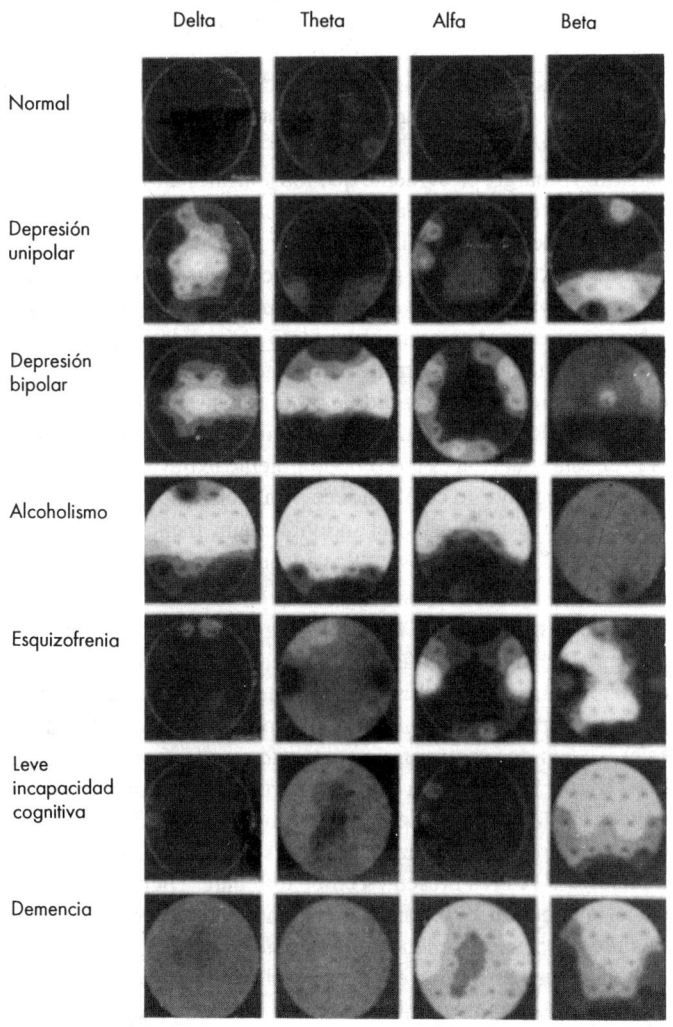

Comparación de la actividad eléctrica entre individuos normales y a los que se les diagnosticó esquizofrenia y otros trastornos. El código de colores corresponde al grado de desviación de la actividad normal en cada patrón de onda distinto (ondas delta, theta, alfa y beta). (Véase Sección en color, pág. G.)

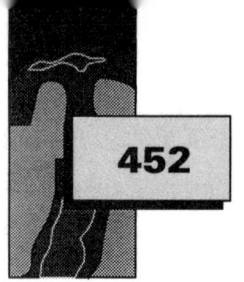

sino también los de otros pacientes con problemas psicológicos, como la manía y la depresión (Pickar, 1988; Andreasen, 1989). Sin embargo, la hipótesis de la dopamina ha proporcionado un punto de partida para la comprensión de los factores bioquímicos que intervienen en la esquizofrenia.

Otras explicaciones biológicas de la esquizofrenia plantean la existencia de anomalías estructurales en los cerebros de los que la presentan; por ejemplo, el tamaño del hipocampo y de los ventrículos del cerebro en los esquizofrénicos es distinto al de los que no sufren este padecimiento (Suddath, Christison, Torrey, Casanova y Weinberger, 1990). Además, en forma congruente con el dato que se acaba de citar, la forma en que funciona el cerebro difiere entre personas con esquizofrenia y aquellos que no padecen el trastorno (Waddington, 1990; Anderson y cols., 1994).

Perspectivas psicológicas de las causas de la esquizofrenia   No obstante que los factores biológicos proporcionan ciertos elementos para explicar la esquizofrenia, aún es necesario valorar las experiencias pasadas y actuales de esas personas así como los ambientes en que desarrollaron este trastorno. Por ejemplo, el enfoque psicoanalítico sugiere que la esquizofrenia es una forma de regresión a experiencias y etapas previas de la vida. Freud creía que las personas que sufren este transtorno carecen de un yo con la fuerza suficiente para resistir sus impulsos no aceptables, por lo cual sufren una regresión a la etapa oral: una época en la que el ello y el yo todavía no se han separado. Por tanto, los individuos esquizofrénicos carecen primordialmente de un yo, y actúan sus impulsos sin que la realidad los preocupe.

Este razonamiento es convincente en el discurso teórico; sin embargo, existen muy pocas evidencias que apoyen la explicación psicoanalítica. Sólo son un poco más convincentes las teorías que se centran en las familias de las personas con esquizofrenia. Por ejemplo, estas familias suelen mostrar patrones anormales de comunicación y difieren de las demás familias en otra serie de dimensiones: el nivel socioeconómico, los niveles de ansiedad y el grado general de estrés presente (Wynne, Singer, Bartko y Toohey, 1975; Lidz y Fleck, 1985).

Sin embargo, es evidente que los patrones anormales de comunicación presentes en las familias de una persona esquizofrénica lo mismo pueden ser una consecuencia que una causa del trastorno. De cualquier forma, los teóricos que asumen una perspectiva conductual creen que los problemas de comunicación otorgan apoyo a la *teoría de desatención aprendida de la esquizofrenia* (Ullmann y Krasner, 1975). Según dicha teoría, la esquizofrenia es un comportamiento aprendido consistente en un conjunto de respuestas inadecuadas a estímulos sociales. En lugar de responder a los demás, los esquizofrénicos han aprendido a ignorar los estímulos apropiados; ponen atención a estímulos que no se relacionan con interacciones sociales normales. Debido a que el resultado de esta situación es un comportamiento extravagante, los demás individuos responden en forma negativa, lo cual conduce a un rechazo social y a interacciones desagradables y, al final, a una respuesta del individuo aún menos adecuada. Con el tiempo el sujeto comienza a "borrar" los estímulos adecuados y desarrolla características esquizofrénicas.

Las causas múltiples de la esquizofrenia   Como hemos visto, existen investigaciones que apoyan diversas causas biológicas y psicológicas para explicar el origen de la esquizofrenia. Por tanto, es posible que no sólo una de ellas, sino que varias causas en conjunto expliquen el comienzo del problema. En la actualidad el enfoque predominante es el *modelo de predisposición hacia la esquizofrenia*, que toma en cuenta diversos factores en forma simultánea (Zubin y Spring, 1977; Cornblatt y Erlenmeyer-Kimling, 1985; Fowles, 1992). Este modelo afirma que los individuos pueden heredar una predisposición o una sensibilidad innata para la esquizofrenia, y pueden ser vulnerables en especial a factores de estrés presentes en el ambiente. Dichos factores pueden variar —rechazo social o comunicación familiar disfuncional— pero si su fuerza es suficiente y existe una predisposición genética, el resultado será la aparición de la esquizofrenia. Asimismo, si la predisposición genética tiene la fuerza suficiente, el trastorno se puede producir incluso si los factores ambientales de estrés son débiles.

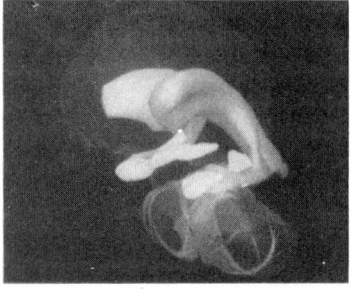

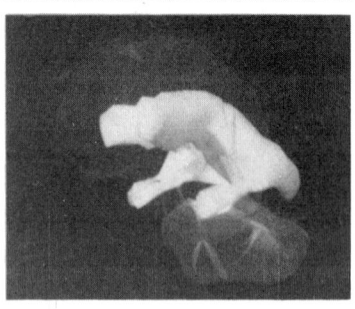

FIGURA 12.2   Se ha encontrado cambios estructurales en el cerebro de personas con esquizofrenia. En la primera reconstrucción por imágenes de resonancia magnética (IRM) de un paciente con esquizofrenia, el hipocampo (amarillo) está reducido y los ventrículos (gris) están alargados y llenos de líquido. En contraste, el cerebro de una persona sin el trastorno aparece diferente desde el punto de vista estructural. *(N.C. Andreasen, University of Iowa.)* (Véase Sección a color, pág. G.)

En conclusión, la esquizofrenia está asociada con diversos factores biológicos y psicológicos. Por tanto, cada vez es más evidente que no es producida por un solo factor, sino por una combinación de variables interrelacionadas (Fowles, 1992; Straube y Oades, 1992; Carpenter y Buchanen, 1994).

Trastornos de la personalidad: la ausencia de aflicción

Siempre quise muchas cosas; recuerdo que de niño deseaba una bala que un amigo mío llevó para mostrarla en clase. Yo la tomé y la guardé en mi mochila, y cuando mi amigo se dio cuenta de que ya no la tenía consigo, yo fui el único que se quedó con él después de clases para buscarla en el salón; también fui el único que se sentó con él y maldijo a los demás niños, diciendo que uno de ellos se había quedado con la bala. Incluso lo acompañé a su casa para ayudarlo a darle la noticia a su tío, que había llevado esa bala de la guerra a casa para obsequiársela.

Pero eso no se compara con las intrigas que hice más tarde. Yo deseaba en forma desesperada un doctorado, pero no quería trabajar muy duro, sólo lo suficiente para irla pasando. Nunca realicé los experimentos sobre los que redacté informes; vaya, era lo suficientemente listo como para inventar los resultados. Sabía lo suficiente de estadística como para hacer creíble cualquier cosa. Logré obtener mi maestría sin haber pasado por lo menos una hora en el laboratorio. Y es que los profesores creían cualquier cosa. Me pasaba fuera toda la noche, bebiendo con mis amigos, y al día siguiente regresaba y les decía que había estado en el laboratorio toda la noche. Hasta me tenían lástima. Mi proyecto doctoral lo hice del mismo modo, con la excepción de que lo publicaron y se produjo cierto interés acerca de mis descubrimientos. Esa investigación me ayudó a obtener mi primer trabajo como profesor universitario. Allí mi meta era obtener una plaza.

Las reglas de mi universidad eran prácticamente las mismas de cualquiera otra. Era preciso publicar y ser un maestro eficaz. La "recopilación" de datos y su publicación nunca representó un problema para mí, de modo que eso era fácil. Pero la enseñanza era evaluada con base en formularios que los estudiantes llenaban al término de cada semestre. Soy un maestro entre regular y bueno, pero tenía que estar seguro de que mi expediente señalara que yo era excelente. Era una labor sencilla. Cada semestre yo recogía las formas de evaluación, quitaba todas las que me calificaban de regular y malo y las sustituía con otras que me calificaban de estupendo. Hacerlo me llevaba toda una noche, pero yo me sentaba con una serie de bolígrafos de distintos colores y lápices de diversos tipos, y llenaba hasta 300 formas distintas. No hace falta decir que obtuve la plaza (Duke y Nowicki, 1979, pp. 309-310).

Es preciso mencionar, antes de suponer que los profesores universitarios son iguales al del caso anterior, que esta persona representa un claro ejemplo de trastorno de la personalidad. Un **trastorno de la personalidad** difiere de otros problemas que hemos tratado en este capítulo en que a menudo hay muy poca angustia personal del que sufre el transtorno asociada con el desajuste psicológico. De hecho, es frecuente que las personas con trastornos de la personalidad lleven vidas que parecen normales. Sin embargo, justo debajo de la apariencia hay una serie de rasgos de personalidad inflexibles y desadaptados que no le permite a estos individuos desempeñarse en forma adecuada como miembros de la sociedad (Millon y Davis, 1995; Derksen, 1995).

La forma más conocida de este padecimiento es el **trastorno antisocial de la personalidad** o **sociopatía**. Los individuos que lo padecen tienden a manifestar una ausencia de preocupación por las reglas éticas y morales de la sociedad, así como por los derechos de los demás. Aunque en un principio dan la apariencia de ser inteligentes y agradables, a primera vista, se les puede descubrir como manipuladores y falsos si se les examina con más detenimiento. Además, carecen de conciencia, culpabilidad o ansiedad por su mal comportamiento. Cuando alguien que padece de un trastorno antisocial de la personalidad realiza acciones que hacen daño a otra persona, comprende intelectualmente que ha causado el daño, pero no sienten remordimiento alguno.

Las personas con personalidad antisocial a menudo son impulsivas y carecen de resistencia a la frustración. Por último, pueden ser manipuladoras en extremo; pueden tener habilidades sociales excelentes, y son encantadoras, simpáticas y capaces de convencer a los demás para que hagan lo que ellas desean. Algunos de los estafadores más hábiles tienen personalidad antisocial.

Trastorno de la personalidad: se caracteriza por un conjunto de rasgos inflexibles y maladaptativos de la personalidad que impiden que el individuo se desempeñe en forma adecuada como miembro de la sociedad

Trastorno antisocial de la personalidad o sociopatía: impide que los individuos manifiesten el menor apego a las reglas éticas y morales o a la observancia de los derechos de los demás

¿Qué provoca semejante constelación de problemas? Se ha sugerido múltiples factores, que van desde una incapacidad inducida biológicamente para experimentar emociones en forma apropiada, hasta problemas en las relaciones familiares (por ejemplo, Newman y Kosson, 1986; Gillstrom y Hare, 1988; Nigg y Goldsmith, 1994). Por ejemplo, en muchos casos de comportamiento antisocial, el individuo procede de un hogar en el que uno de los padres ha muerto o ha abandonado el hogar; o uno en el que hubo falta de afecto o de consistencia en la disciplina; o en el que hay un franco rechazo. Otras explicaciones se centran alrededor de factores socioculturales, puesto que una proporción bastante alta de gente con personalidad antisocial procede de grupos de bajo nivel económico. Algunos investigadores sostienen que el quebrantamiento de las reglas, normas y costumbres sociales que se encuentra en ambientes con grandes privaciones económicas favorece el desarrollo de personalidad antisocial (Melges y Bowlby, 1969). De cualquier forma, hasta ahora nadie ha podido señalar las causas específicas de la personalidad antisocial, pero lo más probable es que se trate de alguna combinación de factores (Hare, Hart y Harpur, 1991).

Trastorno narcisista de la personalidad: implica un exagerado sentido de la importancia personal y la incapacidad de experimentar empatía hacia los demás

Otro ejemplo de perturbación es el **trastorno narcisista de la personalidad**, que se caracteriza por un desmedido sentido de importancia personal. Los que padecen este trastorno esperan un trato especial de los demás, al tiempo que no toman en consideración los sentimientos ajenos. De hecho, en cierto sentido, el atributo principal de la personalidad narcisista es la incapacidad para experimentar empatía hacia las demás personas.

Existen muchas categorías más de trastornos de la personalidad, que varían en gravedad desde los individuos que son calificados sencillamente como excéntricos, molestos o difíciles, hasta personas que actúan de modo criminal y peligroso para los demás. A pesar de que no pierden contacto con la realidad, que es una característica de los esquizofrénicos, las personas con trastornos de la personalidad viven su existencia en los límites de lo aceptable fijado por la sociedad.

RECAPITULACIÓN Y REVISIÓN

Recapitulación

- Los trastornos del estado de ánimo se caracterizan por perturbaciones en las emociones que son tan significativas que obstaculizan la vida cotidiana.
- La esquizofrenia representa el diagnóstico con mayor incidencia entre los que han sido hospitalizados a causa de una perturbación mental.
- Las personas que padecen de algún trastorno de la personalidad no sienten la angustia personal que es propia de otros trastornos, pero tienen rasgos maladaptativos que no les permite desempeñarse en forma apropiada como miembros normales de la sociedad.

Revisión

1. Los sentimientos de desesperación, soledad y falta de valía de Enrique han durado ya varios meses. Sus síntomas son indicios de:
   a. Reacción de ajuste
   b. Depresión normal
   c. Depresión mayor
   d. Depresión afectiva

2. Los estados de euforia y energía extremas a los que sigue una depresión aguda son característicos del trastorno _____ _____.

3. La creencia que tiene Arturo de que sus pensamientos son controlados por seres de otro planeta es un ejemplo de _____ _____.

4. La esquizofrenia _____ se manifiesta mediante síntomas súbitos y de aparición fácilmente identificable, en tanto que la esquizofrenia _____ se desarrolla gradualmente a lo largo de la vida de una persona.

5. La _____ sugiere que la esquizofrenia puede estar provocada por un exceso en determinados neurotransmisores en el cerebro.

6. ¿Cuál de las siguientes teorías sostiene que la esquizofrenia es provocada por la combinación de una predisposición genética con estresores ambientales?
   a. Teoría de la desatención aprendida
   b. El modelo de la predisposición
   c. La hipótesis de la dopamina
   d. La teoría del desamparo aprendido

7. El trastorno _____ de la personalidad se caracteriza por no hacer caso a las reglas sociales y los derechos de los demás.

Pregúntese a sí mismo

Los trastornos de la personalidad a menudo se caracterizan por una falta de notoriedad. Muchas personas que sufren estos problemas parecen llevar vidas normales y no representan una amenaza para los demás. Puesto que dichos individuos pueden desempeñarse adecuadamente en la sociedad, ¿se les debe considerar "enfermos"?

(Las respuestas a las preguntas de la revisión aparecen en la página 455.)

- *¿Qué indicadores señalan la necesidad de ayuda de un especialista en salud mental?*

MÁS ALLÁ DE LOS PRINCIPALES TRASTORNOS: EL COMPORTAMIENTO ANORMAL EN PERSPECTIVA

Las distintas formas de comportamiento anormal descritas en el *DSM-IV* abarcan un ámbito mucho más amplio del que hemos expuesto en este capítulo. Algunas de las formas de comportamiento anormal se han considerado en capítulos anteriores del libro, como el *trastorno por uso de sustancias psicoactivas*, en el que se generan problemas debidos al consumo de drogas (que se estudia en el capítulo 4), y los *trastornos sexuales*, que provocan insatisfacción en la actividad sexual individual. Otra clase importante de trastornos que hemos mencionado antes son los *trastornos mentales orgánicos*; son problemas que tienen una base puramente biológica. Existen otros trastornos que no hemos mencionado, y cada una de las formas que hemos presentado puede dividirse en diversas subcategorías.

Debe tenerse en cuenta que la naturaleza específica de los trastornos incluidos en el *DSM-IV* es un reflejo de la cultura occidental de fines del siglo xx. El sistema de clasificación es el reflejo, cuando fue publicado en 1994, de la forma en que los autores veían al trastorno mental. De hecho, la elaboración de la versión más reciente del *DSM* fue una fuente de gran controversia, y refleja en parte cuestiones que dividen a la sociedad.

Por ejemplo, dos trastornos en particular causaron controversia durante el proceso de revisión. Uno, conocido como "trastorno autoderrotista de la personalidad", fue una categoría que en forma reciente fue eliminada del apéndice donde había aparecido en la revisión anterior. El trastorno autoderrotista de la personalidad pretendía ser aplicado a casos en los que una persona continúa con relaciones en las que recibe un trato desagradable y rebajante sin abandonarlas o emprender alguna otra acción. Era usado de manera típica para describir a personas que permanecían en relaciones de abuso.

Aunque algunos clínicos afirmaron que era una categoría válida, que había sido observada en su práctica clínica, al parecer carecía de evidencia derivada de la investigación que apoyara su existencia. Además, algunos críticos argumentaron que el uso de la clasificación terminaba por condenar a las víctimas de abuso por su situación: un fenómeno de culpar a la víctima; como resultado la categoría fue eliminada del manual.

Una segunda categoría aún más controvertida fue el "trastorno disfórico premenstrual". Dicho trastorno fue caracterizado por cambios incapacitantes graves en el estado de ánimo o depresión que se relacionan con el ciclo menstrual femenino. Algunos críticos afirman que incluir una clasificación de este tipo simplemente etiqueta el comportamiento femenino normal como un trastorno. La ex secretaria de salud de Estados Unidos, Antonia Novello, sugirió que lo que "en las mujeres es llamado SPM (síndrome premenstrual, una clasificación similar), en los hombres es considerado agresión e iniciativa saludables" (Cotton, 1993, p. 270). Sin embargo, prevalecieron los defensores de la inclusión del trastorno, y el trastorno disfórico premenstrual fue colocado en el apéndice del *DSM-IV*.

Estas controversias enfatizan que nuestra comprensión del comportamiento anormal es un reflejo de la sociedad y la cultura en la que vivimos. Las revisiones futuras del *DSM* pueden incluir un catálogo distinto de trastornos. Aun ahora, otras culturas bien podrían incluir una lista de trastornos que fuera muy diferente de la actual, como comentaremos a continuación.

RESPUESTAS A LA REVISIÓN ANTERIOR

1. c   **2.** bipolar   **3.** delirio   **4.** reactiva; de proceso   **5.** hipótesis de la dopamina   **6.** b   **7.** antisocial o sociópata

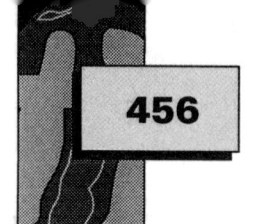

Exploración de la diversidad

El *DSM* y la cultura (y la cultura del *DSM*)

Por lo general la mayoría de las personas piensan que es posible que el que escucha voces de personas que murieron recientemente sea víctima de alguna perturbación psicológica. Sin embargo, los miembros de la tribu indígena Plain continuamente escuchan las voces de los muertos que los llaman desde más allá del plano terrenal.

Éste es sólo un ejemplo del papel que desempeña la cultura en la denominación de normalidad para ciertos comportamientos. De hecho, de la totalidad de las perturbaciones más importantes en adultos que aparecen en la categorización del *DSM*, sólo cuatro encajan en todas las culturas del mundo: la esquizofrenia, el trastorno bipolar, la depresión mayor y los trastornos de ansiedad (Kleinman, 1991). *Todos* los demás son propios de América del Norte y de Europa Occidental.

Por ejemplo, piense en la anorexia nervosa, que estudiamos en el capítulo 9; es un trastorno en el que las personas, en especial las mujeres, desarrollan una visión inadecuada acerca de la apariencia de su cuerpo, se obsesionan con su peso corporal y se niegan a ingerir alimentos hasta el grado, en ocasiones, de morir por inanición durante ese proceso. Este trastorno se produce sólo en culturas que poseen el patrón social referente a que los cuerpos femeninos más deseables son los delgados. Puesto que este patrón no existe en la mayor parte del mundo, no es común la anorexia nervosa. Resulta interesante observar que en el continente asiático no existen casos de este transtorno, con dos excepciones: las clases alta y media alta de Japón y de Hong Kong, en donde parece ser muy amplia la influencia occidental. También resulta notable el hecho de que la anorexia nervosa es un trastorno muy reciente. En los siglos XVII y XVIII no surgió como un problema, puesto que el ideal del cuerpo femenino en la sociedad occidental de esa época era más voluminoso.

De modo similar, el trastorno disociativo de la identidad (personalidad múltiple) sólo se considera un problema en sociedades en que el sentido de identidad es relativamente concreto. En lugares como India, ese sentido se basa en factores externos y, en cierto grado, independientes de la persona. Allí, si un individuo manifiesta síntomas que en las sociedades occidentales se catalogarían como trastornos de personalidad múltiple, en esa cultura se supondría la posibilidad de que la persona estuviera poseída ya sea por

En muchas culturas, incluyendo algunas tribus nativas americanas, la capacidad para escuchar las voces de los espíritus de personas muertas es considerada un don divino. Sin embargo, en las sociedades industrializadas modernas, escuchar voces es visto como una señal de perturbación psicológica.

demonios (lo cual se interpreta como una enfermedad) o por dioses (lo cual no requiere tratamiento).

Además, aunque trastornos como la esquizofrenia son reportados en todo el mundo, los síntomas particulares del trastorno son influidos por factores culturales. Así, la esquizofrenia catatónica, que se manifiesta por la inmovilidad de los pacientes, los cuales parecen estar congelados en la misma posición hasta por días enteros, es muy poco frecuente en América del Norte y en Europa. En India, por el contrario, el 80% de quienes padecen esquizofrenia son catatónicos.

Otras culturas reportan trastornos que no se presentan en occidente. En Malasia, por ejemplo, algunos individuos presentan un comportamiento al que se denomina "amok", el cual se caracteriza por una explosión temperamental en la que el individuo, que acostumbra ser callado y reservado, mata o hiere de gravedad a otro. Además, un comportamiento llamado "koro", presente entre los hombres de Asia sudoriental, consiste en un pánico intenso a que su pene desaparezca en el interior de su abdomen. Por último, un trastorno que en ocasiones es reportado en las zonas rurales de Japón es el "kitsunetsuki"; los afectados creen que han sido poseídos por zorros y adoptan expresiones faciales características de ese animal (Carson, Butcher y Coleman, 1992).

En conclusión, no debemos suponer que el *DSM* representa la última palabra en cuanto a los trastornos psicológicos. Los trastornos que abarca son en gran medida una creación y una función de la cultura occidental en un momento específico del tiempo, por lo cual sus categorías no son susceptibles de aplicación universal.

Prevalencia de los trastornos psicológicos: el estado mental en Estados Unidos

¿Qué tan comunes son las formas de trastornos que se han expuesto? Aquí hay una respuesta: en Estados Unidos, cada segunda persona que se conoce tiene probabilidades de sufrir, en algún momento durante su vida, de un trastorno psicológico.

Al menos ésa es la conclusión de la investigación más reciente en ese país sobre la prevalencia de los trastornos psicológicos. En un estudio masivo, los investigadores realizaron entrevistas personales con más de 8 000 hombres y mujeres cuyas edades fluctuaban entre los 15 y los 54 años. La muestra fue diseñada para ser representativa de la población de Estados Unidos. De acuerdo con los resultados del estudio el 48% de los entrevistados experimentaron un trastorno en algún momento de sus vidas. Además, el 30% experimentó un trastorno en cualquier año determinado (Kessler, McGonagle, Zhao, Nelson, Hughes, Eshleman, Wittchen y Kendler, 1994).

El trastorno más común fue la depresión, con el 17% de los entrevistados reportando un episodio importante al menos una vez en su vida (véase la figura 12.3); el 10% de los entrevistados había sufrido depresión durante el año en curso. El trastorno con el segundo lugar en frecuencia fue la dependencia al alcohol, la cual ocurrió con un índice de ocurrencia durante la vida del 14%; además, el 7% de los entrevistados habían experimentado dependencia al alcohol durante el año anterior. Otros trastornos psicológicos frecuentes son la dependencia a los fármacos, los trastornos que implican el pánico (como el temor abrumador de hablar con extraños o terror a las alturas) y trastorno de estrés postraumático.

El estudio también encontró algunas diferencias de género inesperadas. Por ejemplo, el 12% de las mujeres experimentaron trastorno de estrés postraumático: un índice del doble que para los hombres. Los investigadores concluyeron que el trastorno de estrés postraumático, el cual ocurre después de una grave conmoción psicológica repentina, representa un riesgo psicológico importante para las mujeres.

Los resultados del estudio resaltan qué tanto se requieren los servicios de salud mental. Por ejemplo, alrededor del 14% de los entrevistados reportaron haber tenido tres trastornos psicológicos o más en algún momento durante sus vidas. Desde el punto de vista estadístico, las personas que integran este grupo, el cual es el segmento de la población que más necesita los servicios psicológicos, tienden a ser mujeres blancas residen-

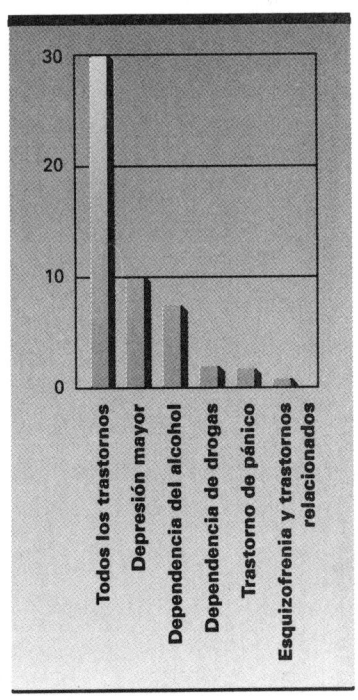

FIGURA 12.3 Porcentaje de personas en Estados Unidos que reportaron un trastorno psicológico en el año anterior. *(Kessler y cols., 1994.)*

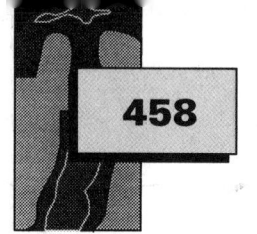
tes de la ciudad, de bajos ingresos y con escasa educación, con edades de entre los 20 y los 30 años.

A pesar de la frecuencia relativamente alta de trastornos psicológicos, los hallazgos no sugieren que Estados Unidos esté al borde de un colapso colectivo. Aunque los resultados indican que más personas de las esperadas experimentan los síntomas de un trastorno psicológico, no indican qué efecto han tenido en la familia, escuela o situaciones laborales de las personas. Además, el hallazgo del estudio de que sólo el 25% había buscado alguna vez ayuda profesional para sus problemas sugiere que muchas personas se recuperan por sí solas.

El consumidor de psicología bien informado

La decisión acerca de cuándo hace falta ayuda

Después de considerar la amplitud y variedad de las perturbaciones psicológicas que afectan al ser humano, no sería sorprendente que usted comenzara a sentir los síntomas de uno (o más) de los trastornos que se han abordado. De hecho, hay un nombre para esta situación: *enfermedad del estudiante de medicina*. Aunque en el presente caso podría haberse denominado de manera más apropiada "enfermedad del estudiante de psicología", los síntomas básicos son los mismos: sentir que sufre la misma clase de problemas que se encuentra estudiando.

Con la mayor frecuencia, por supuesto, sus preocupaciones serán infundadas. Como se ha expuesto, las diferencias entre el comportamiento normal y el anormal a menudo son tan ambiguas que es fácil llegar a la conclusión de que se tiene los mismos síntomas que están implicados en formas graves de perturbación mental.

Sin embargo, antes de llegar a esta conclusión, es importante tener en cuenta que de vez en cuando todos experimentamos una amplia gama de emociones y experiencias subjetivas, y no es inusual sentirse profundamente infeliz, fantasear acerca de situaciones extrañas o sentir ansiedad por las circunstancias de la vida. Es la persistencia, profundidad y consistencia de este comportamiento lo que separa a las reacciones normales de las anormales. Si antes no tuvo dudas serias sobre la normalidad de su comportamiento es improbable que leer sobre los trastornos psicológicos de otros lo incitara a revalorizar su conclusión anterior.

Por otra parte, muchas personas tienen problemas que justifican la preocupación y en tales casos es importante considerar la posibilidad de requerir ayuda profesional. Los siguientes lineamientos pueden ayudarle a determinar si una intervención externa podría ser útil (Engler y Goleman, 1992):

■ Presencia durante cierto tiempo de sentimientos de malestar que interfieran con la sensación de bienestar, competencia y capacidad para desempeñarse en forma adecuada en las actividades cotidianas.

■ Momentos en que se experimenta un nivel abrumador de estrés acompañado por sentimientos de incapacidad para afrontar la situación.

■ Depresión prolongada o sentimientos de desamparo, en especial cuando no se derivan de una causa evidente (como la muerte de una persona querida).

■ Aislamiento de los demás.

■ Problema físico crónico para el que no se puede determinar ninguna causa física.

■ Temor o compulsión que impide la realización de actividades cotidianas.

■ Sensación de que otras personas desean atraparlo o de que hablan acerca de usted y se confabulan en su contra.

■ Incapacidad para interactuar en forma adecuada con los demás, que le impide el desarrollo de amistades o de relaciones amorosas.

Los criterios que anteceden pueden servir como un conjunto general de pautas que le permiten determinar cuándo los problemas comunes de la vida cotidiana van más allá del punto hasta el cual usted es capaz de enfrentarlos sin ayuda. En estas circunstancias, lo menos indicado será que usted repase todos los trastornos que hemos comentado buscando acomodarse dentro de una de estas categorías. Una estrategia mucho más razonable consiste en buscar ayuda de un especialista, una posibilidad sobre la que hablamos en el siguiente capítulo.

RECAPITULACIÓN Y REVISIÓN

Recapitulación

- Los trastornos sexuales, los trastornos debido a uso de sustancias psicoactivas y los trastornos mentales orgánicos son otras formas frecuentes de comportamiento anormal.
- Lo que es considerado comportamiento anormal varía de una cultura a otra.
- Casi la mitad de todos los habitantes de Estados Unidos ha sufrido un trastorno psicológico en algún momento de sus vidas.
- Puede usarse varios lineamientos para determinar cuándo se justifica la ayuda profesional para un trastorno psicológico.

Revisión

1. La versión más reciente del *DSM* es considerada el lineamiento definitivo para la clasificación de los trastornos mentales. ¿Cierto o falso?

2. El _____, que se caracteriza por cambios incapacitantes graves en el estado de ánimo o depresión, relacionados con el ciclo menstrual de la mujer, fue agregado finalmente al apéndice del *DSM-IV* a pesar de la controversia que rodeó su inclusión.

3. Relacione el trastorno con la cultura en la que es más común:
   1. Amok
   2. Anorexia nervosa
   3. Kitsunetsuki
   4. Esquizofrenia catatónica

   a. India
   b. Malasia
   c. Estados Unidos
   d. Japón

4. Investigaciones recientes sobre la prevalencia de los trastornos psicológicos han encontrado que el más común es _____, con el 17% de los entrevistados que reportaron un episodio importante al menos una vez en su vida.

Pregúntese a sí mismo

La sociedad y la cultura pueden tener un fuerte impacto en la determinación de lo que se considera comportamiento normal y anormal. ¿Cómo "revisaría" usted el *DSM-IV* para reflejar con mayor precisión las diferencias culturales en la determinación de los trastornos psicológicos?

(Las respuestas a las preguntas de la revisión aparecen en la página 461.)

UNA MIRADA RETROSPECTIVA

¿Cómo podemos distinguir el comportamiento normal del anormal?

1. La definición más aceptable del comportamiento anormal se sustenta en las consecuencias psicológicas de éste: son anormales si producen una sensación de molestia, ansiedad o culpa, o si perjudican a otras personas. Otra definición útil considera anormales a las personas que no se pueden adaptar a la sociedad y que son incapaces de desempeñarse con efectividad. También hay definiciones legales que ponderan si una persona está "loca", el cual es un término legal, no psicológico.

2. No hay una definición que sea adecuada por completo. Por tanto, es razonable considerar el comportamiento normal y el anormal en función de gradaciones, que varían del funcionamiento enteramente normal al comportamiento anormal en extremo. Es evidente que el comportamiento encaja en forma típica en algún lugar entre estos dos extremos.

¿Cuáles son los principales modelos de comportamiento anormal empleados por los especialistas en salud?

3. El modelo médico explica el comportamiento anormal como el síntoma de una enfermedad subyacente que precisa de una cura. El modelo psicoanalítico sostiene que el comportamiento anormal es causado por conflictos inconscientes que se generan por experiencias del pasado. Para resolver sus problemas psicológicos, las personas deben solucionar los conflictos del inconsciente.

4. En contraste con los modelos médico y psicoanalítico, el enfoque conductual concibe al comportamiento anormal no como un síntoma de algún problema subyacente, sino como el problema mismo. Para resolver el problema es preciso modificar el comportamiento.

5. La perspectiva cognitiva, a la que a menudo se denomina el enfoque cognitivo-conductual, afirma que el comportamiento anormal es el resultado de cogniciones erróneas. Desde este punto de vista, es posible corregir el comportamiento anormal mediante la modificación de las cogniciones (pensamientos y creencias).

6. Los enfoques humanistas conciben a las personas como seres racionales que están motivados para llevarse bien con los demás; el comportamiento anormal se interpreta como una dificultad para satisfacer las necesidades personales. Se asume que las personas tienen control sobre sus vidas y que son capaces de resolver sus propios problemas.

7. Para los enfoques socioculturales el comportamiento anormal se deriva de dificultades familiares y de otro tipo de relaciones sociales. El modelo sociocultural se centra en factores como el nivel socioeconómico y las reglas que utiliza la sociedad para definir a los comportamientos normal y anormal.

¿Qué sistema de clasificación se utiliza para catalogar el comportamiento humano anormal?

8. En la actualidad el sistema que más se utiliza para clasificar el comportamiento anormal es el *DSM-IV* (*Manual diagnóstico y estadístico de los trastornos mentales* [cuarta edición]).

¿Cuáles son los principales trastornos psicológicos?

9. Los trastornos de ansiedad se presentan cuando una persona experimenta la ansiedad de forma tal que entorpece su desempeño cotidiano. Formas específicas de trastornos de ansiedad incluyen el trastorno de ansiedad generalizada, el trastorno de pánico, las fobias y el trastorno obsesivo-compulsivo. El trastorno de ansiedad generalizada se produce cuando una persona experimenta una ansiedad duradera sin razón evidente. Los trastornos de pánico implican ataques de pánico, los cuales son sentimientos súbitos e intensos de ansiedad. Las fobias se caracterizan por miedos intensos e irracionales acerca de situaciones y objetos específicos. Las personas que sufren el trastorno obsesivo-compulsivo manifiestan obsesiones (pensamientos o ideas recurrentes) o compulsiones (comportamientos repetitivos indeseables).

10. Los trastornos somatoformes son desórdenes psicológicos que se manifiestan a través de padecimientos físicos. Un ejemplo de ellos es la hipocondriasis, en la que se produce un miedo continuo a enfermarse, así como una preocupación por las enfermedades en general. Otro trastorno somatoforme es el trastorno de conversión, en el que se produce un problema físico real sin que exista una causa fisiológica que lo produzca.

11. Los trastornos disociativos se caracterizan por la división, o disociación, de partes cruciales de la personalidad que suelen estar integradas; existen tres formas principales de tales trastornos: el trastorno disociativo de la identidad, la amnesia disociativa y la fuga disociativa.

¿Cuáles son los tipos más graves de trastornos psicológicos?

12. Los trastornos del estado de ánimo implican estados emocionales de depresión o euforia con fuerza suficiente para afectar la vida cotidiana. Durante los ataques de depresión mayor las personas experimentan una tristeza tan profunda que puede provocarles comportamientos suicidas. En el trastorno bipolar los individuos afectados oscilan desde un estado de manía, en el que se experimenta una sensación de júbilo y poder, hasta estados de depresiones.

13. La esquizofrenia es una de las formas más graves de enfermedad mental. Sus manifestaciones incluyen disminución del rendimiento personal, perturbaciones del lenguaje y del pensamiento, delirios, trastornos, desórdenes emocionales y un aislamiento de los demás. Existen evidencias claras que vinculan la esquizofrenia con factores genéticos, bioquímicos y ambientales. De acuerdo con el modelo de la predisposición, lo más probable es que se produzca una interacción entre diversos factores.

14. Las personas que sufren de trastornos de la personalidad experimentan poca o ninguna angustia personal, pero no pueden desempeñarse como miembros normales de la sociedad. El tipo más conocido de trastorno de la personalidad es el trastorno antisocial de la personalidad o sociopático, en el que se ignoran las reglas éticas y morales de la sociedad. La personalidad narcisista se caracteriza por un sentido exagerado de importancia personal.

15. Existen muchas otras categorías de trastornos que incluyen los trastornos sexuales, los trastornos por uso de sustancias psicoactivas y los trastornos mentales orgánicos.

16. Los estudiantes de psicología son susceptibles al mismo tipo de "enfermedad" que afecta a los de medicina: la percepción de que padecen alguna de las enfermedades que están estudiando. Sin embargo, a menos que las dificultades psicológicas sean persistentes, profundas y consistentes, es poco probable que sus preocupaciones sean válidas.

¿Qué indicadores señalan la necesidad de ayuda de un especialista en salud mental?

17. Algunas señales específicas indican la necesidad de buscar ayuda profesional. Entre éstas puede hallarse un malestar psicológico duradero, sensación de incapacidad para afrontar el estrés, sentimientos prolongados de desamparo, aislamiento de los demás, problemas físicos crónicos sin causa aparente, fobias y compulsiones, paranoia e incapacidad para las relaciones interpersonales.

TÉRMINOS Y CONCEPTOS CLAVE

modelo médico de la anormalidad
(p. 429)
modelo psicoanalítico de la
anormalidad (p. 430)
modelo conductual de la anormalidad
(p. 431)
modelo cognitivo de la anormalidad
(p. 431)
modelo humanista de la anormalidad
(p. 431)
modelo sociocultural de la
anormalidad (p. 432)
*Manual diagnóstico y estadístico de
los trastornos mentales* (cuarta
edición) (*DSM-IV*) (p. 433)

trastorno de ansiedad (p. 437)
trastorno de ansiedad generalizada
(p. 437)
trastorno de pánico (p. 437)
fobias (p. 437)
trastorno obsesivo-compulsivo
(p. 438)
obsesión (p. 438)
compulsiones (p. 439)
trastornos somatoformes (p. 440)
trastorno de conversión (p. 440)
trastornos disociativos (p. 441)
trastorno disociativo de la identidad o
personalidad múltiple
(p. 441)

amnesia disociativa (p. 442)
fuga disociativa (p. 443)
trastornos del estado de ánimo
(p. 444)
depresión mayor (p. 444)
manía (p. 446)
trastorno bipolar (p. 446)
desamparo aprendido (p. 447)
esquizofrenia (p. 448)
trastorno de la personalidad
(p. 453)
trastorno antisocial de la personalidad
o sociopatía (p. 453)
trastorno narcisista de la personalidad
(p. 454)

RESPUESTAS A LA REVISIÓN ANTERIOR

1. Falso; la elaboración de la versión más reciente del *DSM* fue una fuente de gran controversia que refleja en parte los problemas que dividen a la sociedad   **2.** trastorno disfórico premenstrual
3. 1-b, 2-c, 3-d, 4-a   **4.** depresión

TRATAMIENTO DE LOS TRASTORNOS PSICOLÓGICOS

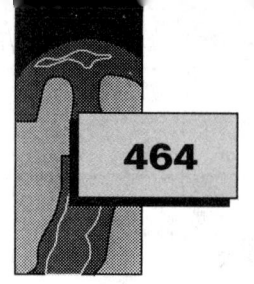

PRÓLOGO

La conquista de la esquizofrenia

Durante semanas habían practicado pasos de baile, habían comprado trajes de etiqueta, se habían preocupado por sus peinados y por lo que le dirían a sus parejas. Ahora la banda Big City estaba subiendo el volumen y el salón de baile entero empezaba a sacudirse. Brandon Fitch, que usaba un traje a rayas y con una sonrisa de oreja a oreja, bailaba con Daphne Moss, una rubia que traía puestas zapatillas de tacón alto, un vestido floreado y un ramillete blanco que había deleitado a su padre porque él lo había cortado. Kevin Buchberger, por lo general callado, saltó a la pista de baile y se animó a bailar un boogie por primera vez en su vida, mientras Kevin Namkoong tomó una guitarra eléctrica e improvisó con la banda. El baile de gala en Case Western Reserve University había llegado a su clímax.

Pero éste era un baile de graduación como casi nunca se ha visto. La mayoría de los 175 participantes tenía más de 30 años de edad; habían perdido los bailes de gala de su juventud —junto con otros ritos de iniciación de la adolescencia—. No pregunten dónde estaban a los 18 o 21. Los recuerdos son demasiado fríos, demasiado fragmentados para ser transmitidos. Habían organizado este baile de gala "más vale tarde que nunca" para celebrar su notable "despertar" a la realidad después de muchos años de haber estado perdidos en la oscuridad de la esquizofrenia. Los juerguistas eran, en cierto sentido, las personificaciones sonrientes y bailadoras de una nueva forma de terapia farmacológica que está revolucionando la forma en que los doctores están tratando con la esquizofrenia: la más terrible de las enfermedades mentales…

Moss, Buchberger, Fitch y sus compañeros de baile fueron despertados de su larga pesadilla de locura por un fármaco notable llamado clozapina (nombre comercial: Clozaril). La cena-baile, organizada con ayuda de los psiquiatras y consejeros de los Hospitales Universitarios afiliados a la Case Western Reserve, en Cleveland, sirvió como una celebración agridulce de pérdida compartida y esperanza recuperada. "Aquellos de nosotros que estamos enfermos viajamos por una senda diferente", dijo el líder del baile Fitch en un discurso muy oportuno dirigido a sus compañeros refugiados de la locura. "Nos hubiera gustado asistir a nuestros bailes de graduación, pero el destino no nos dio esa oportunidad." (Wallis y Willwerth, 1992, p. 53)

UN VISTAZO ANTICIPATORIO

El fármaco que ha brindado nueva vida a personas como Daphne Moss, Kevin Buchberger y Brandon Fitch es sólo uno de muchos que, junto con otros enfoques de tratamiento

Brandon Fitch, un esquizofrénico que recibe tratamiento exitoso con clozapina, por fin puede disfrutar del baile de graduación que su enfermedad causó que perdiera unos 15 años antes.

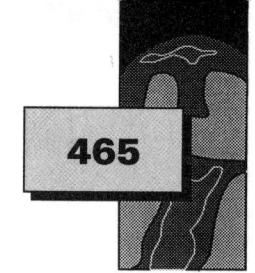

nuevos, han revolucionado el tratamiento de los trastornos psicológicos en las últimas décadas. Aunque literalmente hay cientos de enfoques de tratamiento diferentes, que van desde consultas de una sola sesión de consejería informal hasta terapia farmacológica a largo plazo, todas persiguen una meta común: el alivio de los desórdenes psicológicos, con el fin de lograr que las personas posean vidas más significativas, ricas y satisfactorias.

En este capítulo exploramos diversos temas básicos relacionados con el comportamiento anormal: ¿Cómo se atiende a quienes padecen de trastornos psicológicos? ¿Quién debe brindar el tratamiento? ¿Qué deben esperar para el futuro las personas con perturbaciones graves? ¿Cuál es el enfoque terapéutico más recomendable? ¿Existe alguna terapia mejor que las demás? ¿Es efectiva *realmente* alguna de las terapias? ¿Cómo se elige el tipo "adecuado" de terapia y de terapeuta para cada caso?

En su mayoría, este capítulo examina los enfoques que se utilizan para el tratamiento de los trastornos psicológicos. A pesar de su diversidad, estos puntos de vista se pueden clasificar en dos jerarquías principales: la terapia con base biológica y la terapia con base psicológica. La terapia que descansa sobre una base psicológica, o **psicoterapia**, es el proceso en el que el paciente (al que también se le suele llamar cliente) y un especialista intentan remediar las dificultades psicológicas. En la psicoterapia se hace relevante el cambio como resultado de la conversación e interacciones que se realizan entre el terapeuta y el cliente. En contraste, el **tratamiento con base biológica** se apoya en fármacos y otros procedimientos médicos para mejorar el desempeño psicológico.

Es importante tener presente que al describir los distintos enfoques de la terapia, a pesar de que las diferencias parezcan muy claras, existe un alto grado de superposición en las clasificaciones y procedimientos que se realizan, y hasta en la capacitación y los títulos que obtienen los distintos terapeutas (véase el cuadro 13.1). De hecho, muchos terapeutas aplican diversos métodos al mismo paciente; a esto se le llama *enfoque ecléctico de la terapia*. Si asumimos que con frecuencia el comportamiento anormal se produce a partir de procesos psicológicos y biológicos, es posible que los terapeutas eclécticos utilicen en forma simultánea diversas perspectivas, en un intento por dar respuesta a los aspectos psicológicos y biológicos de los problemas de una persona (Goldfried y Castonguay, 1992; Freedheim, 1992; Stricker y Gold, 1993).

Psicoterapia: proceso en el que el paciente (cliente) y el especialista tratan de remediar los problemas psicológicos del primero

Tratamiento con base biológica: enfoque de terapia que emplea fármacos y otros procedimientos médicos a fin de mejorar el desempeño psicológico

---

CUADRO 13.1   Obtener ayuda de la persona adecuada

Psicólogo clínico
Profesional en psicología que se especializa en la evaluación y tratamiento de problemas psicológicos

Psicólogo consejero
Psicólogo que suele tratar problemas de adaptación a la vida cotidiana en un escenario de asesoría, como puede ser una clínica universitaria de salud mental

Psiquiatra
Médico con un entrenamiento a nivel de posgrado sobre comportamiento anormal que puede recetar medicamentos como parte del tratamiento

Psicoanalista
Médico o psicólogo que se especializa en psicoanálisis, técnica de tratamiento desarrollada originalmente por Freud

Trabajador social psiquiátrico
Profesional con grado universitario y con capacitación especializada para tratar personas en el hogar y la comunidad

Cada uno de estos especialistas capacitados puede otorgar asesoría y guía útiles, aunque la naturaleza del problema que experimenta la persona puede hacer que uno u otro de ellos sea más conveniente. Por ejemplo, una persona que padece de una grave perturbación y ha perdido contacto con la realidad en forma típica habrá de requerir una terapia con base biológica; en ese caso, un psiquiatra —que es un médico— será la mejor elección. Por otra parte, los que sufren de trastornos menores, como dificultades para adaptarse tras la muerte de un miembro de la familia, tienen una posibilidad de elección más amplia que puede incluir a cualquiera de los especialistas que se enumeran en el cuadro. La decisión se puede facilitar por medio de consultas iniciales con especialistas en instituciones de salud mental en las comunidades, universidades y organizaciones de salud, las cuales suelen ofrecer guías para la elección del terapeuta adecuado.

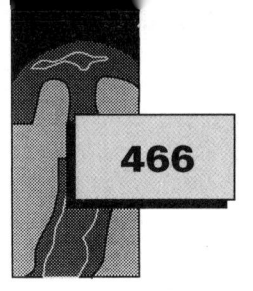

- *¿Cuáles son los objetivos de los tratamientos con base psicológica y de los que tienen base biológica?*
- *¿Cuáles son los tipos fundamentales de psicoterapia?*

LA PSICOTERAPIA: ENFOQUES PSICOLÓGICOS DEL TRATAMIENTO

ALICIA: Un día que pensaba en los patrones desarrollé una manera para hacer que la gente se sintiera más cómoda conmigo y que las cosas evolucionaran en forma armoniosa…

TERAPEUTA: Es decir, todo lo que usted hizo siempre fue con la intención de que las cosas se desarrollaran con armonía y de que las demás personas se sintieran más cómodas en cada situación.

ALICIA: Creo que así es. Pienso que quizá la razón por la cual lo hice no fue porque yo haya sido la buena samaritana que iba de un lado a otro para hacer feliz a la gente, sino tal vez a que ése era el papel más sencillo de realizar para mí. Lo he desempeñado en casa desde hace mucho. Fue sólo que no sostenía mis convicciones, hasta que ya no supe si tenía alguna convicción por la cual actuar.

TERAPEUTA: Usted siente que desde hace mucho tiempo tiene la consigna de suavizar los conflictos o diferencias entre…

ALICIA: Ajá…

TERAPEUTA: Esto sucedía en lugar de sostener cualquier opinión o reacción sobre su propia situación. ¿No es así? (Rogers, 1951, pp. 152-153).

MARTHA: El problema más importante es que me preocupa mi familia y el dinero, por lo que nunca logro relajarme.

TERAPEUTA: ¿Por qué le preocupa su familia? Analicemos eso antes que nada. ¿Qué es en su opinión lo que debe preocuparle? Su familia ciertas exigencias a las que no desea adherirse.

MARTHA: Me educaron en una forma en que debo pensar en no ser egoísta.

TERAPEUTA: ¡Vaya, tendremos que sacarle *eso* de la cabeza!

MARTHA: Pienso que ése es uno de mis problemas fundamentales.

TERAPEUTA: Así es. La educaron para ser una al de Florence Nightingale…

MARTHA: Y ahora quiero alejarme de eso. Por ejemplo, me llaman y me dicen: "¿Por qué no vienes el domingo?" Y si yo les digo: "No, estoy ocupada", en lugar de responder: "No, iré cuando me sea posible", es seguro que se sentirán ofendidos y a mí se me revuelve el estómago.

TERAPEUTA: Esto es porque usted se dice a sí misma: "Otra vez soy muy mala al no dedicarme por entero a mi familia." Siempre que piense esa tontería, su estómago o cualquier otra parte de su cuerpo la molestará. Pero es su *filosofía*, su *creencia*, su *sentencia* contra sí misma: "¡No soy buena! ¿Cómo pude hacer algo tan terrible?" *Eso* es lo que hace que se le revuelva el estómago. Pero esta idea es un enunciado falso. ¿Por qué es mala sólo por preferirse a sí misma sobre su familia? Porque de eso se trata. *¿Quién* dice que usted no es buena? ¿Jesucristo? ¿Moisés? ¿Quién fue? La respuesta es: sus padres. Y puesto que ellos lo han dicho, usted lo cree. Pero, ¿quién demonios son ellos? (Ellis, 1974, pp. 223-286).

SANDY: Mi padre… nunca se interesó por nosotros. (Comienza a llorar.) Fue mi madre, que en paz descanse, la que nos amó, mi padre no. La obligó a trabajar hasta matarla. ¡Cuánto la extraño! (Llora desconsolada.) Debo parecer enojada contra mi padre. ¿No cree que tengo derecho a estar enojada?

TERAPEUTA: ¿Cree usted tener derecho a estar enojada?

SANDY: ¡Claro que sí! ¿Por qué lo pregunta? Usted no me cree, ¿verdad?

TERAPEUTA: Sandy, usted quiere que le crea.

SANDY: No me importa si me cree o no. Para mí usted sólo es una pared a la que le estoy hablando; no sé por qué pagué por esta estúpida consulta. ¿No tiene sentimientos en absoluto? Sé muy bien lo que piensa; cree que estoy loca; de seguro se ríe de mí. ¡Quizá yo sea uno de los casos de su nuevo libro! Sólo está allí sentado, con una sonrisa estúpida y haciéndome sentir que soy una mala persona y pensando que es un error que me sienta enojada, que no tengo ningún derecho a estar enojada.

TERAPEUTA: Igual que su padre.

SANDY: Sí, usted es como mi padre. ¡Ay, Dios! En este momento sentí que hablaba con él. (Sue, Sue y Sue, 1990, pp. 514-515.)

Tal como lo ilustran los fragmentos de sesiones reales, la terapia para los trastornos psicológicos está lejos de ser un proceso uniforme. En el primer caso, el terapeuta refleja en forma continua lo que dice Alicia y le devuelve sus propias observaciones. En contraste, el terapeuta del segundo fragmento es más activo e instiga y anima a la paciente. Por último, el tercer extracto presenta a un terapeuta que habla muy poco; las respuestas a las declaraciones de Sandy carecen por completo de compromiso.

A pesar de que difieren en muchos aspectos, todos los enfoques psicológicos visualizan el tratamiento como un modo de resolver los problemas psicológicos al propiciar el cambio de comportamiento de las personas, ayudándolas a comprenderse mejor a sí mismas y a su pasado, presente y futuro. Examinaremos cuatro de las principales psicoterapias: la psicodinámica, la conductual, la cognitiva y la humanista, las cuales se basan en los distintos modelos del comportamiento anormal que se comentaron en el capítulo 12.

El tratamiento psicodinámico: penetrar en el inconsciente

La **terapia psicodinámica** se sustenta en la premisa, que sugirió por primera vez Freud en su enfoque psicoanalítico de la personalidad, de que las fuentes primarias del comportamiento anormal son conflictos no resueltos del pasado, así como la posibilidad de que algunos impulsos inconscientes e inaceptables invadan las partes conscientes de la mente. Para hacer frente a esta posibilidad productora de ansiedad, las personas emplean *mecanismos de defensa*: estrategias psicológicas que los protegen de estos impulsos inconscientes (véase el capítulo 11).

Terapia psicodinámica: tratamiento que se basa en la idea, sugerida la primera vez por Freud, de que las fuentes básicas del comportamiento anormal son los conflictos sin resolver del pasado y la ansiedad

El mecanismo de defensa más común es la represión, en la que los conflictos e impulsos amenazadores se envían de regreso al inconsciente. Aunque la represión ocurre en forma típica, esos conflictos e impulsos inaceptables nunca se entierran por completo. Por tanto, parte de la ansiedad que se relaciona con ellos puede provocar un comportamiento anormal que asumirá la forma a la que Freud dio el nombre de *síntomas neuróticos*.

¿Cómo puede eliminarse la ansiedad producida por la represión de los impulsos y las pulsiones inconscientes no deseadas? Para Freud la respuesta radicó en confrontar los conflictos y los impulsos de la parte inconsciente de la mente al transportarlos a la parte consciente. Freud supuso que este método reduciría en gran medida la ansiedad derivada de los conflictos pasados, con lo cual el paciente podría participar con mayor efectividad en su vida cotidiana.

Por tanto, el terapeuta psicodinámico se enfrenta al reto de poder habilitar al paciente para que explore y comprenda su propio inconsciente. La técnica desarrollada cuenta con distintos componentes, pero consiste básicamente en conducir a los pacientes a reflexionar y comentar, con sumo detalle, sus experiencias del pasado, desde la época de sus primeros recuerdos. Se asume que este proceso debe conducir a los pacientes a un enfrentamiento con crisis, traumas y conflictos ocultos durante largo tiempo, que les produce ansiedad en su vida adulta. También sostiene que a partir de ese momento serán capaces de "abrirse paso" por estas dificultades —al comprender y rectificar—.

Psicoanálisis: terapia psicodinámica que requiere sesiones frecuentes y que se prolonga durante varios años

El psicoanálisis: la terapia de Freud   La terapia freudiana clásica, también llamada **psicoanálisis,** tiende a ser un proceso largo y caro. Es frecuente que los pacientes se reúnan con el terapeuta una hora diaria, de cuatro a seis días a la semana, a lo largo de varios años. En dichas sesiones se suele utilizar una técnica que desarrolló Freud llamada *asociación libre.* Se le pide al paciente que diga en voz alta lo primero que le venga a la mente, en forma independiente de que en apariencia no tenga importancia o sentido. De hecho, se le pide que *no* trate de encontrar sentido a las cosas y que evite imponer una lógica a lo que relata, puesto que se supone que sus divagaciones durante la asociación libre son claves muy importantes del inconsciente, el cual posee su lógica propia. Reconocer y catalogar las conexiones entre lo que el paciente dice y su inconsciente es labor del analista (Auld y Hyman, 1991).

Otra herramienta importante para el terapeuta es la *interpretación de los sueños.* Como se dijo en el capítulo 4, éste es un examen de los sueños para encontrar claves que revelen los conflictos del inconsciente y los problemas que experimenta el paciente. Según Freud, los sueños ofrecen una posibilidad para observar de cerca al inconsciente, puesto que las defensas de las personas tienden a disminuir cuando duermen. Pero también en los sueños se censuran los pensamientos; en ellos los sucesos y las personas suelen estar representados por símbolos. Debido a este fenómeno, es preciso rebasar la descripción superficial del sueño, o *contenido manifiesto,* y abordar el sentido subyacente, o *contenido latente,* el cual descubre el verdadero mensaje del sueño.

La asociación libre y la interpretación de los sueños no siempre permiten avanzar con rapidez. Las mismas fuerzas inconscientes que al principio produjeron la represión, después pueden operar para dejar fuera de la conciencia a las dificultades del pasado, por lo que generan resistencia. La *resistencia* es la incapacidad o carencia de disposición para revelar o discutir recuerdos, motivaciones o pensamientos específicos. Ésta se puede expresar en diversos modos. Por ejemplo, el paciente puede hablar acerca de un recuerdo de la infancia y olvidar de repente lo que decía, o cambiar el tema en forma súbita. Es tarea del terapeuta detectar los casos de resistencia e interpretar su sentido, así como asegurarse de que el paciente retome el tema, el cual es probable que encierre recuerdos difíciles o dolorosos para él.

Como consecuencia de la interacción estrecha que se establece entre el paciente y el psicoanalista, la relación entre ambos suele tener una carga emocional, la cual llega a adquirir una complejidad tal que la hace diferente de los demás tipos de relaciones. El paciente puede llegar a considerar al analista como si fuera un símbolo de otras personas o situaciones del pasado, tal vez de un progenitor o de una pareja, y asignar algunos de los sentimientos que tenía hacia esa persona al analista. Este fenómeno se denomina *transferencia.*

El terapeuta puede emplear la transferencia para ayudar al paciente a recrear relaciones del pasado que fueron psicológicamente difíciles. Por ejemplo, si un paciente que experimenta la transferencia encuentra simbolizado en el terapeuta a su padre —con quien tuvo una relación difícil— el paciente y el terapeuta pueden "recrear" una interacción anterior e incluir ahí aspectos más positivos. Por medio de este proceso es posible resolver conflictos que impliquen al padre. (Los psicoanalistas podrán ver un ejemplo de transferencia en el comentario de Sandy, en el ejemplo de terapia que se presentó antes en este capítulo, cuando le dice al terapeuta que él es "como su padre").

Alternativas contemporáneas al psicoanálisis   Tiempo y dinero: los pacientes que se someten al psicoanálisis necesitan mucho de ambos. Es fácil deducir que son pocas las personas que tienen el tiempo, el dinero o la paciencia que requiere el psicoanálisis tradicional. Además, no existen evidencias de que el psicoanálisis, tal como lo concibió en forma original Freud, es mejor que otras versiones contemporáneas de la terapia psicodinámica. En la actualidad, por ejemplo, la terapia psicodinámica es más corta, y por lo general no dura más de tres meses o veinte sesiones. Con este método el terapeuta tiene un papel más activo que el planteado por Freud, pues controla el curso de la terapia, y asesora y dirige al paciente en forma más directa. Por último, ya ha disminuido la relevancia que se le asignaba a la historia previa e infantil del paciente. En lugar de ello,

el terapeuta se sitúa en un punto más centrado en el aquí y el ahora, en el cual se concentra en las relaciones actuales del paciente y en sus quejas específicas (MacKenzie, 1990; Ursano, Sonnenberg y Lazar, 1991; HMHL, 1994b).

No obstante las modificaciones actuales, la terapia psicodinámica tiene críticos. Sigue siendo costosa y larga, en especial cuando se le compara con otras formas de psicoterapia, de las que hablaremos más adelante. Como se dijo, requiere de mucho tiempo y dinero. Además, sólo algunos pacientes son buenos candidatos para este método: los que sufren de trastornos de ansiedad y aquellos que son muy articulados. Estas características han sido designadas como un estereotipo del paciente perfecto conocido como JAVIE: un paciente que es joven, atractivo, verbal, inteligente y exitoso (Schofield, 1964).

A final de cuentas el interés principal acerca del tratamiento psicodinámico es si en verdad funciona, y para esto no se encuentra respuesta alguna. Las técnicas de intervención psicodinámica son controvertidas desde que Freud las presentó. Parte del problema está en la dificultad para determinar si los pacientes mejoraron o no después de la terapia psicodinámica. Sólo se puede depender de informes elaborados por los terapeutas o por los mismos pacientes, y es evidente que dichos informes son susceptibles de sesgos y de interpretaciones subjetivas.

Sus críticos cuestionan la base de la teoría psicodinámica e incluso sostienen que no hay pruebas de la existencia de estructuras tales como el inconsciente. No obstante las numerosas críticas, el tratamiento psicodinámico sigue siendo una técnica viable. Desde la perspectiva de quienes la realizan, no sólo ofrece el tratamiento efectivo a muchos tipos de perturbaciones psicológicas, sino que permite el desarrollo potencial en un nivel poco común de perspicacia acerca de la vida interior del individuo (Fonagy y Moran, 1990; Crits-Cristoph, 1992; Shapiro y Emde, 1994).

Enfoques conductuales de tratamiento

Es posible que cuando usted era niño sus padres lo recompensaban con un helado cuando se portaba muy bien... o lo recluían en su cuarto si se portaba mal. Los principios que subyacen a estas prácticas de crianza son válidos: el comportamiento correcto se mantiene por medio del reforzamiento, mientras que pueda eliminarse el no deseado se elimina por medio del castigo, como vimos en el capítulo 5.

Estos principios son los básicos de los **enfoques conductuales de tratamiento**. Elaborados con base en los procesos fundamentales del aprendizaje expresados en el condicionamiento clásico y el operante, los enfoques conductuales del tratamiento se

Enfoques conductuales de tratamiento: enfoques empleados para tratar el comportamiento anormal que suponen que el comportamiento normal y el anormal son aprendidos, y que el tratamiento más adecuado consiste en aprender nuevas conductas y desaprender comportamientos desadaptativos

Los terapeutas centrados en el cliente buscan crear un ambiente cálido y de apoyo como el que proporcionan los amigos.

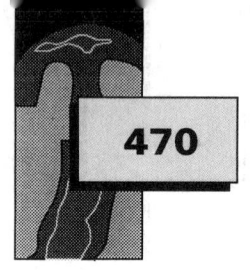
apoyan en un supuesto fundamental: tanto el comportamiento normal como el anormal son *aprendidos*. Las personas que exhiben un comportamiento anormal no han aprendido las habilidades necesarias para enfrentar los problemas de la vida cotidiana, o bien, han adquirido habilidades y patrones erróneos que son mantenidos por algún tipo de reforzamiento. Por tanto, para lograr modificar el comportamiento anormal, los enfoques conductuales proponen que las personas deben aprender comportamientos nuevos para remplazar las habilidades equívocas que desarrollan, y desaprender sus patrones de comportamiento maladaptativos (Bellack, Hersen y Kazdin, 1990; Wilson y Agras, 1992; Bergin y Garfield, 1994).

Para los psicólogos conductuales no es necesario buscar en el pasado de las personas o en su psique. En lugar de concebir este comportamiento como un síntoma de algún problema subyacente, suponen que, en sí mismo, el comportamiento es el problema que necesita modificarse. El cambio del comportamiento de las personas con el fin de permitirles desempeñarse de modo más efectivo resuelve el problema, sin que haya que preocuparse acerca de la causa subyacente. Por tanto, desde esta perspectiva, se resuelve el problema si se modifica el comportamiento anormal.

Enfoques del condicionamiento clásico   Si usted le diera una mordida a su chocolate preferido y luego se diera cuenta de que está infestado de hormigas y que se tragó varias, de inmediato le daría asco y vomitaría. ¿Cuál sería su reacción a largo plazo? Nunca volvería a comer ese tipo de chocolate y pueden transcurrir meses antes de que vuelva a probar cualquier otro.

Este ejemplo sencillo le dará una pista acerca de cómo podría usarse el condicionamiento clásico para modificar algún comportamiento. Trate de recordar la exposición del capítulo 5; en ésta se dijo que cuando un estímulo que evoca una respuesta negativa de modo natural (como puede ser un sabor desagradable o un chorro de aire en la cara) se presenta junto con un estímulo previamente neutro (como puede ser el sonido de una campana), el estímulo neutro por sí mismo puede evocar una respuesta negativa similar. Con el empleo de este procedimiento, que desarrolló por primera vez Iván Pavlov, es posible crear reacciones desagradables ante estímulos que antes fueron agradables —quizás en exceso— para un individuo. Esta técnica, a la que también se llama *condicionamiento aversivo*, se emplea en el tratamiento contra el alcoholismo, consumo de drogas y adicción al tabaco.

El procedimiento básico del condicionamiento aversivo es relativamente simple. Por ejemplo, a una persona que tenga problema de alcoholismo se le administra una bebida alcohólica junto con un fármaco que produce náuseas y vómito. Después de haber suministrado juntos la bebida y el fármaco varias veces, el alcohol por sí mismo se asociará con el vómito, lo cual elimina por completo el placer que antes generaba. De hecho, lo que suele ocurrir es que ante la vista u olor del alcohol se desencadena la reacción aversiva.

A pesar de que la terapia aversiva funciona de manera aceptable cuando se intenta inhibir los problemas relacionados con el consumo de determinadas sustancias, como alcohol, así como en algunos tipos de desórdenes sexuales, la efectividad a largo plazo es cuestionable. Además, se plantean serios cuestionamientos de índole moral con respecto a las técnicas de aversión que utilizan estímulos tan potentes como las descargas eléctricas —las cuales se emplean sólo en los casos más extremos (automutilación, por ejemplo)— en lugar de fármacos que tan sólo producen malestar gástrico (Russo, Carr y Lovaas, 1980). Sin embargo, es evidente que la terapia de aversión es un procedimiento importante para eliminar durante algún periodo respuestas maladaptativas, lo cual ofrece, aunque sea sólo en forma temporal, la oportunidad de fortalecer patrones más adaptativos de comportamiento (Harris y Handleman, 1990).

El tratamiento basado en el condicionamiento clásico con más éxito es conocido como **desensibilización sistemática**. Mediante este procedimiento se enseña al paciente a relajarse y después se le expone de manera gradual a estímulos generadores de ansiedad con el fin de extinguir la respuesta de ansiedad (Rachman y Hodgson, 1980; Wolpe, 1990; J. Smith, 1990).

Desensibilización sistemática: procedimiento en el que una respuesta de relajación es apareada repetidas veces con un estímulo que produce ansiedad con el fin de eliminarla

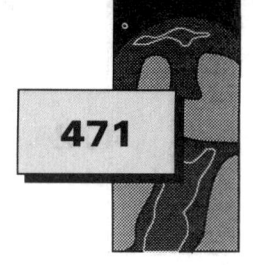

CUADRO 13.2 Cómo producir la respuesta de relajación

Paso 1. Escoja una palabra o frase corta central que esté arraigada con firmeza en su sistema de creencias personal. Por ejemplo, un individuo no religioso podría elegir una palabra neutra como *uno*, *paz* o *amor*. Una persona cristiana que desee usar una oración podría escoger las palabras iniciales del salmo 23, *El Señor es mi pastor*; un judío podría elegir *Shalom*.

Paso 2. Siéntese en silencio en una posición cómoda.

Paso 3. Cierre los ojos.

Paso 4. Relaje sus músculos.

Paso 5. Respire despacio y en forma natural, y repita su palabra o frase central en silencio mientras exhala.

Paso 6. Asuma una actitud pasiva durante todo el tiempo. No se preocupe acerca de si lo está haciendo bien. Cuando otros pensamientos lleguen a su mente, simplemente dígase a sí mismo "Bueno" y con suavidad regrese a la repetición.

Paso 7. Continúe durante diez o 20 minutos. Puede abrir los ojos para verificar el tiempo, pero no use una alarma. Cuando termine, siéntese en silencio por un minuto más o menos, al principio con los ojos cerrados y después con los ojos abiertos. No se ponga de pie durante uno o dos minutos.

Paso 8. Practique la técnica una o dos veces al día.

Fuente: Benson, 1993, p. 240.

Suponga, por ejemplo, que usted experimentara un intenso miedo a viajar en avión. Sólo la idea de estar en un avión hace que comience a sudar y a temblar, y nunca ha tenido el valor de acercarse lo suficiente a un aeropuerto como para saber cómo reaccionaría si en realidad tuviera que volar en avión. Para tratar este problema mediante la desensibilización sistemática, primero el terapeuta conductual le enseñaría algunas técnicas de relajación (véase el cuadro 13.2) para aprender a relajar su cuerpo por completo, lo cual provoca un estado sumamente placentero, como podrá imaginar.

El siguiente paso consiste en la determinación de una *jerarquía de miedos*, que es una lista, en orden de severidad ascendente, de las cosas que se asocian con sus miedos. Por ejemplo, su jerarquía podría parecerse a la siguiente:

- Ver a un avión volar encima de usted
- Visitar un aeropuerto
- Comprar un boleto de avión

La desensibilización sistemática es la exposición gradual al objeto o actividad que produce el miedo. Aquí se muestra una sesión para personas que participan en ese proceso para superar su miedo a viajar en avión.

■ Entrar en el avión
■ Ver que se cierra la puerta del avión
■ Sentir cómo avanza el avión sobre la pista
■ Despegar
■ Estar en el aire

Una vez que se elaboró esta jerarquía y que usted aprendió las técnicas de relajación, ambos conjuntos de respuestas deben asociarse entre sí. Para esto, el terapeuta quizá le pida que se relaje y que se sitúe en forma imaginaria en el primer punto de la jerarquía. Después de que usted pueda representarse en esa circunstancia y conservar el estado de relajamiento, podrá pasar a la situación siguiente y recorrer paso a paso toda la jerarquía, hasta que pueda imaginar que está en el aire sin experimentar ansiedad. En una cantidad de casos este proceso se realiza en el consultorio del psicólogo; en otros se coloca al cliente en una situación real que genere miedo. Por tanto, no sería sorprendente que, por último, lo condujeran a un avión para poner en práctica las técnicas de relajamiento.

La desensibilización sistemática ha demostrado que es un tratamiento efectivo para una cantidad de problemas, como fobias, trastornos de ansiedad e incluso la impotencia y el miedo al contacto sexual (Karoly y Kanfer, 1982; Bellack, Hersen y Kazdin, 1990). Esto demuestra que es posible aprender a disfrutar las cosas que antes provocaban miedo.

Aprendizaje observacional y modelamiento Si tuviera que atropellarnos un automóvil para que aprendamos la importancia de mirar hacia ambos lados de la calle antes de cruzarla, el mundo tendría un problema serio de falta de población. Por fortuna esto no es necesario, puesto que aprendemos muchas cosas por medio del **aprendizaje observacional**; esto es, al imitar el comportamiento de otras personas.

Los terapeutas conductuales emplean el modelamiento para enseñar de manera sistemática nuevas habilidades a las personas, así como formas para enfrentar sus miedos y ansiedades. Por ejemplo, existen personas que nunca aprendieron habilidades sociales fundamentales como la de sostener el contacto visual con quienes hablan. Un terapeuta puede modelar el comportamiento más adecuado y enseñárselo a alguien que demuestra deficiencia en esa habilidad (Sarason, 1976). Los niños que presentan una fobia hacia los perros también pueden vencer el miedo por medio de la observación de otro niño —al que se denomina "compañero sin miedo"— que se dirige varias veces hacia un perro, lo toca, lo acaricia y juega con él (Bandura, Grusec y Menlove, 1967). Por tanto, es posible que el modelamiento desempeñe un papel efectivo para resolver algunos tipos de dificultades del comportamiento, en especial si el modelo recibe una recompensa por su comportamiento.

Enfoques de condicionamiento operante Piense en la calificación de 10 que se obtiene por una tarea; el aumento de sueldo por el buen desempeño en el trabajo; el agradecimiento por ayudar a una persona mayor a atravesar la calle. Este tipo de recompensas a nuestro comportamiento aumenta la probabilidad de que éste se repita en el futuro. De una manera similar los enfoques conductuales que usan las técnicas del condicionamiento operante (que demuestran los efectos de la recompensa y el castigo sobre el comportamiento futuro) tienen su base en la noción de que se debe recompensar a las personas por tener un comportamiento deseable y que se debe extinguir el comportamiento no deseado ignorándolo o castigándolo (Kazdin, 1989).

Es probable que el mejor ejemplo de la aplicación sistemática de los principios del condicionamiento operante sea la *economía de fichas*, en la cual se recompensa a la persona con una ficha, como las que se usan en los juegos de naipes, o dinero de juguete cuando realiza un comportamiento deseable. Este comportamiento puede variar desde cosas sencillas, como tener limpia la recámara o mantenerse aseado, hasta interactuar con otras personas. Las fichas que se obtienen por el comportamiento deseado se intercambian después por cierto objeto o actividad de interés, como golosinas, ropa o, en casos extremos, permiso para dormir en la cama propia (y no en el piso).

Aprendizaje observacional: aprendizaje que emplea la observación del comportamiento de otras personas y las consecuencias de éste

No obstante que se emplea en instituciones y con mayor frecuencia en el caso de individuos con problemas relativamente graves, este sistema no es distinto a lo que hacen los padres de familia cuando le dan dinero a los niños que se portan bien —dinero que podrán cambiar por algo que deseen—. Es un hecho que el *contrato conductual* (o *de contingencias*), una variante de la economía de fichas, ha demostrado ser muy efectivo para modificar el comportamiento. Este contrato es un convenio escrito entre el terapeuta y el cliente (o maestro y estudiante, o padre e hijo). El contrato especifica una serie de objetivos conductuales que el cliente desea lograr. También estipula las consecuencias positivas para el cliente si logra llegar al objetivo —por lo general es alguna recompensa explícita, como dinero o privilegios adicionales—. Los contratos a menudo consignan también consecuencias negativas si no se logra lo deseado.

Por ejemplo, piense que una persona tiene dificultad para dejar de fumar. La persona y su terapeuta pueden elaborar un contrato en el que se convenga que por cada día en que el cliente no fume recibirá una recompensa. Por otra parte, el contrato también puede incluir castigos para cuando el cliente no respete el acuerdo. Si el paciente fuma cierto día, el terapeuta puede enviar un cheque —que el paciente hubiera firmado con anterioridad y entregado al terapeuta— a una institución a la que el paciente no tuviera interés en apoyar (por ejemplo, a la Asociación Nacional de Armas de Fuego, si el cliente apoya firmemente el control de las armas).

¿Cómo se aplica la terapia conductual?   Ésta ofrece gran apoyo ante diversos problemas. Por ejemplo, la terapia conductual es efectiva para tratar las fobias y las compulsiones, para controlar los impulsos y para aprender habilidades sociales complejas que remplacen comportamientos desadaptativos. Más que cualquier otra técnica, esta terapia ha generado algunos métodos que pueden emplear quienes no son especialistas, para modificar aspectos de su propio comportamiento. Además, es económica con relación al tiempo, pues su objetivo principal es solucionar problemas que han sido definidos con cuidado (Wilson, Franks, Kendall y Foreyt, 1987; Wilson y Agras, 1992).

Por otra parte, la terapia conductual no siempre es efectiva. Por ejemplo, no es exitosa en particular para tratar la depresión profunda o los trastornos de personalidad (Brody, 1990). Además, ha sido criticada porque atribuye mucha importancia al comportamiento externo y devalúa, por consiguiente, los pensamientos y expectativas internos. Por último, el éxito a largo plazo de la terapia conductual a veces es menos impresionante que a corto plazo. Debido a ello, algunos psicólogos han cambiado a los enfoques cognitivos.

Enfoques cognitivos de terapia

Si supone que cogniciones equívocas y maladaptativas se encuentran en la raíz del comportamiento anormal, ¿no sería mejor vía de tratamiento la enseñanza de formas de pensar más adaptativas? La respuesta es sí, de acuerdo con los psicólogos que asumen un enfoque cognitivo de tratamiento.

Los enfoques cognitivos de terapia tienen como objetivo la modificación de las cogniciones equívocas que presentan las personas con relación al mundo y a sí mismas. La diferencia que hay con los terapeutas conductuales tradicionales, los cuales se concentran en la modificación del comportamiento externo, es que los terapeutas cognitivos tratan de cambiar el modo en que piensan las personas (Beck, 1991; Kendall, 1991). Debido a que con frecuencia emplean los principios del aprendizaje, se denomina **enfoque cognitivo-conductual** a los métodos que utilizan.

Un buen ejemplo de este tipo de tratamiento es la **terapia racional emotiva**. Ésta trata de restructurar el sistema de creencias de una persona para llegar a un conjunto de perspectivas más realistas, lógicas y racionales. De acuerdo con el psicólogo Albert Ellis (1987), es frecuente que las personas tengan vidas infelices y hasta psicológicamente desordenadas porque poseen ideas irracionales e irreales como las siguientes:

■   Es necesario que toda persona significativa apruebe virtualmente todo lo que hacemos y nos quiera.

Enfoque cognitivo-conductual: proceso por el que las personas sustituyen las cogniciones equívocas acerca de sí mismas y del mundo por cogniciones más acertadas

Terapia racional emotiva: psicoterapia que está basada en la perspectiva de Ellis de que el objetivo de la terapia debe ser reestructurar el sistema de creencias del cliente para hacerlo más realista, lógico y racional

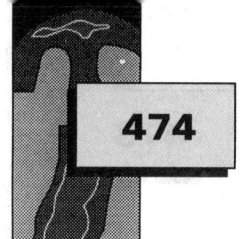

■ Debemos ser totalmente competentes, capaces y exitosos en todos los aspectos posibles si queremos sentir que tenemos un valor alto.

■ Es horrible cuando los planes no resultan como lo deseábamos.

Con la meta de que los clientes erradiquen cogniciones tan maladaptativas y de que adopten un pensamiento más efectivo, los terapeutas que se apoyan en este enfoque asumen un papel más activo y directivo durante la terapia, y confrontan de manera abierta los patrones de pensamiento que al parecer son problemáticos. (El fragmento de la conversación en terapia en el caso de Martha presentado en este capítulo es un buen ejemplo de ello.) Mediante este enfoque, el terapeuta puede contradecir de manera franca la lógica que emplea una persona en tratamiento y decirle: "¿por qué el hecho de que su novia lo dejó indica que *usted* es una persona mala?" o "¿cómo es que reprobar un examen significa que usted *no* posee buenas cualidades?" Los terapeutas que emplean este tipo de tratamiento, al señalar los errores en la lógica de los clientes, sostienen que las personas podrán tener perspectivas más realistas acerca de sí mismas y de sus circunstancias (Ellis y Dryden, 1987; Dryden y DiGiuseppe, 1990; Bernard y DiGiuseppe, 1993).

Aaron Beck realizó otra forma de terapia que se apoya en la perspectiva cognitiva (Beck, 1991). Al igual que la terapia racional emotiva, el objetivo fundamental de la **terapia cognitiva** de Beck es cambiar los pensamientos ilógicos de un individuo referentes a su persona y al mundo. No obstante, la terapia cognitiva utiliza menos el desafío y la confrontación que la terapia racional emotiva. En lugar de discutir de manera activa con los clientes acerca de sus cogniciones erróneas, el terapeuta congnitivo se inclina más por el papel de maestro. También induce a los clientes a conseguir información por su propia cuenta, la cual los llevará a desechar su pensamiento equivocado. A lo largo del tratamiento los clientes son ayudados a descubrir formas más adecuadas de pensar acerca de sí mismos y de los demás (Beck y Haaga, 1992).

Los enfoques cognitivos de terapia han tenido éxito para resolver gran variedad de trastornos. Su capacidad para incorporar otros enfoques de tratamiento (por ejemplo, la combinación de técnicas cognitivas y conductuales en la terapia cognitiva conductual) ha convertido a la terapia cognitiva en una forma particularmente efectiva de tratamiento (Whisman, 1993; Dobson y Shaw, 1994; Dobson y Craig, 1996).

Terapia cognitiva: psicoterapia basada en el objetivo de Beck de cambiar los pensamientos ilógicos de las personas acerca de sí mismas y del mundo

---

RECAPITULACIÓN Y REVISIÓN

Recapitulación

- La psicoterapia es un tratamiento con base psicológica que le da gran importancia al objetivo de producir un cambio a través de la discusión e interacción entre el cliente y el terapeuta. La terapia con fundamento biológico emplea fármacos y otros procedimientos médicos.
- La terapia psicodinámica se basa en la idea freudiana de que los trastornos psicológicos son producidos por los conflictos inconscientes y la ansiedad.
- Los enfoques conductuales de terapia asumen que las personas manifiestan comportamientos anormales porque no han adquirido las habilidades adecuadas o porque han aprendido habilidades defectuosas o maladaptativas.
- Los enfoques cognitivos de la terapia buscan cambiar las cogniciones erróneas que tienen sobre el mundo y sobre sí mismas las personas.

Revisión

1. Un tratamiento para un trastorno psicológico que se basa en el diálogo y la interacción entre el terapeuta y el cliente es la

   _____ .

2. Relacione a cada uno de los siguientes especialistas en salud mental con la descripción apropiada:

   1. Psiquiatra
   2. Psicólogo clínico
   3. Psicólogo con especialidad de consejería
   4. Psicoanalista

   a. Especialista en el tratamiento de trastornos psicológicos
   b. Profesional que se especializa en las técnicas de terapia freudianas
   c. Médico especializado en el comportamiento anormal
   d. Psicólogo que se especializa en la adaptación a los problemas cotidianos

3. De acuerdo con Freud, las personas usan los _____ _____ como un medio para evitar que los impulsos no deseados interfieran con el pensamiento consciente.

4. Para interpretar los sueños es necesario que el psicoanalista aprenda a distinguir entre el contenido _____ de un sueño, el cual es el contenido superficial, y el contenido _____ , que es su significado subyacente.

5. ¿Cuál de los siguientes procedimientos aborda las fobias mediante la exposición gradual al objeto o circunstancia que produce el miedo?

a. Desensibilización sistemática
b. Reforzamiento parcial
c. Autodirección conductual
d. Control del yo

(Las respuestas a las preguntas de la revisión aparecen en la página 477.)

Pregúntese a sí mismo

¿En qué situaciones será más útil la terapia conductual? ¿En qué casos será más adecuada una técnica terapéutica que le dé más importancia a los pensamientos que a las acciones?

- *Cuáles son los enfoques de la terapia humanista y de grupo para el tratamiento?*
- *¿Qué tan efectiva es la terapia y qué tipo de terapia funciona mejor en circunstancias específicas?*

Enfoques humanistas de terapia

Como debe saber por experiencia propia, es casi imposible tener dominio sobre el material que se abarca en un curso si no se trabaja con empeño, y esto es independiente de lo bueno que pueda ser el maestro o el libro de texto. Usted debe darse tiempo para estudiar, para memorizar el vocabulario y para aprender los conceptos. Nadie más puede realizar esta tarea por usted. Si decide esforzarse, tendrá éxito; si no, fracasará. La responsabilidad es suya de manera fundamental.

La **terapia humanista** se basa en esta perspectiva filosófica de la responsabilidad personal para desarrollar sus propias técnicas de tratamiento. Aunque son muchas las formas de terapia que se incluyen en esta categoría, las ideas subyacentes son las mismas: poseemos el control sobre nuestro comportamiento; somos capaces de elegir el tipo de vida que deseamos; de nosotros depende resolver las dificultades con que nos tropezamos en la vida cotidiana.

En lugar de ser las figuras directrices que se adoptan en algunos enfoques psicodinámicos y conductuales, los terapeutas humanistas se ven a sí mismos como guías o facilitadores. Los terapeutas que usan técnicas humanistas buscan conducir a las personas a conclusiones respecto de sí mismas y ayudarlas a encontrar formas de aproximarse al ideal que tienen de su persona. Desde esta perspectiva, los trastornos psicológicos son el resultado de la incapacidad de las personas para encontrar un sentido a la vida, y de sentir soledad y estar desconectados de los demás.

Los enfoques humanistas han dado origen a varias técnicas terapéuticas. Entre las más importantes están la terapia centrada en el cliente, la terapia existencial y la terapia gestalt.

Terapia centrada en el cliente   Si revisa el caso de Alicia, descrito antes en este capítulo, podrá percatarse de que los comentarios del terapeuta no son interpretaciones ni respuestas a preguntas que haya hecho la cliente. En lugar de ello, están dirigidos a ser clarificaciones o reflejos de lo que la cliente ha dicho (por ejemplo: "Es decir, todo lo que usted hizo…" o "¿No es así?"). A esta técnica terapéutica se le denomina *consejería no directiva* y se ubica en el núcleo de la terapia centrada en el cliente. El primero en aplicar la terapia centrada en el cliente fue Carl Rogers (1951, 1980) y es la terapia humanista mejor conocida y de uso más frecuente.

El objetivo de la **terapia centrada en el cliente** es hacer posible que las personas alcancen su potencial para la autorrealización. Al proporcionar un ambiente cálido y de aceptación, los terapeutas pretenden motivar a sus clientes para que comenten sus problemas y sentimientos, lo cual también les permitirá tomar decisiones realistas y constructivas respecto a ciertos aspectos molestos de su vida presente. Por tanto, en lugar de dirigir las decisiones que toman los clientes, el terapeuta ofrece lo que Rogers denomina *aprecio positivo incondicional*: que es la expresión de aceptación y comprensión, independientemente de los sentimientos y actitudes que exprese el cliente. Con esto, el tera-

Terapia humanista: tratamiento que se sustenta en el supuesto de que las personas tienen el control de su comportamiento, pueden tomar decisiones acerca de su vida y son responsables en esencia de la solución de sus problemas

Terapia centrada en el cliente: tratamiento con el cual el terapeuta refleja con sus declaraciones las del propio cliente en una forma que causa que este último encuentre sus propias soluciones

475

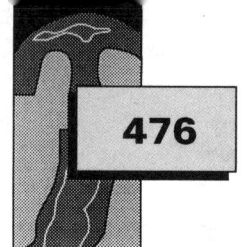

peuta intenta crear una atmósfera en la que los clientes logren tomar decisiones que mejoren sus vidas.

Proveer de aprecio positivo incondicional no significa que el terapeuta debe aprobar todo lo que diga o haga el paciente. En vez de esto, significa que el terapeuta debe comunicar que percibe los pensamientos y comportamiento del cliente como reflejos verdaderos de los sentimientos de este último (Lietaer, 1984).

Es relativamente inusual que la terapia centrada en el cliente se emplee en su modalidad más pura en la actualidad. Los puntos de vista ahora son un poco más directivos. Mediante ellos los terapeutas conducen a los clientes hacia *insights*, en lugar de conformarse con reflejar sus afirmaciones. No obstante, aún se sigue considerando que el *insight* del paciente tiene una importancia crucial para el proceso terapéutico.

Terapia existencial   ¿Cuál es el sentido que tiene la vida? Aunque es probable que todos nos hayamos hecho esta pregunta, para algunas personas representa un tema crucial de su existencia cotidiana. Para las personas que padecen problemas psicológicos como consecuencia de la dificultad para encontrar una respuesta satisfactoria, la terapia existencial es una opción apropiada en particular.

En contraste con otros enfoques humanistas que conciben a la libertad y la potencialidad propias de los seres humanos como una fuerza positiva, la **terapia existencial** se basa en la premisa de que la incapacidad para manejar dicha libertad puede producir ansiedad, miedo y preocupaciones (May, 1969). El objetivo de la terapia existencial es permitirle a los individuos asumir la libertad que gozan y ayudarlos a entender cómo encajan con el resto del mundo. Los terapeutas existenciales tratan de que sus pacientes se den cuenta conscientemente de la importancia que tiene el libre albedrío y del hecho de que son los pacientes mismos los que tienen la responsabilidad última de tomar decisiones acerca de sus vidas.

Los terapeutas que proporcionan terapia existencial son muy directivos, y examinan y critican las concepciones de sus clientes respecto al mundo. Además, intentan establecer una relación profunda y cercana con sus pacientes, e intentan ser muy abiertos con ellos en lo relacionado con sus propios sentimientos y concepciones acerca de la vida. Su objetivo es el de que los clientes sean capaces de observar que comparten las dificultades y experiencias que se derivan de los intentos de asumir la libertad: facultad inherente a la vida humana (Bugental y Bracke, 1992; Bugental y McBeath, 1994).

Terapia existencial: enfoque humanista que aborda el sentido de la vida y la libertad humana

Terapia gestalt   ¿Algún día ha recordado cierto hecho de la infancia en el que lo trataron injustamente y sintió de nuevo la ira que experimentó en esa ocasión? Para los terapeutas que siguen la perspectiva de la gestalt, representar esa ira es lo más sano en términos psicológicos —ya sea golpear un cojín, patear una silla o gritar por la frustración—. Este tipo de actividades es una parte importante de lo que se realiza en las sesiones de terapia gestalt, en las que se incita al cliente a representar las dificultades y conflictos del pasado.

El fundamento de este enfoque de tratamiento propone que es necesario que las personas integren sus pensamientos, sentimientos y comportamientos en una *gestalt*, vocablo alemán que significa "totalidad" (como ya se dijo con respecto a la percepción en el capítulo 3). De acuerdo con Fritz Perls (1967, 1970), que desarrolló la **terapia gestalt**, esto se logra cuando las personas hacen un examen de sus experiencias del pasado y terminan cualquier "asunto pendiente" que aún afecte y matice sus relaciones actuales. En particular, Perls supone que las personas deben recrear durante la terapia los conflictos específicos que experimentaron en el pasado. Por ejemplo, un paciente puede representar primero el papel de su padre cuando se enojaba y luego representarse a sí mismo cuando su padre le gritaba. Los terapeutas gestalt afirman que, al ampliar la perspectiva ante una situación determinada, los clientes tendrán más capacidad para comprender el origen de sus trastornos psicológicos. En el fondo, el objetivo es experimentar la vida de manera más unificada e íntegra (Korb, Gorrell y VanDeRiet, 1989).

Terapia gestalt: propuesta terapéutica que trata de integrar en una totalidad los pensamientos, sentimientos y comportamiento de un cliente

Los enfoques humanistas en perspectiva   La idea de que los trastornos psicológicos son consecuencia de una restricción del potencial de crecimiento es para muchas personas atractiva desde el punto de vista filosófico. Además, el reconocimiento de los terapeutas humanistas de que la libertad que poseemos puede conducir a dificultades psicológicas proporciona un ambiente inusitado de apoyo para la terapia. A su vez, esta atmósfera puede ayudar a los clientes a encontrar soluciones a problemas psicológicos difíciles.

Por otra parte, la carencia de especificidad en los tratamientos humanistas es un problema que también ha preocupado a quienes los critican. Los enfoques humanistas no son muy precisos y probablemente son el tipo de tratamiento con el menor desarrollo científico y teórico que existe. De hecho, esta forma de tratamiento es la más indicada para el mismo tipo de cliente sumamente verbal que se beneficia más con el tratamiento psicoanalítico. Aun así, los enfoques humanistas de tratamiento han tenido mucha influencia.

Terapia de grupo

Aunque la mayoría de los tratamientos se realiza entre un solo individuo y el terapeuta, algunas formas de terapia se caracterizan por ser grupales. En la **terapia de grupo**, distintas personas que no se conocen previamente se reúnen con un terapeuta para analizar diversos aspectos de su funcionamiento psicológico.

Las personas exponen sus problemas en la sesión de grupo, la cual con frecuencia gira en torno a una dificultad común, como puede ser el alcoholismo o una carencia de habilidades sociales. Los demás integrantes del grupo ofrecen apoyo emocional y consejos sobre la manera en que ellos enfrentaron con efectividad problemas similares (Lewis, 1987: Drum, 1990; Alonso y Swiller, 1993).

Los grupos varían mucho en función del modelo específico que se emplea; existen grupos psicoanalíticos, grupos humanistas y grupos que corresponden a otros enfoques terapéuticos. Además, los grupos también difieren en el grado de dirección que proporciona el terapeuta. En algunos grupos, éste es muy directivo; en otros, los integrantes del grupo determinan sus planes y la forma en que procederán como grupo (Flowers y Booraem, 1990; Ballinger y Yalom, 1994).

Ya que se da tratamiento simultáneo a varias personas, éste es un tratamiento mucho más económico que la psicoterapia individual. Por otro lado, los críticos basan sus cuestionamientos en que los escenarios grupales no pueden ofrecer la atención que incluye la terapia individual, y que las personas que son tímidas y retraídas en exceso quizá permanezcan en el grupo sin recibir la atención que necesitan.

Terapia familiar Una forma especializada de terapia de grupo es la **terapia familiar**. Como su nombre lo indica, incluye a dos o más miembros de una misma familia, de la cual uno (o más) de sus integrantes exhiben los problemas que los llevaron al tratamiento. Sin embargo, en lugar de centrarse en los miembros de la familia que exhiben el problema inicial, los terapeutas familiares consideran a la familia como una unidad, a la cual contribuye cada uno de sus miembros. Los terapeutas familiares tratan de visualizar un patrón del modo en que interactúan entre sí los miembros de la familia mediante sesiones con toda la familia (Sauber, L'Abate, Weeks y Buchanan, 1993; Nichols y Schwartz, 1995).

Los terapeutas familiares conciben a la familia como un "sistema" y sostienen que los individuos en forma aislada no pueden mejorar si no comprenden los conflictos propios de la interacción familiar. De esa manera, se espera que cada uno de los miembros colabore para dar solución al problema que se está tratando.

Muchos terapeutas familiares sostienen que algunos miembros de la familia asumen papeles rígidos o patrones establecidos de comportamiento, en los que uno de ellos se

Terapia de grupo: procedimiento terapéutico durante el cual las personas hablan en grupo de sus problemas

Terapia familiar: enfoque que se centra en la familia como unidad integral en la que contribuye cada integrante

---

RESPUESTAS A LA REVISIÓN ANTERIOR

1. psicoterapia   **2.** 1-c; 2-a; 3-d; 4-b   **3.** mecanismos de defensa   **4.** manifiesto; latente.   **5.** a

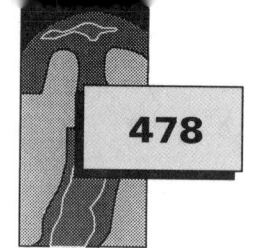

En la terapia familiar es tratado el sistema familiar en su conjunto, no sólo un miembro de la familia que ha sido identificado como el que presenta el "problema".

desenvueve como víctima, otro como ofensor, etcétera. Desde esta perspectiva, las perturbaciones familiares se perpetúan como consecuencia de este sistema de papeles. Por tanto, uno de los objetivos en este tipo de terapia consiste en lograr que los integrantes de la familia asuman papeles y patrones de comportamiento nuevos y más constructivos (Minuchin, 1974; Kaslow, 1991; Minuchin y Nichols, 1992).

Evaluación de la psicoterapia: ¿funciona la terapia?

Su mejor amigo de la escuela, Benjamín, se le acerca porque, para ser sinceros, en los últimos días no se ha sentido muy bien. Está preocupado porque han tenido conflictos con su novia, pero sus dificultades no terminan allí. Le es difícil concentrarse en sus estudios; le cuesta trabajo dormirse, y —esto es lo que más le molesta— comienza a sospechar que toda la gente está en su contra y que habla de él a sus espaldas. Según él nadie lo quiere ni lo comprende, tampoco se interesan por él ni por las razones de su preocupación.

Benjamín está consciente de que debe conseguir *algún* tipo de ayuda, pero aún no sabe a quién acudir. Es muy escéptico acerca de la ayuda que ofrecen los psicólogos, pues piensa que gran parte de lo que dicen son tonterías, pero está dispuesto a hacer a un lado sus dudas y hacer cualquier cosa con tal de mejorar su estado. También tiene el antecedente de que existen muchos tipos de terapia, pero desconoce cuál será la más indicada para él. Acude a usted para que lo aconseje, puesto que él sabe que está tomando un curso de psicología. Y le pregunta: "¿Qué tipo de terapia es la que funciona mejor?"

¿Es efectiva la terapia?   Semejante pregunta precisa de una respuesta compleja, pues no hay ningún modo sencillo de responderla. En realidad, contestar qué tipo de tratamiento es el más adecuado es una tarea llena de controversia, y los psicólogos que se especializan en el comportamiento anormal aún no tienen una solución. Por ejemplo, incluso antes de considerar si alguna forma de terapia funciona mejor que las demás, es necesario determinar si *cualquier* forma de terapia es eficaz para aliviar las perturbaciones psicológicas.

Hasta la década de 1950 la mayoría de las personas suponía que la terapia era una estrategia eficaz para resolver los problemas de tipo psicológico. Pero en 1952 el psicólogo Hans Eysenck publicó un artículo que tuvo gran influencia en el que analizaba

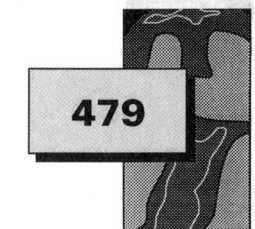
la literatura publicada acerca del tema y criticaba este supuesto tan difundido. Sostenía que las personas que reciben un tratamiento psicodinámico, así como las terapias que se relacionan con él, no presentan una mejor evolución al término del tratamiento que los individuos que eran anotados en una lista de espera para recibirlo, pero que nunca recibieron el tratamiento. Según su análisis, casi dos terceras partes de las personas que informaron que sufrían síntomas "neuróticos" pensaban que esos síntomas habían desaparecido después de dos años, y esto era independiente de que hubiesen recibido terapia o no. Eysenck concluyó que las personas con padecimiento de síntomas neuróticos experimentarían una **remisión espontánea**, o recuperación sin tratamiento, si sencillamente se les dejaba en paz; lo cual de manera evidente es un proceso más sencillo y barato.

Remisión espontánea: recuperación sin tratamiento

Como puede imaginar, desde el mismo inicio se creó controversia en torno a la revisión de Eysenck, y de inmediato fueron criticadas sus conclusiones. Sus críticos señalaban lo inadecuado de los datos que revisó y sostenían que el investigador basaba sus conclusiones en estudios que tenían diversos defectos.

No obstante, la revisión de Eysenck sirvió como estímulo para toda una corriente de estudios con mejor control y cuidado acerca de la eficacia de la psicoterapia; en la actualidad la mayoría de los psicólogos están de acuerdo: la terapia sí funciona. Algunos estudios recientes de gran amplitud indican que la terapia produce mayor mejoría que la ausencia de tratamiento, y que la tasa de remisión espontánea (recuperación sin tratamiento) es relativamente baja. Por tanto, en la mayor parte de los casos, los síntomas del comportamiento anormal no desaparecen por sí solos si no son tratados; aunque este tema sigue despertando gran controversia (Weisz, Weiss y Donenberg, 1992; Kazdin, 1993; Lipsey y Wilson, 1993).

¿Qué tipo de terapia funciona mejor?   Aunque la mayoría de los psicólogos confían en que el tratamiento terapéutico *en general* es mejor que la ausencia de éste, la pregunta sobre la efectividad de alguno en particular aún no tiene una respuesta definitiva (Persons, 1991; Jacobson y Truax, 1991; Bergin y Garfield, 1994).

Por ejemplo, un estudio que comparó la efectividad de varios enfoques encontró que, aunque hay variaciones entre las tasas de éxito en los distintos tipos de tratamiento, la mayor parte de ellos está muy cerca entre sí. Como lo indica la figura 13.1, los índices de éxito oscilan entre un 70 a un 85% más de eficacia para los individuos que recibieron tratamiento que para los que no lo recibieron (Smith, Glass y Miller, 1980). Existe una tendencia ligera que favorece a los enfoques cognitivos y conductuales, aunque ello puede deberse a diferencias en el grado de gravedad de los casos tratados (Orwin y Condray, 1984).* Otras investigaciones, basadas en procedimientos metanalíticos en los que se combinan por medios estadísticos los datos de una gran cantidad de estudios, llegan a conclusiones similares (Strupp y Binder, 1992; Giles, 1993).

En resumen, podemos extraer varias conclusiones sobre la efectividad de la psicoterapia (Strupp y Binder, 1992; Seligman, 1995):

■   Para la mayoría de las personas tratadas, la psicoterapia es efectiva. Esta conclusión se sostiene con duraciones diferentes del tratamiento, clases específicas de trastornos psicológicos, y tipos de tratamiento. Por tanto, la pregunta: "¿Funciona la psicoterapia?" parece haberse respondido en forma convincente: sí funciona (Lipsey y Wilson, 1993; Weisz, 1995).

■   Por otra parte, la psicoterapia no funciona para todos. Casi el 10% de las personas no mostraron mejoría, o en realidad empeoraron (Lambert, Shapiro y Bergin, 1986; Luborsky, 1988).

---

*N. del R.T. Sin embargo, este tipo de metodología transgrede parámetros éticos: si se identifica a un grupo que requiere tratamiento, no es posible, por ética, dejarlo sin intervención con objeto de realizar una investigación.

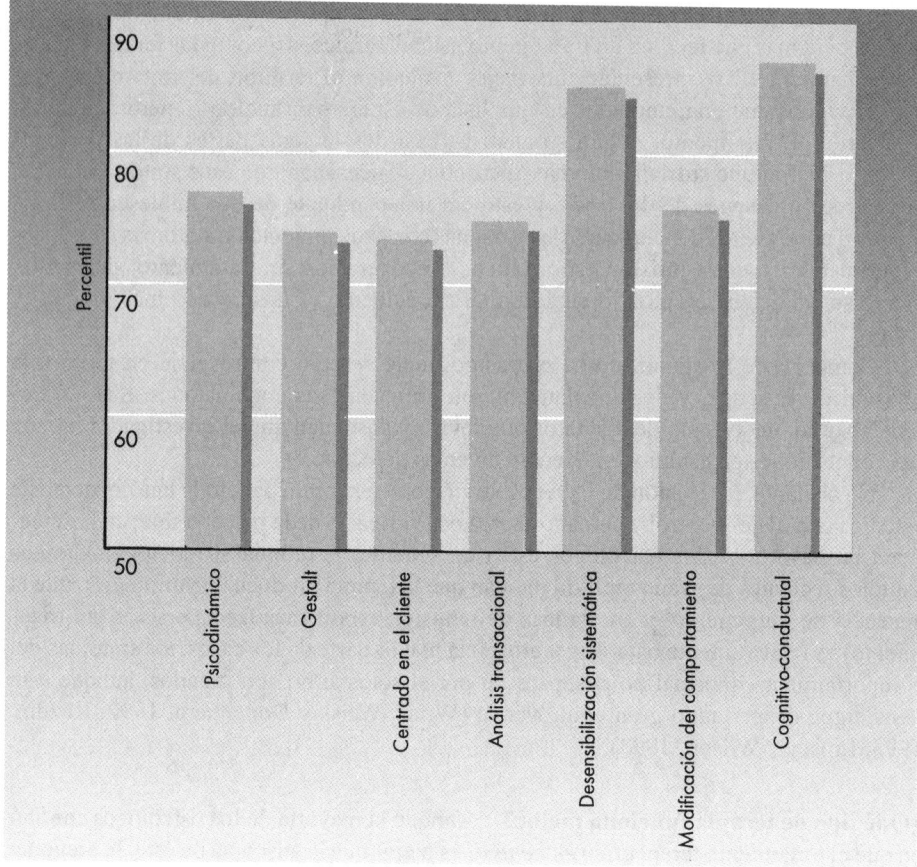

FIGURA 13.1 Estimaciones de la efectividad de los distintos tipos de tratamiento, en comparación con grupos control de personas que no recibieron tratamiento. La puntuación percentilar muestra en qué grado es más efectivo un tipo particular de tratamiento para el paciente promedio que la ausencia de tratamiento. Por ejemplo, las personas que recibieron tratamiento psicodinámico tienen puntajes más positivos, en promedio, en las medidas de los resultados que cerca de tres cuartas partes de las personas que no recibieron tratamiento. *(Adaptado de Smith, Glass y Miller, 1980.)*

■ Las investigaciones no han podido determinar en forma concluyente cuál de las muchas formas de terapia es más benéfica. Aunque algunas clases de psicoterapia parecen funcionar mejor para ciertos tipos de problemas, por lo general el grado de las diferencias en el impacto no es considerable. En consecuencia, todavía no hay una respuesta definitiva a la pregunta respecto a cuál terapia funciona mejor; ni podrá encontrarse pronto debido a las dificultades para clasificar los diversos factores que intervienen en el éxito de la terapia.

Debido a que ningún tipo de psicoterapia es efectivo en forma invariable, se están volviendo cada vez más populares los enfoques eclécticos de terapia. En un **enfoque ecléctico de terapia**, un terapeuta usa una variedad de técnicas, que integran diversas perspectivas, para tratar los problemas de una persona. Al usar procedimientos eclécticos, el terapeuta puede elegir la combinación apropiada de acuerdo con las necesidades específicas del individuo (Wells y Giannetti, 1990; Goldfried y Castonguay, 1992; Lazarus, Beutler y Norcross, 1992).

Es evidente que no todos los trastornos psicológicos se resolverán con la misma efectividad con cada clase de terapias. Además, los terapeutas con determinadas características personales pueden funcionar mejor con individuos y tipos de tratamiento particulares, y cierto tipo de personas pueden responder mejor a una forma de terapia que a otra. Por ejemplo, es posible que un enfoque conductual resulte más adecuado para las personas que tienen dificultades para expresarse en forma verbal, o que carecen de la paciencia o la capacidad para realizar un acto de introspección, cualidades que se requieren para aprovechar el enfoque psicodinámico (Crits-Christoph y Mintz, 1991). Del mis-

Enfoque ecléctico de terapia: perspectiva que usa técnicas tomadas de una variedad de métodos de tratamiento, en lugar de basarse sólo en uno

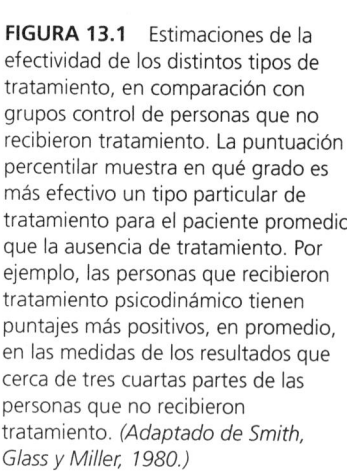

mo modo, los factores raciales y étnicos pueden relacionarse con el éxito del tratamiento, como se expone a continuación.

Exploración de la diversidad

Factores raciales y étnicos en el tratamiento: ¿los terapeutas deberían anular la consideración del color?

Reflexione sobre la siguiente descripción de un consejero escolar acerca de un estudiante:

Jimmy Jones es un estudiante negro de 12 años de edad que fue remitido, por el señor Peterson, debido a su apatía, indiferencia y falta de atención en las actividades del salón de clases. Otros maestros informaron que Jimmy no pone atención, se distrae con frecuencia y a menudo se duerme durante la clase. Existe una gran posibilidad de que Jimmy reprima sentimientos de ira que deben ventilarse y abordarse. Su incapacidad para expresar de manera directa su ira lo ha hecho adoptar una agresividad pasiva como forma de expresar hostilidad, con conductas como exhibir poca atención, tener ensoñaciones diurnas y dormir en clase. Se recomienda consejería intensiva a Jimmy con el fin de descubrir el origen de su ira (Sue y Sue, 1990, p. 44).

Sin embargo, el consejero se equivocó. Después de seis meses de terapia, el verdadero origen de los problemas de Jimmy salió a la luz: el ambiente pobre y desorganizado de su casa. A consecuencia del hacinamiento en su hogar, con frecuencia no lograba dormir, por lo que tenía sueño al día siguiente. A menudo también tenía hambre. Por tanto, sus problemas se debían en gran medida al estrés resultante de su ambiente empobrecido y no a algún problema psicológico profundo.

Este caso destaca la importancia de tomar en cuenta los antecedentes ambientales y culturales de las personas durante el tratamiento de trastornos psicológicos. Algunos miembros de grupos minoritarios, en especial los que pertenecen a la clase pobre, han adoptado comportamientos que les ayudan a enfrentar una sociedad que los discrimina por sus antecedentes étnicos o raciales. Por ejemplo, algunos comportamientos que pueden ser indicio de trastornos psicológicos en personas de raza blanca de las clases alta y media, en otro grupo de personas puede tratarse simplemente de comportamientos adaptativos. Es posible que la suspicacia y desconfianza de un afroestadounidense sea una estrategia de supervivencia para protegerse de daños psicológicos y físicos (Sue y Sue, 1990).

En verdad, algunos de los supuestos básicos de gran parte de la psicoterapia deben cuestionarse cuando se trabaja con miembros de un grupo racial, étnico o cultural minoritario. Por ejemplo, las culturas de origen asiático y latinoamericano otorgan en forma típica mayor importancia al grupo, a la familia y a la sociedad que la cultura dominante en Estados Unidos —la cual se centra en torno al individuo—. Cuando se deben tomar decisiones muy importantes, la familia entera participa para tomarlas, lo que sugiere que los miembros de la familia deben participar en el tratamiento psicológico.

De modo semejante, en la cultura tradicional china, cuando los hombres y mujeres sienten ansiedad o depresión, a menudo reciben de otros miembros de su cultura el consejo para dejar de pensar en aquello que los mortifica. Reflexione en cuánto contrasta este consejo con la perspectiva de los enfoques de tratamiento que se centran en el valor del *insight*.

En consecuencia, los terapeutas *no deben* ser "ciegos al color". En lugar de ello, deben tomar en cuenta los antecedentes raciales, étnicos, culturales y de clase social de sus clientes cuando determinan la naturaleza de un trastorno psicológico y el curso del tratamiento (De La Cancela y Sotomayor, 1993; Casas, 1994; Allison, Crawford, Echemendia, Robinson y Knepp, 1994; Aponte, Rivers y Wohl, 1995).

Recapitulación

- Los enfoques humanistas consideran a la terapia como un método para ayudar a las personas a que resuelvan por sí mismas sus problemas.
- En la terapia de grupo se reúnen varias personas que no tienen relación inicial entre sí, y un terapeuta, para discutir algún aspecto de su funcionamiento psicológico.
- Un tema controvertido desde hace mucho es si la psicoterapia es en realidad eficaz y, de ser así, cuál de sus formas es la más eficiente de todas.
- Debe tomarse en cuenta los factores raciales, étnicos y culturales durante el tratamiento de los trastornos psicológicos.

Revisión

1. Relacione las siguientes estrategias de tratamiento con lo que se esperaría escuchar de los terapeutas en cada caso.
   1. Terapia gestalt
   2. Terapia de grupo
   3. Aprecio positivo incondicional
   4. Terapia conductual
   5. Consejería no directiva

   a. "En otras palabras, usted no se lleva bien con su madre porque ella no quiere a su novia, ¿no es así?"
   b. "Quiero que todos hablen en su turno sobre las razones que los hizo venir, y de lo que esperan obtener de la terapia."
   c. "Ya comprendí por qué deseaba chocar el automóvil de su amiga después de que ella hirió sus sentimientos. Pero cuénteme más acerca del accidente."

   d. "Ése no es un comportamiento adecuado. Trataremos de remplazarlo con otro."
   e. "Recuerde el enojo que sintió y grite todo cuanto desee hasta que se sienta mejor."

2. Las terapias _____ sostienen que las personas son responsables de sus propias vidas y de las decisiones que toman.

3. La terapia _____ le da mayor importancia a la integración de los pensamientos, sentimientos y comportamientos.

4. Uno de los principales cuestionamientos hecho a las terapias humanistas consiste en que:
   a. Son excesivamente imprecisas y poco estructuradas
   b. Tratan sólo el síntoma del problema
   c. El terapeuta ejerce dominio sobre la interacción entre paciente y terapeuta
   d. Funcionan bien sólo con personas de las clases bajas

5. En un estudio controvertido, Eysenck descubrió que algunas personas experimentaban una _____, o recuperación sin tratamiento, si sólo se les deja en paz en lugar de someterlas a terapia.

6. Los tratamientos que combinan técnicas que provienen de diversos enfoques teóricos reciben el nombre de procedimientos _____.

Pregúntese a sí mismo

¿Cómo se puede tratar con éxito a los integrantes de los grupos cuando los individuos que tienen el "mismo" problema difieren tanto? ¿Qué ventajas ofrece la terapia de grupo sobre la terapia individual?

(Las respuestas a las preguntas de la revisión aparecen en la página 485.)

- **¿Cómo se emplea en la actualidad las técnicas farmacológica, electroconvulsiva y psicoquirúrgica para el tratamiento de los trastornos psicológicos?**

ENFOQUES BIOLÓGICOS DE TRATAMIENTO: USO DEL MODELO MÉDICO

Si, por ejemplo, sufre una infección renal se le administrará un antibiótico y con suerte en una semana su riñón estará tan bien como siempre. Si el apéndice se le inflama, un cirujano lo extirpa y su cuerpo funcionará en forma normal otra vez. ¿Es posible asumir un enfoque semejante, basado en la fisiología corporal, para ser utilizado contra los padecimientos psicológicos?

De acuerdo con las perspectivas biológicas de tratamiento, la respuesta es sí. Los tratamientos con una base biológica comúnmente se emplean para tratar determinados tipos de problemas. El modelo básico propone que en vez de dirigir la atención a los conflictos psicológicos, traumas pasados, o variables ambientales del paciente, que puede hacer que se mantenga el comportamiento anormal, en algunos casos es más adecuado trabajar en forma directa sobre la química cerebral y otro tipo de factores neurológicos, para lo cual se emplean fármacos, descargas eléctricas o cirugía.

Terapia farmacológica

¿Estamos cerca del momento en que tomemos por las mañanas una píldora para conservar nuestra salud mental, al igual que ahora tomamos una pastilla de vitaminas para

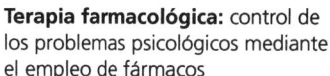
conservar nuestra salud física? Aunque ese día aún no llega, hay muchas formas nuevas de **terapia farmacológica** que alivian con éxito los síntomas de diversos problemas psicológicos.

Fármacos antipsicóticos   Es probable que en los hospitales psiquiátricos no se haya producido un cambio mayor a la exitosa introducción a mediados de la década de 1950 de los **fármacos antipsicóticos** —medicamentos que se utilizan para aliviar síntomas graves de perturbación, como la pérdida de contacto con la realidad, agitación y actividad excesiva—. Antes, los hospitales mentales tenían mucha similitud con los estereotipos del manicomio lleno de pacientes que exhibían comportamientos sumamente anormales, que gritaban, se quejaban o arañaban a quienes tenían cerca. Sin embargo, en cuestión de días, los pasillos de los hospitales se hicieron mucho más tranquilos y los especialistas estuvieron posibilitados para intentar algo más que tratar de que los pacientes terminaran el día sin hacer un daño importante a los demás, o a sí mismos.

Este cambio tan dramático ocurrió por la introducción de un fármaco perteneciente a la familia de la fenotiacina, al que se le denominó *clorpromacina*. Este fármaco, y otros similares, pronto se convirtieron en el tratamiento más exitoso y usado contra la esquizofrenia. En la actualidad, la terapia farmacológica es el tratamiento preferido para la mayor parte de los casos de comportamiento anormal muy grave y, por tanto, se usa en la mayoría de los pacientes hospitalizados con trastornos psicológicos. Por ejemplo, el fármaco antipsicótico *clozapina* representa a la generación actual de antipsicóticos. La clozapina fue el fármaco usado con tanto éxito para tratar a los asistentes al baile de graduación descrito al principio del capítulo (Wallis y Willwerth, 1992; Meltzer, 1993).

¿Cómo funcionan los fármacos antipsicóticos? Regulan la producción de dopamina en las sinapsis cerebrales: los sitios en que los impulsos nerviosos viajan de una neurona a otra (Zito, 1993). Sin embargo, estos fármacos no son una "cura" comparable a la de la penicilina cuando se trata una infección. Tan pronto como se retira el fármaco, los síntomas originales tienden a reaparecer. Además, este tipo de fármacos puede producir efectos secundarios a largo plazo, como resequedad en la boca y la garganta, mareos y a veces temblor y pérdida del control muscular que pueden perdurar incluso después de que se ha suspendido el tratamiento —una condición permanente llamada *disquinesia tardía*— (Kane, 1992).

Quizá más terribles que estos efectos físicos secundarios sean los efectos entumecedores que producen sobre las respuestas emocionales de algunos pacientes. Por ejemplo, Mark Vonnegut (hijo del escritor Kurt Vonnegut) describió sus reacciones por el empleo de toracina, un fármaco antipsicótico, cuando lo hospitalizaron porque padecía esquizofrenia:

Terapia farmacológica: control de los problemas psicológicos mediante el empleo de fármacos

Fármacos antipsicóticos: medicamentos que alivian en forma temporal síntomas psicóticos como la agitación y la actividad excesiva

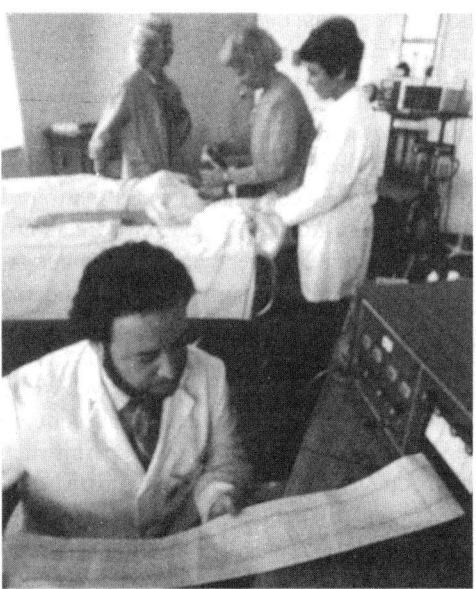

El doctor Richard B. Weiner, del Centro Médico de la Universidad de Duke, lee un electroencefalograma de un paciente, mientras los técnicos le aplican terapia electroconvulsiva. A pesar de que la TEC es un método que ha levantado controversia, ha ayudado a pacientes con depresión muy grave, para quienes otro tipo de tratamientos no dieron resultado.

Lo que se supone que debe hacer el fármaco es terminar con las alucinaciones. Lo que yo pienso que hace es llenar la mente con una especie de niebla, en tal medida que uno ya no puede darse cuenta de las alucinaciones ni de otras cosas… Con la toracina todo es aburrimiento. No literalmente. El aburrimiento implica impaciencia. Puedes leer las tiras cómicas… puedes tolerar la conversación con imbéciles para siempre… El clima es soso, las flores son sosas, nada es muy impresionante. (Vonnegut, 1975, pp. 196-197)

Fármacos antidepresivos:
medicamentos que mejoran el ánimo y el sentimiento de bienestar de los pacientes deprimidos

Fármacos antidepresivos   Como se puede suponer, los **fármacos antidepresivos** son un tipo de medicamentos que se emplea en los casos de depresión severa para mejorar el ánimo de los pacientes. Fueron descubiertos por un mero accidente: los pacientes que padecían tuberculosis y a los que se les administró el fármaco iproniazida, en forma súbita se volvían más alegres y optimistas. Cuando se probó ese mismo medicamento con personas que padecían de depresión, se obtuvo un resultado semejante, por lo cual los fármacos se convirtieron en una forma aceptada de tratamiento contra la depresión (McNeal y Cimbolic, 1986).

La mayoría de los fármacos antidepresivos funciona por medio del aumento en la concentración de neurotransmisores particulares en el cerebro (véase el capítulo 2). Por ejemplo, los fármacos tricíclicos modifican el nivel de noradrenalina y de serotonina en las sinapsis de las neuronas cerebrales. Otros, como el bupropión, funcionan sobre el neurotransmisor conocido como dopamina (Zito, 1993).

Aunque los fármacos antidepresivos pueden producir efectos secundarios, como somnolencia y desmayos, su margen general de éxito es muy bueno. A diferencia de los fármacos antipsicóticos, los antidepresivos pueden producir recuperaciones más duraderas de la depresión. En muchos casos, incluso después de abandonar el consumo de los medicamentos, la depresión no afecta al paciente de nuevo (Spiegel, 1989; Julien, 1995; Zito, 1993). (Para un comentario acerca del *Prozac*, uno de los medicamentos antidepresivos más nuevo y mejor conocido, véase el recuadro *La psicología en acción*.)

Litio: fármaco que se usa en el tratamiento de trastornos bipolares

Litio   Un fármaco que se ha empleado con éxito en casos de trastorno bipolar es el **litio**, una forma de sales minerales simples. Aunque nadie sabe con seguridad cómo funciona, es eficaz para reducir los episodios de manía y termina con esos comportamientos en un 70% del tiempo. Por otro lado, no es tan impresionante su efectividad para solucionar la depresión. Funciona sólo en determinados casos y, al igual que los demás fármacos antidepresivos, es posible que produzca diversos efectos colaterales (Coppen, Metcalfe y Wood, 1982).

El litio posee una cualidad que lo distingue de los demás tratamientos con fármacos. Representa un tratamiento *preventivo* en mayor medida que cualquier otro fármaco, anticipándose a los episodios de depresión maniaca. A menudo las personas que exhibieron episodios maniacodepresivos en el pasado pueden administrarse una dosis diaria de litio, la cual evita que estos síntomas vuelvan a presentarse. En contraste, la mayor parte de los otros fármacos sólo son útiles después de que ocurren los síntomas de perturbación psicológica.

Fármacos contra la ansiedad, o ansiolíticos: fármacos que reducen el estrés y la ansiedad

Fármacos contra la ansiedad (ansiolíticos)   Si los nombres Valium y Xanax le suenan familiares, no es al único; éstos se hallan entre los fármacos que con más frecuencia recetan los médicos. Ambos están dentro de un grupo de fármacos al que se denomina **fármacos ansiolíticos** y que son recetados —por lo general por el médico familiar— para disminuir el estrés y la ansiedad que sienten los pacientes durante periodos especialmente difíciles de sus vidas. De hecho, más de la mitad de los estadounidenses tienen un pariente que ha tomado estos medicamentos en alguna época de su vida.

Tal como lo indica su nombre, los fármacos ansiolíticos disminuyen el grado de ansiedad que se experimenta, y lo hacen básicamente mediante la reducción de la excitabilidad y también con un aumento en la somnolencia. Se les emplea no sólo para reducir la tensión general de personas que experimentan dificultades durante un periodo, sino también como auxiliar en el tratamiento de trastornos de ansiedad más graves (Zito, 1993).

Aunque la popularidad de los ansiolíticos sugiere que carecen de riesgos, pueden provocar algunos efectos secundarios potencialmente graves. Por ejemplo, pueden producir fatiga, y su empleo a largo plazo puede generar dependencia. Además, cuando se

LA PSICOLOGÍA EN ACCIÓN

La cultura del Prozac: la persecución de la felicidad en la década de los noventa

Ella nunca ha sufrido de depresión y no es alguien que tome píldoras por diversión. De modo que, ¿por qué una ejecutiva de relaciones públicas exitosa de 43 años de edad tomaría Prozac? Helen Baker de Chicago (quien desea ser identificada con este seudónimo) lo toma para activarse. Como cualquier profesional ocupado, a menudo hace malabarismos con todas sus prioridades. Enfrentada con plazos apremiantes y docenas de llamadas que atender, solía paralizarse. "Era incapaz de concentrarme", dice ella. "Terminaba esperando hasta el último momento para hacer las cosas." Ahora que toma el antidepresivo no sólo maneja las presiones de trabajo en forma más hábil, sino que luce una personalidad más optimista. En fecha reciente participó con un comediante en un centro nocturno cuando éste solicitó un voluntario del público. "No podía creer que estuviera ahí y no me sintiera nerviosa", comentó. "Era abierta y hacía reír a las personas. En el pasado es posible que hubiera deseado hacerlo, pero no lo habría hecho sin Prozac." (Cowley, 1994, p. 41)

Bienvenidos a la última década del siglo xx, donde los fármacos desarrollados para tratar trastornos psicológicos son tan conocidos como el jabón, y usados casi tanto como éste. El antidepresivo Prozac, en particular, ha adornado la portada de revistas como *Newsweek* y ha sido el tema de libros populares como *Listening to Prozac,* del psiquiatra Peter Kramer (Kramer, 1993).

Haciendo a un lado la reacción de los medios de comunicación, ¿el fármaco antidepresivo fluxetina, que se vende con la marca comercial Prozac, es tan revolucionario como aseguran los que lo apoyan? En algunos aspectos Prozac sí merece los elogios que se le han prodigado. Aunque apenas se le introdujo en 1987, en la actualidad es el medicamento antidepresivo que se receta con mayor frecuencia. Y a pesar de que es muy caro, pues cada dosis diaria cuesta cerca de 2 dólares, ha logrado cambiar en forma positiva las vidas de miles de personas deprimidas.

Prozac —sustancias de la misma familia como Zoloft y Paxil— funciona por medio del bloqueo de la reabsorción del neurotransmisor conocido como serotonina. Comparado con otros fármacos antidepresivos, Prozac tiene relativamente pocos efectos secundarios. Además, muchas personas que no responden a otros tipos de antidepresivos han tenido buenos resultados con Prozac.

Por otra parte, este medicamento aún no se ha empleado durante un periodo lo suficientemente amplio como para reconocer todos sus efectos secundarios potenciales, y algunas investigaciones sugieren que es posible que Prozac tenga su lado oscuro. Por ejemplo, entre el 20 y el 30% de aquellos que lo usan reportan los efectos secundarios de náusea y diarrea, y una cifra menor reporta disfunciones sexuales (Barondes, 1994).

Además, la reputación de Prozac como un levantador del estado de ánimo para todo propósito plantea asuntos problemáticos. La ola de publicidad sobre el fármaco aumenta la probabilidad de que pacientes con formas leves de depresión, o incluso otros trastornos, olvidarán tipos de tratamiento alternativos más adecuados como la psicoterapia. En su lugar pueden buscar en forma activa que les receten Prozac.

Muchos profesionales de la salud están más que dispuestos a complacer las solicitudes del medicamento. Prozac es recetado más de un millón de veces al mes, con mayor frecuencia por profesionales que no se especializan en trastornos psicológicos (Cowley, 1994). En un caso extremo, un psicólogo clínico en el estado de Washington sugirió el uso de Prozac a más de 600 personas en una ciudad con una población total de 21 000 —debe agregarse que esta práctica produjo una condena considerable— (Egan, 1994).

El uso extendido de Prozac, al igual que los panegíricos que ha obtenido, plantean una interrogante más difícil y a final de cuentas filosófica: ¿Los cambios positivos en el estado de ánimo, actitudes y puntos de vista sobre la vida producidos supuestamente por Prozac son deseables por completo? Aunque los defensores del fármaco afirman que permite que surja la "verdadera persona", algunos observadores afirman que la personalidad que se observa cuando se toma Prozac es menos que genuina. Sostienen que puede ser que las personas no estén mejor, después de todo, al escapar de los sentimientos desagradables. Para los críticos, las personas que toman medicamentos como Prozac pueden carecer de motivación para buscar las reflexiones y experiencias que pueden hacer que la vida sea en verdad significativa y valiosa.

En resumen, aunque Prozac tiene beneficios importantes no es un medicamento milagroso. Hasta que se conozcan los efectos biológicos y psicológicos de largo plazo de Prozac, su uso requiere cautela.

---

consumen junto con alcohol, algunos pueden ser letales. Pero una interrogante más importante se refiere a su uso con la finalidad de suprimir la ansiedad. Casi todos los enfoques teóricos de las perturbaciones psicológicas consideran la ansiedad como una señal de algún otro problema. Por tanto, los fármacos que enmascaran la ansiedad pueden simplemente ocultar las dificultades. En consecuencia, en lugar de enfrentar sus problemas subyacentes, las personas pueden simplemente ocultarse de ellos mediante el uso de los ansiolíticos.

RESPUESTAS A LA REVISIÓN ANTERIOR

1. 1-e; 2-b; 3-c; 4-d; 5-a **2.** humanistas **3.** gestalt **4.** a **5.** remisión espontánea **6.** ecléctico

Terapia electroconvulsiva

En la década de 1930, un médico húngaro concluyó que las personas con epilepsia (trastorno que se caracteriza por ataques y convulsiones recurrentes) eran inmunes a la esquizofrenia. Aunque esta conclusión resultó errónea, condujo a especular si la inducción de convulsiones del tipo de las exhibidas en la epilepsia en personas con esquizofrenia, podían aliviar el trastorno.

Para comprobar esta hipótesis, varios psiquiatras administraron descargas eléctricas en la cabeza de algunos pacientes que padecían esquizofrenia, provocándoles, por consiguiente, convulsiones. En forma sorprendente, aunque el razonamiento que condujo a la prueba era erróneo, los pacientes en verdad experimentaron alguna mejoría y así nació la terapia de choques electroconvulsivos (Bini, 1938).

La utilización de la **terapia electroconvulsiva (TEC)** continúa hasta el presente, aunque se ha mejorado en forma considerable la forma en que se aplica. Se administra en forma breve una corriente eléctrica de entre 70 y 150 voltios en la cabeza del paciente, lo cual ocasiona perdida de la conciencia y a menudo convulsiones. Por lo general, antes de administrar la corriente se seda al paciente y se le administra relajantes musculares, lo cual impide que tenga contracciones violentas. El paciente típico recibe diez tratamientos como éste a lo largo de un mes, pero algunos prosiguen con tratamientos de mantenimiento varios meses después (Weiner, 1982; Fink, 1990; 1994).

Como es de suponer, la TEC es una técnica controvertida. Aparte del rechazo evidente a un tratamiento que recuerda imágenes de la pena capital por electrocución, con frecuencia existen efectos secundarios. Por ejemplo, después de la aplicación del tratamiento los pacientes suelen experimentar desorientación, confusión y, en ocasiones, pérdida de la memoria que incluso puede durar meses. Además, muchos pacientes temen a la TEC a pesar de estar bajo anestesia durante el tratamiento y no experimentar dolor. Por último, todavía no se sabe cómo o por qué funciona la TEC y algunos críticos sugieren que el tratamiento puede producir daño permanente al cerebro (Fisher, 1985).

Dadas estas desventajas de la TEC, ¿por qué todavía se emplea? La razón fundamental es que en muchos casos parece ser un tratamiento efectivo para casos graves de depresión. Por ejemplo, puede prevenir que individuos suicidas deprimidos logren tal objetivo; puede actuar con mayor rapidez que los medicamentos antidepresivos, los cuales pueden requerir más tiempo para tener efecto. En realidad el uso de la TEC ha aumentado durante la última década: más de 100 000 personas son sometidos a la TEC cada año. Aun así, la TEC tiende a ser usada sólo cuando otros tratamientos no han sido efectivos (Sackheim, 1985; Thienhaus, Margletta y Bennett, 1990; APA Task Force, 1990; Coffey, 1993; Foderaro, 1993).

Psicocirugía

Si la TEC le parece un procedimiento cuestionable, el uso de la **psicocirugía** —cirugía cerebral que se realiza con el objetivo de aliviar los síntomas de trastornos mentales— es seguro que le parecerá aún más controvertida. La psicocirugía, método que es usado rara vez en la actualidad, se introdujo por primera vez como tratamiento de "último recurso" en la década de 1930. El procedimiento, que se conoce como *lobotomía prefrontal*, consiste en destruir o extirpar de manera quirúrgica determinadas partes de los lóbulos frontales del cerebro del paciente, que son las que controlan las emociones. El razonamiento en el que estaba sustentado dicho procedimiento era que destruyendo las conexiones de distintas partes del cerebro se podría reducir la influencia de los impulsos emocionales sobre los pacientes, por lo que su comportamiento general mejoraría.

Con frecuencia la psicocirugía sí mejoraba el comportamiento de los pacientes, pero con efectos secundarios drásticos, ya que junto con la desaparición de los síntomas del trastorno mental, los pacientes en ocasiones también exhibían modificaciones de personalidad y se volvían apáticos, ausentes y carentes de emociones. En otros casos, los pacientes se volvían agresivos y eran incapaces de controlar sus impulsos. En los casos más graves, los pacientes morían como consecuencia del tratamiento.

Terapia electroconvulsiva (TEC): tratamiento que incluye la aplicación de corriente eléctrica a la cabeza de un paciente para el manejo contra la depresión severa

Psicocirugía: cirugía cerebral que se utilizó antes para aliviar los síntomas de los trastornos mentales, pero que en la actualidad ya casi no se emplea

No obstante todos estos problemas —y los evidentes asuntos éticos relacionados con la legitimidad de alterar para siempre la personalidad de alguien— la psicocirugía se utilizó en miles de casos en las décadas de 1930 y 1940. El proceso se hizo tan común que en algunas clínicas la operación era realizada a diario a 50 pacientes (Freeman, 1959).

Con la llegada de los tratamientos farmacológicos efectivos, la psicocirugía casi se volvió obsoleta. Sin embargo, se emplea todavía en casos muy raros en los que todos los demás procedimientos han fracasado y el comportamiento del paciente constituye un alto riesgo para sí mismo y los demás. Por ejemplo, la psicocirugía puede emplearse en algunos casos muy inusuales de trastorno obsesivo-compulsivo o depresión. También se usa en forma ocasional en pacientes en fase terminal que padecen de dolor severo e incontrolable. De cualquier forma, incluso en estos casos, surgen serias reflexiones éticas, por lo cual la psicocirugía aún es un tratamiento muy controvertido (Valenstein, 1986; Chiocca y Martuza, 1990; Miller, 1994).

El tratamiento biológico en perspectiva: ¿el comportamiento anormal es curable?

En algunos aspectos aún no se ha producido una revolución más significativa en el campo de la salud mental que la de los enfoques biológicos del tratamiento. Los hospitales psiquiátricos han aplicado mayor énfasis en ayudar en verdad a los pacientes que en las funciones de custodia, pues los pacientes que tendían a ser violentos e incontrolables se tranquilizan por medio de los fármacos. De modo semejante, los pacientes cuyas vidas estaban afectadas por la depresión o por episodios maniacodepresivos han logrado funcionar en forma normal; otras formas de terapia farmacológica también han mostrado resultados notables.

Por otra parte, las terapias biológicas no carecen de críticos. Éstos afirman que en muchos casos dichas terapias sólo ofrecen un alivio de los *síntomas* del trastorno mental; tan pronto se retiran estos medicamentos, los síntomas retornan. Aunque se considera como un paso importante en la dirección correcta, puede ser que el tratamiento biológico no logre resolver los problemas subyacentes que llevaron al individuo a buscar terapia en primer lugar. Además, las terapias biológicas pueden producir efectos secundarios, que van desde las reacciones físicas hasta el desarrollo de *nuevos* síntomas de comportamiento anormal (Elkin, 1986). Por todas estas razones los tratamientos con base biológica no representan una panacea para todos los trastornos psicológicos.

Psicología comunitaria: énfasis en la prevención

Los tratamientos que hemos comentado en este capítulo tienen un elemento común: todos son tratamientos de tipo "restaurador" y su finalidad es el alivio de los problemas psicológicos, que ya existen. No obstante, un movimiento que surgió recientemente, al que se le denomina **psicología comunitaria**, persigue un objetivo distinto: evitar o disminuir al mínimo la frecuencia de los trastornos psicológicos.

La psicología comunitaria surgió en la década de 1960, cuando se planeó establecer una red nacional de centros comunitarios de salud mental en Estados Unidos. La función de estos centros era ofrecer servicios de salud mental a bajo costo, incluso terapias a corto plazo y programas educativos comunitarios. Además, en los últimos 30 años la población de los hospitales psiquiátricos ha disminuido de manera notable, pues los tratamientos farmacológicos han hecho innecesaria la restricción física de los pacientes. La afluencia de los antiguos pacientes mentales hacia la comunidad, proceso que se conoce como **desinstitucionalización**, dio nuevos bríos al movimiento de la psicología comunitaria, que se preocupaba de que los que salieran de las instituciones recibieran el tratamiento más adecuado y respeto a sus derechos civiles (Melton y Garrison, 1987).

Por desgracia, los objetivos originales de la psicología comunitaria no se han alcanzado. Por ejemplo, la frecuencia de trastornos mentales no ha disminuido. Muchas de las

Psicología comunitaria: movimiento que pretende evitar o disminuir al mínimo los trastornos psicológicos en la comunidad

Desinstitucionalización: transferencia de los antiguos pacientes mentales de los hospitales a la comunidad

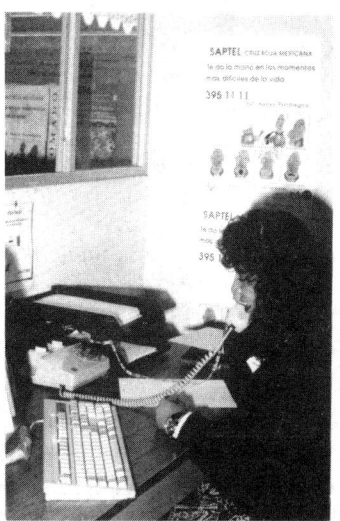

Los consejeros entrenados que atienden las líneas telefónicas de urgencia ofrecen asesoría a personas en crisis y de ser necesario pueden referirlos a otras instituciones para que obtengan tratamiento a largo plazo.

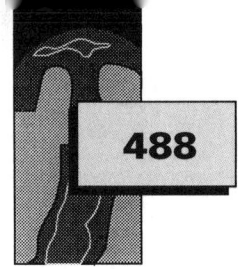
personas que necesitan un tratamiento no lo reciben y, en algunos casos, la atención que se brinda a las personas que exhiben trastornos psicológicos sólo ha variado de un tipo de lugar de tratamiento a otro (Kiesler y Simpkins, 1991, 1993).

Sin embargo, este movimiento ha hecho surgir diversos resultados colaterales alentadores. Uno de ellos es la instalación de "líneas telefónicas de urgencia" en algunas ciudades de Estados Unidos. Con ellas es posible que las personas que experimentan un estrés agudo llamen a un número telefónico a cualquier hora del día o de la noche y hablen con personal adiestrado y amable que les ofrezca tratamiento inmediato —aunque es evidente que será limitado— (Tolan, Keys, Chertok y Jason, 1990).

El centro universitario de crisis es otra innovación que resultó del movimiento de psicología comunitaria. Con una estructura semejante a la de los centros telefónicos de urgencia para la prevención de suicidios (lugares a los que podían llamar las víctimas de suicidio en potencia para hablar acerca de sus problemas), el centro universitario de crisis ofrece al que llama la oportunidad de platicar acerca de las crisis de su vida con un escucha amable, que con frecuencia es un estudiante voluntario.

Aunque no son especialistas, los voluntarios reciben una capacitación detallada para ofrecer consejería telefónica. Realizan ejercicios de representación de papeles sobre problemas específicos y se les explica cómo pueden responder a las dificultades que pueden estar enfrentando los que llaman. Los voluntarios también se reúnen en grupos para comentar el tipo de problemas que encuentran y para compartir experiencias relativas a las estrategias que son más efectivas.

LOS CAMINOS DE LA PSICOLOGÍA

Gary Gollner

Nació: 1945
Educación: B.A. en psicología de University of Nebraska at Lincoln; M.A. en trabajo social de University of Nebraska School of Social Work
Hogar: Lincoln, Nebraska

La guerra en Vietnam llevó a Gary Gollner al campo de la psicología. Aunque al principio planeó para él una carrera como farmacéutico, este objetivo tuvo que ser dejado a un lado cuando el nativo de Chicago fue reclutado mientras estaba en la universidad. Cuando terminó su entrenamiento básico, el ejército le aplicó una prueba para determinar cuál era su futuro militar. Los resultados: se le dijo que se convertiría en "técnico en psicología clínica".

Aunque la decisión carecía de sentido para Gollner en ese momento, en vista de que sólo había tomado un curso de psicología en la universidad, fue inscrito en un programa de entrenamiento intensivo que duró 16 semanas. Cuando lo concluyó fue enviado al Cuartel Disciplinario Leavenworth en Kansas.

Durante su estancia en Leavenworth obtuvo una experiencia que no podría haber obtenido en ninguna otra parte. "En Leavenworth mi responsabilidad princi-

Gary Gollner

pal era evaluar a los prisioneros. Les aplicábamos el MMPI, TAT, pruebas de inteligencia y cualquier otra prueba de seguimiento que se requiriera", dijo. "También realicé algunas terapias con supervisión estrecha y participé en programas de modificación del comportamiento."

El trabajo que realizaba despertó su interés en la psicología. "En verdad me gustaba el trabajo y sentía que era adecuado para mí", comentó. Cuando regresó a la universidad después de que se terminó su turno de servicio, decidió cursar una carrera de psicología.

Durante los últimos 13 años Gollner ha sido parte del personal de los Servi-

cios Psicológicos y de Asesoría de la Universidad de Nebraska en Lincoln. "Básicamente es una clínica para pacientes externos. Los estudiantes acuden con nosotros en forma voluntaria, después de haber descubierto que tienen algún problema psicológico de una clase o de otra", dijo. "Una vez ahí, realizamos una evaluación psicológica de ingreso donde, entre otras cosas, identificamos el problema, estudiamos la historia familiar y formulamos un plan de tratamiento.

"Es un lugar de trabajo interesante en extremo. Servimos a un grupo brillante y automotivado de personas en edad universitaria, por lo general con edades entre 18 y 24 años", explicó Gollner. "Hablando en general, acuden con la mente muy abierta y con la habilidad de tratar con conceptos abstractos, y tienen la capacidad para ser perspicaces y reflexivos. Estas habilidades se adecuan bien a los enfoques cognitivos y conductuales que empleamos para ayudar a los estudiantes con sus problemas.

"Vemos a estudiantes con muchos problemas para relacionarse, depresión de inicio temprano, algunos trastornos bipolares y algo de esquizofrenia. Pero tendemos a detectar los trastornos psicológicos cuando son más tratables", concluyó. "Y esto es muy gratificante."

Debido a que no son profesionales, los integrantes de los centros universitarios de crisis no tienen la capacidad para ofrecer una terapia a largo plazo. No obstante, pueden ofrecer respuestas positivas y constructivas —a menudo cuando más se necesitan—. También es posible que remitan a quienes les llaman por teléfono a las instituciones adecuadas, dentro y fuera de la universidad, para obtener la ayuda a largo plazo que necesitan.

Además de proporcionar centros de crisis, la mayor parte de las universidades ofrece a sus estudiantes la oportunidad de recibir tratamiento en centros de consejería o de salud mental. La misión de esos centros es tomar medidas preventivas y tratar a estudiantes que sufren de malestar psicológico. (Para más sobre este tema véase el recuadro *Los caminos de la psicología.*)

El consumidor de psicología bien informado

La selección del terapeuta adecuado

Si toma la decisión de buscar terapia enfrentará una tarea desalentadora. Elegir un terapeuta no es una labor fácil. Sin embargo, hay varios lineamientos que pueden ayudarle a determinar si ha hecho la elección correcta (Engler y Goleman, 1992):

■ La relación entre cliente y terapeuta debe ser agradable. El terapeuta no debe intimidarlo o causarle temor; debe tenerle confianza y sentirse libre de comentar con él incluso los temas más personales sin temor a provocar una reacción negativa. En resumen, la "química personal" deberá ser buena.

■ El terapeuta y el cliente deben estar de acuerdo en los objetivos del tratamiento. Éstos deberán ser claros, específicos y alcanzables.

■ El terapeuta debe tener una capacitación adecuada y títulos relativos al tipo de terapia que ofrece, y deberá contar también con la cédula profesional expedida por las dependencias gubernamentales correspondientes que lo acredite para ejercer. Deberá verificar si el terapeuta es miembro de asociaciones profesionales nacionales y estatales. Además, el terapeuta deberá ser interrogado respecto al costo de la terapia, las prácticas de facturación y otros asuntos comerciales. No es una falta de cortesía tratar estos asuntos durante una consulta inicial.

■ Los clientes deben sentir que realizan progresos hacia la solución de sus problemas después de que inició la terapia, y esto en forma independiente de que se produzcan recaídas ocasionales. Aunque no existe un patrón fijo, los cambios más evidentes tienden a manifestarse relativamente temprano en el curso del tratamiento. Por ejemplo, la mitad de los pacientes en psicoterapia mejoran hacia la octava sesión y tres cuartas partes para la vigésima sexta sesión (Howard, Pion, Gottfredson, Flattau, Oskamp, Pfafflin, Bray y Burstein, 1986a; Howard y Zola, 1988; Messer y Warren, 1995).

Si el cliente no experimenta mejoría después de varias visitas, debe discutirlo de manera franca con su terapeuta, con la perspectiva de la posibilidad de hacer un cambio. En la actualidad, la mayor parte de las terapias tienen una duración bastante breve, en especial aquellas que se administran a estudiantes universitarios —en Estados Unidos, tienen un promedio de cinco sesiones de terapia— (Nowicki y Duke, 1978; Koss y Butcher, 1986; Crits-Cristoph, 1992).

Los clientes deben percatarse de que deberán dedicar mucho esfuerzo a su terapia. Aunque nuestra cultura se promete curas rápidas para cualquier problema —como debe saber toda persona que haya revisado los anaqueles de libros de autoayuda en las librerías— en la realidad la solución de problemas complicados no es fácil. Las personas deben establecer un compromiso con la terapia; además, deben saber que son ellas, y no el terapeuta, las que harán la mayor parte del trabajo para lograr la solución de los problemas. Está presente el potencial para que el esfuerzo que se realice se recompense en forma plena —pues las personas comienzan a llevar vidas más positivas, satisfactorias y significativas—.

RECAPITULACIÓN Y REVISIÓN

Recapitulación

- Los enfoques biológicos de tratamiento incluyen la terapia farmacológica, la terapia electroconvulsiva y la terapia quirúrgica.
- La terapia farmacológica ha generado una reducción importante en la frecuencia del comportamiento psicótico. Entre los medicamentos que se emplean se pueden mencionar los fármacos antidepresivos, los antipsicóticos y los ansiolíticos.
- La terapia electroconvulsiva (TEC) consiste en aplicar una corriente eléctrica en el cerebro de pacientes que padecen perturbaciones psicológicas muy graves, en especial depresión.
- La forma extrema de terapia biológica es la psicocirugía, que implica una cirugía en el cerebro del paciente. Aunque se emplea muy poco en la época actual, la lobotomía prefrontal fue en el pasado una forma muy común de tratamiento.
- La psicología comunitaria tiene el objetivo de prevenir o reducir al mínimo los trastornos psicológicos.

Revisión

1. Los fármacos antipsicóticos han demostrado que son una cura de largo plazo, efectiva y total para la esquizofrenia. ¿Cierto o falso?

2. Uno de los tratamientos biológicos con mayor efectividad para los trastornos psicológicos, que se emplea principalmente para prevenir y detener los episodios maniacodepresivos es:
   a. Clorpromacina
   b. Litio
   c. Librium
   d. Valium

3. Un tratamiento utilizado en forma inicial para la esquizofrenia, la _____, incluye la aplicación de descargas eléctricas al cerebro del paciente.

4. La psicocirugía cada vez es más popular como método de tratamiento gracias al aumento de la precisión de las técnicas quirúrgicas. ¿Cierto o falso?

5. La tendencia consistente en dejar salir a un mayor número de pacientes de los hospitales psiquiátricos hacia la comunidad se conoce como _____.

Pregúntese a sí mismo

¿Son éticas las técnicas de la TEC y la psicocirugía? ¿Hay algunos casos en los que no se les debería emplear? ¿El hecho de que nadie comprende cómo funciona la TEC implica que se le debe abandonar? En general, ¿se debe utilizar tratamientos que parecen ser efectivos, pero por razones desconocidas?

(Las respuestas a las preguntas de revisión aparecen en la página 491.)

UNA MIRADA RETROSPECTIVA

¿Cuáles son los objetivos de los tratamientos con base psicológica y de los que tienen base biológica?

1. Aunque los tipos específicos de tratamiento son muy distintos, la terapia con base psicológica, a la que se conoce como psicoterapia, y la terapia con base biológica tienen en común el objetivo de resolver problemas psicológicos por medio de la modificación de los pensamientos, sentimientos, expectativas, evaluaciones y, en última instancia, del comportamiento de las personas.

¿Cuáles son los tipos fundamentales de psicoterapia?

2. El tratamiento psicoanalítico se sustenta en la teoría psicodinámica de Freud, que trata de traer del inconsciente a la conciencia conflictos no resueltos del pasado e impulsos que no son aceptables, con el fin de retomar los problemas con mayor efectividad. Para lograr esto, los pacientes se reúnen con frecuencia con su terapeuta y usan técnicas como la asociación libre y la interpretación de los sueños. Es posible que este proceso sea difícil debido a la resistencia del paciente y a la transferencia, y no existen evidencias concluyentes respecto a que el proceso sea efectivo.

3. Los enfoques terapéuticos conductuales consideran al mismo comportamiento anormal como el problema, en lugar de concebirlo como un síntoma de alguna otra causa subyacente. Este enfoque

sostiene que, con el fin de lograr una "cura", es necesario cambiar el comportamiento externo. Por medio del condicionamiento aversivo, estímulos desagradables se asocian con un comportamiento que es agradable para el paciente, pero que se desea eliminar. La desensibilización sistemática emplea el procedimiento opuesto. La relajación es apareada en forma repetida con un estímulo que produce ansiedad con el fin de reducir esta última. El aprendizaje observacional es otro tipo de tratamiento conductual que se usa para enseñar comportamientos nuevos y más adecuados; también son usadas otras técnicas, como la economía de fichas.

4. Las perspectivas terapéuticas cognitivas, a las que se suele denominar terapia cognitiva-conductual, sostienen que el objetivo de la terapia debería ser la reestructuración del sistema de creencias de una persona en una visión del mundo más realista, racional y lógica. Dos ejemplos de tratamientos cognitivos son la terapia racional emotiva de Ellis y la terapia cognitiva de Beck.

¿Cuáles son los enfoques de la terapia humanista y de grupo para el tratamiento?

5. La terapia de tipo humanista está sustentada en la premisa de que las personas controlan su comportamiento, son capaces de hacer elecciones con relación a sus vidas y que depende de ellas la

resolución de sus problemas. Los terapeutas humanistas asumen un papel no directivo; actúan más como guías que facilitan la búsqueda de respuestas de parte de los clientes. Un ejemplo de terapia humanista es la centrada en el cliente, que desarrolló Carl Rogers, en donde el propósito es permitirle a las personas tomar decisiones y opciones realistas y constructivas acerca de las cosas que les preocupan. La terapia existencial ayuda a las personas a afrontar la libertad y otros potenciales exclusivos de la existencia humana; la terapia gestalt trata de ayudar a las personas para que integren sus pensamientos, sentimientos y comportamiento.

¿Qué tan efectiva es la terapia y qué tipo de terapia funciona mejor en circunstancias específicas?

6. La mayoría de las investigaciones recientes sugiere que en general la terapia es más efectiva que la ausencia de ella, aunque no se sabe en qué grado lo sea. La respuesta a la pregunta más difícil sobre qué terapia es la más eficiente es aún menos clara. Sin embargo, es indiscutible que ciertas terapias son más indicadas para determinados problemas que para otros.

¿Cómo se emplea en la actualidad las técnicas farmacológica, electroconvulsiva y psicoquirúrgica para el tratamiento de los trastornos psicológicos?

7. Los enfoques biológicos del tratamiento proponen que la terapia se debería centrar en las causas fisiológicas del comportamiento anormal, en lugar de considerar a los factores psicológicos. La terapia farmacológica, el mejor ejemplo de los tratamientos biológicos, ha logrado una disminución dramática en la aparición de síntomas de padecimientos mentales.

8. Los fármacos antipsicóticos como la clorpromacina son muy efectivos para reducir los síntomas psicóticos, aunque es posible que provoquen efectos secundarios graves. Los fármacos antidepresivos reducen la depresión. Los fármacos ansiolíticos se encuentran entre los medicamentos generales que son recetados con mayor frecuencia; su función es reducir la ansiedad.

9. La terapia electroconvulsiva (TEC) consiste en la aplicación de una corriente eléctrica de entre 70 y 150 voltios en la cabeza del paciente, lo cual provoca pérdida de la conciencia y fuertes convulsiones. Este procedimiento es un tratamiento efectivo para los casos graves de depresión. Otro tratamiento biológico es la psicocirugía; el procedimiento típico consiste en destruir mediante cirugía determinadas partes del cerebro de un paciente en una operación conocida como lobotomía prefrontal. Dados los serios problemas éticos y los posibles efectos secundarios adversos, la psicocirugía es un procedimiento que en la actualidad se usa rara vez.

10. La psicología comunitaria intenta prevenir o reducir al mínimo los trastornos psicológicos. Este movimiento fue favorecido en parte por la desinstitucionalización, la cual permite que pacientes hospitalizados en instituciones psiquiátricas regresen a la comunidad. Un resultado significativo de este movimiento ha sido la instalación de líneas telefónicas de urgencia y de centros universitarios para crisis en Estados Unidos y otros países.

TÉRMINOS Y CONCEPTOS CLAVE

psicoterapia (p. 465)
terapia con base biológica (p. 465)
terapia psicodinámica (p. 467)
psicoanálisis (p. 468)
enfoques conductuales de tratamiento (p. 469)
desensibilización sistemática (p. 470)
aprendizaje observacional (p. 472)
enfoque cognitivo-conductual (p. 473)
terapia racional emotiva (p. 473)

terapia cognitiva (p. 474)
terapia humanista (p. 475)
terapia centrada en el cliente (p. 475)
terapia existencial (p. 476)
terapia gestalt (p. 476)
terapia de grupo (p. 477)
terapia familiar (p. 477)
remisión espontánea (p. 479)
enfoque ecléctico de terapia (p. 480)
terapia farmacológica (p. 482)

fármacos antipsicóticos (p. 483)
fármacos antidepresivos (p. 484)
litio (p. 484)
fármacos contra la ansiedad, o ansiolíticos (p. 484)
terapia electroconvulsiva (TEC) (p. 486)
psicocirugía (p. 486)
psicología comunitaria (p. 487)
desinstitucionalización (p. 487)

RESPUESTAS A LA REVISIÓN ANTERIOR

1. Falso; la esquizofrenia se puede controlar mas no curar con medicamentos, **2.** b
3. terapia electroconvulsiva (TEC) **4.** Falso; la psicocirugía en la actualidad se emplea en forma exclusiva como tratamiento de último recurso **5.** desinstitucionalización

PSICOLOGÍA SOCIAL

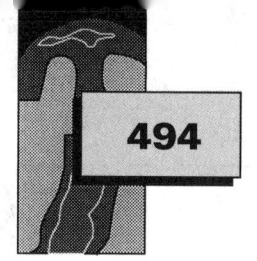

PRÓLOGO

Manos que ayudan

[Considere a] Chris Renner, de 26 años de edad, que ayudó a crear Food Partnership Inc. en las afueras de Los Ángeles. Le preocupaba que los centros de acopio de alimentos estuvieran gastando una fortuna en cuotas de transporte para recolectar las donaciones. Con la ayuda de la California Trucking Association y United Way, ideó un método para que los camiones transportaran los alimentos de manera de los donadores a los centros de acopio de alimentos cuando regresaban vacíos después de un trayecto largo. Hasta ahora, el programa ha transportado casi 4 millones de kilogramos de alimentos y ha ahorrado a los centros de acopio de alimentos 55 000 dólares en cuotas de transporte.

O a Pedro José Greer, un médico de Miami que encontró su vocación no sólo en los hospitales sino también bajo los puentes y en las autopistas, donde viven muchas de las personas sin hogar de la ciudad. Hace cuatro años, "Dr. Joe", de 32 años, abrió una clínica junto a un refugio llamado Camillus House. Ahora tiene 130 doctores y personal médico voluntario trabajando con 40 pacientes al día. "Hay mucho talento entre los pobres, debemos ayudarlos sin importar nada", dice. "Perdemos demasiado cuando mueren las personas de las ciudades perdidas..."

O a Suzanne Firtko, una historiadora de la arquitectura en la ciudad de Nueva York que inventó la Hoja de la Calle: instrucciones que dirigen a las personas sin hogar hasta las cocinas y centros de acopio de ropa más cercanos. Convenció a DuPont para que donara papel resistente a las roturas y a prueba de agua, y diseñó las hojas con gráficos fáciles de entender para que aquellos que no pueden leer bien y las personas que no hablan inglés puedan usarlas. La operación entera costó 1 800 dólares ese primer año. "Proyectos como el mío se vuelven muy costosos cuando los realizan organismos establecidos", dice ella. "Es muy barato cuando lo estás haciendo en la mesa de tu cocina." (Gibbs, 1989, p. 21)

Suzanne Firtko entrega copias de su *Hoja de la Calle*, la cual instruye a las personas sin hogar para que encuentren fuentes de alimento y ropa.

UN VISTAZO ANTICIPATORIO

Cada una de estas personas ilustra un lado del comportamiento humano que a veces parece demasiado extraño. La generosidad de estos individuos contrasta en forma aguda con la agresión y la violencia que son tan frecuentes en nuestra sociedad moderna.

En este capítulo se considerará aquellos aspectos del comportamiento humano que nos unen y nos separan a unos de otros, enfocándonos en la psicología social. La **psicología social** es el estudio de la forma en que los pensamientos, sentimientos y acciones de las personas son afectados por los demás. Los psicólogos sociales consideran la naturaleza y las causas del comportamiento individual en situaciones sociales.

El amplio alcance de la psicología social queda delimitado por el tipo de preguntas que formulan los psicólogos: ¿cómo podemos convencer a las personas de cambiar sus actitudes o de adoptar nuevas ideas y valores? ¿De qué modo logramos comprender cómo son los demás? ¿Cómo influye en nosotros lo que hacen y piensan los demás? ¿Por qué la gente muestra tal agresividad, violencia y crueldad hacia los demás, al grado de que algunos viven con el temor de ser aniquilados? Y, por otra parte, ¿algunas personas ponen en riesgo su vida para ayudar a los demás?

En este capítulo analizaremos los enfoques de la psicología social sobre éstos y otros temas. Exploraremos los procesos que subyacen al comportamiento social y expondremos las estrategias y soluciones para diversos problemas y temas que enfrentamos todos nosotros, desde la manera de comprender mejor las tácticas de persuasión, hasta la formación de una concepción más adecuada de los demás haciendo de lado los estereotipos y los prejuicios.

Psicología social: rama de la psicología que estudia la manera en que los pensamientos, sentimientos y acciones de las personas son influidos por los demás

Al principio daremos un vistazo a las actitudes, nuestras evaluaciones de las personas y de otros estímulos. Examinaremos la forma en que la gente elabora juicios acerca de los demás y las causas de su comportamiento. A continuación analizaremos la influencia social, el proceso en el que las acciones de un individuo (o un grupo) afectan el comportamiento de los demás.

El capítulo continúa con un examen del prejuicio y la discriminación. Veremos cómo los estereotipos influyen en nuestra comprensión de los demás y consideraremos las formas en que puede reducirse el prejuicio. Por último, veremos ejemplos de comportamiento social positivo y negativo. Después estudiaremos el conocimiento de los psicólogos sociales acerca de cómo las personas se atraen entre sí, establecen relaciones y se enamoran; el capítulo finaliza con un vistazo a los factores que subyacen a la agresividad y la conducta de ayuda.

- **¿Qué son las actitudes y cómo se forman, mantienen y cambian?**
- **¿De qué modo formamos impresiones acerca de cómo son los demás y las causas de su comportamiento?**
- **¿Cuáles son los sesgos que influyen en nuestra manera de ver el comportamiento de los demás?**

ACTITUDES Y COGNICIÓN SOCIAL

¿Qué tienen en común Bill Cosby, Paula Abdul y Michael Jordan? Cada uno de ellos ha aparecido en un comercial de televisión, invitándonos a comprar un producto de cierta marca.

Estos comerciales sólo son unos cuantos de los miles que aparecen en la pantalla del televisor, diseñados para persuadirnos de comprar productos específicos. Estos intentos ilustran principios básicos que han sido articulados por los psicólogos sociales que estudian las **actitudes**, que son predisposiciones aprendidas para responder en forma favorable o adversa ante una persona, comportamiento, creencia u objeto (Eagly y Chaiken, 1993).

Claro que nuestras actitudes no se restringen a los productos de consumo. También desarrollamos actitudes hacia individuos específicos y situaciones más abstractas. Por ejemplo, cuando usted piensa acerca de las distintas personas vinculadas a su vida, es indudable que tiene actitudes diversas hacia cada una, dependiendo de la naturaleza de sus interacciones con ellas. Estas actitudes van desde las sumamente positivas, el caso de su pareja, hasta las más negativas, un rival al que desprecia. Las actitudes también varían en importancia. En tanto que nuestras actitudes hacia los amigos, la familia y los compañeros suelen ser vitales en nuestras interacciones sociales, nuestras actitudes hacia los locutores de televisión, por ejemplo, pueden ser insignificantes.

La mayoría de los psicólogos sociales consideran que las actitudes obedecen al **modelo ABC de las actitudes**; es decir, posee tres componentes: afecto, comportamiento y cognición* (Rajecki, 1989). El *componente afectivo* comprende nuestras emociones positivas o negativas acerca de algo —lo que sentimos acerca de ello—. El *componente conductual* consiste en una predisposición o intención para actuar en forma específica que sea relevante a nuestra actitud. Por último, el *componente cognitivo* implica las creencias y los pensamientos que tenemos acerca del objeto de nuestra actitud. Por ejemplo, la actitud hacia Paula Abdul consta de una emoción positiva (componente afectivo), de una intención de comprar sus últimos discos (componente conductual), y de creer que ella es una buena cantante (componente cognitivo). (Véase la figura 14.1)

Todas las actitudes obedecen a la interrelación de estos componentes, aunque varían en cuanto al elemento predominante y a la naturaleza de sus relaciones. Sin embargo,

Actitudes: predisposiciones aprendidas para responder de manera favorable o adversa ante un objeto específico

Modelo ABC de las actitudes: sugiere que toda actitud posee tres componentes: afecto, comportamiento y cognición

* *N. del R.T.:* En inglés: *Affect, Behavior* y *Cognition*, de ahí el nombre del modelo.

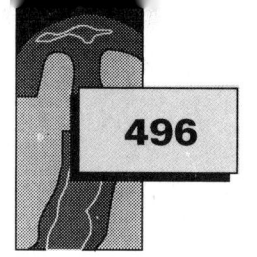

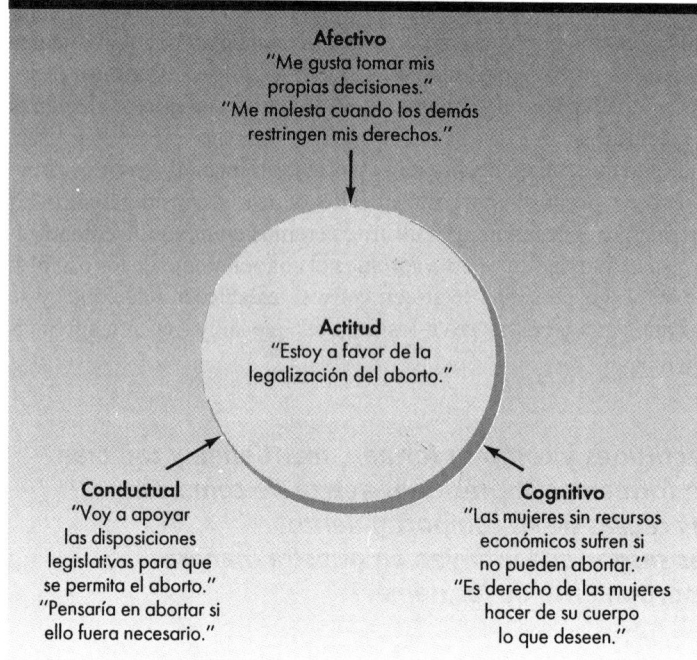

Afectivo
"Me gusta tomar mis
propias decisiones."
"Me molesta cuando los demás
restringen mis derechos."

Actitud
"Estoy a favor de la
legalización del aborto."

Conductual
"Voy a apoyar
las disposiciones
legislativas para que
se permita el aborto."
"Pensaría en abortar si
ello fuera necesario."

Cognitivo
"Las mujeres sin recursos
económicos sufren si
no pueden abortar."
"Es derecho de las mujeres
hacer de su cuerpo
lo que deseen."

FIGURA 14-1 La actitud representada en la figura, al igual que todas las actitudes, posee un componente de afecto, uno conductual y otro cognitivo.

todas las actitudes se desarrollan con base en los principios generales que los psicólogos sociales han descubierto acerca de su formación, mantenimiento y modificación; principios que analizamos a continuación.

Formación y mantenimiento de actitudes

Aunque los individuos no llegan al mundo con actitudes perfectamente definidas acerca de ninguna persona u objeto en particular, cualquiera que haya visto cómo un bebé le sonríe a sus padres sabe que al menos algunas actitudes se desarrollan con gran rapidez. Resulta interesante saber que algunos de los principios que gobiernan el modo en que los bebés adquieren y desarrollan las actitudes operan a lo largo de toda la vida.

El condicionamiento clásico y las actitudes   Uno de los procesos básicos que determina la formación y desarrollo de actitudes es explicado con base en los principios del aprendizaje (McGuire, 1985; Cacioppo, Marshall-Goodell, Tassinary y Petty, 1992). Los mismos procesos de condicionamiento clásico que hicieron salivar a los perros de Pavlov ante el sonido de una campana, pueden explicar cómo se adquieren las actitudes. Como se apuntó en el capítulo 5, las personas realizan asociaciones entre los diversos objetos y las reacciones emocionales que los acompañan. Por ejemplo, entre los soldados estadounidenses que acamparon en territorio iraquí durante la guerra del Golfo Pérsico, muchos manifestaron después que no deseaban volver a sentarse en las arenas de una playa. En otras palabras, los soldados generaron actitudes negativas hacia la arena. De modo similar, es posible desarrollar asociaciones positivas mediante el condicionamiento clásico. Podemos tener una actitud positiva hacia un determinado perfume debido a que nuestra tía favorita lo usa.

Los publicistas aplican los principios del condicionamiento clásico con relación a las actitudes cuando tratan de vincular un producto, que desean sea adquirido por los consumidores, con un sentimiento o suceso positivo (Alsop, 1988). Por ejemplo, muchos anuncios presentan a hombres y mujeres jóvenes, sanos y atractivos, que utilizan determinado producto —aunque se trate de algo tan irrelevante como una pasta dental—. La idea que sustenta a esos anuncios es la de crear una respuesta de condicionamiento clásico hacia el producto, de modo que el simple acto de ver un tubo de pasta dental de cierta marca evoque un sentimiento positivo.

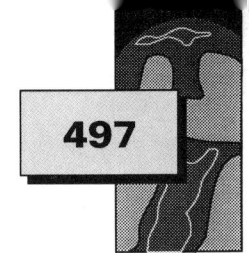
Enfoque del condicionamiento operante sobre la adquisición de actitudes Otro proceso básico del aprendizaje, el condicionamiento operante, también determina la adquisición de actitudes. Las actitudes que se refuerzan, ya sea de manera verbal o no verbal, tienden a conservarse. Y, por el contrario, cuando la actitud de una persona evoca la ridiculización de los demás, la persona puede modificar o abandonar esa actitud. Pero no es sólo el reforzamiento o el castigo directo lo que influye sobre las actitudes. El *aprendizaje vicario* es realizado cuando una persona aprende algo mediante la observación de los demás; también provoca el desarrollo de actitudes, en especial cuando el sujeto no posee una actitud formada por la experiencia directa con el objeto. Mediante los procesos de aprendizaje vicario los niños asimilan los prejuicios de sus padres. Por ejemplo, incluso si nunca han conocido a un invidente, los niños cuyos padres dicen que: "los ciegos son incompetentes", pueden adoptar esas actitudes.

Este aprendizaje también lo adquirimos por medio de la televisión, las películas y otros medios de comunicación. Por ejemplo, las películas que glorifican la violencia refuerzan actitudes positivas hacia la agresividad, así como las representaciones de mujeres en calidad de subordinadas a los hombres moldean y promueven actitudes sexistas.

Persuasión: la modificación de actitudes

¿Por qué los fabricantes de Pepsi concluyen que el aval de Ray Charles y Billy Crystal impulsará a las personas a beber más de su producto? Según los especialistas que trabajan en la publicidad, cada anuncio en que aparecen personajes célebres implica una cuidadosa selección para que haya una correspondencia entre el producto y la persona elegida para representarlo. No sólo se trata de encontrar a una celebridad; la persona también debe ser digna de crédito, confiable y reflejar las cualidades que los publicistas desean que proyecte su producto hacia los consumidores (Alwitt y Mitchell, 1985; Kanner, 1989).

La labor de los publicistas se basa, en gran medida, en descubrimientos de la psicología social en el área de la persuasión. Estas investigaciones han detectado diversos factores (véase la figura 14.2) que promueven la persuasión efectiva —factores que podrá reconocer si piensa por un momento en algunos de los anuncios que le son más familiares— (Johnson, 1991; Tesser y Shaffer, 1990).

Fuente del mensaje El individuo que emite un mensaje persuasivo, al cual se le conoce como el comunicador de actitud, tiene mucho impacto sobre la efectividad del mensaje. Los comunicadores atractivos, tanto física como socialmente, parecen producir una ma-

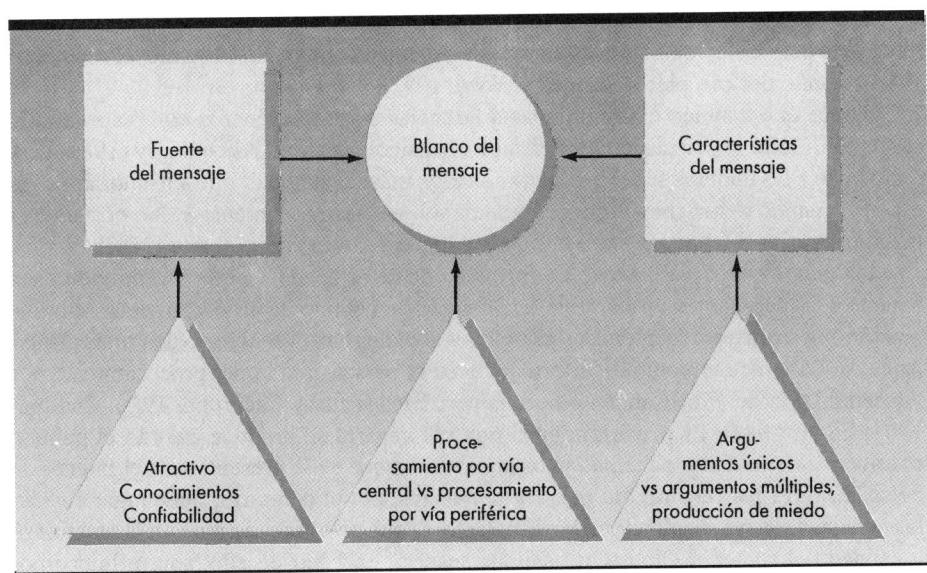

FIGURA 14-2 En este modelo, donde se muestran los factores más importantes que afectan la persuasión, se muestra que la fuente del mensaje y sus características influyen sobre el receptor del mensaje de persuasión.

yor modificación en las actitudes (Chaiken, 1979). Además, la calidad de experto y la confiabilidad de un comunicador se relacionan con el impacto del mensaje —excepto en las situaciones en las que el comunicador parezca tener un motivo adicional—. Si un prestigioso comunicador parece obtener un beneficio al persuadir a los demás, es posible que el mensaje pierda credibilidad (Hovland, Janis y Kelly, 1953; Eagly, Wood y Chaiken, 1978). Por ejemplo, un prestigiado científico que habla en favor de la apertura de una planta nuclear por lo general será una fuente con buena influencia; a menos que se divulgue su gran participación en las acciones de la planta nuclear y que, por tanto, se beneficiará económicamente a consecuencia de su apertura (Kassin, 1983; Wu y Shaffer, 1987; Roskos-Ewoldsen y Fazio, 1992).

Características del mensaje   Como es de esperarse, no se trata sólo de *quién* transmite el mensaje, sino también de su *contenido*; ambos factores influyen en el grado de modificación del comportamiento y las actitudes. Los argumentos unilaterales —que sólo presentan la versión del comunicador— probablemente sean los mejores si el mensaje del comunicador ya es visto en forma favorable por el público. Pero si la gente recibe un mensaje que además presenta una opinión contraria, los mensajes con dos puntos de vista —que incluye la posición del comunicador y la postura contraria— son más adecuados, tal vez debido a que se les percibe como más precisos y razonados (Karlins y Abelson, 1979). Además, los mensajes que infunden miedo ("si no tiene prácticas sexuales seguras se contagiará de SIDA") suelen ser efectivos, aunque no siempre sucede así. Por ejemplo, si el miedo que se provoca es demasiado intenso, los mensajes ponen en acción los mecanismos de defensa de las personas, y los mensajes pueden ser ignorados. En estos casos, las invocaciones al miedo son más eficaces cuando incluyen prácticas precisas para evitar el peligro (Leventhal, 1970; Boster y Mongeau, 1985).

Características del receptor o público objetivo   Cuando ya se ha transmitido el mensaje, las características del público determinan si éste será aceptado o no. Por ejemplo, parece razonable suponer que la inteligencia del público receptor estará relacionada con su susceptibilidad a la persuasión; y así es, aunque la relación entre ambos factores es muy compleja. De manera específica, una inteligencia alta puede ayudar a la persuasión así como entorpecerla. Puesto que una inteligencia alta le permite a las personas comprender mejor un mensaje y recordarlo con mayor facilidad, es más probable que este último logre persuadir. Por otra parte, una inteligencia más alta se relaciona con un mayor conocimiento acerca de un tema específico, así como con una mayor confianza en las opiniones propias, de modo que los mensajes que transmitan puntos de vista contrarios tienen mayor probabilidad de ser rechazados.

¿Cómo reconcilian los psicólogos sociales estas predicciones conflictivas? La mayor parte de las investigaciones sugiere que las personas muy inteligentes son más resistentes a la persuasión que las personas de inteligencia común. No obstante, el asunto no se ha resuelto por completo (Rhodes y Wood, 1992).

Parece que también existe algunas diferencias entre los géneros con respecto a la susceptibilidad a la persuasión. Por ejemplo, la psicóloga social Alice Eagly (1989) descubrió que a las mujeres se les persuade con algo más de facilidad que a los hombres, en especial cuando tienen menos conocimientos sobre el tema del mensaje. No obstante, la magnitud de las diferencias entre hombres y mujeres no es considerable.

Un factor que sirve de base en forma evidente al hecho de que un individuo sea receptivo al mensaje persuasivo está relacionado con el tipo de procesamiento de información que realiza el receptor. Los psicólogos sociales han descubierto dos rutas principales para el procesamiento de información en la persuasión: la del procesamiento por vía central y la del procesamiento por vía periférica (Petty y Cacioppo, 1986; Cialdini, 1984; Eagly, 1983). El **procesamiento por vía central** se produce cuando el público considera con cuidado los temas y los argumentos que se le presentan en el intento de persuadirlo. El **procesamiento por vía periférica**, por el contrario, tiene lugar cuando las personas son persuadidas con base en factores que no se relacionan con la naturaleza o calidad del contenido de un mensaje persuasivo; en lugar de ello, son influidos por

Procesamiento por vía central: interpretación de mensajes caracterizada por una consideración cuidadosa de los temas y argumentos que se emplean para persuadir

Procesamiento por vía periférica: interpretación de mensajes que se caracteriza por considerar a la fuente del mensaje y por información general relacionada que desplazan al contenido del mensaje factores que son irrelevantes o ajenos al tema o asunto, como quién está transmitiendo el mensaje o qué tan largos son los argumentos (Mackie, 1987; Petty y Cacioppo, 1986).

Por lo general, el procesamiento por vía central genera un cambio de actitudes más duradero. No obstante, si no es posible emplear el procesamiento por vía central (por ejemplo, si el receptor no presta atención, está aburrido o distraído), la naturaleza del mensaje pierde importancia y los factores periféricos aumentan su preponderancia (Petty y Cacioppo, 1984).

Por tanto, la publicidad que emplea a personajes célebres para vender un producto busca producir un cambio de actitudes por la vía periférica. En realidad, es posible que los mensajes bien razonados y diseñados con cuidado sean *menos* efectivos cuando los transmite una celebridad que cuando son transmitidos por una fuente anónima: el público pone mayor atención a la celebridad (lo cual produce un procesamiento por vía periférica) que al mensaje (que debería haber producido un procesamiento por vía central). Por otra parte, puesto que el público de los mensajes publicitarios se encuentra a menudo en un estado de atención mínima, es probable que el empleo de celebridades sea una estrategia excelente. Así, los publicistas están en lo correcto cuando suponen que individuos conocidos pueden tener un gran impacto persuasivo.

Otros factores que toman en cuenta los publicistas al considerar los objetivos de las comunicaciones persuasivas están relacionados con la facilidad con que puede ser influido el público blanco por mensajes particulares. Por ejemplo, los publicistas han comenzado a considerar características básicas como la edad, raza, etnicidad, religión, ingresos y estado civil en su publicidad, y usan para esto datos psicográficos. La *psicografía* es una técnica para clasificar a las personas según perfiles de estilo de vida que se relacionan con patrones de compra. Por ejemplo, los fabricantes de la mantequilla de cacahuate Peter Pan saben, por medio del uso de la psicografía, que los grandes usuarios en el área de Nueva York tienden a vivir en compañía de niños en hogares del área suburbana y rural; con cabezas de familia entre 18 y 54 años de edad; rentan con frecuencia videos domésticos; asisten a parques públicos; son televidentes por debajo del promedio, escuchan la radio con índices por encima del promedio (McCarthy, 1991). (Véase también el recuadro *Los caminos de la psicología.*)

Nexo entre actitudes y comportamiento

No es sorprendente que las actitudes influyan en el comportamiento. Si a usted le agradan las hamburguesas (el componente afectivo), tiene una predisposición para comer en

La disonancia cognitiva que surge de dos cogniciones contradictorias, tales como "me gustaría comer pasteles" y "los pasteles hacen engordar" se puede reducir con el pensamiento de que, en realidad, los pasteles no se ven apetitosos.

algún establecimiento donde se expenda sólo ese tipo de alimento (el componente conductual) y cree que las hamburguesas son una buena fuente de proteínas (el componente cognitivo); es muy probable que usted coma hamburguesas con mucha frecuencia. La fuerza del nexo existente entre actitudes y comportamientos específicos varía, pero generalmente las personas tienden a ser consistentes entre sus actitudes y su comportamiento. Además, procuran ser congruentes en las actitudes que muestran. Es muy probable que usted no tendría una actitud positiva hacia las hamburguesas si creyera que comer carne es inmoral.

Es interesante que la consistencia por la cual las actitudes influyen en el comportamiento en ocasiones opera de manera inversa, puesto que en algunos casos nuestro comportamiento es el que da forma a nuestras actitudes. Piense, por ejemplo, en siguiente caso:

Ha terminado la hora que usted cree que fue la más aburrida de toda su vida, y durante la cual sólo hizo girar unas clavijas para un experimento de psicología. Acaba de terminar y está a punto de irse, cuando el experimentador le pide un favor. Le dice que necesita un ayudante para introducir a sujetos en futuras sesiones experimentales en la tarea de girar clavijas. Su trabajo específico sería decirles que girar clavijas es una experiencia encantadora e interesante. Cada vez que le cuente esta historia a otro sujeto se le pagará un dólar.

Si usted acepta ayudar al experimentador, puede generar las condiciones para un estado de tensión psicológica que se denomina disonancia cognitiva. De acuerdo con

LOS CAMINOS DE LA PSICOLOGÍA

Karen Randolph

Educación: B.A. en historia estadounidense de la Notre Dame University
Nació: 1955
Hogar: Chicago

La próxima vez que se encuentre en una tienda de abarrotes observe a su alrededor. Puede encontrar a alguien que observa lo que coloca en su carro del supermercado en busca de aprender los hábitos del comprador contemporáneo.

Éste es uno de los enfoques usados por Karen Randolph, vicepresidente ejecutivo de recursos para el consumidor en la agencia de publicidad Foote, Cone & Belding de Chicago, para determinar por qué las personas compran ciertos productos y al final crear publicidad efectiva para ellos.

"Nuestros clientes nos proporcionan información y datos sobre sus productos y nosotros los complementamos con lo que llamamos 'inmersión en el consumidor', o trabajo de observación, lo que significa entrar y vivir las experiencias a las que sus consumidores se enfrentan", comentó Randolph, cuya exposición inicial a la psicología consistió en varios cursos universitarios.

Karen Randolph

Randolph, quien ha estado con Foote, Cone & Belding durante 19 años, dijo que la empresa tiene la política de contratar personas con estudios en psicología y ciencias sociales para el trabajo de investigación. "Nuestra labor es entender cómo son las personas y qué desean, y darles un producto que corresponda con la descripción. No comenzamos con el producto, nos centramos en el consumidor y en sus necesidades y deseos", agregó. "Es mucho más fácil venderles lo que desean que tratar de venderles algo que no quieren."

Randolph dijo que los investigadores acuden a cualquier lugar donde un producto se vende o se usa, sea un restaurante de comida rápida, un bar o incluso a los hogares de la gente. "Visitamos a las personas en sus hogares y las observamos cuando lavan su ropa y les hacemos preguntas", dijo. "No necesariamente es una entrevista estructurada. Por ejemplo, en una tienda de abarrotes tratamos de no ser inoportunos, sólo observamos y aprendemos."

Randolph continuó su relato: "Además, podríamos preguntar a las personas por qué eligieron leer el reverso de un empaque y no otro; por qué pasan tanto tiempo en un pasillo en particular; o qué es lo que pensaban cuando seleccionaron un artículo en particular u observaban un anuncio. Luego nos reunimos y analizamos los datos."

Al final, los resultados son usados para producir publicidad persuasiva. Pero la investigación no termina ahí. Después de que se crea la publicidad se recopilan más datos. "Tenemos que probarla para asegurarnos que la publicidad está comunicando lo que supuestamente debe y de lo que se trata el producto", concluyó.

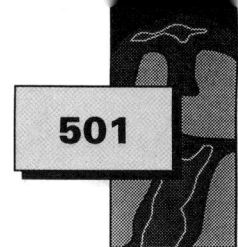

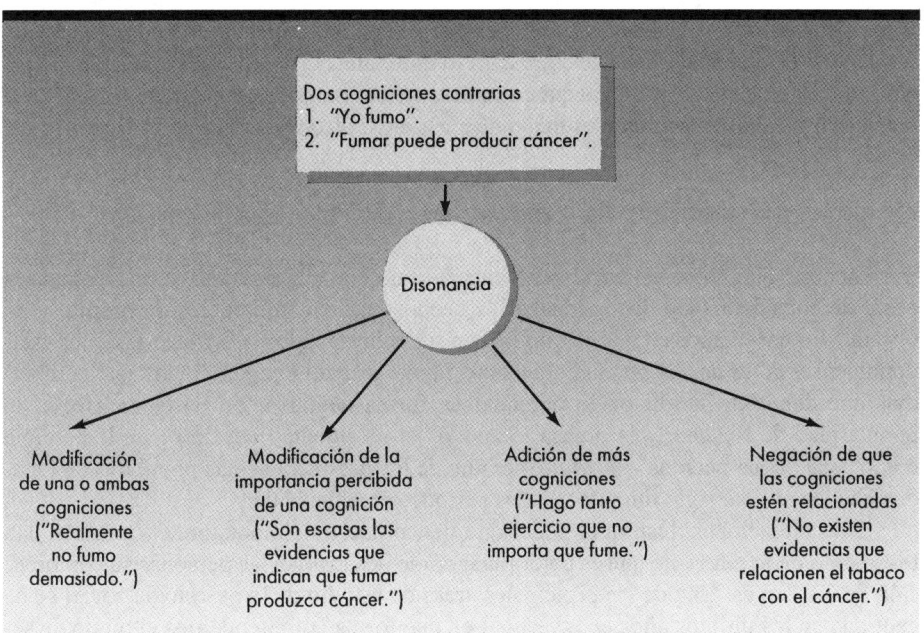

Dos cogniciones contrarias
1. "Yo fumo".
2. "Fumar puede producir cáncer".

Disonancia

Modificación de una o ambas cogniciones ("Realmente no fumo demasiado.")

Modificación de la importancia percibida de una cognición ("Son escasas las evidencias que indican que fumar produzca cáncer.")

Adición de más cogniciones ("Hago tanto ejercicio que no importa que fume.")

Negación de que las cogniciones estén relacionadas ("No existen evidencias que relacionen el tabaco con el cáncer.")

FIGURA 14.3 La presencia de dos cogniciones contradictorias ("yo fumo" y "fumar puede producir cáncer") genera disonancia, la cual puede reducirse de varios modos.

uno de los principales psicólogos sociales, Leon Festinger (1957), la **disonancia cognitiva** se manifiesta cuando una persona tiene dos actitudes o pensamientos (denominados *cogniciones*) que se contradicen entre sí.

Una persona en tal situación se encuentra frente a dos pensamientos contradictorios: l) creo que la labor es aburrida, pero 2) dije que era interesante con poca justificación (un dólar). De acuerdo con la teoría, surgirá la disonancia. Pero, ¿cómo puede reducirla? No se puede negar que el decir que la labor es interesante se aleja demasiado de la realidad. Pero, en términos relativos, es fácil cambiar la actitud hacia la tarea —y de esta forma la teoría predice que se reducirá la disonancia en la medida en que los individuos modifiquen positivamente sus actitudes.

Esta predicción quedó confirmada en un experimento clásico (Festinger y Carlsmith, 1959). El experimento siguió en lo básico el mismo procedimiento que señalamos con anterioridad, en el que se ofreció un dólar a un sujeto para que calificara una labor aburrida como interesante. Además, como medida de control, se incluyó la condición de ofrecer 20 dólares a otros sujetos por decir que la labor había sido interesante. El razonamiento detrás de esta condición era el siguiente: 20 dólares representaban tanto dinero que los sujetos involucrados en esta situación tendrían una buena razón para transmitir información incorrecta; la disonancia *no* se produciría, por lo cual se esperaría un cambio *menor* de actitud. Los resultados obtenidos apoyaron esta suposición. Las personas que recibieron un dólar cambiaron más sus actitudes (y eran más positivos en cuanto a la labor que les había desagradado en un principio) que las personas que recibieron 20 dólares.

Sabemos que la disonancia explica sucesos diversos de la vida cotidiana relacionados con las actitudes y el comportamiento. Por ejemplo, un fumador que sabe que fumar puede producir cáncer pulmonar tiene cogniciones contradictorias: 1) yo fumo y 2) fumar conduce a tener cáncer pulmonar. La teoría predice que estos dos pensamientos conducirán a un estado de disonancia cognitiva; de mayor importancia, predice que el individuo estará motivado a reducir dicha disonancia con uno de los siguientes métodos: 1) con la modificación de una de las cogniciones o de ambas, 2) al cambiar la importancia percibida de una cognición, 3) agregando cogniciones o 4) al negar que las dos cogniciones se relacionen entre sí. Por consiguiente, el fumador podría decidir que en realidad no fuma demasiado (modificación de la cognición); que la evidencia que vincu-

Disonancia cognitiva: conflicto que surge cuando una persona tiene cogniciones contradictorias

la el tabaquismo con el cáncer es débil (cambio de la importancia de una cognición); que la cantidad de ejercicio que hace compensa lo que fuma (agregar cogniciones); o que no hay evidencia que vincule el tabaquismo con el cáncer (negación). Cualquiera que sea la técnica empleada, el resultado es una reducción en la disonancia (véase la figura 14.3).

Cognición social: la comprensión de los demás

Sin importar que hubiesen estado de acuerdo o no con sus políticas y su ideología, a pesar de considerar que distorsionaba los hechos en las conferencias de prensa, y no obstante los escándalos en que se implicaban sus subordinados, a la mayoría de los estadounidenses *sí les agradaba* el ahora ex presidente Ronald Reagan. Todos estos problemas que deberían incidir en lo personal en forma negativa, no parecían afectar la popularidad de Reagan, y la prensa lo apodó "el presidente de teflón". Se le percibía como "una buena persona", y resultó ser uno de los presidentes más populares de Estados Unidos en este siglo durante sus dos periodos presidenciales.

Estas situaciones ilustran el poder que tienen nuestras impresiones y también dan testimonio de lo relevante que es determinar cómo desarrollan las personas su comprensión de los demás. Una de las principales áreas de estudio de la psicología social se ha centrado en los últimos años en investigar en qué forma comprendemos el modo de ser de los demás y cómo explicamos las razones que subyacen a su comportamiento (Fiske y Taylor, 1991; Devine, Hamilton y Ostrom, 1994).

Comprensión de cómo son los demás   Por un instante piense en la enorme cantidad de información acerca de otras personas a la que estamos expuestos. ¿Cómo podemos discriminar lo que es importante de lo que no lo es, y cómo podemos emitir juicios acerca de las características de los demás? Los psicólogos sociales que se interesan en estas preguntas se dedican al estudio de la **cognición social**, los procesos que subyacen a nuestra comprensión del mundo social. Estos especialistas sostienen que las personas cuentan con **esquemas** sumamente desarrollados; es decir, conjuntos de cogniciones acerca de las personas y las experiencias sociales. Estos esquemas organizan la información almacenada en la memoria, representan en nuestra mente el modo en que opera el mundo social y nos proveen de un marco de referencia para catalogar, almacenar, recordar e interpretar información que se relaciona con los estímulos sociales (Fiske y Taylor, 1991; Fiske, 1992).

De manera típica tenemos esquemas para determinados tipos de personas en nuestros entornos. Nuestro esquema de "maestro", por ejemplo, con frecuencia consiste en toda una serie de características: conocimiento de la materia que enseña, deseo de impartir ese conocimiento, y conciencia de la necesidad que tiene el estudiante de comprender lo que está siendo expuesto. También podemos tener un esquema de "madre" que incluya las características de calidez, crianza y cuidado. Sin importar su precisión —y, como habremos de ver, con frecuencia independientemente de su imprecisión— los esquemas son muy importantes debido a que organizan el modo en que recordamos, reconocemos y catalogamos la información acerca de los demás. Asimismo, nos permiten hacer predicciones sobre cómo son los demás con base en relativamente poca información, puesto que poseemos la tendencia a ajustar a las personas en esquemas, incluso cuando no se cuenta con evidencias concretas para ello (Snyder y Cantor, 1979; Smith, 1984).

Formación de impresiones   ¿Cómo decidimos que Gaby es una coqueta, que Alberto es un tonto y que Juan es muy buena persona? Las primeras investigaciones sobre cognición social se diseñaron para analizar la *formación de impresiones*, proceso mediante el cual el individuo organiza la información acerca de otra persona para obtener una impresión general de ella. En un estudio clásico, por ejemplo, se dijo a los estudiantes que escucharían a un catedrático invitado (Kelley, 1950). A un grupo de ellos se le dijo que el catedrático era "una persona cálida, trabajadora, crítica, práctica y determinada", en tanto que a un segundo grupo se le dijo que el catedrático era "una persona fría, trabajadora, crítica, práctica y determinada".

Cognición social: procesos que subyacen a nuestra comprensión del mundo social

Esquemas: conjuntos de cogniciones sobre las personas y las experiencias sociales

La simple sustitución de "fría" por "cálida" generó diferencias notables en la percepción que los estudiantes de cada grupo tuvieron del catedrático, a pesar de que dio la misma conferencia y con el mismo estilo ante cada grupo de estudiantes. Los que recibieron la información de que era "cálido" lo calificaron mucho más positivamente que aquellos a los que se les dijo que era "frío".

Los resultados de este trabajo impulsaron la realización de otras investigaciones acerca de la formación de impresiones, centradas en cómo las personas prestan una atención especial a determinados rasgos muy importantes —a los que se denomina **rasgos centrales**— para ayudarse a concebir una impresión general de los demás. De acuerdo con estas investigaciones, la presencia de un rasgo central altera el significado de otros rasgos (Asch, 1946; Widmeyer y Loy, 1988). Por ello la descripción del catedrático como "trabajador" posiblemente significó algo distinto si se le asociaba con el calificativo de "cálido" que si era relacionado con el de "frío".

Otros estudios sobre la formación de impresiones utilizan enfoques derivados del procesamiento de información (véase el capítulo 7) para desarrollar modelos con orientación matemática acerca de la forma en que los rasgos individuales de la personalidad se combinan para generar una impresión general (Anderson, 1974). En general, los resultados de estas investigaciones sugieren que al formarnos un juicio global respecto a una persona estamos haciendo uso de un "promedio" psicológico de los rasgos individuales que percibimos, de forma similar al que se emplea para encontrar un promedio matemático de un conjunto de números (Kaplan, 1975; Anderson, 1991).

Por supuesto que conforme conocemos más a las personas y las vemos comportarse en diversas situaciones, nuestras impresiones de ellas adquieren mayor complejidad (Anderson y Klatzky, 1987; Casselden y Hampson, 1990). Sin embargo, debido a que suelen existir lagunas en nuestro conocimiento de los demás, tendemos a ajustarlos en esquemas de personalidad que representan "tipos" específicos de personas. Por ejemplo, podemos tener un esquema de "persona gregaria", compuesto con los rasgos de amistad, extroversión y apertura. La sola presencia de uno o dos de estos rasgos puede ser suficiente para que asignemos a una persona a un esquema específico.

Por desgracia, los esquemas que se utilizan comúnmente son muy sensibles a una diversidad de factores que afectan la precisión de nuestros juicios (Kenny, 1991; Bernieri, Zuckerman, Koestner y Rosenthal, 1994). Por ejemplo, nuestro estado de ánimo afecta nuestra percepción de los demás. Las personas que están contentas se forman impresiones más favorables y emiten juicios más positivos que las personas con mal humor (Forgas y Bower, 1987; Erber, 1991).

Aunque los esquemas no son precisos por completo, desempeñan una función importante; nos permiten elaborar expectativas de la forma en que se comportarán los demás, lo cual nos habilita para planear con más facilidad nuestras interacciones con ellos, y de esta forma simplificar un mundo social complejo.

Rasgos centrales: rasgos principales que se consideran en la formación de impresiones acerca de los demás

Procesos de atribución: comprensión de las causas del comportamiento

Cuando Bárbara Cárdenas, una nueva empleada de la Compañía de Computadoras Staditron, concluyó con dos semanas de anticipación un gran proyecto, Yolanda, su jefa, estuvo muy complacida. En la siguiente reunión de su equipo de trabajo Yolanda les dijo lo contenta que estaba con Bárbara y les explicó que *ése* era un ejemplo del tipo de desempeño que deseaba encontrar entre todos los miembros del equipo. Los demás miembros miraban a Bárbara con resentimiento e intentaban encontrar la razón por la que había trabajado día y noche para terminar el proyecto, no sólo a tiempo, sino con dos semanas de anticipación. Con toda seguridad se trata de una persona muy compulsiva, concluyeron.

A la mayoría de nosotros, en un momento u otro, nos intriga las razones subyacentes a un comportamiento determinado. Quizás haya sido en una situación parecida a la que se expresa en el párrafo anterior, o puede haber sido en circunstancias más formales, como habernos integrado a un jurado de estudiantes en un caso de fraude académico. En con-

Teoría de la atribución: trata de explicar cómo decidimos, con base en muestras del comportamiento de un individuo, cuáles son las causas específicas de ese comportamiento

Causa situacional (del comportamiento): causa que se basa en factores ambientales

Causa disposicional (del comportamiento): que se basa en rasgos internos o factores de la personalidad

traste con el enfoque de la cognición social, que describe cómo las personas se forman una impresión general acerca de la personalidad de otros individuos, la **teoría de la atribución** trata de explicar por qué decidimos, con base en muestras del comportamiento de una persona, cuáles son las causas específicas de su comportamiento (Weiner 1985a, 1985b; Jones, 1990; White, 1992).

Cuando se intenta comprender las causas que impulsan un comportamiento específico, primero se trata de determinar si esas causas son situacionales o disposicionales (Heider, 1958). Una **causa situacional** es producida por algo que forma parte del ambiente. Por ejemplo, si alguien tira una botella de leche y luego limpia es probable que lo haga no porque sea una persona sumamente aseada, sino porque la *situación* se lo exige. Por el contrario, una persona que pasa las horas dando brillo al piso de la cocina es probable que lo haga porque *es* una persona muy limpia; en este caso, su comportamiento tiene una **causa disposicional**, provocada por su propia disposición (sus rasgos internos o características personales).

En el ejemplo de Bárbara, sus colegas atribuyeron su comportamiento a su disposición más que a la situación. Pero, desde una perspectiva lógica, también es posible la existencia de algún factor situacional que provocara su comportamiento. Si se le preguntara, Bárbara podría atribuir su logro a factores situacionales; explicaría que era tal el trabajo que estaba obligada a terminar pronto ese proyecto o que, como no era tan complejo, era fácil concluirlo antes de tiempo. Por tanto, para ella, la razón de su comportamiento podría no ser disposicional en absoluto; podría ser situacional.

Sesgos en la atribución: errar es humano　Aunque la teoría de la atribución sugiere que las personas consideran en forma racional las causas del comportamiento de los demás, no siempre procesan la información acerca de los demás de un modo lógico (Funder, 1987; Gilbert, Jones y Pelham, 1987). De hecho, diversas investigaciones demuestran que tienden a producirse sesgos que estarán implicados en la manera de realizar las atribuciones. Entre los más comunes se encuentran los siguientes:

Error de atribución fundamental: tendencia a atribuir el comportamiento de los demás a causas disposicionales, y la falla en reconocer la importancia de las causas situacionales

■ *El error de atribución fundamental.* Uno de los sesgos más comunes en las atribuciones de las personas es la tendencia a atribuir en forma exagerada el comportamiento de los demás a causas disposicionales, y la falla correspondiente para reconocer la importancia de las causas situacionales. Esta tendencia, a la que se le denomina **error de atribución fundamental**, es muy común (Ross, 1977; Ross y Nisbett, 1991). Tendemos a exagerar la importancia de las características de la personalidad (causas disposicionales) en la formación del comportamiento de los demás, y reducimos al mínimo la influencia del ambiente (factores situacionales).

¿Por qué es tan frecuente el error de atribución fundamental? Una causa se relaciona con la naturaleza de la información disponible para las personas que realizan la atribución. Cuando observamos el comportamiento de otra persona en un escenario específico, la información más evidente es el comportamiento de ésta. Puesto que el escenario inmediato del individuo es relativamente invariable, la persona cuyo comportamiento estamos considerando se convierte en el centro de nuestra atención. En contraste, el escenario de la persona atrae menos la atención. En consecuencia, tendemos a hacer atribuciones basadas en factores disposicionales personales y tenemos menos probabilidad de hacer atribuciones relacionadas con la situación.

■ *El efecto de halo.* Alberto es inteligente, amable y cariñoso. ¿También será escrupuloso? Si usted tuviera que adivinar la respuesta, lo más probable es que lo haría en sentido afirmativo. Esa respuesta refleja el **efecto de halo**, fenómeno en el que la comprensión inicial de que una persona posee rasgos positivos se utiliza para inferir otras características también positivas (Cooper, 1981). Lo contrario también es cierto. Saber que Alberto es poco sociable y que discute mucho lo más probable es que nos lleve a concluir que también es haragán.

Efecto de halo: fenómeno en el que la comprensión inicial de que una persona posee rasgos positivos se utiliza para inferir otras características igualmente positivas

La base del efecto de halo radica en que todos tenemos *teorías implícitas de la personalidad* que reflejan nuestra impresión sobre una combinación de rasgos que se encuentran en individuos particulares. Estas teorías se basan en la experiencia y la lógi-

ca. Sin embargo, nuestra percepción del mundo puede ser errónea, puesto que la aplicación de nuestra teoría podría ser inadecuada para un individuo en particular o simplemente porque esa teoría puede no ser correcta. La mayoría de las personas no tiene ni rasgos positivos ni rasgos negativos de manera uniforme, sino que posee una combinación de ambos.

■ *Sesgo de similitud supuesta.* ¿En qué medida se parecen a usted —en cuanto a actitudes, opiniones, gustos y preferencias— sus amigos y conocidos? La mayoría de las personas creen que sus amigos y conocidos se parecen mucho a ellas. Pero este sentimiento va más allá de las personas conocidas; existe una tendencia general —a la que se denomina **sesgo de similitud supuesta**— a pensar que las personas se parecen a uno mismo, aun cuando apenas se les conoce (Ross, Greene y House, 1977; Hoch, 1987; Marks y Miller, 1987).

Sesgo de similitud supuesta: tendencia a pensar que las personas son similares a nosotros

Si las demás personas en realidad son distintas a uno, el sesgo de similitud supuesta disminuye la precisión de los juicios que se emitan. Además, sugiere una posibilidad interesante: puede ser que un juicio acerca de otro individuo defina mejor las propias características que las de la persona a la que se está analizando. Por tanto, en algunos casos, la imagen que nos formamos sobre otra persona —en especial la de un individuo del cual tenemos poca información— puede ser en realidad un bosquejo del modo en que nos vemos a nosotros mismos.

Exploración de la diversidad

Las atribuciones en un contexto cultural: ¿qué tan esencial es el error de atribución fundamental?

No todos somos susceptibles a los sesgos de atribución en la misma forma. La clase de cultura en la que somos educados desempeña un papel evidente en la forma en que atribuimos el comportamiento de los demás.

Tomemos, por ejemplo, el error de atribución fundamental, la tendencia a sobrestimar la importancia de los factores disposicionales personales y a subatribuir las causas situacionales cuando se determinan las causas del comportamiento de los demás. Aunque el error ha penetrado bastante en las culturas occidentales, parece operar en una forma diferente en la sociedad asiática.

De manera específica, la psicóloga social Joan Miller (J.G. Miller, 1984) encontró que sujetos adultos en India tenían mayor probabilidad de usar atribuciones situacionales que disposicionales para explicar los acontecimientos. Estos hallazgos son lo opuesto a los que se basan en sujetos estadounidenses y contradicen el error de atribución fundamental.

Los estudiantes asiáticos tienden a creer que el éxito académico es fundamentalmente resultado del esfuerzo, en tanto que los estadounidenses tienden a atribuir el éxito académico a la habilidades naturales.

Miller sugirió que podemos descubrir la razón de estos resultados si examinamos las normas y valores de la sociedad india, la cual enfatiza la responsabilidad social y las obligaciones sociales en una mayor medida que las sociedades occidentales. Además, sugiere que el idioma particular que se habla en una cultura puede conducir a diferentes clases de atribuciones. Por ejemplo, una persona que llega tarde y que habla el inglés podría decir "I am late" (en sentido literal, "yo estoy retrasado"), lo que sugiere una causa disposicional personal ("se hizo tarde"). En contraste, sus contrapartes que hablan español, dicen "El reloj hizo que llegara tarde". Es evidente que la frase en español implica que la causa es situacional (Zebrowitz-McArthur, 1988).

En conclusión, las personas de culturas diferentes explican el comportamiento en formas distintas (Miller, Bersoff y Harwood, 1990; Miller y Bersoff, 1992). Estas diferencias en las atribuciones pueden tener implicaciones profundas. Recuerde, por ejemplo, la exposición en el capítulo 10 sobre las diferencias en la forma en que las personas de culturas asiáticas y occidentales atribuyen importancia al éxito escolar. Los padres asiáticos tienden a enfatizar la importancia del esfuerzo y el trabajo duro para producir un buen rendimiento académico. En contraste, los padres occidentales le restan importancia al papel del esfuerzo; en su lugar, atribuyen el éxito escolar a una capacidad innata. Estas discrepancias en los estilos de atribución dan como resultado que los estudiantes asiáticos sean más impedidos a sobresalir y al final rindan más en la escuela que los estudiantes estadounidenses (Stevenson, 1992; Stevenson y Stigler, 1992; Stevenson, Chen y Lee, 1992).

RECAPITULACIÓN Y REVISIÓN

Recapitulación

- Las actitudes son predisposiciones aprendidas para responder de modo favorable o adverso ante un objeto específico. Poseen tres componentes: el afectivo, el conductual y el cognitivo.
- Los factores principales para lograr la persuasión son la fuente del mensaje y las características de éste y del receptor.
- Las personas se esfuerzan para que sus actitudes y comportamiento sean coherentes entre sí en un marco lógico, y tratan de superar cualquier inconsistencia que perciben entre ambos.
- La cognición social se relaciona con los procesos que subyacen a nuestra comprensión del mundo social.
- La teoría de la atribución analiza los procesos que subyacen al modo en que atribuimos causas al comportamiento de los demás, en especial en términos de causas situacionales y disposicionales.

Revisión

1. A la predisposición aprendida para responder en forma favorable o adversa ante una situación u objeto específico se le denomina _____.

2. Relacione cada elemento del modelo ABC de las actitudes con su definición:
   1. Afecto
   2. Comportamiento
   3. Cognición

   a. Pensamientos y creencias
   b. Emociones positivas o negativas
   c. Predisposición a actuar de modo específico

3. Una marca de mantequilla de cacahuate promueve su producto haciendo énfasis en el sabor y valor nutritivo. Intenta persuadir a los consumidores por medio de un procesamiento por vía _____. En los anuncios de una marca de la competencia se ve a un actor célebre comer contento la mantequilla de cacahuate; sin embargo, el producto no es descrito. Este enfoque espera persuadir a los consumidores por medio del procesamiento por vía _____.

4. La teoría de la disonancia cognitiva propone que solemos cambiar nuestro comportamiento para hacerlo consistente con nuestras actitudes. ¿Cierto o falso?

5. Un _____ nos brinda un marco de referencia mental para organizar e interpretar la información relativa al mundo social.

6. Mónica le prestó con agrado un libro a un compañero que parecía ser inteligente y amigable. Pero se llevó una sorpresa cuando su compañero no le devolvió el libro. Su suposición sobre que el estudiante inteligente y amigable también tendría que ser responsable refleja el efecto de _____.

Pregúntese a sí mismo

Suponga que se le encarga realizar una campaña de publicidad para un producto, misma que debe incluir anuncios de televisión, de radio y material impreso. ¿Cómo dirigiría su estrategia para ajustarla a los distintos medios de comunicación con las teorías que se expusieron en esta sección?

(Las respuestas a las preguntas de la revisión aparecen en la página 508.)

- *¿Cuáles son las fuentes y las tácticas principales de influencia social?*

INFLUENCIA SOCIAL

Usted se acaba de cambiar de universidad y asiste a su primera clase. Cuando llega el profesor, ve que sus compañeros se ponen de pie, hacen una reverencia y miran hacia la parte posterior del salón. Usted no logra comprender este comportamiento. ¿Qué es más probable? Que l) se ponga de pie para seguir al resto de la clase o 2) permanezca sentado.

Con base en el conocimiento que las investigaciones nos presentan acerca de la **influencia social** —el proceso por el que las acciones de un individuo o grupo afectan el comportamiento de los demás—, lo más probable es que la respuesta a esta pregunta será la primera de las opciones. Como de seguro sabe por experiencia propia, son muy fuertes

Influencia social: rama de la psicología social que estudia las situaciones en que las acciones de un individuo o grupo de ellos influye en el comportamiento de los demás

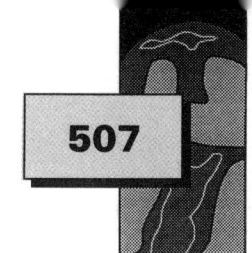

las presiones para hacer lo que los demás hacen, e incluso pueden producir cambios de comportamiento que, cuando son considerados en retrospectiva, no habrían ocurrido por ninguna otra razón.

Conformidad: hacer lo mismo que los demás

La **conformidad** es el cambio de comportamiento o actitudes provocado por un deseo de seguir las creencias o patrones de otras personas. La demostración clásica de la presión para conformarse al grupo se deriva de una serie de estudios que realizó Solomon Asch en la década de 1950 (Asch, 1951). En esos estudios, los sujetos experimentales creían que participaban en una prueba de habilidades perceptuales junto a otros seis sujetos. Se les mostraba una tarjeta en la que aparecían tres líneas con longitud diversa, y una segunda tarjeta en la que había una cuarta línea del mismo tamaño que una línea de la primera tarjeta (véase la figura 14.4). La tarea parecía muy concreta: los sujetos debían decir en voz alta cuál de las primeras tres líneas tenía la misma longitud que la línea "patrón". Debido a que la respuesta correcta siempre era evidente, la tarea les parecía muy sencilla a los participantes.

En realidad, puesto que todos los sujetos concordaron en los primeros intentos, el procedimiento parecía ser muy sencillo. Pero fue entonces cuando ocurrió algo extraño. Desde la perspectiva del sujeto del grupo que respondía al final, todas las respuestas de los seis sujetos anteriores parecían estar equivocadas —de hecho, todas parecían incorrectas—. Y este patrón persistía. Una y otra vez, los primeros seis sujetos daban respuestas que contradecían lo que el último de los sujetos creía que era la respuesta correcta. El dilema que esta situación planteaba para el último sujeto era el de seguir sus propias percepciones, o seguir al grupo y repetir la respuesta que todos los demás habían dado.

Como se habrá dado cuenta, la situación del experimento era más complicada de lo que parecía en un principio. Los primeros seis sujetos eran colaboradores del experimentador a quienes se les había indicado dar respuestas unánimes e incorrectas en muchas pruebas. Y el estudio nada tenía que ver con las habilidades perceptuales. El tema de investigación era la conformidad.

Lo que Asch descubrió fue que, en cerca de la tercera parte de los ensayos, los sujetos se conformaban a la respuesta errónea unánime dada por el grupo y el 75% de los sujetos adoptó una vez al menos la respuesta del grupo. No obstante, hubo grandes diferencias individuales. Algunos sujetos se ajustaban a las respuestas del grupo en casi todas las ocasiones, en tanto que otros no lo hicieron nunca.

A partir de esta investigación inicial de Asch, cientos de estudios, literalmente, han intentado examinar los factores que afectan la conformidad, y en la actualidad sabemos mucho acerca de este fenómeno (Moscovici, 1985; Tanford y Penrod, 1984; Wood, Lundgren, Ovellette, Buscome y Blakstone, 1994). Entre las variables más importantes que producen conformidad están las siguientes:

■ *Las características del grupo.* Cuanto más atractivo es el grupo para sus miembros, mayor es su capacidad para generar conformidad (Hogg y Hardie, 1992). Además, la **posición social** relativa de una persona, o sea el rango social que se tiene dentro de un grupo, es importante: entre menor sea la posición social de una persona en el grupo será mayor el poder del grupo sobre el comportamiento de esa persona.

Conformidad: modificación del comportamiento o de las actitudes que se provocan por el deseo de adoptar las creencias o patrones de los demás

Posición social: rango social que tiene un individuo dentro de un grupo

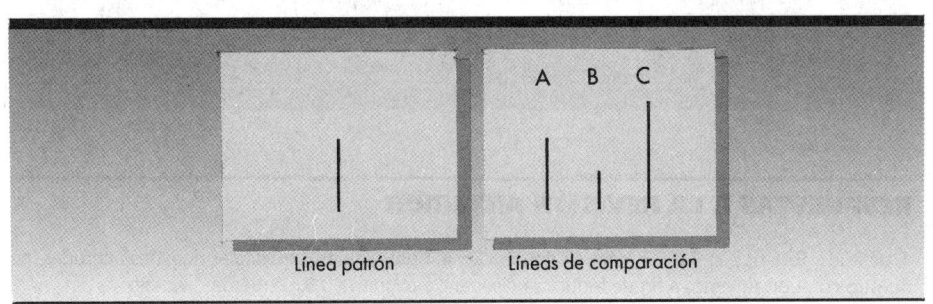

FIGURA 14-4 A los sujetos del experimento de Asch sobre conformidad se les mostró primero una línea "patrón" y luego se les pidió que identificaran cuál de las tres líneas de comparación tenía la misma longitud. Tal como lo ilustra el ejemplo, siempre había una respuesta correcta.

■ *La naturaleza de la respuesta del individuo.* La conformidad es mucho mayor cuando las personas deben responder públicamente que cuando pueden hacerlo en privado, como bien lo sabían quienes autorizaron el voto secreto.

■ *El tipo de tarea.* Las personas que trabajan con tareas o preguntas ambiguas (sin respuesta clara) son más susceptibles a la presión del grupo. Si se le pide a alguien dar una opinión, como, por ejemplo, decir qué tipo de ropa está de moda, es más probable que ceda a las presiones para que se conforme que si se le pide responder una pregunta sobre un hecho. Además, las tareas para las cuales una persona no posee gran habilidad, en relación al grupo, crean condiciones más favorables para la conformidad.

■ *Unanimidad del grupo.* Las presiones que se relacionan con la conformidad son más pronunciadas en grupos en que el apoyo a una posición es unánime. Pero, ¿qué ocurre cuando las personas con puntos de vista contrarios tienen un aliado en el grupo, conocido como **proveedor de apoyo social**? Contar con una sola persona que comparta el punto de vista de la minoría es suficiente para reducir las presiones de conformidad (Allen, 1975; Levine, 1989). Sin embargo, en algunos casos, las presiones para conformarse son casi irresistibles.

Diferencias de género en la conformidad: ¿hecho o ficción? ¿Las mujeres tienen más probabilidades de exhibir conformidad con el grupo que los hombres? La respuesta a esta pregunta ha ido de un extremo al otro durante las dos últimas décadas.

Proveedor de apoyo social: persona que comparte el punto de vista de la minoría o actitud de otro miembro del grupo, de tal modo que alienta la disidencia

La conformidad para con un grupo produce en sus miembros un sentimiento de pertenencia.

RESPUESTAS A LA REVISIÓN ANTERIOR

1. actitud **2.** 1-b; 2-c; 3-a **3.** central; periférica **4.** Falso; solemos modificar nuestras actitudes, no nuestro comportamiento, a fin de reducir la disonancia cognitiva **5.** esquema **6.** halo

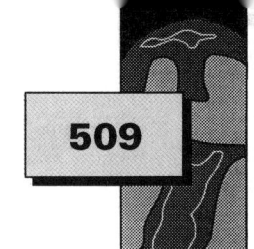
Durante mucho tiempo la sabiduría popular sostenía que era más fácil influir en las mujeres que en los hombres: opinión sostenida hasta fines de la década de 1970 (Allen, 1965). No obstante, en ese tiempo las investigaciones comenzaron a sugerir que la diferencia no era real. Por ejemplo, parecía común que las tareas y los temas que se utilizaban en los experimentos sobre conformidad eran más familiares para los hombres que para las mujeres. Esta falta de familiaridad permitía que las mujeres se conformaran más con lo que el grupo decía que los hombres, como consecuencia de su falta de conocimiento profundo y no debido a una susceptibilidad arraigada ante las presiones de conformidad (Eagly, 1978; Eagly y Carli, 1981).

Sin embargo, algunas hipótesis modernas han apoyado la conclusión previa: las mujeres parecen conformarse con lo que sostienen los demás en mayor medida que los hombres, sin que importe mucho el tema de que se trate (Eagly, 1989). El fundamento de este tipo de conformidad está en la prevalencia de ciertas expectativas tradicionales de la sociedad sobre las mujeres, que sostienen que ellas deben preocuparse más que los hombres por llevarse bien con los demás.

En consecuencia, las investigaciones sugieren ahora que las mujeres son más susceptibles a la influencia social que los hombres, pero sobre todo en condiciones públicas. En privado disminuyen las diferencias de conformidad entre hombres y mujeres. Aun así, la naturaleza escurridiza de la interpretación de los resultados de las investigaciones sobre conformidad sugiere que aún no hemos escuchado la última palabra acerca de este tema.

Acatamiento: ceder a la presión social directa

Cuando tratamos la conformidad nos referimos al fenómeno en que la presión social es sutil o indirecta. Pero en algunas situaciones la presión social es mucho más evidente, y existe una presión directa y explícita para que acatemos un punto de vista particular o nos comportemos de un modo específico. Los psicólogos sociales denominan a este comportamiento, producto de la respuesta a la presión social directa, **acatamiento**.

Varias tácticas específicas de ventas representan intentos para conseguir el acatamiento. Entre las empleadas con mayor frecuencia se encuentran:

■ *Técnica del pie en la puerta.* Un agente de ventas toca a su puerta y le pide que acepte una muestra gratuita. Usted accede; piensa que no tiene nada que perder. Un poco más tarde le hace una petición más comprometedora, la cual, debido a que usted ya ha accedido a la primera, le cuesta trabajo rechazar.

En este caso, el agente de ventas aplica una estrategia muy empleada que los psicólogos sociales denominan *técnica del pie en la puerta*; esta técnica incluye las siguientes fases: primero se le pide a una persona que acceda a una petición mínima y después que lo haga a una solicitud de mayor importancia. La probabilidad de aceptar la última petición aumenta considerablemente cuando la persona accede, al principio, a la petición pequeña.

El fenómeno del pie en la puerta se puso de manifiesto por primera vez en un estudio en el que diversos investigadores recorrieron puerta tras puerta para pedir a los residentes que firmaran un documento en favor de la seguridad al conducir automóviles (Freedman y Fraser, 1966). Casi todos los residentes accedieron a esta solicitud, mínima y benigna. No obstante, unas cuantas semanas más tarde, otros investigadores acudieron de nuevo ante los residentes y les hicieron una solicitud mucho más importante: que pusieran enfrente de sus casas un letrero enorme que dijera: "Maneje con precaución". Los resultados fueron claros: un 55% de los que firmaron el documento accedieron a la segunda solicitud, en tanto que tan sólo lo hizo el 17% de las personas que formaban parte de un grupo control al que no se le había pedido que firmara dicho documento.

Estudios posteriores han confirmado la efectividad de la técnica del pie en la puerta (Beaman, Cole, Preston, Klentz y Steblat, 1983; Dillard, 1991). ¿Por qué funciona esta técnica? Una de las razones es que la implicación con la solicitud menor produce interés en el tema, y realizar alguna acción —cualquiera que sea— compromete más al individuo con la situación, incrementándose así la probabilidad de acatamiento en el futuro. Otra explicación se centra en la autopercepción de las personas. Al acceder ante la peti-

Acatamiento: comportamiento que ocurre como respuesta a la presión social directa

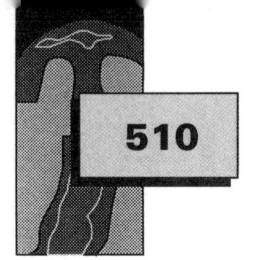
ción inicial, los individuos pueden llegar a verse a sí mismos como el tipo de persona que presta ayuda cuando se le pide que lo haga. Así, cuando están confrontados con la petición mayor, acceden con el fin de conservar la consistencia entre actitudes y comportamiento de la que hemos hablado en este capítulo. A pesar de que no sabemos con seguridad cuál de estas dos explicaciones sea la más exacta, es evidente que la técnica del pie en la puerta es muy efectiva (Dillard, 1991; Gorassini y Olson, 1995).

■ *La técnica de la puerta en las narices.* Un recaudador de fondos se acerca a su puerta y le pide una contribución de 500 dólares. Usted se niega entre risas a su solicitud y dice que esa cantidad está muy por encima de sus posibilidades. Ante su respuesta, le pide una contribución de diez dólares. ¿Qué hace usted? Si actúa como la mayoría de las personas, quizá sea mucho más complaciente que si no hubieran existido en un principio esa primera petición. La explicación se encuentra en la *técnica de la puerta en las narices*, en la cual una gran petición, que se espera será rechazada, es seguida por una petición de menor importancia. Esta estrategia, que es opuesta a la del pie en la puerta, ha demostrado ser también muy efectiva (Dillard, 1991; Reeves, Baker, Boyd y Cialdini, 1991).

El éxito de esta técnica se demostró en un experimento de campo en el que se detenía en la calle a estudiantes universitarios y se les pedía que accedieran a hacer un enorme favor: desempeñarse como consejeros de delincuentes juveniles dos horas a la semana a lo largo de dos años sin ninguna remuneración económica (Cialdini, Schaller, Houlihan, Arps, Fultz y Beaman, 1975). No es sorprendente saber que ninguno aceptó un compromiso tan significativo. Pero, más tarde, cuando se les pidió el favor, mucho menos considerable, de llevar a un grupo de delincuentes a una visita de dos horas al zoológico, la mitad de los estudiantes accedieron. En comparación, sólo un 17% de las personas que integraban un grupo control a quienes no se hizo la primera petición accedieron a ello.

La aplicación de esta técnica está muy difundida en la vida diaria. Puede ser que usted mismo la haya empleado en alguna ocasión, tal vez al pedirle a sus padres un aumento sustantivo de la cantidad de dinero que le otorgan, para después acordar una cantidad menor. De manera similar, los guionistas de televisión saturan en ocasiones sus guiones con groserías que saben serán censuradas por los representantes de las cadenas, con la esperanza de que otros diálogos queden intactos (Cialdini, 1988).

■ *La técnica de eso no es todo.* En dicha técnica se le ofrece un trato a un precio inflado, pero inmediatamente después de la oferta inicial el vendedor ofrece un incentivo, descuento o beneficio para asegurar el trato.

Aunque suena transparente, esta práctica puede ser bastante efectiva. En un estudio los experimentadores colocaron un puesto donde venderían panecillos a 75 centavos cada uno. En una condición se les dijo a los compradores en forma directa que el precio era de 75 centavos; en otra, se les dijo que el precio era de un dólar, pero que había sido rebajado a 75 centavos. Como predice la técnica de eso no es todo, se vendieron más panecillos al precio "rebajado" —aun cuando era idéntico al precio en la otra condición experimental (Burger, 1986).

■ *La muestra no tan gratuita.* Si alguna vez le dan una muestra gratuita tenga en cuenta que va acompañada de un costo psicológico. Aunque puede no estar expresado en estos términos, el vendedor que proporciona muestras a clientes potenciales lo hace a fin de instigar la *norma de la reciprocidad*, la cual es el estándar social bien aceptado que dicta que debemos tratar a otras personas como nos tratan a nosotros. Recibir una *muestra no tan gratuita*, entonces, sugiere la necesidad de reciprocar, a través de una compra, por supuesto (Cialdini, 1988).

Obediencia: obedecer órdenes directas

Obediencia: cambio en el comportamiento que es provocado por las órdenes de los demás

Las técnicas de acatamiento son un recurso para llevar en forma delicada a las personas hacia la aceptación de una solicitud. Sin embargo, en algunos casos, las solicitudes se hacen en tal forma que buscan lograr **obediencia**: un cambio en el comportamiento debido a las órdenes que emite otra persona. Aunque la obediencia es mucho menos

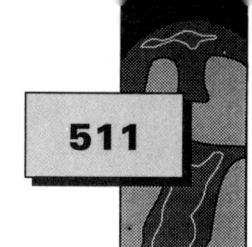
común que la conformidad y el acatamiento, se presenta en diversas clases de relaciones. Por ejemplo, podemos demostrar obediencia a nuestro jefe, maestro o padre, sólo porque tienen el poder de recompensarnos o castigarnos.

Para comprender la obediencia, piense por un momento cómo respondería si un desconocido le dice lo siguiente:

He ideado un método nuevo para mejorar la memoria. Todo lo que necesito es que usted le enseñe a la gente una lista de palabras y que después les haga una prueba. El procedimiento de la prueba sólo necesita que se aplique a los que aprenden una descarga eléctrica cada vez que cometan un error. Para aplicar las descargas empleará un "generador de descargas" que da choques eléctricos que van desde los 30 hasta los 450 voltios. Usted puede ver que los interruptores tienen etiquetas que señalan desde "descarga ligera" hasta "peligro: descarga severa" en el nivel más alto, donde están marcadas tres letras X rojas. Pero no se preocupe; aunque las descargas pueden ser dolorosas, no causan daño permanente.

Si se le presenta esta situación, lo más probable es que usted pensaría que ni usted ni nadie accedería ante la extraña solicitud del desconocido. Es evidente que rebasa los límites de lo que consideramos el sentido común.

¿De verdad? Suponga que el desconocido es un psicólogo que necesita ayuda para realizar un experimento. O suponga que es su maestro, su jefe o su superior militar: todas son personas con autoridad y con alguna razón que parece legítima para formular la solicitud.

Si todavía cree que es poco probable que usted acceda a la solicitud, puede volver a pensarlo, pues la situación que se presenta en las líneas anteriores describe un experimento que ahora es clásico, el cual fue realizado por el psicólogo social Stanley Milgram en la década de 1960 (Milgram, 1974). Durante la investigación se les pidió a los sujetos de estudio que aplicaran descargas cada vez más fuertes a otra persona como parte de un experimento sobre el aprendizaje (véase la figura 14.5). En realidad, el experimento nada tenía que ver con el aprendizaje; el verdadero tema que se investigaba era hasta qué grado los sujetos de estudio acceden a realizar las peticiones del experimentador. De hecho, la persona que supuestamente recibía las descargas era un confederado que nunca recibió descarga alguna.

La mayoría de las personas que escuchan la descripción del experimento piensan que es poco probable que *alguien* aplique el máximo nivel de descarga —o, para el caso, ninguna descarga en absoluto—. Incluso un grupo de psiquiatras a los que se les describió la situación predijo que menos del 2% de los sujetos accederían por completo y administrarían las descargas más severas. Sin embargo, los resultados del experimento contradijeron las predicciones de los especialistas así como de los que no lo eran. Casi dos terceras partes de los sujetos de estudio emplearon finalmente el máximo voltaje del generador de descargas para "electrocutar" a la persona que estaba aprendiendo.

FIGURA 14-5 En el impresionante experimento de Milgram acerca de la obediencia, un sujeto obliga a la víctima a recibir un doloroso choque eléctrico.

¿Por qué tantas personas acataron por completo la solicitud del investigador? Largas entrevistas realizadas con los sujetos de estudio después del experimento demostraron que obedecieron debido principalmente a que creían que el investigador sería responsable de cualquier daño potencial que pudiera ocurrirle a la persona que estaba aprendiendo. Por tanto, se aceptaron las órdenes porque los sujetos de estudio pensaron que ellos no serían responsables de sus acciones —siempre podían culpar al investigador.

No obstante que el experimento de Milgram se ha criticado por cuestiones éticas —por crear un conjunto de circunstancias excesivamente molestas para los sujetos— así como por cuestiones de índole metodológica (A.G. Miller, 1986; Orne y Holland, 1968), sigue siendo una de las demostraciones de laboratorio más contundentes acerca de la obediencia (Blass, 1991; Blass y Krackow, 1991). Sólo tenemos que pensar en circunstancias de obediencia a la autoridad para ser testigos de algunos casos paralelos de la vida real que provocan terror. Uno de los principales argumentos en la defensa de los oficiales nazis después de la Segunda Guerra Mundial, por ejemplo, fue afirmar que "sólo seguían órdenes". El experimento de Milgram, el cual fue motivado en parte por su deseo de explicar el comportamiento de los alemanes comunes durante la Segunda Guerra Mundial, nos obliga a plantearnos la siguiente pregunta: ¿seríamos capaces de resistir el poder intenso de la autoridad?

RECAPITULACIÓN Y REVISIÓN

Recapitulación

- La influencia social implica situaciones en que las acciones de un individuo o grupo modifican el comportamiento de los demás.
- La conformidad es un cambio de actitud o de comportamiento que se genera por el deseo de seguir las creencias o patrones de los demás.
- El acatamiento es un cambio de comportamiento en respuesta a una presión social más explícita. En contraste, la obediencia es un cambio de comportamiento que se produce como consecuencia de una orden directa.

Revisión

1. Un _____ o quien está de acuerdo con el punto de vista disidente, es probable que reduzca la conformidad

2. ¿Quién fue el iniciador del estudio de la conformidad?
   a. Skinner
   b. Asch
   c. Milgram
   d. Fiala

3. ¿Cuál de las siguientes técnicas implica pedir a una persona que acepte una mínima solicitud inicial para aumentar la probabilidad de que ese individuo accederá más tarde a una solicitud mayor?
   a. La técnica de la puerta en las narices
   b. La técnica del pie en la puerta
   c. El paradigma del pequeño favor
   d. La técnica de las letras pequeñas

4. La técnica de _____
   _____ comienza con una solicitud exagerada, la cual permite que una solicitud menor parezca razonable.

5. La _____ es un cambio de comportamiento que se deriva de las órdenes que da otra persona.

Pregúntese a sí mismo

Puesto que las técnicas de persuasión descritas en este capítulo son tan poderosas, ¿deberían existir leyes que prohibieran su uso? ¿Se debería enseñar defensas en contra de este tipo de técnicas? ¿Se puede hacer una defensa moral y ética del empleo de estas técnicas?

(Las respuestas a las preguntas de la revisión aparecen en la página 514.)

- *¿Cuál es la diferencia entre estereotipos, prejuicio y discriminación?*
- *¿Cómo podemos reducir el prejuicio y la discriminación?*

PREJUICIO Y DISCRIMINACIÓN

¿Qué piensa usted cuando alguien dice "él es afroamericano" o "ella es china" o "mujer conductora"? Si es como la mayoría de las personas es probable que de manera automá-

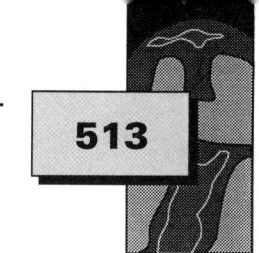

tica piense en alguna clase de impresión que usted ya tenga de la forma en que puede ser ese individuo. Estas opiniones representan **estereotipos**, creencias y expectativas que se tienen, sobre los miembros de grupos, simplemente con base en que pertenecen a esos grupos.

Los estereotipos pueden conducir a **prejuicios**, las evaluaciones o juicios negativos (o positivos) respecto a los integrantes de un grupo, que están basados principalmente en la pertenencia de dichos individuos al grupo más que en el comportamiento de un individuo particular. Por ejemplo, el prejuicio racial ocurre cuando un miembro de un grupo racial es evaluado en función de la raza y no por sus características o habilidades propias.

Los estereotipos y formas de prejuicios más comunes tienen que ver con las clasificaciones raciales, religiosas y étnicas. A lo largo de los años diversos grupos han sido llamados "perezosos", "perspicaces", "crueles" con diversos grados de regularidad por personas ajenas al grupo (Katz y Braly, 1933; Weber y Crocker, 1983; Devine y Baker, 1991). Aun hoy, a pesar del progreso importante hacia la reducción de las manifestaciones de prejuicio aprobadas legalmente, como la segregación en las escuelas, los estereotipos permanecen.

Por ejemplo, aunque podría ser confortante pensar que las personas prejuiciadas en Estados Unidos se encuentran principalmente en grupos como los *skinheads* (cabezas rapadas), los neonazis y el Ku Klux Klan, la desafortunada realidad es bastante diferente: la intolerancia racial, étnica y religiosa es lugar común.

El hecho quedó patente en una encuesta a gran escala realizada en 300 comunidades a lo largo de Estados Unidos, la cual encontró que las expresiones de prejuicio eran rutinarias (T. W. Smith, 1990). El estudio usó una técnica de medición cuidadosa e innovadora para evaluar el estereotipamiento. Las personas a menudo no están dispuestas a expresar el prejuicio que sienten debido a que esos sentimientos violan las normas sociales de la cortesía, de modo que fue necesaria la evaluación indirecta de los estereotipos. Para hacer esto se le pidió a los participantes en la encuesta que indicaran si las personas en cada uno de varios grupos estaban cerca de uno u otro extremo de una serie de escalas de siete puntos. Por ejemplo, se les preguntó si cada grupo racial estaba más cerca del extremo de "trabaja duro" o en el extremo opuesto, "flojo". Al comparar las estimaciones para un grupo particular contra las hechas para otros grupos fue posible determinar cuáles grupos eran los más estereotipados.

Los resultados de la encuesta revelaron que el estereotipamiento está vivo y activo. Por ejemplo, alrededor del 80% de los que respondieron creía que los afroamericanos tenían mayor probabilidad que los blancos de "preferir vivir de la beneficencia". En general, se asumía que los afroamericanos, los hispanos y los asiáticos eran más flojos, más propensos a la violencia, menos inteligentes y menos patriotas que los blancos.

Además, incluso los miembros de los grupos minoritarios se estereotipaban a sí mismos. Por ejemplo, aproximadamente una tercera parte de los afroamericanos y los hispanos pensaban que los integrantes de su propio grupo eran menos inteligentes que los blancos. Estos hallazgos implican que los miembros de los grupos minoritarios no son inmunes a los mensajes de prejuicio cuando son predominantes dentro de una sociedad.

A pesar de los avances en los derechos civiles durante los pasados 25 años, es evidente que el estereotipamiento sigue siendo demasiado común. Los hispanos, asiáticos y en particular los afroamericanos son vistos por los blancos en Estados Unidos de una manera negativa. Hasta que tales estereotipos se disipen, es probable que las comunidades permanezcan segregadas y sus miembros sigan teniendo cautela de otros grupos raciales y étnicos (Devine y Elliot, 1995).

Pero los estereotipos por ningún motivo se limitan a los grupos raciales y étnicos. El estereotipamiento del género y la edad también es común (Swim, Aikin, Hall y Hunter, 1995). Incluso hay un estereotipo general relacionado con *cualquier* grupo, que se conoce como el **prejuicio de endogrupo o exogrupo** (Wilder, 1986, 1990; Perdue, Dovidio, Gurtman y Tyler, 1990). Tendemos a emitir opiniones menos favorables sobre los integrantes de grupos de los que no formamos parte (*exogrupo*) y opiniones más favorables sobre los miembros de grupos a los que pertenecemos (*endogrupo*).

Estereotipos: creencias y expectativas sobre los miembros de grupos que se tienen simplemente con base en su pertenencia de ellos

Prejuicio: evaluaciones o juicios negativos (o positivos) de los integrantes de un grupo, que están basados principalmente en la pertenencia de esas personas al grupo más que en el comportamiento de un individuo particular

Prejuicio de endogrupo o exogrupo: la tendencia a tener opiniones menos favorables sobre los grupos a los que no pertenecemos (*exogrupo*); se tiene opiniones más favorables respecto a los grupos a los que pertenecemos (*endogrupo*)

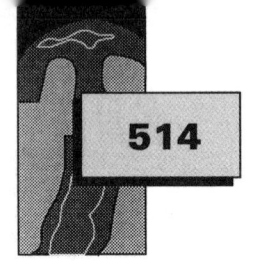
Discriminación: comportamiento negativo hacia miembros de un grupo particular

Profecía autocumplidora: una expectativa acerca de la ocurrencia de un suceso o comportamiento que incrementa la probabilidad de que ocurra dicho suceso o el comportamiento

Aunque hay poca evidencia que apoye la precisión de la mayor parte de los estereotipos, a menudo tienen consecuencias perjudiciales. Cuando se actúa de acuerdo con los estereotipos negativos resulta la **discriminación**, que es un comportamiento negativo hacia miembros de un grupo particular. La discriminación puede conducir a la exclusión de trabajos, vecindarios u oportunidades educativas, y puede dar como resultado que los miembros de grupos particulares reciban salarios y beneficios inferiores (Lott y Maluso, 1995).

El estereotipamiento no sólo conduce a la discriminación abierta; incluso puede causar que los integrantes de los grupos estereotipados se comporten en formas que reflejan el estereotipo por medio de un fenómeno conocido como la **profecía autocumplidora** (Archibald, 1974). Las profecías autocumplidoras son expectativas acerca de la ocurrencia de un suceso o comportamiento futuro que actúan para incrementar la probabilidad de que *ocurra* dicho suceso o comportamiento. Por ejemplo, si las personas piensan que los miembros de un grupo particular carecen de ambición, pueden tratarlos de una forma que en realidad provoque su falta de ambición (Skrypnek y Snyder, 1982). Del mismo modo, las personas que forman un estereotipo pueden estar "aprestadas" para interpretar el comportamiento del grupo estereotipado como representativo del estereotipo, aun cuando el comportamiento describa algo diferente por completo (Slusher y Anderson, 1987).

En algunos casos, saber que otros tienen un estereotipo respecto a usted puede inducirlo a comportarse de acuerdo con el estereotipo si está luchando por causar una impresión positiva, aun si ese comportamiento no es representativo de su conducta típica. Por ejemplo, los investigadores encontraron que las mujeres que interactúan con un hombre atractivo y deseable, de quien piensan que estereotipa a las mujeres como pasivas y dependientes, tienden a adoptar más este tipo de actitudes, que las mujeres que pensaban que el hombre atractivo tenía opiniones no tradicionales sobre las mujeres. En contraste, cuando el hombre no era atractivo el comportamiento de las mujeres no fue afectado por la naturaleza del estereotipo que pensaban que tenía aquél. En conclusión, sólo cuando se sentían motivadas a causar una buena impresión se comportaban de acuerdo con el estereotipo (Zanna y Pack, 1974).

Fundamentos del prejuicio

Nadie ha nacido nunca con desagrado hacia un grupo racial, religioso o étnico particular. Las personas aprenden a odiar de la misma forma en que aprenden el alfabeto.

De acuerdo con los *enfoques del aprendizaje social* sobre el estereotipamiento y el prejuicio, los sentimientos de las personas respecto a los miembros de diversos grupos son moldeados por el comportamiento de los padres, otros adultos y sus pares (Zinberg, 1976; Kryzanowski y Stewin, 1985). Por ejemplo, los padres intolerantes pueden alabar a sus hijos por expresar actitudes a favor del prejuicio. Del mismo modo, los niños pequeños aprenden el prejuicio a través de la imitación del comportamiento de modelos adultos. Este aprendizaje comienza a una edad muy temprana, en vista de que niños de apenas tres años de edad comienzan a mostrar preferencias por miembros de su propia raza (Katz, 1976).

Los medios masivos de comunicación también proporcionan una fuente importante de información sobre los estereotipos, no sólo para los niños, sino también para los adultos. Incluso en la actualidad, algunos programas de televisión y películas describen a los italianos como mafiosos, a los judíos como banqueros avaros y a los afroamericanos como individuos con ojos saltones, promiscuos, flojos y que hablan jerga. Cuando descripciones tan imprecisas son la fuente de información primaria acerca de los grupos minoritarios estos perfiles pueden conducir al desarrollo y mantenimiento de estereotipos desfavorables (Jussim, Milburn y Nelson, 1991; Hyler, Gabbard y Schneider, 1991; Hammer, 1992; Evans, 1993).

RESPUESTAS A LA REVISIÓN ANTERIOR

1. proveedor de apoyo social   **2.** b   **3.** b   **4.** la puerta en las narices   **5.** obediencia

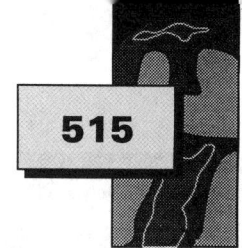

Los resultados trágicos del prejuicio se reflejan en los rostros de estos refugiados que fueron obligados a dejar sus hogares durante la guerra en Bosnia.

Otras explicaciones del prejuicio y la discriminación se centran en la forma en que ser miembro de un grupo particular ayuda a aumentar nuestro sentido de autoestima. De acuerdo con la **teoría de la identidad social**, usamos la pertenencia a un grupo como una fuente de orgullo y de valor propio (Tajfel, 1982; Turner, 1987). Lemas como "orgullo gay" y "negro es hermoso" ejemplifican el argumento de que los grupos a los que pertenecemos nos proporcionan un sentido de respeto por nosotros mismos.

Teoría de la identidad social: La teoría de que una persona usa la pertenencia a un grupo como una fuente de orgullo y de valor propios

Sin embargo, existe un resultado desafortunado por el uso de la pertenencia al grupo para proporcionar respeto social. En un esfuerzo para maximizar nuestro sentido de autoestima, podemos llegar a pensar que nuestro propio grupo es *mejor* que otros. En consecuencia, exageramos los aspectos positivos de nuestro propio grupo y, al mismo tiempo, devaluamos a los grupos a los que no pertenecemos. Por último, llegamos a ver a los demás grupos como inferiores al nuestro (Turner, Pratkanis, Probasco y Leve, 1992). El resultado final es prejuicio hacia los miembros de los grupos de los que no formamos parte.

Ni el enfoque del aprendizaje social ni el de la identidad social proporcionan el panorama completo del estereotipamiento y el prejuicio. Por ejemplo, algunos psicólogos afirman que el prejuicio resulta cuando hay competencia por recursos sociales escasos. Por tanto, cuando existe competencia por empleo o vivienda, los miembros de los grupos mayoritarios pueden percibir (sin importar qué tan injustificadamente) a los miembros de los grupos minoritarios como un obstáculo en sus esfuerzos por conseguir sus objetivos, lo que conduce al prejuicio (Simpson y Yinger, 1985). Además, otras explicaciones para el prejuicio enfatizan las limitaciones cognitivas humanas que nos llevan a catalogar a las personas con base en las características físicas manifiestas visualmente, como la raza, el género y el grupo étnico. Esta catalogación puede conducir al desarrollo de estereotipos y, por último, a un comportamiento discriminatorio (Brewer, 1988; Brewer y Lui, 1989).

Trabajar para dar fin al prejuicio y la discriminación

¿Cómo podemos disminuir los efectos del prejuicio y la discriminación? Los psicólogos han elaborado varias estrategias que han demostrado ser efectivas. Entre éstas se encuentran las siguientes:

■ *Aumentar el contacto entre el objetivo del estereotipamiento y el poseedor del estereotipo.* Las investigaciones han mostrado que el incremento en el nivel de interacción entre las personas puede reducir el estereotipamiento negativo. Pero ciertas clases de contacto tienen mayor probabilidad que otras de fomentar el desarrollo de impresiones más precisas respecto a miembros de grupos diferentes. Las situaciones en las que el

Luchar contra el prejuicio en los recintos universitarios

Una cálida noche de primavera hace unos cuantos años, una persona anónima —hasta la fecha no identificada— envió notas llenas de odio racial a cuatro estudiantes afroamericanas inscritas en el Smith College, un pequeño colegio de humanidades para mujeres, en Nueva Inglaterra. El incidente podría haber sido olvidado como otro caso más de prejuicio racial, el cual ha ido en aumento en los campus universitarios (al igual que en todo el país) desde la década anterior (U.S. Commission on Civil Rights, 1990). Sin embargo, el colegio ya había avanzado bastante para educar a sus estudiantes acerca de las consecuencias negativas del prejuicio, y las notas indicaban que sus esfuerzos no habían sido efectivos en particular. El incidente inspiró manifestaciones y protestas en el campus del colegio.

De manera irónica, el incidente y las protestas subsiguientes condujeron a una investigación que generó una nueva técnica prometedora para luchar contra el racismo. El psicólogo social Fletcher Blanchard contrató a una experimentadora para que se acercara a las estudiantes en el campus y dijera que estaba realizando una encuesta de opinión para una clase (Blanchard, Lilly y Vaughn, 1991). El propósito de la encuesta era de manera ostensible aprender cómo esperaban las estudiantes que debía responder el colegio ante el incidente racial.

Al mismo tiempo que la experimentadora se acercaba a un sujeto potencial, una confederada que actuaba como una estudiante que pasaba por casualidad, era detenida de modo que sus opiniones pudieran ser evaluadas también. La experimentadora les preguntaba a ambas estudiantes cómo debía responder el colegio a las notas. La confederada respondía primero y daba una de tres respuestas predeterminadas. En una condición, dio una respuesta no ambigua, antirracista extrema, que apoyaba la afirmación: "La persona que está escribiendo esas notas debería ser expulsada." En otra condición, adoptaba un punto de vista antirracista más moderado, mientras que en una tercera tomaba una postura antirracista poco entusiasta.

El resultado fue claro: cuando los participantes en el experimento escucharonn a otro individuo dar respuestas antirracistas intensas, era mucho más probable que expresaran reacciones similares que cuando escuchaban a otra persona sostener una posición que no reprobaba tanto el racismo. Aun cuando los sujetos podían responder en secreto por escrito, fuera del alcance del oído de la confederada, la exposición a posturas antirracistas intensas causó que los participantes adoptaran opiniones más antirracistas.

En conclusión, escuchar a otra persona condenar en forma intensa el racismo fomenta que otros denuncien el prejuicio. ¿Por qué? La razón principal es que las denuncias públicas del racismo hacen más evidentes los estándares públicos o normas, contra éste. Por tanto, unos cuantos individuos francos pueden crear una atmósfera en la que el prejuicio es visto de manera considerablemente más negativa que en una en la que los demás no adoptan una posición o sólo adoptan posturas débiles.

Una lección importante que tiene que aprenderse de los resultados del estudio es que los colegios y universidades deben promover con vigor un clima contra el racismo y los estudiantes deben ser alentados a declarar en público sus opiniones antirracistas. La investigación sugiere también que las instituciones de educación superior deben tener políticas antirracistas llamativas y responder rápido a los actos de racismo. Al seguir estas sugerencias las normas contra el prejuicio pueden volverse más visibles, y llevar a final de cuentas a una tolerancia menor a los actos de prejuicio y discriminación.

---

contacto es relativamente íntimo, donde los individuos tienen una posición social igual, donde los participantes deben cooperar entre sí o dependen uno de otro, tienen mayor probabilidad de producir una reducción del estereotipamiento. Estas formas de contacto parecen ser efectivas en particular en vista de que la comprensión de las personas respecto a los grupos estereotipados se vuelve más detallada, individualizada y precisa conforme aumenta la cantidad de interacción. Este hallazgo proporciona parte de la base para prácticas sociales como las leyes de integración escolar y vivienda justa (Gaertner, Mann, Dovidio, Murrell y Pomar, 1990; Desforges, Lord, Ramsey, Mason, VanLeeuwen, West y Lepper, 1991).

■ *Destacar los valores positivos.* No siempre es necesario basarse en el contacto para cambiar la naturaleza de los esquemas y los estereotipos. Un enfoque alternativo sugiere que debe hacerse comprender a las personas que creen en la igualdad y el trato justo para los demás pero que tienen estereotipos negativos, que sus opiniones son inconsistentes. Por ejemplo, las investigaciones han mostrado que las personas a las que se les hace ver que los valores que tienen respecto a la igualdad y la libertad son inconsistentes con sus percepciones negativas de los miembros de grupos minoritarios, tienen mayor probabilidad de trabajar en forma activa en el futuro contra el prejuicio (Rokeach, 1971).

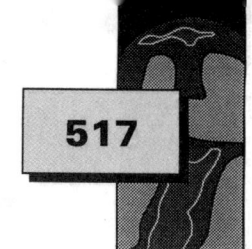

■ *Proporcionar información sobre los objetos del estereotipamiento.* Es probable que el medio más directo para cambiar los esquemas sea por medio de la educación: enseñando a las personas a ser más conscientes de las características positivas de lo susceptible de estereotipamiento (Langer, Bashner y Chanowitz, 1985). Por ejemplo, cuando el significado del comportamiento extraño se explica a las personas que han formado estereotipos, éstas pueden llegar a apreciar su significación —aun cuando todavía pueda parecer ajena y quizás incluso amenazadora (Fiedler, Mitchell y Triandis, 1971; Landis, Day, McGrew, Thomas y Miller, 1976).

Cada una de estas estrategias para formar impresiones más precisas —aunque no efectivas de manera invariable— sirve para ilustrar un enfoque importante desarrollado por psicólogos sociales. Además, todavía se están desarrollando técnicas nuevas para detener la ola de prejuicio, como se expone en el recuadro *La psicología en acción*.

RECAPITULACIÓN Y REVISIÓN

Recapitulación

- Los estereotipos son creencias y expectativas sobre los miembros de un grupo, y están formados simplemente con base en su pertenencia a ese grupo.
- El prejuicio es la evaluación o juicio negativo (o positivo) respecto a los miembros de un grupo que está basado sobre todo en la pertenencia de esas personas al grupo en lugar de en el comportamiento de un individuo particular.
- Entre las formas para reducir el estereotipamiento y el prejuicio están el incrementar el contacto, destacar los valores positivos y el proporcionar información sobre lo susceptible de estereotipamiento.

Revisión

1. Cualquier expectativa —positiva o negativa— acerca de un individuo basada sólo en la pertenencia de esa persona a un grupo puede ser un estereotipo. ¿Cierto o falso?
2. La tendencia a pensar de manera más favorable respecto a las comunidades a las que se pertenece se conoce como:

a. Estereotipamiento
b. Prejuicio de endogrupo o exogrupo
c. Profecía autocumplidora
d. Discriminación

3. Pablo es un gerente de tienda que no espera que las mujeres triunfen en los negocios. Por consiguiente, sólo ofrece responsabilidades de importancia a hombres. Si las empleadas fallan en ascender en la compañía, éste podría ser un ejemplo de una profecía _____.

Pregúntese a sí mismo

Hemos visto que los estereotipos pueden conducir a una discriminación perjudicial contra un grupo de personas —pero que las personas pueden ir demasiado lejos al tratar de evitar la aparición del sesgo, lo que da como resultado una discriminación a la inversa—. ¿Cómo trataría de enseñar a las personas a reconocer y evitar el estereotipamiento, sin compensar en forma exagerada de esta manera?

(Las respuestas a las preguntas de la revisión aparecen en la página 518.)

- *¿Por qué sentimos atracción por determinadas personas y cuál es el camino que siguen las relaciones sociales?*
- *¿Qué factores subyacen a la agresividad y al comportamiento prosocial?*

COMPORTAMIENTO SOCIAL POSITIVO Y NEGATIVO

¿Las personas son básicamente buenas o malas? Como los filósofos y los teólogos, los psicólogos sociales han reflexionado sobre la naturaleza básica de la humanidad. ¿Es representada por la violencia y la crueldad que vemos en todo el mundo o hay algo especial en la naturaleza humana que permite el comportamiento amoroso, considerado, desinteresado e incluso noble?

Recorreremos dos rutas que los psicólogos sociales han seguido en busca de respuestas a estas preguntas. Primero consideraremos lo que han aprendido sobre las fuentes de nuestra atracción hacia los demás y terminaremos el capítulo con una mirada a los dos lados de la moneda del comportamiento humano: la agresión y la ayuda.

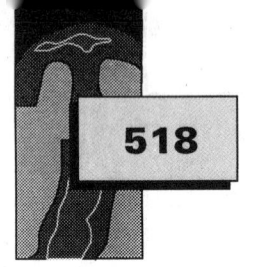
Querer y amar: atracción interpersonal y el desarrollo de relaciones

Cuando Elizabeth Barrett Browning, poeta decimonónica, escribió "¿Cómo te amo? Déjame ennumerar las formas", expresaba sentimientos acerca de un tema central en la vida de la mayoría de las personas, y que se ha convertido en un tema de investigación importantísimo por parte de los psicólogos sociales: el amor y el afecto. Este tema, conocido en terminología formal como el estudio de la **atracción interpersonal** o de las relaciones cercanas, abarca los factores que generan sentimientos positivos hacia los demás.

Atracción interpersonal:
sentimientos positivos hacia otras personas; afecto y amor

¿Cómo te quiero? Déjame enumerar las formas   La mayor parte de las investigaciones tienen como punto de interés al afecto, tal vez porque siempre ha sido más sencillo para los investigadores que realizan experimentos de corta duración producir estos sentimientos en desconocidos con los que tiene contacto por primera vez, que promover y observar relaciones amorosas a lo largo de periodos prolongados. Así, los estudios tradicionales han proporcionado una gran cantidad de conocimientos acerca de los factores que atraen inicialmente a dos personas (Berscheid, 1985; Fehr, 1995). Entre los factores más importantes que toman en cuenta los psicólogos sociales se encuentran los siguientes:

■   *Proximidad*. Si usted vive en un dormitorio o en un departamento, piense en los amigos que hizo cuando se mudó a ese sitio. Lo más probable es que quienes vivían más cerca de usted sean sus mejores amigos. De hecho, éste es uno de los hallazgos más firmes en la literatura sobre atracción interpersonal: la *proximidad* lleva al afecto (Festinger, Schachter y Back, 1950; Nahome y Lawton, 1975).

■   *Simple exposición*. La exposición repetida a una persona suele ser suficiente para generar atracción. Es interesante saber que la exposición repetida a *cualquier* estímulo —se trate de una persona, un cuadro, un disco compacto o lo que quiera— casi siempre

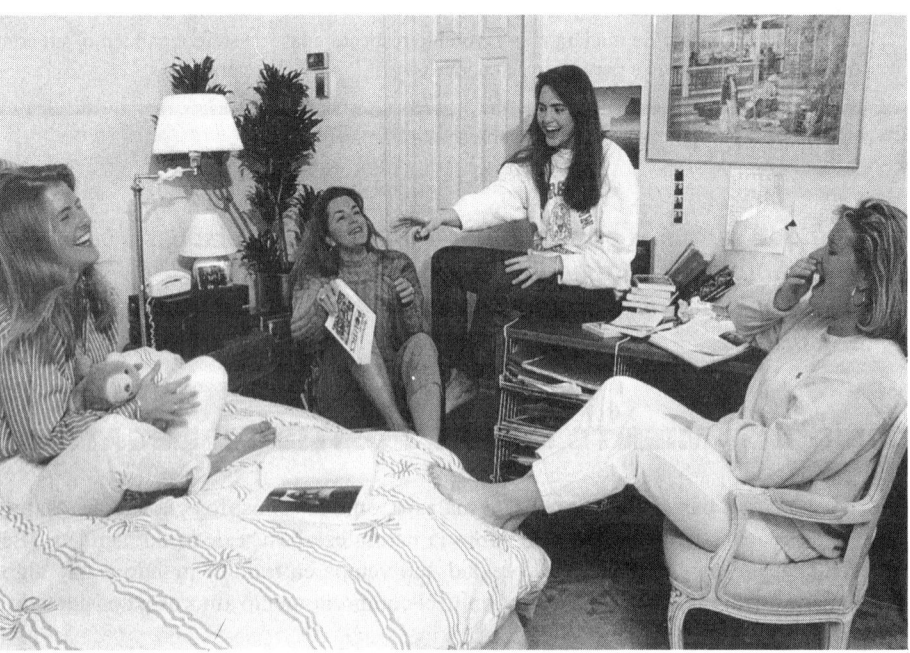

Las amistades que se forman en los dormitorios de algunos internados son un buen ejemplo de la forma en que la proximidad conduce al afecto.

RESPUESTAS A LA REVISIÓN ANTERIOR

1. Cierto   **2.** b   **3.** autocumplidora

hace que éste nos agrade más (Zajonc, 1968; Bornstein, 1989; Bornstein y D'Agostino, 1992). El proceso de familiarización con un estímulo puede evocar sentimientos positivos; estos sentimientos que genera la familiaridad se transfieren después al estímulo mismo. Sin embargo, hay excepciones, que se dan cuando las interacciones iniciales son sumamente negativas, en este caso la exposición repetida no tiene grandes posibilidades de lograr que nos agrade más una persona; por el contrario, mientras más estemos expuestos a esa persona, más nos desagradará.

■ *Similitud*. La sabiduría popular habla de dos personas que están hechas "tal para cual". Desgraciadamente, también nos dice que los opuestos se atraen. Los psicólogos sociales han llegado a un veredicto claro acerca de cuál de estas dos afirmaciones es correcta: tendemos a querer a quienes se parecen a los nuestros. Hallar que las actitudes, valores o rasgos de los demás tienen similitud con los nuestros favorece el surgimiento del afecto. Además, mientras más similares a nosotros son, más atractivos nos parecen (Byrne, 1969; Hill y Stull, 1981; Carli, Ganley y Pierce-Otay, 1991).

Una de las razones por la que la semejanza aumenta la probabilidad de atracción interpersonal es que suponemos que las personas con actitudes similares a las nuestras nos evaluarán de modo positivo (Condon y Crano, 1988). Debido a que existe un fuerte **efecto de reciprocidad del afecto** (tendencia a querer a los que nos quieren), saber que alguien nos evalúa en forma positiva favorecerá que prestemos atención a esa persona. Además, suponemos que cuando queremos a alguien esa persona también nos quiere (Metee y Aronson, 1974; Tagiuri, 1958).

■ *Necesidad de complementariedad*. Todos conocemos excepciones a la regla general de que la similitud se relaciona con la atracción. Existen parejas que parecen tener divergencias totales en cuanto a personalidad, intereses y actitudes pero, no obstante sus componentes, están enteramente cautivados entre sí. Los psicólogos sociales han explicado casos en que ciertas personas se sienten atraídas por individuos distintos de ellas con base en las necesidades que éstos les satisfacen. De acuerdo con este razonamiento, podemos ser atraídos por personas que satisfacen el mayor número de nuestras necesidades. Así, una persona dominante puede buscar a alguien sumiso, al mismo tiempo que el individuo sumiso puede estar buscando a alguien dominante. Aunque sus diferencias a menudo llevan a pensar en la incompatibilidad de esa pareja, al establecer una relación son satisfechas las necesidades complementarias de uno y otro.

La hipótesis de que las personas sienten atracción por aquellos que satisfacen sus necesidades —denominada **hipótesis de la necesidad de complementariedad**— se planteó por primera vez en la década de 1950 en un estudio ya clásico que descubrió que una muestra de parejas casadas parecía tener necesidades complementarias (Winch, 1958). A pesar de que los estudios realizados desde entonces para apoyar esta hipótesis han sido muy inconsistentes, aparentemente puede sostenerse en diversos ámbitos. Por ejemplo, las personas con habilidades complementarias pueden atraerse entre sí. En un estudio se descubrió que niños en edad escolar desarrollaron amistades con otros cuyas habilidades académicas no coincidían con las áreas en las que ellos eran especialmente competentes, lo cual les permitía destacarse en otras materias. Por tanto, un buen estudiante de matemáticas podría entablar amistad con alguien con un talento especial para la literatura (Tessor, 1988).

Sin embargo, en general, la mayor parte de las evidencias sugiere que la atracción se relaciona más con la similitud que con la complementariedad (por ejemplo, Meyer y Pepper, 1977). En consecuencia, ya sea que se trate del área de actitudes, de valores o de rasgos de personalidad, la similitud sigue siendo uno de los mejores elementos para predecir la posibilidad de atracción entre dos personas.

■ *Atractivo físico*. Para la mayoría de las personas la ecuación *belleza = bueno* es algo indiscutible. Como resultado, las personas que poseen atractivo físico son más populares que aquellos que no lo tienen si todos los demás factores son iguales. Este descubrimiento, que contradice los valores que la mayoría de las personas dice poseer, parece ser cierto incluso durante la infancia —pues los niños que asisten a las guarderías determinan la popularidad con base en el atractivo físico (Dion y Berscheid, 1974)—, criterio que se conserva hasta la vida adulta. De hecho, el atractivo físico puede ser el elemento

Efecto de reciprocidad del afecto: tendencia a querer a quienes nos quieren

Hipótesis de la necesidad de complementariedad: sostiene que las personas se sienten atraídas por personas que satisfacen sus necesidades

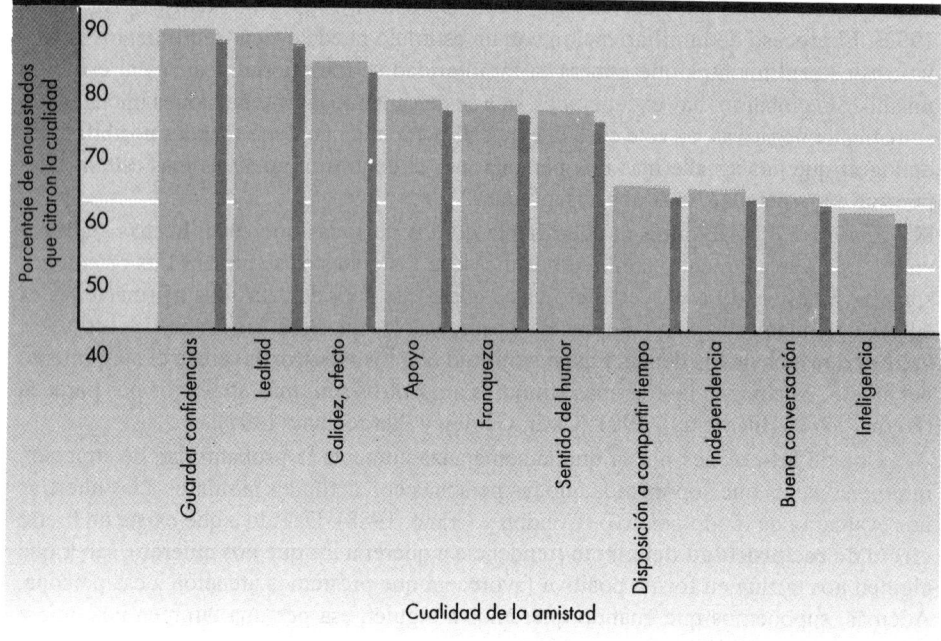

FIGURA 14-6 Éstas son las principales cualidades que se busca en un amigo, de acuerdo con cerca de 40 000 personas que respondieron a un cuestionario.

individual de mayor importancia para generar el afecto inicial durante las citas entre universitarios, aunque su influencia disminuye finalmente cuando las personas se conocen mejor (Berscheid y Walster, 1974; Hatfield y Sprecher, 1986; Feingold, 1992).

Los elementos comentados no son, en forma evidente, los únicos del afecto. Por ejemplo, investigaciones basadas en encuestas han intentado detectar los factores fundamentales de las relaciones amistosas. En un cuestionario que se aplicó a cerca de 40 000 individuos, las cualidades que más se valoraban en un amigo resultaron ser la capacidad de guardar para sí las confidencias, la lealtad y la calidez, y el afecto; seguidas muy de cerca por el apoyo, la franqueza y el sentido del humor (Parlee, 1979). Los resultados aparecen resumidos en la figura 14.6.

¿Cómo te amo? Déjame ennumerar las formas   En tanto que nuestros conocimientos acerca de los fundamentos del afecto son extensos, nuestra comprensión del amor tiene un alcance mucho más limitado, y constituye un objeto de estudio relativamente más reciente. Durante algún tiempo, muchos psicólogos sociales creían que el amor representaba un fenómeno demasiado complejo como para observarlo y estudiarlo de forma controlada y científica. No obstante, el amor es un asunto con tal importancia en la vida de la mayoría de las personas que, con el transcurso del tiempo, los psicólogos sociales no pudieron resistirse a su estudio y quedaron deslumbrados por el tema.

Como primer paso los investigadores intentaron detectar las características que diferencian al simple afecto del amor total (Sternberg, 1987). Con el empleo de este enfoque descubrieron que el amor no sólo es un afecto mayor, sino un estado psicológico cualitativamente diferente (Walster y Walster, 1978). Por ejemplo, cuando menos en sus etapas iniciales, el amor incluye una excitación fisiológica intensa, un interés total en el otro individuo, fantasías acerca de la otra persona y cambios de emoción relativamente rápidos. Además, el amor, a diferencia del afecto, incluye elementos de pasión, cercanía, encanto, exclusividad, deseo sexual e interés intenso (Hendrick y Hendrick, 1989).

Varios psicólogos sociales han tratado de captar la naturaleza elusiva del amor con el uso de papel y lápiz. Por ejemplo, Zick Rubin (1970, 1973) intentó diferenciar entre el amor y el afecto usando una escala por escrito. Tenga en mente a un individuo particular mientras responde a estas preguntas de su escala:

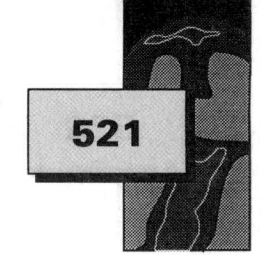

Siento que puedo confiar en _____ para casi todo.
Haría casi cualquier cosa por _____.
Me siento responsable por el bienestar de _____.

Una respuesta positiva a cada pregunta proporciona un indicio de amor por el individuo que tiene en mente. Ahora responda estas preguntas, también extraídas de la escala de Rubin:

Creo que _____ es inusitadamente bien adaptado.
Creo que _____ es una de esas personas que se ganan el respeto con rapidez.
_____ es una de las personas más agradables que conozco.

Estas tres preguntas están diseñadas para medir el afecto, en oposición al amor. Los investigadores han encontrado que las parejas que obtienen calificaciones altas en la escala de amor difieren en forma considerable de aquellas con puntajes bajos. Se contemplan más entre sí y es más probable que sus relaciones estén intactas seis meses más adelante que las relaciones de aquellos que obtienen puntajes bajos en la escala.

Otros experimentos han encontrado evidencia que sugiere que la excitación fisiológica elevada, que se ha hipotetizado que es característica del amor, en efecto está presente cuando una persona reporta estar enamorada. Sin embargo, resulta interesante que puede no tratarse exclusivamente de una excitación física de naturaleza sexual. Berscheid y Walster (1974) afirman que cuando estamos expuestos a *cualquier* estímulo que aumente la excitación fisiológica —como puede ser el peligro, el miedo o la ira— podemos identificar nuestros sentimientos como amor hacia otra persona que esté presente en el momento de la excitación. Esto es muy probable si existen claves situacionales que sugieran que "amor" es un nombre adecuado para los sentimientos que se experimentan. En resumen, percibimos que estamos enamorados cuando instancias de excitación fisiológica general están acompañadas por el pensamiento de que muy probablemente la causa de la excitación sea el amor.

Esta teoría explica por qué una persona rechazada o lastimada por otra puede todavía sentirse "enamorada" de esa persona. Si el rechazo genera excitación fisiológica, y se sigue atribuyendo dicha excitación al amor —y no al rechazo— entonces, esa persona seguirá sintiéndose "enamorada".

Otros investigadores han elaborado teorías que sostienen la existencia de diversos tipos de amor (Hendrick, Hendrick y Adler, 1988; Hendrick y Hendrick, 1992; Fehr y Russell, 1991). Hay quienes distinguen entre dos tipos principales de amor: amor pasional y amor de compañía. El **amor pasional (o romántico)** representa un estado de intensa absorción hacia otra persona. Incluye una intensa excitación fisiológica, interés psicológico y atención ante las necesidades de la pareja. En contraste, el **amor de compañía** es el gran afecto que sentimos por las personas con las que nuestras vidas están muy vinculadas. El amor que sentimos por nuestros padres, por otros miembros de la familia e incluso por algunos amigos cercanos se ubica en la categoría del amor de compañía.

Según el psicólogo Robert Sternberg (1986), es preciso realizar una diferenciación todavía más sutil entre los distintos tipos de amor. Sostiene que el amor está integrado por tres componentes: el *componente de intimidad*, que abarca los sentimientos de cercanía y unión; el *componente pasional*, constituido por las pulsiones motivacionales relacionadas con el sexo, la cercanía física y el romance; y el *componente de decisión-compromiso*, que abarca la cognición inicial de que se ama a alguien y los sentimientos de compromiso de más largo plazo para conservar el amor.

Rastreando el curso de las relaciones: el principio y el fin del afecto y del amor
Debido a que más de uno de cada dos matrimonios termina en divorcio, y de que el fin de las relaciones amorosas sucede con gran frecuencia, no debe sorprender que los psicólogos sociales realicen esfuerzos cada día mayores por comprender cómo se desarrollan y se conservan —y en algunos casos se disuelven— las relaciones (Clark y Reis. 1988; MacDermid, Huston y McHale, 1990; Duck, 1994b).

Amor pasional (o romántico): estado de absorción intensa hacia otra persona, que se caracteriza por la presencia de excitación fisiológica, interés psicológico y atención a sus necesidades

Amor de compañía: gran afecto que se siente por las personas con quienes nuestra vida está muy vinculada

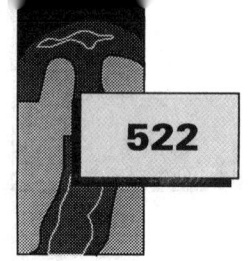

El comportamiento de las parejas en desarrollo cambia de acuerdo con patrones muy predecibles (Berscheid, 1985; Burgess y Huston, 1979). Los patrones más frecuentes siguen este camino:

- Las personas interactúan con más frecuencia, durante periodos largos y en un abanico más amplio de lugares.
- Buscan la compañía del otro.
- Se "abren" cada vez más con la otra persona; le confían secretos y comparten intimidades físicas. Las personas están más dispuestas a compartir sentimientos positivos y negativos, así como a prodigar elogios y críticas.
- Comienzan a comprender el punto de vista de la otra persona y la manera en que ésta concibe el mundo.
- Sus metas y comportamientos cada vez son más armónicos, y comienzan a compartir en un mayor grado actitudes y valores.
- Aumenta su inversión en la relación —en tiempo, energía y compromiso—.
- Empiezan a sentir que su bienestar psicológico está ligado al de la relación. Ven la relación como algo único e irremplazable.
- Comienzan a comportarse como una pareja, y no sólo como dos individuos separados.

Aunque esta secuencia de transiciones es muy común, es difícil predecir el momento exacto en que habrán de suceder. Una razón importante de esta impredecibilidad es que al tiempo que evoluciona la relación, ambas personas pueden experimentar un proceso de crecimiento y cambio personal. Además, las personas involucradas en la relación pueden tener metas diversas en ese sentido; uno de los miembros puede tener intereses matrimoniales, en tanto que el otro puede estar buscando sólo una relación de corto plazo.

Por último, incluso si ambos miembros poseen la intención subyacente de encontrar una pareja matrimonial, el tipo de compañero que busque cada uno de ellos puede ser distinto del que busque el otro (Sprecher, Sullivan y Hatfield, 1994). Por ejemplo, una encuesta entre cerca de 10 000 personas en todo el mundo reveló que la gente tiene preferencias muy diversas en cuanto a las cualidades de una pareja, lo cual depende, en gran medida, de la cultura a la que pertenecen y a su sexo. Por ejemplo, para los estadounidenses, la atracción mutua y el amor resultaron ser las características más importantes. Los chinos, por el contrario, señalaron como la característica más relevante la buena salud; las mujeres chinas fijaron a la estabilidad emocional y a la madurez como las características más importantes. En Sudáfrica, los varones zulúes identificaron como principal característica la estabilidad emocional, a la vez que las mujeres creían que era más importante un temperamento confiable (Buss y cols., 1990; véase el cuadro 14.1).

Una vez que la relación ha evolucionado, ¿cómo es posible distinguir las relaciones logradas de las que fracasarán posteriormente? Un enfoque se da examinando el ritmo con el que se desarrollan los distintos componentes del amor. De acuerdo con la teoría de Sternberg, los tres componentes individuales del amor —intimidad, pasión y decisión-compromiso— varían en cuanto a su influencia a lo largo del tiempo, a la vez que siguen distintas vías. Por ejemplo, en las relaciones con mucho amor el nivel de compromiso se eleva en forma considerable y luego permanece estable, en tanto que la intimidad sigue creciendo con el transcurso de la relación (véase la figura 14.7). Por otra parte, la pasión tiene un marcado descenso con el paso del tiempo, y se estabiliza en la primera etapa de la relación. Aun así, sigue siendo un componente importante de las relaciones amorosas.

El ocaso de una relación   ¿Qué provoca que algunas relaciones fracasen? El psicólogo social George Levinger (1983) elaboró algunas hipótesis sobre las razones que subyacen al deterioro de las relaciones. Al parecer, un factor importante es un cambio en los juicios acerca del significado del comportamiento del compañero. El comportamiento que antes se percibía como "un olvido encantador" empieza a verse como "grosera indife-

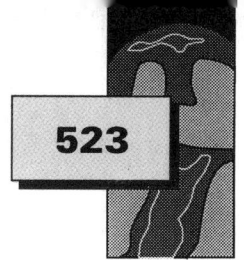

CUADRO 14.1 **Orden jerárquico de las características deseables en la pareja**

	China		Sudáfrica (Zulú)		Estados Unidos	
	Hombres	Mujeres	Hombres	Mujeres	Hombres	Mujeres
Atracción mutua-amor	4	8	10	5	1	1
Estabilidad y madurez emocional	5	1	1	2	2	2
Carácter confiable	6	7	3	1	3	3
Disposición agradable	13	16	4	3	4	4
Educación e inteligencia	8	4	6	6	5	5
Buena salud	1	3	5	4	6	9
Sociabilidad	12	9	11	8	8	8
Deseo de hogar y descendencia	2	2	9	9	9	7
Refinamiento, pulcritud	7	10	7	10	10	12
Ambición y laboriosidad	10	5	8	7	11	6
Atractivo físico	11	15	14	16	7	13
Educación similar	15	12	12	12	12	10
Buen prospecto económico	16	14	18	13	16	11
Buena (buen) cocinera(o) y ama(o) de casa	9	11	2	15	13	16
Posición o condición social favorable	14	13	17	14	14	14
Antecedentes religiosos similares	18	18	16	11	15	15
Castidad (que no haya tenido relaciones sexuales)	3	6	13	18	17	18
Antecedentes políticos similares	17	17	15	17	18	17

Fuente: Buss y cols., 1990.

rencia", lo cual hace que la pareja se vaya desvalorizando. Además, es posible que se dañe la comunicación. En lugar de escuchar lo que dice la contraparte, cada uno de los miembros de la pareja se dedica a justificarse a sí mismo, y se deteriora la comunicación. Por último, uno de los miembros puede impulsar a terceras personas a que hagan críticas acerca de su propia pareja y a que estén de acuerdo con él, así como a buscar a otras personas para satisfacer los requerimientos básicos que anteriormente eran satisfechos por su pareja.

Igual que las relaciones en desarrollo siguen un patrón común, las relaciones en decadencia también se ajustan a un patrón de etapas (Duck, 1988). La primera fase se genera cuando una persona piensa que ya no tolera encontrarse en una relación de pareja.

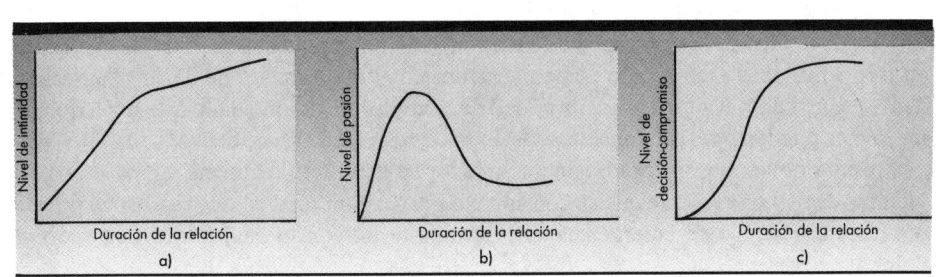

FIGURA 14-7 Los elementos cambiantes del amor. Los tres componentes del amor varían en fuerza a lo largo de la relación. *(Sternberg, 1986.)*

Durante esta etapa se hace énfasis en el comportamiento de la otra persona, así como en una evaluación del nivel en que este comportamiento proporciona elementos para disolver la relación.

En la etapa siguiente la persona se decide a enfrentar a su pareja y determina si debe tratar de arreglar la relación, redefinirla o terminarla. Por ejemplo, una redefinición podría dar lugar a un cambio cualitativo del nivel de la relación. ("Aún podemos ser amigos" podría remplazar a "Te amaré por siempre".)

Si se decide disolver la relación, la persona entra en un periodo durante el cual se produce un reconocimiento público de que la relación está en proceso de disolución, y se informa a otras personas sobre los sucesos que provocaron la terminación. La última etapa es una fase de "entierro", cuya principal actividad consiste en terminar física y psicológicamente la relación. Una de las mayores preocupaciones de este periodo es la de reexaminar toda la relación, para que lo ocurrido parezca razonable y acorde con las percepciones que se tienen acerca de uno mismo.

¿Cuánto pesar experimentan las personas cuando se termina una relación? El grado de angustia depende de la calidad de la relación existente antes de su terminación. En el caso de parejas de novios universitarios, las que expresan el mayor pesar son las que estuvieron integradas por personas cercanas entre sí a lo largo de un amplio periodo y que pasaron gran parte de ese tiempo acompañándose en forma casi exclusiva; además, participaron en muchas actividades conjuntas e informaron haber sido influidas en gran medida por sus compañeros. Por último, el grado de pesar se relaciona con la expectativa de las dificultades que implica encontrar una nueva pareja. Si no existen alternativas, las personas ven con mayor anhelo aquello que poseyeron en otro tiempo (Simpson, 1987).

Agresividad y comportamiento prosocial: lastimar y ayudar a los demás

Tiroteos desde automóviles, vandalismo y secuestros son sólo algunos de los ejemplos de violencia que parecen demasiado comunes. Pero también encontramos ejemplos de comportamiento generoso, desinteresado y atento que proporcionan una visión más optimista de la humanidad. Piense, por ejemplo, en las personas que atienden a los desamparados o en individuos como Oscar Schindler, que ayudó a muchos judíos a escapar de los campos de exterminio nazis durante la Segunda Guerra Mundial. O considere las sencillas bondades de la vida: prestar un disco compacto muy apreciado, detenerse para ayudar a una niña que se ha caído de su bicicleta o simplemente compartir un chocolate con un amigo. Ejemplos de ayuda no son menos característicos del comportamiento humano que los ejemplos desagradables de agresión. En esta última parte del capítulo analizaremos la manera en que los psicólogos sociales han buscado explicar los casos de comportamiento agresivo y de ayuda.

Lastimar a los demás: la agresividad   No necesitamos más que ver nuestro periódico o el noticiero televisivo de la noche para quedar bombardeados con ejemplos de agresividad, tanto en el ámbito social (guerras, invasiones, asesinatos) como en el individual (crimen, abuso de niños y otras numerosas crueldades que los seres humanos son capaces de infligirse entre sí). ¿Este tipo de agresividad es parte inevitable de la condición humana? ¿O, primordialmente, la agresividad es un producto de circunstancias específicas, las cuales si se modifican podrían reducirla?

La dificultad para dar respuesta a preguntas tan complicadas se pone en evidencia en forma muy clara tan pronto como pensamos en el mejor modo de definir "agresividad". Según cómo la definamos, infinidad de ejemplos de dolor o daño que se provoca a los demás pueden o no ser considerados como agresividad (véase el cuadro 14.2). Aunque resulta obvio, por ejemplo, que un violador se comporta de forma agresiva con su víctima, es menos evidente que se considere agresivo a un médico que realiza un procedimiento quirúrgico de emergencia sin usar anestesia, con lo cual le provoca enorme dolor al paciente.

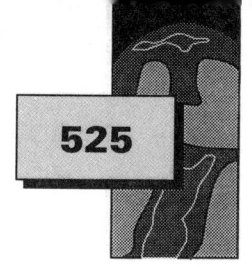

CUADRO 14.2   ¿Esto es agresión?

Para que pueda ver por sí mismo las dificultades para definir la agresión piense en cada uno de los siguientes actos y determine si representan o no un comportamiento agresivo según su propia definición.

1. Una araña come una mosca.
2. Dos lobos luchan por el liderazgo de la manada.
3. Un soldado dispara a un enemigo en el frente de batalla.
4. El alcalde de una prisión ejecuta a un criminal sentenciado.
5. Un hombre patea vilmente a un gato.
6. Un hombre que limpia una ventana tira una maceta que hiere a un peatón.
7. El señor X, conocido por ser chismoso, habla muy mal de personas a las que conoce.
8. Un hombre repasa en su mente el asesinato que está a punto de cometer.
9. Un hijo molesto deja de escribirle a su madre a propósito, quien espera su carta y sufrirá si no la recibe.
10. Un niño iracundo trata con todas sus fuerzas de hacer daño a su rival, que es más grande, pero no logra hacerlo. Sus esfuerzos sólo divierten al niño mayor.
11. Una senadora no protesta ante el aumento de los bombardeos, contra los que se opone moralmente.
12. Un granjero le corta la cabeza a un pollo y lo prepara para la cena.
13. Un cazador mata a un animal y lo coloca en casa como trofeo.
14. Un médico le inyecta una vacuna a un niño que llora.
15. Un boxeador provoca una hemorragia en la nariz de su oponente.
16. Una niña exploradora intenta ayudar a una anciana, pero provoca que ésta accidentalmente tropiece.
17. A un ladrón de bancos se le dispara por la espalda cuando trata de escapar.
18. Una jugadora de tenis golpea su raqueta después de fallar una volea.
19. Una persona se suicida.
20. Un gato mata a un ratón, lo examina y luego lo deja a un lado.

Fuente: Adaptado de Benjamin, 1985, p. 41.

La mayoría de los psicólogos sociales define la agresividad con base en la intención y el propósito que subyacen al comportamiento. La **agresión** es un daño o perjuicio intencional hacia otra persona (Berkowitz, 1993; Carlson, Marcus-Newhall y Miller, 1989). Según esta definición, es evidente que un violador se comporta agresivamente, calificativo que no se le puede atribuir al médico que provoca dolor mientras realiza un procedimiento médico.

Agresión: daño o perjuicio intencional hacia otra persona

Ahora examinaremos varios enfoques del comportamiento agresivo elaborados por psicólogos sociales (Berkowitz, 1993).

Enfoques relativos al instinto: la agresividad como descarga   Si alguna vez le propinó un golpe en la nariz a un adversario, tal vez experimentó cierta satisfacción, no obstante su sentido de lo bueno y lo malo. Las teorías del instinto, que evalúan no sólo la preponderancia de la agresividad en los seres humanos sino también en los animales, sostienen que la agresividad es en lo fundamental el resultado de necesidades innatas.

El principal teórico del enfoque relativo al instinto es Konrad Lorenz, un etólogo (científico que se dedica al estudio del comportamiento animal). Él afirma que los seres humanos, al igual que los miembros de otras especies, poseen un instinto de lucha, que en otra época aseguraba la protección de las fuentes de alimento y eliminaba a los elementos más débiles de cada especie (Lorenz, 1966, 1974). El controvertido enfoque que surge de la tesis de Lorenz es que la energía agresiva se acumula constantemente dentro

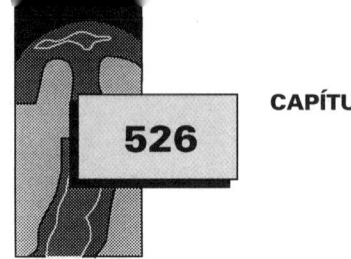

Catarsis: proceso por el cual se descarga la agresividad acumulada por medio de actos violentos

del individuo hasta que en un punto es descargada en un proceso al que se denomina **catarsis**. De acuerdo con Lorenz, mientras más tiempo se haya acumulado la energía, mayor será la magnitud de la agresión cuando sea descargada.

Quizás la idea más controvertida que emana de las teorías sobre la agresividad basadas en el instinto sea la propuesta de Lorenz de que la sociedad debería ofrecer medios adecuados para la catarsis mediante, por ejemplo, la participación en deportes y juegos, de manera que se evite su descarga de modos socialmente menos deseables. A pesar de que esta hipótesis tiene sentido, no ha sido posible idear ningún experimento adecuado para demostrarla. Existe poco apoyo para las teorías del instinto en general, dada la dificultad para encontrar evidencias de la existencia de esa especie de depósito de la agresividad (Berkowitz, 1974; Geen y Donnerstein, 1983). La mayoría de los psicólogos sociales sostienen que debemos buscar otros enfoques para explicar la agresividad.

Enfoques de frustración y agresividad: la agresión como una reacción ante la frustración   Suponga que ha estado trabajando en una monografía que debe entregar a la mañana siguiente en su primera clase y que el cartucho de tinta de su impresora se ha terminado justo antes de que pueda imprimir su trabajo. Se apresura hacia la tienda para comprar otro cartucho, sólo para encontrarse con que el empleado ya está poniendo el candado para cerrar. A pesar de que el empleado ve que usted gesticula y literalmente le ruega para que abra la puerta, él se niega a hacerlo, encoge los hombros y señala con el dedo un letrero que indica a qué hora se abrirá la tienda al día siguiente. En ese moment , los sentimientos que experimenta hacia el empleado probablemente lo ubiquen en los límites de la agresión y sin duda en su interior estará hirviendo de ira.

Frustración: estado producido por el impedimento o bloqueo de algún comportamiento; está dirigido hacia la consecución de un objetivo

Las teorías de la frustración y la agresividad tratan de explicar esta última con base en sucesos como al anterior. Cuando se expuso por vez primera, la teoría simplemente afirmaba que la frustración *siempre* lleva a algún tipo de agresividad, y que ésta *siempre* es resultado de algún tipo de frustración; a la **frustración** se la define como el bloqueo de algún comportamiento dirigido a alcanzar una meta (Dollard, Doob, Miller, Mower y Sears, 1939). No obstante, nuevas formulaciones, que han modificado la teoría original, sugieren que la frustración produce ira, la cual genera una *predisposición* a comportarse en forma agresiva. Que se produzca o no una agresión real depende de la presencia de *claves de agresividad* —estímulos que en el pasado han sido asociados con una agresión o violencia reales— que desencadenarán nuevamente la agresividad (Berkowitz, 1984). Además, se supone que la frustración produce agresión sólo cuando aquella produce sentimientos negativos (Berkowitz, 1989, 1990).

¿Qué tipos de estímulos funcionan como claves de agresividad? Pueden variar desde los más explícitos, como la presencia de armas, hasta los más sutiles, como la menc ón del nombre de una persona que se haya comportado de modo violento en el pasado. Por ejemplo, en un experimento, sujetos iracundos se comportaron en forma mucho más agresiva cuando estaban presentes un rifle y un revólver que en una situación similar sin armas (Berkowitz y LePage, 1967). De modo similar, en otro experimento, individuos frustrados que vieron una película violenta fueron más agresivos físicamente con un confederado que tenía el mismo nombre del principal protagonista de la película, que con otro con un nombre distinto (Berkowitz y Geen, 1966). Por tanto, parece ser que la frustración sí conduce a la agresividad, por lo menos cuando están presentes claves de agresividad (Carlson, Marcus-Newhall y Miller, 1990).

Enfoques del aprendizaje observacional: aprender a lastimar a los demás   ¿Aprendemos a ser agresivos? El enfoque de la teoría del aprendizaje observacional (a la que en ocasiones se le denomina aprendizaje social) responde en sentido afirmativo. Desde una perspectiva opuesta por completo a las teorías de los instintos, que se centran en los aspectos innatos de la agresividad, la teoría del aprendizaje observacional (véase el capítulo 5) enfatiza que las condiciones sociales y ambientales pueden enseñar a los individuos a ser agresivos. Se considera a la agresividad, no como inevitable, sino como una respuesta aprendida que puede ser explicada en términos de recompensas y castigos (Bandura, 1973; Zillman, 1978).

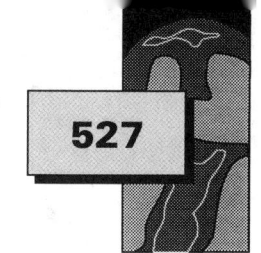
Por ejemplo, suponga que una niña golpea a su hermano menor cuando éste rompe uno de los juguetes nuevos de ella. Mientras que la teoría del instinto sugeriría que la agresividad se había acumulado y que ahora es descargada, y la teoría de la frustración y la agresividad apuntaría a la frustración de la niña al no poder usar más su juguete nuevo, la teoría del aprendizaje observacional buscaría un reforzamiento previo que hubiese recibido la niña por ser agresiva. Tal vez haya aprendido que la agresividad provocaba que sus padres le prestaran atención, o tal vez en el pasado su hermano le dio una disculpa después de golpearlo. En cualquiera de estos casos, la teoría del aprendizaje observacional concibe a la agresión como un resultado de las recompensas que haya obtenido el sujeto en el pasado ante semejante comportamiento.

La teoría del aprendizaje observacional pone especial énfasis no sólo en las recompensas y los castigos directos que reciben los individuos mismos, sino también en las recompensas y los castigos que reciben los modelos —individuos que representan una guía de comportamiento adecuado— por su proceder agresivo. La teoría del aprendizaje observacional afirma que las personas observan el comportamiento de los modelos, así como las consecuencias de éste. Si los resultados son positivos, es probable que el observador imite el comportamiento cuando él se encuentre en una situación parecida.

La formulación básica de la teoría del aprendizaje por observación cuenta con amplio apoyo. Por ejemplo, niños que asisten a guarderías y que han visto a un adulto comportarse agresivamente, muestran ese mismo comportamiento si se les molesta (Bandura, Ross y Ross, 1963a, 1963b). Sin embargo, parece ser que la conducta de los modelos provoca espontáneamente la agresividad sólo si después de la exposición se ha molestado, insultado o frustrado al observador (Bandura, 1973).

Ayudar a los demás: el lado más amable de la naturaleza humana

Dejemos atrás la agresividad y abordemos el lado opuesto —y más amable— de la naturaleza humana: el comportamiento de ayuda. El comportamiento de ayuda o **comportamiento prosocial**, como se le denomina en términos formales, ha sido investigado bajo condiciones muy diversas (McGuire, 1994). Sin embargo, el factor que los psicólogos han analizado más de cerca está relacionado con la intervención de testigos durante situaciones de emergencia. ¿Cuáles factores hacen que alguien ofrezca ayuda a una persona necesitada?

Comportamiento prosocial: comportamiento de ayuda

Como lo señalamos en el capítulo 1, un factor de gran importancia es el número de personas que estén presentes. Cuando más de una persona es testigo de una situación de emergencia, puede producirse entre los testigos un sentimiento de difusión de responsabilidad. La **difusión de responsabilidad** es la tendencia de las personas a sentir que la responsabilidad de actuar se comparte o difunde, entre quienes están presentes. Por tanto, mientras más personas estén presentes durante una emergencia, menor responsabilidad individual sentirá cada una de ellas, y en consecuencia ofrecerá menos ayuda (Latané y Nida, 1981).

Difusión de responsabilidad: tendencia de la gente a sentir que la responsabilidad de ayudar se comparte entre quienes estén presentes en una situación que requiere de ayuda

Aunque la mayor parte de las investigaciones acerca del comportamiento de ayuda apoya la teoría de la difusión de la responsabilidad, es evidente que existe otros factores implicados en el comportamiento de ayuda. De acuerdo con un modelo desarrollado por Latané y Darley (1970), el proceso de ayuda incluye cuatro pasos fundamentales:

■ *Percatarse de la existencia de una persona, suceso o situación que puede requerir ayuda.*

■ *Interpretar que el suceso requiere de ayuda.* Incluso si se tiene conciencia de un evento, éste puede ser lo suficientemente ambiguo como para que se le interprete como una situación que no implica emergencia alguna (Shotland, 1985). Es en este momento cuando la presencia de los demás afecta por vez primera el comportamiento de ayuda. La presencia de otras personas inactivas le puede indicar al observador que la situación no

requiere de un comportamiento de ayuda, juicio que no necesariamente elaboraría el observador si se encontrara solo.

■ *Asumir la responsabilidad de actuar.* Es en este momento cuando la difusión de responsabilidad puede ocurrir si hay otras personas presentes. Además, los conocimientos expertos de un testigo pueden desempeñar un papel importante con relación a si debe asumir o no el comportamiento de ayuda. Por ejemplo, si se encuentran presentes personas que han recibido capacitación en técnicas médicas o de primeros auxilios, los testigos que carezcan de capacitación tienen menos probabilidades de intervenir debido a que sienten que poseen menor preparación. Este hecho está bien ilustrado en un trabajo de Jane e Irving Piliavin (1972), los cuales realizaron un experimento de campo en el que al parecer una persona se desmayaba en un vagón del metro y le salía sangre de la boca. Los resultados del experimento indicaron que los testigos tenían menos probabilidades de asumir un comportamiento de ayuda cuando una persona (que en realidad era un confederado) que parecía ser un médico residente se encontraba presente que cuando no lo estaba.

■ *Decidir y realizar el tipo de ayuda.* Después de que un sujeto asume la responsabilidad de ayudar, se debe decidir cómo se proporcionará la ayuda. Ésta puede variar desde formas muy indirectas de intervención, como llamar a la policía, hasta formas más directas, como aplicar primeros auxilios o transportar a la víctima a un hospital. La mayor parte de los psicólogos sociales aplica un *enfoque de recompensas y costos* para ayudar a predecir el tipo de ayuda que proporcionará el testigo. La idea general es que las recompensas del comportamiento de ayuda, como se le presentan al testigo, deben superar los costos, si es que se ha de producir el comportamiento de ayuda (Lynch y Cohen, 1978). La mayor parte de las investigaciones tiende a apoyar esta postura.

Altruismo: comportamiento de ayuda que produce beneficios para los demás, pero que requiere de sacrificio de quien presta la ayuda

Después de determinar la naturaleza de la asistencia, aún falta un paso: la realización del acto de ayuda. El análisis de recompensas y costos afirma que la forma de aplicación menos costosa es la que tiene mayores probabilidades de realizarse. No obstante, esto no siempre es así. En algunas situaciones las personas se comportan de modo altruista. El **altruismo** es un comportamiento de ayuda que produce beneficios para los demás, pero que precisa de un sacrificio del que ofrece la ayuda. Por ejemplo, el caso de una persona que entra en una casa en llamas para rescatar al hijo de un desconocido se puede considerar un gesto altruista, en especial cuando se le compara con la sencilla alternativa de llamar a los bomberos (Batson, 1990, 1991; Dovidio, Allen y Schroeder, 1990). (La figura 14.8 resume los pasos básicos del comportamiento de ayuda.)

Algunas investigaciones afirman que las personas que intervienen en situaciones de emergencia tienden a poseer determinadas características personales que las distinguen de quienes no suelen prestar ayuda. Por ejemplo, Shotland (1984) sugiere que aquellos que prestan ayuda suelen ser más seguros de sí mismos. Otras investigaciones han descubierto que las personas que tienen una *empatía* considerable —un rasgo de personalidad en el que alguien que observa a otra persona experimenta las emociones de esta última— y comprensión emocional, tienen más probabilidades de responder a las necesidades de los demás (Eisenberg y Fabes, 1991; Batson, Slingsby, Harrell, Peekna y Todd, 1991; Knight, Johnson, Carlo y Eisenberg, 1994; Batson y Weeks, 1996).

De cualquier forma, la mayor parte de los psicólogos sociales están de acuerdo en que no hay un solo conjunto de características que distinga a las personas que prestan ayuda de quienes no lo hacen (Carlo, Eisenberg, Troyer, Switzer y Speer, 1991). Son los factores temporales y situacionales los que determinan en gran medida si una persona intervendrá en una situación que precisa de ayuda (por ejemplo, Carlson, Charlin y Miller, 1988).

Por ejemplo, nuestros cambios de humor temporales ayudan a determinar qué tan dispuestos a ayudar podemos estar (Salovey, Mayer y Roschman, 1991). No debe sorprender que el buen humor favorezca el comportamiento de ayuda (Carlson, Charlin y Miller, 1988). Lo que no parece tener sentido, al menos en primera instancia, es el descubrimiento de que también el mal humor parece favorecerlo (Eisenberg, 1991). Sin embargo, existe algunas explicaciones razonables de estos descubrimientos. Por una parte, puede ser que pensemos que ayudar a alguien permite que nos veamos a nosotros mis-

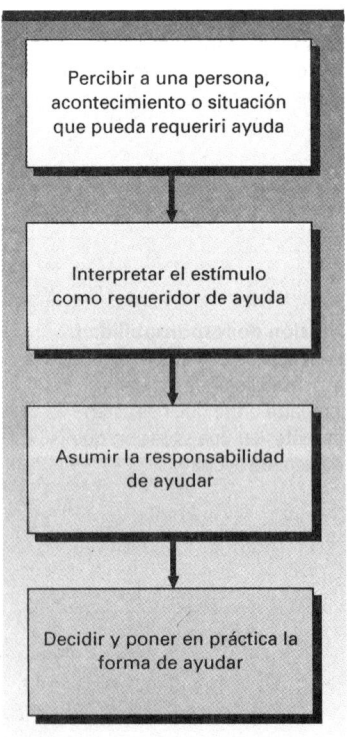

FIGURA 14-8 Los pasos básicos para la ayuda. *(Basado en Latané y Darley, 1970.)*

mos de modo más positivo, con lo cual nos animaremos de nuevo y cambiaremos de humor (Cialdini y Fultz, 1990). De modo similar, si el mal humor hace que nos concentremos en nosotros mismos, puede ser que los valores que profesamos acerca del comportamiento de ayuda se hagan más evidentes, lo cual nos llevará a prestar ayuda cuando se necesite (Berkowitz, 1987).

El consumidor de psicología bien informado

Manejo efectivo del enojo

En un momento u otro, casi todos hemos sentido enojo. Éste puede ser resultado de una situación frustrante o puede deberse al comportamiento de otro individuo. La forma en que manejemos esa cólera puede determinar la diferencia entre un ascenso y perder el empleo, o entre una relación rota y una que se arregla por sí sola.

Los psicólogos sociales que han estudiado el tema sugieren que hay varias formas positivas para enfrentar el enojo, las cuales maximizan el potencial para obtener consecuencias positivas (Novaco, 1975, 1986; Deffenbacher, 1988; Pennebaker, 1990). Entre las estrategias más útiles se encuentran las siguientes:

■ *Ver la situación que está produciendo enojo desde la perspectiva de otros.* Al adoptar el punto de vista de otros, usted puede comprender mejor la situación y con una comprensión mayor puede volverse más tolerante de los defectos aparentes de los demás.

■ *Reducir la importancia de la situación.* ¿En realidad es importante que alguien esté conduciendo con demasiada lentitud y que como resultado usted vaya a llegar tarde a su cita? Reinterprete la situación en una forma que sea menos molesta.

■ *Fantasee acerca de desquitarse, pero no lo realice.* La fantasía proporciona una válvula de seguridad. En sus fantasías puede gritarle a ese profesor injusto todo lo que quiera sin sufrir consecuencias. Sin embargo, no dedique mucho tiempo a darle vueltas al problema: fantasee, pero luego avance.

■ *Relájese.* Al aprender el tipo de técnicas de relajación que se usan en la desensibilización sistemática (véase el cuadro 13.2 en el capítulo anterior) puede ayudar a reducir sus reacciones ante el enojo, con lo que, a su vez, la cólera puede disiparse.

No importa cuál de estas estrategias intente, por encima de todo no ignore el enojo. Las personas que siempre luchan por suprimir su enojo pueden experimentar una variedad de consecuencias, como condenación de sí mismo e incluso alguna enfermedad física (Julius, 1990; Pennebaker, 1990).

RECAPITULACIÓN Y REVISIÓN

Recapitulación

- Las investigaciones acerca de la atracción interpersonal y las relaciones de cercanía versan acerca del afecto y el amor.
- Entre los factores más importantes que influyen en el afecto se encuentran la proximidad, la simple exposición, la similitud y el atractivo físico.
- Se propone que el amor es distinto del afecto de modo cualitativo y cuantitativo. Además, es posible distinguir distintos tipos de amor.
- La agresión se refiere a la herida o daño intencional que se inflige a otra persona.
- El comportamiento de ayuda durante las emergencias implica cuatro pasos.

Revisión

1. Tendemos a sentir atracción por las personas similares a nosotros. ¿Cierto o falso?

2. La _____ predice que nos sentiremos atraídos por personas cuyas necesidades satisfagan las nuestras.

3. De acuerdo con Berscheid, una persona puede seguir sintiéndose enamorada de otra, incluso cuando es rechazada constantemente, si está presente la _____ y se le confunde con el "amor".

4. ¿Cuáles son los tres componentes del amor que planteó Sternberg?

   a. Pasión, cercanía, sexualidad

b. Atracción, deseo, complementariedad

c. Pasión, intimidad, compromiso

d. Compromiso, interés, sexualidad

5. Según investigaciones basadas en encuestas, las personas tienen preferencias similares en lo tocante a su pareja, con relativa independencia de cuáles sean sus propios antecedentes culturales o su sexo. ¿Cierto o falso?

6. ¿Qué hipótesis sostiene que la frustración produce ira, la que a su vez produce una predisposición para comportarse agresivamente?

a. Frustración y agresividad

b. Aprendizaje observacional

c. Catarsis

d. Agresividad instintiva

7. Con base en la evidencia de las investigaciones, ¿cuál de las siguientes estrategias podría ser la mejor forma para reducir la cantidad de peleas en que se involucra un niño?

a. Llevarlo al gimnasio y dejarlo entrenar con equipo de boxeo

b. Llevarlo a ver *Tiempos violentos* varias veces con la esperanza de que ello le proporcionará una catarsis

c. Recompensarlo si no pelea durante algún tiempo

d. Ignorar el hecho y dejar que desaparezca por sí mismo

8. Si una persona entre una multitud no presta ayuda en una situación de emergencia obvia debido a que hay muchas personas presentes, sabemos que esa persona es víctima del fenómeno de _____.

Pregúntese a sí mismo

¿Se puede estudiar adecuadamente el amor? ¿Existe una cualidad "intangible" en el amor que lo haga cuando menos parcialmente incognoscible? ¿Cómo definiría el acto de "enamorarse"? ¿Cómo lo estudiaría?

(Las respuestas a las preguntas de la revisión aparecen en la página 532.)

UNA MIRADA RETROSPECTIVA

¿Qué son las actitudes y cómo se forman, conservan y cambian?

1. La psicología social es el estudio de las formas en que los pensamientos, sentimientos y acciones de las personas son influidos por los demás, así como la naturaleza y las causas del comportamiento individual en situaciones sociales.

2. Las actitudes, un tema central del estudio de la psicología social, son predisposiciones aprendidas para responder en forma favorable o adversa ante un objeto determinado. El modelo ABC de las actitudes sugiere que éstas poseen tres componentes: el afectivo, el conductual y el cognitivo. Las actitudes pueden ser adquiridas mediante diversos procesos. Éstos incluyen: el condicionamiento clásico, en el que un objeto previamente neutro comienza a evocar las actitudes asociadas con otro objeto a consecuencia de apariciones conjuntas repetidas; y el condicionamiento operante, en el que el reforzamiento actúa para mantener una actitud.

3. Diversas teorías plantean que las personas procuran conservar una consistencia en sus actitudes. La disonancia cognitiva se produce cuando dos cogniciones —actitudes o pensamientos— se contradicen entre sí y una persona las sostiene de manera simultánea. Para resolver esta contradicción, la persona puede modificar la cognición, cambiar su importancia, agregar cogniciones o negar la contradicción, con lo cual logra reducir la disonancia.

¿De qué modo formamos impresiones acerca de cómo son los demás y de las causas de su comportamiento?

4. Las impresiones acerca de los demás se forman mediante cogniciones sociales —los procesos que subyacen a nuestra comprensión del mundo social—. Las personas desarrollan esquemas, los cuales organizan en la memoria la información acerca de las personas y las experiencias sociales. Estos esquemas representan nuestra vida social y nos permiten interpretar y catalogar la información acerca de los demás.

5. Una de las maneras en que las personas se forman impresiones acerca de los demás es por medio del empleo de rasgos centrales, características de personalidad a las que se le atribuye suma importancia cuando se forma una impresión. Los enfoques del procesamiento de información han demostrado que tendemos a promediar conjuntos de rasgos para formar una impresión general.

6. La teoría de la atribución trata de explicar la forma en que comprendemos las causas del comportamiento, en especial con relación a factores situacionales y disposicionales.

¿Cuáles son los prejuicios que influyen en nuestra manera de ver el comportamiento de los demás?

7. Aun cuando están implicados procesos lógicos, la atribución todavía es propensa al error. Por ejemplo, el error de atribución fundamental es la tendencia a atribuir en forma excesiva el comportamiento de los demás a causas disposicionales y la correspondiente falla en reconocer la importancia de las causas situacionales. Otros sesgos incluyen: el efecto de halo, en el que la comprensión inicial de que una persona tiene rasgos positivos es usada para inferir otras características positivas; y el prejuicio de similitud supuesta, la tendencia a pensar que las personas son parecidas a uno mismo.

¿Cuáles son las fuentes y las tácticas principales de influencia social?

8. La influencia social es el área de la psicología social que se ocupa de situaciones en que las acciones de un individuo o grupo de ellos afectan el comportamiento de los demás.

9. La conformidad se refiere a los cambios de comportamiento o de actitudes que se producen como resultado del deseo de seguir las creencias o las normas de los demás. Entre los factores que afectan la conformidad se encuentran la naturaleza del grupo, la naturaleza de la respuesta requerida, el tipo de tarea y la unanimidad del grupo.

10. El acatamiento es un comportamiento que se produce como resultado de una presión social directa. Dos medios para evocar acatamiento son: la técnica del pie en la puerta, en donde al principio se hace una pequeña solicitud para después pedir que se acate una solicitud mayor; y el procedimiento de la puerta en las narices, en el que una solicitud muy considerable, ideada para ser rechazada, es seguida por una solicitud menor. En contraste con el acatamiento, la obediencia es un cambio de comportamiento en respuesta a las órdenes de otros.

¿Cuál es la diferencia entre estereotipos, prejuicio y discriminación?

11. Los estereotipos son creencias y expectativas respecto a los individuos de grupos, que se tienen con base en la pertenencia de esos miembros a dichos grupos. Aunque con mayor frecuencia son usados para grupos raciales y étnicos, los estereotipos también se aplican en la catalogación de la pertenencia a grupos de género y de edad. El prejuicio es la evaluación o juicio negativo (o positivo) de los integrantes de un grupo, que está basado principalmente en la pertenencia de esos individuos al grupo y por lo general no en el comportamiento del individuo particular.

12. El estereotipamiento y el prejuicio pueden conducir a la discriminación, comportamiento negativo hacia los miembros de un grupo particular. También puede conducir a un factor llamado las profecías autocumplidoras, que son expectativas sobre la ocurrencia de sucesos o comportamientos futuros y que actúan para incrementar la probabilidad de que el suceso o comportamiento ocurra en realidad.

13. De acuerdo con los enfoques del aprendizaje social, las personas aprenden el estereotipamiento y el prejuicio al observar el comportamiento de sus padres, otros adultos y pares. Además, la teoría de la identidad social sugiere que la pertenencia al grupo se usa como una fuente de orgullo y valor propio, lo cual puede conducir a las personas a pensar que su grupo es mejor que otros.

¿Cómo podemos reducir el prejuicio y la discriminación?

14. Para reducir el prejuicio y la discriminación se puede incrementar el contacto, dar relevancia a los valores positivos, proporcionar información sobre los elementos a los que puede ir dirigida la atribución o el estereotipo y hacer visibles las normas contra el prejuicio.

¿Por qué sentimos atracción por determinadas personas y cuál es el camino que siguen las relaciones sociales?

15. El estudio de la atracción interpersonal, o relaciones cercanas, trata acerca del afecto y el amor. Entre los principales determinantes del afecto se encuentran la proximidad, la simple exposición, la similitud, la necesidad de complementariedad y el atractivo físico.

16. El amor se distingue del afecto por la presencia de una intensa excitación fisiológica, interés total en la otra persona, fantasías respecto a ella, cambios rápidos de emoción, fascinación, deseo sexual, exclusividad y fuertes sentimientos de protección. De acuerdo con un enfoque, se puede catalogar el amor en dos tipos: el amor pasional y el amor de compañía.

17. Investigaciones recientes han examinado el desarrollo, la conservación y el deterioro de las relaciones. Las relaciones tienden a pasar por etapas, y los distintos componentes del amor —intimidad, pasión y decisión-compromiso— varían en su influencia a lo largo del tiempo.

¿Qué factores subyacen a la agresividad y al comportamiento prosocial?

18. La agresión es un perjuicio o daño intencional que se inflige a otra persona. Los enfoques con base en los instintos sugieren que los seres humanos tienen una pulsión innata que los hace comportarse de manera agresiva, y que si no hay descarga de esos impulsos en formas socialmente aceptables, se descargará de alguna otra forma —una hipótesis sobre la que existe poca investigación—. La teoría de la frustración y la agresividad sostiene que la frustración genera una predisposición para comportarse agresivamente —si es que se encuentran presentes claves de agresividad—. Por último, la teoría del aprendizaje observacional sostiene que la agresividad se aprende por medio de reforzamiento —en especial por el reforzamiento obtenido por los modelos.

19. El comportamiento de ayuda durante situaciones de emergencia está determinado en parte por el fenómeno de la difusión de la responsabilidad, el cual reduce la probabilidad de que se produzca el comportamiento de ayuda cuando se encuentra presente un mayor número de personas. La decisión de prestar ayuda es el resultado de un proceso de cuatro fases que consiste en: percatarse de la posible necesidad de ayuda; interpretar la situación precisa de ayuda; asumir la responsabilidad de actuar, y decidir en qué consistirá el comportamiento de ayuda y realizarlo.

TÉRMINOS Y CONCEPTOS CLAVE

psicología social (p. 494)

actitudes (p. 495)

modelo ABC de las actitudes (p. 495)

procesamiento por vía central
(p. 498)

procesamiento por vía periférica
(p. 498)

disonancia cognitiva (p. 501)

cognición social (p. 502)

esquemas (p. 502)

rasgos centrales (p. 503)

teoría de la atribución (p. 504)

causa situacional (del comportamiento) (p. 504)

causa disposicional (del comportamiento) (p. 504)

error de atribución fundamental
(p. 504)

efecto de halo (p. 504)

sesgo de similitud supuesta
(p. 505)

influencia social (p. 506)

conformidad (p. 507)

posición social (p. 507)

proveedor de apoyo social (p. 508)

acatamiento (p. 509)

obediencia (p. 510)

estereotipos (p. 513)

prejuicio (p. 513)

prejuicio de endogrupo o exogrupo
(p. 513)

discriminación (p. 514)

profecía autocumplidora
(p. 514)

teoría de la identidad social (p. 515)

atracción interpersonal (p. 518)

efecto de reciprocidad del afecto
(p. 519)

hipótesis de la necesidad de
complementariedad (p. 519)

amor pasional (o romántico) (p. 521)

amor de compañía (p. 521)

agresión (p. 525)

catarsis (p. 526)

frustración (p. 526)

comportamiento prosocial (p. 527)

difusión de responsabilidad (p. 527)

altruismo (p. 528)

RESPUESTAS A LA REVISIÓN ANTERIOR

1. Cierto **2.** necesidad de complementariedad **3.** excitación **4.** c **5.** Falso; poseen patrones diferenciados de preferencias **6.** a **7.** c **8.** difusión de responsabilidad

LATINOAMERICANAS

LA COMPRENSIÓN LECTORA Y LA METACOGNICIÓN EN NIÑOS MEXICANOS*

México al igual que otros países latinoamericanos no se caracteriza por tener una población de lectores asiduos, a pesar de que en el mundo se publica un libro cada medio minuto (Zaid, 1996) y de que la lectura fue y sigue siendo un factor clave de transformación social. Mientras las bibliotecas dentro de los monasterios estuvieron vedadas, el hombre se mantuvo en la edad oscura, pero cuando se abrieron a la sociedad, surgió el Renacimiento (Alatriste, 1995).

En México, en 1992 se destinaba en el decil de los hogares con mayores ingresos el 2.8% a la compra —no a la lectura— de publicaciones; este porcentaje disminuía hasta el gasto del 0.3% de los recursos a este rubro, en el decil de las familias de menores ingresos. Esto significa que el 43% de los libros de texto, el 78% de los otros libros, el 35% de los periódicos y el 41% de las revistas vendidos se concentra en la décima parte de los hogares (INEGI, *Encuesta nacional de ingresos y gastos en los hogares*, 1992 en Zaid, 1996). Las cifras para estudiantes de educación media superior son devastadoras: en un estudio (s/a, 1997) se identificó que estos muchachos leen 1.7 libros por obligación académica y 0.8 por placer *¡en un año!* Uno de los múltiples efectos de estas fallas se hace evidente en el número de alumnos que llega a cursar estudios superiores: de cada 100 estudiantes que ingresan a primaria, sólo 57 la terminarán y únicamente el 0.4% obtendrá un título de posgrado. Además, mientras la cobertura universitaria en México es del 13.68% (Ímaz, Martínez della Rocca y Gómez, 1996) en países como Japón o Dinamarca es del 56.6% (OECD, 1995).

Los primeros datos que los exámenes de ingreso a licenciatura del Centro Nacional de Evaluación de la Educación Superior y los resultados de los exámenes de admisión para universidades importantes, como la Universidad Nacional Autónoma de México, han evidenciado las deficiencias en formación, en cultura general y en habilidades básicas de nuestros alumnos. En foros y congresos es queja común de los maestros el hablar de las dificultades que enfrentan para lograr que sus alumnos tengan una adecuada comprensión de los textos diseñados para su grado escolar. Son tantas las variables que afectan esta comprensión —una selección de elementos productivos para la comprensión, predicción, inferencia, confirmación y corrección— al igual que aspectos cognitivos y afectivos (Vargas, 1994), que el fenómeno se hace complejo para ser manejado dentro del salón de clase.

El problema es multicausal y multifactorial, e incluso en países muy desarrollados se ha hecho evidente: por ejemplo, en Estados Unidos, de acuerdo a la evaluación nacional de 1986, menos del 5% de los muchachos de 17 años eran lectores expertos (Bruer, 1993); aun así, ese país resultó ser subcampeón mundial en lectura (Stedman, 1994).

FACTORES RELEVANTES EN EL PROCESO DE LECTURA

Existe un acuerdo prácticamente universal en el que la lectura y la escritura son las herramientas esenciales del aprendizaje, y el **Programa de Desarrollo Educativo 1995-2000** (Poder Ejecutivo Federal, 1996) así lo considera.

* Agradecemos la colaboración de la maestra Guadalupe Vadillo de Jurado, licenciada en Psicología Industrial y maestra en Educación del Sobredotado, actual directora de Extensión Universitaria de la Universidad de las Américas en México.

Goodman (1982) indica que la lectura implica una transacción entre el lector y el texto, y las características de ambos son igualmente importantes para definir el éxito. Sugiere que existe un solo proceso de lectura y que las diferencias entre buenos y malos lectores están en cómo utilizan este proceso. Quizá esas diferencias radiquen en otros conjuntos de factores, como lo sugiere el estudio de Morawski y Brunhuber (1993), en que al investigar cómo recuerda la gente haber aprendido a leer, los lectores eficientes reportan haberlo hecho en casa, en un ambiente cálido y con sus padres, mientras que los ineficientes recuerdan haber aprendido en el mesabanco de la escuela y sin contacto físico con quien les enseñaba.

En un estudio que incluyó a más de 20 mil niños y que trató sobre la calidad de la educación básica en México, Palafox, Prawda y Vélez (1994) encontraron que existe una correlación importante entre el nivel de escolaridad de los padres y el nivel de desempeño de los niños en pruebas de español y de ciencia, y que existe un efecto positivo de la existencia de educación preescolar en el desempeño en lectura.

Desde luego, no sólo es la instrucción escolarizada la responsable del éxito o fracaso escolar, y en el largo plazo, de la construcción de lectores eficientes o no; las variables sociales como pobreza, divorcios y trabajo infantil dan cuenta de una varianza de hasta el 50% en las evaluaciones comparativas internacionales (Jagger, 1992 en Stedman, 1994).

METACOGNICIÓN

Diversos estudios han identificado efectos positivos y significativos de entrenamientos metacognitivos en el proceso de lectura (por ejemplo, Steinberg, Bohning y Chowning, 1991). La metacognición se define como el pensar sobre cómo se piensa, e incluye dos tipos de procesos: los que se refieren a la identificación de las estrategias y canales sensoriales preferidos al abordar tareas de solución de problemas o de aprendizaje —**autovaloración**—, y los procesos que permiten planear y monitorear las herramientas de pensamiento que se utilizan en dicha tarea —**autoadministración o control ejecutivo**— (Cheng, 1993). Otra taxonomía desglosa a la metacognición en metamemoria, metalingüística y metarrazonamiento (Leahy y Harris, 1997). En general este concepto se refiere al conocimiento que el individuo tiene sobre los procesos de cognición, y de estados tales como la memoria, la atención, el conocimiento, la conjetura y la ilusión. Wellman (1985) indica que existen cinco conjuntos de conocimiento que forman la metacognición:

- su **existencia** (debe haber una conciencia por parte del sujeto en tanto que sus eventos cognitivos existen en forma diferenciada de los eventos externos),
- su **percepción** como procesos diferenciados (debe existir una conciencia sobre la diferencia entre los distintos actos mentales),
- su **integración** (la teoría individual de la mente debe observar dichos procesos diferenciados como partes de un todo integrado),
- sus **variables** (es necesario integrar la idea de que hay variables —tipo de material, estrategias, etc.— que tienen impacto sobre los procesos), y
- su **monitoreo cognitivo** (se requiere a que el individuo pueda evaluar el estado de su sistema cognitivo en un momento dado).

Sternberg (1990) en su modelo de inteligencia incluye a los **metacomponentes o procesos ejecutivos de orden superior** que se utilizan en la planeación de lo que el individuo hará, en el monitoreo de lo que está llevando a cabo y en la evaluación de lo que realiza.

En el caso de la lectura, la metacognición consiste en poder entender en qué medida se ha logrado comprender el texto: los buenos lectores monitorean su comprensión en forma más efectiva que los malos (Steinberg, *et al.*, 1991).

Aunque en general las evidencias apuntan hacia la gran importancia y efectividad de la metacognición en la optimización de los procesos de aprendizaje (por ejemplo,

Stolarek, 1994 y Newton, 1991), y su relación cercana con inteligencia (niños más inteligentes utilizan un repertorio metacognitivo amplio y variado, por ejemplo, Cheng, 1993), es necesario señalar que hay algunos estudios que no muestran una correlación específica (por ejemplo, Allon, Gutkin y Bruning, 1994).

LECTURA Y METACOGNICIÓN

Debido a la importancia de desarrollar eficientemente la lectura en los niños mexicanos, y con el propósito de determinar la posibilidad de apoyar la comprensión lectora a través de una capacitación sencilla y breve, se decidió, como parte de una investigación doctoral, realizar el siguiente estudio. Se buscó indagar el efecto de la **enseñanza directa de habilidades metacognitivas** en niños de segundo grado de primaria (escuela básica) tanto lectores eficientes como ineficientes, en una institución pública de la ciudad de México. Esta escuela fue recomendada por personal de la Secretaría de Educación Pública como un plantel representativo y con una población escolar elevada (cuenta con casi mil doscientos alumnos).

Las *variables independientes* que se manejaron fueron:

- Entrenamiento metacognitivo y
- Eficiencia de lectura

La *variable dependiente* fue la comprensión lectora evaluada mediante el número de aciertos en una prueba de comprensión de un texto correspondiente a ese grado escolar. Debido a que no existen pruebas estandarizadas de lectura para este grado, se trabajó con base en un prueba derivada de una lectura del libro de texto gratuito correspondiente a ese grado que no había sido previamente revisado por los estudiantes.

El primer paso consistió en identificar a los lectores eficientes y a los no eficientes de cada uno de los cinco grupos de segundo grado de la escuela. Las maestras aportaron un listado con los nombres de quienes ellas consideraron eran los niños y niñas que se ubicaban en los extremos del continuo de eficiencia-ineficiencia en lectura. A ellos se les aplicó, una vez que se contó con la autorización paterna para participar en el estudio, la *Bateria Woodcock Psicoeducativa en Español* (Woodcock, 1990). De la muestra se eliminó a los niños que se situaban cerca de la media en cuanto a los puntajes en esta prueba, trabajando así sólo con los extremos, con lo que la muestra quedó integrada con el 46.12% de la población de ese grado escolar (95 de 206 alumnos).

Se trabajó con el diseño de cuatro grupos de Solomon:

- El primer grupo estuvo integrado por 25 niños que sólo tuvieron una evaluación final de comprensión lectora al término del experimento.
- El segundo grupo —23 niños— tuvo un entrenamiento metacognitivo durante una semana y recibió la misma evaluación final que el primer grupo.
- El tercer grupo, que contó con 22 niños, tuvo dos evaluaciones de comprensión lectora, una al inicio del estudio y otra al término de éste.
- Por último, el cuarto grupo —25 niños— pasó por una evaluación inicial de comprensión lectora, un entrenamiento metacognitivo de apoyo y una evaluación final.

Los instrumentos de evaluación fueron tomados de los libros de texto gratuito y de textos estandarizados en cuanto a dificultad de comprensión lectora por Gómez Palacio, González, López Araiza y Adame (1993). El entrenamiento metacognitivo incluyó la enseñanza directa de habilidades de revisión, codificación y planeación durante la lectura. Estas habilidades se fueron discutiendo a lo largo de una semana de instrucción en sesiones de una hora, y su uso se demostró a través de ejercicios con relatos orales y textos. Entre las habilidades que se trabajaron está la de pronosticación a partir del título, la de monitoreo de lo comprendido en cada párrafo, y la de autoevaluación sobre las lagunas de conocimiento que pueden ir quedando a lo largo de la lectura.

Los resultados indicaron un claro efecto positivo del entrenamiento metacognitivo en la comprensión lectora de los alumnos: se presentó una ganancia en puntajes en quienes tomaron el pre y *postest* y comparaciones favorables para quienes tomaron el *postest* y habían cursado el entrenamiento metacognitivo contra quienes no lo habían hecho. Este hallazgo implica que debe explorarse a nivel masivo la implementación de esta estrategia en el desarrollo de la habilidad de lectura de los niños en los primeros niveles de la educación básica. Por su economía, posibilidad de tratamiento grupal y efectos rápidos, se considera que la incorporación de estrategias metacognitivas en el *currículum* escolar es viable y podría contribuir a la solución del problema de falta de lectores eficientes en el país.

Un hecho interesante durante el estudio fue la identificación de un niño con debilidad visual que no había sido detectado por las maestras de preescolar, primero y segundo, probablemente debido a que el tipo de evaluación grupal que se utiliza no facilita la precisión de necesidades educativas especiales.

ESTRATEGIAS PARA MEJORAR LA COMPRENSIÓN LECTORA

Existe una serie de estrategias que ayuda a los niños a mejorar su comprensión lectora, y por lo tanto facilitan el surgimiento de lectores expertos:

Modelo de lectores aprendices

Se trata de uno de tantos modelos contemporáneos que citamos aquí, porque se caracterizan por un interés individual en cada niño y por el énfasis en despertar en el alumno el gozo de la lectura a través de su experiencia directa con el material escrito. En este modelo se trata de que el maestro o facilitador acompañe al niño en la lectura, modelando al lector fluido y animando al niño a predecir, al ir conduciendo la atención del chico hacia los elementos que permiten esa lectura eficiente (Mercer, 1995).

Evaluación auténtica

Adicionalmente de dicho estudio se deriva la necesidad de contar con una **evaluación auténtica** que se focalice en la observación atenta del proceso de aprendizaje, más que los resultados fríos que pueden llevar a errores de interpretación y a una intervención retardada o ausente (como la que se dio en el caso del niño con debilidad visual en el estudio aquí presentado). Entre las estrategias para la evaluación auténtica se tienen:

- **Evaluación de portafolio**, en la que se colecta a lo largo del ciclo escolar un muestrario de los trabajos representativos de cada estudiante y se hace una evaluación cualitativa de sus progresos y áreas de oportunidad.
- **Observación**, que incluye no sólo el hecho de observar al estudiante dentro y fuera del salón de clases, sino también la práctica de documentar esas observaciones.
- **Registros anecdóticos**, que implica la narración de hechos importantes en el proceso de aprender, y al hacer un análisis de los diferentes registros a lo largo de un periodo es posible establecer las tendencias de desarrollo de cada estudiante.
- **Técnica de pensar en voz alta**, que permite al profesor conocer los procesos de pensamiento del estudiante y que implican una intervención diagnóstica en tanto que el alumno, al ser valorado, gana control sobre su proceso de aprendizaje al ir conociendo y monitoreando los pasos que mentalmente sigue para resolver un problema o aprender un nuevo concepto.
- **Uso de bitácoras** que permite al estudiante conocer sus avances y tropiezos en forma cotidiana al ir llenando un diario en el que anotan qué aprendieron, cómo lo aprendieron, qué no comprendieron, por qué están confusos y qué tipo de ayuda requieren.

- **Entrevistas y cuestionarios de autoevaluación**, que proveen información detallada de las preocupaciones del estudiante, así como de sus fortalezas;
- **Análisis de errores** es una fuente muy valiosa de información para el profesor, ya que permite identificar las áreas de dificultad y los patrones. En particular en el caso de lectura el profesor debe escuchar al alumno leer en voz alta, registrar los errores y analizar si son sintáctica o semánticamente aceptables. Al hacer el análisis también se puede evaluar la capacidad metacognitiva de autocorrección que ayuda al estudiante cuando se encuentra con palabras desconocidas o textos difíciles (Pike y Salend, 1995).

En general resulta importante facilitar en países como México el rompimiento del círculo vicioso de tener malos modelos de lectura en padres y, maestros y, por lo tanto, problemas en el establecimiento del hábito y del gozo por la lectura en los niños. En la medida en que se tengan más y mejores modelos sociales de lectura, en tanto los chicos empiecen a invertir 20 o 30 minutos cada día en leer algo que les sea disfrutable, y en cuanto los padres hagan de la lectura un momento de comunicación y unión familiar, podremos generar un círculo virtuoso que dé lugar a una cultura de aprovechamiento del texto escrito que incida en el desarrollo de potenciales y en un aprendizaje efectivo para toda la vida.

REFERENCIAS

Alatriste, S. (1995). "La función de las bibliotecas." http://serpiente.dgsca.unam.mx/jornada/1995/jul95/950705/FUNCION2-064.html

Allon, M., Gutkin, T.B. y Bruning, R. (1994). "The relationship between metacognition and intelligence in normal adolescents: Some tentative but surprising findings" en *Psychology in the Schools,* 31(2), pp. 93-97.

Bruer, J.T. (1993). *Schools for thought,* Cambridge, MA, MIT Press.

Cheng, P. (1993). "Metacognition anad giftedness: The state of the relationship" en *Gifted Child Quarterly,* 37(3), pp. 106-112.

Goodman, K.S. (1982). "El proceso de lectura: Consideraciones a través de las lenguas y del desarrollo" en E. Ferreriro y M. Gómez-Palacio (Eds.). *Nuevas perspectivas sobre los procesos de lectura y escritura*, México, Siglo XXI Editores.

Gómez Palacio, M., González, L.V., López Araiza, M.L. y Adame, M.G. (1993). *Indicadores de la comprensión lectora*, Washington, D.C., OEA/OAS.

Imaz, C., Martínez della Rocca, S., Gómez, L.E. (1996). *¿Y el costo de la ignorancia? 1996. El rezago educativo en México*, México, LVI Legislatura/Cámara de Diputados y PRD.

Leahy, T.H., Harris, R.J. (1997). *Learning and cognition*, 4a. ed., Upper Saddle River, NJ, Prentice Hall.

Mercer, N. (1995). *The guided construction of knowledge. Talk amongst teachers and learners,* Clevedon, UK, Multilingual Matters LTD.

Morawski, C.M., Brunhuber, B.S. (1993). "Early recollections of learning to read: Implications for prevention and intervention of reading difficulties" en *Reading Research and Instruction*, 32(3), pp. 35-48.

Newton, E.V. (1994). "Developing metacognitive awareness: The response journal in college composition" en *Journal of Reading*, 34(6), pp. 476-478.

OECD. (1995). *Education at a glance. OECD indicators.* París: Organisation for Economic Co-operation and Development.

Palafox, J.C., Prawda, J., Vélez, E. (1994). "Primary school quality in Mexico" en *Comparative Education Review*, 38(2), pp. 167-180.

Pike, K., Salend, S.J. (1995). "Authentic assessment strategies. Alternatives to norm-referenced testing" en *Teaching Exceptional Children*, 28(1), pp. 15-20.

Poder Ejecutivo Federal. (1996). *Programa de Desarrollo Educativo 1995-2000*. México, SEP.

s/a. (1997). "Los alumnos de secundaria no leen, si no es por obligación, ni un libro al año". en *Crónica de Hoy*, Segunda Sección Cultura, 26 de junio, p. 2B.

Stedman, L.C. (1994). "Incomplete explanations: The case of U.S. performance in the international assessments of education" en *Educational Researcher*, 23(7), pp. 24-32.

Steinberg, I., Bohning, G. y Chowning, F. (1991). "Comprehension monitoring strategies of nonproficient college readers" en *Reading Research and Instruction*, 30(3), pp. 63-75.

Sternberg, R.J. (1990). *Metaphors of mind. Conceptions of the nature of intelligence*, Cambridge, MA, Cambridge University Press.

Stolarek, E.A. (1994). "Prose modeling and metacognition: The effect of modeling on developing a metacognitive stance toward writing" en *Research in the Teaching of English*, 28(2), pp. 154-174.

Vargas, L.M. (1994). "La lectura: Una actividad muy exigente" en *Extensiones. Revista Interdisciplinaria*, 1(1), pp. 68-75.

Wellman, H. (1985). "The Origins of Metacognition" en *Metacognition, Cognition, and Human Performance*, D.L. Forrest-Pressley, G.E. MacKinnon y T. G. Waller (Eds.). Orlando, FL, Academic Press, Inc.

Woodcock, R. (1990). *Bateria Woodcock Psicoeducativa en Español*, NY, Teaching Resources.

Zaid, G. (1996). *Los demasiados libros*, México, Océano.

LOS TRASTORNOS DEL APRENDIZAJE DE LA LECTO-ESCRITURA EN NIÑOS*

La alta prevalencia de trastornos del aprendizaje de lectura y escritura en niños ha generado entre los investigadores mucho interés por identificar la clasificación, etiología y manejo de esta área de problemas infantiles asociados al desarrollo; sin embargo, subsiste una amplia controversia sobre este tema.

El desacuerdo parte de la propia dominación: se habla de problemas específicos en el aprendizaje de la lectura y la escritura, de retardo lector, de discapacidades en el aprendizaje del código lecto-escrito y de dislexia, que a pesar de no ser la denominación etimológica más adecuada, es la más usada.

Borel-Maisonny define la dislexia como "una dificultad particular para identificar, comprender y reproducir los símbolos escritos, que tiene como consecuencia alterar profundamente el aprendizaje de la lectura entre los 5 y 8 años, la ortografía, la comprensión de textos, y por lo tanto, las adquisiciones escolares".

Por su parte, Fernández y sus colaboradores emplean el término dislexia para designar un "síndrome determinado que se manifiesta como una dificultad para la distinción y memorización de letras o grupos de letras, falta de orden y ritmo en la colocación, mala estructuración de frases, etcétera, lo cual se hace patente tanto en la lectura como en la escritura".

En un intento por unificar criterios la Federación Mundial de Neurología define la dislexia como "un trastorno que se manifiesta en dificultades para aprender a leer, a pesar de la instrucción convencional, inteligencia adecuada y oportunidad sociocultural" (Critchley, 1985).

En resumen, se puede afirmar que la dislexia es la dificultad para distinguir las formas y los sonidos de las letras o de grupos de letras; a esto se debe que los niños confundan las que son visual o auditivamente parecidas. Por ejemplo, el niño puede confundir la "m" con la "n", la "a" con la "e", la "f" con la "v", la "t" con la "d", o en algunos casos suprimir una o varias letras en la lectura y escritura (por ejemplo: pájaro-pájao, iglesias-iglesas); también puede presentar una dificultad para identificar la ubicación de las letras en el espacio y dentro de la sílaba; por ejemplo, cuando escribe o lee "b" por "d", "p" por "q", "la" por "al", "los" por "sol", o al separar adecuadamente las palabras que conforman una frase. Por ejemplo: laca sati e necua tro venta nas.

Muestra de la ejecución en dictado de un niño disléxico de 10 años de edad.

* Agradecemos la colaboración de la psicóloga Leonor Córdoba Andrade, educadora especial C.M.C.P. de la Universidad Católica de Colombia, asistente de docencia en la cátedra de Teoría y Sistemas Psicológicos en esa misma Universidad.

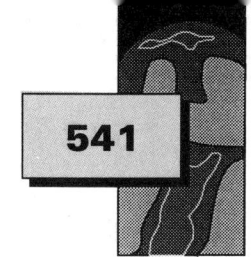

En cuanto a la clasificación de la dislexia Bravo-Valdivieso (1988) afirma que los distintos tipos de dislexia y su frecuencia se asocian necesariamente con el sistema particular de lecto-escritura que posee la lengua. Sin embargo, Boder (1973) habla de tres tipos de dislexia: la disfonética, que consiste en la incapacidad para relacionar símbolos y sus sonidos; la diseidética, que es la incapacidad para percibir simultáneamente un conjunto, y la mixta.

Mattis y colaboradores (1975) clasifican las dislexias en déficit perceptuales, defectos en habilidades articulatorias y grafomotoras, dislexia asociada con problemas de lenguaje y dificultades en la secuenciación temporal. Esta última clasificación conduce a reflexionar sobre la etiología de los trastornos del aprendizaje de la lecto-escritura.

Fernández y colaboradores (1976) señalan la existencia de una multiplicidad de causas de dislexia, pero que pueden seriarse en dos polos. Por un lado, los factores neurofisiológicos en los que se incluye la maduración lentificada del sistema nervioso; por el otro los factores psicológicos presentes en la interacción del niño con su entorno.

Con el entendimiento de la naturaleza de los trastornos del aprendizaje de la lecto-escritura en niños pueden revisarse los procedimientos del diagnóstico e intervención. El diagnóstico de dislexia no debe hacerse a partir de los errores específicos presentes en la lecto-escritura del niño. Debe tenerse en cuenta otra serie de elementos de importancia para la formulación del plan de intervención o reeducación.

Para efectuar un buen diagnóstico es necesario hacer una completa valoración psicológica que tenga como punto de partida una anamnesis en la que aparezca consignada toda la información relevante sobre el niño, proporcionada por la familia y por el colegio o la escuela.

En la exploración psicológica debe determinarse el nivel de inteligencia del niño y los rasgos característicos de su personalidad. Diversas investigaciones han permitido señalar como rasgos comunes de la personalidad de los niños con trastornos del aprendizaje la falta de concentración, la baja autoestima y la inestabilidad.

También deberá realizarse una exploración del lenguaje, teniendo en cuenta el nivel de evolución de éste, la comparación entre lenguaje espontáneo y repetitivo y las posibles alteraciones que puedan presentarse.

Dada la interrelación tan estrecha entre los factores perceptivo-motrices y el aprendizaje de la lecto-escritura, para formular el diagnóstico debe evaluarse los diversos aspectos de esta área: esquema corporal, lateralidad y estructuración espacio-temporal.

Como prueba complementaria debe examinarse la lectura y la escritura y tenerse en cuenta aspectos muy específicos tales como: nivel de lectura, entonación, ritmo, prosodia, velocidad, frecuencia de errores específicos y nivel de comprensión, nivel de grafía y calidad en contenidos.

Con base en los resultados obtenidos en la evaluación se determinará el diagnóstico y el plan de intervención que se va a seguir y que depende de la intensidad de la dislexia, del grado de adaptación del niño, de las condiciones familiares y de los recursos terapéuticos y pedagógicos de que se disponga.

Este último aspecto es, precisamente, el que ha servido de base para las propuestas de prevención e intervención de trastornos del aprendizaje de la lecto-escritura en Iberoamérica.

Grupos investigadores como el de Condemarín, de Chile, y de Gómez, de Colombia, han organizado talleres de capacitación para profesores que participan en el proceso de reeducación de niños con trastornos del aprendizaje como respuesta a la necesidad de formar profesionales idóneos que trabajen con este tipo de niños.

En la actualidad se hace grandes esfuerzos para generar estrategias de prevención de los trastornos del aprendizaje de la lecto-escritura. Dichos esfuerzos están presentes en investigaciones como la de Mejía y Eslava (1986), en la que se identificó la influencia del perfil gnósico-práxico (perceptivo-motriz) sobre los trastornos del aprendizaje, entendidas las gnosias como el reconocimiento de referentes concretos a través de los canales sensoriales, y las praxias como la organización secuencial de la actividad motriz para la consecución de un objetivo.

Antes de tener acceso a la escolaridad, los niños desarrollan una serie de habilidades gnósico-práxicas producto de su intercambio con el medio ambiente, a través de juegos, de actividades cotidianas o del contacto con los medios de comunicación. Así, el conocimiento de los perfiles gnósico-práxicos determinados por esas influencias en los distintos grupos culturales, permiten la planeación más racional de las actividades encaminadas a mejorar las posibilidades de aprendizaje.

Sin embargo, en nuestro medio existen estudios muy recientes enfocados desde la perspectiva neuropsicológica, los cuales hacen buenos aportes a los análisis sobre los trastornos del aprendizaje. Tal es el caso de la investigación de Ardila y Rosselli (1991) sobre desarrollo del lenguaje, memoria y habilidades visoespaciales en niños de 5 a 12 años. Paralelas a estas investigaciones se encuentran en desarrollo las de otros grupos de trabajo, como el de Espinosa en el Hospital Militar Central de Bogotá y el de Puche en la Universidad del Valle en Cali.

Todos estos investigadores se reunieron en 1993 en el Primer Curso Andino de Trastornos del Aprendizaje, en el que participaron además profesionales provenientes de toda la región andina con dos propósitos: el primero, abrir un espacio para que el tema de los trastornos del aprendizaje pudiera presentarse en toda su dimensión con el objetivo de identificar coincidencias y discrepancias, impulsando con ello la controversia, la investigación y la toma de conciencia frente al tema. El segundo, demostrar que en esta área existen ya conocimientos y recursos humanos que permiten formular respuestas concretas y viables a una buena cantidad de estas dificultades, si se logra movilizar recursos y esfuerzos que en la actualidad se encuentran atomizados o con mucha frecuencia enfrentados.

En conclusión puede decirse que se cumplió a cabalidad con estas pretensiones, puesto que el curso amplió las perspectivas en prevención e intervención de trastornos del aprendizaje de la lecto-escritura, y además sentó las bases para la realización del Segundo Curso Andino de Trastornos del Aprendizaje que se realizó en Bogotá en septiembre de 1994.

GLOSARIO

anamnesis: información detallada sobre la historia del individuo; incluye: desarrollo prenatal, perinatal, posnatal, de lenguaje, psicomotor, afectivo, social, etcétera.

déficit perceptual: disminución en la capacidad para transformar las sensaciones simples en percepciones propiamente dichas, por lo que al individuo (a pesar de ver, oír o sentir) se le dificulta reconocer los estímulos visuales, auditivos o táctiles.

etiología: estudio de las causas.

gnósias: el reconocimiento de referentes concretos a través de los canales sensoriales.

práxias: organización en secuencias de la actividad motriz para la consecución de un objetivo.

habilidades grafomotoras: capacidad motriz-fina (miembros superiores) del individuo para realizar actividades gráficas.

prevalencia: frecuencia con que se da y se mantiene un fenómeno.

prosodia: parte de la gramática que estudia las reglas de pronunciación y acentuación.

síndrome: conjunto de signos y síntomas.

REFERENCIAS

Ajuriaguerra, J. (1977). *La dislexia en cuestión*. Madrid: Pablo del Río.

Alliende, F. y Condemarín, M. (1982). *La lectura: teoría, evaluación y desarrollo*. Santiago de Chile: Andrés Bello.

Azcoaga, J., Derman, B. e Iglesias, P. (1979). *Alteraciones del aprendizaje escolar*, Buenos Aires: Paidós.

Ardila, A. y Rosselli, M. (1992). *Neuropsicología clínica*. Bogotá: Asociación Colombiana de Neuropsicología.

543

Bravo-Valdivieso (1979). "Factores psicológicos que inciden en el pronóstico de rehabilitación de dislexia" en *Revista Latinoamericana de Psicología*, 11, 2, 219-228.

Condemarín, M. y Blomquist, M. (1970). *La dislexia: manual de lectura correctiva*, Santiago de Chile: Universitaria.

Condemarín, M. y Chadwick, M. (1985). *La escritura creativa de formal*, Santiago de Chile: Andrés Bello.

Critchley, M. (1985). "Specific developmental dislexia". En: J.A.M. Freceriks (Ed.): *Handbook of Neurology*, vol. 46: *Neuro behavioral disorders*, Amsterdam: Elevier.

Eslava, J. y Mejía, L. (1992). *Memorias del Primer Curso Andino de Trastornos del Aprendizaje*, Bogotá.

Fernández, F., Llopis, A. y Pablo de R. C. (1979). *La dislexia: origen, diagnóstico, recuperación*, Madrid, Élica.

Martínez, J. y otros (1982). *Problemas escolares: dislexias, discalculias y dislalias*, Cincel: Madrid.

Montealegre, R. (1991). *La psicología en la educación: aspectos teóricos, evaluativos, educativos*, Bogotá: Universidad de los Andes.

Quirós, J. B. (1979). *El lenguaje lecto-escrito y sus problemas*, Buenos Aires: Panamericana.

EL DESARROLLO DE LA INTELIGENCIA Y LA CREATIVIDAD*

No cabe duda que los términos *inteligencia* y *creatividad* constituyen referencia ineludible en la valoración del éxito en nuestra sociedad occidental contemporánea. Se supone que el éxito es consecuencia de la posesión de un nivel más allá de lo normal de ciertas facultades o virtudes psicológicas llamadas *inteligencia* y *creatividad*. El acceso a ciertos niveles de la vida social, mediante el trabajo, significa que se pueden satisfacer los requerimientos para demostrar que se poseen niveles mínimos de inteligencia y creatividad. La persona común cree que la valoración de estas virtudes se ajusta a un proceso objetivo semejante al que se sigue cuando se evalúan algunas otras características del ser humano: su altura, su metabolismo, su presión arterial, etcétera. Sin embargo, a pesar de los esfuerzos realizados en la psicología durante decenas de años, la evaluación y la concepción misma de la inteligencia y la creatividad no alcanzan todavía el estatuto de conocimiento científico y objetivo. En gran parte, el poco avance logrado en el análisis científico de la inteligencia y la creatividad se debe a dos factores.

El primero está relacionado con el hecho de que los términos *inteligencia* y *creatividad* no son, en sentido estricto, términos técnicos. Con esto se intenta decir que no son términos construidos especialmente para referirse a un hecho o a circunstancias sobre las que siempre habrá consenso y acuerdo respecto a su ocurrencia o no ocurrencia. Cuando se dice que en un recipiente hay un litro de leche, la corroboración de esta afirmación no es un problema de opiniones. Se mide en volumen con un recipiente con indicadores métricos apropiados y se decide si en efecto hay o no un litro de leche. Sin embargo, en el caso de la inteligencia y la creatividad, esto no sucede. Existen múltiples acepciones de lo que implican la inteligencia y la creatividad, y determinar si una persona es o no inteligente o creativa depende, en mucho, del criterio empleado para evaluarlo. Podríamos decir que, al margen del refinamiento y complicación teóricos, establecer de *antemano* qué es la inteligencia y la creatividad y poder identificarlas, constituye todavía un asunto de opiniones. No tiene nada de extraño que ello sea así, pues el uso de los términos *inteligencia* y *creatividad* no es exclusivo o propio de la psicología como una disciplina científica. Son términos que pertenecen al lenguaje ordinario y su sentido o significado, por consiguiente, dependen de su uso y del contexto en que se aplican.

El segundo factor se relaciona con la forma en que se ha evaluado y medido tradicionalmente la inteligencia y la creatividad. Las teorías psicológicas han supuesto que, de un modo u otro, la inteligencia está muy ligada a ciertas características (desconocidas) del sistema nervioso central y que aun cuando la educación fomenta su desarrollo la inteligencia ya "está" en el individuo como parte de su dotación biológica. Se cree que se nace con cierta inteligencia (general y particular) y que mediante la educación se favorece su mayor o menor desarrollo en uno u otro sentido. Esta manera de concebir la inteligencia determina la estrategia con la que se ha planteado el problema de su evaluación y medición. Al concebir que la inteligencia es algo que está repartido de distinta manera entre todos y cada uno de los individuos, se han diseñado "instrumentos" para comparar a los individuos entre sí para medir en qué forma se ha distribuido esa dotación. Para ello se ha elaborado los llamados "tests" o pruebas de inteligencia, que consisten en una serie de preguntas o problemas seleccionados con algún criterio relativo a lo que se supone que es la inteligencia (razonamiento aritmético, sucesiones geométricas, memoria ver-

* Agradecemos la colaboración del doctor Emilio Ribes Inesta, que posee la maestría en Psicología Experimental de la Universidad de Toronto y doctorado en Filosofía de la Universidad Nacional Autónoma de México. Actualmente es investigador titular y director del Centro de Estudios e Investigaciones en Psicología de la Universidad de Guadalajara.

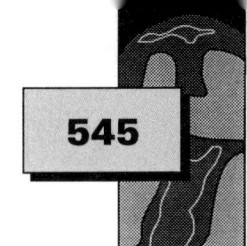

bal, etcétera). Estas pruebas son aplicadas en una población amplia elegida con criterios de representatividad de distintas muestras de la población a la que se quiere evaluar; se obtiene una curva de distribución de la inteligencia con base en los puntajes logrados en el desempeño ante dichas pruebas. Ya que se aplica la misma prueba a todos los individuos, se supone que sus diferencias de desempeño *reflejan* diferencias en su dotación de inteligencia. De este modo, la inteligencia se evalúa como una medida comparativa entre los individuos de una población y se identifica a través de un puntaje traducido como cociente intelectual (véase el capítulo de inteligencia para entender cómo se transforma el puntaje de una prueba en cociente intelectual o CI).

A diferencia de las medidas comunes que utilizamos en la vida cotidiana (longitud, peso, corriente, volumen, etcétera), que indican siempre cambios respecto de un mismo parámetro o referente, las medidas de inteligencia son inespecíficas respecto al propio desempeño de los individuos y al significado funcional que tienen para el comportamiento cotidiano en sociedad. Saber que una persona tiene un cociente intelectual de 120 o 140 no dice mucho respecto al comportamiento efectivo de esa persona en situaciones diversas. Lo único que *sugiere* es que *probablemente* podrá resolver problemas y adaptarse a situaciones nuevas con mayor facilidad que un individuo con un cociente menor. Pero esto tampoco es seguro, dado que las pruebas de inteligencia no cubren toda la diversidad de desempeños significativos en todas las situaciones posibles, y puede darse el caso de que una persona con un CI más bajo muestre mejor desempeño en ciertas situaciones que una persona con un CI más alto.

Por estas razones quizá valga la pena replantearse el problema de qué es la inteligencia y cómo puede medirse, así como la relación que puede tener la inteligencia con la creatividad. Dado que *inteligencia* y *creatividad* son términos utilizados en el lenguaje ordinario, podemos iniciar nuestro análisis adoptando como punto de partida el sentido que tienen estas palabras en su uso cotidiano. ¿Cuándo se dice que alguien es inteligente? Puede identificarse dos circunstancias en que esto ocurre. La primera, es cuando se hace referencia a que alguien es inteligente porque "sabe mucho", como equivalente a decir que es una persona competente, que sabe *hacer* aquello a lo que se dedica y que *resuelve problemas diversos* de manera eficiente. En este primer caso la inteligencia se relaciona con el saber hacer y resolver problemas diversos y, por consiguiente, ser inteligente en este contexto significa *ser capaz*. La segunda circunstancia en que se dice que alguien es inteligente es cuando se le observa resolviendo un problema —no una rutina—, de modo que ser inteligente se aplica como sinónimo de *efectividad observada* en la solución de problemas.

Pero ¿dónde está la inteligencia en estas dos circunstancias?, ¿es la inteligencia la causa de que la persona haga las cosas como las hace? Siendo la inteligencia y la creatividad palabras que *gramaticalmente* constituyen sustantivos, se les ha identificado erróneamente con entidades reales. Se piensa que a la inteligencia se le puede equiparar con cualquier otro concepto que haga referencia a cosas u objetos. Pero es evidente que cuando se habla de inteligencia no se hace referencia a una entidad o cosas, como cuando se habla de una mesa, de un edificio o de una persona. Hablar de inteligencia es similar a hablar de bondad o valentía. La bondad y la valentía no son entidades, y por ello, al igual que la inteligencia, no se les puede señalar y decir, "ahí está". La bondad, la valentía y la inteligencia no son el tipo de palabras cuyos referentes son observables. Pero esto no significa que sean inobservables, es decir, que sean invisibles o estén ocultos. Simplemente se trata de términos que por sí solos carecen de sentido. Tienen sentido cuando se aplican como calificativos (adjetivos o adverbios) de actividades o personas. Se entiende el sentido de la valentía cuando se describe lo que ha hecho una persona o un ejército. Lo mismo se aplica a la bondad y a la inteligencia. Cuando se hace referencia a la inteligencia se habla de una entidad inobservable que causa la conducta, y que está oculta en alguna parte del sistema nervioso. Hablar de inteligencia es *calificar* al comportamiento de uno o varios individuos con base en algún criterio. Por eso se puede decir que la inteligencia es un concepto de tipo adverbial, es decir, que describe *cómo* se realiza una conducta. La inteligencia, por lo tanto, no puede ser causa de la conducta. Es un atributo que se le *otorga* a la conducta. Desde este punto de vista no hay conductas inteligentes en o por sí mismas. Las conductas se califican como inteligentes dependiendo de su forma particular. Por ejemplo, quedarse callado puede ser un comportamiento inteligente cuando el criterio que califica a un comportamiento es que alguien más no se entere de un acontecimiento sobre el que está preguntando; pero quedarse callado puede ser un comportamiento no inteligente cuando la pregunta que se hace constituye parte de un examen escolar.

Siguiendo con este argumento podemos llegar a una conceptuación nueva de la inteligencia. Hablar de que una persona es inteligente es sinónimo de decir que dicha persona se *comporta* inteligentemente. ¿En qué consiste comportarse inteligentemente?

En primer lugar, como ya lo examinamos antes, comportarse en forma inteligente implica resolver un problema o, en términos más generales, ser eficaz. Esto significa poder encender el motor, echar a andar el coche y realizar una ruta sin accidentes y cómodamente. Por otro lado, si se trata de atender un grupo de mesas en un restaurante, ser eficaz significa atender bien a los comensales, sugerir los platillos más recomendables del día, solicitar la orden oportunamente en la cocina, servir los platillos en los tiempos apropiados, y no demorar con la cuenta. Igualmente, ser eficaz puede consistir en hacer cálculos correctamente, si se es contador, o bien, en saber localizar un buen hotel a bajo precio en una ciudad desconocida utilizando una guía turística. Satisfacer un criterio de eficacia se puede aplicar a cualquier tipo de comportamiento. El único requerimiento para hacerlo es poder identificar el criterio de eficacia a satisfacer.

Sin embargo, no es suficiente que un comportamiento sea eficaz para describirlo como inteligente. Es necesario, además, que la forma en que se satisface el criterio de eficacia sea variado y se adecue a los cambios en la situación. Si un mecánico arregla siempre los coches de una determinada marca cambiando las piezas usadas por piezas nuevas, y lo hace de la misma manera en todas las ocasiones, su comportamiento puede ser eficaz, pero no diríamos que es inteligente. En este caso, la simple eficacia de un comportamiento que no varía se ajusta mejor a una descripción en términos de destreza, hábito o rutina. Esto quiere decir que un comportamiento que no es inteligente no debe tildarse necesariamente de "tonto". Puede no ser inteligente, pero sí ser eficaz. Se aplica el término "inteligente" a un comportamiento cuando éste, además de ser eficaz, es variado en la forma en que logra sus efectos o resultados. En el caso del mecánico diríamos que es inteligente si arregla un modelo de coche que desconoce y tiene que reconocer el funcionamiento del motor, identificar la naturaleza del desperfecto, y tiene que adaptar o diseñar una pieza para lograr que el automóvil funcione correctamente. Ser inteligente es comportarse de manera eficaz y variada en una situación determinada.

Esto significa que no hay una inteligencia. Hay tantos tipos de comportamiento inteligente como *circunstancias generales y criterios de eficacia* se puedan establecer. El desarrollo de la inteligencia no depende de la "expresión" de una supuesta habilidad en el individuo, sino que está en función directa de la forma en que la sociedad y la cultura establecen diversidad de situaciones y criterios de eficacia. Una cultura que diversifica sus criterios de eficacia y las maneras en que pueden satisfacerse, es una cultura que promueve y desarrolla la inteligencia. Obviamente, el lenguaje, y en especial el escrito, desempeña un papel importante en el desarrollo de la inteligencia. No sólo potencia los medios a través de los cuales una cultura determinada promueve criterios y su cumplimiento, sino que además diversifica la posibilidad de aprender formas alternativas para satisfacer criterios sin necesidad de hacerlo en forma directa en todas y cada una de las situaciones posibles. En última instancia, la inteligencia se educa por medio del lenguaje y como lenguaje.

Finalmente, examinemos el significado del término *creatividad*. Se habla de una persona creativa cuando ésta se comporta de manera no rutinaria ni estereotipada en el planteamiento y solución de problemas. De hecho, ser creativo es equivalente a ser variado en el comportamiento, y especialmente en el comportamiento verbal. No significa hablar mucho, sino poder comportarse en una situación como si fuera otra, que es a lo que comúnmente llamamos "tener imaginación". Imaginar no significa tener fotos o películas "dentro de la mente"; significa poder estar en una situación como si fuera otra. Comportarse en una situación como si fuera otra se logra fundamentalmente a través del

lenguaje, tanto al enseñar a imaginar como al estar imaginando algo. En este sentido, ser creativo significa *ser imaginativo*. Implica poder desarrollar comportamientos en una situación que nunca han tenido lugar en ella. Significa diversificar los comportamientos posibles en una situación comportándose en dicha situación como si ésta se pareciera a otra. Cuando comportarse creativamente se correlaciona además con la satisfacción de criterios de eficacia, se dice que la persona es inteligente. Cuando la persona no es eficaz sino solamente variada, se la describe simplemente como creativa. Como en el caso de la inteligencia, la creatividad no es algo que se tenga dentro. Es algo que se atribuye a una persona cuando ésta se comporta en forma variada en una misma situación, y cuando esta diversidad de comportamiento se aparta de las rutinas y estereotipos usuales.

Para concluir, podemos decir que la inteligencia y la creatividad no son entidades o facultades que posea la persona. Son atributos de su comportamiento, que se desarrollan con base en los criterios y modelos que establece una sociedad o cultura. El lenguaje constituye el instrumento óptimo para el desarrollo de la inteligencia y la creatividad, pero estos factores siempre deben conceptuarse como *características del comportamiento* y no como rasgos de la persona. Se dice que alguien es inteligente cuando es eficaz y variado en su comportamiento. Pero puede ser sólo eficaz y no ser tonto: en este caso se diría que es diestro o rutinario. Puede ser creativo y no ser eficaz, lo cual tampoco significa que el individuo sea tonto. Ser tonto es ser ineficaz y rutinario, es decir, hacer las cosas de la misma manera a pesar de que no se producen los resultados previstos.

INTELIGENCIA, CREATIVIDAD Y HABILIDADES DEL PENSAMIENTO EN LA EDUCACIÓN CONTINUA EN MÉXICO*

La educación continua representa una opción de desarrollo permanente para miles de adultos en México. Según un censo de 1990, hay 1 900 000 profesionales en el país, que representa el mercado potencial para la educación continua. A través de este sistema a nivel universitario se ofrecen cursos de actualización y capacitación en todos los ámbitos del conocimiento. Tradicionalmente se ha abierto programas académicos destinados a la transmisión de conocimientos o al desarrollo de habilidades, destinados por lo general a satisfacer necesidades de capacitación para el trabajo.

Debido a los avances de la psicología cognitiva y sus aplicaciones prácticas en el ámbito educacional, la educación continua evoluciona para abarcar también el desarrollo de habilidades de pensamiento y la creatividad en forma paralela a la simple enseñanza de contenidos, para así generar una fuerza de trabajo con una eficiente toma de decisiones, que aporte ideas innovadoras a sus organizaciones y que tenga un pensamiento progresivamente más productivo.

De esta manera se pone al servicio de los estudiantes procedimientos que se basan en los dos grandes descubrimientos que este siglo trajo en el área de inteligencia humana:

a. *Multifactorialidad* de la inteligencia (existe más de una inteligencia) (por ejemplo, Sternberg, 1990; Gardner, 1983).
b. La importancia del *ambiente* para el desarrollo o inhibición de la inteligencia (Supplee, 1990), ya que estudios longitudinales con humanos prueban que el medio ambiente da cuenta del 25% de varibilidad en inteligencia en gemelos idénticos separados al nacer, y que el 20% se explica por la covarianza genético-ambiental (esa interacción que hace que padres inteligentes proporcionen ambientes estimulantes a sus hijos) (Jencks, 1982, en Vander Zander, 1993).

El solo hecho de conocer estos dos descubrimientos responsabiliza a todos quienes participan profesionalmente en la educación de llevar a cabo su tarea en formas que aseguren —o al menos hagan más probable— el desarrollo de los potenciales de las distintas áreas de la inteligencia humana en cada estudiante.

Debido a que existe la modificabilidad cognitiva —incidir para que la inteligencia se desarrolle— y que la inteligencia es enseñable (por ejemplo, Sternberg, 1986) se puede proponer estrategias que faciliten su desarrollo en programas de educación continua. En algunas instituciones de educación superior de México ya se incluyen cursos y talleres de desarrollo de habilidades del pensamiento en forma paralela a la enseñanza tradicional.

Algunos modelos que se están llevando a la práctica incluyen:

a. Dedicar un tiempo de clase a los temas de creatividad, metacognición y toma de decisiones [ya que con sólo dirigir el pensamiento hacia estos temas y estar en con-

* Agradecemos la colaboración de la maestra Guadalupe Vadillo de Jurado, licenciado en Psicología Industrial y maestra en Educación del Sobredotado, actual directora de Extensión Universitaria de la Universidad de las Américas en México.

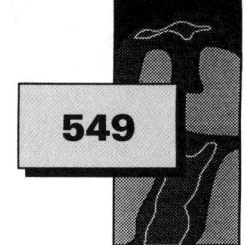

tacto con gente o proyectos creativos se facilita el desarrollo de estas facultades (Davis, 1986)].

b. Hacer ejercicios de conocimiento metacognitivo [para descubrir cuáles son los recursos y estrategias que se poseen para enfrentar problemas (Cheng, 1993)]. Por ejemplo, al término de la resolución de un caso práctico se puede preguntar al estudiante cómo llegó a esa conclusión, qué asociaciones hizo, en qué secuencia trabajó, qué datos identificó como importantes para definir el planteamiento del problema y qué experiencias anteriores le fueron útiles.

c. Realizar ejercicios de control ejecutivo [es decir, poner en práctica la habilidad para manipular y regular esos recursos y estrategias con objeto de ser más exitosos en los procesos de solución de problemas (Cheng, 1993)]. Se puede pedir al estudiante que identifique las "reglas del juego", que obtenga los datos relevantes, que identifique las palabras clave del problema y dé la solución para almacenar más eficientemente la información, que utilice estrategias mnemotécnicas (de facilitación de la memoria) y que use varios índices en lugar de uno solo para después retraer la información con más facilidad.

La enseñanza de habilidades del pensamiento seguramente no sólo será parte del *currículum* de los programas de educación continua. Con la difusión de los resultados de investigación en el campo cognitivo, es probable que día a día más maestros de todos los niveles enriquezcan sus clases diarias con estas estrategias.

REFERENCIAS

Cheng, P. (1993). "Metacognition and giftedness: The state of the relationship", en *Gifted Child Quarterly*, 37(3), pp. 105-112.

Davis, G. A. (1986). *Creativity is Forever*, 2a. ed., Dubuque, IO: Kendall-Hunt Publishing Co.

Gardner, H. (1983). *The frames of mind*, Nueva York, NY: Basic Books, Inc.

Sternberg, R.J. (1990). *Metaphors of mind. Conceptions of the nature of intelligence*, Cambridge, MA: Cambridge University Press.

Supplee, P.L. (1990). *Reaching the gifted underachiever, Program strategy and design*, Nueva York, NY: Teachers College Press.

Vander Zanden, J.W. (1993). *Human development*. 5a. ed. Nueva York, NY: McGraw-Hill.

LONGEVIDAD, DESARROLLO Y ENVEJECIMIENTO*

LONGEVIDAD Y CALIDAD DE VIDA

Donde tiempos inmemoriables la longevidad ha sido para toda la humanidad un ideal expresado de muy diversas maneras. Mas no sólo la longevidad por sí misma, sino vivir muchos años en las mejores condiciones posibles. "Salud, dinero y amor, y tiempo para disfrutarlos" reza un conocido proverbio que expresa de manera más completa el mencionado anhelo.

Hace ya más de 20 siglos Marco Tulio Cicerón, filósofo y orador romano, dedicaba su *Diálogo de la vejez* a Marco Catón, el Viejo, admirado por la dignidad con la cual éste vivía su ancianidad. Al mismo tiempo y en contraposición se refería Cicerón a otro *Diálogo sobre la vejez* escrito por Chío —también filósofo estoico—, el cual aludía a Títono, personaje místico de Troya, esposo de la diosa Aurora, quien obtuvo de los dioses una larga vida, pero olvidó pedirles calidad para la misma. Así que, cansado de vivir y ya en precarias condiciones, Títono logró, finalmente, que los dioses lo transformaran en cigarra.

Más cerca en el tiempo, y en el ámbito de América Latina, Gloconda Belli, poetisa nicaragüense contemporánea, escribía en su *Desafío a la vejez*:

> *Cuando yo llegue a vieja / —si es que llego—/*
> *y me mire al espejo / y me cuente las arrugas/*
> *como una delicada orografía / de distendida piel…/*
> *…sé que todavía mi corazón / estará —rebelde— tictaqueando/*
> *y las dudas y los anchos horizontes /*
> *también saludarán mis mañanas.*

La meta es, entonces, que la longevidad se convierta cada vez más en mejor calidad de vida y cada vez menos en una calamidad personal. Este propósito es posible de alcanzar, y depende de la influencia del contexto histórico sociocultural, de condiciones y estilos de vida, sin dejar de considerar la incidencia de factores hereditarios, al igual que avances científicos en muy diversos campos, incluidos el de la genética, el biomédico, el tecnológico en sentido amplio, el administrativo y mucho más. Gracias a la conjunción de factores como los mencionados, es posible no sólo extender la esperanza de vida, sino también posponer algunas pérdidas de capacidades funcionales y, potencialmente, prometer mejor calidad de vida por más años, y no sólo más años.

Es fundamental entender que la vejez puede ser saludable y satisfactoria, sin desconocer, por supuesto, que implica disminuciones funcionales, nunca homogéneas ni necesariamente predecibles para todas las personas por igual. Cada individuo y cada sociedad desempeña un papel importante en la construcción de su propia vida, de su forma de envejecer y de llegar a la vejez.

¿Cómo nos comportamos cotidianamente?… ¿Qué presuposiciones subyacen a lo que hacemos en y con nuestra vida?… El comportamiento de quienes suponen que su forma de vivir, envejecer y ser persona vieja está determinado por factores del azar (el destino, las estrellas, la suerte) diferirá de manera significativa de la forma de actuar de quienes consideran que la calidad de su vida, de su envejecimiento y de su vejez es, en gran medida, una construcción dinámica resultante de condiciones históricas y socioculturales generadas y transformadas por los mismos seres humanos, así como de hábitos y estilos de comportamiento aprendidos por ellos.

* Agradecemos la colaboración de la psicóloga Elisa Dulcey-Ruiz del Centro de Psicología Gerontológica y Pontificia de la Universidad Javeriana en Santafé de Bogotá, Colombia, y a la doctora Martha B. Peláez, directora asociada del Centro de Envejecimiento de la Universidad Internacional de Florida, Miami, Estados Unidos.

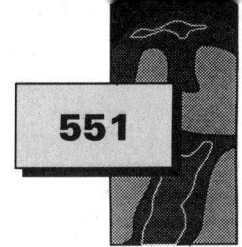

LONGEVIDAD, COMPORTAMIENTO HUMANO Y PSICOLOGÍA DEL DESARROLLO

¿Y qué tiene que ver la psicología —como estudio del comportamiento— con el envejecimiento, la vejez y la longevidad con calidad de vida?… Además de lo planteado, es preciso reconocer que gran parte de los factores generadores de enfermedad y mortalidad se relacionan con comportamientos humanos personales y sociales: accidentes, contaminación ambiental, violencia, discriminación de las personas por múltiples razones (género, edad, etnia, cultura,…), fallas en la comunicación, aislamiento, falta de participación en las decisiones que afectan la propia vida; alimentación inadecuada, sedentarismo, tabaquismo, drogadicción, competencia destructiva y otros tantos comportamientos que se aprenden en contextos sociales específicos en la relación cotidiana con otras personas.

La *psicología del desarrollo*, como área de la psicología que estudia cambios, logros y disminuciones progresivos, en relación con el comportamiento, durante toda la existencia, se pregunta por las condiciones y formas en que se estructuran modalidades de conducta diferentes, incluidas, obviamente, aquellas que hacen posible una longevidad con bienestar.

LA PERSPECTIVA DEL CICLO VITAL

Desde la psicología y otros campos afines, algunos autores se refieren a estadios, periodos o etapas de la existencia, señalándoles indicadores más o menos predecibles. Una mirada al transcurso de la vida humana desde un punto de vista algo diferente, destaca el hecho de que *somos individuos cambiantes en ambientes* (físicos, socioculturales e históricos) *cada vez más cambiantes*, en los cuales cabe incluso cuestionar la supuesta invariabilidad de los factores hereditarios, como lo sugieren los estudios acerca del mapa genético o genoma humano iniciados al finalizar la década de 1980, los cuales pretende, entre otras cosas, encontrar formas de influir en los genes con el propósito de prevenir enfermedades y de mejorar la calidad de vida. Tales estudios constituyen un desafío de cambio inaplazable en nuestra manera de entender al ser humano desde las diversas disciplinas: biológicas, médicas, psicológicas y sociales.

El contexto de cambio permanente en que transcurre la vida humana y por ello el comportamiento, presenta así serios cuestionamientos que nos invitan a modificar nuestra forma de percibirlos y plantearlos.

La *perspectiva del ciclo vital*, postulada desde hace ya varias décadas por psicólogos como Hams Thomas (Universidad de Bonn, Alemania), Ursula Lehr (Universidad de Heidelberg, Alemania) y Paul B. Baltes (Instituto Max Planck para el Desarrollo Humano y la Educación, Berlín, Alemania), destaca como principios fundamentales en el estudio del desarrollo-envejecimiento humano, a lo largo de toda la vida, los siguientes:

1. Desde la concepción hasta la muerte, la vida implica continuidad, a la vez que constantes cambios.
2. Los cambios son muy diversos y se producen en múltiples direcciones.
3. Desde su comienzo hasta su final, la vida constituye una dinámica permanente en la cual se conjugan, en proporciones diferentes, ganancias y pérdidas, incrementos y decrementos.
4. Durante la vida de todo ser humano siempre es posible actuar en muy distintas maneras ante situaciones similares, lo cual remite, necesariamente, a la posibilidad del cambio en cualquier edad, al tiempo que al reconocimiento de diferencias individuales.
5. Además de los factores genéticos, los socioculturales e históricos, así como las expectativas sociales y circunstancias individuales únicas, inciden de manera destacada en la construcción de comportamientos y estilos de vida en el transcurso de la existencia.

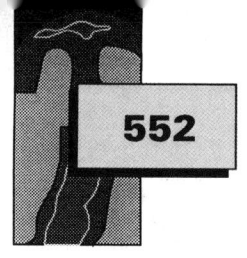

ENVEJECIMIENTO INDIVIDUAL Y POBLACIONAL

En su sentido literal, *envejecer* quiere decir "hacerse viejo", vivir cada vez más. Tanto los individuos como las poblaciones envejecen.

El *envejecimiento individual* se relaciona con cambios reconocibles en los organismos a medida que avanza su vida. La modalidad y velocidad de tales cambios depende, como ya se ha dicho, de muy diversos factores.

Aunque en forma tradicional se ha asociado el envejecimiento con disminución, en particular de condiciones biológicas, es preciso reconocer que se envejece durante toda la vida y que en cualquier tiempo no sólo se evidencian decrementos, sino también incrementos funcionales. Así, en la vejez y mucho antes, es posible identificar disminuciones, por ejemplo, en la rapidez perceptual, pero también enriquecimiento en la actividad psicológica y social —según la forma y las circunstancias en que se viva—. Por otra parte, deficiencias atribuidas con frecuencia a factores biológicos y en especial genéticos, se reconocen cada vez más como dependientes en mayor grado de las relaciones entre el comportamiento del individuo y su contexto. Hay, entonces, modos de vivir y de envejecer saludables y deteriorantes. ¿Cuál de ellos predomina en su vida?...

El *envejecimiento poblacional* se relaciona con el aumento de la proporción de personas adultas y viejas, a la vez que con una relativa disminución de personas más jóvenes. Es decir, al mismo tiempo que disminuye la mortalidad, también disminuyen los nacimientos. Se incrementa así la esperanza de vida al nacer y el porcentaje de personas mayores de 60 años.

¿Qué sucede al respecto en el modo? A continuación se relacionan algunos datos estimados por el Banco Mundial para 1990.

Algunos datos sobre envejecimiento demográfico calculados para 1990

	Población (millones)	%<15 años	%>60 años	Esperanza de vida
Todo el mundo	5 267	32	9	65
América Latina y el Caribe	444	36	7	70
Colombia	32	35	6	70
Cuba	11	23	12	76
México	86	37	6	70
Bolivia	7	43	5	60
Uruguay	3	26	16	74
Estados Unidos	250	22	17	76
España	39	20	19	76

Fuente: Banco Mundial, *Informes sobre el desarrollo mundial 1993*, 1993, pp. 206-207.

En todos los casos ilustrados en la tabla, al igual que en muchos otros países del mundo, la comparación entre los datos calculados para 1990 con datos previos (1960, por ejemplo) evidencia un decremento de la población menor de 15 años, a la vez que un incremento de la población mayor de 60 años, así como un aumento del promedio de esperanza de vida al nacer, todo lo cual indica envejecimiento demográfico.

En la tabla también se ilustran casos extremos —en América Latina— como el de Bolivia —con índices de envejecimiento poblacional relativamente bajos— en contraste con Uruguay, país que, al igual que Cuba, Estados Unidos y España, puede considerarse demográficamente viejo. Vale la pena señalar además, también como contraste, los índices de desarrollo humano (IDH), caracterizados particularmente por educación y nivel de ingresos, de estos dos países: Bolivia: IDH = 0416/1 000; Uruguy: IDH = 0905/1 000.

Los anteriores datos sobre el índice de desarrollo humano (IDH) —tomados del informe *Desarrollo Humano* 1991 (Tercer Mundo, Bogotá, pp. 44 y 45) elaborado por el PNUD— se relacionan positivamente con los datos sobre envejecimiento demográfico anotados antes. Es decir, un mayor envejecimiento demográfico coincide con un índice de desarrollo (IDH) más alto, y viceversa. Puede deducirse que el envejecimiento de una población está ligado a mejores condiciones de vida. En sentido similar, también la posibilidad de vivir más en el plano individual se relaciona con mejores condiciones de vida y de desarrollo económico y sociocultural. Tal realidad acerca del envejecimiento poblacional e individual lleva a pensar en éste, no como un problema, sino como un desafío, al tiempo que como una oportunidad que exige replantear modos de vida y formas de comportamiento personal y social para mejorar la calidad de la existencia y lograr una vejez satisfactoria, acorde con el lema adoptado por la Organización Mundial de la Salud: "Agregar vida a los años y no solamente años a la vida."

CONDICIONES DE VIDA Y LONGEVIDAD

En general se acepta ya como válido afirmar que la longevidad con bienestar se relaciona con múltiples factores, muchos de los cuales dependen de comportamientos humanos personales y sociales. Cabe destacar como muy importantes el nivel de escolaridad y el de ingresos, además de otros aspectos como la actividad física e intelectual —acorde con posibilidades e intereses— así como los hábitos alimenticios sanos y formas adecuadas de enfrentar situaciones de estrés (Lehr, 1993).

En el mundo existen ejemplos curiosos en que se combinan factores de diversa índole que coinciden con una mayor longevidad, de los cuales pueden citarse tres casos —quizá insuficientemente investigados de manera sistemática— que han llamado tradicionalmente la atención de unos cuantos interesados en el estudio del envejecimiento. Se trata de regiones geográficas distantes entre sí, aunque con algunas coincidencias: en la República de Georgia (que perteneció a la ex Unión Soviética); *Honza*, en Pakistán; y *Vilcabamba*, en Ecuador (América del Sur). Pese a muchas controversias al respecto, se ha considerado que en las mencionadas regiones, no obstante las condiciones de pobreza, las personas viven más tiempo, están en medios rurales en los cuales se conservan activas y no son discriminadas por razones de edad. En el caso específico de Vilcabamba, la longevidad se ha relacionado con la conjunción de factores como altura sobre el nivel del mar (entre 1200 y 1500 metros), alimentación rica en vegetales, cultura libre de tensiones y aire puro, además de actividad (Tout, 1989).

INVESTIGACIONES SOBRE CICLO VITAL, ENVEJECIMIENTO Y VEJEZ EN AMÉRICA LATINA

Si se acepta que nos comportamos ante las situaciones, las personas y los hechos de acuerdo con la forma en que los percibimos o los imaginamos, resulta importante indagar cómo perciben las personas el transcurso de la vida, el envejecimiento y la vejez. Con estos propósitos se ha realizado diversas investigaciones en distintos países de América Latina. A manera de ilustración suscinta, se citan tres ejemplos.

A partir de la hipótesis de que tanto jóvenes como viejos tendrían estereotipos negativos hacia la vejez, Sánchez (1982) encontró que tal hipótesis no se confirmaba en la población venezolana, pese a concluir que la imagen de la vejez encontrada tampoco podría considerarse predominantemente positiva.

En Argentina la psicóloga social Alicia Omar (1987) comprobó que independientemente del género y la edad de los encuestados, éstos consideraban que la edad en la que empezaba la vejez masculina era posterior a aquella en la cual se iniciaba la vejez femenina, que el envejecimiento está relacionado con factores biológicos más que psicológicos y sociales, y que la percepción del propio envejecimiento y de la propia vejez era más positiva que la del envejecimiento y la vejez en general.

En Bogotá (Colombia), un estudio realizado por el Centro de Psicología Gerontológica y la Universidad Javeriana (1992) descubrió que personas de distintas edades y estratos socioeconómicos hacían las siguientes asociaciones: Juventud, como equivalente a *vitalidad* y *alegría*; *adultos*, relacionada con *responsabilidad* y *seriedad*; y *vejez*, vinculada con *experiencia* y el hecho de ser.

Cabe preguntarse por las condiciones y formas de aprendizaje que llevan a construir tales imágenes del ciclo vital, el envejecimiento y la vejez, al igual que por su efecto sobre el comportamiento.

A MANERA DE CONCLUSIÓN

Hasta la segunda mitad del siglo XIX un número muy pequeño de la población llegaba a la vejez. Hoy, gracias a los avances en diversas disciplinas, entre las que cabe contar la psicología, la salud pública, la medicina, así como el desarrollo económico y el bienestar social, un número sin precedente de personas alcanza edades avanzadas en todo el mundo. Esto crea en todos los ámbitos un reto en busca de soluciones que permitan posponer los riesgos de fragilidad y enfermedad, para alcanzar la meta de "más vida para los años". Aquí se hace una invitación a la reflexión sobre la función de la psicología para mejorar la calidad de vida de las generaciones viejas, presentes y futuras. El reto para los psicólogos es continuar indagando sobre condiciones y formas de actuar coherentes con un envejecimiento y una vejez saludable y satisfactorios, teniendo en cuenta la necesidad de un diálogo permanente con otras disciplinas para poder lograr la mencionada meta, cada vez para mayor número de personas, habida cuenta de que "vivir es envejecer" y que "envejecer —como diría el psicólogo humanista Carl Rogers— también significa crecer".

REFERENCIAS

Centro de Psicología Gerontológica y Universidad Javeriana (Facultad de Psicología) (1992), *Percepción de algunas fases del ciclo vital*; Universidad Javeriana, Bogotá.

Lehr, Úrsula (1993), "Correlatos psicosociales de la longevidad", ponencia presentada en el Seminario Internacional sobre Ciclo Vital, Educación y Envejecimiento, Bogotá (Colombia), octubre 27 a 29.

Omar, Alicia (1987), "Percepciones de la vejez en diferentes estratos cronológicos" en *Revista Latinoamericana de Psicología*, Núm. 19 (2), pp. 147-158.

Sánchez, Antonio. N. (1982), "Imagen y estereotipos acerca de los ancianos en Venezuela" en *Revista Latinoamericana de Psicología*, Núm. 14 (3), pp. 363-383.

Tout, Ken, (1989), *Ageing in Developing Countries*, Oxford University Press, Nueva York.

LA OBSERVACIÓN DE INFANTES COMO MÉTODO DE ESTUDIO DEL DESARROLLO SOCIAL Y EMOCIONAL DESDE EL NACIMIENTO*

Debemos conceptualizar en forma múltiple el desarrollo del niño desde sus primeros días de nacido. Es al mismo tiempo físico, perceptual, social y emocional, y aunque no se aprecien a primera vista, todos estos aspectos están interrelacionados.

Al observar a un recién nacido podríamos tener la impresión de que todavía le hace falta desarrollar algunas características, de allí que para muchos un neonato es considerado como un niño al que hay que proporcionar lo necesario para la subsistencia, básicamente la alimentación y cuidado general. Sin embargo, es difícil imaginar que ya desde esos inicios de la vida tenga reacciones y estimulaciones que incidirán en la conducta emocional y social de ese ser humano a lo largo de su desarrollo posterior.

Para otros, esta condición vulnerable del recién nacido lo inhibe de tener un contacto físico más directo con el bebé: muestran temor de tomarlo en brazos y prefieren esperar a que sus reacciones a la interacción sean más evidentes.

Si nos preguntáramos, por ejemplo, ¿qué podrá percibir un recién nacido de pocas horas o días de nacido?, ¿qué certeza hay que desde ese momento los estímulos ambientales inciden en su conducta?, ¿qué importancia tiene la calidad de la relación emocional que expresan hacia él las personas que lo rodean?, seguramente tendríamos que recurrir, como lo han hecho muchos investigadores, a la observación de bebés.

Sin embargo, lo que sabemos acerca del desarrollo del niño en sus primeras semanas de vida, se centra especialmente en aspectos físicos, como por ejemplo los progresos en la talla y el peso, así como lo relativo al desarrollo perceptual y motor.

Tomemos por ejemplo el desarrollo del sentido visual. Se dice que la visión del recién nacido es obviamente limitada y se precisan luego los progresos que va logrando en cuanto a la agudeza visual y la percepción de profundidad. Estudios más recientes (1990), demuestran que los recién nacidos pueden darse cuenta de la configuración de los estímulos y de la constancia de tamaño en éstos. Si agregamos a estos hallazgos los realizados por Field (1982) y que demuestran la habilidad de los neonatos para discriminar e imitar las expresiones faciales del adulto, podemos entonces ampliar la perspectiva con la que juzgamos a un niño de pocos días de nacido.

Si el niño desde estos estadios puede imitar expresiones de asombro, de alegría y de tristeza, entonces la calidad de la relación que se establezca con ellos aun a edades tan tempranas es decisiva para un sano desarrollo emocional posterior, pues éstas son habilidades que se encuentran en la base de las interacciones sociales futuras.

No debemos olvidar que además de la percepción visual, las otras formas sensoriales que nos conectan con el mundo exterior también están presentes desde el nacimiento. La observación de bebés ha permitido comprobar la forma en que el niño va aprendiendo a discriminar las voces de sus padres y de personas cercanas, así como los ruidos ambientales rutinarios. Los estudios citados en el capítulo que comentamos hablan de que ya a los tres o cuatro días de nacido, un niño es capaz de reconocer la voz de la madre. Las posibilidades que se derivan de estos hallazgos en términos del desarrollo social y

* Agradecemos la colaboración de la doctora Melva Palacios de Mon, Psicóloga de la Universidad Nacional Autónoma de México con especialidad en Docencia Superior en la Universidad de Panamá. Actualmente funge como Vicerrectora de la Universidad Santa María La Antigua de Panamá.

emocional del bebé son múltiples, y ponen de manifiesto nuevamente la importancia de considerar al neonato en una perspectiva integral.

El tacto juega también un papel decisivo durante este periodo inicial. Así, muchas de las actitudes de aceptación o rechazo hacia el bebé serán transmitidas a través del contacto físico con el niño; es decir, la forma de cargarlo, de agarrarlo o manipularlo para vestirlo, alimentarlo o asearlo, etcétera. Un observador atento también puede apreciar estas manifestaciones de la conducta no verbal por parte del adulto. En este aspecto la boca del infante tiene un papel central como órgano que recibe los alimentos, pero también como organizador, muchas veces, del conocimiento del mundo que nos rodea.

Incluso el olfato, cuyo papel en las primeras semanas de vida no ha sido muy estudiado, contribuye también a que el neonato discrimine diferentes mensajes producto de la interacción con las personas que están a su alrededor.

Lo mencionado hasta aquí, si bien ha sido producto de investigaciones minuciosas que suponen la observación del niño, por la naturaleza de lo observado, presenta menor dificultad que lo que se refiere a los aspectos emocionales y sociales del desarrollo del recién nacido. La Técnica de Observación de Bebés en su ambiente natural, es decir no viendo al niño como sujeto de una experiencia controlada, presenta ventajas adicionales.

Se trata de que el observador se mantenga neutral, es decir, que no estimule la interacción, ni se involucre, por ejemplo, en una sesión de juego con el infante. El observador debe procurar estar atento también a las propias reacciones mientras observa. Por ello no debe tomar notas durante la observación sino después. De esta forma dedicará tiempo suficiente para describir lo que vio así como sus respuestas a medida que realiza el trabajo.

Generalmente, luego de ponerse de acuerdo con la familia, el investigador deberá observar al bebé por espacio de una hora semanal, ya sea cuando esté con la madre, el padre o la persona que lo cuida, y registrará especialmente los cambios en la interacción, durante un perido prolongado. Algunos programas de entrenamiento requieren que la observación se realice durante todo el primer año de vida, y se inicie los contactos con los padres semanas antes del nacimiento del niño para obtener el consentimiento de éstos para efectuar dicha observación.

La observación debe incluir el registro de actividades cotidianas como el baño y la alimentación que son las que muestran de forma más clara los progresos que va logrando el niño en su relación con los demás, así como la confianza de la madre en sus habilidades maternas. El observador debe también estar atento y registrar movimientos, sonidos, palabras y cualquier otro detalle por pequeño que parezca, pero que forma parte de la interacción del niño, especialmente con la madre.

Mientras que al estudiar el desarrollo social y emocional de los niños mayores de un año se aprecia diferentes manifestaciones de conducta, en el bebé, y en especial en los recién nacidos, la cognición, el aprendizaje, la memoria y los afectos sólo pueden ser inferidos. Existe una falta evidente de información verbal por lo que sólo puede tomarse en cuenta el comportamiento del infante.

Es muy importante no imponer de antemano el esquema de referencia conceptual propio a las observaciones que se realicen. Ésta quizá ha sido una de las limitaciones de trabajos de esta naturaleza llevados a cabo por autoras de las corrientes psicodinámicas pioneras en el estudio del desarrollo emocional de los infantes, como lo fueron Anna Freud (1955) y Melanie Klein (1952). En años más recientes, la observación de infantes se ha reformulado y se hace hincapié en una perspectiva de búsqueda de datos antes de formular una interpretación teórica.

Algunos conceptos que se manejan hoy en la psicología del desarrollo emocional y social, como lo son el de "objeto transicional" y el del "proceso de individuación-separación", son ejemplos de conceptos que han cruzado las fronteras teóricas y resultados de la observación de infantes desde el periodo de neonato.

A través de esta técnica se logra apreciar las influencias mutuas entre el niño y sus padres, así como una vívida experiencia del concepto de desarrollo integral. Especialmente se aprende la importancia de esperar antes de interpretar los datos de las observaciones iniciales, pues éstas deben ser corroboradas, o dicho de otra forma, una misma

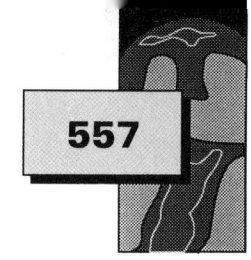
conducta puede ser apreciada en diferentes momentos y en diferentes circunstancias, como podrían ser el estado de ánimo y disposición de los padres, o las condiciones del propio bebé, la hora del día, etcétera.

La naturaleza de estas tempranas formas del desarrollo social del niño se constituirá en la base de sus relaciones sociales a lo largo de su vida. De allí que la conducta de apego, que es descrita en el texto como la liga emocional positiva que se desarrolla entre el niño y un individuo particular, es la forma más importante de desarrollo social y emocional que ocurre durante toda la infancia, y que se inicia desde el momento del nacimiento. Incluso algunos autores la sitúan en los estados prenatales, es decir durante el periodo de gestación.

Autores como Stern (1977), Brazelton, Koslowsky y Main (1974), han señalado que la mujer embarazada desarrolla lo que se ha descrito como un estado de sensibilidad elevada, especialmente en la fase final de la gestación, que le permite "adaptarse delicada y sensiblemente" a las necesidades de su futuro bebé, proceso sobre el cual D. Winnicot (1975) ha contribuido de manera fundamental.

Diferentes investigaciones han destacado la capacidad que tiene el neonato saludable para lograr esta forma elemental de interacción social, así como la capacidad de la madre de sensibilidad corriente para responder a ella. Es decir, la madre se adapta en forma rápida a los ritmos naturales de su hijo y al prestar atención a la conducta de éste, descubre lo que lo satisface y actúa consecuentemente con ello.

Por el lado del bebé, aunque su capacidad de adaptación es limitada, no es inexistente, de tal manera que si se le permite actuar a su propio ritmo logra en forma paulatina las gratificaciones que necesita, lo cual establece un ritmo en el desarrollo.

Casi podría concluirse que los bebés humanos, como pasa con otras especies, vienen al mundo con una cierta disponibilidad para desarrollarse de manera socialmente cooperativa. Si lo logran o no, de acuerdo con J. Bowlby, dependerá en gran medida del trato que le den los adultos que lo rodean y que en los inicios de la vida son básicamente los padres, en forma particular, la madre. Esto a su vez nos explica la gran cantidad de trabajos y literatura existente sobre la relación madre-hijo, estudiada desde diferentes perspectivas y enfoques psicológicos. Por estas razones no se ha hecho hincapié en el papel del padre, aunque estudios recientes coinciden en afirmar que la conducta y participación de ambos padres como figuras en el proceso de apego, son decisivas para un desarrollo psicológico sano.

Algunos estudios, incluso los llevados a cabo por Ainsworth y otros en 1978, sugieren que al proporcionar una figura de apego para su hijo, un padre puede estar desempeñando un rol muy parecido al desempeñado por la madre. Sin embargo, en casi todas las culturas, son las madres las que cumplen ese rol, especialmente cuando los niños son muy pequeños o recién nacidos. El rol del padre se estructura de diferente manera en la mayoría de las familias con hijos pequeños. Ellos participan más en otro tipo de actividades como los juegos de ingenio y de actividad física, que son importantes también para periodos subsiguientes del desarrollo social.

Son todos estos aspectos, de acuerdo nuevamente con J. Bowlby, los que hacen que la crianza de un niño requiera de la provisión por parte de ambos padres de lo que él denomina una base segura, a partir de la cual primero el niño y después el adolescente puedan salir al mundo exterior y regresar cuando así lo necesiten, con la certeza de que serán bien recibidos física y emocionalmente, o en otras palabras, alimentados y reconfortados, si estuvieran desvalidos o asustados.

Toda esta conducta de apego del niño y que se manifiesta desde sus días de neonato, debe ser considerada por ambos padres como una parte valiosa e intrínseca de la naturaleza humana. De ahí entonces que la técnica de observación de bebés es una herramienta útil para registrar las manifestaciones de este tipo de conducta de los niños y las respuestas de los que le rodean. A partir de ella se puede inferir, como dijimos inicialmente, los rasgos más característicos del desarrollo social y emocional del bebé.

IMÁGENES PROYECTIVAS EN EL CONO SUR*

Tomando como punto de partida la reformulación del psicodiagnóstico como "evaluación psicológica", que implica un proceso de toma de decisiones a través del cual el psicólogo realiza el estudio científico de un sujeto, y visualizando al psicólogo no como un mero "psicometrista" sino como un científico que realiza, por una parte, tareas de observación y recolección de información, formulación y contrastación de hipótesis, deducción de conclusiones y comprensión, explicación y predicción de la conducta, para lo cual requiere de técnicas de clasificación e intervención, y por otra, tareas de transmisión del conocimiento, apelando a recursos creativos que faciliten la comprensión y posterior uso ético y responsable de la información obtenida, es necesario considerar la posición actual de la tarea psicodiagnóstica en nuestro país como un resultado directo del uso flexible, pero no menos sistemático, de las técnicas en distintos ámbitos del quehacer psicológico, de acuerdo a las demandas sociales, laborales, educacionales y de salud provenientes del medio. Esto ha obligado a las universidades a impartir una enseñanza del psicodiagnóstico que implica un abordaje más amplio y crítico de la temática, y precisa con claridad los objetivos a cumplir, los métodos didácticos más eficaces para su transmisión, así como los peligros que pueden derivar de una inadecuada o parcial incorporación de ellos, por parte de los futuros profesionales.

Dentro de este contexto innovador, de aproximadamente 6 años a la fecha, se sitúa el desarrollo de las "Técnicas Proyectivas" en las nuevas universidades chilenas. También aquí se encuentran aspectos que considerar desde el punto de vista conceptual: ¿cuál es el concepto de proyección al que aluden las llamadas técnicas proyectivas? ¿Es el adecuado? ¿Desde qué referente técnico lo utilizamos? Si realizamos una revisión histórica del término proyección desde la perspectiva de la obra de Sigmund Freud en adelante, es posible concluir que, a pesar de las diferentes perspectivas y etapas, fundamentalmente aparece como una defensa consistente en adjudicar a otros aspectos inaceptables o desconocidos de sí mismo. Existirían formas avanzadas de proyección y formas tempranas de la defensa. Según Kernberg:[1] "En contraste con los altos niveles de proyección, caracterizados por la atribución al otro por parte del paciente de un impulso que él ha reprimido en sí mismo, las formas primitivas de proyección, en particular la identificación proyectiva, se caracterizan por (1) la tendencia a seguir experimentando el impulso que está siendo proyectado simultáneamente sobre la otra persona, (2) temor a la otra persona bajo la influencia de este impulso proyectado y (3) la necesidad de controlar a la otra persona bajo la influencia de este mecanismo". En ambos casos (altas y bajas) el objetivo es desembarazarse de la angustia perturbadora. Por lo tanto, se trata de operaciones *defensivas* más o menos eficientes.

Por otra parte, si revisamos la explicación del concepto proyección a través de la obra de algunos especialistas, como Didier Anzieu, Leopold Bellak, L.E. Abt, David Rapaport, Emanuel Hammer, John Bell, Harold Anderson y D. Van Lennep, se apreciará la especificidad con que cada uno lo utiliza; algunos en el sentido original de la obra de Freud, otros ampliando el término, otros para referirse a una Psicología de la Percepción que sintetiza conceptos de la Gestalt, del New Look y del Psicoanálisis.

A partir de estas aportaciones y de las críticas a ellas, es recomendable no hablar de técnicas proyectivas debido al sentido restrictivo del término, y no hablar de técnicas de exploración psicológica por su sentido excesivamente abarcativo (término propuesto por autoras de la escuela argentina), sino más bien de "técnicas aperceptivas". El uso del concepto de "apercepción" se refiere a la interpretación significativa de un estímulo por parte de un sujeto (Bellak) que no es, por lo tanto, una mera reproducción "objetiva" de

* Agradecemos la colaboración de la psicóloga Paola Andreucci Annunziata de la Universidad de Chile y actual catedrática de Aplicación de Pruebas Proyectivas en la Universidad Diego Portales de Santiago.

la realidad, que por lo demás en sentido estricto es imposible, sino una construcción de la realidad determinada por modalidades estructurales del individuo que apercibe. Estos componentes estructurales llamados por algunos Modalidades de procesamiento de la información (teoría procesal sistemática de V. Guidano) y por otros Organizaciones estructurales (teoría psicoestructural dinámica de O. Kernberg) constituye lo que la literatura ha privilegiado (?) en llamar "personalidad", objeto de estudio de nuestro quehacer psicodiagnóstico en un sentido amplio.

En el abordaje de este objeto de estudio se ha privilegiado, en el cono sur, las visiones teóricas psicoanalistas. Es así como en Brasil la escuela de Baer Bahía es básicamente psicodinámica, enriquecida por los aportes de Isabel Adrados y sus colaboradores. La escuela argentina realiza una integración de posturas básicamente psicoanalíticas (Vera Campo, Helena Lunazzi, Irene Orlando) y realiza aportaciones especiales a través de las autoras Ofelia Vázquez (1980), Elizabeth Sorribas (1982) y Alicia Passalacqua (1985). En Uruguay, en la década de los sesenta, uno de los iniciadores, Juan Carlos Carrasco, propuso un método propio, que resulta ser ecléctico. La escuela ecuatoriana, con un desarrollo posterior, también privilegia la interpretación psicoanalítica (Jorge Flachier, 1987). Por una parte nuestro enfoque considera las aportaciones descriptivas y cuantitativas de la técnica (escuela inglesa-estadounidense), como los aportes cualitativos (escuela suizo-alemana; Bohm y Zulliger, 1950) y dinámicos de ésta (Rapaport-Schafer). En un marco comprensivo y utilizado como telón de fondo la teoría psicoestructural de Kernber (con origen en la teoría de las relaciones objetales y la "psicología del yo") abordamos nuestro objeto de estudio, y consideramos las variables motivo de evaluación y campo de aplicación al utilizar fundamentalmente las técnicas de Rorschach y Apercepción Temática de Murray (T.A.T.) en adultos y adolescentes, y las técnicas de Bellak y Goodenough-Machover (C.A.T-H, C.A.T-A, Figura Humana) en niños.

Sin lugar a dudas, la técnica de Rorschach es la que ha atraído el mayor interés y ha impulsado un mayor desarrollo en diversos ámbitos del quehacer psicológico.

La lectura psicoanalítica del test (Kernberg y Konut) no excluye las aportaciones de la Psicología de la Gestalt y de la teoría procesal sistemática; por el contrario, ambas enriquecen la perspectiva holística de la personalidad. Sin embargo, creemos que esta perspectiva holística no es real si no se integra organizadamente, más allá de la lectura psicológica del material del test, a una *lectura organísmica* o somática o más bien psicosomática de aquél. Estas dos lecturas debieran complementarse necesariamente ya que son en estricto rigor, indisolubles.

Sin embargo, no es posible olvidar que el dualismo cartesiano, en el lejano renacimiento, fijó el desarrollo científico en dos direcciones excluyentes entre sí, que todavía subsisten con fuerza; por un lado, el desarrollo científico materialista y por otro, el metafísico espiritualista. Según Bleger,[2] "El ser humano quedó así desgarrado en su autoconocimiento y su autoconciencia (y en su misma existencia): repartido entre un estudio que por una parte lo asimila a un sistema puramente biológico y otra que lo considera una esencia espiritual". La influencia de lo psíquico en lo somático se rechazó por no ser científica.

Como parte de esta tendencia antiholística, investigadores de la psicología experimental, como Weber y Fechner, estudiaron el sentido de la *percepción* como entidad aislada, más que como parte de una globalidad (Kaplan y Kaplan, 1960). Entendidos de este modo, los procesos perceptuales no podían dar cuenta del funcionamiento de un organismo como un todo complejo, fundamento ineludible de nuestras técnicas aperceptivas.

Fernando Lolas señala que el concepto psicosomático, cuyo origen se remonta a 1818 con el psiquiatra alemán Johan Christian Heinroth (1773-1843) y su terapéutica del alma, cuyo núcleo es un concepto de persona que comprende el cuerpo como el espíritu-psique, ha evolucionado desde una concepción de unidad mente-cuerpo, pasando por el de psicogénesis, para terminar en un concepto más integrador. No obstante, como también señala Lolas, este concepto de psicosomático ya no es sostenible por el hecho de que *toda enfermedad* es psicosomática (Lolas F., 1984).

Por lo tanto, no adherimos al sentido restringido en que se puede utilizar el término psicosomático, aplicable sólo a un grupo de trastornos como la hipertensión arterial, la úlcera, el asma, las alergias, el colon irritable, etcétera. En la génesis de estas enfermedades los factores psicológicos desempeñan un papel de primer plano, es decir, se hace hincapié en la causalidad. Sin embargo, al aludir a una posible etiología psíquica, necesariamente se apunta a un dualismo inexistente en la realidad, en la medida que ninguna enfermedad se encuentra liberada de la influencia de factores psicológicos.

Compartimos el sentido amplio del concepto psicosomático donde no existen relaciones causales, en la medida en que lo psíquico y lo somático equivalen a dos caras de una misma moneda. Siguiendo a L. Chiozza,[3] sostenemos que "el hombre entero es psicosomático y cuando enferma, tampoco pierde la condición psicosomática" (Chiozza, 1988).

Estos planteamientos cobran importancia al intentar predecir el desarrollo de la técnica Rorschach en los próximos años. El instrumento ya se ha utilizado para descubrir trastornos comprendidos en el concepto psicosomático restringido. Pensamos y anhelamos que su utilidad dentro de un enfoque más general, donde se toma en consideración en cualquier trastorno o enfermedad, la totalidad del ser humano, tanto en sus aspectos psicológicos como biológicos, enriquecerá la técnica mediante la comprensión más completa del individuo.

Es así como en el estudio del cáncer se ha dado los primeros pasos no sólo para esclarecer su etiología sino también en lo referente a su evolución y tratamiento. ¿Obtendremos logros en este sentido? Es nuestro desafío… por el momento. Ya vendrán nuevas imágenes proyectivas. No…, aperceptivas a nuestras metas.

REFERENCIAS TEXTUALES

1. **Kernberg, O.** *Trastornos graves de la personalidad*, p. 87.
2. **Bleger, J.** "Psicología y medicina", en José Schavelzon y colaboradores, *Cáncer. Enfoque psicológico*, p. 94.
3. **Békei, M.; Chevnik, M.; Chiozza, L.** "Lo psicosomático", en *Revista de Psicoanálisis Argentina*, 1988, XLV, (5), p. 32.

REFERENCIAS

Allport, G. W. *Psicología de la personalidad*, Paidós, B. Aires, 1965.

Békei, M.; Chevnik, M; Chiozza, L. "Lo psicosomático", *Revista de Psicoanálisis Argentina*, 1988, XLV, (5).

Bellak, L.; Abt, I. *Proyective Psychology Clinical Approach to the total Personality.* Grove Press I.N.C., N.Y., 1959.

Bleger, J. "Psicología y medicina", en José Schavelzon y cols. *Cáncer. Enfoque psicológico.* Galema, B. Aires, 1978.

Fernández Ballesteros, R. *Psicodiagnóstico. Concepto y metodología.* Cincel, Madrid, 1980.

Guidano, V. *Complexity of the self: a developmental approach to psycopthology and therapy.* 1a. ed. The Guilford Press, Nueva York, 1987.

Kaplan, H.I. y Kaplan, H.S. "An historical survey of psychosomatic medicine", en *Journal of Abnormal and Social Psychology*, 1960, 60, (3), pp. 546-568.

Kernberg, O. *La teoría de las relaciones objetales y el psicoanálisis clínico*, Paidós, B. Aires, 1988.

Kernberg, O. *Trastornos graves de la personalidad*, Paidós, B. Aires.

Lolas, F. *La perspectiva psicosomática en medicina. Ensayos de aproximación*, Rorschach, H. *Psicodiagnóstico*, Paidós, B. Aires, 1972.

Weigle, C. *Cómo interpretar el Rorschach. Su articulación con el psicoanálisis*, Artigas Suárez Ediciones, B. Aires, 1988.

LIDERAZGO POLÍTICO EN AMÉRICA LATINA*

En el ámbito de la investigación psicopolítica, la secuencia de dictaduras y golpes militares durante las últimas décadas influyeron en el limitado desarrollo de estudios referentes a las variables sociopolíticas de la región. Hasta el inicio de los ochenta, el interés giraba en torno a la conducta electoral: el voto y la adhesión a los partidos políticos; asimismo, los estudios acerca de los matices del nacionalismo, la identidad y el carácter nacionales, los estereotipos, las actitudes y los rasgos entre los diferentes países, apuntan más al desarrollo de investigaciones psicosociales que de la psicología política. En el campo de la socialización política, algunos esfuerzos del tipo "descriptivo-analítico" se han orientado hacia las relaciones del nivel socioeconómico, la influencia de los medios de comunicación, la actividad universitaria, etcétera. La casi totalidad de estos estudios se ha efectuado en grupos de adolescentes o de jóvenes adultos, por lo que apenas se inicia un esfuerzo investigativo. La democratización de los últimos años ha favorecido el interés de los factores vinculados con la conducta y la acción política, tales como estilos de participación, apatía, formas de organización comunitaria, los condicionantes de las polarizaciones sociales, los traumas de la represión política, los procesos de disidencia y tortura de los efectos psicológicos de la guerra. (Véase Montero, M. *Psicología política latinoamericana*, Panapo Edit. 1987, México.)

A diferencia de Europa, en América Latina como en Estados Unidos, no existen organizaciones políticas de clases sociales. Tampoco la ideología que establece una correspondencia directa entre los intereses económicos con la acción política ha llegado a tener una influencia determinante. La acción política y social se realiza con marcadas y constantes diferencias entre lo convencional (esto es lo esperado como es el caso de lo específicamente electoral o lo vinculado con la reafirmación del apoyo popular) y aquellas relacionadas con la disidencia, la protesta, la desobediencia civil, identificadas como no convencionales.

En América Latina los actores sociales, como es el caso de los dirigentes, no se definen solamente por su situación económica, sino por el papel que asumen en el proceso de integración social y cultural. La noción de las "personas" como fuente y sede de poder, la distancia entre líderes y masa, las brechas entre mensajes y movilización para la acción, ha llevado a la búsqueda de alternativas muy diversificadas en la acción y en la expresión política. El liderazgo político latinoamericano tiene hoy el reto de la emergencia y la dinámica de los nuevos actores sociales.

DE LA TRADICIÓN A LA MODERNIZACIÓN

Las imágenes del liderazgo latinoamericano han asumido tradicionalmente la figura de los patriarcas, los señores feudales, los "generales revolucionarios", que se mueven entre la represión y la protección, entre la brutalidad y la complacencia. Sin embargo, estas imágenes tienden cada vez más a corresponder menos a la realidad. Los intereses de la propiedad y la vida local y cotidiana no son independientes de la política nacional, pero tampoco están incorporados plena e institucionalmente a ella. Esta situación ha sido engendrada por un fenómeno propio de América Latina: el cacicazgo.

El papel del cacique consiste en controlar las relaciones entre el centro político-económico del país y una sociedad local, parcialmente integrada al conjunto nacional. Cuando el sistema político central es débil, como pudiera ser el caso del Ecuador o de algunos países centroamericanos, el cacique es un jefe local que impone su autoridad a

* Agradecemos la colaboración de la doctora Mercedes Pulido de Briceño, profesora de Psicología Social de la Universidad Católica Andrés Bello. Actualmente es Ministra de la Familia en Caracas, Venezuela.

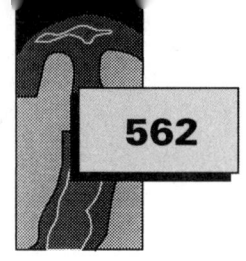

través de todos los gobiernos sin considerar diferencias de colores o posiciones. Al respecto, el ex presidente ecuatoriano Oswaldo Hurtado describe la presencia del cacique como "el jefe local cuyas propiedades y riqueza de tierras adquiere una preponderancia económica y social que le permite situarse por encima de otros propietarios y ejerce un poder político que no puede ser limitado ni siquiera por la autoridad del gobierno central. . . se impone en el parlamento, en las municipalidades para distribuir favores y funciones a su clientela electoral,… arruina a sus adversarios y aumenta su poder utilizando el dinero público, obteniendo ventajas fiscales y exoneraciones…" (Hurtado, O. *El poder político en Ecuador*, Quito, Universidad Católica, 1977.)

En los países que cuentan con un Poder Central fuerte, el cacique es un representante local del poder central. Tal es el caso de los "coroneis" en Brasil, cuya fuerza se manifiesta en su complicidad con la Guardia Nacional y en cuyas redes se fragua el control político. Es así, que la influencia política se constituye no sólo como instrumento de ascenso económico, sino además como un medio de movilización social y profesional, bajo un sistema global de prebendas.

Al observar la vida municipal en México, constatamos que el cacique desempeña el papel de mediador político entre la población local y la estructura nacional con la utilización para esto de los cuadros institucionales. A partir de la Revolución Mexicana, cuando los militares se convirtieron de manera simultánea en grandes terratenientes y en dirigentes regionales, el caciquismo se convirtió en un mecanismo de participación política y económica (casi feudal), para una sociedad local que sólo podía incorporarse al ámbito nacional de toma de decisiones a través de la figura mediadora y distorsionante del cacique.

De esta manera, puede entenderse el caciquismo como una forma característica de control político propia de una etapa de transición, en la cual el poder tradicional empieza a modernizarse sin llegar aún a institucionalizarse, ya sea por una centralización excesiva del poder político o por carencia de participación real de los grupos sociales locales en la vida política local o nacional.

La fragilidad de la participación social y la concentración del poder político limitan la movilización autónoma de los grupos sociales y, por lo tanto, refuerzan el rol de estos intermediarios de facto. Éstos, lejos de ser mediadores, se convierten en agentes del control político de la comunidad y en algunos casos defensores de sus intereses para mantener todo un sistema organizado de privilegios ante el poder central. El caciquismo es un mecanismo político que demuestra claramente, más que características psicológicas individuales, la ausencia de integración nacional en el espacio político, social y económico de nuestros países. No puede decirse que el caciquismo aísle del todo a las comunidades, ya que, por el contrario, es la única vía de acceso al poder central, es un medio de control de la población y una canalización mediatizada de las aspiraciones locales.

El ritmo de la Iglesia latinoamericana se radicaliza y reacelera con el Concilio Vaticano II, y en especial, durante las conferencias episcopales de Medellín en 1968 y Puebla en 1979.

Al apoyar la Reforma Agraria especialmente en Ecuador, Brasil y Chile, la Iglesia puso de manifiesto su intención de intervenir de manera concreta en los problemas sociales. De la misma manera, la participación de la Iglesia en los movimientos de democratización de Centroamérica, así como su papel de interlocutor en los procesos de pacificación, le han abierto un espacio de credibilidad y liderazgo político en el continente.

De igual manera, la Iglesia chilena, en su propósito de luchar contra las dictaduras y su inclemente represión contra los "pobladores", mantuvo unida, en muchos casos, la acción comunitaria y la acción política. Igualmente en Chile, la Vicaría de la solidaridad logró que la acción religiosa y la acción de defensa social se mantuvieran asociadas ante situaciones de extrema reclusión y represión. Esta situación ha sido similar en Bolivia y Haití.

La Iglesia se ha identificado con la lucha por la democracia, en conflicto abierto con el poder político y en forma progresiva ha llegado a ser la vía para integrar acuerdos nacionales que faciliten la democratización. Sus objetivos se han centrado en la defensa de la sociedad, los derechos humanos y la comunidad, contra un poder político totalizante, sea éste antipopular-represivo o sustentado en una ideología revolucionaria.

Por otra parte, a pesar de ser esencial para la Iglesia, como organización, preservar su unidad dentro de la dinámica del manejo de los conflictos, hay que destacar la existencia de una tendencia conservadora, reaccionaria o posiblemente alejada de los problemas sociales. Estas tendencias tienden a reforzar la vida religiosa o eclesiástica, enfocando su acción en el ámbito de la vida privada de las clases medias y ricas. Como no existe una separación absoluta entre la vida privada y la vida pública, aquí tampoco encontramos un abismo entre la religión y la política. La Iglesia de América Latina ha planteado el encuentro entre el hambre de Dios y el hambre del pan, como lo dice Leonardo Boff. Por este motivo es importante destacar su capacidad de fuerza social movilizadora de los sectores populares, al combinar los elementos de modernización económica y de crítica social y política, con la defensa comunitaria, de la defensa de los derechos humanos y de la vida. (Véase Martín-Baró, I. De la conciencia religiosa a la conciencia política. UCA, San Salvador, *Boletín de Psicología*, 1985.)

LA AUTONOMÍA DE LOS ACTORES POLÍTICOS

En la mayoría de los países democráticos, los actores políticos surgen como intermediarios entre las fuerzas sociales organizadas y un Estado que depende de su elección. En América Latina, la autonomía de los actores políticos tiende a ser grande, lo cual se explica por la aparente disociación de la vida política y el poder económico, dependiente en gran parte de gobiernos extranjeros o empresas multinacionales. Esta dependencia económica del exterior trae consigo además una dependencia cultural y política. Del mismo modo, la debilidad de las organizaciones sociales favorece el surgimiento de dirigencias o actores políticos desordenados y autónomos, ya que éstos no tienen los límites que en sociedades estructuradas crean las élites dirigentes no partidistas, las fuerzas sindicales o los "representantes" de los sectores populares. La debilidad de los actores sociales obstaculiza la organización y permanencia de nuevos y grandes partidos de masas y, por otra parte, la importancia de los grupos excluidos o marginalizados por la pobreza agrava la debilidad de los partidos para servir de apoyo a los líderes o grupos de elegidos. El Estado es débil dado el poco control que tiene en última instancia sobre sus decisiones económicas.

La influencia que tiene la política en América Latina favorece el surgimiento de líderes individuales o personalidades que concentran el poder en ellas, más que en el fortalecimiento de organizaciones que favorezcan la indiferenciación entre el Estado y el sistema político. Los líderes políticos actúan indistintamente en el campo del Estado, así como en las organizaciones autónomas sociales, sindicatos, colegios profesionales y asociaciones. El papel de los políticos es amplio y variado de acuerdo con la diversidad clasista que caracteriza a los partidos políticos, pero también es importante destacar que la movilización política está controlada y limitada por los dirigentes, los cuales suelen ser, los notables de las comunidades o los jefes de partidos sin la visión amplia de hombres de Estado. La hiperpolitización en América Latina se sustenta en una representatividad limitada, tanto de dirigentes, como de fuerzas políticas. El personalismo en la vida política, los cambios de orientación y rumbo de ciertos líderes y la ausencia de movilización de la población, especialmente de los sectores marginales, hace que las relaciones de tipo clientelista y populista predominen sobre las ideologías o los programas políticos. (Véase, Touraine, A. *Politique et societé en Amerique Latine*, Odile Jacob, edit., 1988, París.)

DIMENSIONES DEL LIDERAZGO POLÍTICO LATINOAMERICANO

La acción política en América Latina puede ser enmarcada mejor en una dimensión participativa o no-participativa, antes que representativa. La dirigencia política busca constantemente capitalizar los intereses de la Nación, el Estado, y de los programas de integración y participación políticas, asumiendo el papel de facilitadores del acceso al espacio y a la vida pública, por lo que es muy difícil que pueda generarse una representatividad específica de una categoría o clase social. Las políticas de participación son fuertes y populares mientras se puede disponer de recursos o se tiene la capacidad para distribuir beneficios, de allí que los dirigentes políticos sean aclamados cuando tienen las manos llenas para satisfacer aspiraciones y rechazados cuando esta capacidad desaparece.

La movilización social realizada por los partidos políticos es muy limitada, ya que se enmarca dentro de una gran capacidad de integración social y política y el mantenimiento de una masa marginal que se manifiesta esporádicamente a través de sus aspiraciones de empleo, de ingreso, apropiación de tierras o viviendas. La vida política está signada por esta fragmentación y dualidad constantes, siendo entonces más un problema de pasiones que de confrontación de interés e ideas.

El estudio de las condiciones que conforman el liderazgo en Latinoamérica requiere profundizar sobre las relaciones de subordinación de la acción social a la intervención del Estado, el continuo solapamiento de los intereses económicos, la dependencia externa y el "voluntarismo" hacia la integración e identidad en la acción política, así como los sistemas de socialización hacia el quehacer colectivo.

La conducta política no puede estar disociada de los hechos económicos, históricos y culturales de la realidad social en donde se realiza, por lo que es necesario reiterar la importancia del proceso de apertura democrática para avanzar hacia la sistematización de la reflexión y praxis de los comportamientos y procesos de la vida política de una región en plena transformación y búsqueda de especificidad.

NOTA FINAL

Uno de los intentos más serios que ha mostrado el liderazgo latinoamericano lo constituye la realización de las Cumbres Iberoamericanas. Sin embargo, la falta de articulación, así como la ausencia de un plan global iberoamericano ha producido la sensación generalizada de que estas cumbres no han traído ningún cambio palpable en la realidad política de nuestro continente. Como dijera el ex presidente de México, Carlos Salinas de Gortari, con motivo de la Cumbre Iberoamericana llevada a cabo en Cartagena de Indias, Colombia, en junio de 1994: "Son las mismas preguntas y respuestas de las tres cumbres anteriores." De esta forma se evidencia cuán frágil sigue siendo nuestro liderazgo político en la búsqueda de la consolidación de un sistema latinoamericano global y moderno que comienza a generar respuestas integradas y articuladas tanto en experiencias comunes como en realidades sociales y culturales diversas.

El texto final de la reunión de sólo 22 páginas únicamente sirvió para ejercitar nuestra antigua debilidad: la retórica: "Propugnar la formación del ser humano desde la infancia como sujeto central del desarrollo, que potencie sus capacidades creativas y lo lleve a una vida profesional eficiente", o por ejemplo, "proponer un programa de acción que garantice el reconocimiento de la identidad cultural de los indígenas y asegure la plena participación de estos pueblos en la sociedad".

Sin embargo, constituye un hecho altamente satisfactorio la intención de comenzar a formar una conciencia de cooperación real, que en última instancia será el único vehículo que permitirá el enriquecimiento político de nuestros líderes y de nuestros países.

La intensificación del comercio entre los países de América Latina, la consolidación del sistema democrático en los mismos, el lento fortalecimiento del poder judicial, los signos claros que señalan una integración más profunda, la evolución y maduración de nuestros pueblos, indican, en conjunto, las vías únicas y actuales a seguir. Poco a poco Latinoamérica está pasando de la retórica a las matemáticas.

GLOSARIO

Acatamiento: comportamiento que ocurre como respuesta a la presión social directa (Cap. 14)

Acomodo mental: tendencia a persistir que poseen los antiguos patrones de solución de problemas (Cap. 7)

Actitudes: predisposiciones aprendidas para responder de manera favorable o adversa ante un objeto específico (Cap. 14)

Adaptación: ajuste de la capacidad sensorial que sigue a una exposición prolongada a los estímulos (Cap. 3)

Adaptación a la oscuridad: sensibilidad aumentada a la luz derivada de haber estado expuesto a una luz de baja intensidad (Cap. 3)

Adolescencia: etapa de desarrollo entre la infancia y la vida adulta en donde ocurren muchos cambios, cognitivos y sociales (Cap. 10)

Afrontamiento: los esfuerzos por controlar, reducir o aprender a tolerar las amenazas que conducen al estrés (Cap. 9)

Agresión: daño o perjuicio intencional hacia otra persona (Cap. 14)

Algoritmo: regla que, si se sigue, garantiza una solución, aunque la razón de su funcionamiento puede no ser comprendida por la persona que la emplea (Cap. 7)

Altruismo: comportamiento de ayuda que produce beneficios para los demás, pero que requiere de sacrificio de quien presta la ayuda (Cap. 14)

Alucinógenos: droga que es capaz de producir cambios en el proceso perceptual, o alucinaciones (Cap. 4)

Amnesia disociativa: incapacidad para recordar experiencias que sucedieron en el pasado (Cap. 12)

Amor de compañía: gran afecto que se siente por las personas con quienes nuestra vida está muy vinculada (Cap. 14)

Amor pasional (o romántico): estado de absorción intensa hacia otra persona, que se caracteriza por la presencia de excitación fisiológica, interés psicológico y atención a sus necesidades (Cap. 14)

Análisis de atributos: percepción de una forma, patrón, objeto o escena por medio de la respuesta a los elementos individuales que la conforman (Cap. 3)

Análisis de medios y fines: pruebas repetidas para determinar las diferencias entre el resultado deseado y lo que existe en la actualidad (Cap. 7)

Andrógenos: hormonas sexuales masculinas (Cap. 9)

Anorexia nervosa: trastorno de la alimentación, que suelen padecer mujeres jóvenes, entre cuyos síntomas se incluyen diversos grados de autoinanición en un intento por evitar la obesidad (Cap. 9)

Apego: nexo emocional positivo que se desarrolla entre un niño y un individuo específico (Cap. 10)

Aprendizaje: cambio de comportamiento relativamente permanente como resultado de la experiencia (Cap. 5)

Aprendizaje latente: aprendizaje en el que se adquiere un nuevo comportamiento, el cual no se demuestra sino hasta que se ofrece un reforzamiento (Cap. 5)

Aprendizaje observacional: aprendizaje a través de la observación de otros (modelos) (Cap. 5); aprendizaje que emplea la observación del comportamiento de otras personas y las consecuencias de éste (Cap. 13)

Área motora: una de las principales áreas del cerebro, responsable de los movimientos voluntarios de partes específicas del cuerpo (Cap. 2)

Área sensorial: sitio en el cerebro que corresponde a cada uno de los sentidos, con el grado de sensibilidad relacionado con la cantidad de tejido cerebral (Cap. 2)

Áreas asociativas: una de las principales regiones del cerebro, en la cual se realizan los procesos mentales superiores, tales como el pensamiento, el lenguaje, la memoria y el habla (Cap. 2)

Asignación aleatoria a la condición: asignación de los sujetos de estudio a grupos determinados con base exclusivamente en el azar (Cap. 1)

Atracción interpersonal: sentimientos positivos hacia otras personas; afecto y amor (Cap. 14)

Autorrealización: en la teoría de Maslow, estado de satisfacción propia en el que las personas logran desarrollar su potencial máximo (Cap. 9); estado de satisfacción individual por el cual las personas alcanzan su máximo potencial (Cap. 11)

Axón: larga extensión de uno de los extremos de una neurona que lleva mensajes a otras células (Cap. 2)

Balbuceo: sonidos parecidos a los del habla, pero carentes de significado (Cap. 7)

Bastones: receptores sensibles a la luz de forma larga, cilíndrica; se localizan en la retina y funcionan correctamente en presencia de poca luz, pero son insensibles en gran medida al color y a los detalles pequeños (Cap. 3)

Biopsicólogos: psicólogos que estudian las maneras en que las estructuras biológicas y las funciones corporales afectan el comportamiento (Cap. 2)

Bisexuales: personas cuya atracción sexual es hacia miembros de ambos sexos (Cap. 9)

Botones terminales: pequeñas protuberancias ubicadas en el extremo del axón, que envían mensajes a las demás células (Cap. 2)

Bulimia: trastorno de la alimentación caracterizado por una ingestión exagerada de alimentos que puede estar seguida de un vómito autoinducido o por tomar laxantes para deshacerse del alimento (Cap. 9)

Canales semicirculares: parte del oído interno que contiene fluido que se mueve cuando el cuerpo cambia de posición a fin de controlar el equilibrio (Cap. 3)

Caracol o cóclea: tubo en espiral relleno de fluido que recibe el sonido a través de la ventana oval o a través de conducción ósea (Cap. 3)

Castigo: estímulo desagradable o doloroso que se añade al entorno después de que ocurre determinado comportamiento, disminuyendo la probabilidad de que dicho comportamiento se repita (Cap. 5)

Catarsis: proceso por el cual se descarga la agresividad acumulada por medio de actos violentos (Cap. 14)

Causa disposicional (del comportamiento): que se basa en rasgos internos o factores de la personalidad (Cap. 14)

Causa situacional (del comportamiento): causa que se basa en factores ambientales (Cap. 14)

Células ciliares: pequeñas células que cubren la membrana basilar las cuales, cuando se doblan a consecuencia de las vibraciones que penetran en el caracol, transmiten mensajes neuronales al cerebro (Cap. 3)

Cerebelo: parte del cerebro que controla el equilibrio del cuerpo (Cap. 2)

Cigoto: entidad unicelular producto de la fertilización (Cap. 10)

Claves monoculares: señales que nos permiten percibir la distancia y la profundidad con un solo ojo (Cap. 3)

Cognición: proceso mental superior por medio del cual comprendemos el mundo, procesamos información, elaboramos juicios, tomamos decisiones y comunicamos nuestros conocimientos a los demás (Cap. 7)

Cognición social: procesos que subyacen a nuestra comprensión del mundo social (Cap. 14)

Complejo de Edipo: interés sexual del niño por su madre, que suele resolverse por medio de la identificación con el progenitor del mismo sexo (Cap. 11)

Complejo de inferioridad: según Adler, una situación en donde los adultos no han sabido vencer los sentimientos de inferioridad que desarrollaron cuando niños (Cap. 11)

Comportamiento prosocial: comportamiento de ayuda (Cap. 14)

Compulsiones: impulsos por realizar en forma constante una acción que incluso el sujeto reconoce como irracional (Cap. 12)

Conceptos: categorizaciones de objetos, sucesos o personas que comparten propiedades entre sí (Cap. 7)

Conciencia: noción o conocimiento de una persona acerca de las sensaciones, pensamientos y sentimientos que experimenta en un momento dado (Cap. 4)

Condicionamiento clásico: tipo de aprendizaje en el que un estímulo previamente neutro llega a evocar una respuesta por medio de su asociación con un estímulo que genera la respuesta por vía natural (Cap. 5)

Condicionamiento operante: aprendizaje en el que una respuesta voluntaria se fortalece o debilita, según que sus consecuencias sean positivas o negativas; el organismo opera en su ambiente con el fin de producir un resultado específico (Cap. 5)

Confederado: persona que participa en un experimento, instruido para comportarse de modo que afecte las respuestas de los demás sujetos (Cap. 1)

Confiabilidad: el concepto de que las pruebas miden en forma consistente los factores para las que fueron creadas (Cap. 8)

Conformidad: modificación del comportamiento o de las actitudes que se provocan por el deseo de adoptar las creencias o patrones de los demás (Cap. 14)

Conos: células receptoras sensibles a la luz, de forma cónica, localizadas en la retina, responsables de enfocar con precisión y de la percepción del color, especialmente en presencia de luz intensa (Cap. 3)

Consentimiento informado: documento firmado por los sujetos de estudio antes de la realización de un experimento en el que se exponen el estudio, las condiciones y los riesgos que implica la participación en éste (Cap. 1)

Contenido latente de los sueños: según Freud, los significados "disfrazados" de los sueños, ocultos por temas más evidentes (Cap. 4)

Contenido manifiesto de los sueños: de acuerdo con Freud, el guión explícito de los sueños (Cap. 4)

Corteza cerebral: "cerebro nuevo", responsable del más complejo procesamiento de información del cerebro; contiene los lóbulos (Cap. 2)

Creatividad: combinación de respuestas o ideas en formas novedosas (Cap. 7)

Crisis de la mitad de la vida (o crisis de los cuarenta): sentimientos negativos que acompañan a la comprobación de que no hemos logrado todo lo que esperábamos de la vida (Cap. 10)

Cromosomas: estructuras con forma de bastón que contienen la información hereditaria básica (Cap. 10)

Debate herencia-medio: debate sobre el grado relativo en el que el ambiente y la herencia influyen sobre el comportamiento (Cap. 10)

Decaimiento: pérdida de información como resultado de la falta de uso (Cap. 6)

Dendritas: conjunto de fibras en uno de los extremos de la neurona que recibe mensajes provenientes de las demás neuronas (Cap. 2)

Depresión mayor: forma grave de depresión que interfiere con la concentración, la toma de decisiones y la sociabilidad (Cap. 12)

Depresores: drogas que desaceleran el sistema nervioso (Cap. 4)

Desamparo aprendido: estado en el que las personas piensan que no pueden escapar o enfrentar el estrés, por lo que dejan de combatirlo, lo cual genera depresión (Cap. 12)

Desarrollo cognitivo: proceso mediante el cual cambia la comprensión del mundo por parte del niño en función de su edad y su experiencia (Cap. 10)

Desarrollo psicosocial: desarrollo de las interacciones entre los individuos, de la comprensión que tienen de los demás y del conocimiento de sí mismos como miembros de la sociedad (Cap. 10)

Desensibilización sistemática: procedimiento en el que una respuesta de relajación es apareada repetidas veces con un estímulo que produce ansiedad con el fin de eliminarla (Cap. 13)

Desinstitucionalización: transferencia de los antiguos pacientes mentales de los hospitales a la comunidad (Cap. 13)

Detección de atributos: activación de neuronas en la corteza debida a estímulos visuales de formas y patrones específicos (Cap. 3)

Difusión de la responsabilidad: tendencia de la gente a sentir que la responsabilidad de ayudar se comparte entre quienes estén presentes en una situación que requiere de ayuda (Cap. 14)

Discriminación: comportamiento negativo hacia miembros de un grupo particular (Cap. 14)

Discriminación de estímulos: proceso por el cual el organismo aprende a diferenciar diversos estímulos, restringiendo su respuesta a uno de ellos en particular (Cap. 5)

Disonancia cognitiva: conflicto que surge cuando una persona tiene cogniciones contradictorias (Cap. 14)

Doble moral: la opinión de que las relaciones sexuales prematrimoniales son permisibles para los hombres pero no para las mujeres (Cap. 9)

Drogas adictivas: drogas que producen en el consumidor una dependencia física o psicológica (Cap. 4)

Drogas psicoactivas: drogas que influyen en las emociones, las percepciones y el comportamiento de una persona (Cap. 4)

Edad de viabilidad: momento en el que el feto puede sobrevivir si nace prematuramente (Cap. 10)

Edad mental: nivel típico de inteligencia propio de personas de una edad cronológica determinada (Cap. 8)

Efecto de halo: fenómeno en el que la comprensión inicial de que una persona posee rasgos positivos se utiliza para inferir otras características igualmente positivas (Cap. 14)

Efecto de reciprocidad del afecto: tendencia a querer a quienes nos quieren (Cap. 14)

Ello: parte primitiva, no organizada y heredada de la personalidad cuyo objetivo es la reducción de la tensión generada por las pulsiones biológicas y los impulsos irracionales (Cap. 11)

Embrión: cigoto desarrollado que ya posee corazón, cerebro y otros órganos (Cap. 10)

Emociones: sentimientos (tales como la felicidad, la desesperación y la tristeza) que suelen tener tanto elementos fisiológicos como cognitivos y que influyen sobre el comportamiento (Cap. 9)

Enfoque cognitivo-conductual: proceso por el que las personas sustituyen las cogniciones equívocas acerca de sí mismas y del mundo por cogniciones más acertadas (Cap. 13)

Enfoque cognitivo de la motivación: énfasis en el papel de nuestros pensamientos, expectativas y comprensión del mundo (Cap. 9)

Enfoque de la motivación relativo a excitación: la creencia de que tratamos de conservar determinados niveles de estimulación y actividad, aumentándolos o reduciéndolos, según sea necesario (Cap. 9)

Enfoque de la motivación relativo a incentivos: teoría que explica la motivación con base en estímulos externos (Cap. 9)

Enfoque de la motivación relativo a instintos: teoría que dice que la motivación es el resultado de un patrón innato de comportamiento que es determinado biológicamente (Cap. 9)

Enfoque de la motivación relativo a la reducción de pulsiones: teoría que afirma que se producen pulsiones para satisfacer nuestras necesidades biológicas básicas (Cap. 9)

Enfoque de la teoría del aprendizaje: perspectiva que sostiene que la adquisición del lenguaje obedece a los principios del reforzamiento y el condicionamiento (Cap. 7)

Enfoque ecléctico de la terapia: perspectiva que usa técnicas tomadas de una variedad de métodos de tratamiento, en lugar de basarse sólo en uno (Cap. 13)

Enfoques conductuales de tratamiento: enfoques empleados para tratar el comportamiento anormal que suponen que el comportamiento normal y el anormal son aprendidos, y que el tratamiento más adecuado consiste en aprender nuevas conductas y desaprender comportamientos desadaptativos (Cap. 13)

Enfoques humanistas de la personalidad: teorías que destacan la bondad básica de las personas y su tendencia natural a lograr niveles más altos de funcionamiento (Cap. 11)

Enfoques sociales cognitivos: teorías que enfatizan la influencia de las cogniciones de una persona –sus pensamientos, sentimientos, expectativas y valores— para determinar la personalidad (Cap. 11)

Ensayo: transferencia de material de la memoria a corto plazo a la memoria a largo plazo por medio de la repetición (Cap. 6)

Ensoñaciones diurnas: fantasías que las personas construyen en estado de vigilia (Cap. 4)

Error de atribución fundamental: tendencia a atribuir el comportamiento de los demás a causas disposicionales, y la falla en reconocer la importancia de las causas situacionales (Cap. 14)

Esquemas: temas generales en la memoria que contienen relativamente pocos detalles (Cap. 6); conjuntos de cogniciones sobre las personas y las experiencias sociales (Cap. 14)

Esquizofrenia: conjunto de trastornos caracterizados por una grave distorsión de la realidad, que produce un comportamiento antisocial —ridículo u obsceno—, alucinaciones y perturbaciones del movimiento (Cap. 12)

Estado de reposo: estado en que una neurona no está activada, en el que la carga es igual a –70 milivoltios (Cap. 2)

Estandarización de pruebas: técnica empleada para dar validez a los reactivos de las pruebas de personalidad mediante el estudio de las respuestas proporcionadas por personas con trastornos psicológicos conocidos (Cap. 11)

Estereotipos: creencias y expectativas sobre los miembros de grupos que se tienen simplemente con base en su pertenencia de ellos (Cap. 14)

Estimulante: droga que afecta el sistema nervioso central, provocando un aumento del ritmo cardiaco, de la presión arterial y de la tensión muscular (Cap. 4)

Estímulo: fuente de energía física que produce una respuesta en un órgano sensorial (Cap. 3)

Estímulo condicionado (EC): estímulo antes neutral que se ha asociado con un estímulo incondicionado para producir una respuesta que antes sólo era generada por el estímulo incondicionado (Cap. 5)

Estímulo incondicionado (EI): estímulo que evoca una respuesta sin que se haya aprendido (Cap. 5)

Estímulo neutro: estímulo que, antes del condicionamiento, no tiene efecto sobre la respuesta que se desea obtener (Cap. 5)

Estímulos estresantes de fondo: dificultades cotidianas, como quedar atrapado en un embotellamiento de tráfico, que producen irritaciones menores, pero que no causan efectos dañinos a largo plazo, a menos que ocurran en forma continua o que se vean acompañados por otros sucesos estresantes (Cap. 9)

Estímulos estresantes personales: sucesos importantes de la vida, como la muerte de un miembro de la familia, que tienen consecuencias negativas inmediatas que, en general, disminuyen con el transcurso del tiempo (Cap. 9)

Estrés: respuesta ante sucesos que nos resultan amenazadores o que nos generan conflicto (Cap. 9)

Estrógeno: una hormona sexual femenina producida por los ovarios (Cap. 9)

Estructuralismo: enfoque primigenio de la psicología que se concentraba en los elementos fundamentales que conforman las bases del pensamiento, la conciencia, las emociones y otros tipos de estados y actividades mentales (Cap. 1)

Estudio de caso: investigación profunda de un individuo o grupo pequeño (Cap. 1)

Etapa anal: abarca de entre los 12 a 18 meses hasta los tres años de edad; en esta etapa el placer del niño se centra alrededor del ano (Cap. 11)

Etapa de autonomía *vs.* vergüenza y duda: de acuerdo con Erikson, periodo durante el cual los niños de 18 meses a tres años de edad desarrollan independencia y autonomía si se fomenta en ellos la exploración y la libertad o, si se les restringe y sobreprotege, vergüenza y falta de confianza en sí mismos (Cap. 10)

Etapa de confianza *vs.* desconfianza: según Erikson, primera etapa del desarrollo psicosocial que comprende desde el nacimiento hasta los 18 meses de edad, durante la cual los bebés desarrollan sentimientos de confianza o desconfianza (Cap. 10)

Etapa de generatividad *vs.* estancamiento: según Erikson, periodo en la fase media de la vida adulta durante el cual evaluamos nuestras contribuciones a la familia y sociedad en general (Cap. 10)

Etapa de identidad *vs.* confusión de papeles: de acuerdo con Erikson, etapa de prueba en la adolescencia que permite determinar las cualidades propias distintivas (Cap. 10)

Etapa de industria *vs.* inferioridad: de acuerdo con Erikson, en este periodo los niños de seis a 12 años pueden desarrollar interacciones sociales positivas o sentirse inadecuados y volverse menos sociables (Cap. 10)

Etapa de iniciativa *vs.* culpa: según Erikson, éste es el periodo durante el cual los niños de tres a seis años de edad experimentan un conflicto entre la independencia de la acción y los resultados ocasionalmente negativos de ella (Cap. 10)

Etapa de integración del yo *vs.* desesperación: de acuerdo con Erikson, etapa que abarca la última fase de la vida hasta la muerte, en donde se revisan los logros y fracasos de la vida (Cap. 10)

Etapa de intimidad *vs.* aislamiento: de acuerdo con Erikson, etapa de la primera fase de la vida adulta en donde se crean relaciones cercanas con los demás (Cap. 10)

Etapa de las operaciones concretas: según Piaget, periodo que abarca desde los siete hasta los 12 años de edad y se caracteriza por el pensamiento lógico y la pérdida del egocentrismo (Cap. 10)

Etapa de las operaciones formales: según Piaget, periodo que va desde los 12 años a la edad adulta, caracterizado por el pensamiento de tipo abstracto (Cap. 10)

Etapa fálica: comienza alrededor de los tres años de edad; aquí los intereses del niño se centran en los genitales (Cap. 11)

Etapa genital: de acuerdo a Freud, abarca desde la pubertad hasta la muerte y se caracteriza por un comportamiento sexual maduro (es decir, de relaciones sexuales) (Cap. 11)

Etapa oral: según Freud, etapa que va desde el nacimiento hasta los 12 o 18 meses; aquí la boca es el centro de placer del niño (Cap. 11)

Etapa preoperacional: según Piaget, es el periodo comprendido entre los dos y los siete años de edad que se caracteriza por el desarrollo del lenguaje (Cap. 10)

Etapa sensoriomotora: de acuerdo con Piaget, etapa que abarca desde el nacimiento hasta los dos años, durante la cual el niño carece de competencia para representar el entorno mediante el uso de imágenes, lenguaje u otros símbolos (Cap. 10)

Evaluación conductual: mediciones directas del comportamiento de una persona que se toman para describir características indicativas de la personalidad (Cap. 11)

Eventos cataclísmicos: factores estresantes intensos que ocurren de manera inesperada y que afectan a muchas personas al mismo tiempo (por ejemplo, los desastres naturales) (Cap. 9)

Experimento: estudio realizado para investigar la relación existente entre dos o más factores por medio de la producción intencional de un cambio en uno de ellos, para así observar el efecto que éste produce en los otros factores (Cap. 1)

Extinción: debilitamiento y, por último, desaparición de una respuesta condicionada (Cap. 5)

Factor g: factor teórico general único que explica la capacidad mental (Cap. 8)

Fármacos antidepresivos: medicamentos que mejoran el ánimo y el sentimiento de bienestar de los pacientes deprimidos (Cap. 13)

Fármacos antipsicóticos: medicamentos que alivian en forma temporal síntomas psicóticos como la agitación y la actividad excesiva (Cap. 13)

Fármacos contra la ansiedad, o ansiolíticos: fármacos que reducen el estrés y la ansiedad (Cap. 13)

Fase 1 del sueño: estado de transición entre la vigilia y el sueño, caracterizado por ondas cerebrales relativamente rápidas y de bajo voltaje (Cap. 4)

Fase 2 del sueño: sueño más profundo que el de la fase 1, caracterizado por un patrón de onda más lento y regular, junto con interrupciones momentáneas de "husos del sueño" (Cap. 4)

Fase 3 del sueño: sueño caracterizado por ondas cerebrales lentas, con crestas y valles más amplios en el patrón de ondas (Cap. 4)

Fase 4 del sueño: fase más profunda del sueño, durante la cual el nivel de respuesta a la estimulación externa es mínimo (Cap. 4)

Fenómeno de "en la punta de la lengua": incapacidad de recordar información que se está seguro de conocer —resultado de la dificultad de la recuperación de información de la memoria a largo plazo— (Cap. 6)

Feto: bebé en desarrollo a partir de las nueve semanas después de la concepción y hasta su nacimiento (Cap. 10)

Fijación: comportamiento adulto que refleja una etapa de desarrollo anterior (Cap. 11)

Fijación funcional: tendencia a pensar en un objeto en función de su uso más generalizado (Cap. 7)

Fobias: temores intensos e irracionales que son producidos por objetos o situaciones específicos (Cap. 12)

Fonemas: unidades mínimas de sonido con que se forman las palabras (Cap. 7)

Fonología: estudio de las unidades mínimas de sonido, llamadas fonemas (Cap. 7)

Formación reticular: grupo de células nerviosas del cerebro que excitan al cuerpo para prepararlo a una acción adecuada y que bloquean los estímulos de fondo del ambiente (Cap. 2)

Frustración: estado producido por el impedimento o bloqueo de algún comportamiento; está dirigido hacia la consecución de un objetivo (Cap. 14)

Fuga disociativa: condición amnésica en la cual las personas hacen viajes impulsivos súbitos; en forma conjunta a veces asumen una nueva identidad (Cap. 12)

Funcionalismo: uno de los primeros enfoques de la psicología que se concentraba en lo que hace la mente —las funciones de la actividad mental— y en el papel que desempeña el comportamiento en la adaptación de la gente a su entorno (Cap. 1)

Gemelos idénticos: gemelos con una estructura genética idéntica (Cap. 10)

Generalización de estímulos: respuesta a un estímulo similar, y a la vez diferente, de un estímulo condicionado; mientras más se parezcan ambos estímulos, es más probable que se produzca la generalización (Cap. 5)

Genes: partes del cromosoma que transmiten la información genética (Cap. 10)

Genitales: los órganos sexuales masculinos y femeninos (Cap. 9)

Glándula pituitaria: la glándula "maestra". El principal componente del sistema endocrino, que secreta hormonas que controlan el crecimiento (Cap. 2)

Gramática: sistema de reglas que determinan cómo podemos expresar nuestros pensamientos (Cap. 7)

Gramática universal: estructura subyacente compartida por todos los lenguajes, base de la teoría de Chomsky acerca de que determinadas características del lenguaje tienen su basamento en la estructura cerebral y por lo tanto son comunes a toda la especie humana (Cap. 7)

Grupo control: grupo de experimentación que no recibe tratamiento alguno (Cap. 1)

Grupo experimental: cualquier grupo que recibe un tratamiento (Cap. 1)

Habituación: disminución en la respuesta ante la presencia repetida del mismo estímulo (Cap. 10)

Hemisferios: mitades simétricas, izquierda y derecha, del cerebro (Cap. 2)

Heredabilidad: medida del grado en que una característica se relaciona con factores genéticos heredados, en oposición a los factores ambientales (Cap. 8)

Heterosexualidad: atracción y comportamiento sexuales dirigidos al sexo opuesto (Cap. 9)

Heurística: regla empírica que puede llevar a la obtención de la solución de un problema, pero que no la garantiza (Cap. 7)

Hipnosis: estado de mayor susceptibilidad a las sugestiones de otros (Cap. 4)

Hipotálamo: una pequeña parte del cerebro, localizada debajo del tálamo, que mantiene la homeostasia y produce y regula comportamientos vitales básicos como comer, beber y la conducta sexual (Cap. 2)

Hipótesis: predicción planteada de modo que pueda verificarse (Cap. 1)

Hipótesis de la necesidad de complementariedad: sostiene que las personas se sienten atraídas por personas que satisfacen sus necesidades (Cap. 14)

Hipótesis del relativismo lingüístico: teoría que sostiene que el lenguaje da forma e incluso puede determinar el modo en que las personas de una cultura particular perciben y comprenden al mundo (Cap. 7)

Homeostasis: proceso por el que un organismo trata de mantener un equilibrio biológico interno, o "estado estable" (Cap. 9)

Homosexuales: personas que se sienten atraídas sexualmente hacia miembros de su propio sexo (Cap. 9)

Hormonas: sustancias químicas que circulan a través de la sangre y que afectan el funcionamiento y el crecimiento de distintas partes del cuerpo (Cap. 2)

Huella mnémica o engrama: cambio físico ocurrido en el cerebro que corresponde a la memoria (Cap. 6)

Identidad: carácter distintivo de un individuo: lo que somos, nuestros papeles y capacidades (Cap. 10)

Ilusiones ópticas: estímulos físicos que producen, de manera consistente, errores de percepción (también llamadas ilusiones visuales) (Cap. 3)

Imágenes mentales: imágenes en la mente que se asemejan al objeto o evento que se está representando (Cap. 7)

Imprimación: técnica para recordar información mediante la exposición previa a material relacionado (Cap. 6)

Inconsciente: parte de la personalidad de la que no se percata la persona (Cap. 11)

Inconsciente colectivo: concepto desarrollado por Jung, el cual propone que heredamos determinadas características de personalidad de nuestros antepasados y de la raza humana en su conjunto (Cap. 11)

Influencia social: rama de la psicología social que estudia las situaciones en que las acciones de un individuo o grupo de ellos influye en el comportamiento de los demás (Cap. 14)

Insight: conciencia repentina de las relaciones existentes entre diversos elementos que anteriormente parecían ser independientes entre sí (Cap. 7)

Inteligencia: capacidad para comprender el mundo, pensar en forma racional y emplear los recursos de manera efectiva cuando se enfrentan desafíos (Cap. 8)

Inteligencia cristalizada: la información, habilidades y estrategias que las personas han aprendido por medio de la experiencia y que pueden aplicarse en situaciones de solución de problemas (Cap. 8)

Inteligencia fluida: refleja las capacidades de razonamiento, memoria y procesamiento de la información (Cap. 8)

Interferencia: fenómeno por medio del cual se obstaculiza el recuerdo como consecuencia de que cierta información de la memoria desplaza o bloquea a otro material (Cap. 6)

Interneuronas: neuronas que transmiten información entre las neuronas sensitivas y las neuronas motoras (Cap. 2)

Intrepidez: característica de la personalidad asociada con una frecuencia baja de enfermedades relacionadas con el estrés; consta de tres componentes: compromiso, reto y control (Cap. 9)

Introspección: procedimiento empleado para estudiar la estructura de la mente, en el que se pide a los sujetos describir con detalle lo que experimentan cuando se les expone a un estímulo determinado (Cap. 1)

Inventario Multifásico de la Personalidad de Minnesota-2 (MMPI-2): prueba que se utiliza para identificar a personas con dificultades psicológicas y para predecir una variedad de otros comportamientos (Cap. 11)

Investigación correlacional: investigación para examinar la relación entre dos conjuntos de factores para determinar si están asociados o "correlacionados" (Cap. 1)

Investigación documental: revisión de los registros existentes con el fin de comprobar una hipótesis (Cap. 1)

Investigación longitudinal: método de investigación que analiza el comportamiento a través del tiempo mientras los sujetos se desarrollan (Cap. 10)

Investigación multisecuencial: método de investigación que combina las investigaciones transversal y longitudinal al tomar diversos grupos de edad y examinarlos en distintos puntos del tiempo (Cap. 10)

Investigación por encuesta: muestra de un grupo de personas en la que se estudian el comportamiento, los pensamientos o las actitudes de quienes lo integran, para después generalizar los descubrimientos a una población más amplia (Cap. 1)

Investigación transversal: método de investigación en el que se comparan personas de distintas edades en el mismo punto del tiempo (Cap. 10)

Lateralización: dominio de un hemisferio del cerebro en funciones específicas (Cap. 2)

Lenguaje: arreglo sistemático y significativo de símbolos (Cap. 7)

Lenguaje telegráfico: enunciados que se asemejan al texto de un telegrama, en los cuales se omiten las palabras que no son esenciales para el mensaje (Cap. 7)

Ley del todo o nada: principio que gobierna el estado de las neuronas, las cuales pueden estar excitadas (activas) o no excitadas (en reposo) (Cap. 2)

Ley de Weber: principio que establece que la diferencia apenas perceptible es una proporción constante de la intensidad del estímulo inicial (Cap. 3)

Leyes gestálticas de la organización: conjunto de principios que describen cómo organizamos trozos de información en unidades significativas; incluyen cierre, proximidad, semejanza y simplicidad (Cap. 3)

Libido: según Freud, la "energía psíquica" que motiva a las pulsiones primarias del hambre, sexo, agresión e impulsos irracionales (Cap. 11)

Libre albedrío: capacidad humana de tomar decisiones acerca de la propia vida (Cap. 1)

Litio: fármaco que se usa en el tratamiento de trastornos bipolares (Cap. 13)

Lóbulos: las cuatro secciones principales de la corteza cerebral (Cap. 2)

Manía: estado prolongado de euforia y júbilo intensos (Cap. 12)

Manipulación experimental: cambio producido deliberadamente en un experimento con el fin de afectar las respuestas o los comportamientos de otros factores para detectar las relaciones entre variables (Cap. 1)

***Manual diagnóstico y estadístico de los trastornos mentales* (cuarta edición) (*DSM-IV*):** presenta definiciones completas de más de 200 diversas categorías diagnósticas para identificar problemas y comportamientos (Cap. 12)

Mapa cognitivo: representación mental de ubicaciones y direcciones espaciales (Cap. 5)

Masturbación: autoestimulación sexual (Cap. 9)

Mecanismo de adquisición del lenguaje: sistema neuronal del cerebro que hipotéticamente hace posible la comprensión del lenguaje (Cap. 7)

Mecanismos de defensa: estrategias inconscientes que usan las personas para reducir la ansiedad, ocultando su fuente de sí mismos y de los demás (Cap. 9); estrategias inconscientes que emplean las personas para reducir la ansiedad mediante el ocultamiento de su origen de ellos mismos y los demás (Cap. 11)

Medidas basadas en informes personales: método para reunir datos de las personas mediante la formulación de preguntas relativas a una muestra de su comportamiento (Cap. 11)

Meditación: técnica para concentrar la atención que produce un estado alterado de conciencia (Cap. 4)

Médula espinal: conjunto de nervios que corren a lo largo de la columna vertebral y que transmiten mensajes entre el cerebro y el cuerpo (Cap. 2)

Membrana basilar: estructura que divide al caracol en una cámara superior y una inferior (Cap. 3)

Memoria: proceso por medio del cual las personas codifican, almacenan y recuperan información (Cap. 6)

Memoria a corto plazo: almacenamiento de información por 15 a 25 segundos (Cap. 6)

Memoria a largo plazo: almacenamiento de información en forma relativamente permanente, aunque su recuperación puede ser difícil (Cap. 6)

Memoria autobiográfica: recuerdos de las circunstancias y episodios de nuestras vidas (Cap. 6)

Memoria declarativa: recuerdo de información relativa a hechos: nombres, rostros, fechas y cosas por el estilo (Cap. 6)

Memoria de trabajo: teoría de Baddeley de que la memoria a corto plazo comprende tres componentes: el central ejecutivo, la almohadilla del esquema visoespacial y la espiral fonológica (Cap. 6)

Memoria ecoica: el proceso que almacena información proveniente de los oídos (Cap. 6)

Memoria episódica: memoria para información relacionada con los detalles biográficos de nuestras vidas personales (Cap. 6)

Memoria explícita: recuerdo intencional o consciente de información (Cap. 6)

Memoria icónica: el proceso que refleja información de nuestro sistema visual (Cap. 6)

Memoria implícita: recuerdos de los cuales las personas no tienen conciencia, pero que pueden afectar el comportamiento y desempeño posteriores (Cap. 6)

Memoria procedimental: se refiere a la memoria para habilidades y hábitos tales como montar en bicicleta o batear una pelota; en ocasiones se denomina "memoria no declarativa" (Cap. 6)

Memoria semántica: memoria que almacena conocimiento general y hechos acerca del mundo (por ejemplo, datos matemáticos e históricos) (Cap. 6)

Memoria sensorial: almacenamiento inicial y momentáneo de información que dura sólo un instante (Cap. 6)

Menopausia: etapa en la cual las mujeres dejan de menstruar, por lo general ocurre alrededor de los 45 años de edad (Cap. 10)

Mensaje excitatorio: secreción química que "probabiliza" que una neurona receptora se active y que un potencial de acción viaje a través de su axón (Cap. 2)

Mensaje inhibitorio: secreción química que evita que una neurona receptora se active (Cap. 2)

Metabolismo: tasa con la que el alimento es convertido en energía y consumido por el cuerpo (Cap. 9)

Metacognición: conciencia y comprensión de los procesos cognitivos propios (Cap. 10)

Método científico: proceso que consiste en un adecuado planteamiento de preguntas y en su correcta respuesta, empleado por psicólogos y científicos de otras disciplinas para obtener una comprensión del mundo (Cap. 1)

Modelo ABC de las actitudes: sugiere que toda actitud posee tres componentes: afecto, comportamiento y cognición (Cap. 14)

Modelo cognitivo de la anormalidad: sugiere que los pensamientos y las creencias son un componente central del comportamiento anormal (Cap. 12)

Modelo conductual de la anormalidad: sostiene que el comportamiento anormal en sí mismo es el problema que se debe tratar, en lugar de concebir al comportamiento como síntoma de algún problema médico o psicológico subyacente (Cap. 12)

Modelo humanista de la anormalidad: sostiene que las personas son fundamentalmente racionales y que deberían fijar sus propios límites acerca de lo que constituye el comportamiento adecuado (Cap. 12)

Modelo médico de la anormalidad: sugiere que cuando un individuo muestra síntomas de comportamiento anormal, la causa es fisiológica (Cap. 12)

Modelo psicoanalítico de la anormalidad: sugiere que la anormalidad proviene de conflictos en la infancia que surgen de deseos contrapuestos vinculados al sexo y la agresión (Cap. 12)

Modelos asociativos: técnica para recordar información pensando en material relacionado (Cap. 6)

Modelo sociocultural de la anormalidad: sugiere que el comportamiento de las personas, el normal y el anormal, es determinado por la familia, la sociedad y las influencias culturales (Cap. 12)

Modificación del comportamiento: técnica para incrementar la frecuencia de comportamientos deseables y disminuir la incidencia de comportamientos que no lo son (Cap. 5)

Módulos cerebrales: unidades separadas del cerebro que realizan labores específicas (Cap. 2)

Moldeamiento: proceso de enseñanza de un comportamiento complejo por medio de recompensas ante aproximaciones sucesivas al comportamiento deseado (Cap. 5)

Motivación: factores que dirigen y energizan el comportamiento (Cap. 9)

Motivación extrínseca: motivación por la que las personas participan en una actividad por una recompensa tangible (Cap. 9)

Motivación intrínseca: motivación por la que los individuos participan en una actividad para su propio gozo, y no por la recompensa que derivará de ello (Cap. 9)

Narcóticos: drogas que aumentan el relajamiento y alivian el dolor y la ansiedad (Cap. 4)

Necesidad de afiliación: necesidad de establecer y conservar relaciones con otras personas (Cap. 9)

Necesidad de logro: característica aprendida y estable en la que la satisfacción procede de la búsqueda y conservación de un nivel de excelencia (Cap. 9)

Necesidad de poder: tendencia a desear dejar una impresión o tener un impacto sobre los demás a fin de ser visto como un individuo poderoso (Cap. 9)

Neonato: recién nacido humano de cualquier género (Cap. 10)

Nervio óptico: grupo de axones ganglionares encargado de llevar la información visual (Cap. 3)

Neuronas: células especializadas que constituyen los elementos básicos del sistema nervioso y que transmiten los mensajes emitidos (Cap. 2)

Neuronas motoras (eferentes): neuronas que transmiten información del sistema nervioso a los músculos y las glándulas (Cap. 2)

Neuronas sensitivas (aferentes): neuronas que transmiten información del cuerpo al sistema nervioso central (Cap. 2)

Neurotransmisores: sustancias químicas que llevan mensajes a través de la sinapsis a la dendrita (y a veces al cuerpo celular) de una neurona receptora (Cap. 2)

Normas: estándares de ejecución de la prueba que permiten la comparación del puntaje obtenido por una persona en la prueba con el de otros que han resuelto la misma prueba (Cap. 8)

Núcleo central: "cerebro viejo" que controla las funciones básicas tales como la alimentación y el sueño, común a todos los vertebrados (Cap. 2)

Obediencia: cambio en el comportamiento que es provocado por las órdenes de los demás (Cap. 14)

Obesidad: estado en el que se tiene más del 20% por encima del promedio de peso y de acuerdo a una estatura determinada (Cap. 9)

Observación naturalista: observación en la que el investigador registra información relativa a una situación de ocurrencia natural y no interviene en ella de modo alguno (Cap. 1)

Obsesión: pensamiento o idea que recurre (Cap. 12)

Operacionalización: proceso por el que una hipótesis se traduce en procedimientos específicos susceptibles de comprobación a los cuales se puede observar y medir (Cap. 1)

Otolitos: cristales localizados en los canales semicirculares que detectan la aceleración del cuerpo (Cap. 3)

Ovulación: liberación mensual de un óvulo por parte de un ovario (Cap. 9)

Pacientes con el cerebro escindido: personas que padecen de un funcionamiento independiente de ambas mitades del cerebro, lo que provoca que las mitades del cuerpo funcionen sin armonía (Cap. 2)

Padres autoritarios: padres que son rígidos y punitivos y que valoran la obediencia incondicional de sus hijos (Cap. 10)

Padres con autoridad: padres que son firmes, establecen límites claros, y razonan con sus hijos y les dan explicaciones (Cap. 10)

Padres permisivos: padres que son relajados, inconsistentes y no exigentes, aunque son cariñosos con sus hijos (Cap. 10)

Paquete: grupo significativo de estímulos que se pueden almacenar como una unidad en la memoria a corto plazo (Cap. 6)

Pensamiento: manipulación de representaciones mentales de información (Cap. 7)

Pensamiento convergente: tipo de pensamiento que produce respuestas con base en los conocimientos y la lógica (Cap. 7)

Pensamiento divergente: capacidad para generar respuestas poco comunes, pero apropiadas, ante los problemas o las preguntas (Cap. 7)

Pensamiento egocéntrico: percepción del mundo que asume por completo la perspectiva propia (Cap. 10)

Percepción: organización, interpretación, análisis e integración de estímulos que implica a nuestros órganos sensoriales y al cerebro (Cap. 3)

Percepción subliminal: la percepción de mensajes sobre los que la persona no se da cuenta (Cap. 3)

Periodo crítico: primera de varias etapas del desarrollo en donde deben ocurrir tipos específicos de crecimiento para poderse permitir un desarrollo normal posterior (Cap. 10)

Periodo de latencia: según Freud, acontece entre la etapa fálica y la genital; a lo largo de este lapso se hacen a un lado de manera temporal los intereses sexuales de los niños (Cap. 11)

Permanencia de objeto: conciencia de que los objetos no dejan de existir por no estar al alcance de la vista (Cap. 10)

Personalidad: conjunto de características que diferencian a las personas, o estabilidad en el comportamiento de un individuo ante diversas situaciones (Cap. 11)

Perspectiva biológica: modelo psicológico que concibe el comportamiento desde la perspectiva del funcionamiento biológico (Cap. 1)

Perspectiva cognitiva: modelo psicológico que se concentra alrededor de la forma en que las personas conocen, comprenden y piensan acerca del mundo (Cap. 1)

Perspectiva conductual: modelo psicológico que sugiere que el comportamiento observable debe ser el centro de estudio (Cap. 1)

Perspectiva humanista: modelo psicológico que sostiene que las personas tienen control sobre sus vidas (Cap. 1)

Perspectiva psicodinámica: modelo psicológico basado en la creencia de que el comportamiento está motivado por fuerzas internas sobre las que el individuo tiene un control mínimo (Cap. 1)

Peso ideal interno: nivel específico de peso que el cuerpo se esfuerza por conservar (Cap. 9)

Placebo: tratamiento simulado tal como una píldora, "fármaco" u otra sustancia sin ninguna propiedad química significativa o ingrediente activo (Cap. 1)

Posición social: rango social que tiene un individuo dentro de un grupo (Cap. 14)

Potencial de acción: impulso nervioso eléctrico que viaja a través de una neurona cuando ésta es activada por un "disparador", lo cual provoca el cambio de la carga de la célula de negativa a positiva (Cap. 2)

Prejuicio: evaluaciones o juicios negativos (o positivos) de los integrantes de un grupo, que están basados principalmente en la pertenencia de esas personas al grupo más que en el comportamiento de un individuo particular (Cap. 14)

Prejuicio de endogrupo o exogrupo: la tendencia a tener opiniones menos favorables sobre los grupos a los que no pertenecemos (*exogrupo*); se tiene opiniones más favorables respecto a los grupos a los que pertenecemos (*endogrupo*) (Cap. 14)

Prejuicio de similitud supuesta: tendencia a pensar que las personas son similares a nosotros (Cap. 14)

Principio de conservación: conocimiento de que la cantidad no se relaciona ni con la distribución ni con la apariencia física de los objetos (Cap. 10)

Problemas de inducción de la estructura: problemas cuya solución requiere descubrir las relaciones existentes entre los elementos presentados, de modo que se construya una nueva relación entre ellos (Cap. 7)

Problemas de ordenación: problemas cuya solución requiere de la reorganización de un grupo de elementos con el fin de satisfacer un criterio determinado (Cap. 7)

Problemas de transformación: problemas que deben resolverse con el empleo de diversos métodos con el fin de transformar un estado inicial en una meta (Cap. 7)

Procesamiento abajo-arriba: reconocimiento y procesamiento de información relativa a los componentes individuales de un estímulo (Cap. 3)

Procesamiento arriba-abajo: percepción guiada por el conocimiento, la experiencia, las expectativas y las motivaciones (Cap. 3)

Procesamiento de información: modo en que las personas reciben, utilizan y almacenan información (Cap. 10)

Procesamiento por vía central: interpretación de mensajes caracterizada por una consideración cuidadosa de los temas y argumentos que se emplean para persuadir (Cap. 14)

Procesamiento por vía periférica: interpretación de mensajes que se caracteriza por considerar a la fuente del mensaje y por información general relacionada que desplazan al contenido del mensaje (Cap. 14)

Procesos constructivos: procesos en los cuales los recuerdos se ven influidos por la interpretación y el significado que damos a los sucesos (Cap. 6)

Profecía autocumplidora: una expectativa acerca de la ocurrencia de un suceso o comportamiento que incrementa la probabilidad de que ocurra dicho suceso o el comportamiento (Cap. 14)

Progesterona: una hormona sexual femenina producida por los ovarios (Cap. 9)

Programa de intervalo fijo: programa en el que se proporciona un reforzamiento a intervalos de tiempo establecidos (Cap. 5)

Programa de intervalo variable: un programa en el que el reforzamiento varía alrededor de algún promedio en lugar de ser fijo (Cap. 5)

Programa de razón fija: programa en el que el reforzamiento se da sólo después de la ejecución de determinado número de respuestas (Cap. 5)

Programa de razón variable: programa en el que el reforzamiento se presenta después de un número variable de respuestas, en lugar de hacerlo después de una cantidad fija de ellas (Cap. 5)

Programa de reforzamiento continuo: reforzamiento de un comportamiento cada vez que se produce (Cap. 5)

Programa de reforzamiento parcial: reforzamiento de un comportamiento algunas veces en que ocurre, mas no todas (Cap. 5)

Programas de reforzamiento: especificación de la forma en que se aplican el reforzamiento: frecuencia y factores temporales del reforzamiento que se aplica luego de un comportamiento deseable (Cap. 5)

Prototipos: ejemplos típicos y altamente representativos de un concepto (Cap. 7)

Proveedor de apoyo social: persona que comparte el punto de vista de la minoría o actitud de otro miembro del grupo, de tal modo que alienta la disidencia (Cap. 14)

Prueba de Apercepción Temática (TAT): consiste en una serie de ilustraciones ambiguas a partir de las cuales el individuo debe elaborar un relato; éste será considerado un reflejo de la personalidad del evaluado (Cap. 11)

Prueba de aprovechamiento: prueba para determinar el nivel de conocimiento que tiene una persona acerca de una materia determinada (Cap. 8)

Prueba de aptitudes: prueba diseñada para predecir las capacidades en un área o tipo particular de trabajo (Cap. 8)

Prueba de CI libre de cultura: prueba que no discrimina a los miembros de ningún grupo minoritario o cultural (Cap. 8)

Prueba de Rorschach: consiste en manchas de tinta de formas indefinidas, cuya interpretación se emplea para evaluar las características de personalidad (Cap. 11)

Prueba proyectiva de la personalidad: prueba en donde se le muestra a una persona un estímulo ambiguo y se le pide describirlo o narrar una historia acerca de él (Cap. 11)

Pruebas de inteligencia: batería de medidas usadas para determinar el nivel de inteligencia de una persona (Cap. 8)

Pruebas psicológicas: instrumentos estandarizados diseñados para evaluar el comportamiento de modo objetivo (Cap. 11)

Psicoanálisis: terapia psicodinámica que requiere sesiones frecuentes y que se prolonga durante varios años (Cap. 13)

Psicoanalistas neofreudianos: teóricos que otorgan mayor importancia que el mismo Freud a las funciones del yo y a la influencia de éste sobre las actividades cotidianas (Cap. 11)

Psicocirugía: cirugía cerebral que se utilizó antes para aliviar los síntomas de los trastornos mentales, pero que en la actualidad ya casi no se emplea (Cap. 13)

Psicofísica: estudio de la relación existente entre la naturaleza física de un estímulo y las respuestas sensoriales que produce en una persona (Cap. 3)

Psicología: estudio científico del comportamiento y los procesos mentales (Cap. 1)

Psicología cognitiva: rama de la psicología que se especializa en el estudio de la cognición (Cap. 7)

Psicología comunitaria: movimiento que pretende evitar o disminuir al mínimo los trastornos psicológicos en la comunidad (Cap. 13)

Psicología de la gestalt: enfoque de la psicología que se centra alrededor de la organización de la percepción y el pensamiento en términos de un "todo", en lugar de hacerlo con base en los elementos individuales de la percepción (Cap. 1)

Psicología del desarrollo: rama de la psicología que estudia los patrones de crecimiento y cambio de las personas durante la vida (Cap. 10)

Psicología social: rama de la psicología que estudia la manera en que los pensamientos, sentimientos y acciones de las personas son influidos por los demás (Cap. 14)

Psicoterapia: proceso en el que el paciente (cliente) y el especialista tratan de remediar los problemas psicológicos del primero (Cap. 13)

Pubertad: etapa durante la cual ocurre la maduración de los órganos sexuales (Cap. 10)

Pulsión: tensión motivacional, o excitación, que energiza al comportamiento con el fin de satisfacer una necesidad (Cap. 9)

Puntaje de coeficiente intelectual (CI): medida de la inteligencia que toma en cuenta la edad mental y la edad cronológica de un individuo (Cap. 8)

Rasgo cardinal: rasgo único de la personalidad que impulsa la mayor parte de las actividades de una persona (por ejemplo, la codicia, la lujuria, la bondad) (Cap. 11)

Rasgos: dimensiones perdurables en las características de la personalidad que diferencian entre sí a las personas (Cap. 11)

Rasgos centrales: conjunto de características importantes que constituyen el núcleo de la personalidad de un individuo (Cap. 11); rasgos principales que se consideran en la formación de impresiones acerca de los demás (Cap. 14)

Rasgos secundarios: rasgos de personalidad de menor importancia (por ejemplo, la preferencia por determinada ropa o películas) que no influyen en el comportamiento en la medida en que lo hacen los rasgos centrales o cardinales (Cap. 11)

Razonamiento deductivo: proceso de razonamiento en el que se extraen inferencias e implicaciones de un conjunto de supuestos para luego aplicarlas a casos específicos (Cap. 7)

Razonamiento inductivo: proceso de razonamiento mediante el cual se infiere una regla general a partir de casos específicos, utilizando la observación, el conocimiento, la experiencia y las creencias (Cap. 7)

Reabsorción: resorción de neurotransmisores por parte de un botón terminal (Cap. 2)

Recuerdos fotográficos: recuerdos de un suceso específico que son tan claros que parecen ser "fotografías" de él (Cap. 6)

Recuperación espontánea: reaparición de una respuesta previamente extinguida después de un periodo durante el cual no se ha tenido contacto con el estímulo condicionado (Cap. 5)

Reflejos: respuestas involuntarias automáticas ante estímulos que llegan (Cap. 2); respuestas involuntarias y no aprendidas a determinados estímulos (Cap. 10)

Reforzador: cualquier estímulo que aumente la probabilidad de que se repita el comportamiento precedente (Cap. 5)

Reforzador negativo: estímulo cuya remoción es reforzante, lo que lleva a una mayor probabilidad de que la respuesta asociada a la remoción ocurra de nuevo (Cap. 5)

Reforzador positivo: estímulo que se añade al entorno y que conduce a un aumento de la respuesta precedente (Cap. 5)

Reforzamiento: proceso por el que un estímulo incrementa la probabilidad de que se repetirá un comportamiento precedente (Cap. 5)

Remisión espontánea: recuperación sin tratamiento (Cap. 13)

Replicación: repetición de un experimento a fin de verificar los resultados del experimento original (Cap. 1)

Respuesta condicionada (RC): respuesta que, después del condicionamiento, sigue a la presentación de un estímulo anteriormente neutro (por ejemplo, salivación ante el sonido de un diapasón) (Cap. 5)

Respuesta incondicionada (RI): respuesta natural que no precisa de entrenamiento alguno (por ejemplo, la salivación ante el olor de alimentos) (Cap. 5)

Retina: parte del ojo que convierte la energía electromagnética de la luz en información útil para el cerebro (Cap. 3)

Retraso mental: nivel de funcionamiento intelectual significativamente inferior al normal que ocurre con limitaciones relacionadas en dos o más áreas de habilidad (Cap. 8)

Retroalimentación biológica: técnica para aprender a controlar procesos fisiológicos internos por medio del pensamiento consciente (Cap. 2)

Ritmos circadianos: procesos biológicos que se repiten en un ciclo de aproximadamente veinticuatro horas (Cap. 4)

Semántica: reglas que gobiernan el significado de las palabras y los enunciados (Cap. 7)

Sensación: proceso mediante el cual los órganos sensoriales de un organismo responden ante un estímulo (Cap. 3)

Sentidos de la piel: sentidos que incluyen el tacto, la presión, la temperatura y el dolor (Cap. 3)

Sesgos experimentales: factores que distorsionan la comprensión de un experimentador de la forma en que afectó la variable independiente a la variable dependiente (Cap. 1)

Sinapsis: espacio existente entre las neuronas a través del cual se comunican los mensajes químicos (Cap. 2)

Síndrome de adaptación general (SAG): una teoría elaborada por Selye que sostiene que la respuesta de una persona ante el estrés consiste de tres etapas: alarma y movilización, resistencia y agotamiento (Cap. 9)

Sintaxis: reglas que indican cómo se deben unir entre sí las palabras para formar enunciados (Cap. 7)

Sistema autónomo: parte del sistema nervioso que controla los movimientos involuntarios (la actividad del corazón, las glándulas, los pulmones y otros órganos) (Cap. 2)

Sistema endocrino: red química de comunicación que envía mensajes a través del sistema nervioso por medio del torrente sanguíneo y secreta hormonas que afectan el funcionamiento y el crecimiento del cuerpo (Cap. 2)

Sistema límbico: parte del cerebro localizada fuera del "cerebro nuevo"; controla la alimentación, la agresividad y la reproducción (Cap. 2)

Sistema nervioso central (SNC): sistema que incluye el cerebro y la médula espinal (Cap. 2)

Sistema nervioso periférico: todas las partes del sistema nervioso con excepción del cerebro y la médula espinal (incluye los sistemas somático y autónomo) (Cap. 2)

Sistema parasimpático: parte del sistema nervioso autónomo del sistema nervioso periférico que tranquiliza al cuerpo y permite el regreso de las funciones orgánicas a su estado normal después de que ha pasado una situación de emergencia (Cap. 2)

Sistema simpático: parte del sistema nervioso autónomo del sistema nervioso periférico que prepara al cuerpo para dar respuesta en situaciones de emergencia (Cap. 2)

Sistema somático: parte del sistema nervioso que controla los movimientos voluntarios de los músculos esqueléticos (Cap. 2)

Sobrerregulación (o **sobregeneralización**): aplicación de las reglas del lenguaje en casos en los que no son adecuadas (Cap. 7)

Sobresaliente en el área intelectual: individuo caracterizado por una inteligencia mayor a la normal, con CI de más de 130 puntos (Cap. 8)

Sonido: movimiento de moléculas de aire producido por la vibración de un objeto (Cap. 3)

Sucesos agradables: acontecimientos positivos menores que hacen sentir bien a la persona (Cap. 9)

Sueño con movimientos oculares rápidos (sueño MOR): fase que abarca alrededor del 20% del tiempo de sueño de los adultos, caracterizado por aumento del ritmo cardiaco, de la presión arterial y del ritmo respiratorio, erecciones en los hombres, movimientos de los ojos y sueños (Cap. 4)

Sujeto: individuo que participa en una investigación (Cap. 1)

Superyó: aspecto de la personalidad desarrollado con base en la moralidad de la sociedad tal como nos la presentan los padres, maestros y otros (Cap. 11)

Tálamo: parte del núcleo central del cerebro que transmite mensajes de los órganos de los sentidos hacia la corteza cerebral y de ésta hacia el cerebelo y la médula (Cap. 2)

Temperamento: disposición innata básica (Cap. 10); disposición innata básica que surge al inicio de la vida (Cap. 11)

Teoría cognitiva del aprendizaje: estudio de los procesos de pensamiento que subyacen al aprendizaje (Cap. 5)

Teoría de la activación y la síntesis: teoría propuesta por Hobson, quien asegura que los sueños son el resultado de energía eléctrica que estimula en forma aleatoria los recuerdos almacenados en diversas porciones del cerebro, los cuales son entretejidos por éste en un argumento lógico (Cap. 4)

Teoría de la actividad: teoría en donde se sostiene que las personas de la tercera edad que envejecen con más éxito son los que mantienen los intereses y las actividades realizadas durante su edad adulta intermedia (Cap. 10)

Teoría de la atribución: trata de explicar cómo decidimos, con base en muestras del comportamiento de un individuo, cuáles son las causas específicas de ese comportamiento (Cap. 14)

Teoría de la detección de señales: teoría que aborda el papel de los factores psicológicos en nuestra capacidad para identificar estímulos (Cap. 3)

Teoría de la emoción de Cannon-Bard: creencia que sostiene que tanto la excitación fisiológica como la emocional son provocadas simultáneamente por el mismo impulso nervioso (Cap. 9)

Teoría de la emoción de James-Lange: creencia de que la experiencia emocional es una reacción ante sucesos corporales que se producen como resultado de una situación externa ("me siento triste porque estoy llorando") (Cap. 9)

Teoría de la emoción de Schachter-Singer: argumentación que afirma que las emociones están determinadas conjuntamente por cualquier clase de excitación fisiológica y su interpretación, con base en claves ambientales (Cap. 9)

Teoría de la frecuencia: teoría que sugiere que la totalidad de la membrana basilar actúa como un micrófono, vibrando en respuesta a los sonidos (Cap. 3)

Teoría de la identidad social: La teoría de que una persona usa la pertenencia a un grupo como una fuente de orgullo y de valor propios (Cap. 14)

Teoría de la satisfacción de los deseos inconscientes: teoría de Sigmund Freud en la que se propone que los sueños representan deseos inconscientes que quien sueña desea satisfacer (Cap. 4)

Teoría de la visión de colores por procesos opuestos: teoría que sugiere que las células receptoras están ligadas en pares y que funcionan unas en oposición de otras (Cap. 3)

Teoría del desaprendizaje: teoría que sostiene que los sueños no tienen significado por sí mismos, sino que funcionan para librarnos de información innecesaria que hemos acumulado a lo largo del día (Cap. 4)

Teoría del dolor basada en el control de puertas: teoría que sostiene que receptores nerviosos específicos conducen a áreas determinadas del cerebro que se relacionan con el dolor; cuando estos receptores se activan a consecuencia de una herida o un mal funcionamiento corporal, se abre una "puerta" hacia el cerebro y se experimenta dolor (Cap. 3)

Teoría de los niveles de procesamiento: teoría que enfatiza el grado en que el material nuevo se analiza mentalmente (Cap. 6)

Teoría de los rasgos: modelo que busca identificar los rasgos básicos necesarios para describir la personalidad (Cap. 11)

Teoría del lugar: teoría que sostiene que distintas áreas de la membrana basilar responden ante frecuencias diferentes (Cap. 3)

Teoría del retiro: teoría que sostiene que el envejecimiento es un aislamiento gradual del mundo tanto a nivel físico como psicológico y social (Cap. 10)

Teoría de soñar para sobrevivir: teoría que afirma que los sueños permiten reconsiderar y procesar información vital para nuestra supervivencia cotidiana (Cap. 4)

Teoría psicoanalítica: teoría de Freud que sostiene que las fuerzas inconscientes determinan la personalidad (Cap. 11)

Teorías: explicaciones y predicciones amplias relativas a fenómenos de interés (Cap. 1)

Teorías del envejecimiento por desgaste: teorías que sugieren que las funciones mecánicas del cuerpo dejan de trabajar con eficiencia y éste, en efecto, se desgasta (Cap. 10)

Teorías de preprogramación genética del envejecimiento: conjunto de teorías que sostienen la existencia de un límite temporal inamovible para la reproducción de las células humanas (Cap. 10)

Teoría triádica de la inteligencia: teoría que afirma la existencia de tres grandes aspectos de la inteligencia: el componencial, el experiencial y el contextual (Cap. 8)

Teoría tricromática del color: teoría que sostiene que la retina cuenta con tres tipos de conos, cada uno de los cuales responde a una gama específica de longitudes de onda (Cap. 3)

Terapia centrada en el cliente: tratamiento con el cual el terapeuta refleja con sus declaraciones las del propio cliente en una forma que causa que este último encuentre sus propias soluciones (Cap. 13)

Terapia cognitiva: psicoterapia basada en el objetivo de Beck de cambiar los pensamientos ilógicos de las personas acerca de sí mismas y del mundo (Cap. 13)

Terapia de grupo: procedimiento terapéutico durante el cual las personas hablan en grupo de sus problemas (Cap. 13)

Terapia electroconvulsiva (TEC): tratamiento que incluye la aplicación de corriente eléctrica a la cabeza de un paciente para el manejo contra la depresión severa (Cap. 13)

Terapia existencial: enfoque humanista que aborda el sentido de la vida y la libertad humana (Cap. 13)

Terapia familiar: enfoque que se centra en la familia como unidad integral en la que contribuye cada integrante (Cap. 13)

Terapia farmacológica: control de los problemas psicológicos mediante el empleo de fármacos (Cap. 13)

Terapia gestalt: propuesta terapéutica que trata de integrar en una totalidad los pensamientos, sentimientos y comportamiento de un cliente (Cap. 13)

Terapia humanista: tratamiento que se sustenta en el supuesto de que las personas tienen el control de su comportamiento, pueden tomar decisiones acerca de su vida y son responsables en esencia de la solución de sus problemas (Cap. 13)

Terapia psicodinámica: tratamiento que se basa en la idea, sugerida la primera vez por Freud, de que las fuentes básicas del comportamiento anormal son los conflictos sin resolver del pasado y la ansiedad (Cap. 13)

Terapia racional emotiva: psicoterapia que está basada en la perspectiva de Ellis de que el objetivo de la terapia debe ser reestructurar el sistema de creencias del cliente para hacerlo más realista, lógico y racional (Cap. 13)

Tímpano: parte del oído que vibra cuando es golpeada por las ondas sonoras (Cap. 3)

Transición de la mitad de la vida: periodo que empieza alrededor de los 40 años de edad, en donde nos percatamos de que la vida es finita (Cap. 10)

Trastorno antisocial de la personalidad o sociopatía: impide que los individuos manifiesten el menor apego a las reglas éticas y morales o a la observancia de los derechos de los demás (Cap. 12)

Trastorno bipolar: fenómeno en el que una persona pasa de sentimientos de euforia y manía a ataques depresivos (Cap. 12)

Trastorno de ansiedad: aparición de ansiedad sin una causa externa evidente y que entorpece el desempeño cotidiano (Cap. 12)

Trastorno de ansiedad generalizada: ansiedad durante largos periodos sin explicación alguna (Cap. 12)

Trastorno de conversión: trastorno psicológico que implica perturbaciones físicas reales, como la incapacidad para hablar o mover los brazos (Cap. 12)

Trastorno de estrés postraumático: fenómeno en el que las víctimas de grandes catástrofes experimentan nuevamente el suceso estresante y los sentimientos que se asocian con él mediante recuerdos vívidos o sueños (Cap. 9)

Trastorno de la personalidad: se caracteriza por un conjunto de rasgos inflexibles y maladaptativos de la personalidad que impiden que el individuo se desempeñe en forma adecuada como miembro de la sociedad (Cap. 12)

Trastorno de pánico: ansiedad que se manifiesta por ataques de pánico que duran desde unos cuantos segundos hasta varias horas (Cap. 12)

Trastorno disociativo de la identidad o **personalidad múltiple:** consiste en que una persona muestra características de dos o más personalidades diferentes (Cap. 12)

Trastorno narcisista de la personalidad: implica un exagerado sentido de la importancia personal y la incapacidad de experimentar empatía hacia los demás (Cap. 12)

Trastorno obsesivo-compulsivo: se caracteriza por obsesiones y compulsiones (Cap. 12)

Trastornos del estado de ánimo: perturbaciones en las emociones y los sentimientos lo bastante graves como para interferir con la vida normal (Cap. 12)

Trastornos disociativos: disfunciones psicológicas que implican la desintegración de partes muy importantes de la personalidad que suelen estar integradas, lo cual permite evitar el estrés por medio del escape (Cap. 12)

Trastornos psicosomáticos: problemas de salud que se originan por una interacción entre dificultades psicológicas, emocionales y físicas (Cap. 9)

Trastornos somatoformes: dificultades psicológicas que toman una forma física (somática) (Cap. 12)

Tratamiento: manipulación realizada por el experimentador en un grupo, mientras que otro grupo no recibe ningún tratamiento o recibe uno diferente (Cap. 1)

Tratamiento con base biológica: enfoque de terapia que emplea fármacos y otros procedimientos médicos a fin de mejorar el desempeño psicológico (Cap. 13)

Umbral absoluto: intensidad mínima de un estímulo que debe estar presente para que éste sea detectado (Cap. 3)

Umbral diferencial (o **diferencia apenas perceptible**): mínima diferencia detectable entre dos estímulos (Cap. 3)

Vaina de mielina: recubrimiento protector del axón, compuesto por grasas y proteínas (Cap. 2)

Validez: una prueba tiene validez cuando en verdad mide lo que supuestamente debe medir (Cap. 8)

Variable dependiente: variable que se mide y que se espera que cambie como resultado de la manipulación del experimentador (Cap. 1)

Variable independiente: variable que se manipula en un experimento (Cap. 1)

Variables: comportamientos o sucesos que pueden cambiar o variar (Cap. 1)

Vicisitudes cotidianas: *véase* estímulos estresantes de fondo (Cap. 9)

Yo: parte de la personalidad que amortigua las relaciones entre el ello y el mundo exterior (Cap. 11)

REFERENCIAS

AAMR (American Association of Mental Retardation). (1992). *Definition of mental retardation.* Washington, DC: American Association of Mental Retardation.

Abramson, L.Y., Metalsky, G.I. y Alloy, L.B. (1989). Hopelessness depression: A theory-based subtype. *Psychological Review, 96,* pp. 358-372.

Adams, B. y Parker, J.D. (1990). Maternal weight gain in women with good pregnancy outcome. *Obstetrics and Gynecology, 76,* pp. 1-7.

Adler, J. (1984, 23 de abril). The fight to conquer fear. *Newsweek,* pp. 66-72.

Adler, T. (1991, junio). Primate rules focus on mental well-being. *APA Monitor, 6.*

Affleck, G., Tennen, H., Urrows, S. y Higgins, P. (1994). Person and contextual features of daily stress reactivity: Individual differences in relations of undesirable daily events with mood disturbance and chronic pain intensity. *Journal of Personality and Social Psychology, 66,* pp. 329-340.

Ainsworth, M.D.S. (1989). Attachments beyond infancy. *American Psychologist, 44,* pp. 709-716.

Ainsworth, M.D.S., Blehar, M.C., Waters, E. y Wall, S. (1978). *Patterns of attachment: A psychological study of the strange situation.* Hillsdale, NJ: Erlbaum.

Ainsworth, M.D.S. y Bowlby, J. (1991). An ethological approach to personality development. *American Psychologist, 46,* pp. 333-341.

Aitken, R.J. (1995, 7 de julio). The complexities of conception. *Science, 269,* pp. 39-40.

Akmajian, A., Demers, R.A. y Harnish, R.M. (1984). *Linguistics.* Cambridge, MA: MIT Press.

Akutsu, P.D., Sue, S., Zane, N.W.S. y Nakamura, C.Y. (1989). Ethnic differences in alcohol consumption among Asians and Caucasians in the United States: An investigation of cultural and physiological factors. *Journal of Studies on Alcohol, 50,* pp. 261-267.

Albee, G.W. (1978, 12 de febrero). I.Q. tests on trial. *The New York Times,* p. E13.

Albert, R.S. (Ed.). (1992). *The social psychology of creativity and exceptional achievement* (2a. ed.). Nueva York: Pergamon Press.

Aldwin, C.M. y Revenson, T.A. (1987). Does coping help? A reexamination of the relation between coping and mental health. *Journal of Personality and Social Psychology, 53,* pp. 337-348.

Alexander, C.N., Langer, E.J., Newman, R.I., Chandler, H.M. y Davies, J.L. (1989). Transcendental meditation, mindfulness, and longevity: An experimental study with the elderly. *Journal of Personality and Social Psychology, 57,* pp. 950-964.

Alkon, D.L. (1987). *Memory traces in the brain.* Nueva York: Cambridge University Press.

Allen, L.S. y Gorski, R.A. (1992). Sexual orientation and the size of the anterior commissure in the human brain. *Proceedings of the National Academy of Sciences, 89,* p. 7199.

Allen, L.S., Hines, M., Shryne, J.E. y Gorski, R.A. (1989). Two sexually dimorphic cell groups in the human brain. *Journal of Neuroscience, 9,* pp. 497-506.

Allen, V.L. (1965). Situational factors in conformity. En L. Berkowitz (Ed.), *Advances in experimental social psychology* (Vol. 1). Nueva York: Academic Press.

Allen, V.L. (1975). Social support for nonconformity. En L. Berkowitz (Ed.), *Advances in experimental and social psychology* (Vol. 8). Nueva York: Academic Press.

Allison, K.W., Crawford, I., Echemendia, R., Robinson, L. y Knepp, D. (1994). Human diversity and professional competence: Training in clinical counseling psychology revisited. *American Psychologist, 49,* pp. 792-796.

Allport, G.W. (1961). *Pattern and growth in personality.* Nueva York: Holt, Rinehart and Winston.

Allport, G.W. (1966). Traits revisited. *American Psychologist, 21,* pp. 1-10.

Allport, G.W. y Postman, L.J. (1958). The basic psychology of rumor. En E.D. Maccoby, T.M. Newcomb y E.L. Hartley (Eds.), *Readings in social psychology* (3a. ed.). Nueva York: Holt, Rinehart and Winston.

Alonso, A. y Swiller, H.I. (Eds.). (1993). *Group therapy in clinical practice.* Washington, DC: American Psychiatric Press.

Alsop, R. (1988, 13 de mayo). Advertisers put consumers on the couch. *Wall Street Journal,* p. 21.

Alwitt, L. y Mitchell, A.A. (1985). *Psychological processes and advertising effects: Theory, research, and applications.* Hillsdale, NJ: Erlbaum.

American Psychological Association. (1992). *Ethical principles of psychologists and code of conduct.* Washington, DC:. American Psychological Association.

American Psychological Association. (1993, enero/febrero). Subgroup norming and the Civil Rights Act. *Psychological Science Agenda,* pp. 5, 6.

American Psychological Association. (1995). *Diagnostic and statistical* *manual of mental disorders* (4a. ed.) (*DSM-IV*). Washington, DC: American Psychological Association.

Amsel, A. (1988). *Behaviorism, neobehaviorism, and cognitivism in learning theory*. Hillsdale, NJ: Erlbaum.

Anastasi, A. (1988). *Psychological testing* (6a. ed.). Nueva York: Macmillan.

Anderson, B.F. (1980). *The complete thinker: A handbook of techniques for creative and critical problem solving*. Englewood Cliffs, NJ: Prentice-Hall.

Anderson, J. (1988). Cognitive styles and multicultural populations. *Journal of Teacher Education, 39*, pp. 2-9.

Anderson, J.A. y Adams, M. (1992). Acknowledging the learning styles of diverse student populations: Implications for instructional design. *New Directions for Teaching and Learning, 49*, pp. 19-33.

Anderson, J.R. (1981). Interference: The relationship between response latency and response accuracy. *Journal of Experimental Psychology: Human Learning and Memory, 7*, pp. 311-325.

Anderson, J.R. (1993). Problem solving and learning. *American Psychologist, 48*, pp. 35-44.

Anderson, J.R. y Bower, G.H. (1972). Recognition and retrieval processes in free recall. *Psychological Review, 79*, pp. 97-123.

Anderson, N.H. (1974). Cognitive algebra integration theory applied to social attribution. En L. Berkowitz (Ed.), *Advances in experimental social psychology* (Vol. 7, pp. 1-101). Nueva York: Academic Press.

Anderson, N.H. (Ed.). (1991). *Contributions to information integration theory: Vol. 2. Social.* Hillsdale, NJ: Erlbaum.

Anderson, S.M. y Klatzky, R.L. (1987). Traits and social stereotypes: Levels of categorization in person perception. *Journal of Personality and Social Psychology, 53*, pp. 235-246.

Anderson, T. y Magnusson, D. (1990). Biological maturation in adolescence and the development of drinking habits and alcohol abuse among young males: A prospective longitudinal study. *Journal of Youth and Adolescence, 19*, pp. 33-42.

Andreasen, N.C. (1985). Positive vs. negative schizophrenia: A critical evaluation. *Schizophrenia, 11*, pp. 380-389.

Andreasen, N.C. (1989). Neural mechanisms of negative symptoms. *British Journal of Psychiatry, 155*, pp. 93-98.

Andreasen, N.C., Arndt, S., Swayze, V., II, Cizadlo, T., Flaum, M., O'Leary, D., Ehrhardt, J.C. y Yuh, W.T.C. (1994, 14 de octubre). Thalamic abnormalities in schizophrenia visualized through magnetic resonance image averaging. *Science, 266*, pp. 294-298.

Angier, N. (1990, 15 de mayo). Cheating on sleep: Modern life turns America into the land of the drowsy. *The New York Times*, pp. C1, C8.

Angier, N. (1991, 22 de enero). A potent peptide prompts an urge to cuddle. *The New York Times*, p. C1.

Angoff, W.H. (1988). The nature-nurture debate, aptitudes, and group differences. *American Psychologist, 43*, pp. 713-720.

Ansberry, C. (1995, 14 de febrero). After seven decades, couple still finds romance in the 90s. *Wall Street Journal*, pp. A1, A17.

Antony, M.M., Brown, T.A. y Barlow, D.H. (1992). Current perspectives on panic and panic disorder. *Current Directions in Psychological Science, 1*, pp. 79-82.

APA (American Psychological Association). (1986, marzo). Council resolution on polygraph tests. *APA Monitor*.

APA (American Psychological Association). (1988). *Behavioral research with animals*. Washington, DC: American Psychological Association.

APA (American Psychological Association) (1993). *Employment survey*. Washington, DC: American Psychological Association.

APA (American Psychological Association). (1994). *Careers in psychology*. Washington, DC: American Psychological Association.

APA (American Psychiatric Association) Task Force on Electroconvulsive Therapy. (1990). *The practice of electroconvulsive therapy: Recommendations for treatment, training, and privileging*. Washington, DC: American Psychiatric Association.

APA Public Interest Directorate. (1993, 10 de agosto). *Violence and youth: Psychology's response*. Washington, DC: American Psychological Association.

Aponte, J.F., Rivers, R.Y. y Wohl, J. (Eds.). (1995). *Psychological interventions and cultural diversity*. Boston: Longwood.

Apter, A., Galatzer, A., Beth-Halachmi, N. y Laron, Z. (1981). Self-image in adolescents with delayed puberty and growth retardation. *Journal of Youth and Adolescence, 10*, pp. 501-505.

Arafat, I. y Cotton, W.L. (1974). Masturbation practices of males and females. *Journal of Sex Research, 10*, pp. 293-307.

Aronow, E., Reznikoff, M. y Moreland, K. (1994). *The Rorschach technique: Perceptual basics, content interpretation, and applications*. Boston: Longwood.

Archer, D., Pettigrew, T.F. y Aronson, E. (1992). Making research apply. *American Psychologist, 47*, pp. 1233-1236.

Archer, S.L. y Waterman, A.S. (1994). Adolescent identity development: Contextual perspectives. En C.B. Fisher y R.M. Lerner (Eds.), *Applied developmental psychology*. Nueva York: McGraw-Hill.

Archibald, W.P. (1974). Alternative explanations for the self-fulfilling prophecy. *Psychological Bulletin, 81*, pp. 74-84.

Arena, J.M. (1984, abril). A look at the opposite sex. *Newsweek on Campus*, p. 21.

Armstrong, R.A., Slaven, A. y Harding, G.F. (1991). Visual evoked magnetic fields to flash and pattern in 100 normal subjects. *Vision Research, 31*, pp. 1859-1864.

Aronson, E. (1988). *The social animal* (3a. ed.). San Francisco: Freeman.

Aronson, E., Ellsworth, P.C., Carlsmith, J.M. y Gonzales, M.H. (1990). *Methods of research in social psychology* (2a. ed.). Nueva York: McGraw-Hill.

Asch, S.E. (1946). Forming impressions of personality. *Journal of Abnormal and Social Psychology, 41*, pp. 258-290.

Asch, S.E. (1951). Effects of group pressure upon the modification and distortion of judgments. En H. Guetzkow (Ed.), *Groups, leadership, and men*. Pittsburgh: Carnegie Press.

Asher, S.R. y Parker, J.G. (1991). Significance of peer relationship problems in childhood. En B.H. Schneider, G. Attili, J. Nadel y R.P. Weissberg (Eds.), *Social competence in developmental perspective*. Amsterdam: Kluwer Academic Publishing.

Aslin, R.N. y Smith, L.B. (1988). Perceptual development. *Annual Review of Psychology*, *39*, pp. 435-473.

Atkinson, J. y Braddick, O. (1989). Development of basic visual functions. En A.M. Slater y J.G. Bremner (Eds.), *Infant development*. Hillsdale, NJ: Erlbaum.

Atkinson, J.W. y Feather, N.T. (1966). *Theory of achievement motivation*. Nueva York: Krieger.

Atkinson, J.W. y Raynor, J.O. (Eds.). (1974). *Motivation and achievement*. Washington, DC: Winston.

Atkinson, R.C. y Shiffrin, R.M. (1968). Human memory: A proposed system and its control processes. En K.W. Spence y J.T. Spence (Eds.), *The psychology of learning and motivation: Advances in research and theory* (Vol. 2, pp. 80-195). Nueva York: Academic Press.

Auld, F. y Hyman, M. (1991). *Resolution of inner conflict: An introduction to psychoanalytic therapy*. Washington, DC: American Psychological Association.

Averill, J.R. (1975). A semantic atlas of emotional concepts. *Catalog of Selected Documents in Psychology*, *5*, p. 330.

Avison, W.R. y Gotlib, I.H. (Eds.). (1994). *Stress and mental health*. Nueva York: Plenum Press.

Ayoub, D.M., Greenough, W.T. y Juraska, J.M. (1983). Sex differences in dendritic structure in the preoptic area of the juvenile macaque monkey brain. *Science*, *219*, pp. 197-198.

Azrin, N.H. y Holt, N.C. (1966). Punishment. En W.A. Honig (Ed.), *Operant behavior: Areas of research and application* (pp. 380-447). Nueva York: Appleton.

Babbitt, T., Rowland, G. y Franken, R. (1990). Sensation seeking and participation in aerobic exercise classes. *Personality and Individual Differences*, *11*, pp. 181-184.

Backer, P. (1993, 28 de febrero). On turning 13: Reports from the front lines. *The New York Times*, Sec. 4, p. 2.

Baddeley, A. (1982). *Your memory: A user's guide*. Nueva York: Macmillan.

Baddeley, A. (1992, 31 de enero). Working memory. *Science*, *255*, pp. 556-559.

Baddeley, A. (1993). Working memory and conscious awareness. En A.F.

Collins, S.E. Gathercole, M.A. Conway y P.E. Morris (Eds.), *Theories of memory*. Hillsdale, NJ: Erlbaum.

Baddeley, A.D. (1978). The trouble with levels: A reexamination of Craik and Lockhart's framework for memory research. *Psychological Review*, *85*, pp. 139-152.

Baddeley, A. y Wilson, B. (1985). Phonological coding and short-term memory in patients without speech. *Journal of Memory and Language*, *24*, pp. 490-502.

Baddeley, A., Wilson, B. y Watts, F. (Eds.). (1995). *Handbook of memory disorders*. Nueva York: Wiley.

Baer, J. (1993). *Creativity and divergent thinking: A task-specific approach*. Hillsdale, NJ: Erlbaum.

Bailey, J.M. y Pillard, R.C. (1991). A genetic study of male sexual orientation. *Archives of General Psychiatry*, *48*, pp. 1089-1096.

Baker, A.G. y Mercier, P. (1989). Attention, retrospective processing and evolution of a structured connectionist model of Pavlovian conditioning (AESOP). En S.B. Klein y R.R. Mowrer (Eds.), *Contemporary learning theories: Vol. I. Pavlovian conditioning and the status of traditional learning theory*. Hillsdale, NJ: Erlbaum.

Baker, J.N. (1987, 27 de julio). Battling the IQ-test ban. *Newsweek*, p. 53.

Baker, R. (Ed.). (1989). *Panic disorder: Theory, research and therapy*. Nueva York: Wiley.

Baker, S.L. y Kirsch, I. (1991). Cognitive mediators of pain perception and tolerance. *Journal of Personality and Social Psychology*, *61*, pp. 504-510.

Bales, J. (1988, abril). Polygraph screening banned in Senate bill. *APA Monitor*, 10

Ballinger, B. y Yalom, I. (1994). Group therapy in practice. En B. Bongar y L.E. Beutler (Eds.), *Comprehensive textbook of psychotherapy: Theory and practice*. Nueva York: Oxford University Press.

Ballinger, C.B. (1981). The menopause and its syndromes. En J.G. Howells (Ed.), *Modern perspectives in the psychiatry of middle age* (pp. 279-303). Nueva York: Brunner/Mazel.

Baltes, M.M. (1995). Dependency in old age: Gains and losses. *Current Directions in Psychological Science*, *4*, pp. 14-19.

Baltes, P.B. y Schaie, K.W. (1974, marzo). The myth of the twilight years. *Psychology Today*, pp. 35-38ss.

Bandura, A. (1973). *Aggression: A social learning analysis*. Englewood Cliffs, NJ: Prentice-Hall.

Bandura, A. (1977). *Social learning theory*. Englewood Cliffs, NJ: Prentice-Hall.

Bandura, A. (1981). In search of pure unidirectional determinants. *Behavior Therapy*, *12*, pp. 30-40.

Bandura, A. (1986). *Social foundations of thought and action: A social cognitive theory*. Englewood Cliffs, NJ: Prentice-Hall.

Bandura, A., Grusec, J.E. y Menlove, F.L. (1967). Vicarious extinction of avoidance behavior. *Journal of Personality and Social Psychology*, *5*, pp. 16-23.

Bandura, A., O'Leary, A., Taylor, C.B., Gauthier, J. y Gossard, D. (1987). Perceived self-efficacy and pain control: Opioid and non-opioid mechanism. *Journal of Personality and Social Psychology*, *53*, pp. 563-571.

Bandura, A., Ross, D. y Ross, S. (1963a). Imitation of film-mediated aggressive models. *Journal of Abnormal and Social Psychology*, *66*, pp. 3-11.

Bandura, A., Ross, D. y Ross, S. (1963b). Vicarious reinforcement and imitative learning. *Journal of Abnormal and Social Psychology*, *67*, pp. 601-607.

Barbaro, N.M. (1988). Studies of PAG/PVG stimulation for pain relief in humans. *Progress in Brain Research*, *77*, pp. 165-173.

Barber, B.L. y Eccles, J.S. (1992). Long-term influence of divorce and single parenting on adolescent family- and work-related values, behaviors, and aspirations. *Psychological Bulletin*, *111*, pp. 108-126.

Barber, T.X. (1975). Responding to "hypnotic" suggestions: An introspective report. *American Journal of Clinical Hypnosis*, *18*, pp. 6-22.

Bargh, J. y Pietromonaco, P. (1982). Automatic information processing and social perception: The influence of trait information presented outside of conscious awareness on impression formation. *Journal of Personality and Social Psychology*, *43*, pp. 437-449.

Barinaga, M. (1994, 2 de diciembre). Watching the brain remake itself. *Science*, *226*, pp. 1475-1476.

Barinaga, M. (1995, 23 de junio). Remapping the motor cortex. *Science, 268*, pp. 1696-1698.

Barland, G.H. y Raskin, D.C. (1975). An evaluation of field techniques in detection of deception. *Psychophysiology, 12*, pp. 321-330.

Barnett, R.C., Marshall, N.L., Raudenbush, S.W. y Brennan, R.T. (1993). Gender and the relationship between job experiences and psychological distress: A study of dual-earner couples. *Journal of Personality and Social Psychology, 64*, pp. 794-806.

Barnett, R.C., Marshall, N.L. y Singer, J.D. (1992). Job experiences over time, multiple roles, and women's mental health: A longitudinal study. *Journal of Personality and Social Psychology, 67*, pp. 634-644.

Barnett, W.S. (1993). Benefit-cost analysis of preschool education: Findings from a 25-year follow-up. *Journal of Orthopsychiatry, 63*, pp. 500-508.

Baron, J. (1993). Why teach thinking?—An essay. *Applied Psychology: An International Review, 42*, pp. 191-237.

Baron, J.B. y Sternberg, R.J. (1986). *Teaching thinking skills.* Nueva York: Freeman.

Barondes, S.H. (1994, 25 de febrero). Thinking about Prozac. *Science, 263*, pp. 1102-1103.

Barringer, F. (1989, 9 de junio). Doubt on "trial marriage" raised by divorce rates. *The New York Times*, pp. 1, 28.

Barringer, F. (1993a, 1 de abril). Viral sexual diseases are found in 1 of 5 in U.S. *The New York Times*, pp. A1, B9.

Barringer, F. (1993b, 16 de mayo). Pride in a soundless world: Deaf oppose a hearing aid. *The New York Times*, pp. 1, 22.

Barron, F. (1990). *Creativity and psychological health: Origins of personal vitality and creative freedom.* Buffalo, NY: Creative Education Foundation.

Barron, F. y Harrington, D.M. (1981). Creativity, intelligence and personality. *Annual Review of Psychology, 32*, pp. 439-476.

Barsalou, L.W. (1992). *Cognitive psychology. An overview for cognitive scientists.* Hillsdale, NJ: Erlbaum.

Barsky, A.J., Cleary, P.D., Wyshak, G., Spitzer, R.L., Williams, J.B.W. y Klernan, G.L. (1992). A structure diagnostic interview for hypochondriasis: A proposed criterion standard. *Journal of Nervous and Mental Disease, 180*, pp. 20-27.

Bartlett, F. (1932). *Remembering: A study in experimental and social psychology.* Cambridge, Inglaterra: Cambridge University Press.

Bartoshuk, L.M. (1971). The chemical senses: I. Taste. En J.N. Kling y L.A. Riggs (Eds.), *Experimental psychology* (3a. ed.). Nueva York: Holt, Rinehart and Winston.

Bartoshuk, L.M. y Beauchamp, G.K. (1994). Chemical senses. *Annual Review of Psychology, 45*, pp. 419-449.

Bashore, T.R. y Rapp, P.E. (1993). Are there alternatives to traditional polygraph procedures? *Psychological Bulletin, 113*, pp. 3-22.

Batson, C.D. (1990). How social an animal? The human capacity for caring. *American Psychologist, 45*, pp. 336-346.

Batson, C.D. (1991). *The altruism question: Toward a social-psychological answer.* Hillsdale, NJ: Erlbaum.

Batson, C.D., Batson, J.G., Slingsby, J.K., Harrell, K.L., Peekna, H.M. y Todd, R.M. (1991). Empathic joy and the empathy-altruism hypothesis. *Journal of Personality and Social Psychology, 61*, pp. 413-426.

Batson, C.D. y Weeks, J.L. (1996). Mood effects of unsuccessful helping: Another test of the empathy-altruism hypothesis. *Personality and Social Psychology Bulletin, 22*, pp. 148-157.

Baum, A., Gatchel, R.J. y Schaeffer, M.A. (1983). Emotional, behavioral, and physiological effects of chronic stress at Three Mile Island. *Journal of Consulting and Clinical Psychology, 51*, pp. 565-572.

Baumrind, D. (1971). Current patterns of parental authority. *Developmental Psychology Monographs, 4*, (1, pt. 2).

Baumrind, D. (1980). New directions in socialization research. *Psychological Bulletin, 35*, pp. 639-652.

Beaman, A.L., Cole, C.M., Preston, M., Klentz, B. y Steblay, N.M. (1983). Fifteen years of foot-in-the-door research: A meta-analysis. *Personality and Social Psychology Bulletin, 9*, pp. 181-196.

Bear, M.F., Cooper, L.N. y Ebner, F.F. (1987). A physiological basis for a theory of synapse modification. *Science, 237*, pp. 42-48.

Beck, A.T. (1976). *Cognitive therapy and emotional disorders.* Nueva York: International Universities Press.

Beck, A.T. (1982). Cognitive theory of depression: New perspectives. En P. Clayton y J. Barrett (Eds.), *Treatment of depression: Old controversies and new approaches.* Nueva York: Raven.

Beck, A.T. (1991). Cognitive therapy: A 30-year perspective. *American Psychologist, 46*, pp. 368-375.

Beck, A.T. y Emery, G. (con Greenberg, R.L.). (1985). *Anxiety disorders and phobias: A cognitive perspective.* Nueva York: Basic Books.

Beck, A.T. y Haaga, D.A.F. (1992). The future of cognitive therapy. *Psychotherapy, 29*, pp. 34-38.

Beck, M. (1992, 25 de mayo). Menopause. *Newsweek*, pp. 71-79.

Beck, M. y Wingert, P. (1993, 23 de junio). The young and the gifted. *Newsweek*, pp. 52-53.

Becker, B.J. (1990). Coaching for the Scholastic Aptitude Test: Further synthesis and appraisal. *Review of Educational Research, 60*, pp. 373-417.

Beckman, J.C., Keefe, F.J., Caldwell, D.S. y Brown, C.J. (1991). Biofeedback as a means to alter electromyographic activity in a total knee replacement patient. *Biofeedback and Self Regulation, 16*, pp. 23-35.

Begley, S. (1993, 20 de diciembre). "We slam-dunked it": NASA's shuttle mission fixes Hubble Telescope. *Newsweek*, pp. 100-102.

Behrmann, M., Winocur, G. y Moscovitch, M. (1992). Dissociation between mental imagery and object recognition in a brain-damaged patient. *Nature, 359*, pp. 636-637.

Beilin, H. y Pufall, P. (Eds.). (1992). *Piaget's theory: Prospects and possibilities.* Hillsdale, NJ: Erlbaum.

Bell, A. y Weinberg, M.S. (1978). *Homosexuality: A study of diversities among men and women.* Nueva York: Simon & Schuster.

Bell, S.M. y Ainsworth, M.D.S. (1972). Infant crying and maternal responsiveness. *Child Development, 43*, pp. 1171-1190.

Bellack, A.S., Hersen, M. y Kazdin, A.E. (1990). *International handbook of behavior modification and therapy.* Nueva York: Plenum Press.

Bellak, L. (1993). *The T.A.T., C.A.T., and S.A.T. in clinical use* (5a. ed.). Boston: Longwood.

Bellezza, F.S., Six, L.S. y Phillips, D.S. (1992). A mnemonic for remembering long strings of digits. *Bulletin of the Psychonomic Society*, *30*, pp. 271-274.

Belsky, J. y Rovine, M. (1988). Nonmaternal care in the first year of life and infant-parent attachment security. *Child Development*, *59*, pp. 157-167.

Bem, D.J. y Honorton, C. (1994). Does psi exist? Replicable evidence for an anomalous process of information transfer. *Psychological Bulletin*, *115*, pp. 4-18.

Benjamin, Jr., L.T. (1985, febrero). Defining aggression: An exercise for classroom discussion. *Teaching of Psychology*, *12* (1), pp. 40-42.

Benjamin, Jr., L.T. y Shields, S.A. (1990). Foreword. En H. Hollingworth, *Leta Stetter Hollingworth: A biography*. Bolton, MA: Anker Publishing.

Bennett, A. (1992, 14 de octubre). Lori Schiller emerges from the torments of schizophrenia. *Wall Street Journal*, pp. A1, A10.

Benson, H. (1993). The relaxation response. En D. Goleman y J. Guerin (Eds.), *Mind-body medicine: How to use your mind for better health*. Yonkers, NY: Consumer Reports Publications.

Benson, H. y Friedman, R. (1985). A rebuttal to the conclusions of Davis S. Holme's article, "Meditation and somatic arousal reduction". *American Psychologist*, *40*, pp. 725-726.

Bergener, M., Ermini, M. y Stahelin, H.B. (Eds.). (1985, febrero). *Thresholds in aging*. The 1984 Sandoz Lectures in Gerontology, Basel, Suiza.

Berger, J. (1993, 30 de mayo). The long days and short life of a medical student. *The New York Times*, p. B4.

Bergin, A.E. y Garfield, S.L. (Eds.). (1994) *Handbook of psychotherapy and behavior change* (4a. ed.). Nueva York: Wiley.

Berguier, A. y Ashton, R. (1992). Characteristics of the frequent nightmare sufferer. *Journal of Abnormal Psychology*, *101*, pp. 246-250.

Berkowitz, L. (1974). Some determinants of impulsive aggression: The role of mediated associations with reinforcements for aggression. *Psychological Review*, *81*, pp. 165-176.

Berkowitz, L. (1984). Aversive conditioning as stimuli to aggression.

En R.J. Blanchard y C. Blanchard (Eds.), *Advances in the study of aggression* (Vol. 1). Nueva York: Academic Press.

Berkowitz, L. (1987). Mood, self-awareness, and willingness to help. *Journal of Personality and Social Psychology*, *52*, pp. 721-729.

Berkowitz, L. (1989). Frustration-aggression hypothesis. *Psychological Bulletin*, *106*, pp. 59-73.

Berkowitz, L. (1990). On the formation and regulation of anger and aggression: A cognitive-neoassociationistic analysis. *American Psychologist*, *45*, pp. 494-503.

Berkowitz, L. (1993). *Aggression: Its causes, consequences, and control*. Nueva York: McGraw-Hill.

Berkowitz, L. y Green, R.G. (1966). Film violence and the cue properties of available targets. *Journal of Personality and Social Psychology*, *3*, pp. 525-530.

Berkowitz, L. y LePage, A. (1967). Weapons as aggression-eliciting stimuli. *Journal of Personality and Social Psychology*, *7*, pp. 202-207.

Berlyne, D. (1967). Arousal and reinforcement. En D. Levine (Ed.), *Nebraska symposium on motivation*. Lincoln: University of Nebraska Press.

Bernard, M.E. y DiGiuseppe, R. (Eds.). (1993). *Rational-emotive consultation in applied settings*. Hillsdale, NJ: Erlbaum.

Berndt, T.J. (1992). Friendship and friends' influence in adolescence. *Current Directions in Psychological Science*, *1*, pp. 156-159.

Bernieri, F.J., Zuckerman, M., Koestner, R. y Rosenthal, R. (1994). Measuring person perception accuracy: Another look at self-other agreement. *Personality and Social Psychology Bulletin*, *20*, pp. 367-378.

Berscheid, E. (1985). Interpersonal attraction. En G. Lindzey y E. Aronson (Eds.), *Handbook of social psychology* (3a. ed.). Nueva York: Random House.

Berscheid, E. y Walster, E. (1974). Physical attractiveness. En L. Berkowitz (Ed.), *Advances in experimental social psychology* (Vol. 7, pp. 157-215). Nueva York: Academic Press.

Bersoff, D.N. (1995). *Ethical conflicts in psychology*. Washington, DC: American Psychological Association.

Bersoff, D.N. y Ogden, D.W. (1991). APA Amicus Curiae briefs: Furthering lesbian and gay male civil rights.

American Psychologist, *46*, pp. 950-956.

Betancourt, H. y Lopez, S.R. (1993). The study of culture, ethnicity, and race in American psychology. *American Psychologist*, *48*, pp. 1586-1596.

Beyene, Y. (1989). *From menarche to menopause: Reproductive lives of peasant women in two cultures*. Albany: State University of New York Press.

Bieber, I. y cols. (1962). *Homosexuality: A psychoanalytic study*. Nueva York: Basic Books.

Biederman, I. (1987). Recognition-by-components: A theory of human image understanding. *Psychological Review*, *94*, pp. 115-147.

Biederman, I. (1990). Higher-level vision. En D.N. Osherson, S. Kosslyn y J. Hollerbach (Eds.), *An invitation to cognitive science: Visual cognition and action*. Cambridge, MA: MIT Press.

Biernat, H. y Wortman, C.B. (1991). Sharing of home responsibilities between professionally employed women and their husbands. *Journal of Personality and Social Psychology*, *60*, pp. 844-860.

Binet, A. y Simon, T. (1916). *The development of intelligence in children (The Binet-Simon Scale)*. Baltimore: Williams & Wilkins.

Bini, L. (1938). Experimental research on epileptic attacks induced by the electric current. *American Journal of Psychiatry* (*Supl. 94*), pp. 172-183.

Birch, H.G. (1945). The role of motivation factors in insightful problem solving. *Journal of Comparative Psychology*, *38*, pp. 295-317.

Birchwood, M., Hallett, L. y Preston, R. (1989). En M. Birchwood y cols., *Schizophrenia: An integrated approach to research and treatment*. Nueva York: New York University Press.

Bisanz, J., Bisanz, G.L. y Korpan, C.A. (1994). Inductive reasoning. En R.J. Sternberg (Ed.), *Thinking and problem-solving*. San Diego, CA: Academic Press.

Bishop, J.E. (1993, 30 de septiembre). The knowing eye: One man's accident is shedding new light on human perception. *Wall Street Journal*, pp. A1, A8.

Bjork, D.W. (1993). *B.F. Skinner: A life*. Nueva York: Basic Books.

Bjork, R.A. y Richardson-Klarehn, A. (1989). On the puzzling relationship between environmental context and human memory. En C. Izawa (Ed.),

Current issues in cognitive processes: The Tulane-Floweree symposium on cognition. Hillsdale, NJ: Erlbaum.

Bjorklund, D.F. (1985). The role of conceptual knowledge in the development of organization in children's memory. En C.J. Brainerd y M. Pressley (Eds.), *Basic process in memory development.* Nueva York: Springer-Verlag.

Blakeslee, S. (1992, 11 de agosto). Finding a new messenger for the brain's signals to the body. *The New York Times,* p. C3.

Blanchard, F.A., Lilly, R. y Vaughn, L.A. (1991). Reducing the expression of racial prejudice. *Psychological Science, 2,* pp. 101-105.

Blanck, P.D. (Ed.). (1993). *Interpersonal expectations: Theory, research and applications.* Cambridge, Inglaterra: Cambridge University Press.

Blass, T. (1991). Understanding behavior in the Milgram obedience experiment: The role of personality, situations, and their interactions. *Journal of Personality and Social Psychology, 60,* pp. 398-413.

Blass, T. y Krackow, A. (1991, junio). *The Milgram obedience experiments: Students' views vs. scholarly perspectives and actual findings.* Paper presented at the annual meeting of the American Psychological Society, Washington, D.C.

Blau, Z.S. (1973). *Old age in a changing society.* Nueva York: New Viewpoints.

Blum, K., Noble, E.P., Sheridan, P.J., Montgomery, A., Ritchie, T., Jagadeeswaran, P., Nogami, H., Briggs, A.H. y Cohn, J.B. (1990, 18 de abril). Allelic association of human dopamine D2 Receptor gene in alcoholism. *Journal of the American Medical Association, 263,* pp. 2055-2059.

Blumstein, P.W. y Schwartz, P. (1983). *American couples.* Nueva York: Morrow.

Boakes, R.A., Popplewell, D.A. y Burton, M.J. (Eds.) (1987). *Eating habits: Food, physiology, and learned behaviour.* Nueva York: Wiley.

Bolger, N. y Eckenrode, J. (1991). Social relationships, personality, and anxiety during a major stressful event. *Journal of Personality and Social Psychology, 61,* pp. 440-449.

Bolles, R.C. y Fanselow, M.S. (1982). Endorphins and behavior. *Annual Review of Psychology, 33,* pp. 87-101.

Bolos, A.M., Dean, M. y Rausburg, M. (1990, 26 de diciembre). Population and pedigree studies reveal a lack of association between the dopamine D2 Receptor gene and alcoholism. *Journal of the American Medical Association, 264,* p. 3156.

Bond, L.A., Cutler, S.J. y Grams, A.E. (1995). *Promoting successful and productive aging.* Newbury Park, CA: Sage.

Bond, M.H. (1993). Emotions and their expression in Chinese culture. *Journal of Nonverbal Behavior, 17,* pp. 245-263.

Boneau, C.A. (1992). Observations of psychology's past and future. *American Psychologist, 47,* pp. 1586-1596.

Booth, A. (Ed.) (1992). *Child care in the 1990s: Trends and consequences.* Hillsdale, NJ: Erlbaum.

Booth, W. (1989). Asking America about its sex life. *Science, 243,* p. 304.

Borbely, A. (1986). *The secrets of sleep.* Nueva York: Basic Books.

Borland, J.H. (1989). *Planning and implementing programs for the gifted.* Nueva York: Teachers College Press.

Bornstein, M.H. (1989). Sensitive periods in development: Structural characteristics and causal interpretations. *Psychological Bulletin, 105,* pp. 179-197.

Bornstein, M.H. y Bruner, J.S. (Eds.). (1989). *Interaction on human development: Crosscurrents in contemporary psychology services.* Hillsdale, NJ: Erlbaum.

Bornstein, M.H. y Krasnegor, N.A. (Eds.) (1989). *Stability and continuity in mental development: Behavioral and biological perspectives.* Hillsdale, NJ: Erlbaum.

Bornstein, M.H. y Lamb, M.E. (1992). *Development in infancy* (3a. ed.). Nueva York: McGraw-Hill.

Bornstein, M.H. y Sigman, M.D. (1986). Continuity in mental development from infancy. *Child Development, 57,* pp. 251-274.

Bornstein, R.F. y D'Agostino, P.R. (1992). Stimulus recognition and the mere exposure effect. *Journal Personality and Social Psychology, 63,* pp. 545-552.

Boster, F.J. y Mongeau, P. (1985). Fear-arousing persuasive messages. En R.N. Bostrom (Ed.), *Communication yearbook* (Vol. 8). Beverly Hills, CA: Sage.

Bouchard, C., Tremblay, A., Despres, J.P., Nadeau, A. y cols. (1990, 24 de mayo). The response to long-term overfeeding in identical twins. *New England Journal of Medicine, 322,* pp. 1477-1482.

Bouchard, T.J. y McGue, M. (1981). Familial studies of intelligence: A review. *Science, 212,* pp. 1055-1059.

Bouchard, Jr., T.J. (1994, 17 de junio). Genes, environment, and personality. *Science, 264,* pp. 1700-1701.

Bourne, L.E., Dominowski, R.L., Loftus, E.F. y Healy, A.F. (1986). *Cognitive processes* (2a. ed.). Englewood Cliffs, NJ: Prentice-Hall.

Bowd, A.D. y Shapiro, K.J. (1993). The case against laboratory animal research in psychology. *Journal of Social Issues, 49,* pp. 133-142.

Bower, G. y Cohen, P.R. (1982). Emotional influences in memory and thinking: Data and theory. En M.S. Clark y S.T. Fiske (Eds.), *Affect and cognition.* Hillsdale, NJ: Erlbaum.

Bower, G.H. (1993). The fragmentation of psychology? *American Psychologist, 48,* pp. 905-907.

Bower, T. (1989). The perceptual world of the newborn child. En A.M. Slater y J.G. Bremner (Eds.), *Infant development.* Hillsdale, NJ: Erlbaum.

Brainard, D.H., Wandell, B.A. y Chichilnisky, E. (1993). Color constancy: From physics to appearance. *Current Directions in Psychological Science, 2,* pp. 165-170.

Brainerd, C.J., Reyna, V.F. y Brandse, E. (1995). Are children's false memories more persistent than their true memories? *Psychological Science, 6,* pp. 359-364.

Brand, D. (1987, 31 de agosto). The new whiz kids. *Time,* pp. 42-51.

Brandon, R. y Davies, C. (1973). *Wrongful imprisonment: Mistaken convictions and their consequences.* Hamden, CT: Archon Books.

Bransford, J.D. y Johnson, M.K. (1972). Contextual prerequisites for understanding: Some investigations of comprehension and recall. *Journal of Verbal Learning and Verbal Behavior, 11,* pp. 717-721.

Braun, B. (1985, 21 de mayo). Interview by D. Goleman: New focus on multiple personality. *The New York Times,* p. C1.

Brazelton, T.B. (1969). *Infants and mothers: Differences in development.* Nueva York: Dell.

Brehm, J.W. y Self, E.A. (1989). The intensity of motivation. *Annual Review of Psychology*, *40*, pp. 109-131.

Breland, K. y Breland, M. (1961). Misbehavior of organisms. *American Psychologist*, *16*, pp. 681-684.

Breu, G. (1992, 23 de noviembre). A heart stopper. *People Weekly*, pp. 87-88.

Brewer, M.B. (1988). A dual process model of impression formation. En T.K. Srull y R.S. Wyer, Jr. (Eds.), *Advances in social cognition* (Vol. 1, pp. 1-36). Hillsdale, NJ: Erlbaum.

Brewer, M.B. y Lui, L.L. (1989). The primacy of age and sex in the structure of person categories. *Social Cognition*, *7*, pp. 262-274.

Brislin, R. (1993). *Understanding culture's influence on behavior*. Fort Worth, TX: Harcourt Brace Jovanovich.

Brody, G.H., Neubaum, E. y Forehand, R. (1988). Serial marriage: A heuristic analysis of an emerging family form. *Journal of Personality and Social Psychology*, *103*, pp. 211-222.

Brody, J. (1982). *New York Times guide to personal health*. Nueva York: Times Books.

Brody, J.E. (1987, 19 de noviembre). Encouraging news for the absent-minded: Memory can be improved, with practice. *The New York Times*, p. C1.

Brody, J.E. (1992, 23 de noviembre). For most trying to lose weight, dieting only makes things worse. *The New York Times*, pp. A1, A8.

Brody, N. (1990). Behavior therapy versus placebo: Comment on Bowers and Clum's meta-analysis. *Psychological Bulletin*, *107*, pp. 106-109.

Brody, N. (1993). Intelligence and the behavioral genetics of personality. En R. Plomin y G.E. McClearn (Eds.), *Nature, nurture, and psychology*. Washington, DC: American Psychological Association.

Bronson, G.W. (1990). The accurate calibration in infants' scanning records. *Journal of Experimental Child Psychology*, *49*, pp. 79-100.

Broota, K.D. (1990). *Experimental design in behavioral research*. Nueva York: Wiley.

Brown, A.S. (1991). A review of the tip-of-the-tongue experience. *Psychological Bulletin*, *109*, pp. 204-223.

Brown, D.C. (1994). Subgroup norming: Legitimate testing practice or reverse discrimination? *American Psychologist*, *49*, pp. 927-928.

Brown, J.D. (1991). Staying fit and staying well: Physical fitness as a moderator of life stress. *Journal of Personality and Social Psychology*, *60*, pp. 555-561.

Brown, J.D. y McGill, K.L. (1989). The cost of good fortune: When positive life events produce negative health consequences. *Journal of Personality and Social Psychology*, *57*, pp. 1103-1110.

Brown, P.K. y Wald, G. (1964). Visual pigments in single rod and cones of the human retina. *Science*, *144*, pp. 45-52.

Brown, R. (1958). How shall a thing be called? *Psychological Review*, *65*, pp. 14-21.

Brown, R. (1986). *Social psychology* (2a. ed.). Nueva York: Macmillan.

Brown, R. y Kulik, J. (1977). Flashbulb memories. *Cognition*, *5*, pp. 73-99.

Brown, S. (Ed.). (1995). *Treating alcoholism*. San Francisco: Jossey-Bass.

Brown, S.I. y Walter, M.I. (Eds.). (1990). *The art of problem posing* (2a. ed.). Hillsdale, NJ: Erlbaum.

Bruce, V. y Green, P.R. (1990). *Visual perception: Physiology, psychology and ecology* (2a. ed.). Hillsdale, NJ: Erlbaum.

Brunner, H.G., Nelen, M., Breakefield, X.O., Ropers, H.H. y van Oost, B.A. (1993, 22 de octubre). Abnormal behavior associated with a point mutation in the structural gene for monoamine oxidase A. *Science*, *262*, pp. 578-580

Bryant, R.A. y McConkey, K.M. (1990). Hypnotic blindness and the relevance of cognitive style. *Journal of Personality and Social Psychology*, *59*, pp. 756-761.

Buck, L. y Axel, R. (1991, 5 de abril). A novel multigene family may encode odorant receptors: A molecular basis for odor recognition. *Cell*, *65*, pp. 167-175.

Buckhout, R. (1974). Eyewitness testimony. *Scientific American*, *231*, pp. 23-71.

Buckhout, R. (1976). Eyewitness testimony. En R. Held y W. Richards (Eds.), *Recent progress in perception*. San Francisco: Freeman.

Buckhout, R., Figueroa, D. y Hoff, E. (1975). Eyewitness identification: Effects of suggestion and bias in identification from photographs. *Bulletin of the Psychonomic Society*, *6*, pp. 71-74.

Bugental, J.F.T. y Bracke, P.E. (1992). The future of existential-humanistic psychotherapy. *Psychotherapy*, *29*, pp. 28-33.

Bugental, J.F.T. y McBeath, B. (1994) Depth existential therapy: Evolution since World War II. En B. Bongar y L.E. Beutler (Ed.), *Comprehensive textbook of psychotherapy: Theory and practice*. Nueva York: Oxford University Press.

Burbules, N.C. y Linn, M.C. (1988). Response to contradiction: Scientific reasoning during adolescence. *Journal of Educational Psychology*, *80*, pp. 67-75.

Burger, J.M. (1986). Increasing compliance by improving the deal: The that's-not-all technique. *Journal of Personality and Social Psychology*, *51*, pp. 277-283.

Burger, J.M. (1992). *Desire for control: Personality, social and clinical perspectives*. Nueva York: Plenum Press.

Burgess, R.L. y Huston, T.L. (Eds.). (1979). *Social exchanges in developing relationships*. Nueva York: Academic Press.

Burnham, D.K. (1983). Apparent relative size in the judgment of apparent distance. *Perception*, *12*, pp. 683-700.

Burns, A. y Scott, C. (1994). *Mother-headed families and why they have increased*. Hillsdale, NJ: Erlbaum.

Bushman, B.J. (1993). Human aggression while under the influence of alcohol and other drugs: An integrative research review. *Current Directions in Psychological Science*, *2*, pp. 148-152.

Bushman, B.J. y Geen, R.G. (1990). Role of cognitive-emotional mediators and individual differences in the effects of media violence on aggression. *Journal of Personality and Social Psychology*, *58*, pp. 156-163.

Buss, A.H. (1989). Personality as traits. *American Psychologist*, *44*, pp. 1378-1388.

Buss, D.M. y cols. (1990). International preferences in selecting mates: A study of 37 cultures. *Journal of Cross-Cultural Psychology*, *21*, pp. 5-47.

Butcher, J.N. (1990). *The MMPI-2 in psychological treatment*. Nueva York: Oxford University Press.

Butcher, J.N., Graham, J.R., Dahlstrom, W.G. y Bowman, E. (1990). The

MMPI-2 with college students. *Journal of Personality Assessment, 54,* pp. 1-15.

Butler, R.A. (1954). Incentive conditions which influence visual exploration. *Journal of Experimental Psychology, 48,* pp. 19-23.

Butler, R.A. (1987). An analysis of the monaural displacement of sound in space. *Perception & Psychophysics, 41,* pp. 1-7.

Button, E. (1993). *Eating disorders: Personal construct theory and change.* Nueva York: Wiley.

Bylinsky, G. (1993, 22 de marzo). New gains in the fight against pain. *Fortune,* pp. 107-118.

Byrne, D. (1969). Attitudes and attraction. En L. Berkowitz (Ed.), *Advances in experimental social psychology* (Vol. 4, pp. 35-89). Nueva York: Academic Press.

Cacioppo, J.T., Marshall-Goodell, B.S., Tassinary, L.G. y Petty, R.E. (1992). Rudimentary determinants of attitudes: Classical conditioning is more effective when prior knowledge about the attitude stimulus is low than high. *Journal of Experimental Social Psychology, 28,* pp. 207-233.

Cairns, H.S. y Cairns, C.E. (1976*). Psycholinguistics: A cognitive view of language.* Nueva York: Holt, Rinehart and Winston.

Calkins, B.J. (1993). *Advancing the science: A psychologist's guide to advocacy.* Washington, DC: American Psychological Association.

Candee, D. y Kohlberg, L. (1987). Moral judgment and moral action: A reanalysis of Haan, Smith, and Block's (1968) free-speech data. *Journal of Personality and Social Psychology, 52,* pp. 554-564.

Cannon, W.B. (1929). Organization for physiological homeostatics. *Physiological Review, 9,* pp. 280-289.

Caplan, G.A. y Brigham, B.A. (1990). Marijuana smoking and carcinoma of the tongue: Is there an association? *Cancer, 66,* pp. 1005-1006.

Caramazza, A. y Hillis, A.E. (1991, 28 de febrero). Lexical organization of nouns and verbs in the brain. *Nature, 349,* pp. 788-790.

Carli, L.L., Ganley, R. y Pierce-Otay, A. (1991). Similarity and satisfaction in roommate relationships. *Personality and Social Psychology Bulletin, 17,* pp. 419-426.

Carlo, G., Eisenberg, N., Troyer, D., Switzer, G. y Speer, A.L. (1991). The altruistic personality: In what contexts is it apparent? *Journal of Personality and Social Psychology, 61,* pp. 450-458.

Carlson, M., Charlin, V. y Miller, N. (1988). Positive mood and helping behavior: A test of six hypotheses. *Psychological Bulletin, 55,* pp. 211-229.

Carlson, M., Marcus-Newhall, A. y Miller, N. (1989). Evidence for a general construct of aggression. *Personality and Social Psychology Bulletin, 15,* pp. 377-389.

Carlson, M., Marcus-Newhall, A. y Miller, N. (1990). Effects of situational aggression cues: A quantitative review. *Journal of Personality and Social Psychology, 58,* pp. 622-633.

Carmody, D. (1990, 7 de marzo). College drinking: Changes in attitude and habit. *The New York Times,* p. C11.

Carpenter, Jr., W.T. y Buchanan, R.W. (1994, 10 de marzo). Medical progress: Schizophrenia. *New England Journal of Medicine, 330,* pp. 681-690.

Carroll, J.B. (1992). Cognitive abilities: The state of the art. *Psychological Science, 3,* pp. 266-270.

Carroll, J.B. (1993). *Human cognitive abilities: A survey of factor-analytic studies.* Cambridge, Inglaterra: Cambridge University Press.

Carson, R.C., Butcher, J.N. y Coleman, J.C. (1992). *Abnormal psychology and modern life* (9a. ed.). Nueva York: HarperCollins.

Casas, J.M. (1994). Counseling and psychotherapy with racial/ethnic minority groups in theory and practice. En B. Bongar y L.E. Beutler (Eds.), *Comprehensive textbook of psychotherapy: Theory and practice.* Nueva York: Oxford University Press.

Case, R. (Ed.). (1991). *The mind's staircase: Exploring the conceptual underpinnings of children's thought and knowledge.* Hillsdale, NJ: Erlbaum.

Casselden, P.A. y Hampson, S.E. (1990). Forming impressions from incongruent traits. *Journal of Personality and Social Psychology, 59,* pp. 353-362.

Cattell, R.B. (1965). *The scientific analysis of personality.* Chicago: Aldine.

Cattell, R.B. (1967). *The scientific analysis of personality.* Baltimore: Penguin.

Cattell, R.B. (1987). *Intelligence: Its structure, growth, and action.* Amsterdam: North-Holland.

Cattell, R.B., Cattell, A.K. y Cattell, H.E.P. (1993). *Sixteen personality factor questionnaire* (5a. ed.). San Antonio, TX: Harcourt Brace.

Cavanaugh, J.C. y Park, D.C. (1993, diciembre). The graying of America: An aging revolution in need of a national research agenda. *American Psychologist Observer,* p. 3.

CDC (Centers for Disease Control). (1991). *Incidence of sexually transmitted disease.* Atlanta, GA: Centers for Disease Control.

CDC (Centers for Disease Control). (1992). *Most students sexually active: Survey of sexual activity.* Atlanta, GA: Centers for Disease Control.

Center on Addiction and Substance Abuse. (1994). *Report on college drinking.* Nueva York: Columbia University.

Cermak, L.S. y Craik, F.I.M. (Eds.). (1979). *Levels of processing in human memory.* Hillsdale, NJ: Erlbaum.

Chaiken, S. (1979). Communicator physical attractiveness and persuasion. *Journal of Personality and Social Psychology, 37,* pp. 1387-1397.

Chamberlain, K. y Zika, S. (1990). The minor events approach to stress: Support for the use of daily hassles. *British Journal of Psychology, 81,* pp. 469-481.

Chandler, M.J. (1976). Social cognition and life-span approaches to the study of child development. En H.W. Reese y L.P. Lipsitt (Eds.), *Advances in child development and behavior* (Vol. 11). Nueva York: Academic Press.

Chapman, L.J. y Chapman, J.P. (1973). *Disordered thought in schizophrenia.* Nueva York: Appleton-Century-Crofts.

Chase, M. (1993, 13 de octubre). Inner music: Imagination may play role in how the brain learns muscle control. *Wall Street Journal,* pp. A1, A6.

Cheney, D.L. y Seyfarth, R.M. (1990). *How monkeys see the world: Inside the mind of another species.* Chicago: University of Chicago Press.

Cherlin, A. (1993). *Marriage, divorce, remarriage.* Cambridge, MA: Harvard University Press.

Cherlin, A.J., Furstenberg, Jr., F.F., Chase-Lansdale, P.L., Kiernan, K.E., Robins, P.K., Morrison, D.R. y Teitler, J.O. (1991, 7 de junio). Longitudinal studies of effects of divorce on children in Great Britain and the United States. *Science, 252*, pp. 1386-1389.

Chiocca, E.A. y Martuza, R.L. (1990). Neurosurgical therapy of the patient with obsessive-compulsive disorder. En M.A. Jenike, L. Baer y W.E. Minichiello (Eds.), *Obsessive compulsive disorders: Theory and management* (2a. ed.). Chicago: Yearbook Medical Publishers.

Chomsky, N. (1968). *Language and mind.* Nueva York, Harcourt Brace Jovanovich.

Chomsky, N. (1969). *The acquisition of syntax in children from five to ten.* Cambridge, MA: MIT Press.

Chomsky, N. (1978). On the biological basis of language capacities. En G. A. Miller y E. Lennenberg (Eds.), *Psychology and biology of language and thought* (pp. 199-220). Nueva York: Academic Press.

Chomsky, N. (1991). Linguistics and cognitive science: Problems and mysteries. En A. Kasher (Ed.), *The Chomskyan turn.* Cambridge, MA: Blackwell.

Church, A.T. y Burke, P.J. (1994). Exploratory and confirmatory tests of the big five and Tellegen's three-and four-dimensional models. *Journal of Personality and Social Psychology, 66*, pp. 93-114.

Churchland, P.S. y Sejnowski, T.J. (1992). *The computational brain.* Cambridge, MA: Bradford.

Chwalisz, K., Diener, E. y Gallagher, D. (1988). Autonomic arousal feedback and emotional experience: Evidence from the spinal cord injured. *Journal of Personality and Social Psychology, 54*, pp. 820-828.

Cialdini, R.B. (1984). *Social influence.* Nueva York: William Morrow.

Cialdini, R.B. (1988). *Influence: Science and practice* (2a. ed.). Glenview, IL: Scott, Foresman.

Cialdini, R. y Fultz, J. (1990). Interpreting the negative mood-helping literature via "Mega"-analysis: A contrary view. *Psychological Bulletin, 107*, p. 210.

Cialdini, R.B., Schaller, M., Houlihan, D., Arps, K., Fultz, J. y Beaman, A.L. (1975). Reciprocal concessions procedure for inducing compliance: The door-in-the-face technique. *Journal of Personality and Social Psychology, 31*, pp. 206-215.

Cialdini, R.B., Schaller, M., Houlihan, D., Arps, K., Fultz y Beaman, A.L. (1987). Empathy-based helping: Is it selflessly or selfishly motivated? *Journal of Personality and Social Psychology, 52*, pp. 749-758.

Cicchetti, D. y Beeghly, M. (Eds.). (1990). *Children with Down syndrome.* Cambridge, Inglaterra: Cambridge University Press.

Cioffi, D. y Holloway, J. (1993). Delayed costs of suppressed pain. *Journal of Personality and Social Psychology, 64*, pp. 274-282.

Clark, L.A. y Watson, D. (1988). Mood and the mundane: Relations between daily life events and self-reported mood. *Journal of Personality and Social Psychology, 54*, pp. 296-308.

Clark, M. (1987, 9 de noviembre). Sweet music for the deaf. *Newsweek*, p. 73.

Clark, M.S. y Reis, H.T. (1988). Interpersonal processes in close relationships. *Annual Review of Psychology, 39*, pp. 609-672.

Clarke-Stewart, K.A. (1991). A home is not a school: The effects of child care on children's development. *Journal of Social Issues, 47*, pp. 105-123.

Clarke-Stewart, K.A. (1993). *Daycare.* Cambridge, MA: Harvard University Press.

Clarke-Stewart, K.A. y Friedman, S. (1987). *Child development: Infancy through adolescence.* Nueva York: Wiley.

Clarke-Stewart, K.A., Gruber, C.P. y Fitzgerald, L.M. (1994). *Children at home and in day care.* Hillsdale, NJ: Erlbaum.

Coats, E.J., Feldman, R.S. y Schwartzberg, S. (1994). *Critical thinking: General principles and case studies.* Nueva York: McGraw-Hill.

Coffey, C.E. (1993). *The clinical science of electroconvulsive therapy.* Washington, DC: American Psychiatric Press.

Cohen, D. (1993). *The development of play* (2a. ed.). Londres: Routledge.

Cohen, D.B. (1979). *Sleep and dreaming: Origins, nature, and functioning.* Nueva York: Pergamon Press.

Cohen, G. (1989). *Memory in the real world.* Hillsdale, NJ: Erlbaum.

Cohen, S., Tyrrell, D.A. y Smith, A.P. (1993). Negative life events, perceived stress, negative affect, and susceptibility of the common cold. *Journal of Personality and Social Psychology, 64*, pp. 131-140.

Cohen, S.H. y Reese, H.W. (Eds.). (1991). *Life-span developmental psychology: Methodological innovations.* Hillsdale, NJ: Erlbaum.

Cohen, S.H. y Reese, H.W. (Eds.). (1994). *Life-span developmental psychology: Methodological contributions.* Hillsdale, NJ: Erlbaum.

Cohen, T.E. y Lasley, D.J. (1986). Visual sensitivity. En M.R. Rosenzweig y Porter (Eds.), *Annual Review of Psychology, 37*, pp. 103-112.

Coie, J.D., Watt, N.F., West, S.G., Hawkins, J.D., Asarnow, J.R., Markman, H.J., Ramey, S.L., Shure, M.B. y Long, B. (1993). The science of prevention: A conceptual framework and some directions for a national research program. *American Psychologist, 48*, pp. 1013-1022.

Colby, A. y Damon, W. (1987). Listening to a different voice: A review of Gilligan's *In a different voice.* En M.R. Walsh (Ed.), *The psychology of women.* New Haven, CT: Yale University Press.

Collins, A.F., Gathercole, S.E., Conway, M.A. y Morris, P.E. (Eds.). (1993). *Theories of memory.* Hillsdale, NJ: Erlbaum.

Collins, A.M. y Loftus, E.F. (1975). A spreading-activation theory of semantic processing. *Psychological Review, 82*, pp. 407-428.

Collins, A.M. y Quillian, M.R. (1969). Retrieval times from semantic memory. *Journal of Verbal Learning and Verbal Behavior, 8*, pp. 240-247.

Colombo, J. y Mitchell, D.W. (1990). Individual differences in early visual attention. En J. Colombo y J.W. Fagen (Eds.), *Individual differences in infancy: Reliability, stability, and prediction.* Hillsdale, NJ: Erlbaum.

Commons, M.L., Nevin, J.A. y Davison, M.C. (Eds.). (1989). *Signal detection: Mechanism, models and applications.* Hillsdale, NJ: Erlbaum.

Compas, B.E. (1987). Coping with stress during childhood and adolescence. *Psychological Bulletin, 101*, pp. 393-403.

Compas, B.E., Ey, S. y Grant, K.E. (1993). Taxonomy, assessment, and diagnosis of depression during adolescence. *Psychological Bulletin, 114*, pp. 323-344.

Comstock, G. y Strasburger, V.C. (1990). Deceptive appearances: Television violence and aggressive behavior. Conference: Teens and television (1988, Los Angeles, California).

Journal of Adolescent Health Care, 11, pp. 31-44.

Condon, J.W. y Crano, W.D. (1988). Inferred evaluation and the relation between attitude similarity and interpersonal attraction. *Journal of Personality and Social Psychology, 54,* pp. 789-797.

Conway, M. y Rubin, D. (1993). The structure of autobiographical memory. En A.F. Collins, S.E. Gathercole, M.A. Conway y P.E. Morris (Eds.), *Theories of memory.* Hillsdale, NJ: Erlbaum.

Cook, C.A.L., Caplan, R.D. y Wolowitz, H. (1990). Nonwaking responses to waking stressors: Dreams and nightmares. *Journal of Applied Social Psychology, 20,* pp. 199-226.

Cook, T.D. y Shadish, W.R. (1994). Social experiments: Some developments over the past fifteen years. *Annual Review of Psychology, 45,* pp. 545-580.

Cooper, I.S. (1981). *Living with chronic neurological disease.* Nueva York: Norton.

Cooper, J.R., Bloom, F.E. y Roth, R.H. (1991). *The biochemical basis of neuropharmacology.* Nueva York: Oxford University Press.

Cooper, L.A. y Shepard, R.N. (1984, diciembre). Turning something over in the mind. *Scientific American,* pp. 106-114.

Cooper, S.H. (1989). Recent contributions to the theory of defense mechanism: A comparative view. *Journal of the American Psychoanalytic Association, 37,* pp. 865-892.

Coppen, A., Metcalfe, M. y Wood, K. (1982). Lithium. En E.S. Paykel (Ed.), *Handbook of affective disorders.* Nueva York: Guilford Press.

Corbetta, M., Miezin, F.M., Shulman, G.L. y Petersen, S.E. (1993, marzo). A PET study of visuospatial attention. *Journal of Neuroscience, 13,* pp. 1202-1226.

Coren, S. (1989). The many moon illusions: An integration through analysis. En M. Hershenson (Ed.), *The moon illusion.* Hillsdale, NJ: Erlbaum.

Coren, S. (1992). *The left-handed syndrome.* Nueva York: The Free Press.

Coren, S. y Aks, D.J. (1990). Moon illusion in pictures: A multimechanism approach. *Journal of Experimental Psychology: Human Perception and Performance, 16,* pp. 365-380.

Coren, S., Porac, C. y Ward, L.M. (1984). *Sensation and perception* (2a. ed.). Nueva York: Academic Press.

Coren, S. y Ward, L.M. (1989). *Sensation and perception* (3a. ed.). San Diego, CA: Harcourt Brace Jovanovich.

Corina, D.P., Vaid, J. y Bellugi, U. (1992). The linguistic basis of left hemisphere specialization. *Science, 255,* p. 1258.

Cornblatt, B. y Erlenmeyer-Kimling, L.E. (1985). Global attentional deviance in children at risk for schizophrenia: Specificity and predictive validity. *Journal of Abnormal Psychology, 94,* pp. 470-486.

Cornelius, S.W. y Caspi, A. (1987). Everyday problem solving in adulthood and old age. *Psychology and Aging, 2,* pp. 144-153.

Cornell, T.L., Fromkin, V.A. y Mauner, G. (1993). A linguistic approach to language processing in Broca's aphasia: A paradox resolved. *Current Directions in Psychological Science, 2,* pp. 47-52.

Costa, Jr., P.T. y McCrae, R.R. (1985). Hypochondriasis, neuroticism, and aging. *American Psychologist, 40,* pp. 19-28.

Costa, Jr., P.T. y McCrae, R.R. (1995). Solid ground in the wetlands of personality: A reply to Block. *Psychological Bulletin, 117,* pp. 216-220.

Cotman, C.W. y Lynch, G.S. (1989). The neurobiology of learning and memory. *Cognition, 33,* pp. 201-241.

Cotton, P. (1993, 7 de julio). Psychiatrists set to approve DSM-IV. *Journal of the American Medical Association, 270,* pp. 13-15.

Council of Scientific Affairs (1985, 5 de abril). Scientific status of refreshing recollection by the use of hypnosis. *Journal of the American Medical Association, 253.*

Cowan, N. (1988). Evolving conceptions of memory storage, selective attention, and their mutual constraints within the human information-processing system. *Psychological Bulletin, 104,* pp. 163-191.

Cowdry, R.W. (1995). Basic behavioral science research for mental health: A national investment. A report of the National Advisory Mental Health Council Behavioral Science Task Force. *Psychological Science, 6,* pp. 192-199.

Cowley, G. (1994, 7 de febrero). The culture of Prozac. *Newsweek,* pp. 41-42.

Craik, F.I. y Lockhart, R.S. (1972). Levels of processing: A framework for memory research. *Journal of Verbal Behavior, 11,* pp. 671-684.

Craik, F.I.M. (1990). Levels of processing. En M.E. Eysenck (Ed.), *The Blackwell dictionary of cognitive psychology.* Londres: Blackwell.

Cramer, P. (1987). The development of defense mechanisms. *Journal of Personality, 55,* pp. 597-614.

Crandall, C. y Biernat, M. (1990). The ideology of anti-fat attitudes. *Journal of Applied Social Psychology, 20,* pp. 227-243.

Crandall, C.S. (1988). Social contagion of binge eating. *Journal of Personality and Social Psychology, 55,* pp. 588-598.

Crandall, C.S. (1992). Psychophysical scaling of stressful life events. *Psychological Science, 3,* pp. 256-258.

Crapo, L. (1985). *Hormones: Messengers of life.* Nueva York: Freeman.

Crawford, H.J. (1982). Hypnotizability, daydreaming styles, imagery vividness, and absorption: A multidimensional study. *Journal of Personality and Social Psychology, 42,* pp. 915-926.

Crease, R.P. (1993, 30 de julio). Biomedicine in the age of imaging. *Science, 261,* pp. 554-561.

Creswell, J.W. (1994). *Research design.* Newbury Park, CA: Sage.

Crews, D. (1993). The organizational concept and vertebrates without sex chromosomes. *Brain, Behavior, and Evolution, 42,* pp. 202-214.

Crews, D. (1994, enero). Animal sexuality. *Science, 263,* pp. 108-114.

Crews, F. (1993, 18 de noviembre). The unknown Freud. *New York Review,* pp. 55-66.

Crick, F. y Mitchison, G. (1983). The function of dream sleep. *Nature, 304,* pp. 111-114.

Crick, N.R. y Dodge, K.A. (1994). A review and reformulation of social information-processing mechanisms in children's social adjustment. *Psychological Bulletin, 115,* pp. 74-101.

Crits-Christoph, P. (1992). The efficacy of brief dynamic psychotherapy: A meta-analysis. *American Journal of Psychiatry, 149,* pp. 151-158.

Crits-Christoph, P. y Mintz, J. (1991). Implications of therapist effects for the design and analysis of comparative studies of psychotherapies. *Journal of*

Consulting and Clinical Psychology, 59, pp. 20-26.

Crocetti, G. (1983). *GRE: Graduate record examination general aptitude test.* Nueva York: Arco.

Crockett, L.J. y Crouter, A.C. (Eds.). (1995). *Pathways through adolescence: Individual development in relation to social contexts.* Hillsdale, NJ: Erlbaum.

Cromwell, R.L. y Snyder, C.R. (1993). *Schizophrenia: Origins, processes, treatment, and outcome.* Nueva York: Oxford University Press.

Cronkite, K. (1994). *On the edge of darkness: Conversations about depression.* Nueva York: Doubleday.

Crosby, F.J. (1991). *Juggling: The unexpected advantages of balancing career and home for women, their families, and society.* Nueva York: The Free Press.

Crow, T.J. (1990). The continuum of psychosis and its genetic origins: The sixty-fifth Maudsley lecture. *British Journal of Psychiatry, 156*, pp. 788-797.

Crowe, R.R., Black, D.W., Wesner, R., Andreasen, N.C., Cookman, A. y Roby, J. (1991). Lack of linkage to chromosome 5q11-q13 in six schizophrenia pedigrees. *Archives of General Psychiatry, 48*, pp. 357-361.

Croyle, R.T. y Hunt, J.R. (1991). Coping with health threat: Social influence processes in reactions to medical test results. *Journal of Personality and Social Psychology, 60*, pp. 382-389.

Culotta, E. y Koshland, Jr., D.E. (1992, 18 de diciembre). No news is good news. *Science, 258*, pp. 1862-1865.

Cummings, E. y Henry, W.E. (1961). *Growing old.* Nueva York: Basic Books.

Cummings, J. (1987, 6 de octubre). An earthquake aftershock: Calls to mental health triple. *The New York Times*, p. A1.

Czeisler, C.A., Johnson, M.P. y Duffy, J.F. (1990, 3 de mayo). Exposure to bright light and darkness to treat physiological maladaption to night work. *New England Journal of Medicine, 322*, p. 1253.

Czeisler, C.A., Kronauer, R.E., Allan, J.S., Duffy, J.F., Jewett, M.E., Brown, E.N. y Ronda, J.M. (1989, 16 de junio). Bright light induction of strong (Type O) resetting of the human circadian pacemaker. *Science, 244*, pp. 1328-1333.

Dabbs, J.M., Jr. y Morris, R. (1990) Testosterone, social class, and antisocial behavior in a sample of 4,462 men. *Psychological Science, 1*, pp. 209-211.

Damasio, H., Grabowski, T., Frank, R., Galaburda, A.M. y Damasio, A.R. (1994, 20 de mayo). The return of Phineas Gage: Clues about the brain from the skull of a famous patient. *Science, 264*, pp. 1102-1105.

Damon, W. (1988). *The moral child.* Nueva York: The Free Press.

Dana, R.H. (1993). *Multicultural assessment perspectives for professional psychology.* Boston: Allyn & Bacon.

Darley, J.M. y Shultz, T.R. (1990). Moral rules: Their content and acquisition. *Annual Review of Psychology, 41*, pp. 525-556.

Darling, N. y Steinberg, L. (1993). Parenting style as context: An integrative model. *Psychological Bulletin, 113*, pp. 487-496.

Darwin, C.J., Turvey, M.T. y Crowder, R.G. (1972). An auditory analogue of the Sperling partial-report procedure: Evidence for brief auditory storage. *Cognitive Psychology, 3*, pp. 255-267.

Davidson, J.E. (1990). Intelligence recreated. *Educational Psychologist, 25*, pp. 337-354.

Davis, R. (1986). Assessing the eating disorders. *The Clinical Psychologist, 39*, pp. 33-36.

De La Cancela, V. y Sotomayer, G.M. (1993). Rainbow warriors: Reducing institutional racism in mental health. *Journal of Mental Health Counseling, 15*, pp. 55-71.

De Valois, R.L. y De Valois, K.K. (1993). A multi-stage color model. *Vision Research, 33*, pp. 1053-1065.

DeAngelis, T. (1994, junio). New test allows takers to tackle real-life problems. *APA Monitor*, p. 14.

DeBono, E. (1967). *The five day course in thinking.* Nueva York: Basic Books.

DeCasper, A.J. y Fifer, W.D. (1980). Of human bonding: Newborns prefer their mothers' voices. *Science, 208*, pp. 1174-1176.

DeCharms, R. y Moeller, G.H. (1962). Values expressed in American children's readers, 1800-1950. *Journal of Abnormal and Social Psychology, 64*, pp. 136-142.

Deci, E.L. (1992). On the nature and functions of motivation theories. *Psychological Science, 3*, pp. 167-176.

Deci, E.L. y Ryan, R.M. (1985). *Intrinsic motivation and self-determination in human behavior.* Nueva York: Plenum Press.

Deffenbacher, J.L. (1988). Cognitive relaxation and social skills treatments of anger: A year later. *Journal of Consulting Psychology, 35*, pp. 309-315.

DeGroot, A.D. (1966). Perception and memory versus thought: Some old ideas and recent findings. En B. Kleinmuntz (Ed.), *Problem solving: Research, method, and theory.* Nueva York: Wiley.

DeKay, W.T. y Buss, D.M. (1992). Human nature, individual differences, and the importance of context: Perspectives from evolutionary psychology. *Current Directions in Psychological Science, 1*, pp. 184-189.

DeLongis, A., Folkman, S. y Lazarus, R.S. (1988). The impact of daily stress on health and mood: Psychological social resources as mediators. *Journal of Personality and Social Psychology, 54*, pp. 486-495.

Delprato, D.J. y Midgley, B.D. (1992). Some fundamentals of B.F. Skinner's behaviorism. *American Psychologist, 47*, pp. 1507-1520.

Dement, W. (1989). *Sleep and alertness: Chrono-biological, behavioral and medical aspects of napping.* Nueva York: Raven Press.

Dement, W.C. (1976). *Some must watch while some must sleep.* Nueva York: Norton.

Dement, W.C. (1979). Two kinds of sleep. En D. Goleman y R.J. Davidson (Eds.), *Consciousness: Brain, states of awareness, and mysticism* (pp. 72-75). Nueva York: Harper & Row.

Dement, W.C. y Wolpert, E.A. (1958). The relation of eye movements, body mobility, and external stimuli to dream content. *Journal of Experimental Psychology, 55*, pp. 543-553.

Demetriou, A., Shayer, M. y Efklides, A. (1993). *Neo-Piagetian theories of cognitive development.* Londres: Routledge.

Denmark, F.L. (1994). Engendering psychology. *American Psychologist, 49*, pp. 329-334.

Dennett, D.C. (1991). *Consciousness explained.* Boston: Little, Brown.

Dent, J. (1984, marzo). *Reader's Digest, 124*, p. 38.

Denton, K. y Krebs, D. (1990). From the scene of the crime: The effect of alcohol and social context on moral judgment. *Journal of Personality and Social Psychology, 59*, pp. 242-248.

Dentzer, S. (1986, 5 de mayo). Can you pass the job test? *Newsweek*, pp. 46-53.

Deregowski, J.B. (1973). Illusion and culture. En R.L. Gregory y G.H. Combrich (Eds.), *Illusion in nature and art* (pp. 161-192). Nueva York: Scribner.

Derksen, J.J.L. (1995). *Personality Disorders: Clinical and social perspectives*. Nueva York: Wiley.

Desforges, D.M., Lord, C.G., Ramsey, S.L., Mason, J.A., VanLeeuwen, M.D., West, S.C. y Lepper, M.R. (1991). Effects of structured cooperative contact on changing negative attitudes toward stigmatized social groups. *Journal of Personality and Social Psychology, 60*, pp. 531-544.

Desimone, R. (1992, 9 de octubre). The physiology of memory: Recordings of things past. *Science, 258*, pp. 245-255.

Deutsch, F.M., Lussier, J.B. y Servis, L.J. (1993). Husbands at home: Predictors of paternal participation in childcare and housework. *Journal of Personality and Social Psychology, 65*, pp. 1154-1166.

Devenport, L.D. y Devenport, J.A. (1990). The laboratory animal dilemma: A solution in our backyards. *Psychological Science, 1*, pp. 215-216.

Devine, P.G. y Baker, S.M. (1991). Measurement of racial stereotype subtyping. *Personality and Social Psychology Bulletin, 17*, pp. 44-50.

Devine, P.G. y Elliot, A.J. (1995). Are racial stereotypes *really* fading? The Princeton trilogy revisited. *Personality and Social Psychology Bulletin, 21*, pp. 1139-1150.

Devine, P.G., Hamilton, D.L. y Ostrom, T.M. (Eds.). (1994). *Social cognition: Impact on social psychology*. San Diego, CA: Academic Press.

Dewji, N.N. y Singer, S.J. (1996, 12 de enero). Genetic clues to Alzheimer's disease. *Science, 271*, pp. 159-160.

Diaz-Guerrero, R. (1979). Culture and personality revisited. *Annals of the New York Academy of Sciences, 285*, pp. 119-130.

Dickinson, A. (1991, septiembre). Helpless to save her sister from Alzheimer's, an anguished actress provides what comfort she can. *People Weekly*, pp. 75-78.

DiClemente, C.C. (1993). Changing addictive behaviors: A process perspective. *Current Directions in Psychological Science, 2* (4), pp. 101-106.

Diener, E., Sandvik, E. y Larsen, R.J. (1985). Age and sex effects for emotional intensity. *Developmental Psychology, 21*, pp. 542-546.

DiGiovanna, A.G. (1994). *Human aging: Biological perspectives*. Nueva York: McGraw-Hill.

Digman, J.M. (1990). Personality structure: Emergence of the five-factor model. *Annual Review of Psychology, 41*, pp. 417-440.

Dillard, J.P. (1991). The current status of research on sequential-request compliance techniques. Special issue: Meta-analysis in personality and social psychology. *Personality and Social Psychology Bulletin, 17*, pp. 283-288.

Dion, K.K. y Berscheid, E. (1974). Physical attractiveness and peer perception among children. *Sociometry, 37*, pp. 1-12.

Dobson, K.S. y Craig, K.D. (Eds.). (1996). *Advances in cognitive-behavioral therapy*. Newbury Park, CA: Sage.

Dobson, K.S. y Shaw, B.F. (1994). Cognitive therapies in practice. En B. Bongar y L.E. Beutler (Eds.), *Comprehensive textbook of psychotherapy: Theory and practice*. Nueva York: Oxford University Press.

Dodge, K.A., Bates, J.E. y Petit, G.S. (1990, 20 de diciembre). Mechanisms in the cycle of violence. *Science, 250*, pp. 1678-1683.

Dolce, J.J. y Raczynski, J.M. (1985). Neuromuscular activity and electromyography in painful backs: Psychological and biomechanical models in assessment and treatment. *Psychological Bulletin, 97*, pp. 502-520.

Dollard, J., Doob, L., Miller, N., Mower, O.H. y Sears, R.R. (1939). *Frustration and aggression*. New Haven, CT: Yale University Press.

Dominowski, R.L. y Bourne, Jr., L.E. (1994). History of research on thinking and problem-solving. En R.J. Sternberg (Ed.), *Thinking and problem-solving*. San Diego, CA: Academic Press.

Domjan, M. y Purdy, J.E. (1995). Animal research in psychology: More than meets the eye of the general psychology student. *American Psychologist, 50*, pp. 496-503.

Dore, F.Y. y Dumas, C. (1987). Psychology of animal cognition: Piagetian studies. *Psychological Bulletin, 102*, pp. 219-233.

Doris, J. (Ed.). (1991). *The suggestibility of children's recollections: Implications for eyewitness testimony*. Hyattsville, MD: American Psychological Association.

Doty, R.L., Green, P.A., Ram, C. y Yankell, S.L. (1982). Communication of gender from human breath odors: Relationship to perceived intensity and pleasantness. *Hormones and Behavior, 16*, pp. 13-22.

Dove, A. (1968, 15 de julio). Taking the chitling test. *Newsweek*.

Dovidio, J.F., Allen, J.L. y Schroeder, D.A. (1990). Specificity of empathy-induced helping: Evidence for altruistic motivation. *Journal of Personality and Social Psychology, 59*, pp. 249-260.

Dreyer, P.H. (1982). Sexuality during adolescence. En B.B. Wolman (Ed.), *Handbook of developmental psychology*. Englewood Cliffs, NJ: Prentice-Hall.

Druckman, D. y Bjork, R.A. (1991). *In the mind's eye: Enhancing human performance*. Washington, DC: National Academy Press.

Drum, D.J. (1990). Group therapy review. *Counseling Psychologist, 18*, pp. 131-138.

Dryden, W. y DiGiuseppe, R. (1990). *A primer on rational-emotive therapy*. Champaign, IL: Research Press.

Duck, S. (Ed.). (1984). *Personal relationships*. Nueva York: Academic Press.

Duck, S. (1988). *Relating to others*. Chicago: Dorsey.

Duke, M. y Nowicki, S., Jr. (1979). *Abnormal psychology: Perspectives on being different*. Monterey, CA: Brooks/Cole.

Duncker, K. (1945). On problem solving. *Psychological Monographs, 58* (5, todo el núm. 270).

Dutton, D.G. y Aron, A.P. (1974). Some evidence for heightened sexual attraction under conditions of high anxiety. *Journal of Personality and Social Psychology, 30*, pp. 510-517.

Dworkin, R.H. y Widom, C.S. (1977). Undergraduate MMPI profiles and the longitudinal prediction of adult social outcome. *Journal of Consulting and Clinical Psychology, 45*, pp. 620-625.

Dywan, J. y Bowers, K. (1983). The use of hypnosis to enhance recall. *Science, 222*, pp. 184-185.

Eagly, A. (1978). Sex differences in influenceability. *Psychological Bulletin, 85*, pp. 86-116.

Eagly, A. (1989, mayo). Meta-analysis of sex differences. Annual conference on adversity, University of Massachusetts, Amherst.

Eagly, A. y Chaiken, S. (1993). *The psychology of attitudes.* Fort Worth, TX: Harcourt Brace Jovanovich.

Eagly, A.H. (1983). Gender and social influence: A social psychological analysis. *American Psychologist, 38*, pp. 971-981.

Eagly, A.H. y Carlie, L.L. (1981). Sex of researchers and sex-typed communications as determinants of sex differences in influenceability: A meta-analysis of social influence studies. *Psychological Bulletin, 90*, pp. 1-20.

Eagly, A.H., Wood, W. y Chaiken, S. (1978). Causal inferences about communicators and their effect on opinion change. *Journal of Personality and Social Psychology, 36*, pp. 424-435.

Ebbinghaus, H. (1885/1913). *Memory: A contribution to experimental psychology* (H.A. Roger y C.E. Bussenius, Trans.). Nueva York: Columbia University Press.

Ebomoyi, E. (1987). Prevalence of female circumcision in two Nigerian communities. *Sex Roles, 17*, pp. 13-152.

Eckenrode, J. (1984). Impact of chronic and acute stressors on daily reports of mood. *Journal of Personality and Social Psychology, 46*, pp. 907-918.

Eckholm, E. (1988, 17 de abril). Exploring the forces of sleep. *The New York Times Magazine*, pp. 26-34.

Edwards, F.A., Gibb, A.J. y Colquhoun, D. (1992, 5 de septiembre). ATP receptor-mediated synaptic currents in the central nervous system. *Nature, 359*, pp. 144-147.

Egan, T. (1994, 30 de enero). A Washington city full of Prozac. *The New York Times*, p. A16.

Egeland, J.A., Gerhard, D.S., Pauls, D.L., Sussex, J.N., Kidd, K.K., Allen, C.R., Hostetter, A.M. y Housman, D.E. (1987). Bipolar affective disorders linked to DNA markers on chromosome 11. *Nature, 325*, pp. 783-787.

Eichenbaum, H. (1993, 20 de agosto). Thinking about brain cell assemblies. *Science, 261*, pp. 993-994.

Eisenberg, N. (1991). Meta-analytic contributions to the literature on prosocial behavior. *Personality and Social Psychology Bulletin, 17*, pp. 273-282.

Eisenberg, N. (1994). *Social development.* Newbury Park, CA: Sage.

Eisenberg, N. y Fabes, R.A. (1991). Prosocial behavior and empathy: A multimethod developmental perspective. En M.S. Clark (Ed.), *Prosocial behavior.* Newbury Park, CA: Sage.

Ekman, P. y Davidson, R.J. (1994). *The nature of emotion: Fundamental questions.* Nueva York: Oxford University Press.

Elkin, I. (1986, mayo). *NIMH treatment of depression: Collaborative research program.* Paper presented at the annual meeting of the American Psychiatric Association, Washington, DC.

Ellis, A. (1974). *Growth through reason.* Hollywood, CA: Wilshire Books.

Ellis, A. (1987). The impossibility of achieving consistently good mental health. *American Psychologist, 42*, pp. 364-375.

Ellis, A. y Dryden, W. (1987). *The practice of rational-emotive therapy (RET).* Nueva York: Springer.

Ellis, H.C. (1992). Graduate education in psychology: Past, present, and future. *American Psychologist, 47*, pp. 570-576.

Eng, R.C. (Ed.). (1990). *Women: Alcohol and other drugs.* Dubuque, IA: Kendall/Hunt.

Engen, T. (1982). *Perception of odors.* Nueva York: Academic Press.

Engen, T. (1987, septiembre-octubre). Remembering odors and their names. *American Scientist, 75*, pp. 497-503.

Engle-Friedman, M., Baker, A. y Bootzin, R.R. (1985). Reports of wakefulness during EEG identified stages of sleep. *Sleep Research, 14*, p. 152.

Engler, J. y Goleman, D. (1992). *The consumer's guide to psychotherapy.* Nueva York: Simon & Schuster.

Epstein, R., Kirshnit, C.E., Lanza, R.P. y Rubin, L.C. (1984). Insight in the pigeon: Antecedents and determinants of intelligent performance. *Nature, 308*, pp. 61-62.

Epstein, S. (1994). An integration of the cognitive and the psychodynamic unconscious. *American Psychologist, 49*, pp. 709-724.

Epstein, S. y Meier, P. (1989). Constructive thinking: A broad coping variable with specific components. *Journal of Personality and Social Psychology, 57*, pp. 332-350.

Epstein, S. y O'Brien, E.J. (1985). The person-situation debate in historical and current perspective. *Psychological Bulletin, 98*, pp. 513-537.

Erber, R. (1991). Affective and semantic priming: Effects of mood on category accessibility and inference. *Journal of Experimental Social Psychology, 27*, p. 480.

Erickson, M.H., Hershman, S. y Secter, I.I. (1990). *The practical application of medical and dental hypnosis.* Nueva York: Brunner/Mazel.

Erikson, E.H. (1963). *Childhood and society* (2a. ed.). Nueva York: Norton.

Erlandson, D.A., Harris, E.L., Skipper, B.L. y Allen, S.D. (1993). *Doing naturalistic inquiry: A guide to methods.* Newbury Park, CA: Sage.

Eron, L.D. (1982). Parent-child interaction, television violence, and aggression of children. *American Psychologist, 37*, pp. 197-211.

Eron, L.D. y Huesmann, L.R. (1985). The control of aggressive behavior by changes in attitude, values, and the conditions of learning. En R.J. Blanchard y C. Blanchard (Eds.), *Advances in the study of aggression.* Nueva York: Academic Press.

Eron, L.D., Huesmann, L.R., Lefkowitz, M.M. y Walden, L.O. (1972). Does television cause aggression? *American Psychologist, 27*, pp. 253-263.

Esasky, N. (1991, marzo). His career threatened by dizzying attacks of vertigo: A ballplayer struggles to regain his field of dreams. *People Weekly*, pp. 61-64.

Estes, W.K. (1991). Cognitive architectures from the standpoint of an experimental psychologist. *Annual Review of Psychology, 42*, pp. 1-28.

Evans, D.L. (1993, 1 de marzo). The wrong examples. *Newsweek*, p. 10.

Evans, J.S.B.T., Newstead, S.E. y Byrne, R.M.E. (1994). *Human reasoning: The psychology of deduction.* Hillsdale, NJ: Erlbaum.

Evans, R.J., Derkach, V. y Surprenant, A. (1992, 11 de junio). ATP (adenosine triphosphate) mediates fast synaptic transmission in mammalian neurons. *Nature, 357,* pp. 503-505.

Eveleth, P. y Tanner, J. (1976). *Worldwide variation in human growth.* Nueva York: Cambridge University Press.

Everly, G.S., Jr. (1989). *A clinical guide to the treatment of the human stress response.* Nueva York: Plenum Press.

Exner, Jr., J.E. (1993). *The Rorschach: A comprehensive system.* Nueva York: Wiley.

Eysenck, H.J. (1973). *Eysenck on extroversion.* Nueva York: Wiley.

Eysenck, H.J. (1985). Race, social class, and individual differences in IQ. *Personality and Individual Differences, 6,* p. 287.

Eysenck, H.J. y Eysenck, M.W. (1985). *Personality and individual differences: A natural science approach.* Nueva York: Plenum Press.

Fagan, J.F., III. (1992). Intelligence: A theoretical viewpoint. *Current Directions in Psychological Science, 1,* pp. 82-86.

Fairburn, C.C., Jones, R., Peveler, R.C. y cols. (1993). Psychotherapy and bulimia nervosa. *Archives of General Psychiatry, 50,* pp. 419-428.

Fanelli, R.J., Burright, R.G. y Donovick, P.J. (1983). A multivariate approach to the analysis of genetic and septal lesion effects on maze performance in mice. *Behavioral Neuroscience, 97,* pp. 354-369.

Farley, C.F. (1993, 19 de abril). CNN/*Time* national poll. *Time,* p. 15.

Farley, F. (1986, mayo). The big T in personality. *Psychology Today,* pp. 44-52.

Farwell, L.A. y Donchin, E. (1991). The truth will out: Interrogative polygraphy ("lie detection") with event-related brain potentials. *Psychophysiology, 28,* pp. 531-547.

Fehr, B. (1995). *Friendship processes.* Newbury Park, CA:. Sage.

Fehr, B. y Russell, J.A. (1991). The concept of love viewed from a prototype perspective. *Journal of Personality and Social Psychology, 60,* pp. 425-438.

Feingold, A. (1992). Good-looking people are not what we think. *Psychological Bulletin, 111,* pp. 304-341.

Feldman, R.S. (Ed.). (1982). *Development of nonverbal behavior in children.* Nueva York: Springer-Verlag.

Feldman, R.S. (Ed.). (1993). *Applications of nonverbal behavioral theories and research.* Hillsdale, NJ: Erlbaum.

Fenton, W.S. y McGlashan, T.H. (1991a). Natural history of schizophrenia subtypes: I. Longitudinal study of paranoid, hebephrenic, and undifferentiated schizophrenia. *Archives of General Psychiatry, 48,* pp. 969-977.

Fenton, W.S. y McGlashan, T.H. (1991b). Natural history of schizophrenia subtypes: II. Positive and negative symptoms and long-term course. *Archives of General Psychiatry, 48,* pp. 978-986.

Fernandez, E. y Turk, D.C. (1992). Sensory and affective components of pain: Separation and synthesis. *Psychological Bulletin, 112,* pp. 205-217.

Festinger, L. (1957). *A theory of cognitive dissonance.* Stanford, CA: Stanford University Press.

Festinger, L. y Carlsmith, J.M. (1959). Cognitive consequences of forced compliance. *Journal of Abnormal and Social Psychology, 58,* pp. 203-210.

Festinger, L., Schachter, S. y Back, K.W. (1950). *Social pressure in informal groups.* Nueva York: Harper.

Fichter, M.M. (Ed.). (1990). *Bulimia nervosa: Basic research, diagnosis and therapy.* Nueva York: Wiley.

Fiedler, F.E., Mitchell, R. y Triandis, H.C. (1971). The culture assimilator: An approach to cross-cultural training. *Journal of Applied Psychology, 55,* pp. 95-102.

Field, T. (1982). Individual differences in the expressivity of neonates and young infants. En R.S. Feldman (Ed.), *Development of nonverbal behavior in children.* Nueva York: Springer-Verlag.

Field, T.M. (1978). Interaction of primary versus secondary caretaker fathers. *Developmental Psychology, 14,* pp. 183-184.

Filler, A.G., Howe, F.A., Hayes, C.E., Kliot, M., Winn, H.R., Bell, B.A., Griffiths, J.R. y Tsuruda, J.S. (1993, 13 de marzo). Magnetic resonance neurography. *The Lancet, 341,* pp. 659-661.

Finch, C.E. (1990). *Longevity, senescence, and the genome.* Chicago: University of Chicago Press.

Fine, L. (1994). Comunicación personal.

Fingerhut, L., Ingram, D. y Feldman, J. (1992). Firearm and nonfirearm homicide among persons 15 through 19

years of age. *Journal of the American Medical Association, 267,* pp. 3048-3053.

Fink, A. (1993). *Evaluation fundamentals.* Newbury Park, CA: Sage.

Fink, M. (1990, abril). Continuation of ECT. *Harvard Medical School Mental Health Letter, 6,* p. 8

Fink, M. (1994, mayo). Can ECT be an effective treatment for adolescents? *Harvard Mental Health Letter, 10,* p. 8.

Fischoff, B. (1977). Perceived informativeness of facts. *Journal of Experimental Psychology: Human Perception and Performance, 3,* pp. 349-358.

Fisher, C.B. y Fyrberg, D. (1994). Participant partners: College students weigh the costs and benefits of deceptive research. *American Psychologist, 49,* pp. 417-427.

Fisher, K. (1985, marzo). ECT: New studies on how, why, who. *APA Monitor,* pp. 18-19.

Fiske, S.T. (1992). Thinking is for doing: Portraits of social cognition from Daguerreotype to laserphoto. *Journal of Personality and Social Psychology, 63,* pp. 877-889.

Fiske, S.T. y Taylor, S.E. (1991). *Social cognition* (2a. ed.). Nueva York: McGraw-Hill.

Fitzgerald, J.M. (1988). Vivid memories and the reminiscence phenomenon: The role of a self narrative. *Human Development, 31,* pp. 261-273.

Flam, F (1991, 14 de junio). Queasy riders. *Science, 252,* p. 1488.

Flam, F. (1994, 14 de octubre). Will a new type of drug make memory-making easier? *Science, 266,* pp. 218-219.

Flavell, J.H. (1993). Young children's understanding of thinking and consciousness. *Current Directions in Psychological Science, 2,* pp. 40-43.

Flavell, J.H., Green, F.L. y Flavell, E.R. (1990). Developmental changes in young children's knowledge about the mind. *Cognitive Development, 5,* pp. 1-27.

Fleming, R., Baum, A. y Singer, J.E. (1984). Toward an integrative approach to the study of stress. *Journal of Personality and Social Psychology, 46,* pp. 939-949.

Flowers, J.V. y Booraem, C.D. (1990). The effects of different types of interventions on outcome in group therapy. *Group, 14,* pp. 81-88.

Flynn, J.R. (1987). Massive IQ gains in 14 nations: What IQ tests really measure.

Psychological Bulletin, 101, pp. 171-191.

Foderaro, L.W. (1993, 19 de julio). With reforms in treatment, shock therapy loses shock. *The New York Times*, pp. A1, B2.

Folkman, S. (1984). Personal control and stress and coping processes: A theoretical analysis. *Journal of Personality and Social Psychology, 46*, pp. 839-852.

Folkman, S. y Lazarus, R.S. (1980). An analysis of coping in a middle-aged community sample. *Journal of Health and Social Behavior, 21*, pp. 219-239.

Folkman, S. y Lazarus, R. S. (1988). Coping as a mediator of emotion. *Journal of Personality and Social Psychology, 54*, pp. 466-475.

Folkman, S., Lazarus, R.S., Dunkel-Schetter, C., DeLongis, A. y Green, R.J. (1986). Dynamics of a stressful encounter: Cognitive appraisal, coping, and encounter outcome. *Journal of Personality and Social Psychology, 50*, pp. 992-1003.

Fonagy, P. y Moran, G.S. (1990). Studies of the efficacy of child psychoanalysis. *Journal of Consulting and Clinical Psychology, 58*, pp. 684-695.

Ford, C.V. y Folks, D.G. (1985). Conversion disorders: An overview. *Psychosomatics, 26*, pp. 371-383.

Ford, J.G., (1991). Rogers's theory of personality: Review and perspectives. En A. Jones y R. Crandall (Eds.), *Handbook of self-actualization* [Special issue]. *Journal of Social Behavior and Personality, 6*, pp. 19-44.

Forer, B. (1949). The fallacy of personal validation: A classroom demonstration of gullibility. *Journal of Abnormal and Social Psychology, 44*, pp. 118-123.

Forgas, J.P. y Bower, G.H. (1987). Mood effects on person-perception judgments. *Journal of Personality and Social Psychology, 53*, pp. 53-60.

Forss, N., Makela, J.P., McEvoy, L. y Hari, R. (1993). Temporal integration and oscillatory responses of the human auditory cortex revealed by evoked magnetic fields to click trains. *Hearing Research, 68*, pp. 89-96.

Fowler, R.D. (1993). New stats add weight to member director. *APA Monitor*, p. 2.

Fowles, D.C. (1992). Schizophrenia: Diathesis-stress revisited. *Annual Review of Psychology, 43*, pp. 303-336.

Fox, N. (Ed.). (1994). The development of emotion regulation: Biological and behavioral consideration. *Monographs of the SRCD.*

Frank, S.J., Jacobson, S. y Tuer, M. (1990). Psychological predictors of young adults' drinking behaviors. *Journal of Personality and Social Psychology, 59*, pp. 770-780.

Frankenburg, W.K. y Dodds, J.B. (1967). The Denver developmental screening test. *Journal of Pediatrics, 71*, pp. 181-191.

Frederickson, R. (1992). *Repressed memories: A journey to recovery from sexual abuse.* Nueva York: Fireside Books.

Freedheim, D.K. (Ed.). (1992). *History of psychotherapy: A century of change.* Washington, DC: American Psychological Association.

Freedman, J.L. (1984). Effects of television violence on aggressiveness. *Psychological Bulletin, 96*, pp. 227-246.

Freedman, J.L. y Fraser, S.C. (1966). Compliance without pressure: The foot-in-the-door technique. *Journal of Personality and Social Psychology, 4*, pp. 195-202.

Freeman, W. (1959). Psychosurgery. En *American handbook of psychiatry* (Vol. 2, pp. 1521-1540). Nueva York: Basic Books.

Freud, S. (1922/1959). *Group psychology and the analysis of the ego.* Londres: Hogarth.

Friedman, H.S., Tucker, J.S., Tomlinson-Keasey, C., Schwartz, J. y cols. (1993). Does childhood personality predict longevity? *Journal of Personality and Social Psychology, 65*, pp. 176-185.

Friedman, J. y cols. (1994, diciembre). Obesity gene. *Nature, 367*, pp. 732-735.

Friedman, W.J. (1993). Memory for the time of past events. *Psychological Bulletin, 113*, pp. 44-66.

Friend, T. (1994, marzo). River, with love and anger. *Esquire*, pp. 108-117.

Frijda, N.H. (1988). The laws of emotion. *American Psychologist, 43*, pp. 349-358.

Fromholt, P. y Larsen, S.F. (1991). Autobiographical memory in normal, aging and primary degenerative dementia (dementia of Alzheimer type). *Journal of Gerontology, 46*, pp. 85-91.

Funder, D.C. (1991). Global traits: A neo-Allportian approach to personality. *Psychological Science, 2*, pp. 31-39.

Funder, D.C.F. (1987). Errors and mistakes: Evaluating the accuracy of social judgment. *Psychological Bulletin, 101*, pp. 75-90.

Furst, P.T. (1977). "High states" in culture-historical perspective. En N.E. Zinberg (Ed.), *Alternate states of consciousness.* Nueva York: The Free Press.

Gaertner, S.L., Mann, J.A., Dovidio, J.F., Murrell, A.J. y Pomare, M. (1990). How does cooperation reduce intergroup bias? *Journal of Personality and Social Psychology, 59*, pp. 692-704.

Galambos, N.L. (1992). Parent-adolescent relations. *Current Directions in Psychological Science, 1*, pp. 146-149.

Galanter, E. (1962). Contemporary psychophysics. En R. Brown, E. Galanter, E. Hess y G. Maroler (Eds.), *New directions in psychology* (pp. 87-157). Nueva York: Holt.

Gale, N., Golledge, R.G., Pellegrino, J.W. y Doherty, S. (1990). The acquisition and integration of route knowledge in an unfamiliar neighborhood. *Journal of Environmental Psychology, 10*, pp. 3-25.

Gallagher, J.J. (1993). Current status of gifted education in the United States. En K.A. Heller, F.J. Monks y A.H. Passow (Eds.), *International handbook of research and development of giftedness and talent.* Oxford, Inglaterra: Pergamon Press.

Gallagher, J.J. (1994). Teaching and learning: New models. *Annual Review of Psychology, 45*, pp. 171-195.

Gallant, J.L, Braun, J. y VanEssen, D.C. (1993, 1 de enero). Selectivity for polar, hyperbolic, and cartesian gratings in macaque visual cortex. *Science, 259*, pp. 100-103.

Gallup Poll. (1969, 1978, 1991). Poll on sexual intercourse before marriage. Gallup Poll.

Gannon, L., Luchetta, T., Rhodes, K., Pardie, L. y Segrist, D. (1992). Sex bias in psychological research. *American Psychologist, 47*, pp. 389-396.

Garber, H.L. (1988). *The Milwaukee Project: Preventing mental retardation in children at risk.* Washington, DC: American Association on Mental Retardation.

Garcia, J., Brett, L. y Rusiniak, K. (1989). Limits of Darwinian conditioning. En S.B. Klein y R.R. Mowrer (Eds.), *Contemporary learning theories* (Vol. 2). Hillsdale, NJ: Erlbaum.

Garcia., J., Hankins, W.G. y Rusiniak, K.W. (1974). Behavioral regulation of the milieu intern in man and rat. *Science, 185*, pp. 824-831.

Gardner, H. (1975). *The shattered mind: The person after brain damage*. Nueva York: Knopf.

Gardner, H. (1983). *Frames of mind: The theory of multiple intelligences*. Nueva York: Basic Books.

Gardner, H. (1993). *Multiple intelligences*. Nueva York: Basic Books.

Gardner, W. y Wilcox, B.L. (1993). Political intervention in scientific peer review. *American Psychologist, 48*, pp. 972-983.

Garfield, S.L. (1990). Issues and methods in psychotherapy process research. *Journal of Consulting and Clinical Psychology, 58*, pp. 273-280.

Garling, T. (1989). The role of cognitive maps in spatial decisions. *Journal of Environmental Psychology, 9*, pp. 269-278.

Gatchel, R.J. y Baum, A. (1983). *An introduction to health psychology*. Reading, MA: Addison-Wesley.

Gathercole, S.E. y Baddeley, A.D. (1993). *Working memory and language processing*. Hillsdale, NJ: Erlbaum.

Gawin, F.H. (1991, 29 de marzo). Cocaine addiction: Psychology and neurophysiology. *Science, 251*, pp. 1580-1586.

Gawin, F.H. y Ellinwood, E.H. (1988). Cocaine and other stimulants: Actions, abuse, and treatment. *New England Journal of Medicine, 318*, p. 1173.

Gazzaniga, M.S. (1970). *The bisected brain*. Nueva York: Plenum Press.

Gazzaniga, M.S. (1983). Right-hemisphere language following brain bisection: A twenty-year perspective. *American Psychologist, 38*, pp. 525-537.

Gazzaniga, M.S. (1989, 1 de septiembre). Organization of the human brain. *Science, 245*, pp. 947-952.

Gazzaniga, M.S. (Ed.). (1994). *The cognitive neurosciences*. Cambridge, MA: MIT Press.

Geary, D.C., Bow-Thomas, C.C., Fan, L. y Siegler, R.S. (1993). Even before formal instruction, Chinese children outperform American children in mental addition. *Cognitive Development, 8*, pp. 517-529.

Geary, D.C., Fan, L. y Bow-Thomas, C.C. (1992). Numerical cognition: Loci of ability differences comparing children from China and the United States. *Psychological Science, 3*, pp. 180-185.

Geen, R.G. (1984). Human motivation: New perspectives on old problems. En A.M. Rogers y C.J. Scheirer (Eds.), *The G. Stanley Hall Lecture Series* (Vol. 4). Washington, DC: American Psychological Association.

Geen, R.G. y Donnerstein, E. (1983). *Aggression: Theoretical and empirical reviews*. Nueva York: Academic Press.

Geisinger, K.F. (Ed.). (1992). *Psychological testing of Hispanics*. Washington, DC: American Psychological Association.

Geissler, H., Link, S.W. y Townsend, J.T. (1992). *Cognition, information processing, and psychophysics*. Hillsdale, NJ: Erlbaum.

Gelman, D. (1989, 20 de febrero). Roots of addiction. *Newsweek*, pp. 52-57.

Gelman, R. y Baillargeon, R. (1983). A review of some Piagetian concepts. En J.H. Flavell y E.M. Markman (Eds.), *Handbook of child psychology: Vol. 3. Cognitive development* (4a. ed.). Nueva York: Wiley.

Gentry, W.D. y Kobasa, S.C.O. (1984). Social and psychological resources mediating stress-illness relationships in humans. En W.D. Gentry (Ed.), *Handbook of behavioral medicine*. Nueva York: Guilford Press.

Gerbner, G., Gross, L., Jackson-Beeck, M., Jeffries-Fox, S. y Signorielli, N. (1978). Cultural indicators: Violence profile No. 9. *Journal of Communication, 28*, pp. 176-207.

Gerbner, G., Morgan, M. y Signorielli, N. (1993). *Television violence*. Estudio inédito, University of Pennsylvania, Filadelfia.

Gerrard, M. (1988). Sex, sex guilt, and contraceptive use revisited: The 1980s. *Journal of Personality and Social Psychology, 57*, pp. 973-980.

Gerrig, R.J. y Banaji, M.R. (1994). Language and thought. En R.J. Sternberg (Ed.), *Thinking and problem-solving*. San Diego, CA: Academic Press.

Gershon, E.S., Martinez, M., Goldin, L.R. y Gejman, P.V. (1990). Genetic mapping of common disease: The challenges of manic-depressive illness and schizophrenia. *Trends in Genetics, 6*, pp. 282-287.

Geschwind, N. y Galaburda, A.M. (1987). *Cerebral lateralization: Biological mechanism, associations, and pathology*. Cambridge, MA: MIT Press.

Getchell, T.V., Chen, Y., Strotmann, J., Breer, H. y Getchell, M.L. (1993). Expression of a mucociliary-specific epitome in human olfactory epithelium. *Neuroreport, 4*, pp. 623-626.

Getty, D.J., Pickett, R.M., D'Orsi, C.J. y Swets, J.A. (1988). Enhanced interpretation of diagnostic images. *Investigative Radiology, 23*, pp. 240-252.

Gfeller, J.D., Lynn, S.J. y Pribble, W.E. (1987). Enhancing hypnotic susceptibility: Interpersonal and rapport factors. *Journal of Personality and Social Psychology, 52*, pp. 586-595.

Ghez, C. (1991). The cerebellum. En E.R. Kandel, J.H. Schwartz y T.M. Jessell (Eds.), *Principles of neural science* (3a. ed.). Nueva York: Elsevier.

Gibbons, A. (1990, 13 de julio). New maps of the human brain. *Science, 249*, pp. 122-123.

Gibbons, A. (1991, 29 de marzo). Deja vu all over again: Chimp-language wars. *Science, 251*, pp. 1561-1562.

Gibbs, M.E. y Ng, K.T. (1977). Psychobiology of memory: Towards a model of memory formation. *Behavioral Reviews, 1*, pp. 113-136.

Gibbs, N. (1989, 9 de enero). For goodness' sake. *Time*, pp. 20-24.

Gibson, E.J. (1994). Has psychology a future? *Psychological Science, 5*, pp. 69-76.

Gilbert, D.T., Jones, E.E. y Pelham, B.W. (1987). Influence and inference: What the active perceiver overlooks. *Journal of Personality and Social Psychology, 52*, pp. 861-870.

Gilbert, L.A. (1993). *Two careers/one family: The promise of gender equality*. Newbury Park, CA: Sage.

Giles, T.R. (Ed.). (1993). *Handbook of effective psychotherapy*. Nueva York: Plenum Press.

Gill, Jr., T.J., Smith, G.J., Wissler, R.W. y Kunz, H.W. (1989, 29 de julio). The rat as an experimental animal. *Science, 245*, pp. 269-276.

Gilligan, C. (1982). *In a different voice: Psychological theory and women's development*. Cambridge, MA: Harvard University Press.

Gilligan, C., Lyons, N.P. y Hanmer, T.J. (Eds.). (1990). *Making connections*.

Cambridge, MA: Harvard University Press.

Gilligan, C., Ward, J.V. y Taylor, J.M. (Eds.). (1988). *Mapping the moral domain: A contribution of women's thinking to psychological theory and education.* Cambridge, MA: Harvard University Press.

Gillstrom, B.J. y Hare, R.D. (1988). Language-related hand gestures in psychopaths. *Journal of Personality Disorders, 1,* pp. 21-27.

Ginsburg, H.P. y Opper, S. (1988). *Piaget's theory of intellectual development* (3a. ed.). Englewood Cliffs, NJ: Prentice-Hall.

Gladue, B. (1984). Hormone markers for homosexuality. *Science, 225,* p. 198.

Gladue, B.A., Boechler, M. y McCaul, K.D. (1989). Hormonal response to competition in human males. *Aggressive Behavior, 15,* pp. 409-422.

Gladwin, T. (1964). Culture and logical process. En N. Goodenough (Ed.), *Explorations in cultural anthropology: Essays in honor of George Peter Murdoch.* Nueva York: McGraw-Hill.

Glantz, M. y Pickens, R. (Eds.). (1991). *Vulnerability to drug abuse.* Washington, DC: American Psychological Association.

Glaser, R. (1990). The reemergence of learning theory within instructional research. *American Psychologist, 45,* pp. 29-39.

Glaser, R. y Kiecolt-Glaser, J. (Eds.). (1994). *Handbook of human stress and immunity.* San Diego, CA: Academic Press.

Glass, D.C. y Singer, J.E. (1972). *Urban stress.* Nueva York: Academic Press.

Glenn, N.D. (1987, octubre). Marriage on the rocks. *Psychology Today,* pp. 20-21.

Glover, J.A., Ronning, R.R. y Reynolds, C.R. (Eds.). (1989). *Handbook of creativity.* Nueva York: Plenum Press.

Gold, P.W., Gwirtsman, H., Avgerinos, P.C., Nieman, L.K., Gallucci, W.T., Kaye, W., Jimerson, D., Ebert, M., Rittmaster, R., Loriaux, L. y Chrousos, G.P. (1986). Abnormal hypothalamic-pituitary-adrenal function in anorexia nervosa. *New England Journal of Medicine, 314,* pp. 1335-1342.

Goldberg, L.R. (1990). An alternative "Description of Personality": The big-five factor structure. *Journal of Personality and Social Psychology, 59,* pp. 1216-1229.

Goldfried, M.R. y Castonguay, L.G. (1992). The future of psychotherapy integration. *Psychotherapy, 29,* pp. 4-10.

Goldman-Rakic, P.S. (1988). *Neurobiology of neocortex.* Nueva York: Wiley.

Goldsmith, H.H., Buss, A.H., Plomin, R., Rothbart, M.K., Thomas, A., Chess, S., Hinde, R.A. y McCall, R.B. (1987). Roundtable: What is temperament? Four approaches. *Child Development, 58,* pp. 505-529.

Goldsmith, H.H. y Harman, C. (1994). Temperament and attachment; individuals and relationships. *Current Directions in Psychological Science, 3,* pp. 53-56.

Goleman, D. (1985, 5 de febrero). Mourning: New studies affirm its benefits. *The New York Times,* pp. C1-C2.

Goleman, D. (1993a, 21 de julio). "Expert" babies found to teach others. *The New York Times,* p. C10.

Gonsiorek, J.C. (1991.). The empirical basis for the demise of the illness model of homosexuality. En J. Gonsiorek y J. Weinrich (Eds.), *Homosexuality: Research implications for public policy.* Newbury Park, CA: Sage.

Goodchilds, J.D. (Ed.). (1991). *Psychological perspectives on human diversity in America.* Washington, DC:. American Psychological Association.

Goode, W.J. (1993). *World changes in divorce patterns.* New Haven, CT: Yale University Press.

Goodwin, F.K. y Jamison, K.R. (1990). *Manic-depressive illness.* Nueva York: Oxford University Press.

Googans, B. y Burden, D. (1987). Vulnerability of working parents: Balancing work and home roles. *Social Work, 32,* pp. 295-300.

Gorassini, D.R. y Olson, J.M. (1995). Does self-perception change explain the foot-in-the-door effect? *Journal of Personality and Social Psychology, 69,* pp. 91-105.

Gorman, J.M., Liebowitz, M.R., Fyer, A.J. y Stein, J. (1989). A neuroanatomical hypothesis for panic disorder. *American Journal of Psychiatry, 146,* pp. 148-161.

Gotlib, I.H. (1992). Interpersonal and cognitive aspects of depression. *Current Directions in Psychological Science, 1,* pp. 149-154.

Gottesman, I.I. (1991). *Schizophrenia genesis: The origins of madness.* Nueva York: Freeman.

Gottfried, A.E. y Gottfried, A.W. (Eds.). (1988). *Maternal employment and children's development.* Nueva York: Plenum Press.

Gottfried, A.E. y Gottfried, A.W. (Eds.). (1994). *Redefining families.* Nueva York: Plenum Press.

Gottman, J.M. (1993). *What predicts divorce? The relationship between marital processes and marital outcomes.* Hillsdale, NJ: Erlbaum.

Gottman, J.M. (Ed.). (1995). *What predicts divorce? The measures.* Hillsdale, NJ: Erlbaum.

Gould, R.L. (1978). *Transformations.* Nueva York: Simon and Schuster.

Gouras, P. (1991). Color vision. En E.R. Kandel, J.H. Schwartz y T.M. Jessell (Eds.), *Principles of neural science* (3a. ed.). Nueva York: Elsevier.

Gove, W.R. (1982). Labeling theory's explanation of mental illness: An update of recent evidence. *Deviant Behavior, 3,* pp. 307-327.

Graf, P. (1990, primavera). Life-span changes in implicit and explicit memory. *Bulletin of the Psychosomatic Society, 28,* pp. 353-358.

Graf, P. y Masson, M.E.J. (Eds.). (1993). *Implicit memory: New directions in cognition, development, and neuropsychology.* Hillsdale, NJ: Erlbaum.

Graham, J.R. (1990). *MMPI-2: Assessing personality and psychopathology.* Nueva York: Oxford University Press.

Graham, J.W., Marks, G. y Hansen, W.B. (1991). Social influence processes affecting adolescent substance use. *Journal of Applied Psychology, 76,* pp. 291-298.

Graham, S. (1992). "Most of the subjects were white and middle class": Trends in published research on African Americans in selected APA journals, 1970-1989. *American Psychologist, 47,* pp. 629-639.

Graham, S. (1994). Motivation in African Americans. *Review of Educational Research, 64,* pp. 55-117.

Graham, S. y Hudley, C. (1992). An attributional approach to aggression in African-American children. En D. Schunk y J. Meece (Eds.), *Student perceptions in the classroom.* Hillsdale, NJ: Erlbaum.

Greeberg, M.T., Cicchetti, D. y Cummings, E.M. (Eds.). (1990).

Attachment in the preschool years: Theory, research, and intervention. Chicago: University of Chicago Press.

Greeley, A.M. (1992, 4 de octubre). Happiest couples in study have sex after 60. *The New York Times*, p. 13.

Green, D.M. y Swets, J.A. (1989). *A signal detection theory and psychophysics.* Los Altos, CA: Peninsula.

Green, R. (1978). Sexual identity of 37 children raised by homosexual or transsexual parents. *American Journal of Psychiatry, 135*, pp. 687-692.

Greenberg, P., Stiglin, L.E., Finkelstein, S.N. y Berndt, E.R. (1993a). The economic burden of depression in 1990. *Journal of Clinical Psychiatry, 54*, pp. 405-418.

Greenberg, P., Stiglin, L.E., Finkelstein, S.N. y Berndt, E.R. (1993b). Depression: A neglected major illness. *Journal of Clinical Psychiatry, 54*, pp. 419-424.

Greene, R.L. (1991). *The MMPI-2/MMPI. An interpretive manual.* Boston: Longwood.

Greene, R.L. y Clopton, J.R. (1994). Minnesota Multiphasic Personality Inventory-2. En M.E. Maruish (Ed.), *The use of psychological tests for treatment planning and outcome assessment.* Hillsdale, NJ: Erlbaum.

Greeno, C.G. y Wing, R.R. (1994). Stress-induced eating. *Psychological Bulletin, 115*, pp. 444-464.

Greeno, J.G. (1978). Natures of problem-solving abilities. En W.K. Estes (Ed.), *Handbook of learning and cognitive processes.* Hillsdale, NJ: Erlbaum.

Greenwald, A.G., Spangenberg, E.R., Pratkanis, A.R. y Eskenzai, J. (1991). Double-blind tests of subliminal self-help audiotapes. *Psychological Science, 2*, pp. 119-122.

Greenwood, C.R., Carta, J.J., Hart, B., Kamps, D., Terry, B., Arreaga-Mayer, C., Atwater, J., Walker, D., Risley, T. y Delquadri, J.C. (1992). Out of the laboratory and into the community: 26 years of applied behavior analysis at the Juniper Gardens children's project. *American Psychologist, 47*, pp. 1464-1474.

Gregory, R.L. (1978). *The psychology of seeing* (3a. ed.). Nueva York: McGraw-Hill.

Gregory, S.S. (1994, 21 de marzo). At risk of mutilation. *Time*, pp. 45-46.

Greig, G.L. (1990). On the shape of energy-detection ROC curves. *Perception & Psychophysics, 48*, pp. 77-81.

Greist-Bousquet, S. y Schiffman, H.R. (1986). The basis of the Poggendorff effect: An additional clue for Day and Kasperczyk. *Perception and Psychophysics, 39*, pp. 447-448.

Griffith, R.H., Miyago, O. y Tago, A. (1958). The universality of typical dreams: Japanese vs. Americans. *American Anthropologist, 60*, pp. 1173-1179.

Griffiths, R. y cols. (1994). Caffeine. *Psychopharmacology.*

Gross, J. (1991, 16 de junio). More young single men hang onto apron strings. *The New York Times*, pp. 1, 18.

Grossman, M. y Wood, W. (1993). Sex differences in intensity of emotional experience: A social role interpretation. *Journal of Personality and Social Psychology, 65*, pp. 1010-1022.

Groth-Marnat, G. (1990). *Handbook of psychological assessment* (2a. ed.). Nueva York: Wiley.

Gubrium, J.G. (1973). *The myth of the golden years: A socioenvironmental theory of aging.* Springfield, IL: Thomas.

Gur, R.C., Gur, R.E., Obrist, W.D., Hungerbuhler, J.P., Younkin, D., Rosen, A.D., Skilnick, B.E. y Reivich, M. (1982). Sex and handedness differences in cerebral blood flow during rest and cognitive activity. *Science, 217*, pp. 659-661.

Gur, R.C., Mozley, L.H., Mozley, P.D., Resnick, S.M., Karp, J.S., Alavi, A., Arnold, S.E. y Gur, R.E. (1995, 27 de enero). Sex differences in regional glucose metabolism during a resting state. *Science, 267*, pp. 528-531.

Gurman, E.B. (1994). Debriefing for all concerned: Ethical treatment of human subjects. *Psychological Science, 5*, p. 139.

Gustavson, C.R., Garcia, J., Hankins, W.G. y Rusniak, K.W. (1974). Coyote predation control by aversive conditioning. *Science, 184*, pp. 581-583.

Guthrie, G. y Lonner, W. (1986). Assessment of personality and psychopathology. En W. Lonner y J. Berry (Eds.), *Field methods in cross-cultural research.* Newbury Park, CA: Sage.

Guttman, J. (1993). *Divorce in psychosocial perspective: Theory and research.* Hillsdale, NJ: Guttmann.

Haber, R.N. (1983). Stimulus information processing mechanisms in visual space perception. En J. Beck, B. Hope y A. Rosenfeld (Eds.), *Human and machine vision.* Nueva York: Academic Press.

Hagen, E., Sattler, J.M. y Thorndike, R.L. (1985). *Stanford-Binet test.* Chicago: Riverside.

Hakuta, K.U. y Garcia, E.E. (1989). Bilingualism and education. *American Psychologist, 44*, pp. 374-379.

Halgin, R.P. y Whitbourne, S.K. (1994). *Abnormal psychology.* Fort Worth, TX: Harcourt Brace.

Hall, S.S. (1992). *Mapping the next millennium.* Nueva York: Random House.

Halle, M. (1990). Phonology. En D.N. Osherson y H. Lasnik (Eds.), *Language.* Cambridge, MA: MIT Press.

Halpern, D.F. (1995). *Thought & knowledge: An introduction to critical thinking* (3a. ed.). Hillsdale, NJ: Erlbaum.

Hammer, J. (1992, 26 de octubre). Must Blacks be buffoons? *Newsweek*, pp. 70-71.

Hammond, R. y Yung, B. (1991). Preventing violence in at-risk African-American youth. *Journal of Health Care for the Poor and Underserved, 2*, pp. 359-373.

Hammond, W.R. y Yung, B. (1993). Psychology's role in the public health response to assaultive violence among young African-American men. *American Psychologist, 48*, pp. 142-154.

Handler, A., Franz, C.E. y Guerra, H. (1992, abril). *Sex differences in moral orientation in midlife adults: A longitudinal study.* Ponencia presentada en la reunión de la Eastern Psychological Association, Boston.

Hanna, E. y Meltzoff, A.N. (1993). Peer imitation by toddlers in laboratory, home, and day-care contexts: Implications for social learning and memory. *Developmental Psychology, 29*, pp. 701-710.

Hansen, B. y Knopes, C. (1993, 6 de julio). Prime time tuning out varied culture. *USA Today*, pp. 1A, 3D.

Hanson, S.J. y Olson, C.R. (Eds.). (1990). *Connectionist modeling and brain function.* Cambridge, MA: MIT Press.

Harackiewicz, J.M. y Elliot, A.J. (1993). Achievement goals and intrinsic motivation. *Journal of Personality and Social Psychology, 65*, pp. 904-915.

Hare, R.D., Hart, S.D. y Harpur, T.J. (1991). Psychopathy and the DSM-IV criteria for antisocial personality disorder. *Journal of Abnormal Psychology, 100*, pp. 391-398.

Harley, T.A. (1995). *The psychology of language: From data to theory.* Hillsdale, NJ: Erlbaum.

Harlow, H.F., Harlow, M.K. y Meyer, D.R. (1950). Learning motivated by a manipulation drive. *Journal of Experimental Psychology, 40,* pp. 228-234.

Harlow, H.F. y Zimmerman, R.R. (1959). Affectional responses in the infant monkey. *Science, 130,* pp. 421-432.

Harlow, J.M. (1869). Recovery from the passage of an iron bar through the head. *Massachusetts Medical Society Publication, 2*, pp. 329-347.

Harper, T. (1978, 15 de noviembre). It's not true about people 65 or over. *Green Bay (Wis.) Press-Gazette*, p. D-1.

Harris, J.E. y Morris, P.E. (1986). *Everyday memory and action and absent mindedness.* Nueva York: Academic Press.

Harris, M.J. (1991). Controversy and cumulation: Meta-analysis and research on interpersonal expectancy effects. *Personality and Social Psychology Bulletin, 17*, pp. 316-322.

Harris Poll: National Council on the Aging (1975). *The myth and reality of aging in America.* Washington, DC: National Council on the Aging.

Harris, S.L. y Handleman, J.S. (1990). *Aversive and nonaversive interventions.* Nueva York: Springer.

Harsch, N. y Neisser, U. (1989). *Substantial and irreversible errors in flashbulb memories of the Challenger explosion.* Cartel presentado en la reunión de la Psychonomic Society, Atlanta.

Hart, Jr., J. y Gordon, B. (1992, 3 de septiembre). Neural subsystems for object knowledge. *Nature, 359,* pp. 60-64.

Hart, K.E. y Sciutto, M.J. (1994, abril). *Gender differences in alcohol-related problems.* Ponencia presentada en la reunión anual de la Eastern Psychological Association, Providence, RI.

Hartmann, E. (1967). *The biology of dreaming.* Springfield, IL: Thomas.

Hartup, W.W. (1989). Social relationships and their developmental significance. *American Psychologist, 44,* pp. 120-126.

Hartup, W.W. y Moore, S.G. (1993). Early peer relations: Developmental significance and prognostic implications. *Early Childhood Research Quarterly, 5*, pp. 1-17.

Hatfield, E. y Sprecher, S. (1986) *Mirror, mirror: The importance of looks in everyday life.* Albany: State University of New York Press.

Hathaway, B. (1984, julio). Running to ruin. *Psychology Today*, pp. 14-15.

Hathaway, S.R. y McKinley, J.C. (1989*). MMPI-2: Minnesota Multiphasic Personality Inventory-2.* Minneapolis: University of Minnesota Press.

Hauri, P.J. (Ed.). (1991). *Case studies in insomnia.* Nueva York: Plenum Press.

Havighurst, R.J. (1973). Social roles, work, leisure, and education. En C. Eisdorfer y M.P. Lawton (Eds.), *The psychology of adult development and aging.* Washington, DC: American Psychological Association.

Hawkins, D.J., Catalano, R.F. y Miller, J.Y. (1992). Risk and protective factors for alcohol and other drug problems in adolescence and early adulthood: Implications for substance abuse prevention. *Psychological Bulletin, 112*, pp. 64-105.

Hayes, J.R. (1966). Memory, goals, and problem solving. En B. Kleinmuntz (Ed.), *Problem solving: Research, method, and theory.* Nueva York: Wiley.

Hayes, J.R. (1989). *The complete problem solver* (2a. ed.). Hillsdale, NJ: Erlbaum.

Hayflick, L. (1974). The strategy of senescence. *Journal of Gerontology, 14*, pp. 37-45.

Haymes, M., Green, L. y Quinto, R. (1984). Maslow's hierarchy, moral development, and prosocial behavioral skills within a child psychiatric population. *Motivation and Emotion, 8,* pp. 23-31.

Hazen, R.M. y Trefil, J. (1991). *Science matters: Achieving scientific literacy.* Nueva York: Doubleday.

Heatherton, T.F., Herman, C.P. y Polivy, J. (1992). Effects of distress on eating: The importance of ego-involvement. *Journal of Personality and Social Psychology, 62*, pp. 801-803.

Heckhausen, H., Schmalt, H.D. y Schneider, K. (1985). *Achievement motivation in perspective* (M. Woodruff y R. Wicklund, trads.). Orlando, FL: Academic Press.

Heinrichs, R.W. (1993). Schizophrenia and the brain: Conditions for neuropsychology of madness. *American Psychologist, 48*, pp. 221-233.

Hellige, J.B. (1990). Hemispheric asymmetry. *Annual Review of Psychology, 41*, pp. 55-80.

Hellige, J.B. (1993). Unity of thought and action: Varieties of interaction between the left and right cerebral hemispheres. *Current Directions in Psychological Science, 2*, pp. 21-25.

Hellige, J.B. (1994). *Hemispheric asymmetry: What's right and what's left.* Cambridge, MA: Harvard University Press.

Helmes, E. y Reddon, J.R. (1993). A perspective on developments in assessing psychopathology: A critical review of the MMPI and MMPI-2. *Psychological Bulletin, 113*, pp. 453-471.

Helms, J.E. (1992). Why is there no study of cultural equivalence in standardized cognitive ability testing? *American Psychologist, 47,* pp. 1083-1101.

Hendrick, S.S. y Hendrick, C. (1992). *Romantic love.* Newbury Park, CA: Sage.

Hendrick, S.S., Hendrick, C. y Adler, N.L. (1988). Romantic relationships: Love, satisfaction, and staying together. *Journal of Personality and Social Psychology, 54*, pp. 980-988.

Herek, G.M. (1993). Sexual orientation and military service: A social science perspective. *American Psychologist, 48*, pp. 538-549.

Herman, C.P. (1987). Social and psychological factors in obesity: What we don't know. En H. Weiner y A. Baum (Eds.), *Perspectives in behavioral medicine: Eating regulation and discontrol.* Hillsdale, NJ: Erlbaum.

Hermann, D.J. (1991). *Super memory.* Emmaus, PA: Rodale Press.

Herrnstein, R.J. y Murray, D. (1994). *The bell curve.* Nueva York: The Free Press.

Hershenson, M. (Ed.). (1989). *The moon illusion.* Hillsdale, NJ: Erlbaum.

Hetherington, E.M. y Parke, R.D. (1993). *Child psychology: A contemporary viewpoint* (4a. ed.). Nueva York: McGraw-Hill.

Hetherington, T.F. y Weinberger, J. (Eds.). (1993). *Can personality change?* Washington, DC: American Psychological Association.

Heward, W.L. y Orlansky, M.D. (1988). *Exceptional children* (3a. ed.). Columbus, OH: Merrill.

Heyneman, N.E., Fremouw, W.J., Gano, D., Kirkland, F. y Heiden, L. (1990). Individual differences and the effectiveness of different coping strategies for pain. *Cognitive Therapy and Research, 14,* pp. 63-77.

Heyward, W.L. y Curran, J.W. (1988, octubre). The epidemiology of AIDS in the U.S. *Scientific American,* pp. 72-81.

Higbee, K.L. (1988). *Your memory: How it works and how to improve it.* Nueva York: Paragon House.

Higbee, K.L. y Kunihira, S. (1985). Cross-cultural applications of Yodni mnemonics in education. *Educational Psychologist, 20,* pp. 57-64.

Hilgard, E.R. (1974). Imaginative involvement: Some characteristics of the highly hypnotizable and the non-hypnotizable. *International Journal of Clinical and Experimental Hypnosis, 22,* pp. 138-156.

Hilgard, E.R. (1975). Hypnosis. *Annual Review of Psychology, 26,* pp. 19-44.

Hilgard, E.R. (1980). Consciousness in contemporary psychology. *Annual Review of Psychology, 31,* pp. 1-26.

Hilgard, E.R., Leary, D.E. y McGuire, G.R. (1991). The history of psychology: A survey and critical assessment. *Annual Review of Psychology, 42,* pp. 79-107.

Hill, C.T. y Stull, D.E. (1981). Sex differences in effects of social and value similarity in same-sex friendship. *Journal of Personality and Social Psychology, 41,* pp. 488-502.

Hill, W. (1992). Comunicación personal. Public Affairs Network Coordinator for the American Psychiatric Association.

Hinds, M.C. (1993, 19 de octubre). Not like the movie: A dare leads to death. *The New York Times,* p. A11.

Hinz, L.D. y Williamson, D.A. (1987). Bulimia and depression: A review of the affective-variant hypothesis. *Psychological Bulletin, 102,* pp. 150-158.

Hipkiss, R.A. (1995). *Semantics: Defining the discipline.* Hillsdale, NJ: Erlbaum.

HMHL. (1994a, enero). AIDS and mental health—Part I. *Harvard Mental Health Letter, 10,* pp. 1-4.

HMHL. (1994b, marzo). Brief psychodynamic therapy—Part I. *Harvard Mental Health Letter,* p. 10.

HMHL. (1994c, febrero). AIDS and Mental health—Part II. *Harvard Mental Health Letter, 10,* pp. 1-4.

Hobfoll, S.E. (1989). Conservation of resources: A new attempt at conceptualizing stress. *American Psychologist, 44,* pp. 513-524.

Hobfoll, S.E., Spielberger, C.D., Breznitz, S., Figley, C., Folkman, S., Lepper-Green, B., Meichenbaum, D., Milgram, N.A., Sandler, I., Sarason, I. y van der Kolk, B. (1991). War-related stress: Addressing the stress of war and other traumatic events. *American Psychologist, 46,* pp. 848-855.

Hobson, J.A. (1988). *The dreaming brain.* Nueva York: Basic Books.

Hobson, J.A. y McCarley, R.W. (1977). The brain as a dream state generator: An activation-synthesis hypothesis of the dream process. *American Journal of Psychiatry, 134,* pp. 1335-1348.

Hoch, S.J. (1987). Perceived consensus and predictive accuracy: The pros and cons of projection. *Journal of Personality and Social Psychology, 53,* pp. 221-234.

Hochberg, J.E. (1978). *Perception.* Englewood Cliffs, NJ: Prentice-Hall.

Hochschild, A.R. (1990). The second shift: Employed women and putting in another day of work at home. *Utne Reader, 38,* pp. 66-73.

Hoehn-Saric, R. (Ed.). (1993). *Biology of anxiety disorders.* Washington, DC: American Psychiatric Association.

Hofferth, S.L., Kahn, J.R. y Baldwin, W. (1987). Premarital sexual activity among U.S. teenage women over the past three decades. *Family Planning Perspectives, 19,* pp. 46-53.

Hoffman, C., Lau, I. y Johnson, D.R. (1986). The linguistic relativity of person cognition: An English-Chinese comparison. *Journal of Personality and Social Psychology, 51,* pp. 1097-1105.

Hoffman, L.W. (1989). Effects of maternal employment in the two-parent family. *American Psychologist, 44,* pp. 283-292.

Hoffman, M. (1991, 28 de junio). A new role for gases: Neurotransmission. *Science, 252,* p. 1788.

Hofstee, W.K.B., de Raad, B. y Goldberg, L.R. (1992). Integration of the big five and circumflex approaches to trait structure. *Journal of Personality and Social Psychology, 63,* pp. 146-163.

Hogg, M.A. y Hardie, E.A. (1992). Prototypicality, conformity and depersonalized attraction: A self-categorization analysis of group cohesiveness. *British Journal of Social Psychology, 31,* pp. 41-56.

Holahan, C.J. y Moos, R.H. (1987). Personal and contextual determinants of coping strategies. *Journal of Personality and Social Psychology, 52,* pp. 946-955.

Holahan, C.J. y Moos, R.H. (1990). Life stressors, resistance factors, and improved psychological functioning: An extension of the stress resistance paradigm. *Journal of Personality and Social Psychology, 58,* pp. 909-917.

Holden, C. (1987, 9 de octubre). Why do women live longer than men? *Science, 238,* pp. 158-160.

Holden, C. (1991, 11 de enero). Probing the complex genetics of alcoholism. *Science, 251,* pp. 163-164.

Holden, C. (1993, 15 de enero). Wake-up call for sleep research. *Science, 259,* p. 305.

Hollingshead, A.B. y Redich, F.C. (1958). *Social class and mental illness.* Nueva York: Wiley.

Hollingworth, H.L. (1990). *Leta Stetter Hollingworth: A biography.* Boston, MA: Anker Publishing. (Publicado originalmente en 1943).

Hollingworth, L.S. (1928). *The psychology of the adolescent.* Nueva York: Appleton.

Hollis, K.L. (1984). The biological function of Pavlovian conditioning: The best defense is a good offense. *Journal of Experimental Psychology: Animal Behavior Processes, 10,* pp. 413-425.

Hollister, L.E. (1988). Cannabis-1988. *Acta Psychiatry Scandinavia, 78* (Supl. 345), pp. 108-118.

Holmes, D.S. (1985). To meditate or rest? The answer is rest. *American Psychologist, 40,* pp. 728-731.

Holmes, J. (1994). *John Bowlby and attachment theory.* Nueva York: Routledge.

Holyoak, K.J. (1990). Problem solving. En D.N. Osherson y E.E. Smith (Eds.), *Thinking.* Cambridge, MA: MIT Press.

Holzman, P.S. y Matthysse, S. (1990). The genetics of schizophrenia: A review. *Psychological Science, 1,* pp. 279-286.

Honts, C.R., Hodes, R.L. y Raskin, D.C. (1985). Effects of physical countermeasures on the physiological detection of deception. *Journal of Applied Psychology, 70*, pp. 177-187.

Honts, C.R., Raskin, D.C. y Kircher, J.C. (1987). Effects of physical countermeasure and their electromyographic detection during polygraphy tests for deception. *Journal of Psychophysiology, 1*, pp. 241-247.

Hoon, P.W., Bruce, K. y Kinchloe, B. (1982). Does the menstrual cycle play a role in sexual arousal? *Psychophysiology, 19*, pp. 21-26.

Hoptman, M.J. y Davidson, R.J. (1994). How and why do the two cerebral hemispheres interact? *Psychological Bulletin, 116*, pp. 195-219.

Horgan, J. (1993, diciembre). Fractured functions: Does the brain have a supreme integrator? *Scientific American*, pp. 36-37.

Horn, J.L. (1985). Remodeling old models of intelligence. En B.B. Wolman (Ed.), *Handbook of intelligence*. Nueva York: Wiley.

Horney, K. (1937). *Neurotic personality of our times*. Nueva York: Norton.

Horowitz, F.D. y Colombo, J. (Eds.). (1990). *Infancy research: A summative evaluation and a look to the future.* Detroit: Wayne State University.

Horowitz, F.D. y O'Brien, M. (Eds.). (1987). *The gifted and talented: Developmental perspectives.* Washington, DC: American Psychological Association.

Horton, R. y Katona, C. (Eds.). (1991). *Biological aspects of affective disorders*. San Diego: Academic Press.

House, J.S., Landis, K.R. y Umberson, D. (1989, 29 de julio). Social relationships and health. *Science, 241*, pp. 540-545.

Houston, L.N. (1981). Romanticism and eroticism among black and white college students. *Adolescence, 16*, pp. 263-272.

Hovland, C., Janis, I. y Kelly, H.H. (1953). *Communication and persuasion*. New Haven, CT: Yale University Press.

Howard, A., Pion, G.M., Gottfredson, G.D., Flattau, P.E., Oskamp, S., Pfafflin, S.M., Bray, D.W. y Burstein, A.D. (1986). The changing face of American psychology: A report from the committee on employment and human resources. *American Psychologist, 41*, pp. 1311-1327.

Howard, K.I. y Zola, M.A. (1988). Ponencia presentada en la reunión anual de la Society for Psychotherapy Research.

Howells, J.G. y Osborn, M.L. (1984). *A reference companion to the history of abnormal psychology*. Westport, CT: Greenwood Press.

Howes, C. (1990). Can the age of entry into child care and the quality of child care predict adjustment in kindergarten? *Developmental Psychology, 26*, pp. 292-303.

Hser, Y., Anglin, M.D. y Powers, K. (1993). A 24-year follow-up of California narcotics addicts. *Archives of General Psychiatry, 50*, pp. 577-584.

Hsu, L.K.G. (1990). *Eating disorders.* Nueva York: Guilford Press.

Hubel, D.H. y Wiesel, T.N. (1979). Brain mechanisms of vision. *Scientific American*, pp. 150-162.

Hudson, W. (1960). Pictorial depth perception in subcultural groups in Africa. *Journal of Social Psychology, 52*, pp. 183-208.

Huesmann, L.R. y Eron, L.D. (Eds.). (1986). *Television and the aggressive child: A cross-national comparison.* Hillsdale, NJ: Erlbaum.

Huesmann, L.R., Eron, L.D., Klein, R., Brice, P. y Fischer, P. (1983). Mitigating the imitation of aggressive behaviors by changing children's attitudes about media violence. *Journal of Personality and Social Psychology, 5*, pp. 899-910.

Hull, C.L. (1943). *Principles of behavior.* Nueva York: Appleton-Century-Crofts.

Humphreys, L.G. (1992). Commentary: What both critics and users of ability tests need to know. *Psychological Science, 3*, pp. 271-274.

Hunt, M. (1974). *Sexual behaviors in the 1970s.* Nueva York: Dell.

Hunt, M. (1993). *The story of psychology.* Nueva York: Doubleday.

Hurlburt, A.C. y Poggio, T.A. (1988, 29 de enero). Synthesizing a color algorithm from examples. *Science, 239*, pp. 482-485.

Hutchison, J.B. (Ed.). (1978). *Biological determinants of sexual behavior.* Nueva York: Wiley.

Hyde, J.S. (1994). *Understanding human sexuality* (5a. ed.). Nueva York: McGraw-Hill.

Hyler, S.E., Gabbard, G.O. y Schneider, I. (1991). *Homicidal maniacs and narcissistic parasites: Stigmatization of mentally ill persons in the movies.* Ponencia presentada en la reunión anual de la American Psychiatric Association, San Francisco. *Hospital and Community Psychiatry, 42*, pp. 1044-1048.

Hyman, R. (1994). Anomaly or artifact? Comments on Bem and Honorton. *Psychological Bulletin, 115*, pp. 19-24.

Iacono, W.G. (1991). Can we determine the accuracy of polygraph tests? En P.K. Ackles, J.R. Jennings y M.G.H. Coles (Eds.), *Advances in psychophysiology* (Vol. 4). Greenwich, CT: JAI Press.

Iacono, W.G. y Grove, W.M. (1993). Schizophrenia reviewed: Toward an integrative genetic model. *Psychological Science, 4*, pp. 273-276.

Ingelfinger, F.J. (1944). The late effects of total and subtotal gastrectomy. *New England Journal of Medicine, 231*, pp. 321-377.

Ingram, R.E. (Ed.). (1990). *Contemporary psychological approaches to depression: Theory, research, and treatment.* Nueva York: Plenum Press.

Isaksen, S.G. y Murdock, M.C. (1993). The emergence of a discipline: Issues and approaches to the study of creativity. En S.G. Isaksen, M.C. Murdock, R.L. Firestein y D.J. Treffinger (Eds.), *The emergence of a discipline* (Vol. 1). Norwood, NJ: Ablex.

Isay, R.A. (1990). *Being homosexual: Gay men and their development.* Nueva York: Avon.

Izard, C.E. (1990). Facial expressions and the regulation of emotions. *Personality and Social Psychology Bulletin, 58*, pp. 487-498.

Jacobs, B.L. (1987, julio-agosto). How hallucinogenic drugs work. *American Scientist, 75*, pp. 386-392.

Jacobs, G.D., Benson, H. y Friedman, R. (1993). Home-based central nervous system assessment of a multifactor behavioral intervention for chronic sleep-onset insomnia. *Behavior Therapy, 24*, pp. 159-174.

Jacobs, M.K. y Goodman, G. (1989). Psychology and self-helping groups: Predictions on a partnership. *American Psychologist, 44*, pp. 536-545.

Jacobson, N.S. y Truax, P. (1991). Clinical significance: A statistical approach to defining meaningful change in psychotherapy research. *Journal of Consulting and Clinical Psychology, 59*, pp. 12-19.

Jacoby, L.L. y Kelley, C.M. (1992). A process-dissociation framework for investigating unconscious influences: Freudian slips, projective tests, subliminal perception, and signal detection theory. *Current Directions in Psychological Science, 1*, pp. 174-179.

Jacoby, R. y Glauberman, N. (Eds.). (1995). *The bell curve debate.* Nueva York: Times Books/Random House.

Jaffe, J.W. (1990). Drug addiction and drug abuse. En A.G. Gilman, T.W. Rall, A.S. Nies y P. Taylor (Eds.), *Goodman and Gilman's The pharmacological basis of therapeutics* (8a. ed.). Nueva York: Pergamon Press.

James, W. (1890). *The principles of psychology.* Nueva York: Holt.

Jamison, K.R. (1993). *Touched with fire: Manic depressive illness and the artistic temperament.* Nueva York: The Free Press.

Janis, I. (1984). Improving adherence to medical recommendations: Descriptive hypothesis derived from recent research in social psychology. En A. Baum, J.E. Singer y S.E. Taylor (Eds.), *Handbook of medical psychology* (Vol. 4). Hillsdale, NJ: Erlbaum.

Janis, I.L. y Frick, F. (1943). The relationship between attitudes toward conclusions and errors in judging logical validity of syllogisms. *Journal of Experimental Psychology, 33*, pp. 73-77.

Jarvik, M.E. (1990, 19 de octubre). The drug dilemma: Manipulating the demand. *Science, 250*, pp. 387-392.

Jarvis, T.J., Tebbutt, J. y Mattick, R.P. (1995). *Treatment approaches for alcohol and drug dependence.* Nueva York: Wiley.

Jensen, J.K. y Neff, D.L. (1993). Development of basic auditory discrimination in preschool children. *Psychological Science, 4*, pp. 104-107.

Jessell, T.M. y Kelly, D.D. (1991). Pain and analgesia. En E.R. Kandel, J.H. Schwartz y T.M. Jessell (Eds.), *Principles of neural science* (3a. ed.). Nueva York: Elsevier.

Johnson, B.T. (1991). Insights about attitudes: Meta-analytic perspectives. *Personality and Social Psychology Bulletin, 17*, pp. 289-299.

Johnson, D.M., Parrott, G.R. y Stratton, R.P. (1968). Production and judgment of solutions to five problems. *Journal of Educational Psychology Monograph Supplement, 59* (6, pt. 2).

Johnson, J.T., Cain, L.M., Falke, T.L., Hayman, J. y Perillo, E. (1985). The "Barnum Effect" revisited: Cognitive and motivational factors in the acceptance of personality descriptions. *Journal of Personality and Social Psychology, 49*, pp. 1378-1391.

Johnson, M.G. y Henley, T. (1990). *Reflections on the principles of psychology.* Hillsdale, NJ: Erlbaum.

Johnston, L., Bachman, J. y O'Malley, P. (1994). *Monitoring the future: A continuing study of the lifestyles and values of youth.* Ann Arbor, MI: University of Michigan Institute of Social Research.

Johnston, L., Bachman, J. y O'Malley, P. (1995). *Monitoring the future study.* Ann Arbor, MI: University of Michigan.

Jones, A. y Crandall, R. (Eds.). (1991). Handbook of self-actualization. *Journal of Social Behavior and Personality, 6*, pp. 1-362.

Jones, E.E. (1990). *Interpersonal perception.* Nueva York: Freeman.

Jones, G.N., Brantley, P.J. y Gilchrist, J.C. (1988, agosto). *The relation between daily stress and health.* Ponencia presentada en la reunión anual de la American Psychological Association, Atlanta.

Jones, J.C. y Barlow, D.H. (1990). Self-reported frequency of sexual urges, fantasies, and masturbatory fantasies in heterosexual males and females. *Archives of Sexual Behavior, 19*, pp. 269-279.

Jones, L.V. (1984). White-black achievement differences: The narrowing gap. *American Psychologist, 39*, pp. 1207-1213.

Joyce, J. (1934). *Ulysses.* Nueva York: Random House.

Julesz, B. (1986). Stereoscopic vision. *Vision Research, 26*, pp. 1601-1612.

Julien, R.M. (1995). *Primer of drug action* (6a. ed.). Nueva York: Freeman.

Julius, M. (1990). Ponencia presentada en Gerontological Society of America sobre mujeres que suprimen su cólera.

Jusczyk, P.W. (1986). Toward a model of the development of speech perception. En J.S. Perkell y D.H. Klatt (Eds.), *Invariance and variability in speech processes.* Hillsdale, NJ: Erlbaum.

Jusczyk, P.W. y Derrah, C. (1987). Representation of speech sounds by young infants. *Developmental Psychology, 23*, pp. 648-654.

Jussim, L., Milburn, M. y Nelson, W. (1991). Emotional openness: Sex-role stereotypes and self-perceptions. *Representative Research in Social Psychology, 19*, pp. 35-52.

Justice, T.C. y Looney, T.A. (1990). Another look at "superstitions" in pigeons. *Bulletin of the Psychonomic Society, 28*, pp. 64-66.

Kagan, J. (1989). *Unstable ideas: Temperament, cognition, and self.* Cambridge, MA: Harvard University Press.

Kagan, J. (1990). Temperament and social behavior. *Harvard Medical School Mental Health Letter, 6*, pp. 4-5.

Kagan, J., Kearsley, R. y Zelazo, P.R. (1978). *Infancy: Its place in human development.* Cambridge, MA: Harvard University Press.

Kagan, J. y Snidman, N. (1991). Infant predictors of inhibited and uninhibited profiles. *Psychological Science, 2*, pp. 40-44.

Kahn, S., Zimmerman, G., Csikszentmihalyi, M. y Getzels, J.W. (1985). Relations between identity in young adulthood and intimacy at midlife. *Journal of Personality and Social Psychology, 49*, pp. 1316-1322.

Kail, R. (1991). Processing time declines exponentially during childhood and adolescence. *Developmental Psychology, 27*, pp. 259-266.

Kandel, E. y Abel, T. (1995, 12 de mayo). Neuropeptides, adenylyl cyclase, and memory storage. *Science, 268*, pp. 825-826.

Kandel, E.R. y Schwartz, J.H. (1982). Molecular biology of learning: Modulation or transmitter release. *Science, 218*, pp. 433-442.

Kandel, E.R., Siegelbaum, S.A. y Schwartz, J.H. (1991). Synaptic transmission. En E.R. Kandel, J.H. Schwartz y T.M. Jessell (Eds.), *Principles of neural science* (3a. ed.). Nueva York: Elsevier.

Kane, J.M. (1992). *Tardive dyskinesia.* Washington, DC: American Psychiatric Association Press.

Kanner, A.D., Coyne, J.C., Schaefer, C. y Lazarus, R. (1981). Comparison of two modes of stress measurement: Daily hassles and uplifts versus major life events. *Journal of Behavioral Medicine, 4*, p. 14.

Kanner, B. (1989, 8 de mayo). Mind games. *New York Magazine*, pp. 34-40.

Kaplan, M.F. (1975). Information integration in social judgment: Interaction of judge and informational components. En M. Kaplan y S. Schwartz (Eds.), *Human development and decision processes*. Nueva York: Academic Press.

Karlins, M. y Abelson, H.I. (1979). *How opinions and attitudes are changed*. Nueva York: Springer-Verlag.

Karni, A., Tanne, D., Rubenstein, B.S., Askenasy, J.J.M. y Sagi, D. (1992, octubre). No dreams—no memory: The effect of REM sleep deprivation on learning a new perceptual skill. *Society for Neroscience Abstracts*, 18, p. 387.

Karni, A., Tanne, D., Rubenstein, B.S., Askenasy, J.J.M. y Sagi, D. (1994, 29 de julio). Dependence on REM sleep of overnight improvement of a perceptual skill. *Science*, 265, pp. 679-682.

Karoly, P. y Kanfer, F.H. (1982). *Self-management and behavior change*. Nueva York: Pergamon Press.

Karp, D. A. (1988). A decade of remembrances: Changing age consciousness between fifty years old. *The Gerontologist*, 28, pp. 727-738.

Kaslow, F.W. (1991). The art and science of family psychology: Retrospective and perspective. *American Psychologist*, 46, pp. 621-626.

Kassin, S.M. (1983). Deposition testimony and the surrogate witness: Evidence for a "messenger effect" in persuasion. *Personality and Social Psychology Bulletin*, 9, pp. 281-288.

Katigbak, M.S. y Akamine, T.X. (1994, agosto). *Relating indigenous Philippine dimension to the big five model*. Ponencia presentada en la 102ª Convención Anual de la American Psychological Association, Los Angeles.

Katz, A.N. (1989). Autobiographical memory as a reconstructive process: An extension of Ross's hypothesis. *Canadian Journal of Psychology*, 43, pp. 512-517.

Katz, D. y Braly, K.W. (1933). Racial stereotypes of 100 college students. *Journal of Abnormal and Social Psychology*, 4, pp. 280-290.

Katz, P.A. (Ed.). (1976). *Towards the elimination of racism*. Nueva York: Pergamon Press.

Kaufman, J. y Zigler, E. (1987). Do abused children become abusive parents? *American Journal of Orthopsychiatry*, 57, pp. 186-192.

Kausler, D.H. (1994). *Learning and memory in normal aging*. San Diego, CA: Academic Press.

Kazdin, A.E. (1989). *Behavior modification in applied settings* (4a. ed.). Pacific Grove, CA: Brooks/Cole.

Kazdin, A.E. (1993). Psychotherapy for children and adolescents: Current progress and future research directions. *American Psychologist*, 48, pp. 644-657.

Keating, D.P. y Clark, L.V (1980). Development of physical and social reasoning in adolescence. *Developmental Psychology*, 16, pp. 23-30.

Keesey, R.E. y Powley, T.L. (1986). The regulation of body weight. *Annual Review of Psychology*, 37, pp. 109-133.

Keith, S.J., Regier, D.A. y Rae, D.S. (1991). Schizophrenic disorders. En L.N. Robins y D.A. Regier (Eds.), *Psychiatric disorders in America*. Nueva York: The Free Press.

Kelley, H. (1950). The warm-cold variable in first impressions of persons. *Journal of Personality and Social Psychology*, 18, pp. 431-439.

Kelly, D.D. (1991a). Disorders of sleep and consciousness. En E.R. Kandel, J.H. Schwartz y T.M. Jessell (Eds.), *Principles of neural science* (3a. ed.). Nueva York: Elsevier.

Kelly, D.D. (1991b). Sexual differentiation of the nervous system. En E.R. Kandel, J.H. Schwartz y T.M. Jessell (Eds.), *Principles of neural science* (3a. ed.). Nueva York: Elsevier.

Kelly, D.D. (1991c). Sleep and dreaming. En E.R. Kandel, J.H. Schwartz y T.M. Jessell (Eds.), *Principles of neural science* (3a. ed.). Nueva York: Elsevier.

Kelly, J.P. (1991). The sense of balance. En E.R. Kandel, J.H. Schwartz y T.M. Jessell (Eds.), *Principles of neural science* (3a. ed.). Nueva York: Elsevier.

Kempton, W., Darley, J.M. y Stern, P.C. (1992). Psychological research for the new energy problems: Strategies and opportunities. *American Psychologist*, 47, pp. 1213-1223.

Kendall, P.C. (Ed.). (1991). *Child and adolescent therapy: Cognitive-behavioral procedures*. Nueva York: Guilford Press.

Kenny, D.A. (19⊂_). A general model of consensus and accura⌐· in interpersonal percepuon. *Psychological Review*, 98, pp. 155-163.

Kertesz, A.E. (1983). Cyclofusion and stereopsis. *Perception and Psychophysics*, 33, pp. 99-101.

Kessler, R.C., McGonagle, K.A., Zhao, S., Nelson, C.B., Hughes, M., Eshleman, S., Wittchen, H. y Kendler, K.S. (1994). Lifetime and 12 month prevalence of DSM-III-R psychiatric disorders in the United States. *Archives of General Psychiatry*, 51, pp. 8-19.

Kiecolt-Glaser, J.K. y Glaser, R. (1986). Behavioral influences on immune function: Evidence for the interplay between stress and health. En T. Field, P. McCabe y N. Schneiderman (Eds.), *Stress and coping* (Vol. 2). Hillsdale, NJ: Erlbaum.

Kienker, P.K., Sejnowski, T.J., Hinton, G.E. y Schumacher, L.E. (1986). Separating figure from ground with a parallel network. *Perception*, 15, pp. 197-216.

Kiesler, C.A. y Simpkins, C. (1991, junio). The de facto national system of psychiatric inpatient care. *American Psychologist*, 46, pp. 579-584.

Kiesler, C.A. y Simpkins, C.G. (1993). *The unnoticed majority in psychiatric inpatient care*. Nueva York: Plenum Press.

Kihlstrom, J.F. (1987, 18 de septiembre). The cognitive unconscious. *Science*, 237, pp. 1445-1452.

Kihlstrom, J.F., Schacter, D.L., Cork, R.C., Hurt, C.A. y Behr, S.E. (1990). Implicit and explicit memory following surgical anesthesia. *Psychological Science*, 1, pp. 303-306.

Kilborn, P.T. (1991, 15 de mayo). "Race norming" tests become a fiery issue. *The New York Times*.

Kimble, G.A. (1994). A frame of reference for psychology. *American Psychologist*, 49, pp. 510-519.

Kimchi, R. (1992). Primacy of holistic processing and global/local paradigm: A critical review. *Psychological Bulletin*, 112, pp. 24-38.

Kimura, D. (1992, septiembre). Sex differences in the brain. *Scientific American*, pp. 119-125.

King, G.R. y Logue, A.W. (1990). Humans' sensitivity to variation in reinforcer amount: Effects of the method of reinforcer delivery. *Journal of the Experimental Analysis of Behavior*, 53, pp. 33-46.

King, S.H. (1993). The limited presence of African-American teachers. *Review of Educational Research*, 63, pp. 114-149.

Kinsey, A.C., Pomeroy, W.B. y Martin, C.E. (1948). *Sexual behavior in the human male*. Filadelfia: Saunders.

Kinsey, A.C., Pomeroy, W.B., Martin, C.E. y Gebhard, P.H. (1953). *Sexual behavior in the human female*. Filadelfia: Saunders.

Kirk, S.A. (1992). *The selling of DSM: The rhetoric of science in psychiatry*. Hawthorne, NY: Aldine de Gruyter.

Kirsch, B. (1989, 8 de octubre). Breaking the sound barrier. *The New York Times Magazine*, pp. 64-66, 68-70.

Kirsch, I. y Council, J.R. (en prensa). Situational and personality correlates of suggestibility. En E. Fromm y M. Nash (Eds.), *Contemporary perspectives in hypnosis research*. Nueva York: Guilford Press.

Kirsch, I. y Lynn, S.J. (1995). The altered state of hypnosis: Changes in the theoretical landscape. *American Psychologist, 50*, pp. 846-858.

Kitterle, F.L. (Ed.). (1991). *Cerebral laterality: Theory and research*. Hillsdale, NJ: Erlbaum.

Klein, S.B. y Mowrer, R.R. (1989). *Contemporary learning theories, instrumental conditioning theory and the impact of biological constraints on learning*. Hillsdale, NJ: Erlbaum.

Kleinman, A. (1991, julio). The psychiatry of culture and culture of psychiatry. *Harvard Mental Health Letter*.

Knight, G.P., Johnson, L.G., Carlo, G. y Eisenberg, N. (1994). A multiplicative model of the dispositional antecedents of prosocial behavior: Predicting more of the people more of the time. *Journal of Personality and Social Psychology, 66*, pp. 178-183.

Knittle, J.L. (1975). Early influences on development of adipose tissue. En G.A. Bray (Ed.), *Obesity in perspective*. Washington, DC: U.S. Government Printing Office.

Kobasa, S.C. (1979). Stressful life events, personality, and health: An inquiry into hardiness. *Journal of Personality and Social Psychology, 37*, pp. 1-11.

Koch, S. (1993). "Psychology" or "The psychological studies"? *American Psychologist, 48*, pp. 902-904.

Koester, J. (1991). Membrane potential. En E.R. Kandel, J.H. Schwartz y T.M. Jessell (Eds.), *Principles of neural science* (3a. ed.). Nueva York: Elsevier.

Kohlberg, L. (1969). Stage and sequence: The cognitive-developmental approach to socialization. En D. Goslin (Ed.), *Handbook of socialization theory and research*. Chicago: Rand McNally.

Kohlberg, L. (1984). *The psychology of moral development: Essays on moral development* (Vol. 2). San Francisco: Harper & Row.

Kohlberg, L. y Ryncarz, R.A. (1990). Beyond justice reasoning: Moral development and consideration of a seventh stage. En C.N. Alexander y E.J. Langer (Eds.), *Higher stages of human development: Perspectives on adult growth*. Nueva York: Oxford University Press.

Köhler, W. (1927). *The mentality of apes*. Londres: Routledge & Kegan Paul.

Kohn, P.M., Lafreniere, K. y Gurevich, M. (1991). Hassles, health, and personality. *Journal of Personality and Social Psychology, 61*, pp. 478-482.

Kolata, G. (1987, 15 de mayo). Early signs of school-age IQ. *Science, 236*, pp. 774-775.

Kolata, G. (1993, 28 de febrero). Rethinking the statistics of "epidemic" breast cancer. *The New York Times*.

Kolb, B. y Whishaw, I.Q. (1990). *Fundamentals of human neuropsychology* (3a. ed.). Nueva York: Freeman.

Konishi, M. (1993, abril). Listening with two ears. *Scientific American*, pp. 66-73.

Konner, M. (1988, 17 de enero). Caffeine high. *The New York Times Magazine*, pp. 47-48.

Koop, C.E. (1988). *The health consequences of smoking*. Washington, DC: Government Printing Office.

Koop, C.B. (1994). Infant assessment. En C.B. Fisher y R.M. Lerner (Eds.), *Applied developmental psychology*. Nueva York: McGraw-Hill.

Korb, M.P., Gorrell, J. y Van-DeRiet, V. (1989). *Gestalt therapy: Practice and theory* (2a. ed.). Nueva York: Pergamon, Press.

Kosambi, D.D. (1967). Living prehistory in India. *Scientific American*, p. 105.

Kosik, K.S. (1992, 8 de mayo). Alzheimer's disease: A cell biological perspective. *Science, 256*, pp. 780-783.

Koss, M.P. y Butcher, J.N. (1986). Research on brief psychotherapy. En S.L. Garfield y A.E. Bergin (Eds.), *Handbook of psychotherapy and behavior change* (3a. ed.). Nueva York: Wiley.

Kosslyn, S.M. (1981). The medium and the message in mental imagery. *Psychological Review, 88*, pp. 46-66.

Kosslyn, S.M., Seger, C., Pani, J.R. y Hillger, L.A. (1990). When is imagery used in everyday life? A diary study. *Journal of Mental Imagery, 14*, pp. 131-152.

Kostses, H. y cols. (1991). Long-term effects of biofeedback-induced facial relaxation on measures of asthma severity in children. *Biofeedback and Self-Regulation, 16*, pp. 1-22.

Koveces, Z. (1987). *The container metaphor of emotion*. Ponencia presentada en la University of Massachusetts, Amherst.

Kotre, J. y Hall, E. (1990). *Seasons of life*. Boston: Little, Brown.

Kraines, S.H. (1948). *The therapy of the neuroses and psychoses* (3a. ed.). Filadelfia: Lea & Febiger.

Kramer, P. (1993). *Listening to Prozac*. Nueva York: Viking.

Kravitz, E.A. (1988). Hormonal control of behavior: Amines and the biasing of behavioral output in lobsters. *Science, 241*, 1775-1782.

Kreuger, L.E. (1989). *The world of touch*. Hillsdale, NJ: Erlbaum.

Kryzanowski, E. y Stewin, L. (1985). Developmental implications in youth counseling: Gender socialization. *International Journal for the Advancement of Counseling, 8*, pp. 265-278.

Kübler-Ross, E. (1969). *On death and dying*. Nueva York: Macmillan.

Kucharski, D. y Hall, W.G. (1987). New routes to early memories. *Science, 238*, pp. 786-788.

Kuczmarski, R.J., Flegal, K.M., Campbell, S.M. y Johnson, C.L. (1994, 20 de julio). Increasing prevalence of overweight among US adults. *Journal of the American Medical Association, 272*, pp. 205-211.

Kuhl, P.K., Williams, K.A., Lacerda, F., Stevens, K.N. y Lindblom, B. (1992, 31 de enero). Linguistic experience alters phonetic perception in infants by 6 months of age. *Science, 255*, pp. 606-608.

Kulik, J.A., Bangert-Drowns, R.L. y Kulik, C.C. (1984). Effectiveness of coaching for aptitude tests. *Psychological Bulletin, 95*, pp. 179-188.

Kupfermann, I. (1991a). Hypothalamus and limbic system: Motivation. En E.R. Kandel, J.H. Schwartz y T.M. Jessell (Eds.), *Principles of neural science* (3a. ed.). Nueva York: Elsevier.

Kupfermann, I. (1991b). Hypothalamus and limbic system: Petidergic neurons, homeostatis, and emotional behavior. En E.R. Kandel, J.H. Schwartz y T.M. Jessell (Eds.), *Principles of neural science* (3a. ed.). Nueva York: Elsevier.

Kupfermann, I. (1991c). Localization of higher cognitive and affective functions: The association cornices. En E.R. Kandel, J.H. Schwartz y T.M. Jessell (Eds.), *Principles of neural science* (3a. ed.). Nueva York: Elsevier.

Kupfermann, I. (1991d). Genetic determinants of behavior. En E.R. Kandel, J.H. Schwartz y T.M. Jessell (Eds.), *Principles of neural science* (3a. ed.). Nueva York: Elsevier.

Kurdek, L.A. (1993). The allocation of household labor in gay, lesbian, and heterosexual married couples. *Journal of Social Issues, 49*, pp. 127-139.

LaFromboise, T., Coleman, H.L. y Gerton, J. (1993). Psychological impact of biculturalism: Evidence and theory. *Psychological Bulletin, 114*, pp. 395-412.

Laird, J.D. y Bresler, C. (1990). William James and the mechanisms of emotional experience. *Personality and Social Psychology Bulletin, 16*, pp. 636-651.

Lam, T.C.M. (1992). Review of practices and problems in the evaluation of bilingual education. *Review of Educational Research, 62*, pp. 181-203.

Lamb, M. (1982). The bonding phenomenon: Misinterpretations and their implications. *Journal of Pediatrics, 101*, pp. 555-557.

Lamb, M.E. (Ed.). (1987). *The father's role*. Hillsdale, NJ: Erlbaum.

Lambert, M.J., Shapiro, D.A. y Bergin, A.E. (1986). The effectiveness of psychotherapy. En S.L. Garfield y A.E. Bergin (Eds.), *Handbook of psychotherapy and behavior change* (3a. ed.). Nueva York: Wiley.

Lambert, W.E. y Peal, E. (1972). The relation of bilingualism to intelligence. En A.S. Dil (Ed.), *Language, psychology, and culture*. Stanford, CA: Stanford University Press.

Landesman, S. y Ramey, C. (1989). Developmental psychology and mental retardation: Integrating scientific principles with treatment practices. *American Psychologist, 44*, pp. 409-415.

Landis, D., Day, H.R., McGrew, P.L., Thomas, J.A. y Miller, A.B. (1976).

Can a black "culture assimilator" increase racial understanding? *Journal of Social Issues, 32*, pp. 169-183.

Lang, J.S. (1987, 13 de abril). Happiness is a reunited set of twins. *U.S. News and World Report*, pp. 63-66.

Lang, S.S. y Patt, R.B. (1994). *You don't have to suffer*. Nueva York: Oxford University Press.

Langer, E. y Janis, I. (1979). *The psychology of control*. Beverly Hills, CA: Sage.

Larsen, R.J. y Diener, E. (1987). Affect intensity as an individual characteristic: A review. *Journal of Research in Personality, 21*, pp. 1-39.

Larson, R.K. (1990). Semantics. En D.N. Osherson y H. Lasnik (Eds.), *Language*. Cambridge, MA: MIT Press.

Lashley, K.S. (1950). In search of the engram. *Symposia of the Society for Experimental Biology, 4*, pp. 454-482.

Lask, B. y Bryant-Waugh, R. (Eds.). (1993). *Childhood onset of anorexia nervosa and related eating disorders*. Hillsdale, NJ: Erlbaum.

Lasnik, H. (1990). Syntax. En D.N. Osherson y H. Lasnik (Eds.), *Language*. Cambridge, MA: MIT Press.

Latané, B. y Darley, J.M. (1970). *The unresponsive bystander: Why doesn't he help?* Nueva York: Appleton-Century-Crofts.

Latané, B. y Nida, S. (1981). Ten years of research on group size and helping. *Psychological Bulletin, 89*, pp. 308-324.

Laursen, B. y Collins, W.A. (1994). Interpersonal conflict during adolescence. *Psychological Bulletin, 115*, pp. 197-209.

Lazarus, A.A., Beutler, L.E. y Norcross, J.C. (1992). The future of technical eclecticism. *Psychotherapy, 29*, pp. 11-20.

Lazarus, R.S. (1984). On the primacy of cognition. *American Psychologist, 39*, pp. 124-129.

Lazarus, R.S. (1991a). Cognition and motivation in emotion. *American Psychologist, 46*, pp. 352-367.

Lazarus, R.S. (1991b). *Emotion and adaptation*. Nueva York: Oxford University Press.

Lazarus, R.S. y Cohen, J.B. (1977). Environmental stress. En I. Altman y J.F. Wohlwill (Eds.), *Human behavior and the environment: Current theory and research* (Vol. 2). Nueva York: Plenum Press.

Lazarus, R.S., DeLongis, A., Folkman, S. y Gruen, R. (1985). Stress and adaptational outcomes: The problem of confounded measures. *American Psychologist, 40*, pp. 770-779.

Lazarus, R.S. y Lazarus, B.N. (1994). *Passion and reason: Making sense of our emotions*. Nueva York: Oxford University Press.

Leahey, T.H. (1994). Is this a dagger I see before me? Four theorists in search of consciousness. *Contemporary Psychology, 39*, pp. 575-581.

Lecanuet, J.-P., Granier-Deferre, C. y Busnel, M.C. (1995). Human fetal auditory perception. En J.-P. Lecanuet, W.P. Fifer, N.A. Krasnegor y W.P. Smotherman (Eds.), *Fetal development: A psychobiological perspective*. Hillsdale, NJ: Erlbaum.

Lechtenberg. R. (1982). *The psychiatrist's guide to diseases of the nervous system*. Nueva York: Wiley.

Lee, M.E., Matsumoto, D., Kobayashi, M., Krupp, D., Maniatis, E.F. y Roberts, W. (1992). Cultural influences on nonverbal behavior in applied settings. En R.S. Feldman (Ed.), *Applications of nonverbal behavioral theory and research*. Hillsdale, NJ: Erlbaum.

Lee, V.E., Brooks-Gunn, J., Schnur, E. y Liaw, E. (1990). Are Head Start effects sustained? A longitudinal follow-up comparison of disadvantaged children attending Head Start, no preschool, and other preschool programs. *Child Development, 61*, pp. 495-507.

Lee, Y. (1994). Why does American psychology have cultural limitations? *American Psychologist, 49*, p. 524.

Lehman, D.R. y Taylor, S.E. (1988). Date with an earthquake: Coping with a probable, unpredictable disaster. *Personality and Social Psychology Bulletin, 13*, pp. 546-555.

Leibovic, K.N. (Ed.). (1990). *Science of vision*. Nueva York: Springer-Verlag.

Lemoine, P. y Lemoine, P. (1992). Outcome of children of alcoholic mothers (study of 105 cases followed to adult age) and various prophylactic findings. *Annals of Pediatrics-Paris, 39*, pp. 226-235.

Lenhardt, M.L., Skellett, R., Wang, P. y Clarke, A.M. (1991, 5 de julio). Human ultrasonic speech perception. *Science, 253*, pp. 82-85.

Lepper, M.R. y Greene, D. (Eds.). (1978). *The hidden costs of reward*. Hillsdale, NJ: Erlbaum.

Leslie, C. (1991, 11 de febrero). Classrooms of Babel. *Newsweek*, pp. 56-57.

Leutwyler, K. (1994, marzo). Prosthetic vision. *Scientific American*, p. 108.

LeVay, S. (1991). A difference in hypothalamic structure between heterosexual and homosexual men. *Science, 253*, pp. 1034-1037.

LeVay, S. (1993). *The sexual brain.* Cambridge, MA: MIT Press.

Levenson, R.W. (1992). Autonomic nervous system differences among emotions. *Psychological Science, 3*, pp. 23-27

Levenson, R.W., Ekman, P., Heider, K. y Friesen, W.V. (1992). Emotion and autonomic nervous system activity in the Minangkabau of West Sumatra. *Journal of Personality and Social Psychology, 62*, pp. 972-988.

Leventhal, H. (1970). Findings and theory in the study of fear communications. En L. Berkowitz (td.), *Advances in experimental social psychology* (Vol. 5). Nueva York: Academic Press.

Leventhal, H. y Tomarken, A.J. (1986). Emotion: Today's problems. *Annual Review of Psychology, 37*, pp. 565-610.

Levine, J.M. (1989). Reaction to opinion deviance in small groups. En P.B. Paulus (Ed.), *Psychology of group influence* (2a. ed.). Hillsdale, NJ: Erlbaum.

Levine, M.W. y Shefner, J.M. (1991). *Fundamentals of sensation and perception* (2a. ed.). Pacific Grove, CA: Brooks/Cole.

Levinger, G. (1983). Development and change. En H.H. Kelley y cols., *Close relationships.* San Francisco: Freeman.

Levinson, D. (1996). *The seasons of a woman's life.* Nueva York: Knopf.

Levinson, D.J. (1986). A conception of adult development. *American Psychologist, 41*, pp. 3-13.

Levitan, I.B. y Kaczmarek, L.K. (1991). *The neuron: Cell and molecular biology.* Nueva York: Oxford University Press.

Levy, B.L. y Langer, E. (1994). Aging free from negative stereotypes: Successful memory in China and among the American deaf. *Journal of Personality and Social Psychology, 66*, pp. 989-997.

Lewandowsky, S., Dunn, J.C. y Kirsner, R. (Eds.). (1989). *Implicit memory: Theoretical issues.* Hillsdale, NJ: Erlbaum.

Lewin, T. (1995, 11 de mayo). Women are becoming equal providers: Half of working women bring home half the household income. *The New York Times*, p. A14.

Lewis, M. y Feinman, S. (Eds.). (1991). *Social influences and socialization in infancy.* Nueva York: Plenum Press.

Lewis, M., Feiring, C., McGuffog, C. y Jaskir, J. (1984). Predicting psychopathology in six-year-olds from early social relations. *Child Development, 55*, pp. 123-136.

Lewis, P. (1987). Therapeutic change in groups: An interactional perspective. *Small Group Behavior, 18*, pp. 548-556.

Lidz, T. y Fleck, S. (1985). *Schizophrenia and the family* (2a. ed.). Nueva York: International Universities Press.

Liebert, R.M. y Sprafkin, J. (1988). *The early window: Effects of television on children and youth* (3a. ed.). Nueva York: Pergamon.

Lietaer, G. (1984). Unconditional positive regard: A controversial basic attitude in client-centered therapy. En R.F. Levant y L.M. Shlien (Eds.), *Client-centered therapy and the person-centered approach.* Nueva York: Praeger.

Lindholm, K.J. (1991). Two-way bilingual/immersion education: Theory, conceptual issues, and pedagogical implications. En R.V. Padilla y A. Benavides (Eds.), *Critical perspectives on bilingual education research.* Tempe, AZ: Bilingual Review Press.

Lindsay, P.H. y Norman, D.A. (1977). *Human information processing* (2a. ed.). Nueva York: Academic Press,.

Linscheid, T.R., Iwata, B.A., Ricketts, R.W., Williams, D.E. y Griffin, J.C. (1990). Clinical evaluation of the self-injurious behavior inhibiting system (SIBIS). *Journal of Applied Behavior Analysis, 23*, pp. 53-78.

Linz, D.G., Donnerstein, E. y Penrod, S. (1988). Effects of long-term exposure to violent and sexually degrading depictions of women. *Journal of Personality and Social Psychology, 55*, pp. 758-768.

Lipsey, M.W. y Wilson, D.B. (1993). The efficacy of psychological, educational, and behavioral treatment: Confirmation from meta-analysis. *American Psychologist, 48*, pp. 1181-1209.

Lister, R.G. y Weingartner, H.J. (Eds.). (1991). *Perspectives on cognitive neuroscience.* Nueva York: Oxford University Press.

Lobsenz, M.M. (1975). *Sex after sixty-five* (Public Affairs Pamphlet #519). Nueva York: New York Public Affairs Committee.

Locke, D.C. (1992). *Increasing multicultural understanding.* Newbury Park, CA: Sage.

Loehlin, J.C., Willerman, L. y Horn, J.M. (1987). Personality resemblance in adoptive families: A 10-year follow-up. *Journal of Personality and Social Psychology, 53*, pp. 961-969.

Loewenstein, G. (1994). The psychology of curiosity: A review and reinterpretation. *Psychological Bulletin, 116*, pp. 75-98.

Loftus, E.F. (1993). Psychologists in the eyewitness world. *American Psychologist, 48*, pp. 550-552.

Loftus, E.F. y Ketcham, K. (1991). *Witness for the defense: The accused, the eyewitness who puts memory on trial.* Nueva York: St. Martin's.

Loftus, E.F., Loftus, G.R. y Messo, J. (1987). Some facts about "weapon focus". *Law and Human Behavior, 11*, pp. 55-62.

Loftus, E.F. y Palmer, J.C. (1974). Reconstruction of automobile destruction: An example of the interface between language and memory. *Journal of Verbal Learning and Verbal Behavior, 13*, pp. 585-589.

Logothetis, N.K. y Schall, J.D. (1989, 18 de agosto). Neuronal correlates of subjective visual perception. *Science, 245*, pp. 761-763.

Logue, A.W. (1991). *The psychology of eating and drinking* (2a. ed.). Nueva York: Freeman.

Lohman, D.F. (1989). Human intelligence: An introduction to advances in theory and research. *Review of Educational Research, 59*, pp. 333-373.

Long, A. (1987, diciembre). What is this thing called sleep? *National Geographic, 172*, pp. 786-821.

Long, G.M. y Beaton, R.J. (1982). The case for peripheral persistence: Effects of target and background luminance on a partial-report task. *Journal of Experimental Psychology: Human Perception and Performance, 8*, pp. 383-391.

Lorenz, K. (1966). *On aggression.* Nueva York: Harcourt Brace Jovanovich.

Lorenz, K. (1974). *Civilized man's eight deadly sins.* Nueva York: Harcourt Brace Jovanovich.

Lott, B. y Maluso, D. (Eds.). (1995). *The social psychology of interpersonal discrimination*. Nueva York: Guilford Press.

Lovaas, O.I. y Koegel, R. (1973). Behavior therapy with autistic children. En C. Thoreson (Ed.), *Behavior modification and education*. Chicago: University of Chicago Press.

Lowinson, J.H., Ruiz, P., Millman, R.B. y Langrod, J.G. (1992). *Substance abuse: A comprehensive textbook* (2a. ed.). Baltimore: Williams and Wilkins.

Lubart, T.I. (1994). Creativity. En R.J. Sternberg (Ed.), *Thinking and problem-solving*. San Diego, CA: Academic Press.

Luborsky, L. (1988). *Who will benefit from psychotherapy?* Nueva York: Basic Books.

Luce, R.D. (1993). *Sound and hearing*. Hillsdale, NJ: Erlbaum.

Luchins, A.S. (1946). Classroom experiments on mental set. *American Journal of Psychology, 59*, pp. 295-298.

Lucy, J.A. (1992). *Language diversity and thought: A reformulation of the linguistic relativity hypothesis*. Cambridge, Inglaterra: Cambridge University Press.

Ludwick-Rosenthal, R. y Neufeld, R.W.J. (1988). Stress management during noxious medical procedures: An evaluative review of outcome studies. *Psychological Bulletin, 104*, pp. 326-342.

Ludwig, A.M. (1969). Altered states of consciousness. En C.T. Tart (Ed.), *Altered states of consciousness*. Nueva York: Wiley.

Luria, A.R. (1968). *The mind of a mnemonist*. Cambridge, MA: Basic Books.

Lykken, D.T., McGue, M., Tellegen, A. y Bouchard, Jr., T.J. (1993). Emergenesis: Genetic traits that may not run in families. *American Psychologist, 47*, pp. 1565-1577.

Lynch, G., Granger, R. y Staubli, U. (1991). Long-term potentiation and the structure of memory. En W.C. Abraham, M.C. Corballis y K.G. White (Eds.), *Memory mechanisms: A tribute to G.V. Goddard*. Hillsdale, NJ: Erlbaum.

Lynch, Jr., J.G. y Cohen, J.L. (1978). The use of subjective expected utility theory as an aid to understanding variables that influence helping behavior. *Journal of Personality and Social Psychology, 36*, pp. 1138-1151.

Lynn, S.J. y Rhue, J.W. (1988). Fantasy-proneness: Hypnosis, developmental antecedents, and psychopathology. *American Psychologist, 43*, pp. 35-44.

Lynn, S.J., Rhue, J.W. y Weekes, J.R. (1990). Hypnotic involuntariness: A social cognitive analysis. *Psychological Review, 97*, pp. 169-184.

Lynn, S.J. y Snodgrass, M. (1987). Goal-directed fantasy, hypnotic susceptibility, and expectancies. *Journal of Personality and Social Psychology, 53*, pp. 933-938.

Lynn, S.J., Weekes, J.R., Neufeld, V., Zivney, O., Brentar, J. y Weiss, F. (1991). Interpersonal climate and hypnotizability level: Effects on hypnotic performance, rapport, and archaic involvement. *Journal of Personality and Social Psychology, 60*, pp. 739-743.

Maccoby, E.E. (1992). The role of parents in the socialization of children: An historical overview. *Developmental Psychology, 28*, pp. 1006-1017.

MacCoun, R.J. (1993). Drugs and the law: A psychological analysis of drug prohibition. *Psychological Bulletin, 113*, pp. 497-512.

MacDermid, S.M., Huston, T.L. y McHale, S.M. (1990). Changes in marriage associated with the transition to parenthood: Individual differences as a function of sex-role attitudes and changes in division of labor. *Journal of Marriage and the Family, 52*, pp. 475-486.

MacFadyen, J.T. (1987, noviembre). Educated monkeys help the disabled help themselves. *Smithsonian*, pp. 125-133.

MacKenzie, B. (1984). Explaining race differences in IQ: The logic, the methodology, and the evidence. *American Psychologist, 39*, pp. 1214-1233.

Mackenzie, E.K.R. (1990). *Introduction to time-limited group psychotherapy*. Washington, DC: American Psychiatric Press.

Mackie, D.M. (1987). Systematic and nonsystematic processing of majority and minority persuasive communications. *Journal of Personality and Social Psychology, 53*, pp. 41-52.

Maddi, S.R., Barone, P.T. y Puccetti, M.C. (1987). Stressful events are indeed a factor in physical illness: Reply to Schroeder and Costa (1984).

Journal of Personality and Social Psychology, 52, pp. 833-843.

Major, B. (1993). Gender, entitlement, and the distribution of family labor. *Journal of Social Issues, 49*, pp. 141-159.

Malin, J.T. (1979). Information-processing load in problem solving by network search. *Journal of Experimental Psychology: Human Perception and Performance, 5*, pp. 379-390.

Malinowski, C.I. y Smith, C.P. (1985). Moral reasoning and moral conduct: An investigation prompted by Kohlberg's theory. *Journal of Personality and Social Issues, 49*, pp. 1016-1027.

Malott, R.W., Whaley, D.L. y Malott, M.E. (1993). *Elementary principles of behavior* (2a. ed.). Englewood Cliffs, NJ: Prentice-Hall.

Mann, T. (1994). Informed consent for psychological research: Do subjects comprehend consent forms and understand their legal rights? *Psychological Science, 5*, pp. 140-143.

Manuck, S.B., Kaplan, J.R., Adams, M.R. y Clarkson, T.B. (1989). Behaviorally elicited heart rate reactivity and atherosclerosis in female cynomolgus monkeys (*Macaca fascicularis*). *Psychosomatic Medicine, 51*, pp. 306-318.

Mapes, G. (1990, 10 de abril). Beating the clock: Was it an accident Chernobyl exploded at 1:23 in the morning? *Wall Street Journal*, pp. A1, A16.

Marks, G. y Miller, N. (1987). Ten years of research on the false-consensus effect: An empirical and theoretical review. *Psychological Bulletin, 102*, pp. 72-90.

Marshall, G. y Zimbardo, P. (1979). The affective consequences of "inadequately explained" physiological arousal. *Journal of Personality and Social Psychology, 37*, pp. 970-988.

Martin, J. (1993). Episodic memory: A neglected phenomenon in the psychology of education. *Educational Psychologist, 28*, pp. 169-183.

Martin, J.H., Brust, J.C.M. e Hilal, S. (1991). Imaging the living brain. En E.R. Kandel, J.H. Schwartz y T.M. Jessell (Eds.), *Principles of neural science* (3a. ed.). Nueva York: Elsevier.

Martin, L. y Pullum, G.K. (1991). *The great Eskimo vocabulary hoax*. Chicago: University of Chicago Press.

Martindale, C. (1981). *Cognition and consciousness*. Homewood, IL: Dorsey.

Marx, M.B., Garrity, T.F. y Bowers, F.R. (1975). The influence of recent life experience on the health of college freshmen. *Journal of Psychosomatic Research, 19*, pp. 87-98.

Maslow, A.H. (1970). *Motivation and personality* (2a. ed.). Nueva York: Harper & Row.

Maslow, A.H. (1987). *Motivation and personality* (3a. ed.). Nueva York: Harper & Row.

Mason, J.W. (1974). Specificity in the organization of neuroendocrine response profiles. En P. Seeman y G.M. Brown (Eds.), *Frontiers in neurology and neuroscience research.* First International Symposium of the Neuroscience Institute. Toronto: University of Toronto Press.

Mason, J.W. (1975). A historical view of the stress field. *Journal of Human Stress, 1*, pp. 6-12, 22-37.

Mason, M. (1994). *The making of Victorian sexual attitudes* (Vol. 2). Nueva York: Oxford University Press.

Massaro, D. (1991). Psychology as a cognitive science. *Psychological Science, 2*, pp. 302-306.

Masters, W.H. y Johnson, V.E. (1979). *Homosexuality in perspective.* Boston: Little, Brown.

Mastropieri, M.A. y Scruggs, T. (1987). *Effective instruction for special education.* Boston: College Hill Press/ Little, Brown.

Mastropieri, M.A. y Scruggs, T.E. (1991). *Teaching students ways to remember: Strategies for learning mnemonically.* Cambridge, MA: Brookline Books.

Mastropieri, M.A. y Scruggs, T.E. (1992). Science for students with disabilities. *Review of Educational Research, 62*, pp. 377-411.

Matarazzo, J.D. (1992). Psychological testing and assessment in the 21st century. *American Psychologist, 47*, pp. 1007-1018.

Matsumoto, D., Kudoh, T., Schjerer, K. y Wallbot, H.G. (1988). Emotion antecedents and reactions in the U.S. and Japan. *Journal of Cross-Cultural Psychology, 19*, pp. 267-286.

Matthies, H. (1989). Neurobiological aspects of learning and memory. *Annual Review of Psychology, 40*, pp. 381-404.

Mauro, R., Sato, K. y Tucker, J. (1992). The role of appraisal in human emotions: A cross-cultural study.

Journal of Personality and Social Psychology, 62, pp. 301-317.

Mawhinney, V.T., Boston, D.E., Loaws, O.R., Blumenfeld, G.T. y Hopkins, B.L. (1971). A comparison of students' studying behavior produced by daily, weekly, and three-week testing sched_.es. *Journal of Applied Behavior Analysis, 4*, pp. 257-264.

May, R. (1969). *Love and will.* Nueva York: Norton.

Mayer, R.E. (1982). Different problem-solving strategies for algebra word and equation problems. *Journal of Experimental Psychology: Learning, Memory, and Cognition, 8*, pp. 448-462.

Mayford, M., Barzilai, A., Keller, F., Schacher, S. y Kandel, E.R. (1992). Modulation of an NCAM-related adhesion molecule with long-term synaptic plasticity in aplasia. *Science, 256*, pp. 638-644.

Maziotta, J. (1993, junio). *History and goals of the human brain project.* Ponencia presentada en la reunión anual de la American Psychological Society, Chicago.

McCarthy, M.J. (1991, 18 de marzo). Marketers zero in on their customers. *Wall Street Journal*, p. B1.

McCauley, C. y Swann, C.P. (1980). Sex differences in frequency and functions of fantasies during sexual activity. *Journal of Research in Personality, 14*, pp. 400-411.

McClelland, D.C. (1985). How motives, skills, and values determine what people do. *American Psychologist, 40*, pp. 812-825.

McClelland, D.C. (1993). Intelligence is not the best predictor of job performance. *Current Directions in Psychological Research, 2*, pp. 5-8.

McClelland, D.C., Atkinson, J.W., Clark, R.A. y Lowell, E.L. (1953). *The achievement motive.* Nueva York: Appleton-Century-Crofts.

McCloskey, M., Wible, C.G. y Cohen, N.J. (1988). Is there a special flashbulb-memory mechanism? *Journal of Experimental Psychology: General, 117*, pp. 171-181.

McClusky, H.Y. y cols. (1991). Efficacy of behavioral versus triazolam treatment in persistent sleep-onset insomnia. *American Journal of Psychiatry, 148*, pp. 121-126.

McConkey, K.M. y Sheehan, P.W. (1995). *Hypnosis, memory, and behavior in criminal investigation.* Nueva York: Guilford Press.

McCrae, R.R. y Costa, Jr., P.T. (1990), *Personality in adulthood.* Nueva York: Guilford Press.

McDaniel, M.A., Riegler, G.L. y Waddill, P.J. (1990). Generation effects in free recall: Further support for a three-factor theory. *Journal of Experimental Psychology: Learning, Memory, and Cognition, 16*, p. 789.

McDonald, K. (1988, marzo). Sex under glass. *Psychology Today*, pp. 58-59.

McDougall, W. (1908). *Introduction to social psychology.* Londres: Methuen.

McFarlane, J., Martin, C.L. y Williams, T.M. (1988). Mood fluctuations: Women versus men and menstrual versus other cycles. *Psychology of Women Quarterly, 12*, pp. 201-223.

McGaugh, J.L. (1989). Involvement of hormonal and neuromodulatory systems in the regulation of memory storage. *Annual Review of Neuroscience, 12*, pp. 255-287.

McGaugh, J.L., Weinberger, N.M. y Lynch, G. (Eds.). (1990). *Brain organization and memory: Cells, systems, and circuits.* Nueva York: Oxford University Press.

McGrath, E., Keita, G.P., Strickland, B.R. y Russo, N.F. (Eds.). (1990). *Women and depression: Risk factors and treatment issues.* Washington, DC: American Psychological Association.

McGraw, K.M. y Bloomfield, J. (1987). Social influence on group moral decisions: The interactive effects of moral reasoning and sex-role orientation. *Journal of Personality and Social Psychology, 53*, pp. 1080-1087.

McGuire, A.M. (1994). Helping behaviors in the natural environment: Dimensions and correlates of helping. *Personality and Social Psychology Bulletin, 120*, pp. 45-56.

McGuire, P.K., Shah, G.M.S. y Murray, R.M. (1993, 18 de septiembre). Increased blood flow in Broca's area during auditory hallucinations in schizophrenia. *Lancet, 342*, pp. 703-706.

McGuire, W.J. (1985). Attitudes and attitude change. En G. Lindzey y E. Aronson (Eds.), *Handbook of social psychology* (Vol. 2, 3a. ed.). Nueva York: Random House.

McHugh, P.R. (1993, septiembre). Multiple personality disorder. *Harvard Medical School Letter*, pp. 4-6.

McLaughlin, S. y Margolskee, R.F. (1994, noviembre-diciembre). The sense of taste. *American Scientist, 82,* pp. 538-545.

McNeal, E.T. y Cimbolic, P. (1986). Antidepressants and biochemical theories of depression. *Psychological Bulletin, 99,* pp. 361-374.

McWhirter, D.P., Sanders, S. y Reinisch, J.M. (1990). *Homosexuality, heterosexuality: Concepts of sexual orientation.* Nueva York: Oxford University Press.

Mednick, A. (1993). World's women familiar with a day's double shift. *APA Monitor,* p. 32.

Mehler, J. y Dupoux, E. (1994). *What infants know: The new cognitive science of early development.* Cambridge, MA: Blackwell.

Melges, F.T. y Bowlby, J. (1969). Types of hopelessness in psychopathological process. *Archives of General Psychiatry, 70,* pp. 690-699.

Melton, G.B. y Garrison, E.G. (1987). Fear, prejudice, and neglect: Discrimination against mentally disabled persons. *American Psychologist, 42,* pp. 1007-1026.

Meltzer, H.Y. (1993, agosto). Clozapine: A major advance in the treatment of schizophrenia. *Harvard Mental Health Letter, 10,* pp. 4-6.

Melzack, R. y Wall, P.D. (1965). Pain mechanisms: A new theory. *Science, 150,* pp. 971-979.

Mendolia, M. y Kleck, R.E. (1993). Effects of talking about a stressful event on arousal: Does what we talk about make a difference? *Journal of Personality and Social Psychology, 64,* pp. 283-292.

Mendoza, R. y Miller, B.L. (1992, julio). Neuropsychiatric disorders associated with cocaine use. *Hospital and Community Psychiatry, 43,* pp. 677-680.

Mercer, R.T., Nichols, E.G. y Doyle, G.C. (1989). *Transitions in a woman's life: Major life events in developmental context.* Nueva York: Springer.

Merikle, P.M. (1992). Perception without awareness: Critical issues. *American Psychologist, 47,* pp. 792-795.

Mesquita, B. y Frijda, N.H. (1992). Cultural variations in emotions: A review. *Psychological Bulletin, 112,* pp. 179-204.

Messer, S.B., Warren, C.S. (1995). *Models of brief psychodynamic therapy.* Nueva York: Guilford Press.

Metcalfe, J. (1986). Premonitions of insight predict impending error.

Journal of Experimental Psychology: Learning, Memory, and Cognition, 12, pp. 623-634.

Metee, D.R. y Aronson, E. (1974). Affective reactions to appraisal from others. En T.L. Huston (Ed.), *Foundations of interpersonal attraction* (pp. 235-283). Nueva York: Academic Press.

Meyer, J.P. y Pepper, S. (1977). Need compatibility and marital adjustment in young married couples. *Journal of Personality and Social Psychology, 35,* pp. 331-342.

Meyer, R.G. y Macciocchi, S.N. (1989). The context of self-disclosure, the polygraph, and deception. *Forensic Reports, 2,* pp. 295-303.

Meyer, R.G. y Osborne, Y.V.H. (1987). *Case studies in abnormal behavior* (2a. ed.). Boston: Allyn & Bacon.

Michael, R.T., Gagnon, J.H., Laumann, E.O. y Kolata, G. (1994). *Sex in America: A definitive survey.* Boston: Little, Brown.

Middlebrooks, J.C., Clock, A.E., Xu, L. y Green, D.M. (1994, 6 de mayo). A panoramic code for sound location by cortical neurons. *Science, 264,* pp. 842-844.

Middlebrooks, J.C. y Green, D.M. (1991). Sound localization by human listeners. *Annual Review of Psychology, 42,* pp. 135-159.

Mikhail, A. (1981). Stress: A psychophysiological conception. *Journal of Human Stress, 7,* pp. 9-15.

Milewski, A.E. (1976). Infants' discrimination of internal and external pattern elements. *Journal of Experimental Child Psychology, 22,* pp. 229-246.

Milgram, S. (1974). *Obedience to authority.* Nueva York: Harper & Row.

Miller, A.G. (1986). *The obedience experiments: A case study of controversy in social science.* Nueva York: Praeger.

Miller, G.A. (1956). The magical number seven, plus or minus two: Some limits on our capacity for processing information. *Psychology Review, 63,* pp. 81-97.

Miller, J.G. (1984). Culture and the development of everyday social explanation. *Journal of Personality and Social Psychology, 46,* pp. 961-978.

Miller, J.G. y Bersoff, D.M. (1992). Culture and moral judgment: How are conflicts between justice and interpersonal responsibilities resolved?

Journal of Personality and Social Psychology, 62, pp. 541-554.

Miller, J.G., Bersoff, D.M. y Harwood, R.L. (1990). Perceptions of social responsibility in India and in the United States: Moral imperatives or personal decisions? *Journal of Personality and Social Psychology, 58,* pp. 33-47.

Miller, M.W. (1986, 19 de septiembre). Effects of alcohol on the generation and migration of cerebral cortical neurons. *Science, 233,* pp. 1308-1310.

Miller, M.W. (1994, 1 de diciembre). Brain surgery is back in a limited way to treat mental ills. *Wall Street Journal,* p. 1.

Miller, N.E. (1985a, febrero). Rx: Biofeedback. *Psychology Today,* pp. 54-59.

Miller, N.E. (1985b). The value of behavioral research on animals. *American Psychologist, 40,* pp. 423-440.

Miller, S.M., Brody, D.S. y Summerton, J. (1988). Styles of coping with threat: Implications for health. *Journal of Personality and Social Psychology, 54,* pp. 142-148.

Miller-Jones, D. (1989). Culture and testing. *American Psychologist, 44,* pp. 360-366.

Millon, T. y Davis, R.D. (1995). *Disorders of personality: DSM-IV and beyond* (2a. ed.). Nueva York: Wiley.

Milloy, C. (1986, 22 de junio). Crack user's highs, lows. *Washington Post,* p. A-1.

Milner, A.D. y Rugg, M.D. (Eds.). (1992). *The neuropsychology of consciousness.* San Diego, CA: Academic Press.

Milner, B. (1966). Amnesia following operation on temporal lobes. En C.W.M. Whitty y P. Zangwill (Eds.), *Amnesia.* Londres: Butterworth.

Mineka, S. y Henderson, R.W. (1985). Controllability and predictability in acquired motivation. *Annual Review of Psychology, 36,* pp. 495-529.

Minuchin, S. (1974). *Families and family therapy.* Cambridge, MA: Harvard University Press.

Minuchin, S. y Nichols, M.P. (1992). *Family healing.* Nueva York: Free Press.

Miserando, M. (1991). Memory and the seven dwarfs. *Teaching of Psychology, 18,* pp. 169-171.

Miyake, K., Chen, S. y Campos, J.J. (1985). Infant temperament, mother's mode of interaction, and attachment in Japan: An interim report. *Monographs of the Society for Research in Child Development, 50*, pp. 276-297.

Miyashita, Y. (1995, 23 de junio). How the brain creates imagery: Projection to primary visual cortex. *Science, 268*, pp. 1719-1720.

Molotsky, I. (1984, 30 de noviembre). Implant to aid the totally deaf is approved. *The New York Times*, pp. 1, B10.

Money, J. (1987). Sin, sickness, or status? Homosexuality, gender identity, and psychoneuroendocrinology. *American Psychologist, 42*, pp. 384-399.

Montemayor, P. (1983). Parents and adolescents in conflict: All families some of the time and some families most of the time. *Journal of Early Adolescence, 3*, pp. 83-103.

Moore-Ede, M. (1993). *The twenty-four hour society*. Boston: Addison-Wesley.

Morrow, J. y Wolff, R. (1991, mayo). Wired for a miracle. *Health*, pp. 64-84.

Moscovici, S. (1985). Social influence and conformity. En G. Lindzey y E. Aronson (Eds.), *Handbook of social psychology* (3a. ed.). Nueva York: Random House.

Moses, L.J. y Chandler, M.J. (1992). Traveler's guide to children's theories of mind. *Psychological Inquiry, 3*, pp. 286-301.

Motley, M.T. (1987, febrero). What I meant to say. *Psychology Today*, pp. 25-28.

Movshon, J.A. y Newsome, W.T. (1992). Neural foundations of visual motion perception. *Current Directions in Psychological Science, 1*, pp. 35-39.

Mueller, E. y Lucas, T. (1975). A developmental analysis of peer interaction among toddlers. En M. Lewis y L.A. Rosenblum (Eds.), *Friendship and peer relations*. Nueva York: Wiley-Interscience.

Murray, J.B. (1990). Nicotine as a psychoactive drug. *Journal of Psychology, 125*, pp. 5-25.

Mussen, P.H. y Jones, M.C. (1957). Self-conceptions, motivations, and interpersonal attitudes of late- and early-maturing boys. *Child Development, 28*, pp. 243-256.

Nahome, L. y Lawton, M.P. (1975). Similarity and propinquity in friendship formation. *Journal of Personality and Social Psychology, 32*, pp. 205-213.

Nash, M. (1987). What, if anything, is regressed about hypnotic age regression? A review of the empirical literature. *Psychological Bulletin, 102*, pp. 42-52.

Nathans, J., Davenport, C.M., Maumenee, I.H., Lewis, R.A., Hejtmancik, J.F., Litt, M., Lovrien, E., Weleber, R., Bachynski, B., Zwas, F., Klingaman, R. y Fishman, G. (1989, 25 de agosto). Molecular genetics of human blue cone monochromacy. *Science, 245*, pp. 831-838.

Nathans, J., Piantanidu, T.P., Eddy, R.L., Shows, T.B. y Hogness, D.S. (1986, 11 de abril). Molecular genetics of inherited variation in human color vision. *Science, 232*, pp. 203-210.

National Center for Health Statistics. (1994). *Report on obesity in the United States*. Washington, DC: National Center for Health Statistics.

National Institute of Drug Abuse. (1991). *National survey results on drug use*. Washington, DC: U.S. Department of Health and Human Services.

Navon, R. y Proia, R.L. (1989, 17 de marzo). The mutations in Ashkenazi Jews with adult G(M2) Gangliosidosis, the adult form of Tay-Sachs disease. *Science, 243*, pp. 1471-1474.

Neely, K. (1990, 4 de octubre). Judas Priest gets off the hook. *Rolling Stone*, p. 39.

Neher, A. (1991). Maslow's theory of motivation: A critique. *Journal of Humanistic Psychology, 31*, pp. 89-112.

Neher, E. (1992, 24 de abril). Ion channels for communication between and within cells. *Science, 256*, pp. 498-502.

Neisser, U. (1982). *Memory observed*. San Francisco: Freeman.

Neisser, U. y Harsch, N. (1992). Phantom flashbulbs: False recollections of hearing the news about Challenger. En E. Winograd y U. Neisser (Eds.), *Affect and accuracy in recall: Studies of "flashbulb" memories*. Nueva York: Cambridge University Press.

Nelson, K. (1993) The psychological and social origins of autobiographical memory. *Psychological Science, 4*, pp. 7-14.

Nelson, M. (1992, 3 de febrero). Too tough to die. *People Weekly*, pp. 30-33.

Nelson, R.J., Badura, L.L. y Goldman, B.D. (1990). Mechanisms of seasonal cycles of behavior. *Annual Review of Psychology, 41*, pp. 81-108.

New York Times/CBS News Poll. (1994, 20 de febrero). Respondents citing each problem as the most important facing the country. *The New York Times*, p. E3.

New York Times, The. (1991, 7 de agosto). Levels of caffeine. *The New York Times*, p. C11.

Newell, A. (1990). *Unified theories of cognition*. Cambridge, MA: Harvard University Press.

Newman, J.P. y Kosson, D.S. (1986). Passive avoidance learning in psychopathic and nonpsychopathic offenders. *Journal of Abnormal Psychology, 95*, pp. 252-256.

NIAAA (National Institute on Alcohol Abuse and Alcoholism). (1990). *Alcohol and health*. Washington, DC: U.S. Government Printing Office.

Nichols, M.P. y Schwartz, R.C. (1995). *Family therapy: Concepts and methods* (3a. ed.). Boston: Longwood.

Nickerson, R.S. (1994). Teaching of thinking and problem-solving. En R.J. Sternberg (Ed.), *Thinking and problem-solving*. San Diego, CA: Academic Press.

Nigg, J.T. y Goldsmith, H.H. (1994). Genetics of personality disorders: Perspectives from personality and psychopathology research. *Psychological Bulletin, 115*, pp. 346-380.

Nisbett, R.E. (1968). Taste, deprivation, and weight determinants of eating behavior. *Journal of Personality and Social Psychology, 10*, pp. 107-116.

Nisbett, R.E. (1972). Hunger, obesity and the ventromedial hypothalamus. *Psychological Review, 79*, pp. 433-453.

Nisbett, R. (1994, 31 de octubre). Blue genes. *New Republic, 211*, p. 15.

Nisbett, R.E., Krantz, D.H., Jepson, D. y Kunda, Z. (1993). The use of statistical heuristics in everyday reasoning. En R.E. Nisbett (Ed.), *Rules for reasoning*. Hillsdale, NJ: Erlbaum.

Noble, B.P. (1993, 13 de junio). Staying bright-eyed in the wee hours. *The New York Times*, p. F11.

Nogrady, H., McConkey, K.M. y Perry, C. (1985). Enhancing visual memory: Trying hypnosis, trying imagination, and trying again. *Journal of Abnormal Psychology, 94*, pp. 105-204.

Nolen-Hoeksema, S. y Girgus, J.S. (1994). The emergence of gender differences in depression during adolescence. *Psychological Bulletin, 115*, pp. 424-443.

North, C.S., Ryall, J.M., Wetzel, R.D. y Ricci, D.A. (1993). *Multiple personalities, multiple disorders*. Nueva York: Oxford University Press.

Novaco, R.W. (1975). *Anger control: The development and evaluation of an experimental treatment.* Lexington, MA: Lexington Books.

Novak, M.A. y Suomi, S.J. (1988). Psychological well-being of primates in captivity. *American Psychologist, 43,* pp. 765-773.

Novy, D.M., Nelson, D.V., Francis, D.J. y Turk, D.C. (1995). Perspectives of chronic pain: An evaluation comparison of restrictive and comprehensive models. *Psychological Bulletin, 118,* pp. 238-247.

Nowak, R. (1994, 4 de marzo). Chronobiologists out of sync over light therapy patents. *Science, 263,* pp. 1217-1218.

Nowicki, S. y Duke, M. (1978). An examination of counseling variables within a social learning framework. *Journal of Counseling Psychology, 25,* pp. 1-7.

NSFH (National Survey of Families and Households). (1993, agosto). Married fathers with preschoolers. *American Demographics,* p. 25.

Oatley, K. (1992). *Best laid schemes: The psychology of emotions.* Cambridge, MA: Cambridge University Press

Oberle, I., Rousseau, F., Heitz, D., Kretz, C., Devys, D., Hanauer, A., Boue, J., Bertheas, M.F. y Mandel, J.L. (1991, 24 de mayo). Instability of a 550-base pair DNA segment and abnormal methylzatin in fragile X syndrome. *Science, 252,* pp. 1097-1102.

Office of Demographic, Employment, and Educational Research. (1994). *Demographic characteristics of members by type of APA membership.* Washington, D.C.: American Psychological Association.

Ogbu, J. (1992). Understanding cultural diversity and learning. *Educational Researcher,* 21, pp. 5-14.

Ogilvie, R. y Harsh, J. (1994). Sleep onset: *Normal and abnormal processes.* Washington, D.C.: American Psychological Association.

O'Hare, D. y Roscoe, S. (1990). *Flightdeck performance: The human factor.* Ames: Iowa State University Press.

Olds, J. y Milner, P. (1954). Positive reinforcement produced by electrical stimulation of septal area and other regions of rat brain. *Journal of Comparative and Physiological Psychology, 47,* pp. 411-427.

Olds, M.E. y Fobes, J.L. (1981). The central basis of motivation: Intracranial self-stimulation studies. *Annual Review of Psychology, 32,* pp. 123-129.

Olshansky, S.J., Carnes, B.A. y Cassel, C. (1990, 2 de noviembre). In search of Methuselah: Estimating the upper limits to human longevity. *Science, 250,* pp. 634-639.

Omdahl, B. (1995). *Cognitive appraisal, emotion, and empathy.* Hillsdale, NJ: Erlbaum.

Opler, L.A., Kay, S.R., Rosado, V. y Lindenmayer, J.P. (1984). Positive and negative syndromes in chronic schizophrenic in patients. *Journal of Nervous and Mental Disease, 172,* pp. 317-325.

Orlans, F.B. (Ed.). (1993). *In the name of science: Issues in responsible animal experimentation.* Nueva York: Oxford University Press.

Orne, M.T., Dinges, D.F. y Orne, E.C. (1984). On the differential diagnosis of multiple personality in the forensic context. *International Journal of Clinical and Experimental Hypnosis, 32,* pp. 118-169.

Orne, M.T. y Holland, C.C. (1968). On the ecological validity of laboratory deceptions. *International Journal of Psychiatry, 6,* pp. 282-293.

Ornstein, P.A. y Naus, M.J. (1988). Effects of the knowledge base on children's memory strategies. En H.W. Reese (Ed.), *Advances in child development and behavior* (Vol. 19). Nueva York: Academic Press.

Ornstein, R.E. (1977). *The psychology of consciousness* (2a. ed.). Nueva York: Harcourt Brace Jovanovich.

Ortony, A. y Turner, T.J. (1990). What's basic about basic emotions? *Psychological Review, 97,* pp. 315-331.

Orwin, R.G. y Condray, D.S. (1984). Smith and Glass' psychotherapy conclusions need further probing: On Landman and Dawes' re-analysis. *American Psychologist, 39,* pp. 71-72.

Owens, J., Bower, G.H. y Black, J. (1979). The "soap opera" effect in story recall. *Memory & Cognition, 7,* pp. 185-191.

Ozeki, M. (1993, 28 de febrero). On turning 13: Reports from the front lines. *The New York Times,* sec. 4, p. 2.

Paivio, A. (1971). *Imagery and verbal processes.* Nueva York: Holt, Rinehart & Winston.

Paivio, A. (1975). Perceptual comparison through the mind's eye. *Memory & Cognition, 3,* pp. 635-647.

Palladino, J.J. y Carducci, B.J. (1984). Students' knowledge of sleep and dreams. *Teaching of Psychology, 11,* pp. 189-191.

Palmer, S.F. (1975). The effects of contextual scenes on the identification of objects. *Memory & Cognition, 3,* pp. 519-526.

Papalia, D. y Olds, S. (1989). *Human development* (4a. ed.). Nueva York: McGraw-Hill.

Papini, M.R. y Bitterman, M.E. (1990). The role of contingency in classical conditioning. *Psychological Review, 97,* pp. 396-403.

Parke, R.D. (1981). *Fathers.* Cambridge, MA: Harvard University Press.

Parlee, M.B. (1979, octubre). The friendship bond. *Psychology Today,* pp. 43-45.

Participant. (1994). *Young lives in the balance.* Washington, DC: Teachers Insurance and Annuity Association.

Pascual-Leone, Alvaro y cols. (en prensa). Bethesda, MD: National Institutes of Neurological Disorders and Stroke, U.S. Department of Health and Human Services.

Paterson, R.J. y Neufeld, R.W.J. (1987). Clear danger: Situational determinants of the appraisal of threat. *Psychological Bulletin, 101,* pp. 404-416.

Patrick, C.J. e Iacono, W.G. (1991). Validity of the control question polygraph test: The problem of sampling bias. *Journal of Applied Psychology, 76,* pp. 229-238.

Patterson, C.J. (1994). Lesbian and gay families. *Current Directions in Psychological Science, 3,* pp. 62-64.

Patterson, C.J. (1995). Families of the baby boom: Parents' division of labor and children's adjustment. Special Issue: Sexual orientation and human development. *Developmental Psychology, 31,* pp. 115-123.

Pavlides, C. y Winson. J. (1989). Influences of hippocampal place cell firing in the awake state on the activity of these cells during subsequent sleep episodes. *Journal of Neuroscience, 9,* pp. 2907-2918.

Pavlov, I.P. (1927). *Conditioned reflexes.* Londres: Oxford University Press.

Payne, D.G. (1986). Hyperamnesia for pictures and words: Testing the recall level hypothesis. *Journal of*

Experimental Psychology: Learning, Memory, and Cognition, 12, pp. 16-29.

Peele, S. y Brodsky, A. (1991). *The truth about addiction and recovery.* Nueva York: Simon & Schuster.

Penfield, W. y Rasmussen, T. (1950). *The cerebral cortex of man.* Nueva York: Macmillan.

Pennebaker, J. y Roberts, T.A. (1992). Toward a his and hers theory of emotion: Gender differences in visceral perception. *Journal of Social and Clinical Psychology, 11,* pp. 199-212.

Pennebaker, J.W. (1990). *Opening up: The healing power of confiding in others.* Nueva York: Morrow.

Pennebaker, J.W. y Harber, K.D. (1993). A social stage model of collective coping: The Loma Prieta earthquake and the Persian Gulf War. *Journal of Social Issues, 49,* pp. 125-145.

Peper, R.J. y Mayer, R.E. (1978). Note taking as a generative activity. *Journal of Educational Psychology, 70,* pp. 514-522.

Perdue, C.W., Dovidio, J.F., Gurtman, H.B. y Tyler, R.B. (1990). Us and them: Social categorization and the process of intergroup bias. *Journal of Personality and Social Psychology, 59,* pp. 475-486.

Pereira-Smith, O., Smith, J. y cols. (1988, agosto). Ponencia presentada en la reunión anual del International Genetics Congress, Toronto.

Perkins, D.N. (1983). Why the human perceiver is a bad machine. En J. Beck, B. Hope y A. Rosenfeld (Eds.), *Human and machine vision.* Nueva York: Academic Press.

Perlmutter, M. (1994). Cognitive skills within the context of adult development and old age. En C.B. Fisher y R.M. Lerner (Eds.), *Applied developmental psychology.* Nueva York: McGraw-Hill.

Perlmutter, M. y Mitchell, D.B. (1986). The appearance and disappearance of age differences in adult memory. En I.M. Craik y S. Trehub (Eds.), *Aging and cognitive processes.* Nueva York: Plenum Press.

Perls, F.S. (1967). Group vs. individual therapy. *ETC: A Review of General Semantics, 34,* pp. 306-312.

Perls, F.S. (1970). *Gestalt therapy now: Therapy, techniques, applications.* Palo Alto, CA: Science and Behavior Books.

Persons, J.B. (1991). Psychotherapy outcome studies do not accurately represent current models of psychotherapy: A proposed remedy. *American Psychologist, 46,* pp. 99-106.

Petersen, C., Maier, S.F. y Seligman, M.E.P. (1993). *Learned helplessness.* Nueva York: Oxford University Press.

Petersen, S.E. y Fiez, J.A. (1993). The processing of single words studied with positron emission tomography. *Annual Review of Neuroscience, 16,* pp. 509-530.

Peterson, A. (1985). Pubertal development as a cause of disturbance: Myths, realities, and unanswered questions. *Genetic, Social and General Psychology Monographs, 111,* pp. 205-232.

Peterson, A.C. (1988, septiembre). Those gangly years. *Psychology Today,* pp. 28-34.

Peterson, B.E. y Stewart, A.J. (1993). Generativity and social motives in young adults. *Journal of Personality and Social Psychology, 65,* pp. 186-198.

Peterson, C. y Raps, C.S. (1984). Helplessness and hospitalization: More remarks. *Journal of Personality and Social Psychology, 46,* pp. 82-83.

Peterson, D.R. (1991). Connection and disconnection of research and practice in the education of professional psychologists. *American Psychologist, 46,* pp. 422-429.

Peterson, K.C., Prout, M.F. y Schwarz, R.A. (1991). *Posttraumatic stress disorder: A clinician's guide.* Nueva York: Plenum Press.

Peterson, L.R. y Peterson, M.J. (1959). Short-term retention of individual items. *Journal of Experimental Psychology, 58,* pp. 193-198.

Petri, H.L. (1991). *Motivation: Theory, research, and applications* (3a. ed.). Belmont, CA: Wadsworth.

Pettito, L.A. y Marentette, P.F. (1991, 22 de marzo). Babbling in the manual mode: Evidence for the ontogeny of language. *Science, 251,* pp. 1493-1496.

Petty, R.E. y Cacioppo, J.T. (1984). The effects of involvement on responses to argument quantity and quality: Central and peripheral routes to persuasion. *Journal of Personality and Social Psychology, 46,* pp. 69-81.

Petty, R.E. y Cacioppo, J.T. (1986). The elaboration likelihood model of persuasion. En L. Berkowitz (Ed.), *Advances in experimental social psychology* (Vol. 10). Nueva York: Academic Press.

Phares, V. (1992). Where's poppa? The relative lack of attention to the role of fathers in child and adolescent psychopathology. *American Psychologist, 47,* pp. 656-664.

Phillips, R.D., Wagner, S.H., Fells, C.A. y Lynch, M. (1990). Do infants recognize emotion in facial expressions? Categorical and "metaphorical" evidence. *Infant Behavior and Development, 13,* pp. 71-84.

Piaget, J, (1970). Piaget's theory. En P.H. Mussen (Ed.), *Carmichael's manual of child psychology* (Vol. I, 3a. ed.). Nueva York: Wiley.

Piaget, J. e Inhelder, B. (1958). *The growth of logical thinking from childhood to adolescence* (A. Parsons y S. Seagrin, trads.). Nueva York: Basic Books.

Pickar, D. (1988). Perspectives on a time-dependent model of neuroleptic action. *Schizophrenia Bulletin, 14,* pp. 255-265.

Piliavin, J.A. y Piliavin, I.M. (1972). Effect of blood on reactions to a victim. *Journal of Personality and Social Psychology, 23,* pp. 353-362.

Pillemer, D.B. (1990). Clarifying the flashbulb memory concept: Comment on McCloskey, Wible, and Cohen (1988). *Journal of Experimental Psychology: General, 119,* pp. 92-96.

Pines, M. (1981, 16 de abril). Recession is linked to far-reaching psychological harm. *The New York Times,* p. C1.

Pinker, S. (1990). Language acquisition. En D.N. Osherson y H. Lasnik (Eds.), *Language.* Cambridge, MA: MIT Press.

Pinker, S. (1994). *The language instinct.* Nueva York: William Morrow.

Plomin, R. (1989). Environment and genes: Determinants of behavior. *American Psychologist, 44,* pp. 105-111.

Plomin, R. (1990, 13 de abril). The role of inheritance in behavior. *Science, 248,* pp. 183-188.

Plomin, R. y McClearn, G.E. (Eds.). (1993). *Nature, nurture, and psychology.* Washington, DC: American Psychological Association.

Plomin, R. y Neiderhiser, J.M. (1992). Genetics and experience. *Current Directions in Psychological Science, 1,* pp. 160-163.

Plous, S. (1991). An attitude survey of animal rights activists. *Psychological Science, 2,* pp. 194-196.

Plutchik, R. (1980). *Emotion, a psychorevolutionary synthesis*. Nueva York: Harper & Row.

Plutchik, R. (1984). Emotion. En K. Scherer y P. Ekman (Eds.), *Approaches to emotion*. Hillsdale, NJ: Erlbaum.

Polivy, J. y Herman, C.P. (1985). Dieting and binging: A causal analysis. *American Psychologist, 40*, pp. 193-201.

Pollock, D.A., Rhodes, P., Boyle, C.A., Decoufle, P. y McGee, D.L. (1990). Estimating the number of suicides among Vietnam veterans. *American Journal of Psychiatry, 147*, pp. 772-776.

Ponomarev, D. (1993, 28 de febrero). On turning 13: Reports from the front lines. *The New York Times*, sec. 4, p. 2.

Porter, R.H., Cernich, J.M. y McLaughlin, F.J. (1983). Maternal recognition of neonates through olfactory cues. *Physiology and Behavior, 30*, pp. 151-154.

Posner, M.I. (1993). Seeing the mind. *Science, 262*, pp. 673-674.

Potter, M.C. (1990). Remembering. En D.N. Osherson y E.E. Smith (Eds.), *Thinking*. Cambridge, MA: MIT Press.

Power, T.G. y Parke, R.D. (1982). Play as a context for early learning: Lab and home analyses. En L.M. Laosa e I.E. Sigal (Eds.), *The family as a learning environment*. Nueva York: Plenum Press.

Powers, D.E. (1993). Coaching for the SAT: A summary of the summaries and an update. *Educational Measurement Issues and Practice, 12*, pp. 24-30, 39.

Pressley, M. (1987). Are keyword method effects limited to slow presentation rates? An empirically based reply to Hall and Fuson (1986). *Journal of Educational Psychology, 79*, pp. 333-335.

Pressley, H. y Levin, J.R. (1983). *Cognitive strategy research: Psychological foundations*. Nueva York: Springer-Verlag.

Price, R. (1992). Psychosocial impact of job loss on individuals and families. *Current Directions in Psychological Science, 1*, pp. 9-14.

Prince, R.J. y Guastello, S.J. (1990). The Barnum effect in a computerized Rorschach interpretation system. *Journal of Personality, 124*, pp. 217-222.

Psychinfo. (1991, enero). The PsychINFO Basic Workshop. *Psychological Bulletin, 107*, pp. 210-214.

Purdy, M. (1994, 30 de enero). Budding scientist's success breaks the mold. *The New York Times*, pp. A1, A36.

Putnam, F.W., Guroff, J.J., Silberman, E.K., Barban, L. y cols. (1986). The clinical phenomenology of multiple personality disorder: Review of 100 recent cases. *Journal of Clinical Psychiatry, 47*, pp. 285-293.

Rachman, S. y Hodgson, R. (1980). *Obsessions and compulsions*. Englewood Cliffs, NJ: Prentice-Hall.

Ragozin, A.S. (1980). Attachment behavior of day care children: Naturalistic and laboratory observations. *Child Development, 51*, pp. 409-415.

Raichle, M.E. (1994). Images of the mind: Studies with modern imaging techniques. *Annual Review of Psychology, 45*, pp. 333-356.

Rajecki, D.W. (1989). *Attitudes* (2a. ed.). Sunderland, MA: Sinauer.

Ramachandran, V.S. (1992). Filling in gaps in perception: Part 1. *Current Directions in Psychological Science, 1*, pp. 199-205.

Raphael, B. (1976). *The thinking computer*. San Francisco: Freeman.

Rasmussen, J. (1981). Models of mental strategies in process control. En J. Rasmussen y W. Rouse (Eds.), *Human detection and diagnosis of system failures*. Nueva York: Plenum Press.

Ratner, H.H., Schell, D.A., Crimmins, A., Mittelman, D. y cols. (1987). Changes in adults' prose recall: Aging or cognitive demands? *Developmental Psychology, 23*, pp. 521-525.

Ree, M.J. y Earles, J.A. (1992). Intelligence is the best predictor of job performance. *Current Directions in Psychological Research, 1*, pp. 86-89.

Reed, S.K. (1988). *Cognition: Theories and applications* (2a. ed.). Monterey, CA: Brooks/Cole.

Reeves, R.A., Baker, G.A., Boyd, J.G. y Cialdini, R.B. (1991). The door-in-the-face technique: Reciprocal concessions vs. self-presentational explanations. *Journal of Social Behavior and Personality, 6*, pp. 545-558.

Register, A.C., Beckham, J.C., May, J.G. y Gustafson, D.F. (1991). Stress inoculation biliotherapy in the treatment of test anxiety. *Journal of Counseling Psychology, 38*, pp. 115-119.

Reich, P.A. (1986). *Language development*. Englewood Cliffs, NJ: Prentice-Hall.

Reis, S.M. (1989). Reflections on policy affecting the education of gifted and talented students. *American Psychologist, 44*, pp. 399-408.

Reisenzein, R. (1983). The Schachter theory of emotion: Two decades later. *Psychological Bulletin, 94*, pp. 239-264.

Reiss, B.F. (1980). Psychological tests in homosexuality. En J. Marmor (Ed.), *Homosexual behavior* (pp. 296-311). Nueva York: Basic Books.

Reitman, J.S. (1965). *Cognition and thought*. Nueva York: Wiley.

Rescorla, R.A. (1988). Pavlovian conditioning: It's not what you think it is. *American Psychologist, 43*, pp. 151-160.

Resnick, S.M. (1992). Positron emission tomography in psychiatric illness. *Current Directions in Psychological Science, 1*, pp. 92-98.

Reuman, D.A., Alwin, D.F. y Veroff, J. (1984). Assessing the validity of the achievement motive in the presence of random measurement error. *Journal of Personality and Social Psychology, 47*, pp. 1347-1362.

Reynolds, B.A. y Weiss, S. (1992, 27 de marzo). Generations of neurons and astrocytes from isolated cells of the adult mammalian central nervous system. *Science, 255*, pp. 1707-1710.

Reynolds, C.F., III y Kupfer, D.J. (1994). Sleep disorders. En J.M. Oldham y M.B. Riba (Eds.), *Review of Psychiatry, 13*. Washington, DC: American Psychiatric Press.

Reynolds, R.I. y Takooshian, H. (1988, enero). Where were you August 8, 1985? *Bulletin of the Psychonomic Society, 26*, pp. 23-25.

Rheingold, H.L. (1994). *The psychologist's guide to an academic career*. Washington, DC: American Psychological Association.

Rhodes, N. y Wood, W. (1992). Self-esteem and intelligence affect influenceability: The mediating role of message reception. *Psychological Bulletin, 111*, pp. 156-171.

Rhue J.W., Lynn, S.J. y Kirsch, I. (Eds.). (1993). *Handbook of clinical hypnosis*. Washington, DC: American Psychological Association.

Ricciuti, H.N. (1993). Nutrition and mental development. *Current Directions in Psychological Science, 2*, pp. 43-46.

Rice, A. (1984, mayo). Imagination to go, *Psychology Today*, pp. 48-52.

Rice, M.L. (1989). Children's language acquisition. *American Psychologist, 44*, pp. 149-156.

Richards, M., Boxer, A., Petersen, A. y Albrecht, R. (1990). Relation of weight to body image in pubertal girls and boys from two communities. *Developmental Psychology, 26*, pp. 313-321.

Richards, R., Kinney, D.K., Benet, M. y Merzel, A.P.C. (1988). Assessing everyday creativity: Characteristics of the lifetime creativity scales and validation with three large samples. *Journal of Personality and Social Psychology, 54*, pp. 476-485.

Richmond, B.J., Optican, L.M., Podell, M. y Spitzer, H. (1987). Temporal encoding of two-dimensional patterns by single units in primate inferior temporal cortex. 1. Response characteristics. *Journal of Neurophysiology, 57*, pp. 132-146.

Riegel, K.F. y Riegel, R.M. (1972). Development, drop, and death. *Developmental Psychology, 6*, pp. 306-319.

Rips, L.J. (1990). Reasoning. *Annual Review of Psychology, 41*, pp. 321-353.

Rips, L.J. (1994). Deductive reasoning. En R.J. Sternberg (Ed.), *Thinking and problem-solving*. San Diego, CA: Academic Press.

Ritzler, B. y Rosenbaum, G. (1974). Proprioception in schizophrenics and normals: Effects of stimulus intensity and interstimulus interval. *Journal of Abnormal Psychology, 83*, pp. 106-111.

Rizley, R.C. y Rescorla, R.A. (1972). Associations in higher order conditioning and sensory preconditioning. *Journal of Comparative and Physiological Psychology, 81*, pp. 1-11.

Robbins, T.W. (1988). Arresting memory decline. *Nature, 336*, pp. 207-208.

Robbins, W.J. (1929). *Growth*. New Haven, CT: Yale University Press.

Roberts, A.H., Kewman D.G., Mercier, L. y Hovell, M. (1993). The power of nonspecific effects in healing: Implications for psychosocial and biological treatments. *Clinical Psychology Review, 13*, pp. 375-391.

Roberts, L. (1988, 1 de enero). Zeroing in on the sex switch. *Science, 239*, pp. 21-23.

Roberts, S.B., Savage, J., Coward, W.A., Chew, B. y Lucas, A. (1988, 25 de febrero). Energy expenditure and intake in infants born to lean and overweight mothers. *New England Journal of Medicine, 318*, pp. 461-466.

Robinson, D.N. (1995). *An intellectual history of psychology* (3a. ed.). Madison, WI: University of Wisconsin Press.

Rodin, J. (1981). Current status of the internal-external hypothesis of obesity: What went wrong? *American Psychologist, 34*, pp. 361-372.

Rodin, J. (1985). Insulin levels, hunger, and food intake: An example of feedback loops in body-weight regulation. *Health Psychology, 4*, pp. 1-18.

Rodin, J. (1986, 19 de septiembre). Aging and health: Effects of the sense of control. *Science, 233*, pp. 1271-1276.

Roediger, H.L., III (1990). Implicit memory: Retention without remembering. *American Psychologist, 45*, pp. 1043-1056.

Roediger, H.L, Weldon, M.S. y Challis, B.H. (1989). Explaining dissociations between implicit and explicit measures of retention: A processing account. En H.L. Roediger y F.I.M. Craik (Eds.), *Varieties of memory and consciousness: Essays in honour of Endel Tulving*. Hillsdale, NJ: Erlbaum.

Rogers, C.R. (1951). *Client-centered therapy*. Boston: Houghton Mifflin.

Rogers, C.R. (1971). A theory of personality. En S. Maddi (Ed.), *Perspectives on personality*. Boston: Little, Brown.

Rogers, C.R. (1980). *A way of being*. Boston: Houghton Mifflin.

Rogers, M. (1988, 15 de febrero), The return of 3-D movies—on TV. *Newsweek*, pp. 60-62.

Rokeach, M. (1971). Long-range experimental modification of values, attitudes, and behavior. *American Psychologist, 26*, pp. 453-459.

Rorschach, H. (1924). *Psychodiagnosis: A diagnostic test based on perception*. Nueva York: Grune and Stratton.

Rosch, E. (1974). Linguistic relativity. En A. Silverstein (Ed.), *Human communication: Theoretical explorations* (pp. 95-121). Nueva York: Halstead Press.

Rosch, E. y Mervis, C.B. (1975). Family resemblances: Studies in the internal structure of categories. *Cognitive Psychology, 7*, pp. 573-605.

Rose, R.J., Koskenvuo, M., Kaprio, J., Sarna, S. y Langinvainio, H. (1988). Shared genes, shared experiences, and similarity of personality: Data from 14,288 adult Finnish co-twins. *Journal of Personality and Social Psychology, 54*, pp. 161-171.

Rosenhan, D.L. (1973). On being sane in insane places. *Science, 179*, pp. 250-258.

Rosenthal, A.M. (1993, 27 de julio). The torture continues. *The New York Times*, p. A13.

Rosenthal, E. (1991, 23 de abril). Pulses of light give astronauts new rhythms. *The New York Times*, pp. C1, C8.

Rosenthal, N.E. (1995, marzo). Light and biological rhythms in psychiatry. *The Harvard Mental Health Letter*, pp. 5-6.

Rosenthal, R. (1994). Science and ethics in conducting, analyzing, and reporting psychological research. *Psychological Science, 5*, pp. 127-134.

Rosenzweig, M.R. (1992). Psychological science around the world. *American Psychologist, 47*, pp. 718-722.

Roskos-Ewoldsen, D.R. y Fazio, R.H. (1992). The accessibility of source likability as a determinant of persuasion. *Personality and Social Psychology Bulletin, 18*, pp. 19-25.

Rosnow, R.L., Rotheram-Borus, M.J., Ceci, S.J., Blanck, P.D. y Koocher, G.P. (1993). The institutional review board as a mirror of scientific and ethical standards. *American Psychologist, 48*, pp. 821-826.

Ross, C.A. (1989). *Multiple personality disorder: Diagnosis, clinical features and treatment*. Nueva York: Wiley.

Ross, C.A., Miller, S.D., Reagor, P., Bjornson, L., Fraser, G.A. y Anderson, G. (1990). Structured interview data on 102 cases of multiple personality disorder from four centers. *American Journal of Psychiatry, 147*, pp. 596-601.

Ross, L. (1977). The intuitive psychologist and his shortcomings: Distortions in the attribution process. En L. Berkowitz (Ed.), *Advances in experimental social psychology* (Vol. 10, pp. 174-221). Nueva York: Academic Press.

Ross, L., Greene, D. y House, P. (1977). The false consensus effect: An egocentric bias in social perception and attribution processes. *Journal of Experimental Social Psychology, 13*, pp. 279-301.

Ross, L. y Nisbett, R.E. (1991). *The person and the situation*. Nueva York: McGraw-Hill.

Rossi, P.H. y Freeman, H.E. (1993). *Evaluation* (5a. ed.). Newbury Park, CA: Sage.

Rothblum, E.D. (1990). Women and weight: Fad and fiction. *Journal of Psychology, 124*, pp. 5-24.

Routtenberg, A. y Lindy, J. (1965). Effects of the availability of rewarding septal and hypothalamic stimulation on bar pressing for food under conditions of deprivation. *Journal of Comparative and Physiological Psychology, 60*, pp. 158-161.

Rovee-Collier, C. (1993). The capacity for long-term memory in infancy. *Current Directions in Psychological Science, 2*, pp. 130-135.

Rowe, J.W. y Kahn, R.L. (1987, 10 de julio). Human aging: Usual and successful. *Science, 237*, pp. 143-149.

Royer, J.M. y Feldman, R.S. (1984). *Educational psychology: Applications and theory*. Nueva York: Knopf.

Rozin, P. (1977). The significance of learning mechanisms in food selection: Some biology, psychology and sociology of science. En L.M. Barker, M.R. Best y M. Donijan (Eds.), *Learning mechanisms in food selection*. Waco, TX: Baylor University Press.

Rubenstein, C. (1982, julio). Psychology's fruit flies. *Psychology Today*, pp. 83-84.

Rubin, D.C. (1985, septiembre). The subtle deceiver: Recalling our past. *Psychology Today*, pp. 39-46.

Rubin, D.C. (1995a). *Memory in oral traditions*. Nueva York: Oxford University Press.

Rubin, D.C. (Ed.). (1995b). *Remembering our past: Studies in autobiographical memory*. Nueva York: Cambridge University Press.

Rubin, Z. (1970). Measurement of romantic love. *Journal of Personality and Social Psychology, 16*, pp. 265-273.

Rubin, Z. (1973). *Liking and loving*. Nueva York: Holt, Rinehart and Winston.

Ruble, D.N., Fleming, A.S., Hackel, L.S. y Stangor, C. (1988). Changes in the marital relationship during the transition to first-time motherhood: Effects of violated expectations concerning division of household labor. *Journal of Personality and Social Psychology, 55*, pp. 78-87.

Runco, M.A. (1991). *Divergent thinking*. Norwood, NJ: Ablex.

Russell, J.A. (1991). Culture and the categorization of emotion. *Psychological Bulletin, 110*, pp. 426-450.

Russo, D.C., Carr, E.G. y Lovaas, O.I. (1980). Self-injury in pediatric populations. *Comprehensive handbook of behavioral medicine* (Vol. 3: Extended applications and issues). Holliswood, NY: Spectrum.

Russo, N. (1981). En L.T. Benjamin, Jr. y K.D. Lowman (Eds.), *Activities handbook for the teaching of psychology*. Washington, DC: American Psychological Association.

Russo, N.F. y Denmark, F.L. (1987). Contribution of women to psychology. *Annual Review of Psychology, 38*, pp. 279-298.

Russo, R. y Parkin, A.J. (1993). Age differences in implicit memory: More apparent than real. *Memory & Cognition, 21*, pp. 73-80.

Rusting, R.L. (1992, diciembre). Why do we age? *Scientific American*, pp. 130-141.

Rutter, M. (1982). Social-emotional consequences of day-care for preschool children. En E.F. Zigler y E.W. Gordon (Eds.), *Day-care: Scientific and social policy issues*. Boston: Auburn House.

Sack, R.L., Lewy, A.J., White, D.M., Singer, C.M., Fireman, M.J. y Vandiver, R. (1990). Morning vs. evening light treatment for winter depression: Evidence that the therapeutic effects of light are mediated by circadian phase shift. *Archives of General Psychiatry, 47*, pp. 343-351.

Sackett, P.R. (1994). Integrity testing for personnel selection. *Current Directions in Psychological Science, 3*, pp. 73-76.

Sackett, P.R. y Wilk, S.L. (1994). Within-group norming and other forms of score adjustment in preemployment testing. *American Psychologist, 49*, pp. 929-954.

Sackeim, H.A. (1985, junio). The case for E.C.T. *Psychology Today*, pp. 36-40.

Salovy, P., Mayer, J.D. y Rosenhan, D.L. (1991). Mood and helping: Mood as a motivator of helping and helping as a regulator of mood. En M.S. Clark (Ed.), *Prosocial behavior*. Newbury Park, CA: Sage.

Sandler, B. (1994, 31 de enero). First denial, then a near-suicidal plea: "Mom, I need your help." *People Weekly*, pp. 56-58.

Sarason, B.R., Sarason, I.G. y Pierce G.R. (1990). *Social support: An interactional view*. Nueva York: Wiley.

Sarason, I.G., (1976). A modeling and informational approach to delinquency. En E. Ribes-Inesta y A. Bandura (Eds.), *Analysis of delinquency and aggression*. Hillsdale, NJ: Erlbaum.

Sarason, S., Johnson, J.H. y Siegel, J.M. (1978). Assessing the impact of life changes: Development of the Life Experiences Survey. *Journal of Consulting and Clinical Psychology, 46*, pp. 932-946.

Sarbin, T.R. (1991) Hypnosis: A fifty year perspective. *Contemporary Hypnosis, 8*, pp. 1-15.

Sauber, S.R., L'Abate, L., Weeks, G.R. y Buchanan, W.L. (1993). *The dictionary of family psychology and family therapy* (2a. ed.). Newbury Park, CA: Sage.

Savage-Rumbaugh, E.S., Murphy, J., Sevcik, R.A., Williams, S., Brakke, K. y Rumbaugh, D.M. (1993). Language comprehension in ape and child. *Monographs of the Society for Research in Child Development, 58*, nos. 3 y 4.

Savage-Rumbaugh, S. (1987). Communication, symbolic communication, and language: Reply to Seidenberg and Petitto. *Journal of Experimental Psychology: General, 116*, pp. 288-292.

Sawaguchi, T. y Goldman-Rakic, P.S. (1991, 22 de febrero). D1 Dopamine receptors in prefrontal cortex: Involvement in working memory. *Science, 251*, pp. 947-950.

Saxe, L. (1994). Detection of deception: Polygraphy and integrity tests. *Current Directions in Psychological Science, 3*, pp. 69-73.

Saxe, L., Dougherty, D. y Cross, T. (1985). The validity of polygraph testing. *American Psychologist, 40*, pp. 355-366.

Sayette, M.A. (1993). An appraisal-disruption model of alcohol's effects on stress responses in social drinkers. *Psychological Bulletin, 114*, pp. 459-476.

Saywitz, K. y Goodman, G. (1990). Estudio inédito reportado en Goleman, D. (1990, 6 de noviembre). Doubts rise on children as witnesses. *The New York Times*, pp. C1, C6.

Scarr, S. y Carter-Saltzman, L. (1982). Genetics and intelligence. En R.J. Sternberg (Ed.), *Handbook of human intelligence* (pp. 792-896). Cambridge, Inglaterra: Cambridge University Press.

Scarr, S. y Weinberg, R.A. (1976). I.Q. test performance of black children adopted by white families. *American Psychologist, 31*, pp. 726-739.

Schab, F.R. (1990). Odors and the remembrance of things past. *Journal of Experimental Psychology: Learning, Memory, and Cognition, 16*, pp. 648-655.

Schab, F.R. (1991). Odor memory: Taking stock. *Psychological Bulletin, 109*, pp. 242-251.

Schachter, S. (1971). Some extraordinary facts about obese humans and rats. *American Psychologist, 26*, pp. 129-144.

Schachter, S., Goldman, R. y Gordon, A. (1968). Effects of fear, food deprivation, and obesity on eating. *Journal of Personality and Social Psychology, 10*, pp. 91-97.

Schachter, S. y Singer, J.E. (1962). Cognitive, social, and physiological determinants of emotional state. *Psychological Review, 69*, pp. 379-399.

Schacter, D. (1993). Understanding implicit memory: A cognitive neuroscience approach. En A.F. Collins, S.E. Gathercole, M.A. Conway y P.E. Morris (Eds.), *Theories of memory*. Hillsdale, NJ: Erlbaum.

Schacter, D.L. (1992). Understanding implicit memory. *American Psychologist, 47*, pp. 559-569.

Schacter, D.L. (1994, mayo). Conferencia en Harvard sobre recuerdos falsos. Cambridge, MA.

Schacter, D.L., Chiu, C.-Y.P. y Ochsner, K.N. (1993). Implicit memory: A selective review. *Annual Review of Neuroscience, 16*, pp. 159-182.

Schaie, K.W. (1991). Developmental designs revisited. En S.H. Cohen y H.W. Reese (Eds.), *Life-span developmental psychology: Methodological innovations*. Hillsdale, NJ: Erlbaum.

Schaie, K.W. (1993). The Seattle longitudinal studies of adult intelligence. *Current Directions in Psychological Science, 2*, pp. 171-175.

Schaie, K.W. (1994). The course of adult intellectual development. *American Psychologist, 49*, pp. 304-313.

Scheff, T.J. (1985). The primacy of affect. *American Psychologist, 40*, pp. 849-850.

Scheier, M.F. y Carver, C.S. (1992). Effects of optimism on psychological and physical well-being: Theoretical overview and empirical update. Special issue: Cognitive perspectives in health psychology. *Cognitive Therapy and Research, 16*, pp. 201-228.

Schellhardt, T.D. (1990, 19 de septiembre). It still isn't dad at home with sick kids. *Wall Street Journal*, p. B1.

Scherer, K.R. (1984). Les motions: Fonctions et composantes. [Emotions: functions and components.] *Cahiers de psychologie cognitive, 4*, pp. 9-39.

Schickedanz, J.A., Schickedanz, D.I. y Forsyth, P.D. (1982). *Toward understanding children*. Boston: Little, Brown.

Schindehette, S. (1990, 5 de febrero). After the verdict, solace for none. *People Weekly*, pp. 76-80.

Schindehette, S. (1994, 17 de enero). High life. *People Weekly*, pp. 57-66.

Schmeck, Jr., H.M. (1987, 29 de diciembre). New light on the chemistry of dreams. *The New York Times*, pp. C1, C2.

Schmidt, U. y Treasure, J. (1993). *Getting better bit(e) by bit(e): A survival kit for sufferers of bulimia nervosa and binge eating disorders*. Hillsdale, NJ: Erlbaum.

Schneiderman, N. (1983). Animal behavior models of coronary heart disease. En D.S. Krantz, A. Baum y J.E. Singer (Eds.), *Handbook of psychology and health* (Vol. 3). Hillsdale, NJ: Earlbaum.

Schofield, W. (1964). *Psychotherapy: The purchase of friendship*. Englewood Cliffs, NJ: Prentice-Hall.

Schuman, E.M. y Madison, D.V. (1994, 28 de enero). Locally distributed synaptic potentiation in the hippocampus. *Science, 263*, pp. 532-536.

Schwartz, M.S. y Schwartz, N.M. (1993). Biofeedback: Using the body's signals. En D. Goleman y J. Gurin (Eds.), *Mind-body medicine*. Yonkers, NY: Consumer Reports Books.

Schwarz, N., Bless, H., Strack, F., Klumpp, G. y cols. (1991). Ease of retrieval as information: Another look at the availability heuristic. *Journal of Personality and Social Psychology, 61*, pp. 195-202.

Scott, J. (1994, 11 de marzo). Multiple-personality cases perplex legal system. *The New York Times*, pp. A1, B6.

Searleman, A. y Herrmann, D. (1994). *Memory from a broader perspective*. Nueva York: McGraw-Hill.

Sears, D.O. (1986). College sophomores in the laboratory: Influences of a narrow data base on social psychology's view of human nature. *Journal of Personality and Social Psychology, 51*, pp. 515-530.

Sears, R.R. (1977). Sources of life satisfaction of the Terman gifted men. *American Psychologist, 32*, spp. 119-128.

Seeman, P., Guan, H.C. y Van Tol., H.H. (1993). Dopamine D4 receptors elevated in schizophrenia. *Nature, 347*, p. 441.

Segal, N.L. (1993). Twin, sibling, and adoption methods: Tests of evolutionary hypotheses. *American Psychologist, 48*, pp. 943-956.

Segall, M.H., Campbell, D.T. y Herskovits, M.J. (1966). *The influence of culture on visual perception*. Nueva York: Bobbs-Merrill.

Seidenberg, M.S. y Petitto, L.A. (1987). Communication, symbolic communication, and language: Comment on Savage-Rumbaugh, McDonald, Sevcik, Hopkins & Rupert (1986). *Journal of Experimental Psychology: General, 116*, pp. 279-287.

Seligman, M.E.P. (1975). *Helplessness: On depression, development, and death*. San Francisco: Freeman.

Seligman, M.E.P. (1988, octubre). Baby boomer blues. *Psychology Today*, p. 54.

Seligman, M.E.P., (1995). The effectiveness of psychotherapy: The *Consumer Reports* study. *American Psychologist, 50*, pp. 965-974.

Seligmann, J. (1991, 17 de junio). A light for poor eyes. *Newsweek*, p. 61.

Selman, R.L., Schorin, M.Z., Stone, C.R. y Phelps, E. (1983). A naturalistic study of children's social understanding. *Developmental Psychology, 19*, pp. 82-102.

Seltzer, L. (1986). *Paradoxical strategies in psychotherapy*. Nueva York: Wiley.

Selye, H. (1976). *The stress of life*. Nueva York: McGraw-Hill.

Serpell, R. y Boykin, A.W. (1994). Cultural dimensions of thinking and problem-solving. En R.J. Sternberg (Ed.), *Thinking and problem-solving*. San Diego, CA: Academic Press.

Seyfarth, R.M. y Cheny, D.L. (1992, diciembre). Meaning and mind in monkeys' (vocalizations and intent). *Scientific American, 267*, pp. 122-128.

Shapiro, T. y Emde, R.N. (Eds.). (1994). *Research in psychoanalysis: Process, development, outcome.* Madison, CT: International Universities Press.

Sharpe, L.T., Fach, C., Nordby, K. y Stockman, A. (1989, 21 de abril). *Science, 244,* pp. 354-356.

Sheehan, S. (1982). *Is there no place on earth for me?* Boston: Houghton Mifflin.

Shepard, R. y Metzler, J. (1971). Mental rotation of three dimensional objects. *Science, 171,* pp. 701-703.

Shepard, R.N. y Cooper, L.A. (1992). Representation of colors in the blind, color-blind, and normally sighted. *Psychological Science, 3,* pp. 97-104.

Shepherd, G.M. (Ed.). (1990). *The synaptic organization of the brain* (3a. ed.). Nueva York: Oxford University Press.

Shock, N.W. (1962, enero). The physiology of aging. *Scientific American,* pp. 100-110.

Short, R.V. y Balaban, E. (Eds.). (1994). *The differences between the sexes.* Cambridge, Inglaterra: Cambridge University Press.

Shorter, E. (1991). *From paralysis to fatigue: A history of psychosomatic illness in the moder* era. Nueva York: The Free Press.

Shotland, R.L. (1984, marzo). Ponencia presentada en la Catherine Genovese Memorial Conference on Bad Samaritanism, Fordham University, Nueva York.

Shurkin, J.N. (1992). *Terman's kids: The groundbreaking study of how the gifted grow up.* Boston: Little, Brown.

Shweder, R.A. y Sullivan, M.A. (1993). Cultural psychology: Who needs it. *Annual Review of Psychology, 44,* pp. 497-523.

Sieber, J.E. (1992). *Planning ethically responsible research.* Newbury Park, CA: Sage.

Siegel, J.M. (1990). Stressful life events and use of physician services among the elderly: The moderating role of pet ownership. *Journal of Personality and Social Psychology, 58,* pp. 1081-1086.

Siegel, J.M., Nienhuis, R., Fahringer, H.M., Paul, R., Shiromani, P., Dement, W.C., Mignot, E. y Chiu, C. (1991, 31 de mayo). Neuronal activity in narcolepsy: Identification of cataplexyrelated cells in the medial medulla. *Science, 252,* pp. 1315-1318.

Siegel, R.K. (1989). *Life in pursuit of artificial paradise.* Nueva York: Dutton.

Siegelbaum S.A. y Koester, J. (1991). Ion channels. En E.R. Kandel, J.H. Schwartz y T.M. Jessell (Eds.), *Principles of neural science* (3a. ed.). Nueva York: Elsevier.

Siegler, R.S. (1991). *Children's thinking* (2a. ed.). Englewood Cliffs, NJ: Prentice-Hall.

Siegler, R.S. (1994). Cognitive variability: A key to understanding cognitive development. *Current Directions in Psychological Science, 3,* pp. 1-5.

Silbereisen, R., Petersen, A., Albrecht, H. y Kracke, B. (1989). Maturational timing and the development of problem behavior: Longitudinal studies in adolescence. *Journal of Early Adolescence, 9,* p. 247.

Silver, R.L. y Wortman, C.B. (1980). Coping with undesirable life events. En J. Barber y M.E.P. Seligman (Eds.), *Human helplessness: Theory and application.* Nueva York: Academic Press.

Silverman, K., Evans, S.M., Strain, E.C. y Griffiths, R.R. (1992, 15 de octubre). Withdrawal syndrome after the double-blind cessation of caffeine consumption. *New England Journal of Medicine, 327,* pp. 1109-1114.

Silverstein, B., Perdue, L., Peterson, B. y Kelly, E. (1986). The role of the mass media in promoting a thin standard of bodily attractiveness for women. *Sex Roles, 14,* pp. 519-532.

Simmons, R. y Blyth, D. (1987). *Moving into adolescence.* Nueva York: Aldine de Gruyter.

Simon, R.J. y Aaronson, E.E. (1988). *The insanity defense: A critical assessment of law and policy in the post-Hinckley era.* Nueva York: Praeger.

Simonton, D.K. (1994). *Greatness: Who makes history and why.* Nueva York: Guilford Press.

Simpson, G.E. y Yinger, J.M. (1985). *Racial and cultural minorities: An analysis of prejudice and discrimination* (5a. ed.). Nueva York: Harper & Row.

Simpson, J.A. (1987). The dissolution of romantic relationships: Factors involved in relationship stability and emotional distress. *Journal of Personality and Social Psychology, 53,* pp. 683-692.

Sinclair, R.C., Hoffman, C., Mark, M.M., Martin, L.L. y Pickering, T.L. (1994). Construct accessibility and the misattribution of arousal: Schachter and Singer revisited. *Psychological Science, 5,* pp. 15-19.

Singer, J.L. (1975). *The inner world of daydreaming.* Nueva York: Harper & Row.

Singer, W. (1995, 3 de noviembre). Development and plasticity of cortical processing architectures. *Science, 270,* pp. 758-764.

Sinnott, J.D. (Ed.). (1989). *Everyday problem solving: Theory and applications.* Nueva York: Praeger.

Sizemore, C.C. (1989). *A mind of my own: The woman who was known as Eve tells the story of her triumph over multiple personality disorder.* Nueva York: Morrow.

Skinner, B.F. (1957). *Verbal behavior.* Nueva York: Appleton-Century-Crofts.

Skinner, B.F. (1975). The steep and thorny road to a science of behavior. *American Psychologist, 30,* pp. 42-49.

Skrypnek, B.J. y Snyder, M. (1982). On the self-perpetuating nature of stereotypes about women and men. *Journal of Experimental Social Psychology, 18,* pp. 277-291.

Slater, A., Mattock, A. y Brown, E. (1990). Size constancy at birth: Newborn infants' responses to retinal and real size. *Journal of Experimental Child Psychology, 49,* pp. 314-322.

Slater, E. y Meyer, A. (1959). Contributions to a pathography of the musicians. *Confinia Psychiatrica.* Reimpreso en K.R. Jamison, *Touched with fire: Manic-depressive illness and the artistic temperament.* Nueva York: The Free Press.

Slusher, M.P. y Anderson, C.A. (1987). When reality monitoring fails: The role of imagination in stereotype maintenance. *Journal of Personality and Social Psychology, 52,* pp. 653-662.

Smetana, J.G. (1995). Parenting styles and conceptions of parental authority during adolescence. *Child Development, 66,* pp. 299-316.

Smith, C.A. y Ellsworth, P.C. (1987). Patterns of appraisal and emotion related to taking an exam. *Journal of Personality and Social Psychology, 52,* pp. 475-488.

Smith, E.R. (1984). Attributions and other inferences: Processing information about the self versus others. *Journal of Experimental Social Psychology, 20,* pp. 97-115.

Smith, J. (1990). *Cognitive-behavioral relaxation training.* Nueva York: Springer.

611

Smith, M.L., Glass, G.V. y Miller, T.J. (1980). *The benefits of psychotherapy*. Baltimore: Johns Hopkins.

Smith, S.M., Ward, T.B. y Finke, R.A. (Eds.). (1995). *The creative cognition approach*. Cambridge, MA: Bradford.

Smith, T.W. (1990, diciembre). *Ethnic images*. (GSS Topical Report No. 19). Chicago: National Opinion Research Center.

Smith, T.W. (1991). Adult sexual behavior in 1989: Number of partners, frequency of intercourse, and risk of AIDS. *Family Planning Perspectives, 23,* pp. 102-107.

Snarey, J.R. (1985). Cross-cultural universality of social-moral development: A critical review of Kohlbergian research. *Psychological Bulletin, 97,* pp. 202-232.

Snyder, F. (1970). The phenomenology of dreaming. En L. Madow y L.H. Snow (Eds.), *The psychodynamic implications of the physiological studies on dreams.* Springfield, IL: Thomas.

Snyder, M. y Cantor, N. (1979). Testing hypotheses about other people: The use of historical knowledge. *Journal of Experimental Social Psychology, 15,* pp. 330-343.

Solomon, C. (1993, 21 de diciembre). Having nightmares? Chances are they are about your job. *Wall Street Journal,* pp. A1, A4.

Solso, R.L. (1991). *Cognitive psychology* (3a. ed.). Boston: Allyn & Bacon.

Sorrentino, C. (1990). The changing family in international perspective. *Monthly Labor Review, 113,* pp. 41-58.

Sorrentino, R.M., Hewitt, E.C. y Raso-Knott, P.A. (1992). Risk-taking in games of chance and skill: Informational and affective influences on choice behavior. *Journal of Personality and Social Psychology, 62,* pp. 522-533.

Southern, W.T., Jones, E.D. y Stanley, J.C. (1993). Acceleration and enrichment: The context and development of program options. En K.A. Heller, F.J. Monks y A.H. Passow (Eds.), *International handbook of research and development of giftedness and talent.* Oxford, Inglaterra: Pergamon.

Spangler, W.D. (1992). Validity of questionnaire and TAT measures of need for achievement: Two meta-analyses. *Psychological Bulletin, 112,* pp. 140-154.

Spangler, W.D. y House, R.J. (1991). Presidential effectiveness and the leadership motive profile. *Journal of Personality and Social Psychology, 60,* pp. 439-455.

Spanos, N.P. (1986). Hypnotic behavior: A social psychological interpretation of amnesia, analgesia, and "trance logic". *Behavioral and Brain Science, 9,* pp. 449-467.

Spanos, N.P. (1994). Multiple identity enactments and multiple personality disorder: A sociocognitive perspective. *Psychological Bulletin, 116,* pp. 143-165.

Spanos, N.P. y Chaves, J.F. (Eds.). (1989). *Hypnosis: The cognitive-behavioral perspective.* Buffalo, NY: Prometheus Books.

Spanos, N.P., Cross, W.P., Menary, E.P., Brett, P.J. y deGroic, M. (1987). Attitudinal and imaginal ability predictors of social cognitive skill-training enhancements in hypnotic susceptibility. *Personality and Social Psychology Bulletin, 13,* pp. 379-398.

Spanos, N.P., Menary, E., Gabora, N.J., DuBreuil, S.C. y Dewhirst, B. (1991). Secondary identity enactments during hypnotic past-life regression: A sociocognitive perspective. *Journal of Personality and Social Psychology, 61,* pp. 308-320.

Spearman, C. (1927). *The abilities of man.* Londres: Macmillan.

Spence, J.T. (1985, agosto). *Achievement American style: The rewards and costs of individualism* (Discurso presidencial). 93rd Annual Convention of the American Psychological Association, Los Angeles.

Spence, M.J. y DeCasper, A.J. (1982, marzo). *Human fetuses perceive maternal speech.* Ponencia presentada en la reunión de la International Conference on Infant Studies, Austin, TX.

Sperling, G. (1960). The information available in brief visual presentation. *Psych Monographs, 74,* (no. 498 completo).

Sperry, R. (1982). Some effects of disconnecting the cerebral hemispheres. *Science, 217,* pp. 1223-1226.

Spiegel, D. y Cardena, E. (1991). Disintegrated experience: The dissociative disorders revisited. *Journal of Abnormal Psychology, 100,* pp. 366-378.

Spiegel, H. (1987). The answer is: Psychotherapy plus. Special issue: Is hypnotherapy a placebo? *British Journal of Experimental and Clinical Hypnosis, 4,* pp. 163-164.

Spiegel, R. (1989). *Psychopharmacology. An introduction.* Nueva York: Wiley.

Spillman, L. y Werner, J. (Eds.). (1990). *Visual perception: The neurophysiological foundations.* San Diego, CA: Academic Press.

Spitzer, R.L., Skodol, A.E., Gibbon, M. y Williams, J.B.W. (1983). *Psychopathology: A case book.* Nueva York: McGraw-Hill.

Sprecher, S. y McKinney, K. (1993). *Sexuality.* Newbury Park, CA: Sage.

Sprecher, S., Sullivan, Q. y Hatfield, E. (1994). Mate selection preferences: Gender differences examined in a national sample. *Journal of Personality and Social Psychology, 66,* pp. 1074-1080.

Springer, S.P. y Deutsch, G. (1989). *Left brain, right brain* (3a. ed.). Nueva York: Freeman.

Squire, L. (1987). *Memory and brain.* Nueva York: Oxford University Press.

Squire, L.R., Knowlton, B. y Musen, G. (1993). The structure and organization of memory. *Annual Review of Psychology, 44,* pp. 453-495.

Sroufe, L.A., Fox, N.E. y Pancake, V.R. (1983). Attachment and dependency in a developmental perspective. *Child Development, 54,* pp. 1615-1627.

Staats, A.W. (1975). *Social behaviorism.* Homewood, IL: Dorsey Press.

Stacy, A.W., Newcomb, M.D. y Bentler, P.M. (1991). Social psychological influences on sensation seeking from adolescence to adulthood. *Personality and Social Psychology Bulletin, 17*(6), pp. 701-708.

Stahl, L. (1994, 13 de febrero). *Sixty minutes: Changing the odds.* Livingston, NJ: Burrelle's Information Services.

Stambak, M. y Sinclair, H. (Eds.). (1993). *Pretend play among 3-year-olds.* Hillsdale, NJ: Erlbaum.

Stanley, J.C. (1980). On educating the gifted. *Educational Researcher, 9,* pp. 8-12.

Steele, C.H. y Southwick, L. (1985). Alcohol and social behavior I: The psychology of drunken excess. *Journal of Personality and Social Psychology, 48,* pp. 18-34.

Steele, C.M. y Josephs, R.A. (1990). Alcohol myopia: Its prized and dangerous effects. *American Psychologist, 45,* pp. 921-933.

Steinberg, L. (1989). *Adolescence* (2a. ed.). Nueva York: Knopf.

Steinberg, L. (1993). *Adolescence* (3a. ed.). Nueva York: McGraw-Hill.

Steiniberg, L. y Dornbusch, S. (1991). Negative correlates of part-time employment during adolescence: Replication and elaboration. *Developmental Psychology, 27*, p. 304.

Steiner, J.E. (1979). Human facial expressions in response to taste and smell stimulation. En H. Reese y L.P. Lipsitt (Eds.), *Advances in child development and behavior* (Vol. 13). Nueva York: Academic Press.

Stern, P.C. (1992). What psychology knows about energy conservation. *American Psychologist, 47,* pp. 1224-1232.

Sternbach, R.A. (Ed.). (1987). *The psychology of pain.* Nueva York: Raven Press.

Sternberg, R.J. (1982). Reasoning, problem solving, and intelligence. En R.J. Sternberg (Ed.), *Handbook of human intelligence* (pp. 225-307). Cambridge, MA: Cambridge University Press.

Sternberg, R.J. (1985a). *Beyond IQ: A triarchic theory of human intelligence.* Nueva York: Cambridge University Press.

Sternberg, R.J. (1985b). Implicit theories of intelligence, creativity, and wisdom. *Journal of Personality and Social Psychology, 49*, pp. 607-627.

Sternberg, R.J. (1986). Triangular theory of love. *Psychological Review, 93,* pp. 119-135.

Sternberg, R.J. (1987). Liking versus loving: A comparative evaluation of theories. *Psychological Bulletin, 102,* pp. 331-345.

Sternberg, R.J. (1988). *The nature of creativity.* Cambridge, Inglaterra: Cambridge University Press.

Sternberg, R.J. (1990). *Metaphors of mind: Conceptions of the nature of intelligence.* Cambridge, Inglaterra: Cambridge University Press.

Sternberg, R.J. (1991). Theory-based testing of intellectual abilities: Rationale for the Sternberg Triarchic abilities test. En H.A.H. Rowe (Ed.), *Intelligence: Reconceptualization and measurement.* Hillsdale, NJ: Erlbaum.

Sternberg, R.J., Conway, B.E., Ketron, J.L. y Bernstein, M. (1981). Peoples' conceptions of intelligence. *Journal of Personality and Social Psychology, 41,* pp. 37-55.

Sternberg, R.J. y Davidson, J.E. (Eds.). (1986). *Conceptions of giftedness.* Nueva York: Cambridge University Press.

Sternberg, R.J. y Detterman, D. (1986). What is intelligence? Norwood, NJ: Ablex.

Sternberg, R.J. y Frensch, P.A. (1991). *Complex problem solving: Principles and mechanisms.* Hillsdale, NJ: Erlbaum.

Sternberg, R.J. y Lubart, T.I. (1992). Buy low and sell high: An investment approach to creativity. *Current Directions in Psychological Science, 1,* pp. 1-5.

Sternberg, R.J. y Wagner, R.K. (Eds.). (1986). *Practical intelligence: Nature and origins of competence in the everyday world.* Nueva York: Cambridge University Press.

Sternberg, R.J. y Wagner, R.K. (1993). The geocentric view of intelligence and job performance is wrong. *Current Directions in Psychological Science, 2,* pp. 1-5.

Sternberg, R.J., Wagner, R.K., Williams, W.M. y Horvath, J.A. (1995). Testing common sense. *American Psychologist, 50*, pp. 912-927.

Stevens, G. y Gardner, S. (1982). *The women of psychology: Pioneers and innovators* (Vol. 1). Cambridge, MA: Schenkman.

Stevenson, H.W. (1992, diciembre). Learning from Asian schools. *Scientific American,* pp. 70-75.

Stevenson, H.W., Chen, C. y Lee, S.-Y. (1992). A comparison of the parent-child relationship in Japan and the United States. En J.L. Roopnarine y D.B. Carter (Eds.), *Parent-child socialization in diverse cultures.* Norwood, NJ: Ablex.

Stevenson, H.W. y Lee, S.-Y. (1990). Contexts of achievement: A study of American, Chinese, and Japanese children. *Monographs of the Society for Research in Child Development,* no. 221, *55*, nos. 1-2.

Stevenson, H.W., Lee, S.-Y., Chen, C., Lummis, M., Stigler, J., Fan, L. y Ge, F. (1990). Mathematics achievement of children in China and the United States. *Child Development, 61,* pp. 1053-1066.

Stevenson, H.W. y Stigler, J.W. (1992). *The learning gap: Why our schools are failing and what we can learn from Japanese and Chinese education.* Nueva York: Summit.

Stewart, D.W. y Kamins, M.A. (1993). *Secondary research: Information sources and methods* (2a. ed.). Newbury Park, CA: Sage.

Storandt, M. y cols. (1984). Psychometric differentiation of mild senile dementia of the Alzheimer type. *Archives of Neurology, 41,* pp. 497-499.

Straube, E.R. y Oades, R.D. (1992). *Schizophrenia: Empirical research and findings.* San Diego, CA: Academic Press.

Stricker, E.M. y Zigmond, M.J. (1976). Recovery of function after damage to catecholamine-containing neurons: A neurochemical model for hypothalamic syndrome. En J.M. Sprague y A.N. Epstein (Eds.), *Progress in psychobiology and physiological psychology* (Vol. 6). Nueva York: Academic Press.

Stricker, G. y Gold, J.R. (Eds.). (1993). *Comprehensive handbook of psychotherapy integration.* Nueva York: Plenum Press.

Strickland, B.R. (1992). Women and depression. *Current Directions in Psychological Science, 1,* pp. 132-135.

Stroebe, M.S., Stroebe, W. y Hansson, R.O. (Eds.). (1993). *Handbook of bereavement: Theory, research, and intervention.* Cambridge, Inglaterra: Cambridge University Press.

Strong, L.D. (1978). Alternative marital and family forms: Their relative attractiveness to college students and correlates of willingness to participate in nontraditional forms. *Journal of Marriage and the Family, 40,* pp. 493-503.

Strupp, H.H. y Binder, J.L. (1992). Current developments in psychotherapy. *The Independent Practitioner, 12,* pp. 119-124.

Subotnik, R.F. y Arnold, K.D. (1993). Longitudinal studies of giftedness: Investigating the fulfillment of promise. En K.A. Heller, F.J. Monks y A.H. Passow (Eds.), *International handbook of research and development of giftedness and talent.* Oxford, Inglaterra: Pergamon Press.

Subotnik, R.F. y Arnold, K.D. (1994). *Beyond Terman: Contemporary longitudinal studies of giftedness and talent.* Norwood, NJ: Ablex.

Suddath, R.L., Christison, G.W., Torrey, E.F., Casanova, M.F. y Weinberger, D.R. (1990, 22 de marzo). Anatomical abnormalities in the brains of monozygotic twins discordant for schizophrenia. *New England Journal of Medicine, 322,* pp. 789-794.

Sue, D. (1979). Erotic fantasies of college students during coitus. *Journal of Sex Research, 15,* pp. 299-305.

Sue, D.W. y Sue, D. (1990*). Counseling the culturally different: Theory and practice* (2a. ed.). Nueva York: Wiley.

Sue, D.W., Sue, D. y Sue, S. (1990). *Understanding abnormal behavior* (3a. ed.). Boston: Houghton Mifflin.

Sulzer-Azaroff, B. y Mayer, R. (1991). *Behavior analysis and lasting change.* Nueva York: Holt.

Super, C.M. (1980). Cognitive development: Looking across at growing up. En C.M. Super y S. Harakness (Eds.), *New directions for child development: Anthropological perspectives on child development* (pp. 59-69). San Francisco: Jossey-Bass.

Sutker, P.B., Uddo, M., Brailey, K. y Allain, Jr., A.N. (1993). War-zone trauma and stress-related symptoms in Operation Desert Shield/Storm (ODS) returnees. *Journal of Social Issues, 49,* pp. 33-49.

Suzuki, K. (1991). Moon illusion simulated in complete darkness: Planetarium experiment reexamined. *Perception & Psychophysics, 49,* pp. 349-354.

Swets, J.A. (1992). The science of choosing the right decision threshold in high-stakes diagnostics. *American Psychologist, 47,* pp. 522-532.

Swets, J.A. y Bjork, R.A. (1990). Enhancing human performance: An evaluation of 'new age' techniques considered by the U.S. Army. *Psychological Science, 1,* pp. 85-96.

Swim, J.K., Aikin, K.J., Hall, W.S. y Hunter, B.A. (1995). Sexism and racism: Old-fashioned and modern prejudices. *Journal of Personality and Social Psychology, 68,* pp. 199-214.

Szasz, T. (1982). The psychiatric will: A new mechanism for protecting persons against "psychosis" and psychiatry. *American Psychologist, 37,* pp. 762-770.

Szasz, T.S. (1961). *The myth of mental illness.* Nueva York: Harper & Row.

Szasz, T.S. (1994). *Cruel compassion: Psychiatric control of society's unwanted.* Nueva York: Wiley.

Tagiuri, R, (1958). Social preference and its perception. En R. Tagiuri y L. Petrullo (Eds.), *Person, perception, and interpersonal behavior* (pp. 316-336).

Stanford, CA: Stanford University Press.

Tajfel, H. (1982). *Social identity and intergroup relations.* Londres: Cambridge University Press.

Takami, S., Getchell, M.L., Chen, Y., Monti-Bloch, L., Berliner, D.L., Stensaas, L.J. y Getchell, T.V. (1993). Vomeronasal epithelial cells of the adult human express neuron-specific molecules. *Neuroreport, 4,* pp. 375-378.

Talbot, J.D., Marrett, S., Evans, A.C, Meyer, E., Bushnell, M.C. y Duncan, G.H. (1991, 15 de marzo). Multiple representations of pain in human cerebral cortex. *Science, 251,* pp. 1355-1358.

Tamura, T., Nakatani, K. y Yau, K.-W. (1989, 18 de agosto). Light adaptation in cat retinal rods. *Science, 245,* pp. 755-758.

Tanford, S. y Penrod, S. (1984). Social influence model: A formal integration of research on majority and minority influence processes. *Psychological Bulletin, 95,* pp. 189-225.

Tanner, J.M. (1978). *Education and physical growth* (2a. ed.). Nueva York: International Universities Press.

Tanner, J.M. (1990). *Foetus into man: Physical growth from conception to maturity. Revised.* Cambridge, MA: Harvard University Press.

Taylor, A. (1991, 8 de abril). Can Iacocca fix Chrysler—again? *Fortune,* pp. 50-54.

Taylor, S.E., Buunk, B.P. y Aspinwall, L.G. (1990). Social comparison, stress, and coping. *Personality and Social Psychology Bulletin, 16,* pp. 74-89.

Tellegen, A., Lykken, D.T., Bouchard, Jr., T.J., Wilcox, K.J., Segal, N.L. y Rich, S. (1988). Personality similarity in twins reared apart and together. *Journal of Personality and Social Psychology, 54,* pp. 1031-1039.

Terman, L.M. y Oden, M.H. (1947). *Genetic studies of genius, IV: The gifted child grows up.* Stanford, CA: Stanford University Press.

Tesser, A. (1988). Toward a self-evaluation maintenance model of social behavior. En L. Berkowitz (Ed.), *Advances in experimental social psychology* (Vol. 21). Nueva York: Academic Press.

Tesser, A. y Shaffer, D.R. (1990). Attitudes and attitude change. *Annual Review of Psychology, 41,* pp. 479-523.

Tessier-Lavigne, M. (1991). Phototransduction and information

processing in the retina. En E.R. Kandel, J.H. Schwartz y T.M. Jessell (Eds.), *Principles of neural science* (3a. ed.). Nueva York: Elsevier.

Tharp, R.G. (1989). Psychocultural variables and constants: Effects on teaching and learning in schools. Special issue: Children and their development: Knowledge base, research agenda, and social policy application. *American Psychologist, 44,* pp. 349-359.

Thienhaus, O.J., Margletta, S. y Bennett, J.A. (1990). A study of the clinical efficacy of maintenance ECT. *Journal of Clinical Psychiatry, 51,* pp. 141-144.

Thoma, S.J., Rest, J.R. y Davison, M.L. (1991). Describing and testing a moderator of the moral judgment and action relationship. *Journal of Personality and Social Psychology, 61,* pp. 659-669.

Thompson, J.K. (1992). *Journal of Social Behavior and Personality.*

Thorndike, E.L. (1932). *The fundamentals of learning.* Nueva York: Teachers College.

Thorndike, R.L., Hagan, E. y Sattler, J. (1986). *Stanford-Binet* (4a. ed.). Chicago: Riverside.

Tierney, J. (1988, 15 de mayo). Wired for stress. *The New York Times Magazine,* pp. 49-85.

Time. (1976, septiembre). Svengali squad: L.A. police. *Time,* p. 76.

Time. (1982, 4 de octubre). "We're sorry: A case of mistaken identity." *Time,* p. 45.

Tolan, P., Keys, C., Chertok F. y Jason, L. (1990). *Researching community psychology.* Washington, DC: American Psychological Association.

Tolman, E.C. (1959). Principles of purposive behavior. En S. Koch (Ed.), *Psychology: A study of a science* (Vol. 2). Nueva York: McGraw-Hill.

Tolman, E.C. y Honzik, C.H. (1930). Introduction and removal of reward and maze performance in rats. *University of California Publications in Psychology, 4,* pp. 257-275.

Tomlinson-Keasey, C. (1985). *Child development: Psychological, sociological, and biological factors.* Homewood, IL: Dorsey.

Tomlinson-Keasey, C., Eisert, D.C., Kahle, L.R., Hardy-Brown, K. y Keasey, B. (1979). The structure of concrete operations. *Child Development, 50,* pp. 1153-1163.

Torgersen, S. (1983). Genetic factors in anxiety disorders. *Archives of General Psychiatry, 40*, pp. 1085-1089.

Travis, J. (1992, 4 de septiembre). Can "hair cells" unlock deafness? *Science, 257*, pp. 1344-1345.

Trehub, S.E., Schneider, B.A., Thorpe, L.A. y Judge, P. (1991). Observational measures of auditory sensitivity in early infancy. *Developmental Psychology, 27*, pp. 40-49.

Treisman, A. (1988). Features and objects: The Fourteenth Bartlett Memorial Lecture. *Quarterly Journal of Experimental Psychology, 40*, pp. 201-237.

Trinder, J. (1988). Subjective insomnia without objective findings: A pseudodiagnostic classification. *Psychological Bulletin, 107*, pp. 87-94.

Tsunoda, T. (1985). *The Japanese brain: Uniqueness and universality.* Tokio, Japón: Taishukan Publishing.

Tulving, E. (1993). What is episodic memory? *Current Directions in Psychological Science, 2*, pp. 67-70.

Tulving, E. y Psotka, J. (1971). Retroactive inhibition in free recall: Inaccessibility of information available in the memory store. *Journal of Experimental Psychology, 87*, pp. 1-8.

Tulving, E. y Schacter, D.L. (1990, 19 de enero). Priming and human memory systems. *Science, 247*, pp. 301-306.

Tulving, E. y Thompson, D.M. (1973). Encoding specificity and retrieval processes in episodic memory. *Psychological Review, 80*, pp. 352-373.

Turk, D.C. (1994). Perspectives on chronic pain: The role of psychological factors. *Current Directions in Psychological Science, 3*, pp. 45-49.

Turk, D.C. y Melzack, R. (Eds.). (1992). *Handbook of pain assessment.* Nueva York: Guilford Press.

Turk, D.C. y Nash, J.M. (1993). Chronic pain: New ways to cope. En D. Goleman y J. Guerin (Eds.), *Mind-body medicine: How to use your mind for better health.* Yonkers, NY: Consumer Reports Publications.

Turkington, C. (1992, diciembre). Ruling opens door—a crack—to IQ-testing some black kids. *APA Monitor*, pp. 28-29.

Turkkan, J.S. (1989). Classical conditioning: The new hegemony. *Behavioral & Brain Sciences, 12*, pp. 121-179.

Turner, J.C. (1987). *Rediscovering the social group: A self-categorization theory.* Nueva York: Basil Blackwell.

Turner, M.E., Pratkanis, A.R., Probasco, P. y Leve, C. (1992). Threat, cohesion, and group effectiveness: Testing a social identity maintenance perspective on group-think. *Journal of Personality and Social Psychology, 63*, pp. 781-796.

Tversky, A. y Kahneman, D. (1974). Judgment under uncertainty: Heuristics and biases. *Science, 185*, pp. 1124-1131.

Tversky, B. (1981). Distortions in memory for maps. *Cognitive Psychology, 13*, pp. 407-433.

Ubell, E. (1993, 10 de enero). Could you use more steep? *Parade*, pp. 16-18.

Udolf, R. (1981). *Handbook of hypnosis for professionals.* Nueva York: Van Nostrand.

Ullman, L.R. y Krasner, L. (1975). *A psychological approach to abnormal behavior* (2a. ed.). Englewood Cliffs, NJ: Prentice-Hall.

Ulrich, R.E. (1991). Animal rights, animal wrongs and the question of balance. *Psychological Science, 2*, pp. 197-201.

Ursano, R.J., Sonnenberg, S.M. y Lazar, S. (1991). *Concise guide to psychodynamic psychotherapy.* Washington DC: American Psychiatric Press.

U.S. Census Bureau. (1991). *Household and family characteristics, March 1990 & 1989.* (Current Population Reports). Washington, DC: U.S. Census Bureau.

U.S. Census Bureau. (1993). *The top 25 languages.* Washington, DC: U.S. Census Bureau.

U.S. Commission on Civil Rights. (1990). *Intimidation and violence: Racial and religious bigotry in America.* Washington, DC: U.S. Commission on Civil Rights Clearinghouse.

U.S. Public Health Service. (1992). *Pain control after surgery.* Washington, DC: U.S. Public Health Service.

Valenstein, E.S. (1986). *Great and desperate cures: The rise and decline of psychosurgery and other radical treatments for mental illness.* Nueva York: Basic Books.

Vlaeyen, J.W.S., Geurts, S.M., Kole-Snijders, A.M.J., Schuerman, J.A., Groenman, N.H. y van Eek, H. (1990). What do chronic pain patients think of their pain? Towards a pain cognition questionnaire. *British Journal of Clinical Psychology, 29*, pp. 383-394.

von Restorff, H. (1933). Uber die wirking von bereichsbildungen im Spurenfeld. En W. Kohler y H. von Restorff, *Analyse von vorgangen in Spurenfeld. I. Psychologische forschung, 18*, pp. 299-342.

Vonnegut, M. (1975). *The Eden express.* Nueva York: Bantam.

Vyse, S.A. (1994, 27 de febrero). Mensaje inédito por correo electrónico. Connecticut College.

Wachs, T.D. (1993). The nature-nurture gap: What we have here is a failure to collaborate. En R. Plomin y G.E. McClearn (Eds.), *Nature, nurture, and psychology.* Washington, DC: American Psychological Association.

Waddington, J.L. (1990). Sight and insight: Regional cerebral metabolic activity in schizophrenia visualized by positron emission tomography, and competing neurodevelopmental perspectives. *British Journal of Psychiatry, 156*, pp. 615-619.

Wagner, D.A. (1981). Culture and memory development. En H.C. Triandis y A. Heron (Eds.), *Handbook of cross-cultural psychology: Vol. 4. Developmental psychology.* Boston: Allyn & Bacon.

Wagner, R. y Sternberg, R. (1985). Alternate conceptions of intelligence and their implications for education. *Review of Educational Research, 54*, pp. 179-223

Wagner, R.K. y Sternberg, R.J. (1991). *Tacit knowledge inventory.* San Antonio, TX: The Psychological Corporation.

Waid, W.M. y Orne, M.T. (1982). The physiological detection of deception. *American Scientist, 70*, pp. 402-409.

Waldorf, D., Reinarman, C. y Murphy, S. (1991). *Cocaine changes: The experience of using and quitting.* Filadelfia: Temple University Press.

Waldrop, M.W. (1989, 29 de septiembre). NIDA aims to fight drugs with drugs. *Science, 245*, pp. 1443-1444.

Walker, N. y Jones, P. (1983). Encoding processes and the recall of text. *Memory & Cognition, 11*, pp. 275-282.

Wall, P.D. y Melzack, R. (Eds.). (1984). *Textbook of pain.* Edimburgo: Churchill Livingstone.

Wall, P.D. y Melzack, R. (Eds.) (1989). *Textbook of pain* (2a. ed.). Nueva York: Churchill Livingstone.

Wallace, P. (1977). Individual discrimination of humans by odor. *Physiology and Behavior, 19,* pp. 577-579.

Wallace, R.K. y Benson, H. (1972, febrero). The physiology of meditation. *Scientific American,* pp. 84-90.

Wallis, C. (1984, 11 de junio). Unlocking pain´s secrets. *Time,* pp. 58-60.

Willis, C. y Willwerth, J. (1992, 6 de julio). Schizophrenia: A new drug brings patients back to life. *Time,* pp. 52-57.

Walster, E. y Walster, G.W. (1978). *Love.* Reading, MA: Addison-Wesley.

Walters, J.M. y Gardner, H. (1986). The theory of multiple intelligences: Some issues and answers. En R.J. Sternberg y R.K. Wagner (Eds.), *Practical intelligence.* Cambridge, Inglaterra: Cambridge University Press.

Wang, Z.W., Black, D., Andreasen, N.C. y Crowe, R.R. (1993). A linkage study of Chromosome 11q in schizophrenia. *Archives of General Psychiatric, 50,* pp. 212-216.

Ward, W.C., Kogan, N. y Pankove, E. (1972). Incentive effects in children's creativity. *Child Development, 43,* pp. 669-677.

Warga, C. (1987, agosto). Pain's gatekeeper. *Psychology Today,* pp. 51-56.

Washton, A.M. (Ed.). (1995). *Psychotherapy and substance abuse: A practitioner's handbook.* Nueva York: Guilford Press.

Waters, H.F. (1993, 12 de julio). Networks under the gun. *Newsweek,* pp. 64-66.

Waterson, E.J. y Murray-Lyon, I.M. (1990). Preventing alcohol-related birth damage: A review. *Social Science and Medicine, 30,* pp. 349-364.

Watkins, L.R. y Mayer, D.J. (1982). Organization of endogenous opiate and nonopiate pain control systems. *Science, 216,* pp. 1185-1192.

Watson, J.B. (1924). *Behaviorism.* Nueva York: Norton.

Watson, J.B. y Rayner, R. (1920). Conditioned emotional reactions. *Journal of Experimental Psychology, 3,* pp. 1-14.

Webb, W.B. (1992). *Sleep: The gentle tyrant* (2a. ed.). Boston, MA: Anker.

Weber, R. y Crocker, J. (1983). Cognitive processes in the revision of stereotypic beliefs. *Journal of Personality and Social Psychology, 45,* pp. 961-977.

Wechsler, D. (1975). Intelligence defined and undefined. *American Psychologist, 30,* pp. 135-139.

Weinberg, M.S., Williams, C.J. y Pryor, D.W. (1991, 27 de febrero). Comunicación personal. Indiana University, Bloomington.

Weiner, B. (1985a). "Spontaneous" causal thinking. *Psychological Bulletin, 97,* pp. 74-84.

Weiner, B. (1985b). *Human motivation.* Nueva York: Springer-Verlag.

Weiner, I.B. (1994). Rorschach assessment. En M.E. Maruish (Ed.), *The use of psychological tests for treatment planning and outcome assessment.* Hillsdale, NJ: Erlbaum.

Weiner, R. (1982). Another look at an old controversy. *Contemporary Psychiatry, 1,* pp. 61-62.

Weiskrantz, L. (1989). Remembering dissociations. En H.L. Roediger y F.I.M. Craik (Eds.), *Varieties of memory and consciousness: Essays in honour of Endel Tulving.* Hillsdale, NJ: Erlbaum.

Weiss, A.S. (1991). The measurement of self-actualization: The quest for the test may be as challenging as the search for the self. *Journal of Social Behavior and Personality, 6,* pp. 265-290.

Weiss, R. (1990, 3 de febrero). Fetal-cell recipient showing improvements. *Science News,* p. 70.

Weiss, R. (1992, 28 de abril). Travel can be sickening; now scientists know why. *The York Times,* pp. C1, C11.

Weissman, M. y el Cross-National Collaborative Group. (1992, 2 de diciembre). Changing rates of major depression. *Journal of the American Medical Association, 262,* pp. 3098-3105.

Weissman, M.M. y Olfson, M. (1995, 11 de agosto). Depression in women: Implications for health care research. *Science, 269,* pp. 799-801.

Weisz, J.R., Weiss, B. y Donenberg, G.R. (1992). The lab versus the clinic: Effects of child and adolescent psychotherapy. *American Psychologist, 47,* pp. 1578-1585.

Weisz, J.R., Weiss, B., Han, S.S., Granger, D.A. y Morton, T. (1995). Effects of psychotherapy with children and adolescents revisited: A meta-analysis of treatment outcome studies. *Psychological Bulletin, 117,* pp. 450-468.

Weitzenhoffer, A.M. (1989). *The practice of hypnotism.* Nueva York: Wiley.

Weller, E.B. y Weller, R.A. (1991). Mood disorders in children. En G.J. Wiener (Ed.), *Textbook of child and adolescent psychiatry.* Washington, DC: American Psychiatric Press.

Wells, G.L. (1993). What do we know about eyewitness identification? *American Psychologist, 48,* pp. 553-571.

Wells, G.L., Luus, C.A.E. y Windschitl, P.D. (1994). Maximizing the utility of eyewitness identification evidence. *Current Directions in Psychological Science, 3,* pp. 194-197.

Wells, K. (1993, 30 de julio). Night court: Queen is often the subject of subjects' dreams. *Wall Street Journal,* pp. A1, A5.

Wells, R.A. y Giannetti, V.J. (1990). *Handbook of the brief psychotherapies.* Nueva York: Plenum Press.

Wertheimer, M. (1923). Untersuchungen zur Lehre von der Gestalt. II. Psychol. Forsch., 5, pp. 301-350. En Beardsley y M. Wertheimer (Eds.) (1958), *Readings in perception.* Nueva York: Van Nostrand.

Westen, D. (1990). Psychoanalytic approaches to personality. En L.A. Pervin (Ed.), *Handbook of personality: Theory and research.* Nueva York: Guilford Press.

Wever, R.A. (1989). Light effects on human circadian rhythms: A review of recent experiments. *Journal of Biological Rhythms, 4,* pp. 161-185.

Whimbey, A. y Lochhead, J. (1991). *Problem solving and comprehension* (5a. ed.). Hillsdale, NJ: Erlbaum.

Whisman, M.A. (1993). Mediators and moderators of change in cognitive therapy of depression. *Psychological Bulletin, 114,* pp. 248-265.

Whitbourne, S.K. (1986). *Adult development* (2a. ed.). Nueva York: Praeger.

Whitbourne, S.K., Zuschlag, M.K., Elliot, L.B. y Waterman, A.S. (1992). Psychosocial development in adulthood: A 22-year sequential study. *Journal of Personality and Social Psychology, 63,* pp. 260-271.

White, P.A. (1992). The anthropomorphic machine: Causal order in nature and the world view of common sense. *British Journal of Psychology, 83,* pp. 61-96.

Whitehead, B.D. (1993, abril). Dan Quayle was right. *Atlantic Monthly,* pp. 47-84.

616

Whorf, B.L. (1956). *Language, thought, and reality*. Nueva York: Wiley.

Wickens, C.D. (1984). *Engineering psychology and human performance*. Columbus, OH: Merrill.

Wickens, C.D. (1991). *Engineering psychology and human performance* (2a. ed.) Nueva York: HarperCollins.

Widiger, T.A., Frances, A.J., Pincus, H.A. y Davis, W.W. (1990). DSM-IV literature reviews: Rationale, process, and limitations. *Journal of Psychopathology and Behavioral Assessment, 12*, pp. 189-202.

Widmeyer, W.N. y Loy, J.W. (1988). When you're hot, you're hot! Warm-cold effects in first impressions of persons and teaching effectiveness. *Journal of Educational Psychology, 80*, pp. 118-121.

Widner, H., Tetrud, J., Rehncrona, S., Snow, B., Brundin, P., Gustavii, B., Bjorklund, A., Lindvall, O. y Langston, J.W. (1992, 26 de noviembre). Bilateral fetal mesencephalic grafting in two patients with Parkinsonism induced by 1—methyl—4—phenyl—1,2,3,6—tetrahydropyridine (MPTP). *New England Journal of Medicine, 327*, pp. 1591-1592.

Widom, C.S. (1989). Does violence beget violence? A critical examination of the literature. *Psychological Bulletin, 106*, pp. 3-28.

Wiebe, D.J. (1991). Hardiness and stress moderation: A test of proposed mechanisms. *Journal of Personality and Social Psychology, 60*, pp. 89-99.

Wiederhold, W.C. (Ed.). (1982). *Neurology for non-neurologists*. Nueva York: Academic Press.

Wiggins, Jr., J.G. (1994). Would you want your child to be a psychologist? *American Psychologist, 49*, pp. 485-492.

Wilder, D.A. (1986). Social categorization: Implications for creation and reduction of intergroup bias. En L. Berkowitz (Ed.), *Advances in experimental social psychology* (Vol. 19). San Diego, CA: Academic Press.

Wilder, D.A. (1990). Some determinants of the persuasive power of in-groups and out-groups: Organization of information and attribution of independence. *Journal of Personality and Social Psychology, 59*, pp. 1202-1213.

Williams, S.W. y McCullers, J.C. (1983). Personal factors related to typicalness of career and success in active professional women. *Psychology of Women Quarterly, 7*, pp. 343-357.

Willis, S.L. y Nesselroade, C.S. (1990). Long-term effects of fluid ability training in old-old age. *Developmental Psychology, 26*, pp. 905-910.

Willis, S.L. y Schaie, K.W. (1994). En C.B. Fisher y R.M. Lerner (Eds.) *Applied developmental psychology*. Nueva York: McGraw-Hill.

Willis, Jr., W.D. (1988). Dorsal horn neurophysiology of pain. *Annals of the New York Academy of Science, 531*, pp. 76-89.

Wilson, F.A.W., O Scalaidhe, S.P. y Goldman-Rakic, P.S. (1993, 25 de junio). Dissociation of object and spatial processing domains in primate prefrontal cortex. *Science, 260*, pp. 1955-1958.

Wilson, G.T. y Agras, W.S. (1992). The future of behavior therapy. *Psychotherapy, 29*, pp. 39-43.

Wilson, G.T., Franks, C.M., Kendall, P.C. y Foreyt, J.P. (1987). *Review of behavior therapy: Theory and practice* (Vol. 11). Nueva York: Guilford Press.

Wilson, M.A. y McNaughton, B.L. (1994, 29 de julio). Reactivation of hippocampal ensemble memories during sleep. *Science, 265*, pp. 676-679.

Winch, R.F. (1958). *Mate selection: A study of complementary needs*. Nueva York: Harper & Row.

Winerip, M. (1993, 15 de noviembre). No. 2 pencil fades as graduate exam moves to computer. *The New York Times*, pp. A1, B9.

Wink, P. y Helson, R. (1993). Personality change in women and their partners. *Journal of Personality and Social Psychology, 65*, pp. 597-605.

Winograd, E. y Neisser, E. (Eds.). (1992). *Affect and accuracy in recall: Studies in "flashbulb memories."* Cambridge, Inglaterra: Cambridge University Press.

Winson, J. (1990, noviembre). The meaning of dreams. *Scientific American*, pp. 86-96.

Winter, D.G. (1973). *The power motive*. Nueva York: The Free Press.

Winter, D.G. (1987). Leader appeal, leader performance, and the motive profile of leaders and followers: A study of American presidents and elections. *Journal of Personality and Social Psychology, 52*, pp. 196-202.

Winter, D.G. (1988). The power motive in women—and men. *Journal of Personality and Social Psychology, 54*, pp. 510-519.

Witelson, S. (1989, marzo). *Sex differences*. Ponencia presentada en la reunión anual de la New York Academy of Sciences, Nueva York.

Wixted, J.T. y Ebbesen, E.B. (1991). On the form of forgetting. *Psychological Science, 2*, pp. 409-415.

Wolman, B.B. y Stricker, G. (Eds.). (1990). *Depressive disorders: Facts, theories, and treatment methods*. Nueva York: Wiley.

Wolozin, B.L., Pruchnicki, A., Dickson, D.W. y Davies, P. (1986). A neuronal antigen in the brains of Alzheimer patients. *Science, 232*, pp. 648-650.

Wolpe, J. (1990). *The practice of behavior therapy*. Boston: Allyn & Bacon.

Wong, D.F., Gjedde, A., Wagner, Jr., H.M., Dannals, R.F., Links, J.M., Tune, L.E. y Pearlson, G.D. (1988, 12 de febrero). Response to Zeeberg, Gibson, and Reba. *Science, 239*, pp. 790-791.

Wong, D.F., Wagner, Jr., H.N. Tune, L.E., Dannals, R.F., Pearlson, G.D., Links, J.M., Tamminga, C.A., Broussolle, E.P., Ravert, H.T., Wilson, A.A., Toung, T., Malat, J., Williams, J.A., O'Tuama, L.A., Snyder, S.H., Kuhar, M.J. y Gjedde, A. (1986, 19 de diciembre). Positron emission tomography reveals elevated D2 Dopamine receptors in drug-naive schizophrenics. *Science, 234*, pp. 1558-1563.

Wong, M.M. y Csikszentmihalyi, M. (1991). Affiliation motivation and daily experience: Some issues on gender differences. *Journal of Personality and Social Psychology, 60*, pp. 154-164.

Wood, F.B., Flowers, D.L. y Naylor, C.E. (1991). Cerebral laterality in functional neuroimaging. En F.L. Kitterle (Ed.), *Cerebral laterality: Theory and research*. Hillsdale, NJ: Erlbaum.

Wood, J.M. y Bootzin, R. (1990). The prevalence of nightmares and their independence from anxiety. *Journal of Abnormal Psychology, 99*, pp. 64-68.

Wood, W., Lundgren, S., Ouellette, J.A., Busceme, S. y Blackston, T. (1994). Minority influence: A meta-analytic review of social-influence processes. *Psychological Bulletin, 115*, pp. 323-345.

Woolfolk, R.L. y McNulty, T.F. (1983). Relaxation treatment for insomnia: A component analysis. *Journal of*

Consulting and Clinical Psychology, 4, pp. 495-503.

World Bank. (1994). *Life expectancy at birth.* Washington, DC: World Bank.

Wozniak, R.H. y Fischer, K.W. (Eds.). (1993). *Development in context: Acting and thinking in specific environments.* Hillsdale, NJ: Erlbaum.

Wu, C. y Shaffer, D.R. (1987). Susceptibility to persuasive appeals as a function of source credibility and prior experience with the attitude object. *Journal of Personality and Social Psychology, 52,* pp. 677-688.

Wyatt, G.E. (1994). The sociocultural relevance of sex research: Challenges for the 1990s and beyond. *American Psychologist, 49,* pp. 748-754.

Wynn, K. (1992, 27 de agosto). Addition and subtraction by human infants. *Nature, 358,* pp. 749-750.

Wynne, L.C., Singer, M.T., Bartko, J.J. y Toohey, M.L. (1975). *Schizophrenics and their families: Recent research on parental communication.* Psychiatric Research: The Widening Perspective. Nueva York: International Universities Press.

Yamamato, T., Yuyama, N. y Kawamura, Y. (1981). Cortical neurons responding to tactile, thermal and taste stimulations of the rat's tongue. *Brain Research, 22,* pp. 202-206.

Yang, G. y Masland, R.H. (1992, 18 de diciembre). Direct visualization of the dendritic and receptive fields of directionally selective retinal ganglion cells. *Science, 258,* pp. 1949-1952.

Yost, W.A. (1992). Auditory perception and sound source determination. *Current Directions in Psychological Science, 1,* pp. 179-184.

Youkilis, H. y Bootzin, R.R. (1981). A psychophysiological perspective on the etiology and treatment of insomnia. En S.M. Haynes y L.A. Gannon (Eds.), *Psychosomatic disorders: A psychophysiological approach to etiology and treatment.* Nueva York: Praeger.

Youngstrom, N. (1994). Adapt to diversity or risk irrelevance, field warned. *APA Monitor.*

Yu, S., Pritchard, H., Kremer, E., Lynch, M., Nancarrow, J., Baker, E.,

Holman, K., Mulley, J.C., Warren, S.T., Schlessinger D., Sutherland, G.R. y Richards, R.I. (1991, 24 de mayo). Fragile X genotype characterized by an unstable region of DNA. *Science, 252,* pp. 1179-1181.

Yurek, D.M. y Sladek, Jr., J.R. (1990). Dopamine cell replacement: Parkinson's disease. *Annual Review of Neuroscience, 13.*

Zaidel, D.W. (1994). Worlds apart: Pictorial semantics in the left and right cerebral hemispheres. *Current Directions in Psychological Science, 3,* pp. 5-8.

Zajonc, R.B. (1968). The attitudinal effects of mere exposure. *Journal of Personality and Social Psychology, 9,* pp. 1-27.

Zajonc, R,B. (1985). Emotion and facial efference: A theory reclaimed. *Science, 228,* pp. 15-21.

Zajonc, R.B. y McIntosh, D.N. (1992). Emotions research: Some promising questions and some questionable promises. *Psychological Science, 3,* pp. 70-74.

Zanna, M.P. y Pack, S.J. (1974). On the self-fulfilling nature of apparent sex differences in behavior. *Journal of Experimental Social Psychology, 11,* pp. 583-591.

Zaslow, M.J. (1991). Variation in child care quality and its implications for children. *Journal of Social Issues, 47,* pp. 125-138.

Zautra, A.J., Reich, J.W. y Guarnaccia, C.A. (1990). Some everyday life consequences of disability and bereavament for older adults. *Journal of Personality and Social Psychology, 59,* pp. 550-561.

Zebrowitz-McArthur, L. (1988). Person perception in cross-cultural perspective. En M.H. Bond (Ed.), *The cross-cultural challenge to social psychology.* Newbury Park, CA: Sage.

Zeki, S. (1992, septiembre). The visual image in mind and brain. *Scientific American, 267,* pp. 68-76.

Zigler, E. y Glick, M. (1988). Is paranoid schizophrenia really camouflaged depression? *American Psychologist, 43,* pp. 284-290.

Zigler, E.F. y Lang, M.E. (1991). *Child care choices: Balancing the needs of children, families, and society.* Nueva York: The Free Press.

Zigler, E. y Styfco, S.J. (1993). *Head start and beyond: A national plan for extended childhood intervention.* New Haven, CT: Yale University Press.

Zika, S. y Chamberlain, K. (1987). Relation of hassles and personality to subjective well-being. *Journal of Personality and Social Psychology, 53,* pp. 155-162.

Zillman, D. (1978). *Hostility and aggression.* Hillsdale, NJ: Erlbaum.

Zillman, D. (1993). Mental control of angry aggression. En D.M. Wegner y J.W. Pennebaker (Eds.), *Handbook of mental control.* Englewood Cliffs, NJ: Prentice-Hall.

Zimmer, J. (1984). Courting the gods of sport: Athletes use superstition to ward off the devils of injury and bad luck. *Psychology Today,* pp. 36-39.

Zinberg, N.E. (1976). Normal psychology of the aging process, revisited (I): Social learning and self-image in aging. *Journal of Geriatric Psychiatry, 9,* pp. 131-150.

Zito, J.M. (1993). *Psychotherapeutic drug manual* (3a. ed., rev.). Nueva York: Wiley.

Zola-Morgan, S.M. y Squire, L.R. (1990, 12 de octubre). The primate hippocampal formation: Evidence for a time-limited role in memory storage. *Science, 250,* pp. 288-290.

Zola-Morgan, S. y Squire, L.R. (1993). The neuroanatomy of memory. *Annual Review of Neuroscience, 16,* pp. 547-563.

Zubin, J. y Spring, B. (1977). Vulnerability: New view of schizophrenia. *Journal of Abnormal Psychology, 86,* pp. 103-126.

Zuckerman, M. (1978). The search for high sensation. *Psychology Today,* pp. 30-46.

Zuckerman, M. (1991). One person's stress is another person's pleasure. En C.D. Spielberger, I.G. Sarason, Z. Kulczar y G.L. Van Heck (Eds.), *Stress and emotion: Anxiety, anger, and curiosity.* Nueva York: Hemisphere.

AGRADECIMIENTOS

Figura 1.1 adaptada de (1995). Perfil de todos los miembros de la APA: 1995. Estudio del Directorio 1993, con actualizaciones de miembros nuevos para 1994 y 1995. Recopilada por la American Psychological Association Research Office, Washington, DC. Derechos reservados 1995 American Psychological Association.

Figura 2.13 adaptada de Rosenzweig, M. R. y Leiman, A. L. *Physiological Psychology*, 1982.

Figura 3.10 adaptada de Shepard, Roger C. (1990). *Mind sights*. Nueva York: W. H. Freeman. Reimpreso con autorización de W. H. Freeman. Derechos reservados © 1990.

Figura 3.11 tomada de Goldstein, E. B. (1984). *Sensation and perception* (2a. ed.). Pacific Grove, CA: Brooks-Cole Publishing.

Figura 3.13 tomada de Coren, S., Porac, C. y Ward, L. M. *Sensation and perception* (3a. ed.), 1989. Derechos reservados © por Harcourt Brace Jovanovich, Inc. Usado con autorización del editor.

Figura 4.3 adaptada de Hartmann, E., *The biology of dreaming*, 1967. Springfield, IL: Charles C. Thomas.

Figura 4.4 adaptada de *Secrets of sleep* de Alexander Borbely. Derechos reservados © 1984 por Deutsch Verlag-Anstalt GmbH. Traducción al inglés. Derechos reservados 1986 por Basic Books, Inc., reimpreso con autorización de Basic Books, una división de HarperCollins Publishers.

Figura 4.5 reproducida con autorización de American Anthropological Association. Tomada de Griffith, R. M., Otoya, M. y Tago, A. (1958). "The universality of typical dreams." *American Anthropologist, 60,* pt. 1. Adaptación de los veinte sueños más comunes.

Figura 4.6 Derechos reservados © 1991 por The New York Times Company. Reimpreso con autorización.

Figura 6.2 adaptada de Atkinson, R. C. y Shiffrin, R. M., "Human memory: A proposed system and its control processes" en K. W. Spencer y J. T. Spencer (eds.), *The psychology of learning and motivation: Advances in research and theory* (Vol. 4),

1968. Orlando, FL: Harcourt Brace Jovanovich.

Figura 7.2 adaptada de Solso, R. L., *Cognitive Psychology*, 3a. ed., 1991. Usado con autorización de Allyn & Bacon Publishers.

Figura 7.2 tomada de Poncin, M. (1990). *Brain fitness*. Nueva York: Random House.

Figura 7.3 adaptada de *The complete thinker*, Barry F. Anderson. Derechos reservados © 1980. Usado con autorización de Prentice-Hall, una división de Simon & Schuster, Englewood Cliffs, NJ.

Figura 8.3 adaptada de Walters, E. y Gardner, H. (1986). "The theory of multiple intelligences: Some issues and answers" en R. J. Sternberg y R. K. Wagner (eds.), *Practical intelligence*. Nueva York: Cambridge University Press.

Figura 8.5 adaptada de Sternberg, R. J. (1985). *Beyond IQ: A triarchic theory of human intelligence*. Nueva York: Cambridge University Press.

Cuadro 9.1 adaptado de Zuckerman, M. "Abridged sensation-seeking questionnaire." *Psychology Today, 11,* febrero de 1978. Reimpreso con autorización de la revista Psychology Today. Derechos reservados © 1978.

Figura 9.1 adaptada de *Motivation and personality* de Abraham H. Maslow. Derechos reservados © 1954 por Harper & Row, Publishers, Inc. Derechos reservados © 1970 por Abraham H. Maslow. Reimpreso con autorización de HarperCollins Publishers.

Figura 9.3 adaptada de Plutchik, R., "Emotion" en *Approaches to Emotion*, K. Scherer y D. Ekman (eds.). Derechos reservados © 1984 por Lawrence Erlbaum Associates. Reimpreso con autorización del editor.

Figura 9.6 adaptada de Kanner, A. D., Coyen, J. C., Schaefer, C. y Lazarus, R. (1981). "Comparison of two modes of stress measurement: Daily hassles and uplifts versus major life events." *Journal of Behavioral Medicine, 4,* p. 14.

Figura 9.6 adaptada de Chamberlain, K. y Zika, C. (1990). *British Journal of Psychology, 81,*

469-481. Usado con autorización de Kerry Chamberlain.

Figura 10.2 adaptada de Frankenburg, W. K. y Dodds, J. B. (1967). "The Denver Development Screening Test." *Journal of Pediatrics, 71,* 181-191.

Figura 10.7 adaptada de Tanner, J. M. (1978). *Education and physical growth* (2a. ed.). Nueva York: International Universities Press.

Cuadro 10.3 adaptado de Kohlberg, L., "Stage and sequence: The cognitive development approach to socialization" en D. A. Goslin (ed.), *Handbook of socialization theory and research*. Derechos reservados © 1969 por Houghton Mifflin Company. Reimpreso con autorización.

Figura 11.2 adaptada de Catell, Eber y Tatsuoka. Derechos reservados © 1970 por Institute for Personality and Ability Testing. Reproducido con autorización.

Figura 11.3 adaptada de Eysenck, H. J. (1973). *Eysenck on Extroversion*. Collins Professional and Technical Books, Ltd.

Figura 12.1 tomada de Beck, A. T. y Emery, G., *Anxiety disorders and phobias: A cognitive perspective*. Derechos reservados © 1985 por Basic Books, Inc. Nueva York. Usado con autorización del editor.

Figura 14.6 tomada de Parlee, M. B. "The friendship bond." *Psychology Today*, 3 de octubre de 1979. Reimpreso con autorización de Psychology Today. Derechos reservados © 1979.

Cuadro 14.1 adaptado de Buss, D. M. y cols., "International preferences in selecting mates: A study of 37 cultures." *Journal of Cross-Cultural Psychology, 21,* 1990. Usado con autorización de Sage Publications, Inc.

Figura 14.7 adaptada de Sternberg, R. J. (1986). "Triangular theory of love." *Psychological Review, 93,* 119. Derechos reservados © 1986 por American Psychological Association. Reimpreso con autorización del editor y del autor.

Cuadro 14.2 adaptado de Benjamin, L. T., Jr., "Defining aggression: An exercise for the classroom." *Teaching Psychology, 12*(1), febrero de 1985. Derechos reservados 1985. Lawrence Erlbaum Associates, Hillsdale, NJ.

CRÉDITOS
DE FOTOGRAFÍAS

ÍNDICE ONOMÁSTICO

ÍNDICE TEMÁTICO

procesos constructivos en la, 213-216
recuerdo en, 211-219, 226-227
recuperación en la, 199, 212
reprimida, 217
semántica, 206, 207, 208, 385
sensorial, 200, 201-202, 209
y acetilcolina (Ach), 51
y amnesia, 225, 442-443
y edad, 365, 385-386
y enfermedad de Alzheimer, 52, 206, 225-226, 386
y lenguaje, 257-258
y menopausia, 377
y sistema límbico, 63
y teoría de los niveles de procesamiento, 209-210
y testimonio de testigos, 198, 216-218
y trifosfato de adenosina (ATP), 52
memoria a corto plazo, 200, 202-205, 209, 218, 258
memoria a largo plazo, 200, 205-209, 211-218, 385
(*Véase también* Recuerdo)
menopausia, 377
mensajes, 497-499
excitatorios, 50
inhibitorios, 51
mentir, 324
metabolismo, 303
metacognición, 365
metadona, 155
método científico, 3, 21-22
e investigación correlacional, 25-26, 30
e investigación experimental, 27-32
hipótesis en el, 21-23, 27, 30
teorías en el, 21-22
método del lugar, 227
mielina, vaina de, 48
mnemotecnia, 204, 385
modelamiento:
en el aprendizaje observacional, 187, 472
y violencia en la televisión, 16, 27-28, 188
modelo ABC de las actitudes, 496
modelo alternativo, 261
modelo de predisposición de la esquizofrenia, 453
modelo humanista de la anormalidad, 429, 431
modelo médico:
de la anormalidad, 429-430
y enfoques de tratamiento biológico, 482-487
modelo psicoanalítico de anormalidad, 429, 430
modelo sociocultural de la anormalidad, 429, 431-432
modelos:
de comportamiento anormal, 430-432
de emociones, 320-323

de memoria, 200-210
en la psicología, 12, 14-18
modelos asociativos, 102
modelos cognitivos:
de anormalidad, 429, 431
de trastornos de ansiedad, 440
modelos conductuales:
de la anormalidad, 430, 431
de los trastornos de ansiedad, 440
módulos:
cerebro, 74-75
memoria, 206-209
moldeamiento, 182, 255
MOR (movimientos oculares rápidos), sueño, 129, 130-131, 136, 137
morfina, 151, 154
motivación, 292-315
afiliación y, 313
enfoque cognitivo de la, 298
enfoque de excitación de la, 295-296
enfoque de reducción de las pulsiones, 294-295
enfoque de incentivos de la, 296
enfoque de instintos, 293-294
extrínseca, 298
hambre y, 301-305
intrínseca, 298
logro, 311-313
necesidades y, 298-299, 300-315
poder y, 313-315
reconciliación de los enfoques de la, 299
sexual, 305-311
motivación de logro, 311-313
diferencias raciales en la, 313
medición del, 312-313
motoras (eferentes), neuronas, 55
movimientos oculares rápidos (MOR), sueño con, 129, 130-131, 136-137
muerte, actitudes hacia la, 378, 387-388
muerte infantil súbita, síndrome de, 138
muestras no tan gratuitas, 511
mujeres:
ciclos menstruales de las, 104, 132-134
como madres trabajadoras, 380-381
como psicólogas, 9, 14, 32, 53, 226, 260, 376, 417, 432
desarrollo moral en las, 372-373
estilo de aprendizaje de las, 190
hormonas sexuales de las, 306
peso y figura corporal ideales, 301, 305
psicología de las, 8, 402
y circuncisión femenina, 310-311
y depresión, 444-445, 448
y lesbianismo, 309, 310
y menopausia, 377
y pruebas computarizadas, 273
y sexo prematrimonial, 307-308
y síndrome premenstrual (SPM), 134, 455-456

y trastornos de la alimentación, 304-305, 456-457
(*Véase también* Género, diferencias de; Madres; Crianza)
Müller-Lyer, ilusión de, 117
muñecos inflables, 187
música:
e inteligencia musical, 275
práctica y, 236
multisecuencial, investigación, 345

nacimiento, 349
narcolepsia, 139
narcóticos, 151, 154-155
nativos estadounidenses:
en la psicología, 9
estilo de aprendizaje de los, 190
y estados alterados de conciencia, 146
necesidad:
de afiliación, 313
de logro, 311-313
de poder, 313-315
necesidad(es):
jerarquía de, 298-299
motivación y, 298-299, 300-315
negación, 387, 399, 400
nembutal, 151, 154
neonatos:
desarrollo de, 348, 349-354
y desarrollo perceptual, 352-354
nervio óptico, 93-94
neurocientíficos, 44
neurocirugía, 70, 73-74
neuronas, 45-54
aferentes (sensoriales), 55
conexiones entre, 50-52
disparo de las, 48-49
eferentes (motoras), 55
estructura de las, 45-48
motoras (eferentes), 55
sensoriales (aferentes), 55
y memoria, 222-225
y módulos cerebrales, 75
y neurotransmisores, 50-52, 152, 156, 440
neuropsicología clínica, 8
neurosis, 400, 405-406, 467
neuroticismo-estabilidad, 406
neurotransmisores, 50-52, 152, 156
nicotina, 144, 148, 149, 348
(*Véase también* Tabaquismo)
niños:
de madres trabajadoras, 380-381
desarrollo cognitivo de los, 360-366
desarrollo de la personalidad de los, 398
desarrollo social de los, 354-360
edad cronológica de los, 269
edad mental de los, 269
en hogares con un solo padre, 379
inhibidos, 409
pruebas de inteligencia para, 270, 271